王名扬
全集
③

王名扬先生(1916—2008)

1977年与《美国行政法》资助者王学曾先生（中）合影

2000年与学生薛波合影

1985年中国政法大学博士论文答辩会上与应松年老师（左二）等合影

1985年中国行政法学会成立大会上，与时任江苏省法学会会长姚远先生合影

王名扬全集 3

美国行政法 上

Administrative Law of United States

王名扬 著

北京大学出版社
PEKING UNIVERSITY PRESS

图书在版编目(CIP)数据

王名扬全集.美国行政法:全2卷/王名扬著.—北京:北京大学出版社,2016.1
ISBN 978-7-301-22095-5

Ⅰ.①王… Ⅱ.①王… Ⅲ.①行政法—文集 ②行政法—研究—美国
Ⅳ.①D912.104-53 ②D971.221

中国版本图书馆 CIP 数据核字(2015)第 187776 号

书　　　　名	王名扬全集:美国行政法(上下) Wang Mingyang Quanji:Meiguo Xingzhengfa(Shang Xia)
著作责任者	王名扬　著
责 任 编 辑	苏燕英
标 准 书 号	ISBN 978-7-301-22095-5
出 版 发 行	北京大学出版社
地　　　　址	北京市海淀区成府路 205 号　100871
网　　　　址	http://www.pup.cn　http://www.yandayuanzhao.com
电 子 邮 箱	编辑部 yadayuanzhao@pup.cn　总编室 zpup@pup.cn
新 浪 微 博	@北京大学出版社　@北大出版社燕大元照法律图书
电　　　　话	邮购部 62752015　发行部 62750672　编辑部 62117788
印 刷 者	三河市北燕印装有限公司
经 销 者	新华书店
	965 毫米×1300 毫米　16 开本　57 印张　917 千字 2016 年 1 月第 1 版　2025 年 2 月第 5 次印刷
定　　　　价	158.00 元(上下)

未经许可,不得以任何方式复制或抄袭本书之部分或全部内容。
版权所有,侵权必究
举报电话:010-62752024　电子邮箱:fd@pup.cn
图书如有印装质量问题,请与出版部联系,电话:010-62756370

《王名扬全集》编委会

主　任：应松年

编　委（按姓氏笔画排序）：

于　安	马　龙	马怀德	王万华	王黎红	韦武斌
吕利秋	刘　莘	刘善春	李　轩	杨士林	杨伟东
肖凤城	吴偕林	宋炉安	张占忠	张吕好	张步洪
张泽想	张树义	张　越	陈文锋	单明伟	胡建淼
柳砚涛	姜明安	贾新峰	夏桂英	高家伟	郭修江
姬亚平	董　皞	蒋惠岭	傅红伟	曾祥瑞	薛刚凌

特邀编辑：高家伟

编辑人员：

刘东刚	李大勇	姜　漪	王华伟	魏浩峰	舒　彧
付小彦	陈　雷				

《王名扬全集》总序一

应松年*

《王名扬全集》付梓,是我的眷眷心愿,眼见这一心愿得以实现,庆幸之忱难以自抑。

《王名扬全集》出版,是中国行政法学人的殷切期盼,是中国法学界,尤其是行政法学界的一大盛事。王老的《英国行政法》《法国行政法》《美国行政法》是全集中的重头戏。这三部著作被称为"行政法三部曲",在20世纪八九十年代,改革开放后的法学勃兴时期,促进了刚刚兴起的中国行政法的发展,培育了整整一代行政法学人,产生了巨大的社会影响。王老逝世以后,我一直心怀企望,想将王老的全部著作收集、编辑、出版,一方面是为了表达对王老这位一代行政法巨匠的尊崇和思念,更重要的是期望王老的著作能够在新时期建设法治中国、推进依法行政的伟大事业中,继续发挥理论的参照和借鉴作用,同时,也可从中发现王老学术思想的发展历程,为行政法学人,尤其是中青年一代提供启示,树立榜样。

---

* 我国著名行政法学家,中国政法大学终身教授、博士生导师,现任中国行政法学研究会名誉会长。第九届、第十届全国人大代表,全国人大内务司法委员会委员,全国人大法工委行政立法研究组副组长,北京市第十届、第十一届、第十二届、第十三届人大代表,法制委员会副主任,第十四届北京市人大常委会法制建设顾问。兼任国家减灾委员会专家委员会成员、中国法学会学术委员会委员、最高人民检察院专家咨询委员等。曾两度获北京市优秀教师奖,并获中央国家机关"五一劳动奖章"和"2006年度法治人物"荣誉称号,享受国务院政府津贴。

王老于1948年赴法留学，在法国逗留10年之久，获得行政法和国际私法两个博士学位。1958年，王老响应周恩来总理的号召，和许多海外学子一样，怀揣报国志愿，启程回国，进入北京政法学院。但缘于众所周知的原因，他一直没有站上讲台开课。1963年，因为对外经贸大学需要一位法语教师，于是王老前去担任法语教学工作，且编了一部法语教材。

改革开放后，法学的春天到来，王老有了借其所学专业发挥作用的机会。1982年，司法部法学教材编辑部决定组织编写行政法学统编教材——《行政法概要》，其中有行政行为一章，找不到作者。主编王珉灿了解王老的经历，请他来写这一章。这个决定使王老宝刀生辉，《行政法概要》也由此而增色。应该说，王老所写的这一章，堪称全书的华彩乐章，很多观点直接影响了以后行政法学的理论和实践。我当时在法学教材编辑部专职编辑《行政法概要》，得以认识王老。不久，中国政法大学成立，当时许多高校都开设了行政法课程，中国政法大学还成立了行政法硕士导师组。其时我已调入中国政法大学，参加导师组工作。我们前去经贸大学敦请王老回法大任课，王老开始时无意回来，但一听说是去培养新中国新一代行政法硕士研究生，这无疑触动了王老的行政法情结，激起了他的专业报国的夙愿，欣然同意回法大，从此，我和他就一直在一起工作。

那时候，令我印象深刻的是王老的敬业精神。每次给研究生上课，到学校开会及参加各种活动，他都得从经贸大学坐公交车远道赶来法大，却从不迟到。他是湖南人，讲课时带有湖南口音，为防止学生听不明白，他极力以板书辅助，经常在黑板上书写，一堂课下来，满身粉笔灰。在讲课、活动的同时，他仍挤出时间写书。1987年《英国行政法》出版，1988年《法国行政法》出版。此后，他以70多岁的高龄，赴美国调查研究，1995年上、下两册的《美国行政法》出版。这是怎样的一种工作效率、工作精神！这时电脑开始兴起，在很多人还对电脑莫名其妙的时候，王老毅然自学电脑，短时间就运用自如，并开始用以写作《比较行政法》。可惜，我们完全没有想到，正当王老雄心勃勃、思绪飞扬地驰骋在《比较行政法》的构思、写作中时，病魔突然袭来，让他不得不违心搁笔。虽然我们仍满怀希望祈愿王老恢复健康，继续写作，王老自己也希望重新启动，完成书稿，但终于不能如愿。于是我们现在看到的是《比较行政法》十分珍贵的片断了。

　　与他的敬业精神和工作成就相比,他的生活条件如此简陋,两室一厅的房子,十分窄小。室中一床、一书桌、一椅子、一书柜,还加一方形饭桌、两个破旧的待客沙发,挤得满满的,要在其中走动,就得小心避让。椅子坐垫破了,用一张破皮披上,桌子已是摇摇晃晃,不堪使用。最后连电脑也疲劳罢工了。我们实在看不过去,几个人凑些钱,给他换了一些家具,置办了新电脑,后来,王老行动越来越困难,只能躺在床上看书,为方便他看书,我们给他买了一张可以摇起的活动床,但他坚决不许,最后只好退货。每每想起,都难抑心酸。

　　王老对于物质生活的困乏没有感受,是因为他活在丰富的精神世界里。改革开放的时代,正在兴起的中国行政法学界迫切希望了解国外行政法理论及实践,这激发起了王老的全部热情,同时也使他的著作产生了巨大的社会影响。时代需要王名扬,也造就了王名扬。王老恰当其时的成就,无可替代,可以说,当时能够介绍国外行政法学和行政法治实践的,并非没人,但唯有王老做到了。因为他拥有长期的国外留学、工作的经历,拥有相应的知识蕴藏,特别是拥有学术热情和学术责任感,还有他的严谨和才华。他的著述的鲜明特点是准确、精到,他全面地介绍和恰如其分地论述那些国家的法学和行政法学理、原则和制度,至今仍是我们了解或考察这些国家的法治理论和法治实践的可靠依凭。

　　王老著作的另一特点是中国化。他曾说过,在他编写"三部曲"时,都曾和这些国家的学者商谈过,征求过意见,应该怎样安排这些国家的行政法体例,以什么样的方式来阐述、介绍? 最后他确定按中国人的法律思维方式和习惯来编排和写作,就是现在大家所看到的这种体例。所以,他的著作不是简单的翻译和单纯的述说,而是在综合研究、融会贯通的基础上,以中国化的思维、语言进行阐释,使我们易读、易懂、易接受。这才是真正的理论大家,截至目前,似未有相关著作能够企及。这一点,也正是他的著作受人欢迎的重要原因。我们从中不仅看到了一个学者的周密、慎思,而且感受到一位大家的入化能力和为读者谋的学者责任感。

　　这部《王名扬全集》,是目前尽我们能力所能收集到的王老的全部作品。王老1943年的硕士论文《事务官中立问题的研究》和在法国留学时的博士论文《中国法上公务员对行政相对人的民事责任》也收录于此。

留法博士论文是用法语写的,我们请人翻译成中文。除了英国、法国、美国行政法和比较行政法外,王老还写了许多论文,主编或参编了一些著作,我们将他所撰写的部分都收录于此,此外,还包括一些他翻译的作品。《王名扬全集》五卷六册,总计近 300 万字。

  全集得以出版,首先应该感谢高家伟和姜漪二位,他们前后花了两年多的时间,从事收集整理,乃至逐字逐句录入、校对,不嫌其繁,做得十分投入细致。《王名扬全集》正是他们二位编辑成书的,还要感谢王老的女儿王娅娣女士,她为搜集她父亲的遗著花费了巨大精力,同时,还要感谢北京大学出版社蒋浩先生的大力支持,使行政法学界久所企盼的《王名扬全集》得以出版问世!

2015 年初冬于北京世纪城

《王名扬全集》总序二

王娅娣

父亲离开我们已经七年了,七年间,他仿佛睡着了,我仍时不时去他身边照看。梦里常依旧和他生活在一起,形影交错,场景丰富。他凝神执笔于简陋的书桌前,继续着他计划中的思考与写作,好像从未中断。只是这段时间他睡着了,我不忍叫醒他,在他醒来之前我忙着其他。他是否已经完成了夙愿?是否完成了《比较行政法》的后半部?他说"按照原来的安排,如果能够续写,我会寻找些资助到国外(美国或者法国)编写,回来整理,把国外法律中的技术名词改写成更适合汉语习惯的表达方式,然后出版"。是否《中国行政法》也已经付诸印刷?是否他的五部曲都已经可以在网络上点击查阅?是否我可以在微信中给他点赞?

姜明安教授在《比较行政法》序言中写道:"王名扬的作品,对中国的行政法学的发展和行政法建设产生了深远的、重要的影响和作用。"生命有涯,事业无涯,这是喜剧也是悲剧。喜的是他真正留下了脚印,看到了我国成长起来一大批优秀的行政法学者,看到了桃李满天下的盛况。悲的是,他未完成夙愿就离开了我们。

在中国政法大学应松年先生和北京大学出版社蒋浩先生及各方的倾力促成下,《王名扬全集》即将于2016年初出版。期间经历了太多的艰辛和努力。从2012年应松年先生派学生姜漪女士春风般地来到我身边沟通筹划出版《王名扬全集》开始,一直到高家伟老师在身体不太好的情况下,倾其全力严谨而中肯地在各个编辑环节提出建议和方案,亲自参与调研,并收集了大量的资料,付出了太多的艰辛,以及很多为全集的论文词条汇编、译作教材汇编工作的编辑工作人员,还有博士论文法文译者刘东刚博士及所有参与工作的编委会成员,历时三年,终于完成了这项可以称为工程的出版工作。在此我代表家人及亲属,对参与《王名扬全集》编辑及出版工作的领导及工作人员表示由衷的感谢!

2008年11月10日上午,在北京八宝山公墓竹厅举行的父亲的遗体告别仪式上,一幅挽联真实地概括了他的一生:

求学法国问道中业九二载,纸笔人生君不见跋山涉水,甘苦自怡未酬壮志身先逝;

身居陋室名扬天下三四部,辉煌巨著有道是黄卷青灯,桃李如云常使后学泪满襟。

2016年将迎来父亲诞辰100周年纪念,我代表家人及亲属表示对父亲深深思念!

感谢北京大学出版社在我父亲即将诞辰100周年之际出版全集,感谢蒋浩先生及责任编辑苏燕英、王建君、陈康女士付出的极大耐心和辛苦!

何海波先生曾在文章里这样写道:"王名扬堪称一座桥梁,使得国内法学界建立了与民国时期行政法学及外国行政法学之间的联系。"愿这座桥梁和曾经的"王名扬时代"能带动更适合发展的行政法学新未来和新时代!

2015年11月30日

《王名扬全集：美国行政法》
出版说明

  《美国行政法》是王名扬先生在学术生涯中的巅峰之作。该著作在内容的现实针对性、语言的朴实无华、专业术语的精到简练、篇章结构设计的逻辑严密性等方面，延续了《英国行政法》与《法国行政法》的优点，但在资料的翔实丰富、体系的完备全面、内容的精细准确等方面均迈向了一个崭新的学术高度，从而把公法学界有关外国行政法的了解程度与比较行政法的研究水平引向了一个更高的层次。

  《美国行政法》1995年在中国法制出版社首版，这次在北京大学出版社出版，除了进行格式的重新编排、技术性错误的更正之外，不作其他修改，以便尽可能保持原版本的风貌。在本版修订过程中，王娅娣女士提供了不少照片，为编辑工作增色不少，在此表示谢意。

《王名扬全集》编委会
2015年10月

《美国行政法》序

本书写作的目的是为了满足中国读者对外国行政法的学习和教学的需要。美国出版的行政法学教科书配合美国法学院的教学方式，大都采取案例体制，实用性强，适于培养法官和律师，不符合我国教学的需要。中国人学习美国行政法，着重研究美国的行政制度，视野超过判例法的范围。行政体系作为一种制度，当然不能忽视判例法的研究。尽管如此，行政法学作为法学的一个分支，必须有一个理论体系。行政法学的研究对象不能局限于判例法的范围。美国也有不少的行政法的教科书不采用案例体制，但是就其内容而言仍然没有彻底摆脱判例法的束缚，没有建立一个行政法学理论体系。当然，美国是一个判例法的国家，离开行政法的判例，不可能有重要的行政法原则。正因为如此，本书虽然没有采取判例法的体制，但仍然引用了大量的行政法的判例。引用行政法的判例不等于必须采取判例法的体系，束缚研究对象的范围。从比较法的观点来看，英国也是判例法国家，法国虽然是成文法国家，就行政法而言，也是一个判例法国家。成文法的规定限于特定的行政法事项，行政法的一般性原则，几乎都由判例产生。当代主要的行政法体系的共同特征，都是判例法占主导地位。然而只有美国采取判例法的教学和研究方式，判例法的著作，在美国以外的国家也是有的。在其他国家中，判例法主要用于行政诉讼课程，或作为辅助教材，不用于行政法学的一般课程。法学教育的目的是培养法学家,只有首先是法学家然后才是好法官。美国也不例外,美国的大法官都是大法学家。当然,美国也有大量的行政法学专著,研究对象超过判例法的范围,有一定的学术贡献。

在美国的行政制度中,有很多先进事物,值得注意。美国的行政公开制度居于世界领先地位,美国的管理和预算局及总审计署,在联邦行政的运行中发挥了极为重要的作用。各国的具体情况不同,美国的制度在其他国家不一定能够实行,但是从行政法的研究而言,我们对美国行之有效的制度,应给予应有的注意。

美国是一个联邦国家,行政法的研究以联邦政府为主要对象。为了看到美国行政制度的全貌,对州和地方政府也不能完全忽视。本书在第五章及其他有关部分,对州和地方制度作了简要的介绍。

本书在写作过程中得到美国人士的大量帮助,作者衷心感谢。首先要提到的是哥伦比亚大学盖尔霍恩(Gellhorn)教授,他是美国行政法学界很受尊敬的学者,在联邦行政程序法的起草过程中担任重要职务,对美国当代行政法学的发展作出了开拓性的贡献。作者赴美研究计划全赖他的安排得以实现。哥伦比亚大学法学教授盖尔霍恩、斯特劳斯(Strauss)、伯尔曼(Bermann)、皮耶斯(Pierce),和纽约大学教授施瓦茨(Schwartz),在本书写作过程中曾经给予启发,作者衷心感谢。哥伦比亚大学中国法研究所主任爱德华(Edwards)教授和副主任马丁(Martin)先生,对作者在美国的生活照顾周到,作者表示感谢。作者也感谢哥伦比亚大学法学院图书馆全体馆员对作者利用图书资料的帮助。

美国福特基金会负担作者在美国大部分生活费用和研究费用,作者表示感谢。作者特别感谢老友王学曾先生。作者在美国最后阶段的生活费用和研究费用完全由他承担。没有他的帮助,本书不可能完成。作者尤其难忘的是王学曾夫人杜荫棠女士和女儿王晓黎小姐的赞助。这种赞助不仅由于过去在巴黎时的长期友谊,而且也由于他们侨居海外多年,怀念祖国心切,对促进祖国法学研究的提高和发展,抱有满腔热情,晓黎小姐不仅赞助我的研究计划,而且在法国替我办妥三个月的签证,以便我能利用法文资料作比较研究。

本书出版费用得到福特基金会的资助,作者对福特基金会致力于公益事业的崇高宗旨和无私贡献的高尚风格,再次表示衷心感谢。

一九九四年九月二十日于北京

简 目

上卷

第一章	绪论	001
第二章	美国行政制度的基本原则	056
第三章	联邦政府的行政组织	089
第四章	联邦文官制度	144
第五章	州和地方政府	171
第六章	权力委任	219
第七章	调查	242
第八章	法规和制定法规	258
第九章	正当的法律程序和行政听证的权利	285
第十章	正式程序裁决（一）：正式的听证	311
第十一章	正式程序裁决（二）：证明程序	349
第十二章	正式程序裁决（三）：决定程序	374
第十三章	非正式程序裁决	399

下卷

第十四章	司法审查（一）：一般概念	419
第十五章	司法审查（二）：受理条件	447
第十六章	司法审查（三）：审查的范围	500
第十七章	政府侵权赔偿责任	544
第十八章	政府职员的侵权赔偿责任	589
第十九章	总统对行政的控制	637
第二十章	国会对行政的控制	664
第二十一章	行政公开（一）：《情报自由法》	711
第二十二章	行政公开（二）：《阳光中的政府法》和《联邦咨询委员会法》	766
第二十三章	《隐私权法》	791

附录 〔联邦〕《行政程序法》 ……………………………………… 829

《王名扬全集：美国行政法》编后记 ………………… 高家伟 849

上卷详目

第一章 绪论 …001
第一节 美国法律的渊源、技术和辅助的权威 …001
一、英国的渊源 …001
二、立法 …003
三、判例法 …011
四、立法和判例法的关系 …024
五、辅助的权威 …027
第二节 美国行政法 …029
一、概述 …029
二、美国行政法的发展 …036
三、美国的行政法学 …047
四、本书的编排 …054

第二章 美国行政制度的基本原则 …056
第一节 联邦主义 …056
一、联邦主义的意义和历史背景 …056
二、权力的分配和合作 …059
三、联邦法律效力最高原则 …062
四、充分忠实和信任原则 …063
第二节 分权原则 …065
一、分权的意义和历史背景 …065
二、宪法关于分权的规定 …067
三、形式主义的解释和功能主义的解释 …069
四、当代的分权原则 …072
第三节 法律平等保护原则 …075
一、概述 …075
二、司法审查 …078

第四节 法治原则 ·· 081
一、法治的意义和历史渊源 ··· 081
二、法治的构成因素 ·· 085
三、法治和自由裁量、法律批评以及与革命的关系 ··················· 087

第三章 联邦政府的行政组织 ·· 089
第一节 联邦政府的组织概况 ··· 089
一、立法部门 ·· 089
二、司法部门 ·· 091
三、行政部门 ·· 095
第二节 总统 ··· 096
一、总统的产生 ·· 096
二、资格和任期 ·· 098
三、总统的权力 ·· 099
第三节 总统的执行机构 ··· 112
一、总统执行机构的产生、组织和扩张 ···································· 112
二、白宫办公厅 ·· 118
第四节 内阁 ··· 121
一、内阁的性质和起源 ··· 121
二、内阁的组织和作用 ··· 122
三、内层内阁和内阁顾问会 ·· 124
第五节 部 ·· 125
一、部的作用和设立 ·· 125
二、部的组织 ·· 126
三、部长的权力 ·· 127
第六节 独立的控制委员会 ·· 128
一、独立机构的种类 ·· 128
二、独立控制委员会的起源和发展 ··· 130
三、独立控制委员会的组织和控制方法 ···································· 131
四、独立控制委员会和联邦宪法 ··· 134
五、赞成和反对独立控制委员会的理由 ···································· 137
六、对独立控制委员会工作的评价 ··· 139

第七节　政府公司 …… 141
一、政府公司产生的背景和主要业务 …… 141
二、政府公司的组织和权力 …… 142
三、政府公司的财政 …… 143

第四章　联邦文官制度 …… 144
第一节　近代文官制度的建立 …… 144
一、文官制度的意义和目的 …… 144
二、文官法的范围 …… 145
三、分赃制的兴起 …… 146
四、近代文官制度的建立 …… 148

第二节　1978年的文官制度改革法 …… 152
一、改革的需要和主要内容 …… 152
二、人事管理局 …… 155
三、功绩制保护委员会 …… 156
四、特别律师办公室 …… 157
五、高级行政职员 …… 158
六、功绩加薪 …… 160
七、劳动和管理关系 …… 161

第三节　文官制度、官僚制和民主 …… 164
一、文官制度是官僚制的一种形式 …… 164
二、官僚制的利弊 …… 166
三、民主控制官僚的权力 …… 168

第五章　州和地方政府 …… 171
第一节　州政府 …… 171
一、州在联邦制度中的作用 …… 171
二、州宪法 …… 174
三、州立法机关 …… 178
四、州司法部门 …… 183
五、州行政部门 …… 187
六、州和地方的关系 …… 196

第二节　地方政府 …… 197
一、概述 …… 197

二、地方政府的组织和职能 ································· 204
　　三、都市地区的地方政府 ··································· 212

第六章　权力委任 ··· 219
第一节　立法权力的委任 ······································· 219
　　一、联邦法院的判例和标准 ································· 219
　　二、州立法权的委任 ······································· 228
　　三、立法权力委任的控制问题 ······························· 230
第二节　司法权力的委任 ······································· 233
　　一、司法权力委任的标准 ··································· 233
　　二、民事司法权力和刑事司法权力的委任 ····················· 237
　　三、补救措施和制裁权力的委任 ····························· 238

第七章　调查 ·· 242
第一节　概述 ··· 242
　　一、调查的意义、需要和发展 ······························· 242
　　二、调查权的根据和限制 ··································· 244
　　三、强制取得信息的必要性 ································· 246
第二节　调查的方法 ··· 246
　　一、法定的记录和报告 ····································· 246
　　二、检查 ··· 248
　　三、传票 ··· 252
第三节　调查档案的公开和保密 ································· 256

第八章　法规和制定法规 ··· 258
第一节　法规概述 ··· 258
　　一、法规的意义、性质和种类 ······························· 258
　　二、法规的成立和法律效力 ································· 262
　　三、法规的修改和废除 ····································· 267
第二节　制定法规的程序 ······································· 267
　　一、概述 ··· 267
　　二、非正式程序 ··· 268
　　三、例外的程序(自由裁量程序) ···························· 271
　　四、正式程序 ··· 273
　　五、混合程序 ··· 276

六、协商程序 278
　　七、经济效益分析 279
　第三节　制定法规和行政裁决的选择 280
　　一、制定法规产生裁决的效果 281
　　二、行政裁决代替制定法规 282
　第四节　立法否决 283
第九章　正当的法律程序和行政听证的权利 285
　第一节　正当法律程序和听证、不听证及迟延听证 285
　　一、正当法律程序和听证 285
　　二、不听证和迟延听证 287
　第二节　正当法律程序所保护的利益 292
　　一、传统的特权和权利区别原则 292
　　二、正当法律程序保护利益的扩张 296
　第三节　正当法律程序所要求的听证 306
　　一、灵活适用的正当法律程序 306
　　二、必须考虑的因素 308
　　三、事先听证和事后听证 309
第十章　正式程序裁决（一）：正式的听证 311
　第一节　正式程序裁决的意义和适用的范围 311
　　一、正式程序裁决的意义 311
　　二、正式程序裁决适用的范围 313
　第二节　当事人、参加人、比较的听证和使用律师权 315
　　一、当事人和参加人 315
　　二、比较的听证 318
　　三、使用律师权 319
　第三节　听证程序的初步措施 320
　　一、通知书 320
　　二、听证的地点和性质 322
　　三、正式听证前的会议和显露案情 325
　第四节　职能分离 327
　　一、职能分离和职能合并 327
　　二、完全的分离和内部分离 329

三、联邦行政程序法规定的职能分离⋯⋯⋯⋯⋯⋯⋯⋯⋯⋯ 332
第五节 行政法官⋯⋯⋯⋯⋯⋯⋯⋯⋯⋯⋯⋯⋯⋯⋯⋯⋯⋯⋯⋯ 336
一、主持听证的官员⋯⋯⋯⋯⋯⋯⋯⋯⋯⋯⋯⋯⋯⋯⋯⋯⋯ 336
二、行政法官的权力⋯⋯⋯⋯⋯⋯⋯⋯⋯⋯⋯⋯⋯⋯⋯⋯⋯ 340
第六节 偏见和回避⋯⋯⋯⋯⋯⋯⋯⋯⋯⋯⋯⋯⋯⋯⋯⋯⋯⋯⋯ 343
一、法律上的偏见⋯⋯⋯⋯⋯⋯⋯⋯⋯⋯⋯⋯⋯⋯⋯⋯⋯⋯ 343
二、不是偏见的预定观点和事先接触⋯⋯⋯⋯⋯⋯⋯⋯⋯⋯ 345
三、必需原则⋯⋯⋯⋯⋯⋯⋯⋯⋯⋯⋯⋯⋯⋯⋯⋯⋯⋯⋯⋯ 347
四、申请回避的程序⋯⋯⋯⋯⋯⋯⋯⋯⋯⋯⋯⋯⋯⋯⋯⋯⋯ 348

第十一章 正式程序裁决（二）：证明程序⋯⋯⋯⋯⋯⋯⋯⋯⋯⋯ 349
第一节 证据的提供⋯⋯⋯⋯⋯⋯⋯⋯⋯⋯⋯⋯⋯⋯⋯⋯⋯⋯⋯ 349
一、独立的证据规则体系⋯⋯⋯⋯⋯⋯⋯⋯⋯⋯⋯⋯⋯⋯⋯ 349
二、提供证据的权利、举证责任和推定⋯⋯⋯⋯⋯⋯⋯⋯⋯ 351
三、可以接受的证据⋯⋯⋯⋯⋯⋯⋯⋯⋯⋯⋯⋯⋯⋯⋯⋯⋯ 353
四、证据的排除和特权⋯⋯⋯⋯⋯⋯⋯⋯⋯⋯⋯⋯⋯⋯⋯⋯ 354
第二节 质证⋯⋯⋯⋯⋯⋯⋯⋯⋯⋯⋯⋯⋯⋯⋯⋯⋯⋯⋯⋯⋯⋯ 358
一、质证的性质和作用⋯⋯⋯⋯⋯⋯⋯⋯⋯⋯⋯⋯⋯⋯⋯⋯ 358
二、质证的范围⋯⋯⋯⋯⋯⋯⋯⋯⋯⋯⋯⋯⋯⋯⋯⋯⋯⋯⋯ 359
第三节 证据的判断⋯⋯⋯⋯⋯⋯⋯⋯⋯⋯⋯⋯⋯⋯⋯⋯⋯⋯⋯ 361
一、证据的证明力⋯⋯⋯⋯⋯⋯⋯⋯⋯⋯⋯⋯⋯⋯⋯⋯⋯⋯ 362
二、证明的标准⋯⋯⋯⋯⋯⋯⋯⋯⋯⋯⋯⋯⋯⋯⋯⋯⋯⋯⋯ 363
三、必须具有最低限度的合格的证据规则⋯⋯⋯⋯⋯⋯⋯⋯ 365
第四节 案卷排他性原则和官方的认知⋯⋯⋯⋯⋯⋯⋯⋯⋯⋯⋯⋯ 369
一、案卷排他性原则⋯⋯⋯⋯⋯⋯⋯⋯⋯⋯⋯⋯⋯⋯⋯⋯⋯ 369
二、官方的认知⋯⋯⋯⋯⋯⋯⋯⋯⋯⋯⋯⋯⋯⋯⋯⋯⋯⋯⋯ 370

第十二章 正式程序裁决（三）：决定程序⋯⋯⋯⋯⋯⋯⋯⋯⋯⋯ 374
第一节 摩根案件的判决⋯⋯⋯⋯⋯⋯⋯⋯⋯⋯⋯⋯⋯⋯⋯⋯⋯ 375
一、第一摩根案件⋯⋯⋯⋯⋯⋯⋯⋯⋯⋯⋯⋯⋯⋯⋯⋯⋯⋯ 375
二、不探索决定者的思维过程⋯⋯⋯⋯⋯⋯⋯⋯⋯⋯⋯⋯⋯ 377
第二节 联邦行政程序法的规定⋯⋯⋯⋯⋯⋯⋯⋯⋯⋯⋯⋯⋯⋯⋯ 380
一、行政机关内部设立行政司法机构⋯⋯⋯⋯⋯⋯⋯⋯⋯⋯ 380
二、初步决定和建议性决定⋯⋯⋯⋯⋯⋯⋯⋯⋯⋯⋯⋯⋯⋯ 381

三、临时决定和免除一切事先的决定 ………………………… 383
　　四、当事人提出意见的权利 …………………………………… 384
　　五、决定的内容和形式 ………………………………………… 385
　　六、禁止单方面的接触 ………………………………………… 388
　第三节　正式程序裁决最后决定的效力 …………………………… 389
　　一、一事不再理原则 …………………………………………… 389
　　二、间接的禁止翻供原则 ……………………………………… 392
　　三、遵守先例原则 ……………………………………………… 393
　第四节　行政决定的执行 …………………………………………… 394
　　一、执行手段 …………………………………………………… 394
　　二、执行方式 …………………………………………………… 397

第十三章　非正式程序裁决 …………………………………………… 399
　第一节　概述 ………………………………………………………… 399
　　一、非正式程序裁决的意义 …………………………………… 399
　　二、非正式程序裁决的重要性 ………………………………… 400
　　三、公正的非正式程序裁决 …………………………………… 402
　第二节　自由裁量权的必要性和公正行使 ………………………… 406
　　一、自由裁量的意义和必要性 ………………………………… 407
　　二、自由裁量权的公正行使(一):传统的监督模式 ………… 409
　　三、自由裁量权的公正行使(二):公众参与 ………………… 414

第一章
绪论

第一节　美国法律的渊源、技术和辅助的权威

行政法是法律体系的一个分支,了解美国行政法必须首先对其所属法律体系的基本形式和使用技术有个概略的了解。一个法律体系由各种不同的法律规则所构成,这些法律规则是怎样产生的呢？表现的形式是什么？在哪里可以找到它们？使用的技术是什么？通过什么途径可以了解它们？这是本节所要说明的问题。本书对这个说明未作深入探讨,它只是一般常识,然而这个常识非常重要,它是学习和研究美国法律,包括美国行政法在内,必须具备的基础。由于本书的范围以联邦行政法为主,所以本节的说明以联邦法律为限。

一、英国的渊源

美国原来是英国的殖民地。英国法属于普通法体系,和欧洲大陆国家的民法体系不同,美国在殖民地时期已经接受英国的法律传统,直到19世纪下半期才摆脱英国法的影响。然而美国法律体系的基本结构和概念已由英国法律传统所决定,迄今未变,理解美国的法律体系必须以英国的渊源作为起点。①

美洲殖民地接受英国法律,不是在殖民地早期就已实现,而是在18世纪才实现,接受的内容各殖民地根据需要不一样。英国人来到殖民地的时期先后不同,宗教信仰也不一致。从17世纪初期到1776年独立战

---

① 路易斯安那州例外,该州原为法国的殖民地。19世纪初出售给美国。该州早期的法律渊源是法国,不是英国。

争爆发时，英国人在北美洲东海岸已经建立了13个殖民地，彼此独立，除共同受英国统治外，没有其他政治联系。殖民地的法律地位也不一样，有的殖民地由英国直接统治，有的殖民地享有自治权力受英国的控制较小，有的殖民地由英王特许的私人经营，这些差别决定各殖民地接受英国法律的内容不完全相同。①

英国人最初来到美洲时，没有把英国的法律全部带来，他们之中很少有法官和律师。殖民地最初所实行的英国法，是殖民地一般人民所知道的英国法，而不是内容复杂、技术性强、高度发展的英国法，殖民地人民所知道的英国法大都是英国地方法院所适用的法律，比较简单，在殖民地初期的情况下，不需要复杂的法律。殖民地的立法机关也制定了一些殖民地的法律，但都不是出自法律专家之手。这种简单的法律状况，到18世纪时已经不能维持。随着时间的进展，殖民地的人口逐渐增加，经济逐渐发展，殖民地不仅发展了内部商业，而且和英国有大量的贸易关系，早期简单的法律不能适应新的情况，所以从18世纪初期开始，殖民地大量输入英国法律，殖民地的法律学生很多人去英国留学，在殖民地出现了一批有法律专业训练的律师、法官、政治活动家。英国法律不仅保护殖民地人民的财产安全，发展殖民地的对外贸易，也是殖民地人民和英国打交道时所必须利用的工具，例如在1776年美国独立宣言中，除援引当时的自然法思想以外，也援用英国法律指责英国政府违法。英国大法学家布莱克斯通在1765—1769年间出版《英国法评论》。② 这本书在美国和在英国一样，非常流行，1771年—1772年，美国首次印刷该书③，征订购买者达1557人，这在当时是一个相当大的数字。独立战争开始时，英国法律在美国已经普遍流行。虽然各殖民地根据其本身的需要，所接受的英国法不完全一样，而且对英国法律往往作出必要的简化，然而普通法的方法，法院判决以先例为根据，上级法院在判决中所宣示的原则对下级法院有拘束力，以及普通法的基本概念为全体殖民地法院所接受。

独立以后，在短时期内，美国曾出现一股反英情绪。然而由于实际需要，这种情绪在法律界很难流行，因为除英国的法律书籍以外，美国很少

---

① 当时北美洲殖民地上，除英国人外，还有少数的荷兰人和西班牙人。然而他们没有重要的力量，殖民地由英国人统治。

② William Blackstone: *Commentaries on the Laws of England*.

③ 关于布莱克斯通的书在美国首先印刷的日期，美国书中说法不一致。本书的根据是：Lawrence E. Friedman: *A History of American Law*, 1985, p.102.

有其他国家的法律书籍,美国的法官和律师除英语以外,很少知道其他国家语言。布莱克斯通的书在独立战争前后一段时期,是美国法官和律师所唯一知道的法律书籍。因此美国法院要引用法律权威和学习外国经验时,仍然只能是英国法律。然而独立战争后对接受英国法律划出一条界线,新独立的各州只接受独立战争以前的英国法,不接受独立战争以后的英国法。因为在独立以前,殖民地是英国的一部分,独立后殖民地成为主权国家,不再受外国的支配。在独立以后,有的州在立法中,有的州在宪法中,有的州在法院的判决中,规定了接受英国法的条件。通常规定三方面的条件:

(1)接受全部英国法,包括普通法院的判例、衡平法院的判例和议会制定的法律。

(2)规定一个接受的时期,一般是1776年独立以前的英国法,不包括1776年以后的英国法。有的州可能根据其建立的日期,规定接受该州建立以前的英国法,不接受该州建立以后的英国法。

(3)英国法只在适合本州情况和符合本州立法范围内被接受,州法院和州立法机关可以根据需要,限制英国法的接受,后面这个条件是最重要的条件。

美国独立以后,英国法律不能再为美国法院援引,作为法律根据,然而这不等于说英国法律对美国法律不再发生影响。英美文化背景相同,英国法律界拥有强大的理论基础和技术力量。在19世纪前期,美国法律实际上仍然继续受英国法的影响。19世纪后期,美国由于工业和经济发展,开始成为一个工业国家,这时才摆脱英国法的影响,表现出美国法的个性。现在,美国法院不再援引英国法院判例,然而长时期的历史结合,英国法在美国法律体系中,留下了不可磨灭的痕迹,决定了美国法律体系的基本特征。

二、立法

(一)立法的意义和特点

当代美国法律最主要的渊源是立法。立法一词有两种不同的理解:狭义的理解,立法是指宪法规定的立法机关所制定的普遍适用的规则。美国联邦政府的立法机关是国会,各州也有民选的立法机关。它们制定的普遍适用的规则是狭义的立法。在近代的政治生活中,立法机关所制定的普遍性规则数量已经不多,国家机关所适用的成文的普遍性规则,绝大部分是由立法机关授权行政机关制定的,也有少数由法院制定的成文规则。从广义的理解,一切有权制定普遍性规则的机关所制定的有拘束力的规则都是立法。这是实质意义的立法,是国会和州立法机关的立法以外,其他机关的立法。本款所称立法是指广义的立法。

在美国,立法作为法律的主要渊源出现在19世纪末期和20世纪以后。在此以前,美国法律体系中的法律规范,主要由法院在审理案件的判决中产生,这是英美普通法系所使用的传统方法。由于近代生活的复杂性和变动性,传统方法不能适应新的情况,立法已成为主要的法律渊源。立法的特点是国家机关用权威性的语言、正式的记录、事先规定应当普遍适用的规则,所以立法制定的规则又称成文法或制定法。

具有立法权力的国家机关很多,每个机关只能在其权限范围以内行使立法权力,这种权力受到法院的审查。美国法院不仅审查行政机关的立法权力,而且可以审查国会和州立法机关所制定的法律,这是美国法律体系的一个特点。美国是一个联邦制国家,立法权力分别由联邦和州行使,两种立法权力可能发生冲突。为了解决联邦和州之间的法律冲突,联邦宪法规定联邦的法律效力最高,州的一切法律,包括州的宪法在内,不能违背联邦的法律。在联邦政府和州政府内部,各机关之间的立法权力有一定的等级存在,下级机关行使的立法权力不能违背上级机关的立法权力。不同机关所制定的法律规范的效力高低不同,成为法律效力的等级原则。以下按法律效力的高低分别列举美国成文法的各种形式。

(二) 立法的形式

1. 联邦宪法

从广义的理解,宪法也是立法的一种形式,因为宪法是用权威性的语言、正式的记录、事先规定普遍适用的规则。这种规则和其他法律规则的不同,在于它具有最高的效力。联邦和州的任何立法不能违背联邦宪法。

联邦宪法制定于1787年,1789年开始实施。原来只有7条,到目前为止,有修正案26条,规定联邦和州权力的分配,联邦政府的组织,公民的基本权利。宪法的修改必须有联邦和州的共同参加,由国会两院2/3多数提出建议,由3/4州立法机关或制宪会议批准。由于宪法条文简单,理解美国宪法必须依靠法院的解释。

2. 法律和联合决议

狭义的法律由国会两院制定,总统签字同意后公布。总统拒绝签字的法律案,国会可用2/3多数推翻总统的否决,否则不能成为法律。国会的立法权力主要规定在《联邦宪法》第1条第8节中。

联合决议(Joint Resolution)的成立也是由国会两院决定,总统签字同意,效力和法律相等,但是表示的方式不同。法律开始时由两院共同制定(be it enacted)。联合决议开始时用两院决议(be it resolved),联合决议的内容较法律简单。美国国会除可以通过联合决议以外,还可以通过共同决议(Concurrent Resolution)和单独决议(Simple Resolution)。这两种决议没有法律效力。共同决议由两院决定,不需要总统签字,内容为两院共同有关的事务,例如设立联合委员会等。单独决议是每院单独通过的决议,只涉及该院的事务,和他院无关。

3. 条约

条约是美国和外国签订的协定,需要参议院2/3多数同意,总统才能批准。条约的效力和法律相等。条约和法律冲突时,成立在后者有效,即条约批准在法律以前时,法律有效,条约批准在法律以后时,条约有效。

除条约外,美国总统可以和外国签订行政协定(Executive Agreement),不需要参议院的同意,行政协定的效力比条约低一级,不能违反联邦的法律。

条约和行政协定对联邦和各州全部有效。各州之间为了共同的事务,例如解决边界争端、共同开发资源,可以签订州际协定(Interstate Compact)。但必须由联邦国会批准,州际协定只对有关的州有效,不收集在联邦法典中。

4. 总统的改组计划、公告和行政命令

改组计划(Reorganization Plan)是总统根据国会授权对行政部门机关进行改组所拟定的计划。这种计划一般须报告国会,国会可以提出反对。公告(Proclamation)是总统用庄严的辞藻宣布某一事件,实际的法律效果可能不大。行政命令(Executive Order)是总统根据宪法或国会的授权所发布的普遍适用的规则。

5. 行政法规

行政法规(Administrative Rule and Regulation)是行政机关根据国会或总统行政命令授权所制定的普遍适用的规则,一般称为委任立法或次级立法。它的权力来自国会的委任或总统的委任,效力低于国会制定的法律,也不能和总统的行政命令冲突。

6. 州宪法

美国各州都有自己的宪法,有的州宪法在联邦政府成立以前已经存在。州宪法一般模仿联邦宪法的体制,但规定比联邦宪法详细。州宪法是州的最高法律。州的法律和法规不能违反州宪法,但州宪法不能与联邦的宪法、法律、法规相冲突,因为州宪法和法律的效力低于联邦法律。

7. 州法律、法规和地方政府的法令

州立法机关制定的法律效力高于州行政机关制定的法规,州的法律和法规效力高于地方政府的法令。

8. 法院的立法权力

除立法机关和行政机关行使立法权力以外,法院也可根据国会的授权具有立法权力。本节把法院的立法权力摆在最后,不是因为它的效力低于行政法规,而是因为它另成一类,必须单独列举。法院的立法权力范围很小,限于制定诉讼程序规则。美国的诉讼程序法原来援用英国普通法的规则,然而英国普通法的诉讼程序规则非常复杂,技术性强,对诉讼人非常不便。19世纪,美国开始简化英国的诉讼程序,制定美国的诉讼程序法。1848年,纽约州立法机关通过菲尔德(David Dudley Field)起草的诉讼程序法典,简化了古老的诉讼程序,使它更合理更方便。纽约州的创建很快为其他很多州的立法机关模仿。20世纪,诉讼程序继续改革,已经不是由立法机关制定法律,而是授权法院制定诉讼程序规则。就联邦政府而言,1934年国会授权最高法院制定适用于地区法院的诉讼程序规则。最高法院为此成立了一个专家顾问委员会,1938年制定了低级法院的民事诉讼程序规则。40年代,美国又依同样方式制定了刑事诉讼程序规则。直到目前,美国诉讼程序的制定和修改都由最高法院负责,各州法院诉讼程序的改革,大致模仿联邦法律。

(三) 法律的解释

成文法律都是普遍性的规则,适用于具体情况必须通过解释。怎样解释成文法呢?美国法院和律师解释成文法的技术,可以归纳如下:

1. 文义解释

解释法律的第一步是根据法律所使用的文字解释法律。普通词汇按照通常的意义解释,专门词汇按照专业的意义解释,每个词汇不能孤立解释,必须联系该词汇的上下文,和它相反的词汇比较,以及整个法律结构综合解释。

2. 立法史解释

文义解释在很多情况下不能得出确定的意义,或者不能导致合理的或公正的结果。因为任何词汇包含多种含义,而且法律本身对其将来适用的全部情况,不能事先完全预见,都包括在文字之中。通过字义解释法律受到很大限制,有时可能完全得不到可以适用的意义。在这种情况下,解释者必须探讨立法者的意图。立法者的意图通常反映在立法的过程之中,解释者可以根据制定法律的经过确定法律的意义。在立法过程中对解释法律特别重要的是法律起草和审查委员会的报告。在美国,法律草案提出以后,首先分配到有关的国会委员会审查。国会的讨论根据委员会的报告。国会所通过的法律是委员会提出的草案或修改后的草案。委员会的报告在解释法律时应当首先受到注意。

草案修改的过程和主要起草人的发言也很重要。一个法律草案的讨论,往往经过几次修改才完成最后的草案。了解修改的过程,能够帮助理解法律的意义。在国会讨论法律的过程,负责起草法律者的发言比其他国会议员的意见更为重要,因为其他议员的意见不一定会包括到法律之中。国会在起草时所举行的听证记录也可供解释法律时参考。

3. 立法目的解释

立法史的解释虽然重要也有实际困难。法官和律师不可能保有浩如烟海的立法资料,只在大城市中才能找到这类资料,有时即使利用立法资料,也不能确定法律中某项规定的意义。因为在立法当时不能预见以后的情况。某项规定如何适用,在立法当时可能完全不能想到。此外,只有美国国会保有完全的立法资料,在较小的州或地方性的立法中,不可能有完全的立法资料。在立法资料不可能利用时,解释者必须利用其他方法寻求立法者的意图,最主要的方法是根据立法目的以确定立法者的意图,因为立法者制定某个法律是为了达到某个目的。立法者的目的有时规定在法律的序言之中,有时可以利用其他文件确定。例如某项法律根据总统的咨文制定,总统在咨文中已经说明他所预期达到的目的和执行的政策。有的法律可能不能利用上述方法确定立法的目的。这时解释者必须考察制定法律以前在现实情况中存在的问题和需要分析法律中的规定,是否以上述问题和需要为对象。确定立法的目的以后,再根据立法的目的解释和适用法律。在这种解释技术之下,立法者的意图不是固定在某一特写情况,而是随着社会的发展而发展,根据当时的具体情况适用法律以达到法律所规定的目的。机械地适用法律往往违反立法的目的。根据立法目的解释法律,不是在一切情况下都能适用而完全代替其他方法。因为法律的目的有时不明确,有时不符合现在情况,有时是多方面的互相冲突。在这些情况下,如果仅根据立法目的解释法律不能得到合理的结果,立法目的解释方法必须和其他解释方法配合。

4. 遵守先例解释

以上几种解释方法对于一切国家都能适用。在英美法律体系中,解释法律还有一种特殊技术,即普通法的遵守先例原则。这个原则不仅适用于法院在无成文法时作出的判决,也适用于法律的解释。上级法院的判决对于法律的解释,下级法院必须遵守。关于遵守先例的技术将在下款讨论。

州法院在法律解释中遵守先例的范围,不限于本州法院的判例,有时也适用其他州法院的判例。因为某一州的立法可能接受其他州的立法。立法者在接受其他州的法律时,不仅接受了法律条文本身,也接受了其他州法院关于这个条文的解释,除非本州的立法机关在接受其他州的法律时,已在立法中作出限制,不适用其他州法院的解释,这时法院可以不顾其他州的判例。法院有时对其他州行政机关的解释也很重视,因为其他州的法律在其他州中由行政机关实施。行政机关在实施中作出了一定的解释,这种解释出于行政人员的经验,很有参考价值,但无拘束力量。此外,美国各州现在逐渐实施统一的法律,特别是在商业方面。对于统一的法律的解释,各州法院往往互相仿效,以求达到统一的效果。

5. 解释者的态度

解释法律不论采取哪种方法,都受解释者态度的影响。解释者根据自己的信念,或者根据法律的性质或法律中所包含的政策,对法律可以采取严格解释,限制法律的适用范围,或者采取宽大的解释,扩大法律的适用范围。在19世纪前期,美国法院崇拜普通法的传统,对成文法持不信任态度,对立法采取严格解释,缩小其适用范围,保存普通法的阵地,现在法院已经放弃这种态度。

法院在解释法律和宪法的关系时,尽量避免法律和宪法的冲突,以保存法律的效力。法院对于带有处罚性质的法律也采取严格解释,以限制行政机关的权力,保护公民的利益。从理论上说,法官对立法机关和行政机关决定的政策,不论是否赞成,必须严格执行。实际上法官和一般人一样,不可能没有自己的观点。法官对法律中的政策持赞成态度时,往往采取宽大解释,扩大法律的影响。对法律中的政策持反对态度时,往往采取严格解释,缩小法律的适用。美国最高法院对法律的解释往往带有政策性质。例如在20世纪30年代初期,最高法院不赞成罗斯福总统的新政,曾经通过解释,否决国会授权执行新政的某些法律条款。

（四）法律的公开

法律必须公开，否则不能执行。美国联邦政府法律公开的方法如下：

1. 国会法律的公开

国会所通过的法律，总统签名以后立即印成单行本公开发行，在所有出售政府文件的书店中都可买到，这是活页法律（slip laws）。一个出版公司——"国家事务处"（Bureau of National Affairs, Inc.）出版一种美国法律周刊（*United States Law Week*），登载每周国会所通过的法律。另一家出版公司"西方出版社"（West Publishing Company）每月出版一本小册子，收集该月制定的法律。每年年终时，全年的小册子合订成为一册，称为《美国法典国会和行政消息》（*United States Code Congressional and Administrative News*）。此外，每年年终，联邦登记处（Office of Federal Register）把全年会议期间出版的活页法律按先后次序排列，编成法律汇编（statutes at large）。1936年以前的法律汇编包括每届国会在两年期间所制定的法律。① 1936年以后，每届国会在两年期间所制定的法律分为两期发行，每一年会议所制定的法律成为一期法律汇编。法律汇编由于按法律制定的时间排列，没有进行分类，所以同一法律可能登载在几个法律汇编之中。例如1910年制定的法律，1915年修改一次，1925年又修改一次。这个法律将登载于三个汇编之中，幸而汇编后面附有索引，指明该法律和以前法律的关系。

由于按法律制定的先后次序公开法律的方式不能概括某一法律的全貌，国会寻求更好的公开方法。法律的公开必须符合下述条件：(1) 经过修改的法律必须校勘原来的法律和以后的修改，删去其中取消的部分，增加其中新添的部分，以及反映词语的改变，使它成为一个法律；(2) 关于某一题材的全部法律概括在一类之中；(3) 删去已经取消的或过期的法律。这个工作美国称为法典编纂。美国的法典编纂实际上是法律的分类汇编，不是把法律组织成为一个严谨的系统。

联邦国会第一次法典编纂在1866年开始，1875年完成，产生了1875年的修订版法律（Revised Statutes of 1875），包括从1789年第一届国会开始到1873年为止国会制定的有永久性而现在仍然有效的公共法律（public laws），删去了已经废除的法律。全部法律按其题材分为篇和章（title and chapter）。1878年举行编纂第二届修订版法律。这次修订版的活动

---

① 美国国会每届期间为2年。

未经国会批准,不能认为是正式法典。

1878年以后,法典编纂工作暂时停止。直到1928年,在国会两院的赞助下,发行了第一版《美国法典》(United States Code)。包括收集在1875年修订版中而在1928年仍然有效的公共法律,以及1873年以后国会所制定的仍然有效的公共法律。全部法律按其题材分为50篇,每篇为一大类,篇以下分为章,章以下分为节。1934年出版《美国法典》第二版,以后每六年新版一次,删除已废除的法律,补充新增加的法律。在两次法典之间所制定的法律,每年出版一次补充材料。全部补充材料编入下版法典中。

美国法典是国会编纂的法律分类汇编,没有注解,法律的词语不可能全部都很清楚。为了理解法律的意义,必须具有法院的解释,这种解释和法律本身同样重要。为了满足这个需要,一家私人出版公司,西方出版社,出版了附注解的《美国法典》。篇章排列和官方的美国法典相同,但是包括解释法律的判例摘要,每次修改的日期,以及和其他法律的关系。

2. 行政部门法规的公开

行政机关所制定的法规,在1936年以前,没有强制公开的要求,也没有登载行政法规的政府公报,情况相当混乱。公众在采取某种行动时,往往不知道是否符合政府的规定。1935年,国会制定了《联邦登记法》(Federal Register Act),规定行政机关制定的法规必须在联邦登记上公布,才能实施。这个法律从1936年起实行,主管联邦登记的机关是联邦登记处,处长是最高负责人。联邦登记处目前是国家档案和记录局所属的一个机构,这个局是行政部门的一个独立机构,不受任何部的领导。联邦登记除星期六、星期日及假日外,每天发行一次,刊登总统的命令和公告,行政机关制定的法规、法规的修改,行政机关要求公众提供意见的法规草案,行政机关制定的其他具有法律效力普遍适用的文件以及法律规定的其他必须登载的政府文件。

联邦登记是行政法规公开最主要的政府公报,它所发布的法规按时间先后刊登,没有进行分类。它的缺点和法律汇编一样,一个经过几次修改的法规,分别登载在不同的联邦登记上面,查阅时不方便。为了补救这个缺点,联邦登记处发行一套行政法规分类汇编,称为《联邦法规法典》(Code of Federal Regulations)。每年发行一次,收集当年全部有效的行政法规。法典分为50篇,每篇为一大类,有些篇的名称和美国法典相同,有些篇不同。每一篇分为若干章,每一章收集某一机关发布的和该篇有关的全部法规。例如第五篇人事行政,第一章人事管理局,第二章功绩制保护委员会,第三章管理和预算局……各章之下收集该机关制定的人事法规。章以下分为部分(parts),每一部分收集某一方面的法规。全部法规每年修改一次,按季度的进展逐篇修改。

总统的改组计划、公告和行政命令除登载在联邦登记和联邦法规法典以外,也登载在私人出版社所发行的《美国法典国会和行政消息》之中。总统的改组计划和公告还登载在法律汇编中,但法律汇编不登载总统的行政命令。改组计划也登载在《美国法典》第5编附录中。此外,专门登载总统文件的还有《总统文件每周汇编》(Weekly Compilation of Presidential Documents)。该刊登载的范围不限于行政命令和公告,包括总统发布的其他文件。

3. 政府机构的公开

和法规公开有密切联系的是政府机关的公开。这个公开发表在《美国政府手册》中(The United States Government Manual)。手册每年出版一次,登载全部政府机关的组织、职权,指出规定该机构成立的法律,主要的活动,主要负责人员的姓名和电话,以便公众联系。手册的记载也包括国会和法院,重点是行政机关。

4. 法院制定的诉讼程序规则

法院制定的诉讼程序规则,由各法院印成单行本发行,也公开在报道法院判决的案例汇编中,和附注解的美国法典中。联邦登记和联邦法律汇编不登载法院的诉讼程序规则。

三、判例法

(一) 意义

判例法(Case Law)是指法院的判决构成先例(precedent),本法院和下级法院以后遇到同样案件,必须按照先例判决。先例代表一个法律规则。这个规则不是立法机关制定的,而是法院在判决中产生的,所以称为判例法,以和立法机关制定的法律相区别,后者称为成文法,判例法又称为不成文法或法官制造法。

在英美的法律体系中,法院的判决产生两种法律效果:(1) 解决一个争端。当事人之间的争端经过法院判决,在这个判决不能再上诉时就已经最终解决。当事人之间对于同一问题以后不能再进行争议,判决的这种效果称为判决的既判力(res judicata)。既判力的效果不仅英美法律承认,欧洲大陆国家的法律同样承认,这是一个具有普遍性的法律原则。(2)构成一个先例。在英美,法院的判决还发生另外一个效果,超过当事人之间的范围。它建立一个先例,以后遇到同样的案件必须作出同样的判决,称为遵守先例原则(stare dicisis)。遵守先例是英美法系所特有的制度。大陆法系国家的法院对于以前的判决认为合理时,也往往遵守,但不是法律的要求,而是由于以前判决的说服力量。而在英美法系国家,遵守先例是一个法律原则,是判例法的核心。

(二)遵守先例

1. 重要性

遵守先例原则产生于英国。英国的普通法和衡平法都由法院的判例产生,不是由立法机关制定的。遵守先例是英国法律产生和发展所使用的传统方法。美国接受英国的法律传统,也接受了遵守先例原则。美国在19世纪中期以前,立法程序没有展开,法律的产生和发展主要通过法院的判决,判例法是最主要的法律渊源。从19世纪后期以来,立法程序展开。在当代,立法是最重要的法律渊源。然而判例法的重要性没有减少。因为成文法不完备时由判例法补充,成文法在适用时必须通过解释。法院对成文法的解释也构成判例法的一部分。

美国法院遵守先例,不仅因为它是传统的制度,也因为它在今天继续发生有益的作用:

(1)遵守先例可以保障法律的平等适用,对同样的情况适用同样的判决。

(2)遵守先例可以加强法律的预见性,个人在采取行动以前已经预知法律的效果。

(3)遵守先例可以节省法院的时间,法院按照先例判决可以减轻法官的工作量。

以上看法有一定的理由,但很难说是全面的,后面的说明可以看到这个问题。

2. 适用的范围

遵守先例只在一定的范围以内适用。首先是空间范围。法院的判决只对本院和在本法院管辖范围内的下级法院构成先例,对不在本法院管辖范围内的其他法院不构成先例。例如纽约州上诉法院的判决,对与其相邻的新泽西州不构成先例。如果纽约州上诉法院的判决非常合理,对其他州的法院可能有参考价值,没有拘束力量。按照遵守先例原则,下级法院必须遵守上级法院的先例。如果下级法院认为上级法院的先例不合理时怎么办呢？这时下级法院可以采取下述任何一种办法：

（1）按照上级法院的先例判决，由上级法院在当事人上诉时自己矫正过去的先例。

（2）不遵守上级法院的先例，按照自己的观点判决。这种情况只发生在下级法院具有信心，认为这个案件即使在当事人上诉时，上诉法院也会改变过去的先例的时候。

（3）区别本案件的事实和上级法院过去判决的案件中的事实，由于两个案件的事实不同，所以上级法院的先例不能适用于本案件。这种办法是下级法院通常采取的方法。

美国是一个联邦国家，遵守先例原则在适用时，必须区别联邦法院的先例和州法院的先例。适用联邦法律时，联邦最高法院的判决对全部联邦法院和州法院都构成先例，联邦法院在适用州法律时，必须遵守州法院所树立的先例，联邦最高法院也不例外。因为联邦最高法院只是联邦法律的最高法院，不是州法律的最高法院。

遵守先例原则没有时间的范围。然而先例不因此而可以永远存在。一个先例是在一定的情况下产生的。如果以后情况改变，继续适用先例成为不合理时，在这种情况下可以改变或者推翻以前的先例。联邦最高法院一向认为不受先例的绝对拘束，可以改变先例。英国上议院比较保守，认为先例有绝对的拘束力量。直到20世纪60年代，英国上议院才改变观念，承认可以推翻或改变自己的先例。美国法院虽然比英国法院容易改变先例，然而美国法院对改变先例的态度非常慎重，只在非常必要时才改变先例，因为先例和成文法一样本身包含着一个矛盾，同时追求稳定性和适应性，必须二者兼顾。美国最高法院对不合理的先例，通常采取的方法不是推翻，而是搁置不用。先例没有被取消，而是不再发生影响。在必要时，国会可以制定法律改变法院的先例。

3. 构成因素

遵守先例原则的核心问题是什么东西构成先例，一个判决不是全部内容都构成先例，下级法院不是对上级法院的每一句话都必须遵守。判决中哪一部分构成先例呢？一个判决是一个决定，一个决定不能出于法官的武断任意作出，必须具备充分理由，符合公正原则。法官用以支持其判决所必不可少的理由，英美法上称它为判决的理由（ratio decidenti, holding）。判决的理由构成这个判决的先例，对下级法院具有拘束力。除判决的理由以外,判决中可能还包括其他一般性的法律理由,或解释性的法律理由,可以帮助判决理由的形成和理解,本身不构成判决的理由。英美法律称判决中一般性的理由,不是支持判决的直接、绝对必要的理由为附带的意见(obiter dicta)。附带的意见只有参考价值,没有拘束力,不构成先例。如果在以后的案件中,上级法院采用原来的附带意见作为支持判决的直接理由时,原来的附带意见就发展成为判决的理由而取得先例地位。

4. 适用的技术

一个先例是对一定的事实的判决,适用于以后案件中同样的事实。英美法律推理的过程是从案件到案件,一个先例在适用前必须比较后来案件中的事实是否属于原来案件中所判决的同样的事实。在适用先例时,案件中的事实(facts of a case)成为关键性问题。美国的法官和律师充分利用这个推理技术,决定应当适用的先例。由于没有两个案件的事实完全相同,律师在诉讼程序中尽量把自己案件中的事实,和对自己不利的以前案件中所判决的事实相区别,避免适用不利的先例。相反,尽量把自己案件中的事实和对自己有利的以前案件中所判决的事实相等同,以求适用有利的先例。法官认为以前的先例不合理时,尽量区别其和当前案件的事实不同,因而不能适用。通过这个方法,先例没有取消,实际等于废除。相反,认为以前的判例合理时,尽量把当前案件中的事实和以前案件中所判决的事实结合在一起,扩大先例的适用范围。适用先例可以说是一种技术,而不是科学的知识。当然,这种技术的灵活性,只能在一定的范围以内存在,不是漫无边际,不能因此完全否认英美法中先例原则的价值。然而由于这种灵活性的存在,而且是不可缺少的灵活性,至少对英美法中遵守原则所推崇的预见性打了一个折扣。

遵守先例原则是对已经发生的事实的立法。由于当事人在行为时没有预见可以适用的法律,所以遵守先例原则只能作为一种补充的立法技术。因为任何法律不可能没有缺漏,必须由法官发挥创造力补充立法的不足,这是遵守先例原则有价值的部分。大陆法系解决这种需要的方法使用另外一种技术,即法官用普遍性的法律原则补充立法的不足,而先例只有说服力量,没有拘束力量。① 然而不能忽略当代社会的特点是变迁迅速。过去的先例,成立不久便已失去存在的基础。遵守先例原则在当

---

① 参见王名扬:《法国行政法》,北京大学出版社 2007 年版,第 13、165—166 页。

代社会中,在多大范围内仍然能够发挥作用,值得考虑。

5. 权威性的大小

美国法院的一切判决不是都有先例的权威。先例的权威也不是完全相等,先例权威性的大小受很多因素的影响。法院地位的高低首先影响先例的权威。地区法院的判决很少公开发表,没有公开发表的判决外界无从知悉,不能作为先例。少数地区法院的判决,即使公开发表,适用的范围也很小,权威性不大,对于研究工作来说无关紧要。上诉法院和最高法院的重要判决,特别是带有原则性的判决都公开发表,具有先例作用。

最高法院判例的权威性高于上诉法院的判决。后者的判决只在最高法院对相同的事项没有作出判决时,才具有权威性。最高法院的判决也不是全都具有相同的权威性。最高法院有九名大法官,根据多数大法官的意见作出判决。多数大法官的比例可能是 7∶2,可能是 5∶4,或者其他不同的数目,赞成一个判决的大法官数目越多,这个判决的权威性也越大。最高法院的判决虽然是多数大法官的意见,通常由一名大法官撰写,撰写判决理由书的大法官,可能是当时有地位的大法学家,也可能是一般的大法官。大法学家所撰写的理由书,权威性大于一般大法官所撰写的理由书。在最高法院多数派大法官中,可能有个别的大法官赞成多数派的结论,不赞成其他多数派大法官的理由,可以单独撰写一个赞成的理由发表。多数派法官所持的理由不一致,在一定程度上可能削弱判决的权威性。支持判决的理由可能只有一个,可能同时有几个理由。一个理由足以支持的判决,它的权威性大于几个理由的判决。几个理由同时支持一个判决时,有时必须几个理由联合才能支持一个判决,其中任何理由单独存在不能作为权威。有时几个理由分别都能支持,这时任何理由单独存在的权威性不能和几个理由同时存在相等。在美国法院的判决中,少数派法官或反对派法官的意见也必须公开发表。有时少数派法官的理由具有强大的说服力,虽然在这次判决中没有被采纳,在将来的判决中可能被采纳作为判决的理由。在这种情况下,多数派判决的权威性也因此受到一定的影响。一个判决的权威性也因反对派法官的态度而不同。反对者的态度越坚强,判决的权威性也越削弱。

(三) 案例汇编

由于美国法律使用遵守先例的技术,法院的判决必须公开发表才能作为先例,所以判决的公开特别重要。美国公开法院判决的方法是使用各种案例汇编,其中收入公开发表的法院判决。知道如何利用案例汇编,对学习和研究美国法律特别重要。欧洲大陆国家的案例汇编远远没有美国这样复杂和多样化。美国的案例汇编有的是法院主编的正式版案例汇编,有的是私人出版社编辑的案例汇编。后者附有解释,质量一般优于前者。美国的案例汇编太多,下面介绍的联邦法院和州法院的案例汇编是最主要的经常被引用的案例汇编。

1. 联邦最高法院的案例

联邦最高法院附有理由说明的全部判决,收集在三种案例汇编之中。一种是法院主编的案例汇编,其余两种是私人出版社主编的案例汇编,分别说明如下:

(1) 美国案例汇编。《美国案例汇编》(United States Reports)是政府主编的案例汇编。引证该汇编时,写 U.S. 两字母,不用写全名。汇编开始的时期是1790年,最初几期①,不只收集美国最高法院的判决,也收集有宾夕法尼亚州法院的判决。第1期全部为宾夕法尼亚州法院的判决,从第4期开始全部为最高法院的判决。在第91期以前(1875年10月以前),各期都使用编者姓名,称为某人的案例汇编,例如 Dallas(Dall.)案例汇编,Wallace(Wall.)案例汇编②,从第91期开始(1875年10月以后),称为美国(U.S.)案例汇编,不再使用编者姓名。以前使用编者姓名的案例汇编,按其先后次序排列成为美国案例汇编。例如 Dallas 主编的1—4期(1789—1800年)成为美国案例汇编的1—4期。Wallace 主编的案例汇编第23期(1874年)成为《美国案例汇编》第90期。引证90期以前的案例时,有时只写编者姓名,例如1803年的马伯里诉麦迪逊案,收集在 Cranch 主编的案例汇编第1期中。从137页开始,引证时写为:Marbury v. Madison,1 Cranch 137(1803),也可以写美国案例汇编,在括弧内附上编者姓名,例如上述案件的写法为:Marbury v. Madison,5 U.S.(1 Cranch)137(1803)。因为 Cranch 案例汇编第一期,按次序排列,成为《美国案例汇编》第5期。

最高法院的工作从每年10月开始,到次年6月或7月结束。案件先

---

① 一期是法院每年案例的装订册。在最初阶段,可能几年只出一期,后来案件增加,每年可能出两个或更多的装订册。

② 1875年10月以前共有7个编辑人,他们是:Dallas(Dall.)1789—1800年,共4期;Cranch(Cranch)1801—1815年,共9期;Wheaton(Wheat.)1816—1827年,共12期;Peters(Pet.)1828—1842年,共16期;Howard(How.)1843—1860年,共24期;Black(Black)1861—1862年,共2期;Wallcae(Wall.)1863—1874年,共23期。

用活页形式单独发行,全年的合订本称为《美国案例汇编》。目前,每个工作年的案件大约有3册或4册,每册都在1 000页以上。国家事务处公司出版的美国法律周刊登载最高法院最新的判决。

(2) 最高法院案例汇编。《最高法院案例汇编》(*Supreme Court Reporter*)是由私人公司西方出版社主编的案例汇编。引证时写 S. Ct.,不写全名。这套汇编收集的最高法院案件是从正式汇编106期(1882年10月)开始的案件,不包括1882年10月以前的最高法院案件。在最高法院工作期间,主编公司每两周报导一次案件,全年合订成2册或3册。这套汇编对最高法院的判决加以分析,附上小标题,指出其中的法律问题和事实问题,能够帮助读者理解。

(3) 美国最高法院案例汇编,律师版。《美国最高法院案例汇编》,律师版(*United States Supreme Court Reports*, Lawyer's Edition)是由律师合作出版社(Lawyer's Co-operative Publishing Co.)和另一家私人公司(Bancroft-Whitney Co.)编辑的,引证时写 L. Ed.。这套汇编分为两辑,第1辑包括的是《美国案例汇编》第1—349期中的案件,第2辑中包括从《美国案例汇编》350期以后的案件。引证第2辑中各期时,要写 L. Ed. 2d。这套汇编对最高法院的判决加以分析,附上编者的小标题。对于重要的案件在附录中加以评论,每篇评论是一篇论文,对理解案件的意义和影响很有帮助。

美国书刊在引证最高法院案件时,通常引证美国案例汇编,在引用非正式汇编时,同时引证3个案例汇编,例如 Morgan v. United States, 298 U. S. 468, 56 S. Ct. 906, 80 L. Ed. 1288(1936)表示摩根诉美国,收集在《美国案例汇编》第298期,468页开始,《最高法院案例汇编》第56期,906页开始,《美国最高法院案例汇编》,律师版第80期,1288页开始。1936年最高法院判决。

2. 联邦上诉法院

美国有12个巡回区上诉法院和一个全联邦的上诉法院。① 上诉法院的判决没有正式的案例汇编。1800年以前,上诉法院的判决分别散布在很多不同的汇编之中。1800年,西方出版社收集和重印了1800年以前公布的全部上诉法院判决,共31册,称为联邦案件(Federal Cases),不是按案件的时间先后排列,而是按英文字母的次序排列。这套汇编是现在

---

① 参见本书第三章第一节二:司法部门。

寻找1800年前上诉法院判决最方便的书。

从1800年开始,西方出版社开始《编辑联邦案例汇编》(Federal Reporter),引证时写 F. 。1932年以前,《联邦案例汇编》除收集上诉法院的判决以外,也包括少数的联邦地区法院的判决。《联邦案例汇编》共分两辑,从1—300期为第1辑,以后为第2辑。第2辑仍然从第1期开始排列,称为第1辑第1期。引证第2辑时写F.2d,并在括弧里指出是哪个上诉法院。例如 New Jersey v. Department of HHS, 670 F. 2d 1262(3d Cir. 1981)表示新泽西州诉卫生和公众服务部,收集在《联邦案例汇编》第2辑670期,从1262页开始,第三上诉法院1981年判决。

3. 联邦地区法院

联邦地区法院是联邦的基层法院。美国基层法院的判决很少公开发表,因为它们很难作为先例,所以联邦地区法院公开发表的判例非常有限。从1932年起,少数地区法院的判例发表在西方出版社的《联邦补充案例》中(Federal Supplement)。引证时写 F. Supp. ,例如 Consumers Union v. VA, 301 F. Supp. 796(S. D. N. Y. 1969),表示消费者联合会诉弗吉尼亚州,收集在《联邦补充案例》301期,从796页开始,纽约州南部地区法院1969年判决。没有公开发表的案例,有时收集在商业公司的电脑法律资料库中。

4. 联邦专门法院

有些联邦专门法院自己编有案例汇编。例如索赔法院、美国国际贸易法院、美国税务法院都自己出版案例汇编。西方出版社还编有《破产案件汇编》(Bankruptcy Reporter),《军事案例汇编》(Military Justide Reporter)。

5. 州法院的案例汇编

(1)州案例汇编的种类。美国各州都有一个最高法院,名称不一定相同,有的州称为上诉法院,有的州称为最高法院。大部分州还有一个介于最高级法院和州基层法院之间的上诉法院。有的州称为上诉法院,有的州称为上诉庭。州案例汇编收集州上诉法院和州最高法院公开发表的判决。州的基层法院的判决,除极少的几个州,例如纽约州、俄亥俄州、宾夕法尼亚州,除有选择的公开少数案件以外,其他的州都不公开发表基层法院的案件。

在过去,所有的州都有正式的案例汇编,由州法院编辑。现在有些州由于节省经费和劳动力,已经放弃正式的案例汇编,依赖私人出版社的案例汇编作为公开案例的方法。有的州承认私人出版社的案例汇编等于正式汇编,有的州没有正式承认,实际上也依赖私人出版社的案例汇编。私人出版社出版的非正式汇编,质量高于正式汇编,因为私人出版社出版迅速,附有解释,而且有时包括正式汇编所没有的案件。在美国,州的案例汇编主要利用西方出版社的全国案例汇编系统。另外,律师合作出版主编的只选择登载部分案件的美国法案例汇编,也受到重视。

(2) 全国案例汇编系统。全国案例汇编系统(The National Reporter System)是西方出版社在19世纪70年代末建立的。其中包括三个部分:联邦法院案例汇编、州法院案例汇编、专门法院案例汇编。关于联邦法院案例汇编和专门法院案例汇编,上面已经说明。下面说明州法院的案例汇编。

全国案例汇编系统把全国各州分为7个区,它们是太平洋区(Pacific)、西北区(North Western)、西南区(South Western)、东北区(North Eastern)、大西洋区(Atlantic)、东南区(South Eastern)、南部区(Southern)。每一区中包括互相邻接的几个州。每一区出版一个案例汇编,包括该区中高级法院公开发表的案件。纽约州和加利福尼亚州的案件,除包括在其所属的区域汇编以外,还另有只包括该州的案件汇编。它们是纽约州的增加的案例汇编(New York Supplement),和加利福尼亚州案例汇编(California Reporter)。区域汇编对于每个案件的理由都附有编者的分析和小标题,指出其中的法律问题和事实问题。对小标附有钥匙号数。[①] 每卷前面列表记录该卷案例中所涉及的法律条文和法律词语。每卷后面附有同一法律论点在该卷不同案件中的说明摘要(Key Number Digest)。最先出版的区域案例汇编是1879年的西北区案例汇编。在不到10年期间,陆续扩大到全部其他区域。在引证州法院的判决时,如果该州有正式的案例汇编,必须把正式汇编放在非正式汇编前面,例如 *City of NewYork v. Baker*,46 N. Y. 2d 790,386 N. E. 2d 825,413 N. Y. S. 2d 913(1979),表示纽约市诉贝克,收集在《纽约州案例汇编》第2辑第46期,从790页开始,《东北区案例汇编》第2辑第386期,825页开始,《纽约州增加的案例汇编》第2辑413期,从913页开始,1979年判决。在这个引证中,《纽约州案例汇编》是正式的汇编,后面两个汇编是西方出版社编的非正式汇编。

(3) 美国法案例汇编。律师合作出版社主编的《美国最高法院案例汇编》,已在前面说明。律师合作出版社对州法院的判决也出版一套案例

[①] 关于钥匙号数的意义,看后面案例分析摘要的说明。

汇编,称为《美国法案例汇编》(American Law Reports),引证时写 A. L. R.。这套汇编的特点,首先是在经过选择的基础上,登载州高级法院的判决。编者认为,美国法院每年作出的大量判决,大部分适用已经确定的法律,对律师没有意义。律师所要知道的判决是创立新法律,改变过去的法律,或表示发展趋势的判决。编者根据这个观点选择登载州高级法院一部分判决。其次,这套汇编对每个案件附有非常详细的说明,阐明案件中全部法律问题,以及以前对这些问题的全部判决。每篇说明是一篇论文,很有参考价值,例如 1973 年弗吉尼亚州高等法院的一个判决(Gumenick v. United States),本身只有 10 页,而评论达到 222 页。联邦上诉法院的判决,原来和州高级法院的判决一起登载,从 1969 年起分开,出版了《美国法案件汇编联邦法院案件》,选登联邦上诉法院的判决,引证时写 A. L. R. Fed.。

6. 行政机关的裁决汇编

美国很多行政机关具有司法权力,能够裁决法律争端。遵守先例原则对行政机关不适用,但行政机关也不是任意变更以前裁决中的原则。有些裁决数量多的机关,例如国家劳动关系委员会、州际商业委员会、联邦贸易委员会、联邦证券交易委员会都公开发表它们的裁判汇编。

(四) 案例的分析摘要

1. 案例分析摘要的意义

上面所说的案例汇编是把各个案件,按照时间的先后汇编在一起。如果研究人员和律师想知道的不是某个案件,而是某个法律问题,例如研究人员或律师想知道一个官员误写了收信人的地址,收信人因此受到损失。美国法院对国家和官员的责任如何判决,这时就要利用按法律问题编辑的判例汇编,而不能利用按时间次序排列的案例汇编。一个案件经常包括不同的法律问题,编辑人员对案件中的法律问题进行分类,分开不同的法律问题,把不同案件中相同的法律问题汇合在一起,由此看出同样一个法律问题,不同的法院如何判决。在分析案件中的法律问题时,分析者不是把案件中关于这个问题的长篇大论,完全照抄,而是用一句话或几句话概括说明某个案件中对某个法律概念的观点,把同一法律概念在不同案件中的观点汇编在一起,美国人称这种汇编为案例的分析摘要(Digest of Cases)。

2. 案例分析摘要的范围和方法

案例分析摘要的范围有广有狭。有的分析限于某一法院的案例,例如对联邦最高法院或某州最高法院的案例进行分析；有的分析包括某类法院的案例，例如对联邦上诉法院的案例进行分析；有的分析以某一地区，例如东南区、太平洋区的法院的案例作为对象。范围最广的分析是西方出版社编辑的美国案例分析系统（American Digest System）。它的分析范围是它所出版的《全国案例汇编系统》中的案例。上面已经看到全国案例汇编系统的范围包括全国全部法院在内，所以美国案例分析系统是对全国案例的分析。

分析的方法也不一致，有的是按法律的词语和词组（words and phrases）进行分析和概括，因为词语和词组代表不同的法律概念。美国案例分析系统所采用的方法是钥匙号数分析法（Key Number System）。这种方法首先把全部法律分为七大类（categories），它们是：人法、财产法、合同法、侵权行为法、刑法、救济法、政府法。然后把每一类分为不同的项目（topics）。现在共有四百多个项目。然后把每个项分为不同的法律论点（points of law）。每个法律项目可能包含几个或几百个法律论点，每一法律论点代表一个基本的法律概念。随着法律的发展，法律项目和法律论点可以增加，可以取消。每一法律论点给予一个号数，称为钥匙号数（key number）。在分析某一案件时，先通读该案的理由部分，区别其中相同的法律论点和钥匙号数，不同的法律论点和钥匙号数，把案件每个法律论点用一句话或几句话概括，然后把全案中相同的钥匙号数和其他案件中相同的钥匙号数的全部概括，汇集在一起，每月出版一分册，全年合订为一册或几册装订本，10年为一大单位。每册的目录按字母顺序排列项目，然后在每一项目之下，按先后次序排列钥匙号数，指出每一钥匙号数在每册中的页数。利用这种分析方法，研究人员很快能够看到某个法律论点在某一时间之内的全部判例。

案例分析摘要只罗列各个法院对某一法律论点的摘要，没有任何解释。研究人员和律师必须从大量的摘要中，自己得出结论。编者对案件的分析摘要，虽然对使用者可以提供很大的帮助，但不一定全都正确，使用者根据摘要的记录，必须自己判断核实。

（五）谢泼德引证

1. 案例和立法的变迁和现况

案件作为先例具有拘束力量的先决条件是案例本身必须处于有效状况，在其有效范围之内，才对其他案件具有权威性质。然而一个案例不是始终处于固定状态，它是一个发展中的实体。一个案件判决以后，可在上诉程序中被推翻、被改变。也可能为后来的其他案件所推翻,或扩大其适用范围,或缩小其适用范围,或受到其他判决的批评。一个律师在寻找先例时,首先要在大量的先例中找出和当前案件相似的先例,其次要确定这个先例是否仍然有效,以及效力的范围如何。

一个法律条文有权威性,具有拘束力量,也和先例一样,必须处于有效状态。法律又是处于变迁和发展状态的。法律制定以后,可能经过修改,可能已经废除,可能已为其他法律所代替,不仅以后的立法行为可以影响法律的效力,司法行为也可以影响法律的效力。法院可以宣告某项法律无效、部分无效,或者经过审查以后,承认法律符合宪法。

在美国,搜集和记载案例和法律的发展和变迁状况的工具书籍是《谢泼德引证》(*Shapard's Citations*)。这套引证书对案例和法律条文逐案逐条引证,表示其发展和现状。

2. 谢泼德引证的系统和单位

谢泼德引证分为三个大系统:即案例引证(Case Citations),成文法引证(Statute Citations)和按题材的引证(Citations by Subject)。案例引证和成文法引证又分为联邦部分和州部分。前者引证的案例和法律为联邦各级法院的判决和国会的立法,后者引证的案例和法律是州法院的判决和州立法机关的立法,包括市政府的法令在内。联邦案例的引证分为联邦最高法院的判决的引证、联邦上诉法院的判决的引证,和少量的地区法院的判决的引证。影响联邦法院案例的发展和变迁的其他案例,不限于联邦法院的判决,也包括州法院的判决在内,例如联邦最高法院的案例,不仅为最高法院以后的判决所发展,也在联邦上诉法院和州法院的判决中得到发展。谢泼德引证对最高法院案例引证的范围,根据《美国案例汇编》逐案引证;对上诉法院和地区法院案例引证的范围,根据《联邦案例汇编》和《联邦补充案例汇编》逐案引证;对《联邦宪法》逐条逐节引证;对其他法律,根据《美国法典》逐篇、逐章、逐节引证。

每州的判例单独成为一个引证单位,50个州就有50套谢泼德引证。像纽约这样的大州,分为几个引证单位。州案例引证的范围,根据西方出版社编的区域案例汇编,逐案引证。每州的宪法都是逐条逐节引证。对成文法的引证,根据各州的法典逐编逐章逐节引证。

3. 谢泼德引证的项目

案例引证的项目包括:

(1) 同一案件平行的记载。因为一个案件记载在几个汇编之中,例如联邦最高法院的判决记载在三个汇编之中,州法院的判决同时记载在州的案例汇编和区案例汇编之中。

(2)案件本身的历史,包括案件判决以后是否上诉,上诉法院的判决是维持、推翻、部分维持、发回重审等,引证必须指出上诉法院的名称和收集判决的汇编。

(3)每个案例以后的发展,包括本法院、联邦及州的其他法院在以后的案件中对这个案例的态度。例如接受、批评、推翻、部分接受,利用谢泼德引证,一个案例的发展和现状一目了然。州的案例引证有时还包括州司法部长对案件的意见,和全国著名的法学杂志对案件的评论。

法律引证的项目包括法律是否修改或废除、法律修改或废除的原因、登载的文件、法院在司法审查中对该法律效力的判决。在州法律的引证中,往往包括学术杂志的评论。

以上这些项目的引证完全用字母、数字和符号表示,没有文字记载。使用谢泼德引证,必须先看说明,弄清数字和符号的意义,否则这是一套无字天书,无法理解。为了了解案例和法律的最新发展,使用者还必须注意对各种引证定期增加的补充案例和法律。

按题材的引证包括的单位很多,不能一一列举。例如有联邦劳动立法引证、能源立法引证、破产立法引证,等等。

(六)电脑法律资料库

近代科技的成果广泛用于法律资料的储存、检索和使用,最主要的途径有电脑资料库和缩微影片,后一途径主要用于立法资料、不易得到的法律书籍和篇幅太多的法律资料的储存和使用。法院的案例和法典主要储存于电脑资料库中,电脑资料的优点是储存量大,常常储存没有印刷资料的案件,储存迅速,法院判决公开发表后一两天内已经储存于电脑资料库中。美国有些政府部门,例如司法部、国防部,设立有专供本部使用的电脑法律资料库。私人设立的商业电脑法律资料库很多,其中最大的两个电脑法律资料库系统是 Lexis 和 Westlaw。它们储存有联邦和州的宪法、法典和法院的判例。Lexis 储存的行政资料超过 Westlaw。Westlaw 储存的案例资料根据西方出版社的案例汇编,附有解释和说明。除案例和法典以外,它们还储存有法律杂志和书籍资料,以及某些外国的法律资料。它们在商业的基础上,和某些法学院图书馆和律师事务所的终端机连接。

四、立法和判例法的关系

美国法律体系中,立法和判例法这两个渊源之间的关系如何?这个问题对美国来说特别重要。在欧洲大陆国家,判例法的作用不大,立法是主要的法律渊源,不发生立法和判例法之间的关系问题。在美国,由于判例法的地位重要,又由于分权学说,国会和法院的权限独立,彼此不能侵犯,所以立法和判例法的关系问题比其他国家复杂。这个问题在今天不能说已经完全解决,然而发展的趋势非常明显,立法的效力优先于判例法,不仅明文规定的法律如此,而且默示规定的法律也如此。

(一)传统的观点和当代的社会

在英美传统的法律思想中,判例法是法律体系的主体。立法是外来之客,在很多时候出于政治动机而采取,只有零散的和临时的存在,没有重要的作用。立法适用的范围受到限制,法院对立法条文采取严格解释,缩小成文法的影响。从历史上看,英国的普通法和衡平法都由判例产生。自从16世纪以来,在很长的时间,英国法律界把普通法和自然法等同起来,认为普通法是人类理性的表现。大法学家如科克和布莱斯通等,认为普通法是一个完善的体系,能适应一切情况。这种观点更加提高了判例法的地位。美国独立后,在立法和判例法的关系上继承了英国的传统。

从19世纪下期开始,特别是20世纪以来,由于工业化的结果,社会变迁迅速,判例法不能适应时代的需要,立法的作用逐渐增加,社会生活的各个方面,都受国会法律和行政法规的支配,在两种法律渊源的关系中,立法取得了优先地位。然而判例法并不因此失去重要性,因为判例法可以补充立法的不足,而且法律必须解释,高级法院对法律的解释也构成判例法,所以美国法律体系的问题是如何协调立法和判例法的关系,使它们在满足社会需要的作用上互相协调。

在美国法律体系中,立法和判例法的关系,可以概括为以下几个方面:

(二)立法改变判例法

大部分判例法是过去的产物,代表旧的传统,不符合当代社会的需要,例如普通法上国家不负侵权赔偿责任,这是封建时代的遗迹,不能适应当代社会生活,或者由于法官的思想保守,判例法中包括一些不合理的成分。判例法中不适应时代需要的成分,当然可由法院的判例变更,然而法院的活动受到很大的限制。法院只在有人起诉的时候才能作出判决,一个不合理的判决,由于无人起诉可能长期存在,继续发生效力。在这种情况下,国会可以制定法律,变更法院的判例。国会代表人民的意志,立法的效力高于判例法,不合理的判例由于和法律冲突而无效,法院的职责首先是适用国会制定的法律。

(三) 立法接受判例法

有些法律原则原来存在判例之中,立法者把判例中的原则用条文加以规定,使它变为成文法律。例如联邦行政程序法中关于司法审查的规定不是立法者的新创,而是把判例法中的原则条文化、系统化了,以便于理解和适用。因为判例法中的原则常常不是非常明确,法院作出一个判决,说明理由支持这个判决,只有其中为判决的成立绝对必要的理由才能作为先例,如果不是素有训练的法官和律师,其他人很难具有这种辨别能力。制成条文以后,判例法的原则比以前明确,更便于适用。

(四) 立法作为判例法的渊源

判例法的产生,有的是在成文法以外由法官在判决中创造的。法官不能因为没有成文法而拒绝判案。在没有成文法时,法官必须根据案件中的情况,创造解决案件的法律。有的判例法是由成文法产生的,成文法是判例法的渊源,可以发生在下列几种情况:

(1) 有的判例法是对成文法的解释。成文法的规定大都抽象,有时甚至意义模糊,在适用时必须解释。高级法院对法律的解释成为先例。例如《美国宪法》制定迄今已有两百多年,全部修正案只有 26 条。宪法制定时的情况和当代的情况相差很大。宪法的继续有效完全依靠解释,宪法的解释使宪法具有了很大的适应力。离开最高法院对宪法解释的判例,不可能理解美国宪法。

(2) 有的判例法是法院利用成文法中的规定,类推适用于相似的事项的结果,例如《统一买卖法》的适用范围限于商品买卖。然而法院把该法中关于商品买卖合同的规定,类推适用于保证合同和不动产买卖合同。又如判例法把劳动法中的某些规定,在情况相当的时候,类推适用于政府雇员。

(3) 有的判例法是法院把成文法的规定当作一个原则,通过推理作用适用于法律未规定的情况。例如法院把民法中关于诚实和信用的规定,通过判例适用于行政法和劳动法,发展成文法的适用范围。行政法和劳动法中虽然没有像民法中一样的规定,但民法中的规定是一个法律原则,可以作为法律的渊源而适用于民法以外的情况。这种适用成文法的方法,和上面所述类推方法的不同,在于类推方法是把成文法的规定适用于规定以外的具体情况,用以解决特定的问题。没有把成文法的规定视为代表一个原则。如果把成文法的规定看成一个原则,它的适用范围不是个别地决定,而是在一定的范围以内决定。被适用的事项原来就包括在原则之内,不是在原则之外。通过这种方法发展成文法的适用范围比类推方法广。当然,把成文法的规定当作一个原则适用,不能全凭逻辑,完全没有界限。法律是解决社会问题的工具,不是推理游戏。一个原则的界限在于它适用的结果,是否产生合理的、有益的效果。判例法适用成文法的原则,只能在这个范围之内。

把成文法的规定当作一个原则而适用,这种推理方式是美国法官不熟悉的方式。美国法官通常把成文法的规定当作一个规则(rule),而不是当作一个原则(principle),因此判例法中主要适用类推方法。大陆法系国家的法官采取另外一种推理方式,经常把法律规定当作一个原则,不仅仅是一个规则。① 所以在大陆法系国家中,成文法的适用范围远远比美国广。可以认为,大陆法系和英美法系的根本区别,在两个法系所使用的推理方式不同。但是美国法官不是在一切情况下都把成文法当作一个规则,而不是当作一个原则。美国法院对于宪法中的规定,不是把它当作一个规则,而是把它当作一个原则,所以宪法的适用范围非常广泛。近年来,对宪法的推理方式逐渐扩展到一般法律,合理地运用这种推理方式,可以促进立法和判例法的统一。

(五)判例法限制立法的适用

立法和判例法一样,有过时的不适合社会需要的法律。这种情况的产生,或者由于制定法律时的情况已经改变,或者由于法律在制定时受利益集团的操纵,不代表公共利益。过时的法律需要改进,改进的权限属于国会。法院只在法律违宪时可以宣告法律无效,在其他情况下,法院没有废除和修改法律的权力。国会对于过时的法律,有时出于惰性,任其存在;有时由于立法工作量大,无暇顾及;有时由于利益集团操纵,不能修改。在这些情况下,法院必须继续适用过时的法律。然而法官不是机械地适用法律而不顾法律适用所产生的效果,法官对于过时的法律可以通过解释缩小其适用的范围,甚至使它完全不发生作用。国会不同意法院的解释,只能修改法律或制定新的法律,推翻法院的解释。

---

① 参见王名扬:《法国行政法》,北京大学出版社2007年版,第13、165—166页。

五、辅助的权威

立法和判例法是正式的权威,对法官和行政官员具有拘束力量。他们的决定必须有立法或判例法的根据,辅助的权威是帮助理解正式权威的著作,它们说明、评论、分析、综合正式权威,或者提出立法建议。辅助的权威没有拘束力,法官和行政官员作决定时,完全可以忽视它们。然而辅助的权威具有说服力,合理的辅助权威往往为法官或行政官员所采纳或引用。辅助权威的质量和使用价值,随作者水平的不同,相差很大。研究人员首先接触的是辅助的权威,没有辅助权威的帮助,正式的权威很难适用。美国辅助的权威有下述几种形式:

(一) 法律重述

《法律重述》(Restatement of the Law)是美国法学会(American Law Institute)主编的以简化判例法为目的的著作。美国法学会是由美国某些法学教授、法官和律师在1923年成立的一个私人学术团体,主要目的是使判例法明朗化、简单化。这个学会认为,美国的判例法两个最大的缺点是不确定和非常复杂。他们选择美国法律中以判例法为主的几个领域,例如冲突法、侵权行为法等,把全国法院关于其中各个法律项目的判例分析整理,总结出判例法的原则,用成文法的条文形式,分为章、节表现出来,使判例法的原则简单明了。从1923—1944年期间出版了第1辑《法律重述》。从1952年起,根据法律的发展和改变,出版了第2辑重述。第1辑重述主要总结并重述法院的判例。第2辑还包括编者认为是法律发展的趋势,这种趋势反映在某些判决中,或少数派法官的意见中。如果编者认为少数派法官的意见代表发展的方向时,重述的不是多数派的意见,而是少数派的意见或编者的理想。每一法律项目之下,经过对大量判例进行分析综合之后,总结为数量不等的法律条文。每一条文之下附有详细的解释,和应用的举例。这些举例的来源是全国法院的判例,在书末索引中可以找到后来的判例。法律重述在美国的影响很大,很多法官几乎把它看作正式权威,对研究美国法律很有参考价值。

(二) 统一的法律或示范的法律

美国有50个州,各州的法律不一致,在美国律师协会和纽约州的倡导下,美国各州选派代表成立一个统一州法律委员全国会议(National Conference of Commissioners on Uniform State Laws),目的在于提出统一的法律(Uniform Act),或示范的法律(Model Act),以供各州采纳,各州可以全部接受,或经过修订后接受,或者完全不接受。1892 年举行第一届会议时,只有 9 个州委派代表参加。1912 年举行第二届会议时,各州都有代表参加。现在每年举行一次会议,例如《统一商法典》是由这个会议和美国法学会共同起草的,《示范州行政程序法》是由这个会议和美国律师协会共同起草的。

(三) 司法部长意见汇编

《司法部长意见汇编》(*Opinion of Attorneys General*)是司法部长回答法律咨询的意见汇编。司法部长是政府的法律顾问,对总统和各部提出的法律问题有回答的义务。司法部长回答法律问题的意见只是顾问性质,没有拘束力量,然而司法部长的意见具有很大的说服力,受到行政部门和法院的高度重视。从 1789 年到 1974 年期间司法部长的意见,共出版了 42 册,每册包括的年数不等。司法部长口头的非文书的意见,也有选择性的发表。全部意见都是司法部长对总统或部长提出问题的回信,没有小标题。每封信的前面,编者有一个简单的介绍,扼要说明提出的问题和回答的要点。书末索引指出每册中涉及的全部法律问题,美国各州也有该州的司法部长意见汇编。

(四) 法律百科全书

法律百科全书把全部法律领域内的基本问题分为很多条目,每个条目有扼要的说明。这是一种综合性的著作,只说明美国法律的现状,很少批评意见,也很少历史发展的叙述。每个条目中搜集并列举大量的判例,它是入门的工具书。研究人员通过百科全书得到初步的知识,可以进一步利用其他法律著作。律师通过百科全书可以发现有关的判例,进一步利用其他法律汇编。美国有两部大型的法律百科全书,一是《法律大全》第 2 版 (*Corpus Juris Secondum*),共 101 册。① 二是《美国法学》第 2 版 (*American Jurisprudence*, 2d),共 82 册。② 除综合性的法律百科全书以外,还有专门法律的百科全书,例如保险法、公司法的百科全书。

(五) 法律字典

法律字典是对法律名词下定义并扼要说明的工具书,也指出有关的重要判例。美国常用的法律字典有:

(1) *Black's Law Dictionary*,1990 年时已出第 6 版;

---

① 不包括索引和补充资料在内。
② 也不包括索引和补充资料在内。

(2) Ballentine：*Law Dictionary*，with prononciation，1969 年时出第 3 版；

(3) *Words and Phrases*，这是西方出版社编的大型法律字典，共 46 册，有的册中包含两卷，这部字典收集判例中对法律名词的解释，但不包括全部法律名词，通过这部字典，可以根据法律名词找到大量判例。

(六) 法学著作

研究人员经常接触的辅助权威是法学著作，这是了解美国法律的基本途径。法学著作有不同的性质、内容和深度，研究者根据自己的需要，选择和利用。

(七) 法学杂志

美国出版的法学杂志，比任何其他国家多，所有的法学院都出版一种或几种法学杂志。美国有大量的律师协会和法学团体。所有的律师协会和法学团体也出版一种或几种法学杂志。近来美国法学杂志发展的趋势是出现了很多专门性杂志，例如保险法、环境法杂志。其次是出现跨部门的杂志，例如法律和经济学报、法律和社会评论等。新的法学理论，一般首先在法学杂志上发表。新出版的法学著作，也首先在法学杂志上受到评论。法学杂志对立法和判例进行分析，提出批评，它是帮助了解美国法律发展的辅助权威。

第二节　美国行政法

一、概述

(一) 行政法的意义

1. 两个不同的行政法概念

没有任何法律规定行政法的意义，学术上对行政法有不同的理解，没有共同接受的概念。美国大多数早期的行政法学者认为，行政法是关于独立的控制机构的法律，因为这类机构具有很大的立法权力和司法权力，和总统领导的传统的行政机关不同，所以行政法是关于这类机构的权力的法律。例如 C. W. 庞德，1923 年在一篇文章中说："今天流行的行政法的意义是指行政部门的准立法活动和准司法活动的法律。"[1]这种观点的

---

[1] Cuthbert W. Pound：*Constitutional Aspects of Administrative Law*，in the Growth of American Administrative Law，1928，p.111，不要和 Roscoe Pound 混淆。

来源是因为美国对行政法的研究由独立控制机构的活动所引起。这种狭隘的行政法观点已经不符合当代的情况,在当代的行政活动中,独立的控制机构所占的比例不到10%。①

当代具有代表性的行政法概念有两个:一是流行最广的狭义行政法概念;二是代表较新趋势的广义行政法概念。狭义的行政法概念认为行政法是关于行政活动的程序的法律,不包括行政活动的实体法在内。例如著名行政法学家 K. C. 戴维斯教授认为,就美国普遍使用的意义而言,行政法是关于行政机关的权力和程序的法律,包括法院对行政活动的司法审查在内,也包括行政机关所制定的程序法规在内。行政法不包括行政机关所执行的实体法,不论实体法是立法机关制定的,法院判例产生的或行政法规制定的,都不是行政法。这些实体法可能是税法、劳工法、反垄断法,但不是行政法。② 另一美国著名行政法学者 B. 施瓦茨认为,行政法是控制政府活动的法律,它规定行政机关的权力、权力行使的原则,和人民受到行政活动侵害时的救济手段。行政法的重点是行政机关行使权力的程序,不是它的实体法。行政法涉及实体法时,只是用以说明行政程序和救济方面的问题。他认为,在美国,行政法不是关于公共行政的法律,它回答下述三个问题:① 行政机关具有什么权力;② 这些权力的界限是什么;③ 用什么方法保持行政机关在其权限界限以内。③

在狭义的行政法概念中,行政法不包括实体行政,实体行政法例如税法、反垄断法是专门的法律,不是行政法。行政法也不包括内部行政法,例如行政机关的组织、文官制度、行政机关的财产管理制度等。这些是关于行政机关或行政系统内部的法律,不是行政机关对人民行使权力的法律,所以不是行政法。行政法所涉及的仅仅是行政机关的权力、权力的行使和救济手段。

很多著名的行政法学者不同意狭义的行政法概念,他们认为,行政法是关于公共行政的法律,不仅包括程序行政法,也包括实体行政法;不仅包括外部行政法,也包括内部行政法。例如 R. B. 斯图尔德教授认为,行政法是规定行政机关的组织和权力的法律规则和原则,它也规定行政机关所使用的程序,确定行政决定的效力,划定法院和其他政府机关在和行

---

① Kenneth C. Davis: *Administrarive Law Treatise*, 1978, vol. l. pp. 1-2.
② Ibid.
③ B. Schwartz: *Administrative Law*, 1991, pp. 1-2.

政机关的关系中各自的作用。各个行政部门都有相应的实体法和程序法。例如劳动法规定负责劳动关系的行政机关在处理劳动问题时所适用的实体原则和程序;环境法规定环保局和其他负责环境事务的机关,在处理环境问题时所适用的程序和原则。① 又如 P. L. 斯特劳斯教授认为,在20世纪初期当公共行政发展的时候,学术界发展了行政法概念,它包含几乎全部和公共行政有关的事项。虽然刑事审判不包括在行政法内,但是很多学者主张行政法包括警察官员和检察官行使自由裁量权的行为在内。虽然行政法不包括政府向法院起诉追缴税款的行为,如果这个行为在行政机关开始,以后提到法院请求执行,或者请求司法审查时,这个行为包括在行政法内。行政法也涉及政府的结构问题。斯特劳斯教授列举行政法的范围包括:经济控制、卫生和健康控制、社会保障、公共卫生和福利、国有财产、国家雇用、土地、税收、公共服务、监管制度、移民、驱逐、国际贸易、国营企业,以及其他事项。② 斯特劳斯教授的行政法概念是全部和行政有关的法律,和狭义的行政法概念不同。

2. 对两种概念的评价

(1) 狭义行政法的优点是掌握行政法的核心问题,能够实现控制行政权力的目的。行政机关掌握巨大权力。权力的行使必须公平而且有效率。是否达到公平和效率目的,在很大程度上取决于行政机关所使用的程序。从抽象的观点来说,实体法是基础,处于首要地位。程序法是执行,处于次要地位。然而从实际的观点来说,程序法的重要性超过实体法,法律的生命在于执行。一个健全的法律,如果使用武断的专横程序去执行,不能发生良好效果。一个不良的法律,如果用一个健全的程序去执行,可以限制或削弱法律的不良效果。英美两国都是重视实践的民族。在英美法中,程序问题占有极为重要地位,美国学者认为,行政法是规定行政机关的权力和权力行使的法律,为了使公民不受行政权力的侵害,所以认为行政法是一个程序法。

(2) 狭义行政法的优点是能够对行政法提供一个统一的概念和一般性原则。行政机关所执行的实体法区别很大,卫生部所执行的法律和国

---

① Stephen G. Breyer and Richard B. Steward: *Administrative Law and Regulatory Policy*, 1992, pp. 3-4.
② Peter L. Strauss: *An Introduction to Administrative Justice in the United States*, 1989, pp. 103-132.

防所执行的法律,外交部所执行的法律和司法部所执行的法律区别很大,无法统一,纯粹从实体法的观点出发,不可能有统一的行政法概念和一般适用的行政法原则。然而如果从程序的观点着眼,不论各行政机关所执行的任务和实施的政策如何不同,它们完成任务的程序大体相同。程序是手段,任务虽然很多,手段的数量有限,同样的手段可以完成不同的任务。分析行政机关执行任务所使用的法律手段,可以区别为两大类型:一是对多数人适用的法律手段;二是对特定人或特定事项适用的法律手段。前者适用制定法规的程序,后者适用裁决的程序。各种各样不同的实体法,在程序上得到统一。此外,各种各样的实体法,在救济的手段上也得到了统一。公民对行政机关的决定不服,向法院申诉的事项也是各种各样。然而法院和行政机关的关系和二者的作用,超过具体事项的范围,有一定的普遍性。法院根据这种关系和作用,决定自己对行政事务审查的范围和原则。因此,对不同的行政事务可以适用相同的救济手段和原则。狭义的行政法概念着重行政法中这些普遍适用的原则,这是它的优点。

(3) 狭义行政法把实体行政法和内部行政排除在行政法的概念之外,在理论上和实用上都有缺点。程序法的普遍性虽然不受实体法的特殊性所限制,然而程序法和实体法有不可分的联系。程序手段在适用时不能脱离具体情况,完全不考虑实质问题。不仅一般性的程序在适用时需要考虑具体情况,有时,某一实体法律可能需要特殊的程序手段。美国国会除制定普遍适用的联邦行政程序法外,又往往根据实体法的性质,规定特别的程序。法官在判案时要求行政机关适用合法的公平程序。然而程序是否公平、是否合法,应结合法律的目的、政策的内容、权利和义务的性质等因素考虑,脱离实际情况不可能得到公平和合法的观念。

内部行政法和外部行政法同样重要。制止行政机关滥用权力,不能单靠法院和国会等外部控制手段。行政机关内部的控制有时更有效率。行政权力的行使和控制与行政组织联系密切。没有行政组织存在,全部行政程序都不可能。规定行政组织的法律,不可能不是行政法的一个部分。

广义行政法的优点是从全面观点看待行政法的问题,符合行政法的实际情况和需要。然而广义行政法的学者不能因此而轻视狭义行政法的意义。从行政法的教学和研究而言,狭义行政法是基础,任何行政法学者不可能精通全部专门行政法,但任何行政法学者必须从狭义行政法开始,然后才能进一步研究专门行政法,否则不可能有进行行政法研究的理论基础。

3. 和欧洲大陆行政法概念的比较

美国狭义的行政法概念和欧洲大陆国家的行政法概念完全不同。欧洲大陆国家的行政法概念，同时包括程序法和实体法，外部行政法和内部行政法。美国狭义的行政法概念，排除了实体法和内部行政法。美国广义的行政法概念，认为行政法是关于公共行政的全部法律，包括实体行政法和内部行政法在内，和英国当代的行政法概念相同，和欧洲大陆国家例如法国的行政法概念接近，但不完全相同。法国大部分行政法学者不认为行政法是关于公共行政的全部法律，而认为行政法是关于公共行政的国内公法，不包括关于公共行政的国内私法在内。① 少数法国学者认为，行政法也包括行政活动的私法在内，但是这种观点对法国来说没有实际的意义。因为法国公法诉讼和私法诉讼由不同的法院管辖，适用不同的法律原则，把两种性质不同的法律包括在一个概念之内，不仅没有实用意义，也不适于教学和研究工作。所以大部分法学者认为行政法只包括关于行政活动的公法，不包括私法在内。在英美两国，行政机关具有的权力虽然和私人不一样，但公法和私法没有严格的区别，由同一法院管辖，适用相同的法律原则，所以可以把全部关于公共行政的法律都包括在行政法内。

法国行政法概念和美国狭义行政法概念虽然不同，但两国行政法概念之中不是完全没有共同因素。法国学术界为教学和研究起见，把行政法分为普通行政法和专门行政法，前者适用于全部行政活动的法律规则或原则，大部分由行政法院的判例产生，后者是关于某一特定行政事项的法律。法国的普通行政法和美国的狭义行政法，在其具有普遍适用性和主要由判例产生这一方面相同，但法国普通行政法的范围比美国狭义行政法广。因为法国普通行政法中包括行政组织、文官制度、公产管理等内部行政法在内，也包括行政合同和公共工程等法律关系在内。这些项目都被排除在美国的狭义行政法之外。

（二）行政法的目的

上面谈及行政法的意义时，已经提到很多美国学者认为行政法的目的是约束行政机关的权力，保障私人的权利。例如美国行政法专家施瓦茨认为，行政法律关系和私人相互之间的法律关系不一样。私人相互之间的法律关系是地位相等的当事人之间的法律关系。行政法律关系主要

---

① 参见王名扬：《法国行政法》，北京大学出版社2007年版，第10—12页。

是行政机关和私人之间的法律关系。行政机关具有主权者所享有的权力、威望和财力,和私人之间处于不平等地位。行政法的目的是要矫正这种不平等。为了达到这个目的,在有些情况下,行政程序法是一个手段。法院在达到行政法的目的中发挥最重要的作用,行政机关和私人在法院面前处于平等地位。在美国的政府结构中,法院具有宪法赋予的制止行政机关滥用权力侵害私人权利的任务。因此联邦行政程序法中最主要的内容是行政程序和司法审查。为了保障私人权利,必须大力发展行政法。[①]

任何人都不否认行政法必须保障私人权利,但是以此作为行政法的唯一目的,不是全面观点。在当代社会生活中,公民希望国家提供更多的服务,以提高生活质量。以保护公民权利作为行政法的唯一目的,很难满足当代社会的需要。美国行政法学家 E. 盖尔霍恩在谈行政程序时,提出一个比较全面的观点,认为行政程序必须满足四个目的,而不是单纯地保护私人权利。根据盖尔霍恩所提出的目的,可以认为行政法必须达到下列几个目的:

1. 公平

要求公平是英美法律制度中最主要的精神。行政法必须要求行政机关作决定的程序符合公平原则。美国宪法中的正当法律程序条款是行政法的重要原则。根据这个原则,行政机关的决定可能对当事人的权利和利益产生不利影响时,必须事先通知当事人,听取当事人的意见。这是一个要求行政机关按照公平程序办事的原则。违反正当程序的行政决定,将被法院撤销。

2. 正确

行政程序必须尽量减少行政机关作出错误的决定,正确地实现法律所规定的政策和目的。要求行政机关正确地执行职务是行政法的一个目的。

3. 效率

行政机关所采取的程序和政策,能够避免不必要的牺牲,得到最大的效益,也是行政法的一个目的。在当代行政职务迅速扩张的情况下,提高行政效率非常重要。近年来,美国总统除用行政命令规定行政机关有注意经济效益的义务以外,并规定由管理和预算局监督行政机关的决定是

[①] B. Schwartz: *Administrative Law*, 1991, pp. 2-3.

否符合经济效益要求。①

4. 对公民负责

对公民负责,满足公民的需要,受公民控制是民主政治的基本要求。然而行政决定由行政官员作出,行政官员不由选举产生,行政法必须以加强行政官员对公民负责作为其主要目的之一。例如规定公民参与行政程序,加强民选官员或选民的代表对专业人员的监督等。本书在以后讨论行政活动的监督时,将谈到这个问题。

(三) 行政法的渊源

美国法律体系的一般渊源已在上节说明,本节对行政法的渊源作些补充说明。法律渊源一词可以有不同的含义,一是指法律规则的内容,即法律规则所包含的思想、政策等来源于什么地方,这是法律的实质渊源;二是指法律规则所表现的形式是什么,即到什么地方可以找到法律规则,这是法律的形式渊源。本文所谓行政法的渊源是指行政法的形式渊源。

美国联邦行政法的重要的形式渊源有以下几种:

1. 宪法

联邦宪法是美国最高的法律。宪法的条文非常简单,对行政组织没有规定,但是对行政机关的权力和活动规定了原则和限制,是行政法的渊源。例如宪法中的分权原则,规定行政机关和其他政府部门的关系。宪法修正案前9条中规定的基本权利是行政机关权力和活动不能违背的最高原则,特别是宪法修正案第5条和第14条规定的正当法律程序,在行政法上广泛适用,可以认为是美国行政法的基本原则。② 宪法修正案第1条的保护言论自由、第4条的禁止非法搜查、第5条的禁止强迫公民自证其罪等,都对行政机关的权力和活动作出重要限制。

2. 立法

由于宪法的条文简单,联邦行政机关的组织、权力和活动程序主要由国会立法规定,或者由国会授权总统或行政机关制定法规规定。国会立法中影响最大的行政法是1946年的《行政程序法》。这个法律适用于全部联邦行政机关的活动,不适用该法必须有法律的明文规定。该法制定后经过1966年、1974年、1976年几次重大的修改和补充,内容更加丰富。目前要求修改该法的意见虽多,但迄今未成功。

---

① 关于管理和预算局的作用,参见本书第十九章第二节:管理和预算局。
② 参见王名扬:《英国行政法》,北京大学出版社2007年版,第205页。

3. 总统的行政命令

美国总统根据宪法享有的权力和根据国会授予的权力,可以发布命令,规定行政机关的组织、权力和活动程序,称为行政命令。例如罗斯福总统1939年的8248号行政命令建立总统执行机构。里根总统1981年的12291号行政命令规定行政机关制定法规,必须送管理和预算局审查法规是否会取得经济效益、是否具有行政效率。总统的行政命令大部分是重要的内部行政法。

4. 行政法规

行政机关根据国会的授权,可以制定法规,补充国会的立法,规定行政机关和个人之间的关系。这类法规称为立法性法规。立法性法规的内容如果在授权的范围内,而且制定的程序也符合法律的规定时,具有法律的效力。

5. 判例法

前面几种形式都是成文法渊源。然而美国行政法的重要原则,不是来源于成文法,而是来源于判例法。在过去,美国行政法的渊源几乎全是判例法;在当代,立法的作用虽然扩张,判例法仍然占有重要地位。判例法是高级法院法官在判决案件时所产生和适用的原则。一般称为普通法。有的判例法是法院对宪法条文或成文法条文的解释。因为条文的意义有时不明确,法院必须确定它的意义和适用的范围。大部分判例法是在没有宪法或成文法的依据时,由法官发挥创造性所产生的规则或原则。例如美国司法审查中,大部分规则由法院的判例产生。联邦政府和行政官员的行政赔偿责任,在未由成文法规以前,已由判例产生。

二、美国行政法的发展

行政法的名称在美国出现很晚。1893年,古德诺出版比较行政时①,才在学术著作上首先出现这个名称。然而名称的不存在,不表示在此以前美国没有行政法存在。行政法和行政一样古老。有行政活动和与它有关的法律时,就有行政法存在。美国在殖民地时期,已经继承英国的司法审查传统,司法审查是法院对行政活动的控制。1789年第一届国会成立时,通过法律设立行政机关,授予行政机关委任立法权力和裁决权力,这些都是行政法。然而在美国建国早期,政府的行政活动较少,行政法未引

---

① Frank J. Goodnow: *Comparative Administrative Law*, 1893.

起注意,没有被认为是一个独立的法律部门,而是附属在普通法中,或按其内容附属在其他法律之中。行政法受到注意,只是在工业发展、行政活动扩张、行政机关增加、出现新型的行政控制机构以后。行政法的发展是和行政活动的发展同步进行的,根据社会需要而逐步扩张的。根据不同时期出现的行政法的特点,美国联邦政府行政法的发展,可以简略地分为以下几个阶段:

(一) 1789年到1886年期间——适用英国普通法阶段

从1789年美国联邦政府成立,到1887年成立州际商业委员会这最初100年间,美国行政法的中心是由法院按照英国普通法和衡平法的原则对行政活动进行司法审查。在这个时期,行政机关的作用在社会生活中不占重要地位。早期的行政机关虽然也管理少量的经济活动和社会活动,例如征收租税、分配国有土地、给予专利权、给予退伍军人津贴等。但是经济活动和社会活动主要不由政府干预,而由市场调节。当时的主导思想是自由放任主义,认为一个良好的政府是最少干涉公民活动的政府,英国经济学家亚当·斯密1776年出版原富一书①,给予英美两国的自由放任思想很大的推动力。这种思想主张,由一个自由的平等的不受政府控制的市场,通过价值规律和自由竞争解决工资、利润、资源分配等问题。今天行政机关所执行的大量经济和社会职务,当时由市场执行。法院根据合同规则、侵权行为规则和财产权规则对市场进行监督。在需要国家制定法律进行干预的时候,国会往往制定详细的法律,直接规定公民的权利和义务。在法律受到破坏时,由法院制裁,保障法律的执行,绕过了行政机关的执行法律的义务。在官吏违法侵害公民普通法上的权利时,法院根据普通法的规则,科处官吏个人的赔偿责任,同时也根据普通法上的特权状,约束官吏的违法行为。英国普通法上约束官吏违法行为的特权状有:提审状,可以撤销官吏的违法行为;禁止状,可以禁止官吏违法行为的发生和继续存在;执行状,可以命令官吏履行应当履行的义务。除特权状外,英国衡平法还对官吏的违法行为提供两种救济手段:即制止状和确认判决,前者的作用和禁止状相同,但适用的范围较广;后者只宣告某种行为是否违法,不发生执行力量,通常和其他救济手段同时使用。② 美国州法院对英国法传统的救济手段全部接受,联邦法院主要使用衡平法上

---

① Adam Smith: *Wealth of Nation*, 1776.
② 参见王名扬:《英国行政法》,北京大学出版社2007年版,第139—152页。

的制止状和确认判决,以及普通法上的执行状,对提审状不使用,对禁止状很少使用。① 这个时期美国行政法的特点是:市场加法院,或者立法加法院,行政机关的作用不占主导地位。

(二)1887—1932年期间——建立美国行政法传统模式阶段

美国行政法第一步决定性的发展出现在19世纪末期,联邦政府开始控制私人经济活动的时候。美国自从19世纪60年代南北战争结束以后,工业迅速发展,出现了独占性的大企业,工业化引起了城市化,使社会集团之间的矛盾加深,大企业主滥用经济权力等一系列的社会经济问题。解决这些问题超过市场调节和法院控制的能力。立法机关对于复杂的经济问题,也无力制定详细的法律进行控制,只有利用行政力量才能对付这些问题。在19世纪中期,首先需要解决的矛盾是铁路运输问题。美国从19世纪30年代开始兴建铁路,政府当初对私人建筑铁路采取支持和鼓励政策。铁路发展以后,成为垄断性的企业,垄断运输价格,实行歧视性的区别价格,引起农民和中小企业的不满,要求政府对铁路运输进行控制。最初阶段由州政府对铁路公司进行控制,但是当铁路运输超过一个州的范围时,州政府便不能进行有效的控制,只有联邦政府才能解决这个问题。联邦国会1887年制定了《州际商业法》,建立州际商业委员会控制铁路运输,以后委员会的职权又扩张到控制其他运输业。

州际商业委员会的特点是对总统独立,同时具有制定运输政策和决定运输价格的立法权,又有执行该政策的行政权,还有裁决由此而引起的争端的司法权。在一个机构内部同时具有立法、行政和司法三种权力,和以往的行政机关不同,一般称它为独立的控制机构。在州际商业委员会以前,国会也曾授予行政机关委任立法权或委任司法权,但不是一个机关同时行使三种权力。州际商业委员会所行使的权力,重要性超过以往的委任立法权和委任司法权。因为州际商业委员会所管辖的范围是整个一个行业的全部活动,不是狭小范围内的立法权和司法权。州际商业委员会的创设是联邦行政组织的一个创新,开辟联邦政府控制经济的新时代,改变传统观念的行政作用,导致联邦行政法的发展向前迈进了一大步。有些狭隘的行政法观念,甚至认为州际商业委员会的成立是美国行政法的开始。

---

① 参见本书第十四章:司法审查(一):一般概念。

州际商业委员会管理私人经济的成功经验,引导国会以它为榜样,继续建立一些其他独立的控制机构。1933年以前所建立的机构有:联邦储备委员会(1913)、联邦贸易委员会(1914)、联邦能源委员会(1930),它们都控制某一方面的私人经济活动。

独立的控制机构自其创设之日起就受到反对。批评者认为这些机构违背宪法的分权原则,或者认为它妨碍总统的行政领导权力。然而美国法院对独立控制机构采取支持态度,法院认识到私人企业没有实行分权原则。为了对付垄断企业,行政机关必须有强大的力量和专业知识,而传统的行政方式已不适应变迁后的经济需要。在此期间,为了适应批评者的反对,国会在创设独立控制机构的法律中,也往往规定有预防措施,独立控制机构在行使裁决权力时,必须采取审判式的听证程序,让利害关系人有为自己利益辩护的机会。法律也规定法院有权对独立控制机构的决定进行审查,用法律所规定的司法审查代替英国普通法上传统的司法审查。因为传统的司法审查在适用时,程序上受到很大的限制。普通法上和衡平法上的各种令状都有不同的适用范围和条件。当事人在请求救济时,必须选择正确的救济手段,有时当事人由于行政机关的侵害,本来应当得到救济,由于他所申请的救济手段不正确,法院拒绝他的申请。这种救济方式不能适应行政机关权力扩大以后的需要。因此美国联邦法律,从19世纪后期开始创设独立控制机构之时起,对行政机关违法行为的救济,开始抛弃英国传统的救济手段,用法律所规定的司法审查代替普通法上的司法审查,当事人在请求法院救济时,不发生选择救济手段的困难。①

法院在承认独立控制机构存在合法的同时,也认为批评者的理由不能完全忽视。一切权力都可能滥用,权力越大滥用的危险也越大。因此法院对独立控制机构巨大权力的行使,采取严格的审查态度,防止它们侵害私人的权利。法院在司法审查中,通常要求独立控制机构行使权力,必须符合下述条件:

1. 对私人科处制裁必须根据法律的授权

行政机关的权力来自国会,它们对私人的自由和财产进行干涉时,必须提出法律根据。因为法律是由人民代表机关制定的,只有人民集体的同意,行政机关才具有干涉私人权利的权力。

---

① 参见本书第十四章第二节一:法定的审查。

2. 行政机关作决定的程序,必须能够保证它的决定符合授权法的规定

行政决定必须正确、公平、合理地适用立法指示于具体事件,行政程序必须达到上述目的,在科处制裁时,通常要求使用审判式的听证程序,当事人有权提出证据,反对行政机关所主张的事实根据和法律根据。

3. 行政决定必须接受司法审查

司法审查的作用在于保证行政机关使用正确、公平、合理的程序,以及保证行政决定的内容符合法律的规定。

4. 行政决定的程序必须方便司法审查

行政机关作决定必须制作明确的记录,行政机关正式听证的案卷必须包括事实的裁定和法律的结论,以便法院审查行政决定的根据。

以上四个条件是美国司法审查的传统模式,它是由国会早期对独立控制机构的立法,以及法院对独立控制机构行使权力的限制发展出来的。这个模式构成美国传统行政法的基础。传统行政法的主要目的是通过法院,防止行政机关滥用权力,侵害私人的自由和权利。

(三) 1933—1946年期间——行政法迅速发展阶段

1933—1946年期间是美国行政权力迅速扩张的时期,也是美国行政法发展最重要的阶段,在此期间制定了认为是联邦行政法的基本法律的行政程序法,以及实现美国行政法现代化的《联邦侵权赔偿法》。

1929年,美国爆发严重的经济危机,延伸到30年代中期。经济危机证明一个不受控制的市场,不能保证经济和社会的福利。罗斯福1933年当选为美国总统,为了摆脱经济危机,他推行复兴经济的新政。新政的主要方向是控制银行、市场,鼓励和控制农业生产,在社会领域中规定最低工资和最长工作时间,鼓励工会和雇主进行集体谈判,并且部分地开始实行社会保障制度。为了执行新政的各项措施,建立了很多新的控制机构。这个时期建立的重要的控制机构有:证券交易委员会、国家劳动关系委员会、联邦电讯委员会、联邦海事委员会、民用航空委员会等。这些机构具有独立地位,可以决定和执行控制政策以及裁决由此而产生的争端。在执行新政期间建立的大量独立控制机构中,法律对于某些机构权力的行使,有时没有规定必要的程序限制。

美国企业界最初和政府合作以摆脱经济危机。在危机基本消除以后,企业界转而反对政府权力的扩张。美国律师界对控制机构同时行使立法、行政、司法三种权力,持反对态度。1933年,美国律师协会任命一

个行政法特别委员会,研究行政机关权力扩张产生的问题。律师界特别反对控制机构同时行使追诉权力和裁决权力,认为不符合公平原则,主张建立行政法庭制度,剥夺行政机关的司法裁决权力,并主张对行政程序加以更大的限制,加强法院的司法审查。最高法院最初对新政持反对态度,在 1935 年的两个判决中,否定了国会对行政机关授予的广大的委任立法权力。[①] 罗斯福总统制止了最高法院的反抗,总统威胁要增加法官的名额以改变最高法院对新政的观点。在罗斯福总统的压力下,最高法院主动退却,采取完全相反的态度,从反对行政权力的扩张转而尊重行政机关的权力。在尊重行政机关专门知识的宗旨下,法院对行政机关权力的行使采取宽大态度。从 30 年代末期开始,建立了法院和行政之间的合作伙伴关系,司法审查的作用削弱。

虽然法院对行政权力扩张的反对减弱,其他方面的反对意见却逐渐高涨,除企业界和律师界持反对态度以外,美国国会也改变了态度。国会在罗斯福总统第一任期间对新政持支持态度,以克服经济危机。从罗斯福总统第二任开始,国会和总统的合作不如以往,国会开始研究如何限制行政机关的权力,结果产生下面将要提到的沃尔特—洛根法案(Walter-Logan Bill)。

反对行政机关权力迅速扩张的各种意见中,主要的要求是实现行政程序的标准化、正规化,和加强司法审查,因为在新政期间,国会对行政机关授权的法律,或者没有规定听证程序,或者法律中虽然规定听证程序,但行政机关不执行法律的规定,而且各机关之间的程序差别很大。法院从 30 年代末期起,对行政机关的审查态度已经放宽。所以在行政权力迅速扩张时期,行政程序问题和司法审查问题成为讨论的中心问题,反对行政机关扩张者,企图利用行政程序和司法审查限制行政机关权力的行使。这种倾向由于最高法院 1936 年对第一摩根案件的判决而加强。[②] 这个案件针对的问题是行政机关在作决定时不举行听证,或者虽然举行听证,作决定的人在作决定时完全忽视听证的记录。针对这种情况,最高法院在第一摩根案件的判决中,对行政机关提出了一个要求:"作决定者必须听证",强调行政程序正规化的重要性,这个判决对美国行政法的发展和联

[①] 参见本书第六章第一节:立法权力的委任。
[②] *Morgan v. United States*,198 U.S.468(1936). 关于摩根案件的讨论,参见本书第十二章第一节:摩根案件的判决。

邦行政程序法的制定，产生了重大影响。

在强大的要求限制行政权力，加强程序保障和司法审查的压力下，罗斯福总统1939年命令司法部长任命一个委员会研究行政程序问题。委员会从1939年开始工作，首先对联邦政府中51个重要的行政机关当时实行的程序进行调查，写出专题结论。然后在总结全部研究的基础上，写出委员会的最终报告和建议。委员会的成员没有取得全体一致的意见。委员会的报告和建议分为多数派的报告和建议、少数派的报告和建议。后者倾向于行政程序高度的司法化和广泛司法审查权，前者承认加强程序保障的重要性，以及必须加强行政程序的标准化，但倾向于给予行政程序更多的灵活性，限制司法化程序的范围，并建议加强听证官员的独立地位，以解决追诉职能和裁决职能混合的矛盾。

在委员会提出最终报告以前，国会两院已经在1940年通过沃尔特—洛根法案。这个法案基本上接受律师界的观点，采取高度的司法化的行政程序，法案被罗斯福总统否决。司法部长行政程序委员会的立法建议于1941年提交国会，同时包括多数派和少数派的建议，由于美国参加第二次世界大战，国会没有讨论委员会的建议。大战结束以后，国会在司法部长程序委员会建议的基础上制定了1946年的行政程序法。这个法律没有全部采纳多数派的建议，而是也考虑了少数派的建议和律师界的意见，是一个折中性的法律，所以在国会讨论中顺利通过。法律的主要内容是：制定法规的程序、行政裁决的程序、司法审查的形式和范围、听证官员的地位和权力，分别编入《美国法典》第5编中有关的部分。① 行政程序法的制定是美国行政法发展的一个重要里程碑，它对行政机关规定了一个最低的程序要求，除法律另有规定个，适用于全部联邦行政机关，因此统一了联邦政府的行政程序。

1946年除制定《联邦行政程序法》外，还制定了另一个重要的法律：《联邦侵权赔偿法》(Federal Tort Claims Act)。② 在这个法律制定以前，美国法律认为国家享有主权，政府不对行政侵权行为负赔偿责任。1946年的法律，在政府赔偿问题上放弃了封建时代遗留下来的主权豁免原则，承认国家的赔偿责任，对美国行政法的现代化作出贡献。

---

① 本书以后各章对这个法律作了充分说明。
② 关于这个法律的说明参见本书第十七章：政府侵权赔偿责任。

(四) 1947—1965年——行政程序法巩固阶段

联邦行政程序法制定以后的20年间,美国行政法没有重大的发展。因为1946年的行政程序法是一个折中的方案,兼顾反对行政程序较大灵活性和赞成行政程序较大灵活性双方的意见,一时难以修改,所以在行政程序立法上暂时出现了一个平静时期。然而这段时期对行政问题的研究仍继续进行,美国总统在此期间,两次任命由过去总统胡佛领导的委员会,研究如何改进行政部门的组织,提高行政效率。第二届胡佛委员会的一个专题小组,在1955年的一个报告中,首先打破了平静。鉴于正式行政裁决程序迟缓、费时、费钱,有些行政机关未严格执行行政程序法的规定,例如法律规定用制定法规的程序宣布机关的政策,而有些机关喜欢采取司法裁决方式宣布机关的政策,小组建议成立行政法庭,取消行政机关的司法裁决权力。这个建议没有为委员会全体所接受。美国律师协会采取专题小组的某些观点,在50年代后期和60年代前期,曾经倡导并提出一个新行政程序法,加强行政程序的司法化,也没有发生实际效果。也正因此,国会暂时不愿意对行政程序作比较大的修改。在这一时期,关于行政程序的唯一立法是1964年制定的行政会议法。根据这个法律,1968年建立美国行政会议(Administrative Conference of the United State)。这个组织是一个独立的研究机构,它的任务是建议如何改革联邦行政机关的程序,达到公平和有效率的行政,会议的成员包括政府官员、律师、大学教授和其他行政法专家。美国行政会议的作用,和英国行政裁判所委员会相似。①

(五) 1966—70年代末期——批评和改革传统行政法阶段

这段期间,美国行政法有较大的发展。国会立法的方向从经济控制领域趋向社会控制领域、环境保护领域和消费者保护领域。法院对行政活动的监督也比以往积极。法院开始怀疑行政人员的专业知识,是否可以产生公平和有效率的服务,法院对行政程序提出一些新的要求。司法审查的目的不再局限于防止行政机关滥用权力侵害私人权利,而趋向扩大公众对行政决定程序的参与,以督促行政机关为公众提供更多的福利和服务。促成这种发展的原因是复杂的,主要的社会因素有:美国在越南战争的失利,1972年总统选举的舞弊,种族歧视的继续存在,公众不满意行政人员的服务效率、不满意独立控制机构为被控制对象所俘虏而忽视

---

① 参见王名扬:《英国行政法》,北京大学出版社2007年版,第108—109页。

消费者的利益。所有这些因素都导致行政机关的威信降低，引起一系列的行政法的改革，脱离传统行政法的轨道，趋向新的方向发展。

　　1946年的行政程序法在这段期间经过几次修改。主要的宗旨是实现行政公开原则。公众认识到过去从程序上和司法审查上限制行政机关的权力，只能保障个人的利益不受行政机关侵犯，不能保证行政机关的活动符合公共利益，也不能保证行政机关能为公众提供更多的福利和服务。为了加强对行政活动的监督，必须实行行政公开原则，以补充程序限制和司法审查的不足。1966年国会修改1946年《行政程序法》中关于政府文件公开的规定，制定《情报自由法》，规定除该法所列举的9项情况以外，全部政府文件必须公开，任何人都有权要求得到政府的文件，行政机关不得拒绝。① 1976年制定《阳光中的政府法》，规定合议制机关的会议必须公开。② 1974年制定《隐私权法》，规定行政机关所保持的个人记录，有对本人公开的义务。③ 这几个法律构成行政程序法的一部分。1972年制定《联邦咨询委员会法》，规定咨询委员会会议的公开。④ 行政公开是这阶段行政法发展的一个重要方向。

　　1976年，国会对1946年行政程序法中关于司法审查的规定作了修改。美国原来继承英国普通法的传统，认为国家拥有主权，不能作为被告，称为主权豁免原则。1946年的《联邦侵权赔偿法》，对行政机关的侵权行为放弃主权豁免原则，承认国家的侵权赔偿责任。但是在侵权赔偿以外的其他司法审查中，仍然保持这个原则。1976年修改，规定国家在司法审查中可以作为被告，放弃了司法审查中的主权豁免原则⑤，扩大了司法审查的领域。

　　联邦行政程序法的实施在这阶段也有改变。70年代以后，行政机关制定法规的数量显著增加，减少了利用裁决作为宣布政策的工具。公众在制定法规的程序中有较大的参与权，这种改变可以增加行政的公开。

　　20世纪60年代和70年代行政法发展的方向中，最值得注意的是从过去以控制私人经济活动为中心，移转向社会领域、环境保护领域、

---

① 参见本书第二十一章：行政公开（一）：《情报自由法》。
② 参见本书第二十二章：行政公开（二）：《阳光中的政府法》和《联邦咨询委员会法》。
③ 参见本书第二十三章：隐私权法。
④ 参见本书第二十二章：行政公开（二）：《阳光中的政府法》和《联邦咨询委员会法》。
⑤ 参见本书第十五章第二节四：合格的被告。

消费者保护领域和职业安全领域。一方面,以往控制的对象限于某一行业,例如运输行业、银行行业等,当代的社会控制、环境控制突破行业界限,范围非常广泛。例如国家劳动关系委员会、环境保护局管辖的范围超过行业界限,另一方面,当代新的行政控制的深度减少,社会控制环保控制只涉及受控制对象某一方面的活动,经济控制则涉及受控制对象的全部活动。

当代行政法的发展也引起行政法作用的改变。行政法从以控制为中心转向以提供福利和服务为中心。美国在1935年制定《社会保障法》时,已经开始社会服务行政。60年代以后,社会服务的立法显著增加,例如伤残补助、福利补助、无力养育子女补助、保健补助和法律规定的其他补助,都是通过行政机关执行。福利和服务构成当代行政法的特点。

美国行政法在很大程度上由法院的判例产生。然而从20世纪30年代末期以后,法院在尊重行政人员专业知识的宗旨下,对行政机关的监督降低。20世纪60年代中期以后,公众对行政机关不满的情绪逐渐高涨,公众认为,行政机关办事效率不高,不能正确地执行国会的政策,行政机关决定的政策偏袒经济集团的利益,忽视消费者的利益和公共利益。因此,公众寻求法院的保护,导致70年代以来法院加强对行政活动的监督。最高法院在一系列的判决中表现出新的精神。法院放宽申请司法审查的限制,凡是受到行政决定影响的人,即使不是行政决定的当事人,而是一般的消费者,或者是和行政决定当事人处于竞争地位的第三者,也有资格请求法院审查行政机关的决定。有权申请司法审查的人,也有权要求参加行政决定的程序,从而扩大公众对行政决定的参与和监督。①

法院也扩张了宪法正当法律程序适用的范围。在过去,正当法律程序只适用于保护普通法上的权利,以及限制行政机关对私人行使的控制权力。1970年,最高法院在一个判决中扩张了正当法律程序的保护范围,适用于社会福利补助项目。② 因为在当代社会生活中,社会福利补助对于很多人来说,已经成为经济收入必不可少的部分。福利行政机构对

---

① 参见本书第十三章:非正式程序裁决中关于公众参与的说明。
② Goldberg v. Kelly, 397 U.S.254(1970).参见本书第九章第二节:正当法律程序所保护的利益。

私人生活的影响,不小于行政控制机构。

　　法院在司法审查中,要求行政机关在非正式程序的裁决中,必须说明理由,并制作必要的行政纪录,以供法院审查。① 法院还加强了行政人员对侵权行为的赔偿责任。②

　　总之,自20世纪70年代以来,法院不仅加强对行政活动的监督,而且判例中所表现的原则也和以往的司法审查不同。传统的司法审查的目的是防止行政机关侵害私人的权利,70年代以后,法院在司法审查中没有放弃传统目的,但是主要追求更积极的目的,扩大公众对行政程序的参与,监督行政机关为公众提供更多的福利与服务。

(六) 80年代以后——重新评价阶段

　　美国行政法经过60年代中期和70年代的改革以后,进入80年代直到现在,没有继续提出新的原则,而是对上阶段的政策和改革进行评价,探讨行政机关的控制作用和法院的司法审查,究竟在多大的范围以内存在更能够发挥效率。

　　行政机关的控制作用是传统行政活动的重点。虽然行政机关对私人企业的控制,从其开始之日起已经受到批评,仍然继续实施,但是到了70年代末期卡特总统时期,特别是进入80年代里根总统时期,社会对经济控制重新估价,政府取消一部分经济控制,加强企业之间的自由竞争,例如对交通、运输、银行业务已经取消政府控制,由市场进行调节,经济控制只在市场调节无效时实施。

　　环境控制、卫生控制、安全控制是新发展的控制领域,得到社会各界广大的支持,实施一段时期以后也引起了不少讨论。什么地方需要这种控制呢,如何发挥控制的效益？ 对于某些中小企业来说,它们很难承受环境控制和安全控制的负担,从70年代末期起,特别是进入80年代以后,美国政府强调控制效益的分析,要求控制计划要有一定的灵活性。行政机关制订计划时,必须首先进行效益分析,说明各种可供选择的方案,控制所得到的效益必须大于控制所带来的牺牲。

　　美国法院从60年代中期开始加强对行政机关的司法审查,对行政活

---

① Citzen to Preserve Overton Park v. Volpe,401 U.S. 402(1971).参见本书第十六章:司法审查(三):审查的范围。

② Bivens v. Six Unknown Named Agents of Federal Bureau of Narcotico,403 U.S. 388(1971).参见本书第十八章第五节:行政人员的侵权赔偿责任。

动提出一些程序上的要求,扩大公众参与行政决定的权利,法院权力的扩张,在70年代末期和80年代受到一些批评。批评者认为,法院对行政机关提出的要求,导致行政机关花费更多的时间和金钱,导致行政迟延,实际上对行政机关政策的决定不一定发生重大的影响。法院权力的扩张可能导致法院篡夺行政机关选择政策的自由。政策选择的权力属于立法机关和行政机关,法院不是民选官员,也无技术知识,不能夺取这方面的权力。加强法院对行政机关的控制,不表示加强行政机关对公民负责。批评者认为,美国社会中律师已经够多,他们兴风作浪,制造诉讼,对社会经济的发展不产生有益的作用,法院不宜再给他们更多的鼓励。批评者主张加强国会和总统对行政的监督,代替法院权力的扩张。最高法院注意到这些批评,在70年代末期的一个案件中,限制下级法院在法律规定的程序以外,要求行政机关采取额外的程序保障。[①] 在1984年的一个案件中,限制下级法院过多地扩张法律解释的权力,代替行政机关决定政策。最高法院强调要尊重行政机关合理的法律解释。[②] 在美国,法院和行政机关的关系时常变更,随着行政情况和社会情况的改变,法院有时加强对行政机关的控制,有时自我克制,减少对行政机关的控制。

三、美国的行政法学

(一) 阻碍行政法学发展的因素

美国学者对行政法的研究起步较晚,第一部行政法学系统性的著作直到1893年才出现。行政法学著作大量出现是在20世纪70年代以后。阻碍行政法研究的原因,可能有下列几点:

1. 普通法的传统

美国继承英国的法律传统,是普通法系国家。传统的行政法规则大都包括在普通法中,普通法不进行分类,没有行政法的概念和对行政法的独立研究。

2. 对行政法的误解

在英美两国,原来对行政法存在误解,误解的倡导者是英国法学家

---

① *Vermont Yankee Nuclear Power Corp. v. Natural Resources Defense Council*, 435 U. S. 519 (1978). 关于这个案件,参见本书第八章第二节:制定法规的程序中混合程序。

② *Chevron U. S. A. Inc. v. Natural Resources Defense Council*, 467 U. S. 837 (1984). 参见本书第十六章:司法审查(三):审查的范围。

A. V. 戴西。戴西在 1885 年出版的宪法书中,认为行政法是法国的法律,这个法律的特点是给予官吏特别保护。官吏执行职务的行为,普通法院不能受理,由行政法院管辖。行政法院在人民与官员的关系上所适用的法律,和公民与公民之间的关系上所适用的法律不同。在英国和接受英国文化的国家中,没有行政法存在,因为英国普通法对官员与公民同样适用,官员不因其执行职务而适用和一般公民不同的法律,也不因其执行职务而受不同的法院管辖。在英国官员与公民受同一法院管辖,适用相同的法律原则。①

戴西对法国行政法的概念是错误的。他认为行政法是由行政法院受理的行政诉讼,行政诉讼是保护官员的特权。然而法国行政法的范围不限于行政诉讼,法国行政诉讼给予人民的保护超过英国普通法所提供的保护,例如,法国的国家赔偿制度在 1873 年已经确立,英美两国的国家赔偿制度直到 1947 年和 1946 年才确立。② 尽管戴西的行政法概念是错误的,然而戴西的行政法概念,在相当长的时间以内影响了广大的英美法学家。美国著名法学家 F. 弗莱克福特在 1927 年的一篇文章中说:"直到最近,甚至学者们还把行政法看成是外来的东西。"③在另外一篇文章中,弗莱克福特说:"在当代,很少有法律书籍像戴西的宪法书一样,产生如此令人糊涂的影响。"④由于戴西的影响,美国当初对行政法的研究只限于少数学者,未引起普遍的注意。

3. 消极的国家观念

美国在建国后很长时间以内,奉行自由放任政策。国家尽量不干预私人的活动,行政机关的职能不多,不存在研究行政法的客观需要。直到 19 世纪末期,行政机关开始逐渐控制私人经济活动,行政机关行使巨大权力时,才产生研究行政法的实际需要。

(二) 1940 年以前美国的行政法学著作

1940 年以前,美国行政法学著作不多。这个时期行政法学著作的内

---

① A. V. Dicey：*Law of the Constitution*,1902,pp. 189-190.
② 参见王名扬:《英国行政法》,北京大学出版社 2007 年版,第 1—2、10 页;王名扬:《法国行政法》,北京大学出版社 2007 年版,第 562、564 页。
③ F. Frankfurter:"The Task of Administrative Law", in 75 *University of Pennsylvania Law Review*,p. 615(1927).
④ F. Frankfurter:"Forward,a Discussion of Current Development in Administrative Law", in 47 *Yale Law Journal*,p. 517,1938.

容,主要是从宪法的立场讨论行政机关的权力,以及对行政机关违法行为的救济手段。美国最早的行政法学著作是古德诺1893年出版的《比较行政法》。古德诺曾经留学德国,这部著作的内容受欧洲大陆的行政法学著作的影响,包括行政组织、行政行为和救济手段三个部分。在行政行为中主要讨论行政行为的形式和效力,没有讨论行政程序的过程。古德诺1905年出版《美国行政法原理》一书①,基本格式和上面一书相同,但已经表现美国传统行政法学的特点。该书第一编首先讨论分权原则,在该编第四章中作者指出,由于美国宪法规定分权条款,分权原则是美国公法的一部分。欧洲大陆国家对行政权的讨论没有这样详细。1903年,B.怀曼出版一书名为《支配政府官员关系的行政法原理》。② 涉及行政法的广泛内容。作者认为,美国和欧洲大陆国家一样有行政法存在③,并且认为行政法分为内部行政法和外部行政法,二者互相影响,没有内部的指示不可能有外部的行为。作者详细地讨论了行政组织、行政机关的权力、官员的权利和义务、行政机关进行活动的方法,值得注意的是,该书认为行政机关裁决争议在欧洲大陆国家存在已久,在美国最近才发生,还没有学者讨论这个问题,作者对这个问题进行了详细的讨论。④ 这个问题后来一般称为行政司法或行政裁判权力。

以上几本书是美国早期的行政法学总论性质的著作,已经开始出现重视分权原则和注意行政司法的趋势。早期的其他重要的行政法学著作,主要讨论行政机关的权力,着重讨论行政机关的立法权力和司法权力,如何能够符合宪法的分权原则,主要的著作有弗罗因德1928年出版的《对人和财产行使的行政权力》。⑤ 作者也曾留学德国,所以该书采取比较研究观点,在很多时候比较了美国行政机关的权力和英国行政机关的权力。该书第一部分从第一章到第十五章是行政权力的一般理论和救济手段,第二部分从第十六章到二十九章讨论各种专门的行政权力,例如对货物运输的行政权力,对银行的行政权力,对保险业的行政权力等,这些都是实体法和专门行政法问题。在欧洲大陆国家和我国,把它称为行

---

① F. J. Goodnow: *The Principles of Administrative Law of the United States*, 1905.
② Bryce Wyman: *The Principles of Administrative Law Governing the Relations of Public Officers*, 1903.
③ Ibid., p.4.
④ Ibid., pp.320-341.
⑤ Ernest Freund: *Administrative Power over Persons and Property*, 1928.

政法各论或分论。另外一本早期讨论行政机关权力的重要著作是 J. 迪金森 1927 年出版的《美国的行政司法和法律最高》①，讨论行政机关的司法权力和法院对行政裁判的司法审查问题。作者特别强调法院对行政裁判进行司法审查是法治的重要原则。20 世纪 30 年代，为了克服经济危机，罗斯福总统推行复兴经济的新政。国会为此设立一些新的独立控制机构，集中立法、行政和司法权力控制私人企业，受到企业界和律师界的反对。新政拥护者 J. M. 兰迪斯 1938 年出版一书，称为《行政程序》②，为行政机关的委任立法权、行政司法权和独立的行政控制机构的合法性进行辩护。在 20 世纪 30 年代，美国还出版了一些专门讨论某一行政机关的著作，例如 I. L. 沙夫曼从 1931 到 1937 年间，专门研究州际商业委员会，完成巨著五大本，共分四个部分：第一部分，委员会权力的立法基础；第二部分，委员会的管辖范围；第三部分，委员会活动的性质；第四部分，委员会的组织和程序。③

早期重要的收集行政法判决的著作有弗罗因德 1911 年出版的《行政法案例》。④ 该书第一部分——六章为行政权力，第二部分二—九章为救济手段。所选判例主要来自联邦法院和州法院，也有少数英国法院判例，同时包括程序方面例如通知、听证、证据的判例，和实体方面例如警察、租税、执照等事项的判例。1928 年时该书发行第二版，内容基本未变。早期比较有影响的判例著作是 1932 年弗兰克福特出版的《行政法案例》。⑤ 该书第一部分和第二部分所选案件为分权原则和权力委任，第三部分为法院对行政活动的控制，包括的主要内容有公用事业、外国人、警察、租税、退伍军人、专利和特许等专门行政法问题，主要是法院对宪法的解释，除判例外，该书还选登一些有关的阅读材料。作者在序言中说明了自己的观点，认为行政法明显地受到作为其内容的特定利益的影响，也受到了执行法律的机构特点的影响，司法审查必须和实体法相联系。⑥ 1935 年该书发行第二版，内容有变动，基本观点未变。⑦

---

① John Dickinson：*Administrative Justice and the Supremacy of Law in the United States*，1927.
② James M. Landis：*The Administrative Process*，1938.
③ I. L. Sharfman：*The Interstate Commerce Commission*，1931-1937.
④ Ernest Freund：*Cases on Administrative Law*，1911.
⑤ Frankfurter and Davison：*Cases on Administrative Law*，1932.
⑥ Ibid.，序言第Ⅷ页。
⑦ Ibid.，第 2 版，序言第 7 页。

1940年以前，美国行政法学著作表现的特点，主要有以下几个方面：

（1）研究的重点首先是行政机关的权力问题，因为美国对行政法进行研究是由于行政机关行使委任立法权和行政司法权所引起。美国宪法采取分权原则，所以行政法的研究着重从宪法的立场出发，讨论委任立法权和行政司法权。

（2）救济手段和行政机关的权力密切联系，也是研究重点，行政机关权力扩大以后，救济手段更为重要。英美的传统观念非常重视法院对行政活动的控制，当时所谓救济手段主要是指司法审查而言，特别是从20世纪30年代后，罗斯福总统推行新政时期，反对行政机关权力扩张的人，企图加强司法审查以限制行政机关的权力，因此行政法研究的重点，由权力问题移转予司法审查问题。

（3）行政程序问题在早期的行政法学著作中，没有引起注意，这个问题及到20世纪30年代末期，才受到重视。

（4）早期的行政法学著作没有把行政实体法排除在行政法学之外，不少的行政法学著作讨论专门行政法问题。

（5）早期的行政法学著作也没有把内部行政法排除在行政法学之外。在行政法学著作中，大都讨论行政机关的组织问题，认为内部行政法和外部行政法有不可分离的联系。

（三）1941—1970年期间的行政法学著作

美国的行政法学研究，1940年以后有一个很大的转变，当时行政法学的特点，是研究重点从宪法问题转向行政程序。这种转变的趋势起源于30年代中期，最高法院1936—1941年期间对摩根案件的4次判决，强调行政程序的重要性，承认需要这种转变。[①] 1946年《联邦行政程序法》的制定加快这种转变的发展。

代表这种转变的最早著作是W.盖尔霍恩教授1941年出版的两本书：一本是《联邦行政程序》[②]，一本是《行政案例和评论》[③]。作者在这两本书中认为行政法的研究已经进入第三阶段。第一阶段着重研究的问题是宪法的分权原则和行政机关的权力；第二阶段着重研究的问题是司法

[①] 关于摩根案件参见本书第十二章第一节：摩根案件的判决。
[②] Walter Gellhorn: *Administrative Proceedings*, 1941.
[③] Walter Gellhprn: *Administrative Law*, *Cases and Connents*, 1941.

审查的界限;第三阶段着重研究的问题是行政程序。作者认为,法院对于违法行为的审查,不能代替良好的行政程序,司法审查费时费钱。大量的行政行为,或者由于性质特殊,或者由于当事人缺乏经济能力,不能受到法院的审查,行政法的主要问题是发展良好的行政程序,防止专横、任性的行政决定的产生,同时保障行政机关办事公平而有效率。作者的《行政法案例和评论》一书编写的方式代表这种研究方向,该书共11章,各章的标题是:① 序言;② 分权;③ 权力的委任;④ 通知的权利;⑤ 正当的通知;⑥ 公正的听证;⑦ 公正的听证:证明的程序;⑧ 公正的听证:主持听证的人和作决定的人;⑨ 事实问题的裁定和法律问题的结论的必要性;⑩ 司法控制行政决定,取得司法审查的方法;⑪ 司法控制行政决定:法官决定代替行政官员的决定的范围。

在这11章中,半数以上是讨论行政程序,其余几章是关于司法审查、分权、权力委任和序言。盖尔霍恩教授的书除着重行政程序以外,其他和传统行政法学的不同是把实体行政法和内部行政法的研究,排除在行政法学的范围以外。作者认为行政活动的实体法是其他学科研究的课题,行政组织法是行政学和政治学研究的课题,都不在行政法学研究范围之内。在此之前,弗兰克福特编的《行政法案例》和弗罗因德编的《行政法案例》中,都包括大量的实体法在内。在盖尔霍恩教授的书出版时,传统行政法学仍有很大的力量。例如1940年,J. 哈特教授出版一本《行政法导论附案例》①,继承传统的观点,内部行政法占有相当大的地位,该书第一部分讨论公职和官员,全书详细地讨论了行政机关的权力和救济手段,没有讨论行政程序,作者认为行政程序是附属的行政行为,不是主要的行政行为。② 盖尔霍恩教授的书最先确定了当代美国行政法学的内容,对美国当代行政法学的研究方向,发生重大影响,该书是美国法学院使用较多的教科书,1987年已经发行第八版。

1940年以后,对美国当代行政法学在早期作出贡献的另外一部著作,是K. C. 戴维斯教授1958年出版的《行政法论》。③ 该书对现行行政法进行分析,提出理论和原则,作者在序言中说明建立当代行政法学理论系统的必要性时声称,最高法院判决的案件,其中1/3以上属于行政案

---

① James Hart: *An introduction to Administrative Law, with Selected Cases*, 1940.
② Ibid., p.138.
③ K. C. Davis: *Administrative Law Treatise*, 1958.

件,但是最高法院没有提出系统的理论和原则,而且有的判例互相冲突。此外,行政机关裁决的案件,远远超过最高法院受理的行政诉讼。行政机关制定的法规也远远超过国会制定的法律。由于当代行政法的大量出现,迫切需要用有系统的原则去说明,该书的写作部分地满足了这个需要。鉴于行政法的混乱状态,作者认为该书不能限于概括现行法律,而必须提出批评,以供解决问题的参考。戴维斯教授的著作在美国的影响很大,对美国当代行政法学理论的建立作出了贡献。从 1978—1984 年期间,作者对第一版加以补充发行第二版,共 5 册,是研究美国行政法学的重要著作。

第三部对美国当代行政法学在早期作出贡献的书是 L. L. 贾菲 1965 年出版的《司法控制行政行为》一书。① 作者收集以前发表的文章,又加写几章,合成该书。名称虽然是司法控制行政行为,实际的范围包括法院和行政机关之间的全部关系,不限于司法审查问题。例如该书第一章,讨论行政机关权力扩张所引起的争论,第二章讨论权力委任问题,都不是司法审查问题。它能帮助理解行政机关的权力,法院对这个问题的态度可能影响司法审查的判决。这本书对行政法学的贡献,在于它对行政机关和法院的关系提供一个理论基础。

以上提到的几本书是 40 年代到 70 年代期间,美国当代行政法学有代表性的和有一定贡献的学术著作。当然在这段期间出版的书不只是这几本,还有一些其他行政法学著作。

（四）20 世纪 70 年代以后

20 世纪 70 年代以后,美国对行政法的研究普遍展开,行政法学著作大量出现,其中有教科书、有学术专著。这里不一一指出代表性的著作,以免挂一漏万。② 值得注意的是 70 年代以后,行政法学研究的范围比以前广泛,以前对行政程序的研究局限于正式程序,70 年代以后逐渐注意到对非正式程序的研究。内部行政法和实体行政法,在 70 年代以后也受到很多学者的注意,认为属于行政法学研究的范围。新一代行政法学者对法院控制的作用,不如过去重视,而更多地注意总统和国会对行政的控制,以及行政公开和公众参与行政程序等民主方式。新

---

① Louis L. Jaffe: *Judicial Control of Administrative Action*, 1965.
② 20 世纪 70 年代以后的著作,在本书写作过程中大部分接触过,可参见本书末主要参考资料表。

一代的行政法学者的思想，比年长一辈较开放，然而美国行政法学的研究由于受到判例法的限制，在系统性、理论性方面还有待继续提高。

目前美国行政法学著作，除专著以外，一般性的著作主要包括下列内容：分权、权力委任、调查程序、制定法规程序、行政裁决程序、司法审查、行政赔偿责任、总统控制、国会控制、行政公开。随学者见解的不同，有的行政法学著作可能忽略其中一项或两项，有的学者可能增加其他项目。各项的内容和先后次序的安排，各作者不一定相同，一般的次序是从国会授权开始，经过行政程序到救济手段。美国有些专门行政法学著作由有关的实际工作者或律师编写，理论性不多，但实用性强。

四、本书的编排

本书的对象主要是联邦行政法，对州行政法的说明不多。因为作者对州行政法的接触不多，也因为各州的行政法虽然不同，然而共同受到联邦行政法的影响，大的原则和制度与联邦行政法基本相同。理解联邦行政法后，对州行政法的理解不会遇到大的困难。

本书的内容和编排同作者已出版的《英国行政法》和《法国行政法》相同，没有采用美国行政法学著作的体例。第一章绪论，首先说明美国法律体系的基本特性，包括美国法律的一般性渊源、技术和辅助的权威，任何人学习美国法律，首先必须对美国法律体系的基础知识和使用的技术，有一个概括性的了解，对于外国人这种了解更需要。其次说明美国行政法的基本概念，包括行政法的意义、目的、渊源、和欧洲大陆国家行政法的不同、美国行政法发展的过程、美国研究行政法的情况。第二章到第六章说明美国的行政组织，包括美国行政制度的基本原则、联邦政府的行政机构、文官制度、州和地方政府的基本结构、行政机关的权力。美国行政法学除讨论行政机关的权力外，不注意其他行政组织问题。认为行政组织关系主要是内部问题，不是行政法学研究的对象。作者认为行政程序和行政组织密切联系。外部的行政活动要求有一定组织机构，不能不受内部组织关系的支配。行政机关之间也必须有一定的组织关系才能步调一致。行政活动是一个系统的活动，不能孤立地理解，行政组织决定行政机关的权力，因此它决定个人可能具有的行政救济手段，和本书第三部分行政活动的监督也有密切的联系。第七章到第十三章说明行政程序。美国法律在这方面的发展水平高，许多方面可供其他国家参考。第十四章到第二十三章说明对行政活动的监督和控制。值得注意的是美国国会对行政活动的控制,超过其他西方国家。目前世界各国,议会的立法职能普遍削弱,今后议会的主要职能可能是控制行政机关的活动。美国的制度值得参考,在美国行政法制度中,行政公开制度远远优于其他国家。今后民主政治的深入发展,行政改革的下一课题必然是趋向行政公开,美国在这方面的制度也值得其他国家参考。

第二章
美国行政制度的基本原则

美国是一个联邦制国家,行政制度比较复杂,在说明具体的行政组织以前,有必要说明美国行政制度的基本原则,以便对全部行政结构有一个概括性的了解。美国的行政制度受以下几个基本原则的支配:① 联邦主义;② 分权原则;③ 法律平等保护原则;④ 法治原则。这几个原则是美国宪法的原则,支配美国全部政治活动,当然也支配美国的行政制度。

第一节 联 邦 主 义

一、联邦主义的意义和历史背景

(一) 联邦主义的意义

联邦主义可以有不同的意义,就美国而言,联邦主义是指在同一国家领土上存在两级政府组织,它们之间的权力划分由宪法规定。每级政府在其权力范围以内都是一个独立存在的政治实体。第一级政府称为联邦政府,它是全国范围内的中央政府;第二级政府是联邦的组成部分,它在国家内部一定的领土上行使权力。美国称组成联邦的部分为州,由州政府管辖。州政府虽然处在国家范围以内,它的权力不是由中央政府给予,而是和联邦政府一样,直接来源于宪法。联邦政府不能变更州政府的权力,宪法的修改必须有州的参加,从这个观点来说,州政府不是单一制国家的地方政府。因为单一制国家地方政府的权力由中央政府给予,中央政府有权变更地方政府的权力。地方政府只有行政权和行政机关,没有其他国家权力和国家机关。美国的州同时具有立法、行政、司法三种权力,和独立的立法、行政、司法机关,还有自己的宪法,由本州人民制定。

州政府的组织体制和权力结构类似联邦政府,州虽然有很大的权力和独立性,并不是一个独立的国家。美国联邦不是一个由独立国家组成的联合体,因为美国联邦政府可以直接对各州人民行使权力,不必通过州政府的中介。独立国家联合体不可能具有这种权力,它对人民行使权力必须通过组成联合体的国家。美国的联邦主义是一种介于单一国家组织和独立国家联合体之间的政府结构。

(二) 历史背景

1. 邦联条款(Articles of Confederation)

美国原来是英国的殖民地,英国统治者为了掠夺殖民地财富,在殖民地倾销商品,禁止殖民地人民和欧洲大陆国家直接通商,以便霸占殖民地市场。不经殖民地的同意征收捐税,以弥补英国的财政亏空。在这样的经济和社会背景之下,爆发了18世纪70年代的美国革命,这是美国政治历史的起点。

在革命前夕,美国有13个英国殖民地,它们之间除共同受英国的统治以外,没有其他政治联系。为了进行反英的共同斗争,1774年,各殖民地的代表举行了第一次大陆会议,议决在殖民地上发动一个抵抗英国货物的运动。1775年举行第二次大陆会议期间,革命战争已经爆发,大陆会议成为领导战争的临时机构。1776年殖民地宣告独立,13个殖民地成为13个主权国家,互相独立,地位平等,称为邦或州(State),州的意义就是国家。

在战争进行期间,13个州的人民感到在战争中和战争结束以后,为了共同抵抗外国的侵略,发展对外关系和对外贸易,有成立一个永久性的联合组织的必要。1776年,大陆会议任命一个委员会起草建立永久性组织的条款,委员会在一个月后提出一个联合条款草案,1777年大陆会议批准这个草案。1781年,各州政府全部批准联合条款,正式生效,称为《邦联条款》。

《邦联条款》的主要内容是美国当时的13个州都是主权国家,它们委派代表组织一个邦联议会,作为各州共同的中央机构。邦联议会在条款所明白规定的范围以内,享有决定权力,可以议决外交、军事、借款,要求成员国提供经费和军队,各成员国不论大小都只有一个表决权,邦联议会的决定由各成员国执行。邦联本身没有行政机关和司法机关,不能对人民直接行使权力。当时美国的邦联议会类似当代的联合国大会,大会成员都是主权国家,各成员国委派代表参加大会,代表完全受派遣国的支配,当时美国的邦联甚至没有像联合国组织的安全理事会这样的执行机构,然而《邦联条款》得到各州的批准,它是美国各州联合的第一个正式宪法。

2. 联邦宪法

美国独立后的各州虽然在《邦联条款》下组成了一个松散的联合,然而这种联合方式不能达到联合的目的。邦联会议权力太小,没有执行机构和司法机构,一切决议要通过各州执行,各州根据自己的利益,不受联邦决议的拘束。在贸易方面,各州互相竞争,规定自己的外贸政策,对其他州的货物任意征税。邦联的经费主要由各州摊派,各州不愿意把自己的大量金钱交付一个遥远的中央政府,便互相仿效拖欠应摊款项,使邦联负债累累,甚至不能支付革命战争时期借款的利息。各州滥发纸币,对于州内发生的叛乱无力单独应付。为了改进联合的方式,邦联议会建议修改《邦联条款》。1787年,各州代表集合于费城(Philadelphila),准备修改《邦联条款》。经过初步讨论,会议决定彻底修改《邦联条款》,另外制定一部宪法代替《邦联条款》。这次原来以修改宪法为目的的会议,变成一个制宪会议。

在制宪会议中,各州之间的矛盾充分表现出来。大州和小州的利益、工业州和农业州的利益、蓄奴州和无奴州的利益互相冲突,形成两派对立的意见。一派主张建立一个有强大力量的中央集权政府,认为只有通过中央集权才能发展全美人民的利益,抵抗外来干涉,一般称这种主张为集权派;一派主张适当增加联合力量,反对中央集权,仍然保留州的主权,认为中央集权是专制政治的表现,美国人民不能在推翻英国的专制统治以后,又建立自己的专制统治。一般称这种主张为州权派。任何一派的主张都不能在会议中完全实现。会议的结果是两派主张的折中和调和,一方面,建立了一个有强大力量的中央政府,具有立法、行政、司法机关,独立的经费来源,直接对人民行使权力,不受各州的阻碍。然而这个中央政府不是一个集权的政府,它的权力由宪法规定,宪法的制定必须有各州的参加。中央政府只能具有各州所放弃的权力,不能自己决定自己的权力。另一方面,各州除宪法中规定给予中央的权力以外,原来的权力没有变动,这种权力不是中央政府给予的,而是各州固有的。宪法中划分了中央和各州的权力,一个是被给予的权力,一个是固有的权力,两种权力的界限以宪法的规定为根据。宪法的最后渊源是美国人民,中央政府和各州政府的权力都来源于人民,两种政府互相独立。在这种制度之下,中央政府具有力量,而各州政府保留独立地位。这个制度不是一个中央集权政府,然而中央政府直接对人民行使权力,无需州政府的介入,所以它不是一个邦联政府,而是介于二者之间的联邦制度。宪法于 1787 年制定,1788 年得到 9 个州的批准后开始生效,1789 年依宪法规定产生了美国的联邦政府。

二、权力的分配和合作

(一) 权力分配的方式

联邦宪法对联邦政府和州政府权力的分配采取两种方式:对联邦政府积极地规定具有什么权力,对州政府消极地规定禁止行使什么权力。因为州保留一切没有放弃的权力,不用规定能够具有什么权力。为了防止联邦政府滥用权力侵犯州或人民的权利起见,也规定了禁止联邦政府行使什么权力。联邦政府的权力,有的按照宪法的规定或权力的性质是联邦政府专有的权力。联邦政府的权力不是全部都具有专有性质,联邦政府享有的权力,如果法律没有禁止州政府享有时,是联邦和州共有的权力,没有分配给联邦政府,也没有禁止州行使的权力,全部属于州或人民所保留的权力。根据上述权力分配的方式和权力的性质,美国宪法在联邦和州的关系上区分了下述 5 种权力:(1) 联邦政府专有的权力,例如外交权力、国防权力、货币权力、哥伦比亚特区立法权力等。(2) 联邦政府和州政府共有的权力,例如环境保护的权力、海港管理的权力。在共有的权力中,州权力的行使不能和联邦的法律冲突,也不能妨碍全国的利益。在这两种情况下,联邦政府单独享有共有权力,美国法律称联邦政府的这种权力为联邦的优先占领(Federal Preemption)。(3) 禁止联邦政府行使的权力,规定在宪法第 1 条第 9 节和宪法修正案的权利法案中。(4) 禁止州政府行使的权力,规定在宪法第 1 条第 10 节中,有的禁止是联邦和州共同适用的,有的禁止只适用于联邦或只适用于州。(5) 州或人民所保留的权力,规定在宪法修正案第 10 条中。一切未分配给联邦政府,也没有禁止州行使的权力,是州或人民所保留的权力。

(二) 默示的权力

联邦政府的权力限于宪法所给予的权力,然而宪法所给予的权力不限于宪法所明文规定的权力,也包括宪法所默示给予的权力(Implied Powers)在内。宪法是根本性的法律,只规定大的原则。宪法所给予的权力具有目的性质,达到目的必须具有手段,宪法不可能对各种手段作出规定。宪法规定了目的也就默示地包含达到目的的必要的手段在内,美国宪法考虑到默示权力的需要,在宪法条文中作了规定,宪法第1条第8节在列举联邦国会的各种权力以后,最后一款规定:"……为了执行以上各种权力,以及执行本宪法授予联邦政府或任何部或任何官员的一切其他权力,国会可以制定一切必要的和适当的法律。"美国宪法学称这项规定为必要的和适当的条款,依照这个条款,联邦政府除了具有宪法所明文规定的权力以外,还有默示的权力,作为实现明文规定的权力的手段。

默示的权力是一个含糊的概念,没有一个明确的标准,在适用时易引起争论。例如在建国初期,杰斐逊和汉密尔顿对默示的权力就有不同的理解。杰斐逊采取严格解释,认为默示的权力限于为了行使明文规定的权力所绝对必需的或必不可少的权力;汉密尔顿采取较宽的解释,认为默示的权力是明文规定的权力所附带的权力,是帮助实现明文规定权力的权力。华盛顿总统采纳了汉密尔顿的观点。1819年,首席大法官马歇尔在著名的麦卡洛克诉马里兰州案件中①,对默示的权力采取广义的解释,认为:"在宪法的范围以内,一切适当的、明白适合于目的的手段,宪法没有禁止,而且符合宪法的文义和精神的手段,都符合宪法。"马歇尔的观点迄今仍为大部分法官所接受。在联邦政府职权范围越来越扩张的时候,默示权力的范围也越来越广。

(三) 合作关系

联邦和州的权力由宪法划分,不可避免会引起宪法如何解释问题,这个解释直接影响到联邦和州权力的范围和关系。上面已经看到,联邦宪法在制定时有中央集权派和州权派的对立。这两种观点并未因宪法的制定而消失,直到现在继续在宪法的解释中争论,形成两种不同的联邦制度观点。州权派主张严格解释联邦政府的权力,维护州的主权地位;集权派则尽量争取把州的权力纳入联邦的计划和指导之中。州权派的观点是二元论的联邦主义(Dual Federalism),集权派的观点是合作论的联邦主义(Cooperative Federalism)。

二元论者认为,宪法划分权力于联邦和州的目的在于防止专制,联邦政府只有宪法所规定的权力,其余的权力都属于州。他们对于《宪法》第1条第8款中的必要和适当条款采取严格解释。对于宪法修正案第10条规定的一切未分配给联邦政府,也没禁止州行使的权力属于州的保留权

---

① *Mc Culloch v. Maryland*,17 U.S.316(1819).

力非常重视,认为这是对州权的保障,对联邦权力的限制。在他们看来,联邦和州在其权力范围之内都是主权者,二者的权力互相独立,互相排斥,不能混淆。极端的二元论者甚至主张州有单方面否认联邦行为,和脱离联邦的权利。自从南北战争以后,极端的州权思想不再存在,然而二元论的观点,在不同的形式下始终存在。

合作论者认为,联邦和州的权力不是互相独立、互相排斥的权力,而是伙伴关系,合作进行各种活动。在这个合作中,联邦政府由于力量强大,处于指导地位。他们认为,二元论的思想是农业社会时代的民主政治思想,在当代工业社会中,很多活动具有全国性质或全球性质,全国各地区互相依赖的程度加深,州的权力日益减少,联邦权力日益扩大。合作论者很重视联邦政府依宪法第1条第8节中的规定而享有的默示的权力,和联邦政府管理州际商业活动的权力。认为宪法修正案第10条规定没有授予联邦政府权力,包括没有明文授予和没有默示授予在内,该项规定没有限制联邦政府享有默示的权力。合作论者认为联邦政府内部,不存在两个主权者在其各自范围以内互相独立,联邦和州都不是主权者,只有人民才是主权者,人民制定宪法分配权力于联邦和州之间,没有主权者之间的对立。

合作论者承认联邦政府的首要地位,然而并不否认州的地位。联邦政府必须维持和利用州的行政权力,以满足人民的需要。联邦政府通过财政援助或技术援助,参加或鼓励州的重要项目,特别是社会福利方面的项目。州政府在接受联邦的援助时,必须接受联邦的方针、政策和指导,否则就得不到联邦的帮助。通过援助方式,联邦政府不是在法律上而是在事实上已经参加州政府权力的行使。近年来,由于市政发展的结果,联邦政府通过援助方式开始参加地方政府权力的行使。在合作论的联邦主义下,不需要改变宪法中规定的权力分配,权力的行使实际上已集中于联邦。现在美国的一切重大计划,几乎都有联邦参加。或者属于联邦政府项目,或者属于联邦参加的州或地方项目。在合作进行的项目中,州或地方仍然可以发挥创造力量。只有在中央的援助和指导之下,充分发挥州和地方的积极力量,互相合作,才能最好地满足人民的需要和利益。美国法院现在的倾向是接受合作论的联邦主义观点。

三、联邦法律效力最高原则

(一) 效力最高的意义

联邦法律效力最高是指州的宪法、法律、行政机关的行为,或者州法院的判决,在违反联邦的宪法、法律或条约时无效。州的行为之所以无效,不是因为根据州的宪法或法律不能成立,而是根据州的宪法或法律合法成立并且有效的行为,由于违反联邦法律的缘故所以无效。联邦的法律能够拘束州的行为,必须是依照联邦的宪法合法成立并且有效的法律或条约,否则没有这种拘束力。联邦法律则具有这种拘束力,表示联邦法律处于效力较高的层次。州的宪法和法律与联邦法律相比,处于效力较低的层次,这个原则称为联邦法律效力最高原则。规定在《宪法》第6条第2款:"本宪法和依本宪法制定的联邦法律,以及根据联邦权力已签订的和将来签订的全部条约,是美国最高的法律,各州的法官必须遵守,即使任何州的宪法和法律有任何相反的规定也如此。"美国法律称这个条款为效力最高条款(Supremacy Clause)。在这个条款中只提到州的法官必须承认联邦法律的最高效力,然而这个条款也适用于州的立法者和行政人员,因为《联邦宪法》第6条第3款规定,联邦政府国会的议员、各州立法机关的成员、联邦以及各州全体行政人员和法官,都必须宣誓遵守联邦宪法。效力最高原则是宪法的一项内容,所以也拘束州的立法人员和行政人员。

(二) 适用

联邦法律效力最高原则通常适用于州和联邦行使共有权力的时候。因为双方都能行使这种权力,州的法律可能和联邦的法律发生冲突,规定联邦法律效力最高以解决法律冲突的矛盾。然而在共有权力以外,州在行使完全属于州的权力时,也不能违反联邦的法律。例如小学教育属于州的权力,然而州政府不能违反联邦最高法院关于联邦宪法禁止种族隔离的判决。因为联邦最高法院关于联邦宪法所表示的原则,具有法律效力,适用联邦法律效力最高原则。

联邦法律效力最高原则除适用于法律的冲突以外,也是联邦优先占领原则的法律根据。联邦优先占领是指在宪法授予联邦的权力中,没有规定是联邦专有的权力,也没有禁止州行使这种权力,在州继续行使这种权力可能严重妨碍联邦行使这种权力时,联邦政府可用法律规定由联邦政府单独占有这种权力,排除共同行使这种权力,这是联邦法律明文规定的联邦优先占领。有时,对于联邦和州共有的权力,法律没有明文规定联邦的优先占领。但是根据权力本身的性质,只能由联邦统一行使;或者联邦政府对于行使这种权力已经作出全面规定,州如果行使这种权力可能挫败宪法授予联邦这种权力的目的时,法院根据情况可以认为有一个默示的联邦优先占领(Implied Federal Preemption)。法院在决定是否存在默示的联邦优先占领时,必须考虑多种因素,例如权力的性质、目的,法律的规定,历史传统,联邦利益、州的利益。联邦优先占领通常存在于外贸和州际商业之中。

(三)理由

联邦法律效力最高原则可以认为是联邦制度的核心。没有这个原则,联邦制度很难运行,联邦体制甚至可能瓦解。最高法院在前面提到的麦卡洛克诉马里兰州案件的判决中,首席大法官马歇尔对这个原则的理由作了清楚的说明。马歇尔认为:"联邦政府的权力虽然有限,但是在其权限范围以内的行为,效力是最高的。这是联邦政府的性质必然产生的结果。联邦政府是全体的政府,它的权力是全体给予的权力。它代表全体,为全体的利益而活动。每个州可能都想要控制联邦政府的活动,然而没有任何州愿意允许别人控制它们。国家在其有权进行活动的事项上,必然拘束它的组成部分,这个问题不是处于纯粹的理论状态,人民已经用明白语言决定了它:'本宪法和依本宪法制定的法律……是美国最高的法律',并且要求州的立法机关成员、州的行政部门和司法部门的官员,必须宣誓忠于宪法。因此,联邦政府的权力尽管有限,然而是最高的,联邦政府依照宪法制定的法律,构成美国最高的法律,不论任何州的宪法或法律有任何相反的规定。"

四、充分忠实和信任原则

(一)意义

充分忠实和信任原则(Doctrine of Full Faith and Credit)是指每一个州对于他州合法成立的法律、行政决定和法院判决必须充分信任,承认它的效力。因为联邦制度之下各州互相独立,不是互相分立。它们是一个联合体的组成部分,本州与外州的关系不能视为本国与外国的关系,对外州人民不能视为外国人。在某一州中已经合法成立的法律、行政决定和法院判决,它的效力必须为其他州所承认,否则联邦制度不能成立。这个原则和联邦法律效力最高原则一样,是维护联邦制度的统一的力量。效力最高原则解决不同等级之间的法律冲突,充分信任原则解决同级各州之间的法律冲突,都是联邦制度中的向心力量。它要求每一州对于依其他州的法律或司法程序所创造的权利或责任,不能任意忽视,必须把它们作为全国的组成部分,不论其产生之州为谁,在任何州都可以得到救济。

充分忠实和信任原则规定在《联邦宪法》第4条第1节。该节规定:"每一州对其他各州的公文书、公记录和司法程序必须给予充分的忠实和信任。国会可以制定普遍性的法律,规定该文书、该记录和程序必须证明的方式及其效果。"

(二) 适用条件

根据联邦法律的规定和联邦最高法院的判决,各州法院对他州的法律、行政决定和司法程序给予充分信任,只能在他州的上述行为依照该州的法律合法成立并且有效的时候,原来的州不承认的行为,不能要求他州承认。他州所承认的效力不能超过该行为所产生的州的法律所给予的效力。

为了确定他州的行为是否成立,法院可以审查该行为是否在其产生机关的权限范围以内:包括事物管辖权限、人的管辖权限和地域管辖权限在内。任何机关的行为只能在其管辖范围以内有效。此外,宪法中的充分信任条款必须和宪法中的其他条款同时适用。宪法修正案第14条规定的正当法律程序,各州必须遵守。一个州的行为违反宪法规定的正当法律程序时,不能得到其他州的信任。例如州法院的判决或州行政机关正式裁决程序中,剥夺了一方当事人的申辩权利,这种不公正程序作出的决定,不能得到他州的信任,但一州的法院不能审查他州行为的是非曲直。

充分忠实和信任原则在适用时有些例外,最主要的例外是一州只适用自己的刑事法律,不适用他州的刑事法律。每州对于专属于本州内部的事项也不适用他州的法律,例如位于本州内部的土地财产权利,只能适用本州的法律。对于本州和他州法律同时规定的事项,本州法院在两州的规定不同时,只适用本州法律,不违反充分信任原则。

美国法院在给予他州行为充分信任时,还区别对待他州法院的判决和他州的法律。对他州法院的判决充分信任的程度较高,不利用本州的公共政策拒绝他州的判决。但充分忠实和信任原则不要求在他州的法律和本州的法律发生冲突时,本州法院必须适用他州的法律,置本州的法律于不顾。在两州法律发生冲突的情况下,法院必须比较两州所涉及的利益的大小。如果本州法律所保护的利益的重要性,超过他州的利益时,法院拒绝适用他州的法律,不违反充分信任原则;如果本州的利益较小,他州的利益较大时,不适用他州的法律,可以认为是违反充分忠实和信任原则。

第二节 分权原则

一、分权的意义和历史背景

(一) 分权原则的意义

分权原则从其广义而言,是指由宪法规定把政府权力分配于不同的政府层次和不同的政府部门之间。从这个观点而言,上节所述联邦主义也是实行分权原则的一种形式,因为联邦主义是把政府权力,由宪法规定分配在联邦政府和州政府之间。但是一般谈分权原则的时候,是指宪法规定政府权力分配于不同的政府部门之间,从这个观点而言,不论在联邦政府内部或州政府内部都存在分权原则。本节所述分权原则是指后面这种意义。

(二) 历史背景

美国宪法采取分权原则的直接背景是吸取了邦联条款失败的经验。在邦联条款之下,各州联合的共同机构只有一个议会,没有其他机构,所以邦联的联合毫无效率。为了建设一个效率更高的联合,必须在议会以外同时设立一个行政部门、一个司法部门,各有一定的权力和责任,以增进政府的效率。

分权原则的思想背景是 17 世纪、18 世纪在欧洲流行的政府结构理论。政府权力可以分为不同的类型,这一理论在西方政治思想中历史悠久。古希腊哲学家亚里士多德已经有这种思想,他在《政治学》一书中,认为政府由三种人组成:讨论的人、执行法律的人、解决纠纷的人。英国在 15 世纪时,已经有立法权和行政权的观念,国王行使立法权的时候,必须取得议会的同意。对于行政事务,国王具有特权,不依赖于议会。但是分权具有规范性质,作为一种政府组织原则,首先由英国哲学家洛克在 17 世纪末期提出。洛克认为,国家具有立法、行政和联盟三种权力。立法权制定法律,属于议会;行政权执行法律保护公共利益,属于国王;联盟权是保卫国家、对外宣战和媾和的权力,通常和行政权联合。但行政权和立法权必须分开。在洛克的思想中,没有司法独立的观念,这是他的一个缺点。18世纪,法国法学家孟德斯鸠在洛克学说的基础上,进一步发展和完善分权学说,使它成为具有强大影响力的政府组织原则。

孟德斯鸠的分权学说,发表在他的《论法的精神》这部名著之中。孟德斯鸠思想的出发点是如何在政府组织的形式之下,保障公民个人的自由。孟德斯鸠认为:"政治自由只能在温和的政府中得到,但是温和的政府中也不是总有自由。自由只在政府中没有滥用权力时才存在。然而这是一个永恒的经验,任何具有权力的人都倾向于滥用权力,直到他遇到限制时为止。真想不到:即使是美德也需要有限制。"①

孟德斯鸠认为防止权力滥用的方法是以权力制约权力,因此提出著名的分权学说。他认为,在国家中存在立法、行政、司法三种权力,必须分别由三个部门行使,互相制约。如果同一机构或同一人同时行使两种或三种权力,则自由不能存在。他写道:"如果立法权和行政权集合在同一人或同一官吏团体的时候,自由不能存在。因为人们担心同一君主或立法机关会制定专制法律,而以暴虐的方式执行。如果司法权不同立法权和行政权分开,自由也不能存在;如果司法权和立法权结合在一起,由于法官就是立法者,公民的生命和自由将处于其专横的权力之下;如果司法权和行政权结合在一起,则法官将具有压迫者的权力;如果同一人或同一团体,不论其为君主、贵族或人民,同时行使制定法律、执行公共决议和裁决人民的民事和刑事纠纷三种权力时,则一切都将完了。"②孟德斯鸠认为,这种权力分立是英国所实行的制度,所以英国人享有自由。后来的法学界一致指出,孟德斯鸠所声称的英国制度,是他自己的理想,不是英国的现实,尽管如此,孟德斯鸠的分权学说,对以后的政府结构理论,产生了巨大的影响。

孟德斯鸠的分权学说成为美国革命时期的政治信条,制宪者认为在美国建立一个自由的政府必须实行分权,各种权力互相制约。当时的联邦派著名的活动家麦迪逊对分权学说的论述最富有代表性。麦迪逊认为:"立法权、行政权和司法权全部集中于同一管理者之手,不论其为一人、少数人或许多人,不论他是世袭的、自己指定的、或选举产生的,都可

---

① Montesquieu: De l'Esprit des Lois, seconde partie, ch. 4.
② Montesquieu: De l'Esprit des Lois, seconde partie, ch. 4. 第六章。

以正当地称为专制。"①他认为权力本身具有侵略性质,必须限制在一定的范围以内。任何一个政府部门在其行使权力的时候,不应对其他部门具有压倒一切的影响。② 他用生动而有力的词句说明控制权力的手段和必要性,他写道:"防止各种权力逐渐集中于一个部门的最大保障,在于给予每一部门的主管者必要的宪法手段和个人动机,以抵制其他部门的侵犯……为了控制政府滥用权力必须使用这种方法,这也许是人性的一种反映,但政府是什么呢? 政府难道不是人性的最大反映吗? 如果人们都是天使,根本不需要政府,如果人们都由天使统治,也不需要对政府的外在的和内在的控制。在组织一个由人统治人的政府时,最大的困难在于:首先必须使政府有力量控制被统治者,其次必须使政府本身控制自己。"③

政府的权力必须受控制,控制的手段不能单靠外部力量。因此,分权学说的主张者认为,控制政府权力最有效的手段是内部控制,必须使政府的内部结构在其相互关系中互相制约。每一部门必须具有宪法上的手段防止其他部门的侵犯,以保障各部门的独立。权力分立和互相制约以求平衡,是美国宪法分权原则的核心。

美国宪法的分权原则,除反映 18 世纪的哲学思想和资产阶级的自由要求以外,也是美国制宪当时社会经济情况的产物。上节已经看到,在1787 年的制宪会议中,北方资产阶级的利益和南方种植主的利益、大州的利益和小州的利益、中央集权的主张和保留各州强大权力的主张互相竞争。为了调和各方面的利益,除建设一个在政府层次之间实行分权的联邦国家以外,也必须在联邦和各州两个层次的政府中,在内部结构上采取不同部门之间的分权。这种政府组织形式,是当时能够得到各方面接受的可行方案。

二、宪法关于分权的规定

1787 年制定联邦宪法时,美国各州已经先有宪法存在。各州宪法中大都有分权的规定。有的州宪法除规定分权外,还明文禁止任何一个政府部门行使其他政府部门的权力,例如马萨诸塞州 1780 年宪法第一部分

---

① A. Hamilton, J. Madison, J. Jay: *The Federalist Papers*, No. 4.
② A. Hamilton, J. Madison, J. Jay: *The Federalist Papers*, No. 48.
③ Ibid., No. 51.

第30条规定:"在本州政府内部,立法部门不能行使行政权和司法权,或其中任何一种。行政部门不能行使立法权或司法权,或其中任何一种,司法部门不能行使行政权和立法权,或其中任何一种。目的在于使本州的政府成为法治,而不是人治。"[1]联邦宪法的分权条款规定在三个条文之中,宪法第1、2、3条分别规定设立立法、行政、司法三个政府部门,行使不同的政府权力。《宪法》第1条第1节规定:"本宪法所授予的全部立法权力属于由参议院和众议院所组成的合众国国会。"《宪法》第2条第1节规定:"行政权属于美利坚合众国总统。"《宪法》第3条第1节规定:"合众国的司法权属于最高法院及国会随时规定并设立的下级法院。"

宪法除规定分权以外,还规定了制约措施,防止任何部门具有压倒一切的力量,同时保证每一部门不受其他部门的侵犯,目的在于保障各部门权力的平衡,例如总统对国会所通过的法律具有否决权,但国会得以2/3的多数推翻总统的否决。总统的行政权力在任命高级官员、缔结条约、对外宣战时需要参议院的同意,众议院可以弹劾总统,参议院有权审理弹劾案件。司法机关虽然独立,但法官由总统任命,国会可以弹劾法官。三个部门虽然独立,没有任何一个部门能够完全不受其他部门的节制。

值得注意的是:联邦宪法只规定设立三个不同的政府部门,分别行使三种政府权力,没有规定任何一个政府部门不能行使其他部门的权力。宪法不设禁止规定是否为制宪者有意的安排呢?这种暧昧不明在以后引起了不同的解释。参加制宪的政治家一致认为,分权是自由政府必要的条件,绝对不能破坏,但是什么是破坏分权原则呢?宪法本身没有回答。分权原则是否表示一个政府部门完全不能行使性质上属于其他政府部门的权力,否则就是破坏分权原则呢?或者允许在一定的条件下,法律可以委托一个政府部门行使性质上属于其他政府部门的权力呢?这个问题制宪会议没有讨论。参加制宪会议的政治家似乎也没有一致的认识,有的政治家例如詹姆斯·威尔逊认为,分权原则禁止权力混合,一个政府部门不能行使性质上属于其他部门的权力[2],有的政治家(例如麦迪逊)反对这个观点,认为分权原则不是一个教条,而是一个行动的指南。不仅因为权力的性质在有些情况下不易确定,而且因为三种权力不能混合在实际上不可能。麦迪逊认为,孟德斯鸠的分权是以英国的政府组织为蓝图,而

---

[1] Stein, Mitchell, Mezines: *Administrative Law*, 1992, vol. 1, ch. 3, p. 4, N. 8.
[2] K. C. Davis: *Administrative Law Treatise*, 1978, vol. 1, p. 169.

英国政府各部门的权力没有完全分开,所以他认为:"孟德斯鸠不认为政府的各部门应当没有任何属于其他部门的活动,或者对于其他部门的活动没有任何控制。孟德斯鸠的意思不过表示,如果一个部门的全部权力,由具有其他部门全部权力的人行使时,自由政体的根本原则将受到破坏。"①因此,在麦迪逊看来,分权原则只反对一个政府部门行使其他政府部门的全部权力,不反对一个政府部门行使其他政府部门的部分权力。这个观点符合美国宪法的实际情况,但是威尔逊的观点直到今天也没有完全消失。

三、形式主义的解释和功能主义的解释

联邦宪法关于分权的规定非常简单,可以作出不同的解释。联邦最高法院对分权原则的解释往往受当前案件的影响,有时着重对权力的限制,有时着重效率的需要,像走钢丝一样左右摇摆。一般而言,联邦最高法院对于分权原则,有时采取形式主义的解释,有时采取功能主义的解释。前者可以说是威尔逊观点的继续,更多注重于权力的分开,后者是麦迪逊观点的继续,更多注重于效率的需要。

(一) 形式主义的解释

形式主义从政府机关的观点解释分权原则,认为美国宪法为了保护个人的自由,把政府权力分别归属于三个部门,每一部门行使一种权力,除了宪法特别规定的例外情况以外,每一部门不得行使属于其他部门的权力,否则就是破坏分权原则。最高法院在有些重要的判决中采取这个观点,例如在1986年的鲍谢尔诉赛纳尔案中②,最高法院否认了国会的一个法律,因为该法授权主计长对联邦预算的支出逐项削减,以使预算的亏空不超过一定的限额。法院认为预算编制属于总统的行政权力,主计长的任职可由国会两院的决议罢免,是隶属于国会的机关。国会的作用在于制定法律。一旦法律制定以后,执行权力属于行政部门。在本法中,国会不仅制定了法律,而且保留了执行法律的权力,这是宪法所不允许的。又如在1976年的巴克利诉瓦莱奥案中③,最高法院认为,1974年

---

① *The Federalist Papers*, No. 47.
② Bowsher v. Synar,478 U. S. 714(1986). 关于这个案件的说明,参见本书第二十章:国会对行政的控制。
③ Buckley v. Valeo,424 U. S. 1(1976). 关于这个案件的说明,参见本书第十九章第一节:概述;第二十章第五节:国会控制的宪法和法律限制。

修改的《联邦竞选运动法》中,规定联邦选举委员会的6名成员,由参议院、众议院和总统各任命2名,不符合宪法。因为任命官吏的权力属于总统的行政权,除低级官吏的任命法律另有规定外,其他官员的任命必须由总统提名。本法规定由国会任命4名官员,不符合宪法的规定。又如在1926年的迈尔斯诉美国案件中①,最高法院认为法律中规定邮政局长的罢免必须参议院的同意,不符合宪法。在以上这些案件中,最高法院认为法律违宪,都是根据形式主义解释分权原则,认为某种权力属于某一政府部门,其他政府部门行使这种权力就是违反分权原则。

(二) 功能主义的解释

功能主义对分权原则的解释,不是从机关着眼,认为某种权力属于某一部门,不能由其他部门行使,而是从权力的作用着眼,在每个具体问题上观察权力行使的效果。因为分权原则的基本观念在于防止政府权力过分集中,所以规定政府三个部门的最上层机构,各享有某一方面的权力,互相制约,以保持政府各部门之间的平衡。对于最上层机构以下的其他机构能够享有什么权力,宪法没有规定。这个问题由法律根据具体情况规定。法律在规定下级机关的权力时,不受权力不能混合的限制,下级机关的权力不取决于其所隶属的政府部门,而取决于职务上的需要,所以美国的行政机关,不论是隶属于总统的行政机关,或独立于总统的行政机关,一般都同时具有行政、立法、司法三种权力。下级机关的权力虽然不受其所属部门地位的限制,但它享有的权力不能破坏宪法规定的最上层机构之间的权力平衡,或者剥夺某个最上层机构必不可缺的权力,否则就是违反了分权原则。就一般情况而言,下层机构中的权力混合不会破坏最上层机构之间的权力平衡。因为下层机构没有上层机构的广泛的职务范围,它们只在一定的范围内执行职务。而且它们的活动同时受到总统、国会和法院的监督和控制,不可能出现权力集中不受法律约束的情况。最高法院在大部分情况下根据功能主义观点解释分权原则。例如在1988年的莫里森诉奥尔森案件中②,最高法院对限制总统调查和追诉犯罪的行政权力的法律,不认为违宪。这个案件是对1978年的政府中的伦

---

① *Myers v. United States*, 272 U.S. 52(1926). 关于这个案件的说明,参见本书第十九章第一节:概述;第二十章第五节:国会控制的宪法和法律限制。

② *Morrison v. Olson*, 487 U.S. 654(1988). 关于这个案件,参见本书第二十章第五节:国会控制的宪法和法律限制。

理法的审查。1978年的法律规定由特别的法院任命一个独立的检察官，调查政府官员的犯罪行为，提起控诉，独立检察官不能被任意免职，只能在由于健康情况或其他条件严重地不能执行职务时，才能由司法部长免职。因此总统对独立检察官的任命权和免职权都受到限制。法院不认为这个法律违反分权原则侵犯了总统的核心权力。因为特别检察官是低级官员，只有有限的职权，没有决定政策的权力，也没有负担重要的行政责任。对总统权力的限制，没有过分增加法院的权力，也没有严重妨碍总统的行政权力，不影响政府各部门之间的权力平衡和破坏分权原则。这个判决和上款所提到的几个判决的着眼点完全不同，不着眼于权力由哪个机关行使，而着眼于权力行使的效果如何。

最高法院1974年在美国诉尼克松案件中[①]，对分权原则采取功能主义观点的理由作了清楚的说明。这个案件是由于1972年美国总统在选举中违法而产生的。法院为了调查选举中的违法行为，对尼克松总统发出传票，命令他交出他和下级官员与此有关的谈话录音带。尼克松主张他和下级官员的谈话属于总统执行职务中的行政特权，是宪法第2条权力的行使，依照分权原则，法院不能过问，否则司法部门侵犯行政部门的权力。法院则认为法院调查刑事犯罪，是执行宪法第3条的司法职务所享有的权力。尼克松和法院之间的争论是行政部门和司法部门之间的权力争论，是一个典型的分权问题。最高法院在这个案件中对分权原则作了说明，法院首先承认分权原则的存在，认为"宪法第3条第1节规定司法权属于法院，法院不能和行政部门分享司法权力，正如例如行政部门不和司法部门分享它对国会立法的否决权一样，也如国会不和法院分享它对总统的否决权有推翻的权力一样"。在说明分权原则以后，法院接着按照制衡原则，按照权力行使在各部门之间所产生的效果来说明分权原则的适用。认为在分权原则之下，任何一个部门所行使的权力，不能破坏其他政府部门执行职务必不可少的权力。法院声称："主张宪法第2条规定了绝对的行政特权，可以对抗执行刑事法律必不可少的传票……将推翻宪法对政府能够运行所规定的平衡，将严重地损害法院在宪法第3条下的作用……解决互相冲突的利益，必须按照保留每一政府部门的基本功能的方式进行……总统对内部谈话享有保密的利益，不会因为公开已经初步证明和法院正在审理的案件有关的少数谈话而受到重大的损害。"

[①] *United States v. Nixon*, 418 U.S. 683(1974).

功能主义认为,三个最高的政府机关各有一定的基本权力,不能受到其他部门的破坏,在它们之间必须保持平衡。对于三个最高权力机关以下的其他机关的权力分配,不从机关所属的部门着眼,而从权力实施所产生的效果着眼,比较各方面的利益,以求不破坏最上层机关之间的平衡。这样解释的分权原则具有很大的灵活性和实用性,适应政府活动的需要。从纯粹理论而言,有些权力很难用三分法把它归属于某一类型。例如规定适用于将来的价格,联邦法院认为是立法权,纽约州法院认为是司法权。形式主义的分权观点,在很多情况下不能实行。美国法院对分权原则的解释主要采取功能主义观点。

四、当代的分权原则

(一) 时代的变迁

权力和自由的关系是政治生活中永远存在的问题,直到现在还不能认为已经圆满解决。没有权力,社会秩序不能建立,社会生活不可能维持。政治组织一旦形成以后,政府才可以国家的名义行使权力,建立社会生活必不可少的秩序。然而在政治生活漫长的历史中,政府滥用权力欺压人民也是普遍存在的现象。因此人民倾向于认为政府的权力和滥用权力是最可怕的危险,是个人自由最大的敌人。孟德斯鸠的分权学说代表这种思想。在这种思想的支配下,人们认为一个好的政府是管事最少的政府,这也是美国制宪者的思想。制宪者认为推翻英国的专制统治以后,为了在美国建立一个保障自由的政府,政府的权力必须分立,由不同的部门掌握,互相制约。

当代社会和美国宪法制定时期的18世纪相比,已经发生了巨大变化。科技的进步和经济的发展提高了人民对物质生活和精神生活的需求。人民对于政府不只要求建立秩序,而是要求发展经济、促进文化。政府权力不是只有可怕的阴暗面,也有满足公共生活需要的积极面。最好的政府不是管事最少的政府,而是能够促进生产提高人民福利的政府。当代的分权原则必须在这个观点之下理解,这个观点不完全否定18世纪的观点,因为在当代,政府权力的行使也有滥用的可能。然而在考虑政府权力的时候,首先应着重发挥权力的效益,其次才是防止权力的滥用。

分权原则内容复杂,同时包含一些互相对立和互相补充的观念,没有固定的意义,随社会生活的变迁而增加新的内容。当代分权原则的意义,可能为制宪者当时所难以想象。

(二) 分权和合作

《宪法》关于分权的规定是在第 1 条、第 2 条、第 3 条中设立国会、总统和法院三个不同的政府部门,互相分立,分立的意思是表示三个部门各自独立存在,一个部门的存在不依赖于其他部门。它们都是根据宪法产生,地位平等。然而机关的独立不是互相隔离,而是表示政府的活动由三个机关的合作产生,不能由某一机关单独决定,置其他机关的意见于不顾。分立和合作是同一事物的两个侧面。没有分立不能合作,没有合作分立也将失去存在的基础。在 18 世纪消极政府时代,保障个人自由是当时的主导思想,提高政府效率在当时只占次要地位,所以在当时情况下,分权原则中的分立观念比较突出。在当代积极国家观念下,重视发挥政府权力的效率。分权原则中的合作观念应占主导地位。国会、总统、法院虽然是三个不同的部门,但它们分享政府的权力,互相合作以完成政府的任务。

(三) 分权和权力混合

在 18 世纪的分权原则中,设立三个不同的政府部门的目的是分别行使三种不同的政府权力,权力不能混合,否则会出现专制。权力不能混合的观点是对 18 世纪行政情况简单的反映。当代行政所应付的情况是 18 世纪政治家所不能想象。当代社会的组成单位已经不是个人,而是各种各样力量雄厚的社会集团。行政机关如果没有强大的行政权力,不能控制它们。当代社会的行政机关,不论是隶属于总统的机关或独立的行政机关,都同时具有立法、行政、司法三种权力。权力不能混合在当代已失去现实意义。然而传统原则中的权力不能混合的观点,是否完全不需要考虑呢?也并非如此,宪法规定的权力不能混合是一个政治原则,适用于政府机构中三个最上层的机关:国会、总统和最高法院。这三个机关以下的机关,不是直接由宪法设立,而是由国会制定法律设立。这些机关没有受到权力不能混合的限制。然而这些机关的权力也不是不受限制。任意破坏政治上的权力平衡的。首先,它们所行使的权力不能影响最上层机关之间的平衡,不能扩充一个部门的权力而剥夺其他部门的核心权力。其次,它们行使权力必须同时处在三个最上层机关的监督和控制之下,这样可以发挥权力混合的效率,而防止权力混合的流弊。

(四) 内部平衡和外部平衡

分权原则的一个核心内容是三个政府部门互相制约,任何一个政府部门不能侵犯其他政府部门的权力,任何一个政府部门不能在政府中占有压倒一切的地位,这种平衡是政府内部的平衡。当代政治演变的结果,行政部门在政府中已经逐渐取得优越地位,国会远远没有18世纪所想象的力量。因为国会人数众多,分为两院,力量不统一,行政部门由一人领导,并且具有技术力量优势,为其他政府部门所不能比拟。今日国会立法,85%以上由行政部门发动和起草①,国会在决定政策方面已经失去主导地位,国会除发挥监督作用以外,不得不把政治上的主动权让与总统。这种地位的不平衡是社会演变的结果,不是少数人所创造,而且内部平衡也不是在一切情况下都能实行,如果总统和国会的多数议员属于同一政党,内部平衡会在一定程度内失去作用。当代社会所需要的权力平衡,不是内部平衡所能满足,所以美国在内部平衡以外,发展一种外部平衡,作为补充,就是说在政府机构以外,在美国社会中还存在一种平衡力量,使政府不可能永远由某一集团所掌握,各集团执政的机会,取决于其在社会竞争中的优势。除美国以外,英国的制度也充分说明外部平衡的作用。英国的议会和内阁由同一政党掌握,没有政府机构中的内部平衡。但英国在社会中存在外部平衡,可以有效地制止政府滥用权力。外部平衡制度,在政治上兼顾政府权力的需要和防止政府滥用权力,这是美国分权学说后来的发展。当代美国人民自由的保障,不是全靠政府机构内部的平衡。美国除政府机构的内部平衡以外,还有一个超越政府机构的外部平衡与之配合。如果当代美国社会中没有两大政党的对峙,很难想象会有今日美国的民主政治。这种平衡在18世纪制宪当时还没有认识到。

(五) 权力分立和职能分立

分权原则主要是一个政治原则,保持政府上层机关之间的平衡,在下级机关中没有分权原则。下级机关在行使国家的三种权力的时候,由于没有政治的意义,是执行三种职能。然而在下级机关中存在职能分离原则(Separation of Functions),即某种政府职能和其他种政府职能性质上不能同时由一人行使时,必须分开,由不同的人执行。例如对于违法行为同时具有追诉职能和裁决职能的行政机关,不能由同一人既追诉违法行为又裁决违法行为,这是不符合正当法律程序的。在实行权力混合的下级行政机关中,裁决职能和追诉职能必须分开。② 分权原则和职能分离原则的区别,在于前者是一个政治原则,后者是一个行政原则。前者只适用

---

① K. C. Davis: *Administrative Law Treatise*, 1978, vol.1, p.66.
② 关于职能分离原则,参见本书第十章第四节:职能分离。

于最上层机关,后者适用于实行权力混合的下级行政机关。

第三节　法律平等保护原则

一、概述

(一) 法律平等保护的产生和意义

美国宪法修正案第 14 条规定:"任何州不得对在其管辖下的任何人拒绝法律的平等保护。"这项规定一般称为法律平等保护原则,在宪法修正案第 14 条制定以前,美国宪法中没有明白提到平等问题,尽管平等观念在美国革命时已经流行。例如《美国独立宣言》中声称一切人生而平等,然而在制定宪法时,没有提到法律的平等保护。在一般称为《权利法案》的宪法修正案第 1 条到第 10 条中,也没有提到法律的平等保护。这是因为,在 19 世纪中期以前,美国法律承认黑奴制度,不可能有法律的平等保护,直到南北战争结束以后,废除了奴隶制度,为了使长期被压迫的黑奴不在法律的保护方面受到歧视,特别是为了制止南方各州继续歧视刚被解放的黑奴,才在 1868 年的宪法修正案中规定法律平等保护原则。法律平等保护原则,最初主要适用于种族歧视方面,直到 20 世纪 60 年代以后才大量适用于其他方面。除宪法修正案第 14 条规定的法律平等保护以外,宪法修正案第 15 条、第 19 条、第 26 条特别就选举权的平等问题作出规定。

法律平等保护的意义,根据美国最高法院的解释是指任何人或集团,在和其他人或集团处于相同的情况时,在他们的生活、自由、财产、追求幸福方面,不能被拒绝享有其他人或集团所享有的相同的保护。情况相同的人在享受权利和负担义务方面也应相同,而且在他们的权利受到侵犯时,有同样请求法院救济的权利。平等保护的核心是指情况相同的人必须具有同样的权利,和负担同样的义务,对于情况不同的人,法律必须规定不同的权利和义务。法律平等保护不是绝对平均主义,不管实际情况如何一律要求平等。法律平等保护具有相对性质,对于共同处于特殊的相同情况的人,法律必须同样对待,不能对其中个别的人或少数人加以歧视,使他们和其同类相比处于不利地位。法律平等保护原则没有限制政府的立法、行政和司法权力,但对政府行使立法、行政和司法权力时,规定一个限制,不能对任何人或集团加以歧视。

(二) 法律平等保护和分类

法律平等保护的实质是一个分类(clsssification)问题。因为任何法律的适用都有一个范围,必须划出一条界线,适用于某些人或某些行为,在这个界线以外的人就和这个法律无关。这个界线就是分类,它决定法律适用的对象和不适用的对象。例如租税法只适用于财产所有者,如果对财产所有者和无财产者不加区别,同样适用,必然产生极大的不公平;又如医师法要求初任医师的人必须具有医学院毕业证书,如果对有证书的人和无证书的人不加区别,任何人都可以担任医师,必定会对公众的健康造成极大的危害。分类可以说是法律的核心,然而任何分类都会产生一定的不平等,因为只有在界线以内的人能够享受法律所给予的权利,和负担法律所规定的义务,在界线以外的人没有这种权利和义务。从这种意义而言,任何分类都产生了一定的不平等,这种不平等不违反宪法所规定的法律平等保护原则,因为这种分类是合理的和必要的分类。宪法不要求法律对不同的情况作出同样的规定。相反,宪法要求法律对于不同的情况必须作出不同的规定。

法律平等保护原则所禁止的不是法律的分类,而是法律不合理的和武断的或专横的分类。法律平等保护原则要求一切情况相同的人,例如一切具有某种关系、某种特点、某种性质的人,必须归属于同一类别之中,适用同样的法律。这种分类是合理的分类,如果对于情况相同的人,有的归属于法律适用范围以内,有的被排除于法律适用范围以外,这种分类是不合理的、任性的或专横的分类,违反法律平等保护原则。由于社会现象非常复杂,不可能用数学的或自然科学的精密尺度对待法律问题。法律分类合理的程度取决于它对于情况相同的人,成功地结合在同一类别之中的程度,这个程度就是法律平等保护原则所达到的程度。

情况相同的人归属于同一类别之中是一个抽象的概念。各种各样事物之间都会出现某些方面的相同,某些方面的不同。根据什么标准决定情况相同的人呢?法律进行分类的标准很多,例如职业、性别、年龄、财产、住址、国籍、身份、能力、资格、宗教信仰、政治隶属、时间、地点以及其他无止境的项目都可作为分类的标准。法律究竟采取哪种标准进行分类,根据法律的目的而定,例如租税法以财产作为分类标准,兵役法以性别作为分类标准,选举法以年龄和住所作为分类标准。不论采取什么标准,法律的分类必须和法律的目的之间有一定的联系,法律分类是达到法律目的的手段,没有这种联系的分类是任性的、专横的分类。合理的分类是就法律的目的而言,一切情况相同的人必须归属同一类别之中,受到法律同样的适用。根据法律的目的应包括在法律适用范围之内,而被排除在法律适用之外时,是对被排除者的歧视,违反法律平等保护原则。

(三) 法律平等保护原则适用的对象

1. 州政府及其官员

法律平等保护原则规定在宪法修正案第 14 条,该条规定任何州不得对在其管辖下的任何人拒绝法律的平等保护,所以这个原则适用的对象首先是州政府。州政府的任何部门,不论是州立法机关、行政机关或司法机关,不论其活动所采取的方式是立法行为、行政行为或司法行为,都受法律平等保护原则的拘束。州立法机关制定的法律、行政机关制定的法规或实施法律的行为、法院的判决,都不能违反平等保护原则。例如法律中不得包括歧视性的条款,行政机关在分配住房的时候,不得因种族关系或国籍关系而区别对待。又如内华达州的一个法院在判决黑人和白人离婚时,把小孩判给黑人父亲抚养,因为小孩的颜色为黑人。上级法院撤销了这个判决,因为皮肤的颜色和小孩的抚养没有联系。这种区别出于种族歧视,违反法律平等保护原则。① 州的官员行使州的权力,不论是合法行使或不合法行使州的权力,都是州的行为,都受宪法规定的法律平等保护原则的约束。

2. 私人

私人的行为不受宪法修正案第 14 条的拘束。私人对其他私人的歧视性行为,可能违反其他法律,不违反宪法的平等保护原则。但私人的行为如果得到州政府或州官员的支持或鼓励,可以认为是州行为(State Action)的时候,也受宪法修正案第 14 条的拘束。②

3. 正当法律程序中的平等保护因素

宪法修正案第 14 条只适用于州政府,不适用于联邦政府及哥伦比亚特区,不能因此认为联邦政府及哥伦比亚特区可以不受平等保护原则的拘束。最高法院认为对州政府可以适用宪法修正案第 14 条平等保护原则的案件,对联邦政府和哥伦比亚特区可以适用宪法修正案第 5 条规定的正当法律程序条款解决。③ 宪法修正案第 5 条规定,任何人不经过正当的法律程序不能被剥夺生命、自由或财产。尽管条文中没有提到平等保

---

① *Beazley v. Davis*,545, p. 2d,206.
② 关于州行为的说明,参见本书第十八章第六节:第 1983 节的赔偿责任。
③ 关于正当法律程序条款参见本书第九章:正当的法律程序和行政听证的权利。

护,然而正当法律程序和法律平等保护原则共同出于公平观念,虽然它们适用的范围不完全相同,它们之间的关系非常密切。平等保护原则对于禁止歧视作出明白的规定,正当法律程序没有明白提到禁止歧视,然而不平等的待遇没有合理的根据时,可能因此成为违反正当的法律程序。很难设想违反宪法修正案第14条平等保护的案件,会符合宪法修正案第5条正当法律程序的要求。①

(四) 法律平等保护原则保护的对象

法律平等保护原则制定于南北战争结束之时,立法的原意在于保护刚被解放的黑奴,然而法律条文中没有提到禁止不平等的待遇限于种族歧视。宪法中规定对于任何人不得拒绝法律的平等保护,因此不论种族、国籍、性别、年龄、财产如何,都受到平等保护原则的保护,任何人必须受到和他处于同样情况的人的同样待遇。平等保护原则所保护的人也不以自然人为限,包括法人在内。

二、司法审查

(一) 立法者的自由裁量权力

法院在审查法律是否违反法律平等保护原则时,必须首先承认立法者对于法律分类具有广大的自由裁量权力。立法者如果对于某一事项具有立法的权力,其当然的结果是立法者在制定法律时,必须具有分类的权力。分类是立法权的核心,法院不能用自己的分类代替立法者的分类。法律的分类和法律的目的具有密切的联系,法律的目的具有政策选择的性质,决定采取什么政策是立法者的自由裁量权力。立法者对其所采取的政策直接对人民负责,不受法院的干涉。法院审查法律的分类,必须在承认立法者自由裁量权的基础上进行。

立法者对于法律分类的规定虽然具有广泛的自由裁量权力,但是法院对于宪法具有最后解释权力,法律是否符合平等保护原则,当然也在法院审查范围之内。法院不审查立法者的政策是否妥当,以及立法者所选择的分类是否最好。在一般情况下,法院只审查立法者所采取的分类,是否和法律的目的有一定的联系,而不是出于任意和武断。例如一个租税的法律以种族作为分类标准,黑人和白人在同样情况下,黑人多纳税,白人少纳税。这种分类就不符合法律的目的,是出于武断和歧视。又如司

---

① *Bolling v. Sharpe*, 347 U.S. 497(1957).

法官的考试只许男人报名，不许妇女参加，这种分类也和法律所追求的目的相悖，也是出于武断和歧视。法院不仅审查法律的分类是否和法律的目的有一定的联系，也要审查就法律的目的而言，情况相同的人是否都包括在法律的适用范围以内。法律所排除的人和法律所适用的人之间，就法律的目的而言，情况是否不同。这种审查是对法律平等保护原则的审查，没有妨碍立法者制定法律和进行分类的自由裁量权力。立法者的自由裁量权力不论如何广泛，都不能违反法律平等保护原则。

（二）司法审查的标准

法院在审查法律是否违反平等保护原则的时候，根据法律内容的不同，特别是根据法律所涉及的利益和集团的不同，例如是否涉及基本权利、种族问题、外国人问题、妇女问题等，采取三种不同的审查标准。这三种审查法律的标准也适用于审查行政机关的行为。立法者选择分类的自由裁量权力的大小，在这三个标准之下很不相同。

1. 合理基础标准

合理基础标准（Reasonable Basis Test）是适用最广的标准。法院对于绝大部分立法，例如数量最多的经济立法、社会立法，采用这个审查标准。这个标准认为只要立法者的分类和法律目的之间有某种可能的联系存在，能够达到法律的目的，就已经具备合理的分类基础，满足了法律平等保护原则的要求。反对这个法律的人可以主张其他的分类标准，比立法者所采取的标准更能达到法律的目的，这种反对不影响这个法律是否符合平等保护原则。因为达到某种目的可能有不同的手段，只要立法者所选择的手段不是出于武断，即使不是最好的手段，也能得到法院的承认。例如马萨诸塞州的退休事务局制定一个法规，武装警察达到50岁时必须退休。一位武装警察M先生达到这个退休年龄，根据法律平等保护原则反对这个法规。M先生认为他的健康状况比一般人好，他应当和其他健康相同的人一样，继续担任武装警察任务，退休事务局采取的年龄分类标准不合理，没有注意到实际的健康状况和工作能力。最高法院支持退休事务局的法规，认为不违反法律平等保护原则。法院认为年龄和健康之间以及是否适合工作之间，有一定的联系存在，尽管可能还有更好的标准，例如健康检查、医师证明等标准，但法院尊重立法者的选择，只要这种选择不是出于武断。[1] 在合理基础审查标准之下，法院对立法者的决定，

---

[1] *Massachucetts Board of Retirement v. Murgia*, 427 U.S. 307(1976).

采取最顺从的态度,几乎全部法律都能通过这个标准。

2. 严格审查标准

法院不是对于一切法律都采取合理基础审查标准,对于特别敏感的分类和特别重要的利益,法院采取严格审查标准(Strict Judicial Scrutiny)。这个标准认为法律所采取的分类必须紧密地符合州的迫切的利益。紧密地符合州的利益是指法院不满足于立法者所采取的分类和州的利益之间有某种联系存在,这种分类必须和州的利益之间有密切的结合关系,超过一般的联系。州的迫切利益是指州的非常重大的利益,不是一般的合法的利益。适用这个标准时,很少法律能够得到法院的承认。在这个标准下,法院可以考虑立法者是否还有更适当的标准,更少影响个人利益的标准可以选择。

严格审查标准适用的范围不广,限于审查法律以种族或国籍为分类标准的时候,或者法律的分类涉及个人的基本权利的时候。因为这些分类是令人怀疑的分类(suspect classification),法院必须严格审查。种族歧视在美国曾经引起重大的政治问题,宪法中有禁止种族歧视的规定。采取种族作为分类标准,很难得到法院的承认。采取国籍作为分类标准不是全都受到严格审查,但对于在美国有居留权的外国人,一般受到和美国公民同样的保护。非有迫切的重大理由,不能歧视,例如法院承认第二次世界大战期间,美国政府迫于战争的需要,对日本在美国的侨民加以特别的限制。

非常重大的利益的范围很难精确地指明,法院一般认为公民的投票权、宪法修正案中权利法案条款所保护的利益,例如言论自由、宗教信仰自由、有关刑事审判的权利、州际迁移权等,涉及非常重大的利益,是公民的基本权利。法律的分类涉及基本权利时,必须受到严格的审查。例如《纽约州教育法》中,规定学区管理委员会委员的选举,除必须是本学区的居民,年满20岁以外,还必须在学区内有不动产,和有子女在本学区内公立学校读书。有一个学区内的居民,年满21岁,没有不动产,也没有子女(未婚)在公立学校读书,所以无选举权。他起诉认为这个法律剥夺了他的选举权,因为全体居民对于公共教育的质量都有利害关系,管理委员会的决定对全体居民可能产生重大影响。政府方面认为,只有有财产的纳税人和有子女的父母,才对学区委员会的选举具有兴趣和利害关系,也只有他们才能了解学区管理委员会的工作,法律所规定的条件是合理的和必要的。最高法院在判决这个案件时,首先认为选举权利涉及公民重大的利益,是公民的基本权利。这个法律的规定和公民的基本权利有关,必须严格审查,不能适用一般审查的合理基础标准。法院认为立法者对于选举资格可以划出一个界线,规定谁有选举权,谁无选举权。这个分类由于涉及公民的基本权利,必须是为了达到法律的目的所绝对必要的分类,必须和法律的目的有密切不可分的结合,而不是一般的联系。根据这个标准审查,最高法院认为纽约州的法律对于选举资格的区别,不符合法律平等保护原则。①

3. 中等程度审查(Middle-tier Review)

法律的内容非常复杂,对于某些法律而言,适用严格审查标准和合理基础标准都不妥当。因为这些法律所规定的分类相当敏感,但不是非常敏感,所涉及的利益相当重要,但不是迫切需要的利益,也没有达到基本权利的重要程度。对于这类法律的审查,必须采取一个中等程度的标准,没有严格标准的高要求,但是超过合理基础标准的低要求。这个标准要求法律分类和其目的之间有实质性的联系,不是一般的联系,但不需要紧密的联系。这种分类必须能够促进州的重大利益,不只是合法的利益,但不需要促进州的迫切的利益。中等程度的审查,一般适用于以性别、身份(例如婚生子女、非婚生子女)、国籍为分类标准的时候,或法院认为其他可以适用这个标准的时候。

以上三种审查标准是大部分法官所采取的标准,也有少数法官认为审查平等保护原则的标准,不能用三分法界定,而是一个从低到高逐渐变更的无数标准。

第四节 法 治 原 则

一、法治的意义和历史渊源

(一) 传统的法治观念

美国是一个高度法治的国家,实行法治的保障非常完备,法治是美国行政制度的一个基本要求。然而美国的行政法学著作和宪法学中,很少讨论法治原则。这种现象很难理解,其中一个原因,可能是受到传统法治观念的影响,对法治的意义认识错误,不符合近代的实际情况和需要,这

---

① *Kramer v. Union Free School District*,395 U. S. 621(1969).

个错误限制了对法治原则的研究。

法治的意义,不同的学者有不同的看法。然而在英美传统的法治观念中,英国法学家戴西(A. V. Dicey)对法治的观念流行最广。戴西认为,法治包含三个意义:

(1) 法治表示普通法的绝对最高或优越,排除政府方面的专横或特权,甚至广大自由裁量权的存在。英国人必须受法律的支配,而且只受法律的支配,任何人员可能由于违反法律而受到处罚,不可能由于其他原因而受到处罚。

(2) 法治表示法律面前平等,一切阶级服从于由普通法院所执行的普通法律。从这个意义而言,法治原则排除官员不遵守一般公民所遵守的法律的义务,或者不受普通法院的管辖。在英国,没有什么东西像法国的行政法或行政法院一样,给予官员特别保护。

(3) 在其他国家中,宪法规则是宪法典的一部分,个人的权利来源于宪法。然而就英国的法治而言,宪法不是个人权利的来源,而是由法院所确定和执行的个人权利的结果。①

在戴西的法治观念中,特别值得注意的是戴西在法治的第一个意义和第二个意义中,认为法治和政府具有广大的自由裁量权相反,以及法治不允许行政审判制度存在。这个观点显然不符合当代行政的实际情况和需要。当代的行政机关具有广大的自由裁量权和行政审判权。② 戴西关于法治的第三个意义:即英国人的权利不是来源于宪法,而是法院的判决和执行的结果,强调权利必须具有保障,和当代社会没有矛盾。戴西不是反对宪法规定权利,而是反对只有宪法规定的权利,缺乏实际的保障。例如美国个人的权利由宪法规定,然而戴西认为在美国有法治存在。他写道:"美国联邦及各州的宪法包含在书面文件之中,并且包含权利宣言。但是美国的政治家,对宪法所宣布的权利的法律安全,在提供保障手段方面表现出无可比拟的技巧。因此美国和英国一样,法治是一个显著的特点。"③

戴西的法治观念在当代英美法学界中受到很多批评,然而没有完全失去影响。例如代表美国法学界流行的法学观点的《布莱克法律字典》,

---

① A. V. Dicey: Introduction to the Study of the Law of the Constitution, 1915, pp. 198-199.
② 参见王名扬:《英国行政法》,北京大学出版社2007年版,第10—11页。
③ A. V. Dicey: Introduction to the Study of the Law of the Constitution, 1915, pp. 195-196.

在1990年第6版中,对法治的解释是:"法治有时称为法律最高,规定必须适用已知的原则或法律作决定,在它们的适用中没有自由裁量权的干预。"在这个解释中,第一句话法治是适用已知的原则或法律作决定是正确的。第二句话法治要求原则或法律的适用没有自由裁量权的干预,把法治和自由裁量权处于互相排除的地位,显然不正确,法治原则不要求法律机械地适用。① 又如约翰·迪金森在1927年的《行政裁判和法律最高》一书中,解释法律最高的意义写道:"对于法律最高来说,再没有什么东西比一切公民有权对政府官员在普通法院中提起诉讼更重要的了。"② 他总结法律最高的意义为:"简单地说,首先,一切公民有权在一个正常的普通法院受审判,其次,有权在这个法院中追诉行政官员任何行为的合法性。"③这个定义完全是戴西的观点,过分强调法治和普通法院的关系,不符合当代的情况。由于传统法治观念中的这种缺陷,美国法学界很少讨论法治原则。

(二) 法律最高的意义和历史渊源

法治原则,美国一般称为法律最高原则。因为法治最基本的思想是法律最高,人类进行社会生活必须建立一个秩序,否则社会生活不可能存在。社会秩序的建立由法律规定,不是由统治者的意志决定。统治者必须根据法律行使权力,法律是最高的权威,统治者也在法律支配之下。法治和法律最高是同义语,和人治的意义相反。法治和人治的意义相反不表示法律可以自己执行,不需要执行的人,也不表示政府不由人组成和不需要发挥人的创造性,它的意义只表示政府的权力来源于法律,法律独立于执行法律的人,独立于政府之外。法律和人类意志的专横、任性、武断不相容,而来源于一个更高的原则,这个原则能够保障人类的基本利益,所以能够统治人类。

法律独立于政府之外,政府权力受法律的限制,这个思想在西方社会中历史悠久。古希腊罗马时代,自然法思想是限制政府权力的理论。自然法思想认为在人类社会中,存在一个超越于政府权威的法律,他们称之为自然法。对于自然法的实质没有一致的认识,有人认为它是自然的条理,有人认为它是人类的理智,中世纪时代认为它是神的智慧。然而自然

---

① 法治和自由裁量权的关系参见后面的说明。
② John Dickinson: *Administrative Justice and the Supremacy of Law*, 1927, p. 33.
③ Ibid., p. 35.

法思想有一个共同的认识,就是自然法是独立于政府的权威,高于政府制定的法律。政府制定的法律,只有符合自然法时才具有权威,政府的权力必须受到自然法的审查。虽然自然法思想没有能够在事实上限制政府的权力,最低限度在理论上已经建立政府的权威不是最高,必须受法律的限制,法律是最高的权威。

在英国,政府的权力受法律的限制,法律独立于政府之外的观念,除来源于自然法的思想以外,还有其他一个渊源,就是普通法不是政府制定的法律,是独立于政府而且限制政府的法律。英国的传统思想认为普通法是由长期的习惯所产生,它是英国民族历史经验和集体智慧的结果,法院只是承认普通法的存在,政府制定的成文法只是宣布已经存在的法律。一切英国人,不论是个人或者政府官员,甚至国王都受普通法的拘束。在近代史初期,自然法思想在英国流行以后,英国的法律思想又把普通法和自然法结合起来,认为普通法是人类理性的表现,是最完美的法律。17世纪英国资产阶级革命时期,资产阶级利用法律作为工具,限制政府权力。19世纪以后,自然法思想失去支配力量。然而政府权力必须受法的限制,这种思想已经牢固树立。这个思想在当代的表现是政府官员只有法律给予的权力,政府的行为是否合法,必须受法院的审查。

自然法思想也是美国独立时期的指导思想。独立时期的政治家认为,人类生来就有某些固有的权利,这些权利限制政府权力的行使。例如弗吉尼亚州在殖民地时期,1776年发表一个《独立宣言》,列举人类某些固有的权利,1776年的《美国独立宣言》也列举了几个不可剥夺的固有权利。固有权利的思想后来成为美国宪法中的基本权利,构成美国法治原则的一个重要因素。反对人治的思想受到革命者的重视,例如马萨诸塞州1780年的宪法中,明白规定限制政府权力的目的,在于使政府成为法治的政府,而非人治的政府。自然法思想中政府的权力必须受一个更高的法律的限制,在美国以另一种方式表现出来。由于美国是一个联邦国家,为了巩固联邦的存在,必须规定联邦法律效力最高原则。联邦宪法是联邦最高的法律,政府权力必须受一个更高的法律的限制,在美国表现为政府的权力,不论是联邦政府或州政府的权力,必须受联邦宪法的限制。联邦宪法取得最高法律地位,因为它是全体美国人民所制定,是人民主权的表现。人民主权思想是美国革命时期的政治理论之一,表现在《独立宣言》中,在法律上由联邦宪法予以实现。

二、法治的构成因素

上述是法治原则的一般理论。法治原则的具体内容,随各国法律制度的不同而不同。分析美国的法律体系,可以认为法治原则包含下列几个因素:

(一) 基本权利

法治原则承认法律的最高权威,要求政府依照法律行使权力,包含一个基本假定,就是:法律必须符合一定的标准、包含一定的内容,如果对于法律没有要求一定的标准或内容,则法律也可作为专制统治的工具,这和法治的目的背道而驰。在自然法思想盛行时代,法治原则要求一切法律必须保护人类固有的权利。自然法思想失去支配力量以后,联邦宪法作为美国最高的法律,法治原则也要求在宪法中必须规定公民享有某些基本的权利,作为一切立法必须遵循的标准和政府权力行使的限制。《联邦宪法》在1787年制定的时候,没有规定公民的基本权利。然而为了使宪法能够得到美国人民的接受,不得不在宪法前10条的修正案中规定公民的基本权利,称为权利法案,最重要的基本权利有修正案第1条规定的言论自由、出版自由、宗教信仰自由、和平集会自由、对不法侵害请求救济的权利,第4条规定的人身自由、居住自由,第5条规定的不能被迫自证其罪的自由,第6条和第8条规定的关于刑事诉讼的某些权利。由此可见,最高法律中规定的基本权利是美国法治的一个重要因素。

除宪法所规定的权利以外,公民的权利还为一系列的其他法律所补充,国会的立法、法院的判决和行政机关制定的法规,都可作为公民权利的渊源。美国各州和联邦一样,公民的权利为各州的宪法、立法、判例和行政法规所规定。

(二) 正当的法律程序

基本权利是在实体法方面对政府权力行使的限制,为了保护公民的利益不受政府和官员不正当的侵犯,还必须在程序方面对政府权力的行使加以限制。美国宪法修正案第5条中规定,不按照正当的法律程序不得剥夺任何人的生命、自由和财产。宪法修正案第14条把正当法律程序扩张到限制州政府的权力,尽管正当法律程序没有固定的内容,它所要求的程序随具体情况而不同,具有很大的灵活性①,然而它的适用范围很

---

① 参见本书第九章:正当的法律程序和行政听证的权利。

广,包括全部政府活动在内,对公民的权利是一个很有效的保护,构成美国法治的一个特点。

除宪法规定的正当法律程序以外,国会的立法也对政府的活动规定一些程序,其中适用范围最广的是1946年的《联邦行政程序法》。这个法律对行政机关制定法规,进行正式裁决,以及司法审查和行政公开都规定有必须遵守的程序或标准。除行政程序法规定普遍适用的程序以外,国会有时还就特定的行政活动规定特定的程序,行政机关为了公正地行使权力,也往往自己制定程序规则,或根据法律的要求制定程序规则。美国法院在司法审查中,也经常要求行政机关遵守公正的程序规则。各州的情况和联邦相同,在州的宪法、立法、行政机关制定的法规或法院的判决中,都有程序规则的要求,限制政府的权力。

(三)保障法律权威的机构

法律规定的权利和程序必须执行,否则所谓法治只是一个骗局。美国保障实施法治,限制政府权力,保护公民权利的机构有以下各项:

1. 法院

法院是执行法治最主要的机构,法官独立执行职务,不受政府干涉。政府行使权力侵害公民的权利时,除法律另有规定以外,受害人可以请求法院审查政府机关行为的合法性,撤销违法的行为。美国法治的最大特点为法院不仅可以审查行政机关行为的合法性,而且可以审查国会所制定的法律,宣告违反宪法的法律无效。在很多其他西方国家,普通法院无权审查立法机关制定的法律是否符合宪法,不能因此认为这些国家没有法治,因为法律是否违宪,不一定靠普通法院审查,还可能有其他方法监督议会的立法。广大的司法审查权力,是美国法治的核心内容,它使法律上的法治成为实践中的法治。

2. 行政机关

行政机关的行为非常复杂,往往具有高度技术性质,而且数量很大。如果全部行政行为的合法性都由法院审查,可能使法治处于瘫痪状态。法院由于缺乏时间和能力,不可能执行全部审查任务。近年来,国会在很多法律中,授予行政机关审查并裁决其行为合法性的任务。公民认为行政机关的行为违法时,可以请求行政机关审查[①],不服行政机关的决定

---

① 参见本书第十一章:正式程序裁决(二):证明程序;第十二章:正式程序裁决(三):决定程序。

时,可以申请司法审查,行政机关和法院一样是执行法治的机构。

3. 总统和国会

法院只审查行政活动的法律问题,行政机关所行使的权力,往往涉及政策和政治问题,对于具有政治性质的行为,法院不能审查。然而不能因为行政机关行使的权力具有政治性质就可以不受限制,在行政机关行使政治权力的时候,由总统和国会进行控制①,因为总统和国会由选举产生,可以代表人民控制行政机关的权力。总统和国会则由人民直接控制,人民通过选举控制总统和国会权力的行使。

4. 律师

一个独立于政府的律师集团是执行法治必不可少的机构。律师受当事人的委托,保护委托人的利益。一方面,律师有助于法院的工作,因为通过律师的辩论,有些法律问题和事实问题得以澄清。另一方面,律师也监督法院的工作,司法工作中的缺点和错误,会在律师的辩护和上诉中得到矫正。

三、法治和自由裁量、法律批评以及与革命的关系

上面对美国法治的讨论中,引起几个和法治有关的理论问题。这些问题虽然具有一般性质,不是针对美国的法治原则,然而对这些问题的看法不同,影响对法治原则的态度,有澄清的必要。

(一) 法治和自由裁量权

行政制度的发展是从人治到法治,实行法治摆脱专制和压迫的统治方式,按照人民代表机关制定的法律进行统治,这是人类的一大进步,在有些国家,甚至经过流血斗争才能由法治代替人治。然而反对人治不是排除行政机关具有自由裁量权力,只是反对人治中的专横、任性、自私自利因素。正当的自由裁量权力,也是人治,是任何政治制度和法律体系所不可少的,因为行政事务非常复杂,立法者不可能在任何问题上都制定详细的规则,特别是对于变迁迅速或新近开辟的领域,很难制定规则,在有些领域内,甚至不宜制定规则。例如外交策略、国际间谍和反间谍活动,只能授权政府随机应变,根据发展中的情况处理。即使对于已经制定规则的事项,规则的适用也需要一定的灵活性,机械地适用规则,不顾具体情况,必然会产生不公平的现象。法治需要制定规则适用于一般情况,也

---

① 参见本书第十九章:总统对行政的控制;第二十章:国会对行政的控制。

允许对特殊情况具体处理,不受规则的束缚。法治和自由裁量权的关系不是互相排斥,而是互相补充。不允许自由裁量权的存在,任何法律体系不能运行。但是法治允许自由裁量权的存在,是立法者经过考虑认为确有必要时,才授予行政机关自由裁量权力。法治原则只反对不必要的自由裁量权力,因为不必要的和过分的自由裁量权力,必然导致专横、任性、自私自利,违反法治原则。①

(二) 法治和法律批评

法治原则要求政府行使权力必须符合法律,在政府合法行使权力的时候,法治原则也要求人民服从政府的决定,政府和人民共同守法,法律才是最高的权威。人民必须守法不等于人民必须盲目服从法律,对于法律不能批评。法治原则要求法律本身必须受到审查,必须符合一个更高的标准,在美国,这个更高的标准最后就是联邦宪法。法治原则允许并要求批评法律,政府不能认为批评法律是破坏法律权威,用法治原则压制法律批评。法律最高权威不能成为权威主义。

批评法律的目的是导致法律的修改,不能由于批评法律的缘故而拒绝服从法律。合法成立的法律未经修改以前,人民有服从的义务,政府对于受批评的法律可以放弃执行,或者改进执行的态度。法治原则要求法律的修改必须按照合法的途径,这个途径可能由于批评而触发。

(三) 法治和革命

革命是法外的行为,是推翻现行法律体系的行为,不受法治原则的束缚。不能因此认为革命和法律无关,可以完全抛弃法治原则。革命是两个法律体系的斗争,例如在美国对英国进行革命时,美洲各殖民内部和各殖民地之间已经建立了一定的法律制度,这个革命可以说是殖民地的法律制度和英国的法律制度的斗争。革命者要求推翻旧的法律体系,但是革命集团内部必须有某种共同遵守的行为规则存在,这种行为规则就是革命集团的法律。没有法律就没有秩序,就不可能有共同的生活,对于革命集团和现行政权一样,都是如此。革命集团如果成功,取得政权,也必须建立法治。法治和革命的关系是对立的统一关系,是互相斗争又同时共存的关系。

---

① 关于法治和自由裁量权的进一步说明,参见本书第十三章第二节:自由裁量权的必要性和公正行使。

第三章
联邦政府的行政组织

第一节 联邦政府的组织概况

联邦政府由三个大的部门组成:立法部门、行政部门和司法部门。

一、立法部门

(一) 组织

立法部门称为国会,包括参议院和众议院。参议院有参议员 100 人,每州选出参议员两人。宪法原来规定由各州的立法机关选举该州的参议员。1913 年的宪法修正案第 17 条,规定由各州人民直接选举该州的参议员。选举人的资格由各州规定,和各州议会中人数最多的议院的选举人资格相同。候选人必须为该州居民,年满 30 岁,具有美国公民资格至少 9 年以上。参议员任期 6 年,每 2 年改选 1/3,参议院议长由副总统兼任。

众议院由 435 名议员组成,每州议员的人数根据该州居民的人数决定。但每州必须至少有 1 名众议员,一州有两名以上众议员时,由该州立法机关规定选举区,每区选出 1 名议员,选举区根据人口调查资料,每 10 年重新区划一次,以保持每区选民的人数大致相等。众议院议员任期 2 年,同时改选,大部分议员能够连任。众议院议员候选人必须为该州居民,年满 25 岁,具有美国公民资格至少 7 年以上。

每院内部设立不同的委员会,议员除参加全院工作以外,分别参加不同的委员会的工作。1991 年,参议院有 16 个常设委员会,众议院有 22 个常设委员会,此外还可设立专门委员会、两院共同委员会,委员会下设立数目不等的小组委员会。

议员的薪俸由法律规定,除触犯刑法以外,议员在开会期间和往返议会开会途中,享有不受拘捕的特权。议员在议会中的发言和辩论,不对外界负责。

(二) 权力

国会的权力有立法权、预算权、建议修改宪法权、监督政府权、弹劾权,参议院还有少量行政权。

1. 立法权

国会主要的立法权规定在宪法第 1 条第 8 节中,一切法律案必须由两院通过。法律案可以在任何一院首先提出,各院先把法律案分配到有关的委员会中讨论,委员会如果赞成该法律案,可以不加修改或修改后向全院提出报告,如果委员会不向全院提出报告,就说明该法律案在委员会中已经否决。一院通过的法律案必须送他院讨论,两院的权力相等。两院对法律案意见不同时,组织联合委员会达成折中方案向各院提出。

法律案经两院通过以后,送总统签字,总统同意该法律案时签字公布,不同意时有否决权,国会可用 2/3 多数推翻总统的否决。如果国会不能推翻总统的否决,法律案不能成立。在国会休会前 10 天送总统签字的法律案,总统不签字时,等于否决。

2. 预算权

联邦政府的预算草案由总统制定,首先向众议院提出,参议院不能在众议院以前先讨论预算案,但对于预算案的其他权力和众议院相等。国会对总统提出的预算案可以修改,也可以增加项目或者取消项目,以及规定拨款条件。除预算案外,其他规定税收的法律案也必须先向众议院提出。因为政府的钱袋由人民的代表掌握,这是西方的传统。

3. 建议宪法修正案

宪法第 5 条规定,国会两院的 2/3 多数认为宪法需要修改时,可以提出修正案建议,由 3/4 的州议会或州制宪会议批准。

4. 监督政府权

监督行政活动是国会的重要权力,特别是在当代,制定法律需要大量专门知识,很多法律案由行政部门草拟,国会的立法权已经不如以往重要。今后国会权力的重心可能是向监督政府方向转移,本书关于这个问题以后另有说明。①

---

① 参见本书第二十章:国会对行政的控制。

5. 弹劾权

宪法第2条规定,总统、副总统以及联邦政府全部文官,犯有叛国、贪污以及其他犯罪行为的,可由国会弹劾免职。弹劾案由众议院提出,参议院审理。

6. 参议院的行政权

宪法第2条规定,联邦政府高级官员由总统提名,参议院同意后任命。国际条约的批准,必须经参议院2/3多数同意。

(三) 附属机构和专业职员

国会设立众多的附属机构和专业职员,帮助国会执行职务,其中权力最大和作用最重要的附属机构是总审计署和国会预算处。前者帮助国会审核政府的财政开支,制定政策和监督行政活动,后者帮助国会编制政府预算。

除专门机构以外,国会还雇用了大量的专业职员,帮助国会委员会和议员执行职务。根据1982年的一个统计,当年国会委员会共有专业职员3 278人。此外,每一参议员有专业职员35人,每一众议员有专业职员17人。① 关于国会附属机构和专业职员的作用,本书后面另有说明。②

二、司法部门

(一) 联邦司法权的范围

宪法第3条规定,司法权力属于最高法院和国会随时设立的下级法院。美国是联邦国家,除联邦法院以外,还有各州法院。联邦法院只能行使联邦政府的司法权力。在说明联邦法院以前,首先要说明联邦司法权的范围。

联邦司法权的范围规定在宪法第3条中。根据该条第2款的规定,联邦司法权存在的先决条件是由一个案件(case)产生。案件的意义,一般的理解是需要处理的问题。从司法的观点而言,案件是指能够通过法院解决的一个实际存在的法律争端。假想中的争端,法律的意义不清楚需要解释的问题,不是一个案件。法院不具备解决手段的争端也不是一个案件。

联邦法院不是对于一切案件都有管辖权力。宪法规定联邦法院能够

---

① Peter L. Strauss, *An Introduction to Administrative Justice in the United States*, 1989, p. 19 n. 40.
② 参见本书第二十章:国会对行政的控制。

管辖的案件,限于下列事项:

(1) 以联邦政府为一方当事人的案件。

(2) 适用联邦宪法、法律和条约而产生的案件,一般称这类案件为联邦问题。

(3) 两个州的人民之间所发生的法律争端。为了公平起见,可以由联邦法院管辖。联邦法院对这类案件的管辖权,一般称为州籍不同的管辖权(Diversity Jurisdiction)。在这种情况下,当事人所争论的问题可能和联邦法律无关,只涉及州和地方的法律。这时,联邦法院应适用有关的州或地方法律。

(4) 两州之间的争端,关于大使、公使或领事的案件,以及不同国籍人民之间的争端。

上述联邦司法权力范围内的案件,根据国会立法的规定,有的是联邦法院专有的管辖权,各州法院不能管辖,例如专利案件、出版案件、破产案件等是联邦法院专有的管辖权;有的是联邦法院和州法院共有的管辖权,例如全部州籍不同的案件和大部分联邦问题案件,都是共有管辖权,原告可以选择联邦法院或州法院起诉,但原告在州法院起诉时,被告有权要求把案件移转由有管辖权的联邦法院审理。

(二) 联邦法院的种类

联邦法院按其法律地位的不同,可以分为宪法地位法院(Constitutional Court)和立法地位法院(Legislative Court)。前一种法院审理宪法第3条规定的案件,范围很广。法官受到宪法第3条规定的保障,他们直到退休以前,如果没有品行不端的行为,即可终身任职。他们的薪俸,在其任职期间不能削减。属于这类的法院有最高法院、上诉法院、地区法院。后一种法院只审理某一方面的案件,管辖的范围较窄。法官不受宪法第3条的保障,他们任职期间的长短由设立该法院的法律规定。各种专门法院属于立法地位法院。由于立法地位法院法官的保障不如宪法地位法院的法官,是否有的案件按其性质只能由宪法地位法院审理? 这个问题在美国曾引起争论。美国现在的实际情况是除刑事案件以外,其他案件国会有权决定由立法地位法院管辖。特别是涉及专门知识的案件和行政案件,国会有权决定由立法地位法院或行政机关裁决。但是为了保障审理公平,和保障宪法第3条规定的司法权由宪法地位法院掌握不被破坏起见,宪法地位法院对立法地位法院和行政机关裁决的案件,有进行司法审查的权力。①

（三）最高法院

最高法院由 9 名大法官组成，其中一人为首席大法官。法官的任用由总统提名，参议院同意后任命，终身任职。法庭内部不分庭，案件由 9 名大法官共同判决，法定人数为 6 名大法官。

最高法院有少量的初审管辖权，主要工作为上诉审管辖权。涉及大使、公使、领事和州为一方当事人的案件的初审管辖权属于最高法院，其他案件的最终上诉审可能达到最高法院。最高法院受理上诉审的条件由国会制定法律规定，只有极少数案件能够得到最高法院的判决。下级法院的判决主要通过两个途径达到最高法院：

1. 上诉

适用于联邦下级法院认为州法律违反联邦宪法、法律或条约，当事人不服，有权上诉于最高法院；或者州最高法院认为联邦法律或条约违反联邦宪法，当事人不服；或者州最高法院对于违反联邦宪法、法律或条约的州法律认为合法，当事人不服，都可上诉于联邦最高法院。上诉是当事人的权利，但出现这类案件的情况很少。

2. 申请提审状（petition for a writ of certiorari）

这是最高法院审理案件的通常途径。当事人对下级法院的判决不服，可以申请最高法院发出提审状，命令下级法院将全部案卷移送最高法院，由最高法院最后判决。最高法院对是否发出提审状有自由裁量权，当事人没有必须得到提审的权利。最高法院发出提审状必须有 4 个大法官的签名，法院只在有重大理由时才允许提审。所谓重大理由不是由于下级法院的判决错误，也不是由于案件本身重要，而主要是由于案件中出现重大的法律问题，需要由最高法院决定。例如上诉法院之间对于同一法律问题的判决互相冲突，或者最高法院企图回答一个重要的宪法问题。在绝大多数的情况下，最高法院对当事人申请提审状认为没有理由，或者认为没有由最高法院审理的价值而拒绝当事人的申请。通常最高法院接受的申请不到 5%。例如，1974 年最高法院收到的申请提审状 5 000 件左右，发出的提审状不到 250 件。在这 250 件左右的判决中，详细说明理由

---

① 参见 Richard H. Fallon：Of Legislative Courts, Administrative Agencies and Art. Ⅲ, in 101 *Harvard L. R.* 916-992, 1988）。

的判决书只有148件。其余的判决没有详细的说明理由。① 最高法院的判决由多数法官通过,判决书中往往同时具有多数派的理由和少数派的理由。判决书等于一篇论文,引经据典,详细论证。

最高法院除具有最终上诉审的权力以外,还根据法律的授权,制定诉讼程序规则,例如美国的民事诉讼程序规则、刑事诉讼程序规则、破产诉讼程序规则、上诉程序规则等,都是由最高法院制定的。

(四) 司法上诉巡回法院

联邦政府有12个司法上诉巡回区(包括哥伦比亚特区在内),每巡回区内设一个上诉法院。海外领地并入其附近的巡回区内的上诉法院管辖。除此之外,还有一个联邦巡回区上诉法院。司法上诉巡回区的范围,除哥伦比亚特区以外,包括3个或3个以上的州。联邦巡回区上诉法院全国只有1个,包括所有各州在内。上诉法院法官的数目,根据各法院案件的多少而不同。最少必须有3名法官,因为上诉法院的判决由3名法官组成的合议庭作出。特殊案件的判决可以由该院全体法官参加。每一上诉法院分配有1名最高法院法官作为指导,有的最高法院法官分配到两个上诉法院。根据1991年政府手册的记载,当年联邦政府共有168名上诉法院法官,法官的任命方式和最高法院相同。

上诉法院的法官在其管辖区内的大城市巡回开庭,受理对该区内地区法院判决的上诉。上诉是当事人的权利。此外,某些行政机关的裁决,例如独立控制委员会的裁决,根据法律规定直接由上诉法院审理,不经过地区法院。上诉法院的判决对其管辖区内的地区法院有作为先例的拘束力。没有说明理由的判决,或者理由不公开发表的判决,没有先例效力。

由于最高法院受理的案件很少,上诉法院的判决实际上往往成为最后判决。美国有12个上诉巡回区法院,同一法律问题,特别是性质相同的行政案件,各上诉法院可能作出不同的判决,而最高法院没有机会统一,产生法律上的分歧,这是判例法的缺点。

(五) 联邦巡回区上诉法院

为了矫正区域巡回区上诉法院对于相同的法律问题可能作出不同的判决的缺点,1982年的《联邦法院改进法》,设立了一个联邦巡回区上诉法院,管辖的范围包括联邦全部地域。管辖的事务是某些具有专业性质的案件,对于这类案件,当事人不能向上诉巡回区法院上诉,而应向联邦

---

① Fannie J. Klein: *Federal and State Court System a Guid*,1977,pp.170-172.

巡回区上诉法院上诉。因此,在最高法院之下,对于专门性质的案件,设立了一个统一判决的法院,在一定程度上减轻了最高法院的负担。

联邦巡回区上诉法院包括 12 名法官,任命方式和其他巡回区上诉法院法官相同。审理案件采用 3 人合议庭制,特殊案件可由全体法官参加审判。法院地址设在首都华盛顿,根据需要可到其他地方开庭。受理的案件主要有:地区法院关于专利权和某些以美国为被告的民事案件的上诉,美国索赔法院、美国国际贸易法院判决的上诉,以及审查行政机关关于专利权和商标权的裁决等。

(六)地区法院

地区法院是联邦司法系统的基层法院。在法律没有其他规定时,联邦司法权力范围内的案件的初审管辖权属于地区法院。地区法院对行政案件的管辖权通过两种方式取得:

(1)法律的特别规定,例如《情报自由法》中规定,情报自由法的案件由地区法院管辖;

(2)根据联邦问题的管辖权,对实施联邦法律产生的案件有初审管辖权。

联邦全部区域,包括海外领地在内,分为 93 个司法区。每一区内设立一个地区法院,每一州至少有 1 个地区法院,大州可能有几个地区法院。根据 1991 年政府手册的记载,全联邦共有 563 名地区法院法官。法官的任用由总统提名,参议院同意后任命,享有宪法第 3 条规定的保障。审理案件采用独任制,特殊案件可采用合议制。海外领地的地区法院,除审理联邦问题以外,还有地方案件管辖权。

(七)专门法院

专门法院只对某类特殊案件有管辖权,因为这类案件具有专门性质,国会认为应当另设机构处理,因此成立专门法院。这类法院是立法地位法院,法官不享受宪法第 3 条规定的保障,法官的地位完全由国会制定的法律规定。主要的专门法院有:美国索赔法院、美国国际贸易法院、美国租税法院、美国军事上诉法院等。专门法院的判决,有的上诉到联邦巡回区上诉法院,有的上诉到司法上诉巡回区法院。军事上诉法院的某些判决,可以由最高法院发布提审状审查。

三、行政部门

立法部门和司法部门以外的国家机关属于行政部门。行政部门是联邦政府的主要部门,其中包括的机构最多,一般称它们为行政机关。有的行政机关很少和人民直接发生关系,例如外交部和国防部,除因为护照问题和征兵问题和人民直接发生关系外,其主要活动的目的为对付外国,不和人民直接发生关系;从事研究工作和咨询工作的机关也不和人民直接发生关系,有些行政法学著作称它们为广义的行政机关。由于它们不对人民行使权力,所以不是行政法学的主要研究对象。1941年的司法部长行政程序委员会的最后报告认为,行政机关的主要特征是有权力制定法规和进行裁决影响私人的权利和义务①,这种行政机关是狭义的行政机关,重要的行政机关都具有这种权力。它们通过制定法规或进行裁决,控制人民的某些行为,给予人民某些福利,和人民的生活密切联系。行政法的作用是规定这些行政机关的活动。

行政机关不是单独进行活动,而是从事一个有组织的系统的活动。每一行政机关的活动必须和其他行政机关的活动协调一致,成为系统中的一个分支,全部行政机关构成行政组织,行政组织是行政法必须规定的对象。美国联邦的行政组织包括总统、总统的执行机构、内阁、部、独立的控制机构、政府公司。本章以下各节分别说明这些机构。

第二节 总 统

一、总统的产生

《联邦宪法》第2条规定行政权属于总统。总统是联邦政府的行政首脑,总统的地位和作用超过行政法的范围,然而联邦政府的行政组织以总统为中心,必须从总统开始。宪法规定总统由总统选举人选举产生,不是由公民直接选举产生。因为制宪者希望总统的选举不受群众情绪的支配,能够由少数人冷静地考虑最合格的候选人。后来由于政党政治发展的结果,美国总统实际上已由全国人民直接选举产生,不是间接选举产生。以下说明总统候选人的提名和选举。

(一)提名

总统和副总统的候选人由各政党提名,不属于政党的候选人由一定数目的选民提名。美国的政党虽然不止两个,然而在全国有影响、具有竞

---

① Attorney General's Committee on Administrative Procedure, Final report, 1941, p.7.

争力的政党只有民主党和共和党两个政党。总统和副总统的候选人由两党的全国代表大会提名。竞争总统的人,第一步是争取得到该党全国代表大会的提名。由于在政治上有影响的人都想成为总统,所以争取提名是一个激烈的竞争。这个竞争是在各党内部党员之间的竞争,但也在全国范围内全体人民之间进行。

各党的全国代表大会由各州选出的党员代表参加,各州出席的代表数目由各党的全国委员会决定。民主党和共和党决定各州代表数目的方法不一定相同。主要的参考标准为各州在国会中议员的数目,和上次选举中该党在该州中表现的力量。各州的党组织根据全国委员会规定的数目,选出本州出席的代表。各州选举的方法由各州决定,全国不一致,民主党和共和党也不一致。最广泛采取的方法是预选制(primaries)。各州根据代表的数目分为若干预选区,每区选出出席的代表。也有少数州采取党小组制(caucus),出席的代表由党小组决定。竞选总统候选人提名的人,必须在预选中竞争,争取得到多数的出席全国代表大会的代表。预选时期各州不一样,一般在总统选举年的三月、四月、五月举行。竞争最激烈的州是加利福尼亚州。因为该州出席代表的数目最多。

各党的全国代表大会通常在总统选举年的6、7、8月中举行。民主党和共和党的全国代表大会的讨论和表决的方法不一样。竞争提名的人除在预选期间竞争以外,继续在全国代表大会中竞争。代表大会的主要任务是:

(1)制定本党竞选总统的政纲;
(2)选出本党竞选总统和副总统的候选人;
(3)选出新的党全国委员会,领导本党的总统竞选工作,作为党的最高领导机构,直到下届总统选举时为止。

党代表大会是政党的组织,代表政党的意见,没有受联邦或州法律的规定,没有正式的法律地位。代表大会选出的总统和副总统候选人,必须向各州的州务卿登记,然后才能在普选投票时,列名于总统和副总统候选人名单。独立的总统和副总统候选人的提名,由一定数目的选民提出申请,向各州的州务卿登记,选民数目的多少由各州决定,各州的规定不一样。

(二)选举

总统和副总统列名于候选人名单只是形式,因为全国选民在普选之日不是直接选举总统和副总统,而是选举总统选举人,再由总统选举人选举总统和副总统。各州总统选举人的数目和该州在国会中的参议员和众议员的数目相等。哥伦比亚特区不是州,宪法修正案第 23 条规定它也可以有总统选举人。根据国会制定的法律,哥伦比亚特区有 3 名总统选举人。总统选举人产生的方法由各州决定,然而都是由公民直接投票选举产生。两党竞选总统的焦点,是在全国范围内争取拥护本党候选人的总统选举人。这是一个剧烈的竞争,在两党势力接近的州竞争更加激烈。加利福尼亚州的选举影响最大,因为该州的总统选举人数目最多,全国各州由国会法律规定,在同一天选举总统选举人,现时总统选举人选举的日期规定在选举年的 11 月的第一个星期二。各政党提出该党的总统选举人的候选人名单,选民投票选举某一政党提出的总统选举人名单,实际上就是投票选举该党提出的总统候选人,某一政党的总统候选人是否胜利,在举行全国的总统选举人的选举以后,实际上已经确定。

各州的总统选举人根据国会法律的规定,在总统选举年的 12 月初的同一天,在各州的首府集合选举总统和副总统。总统和副总统不能属于同一州,由总统选举人分别投票选举。各州总统选举人的投票,由州长签字证明寄交国会参议院主席。参议院主席在次年 1 月 6 日召集两院议员,统计各州选举的结果,得总统和副总统多数票者(超过半数),当选为总统和副总统。无人得总统选举的多数票时,由众议院在总统选举中得票最多的前 3 名中,选举 1 人为总统,这时众议院的投票以州为单位,得票超过半数者当选为总统;无人得副总统选举多数票时,由参议院在副总统选举中得票最多的前两名中,选举 1 人为副总统,这时参议院的投票以个人为单位,得票超过半数参议员者当选为副总统。当选的总统于 1 月 20 日宣誓就职。

二、资格和任期

(一) 资格

担任总统的资格规定在《宪法》第 2 条中,总统必须是美国出生的公民,年满 35 岁,在美国居住超过 14 年以上。担任副总统的资格,根据宪法修正案第 12 条的规定和总统相同。不能担任总统的人也不能担任副总统。符合总统和副总统法定的资格不困难,实际上大部分竞选总统的人都是现任或曾任的州长或参议员。

(二) 任期

《联邦宪法》规定总统任期 4 年,原来没有限制总统连选连任的次数。从理论上说，总统可以无数次连任，实际上从第一届总统华盛顿开始，历届总统只连选连任一次。这个传统1940年被罗斯福总统打破。1940年，罗斯福竞选第3任总统成功，1944年又竞选第4任总统成功。罗斯福总统破坏传统的行为受到广大政界人士的批评，罗斯福死后，反对派人士1947年立即提出宪法修正案第22条，限制总统只能连选连任一次，这个修正案在1951年经3/4州批准，开始生效。总统任期未满死亡，由副总统继任，如果继任期没有超过2年，担任总统的原来副总统在继任期满以后，还可以用自己的名义竞选，并可连选连任总统8年。

三、总统的权力

（一）两种不同的观点

联邦宪法关于总统权力的规定非常简单，没有确切的意义，可以作出不同的解释。制宪者的意思可能认为这个问题由以后的政治经验确定。宪法第2条第1节规定行政权属于总统，对行政权的意义没有说明，第2节和第3节列举总统具有任命官员权、缔结条约权、军队统帅权、保障法律执行权、要求各部行政长官就其主管事项提出书面意见权、减刑权、赦免权。宪法第1节和后面两节的关系如何，解释上发生分歧。一种意见认为，总统的行政权限于宪法所列举的权力和国会立法所授予的权力。宪法第2条第1节行政权的意义，限于同条第2节和第3节列举的权力。另一种意见认为，宪法关于立法权和行政权规定的方式不同。宪法关于立法权的规定为"本宪法所授予的立法权属于国会"，宪法关于行政权的规定为"行政权属于总统"，不是本宪法规定的行政权属于总统，可见宪法上的行政权不以宪法所列举者为限。第一种解释是狭义的行政权观点，第二种解释是广义的行政权观点。

美国最高法院对行政权的解释受具体案件的影响，没有一致的观点。例如在1890年的一个案件中①，法院认为总统指定一位法院的执行官保护一位法官的安全的行为是合法的，因为行政权不只是执行法律和条约的权力，而且包括保护由宪法或国际条约所产生的一切权利和义务的权力，这个权力不需要宪法或法律明白授予。法院声称行政权包括在美国

---

① In re Neagle, 135 U. S. 1(1890).

宪法下政府性质所包含的一切保护权力。在1926年的一个案件中①,最高法院认为,虽然宪法只规定总统的任命权,没有规定总统的免职权,然而总统对隶属于总统的行政机关的官员有免职权。但是在1952年的一个案件中②,杜鲁门总统为了制止一个钢厂的罢工,命令行政部门扣押并接管该厂。总统认为,根据宪法赋予的行政权和最高统帅权,总统具有这个权力,不需要国会的授权,最高法院拒绝了总统的观点。法院认为没有国会的授权,总统根据宪法上的行政权的规定和最高统帅权的解释,不具有接管钢厂的权力。

美国总统对行政权的理解也不一致。例如老罗斯福总统在自传中,认为总统是人民利益的管家人,不但有权力而且有义务为了人民的利益采取必要的行为,不论是否有宪法明文的或默示的规定。只要不违反宪法的规定,或者国会在其权限范围内所制定的法律的规定,总统就有行动的自由。③ 另一方面,不是所有的总统都持这样的看法,例如塔夫特总统认为,总统只能有明白授予的权力,以及为了行使明白授予的权力所必要的默示的权力,没有其他权力。④ 实际上总统权力的大小取决于很多因素,不是单纯的法律问题。例如总统的个性、能力、领导技巧、取得各方面支持的力量,和国会中多数党是否属于同党,以及其他的政治情况。就当代的情况而言,由于行政职务的扩张和复杂性,总统权力也在扩大。下面说明联邦宪法和法律下美国总统具有的主要权力。

(二) 国内行政权力

1. 任命权和免职权

联邦政府高级官员由总统提名参议院同意后任命。高级官员参与重大政策的决定,必须得到总统的信任,参议院对总统的提名很少反对。联邦政府分布在各州的机关的高级官员的任命,总统提名时,习惯上往往尊重该州参议员的意见。

对隶属于总统的行政机关的官员,总统有免职的权力,不论该官员在任命时是否需要参议院的同意,总统可以单独行使免职权力。总统对独立行政机构官员的免职受到一定的限制,必须具有正当的理由。⑤

---

① *Myers v. United States*,272 U.S.52(1926).
② *Youngstown Co. v. Sawyer*,343 U.S. 579(1952).
③ T. Roosvelt: *An Autobiography*,1914, pp.371-372.
④ W. H. Taft: *Our Chief Magisytate and His Powers*,1925,pp.139-140.
⑤ 参见本书第十九章:总统对行政的控制。

2. 要求书面意见权

总统对受其管辖的行政机关,可以要求该机关的长官就其所主管的事务提出书面意见,以便总统进行监督。①

3. 保障法律忠实执行权

总统在就职时必须宣誓保卫联邦宪法。宪法第 2 条第 3 节规定总统负责保障法律的忠实执行,包括国际条约的执行在内。总统为了保障法律的忠实执行,必须依靠全部行政机关及其官员,还可以利用司法部对违法的人进行追诉。根据情况,有时可能需要州政府的协助。在出现重大的破坏法律和秩序,民政力量不够应付时,总统可以动用武装力量,保障宪法、法律、条约不被破坏。但超过一定限度以及需要增加经费时,必须取得国会的同意。

4. 预算权

(1) 预算编制权。宪法第 2 条第 3 节规定,总统应随时向国会建议他认为必要的和有益的措施,以供国会考虑,根据这项规定,总统有权向国会提出他的财政计划。事实上,在 1921 年以前,总统对联邦预算的编制很少参与。1921 年,国会为了减少浪费和提高行政效率,制定预算和会计法,规定由总统集中编制联邦政府预算,向国会提出,并设立预算局帮助总统执行编制预算任务。预算编制是总统最重要的行政权力,总统借此决定各行政机关的支出项目和数额,以执行总统的政策和计划。②

(2) 预算支出扣留权。预算支出扣留权(Impoundment Powers)是指总统对预算中支出的款项可以延期使用或者不使用。预算案虽由总统提出,然而国会掌握政府的钱袋,对预算案有决定权。国会对总统提出的预算案可以修改,可以增加支出或者减少支出。总统对国会修改的预算案可能不同意,因此总统对预算支出的款项有时迟延使用,有时不使用。国会对总统扣留预算的支出,有时认为可以接受,大多数情况下认为不能接受。扣留预算支出的实质,从政治观点而言是总统和国会政策的不同,因为预算支出是政策的反应。从法律观点而言,是总统对国会的预算法行使否决权。在一般情况下,国会对总统的否决权,可用 2/3 的多数推翻。然而在扣留预算支出问题上,国会没有推翻总统否决权的机会。

由于国会对总统的预算扣留权有反感,1974 年,国会制定《国会预算

---

① 参见本书第十九章:总统对行政的控制。
② 同上注。

支出和预算支出扣留控制法》(Congressional Budget and Impoundment Control Act),一方面设立国会预算处(Congressional Budget Office),帮助国会改进编制预算的能力;另一方面限制总统的预算扣留权。法律规定总统迟延使用预算支出时,必须向国会提出报告,国会两院可以通过联合决议,否决总统的决定。总统决定不使用预算的支出时,也必须向国会报告,除非国会在45天期间以内通过一个法案允许取消预算支出,否则总统必须执行预算中的支出。实际上国会对总统不使用预算支出很少同意。1974年的法律在执行上遇到一个困难,该法规定国会对总统延期使用预算支出的决定有否决权。最高法院在1983年的一个判决中①,认为国会对行政决定的否决权违反分权原则。1974年的法律以后如何执行,或者修改,目前还不清楚。

(三) 立法权

宪法规定立法权属于国会,表示立法权是国会的主要功能,国会具有最高的立法权力,不表示其他机关不能具有立法权力。宪法采取分权原则,也采取制衡原则。在制衡原则之下,国会具有某些行政权力,总统也具有某些立法权力。立法权属于国会也不表示国会不能把部分立法权力委托其他机关行使。美国总统具有广泛的立法权力,甚至可以认为是立法权的真正领导。美国总统的立法权力有以下几项:

1. 立法计划和法律草案

宪法第2条第3节规定,总统必须随时向国会报告联邦的情况,建议他认为必须采取的有益的措施以供国会考虑。根据这项规定,总统在每年1月初向国会提出3个咨文:国情咨文、预算咨文和经济咨文。除年初的咨文以外,在情况需要时,总统随时可以提出特别咨文。总统对国会的咨文实际上是总统的立法计划。总统的计划决定了国会的议事日程。总统咨文中所反映的意见不一定全是行政部门的意见,也可能反映国会中某些议员的意见,各种意见不论来源如何,一经总统采纳成为总统的意见以后,它的权威性立即提高,在国会中制定为法律的机会也会增加。从实际的观点而言,可以认为总统是国会立法的领导。

总统不仅提出立法计划,而且往往起草法律草案。美国总统有人数众多的总统执行机构的帮助,能够起草各种专门法律。行政部门起草的

---

① INS v. Chadha,462 U.S. 919(1983). 关于这个案件的说明,参见本书第二十章:国会对行政的控制。

法律草案,由于宪法采取分权原则,必须由国会议员或委员会提出,国会可以修改。国会的委员会和议员当然也有权提出法律草案,然而这不影响总统在国会立法中发挥重要作用。由于总统是唯一由全国人民选举产生的政府官员,在一切重大的问题上,全国人民和国会都希望总统能够提出一个立法计划。

2. 否决权

根据宪法的制衡原则,总统对国会所通过的法律案不同意时,有否决权,阻止法律的成立。国会不同意总统的否决权时,可用 2/3 的多数推翻总统的否决。① 如果国会不能以 2/3 的多数推翻总统的否决权,经总统否决的法律案不能生效。实际上国会对总统的否决,往往不能达到足够的多数可以推翻。但总统对国会的法律案不能分割,必须或者全部同意,或者全部否决,不能承认其中一部分,否决其中一部分。

总统除有积极方式行使的否决权以外,还有一种消极方式行使的否决权。宪法规定国会的法律案送交总统以后,总统必须在 10 天以内,或者签字同意,或者否决。如果总统在 10 天期间内没有任何表示时,则认为总统已经同意。但如果国会的法律案送交总统以后,在 10 天未满以前国会已经休会,在这种情况下,总统对法律案未作任何表示时,认为总统已经否决了这个法律案,这种否决称为搁置否决(Pocket Veto)。

否决权不是总统推行政策的积极工具,但是可以制止总统所反对的国会立法,是总统参与国会立法的另一种方式。

3. 行政命令权②

(1) 行政命令的意义和法律根据。行政命令(Executive Order)是总统为了执行宪法、法律、国际条约而发布的具有法律效力的指示,不需要国会的批准。美国宪法没有规定总统发布行政命令的权力。但宪法规定总统有保障法律忠实执行的义务。总统根据这项规定,认为为了执行法律有发布行政命令的权力。这是根据宪法具有的默示的权力,不需要国会特别的授权。此外,国会在成文法中,有时只规定一个目标或大的原则,授权总统制定实施计划。总统根据法律的授权也可发布行政命令,即使在法律没有授权的时候,总统也往往认为法律中有默示的权力可以发

---

① 《宪法》第 1 条第 7 节。
② 《宪法》第 1 条第 7 节。不要和 administrative order 混淆,administrative order 是一般行政机关的行政命令,不是总统的行政命令。

布行政命令。由于总统可以根据默示的权力而发布行政命令,所以总统在不能得到国会的合作时,有时使用行政命令作为执行政策的工具。这时可能引起国会的反对而采取措施,例如国会进行调查或限制拨款。无论如何,总统的行政命令不能和国会的法律冲突,在一般情况下,国会对总统合理的和必要的行政命令不会反对,总统也通常根据国会的法律而发布行政命令。

(2) 行政命令的对象。行政命令可为各种目的而发布,其通常的对象为政府机关和官员,作为机关管理的手段,用来变更机关的组织关系、规定办事程序、对官员提出某些要求等。例如,在第二次世界大战结束初期,东西方关系紧张,杜鲁门总统1947年发布第9825号行政命令,建立联邦官员的忠诚宣誓制度,防止共产党的渗透;里根总统1981年的12291号行政命令规定行政机关制定法规必须送管理和预算局审查,评价法规得到的效益是否大于付出的代价,1985年的12498号行政命令,规定行政机关每年必须建立一个制定法规计划,由管理和预算局批准。美国政府文件的保密制度不是由法律建立,而是由总统用行政命令规定。行政命令的对象也可能是公众,美国总统往往利用行政命令禁止种族歧视。例如,约翰逊总统1965年的11246号行政命令,规定和联邦政府签订合同的工厂必须建立一个雇用少数民族的计划。

(3) 行政命令制定的程序。行政命令可以产生于联邦政府的任何行政部门,由白宫办公厅所制定的行政命令只占少数,大部分行政命令由其他机关制定。法律对于制定行政命令规定有一定的程序。行政命令草案必须说明该项命令的性质、目的、背景、效果、各现行法律的关系。草案首先送管理和预算局审查是否符合总统的政策和预算目标。管理和预算局批准后,送司法部就法律问题进行审查。司法部批准后,送联邦登记处就文体和文字的错误进行审查。联邦登记处审查完毕后,该草案送总统签字。由于草案已由管理和预算局及司法部批准,他们都是总统的亲密合作者,总统的批准通常不发生问题。总统批准以后,该行政命令必须在联邦登记上公布,然后才正式生效。

遇有紧急需要时,可以省略上述程序的某些部分,直接送总统批准。对于机密的行政命令,可以不公布命令的内容,仅仅公布其号数。行政命令的编号从1907年起,追溯到林肯总统时期。1988年,编号已经超过18 000,这个编号不一定正确,据学者估计,可能有15 000到50 000个行政命令从来没有登载。①

(四) 外交权

美国在国际事务中占有重要地位,美国总统几乎有一半以上时间用于处理国际事务。外交权是总统最重要的权力,美国总统的外交权力,主要有以下各项:

1. 制定外交政策

根据宪法的规定,总统和国会都有制定外交政策的权力。总统作为对外关系上唯一的发言人、法律和条约的执行者、国际条约的谈判者、武装部队的总司令,具有决定外交政策的权力。国会具有制定法律权、拨款权、宣战权、管理对外贸易权,因此也具有决定外交政策的权力。然而实际上,外交政策的制定和执行由总统负责,国会处于监督地位,因为总统在决定对外政策上具有国会所没有的优势:

(1) 总统根据情报机关和外交人员的报告,掌握国际情况、秘密信息,这是决定外交政策必不可少的条件,国会没有这种方便。

(2) 外交政策往往需要迅速决定,特别在当今原子武器时代、国际信息发达,掌握时机非常重要。

(3) 外交决定往往需要保密,国会人数众多很难保密。

(4) 总统是对外关系的正式发言人,能够代表国家说话和外国交涉,国会没有这种地位。由于总统在对外关系上具有这种优势,国会承认总统这种优势。在对外关系上,总统具有的自由裁量权力远远超过国内事务。美国总统在对外关系上如果不能制定一个政策,必然会引起国会议员和舆论界的批评,认为总统缺乏领导能力,不符合美国在国际上应有的地位。

总统虽然具有决定外交政策的优势,然而不能忽视国会的意见,在决定重要政策时,往往和国会中有影响力的议员,国会两院外交委员会主席商量,以免在执行时引起麻烦,并且增加总统在国际上说话的力量。国会如果对总统的外交政策不满意时,可以采取种种限制措施。②

2. 条约权

宪法规定条约权由总统和参议院共同享有。参议院对条约有建议权、同意权和批准权,但是缔结条约的主要权力属于总统。总统负责条约

---

① Congressional Quarterly Inc.: *Powers of the Presidency*,1989,p.87.
② 参见本书第二十章:国会对行政的控制。

的谈判、决定谈判什么条约、选择谈判人,或亲自参加谈判。总统对于某些条约可以不通过国务院,选派自己的亲信作为特使和外国进行秘密谈判。总统制定谈判的战略,参议院只在条约的最后阶段讨论批准。参议院同意批准条约以后,总统仍然具有最后决定批准的权力。条约只在总统批准,和外国交换文本,并在联邦登记上公布以后,才能生效。总统在签订条约的过程中,可以在任何阶段停止进行。条约具有联邦法律同等效力,可以修改以前制定的法律,但也可以为后来制定的法律所修改。条约在联邦关系上是最高的法律。但必须符合宪法的规定。各州的宪法和法律不能违背联邦的条约。

由于条约需要参议院出席议员 2/3 的多数批准,参议院在批准条约时可以提出修正案和保留条款。因此总统在谈判条约时,往往和参议院中有影响的议员,以及外交委员会主席商量,否则,在批准时可能发生麻烦。例如威尔逊总统对于结束第一次世界大战的凡尔赛条约的签订和建立国际联盟的计划,曾经发生重大影响,但是在国内得不到参议院的支持,美国未能批准这个条约。

3. 行政协定

行政协定是条约以外的国际协定。因为不是条约,不需要参议院的批准。美国总统对签订条约估计会在批准问题上遇到困难时,往往用行政协定代替条约。美国宪法未规定行政协定,也未禁止行政协定。美国总统认为,他根据执行法律权、军队统帅权、对外代表权,可以不需要参议院的同意而签订行政协定。从理论上说,行政协定只能规定次要的国际事务,重要的国际事务必须由条约规定,实际上条约和行政协定的界限很难划分。美国总统具有自由裁量权力,可以根据情况选择使用条约或行政协定。自从第二次世界大战以后,美国政府所签订的行政协定数量远远超过条约。任何用条约规定的事项,都可以用行政协定规定。行政协定在联邦关系上也是联邦最高的法律,各州的宪法和法律不能违背联邦的行政协定。但行政协定的效力比条约低一级,条约只受宪法的限制,行政协定除必须符合宪法外,还不能违背国会制定的法律。

联邦最高法院对行政协定采取支持态度。因为外交事务往往需要迅速和秘密,在某些情况下,行政协定比条约更适合实际需要。最高法院在 1936 年的一个案件中①,关于美国承认苏联问题,涉及总统是否具有单独

---

① *U. S. v. Belmmont*,301 U. S. 324(1936).

缔结行政协定权力时,法院声称:"国内事务的权力分配在联邦政府和州政府,国外事务的权力不是如此分配,而是由联邦政府专有。就本案而言,总统有权作为联邦政府唯一的发言机关。"毫无疑问,法院认为总统签订行政协定的权力来源于总统作为政府唯一的对外机关的权力。

国会议员对于行政协定一般采取支持态度。但对于总统过分地单独行使外交权力,会导致国会反对。例如20世纪60年代和70年代,约翰逊总统和尼克松总统单独执行东南亚外交政策,签订某些军事协定,完全不同国会商量,引起了国会反感,国会认为行政协定破坏外交政策方面的平衡,企图通过法律加以限制。早在20世纪50年代,参议员布里克(Bricker)曾经引进一个宪法修正案,限制总统的外交权力,主张总统签订的条约和行政协定必须由国会制成法律,才有国内法的效力,总统只能按照法律的规定签订行政协定。这个提案国会没有讨论。1972年,国会制定《凯斯法》(Case Act),规定行政机关必须把现有的行政协定向国会报告,以后签订行政协定必须在60天内向国会报告,法律没有限制总统签订行政协定的权力,但加强国会对这一权力的监督。国会由于知道总统签订了什么行政协定,可以通过调查、立法、拨款和决议,反对它认为不适当的行政协定。

4. 承认权

总统对于新成立的国家或政府具有是否承认,并和它们建立外交关系的决定权。宪法中没有规定总统的承认权,但宪法规定总统有派遣和接受外交代表权,总统根据这个权力取得是否承认新国家和新政府的权力。

(五) 军队的总司令

1. 军事权力的分配

联邦宪法规定军事权力分配于总统和国会之间。制宪者认为军事权力不能集中于一个机关或一个人,否则会出现军事独裁和军人统治的政府,违背民主自由的政治体制。宪法把武装部队统帅权和指挥权,与建立武装部队和决定进行战争的权力分开。前者属于总统,《宪法》第2条规定:"总统是美国陆军、海军以及各州民兵被召集实际服务于联邦时的总司令";后者属于国会,规定在《宪法》第1条第8节中。该节采取列举权力方式,其中最重要的军事权力是宣战权和维持武装部队权。由于这两种权力分开,一个指挥军队的人不能建立军队,一个建立军队和掌握宣战权力的机关不能直接指挥军队,任何军事独裁都不可能。

宪法虽然划分了军事权力,由于统帅权和宣战权的意义不能严格确定,联邦政府内部军事权力的行使,在总统和国会之间有时引起争论。

2. 总司令的权力

制宪者认为,武装部队的总司令必须由行政长官担任,不能由军人担任。军人必须服从文职官员,才能避免军人独裁。武装部队的指挥必须统一。总统是全国行政的最高长官,当然也是武装力量的最高指挥员。

宪法只规定总司令的职位,没有规定总司令的权力,总统作为总司令的权力在战争的实践中逐渐扩大。在林肯总统以前,一般认为总司令的权力限于处理军事方面的事务,例如布置部队、调动军队、任免军官、处理部队内部的管理问题,甚至指挥战斗。林肯总统在南北战争中扩大了总司令的权力,超过了单纯的军事权力。林肯认为作为总司令,总统有保卫国家和平定叛乱的义务和相应的权力。在第一次和第二次世界大战中,总司令的权力继续扩大。除军事指挥权以外,还包括总统在不违反法律的范围内,在平时为了增强国防力量,在战时为了征服敌人而采取的一切行为在内。

作为军队的统帅,总统对于被美国征服在美军占领下的土地,在不违反国际法的范围内行使统治权力。可以任命官员组织政府、制定法律进行管理、征收租税,及其他不违反国际法的行为。

在当代可能爆发核战争时代,核武器的使用由总统决定,这是最大的军事权力。总统如何行使这个权力,不是单纯的军事问题,应对全世界人民负责。

3. 战争权力

决定在什么时候、什么地方使用美国武装力量,构成国会和总统之间权力冲突的一个因素。宪法规定宣战权属于国会,总统只在美国受到攻击进行防卫时,可以进行战争宣战,不需要国会宣布。然而在美国历史上,美国对外进行一百多次战争,只有5次经过国会宣战①,其余都是不宣而战。因为战争的意义和自卫的意义很难界定。例如总统是否可以命令进攻以制止敌人可能发动的攻击呢?总统是否可以故意挑衅引起敌人进攻,然后举行反击呢?总统是否可以故意造成必须使用武力的局面,把美国引入战争,以致国会必须赞成呢?武力冲突达到什么程度才认为是战

---

① 1812年对英战争、美国对墨西哥战争、美国对西班牙战争、第一次世界大战、第二次世界大战。

争呢？利用这种暧昧不明的情况，总统认为他作为军队的总司令有保卫国家的责任。当他认为美国的利益需要对外采取军事行动时，就可以使用武装力量。军事行动需要迅速、秘密，不能事先征求国会意见，坐失时机。作为军队的总司令，他必须具有战争权力。

直到越南战争以前，国会对总统发动的战争很少反对，经常给予支持，通过总统所需要的经费和权力。20世纪60年代和70年代美国在越南进行的战争，开始改变国会对总统战争权力的态度。在这次战争中，美国牺牲惨重，而且没有取得胜利的希望，也不是保卫美国利益所必要。在美国国内普遍爆发反对越南战争运动，国会认识到必须限制总统的战争权力，夺回国会在战争权力上失去的阵地。1969年，国会通过一个决议，禁止在泰国和老挝使用美国的地面部队。经过3年多时间的讨论，1973年制定了《战争权力法》(War Power Act)，限制总统的战争权力。

战争权力法主要规定：

（1）美国总统只能在下述情况下使用武力：国会宣战，或国会授权，或美国受到攻击。

（2）总统在使用军队前，应尽可能和国会商量，一旦使用军队后必须和国会商量。

（3）总统在海外大量扩大美国的武装力量时，必须在48小时内向国会提出书面报告。

（4）除非国会宣战或授权，总统必须在60天内停止在国外的军事行动，为了部队安全的需要可以延长到90天。

（5）总统在国外的军事行动未经国会宣战或授权，国会随时可以通过联合决议，命令总统停止军事行动。

总统认为军事权力法妨碍总统保卫国家的权力，很少遵守60天或90天停止军事行动的规定。

（六）紧急权力

1. 紧急权力的意义和法律根据

当国家遇到严重危机，例如遭受侵略、经济崩溃、社会动乱、自然灾害时，为了保障国家的安全和维护公共利益，总统往往要求行使特别权力，称为紧急权力(Emergency Powers)。紧急权力的理论一向得到承认，认为这是国家自卫和自保的需要。不管现行法律有无规定，需要本身就是法律。为了维持国家的存在，甚至可以暂时破坏现行法律，任何法律在国家的存在受到严重威胁时，必须让步。

美国宪法没有规定总统的紧急权力,但是宪法承认紧急权力概念。《宪法》第 1 条第 9 节规定当遇到外部侵略、内部叛乱,为了公共安全的需要可以停止人身保护状的权利。美国总统往往根据宪法某些明文规定,认为有默示的紧急权力。例如《宪法》第 2 条规定,总统就职时必须宣誓保卫宪法,宪法规定总统是军队的最高统帅、行政首脑,都包含在必要时总统有默示的紧急权力。总统有时也有法律中寻找他所行使的特殊权力的根据,例如罗斯福总统在 1933 年任职时,正值美国的经济危机严重,国民经济处于崩溃前夕,总统在 3 月 4 日宣布全国处于紧急状态,命令停止一切银行活动。总统认为他所采取的紧急措施是根据第一次世界大战前夕国会制定的《对敌通商法》,这个法律在战争结束以后继续存在。又如尼克松总统在 1971 年美国出现严重的国际支付危机时,宣布采取紧急措施,终止美元和黄金的联系,实行美元贬值,增收 10% 的进口税,在 90 天期间内冻结国内物价。尼克松认为他行使权力的根据是 1970 年的《经济稳定法》。

2. 紧急措施的种类

紧急措施可以分为三大类型:

(1) 对人的紧急措施。在紧急状态之下,总统可以采取措施限制人的自由。例如限制私人的旅行自由、居住自由,监视对国家安全构成威胁的人,停止人身保护状,最严格的限制自由的措施是在危机严重地区宣布戒严。1941 年 12 月 7 日,日本偷袭珍珠港时,夏威夷州州长得到罗斯福总统的批准,在当地宣告戒严。宣告戒严以后,由军事机关代替全部或部分民政机关行使权力,或者加强民政机关对私人活动的限制。

(2) 对财产的紧急措施。根据情况的需要,总统可以命令冻结工资、物价,命令工厂优先产生某些物资,限制出口,扣留政府急需的物资等。

(3) 对通讯的紧急措施。总统可以规定封锁危害国家安全的消息,检查美国和其他国家之间的通讯联系。

3. 紧急权力的限制

紧急权力不是无限制的权力。危机只产生必要的权力,不产生无限制的权力。总统只能在国会和法院的监督下行使紧急权力。1976 年的《国家紧急法》规定,总统宣布紧急状态时,必须指出宪法的或法律的根据,立即把紧急状态的宣告提交国会,并在联邦登记簿上公布。在宣布紧急状态期间,总统和有关的行政机关,必须对制定的法规、规则、命令和其他实施紧急权力的行为制成档案,及时提交国会。行政机关为应付紧急状态的全部开支,必须在宣告紧急状态的每6个月后的90天内向国会报告。总统和国会都有权结束紧急状态。在宣布紧急状态6个月后,国会必须开会,决定是否应终止紧急状态,1年以后必须再开会决定。总统认为紧急状态不存在时,可以随时单方面终止紧急状态。为了限制紧急状态长期存在,法律规定紧急状态宣布1年以后,自动终止。除非总统事先通知国会,并在联邦登记上公布认为必须延长时,才可继续存在。

法院对行政机关所采取的紧急措施,可以监督是否为应付危机情况所必要的措施、是否超过必要范围行使权力。例如最高法院在1866年的一个判决中①,宣告林肯总统在内战期间,规定印第安纳州的某些刑事犯罪由军事法院管辖的决定为不合法,因为印第安纳州不是战区,民事法院能够正常行使权力。又如最高法院在1952年的一个判决中②,宣告杜鲁门总统在朝鲜战争期间,扣押罢工钢厂的行为不合法。在朝鲜战争期间,国家需要钢铁,总统认为钢厂罢工危害战争利益,命令政府接管该罢工钢厂的生产。总统主张行使权力的根据是他作为军队总司令和行政首脑具有的默示的权力。法院否认总统根据宪法具有扣押钢厂的权力,因为为了解决罢工问题,法律另有其他规定,没有行使特殊权力的必要。

(七) 赦免权和减刑权

赦免权和减刑权是英国法律的传统。《美国宪法》接受这个传统,规定在第2条中。总统的赦免权可以是特赦(pardon),也可以是大赦(amnesty)。特赦是总统对触犯联邦刑法被判刑事处罚的人,免除刑罚的执行。不适用于被弹劾而判刑的案件,也不适用于触犯州刑法的案件,后一类案件由州长行使赦免权。总统在行使赦免权时,往往根据司法部长的意见。大赦是对一类触犯刑法的人的普遍赦免,即使违法者未被追诉和判刑也在赦免范围之内。大赦的效果和完全没有犯罪相同。大赦具有政治目的,一般适用于政治犯罪,但不以此为限。除总统外,国会也可制定法律宣布大赦。

减刑是总统对于被判刑罚的人减轻其处罚,例如对被判死刑的人减轻为无期徒刑。

---

① Ex part Milligan, 4 Wallace 2 (1866).
② *Youngstown Sheet & Tube Co. v. Sawyer*, 343 U. S. 579 (1952).

第三节 总统的执行机构

一、总统执行机构的产生、组织和扩张

(一) 产生

总统的执行机构(The Executive Office of the President)不是一个统一的机关,而是几个互相独立的机构的总名称。它们的共同联结是,它们都是总统的幕僚机构和办事机构,也是总统执行职务的参谋部。美国人称它们为总统的幕僚(presidential staff),我们用现代名词称它们为总统的职员。总统执行机构不是从总统存在时起就已成立,而是在实际需要中成立和发展起来的。下面简单说明总统职员的产生和发展情况。

1. 1939年以前的总统职员

1939年以前总统执行职务时,没有大量的职员的帮助,白宫办公厅的职员数量不多。早期的总统职员的工作限于文书方面,没有专门的政策顾问。据说华盛顿总统和早期的总统,用自己的工资雇用秘书。直到1857年,国会才供给总统秘书处经费,对总统职员提供专门款项。由于总统职员的数量不多,总统有时从行政部中借调人员,帮助总统执行职务,借调人员的经费和岗位仍保留在原部中。这种方式虽然可以解决总统缺少职员帮助的困难,然而在总统的职务扩张以后,总统需要大量的专任职员,借调方式不能满足实际需要。除借调的职员以外,总统作决定时的主要依据是各行政部和机关提出的报告和建议。这种方式不能满足总统统一和协调各部门的活动和政策的需要。总统的作用不是从一个部门的观点考虑问题,而是管理全部行政活动,总统需要一个掌握全部情况的辅助机构。

1939年以前,唯一帮助总统管理全部行政的辅助机构是1921年成立的预算局。① 但是这个机构在1939年以前的职务限于预算方面,没有扩张到其他行政方面,而且设置在财政部内,不直接隶属于总统。

19世纪时期,政府的职务范围不广,行政机关的数量不多,总统职员的需要不是一个严重问题。20世纪以后,行政职务扩张,行政机关数量增加,总统需要大量辅助人员,总统职员的状况落后于形势的发展,必须

---

① 参见本书第十九章:总统对行政的控制。

改革。从第一次世界大战以后到 1937 年期间提出的行政改革方案中,都有加强总统领导的建议,认为需要建立一个更有效率的总统辅助机构,这个改革直到罗斯福总统时才实现。

2. 1939 年的改革

(1) 布朗洛报告。罗斯福 1933 年当选为美国总统,当时美国经济危机严重,全部国民经济呈现崩溃趋势。为了摆脱经济危机,罗斯福总统推行复兴经济的新政。政府的活动加多,行政机关的数量也加多了。现存的行政结构不适应当时情况的需要。罗斯福总统于 1936 年 3 月,任命一个以路易斯·布朗洛为首的由三人组成的总统行政机关管理委员会(President's Committee on Administrative Management)①,研究行政部门的组织问题,特别着重行政机关的管理问题。委员会于 1937 年 1 月提出最后的报告,通称为布朗洛报告。这个报告在美国的行政改革上占有重要地位。委员会针对当时的行政组织提出一些改革措施,其中最重要的一项改革是加强总统对行政的领导以提高行政效率。② 委员会认为现存的一百多个较大的行政机关,单靠一个人的能力,充分了解它们的情况和问题已经不容易,更谈不上指导和协调它们的工作。为了加强总统的领导,必须加强总统执行职务的辅助机构,现存的白宫职员远远不能担任这项任务。委员会在报告的开头部分大声疾呼:"总统需要帮助,总统当前的职员帮助完全不够。"为了帮助总统执行职务,委员会建议扩大现存的总统职员,成立一个总统执行机构,其中包括和行政有关的预算机构、效率机构、计划机构、人事管理机构,以及略为扩大的白宫办公厅。总统执行机构的人员必须是总统很信赖的人,他们是总统的耳目,帮助总统掌握情况,作出决定。他们自己不作决定,不对外发布命令。他们不构成总统和行政机关之间的一个新的阶层。他们必须具有高度的能力,有献身和服务精神,不是想出人头地的风流人物。他们是总统执行职务的职员,是总统的幕僚和办事机构。

(2) 1939 年的改组法。布朗洛报告提出以后,罗斯福立即把这个报告提交国会,要求国会授权总统实现报告中的建议。国会对报告中的建议不是完全赞成,对罗斯福总统当时和最高法院之间的斗争有反感,影响

---

① 委员会的成员是:Louis Brownlow, Charles Merriam, Luther Gulick.
② 其他重要的改革建议有:大规模改组现行行政机构、改革文官制度的管理、推广功绩制、全盘检查政府的财政管理制度。

国会迅速通过授权法。学术界对报告的反应不一致,赞成报告的人认为它是行政改革的里程碑;反对报告的人认为这是扩大总统权力走向独裁的初步措施。国会经过多次讨论,终于在1939年4月3日通过《改组法》,没有全部接受布朗洛报告的建议,例如《改组法》中特别规定总统对政府机构的改组不能涉及文官事务委员会,但接受布朗洛报告中最重要的建议。1939年的《改组法》授权政府制定改组计划,改革现行的行政机构,国会保留对总统计划的否决权。

(3) 8248号总统行政命令。总统根据改组法制定的第一个改组计划是建立一个总统执行机构,并把预算局从财政部迁移到总统执行机构内部。1939年9月8日,总统公布8248号总统行政命令,执行第1号改组计划。8248号行政命令规定总统执行机构的组织和职权。初成立的总统执行机构包括五个单位:白宫办公厅、预算局、国家资源计划委员会、人事管理联络处、政府报告处,并规定遇有紧急情况时,总统可以在总统执行机构内部设立紧急管理处。在初成立的5个单位中,除白宫办公厅和预算局以后继续存在外,其他3个单位不久先后都被取消,另外设置一些其他单位。8248号行政命令是加强总统行政权力的一个重要里程碑。总统执行机构内部的组织经常变动,然而总统执行机构的设立是一件大事,总统今后执行职务时,能够得到一个力量雄厚的辅助机构的帮助,如果没有一支强大的总统职员队伍的帮助,不可想象美国总统能够领导并监督当代这样庞大而复杂的联邦行政机构,也不可能想象美国总统制度能够达到高度的行政效率。

(二) 组织

1. 组织的权力

总统执行机构内部包含的单位经常变动,随着情况的发展,旧的单位不需要时可以废除,新的单位需要时可以设立。从1939年成立起到1986年,在总统执行机构内部曾设置过四十多个单位,其中经常存在的只有几个。① 每位总统根据自己的需要可以废除以前总统设立的单位,设置自己需要的单位。除总统外,国会也能改变总统执行机构内部的结构,废除旧的单位,设置新的单位。总统执行机构内部单位设置的权力有以下三种:

(1) 国会的法律。总统执行机构内部先后出现的单位,其中1/3是

---

① John Hart: *The Presidential Branch*, 1987, pp. 236-238.

由国会法律建立的。当国会制定某项法律规定一个新政策或新计划时,可能同时规定在总统执行机构内部设立一个单位,辅助总统执行政策。例如1946年的《就业法》规定总统执行全民就业政策,给予总统广泛的管理经济的责任。总统每年必须向国会提出经济情况报告和实施法律政策的建议。为了帮助总统作出决定,法律规定在总统执行机构内部设立一个经济顾问委员会,在经济政策复杂的技术问题方面,对总统提出建议,并帮助总统准备每年的经济报告。同年的《国家安全法》,在总统执行机构内部设立国家安全委员会,帮助总统处理外交政策问题。又如总统执行机构内部的环境质量委员会是依1969年的《全国环境政策法》设立的,帮助总统对改良环境质量制定政策、提出建议。国会立法在总统执行机构内部设立新单位,一方面由于国会认为总统执行国会制定的政策需要专门帮助,另一方面也是国会控制总统决定政策的权力的一种手段,因为国会可以规定高级顾问的资格。总统任命高级顾问时须经参议院的同意,总统决定政策时须听取顾问委员会的意见,以此限制总统一人独断。国会虽然有权在总统执行机构内部设置新单位,但国会所设立的单位效果的大小取决于总统的态度。因为国会设立的单位只在总统愿意利用时才有效,国会无权强迫总统必须咨询他不愿咨询的机构。

(2) 总统向国会提出的改组计划。在总统执行机构内设立新单位的第二种方法是,总统向国会提出的改组计划。改组计划是在国会授权总统改组行政机关的前提下,总统向国会提出的变更行政机关的计划,可以增设新的机关、废除或合并旧的机关。例如总统执行机构的设立是根据国会1939年制定的《改组法》,授权总统进行机构改革的结果。罗斯福总统在1939年的第1号改组计划中设立了总统执行机构。

国会在授权总统制定改组计划时,通常附有条件,即国会有权否决总统的计划。对总统而言,改组计划是一个有用的手段,因为总统进行机构调整不用国会制定法律即可发生效力,只有国会反对时才停止执行。对国会而言,由于保留否决权力,授权总统改组机构,国会没有丧失控制。在1983年以前,总统曾经多次使用过改组计划,1983年以后情况发生变化。最高法院在1983年的一个判决中[①],认为国会对行政机关的否决权违反分权原则。国会不能行使否决权以后,可能不再愿意制定改组授权

---

① INS v. Chadha, 462 U.S. 919(1983). 关于这个案件的说明,参见本书第二十章:国会对行政的控制。

法,或者对改组授权法规定更大的限制。例如1984年,国会授权里根总统改组行政机构时,规定总统制定的改组计划,国会两院必须在90天以内通过联合决议批准才能生效,行政机关使用改组计划比以前增加困难。

(3) 总统的行政命令。总统可以制定行政命令在总统执行机构内部设置新单位,或废除旧单位。行政命令是总统作为行政首脑具有的权力,这个权力宪法没有明文规定,是总统根据宪法明文规定的权力而享有的默示的权力。由于总统制定行政命令的权力来源于宪法,所以不需要国会的批准。这是总统在总统执行机构内部设立新单位最简便的方法。从1939年总统执行机构成立以来,其中先后出现的各单位中,40%左右是由总统以行政命令设立的。① 当然,总统行使行政命令权力也是根据实际需要,避免国会事后的批评。

2. 现行单位

由于总统能够用行政命令设立和废除总统执行机构内部的单位,不需要国会制定法律,所以总统执行机构内部的结构经常变动。杜鲁门总统设置6个单位,约翰逊总统除维持原有的单位外,又新添了3个单位,在尼克松总统辞职时,总统执行机构内部达到了15个单位。福特总统废除尼克松所设立的一些单位,另外增加了一些单位。在他任职期间,总统执行机构内部也有15个单位。里根总统继福特之后减少了一些单位。根据1991年美国政府手册的记载,目前总统执行机构内部共有下述12个单位:① 白宫办公厅;② 管理和预算局;③ 经济顾问委员会;④ 国家安全委员会;⑤ 政策发展处;⑥ 美国商务代表处;⑦ 环境质量委员会;⑧ 科学和技术政策处;⑨ 国家药品控制政策处;⑩ 国家紧要物资委员会;⑪ 行政处;⑫ 国家太空委员会。

白宫办公厅和管理和预算局是历史最悠久的单位。它们在总统执行机构成立以前已经存在,总统执行机构成立时并入该机构内。② 第二位历史悠久的单位是经济顾问委员会和国家安全委员会,都是20世纪40年代由国会法律规定设置的单位。政策发展处成立于20世纪70年代,原称国内政策委员会,1981年改称政策发展处,对国内长期政策的制定、评价和协调,向总统提出建议。以上几个单位是总统执行机构内部的重要机构。国家药品控制政策处和国家紧要物资委员会是20世纪80年代

---

① John Hart: *The Presidential Branch*, 1987, p.41.
② 管理和预算局在1970年前称预算局。

新成立的单位。前者负责协调联邦、州和地方政府对不法药品的控制,和建议执行反毒品的国家战略;后者保障战略物资的供应以维持国家安全、经济福利和工业生产的需要。

(三) 扩张

总统执行机构扩张的速度超过其他行政机关。例如在1955—1972年期间,总统执行机构职员人数从1 403人发展到2 236人,增加率为59%。在同一期间,一般行政机关和部委的职员增加率只有19.2%。总统执行机构在1955年的预算拨款为1 000万美元,1973年拨款达到4 100万美元。这个数字不是总统执行机构职员和预算的正确数字。因为该机构从行政各部借调的人员,没有统计在该机构的职员和预算之中。此外,该机构除使用本机构的拨款以外,还使用其他项目的拨款。例如总统紧急基金拨款、特别计划拨款。所以该机构的职员人数和经费数额,很难确定。

总统执行机构迅速扩张的原因是多方面的,主要有以下各项:① 行政机关的数量增加,行政问题越来越复杂,总统需要的帮助也越来越大;② 当代行政规模越来越大,出现很多跨部门的活动,需要高层次的协调和统一领导,总统的任务增加;③ 当代社会变迁迅速,经常出现新情况、新问题,遇到紧急时刻,全国的注意力集中于总统,总统不能不求助于职员的分析、预测和建议;④ 第二次世界大战以后,美国在国际关系中占首要地位,总统需要帮助处理大量复杂的国际问题;⑤ 总统对文官不是完全信任。近代文官制度建立以后,文官的任期有保障,形成一个难以支配的集团,总统更愿意咨询自己周围的职员的意见,或专门对总统职位服务的职员的意见。

总统执行机构的扩张是当代总统责任扩张所产生的需要,没有人数众多专为总统服务的职员帮助总统决定政策、监督和协调行政活动,总统制度在当代社会中很难实行。舆论界一般赞成总统执行机构的发展,然而不是没有批评的意见。批评者认为,总统执行机构继续扩大,已使总统难于控制。总统的高级顾问和高级助理人员增加以后,总统周围的高级职员之间可能出现权力争夺,在一定程度上影响总统执行机构的效能。总统过分依赖周围高级职员的意见,可能降低部长的威信和内阁的作用。总统执行机构职员只对总统负责,缺乏和人民的联系,容易养成官僚习气。总统在利用总统执行机构的帮助时,不能不同时注意防止总统执行机构可能产生的消极作用。

二、白宫办公厅

在总统执行机构中,最重要的是白宫办公厅与管理和预算局。它们管辖的事务涉及总统职务的全部活动,其他单位管辖的范围只是某一方面的活动。关于管理和预算局的职权将在以后说明。① 下面说明白宫办公厅的情况。

(一) 性质

白宫办公厅是最接近总统的机构,是总统执行职务的看门人。一切要求和总统接近的人,要求总统处理的问题,首先通过他们。他们也安排总统和外界的联系,是总统最依赖的管家人、私人秘书和顾问。他们提供总统作决定时所需要的信息和建议,并努力保障总统决定的实施。白宫办公厅职员在活动中,随时想到的是总统个人的利益。他们和总统的关系具有个人性质。总统可以任意选择白宫办公厅的人员,不需要参议院的同意。他们没有固定的任期,总统随时可以辞退他们。他们的活动不受国会的监督,不是因为国会没有监督权力,而是因为国会认为白宫办公厅和总统之间好像一个家庭,国会对白宫办公厅特别待遇,不多过问。由于白宫办公厅和总统之间具有这种依赖关系,所以白宫办公厅和总统执行机构内部其他单位不一样,其他单位和总统的关系是制度上的关系,没有个人性质,是为总统职位服务,不是为总统个人利益服务。在全部联邦行政机构中,白宫办公厅是总统唯一的专有领域和个人阵地。

(二) 组织

白宫办公厅的职员人数扩张迅速。在 1937 年布朗洛报告提出前夕,白宫办公厅的专职职员只有 37 人。1944 年,总统执行机构成立初期,白宫办公厅职员人数为 48 人,到 1975 年,已扩张到 540 人。② 这个数字不是精确数字,因为白宫办公厅使用的短期流动职员和利用本单位以外预算拨款的职员的数目很难确定。白宫办公厅职员人数的扩张,反映总统职权的扩张。

白宫办公厅没有固定的组织形式,每位总统根据他的需要可以任意改变白宫办公厅内部的结构。办公厅内部的单位、职员的职称和担任的职务经常变动。就一般情况而言,白宫办公厅内部通常包括下列单位,虽

---

① 参见本书第十九章:总统对行政的控制。
② John Hart: *The Presidential Branch*, 1987, p. 99.

然他们的名称和人数可能经常变动。

1. 职员首领

负责监督白宫的一切工作,是总统的总看门人,一切要求总统接见的人,要求总统处理的事,要经过他的筛选,只有重要的问题才上报总统。他也是总统的总管家,负责白宫职务正常运行、总统及时得到资料、总统的要求和指示能够迅速执行。由于他和总统非常接近,他的意见对总统的决定有很大的影响。这是白宫办公厅内最重要的岗位。也有少数总统,例如罗斯福总统和肯尼迪总统不设职员首领,避免权力过分集中。

2. 特别法律顾问

他是总统的私人法律顾问。因为司法部长是政府官员,没有足够的时间处理白宫的法律问题。特别法律顾问对总统提供法律意见、审查法律提案,甚至对条约中的法律问题也可提供意见。他监督联邦法官的选择,他和司法部以及其他各部的法律顾问保持密切联系。

3. 政策顾问

白宫办公厅内有帮助总统决定政策的顾问,例如国家安全顾问是总统外交政策的主要顾问,他也负责监督总统执行机构内国家安全委员会的工作,并协调外事活动的行政部门的工作,例如国务院、国防部、中央情报局的工作。国内政策顾问是总统制定国内政策和处理国内问题的顾问,也帮助解决国内机关之间的争端,并利用他所掌握的资料提出立法建议。由于国内行政机构太多,国内政策顾问不可能像国家安全顾问一样,发挥重大的影响。以上只是举例说明总统的政策顾问。总统根据他的需要任命顾问,每层总统顾问的数目经常变动。

4. 联络机构

白宫办公厅内设有不同类型的对外联络机构,最早的联络机构是总统的新闻秘书,负责总统和新闻界的联系,对外发布消息,被认为是总统的发言人。由于新闻秘书的工作太忙,有的总统又增设电视办公室、公共关系联络处等机构。这些机构有时合并,有时分开,除新闻秘书处外,最重要的联络机构是国会联络处,负责总统和国会之间的沟通,在国会中进行游说、拉拢,设法通过总统所赞成的法律草案,随时向白宫报告国会的情况。

5. 人事处

行政部门出现空位需要总统任命时,人事处确定可能担任职务的人员,审查他们的资格,进行会见,可以要求特别法律顾问处和联邦调查局的帮助,审查他们的背景材料。如果一切都能通过,则向总统提出报告,由总统直接任命,或送参议院征求同意。

(三)作用

白宫办公厅的各单位就其作用综合观察,主要有下述三方面:

1. 政策的协调和建议

政策的协调是指行政部门政策的制定、预算和其他需要总统注意的活动都遵循总统的政策。白宫职员执行这个职务,成为什么计划符合总统政策、什么计划不符合总统政策的判断人。总统在作出重大决定以前,往往要求白宫办公厅的顾问提出意见,有的决定就是白宫办公厅的职员以总统名义作出的。

2. 总统的看门人

白宫办公厅的职员决定什么人能够由总统接见、什么事由总统处理。总统的时间有限,不可能会见一切要求总统接见的人,也不可能处理全部呈报总统的问题。

3. 提高总统的形象

白宫办公厅的职员负责保证总统在公众之中保持良好的形象,提高公众对总统的支持。甚至保持总统在竞选连任时,能以最佳候选人的姿态出现。

(四)权力

白宫办公厅没有独立的权力,它行使总统的权力,代表总统执行职务,因此实际上具有很大的权力,超过内阁和部长之上的权力。白宫办公厅享有实际权力的根源是由于它和总统接近,容易对总统发生影响;也因为它所执行的职务作为总统的看门人和政策协调人,实际上具有控制性质。总统需要这种控制,否则无法领导全部行政步调一致前进。白宫办公厅的职员不仅监督行政各部的活动,而且总统执行机构内部其他单位的活动,也在白宫办公厅的监督之下。总统执行机构内部全体单位虽然都代表总统执行职务,然而它们和总统接近的机会不如白宫办公厅的职员。它们对总统提出的呈报,和总统对它们下达的指示,在一般情况下也由白宫办公厅转送。白宫办公厅在总统执行机构内部处于最有利的地位,最能发生影响的地位。白宫办公厅的高级职员成为总统执行机构中的领导力量,是总统以外实际权力最大的人。特别是自从总统执行机构内部高级职员的任命政治化以后,高级职员任职的期间根据政治态度而定,没有文官制度的保障,更增加白宫办公厅对其他单位的控制。

白宫办公厅的庞大权力当然引起一些批评。因为他们只对总统负责,不受国会的监督,形成官僚作风。由于机构庞大,总统对他们不能全部控制,而且总统不能不把很多权力委托他们行使。批评者认为当前白宫办公厅的地位,已经脱离布朗洛报告的精神。在布朗洛报告中,总统的辅助机构只执行行政事务,帮助总统决定政策,辅助人员不决定政策,然而当前有些政策实际上是辅助人员决定的。辅助人员有时不愿身居后台,默默无闻,有意出头露面,直接行使权力,发布命令,作出决定,公开发表言论,形成总统和部长之间的中间阶层。总统必须具有辅助机构,这个前提无人争论,但如何防止辅助机构揽权的弊病,目前尚在探讨之中,没有实际可行的方案。

第四节 内 阁

一、内阁的性质和起源

(一) 内阁的性质

内阁起源于英国,是英国首相和大臣集体决定政策、集体对国会负责的机构。美国的内阁也是总统和部长集体讨论政府事务的机构。然而美国内阁的性质和英国不一样,美国内阁不决定任何政策,也没有集体的政治责任,在美国,政策由总统决定,政治责任由总统负担。内阁仅仅是总统的顾问机构,和各部部长之间交流信息的机构。如果内阁具有决定政策的权力和负担政治责任,将违背美国总统制原则。据说林肯总统(1861—1865)在一次内阁会议中投票表决一个重要问题时,全体部长均反对总统的意见。林肯宣布投票的结果:"7 票反对,1 票赞成,赞成者通过。"因为决定的权力属于总统,不属于内阁。

内阁作为总统的咨询机关和其他咨询机关的不同,在于内阁成员都是负责实际领导一部分政府工作的人,不是总统的职员,因此内阁构成美国行政系统的一部分。在一般的政治观念中,内阁具有高级行政机关的权威性质,认为内阁是总统必须咨询的顾问,尽管事实上它的咨询作用远远不如总统执行机关。然而总统执行机关是在 1939 年才成立,白宫办公厅的扩张也是从罗斯福总统时期开始。在此以前,内阁是总统的正式的咨询机构,不论总统对内阁的态度如何,形式上不能忽视内阁的存在。

(二)起源

内阁作为政府机关没有规定在宪法中,也没有任何法律规定。在制宪会议中,曾经有人提议设立一个国务会议作为辅助总统处理事务的机关,这个提案没有通过。制宪者认为,总统需要何种辅助机构由总统决定,不宜在宪法中作出硬性规定。美国的内阁完全由习惯产生,在华盛顿总统任职期间奠定了美国内阁的基础。美国宪法规定参议院有一部分行政权力。在制宪者心目中,可能认为参议院是总统最好的顾问委员会,在美国起到当时英国枢密院的作用。华盛顿总统在其任职的第二年(1790年),为了和印第安民族缔结条约,在军事秘书的陪同下,去参议院寻求建议。但是参议院议员拒绝在美国总统出席的情况下,讨论总统提出的问题。华盛顿感到失望,以后不再寻求参议院的意见,而依赖行政部门部长的意见,作为自己决定政策的顾问。华盛顿总统任职期间,经常和部长举行会议,寻求部长的建议。1793年,麦迪逊总统把总统和部长会议称为内阁。

华盛顿总统建立内阁的习惯后,继任总统在作决定时,也仿效华盛顿总统的作风,召集部长讨论,因此形成一个内阁会议传统。然而大部分总统对内阁会议的态度并不热烈,在很多时候只是把它作为一种形式,不追求实际效果。

二、内阁的组织和作用

(一)组织

内阁没有固定的组织形式,参加人员除副总统和部长以外,总统还可任意邀请其他重要行政官员参加。例如管理和预算局局长、美国驻联合国大使、白宫高级顾问都可能被邀请参加内阁会议。会议没有固定的会期,由总统自由决定。有的总统经常召集会议,每周或每两周举行一次会议。有的总统很少召集会议,例如在杰克逊总统任职8年期间(1829—1837年),只召集过16次会议,平均每6个月召集一次内阁会议。卡特总统任职期间(1977—1981年),第一年每周举行1次内阁会议,第二年每两周举行1次会议,第三年一个月举行1次会议。第四年偶尔举行会议。会议中讨论的事项由总统决定。可能讨论竞选问题、立法事项或行政事项,然而很少讨论重要的政策问题。没有辩论规则,不作记录,很少举行投票。只有艾森豪威尔总统时期(1953—1961)例外,设有内阁秘书处,拟定每次会议的议程、制定会议记录和监督决议案的实施。艾森豪威尔总统以后,很少有总统继续采取这些措施。

(二) 作用

内阁会议的作用,从理论上说是作为总统的集体顾问,辅助总统作出重大的决定,实际上内阁会议除起到交换信息的作用以外,很少起到辅助总统作出重大决定的作用。总统不仅对内阁会议的意见可以任意决定是否采纳,而且很多重要的决定往往不经过内阁会议讨论。例如1917年,威尔逊总统请求国会宣战的决定,没有经过内阁讨论。罗斯福总统时期,几乎一切政策问题只和自己的亲密顾问讨论,不经过内阁讨论。当代总统除艾森豪威尔总统重视内阁的作用以外,其他总统例如杜鲁门和福特,虽然口头上承认内阁应发挥重要作用,实际上很少重视内阁的作用。例如,杜鲁门总统1950年出兵朝鲜,只和国务秘书和军事秘书讨论,没有召集内阁会议。有的总统例如肯尼迪认为,内阁会议完全无用,召集内阁会议只是象征性质,内阁会议对于任何问题没有认真讨论。有的总统和部长甚至认为出席内阁会议是一种负担,因为重大的政策问题,总统和顾问事先已经决定,越是强有力的总统,越不重视内阁的作用。

美国的内阁为什么不能发挥作用呢?有法律上的原因,也有政治上的原因。从法律上说,宪法规定行政权属于总统,没有规定内阁、部长会议等其他高级行政机构。总统执行职务可以任意安排辅助机构,没有法律上的障碍。从政治上说,首先,总统负有政治责任,不愿削弱自己的权力,内阁的作用增大以后,必然会削弱总统的权力和影响,所以总统宁愿依赖白宫办公厅和总统执行机构的帮助,而不依赖内阁的帮助;其次,白宫办公厅和总统执行机构所起的作用内阁不能代替。因为总统对于部长的任命不是完全自由,内阁成员不全部都是总统可以信赖的人。总统在任命部长时必须考虑很多因素。必须考虑本党的团结问题,党内有影响的派系必须参加政府,例如林肯总统的内阁中,包括和他竞争总统的同党人。他们虽然参加内阁,并不完全拥护总统。总统也必须考虑地理因素,政府成员中必须包括全国各地区的人。总统也希望他的政府具有代表性质,争取各界有影响的实力人士进入政府。总统在竞选时可能许下诺言,在选举中发挥重大作用的人必须进入政府。因此内阁成员不全是总统政策的支持者。最后,在内阁会议中,有些部长从本部的利益出发,互相争论,阁员之间的意见互相冲突,总统很难利用这样的机构作为自己的辅助,导致内阁会议可能成为一种摆设,形式上的尊重,而无实际效果。

三、内层内阁和内阁顾问会

（一）内层内阁

总统对内阁成员不是同样对待,有的阁员可能和总统有长期的友谊关系或同事关系,能够得到总统的信任,可以对总统发挥较大的影响;有的阁员由于主管的部非常重要,和总统的接触超过其他阁员。他们和总统的关系比其他阁员密切,例如国防部、国务院、财政部、司法部的部长,几乎每天和总统都有联系。总统遇有重大的政策决定,经常和亲密的阁员和主管重要部门的阁员商量。他们和总统形成一个内层内阁（Inner Cabinet）,内层内阁能够对总统作决定发生影响。内层内阁分为两个小组,第一小组称为国家安全内阁,包括国防部长、国务卿,可能还包括有关的高级顾问。国家安全内阁每周至少举行一次会议,几乎每天都和总统有电话联系;第二小组是关于法律事务和经济事务的内层内阁,包括司法部长、财政部长或有关的高级顾问。总统和他们的会议也是经常性的,他们对总统的影响超过一般阁员。

（二）内阁顾问会

由于总统对内阁成员的任命受到很多压力,由于内阁成员之间的意见冲突,内阁作为一个集体,在美国行政体系中过去没有发挥作用,今后也不可能发挥作用。但是总统对于内阁成员不是没有其他利用方法,除上面所说的内层内阁以外,总统还有其他方式取得内阁阁员的帮助。在阁员之中,可能有些有经验有能力的政治家,白宫办公厅和总统执行机构内部没有这样的人物,总统经常设法利用这样有才能的阁员,其中一种方法是成立内阁顾问会（Cabinet Council）,由总统指定的阁员或总统的高级顾问作为主席,成员中包括白宫办公厅和总统执行机构内其他专门人员,共同研究某个问题,向总统提出建议。总统认为必要时,可以亲自参加顾问会议的讨论,通过这种方法,部分阁员也参加总统决定政策的过程。

第五节 部

一、部的作用和设立

（一）部的作用

宪法规定行政权属于总统，总统监督法律的忠实执行，执行法律是行政权的主要作用。在总统的监督下执行法律的机关是行政机关，最主要的行政机关是部。法律执行的任务分配于各部，部是最大的和任务最复杂的行政机关。受总统领导的行政机关，除部以外，国会还可以设立较小的行政机关，执行比较简单的任务。例如司法部在初建立时只是一个局，后来由于任务扩张才改为一个部。除隶属于总统的行政机关以外，国会还可以设立独立于总统的行政机关。在全部联邦行政机关中，部是最重要的行政机关，因为它是受总统领导的行政机关，而总统是宪法规定的行政权的主体。部的主管人部长是内阁的阁员，是总统行使行政权的顾问。其他的行政机关，除极少的例外，没有这种地位。除法律另有规定外，部必须按照总统的政策，并接受总统的指导执行法律。

（二）部的设立

联邦宪法中没有规定部的条款，然而宪法已经肯定部的存在。《宪法》第 2 条第 2 节规定："总统可以要求每部的主要官员就其主管事务的任何问题提出书面意见。"同条还规定："对于低级官员，法律可以授权由总统、法院或部长任命。"美国国会根据宪法的这项规定取得设立部的权力。除由法律规定设立的部以外，国会也可在机构改组法中授权总统合并旧的部、设立新的部。总统通常根据国会的授权，制定改组计划，以行政命令改组或设立新部。

联邦政府的部不是一次设立的，而是随着行政的扩张逐渐设立的。在联邦政府初成立时，第一届国会在 1789 年先后设立三个部，即：国务院、军事部、财政部和两个局，即：检察总长局和邮政总长局。由于行政职务的扩大，部的数目逐渐增加。据 1991 年美国政府手册的记载，目前美国有 14 个部：农业部、商业部、国防部、教育部、能源部、卫生和公众服务部、住房和城市发展部、内政部、司法部、劳动部、国务院、交通运输部、财政部、退伍军人事务部。

二、部的组织

部的组织由法律规定,如果国会授权时,总统也可以用行政命令规定。部的任务不同,各部的具体组织不可能一致,然而就其基本结构而言,部的组织形式没有区别。部为独任制机关,主管官员为一人,部中其他官员和职员是他的下属。习惯上称部的主管官员为部长,法律上称他为秘书,例如农业部部长称农业部秘书,商业部部长称商业部秘书,但外交部和司法部例外。外交部在美国称为国务部(Department of State),中国译为国务院,部长称国务部秘书,中国称其为国务卿。因为在联邦政府初成立时,没有设立内政部,由外交部同时管理国内事务,所以称为国务部。后来联邦政府的部增多,外交部主管的国内事务,绝大部分由其他机关接管。外交部只处理对外事务,然而过去的名称未改。司法部长也是检察总长,不称为秘书。

部长由总统提名,经参议院同意后任命。总统在提名部长时,必须考虑很多因素。例如被提名人对总统的态度、对本党的态度,政治见解是否和总统一致,国会对被提名人的态度,地理因素,被提名人在选民中和党内的力量,对总统选举的贡献,被提名人的名誉、经验和能力等。就一般情况而言,外交、国防、财政、司法等重要部的部长,大都是总统的亲信。总统对部长可以任意免职,以保持总统的政策能够贯彻执行。国会可以通过弹劾方式免除部长的职务。

部长以下的高级领导官员有副秘书(deputy secretary)、次秘书(under secretary)和助理秘书(assistant secretary)。由于部的大小不一致,各部的副秘书、次秘书和助理秘书的数目也不一致,规模小的部可能不设次秘书和助理秘书。副秘书、次秘书和助理秘书的任命也需要参议院的同意,参议院基本上不会反对总统的提名。

副秘书、次秘书和助理秘书以下的高级官员为司、局长(director)和法律顾问主任等,他们也是具有政治性质的官员。对他们的任命,白宫办公厅具有很大的决定权力。但是有的总统,完全由部长决定副部长以下的人选。

司局长以下的官员,大部分是受文官制度保护的永久任职的职员。他们人数最多,有一定的专长,经过考试参加工作,根据工作的年资和成绩晋升。司局长以下分多少层次,用多少职员,根据各部的需要而定。整个部的组织采取金字塔形式,下级服从上级。

较大的部往往包括某些独立的单位,例如国防部包括陆军部、海军部和空军部,财政部的内地税局,司法部的移民和归化局,它们虽然处在某一部中,但是有自己决定政策的权力和独立的管理权力。此外,法律有时规定某一事项的最后决定权属于某一机构,这时这个机构的决定不受其所在单位的主管官员的干涉。

较大的部除在华盛顿设立总部以外,还在全国的区域(region)中和地区(district)中设有分支机构。例如财政部在全国各地设有大量的分支机构,国务院在世界各地设有大量的分支机构。

三、部长的权力

部是独任制机关,部的权力集中于部长,部的工作由部长领导。总统只监督部的政策和行政,不干涉部长对职员的领导权力。部长的权力来源于法律的规定和总统行政命令的规定。部的任务不同,部长权力的大小也不同。为了工作的需要,部长在法律和总统行政命令规定的范围内,一般具有以下权力:

1. 低级职员任命权

宪法规定低级职员的任命,可由法律授予部长执行。

2. 免职权

由部任命的职员,如果法律没有其他规定时,也可以由部长免职。部长的任命权和免职权受到文官制度的限制,低级职员除临时工作的人员以外,都是常任文官,受文官制度的保护。

3. 制定机关内部管理法规权

部长对于部内文书、财产和办事程序可以制定管理法规。

4. 制定补充性法规权

部长对该部所执行的法律,在法律授权的范围内,可以制定补充性法规。由于当代行政事务日趋复杂和技术化,国会的法律往往只规定要达到的目标或必须遵守的标准,详细的规定授权部长决定。当代部长享有广大的自由裁量权力,部长在行使自由裁量权时,只要没有越权、滥用权力或违反总统的政策,可以作出不同的选择,不受外界的干涉。

5. 提出立法建议权

部长对于其所主管的事项,可以制定政策,起草法律草案向国会提出。但部长提出的法律草案必须经管理和预算局的审查。没有经过管理和预算局的审查,部长不能提出法律草案,和对国会的立法案发表意见。

6. 出席内阁会议权

部长除以个别阁员资格，可对总统提出建议以外，还可以参加内阁会议，作为内阁集体向总统提出建议。

7. 出席国会作证权

部长对其主管的事项，负担一切责任。在国会调查该部主管的事项时，部长是该部的发言人。

8. 对部内职员的工作发出指示和命令权

部内职员的工作在部长的领导下进行。部长对下级职员的工作，可以发出指示和命令。

9. 作出最后决定权

部长可以把自己部分的权力委托下级职员行使，保留最后决定的权力。下级职员之间有不同的意见时，最后决定权力属于部长。

10. 受理行政上诉权

当代行政机关根据法律规定，往往具有司法性质的权力，能够裁决不服本机关决定的个人和本机关之间的争端，或者裁决私人相互之间的争端。当事人对行政机关职员的裁决不服时，法律往往规定可上诉于本机关的主管官员，作为一种行政救济手段。当事人对行政上诉不服，最后可以申请司法审查。

第六节　独立的控制委员会

一、独立机构的种类

联邦政府中除部是主要的行政机关以外，还存在大量的其他类型的行政机关。它们存在于部以外，或者虽然存在于部内，在活动上具有很大的独立性质，受部长的控制较少，所以称它们为独立的行政机构。独立机构的作用，大都是为了控制某一方面的经济活动或社会活动，需要执行公平的政策，不受政治的影响，所以法律给予它们一定的独立的地位。从组织的观点而言，联邦政府中独立的行政机构可以分为三类：

（一）部内的独立机构

它们存在于部内，不能完全摆脱部长的影响，但是法律给予它们很大的独立权力，在一定的范围以内可以单独地决定政策。部长对它们的控制不能像对部内其他单位一样广泛，例如，食品和药物管理局存在于卫生和公众服务部,职业安全和健康局存在于劳动部。它们的负责人是独任制,也有采委员会制的,例如,社会保障上诉委员会存在于卫生和公众服务部。这些机构的负责人,或者由部长任命,或者由总统任命,总统对他们有免职权。

(二) 隶属于总统的独立机构

有些行政机关对部完全独立,但是仍然隶属于总统所领导的行政部门。它们的负责人由总统任命和免职,它们的活动直接向总统提出报告。法律设立这类机构可以避免受部的组织的传统习惯的束缚,或者由于它们的活动具有跨部的性质,例如环境保护局、国家航空和宇宙空间局属于这类机构。

(三) 独立的控制委员会

这类机构和上述两类机构最大的不同,是它们不隶属于总统所领导的行政部门。它们在对总统的关系上具有独立性质。前两类机构只是对部的独立,不是对总统的独立,这类机构对部和总统都具有独立性质。这类机构最主要的有：州际商业委员会、联邦贸易委员会、证券交易委员会、国家劳动关系委员会、联邦电讯委员会、联邦储备系统、联邦海事委员会,批评这类机构的人称它们为联邦政府中无头的第四部门,即立法、行政、司法以外的部门。

联邦政府中执行控制职能的行政机构,都有不同程度的独立性质。它们的组织和权力虽然不完全相同,根据参议院政府事务委员会 1977 年对控制机构的一个研究报告,认为它们有以下共同的特点：

(1) 它们具有决定权力。

(2) 它们能够制定标准或指导路线,对受控制的对象给予利益,或科加制裁。

(3) 它们活动的对象主要是国内的企业。

(4) 它们的负责人由总统任命。

(5) 它们活动的程序通常受联邦行政程序法的支配。[1]

在上述三类独立机构中,前两类机构仍然属于总统领导的行政部门。总统对它们管辖的职务可以要求其负责人提出书面意见,进行监督。总统对它们的负责人有免职的权力,除法律有特别规定以外不受限制。它们的独立地位在很大程度上受到总统的控制,没有对它们特别讨论的必

---

[1] 转引自 Congressional Quarterly Inc.: *Cabinet and Counselors*, 1989, p.1071.

要。第三类机构由于对总统独立,具有很多特点,引起很多讨论,受到行政法学的很大注意。本节以后的说明,限于独立的控制委员会。

二、独立控制委员会的起源和发展

(一) 起源

联邦政府第一个具有重要地位的独立的控制委员会是1887年成立的州际商业委员会。作为一个控制经济活动的工具而言,它不是一个新创。在它以前,美国某些州已经成立了类似的委员会。联邦州际商业委员会是在州委员会的作用不够的基础上产生的新型联邦控制机构。州际商业委员会的重要性,不仅在于它是联邦政府第一个控制经济活动的委员会,而且因为它表示经济活动已经超过州的控制范围,必须由联邦政府控制。州际商业委员会的成立,代表州和联邦之间控制权力的重新调整。联邦政府控制经济活动的法律根据是宪法中规定的联邦管理州际商业权。州际商业委员会开创联邦政府控制经济活动的榜样,其他的控制委员会以后也相继成立。

政府对于经济活动的控制,最初不是根据什么理论或计划提出的,而是由于实际需要产生的。美国独立以后,传统的经济思想是自由放任,经济活动政府不加干涉,由市场调节控制。19世纪后期,由于技术进步的结果,出现大企业和独占性企业,市场调节无力控制。中小企业和工人为了避免破产和剥削的威胁,开始组织团体保护自己的利益。小生产者要求政府采取行动,取缔大企业和独占性企业在价格上的垄断和歧视待遇。大企业者之间为了避免互相倾轧两败俱伤,为了抑制小生产者的攻击,也希望利用政府的权力保护自己的利益。因此政府对经济活动进行某种干预已经成为普遍的要求。最初对经济活动进行干预的是地方政府和州政府,联邦政府当初很少干预私人的经济活动。由于私人企业力量的继续扩大,活动范围超过地方和州的领域,地方政府和州政府已经不能控制它们,特别是铁路运输业本身就是一个州际活动。在州和地方力量不够的情况下,联邦政府才开始对某些经济活动进行控制。1878年成立州际商业委员会,最初控制的对象是铁路运输企业,以后逐渐扩张到其他的州际商业。

(二) 发展

从1887年州际商业委员会成立到20世纪30年代严重的经济危机时期的50年中,独立控制委员会的发展速度不快。在此期间成立的独立控制委员会有:联邦储备委员会(1913年,现在称联邦储备系统)、联邦贸易委员会(1914年)、美国船运委员会(已不存在)、联邦无线电委员会(已不存在)、联邦能源委员会(1930年成立,1977年取消,其职能并入能源部)。

20世纪30年代,美国出现严重的经济危机,政府对经济的控制加强,独立的控制机构开始大规模发展。这时期成立的机构有:证券交易委员会(1934年)、联邦电讯委员会(1934年)、国家劳动关系委员会(1935年)、生煤委员会(已不存在)、美国海事委员会(1936年成立,1950年取消,其职能最初并入商业部,1961年后,由联邦海事委员会承担)、民用航空委员会(1938年成立,1940年取消,其职能并入商业部)。从1934—1938年的5年间,先后成立了6个独立的控制委员会。其中有的委员会,迄今仍然是重要的独立控制机构。

20世纪60年代和70年代以后,独立控制委员会的发展进入一个新阶段。这个时期成立的控制机构,其对象已经从经济领域转向社会领域。主要目标为保护消费者、提高职业安全、提高生活质量。美国消费者抱怨生产者的虚伪广告,要求更安全的质量,更好的价格,更廉价的食品、燃料和药物。1970年成立职业安全和卫生审查委员会,受理对职业安全的控诉。1972年成立消费者产品安全委员会,保护产品对消费者不合理的危险。1975年成立国家运输安全委员会,调查运输事故和安全问题,提出改进安全的建议。1965年成立平等雇佣机会委员会,受理职业歧视的控诉。1975年成立核控制委员会,主要控制核能发电。1988年成立保护核设备安全委员会,审查核设备的安全标准,调查核设备可能对公共卫生和安全发生不利影响的行为或事故。

20世纪60年代以后成立的社会控制机构,不是全部采取独立控制委员会制。例如1970年成立的环保局,它控制对空气、水、土地的污染和噪音,提高生活质量。这个机构不是独立的控制委员会,而是属于总统领导的控制机构。1970年成立的职业安全和卫生局,制定职业安全标准,调查是否符合标准,也不是采取独立控制委员会制,而是设立在劳动部内的社会控制机构。

三、独立控制委员会的组织和控制方法

(一)组织

独立控制委员会一般由5到7个委员组成。他们的讨论和决议是集

体决议,避免独任制的缺点。委员由总统提名,经参议院的同意后任命。委员的任期超过总统的任期,一般为5到7年。各委员会的规定不一样,但联邦储备系统行政委员会委员的任期为14年。委员的任期不是同时满期,而是交错满期,总统不可能同时任命几位委员。委员会采取两党制,总统不能任命任何一党在委员会中占绝对多数,以保证委员会能够作出公平的决议。总统对委员的任命虽然有自由决定的权力,对委员的免职没有自由决定的权力,只能按照法律规定的理由才能免除委员的职务。然而总统对委员会的主席可以自由任命和免职,不受限制。委员会的主席免除职务以后,仍然是委员会的委员。但联邦储备系统行政委员会的主席,法律规定任期4年,总统不能任意免职,独立控制委员会除领导结构和部的组织不同之外,下面的业务组织和部的业务组织相同。非领导的工作人员受文官制度的支配。

上述组织形式的目的主要在于限制总统对独立控制委员会的控制,然而不能完全取消总统的权力。因为总统的任命权虽然受到两党制和委员任期交错满期的限制,然而总统可以任命无党派或反对党中同情总统政策的人充当委员。有些委员在任期届满以前辞职,增加总统任命的机会。①

(二) 权力

独立控制委员会的权力由法律规定。由于控制任务的需要,法律规定独立控制委员会同时行使立法权、行政权和司法权。在行使这些权力时,如果法律没有特别规定,应符合联邦行政程序法的规定。

1. 立法权

独立控制委员会采取下列方式行使立法权:

(1) 制定行政法规。这种立法权力称为委任立法或次级立法。因为它是根据国会的授权而制定的,不能和国会的法律相抵触。独立控制委员会所管辖的事务大都具有复杂性、技术性和变更迅速等特点,国会不能制定法律详细规定,往往只规定一般的政策和目的,由独立控制委员会根据国会的授权制定详细法规,实现国会的目的。

(2) 制定标准。国会对独立控制委员会管辖的事务制定一个意义广泛的普遍性标准,由独立控制委员会制定更具体的执行标准。例如法律

---

① 关于总统对独立控制委员会的控制和影响,参见本书第十九章第三节:总统对独立行政机构的影响。

规定铁路运输的收费必须公平合理,州际商业委员会根据这个标准制定各种运输中的收费标准。

（3）提出立法建议。国会在设立独立控制委员会的法律中,通常规定委员会就其管辖事务,应向国会提出制定法律或修改法律的建议。这个权力是辅助国会的立法,本身不是立法。

2. 行政权

委员会的权力不限于制定抽象的规则,而且处理具体事务,适用抽象的规则于具体事件,这是委员会的行政职务。例如委员会要求被管辖的对象提出报告、进行调查、批准某些行为、禁止某些行为、追究某些违法行为。没有具体的行政行为,委员会的职务便无法实现。

3. 司法权

委员会对其管辖的对象是否违反法律,不仅有追诉权,而且有裁决权。例如州际商业委员会对铁路公司的某项收费是否公平,是否违反规定的标准进行裁决。这种权力具有司法性质,本来属于法院管辖范围。由于委员会所管辖事务具有高度的技术性和专业性,一般法官缺乏这种能力。国会立法把这类法律争端委托于执行该法律的机关处理,学术上称这种权力为行政司法权或准司法权。准司法权的实质是司法权,只是行使的机关不同。行使准司法权是设立独立控制委员会的一个重要原因。

（三）控制方法

控制方法一般规定在设立独立控制委员会的法律中,有的控制方法对被控制对象所产生的负担很小,有的控制方法对被控制对象的活动科加很大的限制。最通常的控制方法有:

1. 申报或说明

被控制的对象必须定期提出报告,以便控制委员会了解情况。对于产品安全的控制可以要求生产者说明产品的成分,使用时应注意的事项,甚至规定在香烟的包装上应注明吸烟的害处。

2. 执照

这是最严厉的控制,从事某种活动必须取得执照。例如设立一个广播电视站,必须有电讯委员会的执照。设立一个核电站,必须有控制委员会的执照。

3. 批准或禁止

从事某一行为必须事先得到批准,或禁止为某种行为。这种控制的程度介于上述二者之间,例如铁路公司的合并需要州际商业委员会的批准;联邦贸易委员会认为某一行为具有垄断性质,可以禁止。

4. 经济手段

近年更多采取经济手段作为控制方法,例如对污染环境的企业可以征收排污费,对于政府所需要的活动或对公众有益的活动,给予鼓励、补充或其他方便。

四、独立控制委员会和联邦宪法

独立控制委员会自其成立之日起就引起是否符合联邦宪法的争论,这个争论及今天还不能说在认识上已经完全一致。争论的焦点集中在三方面:① 独立控制委员会混合立法、行政、司法三种权力,是否违反宪法的分权原则;② 独立控制委员会是否违反宪法规定的正当法律程序;③ 独立控制委员会的独立地位是否侵犯宪法规定属于总统的权力。

(一) 权力混合

上面已经看到,独立控制委员会同时行使立法、行政、司法三种权力。然而美国宪法采取分权原则,设立三个政府部门分别行使三种权力。制宪者认为权力分立是公民自由的保障。在独立控制委员会中,三种权力混合,由同一机关行使,显然违反了分权原则。反对独立控制委员会的人经常利用分权原则作为攻击理由。

但是美国最高法院从未认为设立独立控制委员会的法律,由于规定权力混合而违反美国宪法。例如在1929年的一个案件中①,有人攻击联邦贸易委员会的权力违反宪法。最高法院认为联邦贸易委员会的权力受到严格的限制,不触犯宪法的分权原则。最高为什么支持独立控制委员会的权力混合呢? 有以下几种原因:

(1) 最高法院一向对分权原则采取灵活解释,因为宪法一方面规定分权,一方面又规定某些例外。例如总统具有某些立法权力,国会具有某些行政权力,可以认为宪法从未承认严格的、绝对的分权原则。最高法院不从抽象观念解释分权原则,而是从具体情况出发,认定是否有某种权力交错的必要。

(2) 最高法院认为独立控制委员会同时具有三种权力是由于实际的需要。因为受控制的对象是大企业,它们力量雄厚,适应性强。它们不受

---

① *Federal Trade Commission v. Klesner*, 280 U. S. 19 (1929).

分权原则的限制。政府为了控制它们,也必须集中力量,迅速反应,采取分权原则不能达到控制目的。

（3）独立控制委员会行使权力处在法院的监督之下,它们侵害人民的自由和权利时,法院可以根据越权原则和权力滥用原则撤销它们的决定。它们的权力混合不产生权力不受限制问题,不需要求助于分权原则,法院已经掌握司法审查这个有力的工具。

（4）权力混合不仅存在于独立控制委员会,隶属于总统的部也同时具有立法、行政、司法三种权力,分权原则显然不能作为反对独立控制委员会的理由。

（5）在独立控制委员会侵害个人的自由和权利没有其他法律可以适用时,法院可以审查它是否遵守宪法规定的正当法律程序。分权原则只适用于最上层的政府机关之间,正当法律程序则适用于全部行政机关,适用的范围比分权原则广。

（二）正当的法律程序

宪法修正案第5条和第14条规定,任何政府机关不经过正当的法律程序,不能剥夺个人的生命、自由和财产。这项规定是对政府权力行使的限制,对个人权利的重大保障。正当法律程序的适用弹性很大,本书以后另有说明。[1] 在一般情况下,政府如果滥用权力时,法院可以利用正当法律程序原则,取消它的决定。攻击独立控制委员会的人认为,独立控制委员会一方面具有追诉违法行为的权力,一方面又具有裁决自己提出的追诉的权力,等于自己判决自己,违反宪法规定的正当法律程序。但是这种攻击理由不能适用于独立控制委员会,因为独立控制委员会虽然同时具有追诉权和裁决权,然而这两种权力分别由不同的人行使。行使这两种权力的人不能进行接触影响案件的决定,法律上称这种分离为职能分立[2],职能分立制度是对正当法律程序的保障。独立控制委员会采取职能分离制度,同时具有追诉权和裁决权,不违反宪法的正当法律程序。

（三）独立地位

独立控制委员会的独立主要是对总统而言,在受国会和法院的控制方面,独立控制委员会和其他行政机关没有区别。总统对独立控制委员会的控制权力受到很大的限制,总统对于独立控制委员会的委员,不能像

---

[1] 参见本书第九章第三节:正当法律程序所要求的听证。
[2] 参见本书第十章第四节:职能分离。

对待部长一样任意免职。独立控制委员会单独决定政策,不对总统负责。独立控制委员会的独立地位受到最高法院的支持。在1935年的汉弗莱遗嘱执行人诉美国案件中①,最高法院认为罗斯福总统对联邦贸易委员会的委员的免职不合法。该案的事实是汉弗莱委员不执行总统的经济政策,总统免除他的职务。法院认为总统除法律规定的原因以外,没有任意免职的权力,否则侵犯独立控制委员会依法享有的独立地位。汉弗莱案件的判例在以后的案件中得到确认,最高法院的观点迄今没有改变。②

最高法院的观点,在理论上并没有能够消除人们对独立控制委员会独立地位的反对。拥护总统权力的人认为美国宪法采取分权原则,立法、行政、司法权力分别由三个政府部门行使,任何政府机关必须属于其中一个部门。独立控制委员会不对总统负责,不属于行政部门。它对法院和国会的责任和其他行政机关一样,也不属于这两个部门。1937年总统任命的行政管理委员会在其报告中,称独立控制委员会为无头的第四部门,违反美国宪法。20世纪80年代里根政府时期,司法部长米斯(Meese)公开声称全部独立控制委员会不符合宪法。因为宪法采取分权原则,行政权属于总统。全部执行法律的机关都是行政机关,都应对总统负责。他认为,应当放弃认为独立控制委员会执行准立法、准司法职务,因而可以对总统独立的观点。

根据分权原则主张每一政府机构必须属于一个政府部门,很难认为理由充分。这个主张能够实行的先决条件是每一机构只有一种权力,因此只能归属于一个部门,没有其他方式存在的可能。然而分权原则并不取消权力的混合,如果一个政府机构同时行使三种权力,它的权力范围不限于行政权力,没有宪法上的根据必须由总统领导。美国宪法只规定国会、总统和最高法院三个机关,在这三者之下存在大量的下层机构。它们的组织、权力以及它们和其他机构的关系由国会决定。国会在不违反宪法规定的范围内有很大的自由裁量权,国会对于执行控制任务的机构可以规定属于总统的领导。如果国会认为其他方式更适当时,也可规定其他组织方式,不由总统领导。即使在总统领导下的行政部门中,国会也可规定例外,限制总统的控制权力。例如对某一事项可以规定由部长或某一特定的官员最后决定,削弱总统的权力,总统不能认为这项规定违反宪

---

① *Humphrey's executor v. United States*,295 U.S.602(1935).
② 参见本书第十九章第一节:概述。

法,因为国会有权决定行政机关的组织、权力、行使权力的方式。美国宪法关于总统和国会权力的划分不是全部明确,根据分权原则很难反对独立控制委员会的独立地位。独立控制委员会所引起的问题不是法律问题,而是政策问题。

五、赞成和反对独立控制委员会的理由

从政策的观点而言,独立控制委员会所引起的问题,不像法律问题一样能够作出明确的肯定的回答。赞成和反对独立控制委员会的人提出的理由,都有一定的根据,也都有一定的片面性,不能对问题作出最后的决定。

(一)赞成的理由

1. 摆脱政治影响

赞成的人认为独立控制委员会管辖的事务具有专门性质,应由专家处理,避免政治影响。独立控制委员会采取两党制,总统对委员不能任意罢免。委员作决定时不受政治影响,可以按照专业知识客观地处理问题。

然而国会在分配控制任务时,不是都根据这个观点。独立控制委员会管辖的事务和部所管辖的事务性质上并无不同,同一控制任务有时由部和独立控制委员会共同管辖。例如,联邦贸易委员会和司法部对反垄断的政策都有管辖权力;联邦储备系统行长委员会和财政部,都对银行行使控制权力。

2. 准司法权

独立控制委员会对违法行为具有裁决权力,行使准司法权的机关必须不受外界影响,这是设立独立控制委员会的主要原因。

然而属于总统领导的部也行使准司法权力。行政部门裁决法律争端的任务,一般由行政法官担任。例如,隶属于卫生和公众服务部的社会保障局,行政法官的数目和裁决案件的数量,超过了任何政府机关,包括独立控制委员会在内。行使准司法权力不受外界干扰的关键问题是在程序上设立保障,裁决机关的隶属关系不占重要地位。而且独立控制委员会除行使准司法权力以外,还有其他权力,不一定都需要脱离总统独立。

3. 政策的一贯性

政府控制权力严重影响私人的权利,需要保持政策的一贯性。独立控制委员会采取合议制,一切决定需要多数委员同意,容易保持政策的一贯性。独任制机关由一个首脑作决定,政策的变动性大。但是政策的一

贯性也可能陷入保守主义,缺乏适应能力。

(二) 反对的理由

1. 缺乏制定政策的能力

反对者认为政府控制的作用不在于解决具体问题、处罚违法的人,而在于制定和执行一个健全的控制政策。受控制的事务复杂,国会制定的政策过于笼统。控制机构必须发展国会的政策,制定更适当的政策。独立控制委员会没有完成这个任务,因为独立控制委员会大部分时间用于处理具体案件,缺乏制定政策的时间;独立控制委员会的委员往往不具备专门知识,缺乏制定政策的能力。

这个反对理由是否能适用于全体独立控制委员会,尚待进一步调查,并比较独立控制委员会和部的工作能力以后,才能作出最后结论。即使某些独立控制委员会的工作能力有欠缺,如果可以改进,不一定影响它的存在。

2. 缺乏协调能力

反对者认为一个经济部门的繁荣依赖于全体经济的繁荣,控制政策必须和全国性经济政策互相联系。独立控制委员会由于脱离总统所领导的行政部门,缺乏和其他部门协调的能力。

这个反对理由过于抽象。因为大的经济政策或社会政策应由国会决定,独立控制委员会所决定的政策只在某一特定领域内。虽然也影响其他部门或受其他部门的影响,这是小范围内的协调问题。即使在总统领导下的行政部门,大的政策由总统协调,也有特定的部门、技术性强的部门,总统的权力不能达到的领域。有时这是由于法律的规定,有时这是由于事实的限制。总统的领导和控制不可能在全部行政事务中完全一样。美国行政法会议在1971年的年会的建议和报告中,认为政府的控制政策究竟由独立控制委员会执行,或者由部执行效率更高,这个问题需要进一步的实际调查和探讨,不能根据抽象的理论作出结论。①

3. 受被控制者俘虏

控制的目的在于促进公共利益、国会不能确定公共利益的内容,这项任务由独立控制委员会负担。独立控制委员会促进公共利益的方法是在控制过程中平衡各利害关系人的利益,在这个平衡过程中,强有力的当事人占优势地位。结果所谓公共利益成为一部分人的利益,不代表全体利

---

① 转引自 K. C. Davis: *Administrative Law Treatise*, 2d ed. 1978, vol. 1, p. 95.

益。在控制过程中的利害关系人之间,受控制的企业集团是强有力的当事人,他们有组织、有实力、有进行活动影响政策的能力。一般公众缺乏组织,不能对独立控制委员会给予必要的支持,结果控制政策往往成为偏袒受控制者的利益的政策。一般称这种现象为控制者本身为被控制者所俘虏。反对独立控制委员会的人认为,独立控制委员会成为俘虏的原因是由于它脱离总统所领导的行政部门,得不到总统的支持,无力抵抗受控制者的影响。然而即使在总统领导下的行政部门,利害关系集团在国会中影响政策的现象也同样存在。当代实行的行政公开制度,可以在一定的范围以内,防止行政机关作出不公正的选择。

六、对独立控制委员会工作的评价

赞成和反对独立控制委员会的理由,是对独立控制委员会的存在或取消所表示的态度,没有触及独立控制委员会存在的真正原因。独立控制委员会的创设不是根据一定的计划或理论。政府的控制职能,部和独立控制委员会都能执行,国会选择后面这种方式,主要由于企图限制总统的权力,是国会和总统权力竞争的表现。国会经常认为独立控制委员会是属于国会的执行机构,虽然这种看法不一定符合事实,至低限度在国会有这种思想时,很难取消独立控制委员会的存在。

尽管受到强烈的反对和批评,独立控制委员会已经成为美国行政组织的一个部分。根据1991年美国政府手册的记载,美国在部以外有61个独立机构,其中有少数属于总统领导下的行政部门,大部分是对总统独立的机构。有的采独任制,有的采公司组织。采取委员会制的机构有37个。在独立委员会中,有的是临时性质,例如美国宪法200周年委员会是为庆祝美国宪法200周年而设立,其存在期间到1991年底结束。有的委员会的作用不大,例如国家首都计划委员会,其活动范围限于首都地区的计划和发展。但是其中有10个左右的委员会,例如州际商业委员会、联邦贸易委员会、证券交易委员会、联邦电讯委员会、国家劳动关系委员会、核控制委员会等,它们的作用非常重要。它们控制了美国重要的经济部门,例如交通、能源、电讯、投资市场、劳动关系等部门,对美国经济的发展作出了重大贡献。

美国是资本主义国家,资本主义的特点是充分利用私人的积极性和创造力发展国民经济,通过价值规律和市场调剂控制私人企业。自从大企业和独占性企业形成以后,市场控制已经无力,必须由政府控制加以补充。政府控制的目的是一方面保存资本主义的活力,同时不让资本主义的贪得无厌和只注重眼前利益摧毁资本主义本身。控制机关充当资本的哨兵,负担巡逻任务,制止违法行为,保证市场经济的健康存在和自由竞争。政府控制已经成为企业管理的一个因素。企业的设立、合并、增加股份、规定价格、经营条件都在政府的控制之下。由于政府的控制,资本主义的经济关系已有改变。私产使用的条件和要求不能由资本家自由决定,初步出现政府和私人共同管理经济的局面,主要责任由私人负担以调动私人的创造力。可以认为美国政府控制的最大作用在于保护资本主义的健康发展,除传统的经济控制以外,20 世纪 60 年代和 70 年代发展的社会控制,在提高生活质量和安全方面作出了重要贡献。

自从 20 世纪 30 年代出现严重的经济危机政府加强控制以来,政府控制几乎到处存在。有的由部执行,有的由部外的机构执行。政府控制的泛滥开始引起批评,批评的意见认为政府控制过于严格,太官僚化,使用高压手段,引起迟延,没有效率。20 世纪 70 年代起,出现强烈的改革政府控制的要求。政府采取了一些改革控制的措施,主要的改革措施有:

1. 取消不必要的政府控制(deregulation)

对于可以实行自由竞争的企业,充分发挥市场控制作用,例如对交通、运输和银行企业,已经大量取消政府控制,提高市场控制作用。

2. 增加公众参加控制程序

在过去,公众参加控制程序是在制定控制法规时,必须公布法规草案,由公众评论。评论的期间最长为 30 天,很多公众没有时间充分准备意见。改革的措施建议延长公众评论的期间,也要求控制机关对打算制定的法规,必须在半年以前公布一个议程,让公众提早知道,做好评论准备。此外,政府官员在可能时应走出首都大门,到外地听取公众意见。在这些建议中,半年以前公布一个制定法规的议程,政府已经实行。

3. 注重控制的效益,减少企业和私人对控制的负担

这项改革主要适用于社会控制。因为有些社会控制对企业和私人引起的费用和耗费的时间很大,实际得到的效果不大。70 年代的卡特政府和 80 年代的里根政府,都特别强调必须分析控制的经济效益,属于总统部门的控制机构,其经济效益的分析由管理和预算局监督执行;独立控制委员会的经济效益分析,由各机构自愿执行。

4. 减少高压手段,采取灵活的控制措施

例如为了控制污染,不规定企业必须安置什么设备,而规定一个最高

污染限额,对超过限额的企业征收费用,由企业自己设法达到控制的目标。

第七节 政 府 公 司

一、政府公司产生的背景和主要业务

(一) 产生的背景

行政机构可以采取公司组织形式是政府和私人一样,从事企业活动的结果。联邦国会最早使用公司组织形式的政府机构是1791年的美国银行,这个银行后来被取消。政府公司是在20世纪以后才开始发展的,直到20世纪30年代严重的经济危机以前,美国只有很少的政府公司。30年代的经济危机促使政府公司发展。为了挽救经济危机,政府从事一些企业活动。例如1933年成立田纳西流域管理局,开发田纳西流域的水力发电和航运工作。1934年成立华盛顿进出口银行,1948年改称美国进出口银行,是政府发展对外贸易的机构。第二次世界大战期间,为了满足军事需要,政府从事一些企业活动,例如生产军工需要的原料。在政府从事企业活动时,需要具有更大的灵活性,传统的行政组织方式很不适应。为了使政府企业能够像私人企业一样发挥效力,政府对公企业的经营,也和私企业一样,采取公司组织形式。在1945年以前,国会和总统对政府公司的活动很少控制,引起私企业界的批评。1945年,国会制定《政府公司控制法》(Government Corporation Control Act),加强对政府公司的管理。法律规定联邦的政府公司,只有国会制定法律才能成立。国会也可撤销已成立的政府公司。从此以后,政府公司成为公认的一种行政组织形式。有的政府公司和部有一定的联系,有的完全独立。当代美国最重要的政府公司有田纳西流域管理局(Tennessee Valley Authority),从事航运和发电业务;国家铁路客运公司(Amtrak),从事铁路旅客运输业务;邮政公司,从事邮政业务。邮政公司的前身是邮政部,1970年改为公司。

(二) 主要业务

政府公司从事的业务范围很广,例如发电、运输,对小生产者和农民和出口商提供信贷,收购剩余农产品,担保银行储蓄等。特别是公众所需要的服务,由于投资太大或利润太少,私人不愿从事而由政府承担的企业,由政府公司经营。当然,政府公司的业务不是没有限制,政府公司没

有像私企业那样的自由可以任意选择业务。政府公司和其他行政机关一样,只能从事法律所允许的业务。政府机关不能由于采取公司组织形式而扩张法律没有规定的活动范围。杜鲁门总统在1948年的预算咨文中,列举使用政府公司的4个原则:① 政府的计划主要属于企业性质;② 该计划产生收入并有可能自给;③ 该计划包括和公众之间存在大量的商业式交易;④ 该计划的执行需要比通常的预算拨款有更大的灵活性。①

二、政府公司的组织和权力

（一）组织

政府公司的组织由法律规定,包括在公司的组织章程之中。公司最高的领导机构一般是董事会,董事由总统提名经参议院同意后任命。任何政党在董事会中不能占绝对多数。董事任期较长,不是同时满期,防止总统对董事会的控制。设在部内的政府公司,董事由部长任命。董事会的成员根据公司业务的性质而不同,可以是政府官员、有关部的代表、社会团体的代表。政府公司的董事和私人公司的董事不一样,政府公司的董事不是股东,他们不能购买公司的股票,不能取得股息。政府公司的董事一般没有薪俸,只有津贴,不是全部时间为公司服务。他们在法律的规定和政府政策范围内决定公司的政策,制定指导公司活动的规章,领导执行部门的工作。

政府公司最高的执行长官相当于私人公司的经理,名称可能随公司不同而不同。独立的政府公司的执行长官由总统提名,经参议院的同意任命。公司的职员按文官制度任用,他们是公司的骨干力量,董事会决定的政策往往根据他们的建议。

（二）权力

政府公司的权力可以分为一般权力和特别权力。一般权力全部政府公司相同。政府公司是一个法人,享有法人的各种权利。公司可以用自己的名义而不是用联邦政府的名义拥有和处理财产、签订合同、进行诉讼。所以政府公司的活动比一般行政机关迅速灵活,与私人企业相似。

政府公司的特别权力随公司所执行的计划不同而不同。例如建设和维修铁路权、补贴农产品价格权、修筑水坝权等。政府公司行使特别权力

---

① 转引自 S. D. Goldbery & H. Seidman: *The Government Corporation*, *Elements of a Model Charter*, 1953, p. 9.

必须按照其所执行的法律的规定。

三、政府公司的财政

政府公司最大的特点是其财政制度的灵活性,不受一般行政机关财政制度的束缚。行政机关的拨款逐年由国会通过,每年度的盈余除非国会授权,不能转入下年度使用,必须上缴国库。政府公司没有这种限制,国会对政府公司的拨款不是逐年讨论,往往是在一个较长时间以内的拨款。对于一个亏空的公司而言,给予长期拨款,使它有可能扭转亏空的局面,例如对邮政公司给予 15 年的拨款计划。政府公司经营所得到的收入,可以直接投入经营活动,支付企业的开支和扩大企业的范围。

政府公司的预算和私人企业的预算一样有较大的灵活性。国会批准其整体计划,不像对行政机关的预算一样批准特定的拨款项目。在政府公司的预算中,只需说明公司的财政状况,说明收入和支出、经费的来源和使用、大活动类型的概算、应偿还财政部的投资数额,以及其他可以帮助了解公司财政状况和活动的补充说明。

政府公司的会计制度和审计制度适用一般商业上的会计制度和审计制度,必须充分反映公司经营的效果。

第四章
联邦文官制度

上一章说明了联邦行政机关的组织和权力。一切组织由人构成,一切权力由人行使,行政质量的高低决定于组成行政机关人员质量的高低。不可能设想庸碌无能的行政人员会高效率反映公众利益。美国联邦政府中,总统是最高的行政长官,由选民选举产生,对选民负责。总统以下的行政人员分为两类:一类为数目不多、高级、非职业性、具有政治地位的行政官员。他们决定政策,没有固定的任期,总统对于他们的任职有自由支配的权力,他们是政务官。另一类是辅助上述人员决定政策并执行政策的职业行政人员,他们人数众多,是行政人员的主体,地位由法律保障,不能任意免职。他们是常任文官,一般称他们为事务官。规定常任文官的法律称为文官法或文官制度。文官制度是行政质量的保证。文官法有的由国会制定,有的由总统以行政命令制定,数量众多,内容广泛,应由专门行政法学研究。以下说明的是文官制度基本的概念,作为上章行政组织的补充。

第一节 近代文官制度的建立

一、文官制度的意义和目的

文官制度在行政法上有特殊的意义,不是指规定全部文官的法律,而是指规定一定范围以内的文官的法律。文官一词,就其广义而言,包括政府中除军职人员以外,其他由任命而担任文职的人员。因此,立法部门、行政部门和司法部门由任命而担任文职的人员,都是文官。① 文官制度中的文官范围较窄,只包括行政部门被任命担任文职的人员。② 在法律没有特别规定时,不包括立法部门和司法部门被任命的人员,军职人员、司法人员、立法部门职员的地位,由其他法律规定,不受一般文官法的支配。行政部门的文职人员,虽然绝大部分受文官法的支配,也有例外情况存在。少数行政人员由于工作性质特殊,不受一般文官法的支配,下面另有说明。

文官法的目的是在文官的任命和使用中建立功绩制。文官的录用,原则上要经过公开的竞争考试,选拔最优秀的人员。排除文官任用中受党派利益和小团体利益的支配,也排除任人唯亲的恶习。一旦录用以后,职员的工资、晋升,以工作成绩作为标准,排除政治因素的干扰。没有法律规定的原因,不能根据政治意见、种族、性别、宗教信仰的不同而受到歧视,任意免职或降低职位。职员的纪律处分受到实体法和程序法的保障。任何政党不能强迫职员捐献,或为政党的利益参加某项政治活动。

功绩制的实施,保障文官受到公正的待遇,地位稳定,安心工作。文官凭自己的才能任职,不用逢迎某人或依附某党。然而功绩制的主要目的,不在保障文官个人的利益,而在保障国家的利益和公众的利益。录用优秀人员担任行政工作是提高行政效率的基础,符合公众利益和国家利益的要求。

二、文官法的范围

如前所述,文官法不适用于军职人员和立法部门以及司法部门的文职人员,他们另有法律支配,对于行政部门,也不是全体职员都受文官法的支配。因为文官法的一项重要内容是通过竞争考试建立功绩制,竞争原则和考试原则往往同时使用,即使在没有竞争的时候,也应有某种形式的考试作为评定功绩的标准。但是在行政部门内部,有些职位具有政策决定权力。总统对于担任这类职务的人,必须具有较大的支配自由,不能受文官法的束缚。有些职位需要高度的专门技术知识,这类官员不能通过竞争考试得到,还有其他某些情况不能或不宜通过考试录用,因此存在一些例外情况,限制文官法的适用范围。这些例外或者根据宪法或法律

---

① 《美国法典》第 5 编第 2101 节。
② 《美国法典》第 5 编第 3301 节。

的规定产生,或者由总统的行政命令规定产生。

《联邦宪法》第 2 条规定,联邦政府高级官员的任用,由总统提名,参议院同意后任命。需要参议院同意而任命的官员,大部分具有政策决定权力,例如部长、副部长以及重要行政机关的高级负责人员,他们的任命出于正常的政治考虑,因此需要参议院同意而任命的官员,不适用公开竞争考试。① 但是参议院同意而任命的官员,不是全部都具有政治权力。因此法律又规定,即使需要参议院同意而任命的官员,法律可以特别规定需要通过公开竞争考试,或者参议院可以要求通过公开竞争考试后任命。② 例如第一级、第二级、第三级邮局局长的任命需要参议院的同意,仍然需要通过考试。

美国 1987 年的文官制度改革法,为了增加文官制度的灵活性,创设了一种高级行政职位,担任这类职位的官员不需要通过公开竞争考试。③ 有些行政职务虽然不是高级职位,但是具有机要性质,任用条件全凭信任关系,当然不能通过考试录用。例如机关长官的私人秘书、机要顾问、机密情报人员,根据其职务本身性质,不通过公开竞争考试录用。

除上面提到的高级技术人员不能通过公开竞争考试录用以外,临时性质的工作人员,也不通过公开竞争考试录用。

行政部门职员受文官法的支配是原则,必须注意法律和行政命令中规定的例外情况。美国法律称通过竞争考试的人员为分类人员,不经过竞争考试的人员为非分类人员。④

三、分赃制的兴起

美国近代文官制度的建立是对分赃制(spoil system)的反抗。说明美国文官制度,必须从分赃制开始。

分赃制是把行政职位看成是在选举中取得胜利的政党的战利品,由政党自由分配给本党党员和在选举中赞助本党的资本家和工作人员。官员的任用不问才能,而以对党的服务作为标准,以行政职位作为加强党的机构的工具。在全国和各州主持政党工作的少数党魁,可以决定行政职

---

① 《美国法典》第 5 编第 2102 节。
② 同上注。
③ 关于高级行政职位,参见后面的说明。
④ 《美国法典》第 5 编第 2102 节。

位的分配。美国总统凭政党的支持而产生,一旦执政以后,会大量撤换前任总统任命的非本党的行政官员,而代之以本党的党员。这种制度类似中国封建时期的一朝天子一朝臣。在新皇帝打下江山、改朝换代的时候,全部官职由他任命。

分赃制度在联邦政府盛行于1829年以后,但其开端在第三任总统杰斐逊时(1801—1809年)已经出现。美国第一任总统华盛顿(1789—1797)任命行政人员全以被任命者的才能是否胜任作为标准,第二任总统亚当斯(1797—1801)任命行政人员能够保持华盛顿的风格。因为美国在独立以前,对英国统治者在殖民地官员的腐败无能深恶痛绝,行政腐败是促发美国革命的原因之一。革命胜利以后,鉴于殖民地时期的经验,新总统在用人时,能够严格要求,着重考虑被任用者的才能。亚当斯总统在任职期间虽然任人唯贤,但在卸任之时未能保持晚节。亚当斯属于联邦派成员,第三任总统杰斐逊属于反联邦派的民主共和党成员,亚当斯在卸任的前一天,任命大批联邦派人员担任各地法官。杰斐逊总统执政以后,发现行政职位大部分为联邦派人员占据。他认为这种状态不公平,行政职位应当由两党平分。杰斐逊如何对付联邦派官员呢?他在给友人的信中写道:"如果适当地分配官职是公正的话,怎样得到空缺呢?死亡者少,辞职者无,除了免职以外难道还有其他方法吗?"[1]在他任职的第一年,比较谨慎。第二年开始,大胆撤换一批联邦派官员,代之以本党党员。但是撤换工作在第三年时衰退,因为杰斐逊的目的不是撤换全部联邦派官员,而是求得两党势力平衡。在达到平衡状态以后,便立即停止了撤换工作。杰斐逊虽然撤换了一部分联邦派官员,他在任命行政人员时还保持华盛顿的作风,着重才能。然而杰斐逊总统提出的公平分配官职理论,为后来的分赃制所利用。在杰斐逊总统以后,第四、五、六届总统属于杰斐逊同党,总统在任命行政人员时着重才能,不考虑党派因素。分赃制在联邦政府大量流行是从第七届总统杰克逊(1829—1837年)时开始的。

杰克逊是激进的民主派人士,主张改革行政制度向更民主方向发展。他认为官员长期任职,视职位为一种财产,违反民主政治。这种制度所得者小,所失者大。在他看来,政府工作非常简单,任何有理智的人都能从事。行政职位应当轮流担任,任何人不能久占。在轮流任职的号召下,大批毫无训练没有才能的人被任命担任行政职务。他们任职的期间很短,

---

[1] 转引自 Paul P. van Riper: *History of the United States Civil Service*, 1958, p.72.

不能在工作中积累经验。结果政府用人不再考虑才能,纯粹从党派利益出发,行政就成为安插党员的工具。求职者唯一的途径是为党服务,逢迎党魁意志,党的利益高于一切,把党的利益和国家利益及公共利益等同起来。只有党魁意志,无所谓公共意志。分赃制首先出现在美国各州,纽约州从1777年起已经出现分赃制,每届选举以后,胜利的党免除反对党的全部政府职位,由本党党员代替。杰克逊总统1829年把这个制度引入联邦政府,此后,分赃制在联邦政府大量流行。一个新当选的总统,大部分时间为求职者的要求所占据。即使像林肯这样有才能的总统(1861—1865年),也不能摆脱分赃制的束缚。

分赃制的拥护者认为分赃制是维持政党存在必不可少的工具。没有行政职位的报酬,无人愿意替党服务,党的组织不能巩固,而政党的存在是民主政治必要的条件。总统如果不能在行政部门安插效忠于他的人,他的权力将被削弱,政策难以推行。总统的助手如果必须和不同党的部下工作,他将难以指挥和控制部下。最后,他们认为,职位轮流可以定期在行政机构中输入新鲜血液,防止行政僵化。反对分赃制的势力从1850年起开始形成,在19世纪70年代和19世纪80年代逐渐壮大,导致1883年文官法的制定。这个法律在行政领域内用功绩制代替分赃制,建立近代的文官制度。

四、近代文官制度的建立

(一) 反对分赃制的势力

反对分赃制的势力由三种因素构成:

1. 上层社会的民主改革派

这一部分力量大都是曾经拥护解放黑奴的自由派人士。他们从自由民主的要求出发反对分赃制,认为分赃制代表另一种形式的奴隶制,少数党魁利用行政职位奴役人民。分赃制的结果产生一批新的贵族,分配官职,掠夺人民财富。任官者唯一的本领是逢迎党魁意志,毫无行政才能,社会道德败坏,民族风格沦落。分赃制的结果导致新的专制主义,因为取得政权的政党利用行政职位报答为党服务人员,保障在下一次选举中有人愿意继续为党服务。分赃制忽视人民意志,破坏民主政治。他们认为继黑奴解放以后,美国需要第二次解放运动,从分赃制下解放出来。

2. 中产阶级工商企业界人士

他们从经济效率和经济发展观点出发反对分赃制。在分赃制下,行政人员的任用不凭才能,而凭党派关系,到处流行无效率、不称职现象,浪费国家财富。对工商界而言,一个有效率的邮政和海关对他们企业的发展非常重要。从19世纪70年代以后,因行政职务增加,更需要任用有效率的行政人员。分赃制妨碍经济的发展,企业界人士成为反对分赃制的主要力量。他们在全国各大城市组织反对分赃制的团体,利用舆论工具进行广泛宣传。这一部分力量在建立美国近代文官制度中,作出了极重要的贡献。

3. 总统和国会关于任用行政人员的矛盾

总统对于行政人员有任命权、免职权,可以利用行政职位巩固自己的权威。总统权力的扩张引起国会议员的不满,议员受自己拥护者的请求,也要求参加政府肥差事的分配,以保障自己继续当选。国会具有的权力使它能够对总统施加压力,参加官员的任用。参议院对高级官员的任命有同意权,国会可以行使立法权规定官员任用的资格,限制总统的权力。特别是国会具有预算权,控制政府的钱袋。总统在任用行政人员时,必须考虑议员的要求,双方之间经常产生矛盾。分赃制加剧总统和国会之间的矛盾,解决矛盾的方法为取消行政人员任用的推荐制度,代之以考试制度选拔最优秀人才。

以上各种因素的配合,导致废除分赃制的运动逐渐壮大。在19世纪70年代末和80年代初,成为一股不可抗拒的力量。此外,1881年的一次意外事件,也对分赃制的取消产生促进作用。1881年,加菲尔德当选为美国总统。由于未能满足求职者的要求,就职4个月后被失望的求职者刺杀身亡。这一事件在社会上引起义愤,因而扩大了改革派的势力,导致1883年文官法的制定,建立了以功绩制为基础的近代文官制度。

(二) 1883年的《文官制度法》

1883年的《文官制度法》也称《彭德尔顿法》(Pendelton Act),因为法律草案是由参议员彭德尔顿提出的。这个法律在很大程度上参考了英国在19世纪50年代进行的文官制度改革。① 法律规定设立一个文官事务委员会执行文官制度法,委员会由3名成员组成,由总统提名经参议院同意后任命,任期6年,但总统对他们有免职权。为了保障委员会的非党派性质,3名成员不能属于同一政党。委员会的职权包括:制定法规以执行文官制度法,对联邦政府的行政职位进行分类,在文官的任用、晋升、工资

---

① 参见王名扬:《英国行政法》,北京大学出版社2007年版,第31—32页。

中贯彻执行功绩制原则,对违反功绩制的行为进行调查,向总统和国会提出年度报告,说明文官制度法执行的效果并建议改革措施。

1883 年的法律在文官的录用和组织方面,以三个原则作为基础:竞争考试原则,文官地位相对稳定原则,文官政治中立不为党派利益服务原则。功绩制的最基本原则为文官的录用和晋升必须以才能作为根据,不是以政党利益作为根据。评定才能的方法为通过公开的竞争考试,免除竞争考试必须有法律或法规的规定。文官的晋升如果不通过竞争考试,至少也要通过考试确定。考试制度本身已经包含文官地位相对地稳定,因为已经排除政治影响。凡是经过考试而录用的文官都是分类的文官,法律规定任何分类的文官,不能由于拒绝政治服务而被免职,文官事务委员会对于政治免职有调查权。法律还规定任何人不能强迫分类的文官从事政治活动,同时也规定上述文官不得对任何政党捐献。文官对于政党的活动必须保守中立。文官为国家的利益服务,不是为任何政党的利益服务。

文官事务委员会的建立为文官制度的改革建立一个中央机构,负责把功绩制的理想转变成为现实。但是功绩制的实施在 1883 年只是一个开端,在当时联邦行政部门的 13 900 名文官中,实行功绩制的文官只占 10.5%,其余文官暂时还不包括在功绩制内。文官制度改革运动在 1883 年以后,趋向两个方向发展:① 扩大功绩制的范围;② 改善功绩制的实施。就功绩制范围的扩张而言,1940 年底已经达到行政部门文官的 73.4%。① 目前美国联邦行政部门实行功绩制的文官在 80% 到 90% 之间。建立近代文官制度的基本法,除 1883 年的法律以外,其他一个重要的法律是 1923 年的职位分类法。如果没有客观的职位分类,功绩制很难实施。

(三) 1923 年的职位分类法

文官事务委员会成立以后,早期的工作为努力消灭分赃制。这方面取得成绩以后,第二步工作为使政府范围内的人事管理更合理化。在这方面所采取的主要步骤是建立一个统一的客观的职位分类制,作为决定录用、晋升、工资、退休金等的客观标准。1883 年的《文官制度法》称以考试而任用的文官为分类文官。这种分类是以文官的身份而进行的分类,即:有些文官是经过考试的,有些文官是没有经过考试的。这是对人的分类,不是对工作的性质、技术的难易的分类,后一种分类是对事的分类。

---

① Civil Service Commission: *History of the Federal Civil Service*, 1941, pp. 59-60.

由于只有对人的分类,没有对事的分类,有时两个行政职位所做的工作相同,在不同的机关中有不同的称呼,不同的待遇和不同的社会地位。联邦政府在 1883 年的文官分类以前,在 1853 年,曾经对职员的工资进行分类。部内一般职员的工资区分为四等,领导一个单位的职员的工资区分为两个等级。这种工资分类也是以人为标准的,是品位和官阶的分类,不是以职务为标准的分类。每一职员的工资属于何等,由部长自由决定。每一职员做何工作也由部长自由决定。工资低的职员所做的工作,其难度可能超过高工资的职员。各部之间没有一个统一的机构,监督和协调部长关于工资和职务的分配的决定。所以在 1923 年以前,美国只有人员的分类,没有工作的分类,没有对每个行政岗位的工作进行分类,作为决定考试和工资的客观标准。由于对职员的管理没有一个统一的和客观的标准,各机关对于工作相同的职员,或者对于经过考试而录用的职员,在工资和其他工作条件方面,可能差别很大,引起职员的不满。相同的工作称呼和待遇不一致,在机关之间调动职员也很困难。文官事务委员会成立不久以后,已认识到需要建立一个客观的统一的职位分类系统,作为考试和工资的根据,达到以事择人、以事定薪的目的,而不是以人定薪。

1919 年,国会两院成立一个工资再分类联合委员会,调查华盛顿各部职员及哥伦比亚特区市政府职员的工资,并对工资再分类提出建议,以达到对性质相同的工作,给予一个一致的、公平的工资。1920 年,委员会根据调查的结果提出一个报告,其中显示出各行政机关之间,在工作的称呼和工资上存在惊人的差别。例如对高级档案和记录书记员这个岗位,竟有 105 种不同的称呼。虽然他们所做的事相同,工资差别从年俸 720 美元到 2 400 美元不等。委员会的报告公布以后,从 1920 年起,国会讨论了一些不同的分类和工资提案,最后在 1923 年制定职位分类法,1924 年开始实施。

1923 年的职位分类法对文官从事的工作,按其性质的不同分为五大类:专门技术类,次专门技术类,文书、行政和财务类,保管类,文书机械类。每一类中按工作的难度、重要性以及责任的大小分为若干不同的职称(grades)。法律对于每一职称的工作,作简单的、概括的说明,并规定一个工资幅度。每一职称内部分为若干职等(classes),包括在同一职等中的岗位(positions),其工作的性质、难度、重要性、责任基本相同。每一职等的工作必须具体说明,作为行政管理的指导。文官的录用、考绩、工资依其工作岗位所属的职等、职称、职类而确定,这是一个客观的统一的标准。1923年的法律,最初只适用于中央各部和哥伦比亚特区市政府的职员,以后逐渐推广适用于联邦政府在地方上的行政机关。不适用职位分类法中一般工资规定的文官,其工资待遇另由特别法规定。1923年的法律以后经过多次修改,执行这个法律的机构最初为人事分类委员会,1932年起改由文官事务委员会执行。职位分类和竞争考试一样,是建立近代文官制度的基础。

（四）实行功绩制的主要因素

近代文官制度的核心为功绩制,实施这个制度涉及很多专门问题,需要特别研究。现就实施功绩制的主要因素简述如下:

(1) 建立一个公正的中央人事机构,不受任何政党控制。该机构的职员必须具有人事管理的专业知识。

(2) 制定一个职位分类计划,对每个行政岗位,根据其工作的性质、难度、重要性、责任的不同,进行分类。制定一个职位分类系统作为录用、定薪、晋升、调迁的标准。

(3) 举行竞争考试,选拔优秀人才。考试制度应具备必要的灵活性。

(4) 有一定的试用期间作为考试制度的补充。

(5) 工资水平能够吸引和保留合格人员,并鼓励职员做出优越成绩。工资应根据物价指数而调整。

(6) 在职训练计划是维持和提高职员水平的重要制度。

(7) 统一的工作条件,例如工作时间、假期、工伤补助、津贴等力求一致。

(8) 调动工作必须结合工作的需要和职员的同意。

(9) 纪律处分必须毫无偏私,有一定的程序保障和申诉机会。

(10) 文官保持政治中立。这个原则对政党和文官的活动都有一定的限制。

第二节　1978年的文官制度改革法

一、改革的需要和主要内容

（一）改革的需要

卡特总统1978年10月签署《文官制度改革法》,这是1883年以后美国文官制度最大的一次改革。这次改革的原因有下述三个方面:

1. 文官事务委员会的缺点

第二次世界大战后美国文官的人数大量扩张,20 世纪 60 年代,肯尼迪总统和约翰逊总统推行新的社会政策,更刺激文官队伍的扩张。1883 年建立的文官制度管理机构——文官事务委员会虽然在以后多次扩大权力,仍然不足以满足新形势下的文官制度管理的要求。文官事务委员会最大的缺点是同时执行两种性质上不宜混合的职能,一方面制定和执行总统的文官政策;一方面又负责保护功绩制不被破坏,受理申诉案件和上诉案件。这两种职能有时互相干扰,妨碍文官事务委员会的工作效率。而且文官队伍扩大以后,文官事务委员会的权力过于集中,在新形势下也不适宜。

2. 公众的不满

在新形势下,随着文官任务的扩张,公民对文官不满的情绪逐渐增加。文官不能反映一般公众的利益,例如在传统的独立控制机构中,文官所执行的政策,往往有利于被控制的经济集团,而忽视一般公众的利益。20 世纪 60 年代以后,文官工作的性质从控制人民的活动转向提供更多的服务。文官所进行的活动,包括保护民权,执行扩大的教育、住宅、保健、就业机会,提供贫困补助、福利津贴、城市建设等。这些活动和人民的生活密切联系,公民对文官的期望增加,但文官的表现往往不能满足公民的期望。公民认为文官办事效率不高,很多社会计划浪费严重。对文官不满的情绪可用 1978 年一家报纸的描述作为代表:"官僚,如果你不是其中的一员时,你可能很难容忍他们。他们懒惰、高薪、上班晚、下班早、吃中饭的时间长。你对他们毫无办法,因为不能辞退一个官僚。"[①]为了提高文官的工作效率,必须加强对文官制度的管理。

3. 功绩制过于僵硬

功绩制的作用在于排除文官管理中的政治影响,保障文官安心工作。从这个观点而言,功绩制是必要的。另外,功绩制过于僵硬,某些有才能的人不愿意受功绩制的束缚,不愿担任文官职务。对于行政机关取得高级管理人才造成一定的困难。文官受到功绩制的保障,政务官对文官的指挥和控制感到困难,不能严格执行政府的政策。文官长期从事某项行政工作,往往有自己的观点和意见,按照自己的观点和意见解释和执行政

---

① P. W. Ingraham and C. Ban: *Legislating Bureaucratic Change*, *the Civil Service Reform Act of 1978*, 1984, p. 14.

策,不一定完全符合政务官的设想。文官在向上级官员反映情况的时候,往往根据自己的观点和意见而决定取舍。反映符合自己观点的情况,忽略不符合自己观点的情况,影响政策的决定。美国很多总统已经感到对文官指挥的困难。社会上有时把文官集团称为第五政府部门。美国宪法规定立法、行政、司法3个政府部门,反对独立控制机构的人称独立控制机构为第四部门,反对文官集团的人称文官集团为第五政府部门。他们不由选举产生,受到功绩制的保护,政务官对他们的控制和管理受到限制。当然,把文官集团称为第五政府部门有些过分。然而不能不承认功绩制实施的一百年以来,产生了一个新问题:如何保障机关对文官的管理,以及如何保障政务官对执行政策的控制。解决的办法不可能是废除功绩制,或者削弱功绩制。但是必须使功绩制的运用具有一定的灵活性,以适用政策执行的需要。

(二) 改革的主要内容

针对文官制度中的缺点,文官制度的改革早已提上日程。20世纪60年代和70年代都曾有过文官制度改革的设想,实际进行改革从卡特总统开始。1977年,卡特当选美国总统以后,把文官制度改革列为国内政治的优先项目。1977年,他命令文官事务委员会对现行的文官制度进行一番全面审查,提出一个总统人事管理计划。文官事务委员会组织一个专门委员会,从事计划的拟订工作。1977年下半年,向总统提出一个人事管理计划。1978年,总统公布的第一号机构改组计划和第二号机构改组计划,都是针对现行文官制度的改革。卡特总统把第一号和第二号改组计划的内容,制定成为一个法律草案向国会提出。国会在总统提出的草案的基础上,制定1978年的《文官制度改革法》。

1978年的法律涉及全部文官制度,共分九个部分,其中规定的主要改革项目有:

(1) 解散文官事务委员会,设立两个新机构代替文官事务委员会。一个机构称为人事管理局,执行文官事务委员会的制定和执行文官政策的职务;一个机构称为功绩制保护委员会,继承文官事务委员会保护功绩制不被破坏的职务,和裁决申诉案件的职务。

(2) 在功绩制保护委员会内设置特别律师办公室,独立执行职务,调查违反功绩制的行为,并加强对告发机关违法行为或不良行为的职员的保护。

(3) 设立高级行政文官,待遇优厚以吸引最有才能的高级管理人员,没有文官制度中的很多保障和限制,机关对于他们有较大的控制权力,保证政策能够按照政务官的意图执行。

(4) 设立中级文官功绩加薪制度,他们薪俸增加额根据工作成绩计算,抛弃平均主义。

(5) 职工和机关管理者之间的劳动关系由法律规定,承认职工的工会权和签订集体合同权,并设立一个联邦劳动关系机构,负责处理职工和管理者之间的劳动关系。

二、人事管理局

人事管理局是文官事务委员会解散后新成立的机构之一,继承文官事务委员会制定政策职务和行政职务,同时作为总统管理文官事务的代理人。人事管理局不属于任何部,是行政部门内部的一个独立机构。局长和副局长由总统提名,经参议院同意后任命,局长任期4年,随时可被总统辞退。此外还有4名助理局长,由局长任命。总局设于首都华盛顿,可在其他地方设立分局。

人事管理局除执行文官管理方面的行政事务以外,还进行研究项目和实验计划,并对总统提出建议采取措施提高文官制度的效率,以及有计划地实施功绩制原则,包括关于文官的录用、晋升、调迁、考绩、工作条件、薪俸、任期、离职各方面的政策在内。人事管理局就文官管理事务的实施和监督有权制定法规,但必须遵守联邦行政程序法规定的制定法规程序,但在紧急情况下必须迅速制定的法规和临时性法规时,可以免除行政程序法所要求的程序。人事管理局也负责调查文官对国家的忠诚义务,办理文官的生命、健康保险计划。

1978年以前,文官管理工作过分集中,缺乏灵活性,引起不必要的迟延。1978年的一项重要改革是把文官的录用,包括竞争考试在内,以及其他适当的事项,下放到有关的行政机关执行。但对全部机关有统一要求的考试不能下放,例如大部分行政机关都任用有行政法官,行政法官的录用考试各机关必须一致,所以行政法官的竞争考试权力不能下放,仍由人事管理局执行。权力下放以后,各行政机关必须在人事管理局的监督下行使下放的权力。人事管理局可以制定标准,也可以制定法规,规定下放权力的行使。人事管理局对下放权力的行使必须制定并执行一个监督计划,以保障下放权力的先例符合功绩制原则,以及符合文官法律和人事管理局所制定的法规和标准。人事管理局根据监督计划,认为某行政机关的行为违反功绩制原则和文官法律和法规时,可以要求有关的机关改进。①

三、功绩制保护委员会

功绩制保护委员会继承文官事务委员会所执行的裁决文官管理中的争端的职务,以确保功绩制不被破坏。1978年改革前,文官管理的行政职务和裁决管理中的争端的职务由同一机关执行,受到批评。所以1978年的改革中,把这两种职务分开,由两个不同的机构执行。

功绩制保护委员会是一个独立的控制机构,不受总统的控制,由3名委员组成,委员由总统提名,参议院同意后任命。3名委员不能属于同一政党、委员的任期7年,不能连任。除非不称职、玩忽职守以及违法行为外,总统不能罢免委员的职务。总统经参议院的同意任命1名委员为委员会主席。委员会总部设于首都华盛顿,可在其他地方设立分部。

委员会具有听证和裁决权,可以受理文官对于纪律处分或其他不利的行政决定的申诉,以及其他违反文官法律和法规的争端。为了执行裁决职务,委员会具有监督宣誓、发出传票的权力,可以请求地区法院强制执行它所发出的传票。委员会具有调查证据和接受证据的权力,委员会在进行裁决时,对人事管理局所制定的法规的解释,可以咨询人事管理局的意见,作为参考。

委员会发布的命令,任何行政机关或其职员必须遵守,不服从委员会的命令时,委员会可以通知主计长扣留不遵守命令的职员的薪俸。

委员会随时进行研究,并向总统和国会报告功绩制的原则是否得到切实的遵守。委员会每年必须向总统和国会提出一个年度报告,详细说明它和人事管理局在实施功绩制方面所采取的重要措施。为了保证报告的正确性,委员会有权接触人事管理局所保有的、法律不禁止公开的档案资料。委员会可以主动地或根据利害关系人的请求或特别律师的申诉,审查人事管理局所制定的法规是否包含要求职员从事法律所禁止的行为,并宣告这类法规无效。在进行这项审查时,人事管理局局长或执行该项法规的行政机关首脑,有权参加审查程序,提出意见。

为了执行委员会的各项职务,委员会有权按照《联邦行政程序法》的

---

① 《美国法典》第5编第1101—1105节。

规定制定法规。①

四、特别律师办公室

1978年的文官制度改革法,在功绩制保护委员会内创设一个特别律师办公室(Office of Special Counsel),负责调查和追诉行政机关违反文官法所禁止的行为。特别律师可以说是功绩制的看家狗。他具有调查和追诉权力,也可起调解人的作用,特别律师办公室虽然是功绩制保护委员会的一部分,但独立执行职务,不受功绩制保护委员会的指挥和其他人的干涉。

特别律师由总统提名,经参议院同意后任命,任期5年。只能由于不称职、玩忽职守和违法行为而被罢免。为了保护特别律师的独立地位,他有权任命辅助的法律职员和行政职员,有权制定法规,就其活动直接向国会提出报告。

特别律师对于违反法律和法规的文官管理行为,有权主动或接受告发或申请进行调查。特别律师终止调查时必须通知申诉人,并简单说明理由。特别律师调查后,认为有理由相信已经存在或即将发生违法的文官管理行为时,应当把他的决定连同理由和建议,向功绩制保护委员会、有关的行政机关和人事管理局提出报告,也可向总统提出报告。有关的行政机关经过一个合理的时期以后,没有接受特别律师的建议采取矫正的措施时,特别律师可以要求功绩制保护委员会考虑这个案件。功绩制保护委员会应举行听证,有关的行政机关、有关的职员和人事管理局可以提出口头和书面的意见。特别律师有权参加功绩制保护委员会的听证程序,功绩制保护委员会考虑各方面的意见以后,有权作出包括纪律处分的决定在内的决定,命令有关的行政机关或行政人员遵守,有关的行政机关或行政人员不服决定时,可以申请司法审查,特别律师对功绩制保护委员会的决定无权请求司法审查。特别律师经过调查后,有理由认为行政人员违反刑法时,应通知检察官,认为有文官法和刑法以外的其他违法行为时,应将违法的行为报告有关的行政机关。有关的行政机关应在收到特别律师的报告以后,30日内向特别律师提出证明,说明该机关首长已经亲自审查特别律师的报告,以及已经采取或准备采取的措施。

除执行文官法律和法规以外,特别律师对违反情报自由法的行为也有调查权。

---

① 《美国法典》第5编第1201、1202、1203、1205节。

1978年文官制度改革法设置特别律师的另外一个理由是加强对告发行政机关违法行为的职员的保护。美国习惯上把机关现在的和过去的职员，或申请职业的人告发本机关违法行为、不正当的管理行为、严重的浪费行为、滥用权力的行为、危害公共卫生和安全的行为称为吹口哨的人（Whistleblower）。在过去，机关对吹口哨的人往往借端报复，例如调职、不升级甚至辞退。这种现象违反功绩制的原则，所以1978年的法律规定对吹口哨的人给予特别保护。特别律师收到告发后在调查期间，除非告发者本人同意，否则不能透露告发者的身份。如果特别律师认为为了进行调查，必须透露告发者的身份时，必须对告发者进行保护。告发者能够受到保护，只在告发者有理由认为机关有违法、浪费、滥用权力、危害公共卫生和安全的时候，以及告发的信息不是为了国防和外交安全起见，由法律或总统的行政命令规定为应保密的事项。特别律师认为告发的问题可能存在时，可以命令行政机关首脑进行调查，并在一定期间以内，把调查的结果和采取或准备采取的措施回报。收到行政机关的回报后，特别律师考虑是否需要进一步采取行动。如果行政机关对告发的职员采取报复行为时，特别律师可以命令行政机关采取矫正措施，并把他的决定和理由报告有关的行政机关、功绩制保护委员会、人事管理局。特别律师认为必要时，可以对总统提出报告。①

五、高级行政职员

（一）设立的目的和适用范围

1. 立法目的

1978年文官制度改革的一个重要措施是创设一种高级行政职位（senior executive service）。行政机关对担任高级行政职位的高级行政职员的任用、调迁、薪俸、考绩、辞退有较大的灵活性，不受一般文官法的束缚。设立高级行政职员的目的有两方面：

（1）求得高级行政管理人员。因为高级文官职位需要较高的行政才能，文官法对文官的薪俸和工作条件规定的限制，妨碍有才干的人愿意担任文官。例如在一个机关中，有时局长、副局长、处长领同一薪俸，因为他们的薪俸已经达到一般文官薪俸的最高峰，不能再加。这种薪俸的限制不能反映文官的才能。法律创设一种高级行政职员，在薪俸和其他工作

---

① 《美国法典》第5编第1204、1206、1207节。

条件方面不受一般文官法的限制。利用比较优越的条件,吸引有才干的人担任高级文官职务。

(2) 增加政务官对执行政策的控制力量。一般文官法对文官的录用、晋升、调迁、辞退规定严格的限制,政务官对文官的指挥有时感到困难。这些方面的保护适用于高级行政职员时,法律规定较大的灵活性,以增加政务官对执行政策的控制力量。

2. 适用范围

高级行政职员是联邦政府中职员的一种,包括在文官范围以内,但不是竞争考试的文官。他们担任行政职位分类中的高级职位,是在联邦一般薪俸表16职等以上的职位,或行政薪俸表第5级水平或第4级水平的职位,然而高级行政职员不要求总统提名参议院同意而任命,全部行政机关中都可设立高级行政职位,但下列机关例外:外交机关、情报机关、政府公司、行政法官等,不包括在1978年的高级行政职员条款的适用范围内。

需要设立高级行政职员岗位的机关,应向人事管理局提出申请。全联邦政府中高级行政职员的人数不得超过一般薪俸表16职等以上,行政薪俸表4级水平以下的职员数目。① 高级行政职员分为职业的和非职业的两类。后者政治性强,主要从事帮助制定并维持有政治意义的政策,或作为政务官个人的助理或顾问。全联邦政府中,非职业的高级行政职员不得超过全部高级行政职员的10%,任何机关中不得超过25%。为了防止滥设非职业的高级行政岗位,人事管理局每年应批准每一机关能够设立非职业的高级行政职员岗位的数目。有些行政岗位,取得公众的信任非常重要,人事管理局规定必须由职业的高级行政职员担任,称为职业保留岗位(career reserved position)。

(二) 任用和工作条件

1. 任用

每一行政机关必须制定一个高级行政职员资格标准。职业保留岗位高级行政职员的任用,必须符合人事管理局规定的要求。其他高级行政职员的任用,必须事先和人事管理局商量。70%的高级行政职员必须以前曾经担任过文官职务五年以上。

2. 薪俸和奖励

高级行政职员的基本薪俸分为五等,即一般薪俸表第16、17、18职等

---

① 1978年为10 777人,《美国法典》第5编第5108节。

和行政薪俸表第 5 级和第 4 级。奖励金非常优厚。除按薪俸比例的考绩奖以外,对于优秀工作者还有超过工资的忠勤奖、卓越成绩奖以及其他的奖金和津贴。一个成绩优良的高级行政职员,每月的工资和奖金收入可以达到和部长相同。法律规定不得超过部长的水平。①

3. 考绩

设立高级行政职员的目的之一,在于提高行政管理效能。对于高级行政职员的考绩非常严格,每一行政机关必须规定一个考绩系统,对于每一高级行政职位规定一个考绩标准。考绩标准必须包括下列因素:① 提高效率、促进生产、提高工作和服务质量的程度;② 节约浪费的程度;③ 工作及时的程度;④ 在他领导下的职员的效率和服务成绩的表现;⑤ 促进平等就业机会和消除对少数民族职业歧视的成绩。考绩的评定可能是完全成功、及格和不及格,只有得到完全成功的考绩才有考绩奖。对考绩不及格者,行政机关可以或者重新安排工作,或者迁调,或者排除于高级行政职员之外。在 3 年期间以内有两次没有得到完全成功的考绩的,必须排除在高级行政职员之外。文官对考绩的评判不同意时,可以申请机关中的上级职员重新审核,最后决定,除此之外无其他救济方法。

4. 离职

非职业的高级行政职员,有一定任期的高级行政职员,和为了应付紧急需要而任命的高级行政职员,随时可以命令离职,无权向功绩制保护委员会申诉。职业的高级行政职员,除因考绩成绩不满意,可以命令离开高级行政职位以外,其余离职的原因受到一定的限制,和一般文官离职的条件基本相同。

六、功绩加薪

13 职等到 15 职等的中级文官薪俸的增加分为两个部分,一半属于普遍加薪部分,除考绩成绩特坏者外,一般都能逐年增加,以保持文官薪俸和私营企业职工工资的比例大致平衡;另一半属于功绩加薪部分,必须在考绩中得到完全成功或更好的评判,才能增加。增加的数额按工作成绩和原来工资水平的不同而分别计算。

---

① 《美国法典》第 5 编第 5383 节。

七、劳动和管理关系

（一）概述

1. 立法史

1787年文官制度改革法第七部分规定政府机关职员和机关管理之间的劳动关系，这一部分已经编入《美国法典》第5编第71章。西方国家私人企业，很久以来已经承认职工有组织工会和资方进行集体谈判、签订集体协议的权利。然而在政府机关中，长期以来不承认职员有权组织工会和政府进行集体谈判，签订集体协议。随着政府职员的扩张，文官的势力日益强大，政府认识到对职员的禁令很难执行，最好的办法是和职员的团体合作，共同促进公共利益，因而政府的态度开始改变。首先表现在对待邮政职员方面，1912年的一个法律承认邮政职员的组织权，向国会请愿权，对国会提供信息权。[①] 从此以后，职员的组织权逐渐扩张，但速度很慢，直到最近才适用于绝大部分职员。1961年，肯尼迪总统发布10988号行政命令，承认联邦职员的组织权，和进行集体谈判签订集体协议权。1974年，尼克松总统发布11491号行政命令，补充和修改肯尼迪的行政命令，这个命令直到1978年文官制度改革法生效以前，继续实施。

2. 立法目的

1978年文官制度改革法中劳动和管理关系的立法目的，规定在《美国法典》第5编1701节中。该节规定："不论在私雇佣关系和公雇佣关系中，经验证明，用法律规定职员的组织权、集体谈判权、通过自己选择的劳动组织参加对他们有影响的决定权，首先，能够：① 保护公共利益；② 有助于有效率地处理公共事务；③ 方便和鼓励友好地解决工作条件方面的纠纷。其次，公共利益要求职员有最高标准的工作成绩，以及不停地发展和实施近代的和进步的工作习惯，以增进职员的工作成绩和有效率地完成政府的活动，因此文官制度中的劳动组织和集体谈判是为了公共利益。"

根据这条规定，劳动和管理关系的立法目的是在政府职员和机关管理者之间进行集体谈判，提供一个法律基础，建立一个公平的劳动关系，以提高政府职员的工作成绩，友好地解决工作条件方面的争端，使政府的活动更有效率。

---

① La Follette Act of 1912.

3. 适用范围

适用范围包括职员的范围和机关的范围。适用于职员的范围是国家机关中现任的职员,和由于不公正的管理行为而被免除职务,现在尚未找到其他正规职业的职员。不适用于下列职员:① 在国外的美国机关中工作的外籍职员,或非美国公民的职员;② 穿制服的机关的成员(指军警机关);③ 机关中负管理责任或监督责任的职员;④ 国务院、国际开发署及其他外事机关中的职员;⑤ 参加反政府的罢工的职员。

适用于机关的范围包括行政部门的机关、国会的国家印刷局和国会图书馆。不适用于下列机关:总审计署、联邦调查局、中央情报局、国家安全署、田纳西流域管理局,以及负责执行联邦劳动和管理关系法的机构。

4. 主要内容

劳动和管理关系法的规定可以分为三类:

(1) 创设机构的规定。为了执行这个法律,特别创设 3 个机构,即:联邦劳动关系机构、主任律师、联邦谈判僵局小组。

(2) 行政机关和职员劳动组织的权利和义务的规定。

(3) 协议解决申诉的程序。

(二) 执行劳动和管理关系法的机构

1. 联邦劳动关系机构

联邦劳动关系机构(Federal Labor Relations Authority)是一个独立的机构,其性质和作用类似国家劳动关系委员会(National Labor Relations Board)。后者的作用是管理私企业中的劳动关系,联邦劳动关系机构则处理行政机关职员和机关之间的劳动关系。联邦劳动关系机构由 3 名委员组成,由总统提名经参议院同意后任命,不能有两名以上的委员属于同一政党。委员任期 5 年,分为不同的时期满期,除因不称职、玩忽职守和违法行为外,不能免职。

联邦劳动关系机构的主要责任是贯彻执行劳动和管理关系法,完成法律的目的。具体的责任有:① 决定进行集体谈判的合格单位;② 监督职员工会代表的选举;③ 裁决对不公正的劳动行为的申诉;④ 解决集体谈判中的纠纷;⑤ 不服管理和劳动关系中仲裁决定的申诉。为了执行职务,联邦劳动关系机构有权举行听证、发出传票、发出停止命令、制定法规、设立区域机构、任命行政法官。

2. 主任律师

主任律师(General Counsel)属于联邦劳动关系机构的一部分,但独立执行职务。主任律师由总统提名参议院同意后任命,任期 5 年,随时可被免职。他的责任是调查对行政机关或职员工会不公正劳动行为的申诉,决定是否向联邦劳动关系机构提起追诉,并负责执行追诉。

3. 联邦谈判僵局小组

联邦谈判僵局小组(Federal Service Impasses Panel)原来已经存在,1978 年法律把它并入联邦劳动关系机构,成为该机构内部的一个独立机构。有主席一人,成员至少 6 人,由总统任命。它的任务是解决机关和职员之间的谈判僵局。

(三) 行政机关和职员劳动组织的权利义务

1. 职员工会的权利和义务

由半数以上的职员秘密投票选举产生的职员工会,有权得到承认作为该机关职员的唯一代表。唯一的职员代表主要的权利和义务,是代表全体职员和行政机关的代表进行集体谈判。机关方面和工会方面参加谈判的代表,都必须以诚实的态度进行谈判,以达到签订集体协定的目的。谈判的范围包括全部工作条件在内。然而在全政府范围内,已由法律或法规作出统一规定的条件,例如职位分类薪俸表中的规定,不在谈判范围之内。本机关制定的法规所规定的事项,可以作为谈判对象,可以修改,但不能违背一般性的规定。对于有非常迫切需要的事项不能谈判。双方对于是否属于迫切需要的认识不一致时,由联邦劳动关系机构举行听证解决。集体协定必须由机关首长批准才有效。谈判出现僵局时,由联邦谈判僵局小组负责解决。工会代表参加谈判的时间作为正式工作时间领取工资。

不存在唯一职员代表的机关,其中代表 10% 以上职员的工会享有咨询权利。行政机关变更工作条件,必须事先通知该工会,听取其评论意见。工会对行政机关最后决定提出的意见,行政机关必须用书面回答。

2. 行政机关的权利和义务

除工作的条件可以谈判外,行政机关有权决定是否谈判完成工作的方法和手段。但下列事项禁止谈判:机关的组织、任务、职员人数、内部安全的行为。机关的任用权、指挥权和纪律处分权也不能谈判,然而机关行使管理权利所使用的程序和效果属于必须谈判事项。后面这项规定意义模糊,因为谈判实行管理权利的程序和效果,实际上是谈判管理权利本身。一般认为劳动和管理关系法中,有不少的规定意义模糊。这是由于各方面的利益和意见冲突,立法者有意含糊其辞,以求各方面都能接受。

从以上职员工会的权利和行政机关的权利来看,机关职员和管理者之间集体协定的范围,受到很多限制,远远不如私企业中劳资双方集体协定的范围广阔。

(四)协定的申诉程序

任何集体协定必须规定解决申诉的程序,包括仲裁的程序在内。集体协定规定的申诉程序称为协定的申诉程序(negotiated grievance procedures),由法律规定的申诉程序称为法定的申诉程序(statutory grievance procedures)。后一种程序适用的事项不限于劳动和管理关系,前一种程序只适用于和职员的职业有关的事项,包括对集体协定的解释和违反的争议在内。关于职业方面的申诉,原则上只适用协定的程序。双方当事人对于和职业有关的某一事项的申诉不愿适用协定的程序,必须在集体协定中明白规定,这时适用法定的申诉程序。

协定的申诉程序必须简单、公平、迅速,保证职员关于职业方面的违法行为有提出申诉的权利,保证唯一的职员代表有参加程序的权利。对于破坏集体协定的行为,职员工会和管理方面都有权提出申诉,对于依协定的程序未能解决的申诉,必须规定适用强制的仲裁。

某些和职业有关的违法行为,有时同时可以适用协定的申诉程序和法定的申诉程序。例如行政机关采取对职员歧视的行为和法律明白禁止的行为,两种申诉程序都可适用。这时,当事人有选择的自由,但只能选择任何一种程序,不能同时或先后使用两种程序。

第三节 文官制度、官僚制和民主

一、文官制度是官僚制的一种形式

功绩制实施以后,文官的地位受到保障。如果没有违法行为,往往终身任职,形成一个脱离人民而对人民行使权力的官僚集团。文官制度建立的结果是在民主政治下产生了一个新的官僚制(bureaucracy)。新时代的官僚制具有某些特点,和封建时代传统的官僚制不同,需要说明。

(一)官僚制的意义

官僚制一词往往用于贬义,指政府官员各种不良表现。例如态度傲慢、办事不负责任、形式主义、官样文章等。任何官员的任何坏行为都是官僚制的表现,其实英文官僚制一词,包含很多不同的内容,不一定都是坏的表现,官僚制可以用于各种不同的意义。

在19世纪君主政体和代议政体并存的时候,官僚制是和代议制相对待的名词。官僚制是指代表君主行使全部政府权力的全部政府官员,包括大臣在内,由国王任命,对国王负责。这种制度和议会掌握政府权力的政体不同,后一种制度称为代议制。官僚制和代议制都是一种政治制度,是比较政府中所使用的名词。君主制不再存在以后[①],代议制成为普遍现象,官僚制已经不是一种政治制度,而是一种行政组织。

在当代,有的学者从经济的角度出发,认为官僚制是和市场制对等的名词。市场制是指由产品在市场销售而提供经费的活动方式。官僚制是指经费的来源和市场无关,依靠政府拨款的活动方式。政府机关的活动方式主要是官僚制,但不是全部政府机关都实行官僚制。例如经费来源依靠市场销售收入的政府公司,实行市场制不是官僚制。有的学者从公私管理方式对比出发,认为官僚制是公的管理方式,和私企业的管理方式不同。前一种管理方式具有强制性质,后一种管理没有强制性质。

经济观点和公私管理不同观点都有部分理由,都不能概括官僚制的全部意义。官僚制不限于经济领域,也不限于公的管理领域。官僚制包括二者在内,但是超过二者的范围。官僚制是当代社会进行大规模活动的一种组织形式,适用的范围遍及全部社会的管理活动。在这种制度下,管理活动由经过训练具有专门知识的机关职员,按照预定的行为规则,在继续不断的基础上进行。认为官僚制是由具有专门知识的机关职员的管理活动的组织方式这个概念,包含两个重要因素:

(1) 管理活动和制定政策不同。制定政策由机关的高级领导人员负担,管理活动是在领导人员统帅之下执行政策。

(2) 执行政策的人员必须具有专门知识,和无专门知识的执行人员不同。这种意义的官僚制度,不仅存在于国家行政机关中,也存在于国家以外其他社会组织中。例如大的企业组织、工会组织、政党组织中都有官僚制度。因为当代社会活动的特点是活动的规模大、技术性高,必须具有官僚制,否则无法进行大规模的有组织的活动。

(二) 官僚制的特点

根据德国社会学家马克斯韦伯(Max Weber)的研究,不论是在行政

---

① 现在有的国家仍然有国王,例如英国,但不是君主制。

机关中或社会组织中,当代的官僚制具有下列共同特点。① 这些特点是当代社会文化的产物,反映当代的民主观和科学世界观。其他时代的官僚制,不可能具有全部这些特点:

(1) 官僚的任用由任命产生,不是由选举产生。后一种人员是代表,不是官僚。

(2) 官僚的任用必须经过不同形式的考试,证明具有担任某项职务的专业能力。这种专业能力通过训练,例如学校教育而取得,由考试证明。

(3) 官僚任职以后,按功绩制的原则决定待遇和晋升,通常为终身职,官僚的地位受到社会重视。

(4) 复杂的管理任务,逐渐分解成为各种不同的简单任务。每一官僚担任一定范围以内的任务,构成他的义务和管理范围,责任明确。

(5) 官僚结构是一个层级组织,层次愈高人数愈少,最后可能集中于一人。每一官僚受其上层官僚的支配,也可以支配下级官僚。

(6) 官僚担任职务不是为了对某一个人服务,而是服务于一个客观的任务或目的或政策。这个任务通常由法律、法规或章程规定。近代官僚制中的关系是客观的非人格化的关系,而封建时期的官僚关系建筑在对人的效忠上面。

(7) 官僚必须按照所在组织制定的一般性规则,在继续不断的基础上进行活动,不能随心所欲地进行活动。进行临时性的或间歇性的活动的人员不是官僚。

(8) 官僚进行活动必须制作记录,称为档案。共同从事某项任务的人员、物质设备和档案的汇合,构成一个官僚单位(Bureau)。

根据韦伯的分析,近代文官制度是典型的官僚制。为了避免官僚制的缺点,近代文官制度中也引进了一些非官僚制的成分,然而官僚制是文官制的核心。

二、官僚制的利弊

(一) 官僚制的利益

近代官僚制是工业化社会大规模生产、技术性高的产物,它的优点是能够满足工业化社会的需要。官僚制的利益,概括地说有三个方面:

---

① Max Weber: *Economy and Society*, ed. Gunther Roth and Claus Wittich, 1978, part 2, ch. 11, pp. 956-963.

1. 大范围活动

官僚制把复杂的行政任务,逐渐分解成为简单的任务。每一工作人员只担任一小范围内的活动,逐级概括成为大范围内的活动和复杂的活动。如果没有这种层级结构方式,不可能进行大范围内的复杂活动。

2. 效率高

效率高的意义是指办事的速度快、正确性大、浪费少。官僚制能够达到效率高的原因,是由于官僚的选择和使用贯彻功绩制原则,具有专业知识,经过考试而任用。一旦任用以后,将长期任职,继续积累经验。

3. 客观性

官僚按照事先制定的普遍性的规则进行活动,平等待人,不存偏私。因此官僚的行为具有客观性和可预见性。

(二) 官僚制的弊病

对官僚制的批评来自两个方面:

(1) 从行政管理角度所提出的批评。

(2) 从民主政治角度提出的批评。

官僚制具有上述优点无可否认,这些优点的发挥只在官僚制能够正确运行条件之下。官僚制忽视了一个最重要的因素:官僚制是组织职员活动的一种方式,然而职员是人,不是机器,人有其本身的愿望、情感和需要。一个制度如果不考虑人的主观因素,而只考虑制度的客观功能,在实施时就很难达到制度的理想。批评的人认为官僚制可以提高管理效率,也可以降低管理效率。按规则办事具有客观性质,也可能导致过分僵硬,或者形式主义。层级结构可以进行大规模活动,也可能导致迟延,公文旅行,减少下级职员的创造性,下级职员只知道服从上级,而不关心群众,助长官僚习气。任何制度不可能只有优点而无缺点。官僚制注重职员的合理分工,明确责任,客观办事。这些优点当然必须重视,但是官僚制的优点只能在合理范围内存在,不能过分夸张。官僚制必须为其他制度所补充,以便激励职员的服务热忱和合作精神。近代文官制度除了以官僚制为核心以外,还采取了一些其他措施,以取得职员的合作。例如上面所谈的劳动和管理关系,就已超过官僚制的范围。

从民主政治角度对官僚制所提出的批评是官僚制过分强调政策的制定和政策执行的区别,认为前者由人民选举的代表,或者由某个组织选举的代表决定,具有民主性质和政治性质,后者由专业的职员进行,具有技术性质和行政性质。前者决定目的,后者决定手段。在国家行政关系中,前者称为政务官,对人民负责。后者称为事务官,只有执行职能,是政务官达到目的所使用的手段,属于官僚制的范围。这种观点有一定的理由,但不是完全符合实际。政策的制定和政策的执行,目的和手段很难截然划分。政策的制定实际上是目的和手段的结合。因为在制定政策的时候必须考虑一系列的执行问题。例如:首先,政策是否可行、政策所产生的效果、对其他政策的影响、所花的费用、得到的效益。政策的执行对政策的决定产生非常重大的影响,不能脱离政策的执行而考虑政策的制定。其次,政策的制定是一个逐步发展的过程,政策不是一开始就已完全制定,而是在执行过程中继续制定。政策的性质实际上取决于执行的方式。在国家行政关系中,文官虽然没有决定政策的权力,然而高级文官通常是政务官作决定时的顾问。由于他们对和政策有关的事项有专门知识和长期的经验,他们对政策的建议实际上决定政策的内容。因为什么事应做取决于什么事能做,以及做后的影响。官僚由于掌握这方面的知识,所以他们的权力实际上不限于执行政策。官僚制实际上是一个权力结构,它具有进行大范围活动的能力,它的专门知识、它所掌握的档案材料、它的长期任职都是官僚权力的来源。除了这些因素是官僚权力的一个来源以外,自由裁量权力也使政策的制定和政策的执行很难划分。当代法律的一个特点是授予执行法律的人很大的自由裁量权力,决定如何执行这个法律。这个决定形式上是执行权力,实际上已经超过执行权力而构成政策的内容。高级文官不由选举产生,但在很大程度上参与了政策的制定。官僚权力的扩张对民主政治是一个威胁,对个人的自由也是一个威胁。截然划分政策的制定和政策的执行,会导致忽视官僚对民主的威胁。民主制度不能没有官僚制,但民主政治不能忽视官僚制对民主政治的威胁。

三、民主控制官僚的权力

民主制和官僚制都是当代社会所必需。从国家行政的观点而言,无官僚制则政府软弱无力,无法活动。无民主制则人民重新处在官僚的奴役之下,失去自由。结果行政的效率愈大,人民所受的压迫也愈大。在这两种制度需要同时并存的时候,为了防止官僚制对民主制的破坏,必须用民主原则控制官僚的权力。如果民主制能够控制官僚制,保障官僚制为民主政治服务,民主政治将更加巩固;如果民主制不能控制官僚制,则官僚制必将控制民主制。所以,民主制如何控制官僚制是当代社会的一个课题。从国家行政的观点而言,这个问题表现为如何实行政务官和人民控制文官的权力,特别是高级文官的权力。因为实际上行使很大权力的文官并未经过人民选举。每个公民日常和政府接触的不是政务官,而是文官。所以,人民对文官的控制特别重要,这种控制不可能有一个简单的方法,一方面要防止官僚制的流弊,另一方面不能取消官僚制的存在。完全取消官僚制,民主制也不能存在。例如美国有些州中,为了消除官僚制,很多官员都由人民选举产生,结果行政缺乏统一,很难运行,不得不进行改革。[①] 过多的民主制和过多的官僚制,都是有弊无利,民主如何控制官僚是一个困难问题,迄今各国仍在探讨和改进中。

美国1978年的文官制度改革法创设了一种高级行政职员制度,是加强民主控制官僚的一种表现。高级行政职员的创设受到一定的限制,防止恢复19世纪时期的分赃制,高级行政职员制度只是对文官制度进行小规模的改革。为了保证民主对官僚的控制,必须扩大民主制原则的适用范围,不仅适用于政务官,而且也适用于事务官。这种适用不表示文官必须通过选举产生,抛弃功绩制原则,而是在保存功绩制原则下,对文官适用民主制原则。不仅政治必须民主,行政也必须民主。

什么民主原则能够适用于控制官僚的权力呢?从实际观点而言,官僚行使权力至低限度必须遵守下列两个民主原则:

(1)民主原则要求政府所行使的权力只能由人民所授予,所以官僚行使权力必须在人民的监督之下,这是对官僚权力的民主监督。

(2)一切权力的行使同时伴有相应的责任,行使权力不负责任是专制的本身,反民主的行为,官僚必须对行使权力的行为负责。不论是官僚权力的民主监督问题还是官僚的责任问题,美国行政制度中都有一定的规定。不能说这些规定非常完美,不需要进一步改进,但是和其他西方国家比较,美国在这方面居于领先地位。

官僚行使权力的民主监督可以分为两个方面:

(1)受选民代表的监督。

(2)受公民直接的监督,选民代表的监督是一种间接的监督。

选民通过民选的代表监督官僚,再通过选举监督民选的代表,这种监督在美国表现为总统和国会对行政的监督权,选民对官僚行使权力直接进行的监督,可以分为事后的监督和公众对行政的参与,事后监督在美国表现为行政公开制度,反映在情报自由法、阳光下的政府法和隐私权法

---

① 参见第五章的说明。

中。公众对行政的参与在美国表现为公众参加行政决定的程序,例如制定法规的公开评论程序、行政决定前的咨询程序、重要的行政决定必须举行听证程序,都是公众对官僚行使权力的民主监督。本书在以后部分对美国的民主监督作了比较详细的论述。

　　官僚行使权力的责任是多方面的,表现的形式是多样化的。官僚执行政策不力引起公众不满时,政治责任由主管该项政策的政务官负担。部长不仅对自己的行为负政治责任,也对在其领导下的官僚行为负政治责任。部长对官僚的傲慢、无效率、腐败也负政治责任。通过这种责任加强政务官对官僚的监督。官僚对其行使权力的行为必须负行政责任和法律责任。行政责任表现为官僚必须按照法律的规定行使权力。官僚行使权力违法时,其行为可被法院撤销。官僚滥用权力引起公众不满时,可能引起惩戒责任。官僚的法律责任表现为官僚对其违法行为可能引起的刑事责任和民事责任。

第五章
州和地方政府

美国是一个联邦制国家,联邦政体由 50 个州组成。政治权力由联邦政府和州政府共同享有,联邦政府行使联邦宪法所授予的权力。州政府行使未授予联邦政府也未禁止州政府行使的权力。州政府的权力不是来源于联邦而是来源于本州的民众。州和联邦一样,是一个政治实体,联邦制度是一个包括多个政治实体的制度,州是联邦制度的主要支柱,对联邦制度发生重大影响。州政府行使巨大的政治权力和行政权力,州政府的权力一方面平衡联邦政府的权力,保证联邦制的存在;另一方面和联邦政府合作,共同执行某些行政任务。联邦行政和州的行政在很多时候互相结合,联邦政府的行政组织必须为州政府的组织所补充。

地方政府由州管辖,是州的一部分。它是和民众接近的基层行政组织,不说明地方政府不可能理解州的行政制度,也不可能认识美国行政组织的全貌。

第一节 州 政 府

州政府根据州的宪法而组织,和联邦政府一样,包括立法、行政、司法三个部门。在说明州政府的组织以前,必须首先理解州在联邦制度中的作用。

一、州在联邦制度中的作用

州在联邦制度中的作用随时代的进展而不同,在联邦制初成立时,联邦政府权力不大,政治权力主要由州行使,州在联邦制度中起主要作用。从 19 世纪后期开始,特别是从 20 世纪 30 年代以后,联邦政府的权力迅速扩大,州政府所行使的权力相对地处于次要地位。因此有人怀疑州政府今后是否可以在联邦制度中继续发挥作用,甚至有人认为联邦宪法必须修改,建立州以上的大区域。① 然而事态的发展证明联邦政府权力的扩张,没有减少州政府的权力。州除保留原有的权力以外,还增加了一些新的权力,主要表现为州在联邦制各级政府之间发挥重要的连接作用和合作关系。在当代联邦制度中,州虽然不起主导作用,但仍然发挥重要的作用。州是联邦制度中的关键环节,州在联邦制度中的作用有以下方面:

(一) 参加联邦政府的组织

联邦政府的组织必须有州参加,否则不能成立。联邦政府参议院以州为单位选举产生,联邦总统的候选人由政党的代表大会提名,出席代表大会的代表以州为单位选举产生,选举联邦总统的总统选举人由各州产生,以州为单位投票,选举权的资格由州规定,联邦宪法的修改必须有3/4州的批准。州是组织联邦政府的基础,具有巨大的政治权力。

(二) 决定大量政策

联邦宪法规定州政府具有联邦政府权力以外所保留的全部权力。州政府对其权力范围内的事项有决定政策的权力。联邦政府权力范围内的事项,如果宪法未规定属于联邦专有时,由联邦政府和州政府共同行使管辖权。近年来,由于联邦政府实行权力下放政策的结果,州政府对共有权力事项的决定权加强。有些权力一向属于州政府专有,例如,刑事司法权力90%以上由州行使,州境内的商业活动、经济活动、职业活动由州制定管理政策。民事立法和警察权力都属于州的权力。在联邦制体系内,州具有大量的政策决定权。

(三) 提供大量服务

州对公路、社会福利、医院、卫生、高等教育等服务项目所提供的费用,占大部分州政府支出的55%以上。②

(四) 执行联邦政府援助的计划

州政府的活动在很多时候得到联邦政府的财政援助。有的援助由联邦政府主动提出,有的援助由州政府申请,州政府接受联邦的援助时,必须执行联邦政府制定的政策。通过财政援助,联邦政府和州政府在联邦

---

① Advisory Commission on Intergovernmental Relation: *State and Local Role in the Federal System*, 1982, pp. 51-52.

② Ibid., p. 62.

制度范围内建立了一种合作关系。联邦政府的某些计划通过州政府的合作而完成,改变了传统的联邦和州的权力分立的联邦关系。

(五) 组织地方政府

地方政府的组织、任务和权力由州立法规定,不属于联邦政府权力范围。对地方政府活动的监督也属于州的权力。

(六) 援助地方政府的财政支出

州对地方政府的财政援助,近年来急剧增加。1954 年,全部州对地方政府的财政援助为 50.7 亿美元,1979 年达到 710.5 亿美元。在州对地方的财政援助中,20% 款项来自联邦政府对州的援助①,地方政府有时也直接从联邦政府得到财政援助。在接受援助的项目中,社会福利和中小学教育费用数量最大。地方政府接受州的财政援助时,必须遵守州的政策,接受州所移转的联邦政府的财政援助时,由州监督地方政府执行联邦的计划。州政府执行这个任务时,成为代理联邦政府监督地方政府的中间人。州在联邦制度中处于枢纽地位,联结各级政府的活动。

(七) 政策的实验室

美国有 50 个州,各州的历史背景、经济情况、地理位置、宗教势力、工会力量不一样。各州对于同样的问题可能采取不同的政策,或者对于某个问题某州已经制定政策,其他州正在探讨研究之中。各州之间对于政策的成败可以互相借鉴,作为参考。联邦政府在制定政策时也往往参考州的经验,例如,联邦政府 1921 年的会计和预算法、1976 年的阳光下的政府法,都接受了州的影响,参考了州的经验。

(八) 政治家培训园地

联邦政府的议员和总统,很多人先已在州政府中任职,取得政治经验,然后竞选联邦职位。州长的职务和联邦政府总统近似,在美国竞选总统的人很多是过去的或现任的州长,例如,美国老一代和新一代的罗斯福总统都出身于纽约州州长,1992 年当选为美国总统的克林顿、原来的阿肯色州州长、联邦政府的参议员很多来自州长或州参议员。

---

① Advisory Commission on Intergovernmental Relation: *State and Local Role in the Federal System*, 1982, pp. 55, 54.

二、州宪法

(一) 州宪法是州的最高法律

美国各州作为一个政治实体有自己的宪法,规定本州的政府组织和政府活动的原则。州宪法是州的最高法律,但不能违背联邦的宪法、法律和条约。① 州的政治活动只能在联邦宪法、法律和州宪法范围以内存在,法院除根据联邦的宪法和法律审查州政府的活动以外,也根据州的宪法审查州政府的活动,包括州立法机关制定法律的活动在内。

各州宪法制定的时期不同。最古老的州宪法是参加独立战争的13个殖民地的宪法,它们在联邦宪法制定以前(1787年)已经存在。但原来的宪法或者已为后来的新宪法所代替,或者虽然存在但是经过多次修改。例如现在州宪法中制定最早的宪法是《马萨诸塞州宪法》,制定于1780年,到目前已经经过117次修改。纽约州在宣布独立时期1777年已经制定宪法,以后继续制定了3个宪法,现在纽约州所实施的是1894年制定的第四个宪法,这个宪法也曾经过多次修改。又如佐治亚州到现在曾经制定过10个宪法,现在实行的是1982年制定的新宪法。② 制定最晚的州宪法是《夏威夷州宪法》,制定于1950年;《阿拉斯加州宪法》制定于1956年。由于宪法制定的时期不同,反映不同时代的观点,当然影响宪法的内容不一致。州政府可以在各自宪法规定的范围内,采取不同的政策,制定不同的法律。

(二) 州宪法制定和修改的程序

美国公民对成文宪法非常重视,除由于政治原因企图限制政府的权力以外,也有两个思想根源,即人民主权观念和自然权利观念。人民主权观念认为政府的存在和组织形式应由人民决定,宪法是组织政府的基本法律,只有人民才能制定宪法。根据自然权利观念,人生而具有某些权利。这些权利的存在不是由于政府所给予,而是作为人的资格所具有。政府必须尊重和保护这些权利。为了保护这些权利,必须用宪法规定它们作为公民的基本权利,限制政府的活动。从历史事实和法律理论来说,自然权利观念是不正确的。但是这个观念代表一个崇高的理想,所以能够发生深远的影响。这个理想在不同时代以不同的方式表现,永远不会

---

① 《联邦宪法》第6条。
② The council of State Governments: *The Book of the States*, 1992-1993 ed. p.20.

被抛弃。

宪法由人民制定,在各州表现为只有制宪大会有权制定一个新宪法,立法机关无权制定新宪法。制宪大会由人民直接选举产生,以制定宪法作为选举目的,选举的方式由各州法律规定。制宪大会制定的宪法是一个宪法草案,这个草案必须由公民投票复决,经过绝对多数公民赞成才能成立。

宪法的修改有三个程序可供选择:

(1) 由州立法机关两院分别以绝对多数共同制定一个修正案,提交公民复决。

(2) 由一定数目的公民提出一个宪法修正案。公民的数目各州的规定不同,有的州规定一个比例,有的州规定一个绝对数目。公民提出的修正案一般先向立法机关提出,如果立法机关接受,即可成为立法机关的建议,提交公民复决;如果立法机关不接受,则在一定期间以后或立法机关改选后提交公民复决。公民有权提出修正案的目的,不是鼓励宪法修正案由公民提出,而是在立法机关不顾公民意愿,不愿提出修正案时,公民有权不依赖政府机构而提出修正案,最后由全体公民决定宪法是否修改。

(3) 由制宪大会提出宪法修正案,由公民复决通过。制宪大会由州议会提议召集,由人民复决通过。有的宪法规定州议会认为有修改宪法必要时,随时有权以绝对多数通过决议召集制宪大会,提交公民复决。有的宪法规定,如果在若干年内宪法没有修改,则在规定的时间到达时,在立法机关的选举中必须提出一个问题,是否需要召集制宪大会,美国各州直到 20 世纪 60 年代末期,已经召集过两百多次制宪大会,每年至低限度曾经有过一次制宪大会。① 在以上三种修改宪法程序中,使用最多的程序是由立法机关提出修正案,由公民投票复决。95% 以上的州宪法修改采取这个程序。②

(三) 州宪法的主要内容

美国各州宪法制定的时期不同,政治文化背景不同,宪法的内容不可能相同。然而各州共同组成一个联邦,当然存在一些共同的政治观念,这是美国基本的政治观念,构成美国的政治传统,各州的宪法不可能脱离共

---

① National Municipal League: *Model State Constitution*, 1968 ed., p.109.
② Ibid.

同的政治传统,尽管表现的方式各州可能不同。例如分权原则是美国宪法的共同传统,各州的宪法都有规定,但是规定的方式不同。又如公民的基本权利是美国共同的政治传统,各州的宪法中都有权利法案,但基本权利的项目各州的规定不同。美国各州的宪法是在大原则相同的情况下,存在各种具体的差别,各州根据自己的情况作出某些特别的规定。

美国全国市政联盟(National Municipal League)曾经制定一个州宪法研究计划,成立包括实际政治活动家和学者在内的委员会,起草一个《示范州宪法》(Model State Constitution),作为各州制定宪法和修改宪法的参考。《示范州宪法》于1921年公布第1版,1968年时已经公布第6版。各版的内容根据情况的发展有些修改。《示范州宪法》不是脱离实际的理想宪法,而是根据美国的政治传统和广泛研究各州宪法实施经验所起草的州宪法方案。这部《示范州宪法》虽然不是任何州所制定,然而对州宪法的修改发生了很大的影响。根据《示范州宪法》第6版提出的方案,州宪法包括下列项目:

(1)前言,它的作用是说明制定宪法的目的,作为解释宪法的参考。在美国50个州宪法中,48个州宪法有前言。有的宪法前言的篇幅冗长,包括一些不相干的事项,例如祈求上帝,大谈自由的利益等。示范州宪法的前言规定非常简单,表明人民制定宪法的目的。

(2)示范宪法的条文,第1条权利法案,第2条州的权力,第3条选举权和选举,第4条立法机关,第5条行政部门,第6条司法部门,第7条财政,第8条地方政府,第9条公共教育,第10条文官制度,第11条政府间的关系,第12条宪法的修改,第13条生效日期。

(四)州宪法的特点

美国各州由于其在联邦制度中具有保留的权力,以及州政府和民众比较接近,这些因素反映在州宪法中,使州宪法具有某些特点:

1. 着重限制政府权力

联邦政府只有宪法授予的权力,联邦宪法是一个授权的宪法。① 州政府保留未授予联邦政府也未禁止州行使的权力。从宪法的理论来说,州政府是一个全权的政府,除非受到联邦宪法和州宪法的限制,否则具有全部政治权力,不需要宪法的授予。因此州宪法中的规定着重点在限制政府的权力,以保护公民的自由。

---

① 《宪法》第1条中列举国会的立法权。

2. 规定直接民主制度

联邦宪法中只有总统和国会由公民选举产生,其余官吏全部由任命产生。联邦宪法下的民主是代议制民主,州宪法中除规定公民选举州长、副州长和州立法机关以外,还规定了许多其他官员由人民选举产生,除行政官员以外,法官往往也由公民选举产生。公民不仅选举大量的政府官员,而且行使大量的政治权力。公民对宪法的修改有提建议草案权和复决权,对立法有创制权和复决权。有的州中,甚至行政机关的某些重要决定,例如发行债券、征收某种租税,也要经过公民复决。直接民主制在各州的程度不一样,然而所有的州宪法中都有直接民主制的规定。

3. 宪法的条文详细具体

州宪法的篇幅一般巨大,宪法的条文详细具体。这种规定方式不是由于立法技术问题,而是出于企图限制政府的自由裁量权力。很多本来可以用一般法律规定的事项也规定在宪法中,立法机关的权力因此相应减少。宪法的规定具体,行政机关执行法律的自由裁量权力也因此受到限制。很多利益集团为了保护本身的利益,尽量争取把该集团所主张的政策规定在宪法中。

4. 宪法中包括一些陈旧过时的规定

州宪法制定的时期不一致,有些早期制定的州宪法中包括某些条款,现在已不适宜但还没有废除。特别因为宪法的规定详细具体,不容易适应变迁中的情况,结果很多州宪法落后于时代。

(五) 最近开展的修改州宪法运动

美国各州除阿拉斯加州和夏威夷州的宪法制定的时期较晚以外,其余各州的宪法制定的时期大都较早,不完全适应当代的需要,从20世纪50年代以来,半数以上的州开展了修改宪法运动,企图使州宪法现代化,符合当代的需要,很多州中成立宪法委员会,研究宪法修改问题。从1955年到1969年期间,有52个州宪法委员会进行工作。直到70年代,还有12个州宪法委员会继续工作。[1] 20世纪80年代以前,有十个州已经修改了原来的宪法,或者制定了新宪法。[2] 宪法修改的方向是使宪

---

[1] Advisory Commission on Intergovernmental Relation: *State and Local Role in the Federal System*, 1982, p. 69.

[2] Advisory Commission on Intergovernmental Relation: *State and Local Role in the Federal System*, 1982, p. 67.

的规定更简洁,意思更清楚,删去过时的条款和具体的条款,宪法只规定基本的政策,减少对政府的限制,扩大州长的权力,改善立法机关的活动等。不是所有的州宪法都已修改,或修改到满意的程度,州宪法修改运动仍在进行之中。

三、州立法机关

(一) 州立法机关地位的变迁

州立法机关的地位经历了一个辩证发展的过程。从早期的受到重视,发展到19世纪中期以后的受到轻视。20世纪70年代以后通过一些改革,州立法机关的地位又开始提高。

最早的州立法机关在英国统治时期已经存在。独立战争时期,立法机关领导该州民众对英国进行战争。独立后新制定的宪法对立法机关完全信任,认为立法机关代表民众是对抗行政专制的保障。美国民众对英国官员在殖民地的专横印象深刻。独立以后,为了保障民众的自由,防止行政专横,认为必须依赖立法机关。早期的立法机关决定一切政策,在政府机构中处于绝对优势,行政部门实际上处于从属地位。

早期对立法机关的信任,到19世纪后期开始改变。立法机关的专横和腐败行为引起这种改变。例如有些立法机关滥发纸币,否认州政府对民众的债务,专为某个地方或团体制定特别的法律,浪费公币,议员之间互相帮助通过对自己选区有利的法律,而不从整体利益着眼。民众认识到立法机关和行政机关一样可以专横,为了保护民众的利益,必须限制立法机关的权力。从19世纪末期起,各州召集多次制宪会议,修改宪法,限制立法机关的权力,甚至把本来应由法律规定的事项也规定在宪法中,限制立法权的行使,同时扩大州长的权力,以对抗立法机关的专横。

立法机关的权力受到很多限制,导致其软弱无力,不符合当代行政国家的需要。20世纪50年代以后开展的宪法修改运动,陆续取消了一些对立法机关权力的限制,增加了立法机关所需要的技术辅助以提高立法的效率。立法机关的地位又开始提高,但各州改革的步骤不一致,目前州立法机关的改革仍在进行中。

(二) 州立法机关的组织

1. 两院制

州立法机关除内布拉斯州实行一院制外,其余各州都实行两院制。州议会由上下两院组成,各州使用的名称不一样。实行两院制的理由不是出于实际需要,而是由于传统习惯和模仿联邦的国会制度。在殖民地时期,殖民地议会分为两院,一院由人民选举的代表组成,一院由总督任命的人员组成。这种制度是为了便利英国统治者,现在已经没有存在的理由。联邦国会采两院制,一院代表人民;一院代表各州。因为联邦由各州组成,各州是一个政治实体,联邦必须承认各州的存在,州立法机关没有这个需要。州以下的地方单位不是一个政治实体,地方区域的存在和权力由州法律规定。州立法机关代表全州人民,不代表州内的地区,没有按地区单位选举代表参加议会的理由。在实行两院制的州,两院的选举实际上都按人口标准。两院的区别在于:① 上议院的人数较少,选举区域较大;② 大部分州宪法规定上议院议员的任期较长,下议院议员的任期较短;③ 有的州规定在划分上议院的选举区时,适当注意地区单位;④ 有的州宪法规定上议院的议员不同时改选,而是分组轮流改选。由于这些区别,两院可能具有不同的性质。主张两院制的人认为两院制可以提高立法的质量,因为一个法律案经过两院讨论,比只由一院讨论考虑更周到。这种主张没有为经验所证明,相反,两院制可以延缓法律案的通过。现在提倡州立法机关改革的人鼓吹采取一院制,这种主张由于传统势力的阻碍,一时难以实现。

州议会选区的划分,原来过于陈旧,不能代表选民的实际人数。20世纪60年代以后已有改进,各州每10年举行一次人口普查,按普查的结果划分选举区,每区选民的人数大致相等。每一议员所代表的人数基本一致,达到一人一票的要求。

2. 两院的名称和规模

在实行两院制的49个州中,上议院的名称全都称为参议院。下议院的名称有42个州称为众议院(House of Representatives),和联邦国会两院的名称完全相同,3个州①的下议院称为会议院(House of Assembly),一个州的下议院②称为大会院(House of General Assembly)。③

参议院议员的人数,根据1992年的统计,议员最少的州为20人④,议员最多的州为61人。⑤ 下议院议员最少的阿拉斯加州为60人,最多的佐

---

① 纽约州、加利福尼亚州、威斯康星州。
② 新泽西州。
③ The Council of State Governments: *The Book of the States*, 1992-1993 ed. p. 136.
④ 阿拉斯加州。
⑤ 纽约州。

治亚州为 236 人,纽约州为 211 人。参议员的任期绝大多数州为 4 年,少数州为 2 年。众议员的任期绝大多数州为 2 年,只有 3 个州为 4 年。①

立法机关开会的期间,以前由于州宪法对州立法权的限制,绝大多数州立法机关每两年开会一次,不是每年开会。50 年代开展州宪法改革运动以后,各州宪法逐渐减少对立法机关开会期间的限制。1951 年时只有 10 个州的立法机关每年开会一次,1969 年增加到 26 个州的立法机关每年开会一次。1992 年除 5 个州以外②,其余各州的立法机关都是每年开会一次。每次开会的时间在以前宪法中规定有限制,现在很多州已经取消限制;没有取消限制的州也往往规定,议员多数可以通过决议延长会议时间。③

3. 辅助机构

立法工作需要各方面的专业知识,议员是政治家,不可能具有全面的专业知识,需要技术人员的帮助。近年来的州宪法改革运动,除减少对州立法权力的限制外,也增加对州立法的技术援助。各州立法机关的辅助机构规模的大小不一样,名称也不一致,主要有下列项目:

(1) 立法参考处(legislative reference bureau)。这是最早的立法辅助机构。1890 年首先成立于纽约州和马萨诸塞州,以后陆续为其他州所模仿。各州所用的名称不一致,它的作用相当于联邦的国会图书馆。一方面搜集各州的立法、判例、法律解释、州长对议会的咨文、各种行政事项的立法资料,同时也就立法涉及的某个专门问题提供研究。

(2) 立法理事会(legislative council)。这类机构 1933 年首先成立于堪萨斯州,以后为其他州所仿效。其性质相当于州立法机关中两院联合的常设委员会。成员包括两院的主席,议会中两党的领袖和重要的常设委员会的主席,雇有专门技术人员帮助工作。它的作用是研究该州立法机关的立法工作和计划,可以发表研究的结果。立法机关也可以把某些问题提理事会研究,要求提出报告。理事会就某项立法可以起草法律草案附说明意见,提交立法机关讨论。在立法机关不举行会议期间④,理事会继续工作。

---

① The Council of State Governments: *The Book of the States*, 1992-1993 ed. p.141.
② 阿肯色州、肯塔基州、北达科塔州、俄勒冈州、得克萨斯州。
③ The Council of State Governments: *The Book of the States*, 1992-1993 ed. p.137.
④ 例如两年开会一次的立法机关。

（3）预算分析和审计辅助。预算草案由州长提出，州立法机关通过。立法机关审查预算案时必须了解预算，加利福尼亚州 1941 年首先设立预算分析机构，由两院联合设立的预算委员会领导，雇用技术人员帮助。分析人员可以调查州行政部门的开支，对州长提出的预算向立法机关提出详细的报告。随后，其他州的立法机关陆续仿效这种制度。

有些州的立法机关设立审计处，审查行政部门的开支是否符合预算的规定、是否浪费，向立法机关提出报告，作为立法机关立法和监督行政部门的参考。

（4）法律起草和修改辅助。法律起草和修改是技术性高的工作。过去，州立法机关通常请求州司法部长的帮助，近年来，很多州立法机关中特别设立这类辅助机构。

（5）专业人员。所有州立法机关的委员会都雇有专业人员。近年来也为议员个人分配专业职员，帮助议员执行职务。有的州立法机关的专业人员全年为议员服务，有的州规定只在议会开会期间为议员服务。根据 1992 年出版的各州概况的统计，1988 年时州立法机关雇用的专业职员，超过 33 000 人。①

（三）州立法机关的权力

州立法机关除制定法律以外，还行使大量和立法无关的权力。州立法机关的权力有以下各项：

（1）制定法律。制定法律是州立法机关主要的权力，在美国联邦制度下，州保留一切没有授予联邦政府以及没有为联邦宪法和州宪法所禁止的权力，因此州的立法权力非常广泛，很难正确划定州立法权的界限。州的重要立法事项有：选举、自然资源、刑事犯罪、民事立法、教育、卫生、警察、公路、交通、职业安全、劳动关系、公司、银行、州司法组织、州地方政府的组织及权力。总之，一切州范围内的事，州都有立法权力。州所制定的法律不能和联邦的法律和条约相冲突。由于法律的内容日趋专门，大量的法律提案来自行政部门。

（2）提出宪法修正案。州宪法的修正案主要由州立法机关提出，州选民复决批准。

（3）决定预算权。州的预算由州立法机关决定，州立法机关因此控制州政府的收入、支出和重要政策。

---

① The Council of State Governments: *The Book of the States*, 1992-1993 ed. p. 125.

（4）监督行政部门。州立法机关规定州行政机关的组织、权力、程序。为了立法目的和监督目的，可以调查行政机关的活动。

（5）弹劾权。州政府官员的违法行为，可由州下议院提出弹劾案，州上议院审判。

（6）个案调查权。州议员可以代表选民，调查选民对行政机关所申诉的问题。

（四）公民直接立法权

在美国某些州中，公民享有直接立法权力，这是对州立法机关权力所规定的一种限制。直接立法有两种制度，即：公民的创制权和复决权。创制权是在州立法机关不制定公民所希望的法律时，公民可以绕过立法机关而制定法律。创制权开始的程序，是由宪法所规定的一定数目的公民提出法律建议案。通常是由某一团体或利益集团制定一个法律草案，征求其他公民签名，达到法定的提案人数目。公民的提案在一般情况下先向立法机关提出，立法机关如果接受公民的提案，可以制定法律满足公民的愿望。立法机关不接受公民提案时，必须将公民的提案交付全体公民表决。如果多数公民赞成，提案即已通过。立法机关在把公民提案交付全体公民表决时，可以同时提出一个由立法机关制定的代替提案。全体公民在表决时，可以在两个提案中进行选择。

复决权是立法机关所制定的法律，由公民投票决定是否接受，这是阻止立法机关违反公民愿望制定法律的一种方式。复决权可以分为强制复决和任意复决，强制复决是宪法规定某类法律必须提交复决，得到多数公民批准才能成立；任意复决是立法机关制定某个法律案以后，希望公民表示意见，在法律中规定该法律案只有公民多数投票赞成才能成立。有时某一法律是否实施于某一地区，由该地区人民投票决定，也是一种复决方式。

公民的直接立法权受到一些批评。创制权的结果可能制定难以执行的法律，或需要过大的财政负担的法律。复决权可为立法机关中少数派所利用，阻止多数派制定的法律成立。一般认为公民的直接立法，只在有非常必要时才利用。近年来，由于立法机关经过改革，直接立法已经很少使用。

（五）州立法机关的现代化改革

州立法机关的权力，从19世纪后期以来受到很多限制，所以工作的效率不高，落后于形势发展的需要。为了使立法机关能够适应时代的要求,各州对立法机关逐渐进行一些改革。改革的主要方向是:取消或放宽宪法对立法机关会期和议员薪俸的限制,扩大辅助立法工作的专业职员,改进立法工作所需要的设备,修改议会的规则和程序,扩大公众对立法程序的参与和审查,增进立法机关审查和监督预算的能力,规定议员必须公开竞选的经费。改革的目的是提高立法效率,增加公开程度以取得公众对立法机关的信任。虽然改革在各州进展的速度和取得的效果不一样,然而当代州立法机关在群众中的声望和地位,和20世纪60年代以前相比,已经显著提高。

四、州司法部门

（一）双重法院系统

在美国联邦制下,联邦政府和州政府都有各自的法院系统,互相独立,实行双重法院系统制(Dual System of Courts)。联邦法院的管辖权,限于《宪法》第3条第2节规定的案件,主要包括适用联邦宪法、法律、条约的案件(联邦问题),美国为一方当事人的案件,不同州籍个人之间的案件,涉及外交代表的案件、海事案件。州保留其余一切案件的管辖权,不属于联邦法院专有管辖权的案件,发生在州领域内的案件和适用州法律的案件,州法院有管辖权。州法院所受理的案件远远超过联邦法院,在美国全部法院受理的案件中,96%的案件由州法院判决。①

联邦法院和州法院虽然互相独立,但是有部分共同的管辖权,而且在审理案件和适用法律方面,在很多情况下互相合作。州法院受理联邦问题案件时和不同州的公民之间的案件时,当事人可以请求把案件移转于联邦法院审理。触犯州刑法的案件一般由州法院专有管辖,但如果联邦官员为被告的,可以请求移送联邦法院审理。州最高法院关于联邦宪法的解释,可上诉于联邦最高法院。州法院审理联邦问题案件时,应适用联邦法律。联邦法院审理属于州法律的案件,例如不同州籍个人之间的案件,应适用州法,包括州的成文法和判例法在内。联邦法院和州法院管辖权的划分和合作关系,涉及很多技术问题和自我克制问题,不属本书讨论的范围。

---

① Advisory Commission on Intergovernmental Relation: *State and Local Role in the Federal System*, 1982, p. 98.

(二) 州法院的组织

州法院的组织由州宪法和法律规定,各州之间存在很多差异,然而基本模式大体相同。州的重要法院称为纪录法院,一般分为三级,也有只分两级的。最低一级为初审法院,具有普遍管辖权,能够审理一切民刑案件,没有金额和刑期的限制,也能受理行政案件。初审法院管辖的范围往往包括几个郡(county)①,法官采独任制,每一法院法官的数目不等,在各郡轮流开庭。有的州初审法院采陪审制,案件的事实问题由陪审员决定。初审法院的名称各州不一致,有的称高级法院,有的称最高法院,有的称地区法院,有的称巡回法院。

在初审法院以上,各州都设立了上诉法院。案件较多的州设立两级上诉法院,即中间上诉法院和最终上诉法院。案件较少的州只设最终上诉法院,不设中间上诉法院。最终上诉法院一般称为最高法院,也有用其他名称的,例如纽约州称最高法院为上诉法院,称初审法院为最高法院,称中间上诉法院为最高法院上诉庭。美国州法院地位的高低不能根据名称判断,必须考察其组织法,上诉法院判案采合议制,最高法院各州只有一个。但得克萨斯州例外,它设有民事最高法院和刑事最高法院。

除重要的法院以外,各州还有不同的专门法院和小法院(minor courts)。专门法院是和有一般管辖权的初审法院平行的法院。它的管辖范围限于某一特定事项,例如家事法院、少年法院、遗嘱认证法院等。小法院有时也称为最低级法院,是设立于小区域内的法院,例如在乡区的市镇中可能设置治安法官。在城区中可能设立警察法院、交通法院、低级法官法院。在郡和市中可能设立郡法院和市法院。小法院只能受理轻微的案件,例如一定金额以下的民事案件、一定处罚以下的刑事案件。小法院的判决可上诉于具有普遍管辖权的初审法院。

(三) 州法院的权力

州法院的权力主要受理诉讼案件,以及保护宪法和法律不被破坏,包括审理私人之间的诉讼、刑事案件、个人和团体的宪法权利的保护,审查立法机关的行为是否符合宪法、审查行政机关的行为是否符合宪法和法律。

法院还有一些非诉讼的权力。例如初审法院具有遗产的管理权、未成年人的监护权。很多州中最高法院具有制定诉讼程序规则的权力,具

---

① county 一词也有译为"县"的。

有制定律师职业规则和纪律规则的权力,有的州宪法规定,最高法院具有对行政部门提供意见的任务。

(四) 州法院法官

1. 法官的产生和任期

1990年,美国州法院共有上诉法院法官约1 189人,初审法院法官约27 559人。法官产生的方法各州不一致,在同一州内,不同的法院也可能采取不同的产生方法。根据各州的实际,法官的产生有以下几种方法:

(1) 任命。任命一般由州长提名,州参议院同意或州立法机关同意而任命,也有的州由州长提名经司法理事会同意而任命,有的州对州长的提名设有限制,有的州没有限制,有限制的州可能规定州长只能在另一机关例如州司法理事会拟定的名单中选择法官。州司法理事会一般由法官代表、律师代表、立法机关司法委员会代表、公众代表组成,是一个建议性质或研究性质的机构。

(2) 立法机关选举。有的州规定法官由立法机关选举以后,由州长任命。

(3) 公民选举。美国在建国早期,法官都由任命产生,19世纪以后,有些州开始实行法官由公民选举产生,认为民选法官更符合民主原则。民选法官有两种方式:一种方式以政党为基础,公民选举某党的候选人为法官;另一种方式法官候选人名单不以政党为基础,公民选择具有能力的人为法官。

法官民选可能得不到有能力的人为法官,也可能使法官卷入政治漩涡。为了补救这个缺点,有的州规定法官任期届满进行连选连任时,不能有其他候选人,避免选举竞争。公民投票只表示对法官的工作是否满意,法官是否可以连任。有的州规定法官当选工作一段时间以后,在任期未满以前,由公民投票表示法官是否可以继续工作,矫正最初选举中的错误。美国人称这种方式为选举制与功绩制的结合,然而法官为技术人员,民选法官不论采取何种方式,结果都不理想。美国联邦法院没有采取民选法官方式,在西方其他主要国家中,也没有实行民选法官制。

美国在建国初期,各级法院的法官都是终身职。随着民选法官制的发展,法官终身制逐渐被取消。现在美国各州法官的任期因州和法院而不同,在极少数的州中,最高法院的法官采取终身制,绝大部分州中法官都有任期。高级法院法官的任期较长,可能从6年到12年。小法院法官的任期很少超过两年。现在发展的趋势是增长各级法院法官的任期,以提高法官的工作能力。

2. 法官的资格

各州宪法对法官资格没有规定,从19世纪司法民主风气盛行以来,州法律对法官资格很少要求。以后对高级法院的法官逐渐有专业知识的要求,直到1955年,还有16个州对最高法院和上诉法院法官没有要求任何法律训练。目前除7个州外,其余各州对法官资格都有一定专业知识要求。很多州从律师中选择法官。① 对小法院的法官一般没有专业知识的要求。除专业知识外,担任法官可能还有一定的年龄和居住时间的要求。

3. 法官的罢免和纪律处分

罢免法官的传统方法是由立法机关弹劾去职,几乎全部州宪法中都有弹劾的规定,由下议院提出弹劾案,上议院审理。有些州宪法中规定,州立法机关可以通过决议要求州长罢免法官。有少数州的立法机关可以决议罢免法官,不需要州长的干预。有些州规定公民可以罢免法官,方法是在法官任期未满以前,要求法官由公民重新投票选举。以上这些程序笨重,很费时间,很少有法官由于上述程序而被免职。而且罢免法官是一种严厉的制裁,不能对法官的任何过错都适用罢免处分。因此司法制度改革者寻找其他方法制裁腐败和不称职法官。近年来,一个使用最广的方法是建立法官纪律处分和罢免委员会。委员会的成员或者由法官的代表组成,或者由法官、律师和公众的代表组成。委员会可以接受申诉,进行调查,举行听证,向州长或立法机关提出制裁的建议,也有极少数州规定委员会可以决定制裁。

(五) 州司法改革运动

最近三十多年以来,美国各州在司法改革方面取得很大的成绩,改革的主要方向是:

1. 简化法院系统

美国很多州对于专门法院和小法院的建立毫无计划,遇有某种需要出现,随即设立一个法院。因此法院的组织零乱,管辖范围不清。改革的重点为简化法院系统,取消不必要的法院,合并可以合并的管辖权,改良法院的组织系统。

---

① Advisory Commission on Intergovernmental Relation: *State and Local Role in the Federal System*, 1982, p. 103.

2. 提高法官工作能力

提高法官的工作能力,包括提高法官的专业知识能力和抵制政治影响能力两个方面。各州在法官的任用上都认识到必须引进功绩制,选拔有才能的法官。法官的任期普遍延长,选举的方法普遍改进。

3. 提高法院的管理能力

近年以来,在法院内部和全州法院系统内部逐渐建立行政管理官员,分配和调节法院的工作,使法院和法院之间、法官和法官之间的工作量负担均匀。

4. 取消或限制使用过时的传统的制度

治安法官和陪审制是普通法的传统制度,在当代已经失去作用。治安法官设立在乡区市镇,缺乏法律训练,工资收入主要靠办理案件征收费用,不足以养廉。在过去交通不便时期,在乡区设立治安法官,就近解决轻微案件,对人民是一种方便。近代交通发达,这种方便已不起作用,有些州已经完全废除治安法官,其他州也在逐渐废除。

陪审制会延长诉讼时间,增加诉讼负担,扰乱公民的正常工作,现在民事审判中已经很少使用陪审制,刑事审判中陪审制也在逐渐减少。大陪审团除在重罪案件起诉时使用以外,其他刑事起诉中已不使用。由于很多州的宪法像联邦宪法一样,保证被告在刑事审判中的陪审权利,虽然使用的范围逐渐减少,陪审制仍将继续存在。

五、州行政部门

州行政部门包括州长、副州长和由宪法或法律规定而设立的其他行政机关。

(一) 州长

1. 州长地位的变迁

州长是州政府主要的政治官员,也是州的最高行政长官,是州政府的中心人物。州公民似乎把州长看成是一个小小的总统,对州政府的成就和活动负责。州公民希望州长提出重要的立法计划,协调和指挥州的行政机构,对外保护州的利益,以及履行其他职责。州公民对州长的希望往往超过州长的权力,甚至对州长不能控制的行为也归责于州长。然而州长在州政府中取得重要的领导地位,不是一向就已经存在,而是逐渐发展的。美国公民受到两种互相矛盾的思想支配,一方面希望有一个有力的领导;另一方面恐惧一个强有力的行政长官。这种恐惧扎根于殖民地时期和革命时期对英国统治者的厌恶。州长的地位在这种矛盾和当代行政需要中逐渐提高。

在独立初期,州长的作用极不重要,州长只是一种荣誉职位,没有实际权力。州的权力寄托在州立法机关,州长处于为立法机关服务的地位。因为美国人民在反抗英国的殖民统治时期,由殖民地立法机关领导。独立以后,人民信仰立法机关。由于独立以前对总督的厌恶,独立以后给予州长的权力很小。在绝大部分州中,州长由立法机关选举产生,只有很少的州,例如纽约州、马萨诸塞州,州长由选民选举产生。州长的任期为1年到3年,大部分州的官员由立法机关任命。在州长可以任命官员时,州长的任命权往往必须得到一个任命委员会或立法机关的同意。州长对立法机关制定的法律,或者无否决权,或者只有极有限的否决权。州长的决定往往必须征求某种行政委员会或咨询委员会的意见。

19世纪以后,各州人民对州立法机关失去信任,州长的地位开始变化,逐渐放弃立法机关选举州长的制度。到19世纪末期,除密西西比州外,其余各州州长都由公民直接选举产生。目前,全部州长都由公民直接选举产生。州长对立法机关制定法律的否决权也开始扩大,州长对立法机关的独立,为当代州长具有强大的领导权力铺平了道路。然而在19世纪,州长的权力仍然受到很大的限制,因为从19世纪开始,州的很多官员由公民选举产生,意在分散州长的权力。民选官员制度迄今仍未完全消除。州长权力的真正扩大是从20世纪开始,20世纪开展的行政改革运动,其中一个主要内容是扩张州长的领导权力,使州长成为州政府的中心,美国政党政治的发展也是州长地位改变的一个原因。州长作为政党的领袖,可以影响本党的议员和民选的官员。公民选举州长时,希望州长执行某种政策或实施某项计划。州长在政治上的领导地位,扩大了州长决定政策和制定立法计划的权力。当代州长的地位近似联邦政府总统的地位,然而州长的权力弱于总统。因为州政府中存在民选官员,统一性不如联邦总统,因此美国的州长往往希望成为联邦政府总统或参议员,以求扩大其政治影响。

2. 州长的产生、任期和罢免

在美国50个州中,州长候选人都由政党提名,公民直接选举产生。提名和选举的方法各州不一致,在某些州中,美国两大政党的势力相差不大时,选举竞争的重点在民主党和共和党两党之间;在某些州中,某一政党占优势时,选举竞争的重点在争取党内提名。

法律对担任州长的资格规定很宽,一般只要求达到一定的年龄,具有美国公民资格若干年以上,和在本州居住一定的期间以上,没有其他限制。有极少数州,规定州长的候选人必须为本州的选民。

州长的任期是从短期发展到长期,以便产生一个有强大领导能力和有经验的州长。根据1992年各州概况的记载,在当年美国50个州中,除3个州州长的任期为两年以外,其余各州州长的任期都是4年。州长任期届满以后,除弗吉尼亚州以外,其余各州都可连选连任,其中29个州仿照联邦总统制度,规定只能连选连任一次,其余20个州对连选连任的次数没有限制。州长任期未满以前,由于死亡、辞职、罢免等原因而空缺时,由副州长递补。在5个不设副州长的州,规定由参议院议长或州务卿递补。[1]

州长可由立法机关弹劾而罢免。弹劾案由下议院提出,上议院审理。提出弹劾案和判决弹劾案都必须由规定的多数通过,有少数州规定州长可由公民投票复决而罢免,然而这种方法很少使用。除北达科塔州在1922年曾经使用公民复决罢免州长以外,没有其他案例。[2]

3. 州长的权力

州长的权力类似联邦总统的权力,但受到的限制比总统多。过去对州长权力的很多限制虽然在州宪法的历次改革中逐渐取消或削弱,但没有完全消除。州长的主要权力如下:

(1) 任命权。州长对州所执行的政策负责,必须具有自由选择高级官员的权力。担任州行政的部长必须是能与州长合作,拥护州长政策的人。然而在所有州中,州长都不具有任命全部高级官员的权力。除一般的限制,例如立法机关的同意或委员会成员的任期比州长的任期长等限制外,在所有州中都存在某些民选的高级官员。数目各州不同,一般从3名到7名,有的州甚至更多。此外,有的州宪法或法律规定立法机关可以任命某些官员,以削弱州长的任命权。

(2) 免职权。为了贯彻执行州长的政策,州长对高级官员必须具有免职权。因此很多州认为任命权和免职权是独立存在的权力。州长需要立法机关同意而任命的人,在免职时不需要立法机关的同意。州长有权

---

[1] The Council of State Governments: *The Book of the States*, 1992-1993 ed. p.44.

[2] William B. Graves: *American State Government*, 4th ed. 1953, p.327. William Anderson and Clara Penniman: *Government in the Fifty States*, 1960, p.265.

单独任命的人，也可以由州长单独免职。但法律对州长的免职往往规定一些条件。例如不称职、玩忽职守、不法行为等，限制州长不能由于政策原因而行使免职能力。州长对由公民直接选举的官员不能免职。

（3）行政监督权和执行法律权。很多州宪法像联邦宪法对总统的规定一样，规定州长保障法律的忠实执行。州长利用这个权力，可以要求行政主管官员就其管辖事项提出书面意见，以保证政策的一致性。州长对于严重破坏法律的行为，在必要时可以动用州民兵，以恢复法律和秩序。

（4）行政命令权。州长根据宪法和法律明白的或默示的规定，具有发布行政命令的权力，以应付紧急情况，执行机构改革计划，规定人事管理规则，设立咨询机构等。

（5）预算权。编制预算是州长最重要的权力。预算不仅是一个财政计划，而且体现州所执行的政策和计划。州长对州的政策和行政管理负有整体责任，必须具有编制预算的权力。20世纪早期的行政改革运动，其中一个内容是把预算编制权从立法机关移转予行政首长。从1910年以后，全部各州都已采取行政预算制。预算的编制或者由州长完全负责，或者由州长负主要责任，立法机关的委员会参加编制。根据1992年各州概况的记载，50个州中有39个州的预算编制由州长完全负责；有11个州由州长负主要责任，立法机关参加编制。州长取得预算编制权后，提高了州长对政策的领导权力，也改变了州长和各部的关系。在州长不能用任命权和免职权控制各部的政策时，州长可以利用财政权控制和影响各部所执行的政策。

州长不仅具有预算编制权力，而且对立法机关通过的预算具有单项否决的权力，可以否定预算中某一项目。当前美国50个州中，除7个州以外，其余各州州长对立法机关通过的预算具有单项否决权①，但立法机关可用2/3或3/5的多数推翻州长的否决。此外，在美国50个州中，有24个州州长具有权力减少预算中某项开支，以达到预算平衡或减少亏空。② 美国州长的预算权力超过联邦总统。

（6）否决权。否决权是指州长对立法机构所通过的法律可以拒绝签字，予以否决。这是保持行政部门和立法部门政策协调、地位平衡的一种手段。美国50个州中，除北卡罗来纳州外，其余49个州的州长都有否决

---

① The Council of State Governments: *The Book of the States*, 1992-1993 ed. p. 49.
② Ibid. , p. 38.

权。但是立法机关可用绝对多数推翻州长的否决。宪法所要求的绝对多数愈高,州长否决权的效果也愈大。

(7) 立法建议权。州长每年应向立法机关提出州的情况咨文,这个咨文实际上是州长的立法计划。州长随时可就某个问题向立法机关提出报告,这个报告实际上是要求立法机关制定法律。立法机关制定的法律,很多草案由行政机关草拟,州长作为政党的领袖也可以影响州立法机关的立法。

(8) 赦免权。州长对刑事司法具有赦免权、减刑权、假释权。

以上是州长根据州宪法和法律可能具有的权力。各州的规定不一样,有的州长可能具有较大的权力,有的州长权力较小,总的情况是美国州长的权力近年来有很大的发展。州长的任期延长,任命权比以前扩张,预算权和否决权加强,有些州长还能提出行政机构改革计划。当代州长基本上已经摆脱了早期的各种束缚。然而州长实际权力的大小不完全取决于法律因素,还取决于很多法律以外的因素。例如州长在党内的地位,州长所属政党在州内的力量,州内利益集团力量的大小,该州的经济情况、政治环境、公众的舆论、州长个人的性格,以及其他可能影响州长权力的因素。

4. 州长的辅助职员

州长的辅助职员是州长的办事机构和幕僚,类似联邦政府总统的白宫办公厅,当然不可能像白宫办公厅一样复杂。州长办公厅职员的多少取决于州的人口数量、州长的权力、州的行政事务数量、州的行政结构的幅度、州政府的传统习惯、州长的能力和需要等因素。根据1992年版各州概况的记载[①],当年在最小的怀俄明州,州长只有7名辅助职员;纽约州有216人;得克萨斯州有298人。这个数字不一定正确,因为州长借调其他机关职员作为辅助不包括在内。有的职员可能是部分时间工作。职员的名称、组织、地位的高低也不一致,最常用的名称是秘书和顾问。一般而言,辅助职员可以分为两类:一为文书类职员,包括从打字员、速记员到州长的私人秘书、执行秘书、新闻秘书等在内,这一类职员人数较多。另一类为专业知识职员,例如行政顾问、立法顾问、预算主任等,他们对州长提供信息和建议。职员多的办公厅可能设立一个主任。随着州长权力的扩张,州长的辅助职也有扩张趋势。

---

① The Council of State Governments: *The Book of the States*,1992-1993 ed. p.47.

(二) 副州长

副州长的职位在殖民地时期已经存在,根据1992年各州概况的记载,目前除7个州外,其余43个州都设置副州长职位。① 副州长由公民直接选举产生,候选人的资格和州长相同。副州长除担任州参议院主席,和在州长出缺时可以继任州长外,没有重要的权力。州长和副州长不是经常都能合作,因为州长和副州长在党内可能代表不同的派系。为了保持党的团结,提名一人为州长,一人为副州长,或者为了平衡州内地区势力,分别由不同地区的人担任州长和副州长。州长在决定政策时很少和副州长商量,有的副州长甚至不参加或很少参加州内阁会议。作为州参议院主席,副州长的权力不如州下议院议长。因为下议院议长由议员选举产生,参议院主席是由州宪法规定外加于参议院的。副州长在州政府中不占重要政治地位。

(三) 州内阁会议

仿效联邦制度,绝大部分州行政部门设立内阁会议。内阁会议的组织和形式各州不同。根据1992年各州概况的记载,5个州的内阁会议由州宪法规定,19个州的内阁会议由州法律规定,12个州的内阁会议由州长的行政命令规定,6个州的内阁会议由传统习惯规定,其余8个州没有内阁会议。② 参加内阁会议的人员,最少的为6人,最多的为29人。他们是重要的行政部长和委员会主席,以及州长所邀请的人。会议没有固定期间,可能是每周1次、每两周1次、每月1次,或由州长任意决定。会议不决定任何重要政策,只作为交换意见的机会。由于在州政府中存在一些独立的部和委员会,内阁会议很难产生实际效果。内阁中少数阁员组成小型内阁,讨论某一方面问题或协调某一方面的政策。内阁会议可以为州长直接影响重要的行政官员提供一个机会。

(四) 州行政机关

州的行政机关可以分为两类:一类是早期设立的行政机关,由宪法规定公民直接选举产生。这一类行政机关是宪法机关。变更这类机关超过立法机关的权限,必须修改宪法。属于这一类的机关主要有州务卿(Secretary of State)、州检察总长(即州司法部长)、州财政长官、州审计官等。这类机关不直接对人民提供服务,它们是为了政府存在所设立的机关,或

---

① The Council of State Governments: *The Book of the States*,1992-1993 ed. pp.74-75.
② Ibid., p.53.

者是辅助行政活动的机关。这类机关是消极国家时代,行政不发达情况下的行政机关。

另一类行政机关是在南北战争以后,行政职务逐渐扩张而新设立的机关。新机关随着行政的发展而不断增加。各州的情况不一样,设立的机关当然也不一样。有些行政机关为某州所特有,例如多山的州设立森林部、矿业部,存在荒地的州设立垦殖部。大部分行政机关为各州所共同设立,例如农业、商业、劳动、交通、教育、卫生、公用事业、自然保护、警察、监狱管理等机关,各州都有。执行同一职务的机关在各州所使用的名称可能不同。20世纪60年代和70年代新设立的机关,执行的职务主要是社会计划、环境保护、经济发展、能源、职业安全、保护消费者利益、妇女权利、少数民族权利等。

新设立的机关有一部分采取独任制,由部长领导,对州长负责。大多数州喜欢采取委员会制,避免州长的控制。委员有的由州长提名,立法机关同意后任命;有的由公民或立法机关选举产生。委员的任期往往不是同时届满,而是交错届满。有的委员会的委员可能只是部分时间工作,或者其他机关官员是某一委员会的当然委员。主张委员会制的人认为,委员会制可以排除政治影响,保持政策的继续性,发挥集体智慧,代表不同集团或不同地区利益,使更多公民有机会参加政府工作。反对委员会制的人指出:委员会制不能确定行政责任、行动迟缓、缺乏创造力、效率低、州长不能控制。在美国的行政改革运动中,委员会制成为批评的对象。由于各州人民恐惧权力集中,委员会制在各州中仍然大量存在。

(五) 州行政组织的改革

1. 行政组织改革的意义

州行政组织改革是州行政改革的一部分。行政改革的范围包括文官制度改革、预算和财政制度改革、行政组织改革、行政程序改革等。行政组织改革作为一种运动,在19世纪末期和20世纪初期已经存在。首先进行大规模实际改革的是1917年伊利诺伊州。伊利诺伊州的改革措施是对现存行政机关的职务分析和归类,把相关的职务集中于一个部,由独任制的部长领导,对州长负责。这种方案受到其他各州注意,促进改革运动的发展。根据一个研究的统计,从1917年到1980年期间,各州共开展大规模的机构改革运动151次,大多数行政组织改革发生于1965年以后。其中有的成功,有的没有成功。① 行政组织改革运动是一个继续发展的永远不会终止的运动,因为社会情况不断变更,科学技术不断更新,行政组织必须与它适应,改革运动永远不会停止。

2. 行政组织改革的背景

美国州政府的行政组织,除 20 世纪 50 年代新建立的夏威夷州和阿拉斯加州比较合理外,其余各州在进行改革以前都非常散漫。随着新的任务出现,立法机关随即设立一个委员会去处理。行政机关的数量庞大,在很多州中,行政部门的机构甚至达到 100 个、200 个、300 个。大部分行政机关独立存在,没有联系,职权不清,有时重叠。除机构的数量多外,民选的行政官员数量也多。民选官员的传统悠久,在独立初期,由于对过去殖民地总督专横的厌恶,州宪法为了削弱州长的权力,规定重要的行政官员由公民选举产生。19 世纪以后,极左的民主观念流行,认为民选官员是民主政治的要求,行政组织改革以前的州政府中,行政部门机构林立,职权不清,效率低下,浪费严重,州长无权,行政缺乏中心和统帅。

在这种情况下,很多因素促成了行政组织的改革运动。

(1) 行政职务继续增加,数量更多,范围更广。行政部门的浪费增加纳税人的负担,公民在要求更多服务的同时,也要求更经济和更好的服务。为了提高服务质量,减少浪费,必须进行行政组织改革。

(2) 科学管理制度已在工商企业界流行,生产效率因此提高,刺激行政机构的改革。

(3) 联邦政府的行政管理改革,促进州的改革运动。联邦政府在 20 世纪 50 年代以前,曾经提出 3 个重要的行政机构改革的研究和计划,它们是 1912 年的总统经济和效率委员会(塔夫脱委员会),1937 年的总统行政管理委员会(布朗洛委员会),1949 年的行政部门组织委员会(第一次胡佛委员会)。这 3 个改革计划对各州早期的行政机构改革产生了重大影响。20 世纪 50 年代第二次胡佛委员会提出的行政组织改革报告,曾引起各州 60 年代以后的行政机构改革浪潮。这次改革运动,1965 年从密歇根州开始,以后波及其他各州。这次改革运动所得到的实际效果,大于早期的改革运动。

---

① Advisory Commission on Intergovernmental Relation: *State and Local Role in the Federal System*, 1982, p. 113.

3. 行政组织改革的原则

行政组织改革的思想来源不同,然而有一个共同的观点,认为一个强有力的民主政治需要一个对公民负责的有实际权力的行政首脑作为发动、指挥和管理行政的中心。从这个观点出发,行政组织改革的设计者提出下述原则,作为进行改革的指导。这些原则不同程度地实现在各州所进行的实际改革之中:

(1) 集中权力和责任。在改革计划中,州长不仅在理论上,而且在实际上是负责行政的首脑。为此目的,州长的任期必须延长,民选的行政官员必须减少。行政机关长官由州长任命和罢免,对州长负责。

(2) 行政机关的职务按功能集中。执行相同和相关的任务的行政机关,合并成为一个机关,可减少机关的数量。这样改革以后,行政机关的责任明确,行政程序容易标准化,也方便预算的编制。

(3) 废除纯粹执行行政职能的委员会。委员会制权力分散,责任不清,因循保守,缺乏创新能力,行动迟缓,不适宜于行政工作。一切以行政职能为主要任务的委员会,由独任制的行政部长代替。

(4) 集中和协调辅助行政活动的后勤机关和参谋机关。财政、会计、采购、物资管理、人员管理、研究等单位,是行政活动的后勤部和参谋部,应由行政首脑集中领导或协调,以提高行政效率。

(5) 独立的审计机关。财政活动、会计活动必须和审计完全分离。审计机关应对行政机关独立,由立法机关领导,作为立法机关监督行政的一种手段。

(6) 承认内阁的作用。美国大部分州政府中有内阁会议,然而内阁会议往往不是定期正常举行。改革者主张加强内阁会议的正规性,发挥内阁的协调和讨论作用,消除各部之间的职能重复和机构重叠。

4. 行政改革的成果

最近期间的改革运动在各州都取得了成绩。当代的行政组织在州长的权力和机构的集中方面,和 19 世纪以及 20 世纪初期相比,已经很不相同。然而改革的成果不是各州一样,有的州的行政组织变更较大,有的较小。差别的原因在于阻止改革力量的强弱在各州不一样。阻止改革的力量有:

(1) 取消宪法规定的民选官员必须修改宪法,在各州中,支持保留宪法规定的民选官员的力量比较强大,很多公民认为取消这些官员的民选,是侵犯他们的政治权利,很多公民害怕过分强大的行政权力。

(2)机关长官倾向于不愿合并到大单位中,争取保留自己的独立地位。

(3)某些公众和某一行政机关有特别密切关系,不愿意看到这个机关的组织和地位变更。

(4)有些选民在保持行政不受政治干扰观念的支配下,不愿意变更某些机关。

行政组织改革是一个复杂的问题,涉及很多方面的利害关系,各州不可能一致。民主和效率如何结合、公民和政府的权力如何分配,意见也不可能一致。尽管有各种不同的观点,然而赞成改革的态度各州一致,因此各州的行政组织都有改进。州长的权力普遍扩大,民选官员的数目、行政机构的数目、独立委员会的数目普遍减少。行政组织比以前简单合理,审计机关和行政机关独立,或者保留原来制度由公民选举产生,或者改为附属于立法机关。很多州中已经设立研究全盘计划的机关,行政活动的后勤服务也大量集中了。

六、州和地方的关系

州以下的政府称为地方政府,地方政府是州的组成单位。联邦宪法对地方政府没有规定。地方政府的组织和活动受州的管辖,州和地方政府的主要关系可以概括如下:

(一)州是地方政府的设计者和决定者

由于联邦宪法没有规定地方政府的存在,州立法机关在不违反州宪法的范围内,可以任意创造或废除地方政府。州在宪法、法律和给予地方政府的特许状中,决定地方政府采取什么形式、具有什么权力,地方政府的职务和组织结构、活动程序、财政收支,以及地方政府之间的关系。

(二)州法律效力高于地方政府的法律

在很多州中,宪法规定地方政府享有自治权力,可以制定自治的法律和行政法规。地方政策所制定自治法律,不能和州的法律冲突。因为地方是州的一部分,地方的利益和州的利益不可分离,一个地方的决定可能影响其他地方的利益。自治权力不是不受限制的权力,但州的法律对于地方的限制不能违反州的宪法,例如很多州中,宪法禁止制定只适用于一个城市或一个地方的法律。

(三)州政府监督地方政府的活动

州政府根据法律的规定监督和协调地方政府的组织和活动。监督的方式多种多样,可以是非正式的会谈,要求提供报告、视察、调查,在给予财政援助时规定必须遵守的条件,审查地方政府的行为,事先批准地方政府的行为,发布命令、制定法规、撤换或任命地方官员、代替地方政府执行某项任务等。近年来,联邦政府给予地方政府的补助,往往通过州政府执行监督,更扩大了州政府的监督权力。监督的方法各州不一样,在同一州内,各项活动的监督也不一样,监督最集中的事项是财政和卫生事务。

（四）给予地方政府技术援助,提高地方政府的工作能力

州政府经常努力改进地方政府执行地方事务的能力,也努力提高地方执行州法律的能力。为此目的,对地方政府提供范围广泛的技术援助,例如在采购、会计、起草法规、设计人事制度、制定经济发展计划、住宅发展计划、申请联邦补助,以及其他事项上提供技术援助。所有的州政府内部设有机构,负责援助地方事务。

（五）对地方政府提供财政补助

州政府移转大量州的资金于地方政府,也移转大量联邦政府资金于地方政府。据统计,20世纪80年代初期,各州地方政府的全部开支中,1/3来自州的补助。州政府从联邦政府所得到的补助,27%移转给了地方政府。①

第二节 地 方 政 府

一、概述

（一）地方政府的历史渊源

美国各州地方政府的模式来源于17世纪英国的地方政府制度。全国地区划分为不同的郡,郡以下的主要地方单位是教区或镇,商业集中的地区设立自治市。17世纪,英国人开始到美洲殖民,殖民地人民把当时英国地方政府模式带到了美洲,所以美国各州地方政府的基本模式是郡、镇、市。

殖民地人民对英国地方政府的基本形式,根据各地区的情况有些改变。在北部新英格兰地区,郡主要执行司法职务,不是重要的行政单位。

---

① Advisory Commission on Intergovernmental Relation: *State and Local Role in the Federal System*, 1982, p.154.

镇是最主要的行政单位，其作用相当于南部地区的郡。镇的居民大都属于同一教派，实行直接民主，重要的行政事项由镇民大会决定。在中部地区，郡和镇都是行政单位。镇是基础的行政单位，郡的管理机关或者由镇政府选举产生，或者由郡法院提名，总督任命。镇的地位在各州不完全一样，越向南部发展，镇的作用越弱。在南部地区，郡是主要的行政单位。郡政府权力集中，郡的主要官员是治安法官，同时执行司法职务和行政职务，由总督任命。镇的作用不大，有的州中甚至没有镇政府存在。

在殖民地时期商业还不发达，市政府很少。市政府的组织依照英国自治市制度，由总督给予特许状。市的富裕有产阶级选举市政府，实行自治。

这三种地方政府组织形式最初分布在东部大西洋沿岸，随着美国人民向西部开发，扩张到美国全部各州。各州之间在采取这三种形式时出现一些差别。这三种形式是美国各州地方政府的基本单位，除基本的地方政府单位来自英国以外，美国各州的地方政府单位还包括学校区和特别行政区。这两种地方政府形式是后来发展的制度。在殖民地早期，教育由教会掌握。教育成为地方政府的任务是在政教分离以后。特别行政区是在行政职务扩张以后而设立的制度，在较早的时期不存在这种需要。

（二）地方政府的分类

各州的地方政府在法律性质、区域大小、人口多少、职能和组织上存在很多分歧。同一名称在不同的州可能有不同的意义和内容，即使在同一州内，地方政府之间也可能存在分歧。分歧很大是美国地方政府制度的主要特征。尽管有这些分歧存在，然而美国各州的地方政府就其主要的性质和作用而言，可以分为几个不同的种类。根据地方政府是否具有充分的法人资格，地方政府可以分为公法人地方政府和准公法人地方政府，有时也称为市法人政府和准市法人政府。因为在美国地方政府中，市法人和公法人时常交替使用，不加区别。根据地方政府执行的功能的多少不同，地方政府可以分为一般目的政府（general purpose governments）和特别目的政府（special purpose governiments）。

公法人地方政府和准公法人地方政府的区别，表现在存在的目的和产生的方式不同。准公法人的地方政府从历史上说是为了州行政方便的目的而创设和存在的，因为州政府不能从首都统治全州，必须划分不同的区域，设立政府作为州的工具，在该区域内代理州政府执行州的行政。公法人地方政府设立和存在的目的不是代理州政府执行职务，作为州的工具,而是为了服务于某一特定区域内的居民,虽然它们的权力受州法律的限制,然而在法律规定的范围内,它们执行职务的目的是为了本区域内居民的利益。从产生的方式来说,准公法人不是根据居民自愿行为而设立的。它们由州宪法或州法律所设立,因此它们常常被称为"非自愿的"(involuntary)地方政府单位。公法人的地方政府是根据居民的自愿行为设立的。为了成为一个法人,居民必须遵守法律规定的设立法人的程序。通常要求举行公民投票或一定数目居民的请示,所以公法人的地方政府一般称为自愿的地方政府单位。在美国各州中,属于公法人的地方政府单位有市、镇(不包括英格兰地区的镇)和村,属于准公法人的地方政府单位有郡、英格兰地区的镇、学校区、特别行政区。

在当代区分地方政府单位为公法人和准公法人已经失去实际意义,因为当代的郡除执行州的行政以外,也时常执行很多属于市的行政。当代的市也常向市外区域提供市的服务,郡和市的区别日渐缩小或消失。公法人和准公法人的区别,可能产生的一种法律效果是行政赔偿责任的不同。准公法人代替州执行职务,在赔偿责任上享有州的主权豁免。公法人不能享有州的主权豁免,所以公法人的赔偿责任大于准公法人。① 然而在当代不论联邦和州,都已逐渐放弃主权豁免原则。在行政赔偿责任上,准公法人和公法人也日趋接近。由于这些发展和变迁,公法人和准公法人地方单位的区别,已经不占重要地位。

当代区分地方政府的标准是根据地方政府所执行的功能,有的地方政府执行多种功能,行政职务范围广泛,属于一般目的地方政府,这类地方政府是历史上最早成立的地方政府。称为基本的地方政府,包括郡、市、镇政府在内,有的地方政府只执行一种功能或相近的几种功能,职务范围单纯,属于特别目的地方政府。这类政府是近代行政扩张逐渐设立的,包括学校区和特别行政区地方政府在内。根据1982年国情调查的统计,美国全国共有3 041个郡,19 076个市,16 734个镇,14 851个学区,25 588个特别行政区。② 在罗德岛和康乃狄格二州和哥伦比亚特区,没有郡存在。阿拉斯加州的自治市相当于其他州的郡,半数以上的州没有或者已经取消了镇的设置。

---

① 关于主权豁免和政府的赔偿责任,参见本书第十七章:政府侵权赔偿责任。
② U. S. Bureau of Census: *1982 Census of Government*, vol. 1, Governmental Organization, 1983, p. Ⅵ.

(三) 地方政府权力的来源

1. 地方政府没有固有的权力

在说明地方政府权力的来源以前,首先要解决一个问题:地方政府对于地方事务是否享有固有的自治权力,不需要州法律的授权? 对于这个问题,美国法律有一个变迁。在19世纪,美国州法院认为地方事务享有固有的自治权,州法律不能干涉。例如密歇根州立法机关通过一个法律,设立一个委员会管理底特律市公共公园,州最高法院在1873年的一个判决中①,认为这个法律侵犯底特律市对地方事务固有的自治权,因此无效。固有自治权力观念在当代已为州法院所放弃,例如肯塔基州最高法院1960年在一个判决中②,认为:"现在已经到了这个时候,本法院坚决并不含糊地在肯塔基城市中放弃地方固有自治权利的理论。"肯塔基法院的观点也是其他州法院的观点。

地方政府没有固有自治权力的结论是地方政府的权力来源于州,地方政府和州的关系同州和联邦的关系完全相反。对于联邦而言,州具有固有的权力,州政府保留一切未在联邦宪法中所放弃的权力,以及未被联邦宪法禁止行使的权力。地方政府对州而言没有固有的权力,只有由州授予的权力。美国在联邦一级实行联邦制,在州一级实行单一制。州是一个单一制的政治实体,州以下的地方政府由州创设。地方政府权力的来源只能是州宪法和法律的授权,以及州宪法和法律规定的自治权。

2. 法律规定的权力

(1) 特别适用的法律。有些州的立法机关,对于每一地方政府单位制定一个特别适用的法律。在这种制度下,根据不同的地方情况,制定适用于该地方政府的法律,有多少不同的地方政府就可能有多少不同的地方政府法律。由于每个法律只适用于一个地方政府,法律的修改比较容易。然而只适用于一个对象的法律容易产生流弊和滥用权力,受到广泛的批评。绝大部分州宪法中,禁止立法机关制定特别适用的法律。

(2) 普遍适用的法律。在禁止特别适用立法的州中,立法机关对地方政府的立法,必须适用于全体地方政府,避免单独立法时立法机关对地

---

① People ex rel. Board of Park Commissioner v. Common Council, 28 Mich. 228 (1873).
② Board of Trustees of Policemen's and Firemen's Fund v. City of Paducah, 333 S. W. 2d, 515, 518 (Ky. 1960).

方政府事务任意干涉。但是普遍适用的法律也有缺点,因为同样的地方政府之间,它们的差别可能很大。例如有的郡或市只有几千人,有的郡或市有几十万人或几百万人。除人口之外,还有经济社会等方面的差别,不问同样地方政府单位的大小、性质和需要如何,规定它们具有相同的权力、责任和组织形式,这样的法律显然是不公平的,很难实行。为了调和法律的普遍适用和照顾不同的地方情况起见,产生分类立法制度。分类的标准可以根据需要决定,经常适用的标准是按人口分类。例如5万人以下的郡或市为一类,5万人以上的郡或市为一类,分类多的可以达到4类或5类,一般只分两类,例如有大城市存在的郡为一类,没有大城市存在的郡为一类。对于每一类地方政府制定一个法律,规定它们的权力、责任和组织形式。

(3) 自愿适用的法律。为了调和普遍立法和地方情况不同起见,除分类立法外另一种方法是自愿适用的法律。州立法机关制定适用于地方政府或某类地方政府的法律,具有普遍适用性质,但不具有强制性。地方政府根据当地的具体情况,自愿决定是否接受这个法律。

(4) 狄龙规则。州法院对于立法机关授予地方政府的权力的解释,常常适用狄龙规则(Dillon Rule)。这个规则是爱德华州最高法院法官狄龙,1872年在其著作《论市法人》一书第一版中首先提出来的,所以称为狄龙规则。在狄龙的书中,这个规则只适用于市政府的权力,法院的解释把它适用于全部地方政府的权力。按照这个规则,市政府只具有下述权力,没有其他权力:① 法律明文授予的权力;② 明文授予权力所必然的或充分的或附带地包括的默示的权力;③ 达到市法人公认的目的所绝对必要的,而不是为了方便而必要的权力。对权力的存在有合理的怀疑时,法院必须拒绝市政府具有这个权力。①

狄龙规则的要点是对地方政府权力采取严格解释。地方政府只有法律明文授予的权力,默示的权力受到极大的限制,实际上等于认为地方政府除法律明文授予的权力以外,无其他权力。在狄龙时代,美国地方政府腐败,为了限制地方政府活动的范围,加强州对地方政府的控制,狄龙提出了上述规则。当代的情况和19世纪不同,地方政府提供大量的服务,法院对狄龙规则的态度已经改变,但没有统一的观点,是否严格解释地方政府的权力,在很大程度上取决于法官的态度。

---

① John F. Cillon: *Treatise on the Law of Municipal Corporation*, 1st ed. 1872, pp. 101-102.

3. 自治权力

（1）地方自治的意义。地方政府权力第二个来源是自治权力。地方政府的组织和地方事务的管理由地方人民和地方政府自己规定，不由州法律规定，称为地方自治。地方自治权力不是地方政府固有的权力，是由州宪法和法律授予的权力。然而这个授权，不是对某一项目的授权，而是划分地方事务和州的事务。地方政府对前者有决定的权力，不由州法律规定，甚至排除州法律的规定。地方自治是划分地方权力和州权力的一种方式。

地方自治在英国有悠久的历史。美国首先出现在1875年密苏里州宪法中规定的市自治权力，以后逐渐发展，目前绝大部分州宪法中规定有市的自治，一半以上的州宪法中规定郡可以享有自治权力。各州地方自治的具体内容差别很多，然而根据自治权力来源的不同，可以分为两种形式的地方自治：宪法的地方自治和立法的地方自治。不论是宪法的自治或立法的自治，地方政府必须制定自治宪章，才能行使自治权力。

（2）宪法的地方自治。宪法的地方自治是在宪法中直接规定地方政府能够具有的自治权力。宪法规定的方式不一样，大部分宪法规定的方式是使用很抽象的概念，例如管理地方事务、地方财产，管理地方政府等。宪法自治权力的核心是地方事务，在宪法自治制度下，存在三种事务，三种权力：① 州的事务由州法律规定，地方政府不能规定；② 州和地方共同的事务，州和地方都可规定，但州法律具有优越性，地方法律在不违反州法律范围内存在；③ 地方事务由地方法律规定，州无权干涉。在这三种事务中，范围最广的是共同事务，例如环境保护、公共卫生和其他很多事务都是共同事务；专属于地方的事务不多，例如地方政府组织的形式，地方职员的任用等属于纯粹的地方事务。

宪法自治的最大困难是不容易区别地方事务和州的事务，而且社会情况经常变迁，地方事务随时可以成为州的事务或共同事务。法院在解释地方事务时，往往采取严格解释，限制自治权力的范围。

（3）立法自治。立法自治是州宪法不直接规定自治权力，而是授权或命令州立法机关规定自治权力。即使没有宪法的规定，州立法机关也可以规定自治权力。立法自治的方式不是划分州的事务和地方事务，而是规定在州法律没有禁止或限制的情况下，地方政府可以行使全部州的立法权力。例如全国市政联盟草拟的《示范州宪法》第8条第2节规定：

"在自治宪章没有拒绝,在一般性的法律没有拒绝给予郡或市或某一类郡或市的情况下,并且在不违反州立法机关制定的一般适用的法律的范围内,郡或市可以行使任何立法权力或履行任何职能。"①这条规定已为某些州所采用。立法自治方式避免了划分州事务和地方事务的困难,避免了法院严格解释地方事务对地方自治权力的限制,扩大了地方自治的权力。但地方自治权力仍然在州立法机关控制之下,因为州立法机关可以拒绝地方政府享有某种权力。

(4)自治宪章。宪法或法律授予的自治权力是地方政府权力的来源。地方政府要行使自治权力还必须履行一个程序,即制定自治宪章,规定自治政府的组织、产生方式、自治政府各机关的权力和职务范围。自治宪章是地方自治政府的基本法,效力高于自治政府制定的其他法律。制定自治宪章必须具备一定的条件,各州规定的条件不完全相同。一般的条件是:具有法人资格,没有组织成为法人的地方单位,不能享有自治权力。居民达到一定数目以上。

宪法起草委员会由公民选举产生,宪章草案必须经公民投票批准。有少数州规定自治宪章必须由州长或州立法机关批准;有个别的州不要求制定自治宪章,例如俄亥俄州宪法授予市自治权力,不要求市制定自治宪章。

自治宪章通常由自治地区公民制定,有些州立法机关制定两个或几个不同的政府组织形式,适用于不同的地方情况,供自治地区公民投票选择,称为可选择的宪章(optional charters)。

(5)对地方自治不同的态度。美国地方自治运动从 19 世纪后期开展以来,取得自治权力的地方政府越来越多,现在仍在发展之中。拥护地方自治的人认为,地方自治可以避免州立法机关对地方事务的过分干涉,可以鼓励当地居民关心地方事务。当地居民最能了解当地事务,地方自治能够充分反映居民的需要和愿望,地方自治是民主政治培养的场地和不同政策试验的场地。批评地方自治的人认为,地方自治强调小地方区域的自主权力,然而当代城市化所引起的许多问题,需要取消地方界限才能采取有效的解决措施。

---

① National Municipal League: *Model State Constitution*, 1968, p. 16.

二、地方政府的组织和职能

(一) 郡

郡是存在最广的地方政府单位。在全国五十个州中,除罗德岛和康乃狄格二州外,其余各州都有郡的设置。郡是各州中最大的地方政府单位,郡内的市、镇受郡的管辖。有的州允许郡政府和郡内的大市合并成为市郡(city-county)。弗吉利亚州规定取得法人资格的地方政府单位不受郡的管辖。郡的大小和人口可能相差很大,根据1982年国情普查统计,全国有700多个郡人口不到1万,人口超过25万的郡只有200多个,人口在1万到24 999之间的郡数目最多。① 面积最小的郡只有26平方英里,面积最大的郡达到20 117平方英里。② 郡的经济社会情况一样,有的郡处在城市地区,有的郡处在乡村地区。美国的郡不仅各州之间不同,同一州内也有差别,这些差别当然影响郡的组织和职能。

1. 郡政府的组织

郡政府的组织在各州中具体方面很多不同,甚至同一州中也不完全相同,但基本的结构形式相同。传统的组织形式是由郡委员会领导郡政府,委员会同时是立法机关和行政机关。委员会的产生可以分为两种方式:

一种方式是大委员会制,由郡内各镇的镇长参加,有的州规定由每镇公民选举一名代表参加,郡内各市,每区选举一名代表参加。委员的人数通常为40到50人,有时可能超过这个数目。有些州中,郡法官或其他官员为委员会的当然主席,少数州的主席由公民选举产生,大多数州的主席由委员会成员选举产生,主席没有比其他委员更大的权力。委员会分为小组,每一小组负责某一方面的行政。委员会每月开会一次,小组开会的次数较多。在大委员会制中,委员代表所属市或镇的利益。

另一种方式是小委员会制,委员的人数为3到7人,由全郡公民选举产生。郡委员会名义上是郡政府的最高机构,决定郡的政策和监督郡的行政,实际上对郡的行政不能监督和协调。

在郡委员会外存在很多民选官员和独立的行政委员会,负责执行某

---

① U. S. Bureau of Census: *1982 Census of Government*, vol. 1, p. XXVII.
② Advisory Commission on Intergovernmental Relation: *State and Local Role in the Federal System*, 1982, p. 236.

一方面的行政,主要的民选官员有郡行政执法官、检察官、郡书记官、财政官、审计官。此外还有名目繁多的其他官员,例如公路监督、教育监督、福利监督、卫生官、测量官等。他们之中很多由公民选举产生,其中有的人可能领导一个独立的委员会,郡委员会对民选官员和独立的委员会无法领导。郡政府是一个多头行政机关,缺乏集中领导。

近年来的郡行政改革运动,主要的方向是减少民选官员和行政委员会,设立行政部和行政长官。

其中一种方式是实行郡经理制,由郡委员会聘任一名郡行政经理,负责领导执行全部行政事务。经理有权任命各部负责人,对各部门行政负全部责任,郡委员会随时可以罢免经理。

另一种方式是设立郡行政长官,由公民选举产生,有权领导全部行政。郡行政改革运动在各州进展不快,因为改变郡政府的组织形式往往需要修改州宪法,也因为一个散漫的郡政府容易受政党的控制和影响。美国两大政党为了本身的利益,不热心支持改革运动。

取得自治权的郡政府组织比较强大,但自治郡在美国数量不多,因为很多郡不愿意负担自治的费用。

2. 郡政府的职能

郡政府的传统职能是执行州的行政职务,是州政府在某一地区的代理机关。因此郡的传统职能是对征税财产进行估价,征收财产税;作为司法区域,办理选举、维持公路、设立挽留所、进行警察巡逻、维持土地登记等。从20世纪起,郡的职能开始扩张,执行很多原来认为属于市的职务。例如设立公园、图书馆、飞机场、医院、公用事业、防火组织、公共救济、社会福利服务以及制定分区开发计划等。当然,郡的职能不是完全一致,乡区的郡和城区的郡不可能执行同样的职务。郡在执行新的职务时,往往需要州立法机关的授权,以及得到州和联邦的财政援助。

(二) 镇

镇不是普遍存在的地方政府单位,在50个州中,只有20个州有镇的设置。在这20个州中,11个州的镇的作用较大,称为强镇州;其余9个州的镇的作用很小,称为乡区镇州。在有镇存在的州中,有8个州的镇只有部分存在,有的郡中有镇,有的郡中无镇,镇的数目继续减少。镇作为一个小的地方政府单位是过去时代的产物,在当代情况下,镇不能提供高效率和最经济的服务。在美国有主张废除镇的设置,简化地方政府体系的意见。特别是在乡区镇州中,镇所执行的任务很少,没有存在的必要。关于镇的存废问题没有一致的意见,镇是地方政府单位中最薄弱的环节。

1. 镇的组织

镇的组织在东北部新英格兰地区和其他地区不同。

(1) 新英格兰地区。① 新英格兰地区实行直接民主制,镇的最高机构为镇民大会,由有选举权的公民参加。每年举行一次会议,必要时可以举行特别会议。镇民大会决定镇的政策和法规。当镇的人口增加不能举行大会时,由镇内各区选举代表举行代表会议。代表会议的人数仍然不少,有时开会不能达到法定的人数,因此有的大镇完全放弃了镇民会议观念,请求成立为市法人。

镇民大会每年选举一个特别委员会(Board of Selectmen),由 3 至 5 人组成,作为大会的执行委员会,在大会闭会期间,执行大会的决定和不属于其他镇行政机关管理的事务。除特别委员会外,还有大量镇官员和行政委员会,执行属于镇的行政事务。很多官员由选举产生,不受特别委员会的控制。镇的低级官员有时可由特别委员会任命,这类镇的机构没有一个集中的行政领导。近年来的仿效市经理制度,出现了镇经理运动,但未被广泛采纳,认为会削弱镇人民的民主权利。

(2) 其他地区。英格兰地区以外,接近英格兰的地区的镇,可能还存在代表会议,但是没有镇民大会的权力。绝大部分州放弃了镇民会议制,镇的权力通常由一个镇委员会行使,设有镇长,权力比较集中。各州的制度不一样,以纽约州为例,该州的法律规定,按镇所在的位置是否接近纽约市,或镇的居民人数的不同,镇分为两类:第一类是接近纽约市的镇或人口在 1 万人以上的镇;第二类为人口在 1 万人以下又不接近纽约市的镇。第一类镇的最高权力机关为镇委员会,委员会由镇长和 4 名镇委员组成,同时是镇的行政机关和立法机关,委员由公民选举产生。镇长占有重要地位,镇委员会下设有大量镇官员,负责各部门的行政,有的官员由选举产生,有的由委员会任命,主要的官员有镇律师、工程师、书记、治安法官、估价官、征税官、警察、道路监督等。第二类镇的委员会由镇长、两名镇委员、两名治安法官组成,都由选举产生。镇委员会下的镇官员数目少于第一类。镇人口在 300 人以下的,镇委员会由镇长 1 人,治安法官 1 人和镇书记组成。镇的行政官员很少,镇长和镇委员往往兼任某一方面

---

① 新英格兰地区包括 6 个州:缅因州、新罕布什尔州、佛蒙特州、罗德岛、马萨诸塞州、康尼狄格州。

的行政事务。

2. 镇的职能

镇的职能随镇的大小和镇的地理位置而不同,大镇和市郊的镇职能大于小镇或乡区的镇。镇的主要职能有:执行法律、办理镇的选举、救济贫穷、维修道路、维持道路秩序、管理乡区市场、估计税价、执行镇内的土地区划,接近市郊的镇还执行许多属于城市的职务,例如排污、供水、清垃圾、防火、福利事业、娱乐设施等。

(三) 市

1. 市的组织

根据1960年的人口普查,美国人口2/3集中在城市及其郊区,市内和市郊各占一半。[①] 市的组织非常重要,市同时行使立法、行政、司法三种权力。在早期,市立法部门(市议会)处于最高地位,现在这种情况在大多数市已不存在。很多州的立法机关可以制定法律,规定市的组织形式。享有自治权的市可以自己规定组织形式,没有自治权力的市,政府组织必须按照州的法律的规定。各州的市政府的组织形式虽然不一样,然而基本上采取三种形式:市长市议会制、委员会制和市经理制。

(1) 市长市议会制。市长市议会制是市政府的传统组织形式,现在40%以上的市采取这种形式。[②] 这种形式的特点是市的权力分别由市长和市议会行使。在早期,市长由市议会选举产生[③],现在市长和市议会都由市民选举产生。市议员的人数一般为30到50人,由市内各区选举产生,极少数议员可能由全市选举产生。

市长市议会制可以分为弱市长制和强市长制两种类型。在弱市长制下,市长的权力很小。他对市议会通过的法律的否决权力很小,在他行使否决权时,容易为市议会所推翻。他的行政权力也很小,大部分市行政官员或者由市民选举产生,或者由市议会选举产生,市长也没有预算编制的权力。在强市长制下,市长对市议会立法的否决权,很难为市议会推翻,市长任命大部分行政官员,有编制预算的权力。强市长制类似联邦政府制度,市长不仅是名义上的行政首脑,也是实际的行政首脑;弱市长制是

---

① Advisory Commission on Intergovernmental Relation: *Governmental Structure, Organization and Planning Inmetropolitan Areas*, 1969, pp. 5-6.
② Osborn M. Reynold: *Local Government Law*, 1982, p. 50.
③ 参见王名扬:《法国行政法》,北京大学出版社2007年版,第74—75页。

早期的市政府组织形式,现在的改革运动是加强市长的权力和责任,采取强市长制。

（2）委员会制。市委员会制在20世纪初期曾经风行一时,现在已经衰退。这个制度的特点是统一立法部门和行政部门,没有人数众多的市议会。市政府由少数委员组成,一般为3到7人,由市民直接选举产生。委员会是市的立法机关,每个委员同时负责领导一个行政部门。市长是委员会的主席和市政府的代表,由公民选举产生,或由委员会选举产生,市长的权力和其他委员一样,没有否决权,除他所主管的行政部以外,也没有任命权。

委员会制的优点是政府的组织形式简单,从理论上说,它统一行使市政府的权力,实际上委员会制分散行政权力,每一委员负责一个行政部门,无人对全部行政负整体责任。委员会讨论政策时,每个委员从其主管部门出发,不容易形成统一意见,而且委员的人数不多,不能代表市内各种利益,采取委员会制的市已经逐渐放弃,现在仍保留委员会制的市只占6%左右。[1]

（3）市经理制。市经理制有时也称市议会经理制。在这个制度下,市议会的人数很少,一般为5到7人,由市民选举产生。市议会决定政策,制定法规,监督市的行政。市长名义上是市的首脑,代表市政府,但无实际权力。全部行政的管理权力集中于市经理。经理由市议会任命,对市议会负责。市的行政官员,除极少数官员例如审计、检察、书记等外,全由经理任命和免职,但低级官员的任免必须遵守文官制度。经理监督和指挥市的全部行政,编制市的预算案,可以出席市议会的讨论,但无表决权。在这种制度下,行政权力和责任集中,担任经理的人必须是有市政经验或管理经验的专家。美国有47%左右的市采取市经理制[2],有的市可能改变市议会经理制,经理由市长任命,对市长负责,这是强市长制的一种变型。市经理制实际上是把企业管理制度适用于行政管理,市民等于股东,市议会等于董事会,董事会选择经理,经理负责管理全部业务。除市政府外,有的郡政府和镇政府也采用经理制。

批评经理制的意见认为,经理不是民选官员,会集中强大权力,接近独裁制度。在市经理制下,行政部门不能反映市民意见。

---

[1] Osborn M. Reynold: *Local Government Law*, 1982, p.54.
[2] Ibid.

美国市政府的组织形式,除这三种主要类型以外,还有混合型的组织形式,结合三种形式中的某些因素。以上三种主要形式只是基本结构相同,其他方面可能很不相同,例如民选官员和任命官员的数目、市议会的大小、市议会选举的方式、政党参加市选举的程度,在各州中不一样。

2. 市的职能

市的大小和经济实力不一样,市的职能也不可能完全一致。市的特点是人口密集,由此产生特殊需要和特殊问题,解决这些问题当然属于市的职能。此外,市是一个多功能的区域,同时具有商业、工业、居住目的,因此市的职能比其他地方政府复杂。根据这些特点,虽然市的具体情况差别很大,其职能可以概括如下:

(1) 公共安全。其中最主要的项目为警察活动、防火组织和检查。

(2) 公共卫生和环境保护。包括排污、饮水清洁、防止空气污染和噪音污染、防止传染病、清理垃圾等。

(3) 公共交通,包括管理交通设备、设立机场停车场等。

(4) 管理经济活动和职业活动,颁发各种执照。

(5) 公共教育。在美国,小学和中学教育由学校区管理,一般不在地方政府职能范围以内,然而市政府不因此而无教育任务。市政府常为学生提供免费或低价午餐,进行健康检查,对有缺陷儿童设立特别班,对成年人设立夜校,对失业者设立职业训练班,对公众设立图书馆、博物馆等,进行大量教育活动。

(6) 福利事业。在美国社会保障由联邦政府和州政府负主要责任,市政府也举办很多福利服务,例如托儿所、公共浴室、免费的法律援助等。

(7) 娱乐设备,例如公园、体育场、游泳池等。

(8) 住宅建设。住宅问题是城市中最大的困难。市政府拟定住宅建设计划,对低收入者提供低房租住宅,制定建筑法典,规定城市分区利用计划。

(四) 特别行政区

1. 特别行政区的组织

特别行政区或者由州的立法直接设立,或者由地方政府在州法律的授权下设立。它的活动范围有时和其他地方政府单位的范围相同,在大多数情况下,小于其他地方政府单位,例如存在于郡或市内不同的区域;

有时可能超过几个地方政府单位,例如包括两个或几个镇、市、郡的范围。由于特别行政区只履行某种特别功能,职务互不相同,所以它们的组织差别很大。

特别行政区的领导机构为管理委员会,委员会的成员通常由特区内居民选举产生。有些特区,例如住房建设委员会,一般由任命产生。有的特区,例如土壤保护区,结合选举方式和任命方式,由任命产生的委员创设特区的地方政府,例如郡政府或市政府任命。有时法律规定由特区所在地的法院任命。有的特区由于它所执行的职务影响全州,例如海港或航空站的管理机构,可能由州长任命。也有极少数情况由州立法机关或市立法机关任命,立法机关通常根据有关地区推荐的名单任命。

近年来,有一种趋势对跨越几个地方政府单位的特区,其管理委员会由各单位选派一名或两名官员组成,代表所属地方政府单位。这种产生管理委员会的方式,可以避免由选举或任命产生委员数目过多的弊病,同时可以协调各地方政府单位的活动。持批评态度的人认为,这种产生管理委员会的方式不对公民负责,而且小的区域和大的区域参加的代表相同,不能公平地反映各区域的利益和观点。

2. 特别行政区的职能

特别行政区的职能和郡、市、镇的职能性质不同,后者是一般目的的地方政府单位,执行多种职务;特别行政区是特别目的的地方政府单位,只执行一种或几种互相联系的职务。特别行政区最常执行的职务是防火、供水、排水、土壤保护、住房建设、执行市郊更新计划等。但是没有固定的职务限制,当出现某种需要,不适宜或不能由一般目的政府管理,或者需要几个单位合作时,随时可以设立特别行政区。

(五) 学校区

1. 学校区的意义和种类

学校区是特别行政区的一种,是执行公共教育任务的特别行政区,习惯上把它和其他特别行政区分开。

(1) 因为学区的数量很多,例如根据 1982 年的国情调查,美国全境有 14 851 个学区,其他特别行政区全部合计只有 25 588 个。① 学区到处

---

① Osborn M. Reynold: *Local Government Law*, 1982, p.54. U. S. Bureau of Census: *1982 Census of Government*, vol. 1, p. XXVII.

存在,其他特别行政区不是普遍存在,例如排水区,有的地区需要,有的地区没有这个需要。在有需要的地区,有时由执行一般目的的地方政府管理,没有设立特别的行政区。

(2) 学校区的历史悠久,美国人很早认识到对年轻一代教育的重要性,首先设立学区负责管理公共教育,其他行政区大都在此以后产生。

学区可以分为两类:一为独立的学区;一为非独立的学区。后一类学区的管辖范围和其他地方政府单位,例如郡、市、镇的范围相同。在管理上很大程度依赖于所在的地方政府,这类学区不是真正独立的地方政府单位。独立的学区的管辖范围通常和其他地方政府单位不同。在管理上和其他特别行政区一样,完全独立,美国78%学区属于独立的学区。① 这两类学区可能在同一州内存在,例如纽约州在人口密集区域,设立从属于市政府的学区;在人口不密集的地区,设立独立的学区。

每一学区内,学校的数目一般从三到九个不等,但也有少于3个学校或多到20个以上学校的学区。② 有的州对不同水平的教育可能设立不同的学区,例如初等教育学区、中等教育学区。然而这是很少的现象,绝大部分的州,不愿意政府机构如此复杂。

美国大部分学区设立的时期很早。一方面,当时交通不便,学区的范围一般不大,现在交通方便,有些学区已经合并;另一方面,有些地区人口迅速增加,原来设立的学区不适应新情况,往往划分为不同的学区。就整个情况而言,由于合并的结果,学区的数目逐渐减少。

2. 学区的组织

学区的管理机构为学区委员会,非独立的学区,管理委员会由所在区域的地方政府任命,偶尔也有由学区内公民选举产生的。非独立的学区没有征税权力,借债须经所在地方政府批准。即使如此,在非独立的学区中,教育仍然具有很大的独立性,不受政治干扰。独立的学区,管理委员会由学区内公民选举产生,选举单独举行。候选人名单不以政党为基础,排除政治对教育的干扰。独立的学区有独立的财政权力,具有征税权和借债权。

---

① Osborn M. Reynold: *Local Government Law*, 1982, p. 30.
② U.S. Bureau of Census: *1982 Census of Government*, vol. 1, Governmental Organization, 1983, p. XXXI.

三、都市地区的地方政府

(一) 都市地区政府组织的特点

都市地区(metropolitan areas)是指以一个市为中心,四周围绕一大串其他地方政府组织区域,而且这个区域在社会和经济上结合成为一个整体的一种特殊结构状态。通常在市的范围以外,存在一个或几个郡政府,许多镇政府,此外还有一系列的特别行政区和学区分布在都市地区,它们的管辖范围和其他地方政府单位重叠。例如在市政府的土地上,同时有一个或几个学区,几个特别行政区。一个特别行政区可能包括几个郡或几个州的部分土地,都市地区的特点是政府组织林立,互相独立,有时重叠,然而在经济方面和社会方面则结合成为一个整体。没有这种经济和社会的紧密结合,不能构成都市地区。政治分立,经社一体,这种不和谐就会产生都市地区很多矛盾和冲突。

都市地区的矛盾和冲突主要表现在以下方面:

1. 管辖权和政策冲突

各个地方政府互相独立,各自制定的不同政策,不可避免会出现冲突。例如市政府和学区管理委员会同时对某一区域行使管辖权力,市政府根据市土地利用规划规定某一区域只能建筑住宅,学区管理委员会根据学区的计划,决定在这个区域建立一所中等教育学校。又如供水特区和防火特区的管理委员会,发出互相矛盾的命令,前者为了保存水源,严格控制灌木丛和草地用水,后者为了防止火灾,需要在这些地区大量灌水。此外,法律有时授权市政府,为了某些特殊目的,可以在市的范围以外,一定的距离以内行使权力,于是市政府的权力可能和该土地所属地方政府的权力互相冲突。

2. 税源和财政负担冲突

当代城市发展的特点为富有阶层大量脱离城市而居于郊区,导致工作地点、生活地点、小孩上学地点、购买物品地点分布在不同的地方政府管辖范围以内,会产生很多的复杂问题,其中一个问题是税源冲突。由于富有阶层移居郊区,市内居民大都经济能力较弱,结果郊区的不动产价格和租金猛涨,商业繁荣,郊区地方政府税源大开。城市政府不仅丧失从富有阶级可能得到的税源,而且还需要对困难居民支付大量社会费用,市政府经常出现财政困难。市政府兴建的各种公共利益设施,例如图书馆、体育场、公园、郊区,政府没有支付任何费用,郊区居民随时可以享受,产生政府负担不平衡,纳税人和受益人不一致。

3. 公用事业服务冲突

城市人口密集,必须举办各种公用事业,例如供水、供电、排水、排污、处理垃圾、提供住宅,以及其他满足生活需要的公用事业。满足市民需要,为市民服务是设立城市的根本目的。城市以外居民的生活需要和服务,应由其所在的镇政府和郡政府负责,不在市的管辖范围以内,然而公用事业从其经营效果而言,必须大规模经营,不能受政治疆域的束缚。因此引起一个问题:市政府是否有权力对郊区居民提供服务,市政府是否有义务对郊区居民提供服务、是否可以征收较高的费用、是否可以单方面决定服务的条件?

(二) 解决都市地区问题的措施

都市地区的问题超过一个地方政府的范围,解决的责任应由州政府负担。因为地方政府受州的管辖,联邦政府对于都市地区问题也不能袖手旁观。因为联邦的法律是全国最高的法律,联邦政府的政策对全国有影响,最有解决问题的能力。但是解决都市地区问题的直接责任和主要责任,应由有关的地方政府负担。它们是问题的产生者和承受者,所以它们有首先解决问题的责任。为了解决都市地区各种利益的冲突,美国各州及地方政府使用了一系列的方法。其中有的方法需要变更地方政府的疆域或结构,有的方法不需要改变地方政府的疆域或结构,仅仅在政府之间移转某些职能,或进行某些合作。后面这类方法对现存的地方政府改变不大,容易为地方政府所接受,使用的时候较多。然而不论采取哪种方法,都不能完全解决都市地区地方政府之间的矛盾。美国各州及地方政府为了解决都市地区问题采取的措施,有以下各种方法:

1. 兼并

兼并是最早的解决都市地区问题的方法。19世纪后期工业化发展,郊区人口增加的时候,中心城市时常利用兼并方法,把城市化的郊区兼并到市政府的管辖范围以内。20世纪20年代以后,兼并现象很少出现了。郊区地方政府为了阻止兼并,可以组织成为法人,市政府对于法人不能兼并。州政府认为兼并不能单从市的观点出发,应从全区考虑问题,制定法律对兼并规定了某些限制,通常必须经被兼并地居民和市居民投票同意才能实现兼并。第二次世界大战以后只出现了少量兼并,19世纪时期大规模的兼并现象已不存在。兼并不能完全解决都市地区问题,当代的都市地区很多已经超过郡的界线和州的界线,市不能兼并全部都市地区。

2. 市郡合并

两个性质相同的地方政府单位合并,例如两个市或两个郡合并可以减少政府单位和分割状态,而不引起法律问题。两个性质不同的地方政府单位,例如市和郡合并,必须有宪法或法律的允许。因为这是创设一个新型的地方政府单位。但不一定需要宪法的特别规定。例如 1974 年肯塔基最高法院在一个判决中①,认为宪法虽然没有规定市郡政府形式,但宪法没有禁止市郡合并,法律允许市郡合并不违反宪法。市郡合并是由一个市或几个市和其周围的郡合并,把市的管辖范围扩张到全郡。新成立的市郡政府同时履行市和郡的全部职能,管辖权的冲突问题不再存在,政府制订计划的范围扩大,行政效率提高。有时是不完全的合并,郡仍然保留某些职能和职员,特别是和司法有关的职能,郡内的自治单位也可以决定不参加合并。

市郡合并需要解决很多具体问题。每个市郡合并都有不同的情况,其中一个比较普遍的问题是合并以后,各地区需要的政府服务不同。城区需要的服务较多,乡区需要的服务较少。为了租税负担公平起见,通常按需要服务的多少分为不同的区域,对于需要服务多的区域征收较高额的租税。

市郡合并不能解决全部都市地区问题,因为市郡合并的范围往往只是都市地区的一部分。对于大范围包括几个郡甚至跨州界的都市地区,市郡合并所能发生的作用有限,或者完全不可能。对于小的都市地区,只包括一个郡的都市地区,市郡合并可以减少政府机构、减少管辖权的冲突、提高行政效率。

3. 联盟

联盟是都市地区地方政府的管辖权和职能部分合并的一种方式。在联盟制下,都市地区各地方政府仍然存在,执行地方性的职务,另外设立一个联盟政府,执行全都市地区范围的职务。都市地区内设立二级政府:联盟政府和地方政府,类似美国的联邦制度。都市地区建立联盟的权力由州立法机关授予,联盟政府可以制定自治宪章,规定联盟政府的组织方式和职权。在美国建立联盟这种结合方式很少实现,因为地方公民惧怕

---

① *Holschaw v. Stephens*, 507 S. W. 2d (Ky. 1974).

建立一级政府以后,增加租税负担和丧失独立性,很多建立联盟政府的建议,都被公民投票否决。

4. 多功能都市行政区

上面已经看到,美国的特别行政区是地方政府的一个单位,执行一项特定的职务,有的州法律扩张特别行政区的作用解决都市地区问题,例如加利福尼亚州和华盛顿州法律,授权都市地区建立多功能都市行政区(multifunctional metropolitan district),全部都市地区作为一个行政区,建立一个执行多功能的机构以减少都市地区机构的数目,但是目前美国都市地区中建立这类机构的不多。因为这种机构执行一种以上的职务,如何组织不容易解决。而且,这种机构只能用于执行服务性的职务,职务本身有收入来源,不发生经费问题;很难用于执行控制性职务,因为经费来源不易解决。

5. 改革郡的组织和职能

有的都市地区完全在一个郡内,或者大部分在一个郡内。近年来,有的州有时利用郡政府以解决都市地区问题。都市地区需要近代化的有效率的行政结构,和城市性质的各种服务。利用郡政府解决都市地区问题时,必须改革过时的郡政府的权力、组织和财政来源。郡原来是州政府在地方的代理人,执行州的行政职务,没有执行市职务的权力。后来有些州逐渐给予郡政府执行某些市职务的权力,如果要求郡政府承担更大的都市地区任务,必须继续扩大郡政府执行城市职务的权力。美国郡政府的组织非常落后,不能公平代表全郡人民的意见,城区代表的数额不如乡区,郡的行政组织散漫,没有统一的领导。郡政府承担更大的任务时,必须改进落后的行政组织,建立一个现代化的有效率的郡政府。郡政府的财政收入主要来自财产税,没有广大的税源。扩大郡政府任务时,必须扩大它的财政来源,这几种改革在各州进展的速度不一样,因此郡政府能够承担市职务的能力也不一致。

6. 职能移转

职能移转是把某项地方政府的任务,移转给其他地方政府执行,也可能是把某项地方政府的任务移转给州政府执行,或把州政府的某项任务移转给地方政府,接受职务移转的政府不一定有义务承担增加的财政费用。职能移转必须有宪法或法律的根据,移转可能是地方政府之间自愿进行的,可能是州政府要求地方政府移转的,也可能是地方政府的组织变更时,例如郡市合并时附带发生的。市政府经常接受的移转任务是排污、供水、垃圾处理等。郡政府经常接受的任务是垃圾处理、追究违法、公共卫生等,特别行政区经常就其主管的任务接受其他政府移转的同类任务。职能移转可以达到大规模经营和节省设备目的,可以避免重复、减少费用,但只能解决都市地区的一部分问题。

7. 领土外部的权力

美国有少数州给予地方政府在领土外部一定范围以内,对没有组织成为法人的毗邻地区,行使某些权力,扩张市的管辖范围,为市民和近郊居民提供一个更好的生活环境。市政府对领土外部行使权力有两种方式:

(1) 控制外部地区某些事务,例如规定警察条件、卫生条件、颁发执照。

(2) 为近郊地区居民提供某些服务,例如排水、供水、供电、公共交通等。市政府在领土外行使权力不能包括征收财产税的权力,其他的限制各州的规定不一样。领土外部行使权力的目的是:① 为了保护市内居民不受郊区人民不正当的干扰,例如污染水源、污染空气;② 为市的行政取得必要的设备,例如在郊外建筑机场、取得水源;③ 为郊区居民提供基本的城市服务,例如警察保护、防火保护。

郊区居民没有参加市的选举,没有担任市政府的职位。允许市政府对郊区行使权力,是否符合联邦宪法的正当法律程序条款和平等保护条款呢?对于这个问题,美国最高法院在1978年的一个判决中①,作了肯定的回答。法院认为州政府允许市政府行使这种权力,不违反宪法。因为州政府有义务保障郊区居民不缺乏必要的城市服务,例如警察、防火、卫生各种保护。城市对提供这些服务具有经验,而且扩张城市提供这些服务的费用,少于郊区自己组织这些服务的费用。法院也允许市政府在领土外部收取执照费。

首先,领土外部行使权力作为解决都市地区问题的作用有限,因为市郊的地方政府很多已经组织成为法人,市政府不能对它们行使权力。其次,州政府允许市政府在领土外部行使的权力不多,不能解决全部都市地区问题。最后,虽然联邦最高法院肯定市在领土外部行使权力,然而郊区居民没有参加市的选举,不能影响市的行政,法院的判决没有解决这个问题。

---

① *HoltCivic Club v. City of Tuscaloosa*,439 U. S. 60(1978).

8. 区域联合会

同一区域内的地方政府有很多共同的问题,一个政府无力解决。它们不愿意设立一个区域性政府,增加一层束缚;也不愿意设立太多的特别目的的行政机构,增加机构之间的错综复杂关系。最近以来,州立法机关发展一种解决区域性问题的新方法,即授权地方政府设立区域联合会(regional council),也称政府联合会或区域计划委员会。区域联合会是一个多功能的区域性自愿性组织,由某区域内的地方政府选派代表参加,代表选派的方法由各州规定。区域联合会定期举行会议,讨论本区域内共同的问题,拟定计划向参加联合会的政府提出。联合会不是一个政府单位,因为它没有行政权和立法权,只有建议权,参加联合会的政府可以接受或不接受。它也没有征税权,它的活动经费由地方政府、州政府和联邦政府提供。区域联合会开展区域性行动,不损害成员政府的政治传统和独立地位。它的作用是调和地方政府的独立和区内部存在的互相依赖关系。

区域联合会虽然是自愿结合,然而不是完全没有强制性质。因为联邦政府和州政府对地方的援助,往往只给予区域性的计划,地方政府不参加区域联合会,不执行联合会建议的计划,很难得到联邦和州的援助。联邦政府通过援助款项推行联邦的计划,将影响区域联合会的计划,因此区域联合会在一定程度上也为联邦计划服务。

9. 政府间的合同

所有州的法律都授权地方政府进行合作以满足共同的利益。地方政府进行合作最常用的方式是签订合同供给某种服务,以满足双方当事人的利益。合作合同可能采取三种形式:

(1)某一地方政府为了满足居民的需要,购买其他地方政府提供的服务,如同购买私人公司的服务一样。

(2)规定两个政府对于某些活动互相帮助,例如两个政府共同维持边境街道的秩序、边境公园的管理,或者两个政府在遇到社会动乱时,为了维持秩序互相帮助。

(3)两个政府共同举办某一事业,规定联合机构的组织、双方的权利和义务,不但同级地方政府之间可以签订合同,不同性质和级别的地方政府之间,例如市政府和郡政府、市政府和州政府之间也可签订合同。地方政府签订合同受到一个普遍性的限制:地方政府只能在其权限范围以内签订合同,合同中规定的事项必须是双方都具有的权力,例如两个政府签订合同共同举办某一事业,该事业必须是双方都具有权力。

　　签订合同解决地方政府之间的问题,优点在于这种合同出于自愿,不损害地方政府的权力,不改变地方政府的结构,通过合同,一个地方政府可以得到自己不能提供的服务,为大规模的经营创造条件,降低成本,能够利用专门知识和技术,提高服务质量。合同方式具有灵活性,适应具体情况,容易变更或终止。首先,合同方式的缺点在于它是自愿性质,地方政府之间的意见不一致时,合同不能成立或者解体,单纯依靠这种方式不可能解决地方政府之间的关系。其次,合同方式没有全面计划,只是临时、单项地满足某种需要,不能长期、多方面解决地方政府之间的问题。

第六章
权力委任

行政机关的权力由法律授予。美国宪法采取分权原则,国会能够授予行政机关的权力不是完全没有限制。《宪法》第2条规定行政权属于总统,国会授予行政机关行政权力不会破坏分权原则。但是当代行政任务复杂,行政机关不仅需要行政权力执行法律,也需要立法权力制定法规,以及司法解决行政争议。《宪法》第1条规定立法权属于国会,第3条规定司法权属于最高法院及国会随时规定并设立的下级法院。国会是否能够授予行政机关立法权力和司法权力而不破坏分权原则?国会是否能够把属于一个部门的权力委托其他部门行使而不违反联邦宪法呢?对于权力委任问题,美国没有一致的认识,当代主要的观点认为,分权原则是一个政治原则,适用于政府最上层的三个机关之间,行政机关是下级机关,不由宪法设立,不受分权原则的限制,可以同时行使立法行政司法三种权力。但是行政机关的权力不能破坏最上层政府机关之间的权力平衡,否则就是破坏分权原则,违反宪法规定。国会在什么范围内能够委托行政机关行使立法权力和司法权力,而不破坏最上层机关之间的权力平衡呢?对于这个问题,法律没有规定,主要依赖法院对分权原则的解释。以下分别说明立法权力和司法权力的委任问题。

第一节 立法权力的委任

一、联邦法院的判例和标准

(一)早期的判例

立法权力的委任从联邦政府成立时起就已存在。1789年到1791年的第一届国会,通过几个法律委任法院和行政机关行使立法权力,没有引起认为这是违背宪法分权原则的反对意见。例如国会授权法院为了有秩序地进行审判,在不违反法律的限度内,可以制定一切必要的程序规则;授权总统根据自己的意见制定条例,规定军人的薪金;规定受伤和残废军人的抚恤金;授权警长根据总统制定的条例和规则,授予任何适当的人从事和印第安部落贸易和交往的许可。在所有这些授权法中,都没有规定行政机关或法院在行使立法权时,必须遵守某种标准(standard)。当然,国会成立时期,最初的委任立法没有规定必须遵守一定的标准,不表示根据分权原则,不能要求国会授权其他部门行使立法权时,不能规定必须遵守一定的标准,甚至禁止某些委任立法。

美国法院最早受理的国会授权其他机关行使立法权力的案件,是1813年的布里格奥罗拉货船案。① 这个案件发生在拿破仑战争期间,英法两国经常破坏美国的中立贸易,国会通过法律,授权总统在英国或法国停止侵犯美国的中立时,可以发布文告恢复已经停止适用的法律,从而和英国或法国恢复正常关系。在总统行使这种权力时,申诉人认为,美国总统文告恢复已经停止适用的法律是行使立法权。根据分权原则,国会不能把这种权力授予总统。法院在判决中拒绝申诉人的主张,法院声称没有理由认为国会不能行使自由裁量权,根据自己的判断,明白或有条件地恢复已经停止适用的法律。总统只是根据法律中的规定,确定恢复已经停止适用的法律的事实是否存在,没有行使立法权力。这个判决对委任立法的合宪性问题没有正面说明,实际上是肯定委任立法。

1825年,美国最高法院首席法官马歇尔对委任立法的合宪性问题作了明确的说明:"国会能够把严格的专属于立法的权力授予法院或其他任何裁判所。无疑的,国会也可以把正当的由立法机关本身行使的权力委任予其他机关……究竟哪些重要事项必须完全由立法机关自己决定,哪些次要事项立法机关只作大体规定,授权执行的人补充细节,这个界限的划分没有完全精确的规定。"②马歇尔的观点在以后的判例中继续适用,也得到了学术界的采纳。最高法院1911年,在一个案件中根据这个观点说明了委任立法的必要性。该案的事实是为了保全森林以保持水源和木材的供应,国会通过法律授权农业部长可以制定条例,规定保留地带和森林使用的规则,法律并且规定对于违反条例的人处以刑事制裁。农业部

---

① *The Cargo of Brig Aurora Burnside v. United States.* 3L. ed. 378(1813).
② *Wayman v. Southard*,23 U. S. 1,15-16(1825).

长所颁布的条例中有一个条例限制放牧权,本案被告因违反条例受到刑事追诉。被告主张国会授权行政机关制定可以受到刑事制裁的条例,这种授权违反宪法分权原则,因而无效。下级法院同意被告的观点,而最高法院推翻下级法院的判决。最高法院认为,保留地带处于不同的条件之下,而且不同的季节需要不同的规则。"决定这些条件属于行政上的细节",国会不能规定随地方性的变化而有不同的条件,所以授权农业部长制定这些条例。"国会仅仅授予行政职能,没有委任立法权力……国会可以授权行政人员补充细节"。"这些条例和规则都和国会所指明的和允许的事项有关",因此"违反这些规定森林合理使用的合理规则所受到的刑事制裁,是由国会规定的,不是由农业部长规定的,是法律而不是农业部长规定了刑罚"①。美国早期的行政法学者 F. J. 古德诺在《美国行政法原理》书中写道:"立法机关的法律规定一般性的行为规则,由高级的行政长官制定详细的规则。在美国这样的中央政府中,行政权的概念不广,行政机关制定这些规则的权力……主要由立法机关在某些特定的事项上委托给行政机关,这种权力的委任不认为是违反分权原则。"②

美国法院第一个明白宣称根据分权原则立法权力不能委任的案件,是1892年的菲尔德诉克拉克案。该案的事实和1813年的布里格奥罗拉案有些相似,法院的观点也大致相同。1890年的《关税法》第3节规定了一个报复性税率,任何农产品进入美国免税的国家,如果后来对美国产品进入该国征收关税或其他负担,美国总统认为在相互关系上不平等和不合理时,总统可以在他认为必要的时间内征收报复性的关税。如果总统认为美国企业受到不公平的待遇时,他有权而且有义务对产生不公平待遇的国家停止优惠税率。申诉人主张授权总统停止法律的适用违反宪法,因为它授权总统行使属于国会所有的立法权和条约权,因此这个法律无效。法院在判决中声称:"国会不能授予立法权于总统是一个得到普遍承认的原则,是维持宪法规定的政治制度不被破坏所必需的原则。"尽管法院宣称国会不能授权总统立法权力,但是法院认为,1890年法律不违反宪法规定的分权原则,法律没有授予总统立法权力。因为在什么情况下停止法律的适用,这是立法权,已经规定在法律中,总统没有制定法律,只是执行法律中的规定。当然,总统在认定是否出现法律中规定的情况

---

① United States v. Grimaud,220 U. S. 506(1911).
② F. J. Goodnow:*The Principles of the Administrative Law of the United States*,1905,pp.45-46.

时,以及总统规定停止适用的时间有一定的自由裁量权。这种自由裁量是行使行政权的自由裁量,不是行使立法权的自由裁量。①

1904年,最高法院在一个案件中提出另一种委任立法理论,这个理论直到今天仍是美国委任立法权力的核心问题。这个案件涉及一个法律授权财政部长可以根据专家委员会的建议,确定美国进口茶叶的品质、纯洁度和适合饮用的统一标准,只有符合标准的茶叶才能进口。申诉人主张制定标准属于立法权,不能委托于行政官员。最高法院在判决中认为:"授权法的目的是防止劣质茶叶进口……因此,法律已经规定一个基本的标准,委托财政部长执行法律所规定的政策。"财政部长所规定的标准只是法律规定的标准的具体化,法律本身既然已经规定标准,因此不违反宪法中的分权原则。②

最高法院在1928年的一个判决中,对于授权委任立法的法律需要规定一个标准,有更进一步的说明。1922年的关税法中规定一个灵活税率条款,总统根据调查如果发现本法中规定的税率,不足以平衡进口货物的生产费用和同类美国货物的生产费用之间的差别时,总统必须确定这种差别,决定并宣布增加或降低法律中规定的税率,以达到平衡。总统规定的新税率将在宣布后30天生效。申诉人主张本法授权总统变更税率,属于立法事项,违背宪法的分权原则。最高法院认为,国会在税法中已经规定了一个基本的标准,即:总统所规定的税率必须达到美国产品的生产费用和进口同类产品的生产费用的平衡。国会知道它自己不能掌握足够的信息以确定美国产品生产费用和进口产品生产费用的差别,而且情况变更时这种差别也跟着变更,为了实现国会所规定的政策和原则,税率必须相应调整,国会必须把这种变更权力委托行政机关行使。"如果国会在授权法中,对被授予权力的人或团体规定了一个必须遵守的明确的原则时,这样的立法行为不是被禁止的立法权力的委任"③。

总之,在早期的案例中,法院虽然声称根据分权原则立法权力属于国会,不能委任其他政府部门行使。然而法院深知,近代行政需要行政机关不具备立法权力时不能采取有效的行动,所以法院从未否认国会授予行政机关立法权力的法律。法院或者认为被授予的权力不是真正的立法权

---

① Field v. Clark,143 U. S. 649(1982).
② Butterfield v. Stranaham,192 U. S. 470(1904).
③ J. W. Hampton Jr. Co. v. United States,276 U. S. 394(1928).

力,或者认为所授予的权力是补充法律细节的权力,或者认为由于授权法中已经规定了行政机关行使权力必须遵守的标准、原则或政策,行政机关在这些情况下行使的立法权力,不违背宪法的分权原则。在学术著作和司法术语中,有时把行政机关行使的立法权称为准立法权,表示和立法权有些相同,不是真正的立法权。其实,准立法权和立法权实质上并无不同,只是行使权力的机关不同,效力的高低不同。

(二) 巴拿马案和谢克特案判例

巴拿马案①和谢克特案②是美国最高法院以授权法中没有规定适当的标准为理由而否认国会委任立法权力的两个判决。在这两个判决以前和以后,最高法院都从未否认过国会委任立法的权力。这两个案件发生在20世纪30年代严重经济危机时期,为了应付危机,国会在1933年通过国家工业复兴法,规定了广泛的委任立法权力。

巴拿马案所否认的是《工业复兴法》第9(C)款所规定的授权。该款授权总统在州际和国际贸易中,可以禁止运输超过规定限额而生产或提取的石油,并且规定任何违反总统命令的行为将受到罚金和监禁的刑事制裁。除卡多佐大法官(Justice Cardozo)外,最高法院全体大法官都认为国会委托总统行使的权力违反宪法。因为法律仅仅规定授予总统的权力,没有规定行使权力的适当标准,授予总统能够根据自己的意见禁止石油运输的无限制的权力。

卡多佐法官持不同意见。认为授权法中第1节已经阐明制定该法的政策,即:排除商业障碍,消除不正当的竞争,避免生产萎缩,增加消费,减少失业,恢复工业生产,保护自然资源。这些政策就是总统行使权力的标准,所以第9(C)款的授权应当有效。多数派法官认为第1节规定的政策太笼统,因此,在巴拿马案件中,全体法官都认为授权法中应当规定一个标准。分歧之处在于这个标准究竟应当达到何种具体程度才是适当的标准。

谢克特案件判决发生在巴拿马案5个月以后。该案当事人谢克特因违反关于活家禽的规章受到追诉。这个规章是总统根据《工业复兴法》第3节的授权而批准的,该节规定为了管理工业和贸易,总统可以根据一个或几个具有代表性的工商业团体的申请,批准它们提出的非以促进垄

---

① *Panama Refining Co. v. Ryan*,293 U.S. 388(1935).
② *A. L. A. Schechter Poultry Corp. v. United States*,295 U.S. 55(1935).

断为目的的公平竞争规章。在没有私人团体申请时,总统可以自动制定这些规章,违反总统批准的或制定的规章的行为,将受到罚金和监禁的刑事制裁。最高法院全体法官,包括巴拿马案件中少数派卡多佐在内,一致认为这个授权无效。理由如下:① 法律对于何谓公平没有规定任何标准;② 法律对于公平竞争概念如何确定,没有任何程序上的规定;③ 授权法的范围没有任何限制,包括全部工商企业和它们的各种活动在内;④ 法律授予私人团体立法权力,而且对于违反者可以科处刑事制裁。总统根据该法的授权,几乎可以管理经济部门的各个方面,不受程序的或其他方面的约束。这项授权的范围超过巴拿马案件中的授权。这是完全没有限制的授权,是违反宪法规定的委任立法权力的。

(三) 1935 年以后的判例

1935 年以后,由于行政职务的扩张,行政机关的权力不断扩大,国会授予立法权力于行政机关的法律加速发展。尽管有的授权法中没有规定明确的标准,有的授权法中甚至没有提到任何标准,法院仍然认为这样的授权有效。下面举出几个案件作为例证:

1. 1944 年的亚库斯案①

1925 年,国会通过《紧急时期物价管制法》,在第 1 节中说明了该法的目的是稳定物价,防止价格和租金不正常的增长,消灭囤积居奇投机操纵,及其他由于紧急情况下市场不正常和物资短缺所产生的破坏性行为,以保护低收入者、消费者、工资收入者、年金领取者的生活标准不过分降低,保护联邦、州和地方政府由于物价不正常增长遇到的困难。第 2 节授权物价管理人员在他认为物价增长达到的程度或可能达到的程度,或以涨价的方式和本法的宗旨不符时,可以制定条例规定一种或多种商品的最高价格。"这个最高价格根据他的判断,应当基本上是公平合理,并实现本法规定的宗旨"。本案申诉人由于出售牛肉超过规定价格,受到处罚,主张授权法无效。因为没有规定一个标准,违反分权原则。最高法院肯定这个处罚。法院认为,该法的授权不违背宪法,因为国会在授权法中已经规定一个适当的标准,即物价管理员规定的价格,必须"公平合理",并且考虑本法规定的宗旨。在这个判决中,法院认为公平合理是一个适当的标准,然而上面谢克特案件中指出公平合理不是一个明确的标准。该法第 1 节中规定的宗旨也不比 1935 年的国家工业复兴法规定的宗旨

---

① *Yakus v. United States*, 321 U. S. 414(1944).

更具体。

2. 费伊诉马伦尼案①

1933年的《国内财产所有者贷款法》授权联邦国内贷款银行委员会可以制定规章,规定清算管理不良的联邦储蓄和贷款团体,并委任管理人接管它们。地区法院认为这个授权法没有规定一个标准,因此无效。最高法院承认这个授权法没有规定一个标准,但不宣布这个法律无效。法院认为:"国内财产所有者贷款法中如果规定了明白的标准,也许能够保障它认真负责地执行。但是该法中受攻击的那些规定不是刑罚规定……而是进行管理的规定,授权在这些事务中制定指导管理的规章是宪法所允许的。授权在未经允许的领域中创设新罪名是不允许的。"由于行政机关制定的规章,大部分属于管理性质和福利性质,如果按照这个观点,这种授权都有效。

3. 利希特诉美国案②

1942年的《重新协商法》规定重新协商时签订的合同,允许行政机关制定条例,征收行政机关认定的超额利润。法律未对超额利润下一定义,仅仅规定该词是指在"重新协商时所发现的任何合同或附属合同中属于超额利润的那些价格金额"。这个规定实际上是说超额利润就是超额利润,尽管这个标准很不明确,最高法院仍然认为有效。法院声称:"对于变化无穷的情况,国会政策的灵活性和适应性构成计划的本质。在这个领域内,国会不必对行政官员供给一个特定的方式作为指导……法律中超额利润一词,在其上下文中是立法政策和标准足够的表示,足以使法律符合宪法。"

4. 联合肉食加工者案③

这个案件和1944年的亚库斯案相似,都是稳定物价的授权。亚库斯案发生在战争时期,本案发生在和平时期。1970年的经济稳定法授权总统"有权颁布他认为适合于稳定物价、租金、工资的条例和命令,但工资水平不得低于1970年5月25日的一般工资水平"。总统根据这个授权,在1971年8月17日颁布冻结物价和工资90天的命令,申诉人主张1970年的法律授予总统立法权力,没有规定一个适当的标准,是无效的委任。法

---

① *Fahey v. Mallonee*, 332 U.S. 245(1947).
② *Lichter v. United States*, 332 U.S. 245(1948).
③ *Amalgamated Meat Cutters and Butcher Workmen v. Connally*, 337 F. Supp. 737(1971).

院驳回了申诉人的请求,法院认为,虽然授权法中没有规定明确的标准,但是稳定工资和物价本身已经包含授权法所需要的足够标准。

5. 法律规定的其他不确定的标准

美国法院类似上述案件的判例大量存在。这些案件只反映一部分授权法中没有规定明确的标准,还有其他许多授予行政机关立法权力的法律,也只规定非常空洞而广泛的标准。例如,国会授权州际商业委员会规定公正合理的物价,制定合理公平的规章管理运输;授权联邦贸易委员会取缔不公正的竞争方法;授权证券交易委员会维持公正而有秩序的市场、公平合理的贸易原则。近年来,国会常常使用公共利益这一广泛概念作为授权标准。但是法院认为这个标准能够满足宪法的要求,因为这个标准不是一个漫无边际的标准。例如在 1976 年的一个判决中,法院认为"公共利益一词不是一种范围广泛促进公共幸福的许可证书,这个词的意义取决于制定法律所要达到的目的"①。又如设立联邦动力委员会的法律的主要目的是鼓励充分发展电力、煤气供应和合理价格。因此法院认为,这个法律的公共利益一词只有这方面的意义,不能认为公共利益一词授权联邦动力委员会可以制定规章,取缔在其管辖下的公司中的种族歧视雇佣政策。在很多新领域中,立法机关没有任何经验和先例可以参考,在授权法中不能规定一个明确的标准,往往只规定了一个非常广泛的标准。实际上,即使在授权法中没有规定公共利益这个标准,行政机关在行使权力的时候也不能违反公共利益。这个标准不论是否规定,都包含在一切授权法中。授权法中使用这类空洞广泛的词句,仅仅表示在很多事项上,法院不要求立法机关规定一个明确的标准。

6. 人身权利的例外

上述各种不确定的标准虽然都能得到法院的承认,但是美国法院对于国会委任立法权力所要求的标准并不完全一致,对于委任立法权力涉及人身权利时,法院一般要求一个明确的标准,作为行使权力的指导。1958 年,最高法院对肯特诉杜勒斯案件的判决,是一个典型的案例②,本案申诉人不能取得出国护照,因为国务院制定的条例中规定不发给共产党员或其他出国从事共产主义运动的人的护照。国务院的条例是根据 1926 年的护照法制定的,最高法院认为,旅行权是人身自由的一种表现,

---

① NAACP v. FPC, 425 U. S. 662, 669 (1976).
② Kent v. Dulles, 357 U. S. 116 (1958).

是宪法修正案所保障的权利。法院声称:"如果要限制这种自由,只能由国会的立法加以规定……如果这个权力委托其他机关行使,必须有一个经得起公认的检查的适当标准。"1969年的一个判决表现同样的观点[1],有一个行政机关被授予审批游行示威的权力。《授权法》中规定:"除非该机关认为这些游行示威是公共福利、和平、安全、健康、文明、秩序、道德和公共方便所需要,否则不予批准。"最高法院认为,授权法中规定的标准不适当,游行示威是宪法修正案第1条所规定的自由权。授权行政机关限制这种自由,必须规定一个有限的、客观的、明确的标准,否则违反宪法的规定。因此,最高法院对涉及人身权利的委任立法权力,比对财产权利的委任立法权力要求有更严格的标准。对于涉及财产权利的委任立法权力,可以允许广泛的不明确的标准,而涉及人身权利的委任立法权力,必须规定一个行使权力的明确标准。

(四) 传统的立法权力委任理论失败的原因

传统的立法权力委任理论,根据宪法中的规定,认为立法权力属于国会,国会不能放弃宪法授予它的权力。然而迫于形势的需要,不得不承认在一定的条件下可以委任行政机关行使有限制的立法权。自从联邦政府成立之日起,直到现在,国会不断地通过法律授予行政机关立法权力。除1935年的两个判决以外,最高法院从未否认授权法的效力。为了维持传统的理论,法院最初认为授权法中授予行政机关的权力,只是确定法律实施的情况,或者补充法律所未规定的细节,不是立法权力,最低限度不是专属的立法权力。后来认为,只要在委任立法权力的法律中,规定限制行政机关行使权力的明确标准,这样的授权不违背分权原则。传统的权力委任理论迄今仍为法院所承认,1935年最高法院否认国会授权法的两个判决,从未为以后的判决所推翻,从理论上说仍有拘束力。1989年,最高法院在一个案件中[2],仍然认为委任立法的权力必须受到限制,不是受到某种标准的限制,而是受到某种可以理解的原则(intelligible principle)的限制。法院认为,国会委任立法权力的法律,必须以某种可理解的原则作为基础,限制权力的行使。可以理解的原则是一个意义非常广泛的概念,法律中规定的任何标准,不论如何空洞都是一个可以理解的原则。法律中没有规定任何标准,如果有表示目的或政策的规定,也是一个可以理解

---

[1] *Shuttlesworth v. Birmingham*,394 U.S.147,151(1969).
[2] *Mistretta v. United States*,488 U.S. 361(1989).

的原则,足以使委任立法的法律合法成立。可以理解的原则和空洞的标准实际上没有什么不同,而且比标准所包括的范围更广。

法院虽然继续承认传统的权力委任理论,认为委任立法必须在授权法中规定某种标准或原则,限制权力的行使。然而从1935年以后,除涉及人身自由等问题以外,法院从未严格检查授权法中的标准或原则,传统的委任立法理论毫未发生实际效果。究竟由于什么原因导致传统立法权力委任理论失败呢?

美国传统的立法权力委任理论扎根于宪法中的分权原则。美国宪法制定于18世纪资产阶级反对封建主义时期,宪法的指导精神是保障个人自由,当时的行政职能很少,认为最好的政府是干预公民生活最少的政府。政府权力分立,互相制衡,最能达到这个目的。所以分权成为宪法的核心原则。18世纪以后,社会生活发生了重大变迁,公民对政府的观念改变,政府需要从事大量的经济和社会活动,以保障公民日益增长的精神和物质生活的需要,广泛授予行政机关立法权力就是在这种情况下产生的。国会没有时间制定行政活动需要的全部法律,不得不授予行政机关行使部分立法权力。当代的法律技术性强,国会议员没有能力规定一个明确的指导原则,只能在授权法中规定空洞而广泛的标准;而且法律所适用的情况复杂,变更迅速,国会无法预见,不得不授予行政机关应变的立法权力。除事实上和技术上的理由以外,有时出于政治上的理由,国会不愿制定或不能制定某项法律,也授权行政机关作出规定。行政机关必须具有某些立法权力是行政职能发展和科学技术进步的产物,是我们时代的需要。行政机关如果不被授予必要的立法权力,现代的行政活动将无法展开,公民的利益也不能获得满足。

二、州立法权的委任

美国各州宪法也以分权原则作为基础,所以立法权力委任是否违宪问题也发生在州法律中。各州对权力委任的态度不一致,大部分州采取严格的立法权力委任观点,要求立法机关在委任立法权力的法律中,必须包含明确的标准,以限制行政机关行使立法权力。美国联邦国会由于委任立法权力缺乏明确的标准而被法院否认的授权法只有两次,州立法机关的委任立法权力的法律由于缺乏明确标准而被法院否认的数量较多。① 联邦国会的授权法中以公共利益作为限制行政机关行使权力的标准时,联邦法院认为已经符合权力委任的标准。州立法机关的授权法中以公共利益作为标准时,往往不能得到州法院的认可。法院认为这个标准模糊不清,弹性太大,不能构成一个适当的标准。因为一切授权法中都有一个默示的条款,行政机关行使权力必须符合公共利益,授权法中以公共利益作为标准,等于没有规定标准。② 1971 年,亚利桑那州的上诉法院在一个判决中声称:"有些学者主张不再继续适用适当的标准,作为判断立法权力委任是否符合宪法的标准,这种观点不符合禁止权力委任的分权原则。"③

为什么州法院和联邦法院对于立法权力委任的态度不同呢？首先,因为联邦和州所面临的实际情况不同,联邦国会的立法影响全国,并且经常处理复杂的和技术性强的问题。州的立法适用于较小的区域,针对比较简单的问题,特别是农村的问题。州法院要求州立法机关在授权法中规定明确的标准,这个要求是现实可行的。其次,州立法机关的辅助机构不如联邦国会,立法技术不如联邦完备。有时法律中没有规定任何限制行政机关的标准或原则,有时立法机关不愿作出困难的选择,放弃职责,而把权力委托于行政机关。所以州立法机关制定的法律易为法院所否认。最后,州法院对州行政官员的顺从不如联邦法院对联邦行政官员,联邦法院认为行政官员是专家,法院对行政官员的知识和德行比较信任。州行政官员的素质不如联邦行政官员,在对法院的关系上,不能取得联邦行政官员所能得到的信任。因此州法院要求授权法中规定明确的标准,限制行政官员行使立法权力。

美国有少数州对权力委任采取和联邦相同的态度,趋向于支持广大的立法权力委任,最低限度在不涉及人身权利的情况下,承认授权法中规定的空洞的标准。纽约州可以作为这类州的典型。下面的几个判决中,可以看出纽约州态度的转变。

1935 年时,纽约州的上诉法院在一个判决中声称:"立法权力属于立法机关,不能委任于其他机关。"④上诉法院原来也不承认没有规定明确

---

① Frank E. Cooper: *State Administrative Law*, 1965, vol. 1, pp. 56-61. 列举大量州法院否认委任立法的案件。
② *Bell Tel. Co. v. Driscoll*, 21 A. 2d 912, 915(Pa. 1941).
③ *State Compensation Fund v. De la Fuente*, 501 p. 2d 422, 426(Ariz. App. 1972).
④ *Darweger v. States*, 267 N. Y. 290, 305(1935). 纽约州上诉法院是该州的最高法院。

标准的立法权力的委任,1948年的一个判决可以作为代表。州立法机关在一个法律中规定,除非根据大学管理委员会制定的规章注册登记,否则不得设立私立学院。法院认为这项法律的规定无效,因为法律授权管理委员会制定规章,没有规定委员会制定规章的标准。①

自从1948年以后,纽约州上诉法院再没有否认任何立法权力委任的法律,只要授权法中规定有空洞的标准,就认为已经符合分权原则。例如授权法中规定行政机关可以根据充分利用和公共利益原则制定水质标准,行政机关可以对它认为具有足够经验和良好品德的申请者发给执照等,法院认为已经符合授权法所需要的标准。②

三、立法权力委任的控制问题

尽管自20世纪30年代中期以后,联邦法院从未否认国会制定的委任立法权力的法律,但不表示传统的权力委任理论不再具有任何意义。传统的权力委任理论认为行政人员不能具有不受控制的自由裁量权力,因此要求在权力委任中要解决两个根本性的问题:

(1) 重要的政策必须由民意机关决定;

(2) 为了使法院易于监督行政机关行使立法权力,在委任立法权力的法律中,必须规定一个明确的标准,否则违背分权原则。传统理论所要解决的问题今天仍然存在。

由于行政机关立法权力增加,如何控制行政机关行使立法权力问题比以往更为迫切。在当前的情况下,美国学术界和司法界究竟提出了什么主张和采取什么措施控制行政机关行使委任立法权力呢?这个问题是如何监督行政活动的一个侧面,不以行使委任立法权力为限。行政机关的活动必须受法院、立法机关、上级行政机关、全体公民的监督。关于这类监督,本书在后面行政活动监督部分将要详细讨论③,此处只讨论立法权力委任的控制问题。

关于如何控制立法权力的委任,美国当前有以下的主张和措施:

(一) 复兴传统的权力委任理论

美国一位法官J. K. 赖特可以作为这种观点的代表。1972年他在耶

---

① Packer Collegiat Inst. v. University of State of New York,298 N. Y. 184(1948).

② Utica v. Water Control Bd. ,5N. Y. 2d,164,168(1959);Paterson v. University of State of New York,14 N. Y. 2d 432(1962).

③ 参见本书第十四章至二十三章。

鲁法律学报上发表一篇以《超越自由裁量的公正》为题的文章①,评论 K. C. 戴维斯教授所著《自由裁量的公正》一书。赖特认为所谓传统的权力委任理论已经死亡的议论,为时过早。无疑,我们可以抛弃这个理论过分的主张,但是国会能够把自己的权力授予其他机关行使,必须有个界限。传统理论仍然是阻止行政机关行使无限制、无标准的自由裁量权的一种重要的潜在力量。传统理论的核心是这样的一种观念:行政机关的活动必须发生在立法机关事先制定的法律规定的情况以内,这个观念在今天的重要性不亚于它在一个半世纪以前首先提出来的时候。

赖特的观点认为行政机关的活动必须受到立法机关的控制,行政机关的自由裁量权必须受到限制,这是完全正确的。问题在于立法机关对行政机关自由裁量权的控制,不一定只是在授权法中规定一个明确的标准。美国委任立法的经验,证明这个主张在很多情况下不能实行。法院口头上遵守要求明确标准这个原则,实际上除少数情况外,没有遵守这个原则。如果认为这个原则是控制立法权力委任的唯一的有力措施,显然不符合当今的现实和需要。

(二) 通过司法解释缩小立法权力委任

美国法院对付没有明确标准、范围广泛的委任立法权力,经常采取的方法不是否认授权法的效力,而是通过解释明确授权法的正当范围,避免引起宪法问题和推翻国会的重要计划。例如在前面提到的肯特诉杜勒斯案件中,国务卿根据护照法的授权和总统的命令制定了一个条例,拒绝给予出国从事共产主义运动的人的旅行护照。这个案件本来可以涉及护照法的授权是否违宪问题。法院认为,旅行自由是宪法所保障的人身权利,限制这种权利必须采取严格解释,由法律明文规定。上述护照法中没有限制政治信仰自由的规定,国务卿的规定不能认为是根据国会的授权,本案不引起授权法是否违宪问题。法院并且根据历来的行政惯例,没有发现由于政治信仰而拒发护照的情况,认为国会在授权法中没有授予行政机关无限制的拒发护照的自由裁量权。在 1971 年的联合肉食加工者案件中,国会授权总统为了稳定物价,可以采取他认为适当的措施,没有规定标准。法院在判决中认为国会在制定该法时,已经考虑到第一次世界大战和第二次世界大战时管制工资和物价的经验和背景,行政机关在这两次战争中管制物价的行为,受到法院广泛的审查,有众多的案例可以

---

① J. K. Wright: "Beyond Discretionary Justice", in 81 *Yale L. J.*, 575, 582-586, 1972.

作为判断当前总统管制物价的标准。法院根据立法背景和司法先例,确定了该法的适用范围和标准。在1974年的全国有线电视协会法人诉美国案件中①,国会授权行政机关对由该机关所实施、允许、提供的工作、服务、执照或其他类似事项的收费,由机关长官根据政府所花费用、接受者所得到的利益,并考虑到公共政策、公共利益以及其他有关情况制定条例,规定公平合理的费用或负担。联邦电讯委员会根据这个法律规定了一种收费,申诉人请求法院审查授权法的效力。法院认为这个法律可以狭义解释,只允许行政机关征收费用和政府所花费用相等,也可作广义解释,认为授权行政机关征收捐税,不必和政府所花费用相等,而是根据公共政策和公共利益,考虑是鼓励或限制收取费用的事项,以决定负担的高低。法院在本案中采取了狭义解释,因为广义解释认为国会授予行政机关征税权力,违背美国传统。

(三) 法院要求行政机关制定标准,限制立法权力的行使

传统的立法权力委任理论要求在授权法中规定明确的标准,目的在于控制行政机关行使权力。但是要达到这个目的,不一定只能由立法机关规定标准,鉴于立法机关受到时间、技术以及未来情况不能预见等条件的限制,往往不能制定标准,或者由于政治理由不愿制定标准。在这种情况下,法院不是认为授权法违反分权原则,而是要求行政机关自己制定标准,限制立法权的行使。美国行政法学者K.C.戴维斯认为,要限制行政机关行使权力,不在于法律中规定了什么,而在于所制定的标准真正能够指导行政机关的行为。从这个观点来看,行政机关自己制定的标准和保障,可能优于立法机关制定的标准。② 相反,美国另一位行政法学者B.斯瓦茨指出,不能过分信赖行政机关所制定的标准,行政机关制定的标准可能用来满足行政机关的愿望,适应一时的情况,缺乏政策的连贯性。③ 但是在没有立法标准的情况下,行政机关自己制定标准,毫无疑问是必要的,然而不能因此认为行政标准可以代替立法标准。

(四) 程序上的保障

由国会或行政机关规定一个标准,限制委任立法权力的行使,是对委任立法权力的实质的控制。委任立法权力的行使不仅需要实质的限制,

---

① *National Cable T. V. Association, Inc. v. United States*, 415 U.S. 336 (1974).
② K. C. Davis: *Administrative Law Treatise*, 1978, vol. 1, p. 211.
③ B. Schwartz: *Administrative Law*, 1991, p. 70.

而且需要一个程序方面的保障。保证行政机关公平地行使权力,听取有关人士的意见,由公正的人作出决定。近年来,美国有些法院认为,在权力委任的理论中,标准的要件应由程序保障所代替。1972 年,华盛顿州的一个判决代表这种观点。法院认为近代政府必须得到没有具体标准指导的委任立法权力,只要符合下列条件就可以认为满足了适当标准的要求,即:① 立法机关在一般性的语句中规定了应当做什么,以及由什么机关去做;② 有程序上的保障限制专横的行政行为。[1]

美国行政法学家 K.C. 戴维斯认为,传统的立法权力委任理论,着重要求法律规定一个明确的标准以限制权力的行使,这是法院对立法语言的迷信。实际上,重要的问题不在于国会是否规定了一个标准,而在于对权力的行使是否设立了一个适当的程序,以保护受该项权力影响的人。立法权力委任理论的重点应当从追求一个适当的标准,移向追求一个适当的程序。程序所带来的保护超过标准所能提供的保护。例如一个行政机关被授权作出决定,没有规定标准,但他必须公开作出决定,听取当事人的意见,说明理由,说明先例和根据。当事人在这种规定下的受保护胜过法律规定一个空洞的标准,而没有任何程序方面的要求。在当代国会委任行政机关行使立法权力越来越多的情况下,程序保障的重要性随之增加。[2]

戴维斯教授强调程序规定的重要性,值得重视。但是不能因此认为要求一个明确的标准,这对防止委任立法权力的滥用不起重要作用。权力委任的理论应从实质和程序两个方面去考察,实质方面的限制和程序方面的保障同等重要。关于委任立法权力行使的程序问题,本书后面另有说明。[3]

第二节 司法权力的委任

一、司法权力委任的标准

《联邦宪法》第 3 条规定,合众国的司法权属于最高法院和国会随时制定与设立的下级法院。按照这条规定严格解释,国会不能制定法律把

---

[1] Berry v. Department of Motor Vehicles,500 p. 2d 540(Wash. 1972).
[2] K. C. Davis,id. 209.
[3] 参见本书第八章第二节:制定法规的程序。

司法权力授予行政机关,否则违背分权原则。实际上,联邦法院很少否认授予行政机关司法权力的法律。从20世纪初以来,联邦法院几乎完全没有否认委任司法权力的法律。美国各州宪法的规定不一样,州法院对于立法机关委任司法权力的反应不一致,有的州,例如伊利诺伊州采取严峻态度,认为司法权力的委任违背分权原则;有的州,例如纽约州对司法权力的委任采取宽容态度,承认广泛的司法权力委任。总的来看,州法院发展的趋势接近联邦法院的判例。

就20世纪而言,联邦法院承认行政机关司法权力的判决很多。1904年,最高法院在一个案件中,明白肯定国会可以授权行政机关裁决涉及外国人的案件。[1] 1914年的《联邦贸易法》设立联邦贸易委员会,裁决商业中不公平的竞争方法的案件。联邦贸易委员会作出的裁决,性质上和联邦法院依反托拉斯法作出的反垄断的裁决没有什么不同。在讨论这个法律时,反对该法的国会议员指出,该法授予行政机关行使属于法院的权力,这种反对未能阻止法律的通过。联邦法院对于当事人主张联邦贸易委员会法授予行政机关司法权力,违反分权原则的观点,从未接受。法院有时认为联邦贸易委员会行使的是行政权力,有时认为是准司法权力,有时以其他理由说明行政机关的司法权力。不论法院如何解释,联邦贸易委员会的裁决权和法院的裁判权在实质上没有不同。1915年,美国一个州法院在判决中声称:"认为除法院外,没有其他机关可以行使司法权力,这个观点是错误的。"[2] 总之,尽管美国宪法采取分权原则,但美国国会可以制定法律委任法院以外的其他机关行使司法权力,不再成为问题。

国会为什么授予行政机关司法权力呢?国会授予行政机关司法权力同国会授予行政机关立法权力一样,出于现代行政的需要和实质上的理由。现代行政日趋专门化,解决行政上的争端不仅需要法律知识,而且需要行政事项的专门知识,法官缺乏行政方面的专门知识,法官的心理状态也缺乏解决行政问题所需要的开拓和进取精神。例如美国在20世纪30年代经济危机时期,法院成为当时政府推行新政策的阻力。近代行政职务扩张,行政争议众多,法院没有时间解决全部行政争端,而且行政争端需要迅速解决,法院的程序规则不能适应行政上的需要。为了有效地执行国会的政策,国会不仅需要授予行政机关立法权力,也必须授予行政机

---

[1] *Turner v. Williams*,194 U.S. 279(1904).
[2] *Hunter v. Colfax*,154 N.W. 1037,1061.(Iowa,1915).

关司法权力。

国会承认司法权力的委任是出于实际的需要。从理论上说,怎样调和分权原则和司法权力委任呢？美国法院曾经使用过两个标准来说明司法权力委任能够符合宪法,一个标准是公权利理论,这是美国传统的司法权力委任理论。① 法院认为,国会在其权限内所制定的法律中,有些事项政府以主权者的资格进行活动和诉讼,以公共利益为内容,属于公权利。对于公权利的争端可由法院受理,国会也可制定法律授予非司法机关受理这类争端。而关于私权利的争端完全由法院受理。美国公权利理论实质上和法国行政法的公共权力理论相同。法国在行政法院的早期发展中,以公共权力观念说明行政审判的范围。所不同的是法国认为政府行使公共权力的活动,全部属于行政审判范围,而美国则认为公权利的争端可以由法院受理,也可以由法律规定的行政机关受理。②

公权利理论在 20 世纪 30 年代遇到了严重的困难。20 世纪初,美国很多州先后制定工人赔偿法。工人和雇主之间由于职业原因所引起的赔偿争端,不由普通法院管辖,而由行政机关管辖。后者有权审理这类案件,决定赔偿金额。工人赔偿的争端发生在两个私人之间,是私权的争端,不涉及公权利问题。关于这类争端,原本由法院管辖,现在法律规定由行政机关管辖。如果以公权利作为委任司法权的标准,必然认为工人赔偿法违背宪法的分权原则。1932 年最高法院关于克罗威尔诉本森案件的判决,对委任司法的理论有新发展,提出另外一个标准。本案申诉人主张,工人赔偿法授予行政机关司法权力,违背了宪法的分权原则。法院承认工人赔偿法规定的争端属于私权利,但法院认为,《宪法》第 3 条只规定司法权属于法院,不要求为了保持司法权的基本特性,一切私权利案件必须由法院审理。宪法不妨碍国会规定用行政方法审理私权利案件。经验证明,为了处理成千上万的某些私权案件,行政方法是非常重要的。只要行政机关的裁决受法院司法审查的监督,《宪法》第 3 条规定的司法权的本质就已经保全。③ 根据这个判决,司法权力的委任是否符合宪法的分权原则,以是否接受司法审查作为标准。国会制定的司法权力委任

---

① *Murray v. Hoboken L. & I Co.*, 18 How. 272(1856).
② 参见王名扬:《法国行政法》,北京大学出版社 2007 年版,第 454 页。
③ *Crowell v. Benson*, 285 U. S. (1932). 关于这个案件其他方面的讨论,参见本书第十六章第二节:事实裁定的审查。

的法律,只要没有排除司法审查,就不违背分权原则。

1982 年,最高法院在北方输油管建设公司案件中①,抛弃了克罗威尔案件,恢复传统的司法权力委任理论。法院认为,国会只能授权行政机关裁决公法案件,纯粹私人之间的案件只能由普通法院受理,不能授权行政机关裁决。然而最高法院在 1985 年的托马斯案件中②,和 1986 年的肖尔案件中③,否认了北方输油管建设公司案件的观点,恢复克罗威尔案件树立的标准,行政机关能够具有委任司法权力的界限,和案件的内容涉及公权利和私权利无关。国会授权行政机关裁决法律争端出于行政上的需要,只要行政机关的裁决能够受到司法审查,就不违背分权原则。但是公权利和私权利的标准在某些法官的思想中根深蒂固,很难消除。1989 年,最高法院在一个案件中④,恢复了北方输油管案件的标准,仍然以公权利作为委任司法权的界限。尽管如此,以公权利作为委任司法权力的标准为很多法院和法官所拒绝。例如加利福尼亚州法院在 1989 年的一个判决中⑤,采取克罗威尔案件所树立的标准作为委任司法权力的界限。

总之,最高法院对国会能够授权行政机关行使司法权力的界限,有时以公权利作为标准,有时以司法审查作为标准。最高法院判例的这种徘徊不定,一方面由于最高法院的判决往往受具体案情的影响,不一定遵循一个抽象的原则;另一方面由于法官的观念不一致,判决虽然由多数法官通过,然而往往反映的是起草判决的法官的观点。从美国司法实践而言,传统观点不符合当代的需要。如果采取传统的观点,当代行政机关行使的很多司法权力,都不符合分权原则,必然引起美国行政活动极大的波动,为了避免这种混乱,满足行政上的需要,当代法院主要遵循克罗威尔案件树立的原则。从比较法的观点而言,以公权利作为划分行政裁判和司法裁判的标准,是近代国家建立行政裁判制度时最初的观点。不仅美国如此,其他国家也一样。例如法国在 19 世纪建立行政审判制度时,以公共权力作为划分行政法和私法、行政审判和司法审判的标准。后来由于行政发展的结果,行政审判不能限于公共权力的行为,才寻找其他更适

---

① *North Pipeline Construction Co. v. Marathon Pipe Line Co.* ,458 U. S. 50(1982).
② *Tomas v. Union Carbide Agricultural Production Co.* ,473 U. S. 568(1985).
③ *CFTC v. Schor* ,478 U. S. 833(1986).
④ *Granfinanciera ,S. A. v. Nordbery* ,492 U. S. 109(1989).
⑤ *McHugh v. Santa MonicaRent Control Board* ,777 P. 2d(Cal. 1989).

当的标准。① 美国如果不以公权利作为划分行政裁判的标准,而以公权利作为需要委任司法的一个理由,公权利观念仍然可能具有一定的指导意义。

以上讨论了分权原则和司法权力委任的关系。除分权原则外,还有其他宪法原则也可能限制司法权力的委任。随司法权力内容的不同,行政机关能够具有的司法权力的范围也不一样。下面分别讨论这些问题。

二、民事司法权力和刑事司法权力的委任

(一) 民事司法权力

民事司法权力主要解决私人相互间的争端,一向视为专属于法院管辖领域。然而在上述克罗威尔诉本森案件中,最高法院抛弃了传统观念。法院认为,法律可以授权行政机关裁决工人赔偿案件,虽然这个判例的适用后来受到一些干扰,但是美国多数法院和法官承认克罗威尔判例原则。由于当代行政的需要,没有理由认为国会以后不能通过法律,授权行政机关受理其他民事案件。是否有些民事案件按其本身性质,只能由法院受理,不能由行政机关受理呢? 很难认为有这类案件存在。密苏里州法院1924年在一个判决中,否认该州立法机关能够授权州公用事业委员会,由于铁路运费不合理而要求赔偿的案件。② 然而联邦的州际商业委员会从1906年起,已经有权裁决铁路运费的争端。很难说某类案件性质上纯属司法权力,不能由行政机关受理。如果国会认为某些民事争端,由于法官的观念、知识和时间的限制,不宜由法院审理时,国会可以授权行政机关受理。不论美国过去的情况如何,在当前情况下,国会几乎能够授权行政机关受理一切民事争端,而不违反宪法的分权原则。

(二) 刑事司法权

刑事司法权力的委任和民事司法权力的委任有很大的不同。联邦宪法修正案的权利法案和州宪法中类似的人权保障条款,限制了国会对行政机关授予刑事司法权力,这种限制对民事司法权不存在。《联邦宪法》在3个条文中提到了被告在刑事诉讼中享有由陪审员陪审的权利:《宪法》第3条第2节规定:"除弹劾案外,一切犯罪案件应由陪审团陪审";《宪法修正案第5条》规定:"非经大陪审团提起公诉,任何人不得受死罪

---

① 参见王名扬:《法国行政法》,北京大学出版社2007年版,第453—458页。
② *State v. Public Service Commission*,259 S. W. 447(Mo. 1924).

或不名誉罪之宣告";《修正案第6条》规定:"在一切刑事诉讼中,被告享有由发生犯罪之州或区域的公正陪审团予以迅速公开审理的权利"。单就这种保障而言,已经足以使重大的刑事案件和能够科处6个月以上监禁的轻罪案件,不能由行政机关审理。由于行政裁判程序不容许陪审团参加,以及宪法中人权条款的保障,美国法院认为刑事司法权不能委任于行政机关。美国国会从未授予行政机关刑事司法权力。

这种严格限制现在开始动摇。1969年,纽约州立法机关通过机动车辆和交通法,把一部分违反交通规则的轻犯罪,由法院移交行政机关审理。为此目的还设立了一个纽约停车管理局,受理违禁停车的案件。可以科处50元以下的罚款,当事人不服时可上诉到设立在局内的上诉委员会;对于超速行车的案件,也由另外一个行政机关受理。这个法律的制定是考虑到纽约的交通繁忙,违反交通规则的案件很多,超过法院的承担能力,不能不授权行政机关受理这类轻微的违法案件,这对法院传统的刑事管辖权打开了一个突破口,这是行政机关进入刑法领域的第一步。1971年纽约市市长建议把违反住房管理规则、赌博、娼妓等轻微违法案件,也从法院的管辖移交于行政机关受理。舆论界赞成扩大行政机关对轻微违法行为的管辖,以减轻法院的负担。案件一旦由行政机关受理,就丧失了刑事犯罪性质,行政机关所判处的罚款属于民事制裁性质,不具有刑罚性质。这类案件相当于我国的治安管理处罚,因为中美两国的法律制度不同。在美国,这类案件原来由法院管辖,现在有脱离法院管辖趋势,除性质上属于治安管理处罚的轻微违法案件外,美国行政机关不具备刑事司法权力,美国宪法限制了国会扩大行政机关的刑事司法权力。

三、补救措施和制裁权力的委任

司法权力除解决争端外,还包括决定补救措施和制裁的权力。法律是否可以授予行政机关这两种权力呢?在何种限度内能够授予行政机关这两种权力呢?

(一) 补救措施

法院给予的补救措施通常为损害赔偿和补偿,以及命令当事人为一定行为或不为一定行为。法律也可授予行政机关同样权力,例如州际商业委员会不仅可以决定运费是否公平、承运人是否负有责任,而且可以决定采取何种补救措施,以及赔偿金额数目;又如国家劳动关系委员会不仅可以裁决雇主和受雇者之间的争端,而且可以命令停止非法的侵害行为、恢复解雇员工的职位,或赔偿受害人的损失等。补救措施是裁决争端的必要补充,没有补救措施的裁决争端,缺乏实际效果。

法律虽然能够规定行政机关有权决定补救措施,但是美国行政机关决定的补救措施,和法院决定的补救措施的法律效果不一样。法院有权执行自己决定的补救措施,对不执行赔偿义务的当事人,可以强制出卖他的财产,对不遵守法院命令的人,可以科处藐视法庭罪。行政机关所决定的补救措施,原则上自己不能强制执行。因为强制执行程序严重影响被执行人的权利,必须受到限制,才能符合正当法律程序的要求。由法院执行在程序上受到较大的保障,但法律为了避免行政机关申请法院执行耽搁时间起见,有时规定对不执行行政机关决定的补救措施的人,科处一定的罚金,在例外情况下也授予行政机关强制执行权力。有的州宪法甚至允许行政机关对不执行命令的人,有科以藐视行政机关的权力,这是少有的例外情况。

(二) 制裁

法律必须遵守,对不遵守法律的人,法律规定一定的制裁。法院根据法律的规定,对违法者科处制裁。法律是否可以授予行政机关科处制裁的权力呢?

美国过去对行政机关科处制裁权力的限制比较严格,当代由于行政权力扩张的结果,法律授予行政机关科处制裁的权力也随之扩大。行政机关如果不具有制裁权力,就不能有效率地执行法律和政策。法律授予行政机关制裁的种类,主要是科处罚款,大量用于环保、卫生、工业安全、交通规则、保护消费者的各种违法案件中。① 除罚款外,法律还授权行政机关采取停止许可证、取消许可证、扣押、命令停顿整理、接受治疗或训练和法律规定的其他适当措施,这些制裁我国称为行政罚。

法院对于违反法律的人可以采取监禁处罚,法律是否可以授权行政机关采取监禁处罚呢? 最高法院认为授权行政机关可以采取监禁作为处罚手段,违背美国的宪法原则。② 因为监禁处罚剥夺当事人的人身自由,必须受到较大的限制,只在有陪审员参加和法院判决情况下采取,才符合正当程序的要求。我国称违反行政法的监禁处罚为行政刑罚。法律不能授予行政机关具有行政刑罚的权力,如果国会认为某项法律的遵守必须

---

① 罚款问题的宪法方面的讨论,参见下面的说明。
② *Wong Wing v. United States*, 163 U.S. 228(1896).

以刑罚作为保障时,这种制裁权力只能由法院享有。有时法律规定违反行政机关制定的条例将受到刑罚制裁,这种制裁不是行政机关所采取的制裁,行政机关只是在法律授权的范围内,规定发生制裁的情况。①

尽管最高法院认为法律不能授予行政机关监禁权力,但是法院认为法律可以授权行政机关采取暂时性的拘留措施,这是行政拘留,不违反宪法原则。美国行政拘留的范围比较小,主要适用于两个方面:① 对禁止入境的外国人和由于违法而被驱逐出境的外国人,移民当局在审查期间,可以暂时拘留他们,避免当事人逃亡和便于审查;② 对有传染病的人,为了公共健康理由,卫生当局可以暂时拘留他们。这种行政措施是必要的保全措施和安全措施,然而它剥夺了当事人的人身自由,而且有时时间可能较长,又不像警察机关在刑事侦察期间实行拘留时受到程序上的限制,因此可能被行政机关滥用。但是法律认为这是执行法律的权力,不是一种处罚。

(三) 行政制裁和陪审制度

上面说明,行政机关制裁权力的时候,没有讨论一个重要的宪法问题,即行政处罚是否也受宪法规定陪审制的限制？联邦《宪法修正案第 7 条》规定:"普通法上的诉讼,争议金额超过 20 元以上的案件,有受陪审团陪审的权利。"罚款是主要的行政处罚,是否也受陪审制度的限制？如果关于罚款的争议必须适用陪审制度,由于行政裁决中不能有陪审员参加,则行政机关不能具有罚款的权力。美国州法院对这个问题的判决不一致,联邦最高法院 1977 年在阿特拉斯案件中回答了这个问题。②

1970 年的《职业安全和卫生法》规定,劳动部的视察员对于违反该法的企业主,可以科处达到 1 万元的罚款。受罚人不服时可以向安全和卫生审查委员会申诉,对委员会的裁决不服,可向有管辖权的上诉法院请求司法审查。本案的申诉人不服委员会的裁决,最后由联邦最高法院作出终审判决。申诉人主张法律中规定的罚款权力,违反宪法修正案第 6 条规定的在一切刑事诉讼中,被告享有由公正的陪审团陪审的权利,如果法院认为这种处罚不属于刑事制裁,则关于罚款的争议属于金钱争议案件,传统上属于普通法的诉讼,被告享有宪法修正案第 7 条规定的由陪审团

---

① United States v. Grimaud, 220 U. S. 506(1911).
② Atlas Roofing Co., Inc. v. Occupational Safety and Health Review Comm., 430 U. S. 442 (1977).

陪审的权利。职业安全和卫生法授权行政机关裁决罚款案件,违反宪法给予申诉人的保护,最高法院对申诉人主张宪法修正案第 6 条的保护,没有受理。因为这个案件不属于刑事制裁,驳斥了申诉人主张宪法修正案第 7 条的保护。

  最高法院认为,宪法修正案第 7 条的保护,不适用于政府以主权者资格实行公权利所进行的诉讼。当国会制定法律规定某种义务,并对违反义务者处以民事制裁时,国会可以把这类案件委任没有陪审团参加的行政机关受理,不违背宪法修正案第 7 条的规定。宪法修正案第 7 条不阻止把新型的诉讼,授予有专门知识、办案程序迅速的行政机关作出初步裁决,即使在联邦法院中需要按宪法修正案第 7 条规定,由陪审团陪审的案件,如果由行政机关受理时,也不需要陪审团参加。在英美法律体系中,从历史观点来看,不是一切民事案件都必须由陪审团参加,陪审团是否参加诉讼,不取决于案件的性质,在一定程度上取决于受诉法院的性质。衡平法院、海事法院、军事法院的诉讼,都没有陪审团参加,即使是普通法上的诉讼也不是都有陪审团参加。例如判决捕获船舶的诉讼,没有陪审团参加。宪法修正案第 7 条不能限制国会制定法律,创设新的公权利和补救措施。在国会认为法院不适宜解决这类争端时,可以把这类诉讼交付于法院以外其他更合适的机关受理。申诉人主张适用宪法修正案第 7 条法律规定罚款的案件,理由不成立。

第七章
调查

第一节 概 述

一、调查的意义、需要和发展

(一) 调查的意义和需要

调查是行政机关取得信息的手段。有的行政机关存在的目的是专门从事调查、研究和提供咨询服务,不再具有其他行政职能。绝大部分行政机关具有调查权力是为了帮助该机关执行职务,行使其他行政权力。本章说明的属于后面这种调查。

取得信息是进行行政活动的第一步。没有调查就没有发言权,这句话也可以适用于行政活动。行政机关不论是制定法规、进行裁决、拟定计划、批准许可、提供援助、查明某一法律执行情况、确定某一法律是否适用于某人或某事、确定收费标准或纳税金额、发现行政上的弊端、拟定行政上的改革等,不论所采取的行为的性质属于制定普遍性的规则,或属于作出具体性的处理,都需要调查。行政机关如果不掌握必要的信息就不能进行任何有效果的活动,特别是在高度工业化和信息化的现代社会中,行政效率在很大程度上依赖于迅速和准确的调查。

(二) 调查权的发展

调查虽然是行政机关执行职务必须具有的权力,但美国行政机关的调查权是逐渐发展的,特别在第二次世界大战以后才大为扩张。因为美国是个人自由主义思想发达的国家,1878年制定的《美国宪法》序言中宣称:"我们美国人民为建立一个更完美的联邦,树立正义……增进公共福利,并保证我们自己和我们的子孙永享自由的幸福起见,特制定这个合众国宪法。"个人自由是美国立国的主导思想。个人的隐私权和不受行政机关无理干涉权是个人自由的一个因素,受到宪法的保护。行政机关的调查权力必然缩小个人的隐私权和不受政府干涉权的范围,因此在第二次世界大战以前,行政机关的调查权受到法院严格的控制。

美国建国初期的自由主义思想,不仅限制了行政机关的调查权,甚至立法机关的调查权也受到限制。1881年,最高法院在一个判决中,声称国会没有普遍性的权力调查公民私人事务,国会无权处罚拒绝国会调查的私人。[1] 50年后,最高法院对于国会调查权的态度完全改变。1927年,最高法院在一个判决中采取和1881年判决相反的观点,法院声称调查权,以及实施它的强制程序,是立法权力必不可少的和正当的附属权力。[2]

对行政机关的调查权力,在第二次世界大战以前,最高法院始终采取严厉态度。1924年的联邦贸易委员会诉美国烟草公司的案件,可以作为代表。这个案件的事实是联邦贸易委员会为了调查烟草公司垄断市场价格,向烟草公司发出传票,命令后者把1921年内对批发商的全部信函和电报,送委员会检查,烟草公司拒绝接受。联邦贸易委员会请求法院强制执行,法院拒绝联邦贸易委员会的申请,最高法院在判决中宣称:"任何遵守美国宪法修正案第4条的人都不愿相信,国会有意授权它所设立的下级机关摧毁我们的传统,可以对私人的信件实施广泛的调查,以便可能发现违法的证据。对被告的信件不加区别地进行检查,以便发现任何破绽,这种权力违反我们基本的正义。"[3]在法院采取这样的态度时,行政机关无权进行有效率的调查。

第二次世界大战期间及以后,法院对行政机关调查权的态度有很大的改变。1943年,最高法院认为,地区法院应当根据行政机关的申请,命令被调查者交付行政机关传票所要求的档案和证据,不论被调查者是否属于该行政机关管辖。[4] 1948年,最高法院又作出了一个同样旨意的判决[5],最高法院在1950年的一个判决中,几乎完全取消了它在1924年判

---

[1] *Kilbour v. Thompson*, 103 U.S. 190, 198(1881).
[2] *McGrain v. Daugherty*, 273 U.S. 135(1927).
[3] *FTC v. American Tobacco Co.* 264 U.S. 305-306(1924). 关于宪法修正案第4条对调查权的限制,参见下面的说明。
[4] *Endicot Johnson Corp. v. Perkin*, 317 U.S. 501(1943).
[5] *Shapiro v. United States*, 335 U.S. 1(1948).

决中的观点。最高法院在 1950 年的判决中认为,联邦贸易委员会有权取得它所调查的信息,"即使联邦贸易委员会在本案中所要求得到的信息仅仅出于满足官方的好奇心。无论如何,执法机关有正当的权利要求了解公司的行为是否真正符合法律和公共利益"①。这个判决代表了法院在第二次世界大战后对行政调查权的态度。

为什么同一法院对行政机关调查权的态度会出现这样惊人的变更呢?这是由于社会情况变化所引起的。第二次世界大战以后,美国企业的规模进一步扩大,成为世界性的跨国公司垄断集团,政府对企业的管理更加困难和复杂,政府只有掌握充分的信息才能进行有效的管理,因而传统的严格保护私人隐私权的观念,不能不作出让步。另一方面,第二次世界大战以后出现一些新的行政职务,例如社会保障、环境保护等,都在一定程度上需要增加行政机关的调查权。

二、调查权的根据和限制

(一) 调查权的根据

行政机关行使调查权力,不可避免地会影响被调查者或其他人的自由和利益。然而公民所享有的自由要求他们的私人事务,不受政府任意干涉。所以行政机关行使调查权力必须具有法律根据,否则是对公民自由的非法侵犯。授予行政机关调查权的法律由国会制定,行政机关只在法律授权的范围内,才能行使调查权力。1946 年的《联邦行政程序法》第 555 节(c)款规定:"没有法律的授权不得发出传票、要求提供报告、进行检查、或强制执行其他调查行为和要求。"这个条文明白地规定了调查程序上的一个重要原则。实际上,为了满足行政上的需要,美国所有的行政机关都在不同程度上和不同方式上被授予了调查权力。联邦法律经常授权行政机关有权调查它认为必要的事实和情况,或者要求提出报告或建议。有时,这种授权采取默示方式,例如法律规定行政机关有义务了解被管理对象的组织和经营情况等。在关于行政机关的调查权的规定不清楚时,法院也可能让行政机关进行调查,因为在全部程序结束后,当事人对行政机关的决定不满意时,还有申诉机会,包括审查调查是否合法问题在内。

---

① *United States v. Morton Salt Co.* 338 U.S. 632(1950).

（二）调查权的限制

当代行政机关具有广泛的调查权力，不表示行政机关的调查权力不受限制。

（1）行政机关的调查权力来源于法律，行政机关必须遵守法律所规定的标准和程序，行政机关在行使调查权时往往具有自由裁量权力，然而行政机关不能滥用自由裁量权，行政机关的调查权力只能用于合法目的。

（2）行政机关的调查权受宪法的限制，美国是一个具有成文宪法的国家，宪法效力高于法律。法律授予行政机关的调查权不能和宪法相抵触，违反宪法的法律将被法院宣告无效。宪法上的重要原则，例如分权原则、正当法律程序原则等，都能适用于行政机关的调查。在宪法条文中，特别和行政机关的调查权关系密切的是宪法修正案第 4 条和第 5 条。《宪法修正案第 4 条》规定："人民有保护其身体、住所、文件与财产的权利，不受无理的搜查和扣押，这是不可侵犯的权利。除有可能的理由，以宣誓或代誓宣言确保，并详细载明搜查的地点、被逮捕的人或扣押的物以外，不得颁发搜查证、逮捕证或扣押证。"根据这条规定，行政机关的调查不能进行无理的搜查和逮捕。《宪法修正案第 5 条》规定："非经大陪审团提起公诉或告发，任何人不得受死罪或不名誉罪的控告，但发生在陆海军中，或发生在战时或公共危险时期服现役的民团中的案件例外。任何人不得由于同一犯法行为而受两次生命或身体上的危险，在任何刑事案件中，不得强迫任何人证明自己的犯罪。未经正当的法律程序不得剥夺任何人的生命自由或财产。私有财产非经适当补偿不得收为公用。"这条规定所涉及的事项很多，就其对行政机关的调查权而言，主要是限制行政机关在调查中强迫任何人证明自己的犯罪行为。

这两个条文适用于行政机关的调查权时，引起了很多复杂问题。

（1）这两个宪法条文原来制定的目的是适用于刑事案件，它们适用于行政机关时，当然不能机械地适用刑事方面的原则，而必须加以变通。

（2）行政调查的对象广泛，使用的方法多样化，对被调查人产生的效果不一样，在适用这两个条文时，需要考虑各种不同的情况。

（3）法院对这两个条文的解释不一致。上面已经看到，最高法院在第二次世界大战前和第二次世界大战后，对这两个宪法条文的解释变化很大，这种情况以后还可能出现。关于这两个条文在行政调查中的适用，下面在涉及各种不同的调查方法时，详细说明。

三、强制取得信息的必要性

行政机关所收集的信息,有些来自被管理人或团体自愿的提供,有些根据本机关或其他机关所搜集的材料,有些参考本机关工作人员或外界人士研究的结果,有些取自公开发表的材料。但是在很多情况下,行政机关所要得到的信息,只能由被调查者提供。被调查人由于很多原因,可能不愿提供信息。例如为了保密,为了避免政府干涉,害怕政府滥用所提供的信息,害怕政府泄露所提供的信息而使自己在竞争中处于不利地位。有时,被调查者可能故意拖延时间,向行政机关提供失去实效的信息。由于这些情况的存在,行政机关出于工作的需要,不得不用强迫方法取得信息。美国法律规定,行政机关可以使用三种主要的方法,强迫得到信息:

(1) 要求被调查者按照规定的格式或内容制作文件或档案,或者提出报告。

(2) 检查被调查者使用的建筑物、文件和档案。

(3) 发出传票,要求被调查者出席作证,或提供账簿、文件和档案。

根据法律规定,行政机关可以同时采用三种方法,也可以采用其中一种或两种方法。当事人拒绝合法的调查时,效果不一样:可能引起手续不合格而得不到所期待的利益,可能对现存的利益发生不利的影响。有时法律规定有处罚措施,有时由行政机关申请法院强制执行行政机关的调查命令。下面分别说明这三种调查方法及其有关的法律问题。

第二节 调查的方法

一、法定的记录和报告

(一) 法定的记录和报告的普遍性质

几乎所有的行政机关,特别是对私人活动具有控制权力的行政机关,都具有权力要求被控制对象按照一定的方式和内容制作文件或记录,和提供报告,以便行政机关了解被控制者的情况,更好地执行法律所规定的任务。这种权力属于行政机关管理权力的正常范围,例如联邦贸易委员会对于在其管辖范围内的公司可以发生普遍的或特殊的命令,要求按照委员会规定的内容提供年度报告或特别报告,回答委员会所提出的问题。委员会也可以命令公司制作一定的档案,按一定的方式记账。这种命令是行政机关取得信息行使管理权力必不可少的手段,不能认为是对公司所科处的额外负担。只在行政机关的规定极端不合理和过分增加被管理对象的负担时,才有可能存在权力滥用情况。要求制作记录和提供报告适用的时期,不限于发生争议的时候。这是一种管理行为,不是一种裁决,它不决定相对人实体法上的权利和义务。行政机关作出这种要求时,不需要事先通知和听取当事人的陈述。

(二) 强制执行

被调查的对象不遵守行政机关的命令制作法定的记录和提供法定的报告时,法律或者规定停止地享受某种利益,或者科处某种行政制裁。如果因此引起损害或其他责任时,行政机关可向法院起诉。

法定记录和报告义务存在的最大的法律效果是限制宪法修正案第4条和第5条的适用。法定的记录必须接受行政机关的检查,为了进行检查,行政机关有权进入保存法定记录的建筑物,不构成宪法修正案第4条所禁止的无理搜查。法定记录的法律地位,就其接受行政调查而言,和公共记录相同。公共记录是指政府所制作的文件,属于政府的财产,行政机关可以随时检查。法定记录虽然是私人所制作,但和一般的私人文件的性质不同,它们是为了行政管理目的而必须制作的文件,实质上相当于公共记录。行政机关要求检查或提供报告时,被调查人也不能因为这类文件的披露,可能证明其有犯罪行为存在而拒绝。宪法修正案第5条关于公民不能被迫自证其罪的保护,不适用于法定的记录和报告。①

但是宪法修正案第5条的不适用,只在法定的记录和报告所涉及的事项本身不是犯罪行为,而是受行政机关管理或严密控制的行为的时候。对于专门从事犯罪活动的行为,行政机关不能要求被调查者制作记录和提出报告。后面这种活动受宪法修正案第5条禁止自证其罪的保护。例如行政机关可以规定一般的商人制作必要的记录和提供一定的报告,不能强迫要求专门以犯罪活动为职业的赌博之徒,记录每天的犯罪活动和提供自己的犯罪报告。这种活动在宪法修正案第5条的适用范围之内。②

---

① *Shapiro v. United States*,335 U. S. 1(1948).
② *Marchetti v. United States*,390 U. S. 39(1968).

二、检查

检查是行政机关通过直接观察取得信息的方法,是一种广泛应用的行政技术。很多时候通过检查可以确定事实的存在、性质和程度。检查的作用在于防止和矫正不符合法律规定的情况,查明是否违反法律和法规,以及提供情况作为采取决定的依据。《行政程序法》第554(a)(3)款规定,行政机关依法必须举行听证的裁决,可以用检查和测验代替听证①,这是因为事实情况,如果根据检查和测验可以确定时,就不用举行听证,行政机关可以根据检查作出决定。行政法学中不讨论如何通过检查取得信息的技术问题,而是讨论行政机关的检查权力和公民的隐私权的关系问题。这个问题涉及行政机关为了特定目的进入建筑物内,观察及检查其中的设备、活动和文件的权力。这是美国行政法学着重讨论的问题。以下就进入建筑物检查的不同情况分别说明:

(一)生活住宅

公民的住所不可侵犯地受到了宪法保护,宪法修正案第4条规定公民的住所和财产,不受无理的搜查和扣押。进入公民的住宅如果没有得到同意时,必须根据正当理由持有法院颁发的搜查证。只在两种情况下,行政机关才可以无搜查证而强行进入住所检查,即有紧急情况和实行合法的逮捕时。宪法第4条规定保护公民的隐私权和安全权,但是美国宪法制定在18世纪,而当代生活的变化已经使全体公民紧密联系,互相依赖,公民隐私权的范围必然大为缩小。特别是在大都市中,由于人口密集,存在大量的健康、卫生、安全和住宅方面的法规,规定社会生活中必须遵守的义务。如果没有这些法规,不可能维持一个适当的生活环境,维持居民的共同生存和发展。这些法规实施的关键在于行政机关具有检查权力。在当代社会生活的情况下,如何解决宪法修正案第4条对行政机关检查权力的限制呢?

最高法院在1959年的一个判决中,认为行政机关进行检查在一定的条件下,可以不需要搜查证。该案的事实是,一个公民拒绝无搜查证的卫生检查员进入住宅检查老鼠窝,被罚款20美元。最高法院认为这类检查不需要搜查证,因为检查的目的明确,范围特定,检查员所选定的时间合

---

① 554(a)规定:本条适用于法律规定必须根据机关听证记录作出裁决的所有案件,除非案件涉及……(3)仅仅根据检查、测验或选举能作出决定的争议事项。

理,没有滥用检查权的情况存在。而且美国的传统习惯允许这种检查,都市卫生的需要超过个人的保密权利。① 这个判决后来被抛弃了。最高法院1967年在卡马拉诉市法院的判决中,认为在一般情况下,无搜查证强行进入住宅进行检查,违反宪法修正案第4条的规定。但是最高法院认为颁发搜查证的理由,不必按照传统的标准。宪法修正案第4条规定颁发搜查证,必须具有可能的理由,传统上认为这种理由是指具有可能的违法情况存在而言,因为宪法修正案第4条制定时,主要着眼于刑事搜查。行政检查往往和刑事的处罚无关,所以在颁发行政检查的搜查证时,不需要可能的违法情况存在,只要执行法律需要检查时,就可请求法院颁发搜查证。这种需要根据所执行法律的性质和检查的目的而不同,可能是法律所规定的定期检查,可能是对某一区域进行的总体检查,包括全部建筑物在内,不需要考虑对某一建筑物是否有必要进行检查。对某一特定建筑物申请搜查证时,也不需要有可能的违法情况存在,只要根据该建筑物的任何情况认为有检查的必要时,就可申请颁发搜查证。② 总之,颁发搜查证的原因很宽,但是仍然需要搜查证,防止行政机关滥用检查权力。

(二) 企业宅地

企业宅地如果是公众可以自由出入的营业地,例如餐馆、戏院、商店的门市部,检查人员当然可以和公众一样自由出入并观察,不需要有搜查证。超过一般公众的地位对企业进行检查,如果没有得到同意,也没有紧急情况和合法的逮捕情况存在时,是否需要搜查证呢? 以宪法修正案第4条的文字意义来看,该条所保护的是生活住宅,不是企业宅地。但最高法院的判例,把对生活住宅的保护也扩张适用于企业宅地。但最高法院1967年在西伊诉西雅图市案件的判决中,认为卡马拉案禁止对公民生活住宅没有搜查证的检查所确定的原则,也适用于私人的企业场所。③ 个人的办公室和营业地如同他的厨房和卧室一样,在没有特殊情况时,都要有搜查证才能进行检查。当然,颁发搜查证的原因和刑事案件检查不一样,不需要有违法的可能性存在。行政机关按照法律或法规所规定的标准所进行的大规模检查,或定期检查,可以包括一切企业在内。在其他情况下,对于任何企业,也不需要有可能违法的原因存在,只要有需要检查

---

① *Frank v. Maryland*, 359 U.S. 360(1959).
② *Camara v. Municipal Court of the City and County of Francisco*, 387 U.S. 523(1967).
③ *See v. City of Seattle*, 387 U.S. 541(1967).

的原因存在,就可颁发搜查证。

西伊案件的判决受到学术界的批评。① 宪法修正案第4条保护的对象是隐私权,具有个人性质。企业就其对政府的关系而言,不可能具有个人同样的隐私权。企业对于政府不可能享有秘密处理他们营业的权利,为了公共利益的需要,政府对企业应有较大的检查权,最高法院在以后的判决中,缩小了西伊案件的适用范围。法院认为法律规定应受政府严格管理的企业,例如出卖烈性酒和枪支的企业,法律可以规定合理的标准,允许不需要搜查证的检查。② 企业者在经营这种企业时,已经预见并同意政府的加强控制。但是法院认为这种不需要搜查证的检查,只适用于受政府严格控制的企业。对于一般企业而言,行政机关进行检查必须具有搜查证。例如最高法院1978年在一个判决中,认为1970年的《职业安全和卫生法》,授权劳工部检查员不需要检查证进行工厂和工场检查,违反宪法修正案第4条的规定。③

企业宅地的检查与法定的文件和档案之间有密切的联系。上面提到行政机关为了取得信息,有权规定企业必须制定一定的文件和档案,以备检查。如果被调查的企业不愿交出文件和档案,有管辖权的行政机关是否能进入建筑物内,占有这些文件呢?最高法院1946年在戴维斯诉美国案件的判决中,对这个问题作了肯定回答。法院认为法定的文件应随时接受政府的检查,在其拒绝时,检查员可以进入建筑物内,不受宪法第4条的限制。④ 如果严格适用这个判决,可能产生极为深远的效果。因为美国大多数企业,根据联邦或州法律的规定,必须制作一定的文件和档案。如果由于这类文件的存在,而使宪法修正案第4条的保护对企业不适用,则企业宅地可能完全享受不到宪法修正案第4条的保护了。因此有的学者认为,戴维斯案件的适用范围应当限于受政府严格管理的企业,不适用于一般企业。⑤

(三) 福利调查的家庭访问

领取福利补助金的人,根据法律规定,通常要向福利金管理机关提供

---

① K. C. Davis: *Administrative Law Treatise*, 1987, v. 1, pp. 250-252.
② Clonnade Catering Corp. v. Uunited States, 397 U. S. 72(1970); United States v. Biswell, 406 U. S. 311(1972).
③ Marshall v. Barlow's Inc. 436 U. S. 307(1978).
④ Davis v. Unites States, 328 U. S. 582(1946).
⑤ B. Schwartz: *Administrative Law*, 1984, p. 104.

收入方面和生活需要方面一定的信息,管理机关也可进行调查,这种调查是否包括家庭访问在内?被调查人不同意家庭访问是否受宪法修正案第4条的保护?对于这个问题,最高法院1971年在怀曼诉詹姆斯案件的判决中,作了明确的回答。法院认为法律可以规定家庭访问,被调查人不享受宪法修正案第4条和第14条的保护。① 该案的事实是,纽约一位领取儿童抚养补助金的母亲,拒绝福利申请调查员的家访,只同意在其他地方回答调查员的问题。同时认为她有权继续领取补助金,因为根据宪法修正案第4条和第14条的规定,该调查员没有取得同意又没有法院颁发的搜查证时,不能进入她的家庭,家访实际上是一种搜查的形式。纽约的社会服务法律规定,福利申请调查员不能强迫进行家访,但对于拒绝家访的母亲可以停发补助金。地区法院认为纽约的法律违反宪法修正案第4条和第14条,福利管理机关不能停止拒绝家访母亲的补助金。最高法院认为本案不在宪法修正案第4条和第14条规定范围之内。首先,因为宪法修正案所禁止的是无理的搜查,而福利申请调查员的家访是更新补助金,不是一种搜查。其次,即使家访是一种搜查,它也不是无理的搜查,为了受抚养儿童的利益和纳税人的金钱有效使用的利益,而进行家访是合理的。最后,即使这是一个无理的搜查,一个领取福利金的人已经放弃反对的权利,一切分配慈善救济金的人,有权知道救济金额如何使用,并以是否接受家访作为给予补助金的条件,领取福利补助金的人,已经放弃反对家访的权利。

这个判决在最高法院是以6票对3票通过的,持反对意见的人认为,政府不能凭借给予补助金,而收买了受补助人享有的宪法保障。按照怀曼判决的逻辑,行政机关几乎可以不用搜查证而可以强行进入大部分公民的家庭。因为在当代社会中,很少人不以这种或那种方式,或多或少地享受政府的利益。这个判决以后未为法院所引用。这个判决的理论基础,认为领取政府福利补助是当事人的一种特权,不是他的权利,所以不受宪法正当法律程序的保护。在当代,法院已经放弃了这种不符合时代需要的、传统遗留下来的区别。关于这个演变,本书在以后第九章中另有讨论。

---

① *Wyman v. James*,400 U.S. 309(1971)美国宪法修正案前十条中关于公民权利保护的规定,适用于联邦;宪法修正案第64条,禁止不经过正当的法律程序剥夺任何人的生命、自由或财产的规定,适用于各州。但最高法院对宪法修正案第14条的解释,认为宪法修正案前十条中关于公民权利的保护,也适用于各州。

三、传票

（一）传票的意义，私人取得传票的权利

传票是一种具有强制力的命令，它要求受传唤的人出席作证，或提出指定的证件，或者要求被传唤的人作证并带来指定的证件。这是最有效的调查方法。没有传票的支持而纯靠当事人自愿作证或提出有关的证件，行政机关可能得不到必要的信息。

行政机关本身没有签发传票的权力，只有经过法律授权才能签发传票。由于传票是调查权的有力支持，某些州的法律笼统规定州行政机关在两造对抗的案件中，有权签发要求出席作证和提出记录的传票。在联邦政府中，所有重要的行政机关，特别是行使控制权力的机关，实际上都被授予了签发传票的权力。

法律授权签发传票的人通常为行政机关长官，或委员会中特定的委员，有时也授权委员会中任何委员或委员会所指定的人签发传票，法律也可授予行政机关中某一单位签发传票的权力。在举行正式程序听证的裁决中，依《联邦行政程序法》第 556 条（c）（2）的规定，听证主持人依法律有权签发传票。在法律授权行政机关长官签发传票时，有时明文规定机关长官可以把签发传票的权力委托其他人行使。在法律没有规定时，机关长官是否可以委托其他人签发传票？最高法院的判例似乎没有确定。实际上在这种情况下，机关长官往往开出大量签名的空白传票，由下级单位行使。

在争议案件的裁决中，私人作为当事人也可请求裁决机关传唤他所要求传唤的证人和证件，但私人取得行政传票的地位和取得司法传票不一样。在民事诉讼中，法院书记官有义务根据当事人的请求发给传票。而大部分行政机关，对于当事人请求的传票是否给予，有自由裁量权，防止私人滥用行政传票。《联邦行政程序法》第 555 节（d）款规定："法律授权行政机关签发的传票，依其申请必须发给当事人。在程序规则中有规定时，当事人必须说明或证明传票所调查的证据的一般相关性和合理的范围。"这条规定一方面承认私人请求签发传票的权力，一方面承认行政机关可以制定普遍性的规则，规定私人请求签发传票的条件。美国纽约州对于行政传票和司法传票不加区别，行政机关和法院一样，对于私人请求签发的传票有义务给予，消除行政机关和私人间的不平等地位。因为行政机关对于法律授权签发的传票，为了本身调查的需要，可以自由发出,如果不允许私人有权请求强迫调查对自己有利的证人和证件,则私人将处于不利地位。美国《国家劳动关系法》规定,国家劳动关系委员会有义务根据当事人的请求发给传票,不需要说明一般的相关性和合理的范围。为了防止私人滥用行政传票起见,法律规定被传唤的人可以请求国家劳动关系委员会撤销或修改其传票①,国家劳动关系法的规定为很多州所采取。

(二) 传票的范围

在第二次世界大战以前,最高法院认为传票具有司法权力性质。司法权的对象为解决有争议的案件,使行政机关的传票只适用于解决争议的裁决,或在出现可能违法的原因而执行法律的时候,法律能够授予行政机关传票的权力有限。第二次世界大战以后,随着行政机关调查权力的扩张,行政传票不仅可以适用于具有司法性质的调查,而且可以用于行政立法和纯粹行政性质的调查。法律授予行政机关调查权时,不论进行调查事项的性质如何,都可授予行政机关签发传票的权力。

行政机关传票适用范围的一个特点是不受一般意义的管辖权的限制。根据行政法的一般原则,行政机关只能在其管辖范围以内行使权力,超过管辖权的行为是无效的行为。但最高法院对于行政传票适用的范围采取另外一种解释。行政机关对于不受其管辖的人,只要认为可能得到它所需要的信息,即可签发传票命令作证。证人的范围不受签发传票的机关所管辖的人的限制。②

行政机关对于事务的管辖有一定的范围。因此行政传票要求调查的证据,必须和行政机关所管辖的事项有某种联系,才符合管辖权的原则。但这种联系是可能的联系,不要求现实的联系。因为调查的证据是否和管辖的事项有现实的联系,只在调查结束后才能确定。在调查开始时,只要签发传票的目的是为了对行政机关管辖范围内的事项进行调查,即认为有联系存在,不要求在每个具体细节上都符合需要调查事项的范围,而调查的目的由行政机关决定,因此签发传票的权力属于行政机关的自由裁量权限。

行政机关签发传票的权力不受一般意义管辖权的限制,不表示行政

---

① 《美国法典》第 29 编第 161 节(v)。
② *Endicot Johnson Corp. v. Perking*,317 U.S. 501(1943); *Oklahoma Press Publishing Co. v. Walling*,327 U.S. 186(1946)。

机关可以任意行使传票权力，以及国会可以任意授予行政机关传票权力。对于行政传票权力普遍性的限制是宪法修正案第 4 条和第 5 条的规定。宪法修正案第 4 条保障公民的人身、住所、文件、财产不受无理的搜查和扣押，除非有可能的理由外，不得颁发搜查证。从文字意义上说，这条规定不适用于行政传票。通过法院的解释以后，这条规定也扩张适用于行政传票。但适用于行政传票的条件，不像适用于搜查和扣押一样，不要求有可能违法的原因存在。只要行政机关管辖范围内的事项有任何调查的需要时，即可签发传票。宪法修正案第 4 条对行政传票的限制，实际上是禁止不合理的传票。所谓不合理的传票，根据法院的判例是指下列情况：① 行政机关没有合法的调查权；② 传票的范围非常广阔，太不确定；③ 传票和需要进行调查的事项没有相关性。①

宪法修正案第 5 条禁止在任何刑事案件中，强迫任何人证明自己的犯罪。这个规定原来是普通法中的原则，后来为联邦和各州宪法所接受。虽然进行调查的行政机关通常无权对证人科处刑事制裁，但是证人可能害怕他所提供的信息，被利用在以后的刑事案件中，作为证明自己犯罪的证据。在出现刑事制裁的危险时，证人可以拒绝证言和提供物质证据，这是宪法所保障的特权，也适用于行政机关的调查程序。但是这种特权在下列情况下不适用：

1. 民事制裁

很多法律和法规中所规定的制裁，没有刑事性质。当制裁的性质属于民事制裁性质时，证人不能拒绝证言；属于民事或刑事有争议时，由法院决定。例如最高法院 1980 年的一个判决认为，法律规定污染航行水道的人有向有管辖权的机关报告的义务，对于没有或拒绝报告的人科处重额罚金，这个罚金属于民事制裁，不适用宪法修正案第 5 条的保护。②

2. 法人和团体

法人和团体可以享受宪法修正案第 5 条禁止未经合法程序不得剥夺财产的保护，但不能享有禁止自证其罪的保护。这是因为禁止自证其罪的特权只保护证人本人，不保护其他人。首先，法人和团体自己不能活动，必须通过其他人才能活动，因此法人和团体不可能被迫自证其罪，也不可能适用禁止自证其罪的规定。其次，禁止自证其罪的特权具有个人

---

① *Adams v. F. T. C.* 296 2d 866(8th Cir. 1961).
② *United States v. L. O. Waed*,100 S. Ct 2636(1980).

性质,法人和团体的权力没有这种性质,不可能享有个人性质的特权。最后,禁止自证其罪的特权,在历史上是保护公民的一种特权。政府对于法人和团体需要较大的监督,法人和团体不可能享有公民所具有的特权。不仅法人和团体不能主张这种特权,而且保管法人和团体的文件和档案的职员,也不能因为在这些文件中有可能证明其犯罪的证据,而援引禁止自证其罪的特权,拒绝提供这些文件。法人和团体的文件不具有个人性质,随时可受有管辖权的机关的检查。保管人在其保管过程中,已经接受提供检查义务,不受禁止自证其罪的保护。

3. 他人所保管的文件和档案

证人只对自己所保管的证明自己犯罪的材料,可以拒绝作证。对于自己所保管的证明他人犯罪的材料,无权拒绝作证。对于他人所保管的证明自己犯罪的材料,也不享有禁止自证其罪的保护。

4. 法律免除刑事追诉

法律规定免除证人的刑事处罚时,证人不能主张禁止自证其罪的特权,对于免除刑事追诉的事项,有作证义务。例如1893年的《强迫作证法》规定,任何人不能由于在联邦贸易委员会前,对任何事情或交易作证或提出证件而受刑事追诉或任何刑事处罚,但不包括伪证罪在内。联邦政府所有的重要的行使控制权力的法律,几乎都援用1893年的法律,或作出类似规定,免除作证人的刑事追诉。1893年的法律在1970年为有组织的犯罪控制法所代替。1970年的法律规定,行政机关认为公共利益需要作证,并且得到检察总长的核准时,免除证人的刑事处罚。[①]

5. 法定的文件和档案

法律规定必须制作的文件和档案,具有政府文件性质,不受宪法修正案第4条搜查证的保护。由于同样理由,也不受宪法修正案禁止自证其罪的保护。

根据以上各种对禁止自证其罪的特权的限制,行政机关利用传票方法,几乎能够得到它所需要调查的全部信息,这是当代美国行政权力扩张的一种表现形式。

(三)传票的执行

被传作证的人,一般能够自动遵守作证义务。证人不遵守作证义务时,行政传票和司法传票不一样,本身没有强制执行力。不遵守司法传票

---

① 《美国法典》注解第18编第6001—6005节。

时,可以受到藐视法庭的处罚,不遵守行政传票,没有藐视行政机关的处罚。行政传票原则上由行政机关申请法院执行。法院执行行政传票的程序分为两个阶段:第一阶段,对于符合上款所述传票范围以内合法成立的传票,命令被传唤的证人按照法院认为合适的方式,出席作证。被传唤人对于法院命令作证的裁定不服时,可以上诉。第二阶段,被传作证的人没有上诉,或上诉失败后仍不按法院的规定作证时,法院可以对他科处藐视法庭的制裁。这种执行程序和《联邦行政程序法》的规定相同。该法第555节第4款规定:"在请示强制执行(传票)的程序中,法院应发出命令,要求证人在合理期间内出席作证,或提出证据和情报,违者以藐视法庭罪处罚。"

美国有的州行政机关对于不履行传票义务的人,具有处罚藐视行政机关权力,这是例外情况。一般的原则是法律不授权行政机关具有处罚藐视的权力。但是法律对于不遵守传票的人,可以规定刑罚制裁。例如《联邦证券交易所法》规定,任何人没有正当理由不遵守委员会的传票,构成轻罪,可以处以监禁或罚金。① 然而证券交易所没有利用这种权力,而是按照联邦行政机关的一般方式,申请法院命令执行它的传票。

第三节　调查档案的公开和保密

调查档案是指行政机关进行调查所收集的和保留的各种信息。这些信息是否公开或者保密,特别是比较敏感的档案的公开或者保密,涉及错综复杂的行政利益和公民利益,从调查档案公开的利益而言,它是促进行政民主化的一个环节。公民只有知道行政机关的活动,才能对行政进行有效的监督。调查档案如果不公开,公民很难知道行政机关是否认真执行法律、是否故意刁难无辜。秘密行使的调查权力,很可能被滥用侵犯公民的基本权利和自由。调查档案公开也是对消费者的一种保护,消费者能够根据可靠的信息决定自己的选择。有时政府可以利用公开发表调查所得到的信息,作为制止某种不正当活动的产生和继续的一种手段,或者作为政府在公众中取得有利反响的手段。

另一方面,调查档案公开也可能对行政机关和公民产生一些不利的结果。就行政机关而言,调查信息过早公开可能妨碍有效地执行法律,违

---

① 《美国法典》注解第15编第78u(c)。

法者可以及时隐藏或摧毁证据。证人顾虑其证言或证件公开发表的后果,可能不愿作证或不愿透露全部信息,行政机关以后很难得到机密的信息来源。对公民个人而言,调查档案的公开可能侵犯个人的隐私权,泄露贸易上的秘密,损害被调查者的信誉,或者使他在竞争中处于不利地位。

由于上述各种利益互相交错,美国法律在这方面的规定很不一致。有的法律禁止公开调查档案,有的法律规定在一定的条件下,例如在有利于公共利益条件下,在利害关系人同意条件下,可以公开调查的档案。行政机关长官在法律规定的范围内可以制定规章,规定本机关档案的保管、使用和保护的条件。除各个具体法律可以对于某类档案作出具体规定以外,美国法律对调查档案的公开和保密作出普遍性规定的,主要是1966年的《情报自由法》,这个法律构成修改后的《联邦行政程序法》第552节。① 该节第1款规定公民有从行政机关取得信息的权利。行政机关的调查档案及其他档案在公民请示查阅和复制时,必须公开。但为保护行政机关和公民利益起见,第552节第2款第1项到第9项规定某些档案可以不公开。其中第7项规定为执行法律而编制的调查档案,在下列情况下可以不公开:① 干扰执行程序;② 剥夺一个人受到公正审判或公正裁决的权利;③ 构成对私人秘密不正当的侵犯;④ 暴露秘密情报的来源,暴露刑事执法机关在刑事侦查所制作的档案中,纯粹根据秘密来源所得到的信息,暴露合法从事国家安全情报调查机关所制作的档案中,纯粹根据秘密来源而得到的信息;⑤ 泄露调查技术和程序;⑥ 危害执法人员的生命或身体安全。

行政机关根据上述规定可以制定更具体的规章,例如规定哪类档案的公开可能干扰执法程序。《行政程序法》552节第2款第6项规定关于人事和医疗档案不得公开;第4项规定贸易秘密和由某人提供具有特权性质或机密性质的商业和金融情报不得公开。贸易秘密法中也有保护贸易秘密的规定。1974年的隐私权法②,规定行政机关必须公布他所编制和保管的私人档案的正常用途;除正常用途以外,其他泄露私人档案中的信息,必须取得档案所记载的人的同意。以上提到的几个法律,是行政机关决定档案材料公开和保密的主要依据。

---

① 关于美国《情报自由法》参见本书第二十一章:行政公开(一):《情报自由法》。
② 现成为《联邦行政程序法》第552a节,参见本书第二十三章的说明。

第八章
法规和制定法规

上面谈到根据宪法的分权原则,行政权力属于行政机关,同时允许国会委任部分立法权力和部分司法权力于行政机关。因为行政机关如果没有委任的立法权力和委任的司法权力,不能进行有效率的行政管理。行政机关行使委任立法权力的活动是制定法规的行为,行使委任司法权力的活动是行政裁决的行为。法规和裁决究竟有何不同呢?行政机关如何制定法规呢?制定法规和进行裁决完全不能沟通吗?国会对于制定法规如何进行监督呢?这是本章所讨论的问题。关于行政机关的裁决活动,将在以后说明。[①]

第一节 法规概述

一、法规的意义、性质和种类

(一) 法规的意义和性质

在美国日常用语中,行政法上名词的意义往往没有确定的区别。法规一词没有确切的意义,也可以用不同的名词来表示。美国法律第一次系统地确定行政法上主要法律术语意义的是《联邦行政程序法》。但是这个法律中所确定的法律术语的意义,只适用于该法中的规定,没有限制其他法律中的用语。然而由于联邦行政程序法的适用范围广泛,它对法规制定的程序和行政裁决的程序规定不同的要求,所以联邦行政程序法

---

① 参见本书第十一章:正式程序裁决(二):证明程序;第十二章:正式程序裁决(三):决定程序。

中关于法律术语的意义,在其他法律中没有特别规定时,可以普遍适用。

美国《联邦行政程序法》第551节把行政行为分为两大类,即:法规(rule)和裁定(order)。裁定是裁决(adjudication)的结果,范围很广,没有确定的意义,凡是法规以外的一切最后决定都是裁定。所以确定法规的意义非常重要,它是区别其他行政行为的一个重要标准。

联邦行政程序法中关于法规的定义是在参考传统理论的基础上确定的。传统的观点认为,行政机关制定法规的行为具有立法性质,这种行为和行政机关进行裁决的行为性质不同,行政机关进行裁决具有司法性质。法规和裁决的区别,类似立法和司法的区别。这种区别,传统上从两个方面观察:① 以时间为标准;② 以适用范围为标准。前者可以大法官霍姆斯(Justice Holmes)为代表,后者为大多数学者所主张。霍姆斯1908年在普伦蒂斯诉大西洋航运公司案件中①,认为司法的目的是对于现在或过去的事实,按照已经存在的法律进行调查、确认并强制履行其责任。立法则着眼于未来,制定新的规则,适用于它管辖范围内的全体人或部分人,以变更现状。因此法规和裁决的区别以时间为标准,法规是适用于将来的决定,裁决是针对过去和现在情况所作的决定。以适用范围作为标准区别法规和裁决的观点,可以首席大法官伯格(Chief Justice Burger)1966年在美国航空公司诉民航局②中所持不同意见为代表。伯格认为,法规是对某一广泛集体全体成员普遍适用的规则,裁决是适用于特定的人或情况的决定。法规抽象地影响个人的权利,在任何特定的人的法律地位受到确定的影响以前,必须另外还要有一个适用法规的程序。裁决是对特定的人以其个体资格所采取的具体行为。

时间标准和适用范围标准在大部分情况下都能适用,但是在某些情况下,二者都会遇到困难。就时间标准而言,只要对于今后有效力的决定都是法规,行政机关签发的许可证,对某人发布的禁止令或扣押令就都可以成为法规,必须适用制定法规的程序了,显然和实际情况不符合。就适用范围的标准而言,行政机关规定某个或某几个特定企业收费标准的决定,由于只适用于特定的人,就变成裁决了,也不符合实际情况。

联邦行政程序法对于法规的定义,在当初草案中采取适用范围标准,

---

① *Prentis v. Atlantic Coast Line Co.*, 211 U.S.210(1908).
② *American Airlines v. CAB*, 359 F.2d, 624, 636 (D.C. Cir. 1966). 伯格1969年成为首席大法官。

只有普遍适用的行政决定才是法规。在最后通过的法律中,虽然仍然保留普遍适用这个标准,而主要采取了时间标准。551节第4款规定:"法规是指行政机关为了执行、解释或者规定法律或政策,或者为了规定机关的组织、程序或活动的规则而颁布的具有普遍适用性或特殊适用性而且对未来有拘束力的文件的全部或一部分;包括批准或规定未来的收费标准、工资、法人体制或财政体制及其改革、价格、设施、器具、服务或津贴在内;也包括批准或规定各种估价、成本费用、记账方式,以及与上述事项有关的活动在内。"从这个规定中可以看出,法规不仅指行政机关作出的普遍适用的决定,而且还包括它们作出的适用于特定人或特定情况的决定在内。但是由于法规只适用于将来发生效力的决定,所以现在和过去发生效力的具体行政决定不是法规,这样就把法规和绝大部分行政裁决分开了。然而也有一部分行政裁决是对将来发生效力的,为了避免法规和这类裁决混淆起见,《联邦行政程序法》第551节第6款规定,行政机关的禁止令、确认令,不论其采取肯定或否定形式,以及行政机关颁发的许可证,虽然它们也对将来发生效力,不属于法规的范围。为了更进一步明确起见,第8款又规定,许可证的范围包括执照、证书、批准书、注册证、章程、成员资格书、法定的豁免和其他形式的许可文书的全部或一部分在内。①

联邦行政程序法把适用于特定人和特定情况而对将来发生效力的决定,也包括在法规范围之内,其原因是想扩大制定法规程序的适用范围。尽管为了避免混淆起见,法律中对于某些特定情况已经规定不属于法规范围,但是这种规定很难说是概括无遗。在实际应用中仍然会遇到某些具体决定,不易确定其是否属于法规范围。美国解释联邦行政程序法的官方文件,司法部编的行政程序法手册中,承认这种困难存在,因此认为在判断行政机关某一具体决定是否属于法规范围时,应全面考察行政机关采取某一决定的目的,以及法律对于行政机关的要求。行政法规具有立法性质,不仅因为它是规定将来行为的准则,而且因为它的目的是基于政策的考虑。法规的目的在于执行或规定将来的法律或政策,而不是评价某人过去的行为。法规的着眼点不在证明事实的正确性,而在于从事实中得出制定政策的结论。正因为如此,它才和裁决不同。裁决的目

---

① 美国统一州法委员全国会议制定的《州行政程序示范法》第1节第7项对法规的定义,只包括普遍适用的规则,不包括特殊适用的规则。

主要在于根据既定的标准决定某人过去的和现在的权利和责任,决定某人过去的和现在的行为是否合法。在裁决程序中,事实情况的争论和证明具有决定性的意义,因此必须采取和制定法规不同的程序。①

美国法学界认为联邦行政程序法对于法规所下的定义,包括适用于特定情况的行政决定在内,在实际应用上产生困难,是其缺点。但是就行政程序的适用而言,必须对主要的法律术语确定一个意义,否则制定法规的程序和进行裁决的程序的适用范围将无法区别,联邦行政程序法的规定,是从这个观点着眼。联邦行政程序法对于法律术语定义的另一缺点是对行政裁决的意义太广。在日常用语中,行政裁决通常和解决行政争端联系,而联邦行政程序法中的裁决,则指除法规以外的一切行政决定在内。由于行政程序法中定义的缺点,因此尽管有联邦行政程序法的制定,美国行政法上用语的意义,并未因此而完全统一。但是联邦行政程序法的适用已经统一,也可说是一个进步。美国法学界有人主张修改联邦行政程序法中关于法规和裁决的意义,使它更接近于一般用语。②

(二) 法规的种类

法规的分类不仅是理论上分析说明的需要,而且具有实际的意义。因为不同种类的法规,在制定程序上,法律效果上和受法院监督的程度上不一样。分类的标准,随着眼点不同而不同。最主要的分类方式有以下几种:

1. 以法规制定的程序为标准

按照这个标准,可以把法规分为 6 类,即:① 正式程序法规,适用正式裁决的程序制定;② 非正式程序法规,适用通告和评论程序制定;③ 解释性法规,可以免除非正式程序法规的通告和评论程序而制定;④ 混合型法规,适用低于正式程序和高于非正式程序而制定的法规;⑤ 机关政策法规,由机关宣布政策和未来要求所作出的裁决,成为先例而制定③;⑥ 协议法规,由利害关系集团通过协商而制定的法规。

2. 以法规的内容为标准

按照这个标准,可以把法规分为实体法法规和程序法法规。后一种

---

① Attorney General's Manuel on the APA. , in Administrative Conference of the United States, Federal Administrative Procedure Source Book, 1985, pp. 63-64.
② K. C. Davis: *Treatise of Administrative Law*, 1979, vol. I, pp. 10-14.
③ James T. O'Reilly: *Administrative Rulemaking*, 1983, p. 28.

法规规定行政活动的组织和程序,前一种法规又可分为两类:有些法规只解释实体法中的规定,称为解释性法规;另一些法规超过解释的范围,在授权法规定的范围以内,可以制定新的实体法规则,称为立法性法规。①

3. 以制定法规的权力和法规所产生的效果为标准

根据这个标准可以所法规分为立法性法规和解释性法规。立法性法规是根据法律授权所制定的法规,它具有和法律相同的法律效果。解释性法规是没有法律授权所制定的法规,它只具有说服力量。虽然法院一般对它尊重,但不一定受它的拘束。法律授权可以制定的法规,如果不是行使授予的权力而制定,也是解释性法规。②

4. 以制定法规的权力、法规的内容和法律效果为标准

根据这种标准可以把法规分为实体法法规、程序法法规和解释性法规。实体法法规是规定个人权利和义务的法规,必须有法律的授权才能制定。这种法规用于执行法律,具有和法律相同的法律效果。程序法法规是实施实体法的规则,制定程序法法规的权力可以由法律授予,在没有法律授权时,行政机关在执行法律的范围内,有固有的权力制定必要的和合理的程序性规则。解释性法规是澄清或说明法律或其他法规的法规,是行政机关对法律的解释,不具备实体法法规同样的法律效果。制定程序法法规和解释性法规,不需要遵守联邦行政程序法的规定。③

二、法规的成立和法律效力

(一) 法规的成立

依法行政是现代行政管理的根本原则,行政机关的行为只在符合法律规定的范围内,才能成立。根据法院的判例和法律的规定,行政法规最低限度必须符合下列条件,才能有效成立:

1. 制定法规的权力

行政机关是由法律创设的机关,只在法律规定的范围内享有权力。联邦宪法规定,全部立法权力属于国会,行政机关通过制定法规决定公民的权利和义务,是行使立法权力,这种权力只能由国会委任。④ 因此美国

---

① K. C. Davis: id., p.47.
② K. C. Davis: id., 36-43.
③ B. Schwartz: *Administrative Law*,1984,pp.158-160.
④ 关于国会委任立法权力的理论和限制,参见本书第六章:权力委任。

行政机关所制定的具有拘束力的法规几乎全是委任立法,在这方面和法国有很大的区别。法国宪法划分议会的立法权和政府制定法规权,凡在宪法所定议会立法权力以外的事项,都由政府制定法规。这种法规称为自主条例,范围很广。法国政府根据议会委任立法权力所制定的条例,数量较少。① 美国的自主条例很少,并不影响美国法规的数量。美国行政机关一旦得到国会委任的立法权力以后,在符合授权法的范围内,有权制定一切必要的和合理的法规。在行政法关系上,法规的数量远远超过法律,美国公民的日常生活大部分受法规的支配。例如1980年,联邦登记上发表过的法规草案大纲和正式法规,达到87 012页。② 在美国法律秩序的结构中,法规犹如汪洋大海,法律只是漂浮在大海中的少数孤岛。

美国行政机关制定法规必须具有法律授予的权力,主要是指制定实体法法规而言,因为这种法规影响行政当事人的权利和义务。至于程序法法规,如果仅仅规定机关办事的程序规则,不需要法律的授权,执行法律的机关当然具有制定这种法规的权力。但是如果程序法法规在它所执行的法律以外,规定新的权利和义务,这类程序法规的制定必须法律的授权。

行政机关在执行法律时,必须对法律进行解释。如果这种解释不限于只适用于某一特定案件,而是对其他相同的案件或以后发生的相同的案件也适用时,就可制定一个解释性的法规,制定这种法规不需要法律的授权。在美国,解释性法规不限于解释法律的意义,还包括行政机关在没有法律授权时所作出的其他规定。这种情况出现在行政机关执行法律时,遇到某些问题必须回答,而这种回答在法律中找不到指示,法律也没有授予行政机关作出补充规定的权力,行政机关在这种情况下所作出的规定是解释性法规。

2. 不违反宪法和法律的规定

行政机关所行使的立法权力是由法律授予的,和国会的立法权不一样。国会的立法权是第一级立法权力,行政机关根据法律授权所行使的立法权是第二级立法权,又称从属性立法权。行政机关所制定的法规,不能违反国会所制定的法律。例如第6巡回区上诉法院,1982年撤销了内政部长的一个条例。该案的事实是:联邦法律规定,联邦在地方上免税的

---

① 参看王名扬:《法国行政法》,北京大学出版社2007年版,第109—114页。
② B. Schwartz: id., p.150.

土地,由联邦政府给予土地所在地政府补助金。内政部长制定一个条例,规定郡政府是唯一接受补助金的地方政府,没有包括土地所在地的地方政府在内,镇政府认为内政部长的条例违法,上诉法院撤销了内政部长的条例。① 如果行政机关是根据宪法权力制定的法规,则不受国会法律的限制。联邦宪法具有最高权力,不论法律或法规都不能违反。违反宪法的授权法无效,根据这个授权法所制定的法规也无效;根据有效的授权法所制定的法规违反宪法时,法规也无效。

3. 法规的内容必须合理

上述两个条件是法规成立必不可少的条件,不是充足条件。不能认为一切在授权法范围以内,并且不违反宪法和法律的法规都能成立。行政机关在制定法规时,具有很大的自由裁量权力。但是自由裁量权力不是一张空白卡片,可以任意填写。一切权力都必须正当并合理地行使,不合理行使权力是滥用权力。行使权力是否合理必须结合法律授权的目的、法规的内容和性质,以及各种相关的情况,全面客观的考虑,不能用法官个人的见解评价或代替行政机关的意见,也不能因为另有其他可能,甚至较好的可能代替行政机关的决定,而认为行政机关的决定不合理。为了认定一个决定不合理,必须是这个决定缺乏必要的根据,其他行政人员在同样情况下,不会作出相同的决定。不合理的程度必须非常严重,表现出专横和武断的性质时,才能成为撤销的理由。

4. 遵守制定法规的程序

制定法规的程序,有时规定在授权法中,在授权法中无规定时,适用联邦行政程序法中一般性的规定。有时法院在司法审查时,根据宪法规定的法律正当程序条款,也可以要求行政机关遵守适当的程序。关于制定法规的程序问题,将在下节讨论。

(二) 法规的法律效果

符合上述条件合法成立的法规,将产生一定的法律效果,其性质随法规的制定是否有法律的授权以及法规的内容而不同。

1. 实体法法规

实体法法规是根据法律授权规定个人权利和义务的法规,它所产生的法律效果和国会所制定的法律的效果相同,具有法律所有的各种效果。具体说来,包括下列主要内容:

---

① *Mead Township v. Andrus*, 695 F. 2d 1006(6th cir. 1982).

（1）违反法规如同违反法律。法律必须遵守，否则引起一定的制裁，违反法律的制裁也适用于违反法规。代表这种效果的典型案件是联邦最高法院1957年美国诉霍华德案件的判决。该案的事实是：联邦的一部法律禁止任何人违反州的法律而交付鱼类运输予州外。被告霍华德因违反佛里达州的野味和淡水鱼类委员会制定的禁止法规而被控诉。初审法院认为，法规不是法律而驳回了控诉，最高法院认为，法规具有和法律相同的效力，联邦法律中所用违反州的法律一词，包括违反州的法规在内。①

（2）遵守法规如同遵守法律。这个效果和上面的效果互相联系，是法规具有和法律相同效果的另一侧面。根据法规而采取的行为是合法的行为，受到法律保护。例如联邦法律规定机关首长有权制定法规，规定本机关档案的保管和使用，保管人员按照法规的规定拒绝提供某些档案的要求，法院对此不能处罚。②

（3）机关本身受其自己所制定的法规的拘束。法规一旦生效以后，未被撤销或废止以前，效力继续存在。制定法规的机关本身及其他机关、团体和个人，都受法规的拘束。代表这种效果的典型案例是联邦最高法院1974年美国诉尼克松案的判决。1972年总统选举时，共和党在民主党总部装置了窃听器。这件事在美国政治界引起很大的骚动，国会通过法律进行调查。司法部长根据法律授权制定一个法规，设立特别检察官，作为唯一的代表搜集全部证据，特别检察官在调查中有权驳斥行政豁免权的行使。该案件的特别检察官发出传票，命令尼克松总统交出和案件有关的录音带和文件，并申请法院执行。司法部长认为，特别检察官的传票未经他的同意，这是行政部门上下级官员之间的内部纠纷，不应由法院受理。最高法院认为，司法部长根据法律授权而制定的法规，具有和法律相同的效果。司法部长在法规中已经把调查权授予特别检察官，剥夺了部长自己行政法规中所规定的自由裁量权力。只要法规继续存在，行政部门必须遵守，"美国作为由三个部门组成的主权者，必须遵守和执行这个法规。"③

（4）联邦法规的效力高于州法律。《美国宪法》第6条规定，联邦法律的效力高于州的法律。法规的效力和法律一样，因此联邦法规的效力

---

① *United States v. Howard*, 352 U. S. 212 (1957).
② *Boske v. Coningore*, 117 U. S., 459.
③ *United States v. Nixon*, 418 U. S. 683(1974).

高于州法律。例如联邦政府部长根据法律授权,制定一个法规规定军事物资运输工具的选择,这个法规和加利福尼亚州的一部法律冲突,最高法院认为"法规具有法律的效力,因此超过州立法机关所制定的法律的效力"。①

2. 程序法法规

程序法法规的效力,应区别是否根据法律授权制定而不同。根据法律授权所制定的程序法法规是立法性法规,效力和法律相同,上面所说的各种效果都能适用。没有法律授权所制定的程序法法规,从技术观点而言是解释性法规,效力和下面所说的解释性法规相同,但是美国法院的判例对于未经法律授权而制定的程序法法规的法律效果认识不一致。在很多判决中认为这种法规没有法律的拘束力量,只有说服力量。特别是规定机关内部活动的程序规则,是机关内部的管理行为,不影响当事人的权利和义务,属于行政机关的自由裁量权限,不在法院管辖范围以内。但是对于当事人有利的程序规则,即使没有法律授权而制定,行政机关也必须遵守。违反这种规则的行为可能是专横的行为,或者是不符合法律的正当程序的行为。②

3. 解释性法规

解释性法规的效力和立法性法规不同,因为制定解释性法规没有法律的授权,所以这种法规不具有和法律相同的效力。但是不能因此认为全部解释性法规都完全没有法律效果。在法院同意接受解释性法规时,法院可以给予它们权威。法院接受解释性法规的程度,取决于法规的质量,这种法规对法院只有说服力,没有拘束力。当事人对于行政机关的解释不服,在其权益受到侵害时,可以请求法院撤销行政机关的决定。法院对于行政机关的解释,一般能够尊重。因为行政机关凭借其专业知识和长期经验所作出的解释,通常能够得到法院的尊重。特别是行政机关的解释前后一致,经历时间较长,或者在制定法律当时所制定的解释规则,更能得到法院的尊重。由于这种尊重不是出于解释法规固有的拘束力量,在法院有充分理由认为行政机关的解释不合理时,可用法院的解释代替行政机关的解释,因为法律的意义最后由法院决定。行政机关对于自己制定的解释规则可以变更,但必须有充分的理由。行政机关任意不遵

---

① *Public Utilities Commission of California v. United States*, 355 U.S. 534(1958).
② *Morton v. Ruiz*, 415 U.S. 199(1974).

守自己制定的解释性法规,侵害当事人的利益时,法院可能以其他法律理由,例如适用禁止法规规则或权力滥用原则,撤销行政机关的行为。

三、法规的修改和废除

行政机关制定法规的权力,在授权法未被废止时继续存在。在此期间以内,行政机关可以继续制定法规,可以修改或废除已经制定的法规。有的授权法明白规定修改和废除法规的权力,在授权法中没有规定时,也应认为行政机关有权修改或废除自己所制定的法规。制定法规的行为属于立法性质,不是司法行为第 53 节第 4 款明文规定,各机关应给予利害关系人申请修改或废除法规的权利。行政机关对于法规的修改和废除,如果只对将来发生效力,属于行政机关自由裁量权的行使,只要没有滥用权力情况,就没有特别的限制。行政机关对法规的废除和变更,对依原来规定所采取的行为是否也有效力呢? 即:法规的废除或变更是否有溯及的效力? 对于这个问题的回答,应当区别不同的情况,首先应当考察法律是否允许行政机关制定有溯及力的法规。如果法律没有授权行政机关制定有溯及力的法规,最低限度法律必须没有禁止制定有溯及力的法规,例如关于处罚性质的规定,原则上不能有溯及力。其次,在法律允许制定有溯及力的规则时,必须考察新的规定适用于过去的行为,是否侵犯已经取得的权利,《美国宪法》第 1 条禁止通过追溯既往的法律,主要适用于刑事立法和侵犯既得权利的法律。法规的废除和修改,在侵犯既得权利的范围内没有效力。

第二节 制定法规的程序

一、概述

行政法规既然像法律一样支配公民的法律地位,为了公民的权利得到合理的保障起见,不得不对行政机关制定法规规定某些限制,20 世纪 30 年代中期以前,法院主要注意对制定法规的权力实质方面的限制,要求国会规定一个限制法规内容的明确标准。最高法院 1935 年对巴拿马案和谢克特案的判决是这种观点的集中表现。[①] 自从这两个案件以后,

---

① 参见本书第六章第一节:立法权力的委任。

法院对于行政机关制定法规权力的限制,逐渐转向程序方面。随着行政机关制定法规权力的扩张,制定法规的程序,在行政法中占有非常重要的地位。

美国联邦政府制定法规的程序,1946年以前,散见于授权制定法规的各个法律之中,没有统一的程序规定。在法律没有规定时,行政机关在制定法规的程序上,只要不违反宪法上的正当法律程序要求和没有权力滥用情况,享有很大的自由裁量权。美国联邦第一次统一制定法规程序的法律是1946年的联邦行政程序法,这个法律适用的范围很广,在其他法律没有特别规定时,都应适用。联邦行政程序法规定两种制定法规的程序,即:非正式程序和正式程序。前者是制定法规普遍适用的程序,后者适用于法律有特别规定时。行政程序法对于普遍适用的非正式程序又规定一些例外,某类法规可以不适用其中的全部环节或某些环节。所以行政程序法实际上规定了三种程序,即非正式程序、例外程序和正式程序。

除行政程序法以外,其他法律,法院判例,行政机关自己制定的规则,又对行政程序法作了一些补充和变更,形成制定法规的第四种程序,即:混合程序。[1] 最近,行政机关又发展了一种制定法规的协商程序。

二、非正式程序

美国联邦绝大部分法规是根据《行政程序法》第553节所规定的非正式程序制定的,在其他法律以及第553节没有规定其他程序或例外程序时,一切法规都按非正式程序制定。这个程序包括通告、评论、最终法规的公布以及生效日期几个环节。其中最主要的环节是通告和评论,所以一般用语称这个程序为通告和评论程序。下面分别说明非正式程序的各个环节,最后对这个程序的作用作一简单的评价。

(一) 通告

除法律规定的例外情况和紧急情况以外,行政机关必须把他所建议制定的法规草案或其主要内容,在《联邦登记》上公布[2],供公众了解和评论。应当通告而没有通告所制定的法规,由于程序上的严重缺陷,不能生效。通告必须公布在《联邦登记》上,除非适用于特定事项的法规,受法

---

[1] 制定法规的程序也适用于法规的废除和修改。
[2] 《联邦登记》是政府公报的一种,创设于1935年,除假日外,逐日出版,登载行政部门的法规和其他法规性文件。

规影响的人已经指明并已个别通知,或根据法律规定实际上已经通知时例外。通告的内容包括:① 制定建议中的法规的公开程序的时间、地点和性质;② 制定建议中的法规的法律根据;③ 建议中法规的条款或主要内容,或者说明建议中法规所涉及的对象和问题。法律不要求在通告中对法规草案的条文进行解释。行政机关在通告时往往自动附带一个解释性的序言,帮助公众了解和评论。通告的内容虽然不必公布全部建议的条款,但如果不包括建议中法规的主要内容时,必须补充通告,否则这种通告无效,由此而制定的法规也无效。①

(二) 评论

评论是非正式程序中,公众或利害关系人对已经公布的建议法规表示意见的正式渠道,是公众参与制定法规的权利。除法律规定的例外情况外,评论是非正式程序中必不可少的环节。可以免除评论的例外情况和可以免除通告的例外情况相同,将在下款说明。公众提供意见的方式由行政机关决定,可以采取接受书面意见、书面资料方式,可以允许口头提供意见,也可以采取非正式的磋商、会议、咨询和其他可以供公众表示意见的方式。

法律不要求在非正式程序中采取口头听证、口头辩论等提供意见方式,书面评论是非正式程序中公众参与的主要方式。公众参与提供意见的程度也由行政机关决定,行政机关在制定法规时虽然必须考虑公众所提意见,但是完全不受公众所提意见的限制,行政机关仍然可以自由地根据档案中的材料,以及自己的经验和知识制定法规。关于评论的期间,联邦行政程序法中没有规定的,由行政机关决定。1948 年时,内政部长在通告登载于联邦登记 6 天以后就签署了一个法规,并且得到法院的认可。② 这个案例受到舆论界的批评,认为这样短的时间,对公众提供意见而言,毫无价值,实际上内政部长完全是根据内部材料制定这个法规。自从上述 1948 年的案件以后,没有再出现类似情况,可以认为以后也不会出现类似情况。行政机关一般在通告以后,经过合理期间才制定正式法规。州行政程序示范法在这方面的规定,比联邦行政程序法明确。1981 年修订的《州示范行政程序法》第 3 节规定,通告公布以后,至少 30 天后才能制定正式法规。

---

① *Kollett v. Harris*, 619 F. 2d 134(1st Cir. 1980).
② *Lansden v. Hart*, 168 F. 2d 409(7th Cir. 1948).

(三) 公布最终法规

最终法规是行政机关经过评论以后制定的规则,必须在《联邦登记》上公布才能成为正式法规。公布最终法规是非正式程序的最后环节,联邦行政程序法要求在最终法规中必须包括一个序言,简单说明制定法规的根据和目的。这种说明不是对制定法规的事实问题和法律问题作出裁决和结论,无须包括评论中提出来的全部事实和意见,但必须指出法规所执行的主要政策,以及行政机关制定法规的主要根据和理由。序言是行政机关对法规的解释,对行政机关本身具有拘束力,可以作为法院审查法规的根据。如果行政机关在序言中没有指出制定法规的适当根据时,法院可以认为制定法规的程序不合法。最终法规不必和建议的法规完全相同,但必须是建议法规中所涉及的问题。

(四) 法规生效的日期

最终法规的公布是法规生效的前提,没有公布的法规,对不知情者没有效力。一方面,《联邦行政程序法》第552节第1款规定:"不得以任何方式强迫任何人服从应该在联邦登记上公布而没有公布的文件,也不应该使他受该文件的不利的影响,除非他实际上已经及时得知该文件的内容。"另一方面,已经在联邦登记上公布的法规,对于不知道该法规存在的当事人也有拘束力。①

法规一旦公布以后,不是立即发生效力。《联邦行政程序法》第553节第4款规定:"实体法法规的生效日期,不得少于其必须公布或送达后的30天。"生效日期和公布日期之间必须有一段间隔的理由,是为了使受法规支配的人有时间可以了解法规,适应法规。

由于法规的性质不同,《联邦行政程序法》第4款在规定法规生效的间隔期间以后,又规定下列法规例外,不受间隔期间的限制,可以在公布后立即生效。这类法规包括:

(1) 批准或承认豁免,或取消限制的法规。因为这类法规对当事人有利,不需要一个适应期间。

(2) 解释性法规和政策声明。因为解释性法规,生效日期按其性质和被解释法规同时存在,所以从公布日起,立即生效。

(3) 机关有正当理由认为不必在生效前30天公布的法规,该理由应与法规一同公布。这类法规主要由于公共利益的需要,必须立即实施,不

---

① *Federal Crop Insurance Corp. v. Merrill*, 332 U.S. 380(1947).

能等待30天的间隔期间。但行政机关在公布法规时所认定的必须立即实施法规的理由是否成立,可以受到法院司法审查的监督。

(五) 非正式程序的评价

通告和评论的制定法规程序是美国当代行政法上的一个创举。1946年的联邦行政程序法规定这个程序以后,大大加快了美国行政机关立法的发展。行政机关对建议的法规必须公开发表,是行政公开的一种表现,有助于促进行政机关对于制定法规的行为公平考虑。因为公开和公平,秘密和偏私有密切联系。通过评论程序,行政机关对建议中的法规要求各界提供意见,能够利用社会上的专门知识和经验,达到更成熟的思考。行政机关从公众的评论中能够获得益处,同时不受评论意见的束缚,保持行政机关的主动性和灵活性。通告和评论程序也是行政民主的一种表现。公众虽然不是政府成员,通过评论程序能对自己关心的法规表示意见,得到行政机关的考虑。行政人员不是民选代表,在其行使立法权时,通过通告和评论程序,已在一定程度上对公众负责。公众参与制定法规的过程,不妨害行政效率,不构成行政机关的繁重负担。通告和评论程序是一个有效而灵活的制定法规程序。

非正式程序的缺点是对制定法规中的事实因素,不能进行科学的分析和论断。公众无权对不同的观点和证据进行分析和辩论[①],行政机关可能得出不正确的结论。美国国会曾经考虑过对联邦行政程序法作出一些必要的修改,但迄今尚未实现。

三、例外的程序(自由裁量程序)

联邦行政程序法在规定非正式程序普遍适用的同时,又规定几种例外事项和情况,行政机关可以制定法规,免除非正式程序所要求的环节,而采取行政机关认为适当的程序。由于例外程序的存在,结果大量法规没有经过通告和评论程序就已制定。这些例外事项和情况,分别规定在第553节第1款、第2款和第4款。第553节第1款所规定的例外事项,免除第553节规定的全部程序要求,即免除通告、评论、公布最终法规和生效日期间隔各项程序要求;第2款和第4款所规定的例外,只免除各该款所规定的程序。由于在非正式程序中最重要的环节是通告和评论,所

---

① 《州行政程序示范法》第3节第2款规定,在制定实体法规时,如果有25人的请求,或者包含25人的团体的请求,必须举行口头听证会。

以下面的讨论限于免除这两个环节。①

(一)《行政程序法》第 553 节第 1 款规定的例外

1. 合众国的军事和外交职能

军事职能包括国防部及其下属各部所执行的职务,也包括联邦政府在外地的机构,例如海岸边防机构所执行的职务在内。他们制定法规不受联邦行政程序法的限制。外交职能是指美国和其他国家政府间关系的事务,不限于国务院的外交事务,包括其他部和机构的外交事务在内。

军事职能和外交职能在很多情况下需要保守秘密,所以他们在执行职务时制定法规,不要求遵守通告和公众评论程序。但是学术界指出军事职能和外交职能所包括的范围很广,很多事务不一定都有秘密性质,不应当把全部军事职能和外交职能都包括在例外程序之中。有人主张取消第 553 节第 1 款中所规定的例外,在对这些事项制定法规需要适用例外程序时,可以援引下面所述第 553 节第 2 款中有关的规定。②

2. 机关内部管理、人事、公共财产、信贷、补助金、福利和合同事务

制定机关内部管理法规和财产管理法规不适用行政程序法的规定,是为了保持机关对内部管理工作和财产管理工作具有灵活性。但是人事管理法规如果涉及当事人的法律地位,或者和外界发生关系时,一般认为应当适用行政程序法的规定,对这项例外的批评意见很多。对制定信贷、补助金、福利、合同事务的法规不适用行政程序法的规定,批评的意见也很多。立法者的原意认为,这些事项只影响公民的财产利益,不影响公民的财产权利,属于特权范畴,所以行政机关对它们制定法规时有较大的自由,不受程序上的限制。但是当代政府必须通过公共财政开支,完成范围广泛的社会服务,如果制定关于补助金和给予公民福利的法规不适用行政程序法的规定,必然导致很大范围的政策决定,没有公众参与。③

(二)《行政程序法》第 553 条第 2 款规定的例外

1. 解释性法规、关于政策的一般声明、机关组织、办事程序和手续

行政程序法中关于制定法规的程序,主要适用于实体法法规。解释性法规和关于政策的一般声明,不影响私人的权利和义务,在其制定的过

---

① 第 4 款规定的例外程序是关于生效日期间隔的例外,已在前面说明,不再重复。
② K. C. Davis: id. p.594. E. Gellhorn & B. B. Boyer: *Administrative Law in a Nutshell*, 1981, p.245.
③ 参见第九章中对社会福利不是公民财产权的批评内容。

程中,没有公民参与的必要。而且在行政机关领导对其下属执法人员说明法律和政策的意义时,如果也要采取通告和评论程序,必然导致行政机关因此而不制定解释性法规,妨碍行政效率。机关的内部组织和办事程序,属于机关的内部活动,和解释性法规一样不影响私人的权利和义务。制定这类法规也无需公众参与。但法学界认为,如果解释性法规和程序法法规涉及私人的权利和义务时,在其制定过程中,仍应采取通告和评论的非正式程序。

2. 行政机关有正当理由认定通告和公众参与是不切实际的、没有必要的或违背公共利益的,但必须把这个认定简要说明理由,并载入所制定的法规

这项规定是制定实体法法规的例外程序。实体法法规本来应由公众参与才能制定,但在某些情况下,某种实体法法规需要立即制定,否则违背公共利益;或者某种实体法规的准备工作需要保密,不能由公众参与;或者某种实体法规内容属于例行公事或无足轻重的琐事,要求公众参与纯属形式主义,不切实际。上述情况下所制定的法规,都可免除通告和评论程序。行政机关必须在所制定的法规中,说明免除公众参与的理由,法院可以在司法审查中判断行政机关所陈述的理由是否成立。法学界的意见认为,行政机关由于紧急需要免除公众参与而制定的法规,只能是临时性法规,仍应按照非正式程序制定长久性法规。

上述各种免除通告和评论程序的例外规定,有的得到法学界的赞同,有的受到法学界的反对。第553节关于例外程序的规定属于授权性质,行政机关并不负担必须适用例外程序的义务。行政机关对是否利用例外程序有自由裁量权,行政机关对上述规定事项认为由公众参与比较合宜时,仍可按照非正式程序制定法规。其他法律如果对上述事项制定法规另有规定时,应适用其他法律中的规定,不适用行政程序法的例外程序。

四、正式程序

(一) 正式程序的意义

制定法规和行政裁决是两种不同的行政作用,适用不同的程序。正式程序的行政裁决是一种司法化的行政程序,而制定法规依《行政程序法》第553节第3款的规定,原则上采取通告和评论程序,一般情况下无需举行审判型的口头听证程序。然而有时法律在授权行政机关制定法规时,同时规定行政机关必须采取审判型的听证程序,以听证所认定的事实

作为制定法规的唯一根据,这种制定法规的程序是一种司法化的行政程序,类似正式程序的行政裁决。《联邦行政程序法》第553节第3款规定:"法律规定必须根据听证的记录制定的法规,则不适用本款的规定,而适用本编第556节和第557节的规定。"第556节和第557节是关于行政机关举行审判型听证的规则,主要适用于正式程序的行政裁决。如果适用第556节和第557节程序作为制定法规的程序时,则是制定法规的正式程序。行政机关制定法规是否必须使用正式程序,不取决于行政程序法,而取决于其他法律是否规定"必须根据听证的记录制定法规"。

根据听证的记录制定法规和必须举行听证制定法规的意义不一样。根据听证的记录制定法规,指制定法规的唯一根据是听证中的记录材料,行政机关不能在听证记录以外,利用其他证据作为制定法规的根据。法律规定行政机关在制定法规时必须举行听证,不表示行政机关制定法规的根据限于听证中的证据和事实。行政机关举行听证制定法规,在没有其他限制时,不是正式程序。当事人在这两种听证中的地位不一样。

(二) 正式程序的特点

正式程序必须适用《行政程序法》第556条和第557条审判型的听证和裁决程序,是一个司法化的行政程序。它的主要特点如下:

1. 口头陈述意见和提出证据

这是正式程序中收集证据的主要方式。但是考虑到制定法规的性质和裁决不同,法律允许在当事人的利益不受影响的条件下,行政机关可以允许以书面提出意见和证据。然而由于参加听证的各方当事人有要求提问和说明的权利,所以书面提出意见和证据,只在无人反对情况下才能实现。主持听证的人,在大多数情况下是行政法官。

2. 互相盘问

参加听证的当事人有反对他人的证据,互相盘问的权利,这是正式程序的中心内容。行政机关所收集的材料和证据,如果想利用作为制定法规的根据,也必须在听证会上提出,供参加听证的当事人提问,听取反对意见,进行辩论,否则不能作为制定法规的根据。

3. 听证记录的排他性

听证记录以外的证据,不得作为制定法规的根据。

4. 司法审查采取实质性的证据标准

在正式程序中,法院审查作为法规根据的事实时,适用实质性的证据规则,而不是以任性与专横作为审查标准。①

(三) 和非正式程序的联系

正式程序和非正式程序的主要区别,在于公众参与评论的方式和程度不同。在非正式程序中,公众参与表示意见的方式,主要通过书面提出,没有互相提问和口头辩论的权利。行政机关制定法规的根据,不受公众评论意见的限制。而在正式程序中,行政机关必须举行审判型的口头听证,制定法规的根据以听证记录为限。除了公众参与的方式和程度不同以外,这两种程序在其他方面基本上相同。正式程序也必须经过通告、评论、公布最终法规几个环节,这些要求和非正式程序基本相同。但正式程序在公布法规的序言中,对法规目的和根据的说明,应比非正式程序更为具体和确切,必须包括对事实的裁定和对争议的结论。法规生效日期的间隔和非正式程序相同。

(四) 正式程序的评价

正式程序的优点在于保障公众参与的权利,和对法规的事实根据能够进行充分辩论,缺点在于把行政上正式程序的裁决的规定适用于制定法规,不符合制定法规程序的性质和需要。制定法规不是认定具体事实的正确性,而着眼于对一般性事实的调查和研究,作为制定法规的参考,审判型听证不符合制定法规的目的。审判型听证参加者互相盘问的缺点是费时费钱。美国汉米尔顿(R. H. Hamilton)教授对制定法规的程序进行研究,1972 年在加利福尼亚法律评论上发表一篇文章。以美国的食品药品化妆品法为例,该法规定制定食品标准的法规必须举行审判型的听证。在这个法律规定之下,制定一个法规的平均时间为 4 年。有一次,一个关于花生酱是否应当包含 90% 的花生或者 87.5% 的花生的听证和司法审查时间,长达 11 年,记录达到 7 700 页。② 在正式程序中,大部分时间浪费在证人的互相盘问上。在这种程序下,行政机关的立法活动几乎处于瘫痪状态,失去了灵活应变能力,不符合近代行政的需要。授权制定法规的法律,很少规定采用正式程序。

---

① 关于司法审查的标准,参见本书第十六章:司法审查(三):审查的范围。
② 转引自 D. D. Barry & H. R. Whitcomb: *Legal Foundation of Public Administration*,1981, p.164.

五、混合程序

(一) 混合程序的意义和产生的理由

混合程序是20世纪70年代以来,对行政程序法中制定法规程序的改进。在公众参与的方式和程度上,不完全采取正式程序和非正式程序,而同时采用书面表达、口头表达和有限度的口头辩论各种方式。由于它结合非正式程序和正式程序两种方式,所以称为混合程序。混合程序的发展,导致非正式程序和正式程序的区别逐渐缩小。

混合程序产生的原因是由于对行政程序法中所规定的两种程序的不满。非正式程序简单、效率高,但是利害关系人无权了解和争论建议中法规的事实根据。对于事实因素复杂的法规,这种参与的程度不能满足公众的要求。正式程序为公众提供充分参与的机会,公众能够争辩行政机关的建议。但是为此付出的代价是导致行政立法的停滞,行政效率低下。面对这种情况,法学界和司法界企图发展一种中间程序,扩大公众参与的程度,同时避免审判型听证的缺点,因此产生混合程序。

(二) 混合程序的来源

混合程序有三个来源,即:国会的立法、法院的判例和行政机关内部的程序规则对行政程序法的补充。

1. 立法

20世纪70年代以来,国会在很多法律中,对行政机关制定法规时,在非正式程序以外增加一些要求。具体的要求随法规的内容和性质而不同,主要的要求有:进行协商、成立咨询委员会、举行非正式的口头听证、允许有限制的提出盘问等。这些增加的要求大都适用于对建议中法规的评论环节,有时也适用于对最终法规的公布环节,或适用于建议中法规的准备阶段。例如《平等就业机会法》规定,如果部长认为制定法规没有重要的事实问题和法律问题存在,以及法规对国民经济或多数企业没有重大的影响时,可以按照《行政程序法》第553节的非正式程序制定,否则必须给予口头提出意见和材料以及论证的机会。《职业安全和卫生法》规定除采取书面提供意见外,如果公众要求时,应增加非正式的公开听证。《消费者产品安全法》规定,成立产品安全理事会,对制定产品安全的法规提供意见。《联邦贸易委员会改革法》和《有毒物品控制法》都规定,对有争议的事实问题可以要求口头盘问。但盘问应按有关行政机关制定的规则进行,避免不必要的浪费和迟延。当事人的口头陈述有时间限制,当事人的口头盘问由委员会代为执行。《联邦贸易委员会改革法》还规定，委员会在公布最终法规的序言中，必须说明法规对小企业和消费者的影响，说明法规的经济效果。《有毒物品控制法》还规定，在公布法规的序言中，必须说明法规对健康、环境的影响，不同的使用方法的利益，代替品的可能性。有的法律要求行政机关在公布建议法规的通告中，必须说明建议法规的准备过程和方法，供公众评论时参考。

2. 法院的判例

法院在很多判决中，认为采用非正式程序制定法规，在某些事项上不能提供足够的程序保障。例如对于环保、核能等复杂的科学技术问题制定法规，需要更多的公众参与，提供意见和证据，才能得出比较全面正确的结论。对这些问题制定法规，也不适宜用审判型的听证程序，因此法院认为必须适用一种介于二者之间的程序。法院是混合程序的积极倡导者，特别是哥伦比亚特区上诉法院，在一系列的案件中，在非正式程序以外，提出一些增加程序的要求。

法院要求混合程序的理论根据，有时是宪法规定的正当法律程序条款。认为某些法规的制定，必须超过非正式程序才符合正当法律程序的要求。有时法院通过解释授权法和行政程序法的规定，提出某些程序要求。例如授权法中规定某类法规的司法审查标准是实质性证据规则时，法院可能要求在制定这个法规时采取非正式的口头听证，或者有限制的盘问程序。又如法院可能认为行政机关在公开评论环节，如果没有公布某些重要的资料，就不符合公众参与的要求。法院也可能要求行政机关在公布最终法规的说明中，必须满足某些条件。在没有成文法律可以作为法院提出要求的理论根据时，法院可以根据普通法的传统，创造必要的程序规则。法院在非正式程序以外所提出的补充要求的内容，随法规的性质和情况而不同。法院可能要求口头提出意见的机会、非正式听证、有限制的盘问、补充说明理由、回答关键性的批评等。

法院对于混合程序的促进，1978年在沃蒙延肯核电公司诉自然资源保护局案件的判决中①，受到最高法院的禁止。该案的事实是：核能管理委员会采用通告和评论程序，制定一个管理核反应堆中镭衰变期的法规。哥伦比亚特区上诉法院认为制定这样的法规，应当给予公众较多的提供

---

① *Vermont Yankee Nuclear Power Corp. v. Natural Resources Defence Council*, 435 U. S. 519 (1978).

意见机会,不能满足于非正式程序,撤销了这个法规。最高法院撤销了上诉法院的判决,最高法院认为就非正式程序制定法规而言,联邦行政程序法中的规定是唯一的要件,法院不能在此以外提出更多的要求。是否应当在非正式程序以外增加其他公众参与的方式,属于行政机关自由裁量的权限,由行政机关决定。法院只能在极端例外情况下,才能在行政程序法以外,增加其他要求。如果认为行政机关制定某些法规,必须采取比行政程序法中规定更多的公众参与,这种增加只能由国会制定。法院不能在法律规定之外,对行政机关提出更多的要求。最高法院的这个判决,在法规制定的程序上产生重要的后果。在这个判决未被推翻以前,法院至少暂时不能对制定法规的程序进行革新。然而国会的法律和行政机关本身,仍然可以在行政程序法以外,增加新的要求,扩大公众参与程度。

美国学术界对最高法院1978年判决的反应不一致。有人认为这个判决能够促进行政法规的发展,符合当代行政发展的趋势。① 有人认为上诉法院20世纪70年代以来,在制定法规程序方面辛勤创造的成绩,非常宝贵,不是最高法院一个判决所能改变。而且最高法院上述制定法规程序的判决,违背最高法院承认判例具有创造力的传统,1978年的这个判决,很难作为将来法院工作的指导。②

3. 行政机关内部程序规则

行政程序法所规定的非正式程序,是制定实体法法规的最低程序保障,行政机关必须遵守。低于这个程序所制定的法规,将被法院撤销。行政机关认为对某些事项制定法规,必须在非正式程序以外增加其他程序上的保障,给予公众更大的参与程度时,行政机关有权制定内部程序规则,增加比行政程序法更多的保障。对于免除适用行政程序法的法规,内部程序规则也可规定适用行政程序法的规定。

六、协商程序

行政机关制定法规的行为实质上是一个立法行为。国会立法往往是各种不同的利益和主张妥协的结果,有的行政机关认为可以把国会立法的技术适用于制定行政法规,因此产生制定法规的协商程序。协商的方

---

① B. Schwartz. id. ,p.183;R. J. Pierce, S. A. Shairo, P. R. Verkuil: *Administrative Law and Process*,1985,p.333.

② K. C. Davis:id. ,pp.611-616.

式不一致,在一个最标准的协商程序中,法规的制定由受该法规影响的各种利益团体以及行政机关选派代表,在一个调解人的主持下举行会谈,制定法规草案,送交有关的行政机关。行政机关按照行政程序法的规定,把这个草案作为建议,在联邦登记上公布,供公众评论,然后制定最后法规。行政机关的最后法规中,没有义务必须接受各利益团体达成的协议。

从理论上说,协商程序制定的法规草案得到各利害关系人的合作,比行政机关单独制定的草案更容易为各方面所接受。美国行政法会议鼓励采用协商程序制定行政法规,实际上美国行政机关采用这个程序的不多。一方面,这个程序只在少数情况下实行才有效,例如参加谈判的利害关系人不多,容易达成妥协,谈判的各方能够从谈判中得到利益,而且妥协的结果易于执行。另一方面,在很多情况下这个程序很难实行。例如受法规影响的人数量很大时,谁具有资格代表他们的意见呢?没有参加谈判的人的利益是否不会受到不利的影响呢?谈判的各方所达成的妥协方案是否符合授权法的精神,能够通过司法审查呢?由于存在这些内在的困难,这个程序目前还未广泛流行。

七、经济效益分析

除国会立法和制定法规的行政机关本身可以规定制定法规的程序以外,美国总统也利用行政命令对制定法规的程序提出一些要求,适用于受总统管辖的行政机关。从20世纪30年代美国遭受严重的经济危机以后,政府对私人经济活动和社会活动的控制比以往增加,控制私人活动的行政法规数量繁多。特别是从20世纪70年代以后,控制环境污染和保护职业安全的行政法规大量增加,对企业界带来大量的经济负担,有时甚至超过中小企业的负担能力,引起社会的强烈反响,要求总统控制行政机关制定法规的程序。尼克松总统1971年实行生活质量评议计划,要求环保局制定法规必须听取其他有关机关的评论,并把评论的意见和法规草案送管理和预算局审查。以后历届总统逐渐加强对行政机关制定法规的控制,福特总统1974年的11821号行政命令,卡特总统1978年的12044号行政命令,都要求行政机关制定重要的法规时,必须进行经济效益分析。这种控制在里根总统1981年的12291号行政命令中,达到了非常高的程度。12291号命令要求行政机关在制定重大的法规之前,必须先对执行这项法规所花的费用和可能得到的效益进行分析,向管理和预算局汇报,由该局审查这项法规是否真正需要。行政机关制定法规必须能够达到最大的经济效益,如果有花费较少的方案可供选择,行政机关没有选择这个方案时,必须说明理由。重大的法规是指下列任何一种法规:① 法规的执行产生每年1亿美元以上的经济后果;② 法规的执行将提高价格,并大量增加消费者、个体企业家、联邦、州、地方政府或地区的开支;③ 法规的执行将对美国企业的竞争、就业、投资、生产力、创新带来重大的不利的影响,或使美国企业在进出口贸易方面比外国企业处于重大的不利地位。为了加强总统对行政机关制定法规的控制,里根总统1985年又发布12498号行政命令,要求行政机关每年必须向管理和预算局提出一个制定法规的年度计划,使管理和预算局对行政机关制定法规程序提早控制。

总统的行政命令在法律规定以外,对法规制定的程序提出新的要求,这种要求的效力如何,法学界有不同的意见。最高法院对于这个问题没有直接的判决,但是最高法院在1981年的一个判决中[1],间接地回答了这个问题。法院认为总统的行政命令不能违反法律,如果授权法中反对经济效益分析,或者法规的对象性质上不宜进行经济效益分析时,行政机关不能进行经济效益分析。但是法律没有要求经济效益分析不等于法律反对经济效益分析,如果法规的对象性质上可以进行经济效益分析,而且授权法不反对经济效益分析时,法院不反对行政机关在制定法规的程序中,进行经济效益分析。这个判决间接表示,总统的行政命令在符合判决所宣布的原则的情况下,可以要求行政机关在制定法规时必须进行经济效益分析。关于管理和预算局对行政机关制定法规实行控制引起的法律问题,本书将在第十九章第二节中讨论。

第三节 制定法规和行政裁决的选择

行政机关同时具有制定法规和行政裁决两种权力。前者对将来的行为制定一个普遍适用的标准,后者把普遍性的规则或政策适用于具体事件。它们是两种性质不同的活动,适用不同的行政程序。但是它们之间的区别,正像社会科学中其他不同对象的区别一样,不能像自然科学一样严密,划出一条明确的界线。有时一个裁决所适用的原则,不是事先已经制定,而是在裁决当时由裁决机关第一次提出。另一方面,有时一个普遍

---

[1] *American Textile Manufactures Institute v. Donovan*, 452 U.S. 490(1981).

性的规则,对具体的权利和义务所产生的效果,正如裁决一样确定当事人的个别地位。制定法规和进行裁决的区别在这种情况下不再存在。既然如此,行政机关是否可以对制定法规和行政裁决进行选择呢? 是否可以通过制定法规代替裁决,以及通过行政裁决代替制定法规呢? 或者不能选择,只能通过裁决确定私人的权利,通过制定法规树立普遍性的规则呢? 下面分别说明这两个问题。

一、制定法规产生裁决的效果

制定法规可能发生裁决的效果,这个问题没有法律上的困难。本章第一节中已经看到,联邦行政程序法关于法规的定义,不仅包括普遍适用的规则,而且包括特殊适用的规则,只适用于具体的权利和义务,例如对某一公用公司规定收费的标准,对某些产品规定一个价格,用法规而不是用裁决确定,这种法规直接产生裁决的效果。至于普遍适用的法规,在很多情况下,不直接产生裁决的效果,但是在有些情况下,有时某一法规虽然不是针对某一特殊对象而制定,然而就其适用而言,只能影响个别对象或某些特定的对象,这种法规也决定具体的权利和义务,发生裁决的效果。只要这个法规的制定没有权力滥用的情况,也是有效的法规。美国最高法院 1956 年在美国诉斯托勒广播公司的判决中[1],承认这种法规的效力。斯托勒广播公司拥有 5 个电视广播站,再向联邦电讯委员会申请增加电视广播站。在其申请没有决定以前,电讯委员会制定一个新的规则,对于拥有 5 个以上电视广播站股份的人不再发给新的执照。电讯委员会根据这个规则拒绝申请人的请求。申请人不服,认为这个法规限制他增加执照的权力。而根据法律规定,拒绝他的申请必须举行听证,作出裁决。只有通过裁决才能决定他的权利。最高法院认为电讯委员会对具体案件具有裁决权力,并不减少委员会制定法规的权力,即使这个法规影响可受裁决的案件,法规也是有效。法律要求听证并不排除委员会对申请的标准作出具体的规定。由于这些规定因而使某些申请不具备受理的条件,所以某些法规的存在,对受影响的人没有举行听证裁决,就可能限制了他的权利。又如法律规定取消航空员的执照,必须举行听证作出裁决。如果联邦航空管理局制定一个法规,禁止使用 60 岁以上的航空员,这个法规实际上没有举行听证裁决而取消了 60 岁以上航空员的执照。

---

[1] United States v. Storer Broadcasting Co. ,351 U. S. 192(1956).

如果要求撤销航空员的执照,只能进行个别裁决,这种裁决对60岁以上的航空员,必须反复进行。制定法规程序对行政机关提供了进行大规模活动的一种手段,可以提高行政效率。

二、行政裁决代替制定法规

行政裁决是否可以代替制定法规程序树立一个新的规则呢?这个问题比上面所谈的问题复杂一些。行政裁决适用于已经发生的事情,它所树立的规则作为一个先例,不仅适用于将来的案件,而且适用于过去发生正在裁决的案件,具有追溯既往的效力。对当事人来说,适用一个事先不存在和不知道的规则来解决他们的案件,似乎是不公平的行为。然而在事先没有规则存在的时候,实际上确实有制定一个规则以解决案件的需要。英美的普通法是在法院裁决的基础上建立起来的,对英美法院来说,通过裁决树立新的规则是传统的造法技术。是否能把这种技术推广适用于行政机关?行政机关是否能像法院一样,通过行政裁决树立新的法律规则?从理论上说,法院和行政机关不一样,法院只有裁决权力,没有制定法规的权力。在没有法律可以适用时,法院只能通过裁决树立新的规则,而行政机关同时具有制定法规权力和进行裁决的权力。由于这种不同,在没有法律可以适用时,行政机关是否必须先制定法规,然后才能进行裁决呢?对于这个问题,最高法院1947年在证券交易委员会诉切纳里案件的判决中①作了明确的回答:行政机关制定法规的权力,不妨碍行政机关可以通过裁决方式树立新的规则。

法院认为,行政机关为了树立一个新的规则,可以在制定法规和行政裁决两种方式中进行选择。行政机关不能由于有事先制定法规的权力,因而不能在裁决程序中树立新的规则。如果行政机关只能采取一种方式建立新的规则,会束缚行政机关的手足,减少行政程序的效率。在这个案件中持反对意见的少数派法官,批评多数派的意见是在行政关系上鼓励无法状态。由于少数派的反对意见激烈,多数派在承认行政机关在两种方式中可以选择的同时,又指出在正常情况下,行政机关应尽量利用制定法规程序来建立新的规则,以补充法律中的缺陷。因为制定法规程序和裁决比较,有两个优点:

(1)制定法规是对将来的行为发生效力,当事人能够预见行为的后

---

① *SEC v. Chenery Corp.*,332 U.S.194(1947).

果,由此而受法规的拘束,比较公平。行政裁决的规则在裁决过程中制定,适用于既往的事情,当事人事先不能预见规则的存在。

(2) 在制定法规的程序中,受法规支配的人参与了制定的过程,而在裁决的过程中,除案件的当事人外,其他可能受裁决所建立的规则影响的人,不能参加制定规则的过程。

最高法院鼓励尽量采取制定法规程序以制定新的规则,这个意见,没有为全部行政机关所接受。美国国家劳动关系委员会在建立新的规则时,尽量采用裁决程序,避免公众参与。美国法院判例最近的发展,对1947年的切纳里判例的适用加以一些限制。行政机关改变长期适用的政策,如果对真诚信赖政策的人发生影响时,不能通过裁决,必须制定法规。① 行政机关通过裁决建立规则不能违反原先得到行政机关同意而广泛流行的习惯。② 改变这种广泛流行的习惯规则,必须通过制定法规程序建立。

第四节 立 法 否 决

立法否决是指国会两院或一院有权通过决议,撤销行政机关制定的法规。这是对制定法规的一种监督方式③,在美国制定法规的程序中,引起过不少讨论。

立法否决制度最初实行于英国。英国议会在授权行政机关制定法规时,往往在授权法中规定行政机关必须将所制定的法规,提交议会审查,议会有权通过决议撤销行政机关所制定的法规。④ 在美国,由于宪法采取分权原则,立法否决是否符合宪法,行政机关和立法机关持有不同的态度。美国国会认为,立法否决是国会立法权的保障,国会从1932年到80年代初期,在大约两百个法律中规定了立法否决权,单是1978年就有24个法律规定了立法否决权⑤,不少的州法律中也规定了立法否决权。立法否决权的盛行反映国会中一种趋势,企图加强立法机关对行政机关的

---

① *NLRB v. Majesitic Weaving Co.* ,335 F. 2d 854(2d Cir. 1966).
② *Ford Motor Co. v. FTC* ,673 F. 2d 1008(9th Cir. 1981).
③ 关于立法否决这种监督方式,本书后面第二十章另有说明。
④ 参见王名扬:《英国行政法》,北京大学出版社2007年版,第91—92页。
⑤ 转引自 D. D. Barry & H. R. Whitcomb: *Legal Foundation of Public Administration*, 1981, p. 157.

监督,维持国会的基本立法权力。联邦行政机关对立法否决持反对态度,认为违背宪法的分权原则,行政机关的反对未能阻止国会在法律中继续规定立法否决。然而最高法院1983年在移民和归化局诉查德哈案件的判决中①,宣称立法否决不符合宪法规定,似乎阻止了立法否决权在美国继续发展的可能。法院在该案中的意见,不仅反对立法机关对行政裁决的否决权,而且反对一切立法否决权。法院认为,国会两院或一院通过决议撤销行政机关的决定,明显地违反宪法的分权原则。宪法要求联邦政府立法权的行使,必须符合一个单一的精心设计的程序:法律必须由两院多数通过,送总统签署或否决。因此立法权力由国会两院和总统共同行使,立法否决允许国会单独行使立法权力,不受总统否决权的限制,违背了宪法的分权原则。

---

① *INS v. Chadha*, 462 U. S. 919(1983).

第九章
正当的法律程序和行政听证的权利

第一节 正当法律程序和听证、不听证及迟延听证

一、正当法律程序和听证

任何权力必须公正行使,对当事人不利的决定必须听取他的意见,这是英美普通法的一个重要原则,称为自然公正原则。[①] 其他国家的法律也有同样原则,只是名称不同。这个原则是在不同时代广泛流行的自然法思想的一种表现。在司法上,这个原则表现为法官判案时必须听取双方的意见,不能偏听一面之词,在行政上,这个原则表现为行政机关的决定对当事人有不利的影响时,必须听取当事人的意见,不能片面认定事实,剥夺对方辩护权利。听取利害关系人意见的程序,法律术语称为听证,是公正行使权力的基本内容。

在美国法律上,听证不仅是普通法的一个重要原则,它还包括在美国宪法的正当法律程序之中。美国宪法修正案第 5 条规定:"未经正当的法律程序不得剥夺任何人的生命、自由或财产。"这条规定适用于联邦政府机关。宪法修正案第 14 条规定:"任何州不得未经正当的法律程序而剥夺任何人的生命、自由或财产。"这条规定适用于各州政府机关。宪法上正当法律程序的意义就是公正行使权力。要求行政机关对当事人作出不利的决定时,必须听取当事人的意见,所以听证是美国公民根据宪法正当法律程序所享有的权利,效力高于行政法上所规定的程序规则。行政法

---

① 参看王名扬:《英国行政法》,北京大学出版社 2007 年版,第 116—117 页。

上所规定的程序规则,必须符合宪法上的正当法律程序标准。

根据美国法院的解释,宪法规定的正当法律程序有两方面的意义:

(1) 正当的法律程序是一个实体法的规则,称为实质的正当法律程序。这种意义的正当法律程序要求国会所制定的法律,必须符合公平与正义。如果国会所制定的法律剥夺个人的生命、自由或财产,不符合公平与正义的标准时,法院将宣告这个法律无效。这种思想实质上等于承认效力高于现实的自然法的存在。美国法院过去常常用实质的正当法律程序条款保障资本家的财产和契约自由,这违反了当代法律发展趋势和民主政治潮流,受到学术界的批评。实质的正当法律程序观念,现在主要用在保护财产权以外的宪法权利。

(2) 正当法律程序是一个程序法的规则,称为程序上的正当法律程序。这种意义的正当法律程序要求一切权力的行使剥夺私人的生命、自由或财产时,必须听取当事人的意见,当事人具有要求听证的权利。行政法学所讨论的正当法律程序,是指程序上的正当法律程序而言。

听证是正当法律程序的主要内容,但是在日常用语中,除正当法律程序的听证以外,还有其他不同的听证。例如国会的听证用于搜集信息,作为制定法律的参考,不是正当法律程序所要求的听证。行政机关制定法规时的通告评论程序,也是一种听证,性质和立法机关的听证相同。行政机关进行调查的听证,在大多数情况下目的在于搜集信息,不是出于正当法律程序的需要。司法机关的听证是正当法律程序的一种,与行政机关的正当法律程序听证性质相同。行政机关的正当法律程序听证,正是来源于法院的司法听证。但司法听证的规定严格,内容复杂。行政程序贵在迅速,行政听证不能完全模仿法院模式。

行政机关基于正当法律程序所要求的听证,内容包括不同的因素。在标准的和最完全的听证中,当事人具有下列权利:

(1) 由无偏见的官员作为主持人的权利;

(2) 得到通知的权利,通知中必须适当地说明听证所涉及的主要事项和问题;

(3) 提出证据(包括言证和物证)和进行辩护的权利;

(4) 通过互相质问及其他正当手段驳斥不利证据的权利;

(5) 请律师陪同出席的权利;

(6) 只能根据听证案卷中所记载的证据作出裁决的权利;

(7) 取得全部案卷副本的权利。

包括上述各种因素的听证称为审判型的听证,或完全的听证,或正式的听证,或举证式听证。但正当法律程序并不要求全部听证都是正式的或审判型的听证。按照听证所涉及的事项和问题性质的不同,听证程序可以只包括上述因素的一部分,这种听证称为非正式的听证。在大多数情况下,正当法律程序只要求非正式的听证。总之,正当的法律程序不要求固定形式的听证,只要求适合案件性质的听证形式,在适用上具有很大的灵活性。① 灵活性是正当法律程序的优点,也是它的缺点。由于灵活性,正当法律程序的适用在很多方面很难确定一致的标准和原则。②

二、不听证和迟延听证

正当法律程序的听证虽然是一种普遍适用的规则,但是有些例外情况存在。因为有些事项或问题由于其本身的性质,或就行政机关所要达成的任务而言,或者完全不需要听证,或者不适宜审判型的听证,或者可以推迟听证。根据美国法院的判例,主要有以下几种例外的情况:

(一) 当事人放弃听证权利

听证是当事人的一种权利,当事人具有要求听证的机会,没有必须实施这种权利的义务。当事人不在法定的或合理的期间内主张听证时,视为放弃听证的权利。当事人放弃要求听证的原因,可能由于听证程序费时费钱,特别是正式的听证更如此。除比较重大的事项外,当事人往往放弃听证的权利,而寻求其他简便的解决方法。据美国1941年时一项官方研究行政程序的文献透露,在非联邦政府执行控制职能的机构所作的决定中,听证率不到5%。在执行控制职能的机构的决定中,听证率更小,例如1981年,联邦社会保障署作出5 000万个决定,进行听证的案件只有262 000个。③ 因为绝大部分行政决定不需要听证,所以听证的权利不妨碍行政效率。

---

① 参见本章第三节:正当法律程序所要求的听证。
② K. C. 戴维斯认为,正当法律程序的适用在下列五个问题上,没有固定的原则:(1) 权利和特权的区别是否仍然决定受保护的利益的范围;(2) 对于引起重大损害的行政决定,当事人是否一定具有某种形式的事先听证机会;(3) 生命、自由和财产的意义是否采取狭义的分别理解,或采取广义的联合理解;(4) 为了享受正当法律程序的保护,当事人是否在宪法以外,必须在其他法律上享有某种权利;(5) 一种利益是否只能或者受正当法律程序保护,或者不受正当法律程序保护,是否一种利益可以对政府的某些行为受到保护,而对政府的另一些行为不受保护。参见 K. C. Davis: *Administrative Law Treatise*, 2d ed. v. 2 p.346.
③ B. Schwartz: *Administrative Law*, 1983. p. 206.

(二) 立法性事实

立法性事实是指不局限于特定个人或少数人而带有普遍性的事实，这种事实必须和关于特定案件和特定人的司法性事实相区别。行政机关在制定法规、政策和行使自由裁量权时所考虑的是立法性事实，而不是针对特定人的情况或特定案件的事实。行政机关在对某一具体案件进行裁决的时候，所考虑的事实是司法性事实。在后面这种情况，行政机关必须查明这个案件和这个人的特定情况，查明这个案件是谁、在什么地方、以什么方式、出于什么原因和目的而做的，查明这些具体情况以后，才能作出公平的决定。而行政机关制定法规和政策时，不可能也不需要就每个人的这些具体情况一一考虑。行政机关处理立法性事实时处于立法机关的地位，行政机关处理司法性事实时，类似法院的活动。正如立法机关在制定法律的时候，在程序上不受宪法上正当法律程序条款的限制一样，行政机关处理立法性的事实时，也不受宪法上正当法律程序条款的限制。但是行政机关对于司法性事实的确定，必须符合宪法上的正当法律程序的标准，为当事人提供证明、反证明和对质的机会。当事人对于司法性事实的裁决有权要求听证，而对于立法性事实的确定没有宪法上的正当法律程序条款所要求的听证权。

美国法院两个典型的判决，代表当事人对立法性事实和司法性事实在听证权利上的区别。丹佛市税收机关发布一项命令，对全市纳税财产的价格提高40%。在发出这个命令之前，没有给予纳税人听证的机会。最高法院在1915年的判决中，认为发布这个命令不需要听证。[①] 这个命令显然剥夺了纳税人的财产，为什么不适用正当法律程序条款，给纳税人听证的机会呢？最高法院认为，这是普遍适用的规定，是制定法规的行为。行政机关在制定法规时所考虑的是普遍性的事实，例如地方政府财政的情况、提高税率对地方经济的影响等。纳税人就个人的特定事实所提出的论据和证据，和行政机关的决定无关。在这种情况下就个人的事实举行听证，毫无意义。宪法上正当法律程序条款对剥夺个人财产的保护，适用于司法性的行为，不适用于立法性的行为。

最高法院1908年的一个判决，和上述判决有些类似而实质不同。丹佛市的行政机关命令修筑一条街道，并且命令和道路相邻的土地所有人按照道路建成后所得到利益的比例缴纳费用。最高法院认为，在费用最

---

① *Bi-Metallic Co. v. Colorado*, 239 U.S. 441 (1915).

终确定以前,正当法律程序要求给予土地所有人听证的机会。① 因为在这个案件中,行政机关所考虑的不是一般的事实,而是根据每个土地所有人特定的事实决定他应缴的金额。每个土地所有人可以把自己特定的情况和其他土地所有人的特定情况相比较,提出论据和证据,证明他所得到的利益较少,应当少缴费用。在行政机关考虑具体性司法性事实时,当事人有权要求在其财产权被剥夺前,必须依照宪法上的正当法律程序条款,给予听证机会。

立法性事实和司法性事实,在大多数情况下容易区别。在特定情况下难以区别时,由法院解释决定。

立法性的事实无须听证,是就宪法上规定的正当法律程序而言,特别是就审判型的听证而言,因为这种听证对评判立法性事实没有帮助。但是这不表示行政机关制定法规的行为,不受任何听证程序的约束。国会可以制定法律,规定制定法规的行为必须遵守某种程序,其中包括某种形式的听证在内。例如联邦行政程序法对于制定法规的行为,规定了非正式的听证和正式的听证两种方式。首先,行政机关可制定法规,规定本机关在制定法规时应当采取的程序,包括不同形式的听证在内。立法性的事实无须听证只表示行政机关在制定法规时具有自由裁量权力,在没有法律和法规的规定时,可以不举行听证,不受宪法正当法律程序的约束。其次,行政机关制定法规所根据的事实,不是全都属于立法性的事实。美国联邦行政程序法中法规的定义,除包括普遍适用的法规以外,还包括特殊适用的法规。后面这种法规的对象是特定的情况,属于司法性的事实。制定这种法规的程序受宪法正当法律程序的约束,必须举行正式的听证。

(三) 计算、视察、考试、测验或者选择代替听证

一切有争议的事实,并非必须都由听证决定。对于可用精密方法界定的事实,纯粹客观机械的事实,以及有一定标准的事实,为了判断事实的真实性和可靠性,其他方法可能比由当事人提出证据和论点的方式更有效。在这种情况下,就不用听证而用其他方法代替。② 主要有以下几种情况:

1. 计算

行政机关为了决定一定的数额,在很多情况下可以通过计算确定。

---

① *Londoner v. Denver*, 210 U.S. 373(1908).
② 关于这方面的判例已经总结在《行政程序法》第554节中。

例如一个公司应纳的税额,可以通过公司申报的纳税项目的数量和法定的税率确定,不用举行听证。但是为了确定公司的申报是否可靠,是否有漏税情况,必须举行听证,允许公司提出反证和论据。

2. 视察

有形物体的状况,可以通过专家的视察确定。例如轮船是否处于适航状态,火车是否达到安全标准,排污设施是否运行良好,都可由视察确定,不必根据证据和辩论等第二手资料。

3. 测验和检查

确定物品的质量,伤残和健康的程度,可以通过测验和检查方法。例如某种产品的等级,某种食品包含有害物质的数量,某人伤残的程度,某人的健康是否符合征兵条件等,完全可由客观标准确定。

4. 考试和审查

考试和审查是确定能力和资格的方法。例如是否发给某人开车执照,某人是否能够领取医师执照,都可通过考试方法确定。审查是代替考试的方法,或者和考试同时使用。例如决定某人是否具备参加高等文官考试资格,就可通过审查证件决定。

5. 选举

为了确定工人是否愿意由工会代表、工会是否有代表资格,最可靠的方法是通过选举。

(四)迟延听证

正当的法律程序并不要求听证必须在行政决定的开始阶段,或任何其他特定阶段,被要求的听证可以在行政行为最后确定以前任何时候进行。当然,最正常的方式是在作出决定前进行听证。假设法律没有这样规定,单就宪法上的正当法律程序的听证而言,只要不损害当事人的权利,完全可以事后进行。① 最高法院1934年的一个判决反映这个观点。法律授权州际商业委员会可以不举行听证,发布决定运输价格的命令,如果命令发出后运输人反对,州际商业委员会必须举行正式听证。在听证期间有必要时,可以停止命令的执行。申诉人主张州际商业委员会发出命令前没有听证,违背宪法上的正当法律程序。法院驳回申诉人的主张,法院认为:"听证是否在命令制定以前进行……无关紧要,只要在命令执

---

① 参见本章第三节:正当法律程序所要求的听证。

行以前提供完全的、公正的听证,就已足够。"①

(五) 由法院重新进行法律审和事实审的事项

听证不仅可以在行政阶段迟延进行,甚至在对当事人的权利不产生重大的不利影响时,可以由法院的审查代替。但是这种审查不是一般的司法审查,一般的司法审查主要是针对行政行为是否违法进行。对于事实问题一般尊重行政机关的裁决,最多只要求实质性的证据。这种审查不能代替听证的作用,法院的审查代替听证,只在法院能够就案件的法律问题和事实问题进行全面的审查,并且可以判断行政决定的是非曲直的时候,美国称这种审查为重新审理(de novo review)。在重新审理的时候,法院从头开始,处于最初决定者的地位。好像以前没有决定,没有任何听证一样。在重新审理中,当事人可以提出新的证据,有充分的机会反对行政机关的根据。最高法院认为:"如果法院的诉讼中包括提交证据、对问题进行辩论、审核证据和作结论等全部权利……联邦法院就不能因为在行政程序中没有举行听证,而否决行政机关的最终命令。"②

重新审理只在法律有规定时为限,这种方式当代很少应用。美国行政法学者戴维斯认为,法院的诉讼程序复杂,费用昂贵,时间很长,重新审理在社会效益上不能取代行政机关的听证。③

(六) 紧急行为

行政机关为了保护公共利益而必须采取紧急行动时,可以不举行听证而不违反宪法上的正当法律程序。保护公共利益是行政机关的最高职责,必须迅速采取行动,个人的听证权利必须服从公共利益。例如行政机关对于有毒的食品、伪劣的药品必须立即扣押,以免危害人民健康,特别是警察机关为了公共安全和秩序,在很多情况下必须作出迅速的决定,甚至学校当局对于继续破坏教学秩序的学生,也可以立即决定暂时停止他的学业。最高法院认为,在行政机关采取紧急行为时,当事人有权请求事后听证,也可以请求司法审查。

紧急行为和上面所说的迟延听证的条件不一样。迟延听证只能在当事人的权益不受损害时采取,而且在事后的听证期间必须停止行政决定的执行;紧急行为在行政机关作出决定后立即执行,当事人的利益可能因

---

① United States v. Illinois Central R. Co. 291 U.S. 457,463(1934).
② Jordan v. American Eagle Fire Ins. Co. 169F. 2d 281,290(D. C. Cir. L948).
③ K. C. Davis: Administrative Law Treatise,2 ed. v,2 p.462.

此受到损害。但是对于违法的紧急行为,法院可以判决行政机关负担责任。

（七）由于特权所享受的利益

根据传统的理论,正当法律程序所要求的听证,只适用于剥夺公民权利的行为。当事人由于特权而享受的利益,不受宪法正当法律程序的保护。这个问题将在下节讨论。

第二节　正当法律程序所保护的利益

一、传统的特权和权利区别原则

（一）利益的意义

利益是指人类的欲望和需要得到满足。人类的欲望和需要很多,例如有衣、食、住、行、娱乐、经营事业、从事研究等。究竟哪些利益受到正当法律程序的保护呢？宪法修正案第5条和第14条规定,未经正当的法律程序不得剥夺任何人的生命、自由或财产。因此,正当法律程序的保护限于生命、自由和财产方面的利益。生命、自由和财产利益究竟如何理解呢？有两种可能：① 狭义的理解,生命、自由和财产表示不同的利益,各有特定的范围;② 广义的理解,生命、自由和财产联合构成一个整体概念,不指特定的利益,而是指社会生活中一切具有任何价值的利益。采取后面这种观点的法官和学者在美国占少数,例如美国最高法院法官弗兰克福特(Justice Frankfurter)认为,像自由和财产这样重大的概念,其意义应从经验中汲取。它们联系到社会经济生活的全部范围[①],这是对自由和财产广义的理解。美国行政法学者 K.C.戴维斯认为,法院对自由和财产的理解不一致,判例有时互相矛盾,所以他主张生命、自由和财产三个概念应联合构成一个整体概念,指社会生活中一切有价值的利益,凡行政活动对私人产生任何不正当的损害,都受正当法律程序的保护。但美国法院判例基本上对生命、自由和财产三个概念分别理解,表示不同的利益范畴。行政机关不可能具有剥夺生命的权力,所以就行政法而言,正当法律程序的保护,主要是指自由和财产方面的利益。究竟哪些自由和财产利益能够受到正当法律程序的保护？这是本节所讨论的问题。

---

① National Mutual Ins. Co. v. Tidewater Transfer Co. ,337 U.S.582,646(1949).

（二）权利和特权的区别

正当法律程序不保护全部自由和财产利益，只保护受到法律保护的利益，这种利益称为权利(right)。所谓受到法律保护，根据传统的理论主要是指普通法的保护而言。因此在传统理论中的正当法律程序主要是保护普通法上的权利。当事人在普通法以外从政府所享受的利益，依照传统理论不是权利，而是特权(privilege)。特权是指个人没有事先存在的权利而从政府方面所取得的利益。这种利益出于政府的赐赠，不构成个人的既得权利。① 政府对于特权可以随时取消，不受宪法上正当法律程序的限制。当事人对于特权利益享有的保护，只以创设特权的法律中的规定为限。如果法律中没有规定，或者没有足够的规定时，当事人不能要求享受宪法上正当法律程序的保护。这种意义的特权是适用正当法律程序时的特权，是美国宪法所不承认的特权。但是美国宪法上还有另外一种为宪法所保障的特权，例如任何人不能被迫自证其罪，以及宪法第4条和修正案第14条所提到的特权和特免是宪法所承认的特权。就正当法律程序而言，特权是指普通法上权利以外，私人所享有的特殊利益。

权利和特权的区别，是传统正当法律程序理论中划分利益是否受到保护的界限，这种区别在日常生活中司空见惯，所以在本世纪很长时间以内，人们对此并不感到奇异。例如在日常生活中，一个人对另一个人不给予赏赠，不请他做事，不和他签订合同，他没有侵犯另一个人普通法上的权利，普通法也没有规定任何救济程序。由于普通法上政府和私人之间的关系，适用私人相互关系同样的原则，所以私人从政府方面所享受普通法以外的特权利益，也得不到任何程序上的保护。②

政府既然可以完全取消特权利益，当然也可以对特权规定任何条件，当事人对于特权所享受的利益只限于法律中的规定。但是法院没有把这个逻辑推理发展到顶点，法院认为政府对特权所规定的条件，受到一个实体法的限制，即政府所规定的条件，不能限制当事人根据宪法所享有的实体权利和特权。例如不能限制当事人的信仰自由和取消禁止自证其罪的特权等，换句话说，实质的正当法律程序规则仍然适用于

---

① 在通常的理解中，特权是一种权利，即为特定人或少数人所有而一般人所无的权利。实际上，特权的意义应根据其使用的环境而定。特权可以表示特殊的权利，也可以表示特殊的利益，还不构成权利。

② 关于主要的特权利益，参见下面的说明。

当事人的特权利益,只是程序方面的正当法律程序不适用于保护当事人的特权利益。

(三) 特权的主要形式

政府所创造的特权,随时代进展而发达。在 20 世纪初期数目不多,但在当代社会中,特权的种类繁多。有些是个人所享受的利益,有些是商业和组织所享受的利益。根据美国学者 C. 赖克 1964 年在一篇文章中的陈述,20 世纪 60 年代,个人和组织在美国可能享有的财产方面的特权,有以下各种形式:

1. 社会保障收入和福利津贴

例如社会安全津贴、失业津贴、抚育儿童补助、退伍军人补助、各州及地方所举办的福利事业等。这些津贴和补助是社会中大部分人的主要收入来源。

2. 政府雇用

联邦、州和地方政府所雇用的工作人员,比任何私人企业众多,职员的工资收入为生活费用的主要来源。

3. 职业执照

从事很多职业必须领有执照,否则没有从业资格,例如医师、律师,甚至码头工人都需要执照。

4. 特许

特许经营某项企业,是国家为个人或公司所创造的部分独占利益,收入非常富裕。

5. 政府合同

很多私人企业的营业,主要依赖政府的定购合同。政府是最大的顾客,特别对军火商人如此。

6. 工商企业和科研活动补助

美国很多企业,例如农业、造船业、地方航空企业都得到政府的补助。科研、文体、教育、卫生活动,也常得到政府的补助。

7. 使用公共资源

公有的水力、矿藏、森林、牧场、道路、河流、原子能、技术诀窍,可以免费或者减价提供私人使用,私人由此获得大量利益。

8. 服务

政府所提供的大量服务,例如邮政、教育、新闻报道、消防设施、公共交通,构成私人利益必不可少部分。①

私人在自由方面的特权主要有外国人的入境利益,犯人的赦免、减刑、假释、缓刑,监狱对犯人的公平管理等各种利益。

美国法院强调特权利益不受正当法律程序保护的判例很多,下面举出几个重要的判例,代表传统的特权理论。

1. 入境

外国人初次进入美国是一种特权,他没有入境的权利,政府可以拒绝入境,不适用正当法律程序的保障。例如在第二次世界大战以后美军占领德国期间,一个德国妇女和美国士兵在德国结婚,请求进入美国和丈夫共同生活,移民官员没有经过任何听证,没有通知任何反对理由,便拒绝入境签证。最高法院认为,该妇女的入境利益只是一个特权,毋须按宪法上规定的正当法律程序举行听证以后才能作出决定。② 但对于在美国有居住权的外国人作出驱逐的决定,受正当法律程序的限制。

2. 政府工作

按照普通法的规则,政府工作人员不具有继续为政府工作的权利。他的工作只是一种特权,只能享受法律所规定的保障,不受宪法正当法律程序的保护。例如一位警察由于政治言论错误受到辞退,法官霍姆斯在判决中声称:"一位警察可以具有谈论政治的宪法权利,但没有作为警察的宪法权利。"③

3. 执照

直到最近期间,法院认为个人所领有的职业执照只是一种特权,政府可以任意撤销而不受正当法律程序的限制。但法院又区分执照为两类,对于受社会尊重需要专门学问的职业,例如律师、医师、建筑师等执照,认为是个人的权利。对于从事其他许多职业的执照,例如出售烈性酒、啤酒,经营弹子场、舞厅等执照,认为是个人的特权。出售香烟的执照似乎介于权利和特权之间。1969 年,法院在一个判决中声称出售烈性酒的执照是州政府所给予的特权……执照持有人行使这一特权时,必须依照法律的规定……如果法律没有规定在撤销这种执照前需要通知和听证,一

---

① C. Reich: "The New Property", in 73 *Yale Law Journal*, pp. 734-737(1964).
② *United States ex rel. Knauff v. Shaughnessy*, 338 I. S. 537(1950).
③ *McAuliffe v. City of New Bedford*, 155 Mass. 216, 220 29N. E. 517(1892).

且他的执照在未经通知和听证的情况下被撤销,他不能就此提出控诉。①在这个案件之前,法院关于出售啤酒的执照,也有类似判决。②

4. 政府合同

法院在 1964 年的一个判决中声称,任何人没有和政府签订合同的权利。政府合同的对方当事人只享受一种特权,政府决定以后不再和他签订合同时,不受宪法正当法律程序的限制。③ 但是法院在这个判决中又作了一些让步,法院认为对方没有权利并不表示政府可以专横地行事。政府应当制定条例,规定终止签订合同的标准和程序。

5. 假释和缓刑

在很长时间以内,法院认为犯人没有要求假释和缓刑的权利。犯人享受假释和缓刑只是一种特权,犯人管理机关作出撤销假释和缓刑的决定,无须进行正当法律程序所要求的听证。例如法院 1963 年在一个判决中认为,假释管理委员会作出撤销假释的决定不是一个裁决。管理委员会具有家长教育走入歧途的小孩的作用,撤销假释不是一种处罚,而是因为享受假释利益的人误用了假释特权。④

6. 社会保障和福利津贴

传统的观念认为各种形式的福利是政府给予的赐赠,任何人没有要求政府赐赠的权利。最高法院在 1934 年的一个判决中认为:"养老金、补助金、津贴费和特权都是赐赠,它们不构成当事人之间的协议。给予这些东西不产生既得权利,国会有权在任何时候重新分配或撤销通过赏赐方式所给予的利益。"⑤既然法院认为各种形式的福利是一种特权,国会可以任意支配,则它们的撤销和变更除受法律所规定的限制以外,不适用宪法正当法律程序的保障。

二、正当法律程序保护利益的扩张

(一) 传统特权理论的错误

传统的特权理论以普通法为背景,产生于消极国家时代。当时政府的职能有限,对经济的管理范围不广,影响不大,需要领取执照的职业和

---

① *Smith v. Liquor Control Comm.* ,169 N. W. 2d 803,807(Iowa 1969).
② *Walker v. Clinton* ,59 N. W. 2d 785(1953).
③ *Gonzalez v. Freeman* ,334 F. 2d 570,574(D. C. Cir. 1964).
④ *Hyser v. Reed* ,318 F. 2d 225 (D. C. Cir. 1963).
⑤ *Lynch v. United States* ,292 U. S. 571,577(1934).

事业不多,行政专业人员也有限。当代的社会行政和福利津贴在20世纪以前很少存在。普通法是在这种社会中所产生的法律,它所保护的利益的范围,当然受到限制。因此,把普通法所保护的利益称为权利,受正当法律程序的保护,其他由政府所提供的利益称为特权,不受正当法律程序的保护,这种区别虽然适合于过去的时代,对于当代的美国社会而言,显然不适当。

自从20世纪30年代发生大规模经济恐慌、政府实施新政以后,政府的作用明显改变。一方面,传统的行政作用加强,比以往复杂;另一方面,政府从事许多新的社会行政、福利行政,直接创办一些新兴工业,这种趋势在第二次世界大战以后得到更大的发展。当代的国家不仅是一个控制私人活动的机构,而且是一个提供福利和服务的国家。政府除保持并扩大传统的控制作用以外,又是大雇主、买主以及各种津贴、补助、福利和服务的给予者,各种企业和职业执照的颁发者,金钱的贷与者,企业的补助者。总之,当代大部分公民的收入直接或间接来自政府,当代公民的大部分福利直接或间接来源于政府。国家提供大量利益是当代社会生活的要求,也是当代国家的特征,公民的这些利益必须得到足够的保护。宪法作为最高的法律,必须保护这些利益,不能把这些利益称为特权,拒之门外。传统的特权理论必须改造。

除不符合时代需要以外,传统特权理论本身也有缺点。这个理论的核心内容可以概括如下:特权是政府所给的利益,政府可以给予的东西,政府当然可以取消,不受宪法正当法律程序的限制。享受特权利益人的唯一保障是根据创设特权的法律中的规定,如果法律中没有规定或规定不够时,当事人没有其他的救济程序。

分析以上的陈述,不难看出特权理论的错误是在混淆立法和执法的界限,政策和执行政策的界限。政府可以创设某种特权,也可以取消某种特权是就立法角度而言。政府根据客观情况认为应当给予公民某种利益时,就用法律加以规定;认为应当取消某种利益时,可以修改或废止这个法律。立法的自由裁量权是政府决策的权力,任何政府都必须具有这种权力。但立法上的自由不等于执法上的自由。立法和政策是制定普遍适用的标准和规则,必须考虑多方面的情况和自由的选择。执法是把普遍性的规则适用于具体事项,在执行法律和政策时,不论法律的内容如何,必须公平办事,不论法律给予行政官员的权力多大,行政官员在行使权力时,必须公平正确。正当的法律程序是保证行政官员办事公平的规则,所以适用于法律执行的时候,政府执行法律剥夺私人的生命、自由和财产利益时,必须让当事人有陈述和申辩的机会,这是办事公平的最低要求,不论把被剥夺的利益称为权利,或者称为特权,这和公平行使权力无关。不能说只在涉及个人的权利时,政府办事应当公平,而涉及个人的特权时,政府办事可以专横,最基本的公平规则都不要。例如一个律师执照,按照传统的理论是当事人的权利,一个酒类营业的执照,按照传统的理论是当事人的特权,不能因此认为吊销一个律师执照和吊销一个酒厅的执照可以采取不同的程序,前者在吊销前应当听取当事人的陈述和辩护,后者无此必要。假如政府可以凭单方面认定的事实吊销一个执照,则行政官员可以凭不正确的信息,甚至轻信第三者的陷害而吊销某一执照,从而使当事人的生计陷入困难。特权可以由法律任意给予,但不能由执法人员任意剥夺。法律已经给予的利益,不论叫它什么名称,在被剥夺时都要受到正当法律程序的保护,法律规定剥夺个人利益的程序,也必须符合宪法的要求。

(二) 从特权到权利

特权理论在当代社会受到强烈的批评,法院对于传统理论的态度开始改变。然而特权理论在美国法院的判例和法律观念中根深蒂固,所以这种改变只能是逐渐发展的。最初的改变是扩大权利的范围,过去某些属于特权的利益,法院现在认为它们属于权利的范围。这是在保持传统理论的基础上,对传统理论的缺点加以矫正,以适应当代社会生活的需要。表现这种发展趋势而为大众熟悉的例证,是法律对汽车驾驶执照和出国旅行护照的认识的改变。

汽车开始使用时是少数人享有的奢侈品,大部分人外出时或者步行,或乘马车,领取汽车驾驶执照是一种特权。政府允许汽车在公共道路上行驶,正如一个仁慈的国王出于好意,在某些时候开放他的御花园供公众游览一样。国王可以自由决定开放或关闭,不受任何程序上的限制。政府对于汽车执照也可自由给予或吊销,不受程序上的限制。随着社会生活的发展,汽车成为大众交通必不可少的工具,汽车执照的享有涉及绝大部分人的切身利益。人们对于汽车执照的认识开始改变,认为具有驾驶执照不是个人的特权,而是个人的权利。纽约州上诉法院在 1952 年的一个判决中首先宣布这个观点,法院认为:"开汽车的执照对个人来说意义重大","开车执照不经正当法律程序不能吊销"。① 其他州法院也得出相同的结论。美国最高法院 1971 年承认吊销驾驶执照必须给予正当法律程序所要求的听证机会。②

另外一个过去属于特权今天成为权利的例证是出国护照。第二次世界大战以前,护照属于典型的特权,任何人没有取得护照的权利,正如他没有权利要求被任命为驻英大使一样。在过去,没有护照对个人生活并无多大不便,因为直到 20 世纪初,护照不是出国旅行的法定要件。但是现在,护照成为出国的重要文件,拒绝给予护照事实上就是禁止出国旅行。最高法院因此改变过去的观念,认为护照是公民的一种权利。法院在 1958 年的一个判决中声称:"旅行的权利是自由的一部分,不经过宪法修正案第 5 条规定的正当法律程序,公民不能被剥夺这项权利。"由于护照是出国旅行的必要文件,所以它是公民自由的一部分,不经过正当的法律程序不能吊销。③

(三) 从特权到法律上可以主张的权利

1. 戈德伯格诉凯利案④

1970 年的戈德伯格诉凯利案是美国宪法上正当法律程序适用范围扩张的重要里程碑。法院在这个案件中抛弃了传统的特权理论,认为个人和组织依法可以主张(entitlement)的一切财产和自由利益,都受正当法律程序的保护。这个案件的起因是关于终止福利津贴的决定,应当适用什么听证形式。纽约市关于终止福利津贴的法规,规定在终止或暂停福利津贴前,必须事先通知津贴领取人,告知其终止或暂停的理由,并允许津贴领取人提出书面意见和证据,说明反对的理由,然后行政机关决定是否终止或暂停津贴。被取消津贴的人不服行政机关的决定时,有权请求正式的听证,进行口头对质的正式程序裁决。

最高法院认为,纽约市的规定没有达到宪法的要求,根据宪法正当法律程序的要求,终止福利津贴必须举行事先的正式听证。法院声称:"福利津贴对于有资格领取的人来说是一种法定的请求权,它的终止是州政府裁决重要权利的行为。宪法的要求不能以享受公共援助的利益为特权

---

① *Wignall v. Fletcher*,303 N. Y. 435,445(1952).
② *Bell v. Burson*,402 U. S. 535(1971).
③ *Kent v. Dulles*,359 U. S. 116,121(1950).
④ *Goldberg v. Kelly*,397 U. S. 254(1970).

不是权利作为理由……正当法律程序应当给予津贴领取人正式保护的程度,取决于他所受到损害的程度。"法院又说明了为什么必须在作出决定前举行事先的正式听证。法院认为:"虽然事后听证也能适用,但是本案受一个压倒一切的事实支配,根据事实的本质,领取福利津贴的人是没有财产和资金的穷人……在极端困难情况下,没有任何事先的正式听证而取消福利津贴是不公正的。"

这个判决在行政程序上的重要意义,在于它放弃了传统的观念认为福利津贴是特权,不是权利,从而不受宪法正当法律程序保护的理论。它认为福利津贴是有资格领取人的法定请求权,它的性质类似其他财产权,受宪法正当法律程序的保护。剥夺当事人享受福利津贴的利益,像剥夺其他财产利益一样,必须举行宪法上正当法律程序所要求的听证。

2. 需要有法律上可以主张的权利存在

戈德伯格诉凯利案件所确立的原则,在1972年的大学管理委员会诉罗思案①,和佩里诉辛德曼案②的判决中得到更明确和更肯定的表现。在第一个案件中,罗思是州立大学的试聘助理教授,任期一学年。他得到通知下学年不续聘,他申诉说他没有续聘的原因,是由于他的某些言论攻击了学校当局。虽然他没有固定的聘任权,但是学校在通知他不续聘前没有给予听证的机会,违反了正当的法律程序。下级法院认为,是否续聘涉及罗思的重大利益,应当按照正当法律程序的要求,给予事先听证的机会。最高法院在判决中重申戈德伯格案件的原则,明确地抛弃了特权理论,法院声称:"法院完全并最终拒绝了呆板的权利和特权的区别,这种区别过去似乎是支配是否适用正当法律程序保护的原则。"但是法院仍然否认罗思的申诉,因为罗思没有可以受到正当法律程序保护的法律上可以主张的权利存在。法院认为宪法上的正当法律程序的保护并不是漫无边际的。一种利益是否受正当法律程序的保护,只考虑它的重要分量是不恰当的。我们应当不考虑它的重要分量而考虑它的性质,本案中罗思是否续聘不涉及自由权问题,而是关于财产权问题。法院认为:"对于某种利益是否具有财产权方面的保护,不能只凭个人抽象的需要和愿望。他必须在单方面的期望以外,还有更多的东西,必须对享有这项利益具有法律上可以主张的权利存在。"

---

① Board of Regents v. Roth, 408 U. S. 564(1972).
② Perry v. Sindermann, 408 U. S. 593(1972).

在罗思案件中,学校规章规定在试用结束时,由校方决定是否正式聘用,罗思没有取得法定请求续聘的权利,不受正当法律程序要求听证的保护。法院又认为学校对于试聘教师不续聘,没有对他的名誉留下污点,妨碍他取得其他职业的机会。①

佩里诉辛德曼案的事实和罗思案相似,但法律性质不同,辛德曼是一个州立大学有7年经验的教授,他的聘书是逐年给予的。由于批评学校当局的政策而未被续聘。学校未说明不续聘的理由,也没有给他听证的机会。他申诉说学校侵犯了他的言论自由,学校没有给他听证的机会违反了宪法规定的正当法律程序。这个案件和罗思案同天判决,主要问题都是聘约满期后没有续聘。法院认为,辛德曼的言论自由权利,和他是否有正式合同任期没有关系,这是两个问题。但是对于他不续聘是否享有听证权利问题,法院作出了和罗思案不同的判决。法院重申罗思案件中的观点,即申诉人主张享有宪法规定的听证权利,必须证明不续聘侵犯了他的自由利益或财产利益。罗思没有能够证明,辛德曼的情况不一样。辛德曼根据学校公布的几个正式文件,表明学校不实行任期制度,但是对于任职满7年以上的教师,如果工作成绩满意而本人愿意留任时,学校将继续发给聘书。这些文件构成学校和教员之间的默契和谅解。因此,辛德曼的续聘利益不是他单方面的愿望,这些文件已经足够把本来只是单方面的愿望变成在法律上可以主张的权利。法院声称:"财产利益不限于少数僵硬的技术形式,而是由现存的规则和谅解所保障的范围广泛的利益……由合同明文规定的任期,当然是教员主张继续任职的协议形式。然而没有这样合同的明文规定,并不总是妨碍教师可能有续聘的财产利益。"因此,法院认为,辛德曼享有宪法上正当法律程序所要求的听证权利,但听证只是程序上的权利,并不保证辛德曼必然续聘。学校的决定能否成立,在于其所根据的事实能否成立。最高法院同意上诉法院的判决,本案发回学校举行听证后再决定。

比较罗思和辛德曼两个判决,更明确了戈德伯格案件所建立的原则:当事人主张享有宪法上正当法律程序所要求的听证权利时,法院要求当事人必须具有法律上可以主张的权利,抛弃了传统的特权理论。

最后,还有一点需要补充说明,所谓法律上可以主张的权利是当事人依照法律规定,可以直接享受的利益;当事人间接享受的利益,不构成法

---

① 下级法院判给罗思6 746元赔偿费。陪审团裁定大学侵害了罗思的言论自由权。

律上可以主张的权利。例如病人住在一个受政府补助的医院,费用比较低廉,如果政府决定停止对医院的补助,病人当然受到损失,但是政府对医院的补助不构成病人具有法定请求权的利益。①

(四) 正当法律程序适用范围爆炸性的扩张

自从戈德伯格案件抛弃特权理论以后,宪法上的正当法律程序的适用范围迅速扩张。过去许多属于特权的禁区,一一受到正当法律程序的管辖。除外国人的入境利益不受宪法保护以外,当代社会中个人和组织的自由和财产利益,几乎都能成为法律上可以主张的权利的对象,不同程度地受到正当法律程序的保护。下面指出一些重要的领域。

1. 福利津贴和其他类似的津贴

戈德伯格案件是关于终止抚育幼儿家庭津贴的判决,除了这种津贴以外,终止其他形式的社会福利,例如终止伤残补助、失业补助、医疗补助、额外社会保障补助、退伍养老金等,也适用正当法律程序的听证保护。因为这些补助对于符合条件的人来说,都是一种法律上可以主张的权利。

当事人申请津贴或其他利益,是否也像终止津贴一样受到正当法律程序的保护呢?美国法院的判例没有一致的态度。纽约州法院区别申请津贴和取消津贴,前者不适用正当法律程序的保护。而第九上诉法院在一个判决中,认为戈德伯格案件的判例也适用于申请津贴,因为只要符合法律规定的条件,申请人处于能够期待得到法定利益的合法地位。② 美国法院对于申请更新津贴是否适用正当法律程序,同样没有一致态度。就理论而言,如果申请更新不受正当法律程序的限制,则政府为了避免取消津贴起见,可以把某些津贴的时间规定很短,在申请更新时,逃避正当法律程序的适用。

2. 公共住房

戈德伯格案件不仅适用于领取福利津贴及其他类似的津贴等金钱利益,也适用于金钱以外的其他利益。很多州法院认为公房管理当局拒绝和住房续订租约时,必须给予后者正当法律程序所要求的听证。最高法院根据罗思案件的精神,对此持反对态度。然而下级法院坚持听证程序,下级法院认为,国家住宅法的目的在于供给住户适当的居住条件,而且行政惯例是,在不续租时,一向给予听证。所有这些对住户创造了一个受到

---

① *O'Bannon v. Town Court Nursing Center*,100 S. Ct. 2467(1980)。
② *Griffith v. Dertrich*,603 F. 2d 748(9th Cir,1979)。

保护的继续居住利益,除非房管局有正当理由时例外。①

某些法院甚至把对公房住户的保护扩张到对私房的住户,如果私房的建造或经营受到政府的资助或优待时。这样的私房公司由于受到资助而带有政府企业性质,所以受宪法正当法律程序的限制,不能没有给予某种形式的听证机会而终止租约。②

3. 政府雇员

政府雇员对于继续工作的利益具有法律上可以主张的权利。"不论把这种可以主张的权利称为权利或特权,终止这种可以主张的权利受到宪法有关条款的限制"。③ 上面谈到罗思和辛德曼两个案件时,也说明终止政府工作受到宪法上正当法律程序的限制。后面还将看到法院在这方面的判例并非完全一致,但最后仍然肯定政府工作受到宪法正当法律程序的保护。

4. 教育

20 世纪 30 年代的一个判决声称,州立学校学生所享受的教育利益为特权。④ 随着对公共教育的重要性认识加深,懂得在当代社会中,一个被剥夺教育权利的人很难成功。在 60 年代,法院认为,公立学校学生受教育的利益得到宪法的保护,不能没有提供听证机会而被开除。⑤ 70 年代的最大发展为把正当法律程序的保护适用于暂时停止学业的纪律处分。1975 年,最高法院在一个判决中宣布一个州的法律违背宪法,因为这个法律给予校长不给予听证机会的权力,就可在 10 天以内停止学生学业。法院认为公立学校学生享受教育,是一种法律上可以主张的财产利益,受到正当法律程序的保护,不能不给予最低程度的听证而被剥夺。但是在这种情况下,法院不要求正式的听证。⑥

5. 政府合同

上面已经提到在 20 世纪 60 年代,法院承认私人和政府签订合同的利益属于特权时,已经认为政府不能任意终止和当事人的贸易关系,应当制定条例,规定终止和当事人签订合同的情况。70 年代,法院认为政府

---

① *Joy v. Daniel* 479 F. 2d 1236(4th Cir. 1973).
② *Lopez v. Henry Phipps Plaza South, Inc.*,498 F. 2d 937(2d Cir. L974).
③ *Bell v. Burson* 402 U. S. 535,539(1971).
④ *Hamilton v. Regents*,293 U. S. 245,261(1934).
⑤ *DiKon v. Alabama State Board of Higher Education* 294 F. 2d 150(5th Cir. 1961).
⑥ *Goss v. Lopez*,419 U. S. 565(1975).

合同的私方当事人,对于继续保持和政府的贸易关系具有法律上可以主张的权利,享受正当法律程序的保护。政府作出不再继续签订合同的决定,必须事先举行听证,当事人能够提出证据和反对政府所提出的证据。①

6. 酒类营业执照

在戈德伯格判决以后,美国有些州法院仍然坚持酒类营业执照属于特权利益,不受正当法律程序的保护。但是联邦法院和另一些州法院已经认为酒类营业执照持有人,对于继续营业利益具有法律上可以主张的权利,受宪法正当法律程序的保护。对于吊销执照和拒绝更新执照的决定,享有宪法要求的听证的权利。②

7. 监狱行政

监狱行政一向是特权理论的坚强堡垒,犯人可能享受的利益不认为是一种权利。20 世纪 70 年代,这个特权禁区也被冲破。1972 年,最高法院把正当法律程序的保护适用于假释犯人。假释管理委员会取消假释的决定,必须举行某种形式的听证。法院在判决中声称:"假释犯人的自由,虽然不确定,然而包含许多完全自由的核心价值。终止这种自由对假释犯人,经常可能还有其他人,是一种严重的损失。继续从权利或特权的角度来对待假释犯人的自由,很难再会有什么益处。不论称它什么名称,这种自由是可贵的,应当认为它在宪法修正案第 14 条保护范围之内。终止这种自由需要某种有秩序的程序,不论如何非正式也可以。"③

1973 年,最高法院把宪法正当法律程序的保护适用于取消缓刑的决定。④ 甚至监狱内部对犯人作出比较重大的纪律处分,也受正当法律程序的支配。⑤

(五) 法院判例的徘徊

戈德伯格案件以后,正当法律程序适用范围的扩张虽然迅速,但也不是始终一往直前,毫无曲折。美国法官,特别是最高法院法官,对于什么利益应当保护,看法有时不能一致,因而法院的判例不能完全和谐。美国行政法学者 K. C. 戴维斯认为最高法院关于正当法律程序的判例,有些方

---

① *W. G. Cosby Transfer Corp. v. Froehlke*, 480 F. 2d 498(4th Cir. 1973).
② *Page v. Jackson*, 398 F. Supp. 263(M. D. Ga. 1975).
③ *Morrisey v. Brewer*, 408 U. S. 471(1972).
④ *Gagnon v. Scarpelli*, 411 U. S. 778(1973).
⑤ *Wolff v. McDonnell*, 418 U. S. 539(1974).

面没有固定的原则。在没有固定原则的判例中,其中一项就是权利和特权的区别,在决定正当法律程序保护的利益时,是否仍然具有决定作用。①

尽管法院宣称特权理论已被抛弃,在 20 世纪 70 年代仍然有少数判例,采取和戈德伯格案件不同的观点。1974 年的阿内特诉肯尼迪案件的判决受到广泛的注意。② 肯尼迪是联邦行政机关正式职员,由于对长官不负责任的错误指责,而被解雇。按照支配肯尼迪职务关系的法律和法规的规定,肯尼迪对于他的工作享有财产权方面的利益。但是本案多数派法官并没有按照戈德伯格判例所树立的原则,承认肯尼迪对于终止职务享有事先的听证权利。根据多数派法官中大法官伦奎斯特(Justice Rehnquist)的意见,任何财产利益不能抽象地存在,财产利益或者来源于普通法,或者来源于成文法。肯尼迪的工作由成文法所创造,在同一法律中规定了从事职务的条件和解除职务的程序。在这种情况下,法院不能在法律规定以外,要求行政机关遵守更多的程序规则。肯尼迪作为法律利益的享受者,必须把法律规定的苦与甜一起吞下。

伦奎斯特的论点,几乎完全否定了戈德伯格判例所树立的原则。如果由成文法所规定的权利,只适用成文法所规定的程序,在这种权利被取消时,不论成文法所规定的程序如何专横或不公平,都得不到宪法正当法律程序的保护,这实质上又回到戈德伯格案件以前时代了。因为在那时,正当法律程序主要是保护普通法上的权利。由成文法所创造的权利只适用成文法所规定的保护,在程序上不适用宪法上的正当法律程序。③

最高法院在 1985 年的一个判决中④,明白地否认并批判了阿内特案件中实体法权利和程序法不能分离的观点。法院认为:"法律利益的享受者必须把法律规定的苦与甜一起吞下的观点,误解了宪法的保障。如果

---

① K. C. Davis: *Administrative Law Treatise*,2d ed. v. 2 p. 346.
② *Arnette v. Kennedy*,416 U. S. 134(1974).
③ 1976 年的毕晓普诉伍德案件和阿内特案在不适用正当法律程序上相同,但法律理由不同。毕晓普为马利恩市警察,因被指责不称职,未经听证而被解雇。根据市的法规,他只在有正当原因时才能被解雇。最高法院少数派法官认为,根据这个法规,他对工作享有法律上可以主张的权利,应受宪法正当法律程序的保护。但多数派法官认为根据下级法院对州法律的解释,这条规定是关于解职的程序,毕晓普没有取得受宪法保护的权利。因为市法规关于解职的条款规定,固定任职的雇员工作不能令人满意时,将收到通知说明不满意的原因及改进方法。被通知人仍然不改进时,将被解雇。因此,行政当局可以自由解雇,毕晓普没有取得受正当法律程序保护的利益[*Bishop v. Wood*,426 U. S. 341(1976)]。
④ *Cleveland Board of Education v. Loudermill*,470 U. S. 552 (1985).

需要一个更清楚的判决理由的话,我们今天就提出这个理由。问题非常清楚:正当法律程序规定,某些实体权利(生命、自由和财产权)除非按照宪法规定的正当法律程序不能被剥夺。实体法和程序法是不同的范畴,否则的话,宪法上这个规定就完全成为同义反复了。财产权的意义不能由规定其剥夺的程序来界定,正如生命和自由的意义不能由规定其被剥夺的程序来界定一样。正当法律程序是宪法所给予的保障,不是立法的恩赐。虽然立法对于公共雇佣可以自由决定是否给予财产权的利益,但是一旦给予以后,它不能授权剥夺这种利益而无正当的程序上的保障。"

1985年的判决,矫正了偏离戈德伯格案件的倾向,重申戈德伯格案件所确立的原则。从另外一个观点来看,阿内特案件的理由也很难维持。美国宪法的效力高于立法,立法中的规定不能违背宪法。法律中所规定的程序是否符合宪法正当法律程序要求,由法院解释决定,不由国会本身决定,否则宪法对立法的限制毫无保障,成为一纸空文了。

第三节　正当法律程序所要求的听证

一、灵活适用的正当法律程序

什么利益受到保护只是正当法律程序的一个侧面,正当法律程序的另一侧面是什么程序才是正当的程序。由于正当法律程序的核心是当事人的听证权利,所以这个问题归结为:正当法律程序要求什么形式的听证。

直到20世纪70年代以前,美国法院判例认为正当法律程序要求正式的听证,就是说,只有正式听证才符合宪法规定的正当法律程序。本章第一节中已经举出,当事人在正式听证中具有下列各种权利:① 由无偏私官员作为主持人的权利;② 在合理时间以前关于听证事项得到通知的权利;③ 提出证据和进行辩护的权利;④ 通过质问和其他正当手段驳斥不利证据的权利;⑤ 请律师陪同出席的权利;⑥ 只能根据听证案卷作出裁决的权利;⑦ 取得全部案卷副本的权利。这种听证类似法院的审判活动,是一种司法化的行政程序,需要花费大量的时间和金钱。在70年代以前,由于正当法律程序主要适用于行政机关行使控制权力的活动,特别是经济方面的控制权力,听证的范围不广,而且涉及当事人重大的财产利益,要求正式听证具有相当理由。自从70年代以后,正当法律程序的适用范围极大扩张,要求听证的事项繁多,数量巨大。例如单就执行社会保障法而言,1981 年,提出请求津贴的数量超过 5 000 万件,进行听证的数量超过 26 万件①,可见数量之大。社会保障法只是社会福利行政的一部分,在社会福利行政以外,还有种类繁多的其他服务性行政,要求正当法律程序全部采取正式的听证,实际上不可能。正式的听证不仅影响行政效率,而且加重财政开支,不一定符合公共利益。当事人的利益虽然在正式听证时得到充分的保护,不能因此断言在当事人的利益受到损害时,全都需要正式听证。因为问题的迅速决定符合行政利益,也符合当事人的利益。而且行政机关在非正式听证中所节省下来的经费,可以用来扩大对当事人的服务和福利,符合当事人本身利益。良好的行政程序不仅必须公正,而且需要效率,必须同时兼顾行政利益、当事人利益,有时甚至还有第三者的利益。基于以上原因,美国法院对于正当法律程序所要求的听证形式,在 20 世纪 70 年代,态度开始改变。

一方面,1970 年,最高法院在戈德伯格案件中,在认为终止福利津贴必须在作出决定以前,举行事先的正式听证的同时,又认为事先的听证不必都采取正式听证形式。法院声称:"受益人在程序上享受正当法律程序保护的程度,取决于他的利益可能受到损害的程度,也取决于受益人避免损害的利益,是否超过政府迅速裁决的利益。"

另一方面,正当法律程序也禁止对当事人作出某种不利的决定而不给予任何形式的听证。1975 年,最高法院在戈斯诉洛伯兹案件的判决中②,明白表示这个观点。本案的事实为一个中学生受到停学 10 天的处分,校方根据一项法律的规定,没有进行任何形式的听证。法院认为中学生的求学利益,受到宪法正当法律程序的保护,在作出停学处分前必须给予听证机会,由于本案所涉及的个人利益轻微,法院认为不能采取正式的听证,只要求给予最低程度的听证。学校当局必须事先通知学生受指控的事实,学校所根据的证据,允许学生提出自己的观点和证据。学校不需要在通知和听证之间留有一定的迟延期间。法院明白拒绝学生有请律师出席的权利、要求传唤证人的权利以及质问证人的权利。学校也可以和学生进行非正式的会谈,听取对方的意见。法院又指出,如果停学的时间更长一些,学生可能具有更多的程序方面的保护。

---

① B. Schwartz: *Administrative Law*,1983,p. 306.
② *Goss v. Lopez*,419 U. S. 565(1975).

总之,正当法律程序并不是不问时间、地点、情况如何,只能采取正式的听证形式。正当法律程序要求采取适合具体案件的听证形式。根据具体案件的性质,听证的形式可以从正式的听证到非正式的会谈,以及介于二者之间的各种形式。正当法律程序是一个灵活适用的程序,只要求某种形式的听证(some kind of hearing),不要求固定形式的听证。然而任何一种听证形式,必须包含正当法律程序的核心内容:当事人有得到通知及提出辩护的权利。是否具备这两种权利是区别公正程序和不公正程序的分水岭,虽然正式听证中的某些环节,在非正式听证中可以省略,这两个环节在一切听证中必须具备。

二、必须考虑的因素

上面提到,正当法律程序所要求的听证形式,取决于具体案件的性质。究竟每个具体案件如何影响听证的形式呢? 最高法院1976年在马修斯诉埃尔德里奇案件的判决中,对此作了明白的指示。① 被告埃尔德里奇为伤残津贴领取者,不服社会保障署没有经过事先的正式听证而终止津贴的决定,向法院提出申诉,主张行政决定违反宪法规定的保护。下级法院根据戈德伯格案件的判例,认为按照宪法正当法律程序的要求,社会保障署在终止伤残津贴以前,必须给予事先的正式听证机会。最高法院推翻下级法院的判决,分析案件的具体情况,认为本案不需要事先的正式听证。

法院声称:"决定本案中的行政程序是否符合宪法要求,必须分析受到影响的政府利益和私人利益。更正确地说,我们以前的判决表示,确定正当法律程序的具体要求,一般地说,必须考虑三个不同的因素:① 受行政行为影响的私人利益;② 由于行政机关所使用的程序,这些利益可能被错误剥夺的危险,以及采取增加的或代替的程序保障可能得到的任何效益;③ 包括相关的行政作用在内的政府利益,以及增加的或代替的程序要求可能带来的财政的和行政的负担。"

最高法院根据这三个因素判断埃尔德里奇案件,并比较它和戈德伯格案件的不同,否定了埃尔德里奇的主张和下级法院的判决。最高法院认为,就当事人的利益而言,终止伤残津贴当然会对受益人带来很大的困难。但是困难的程度和戈德伯格案件终止福利津贴不同,福利津贴的受

---

① *Mathews v. Eldridge*, 424 U. S. 319(1976).

益人除领取福利津贴以外,一般没有其他收入。大部分伤残津贴的受益人,除领取伤残津贴以外,还有其他收入来源。就社会保障署所使用的程序是否适当、是否需要增加程序上的保护而言,伤残津贴所争论的事实和福利津贴所争论的事实不同。福利津贴所争论的事实大都取决于受益人所提供的证言,以及证人关于受益人的情况及活动所提供的证言是否可靠的问题。伤残津贴所争论的事实大都由于受益人所提供医生检查证明和社会保障署医生检查证明互相冲突。关于前一种争端的解决必须举行口头听证,当事人和证人之间能够互相质问,才能避免错误。关于第二种争端的解决可以凭客观标准决定。本案社会保障署就当事人两次所提检查证明,经过两次官方医生复查,作出决定,这种程序已经正当,增加其他程序对于避免事实判断的错误,没有帮助。此外,福利津贴的受益人大都教育水平较低,利用书面程序较困难。而伤残津贴的受益人,教育水平一般高于福利津贴的受益人,对于私人医生和官方医生之间检查的冲突,可以通过书面答辩或其他形式解决。最后,就政府的财政负担而言,如果终止伤残津贴只能在正式听证以后才能决定,政府必须增加两项开支:① 正式听证的费用;② 在正式听证未结束,没有得到可以作为决定根据的记录以前,必须继续支付受益人的津贴。法院认为这种事先的正式听证,对政府的负担过大。特别因为政府如果可以节省这种开支,这项经费可以用来增加或改善其他伤残津贴受益人的待遇。

自从埃尔德里奇案件以后,法院在判断行政机关的程序,是否符合正当法律程序的要求时,一般考虑上述三个因素作为指导原则。这个原则的主要精神是平衡各方面的利益,即平衡私人利益和政府利益,平衡行政机关所使用的程序和增加程序保护或代替其他程序可能带来的效益和所花的费用。利益平衡原则和费用与效益平衡原则可能带有一定的主观色彩,不同的法官对于不同的利益可能作出不同的评价,对于效益的大小就可能有不同的认识。因此,案件的判决在一定程度上缺乏预见性,但是在没有客观标准存在时,主观评价实际上不可避免。利益平衡的判断方法是比较可行的最好方法,当然,法院在考虑各方面的利益时,不能只看到物质方面的利益,还应当从大处着眼,注意到人格尊严,以及利用行政程序保证行政机关作出正确决定所产生的宏观利益。

三、事先听证和事后听证

正当法律程序所要求的听证,究竟在什么时间举行,没有固定的格式,应当根据行政机关作决定的具体情况而定。有的听证应在作决定前,事先进行;大部分听证可以在作决定后,事后进行,也可以在同一决定中结合事先听证和事后听证。埃尔德里奇判决中所指明的三个必须考虑的因素,也适用于确定听证的时间。

（一）事先听证

行政机关的决定如果使当事人立即陷入危难的情况时,必须举行事先的听证。例如在戈德伯格案件中,终止福利津贴,立即使受益人的生计陷入危难状态,因此法院要求进行事先听证。行政机关的决定虽然不使当事人立即陷入危难状态,然而可能给当事人造成不可弥补的损失时,法院也要求事先听证。例如在戈斯诉洛伯兹案件中,行政机关对学生停学10天的决定,虽然没有使当事人立即陷入危难状态,然而执行这个决定所造成的损失,很难弥补,法院也要求事先听证。事先听证的形式可以是正式的听证,例如戈德伯格案件的听证;可以是非正式的听证,例如戈斯案件的听证。

（二）事后听证

关于金钱利益的决定,除戈德伯格案件情况特殊,采取事先听证以外,其余都采取事后听证。因为金钱利益事后补偿,对当事人不产生任何损害,而事后听证可以方便行政机关迅速作出决定。除金钱利益以外,其他行政决定如果对相对人不产生不能弥补的损失时,都可由行政机关立即决定。利益受到不利影响的当事人,可在事后要求进行符合该决定具体情况的听证。

（三）结合听证

行政机关有时对于某些决定,事先进行非正式听证;决定后当事人不服时,进行正式听证;或者当事人不服行政机关的决定时,先进行非正式听证;不服非正式听证时,再进行正式听证。这种情况大都用于社会保障和福利津贴方面的听证。

第十章
正式程序裁决(一):正式的听证

联邦行政程序法区分行政程序为两大类型:(1)制定法规;(2)进行裁决。这种区分和其他国家行政行为的基本形式相同。欧洲大陆国家的行政法学除这两种程序以外,还讨论行政合同问题。因为行政法规和行政裁决都是行政机关单方面的决定,行政机关除单方面作出决定以外,有时还和对方当事人联合,共同作出决定。这种共同决定,如果受行政法的支配时,称为行政合同。美国的行政法学总论,一般不讨论政府签订合同的问题,也没有法国式的行政合同观念。关于行政法规问题,已在前面第八章中说明。本章以及下面三章讨论行政裁决问题,重点在讨论正式程序裁决。

第一节　正式程序裁决的意义和适用的范围

一、正式程序裁决的意义

正式程序裁决是裁决的一种形式。在说明正式程序裁决以前,先要说明裁决的意义。裁决一词,就其适用范围的幅度而言,有广义和狭义两种意义。广义的裁决是指行政机关作出能够影响当事人的权利和义务的一切具体决定的行为。行政机关在制定法规以外,作出其他影响当事人权利和义务的决定的行为,都是广义的裁决。不论裁决的结果采取肯定形式、否定形式、命令形式,还是确认形式,都是一种裁决。行政机关活动的结果不影响当事人的权利或义务时,例如表示一种愿望、进行调查研究工作,不是裁决行为。广义的裁决是联邦行政程序法中所规定的裁决。①狭义的裁决是指行政机关对于行政争议作出决定的行为,是行政机关行使司法权的行为。我国行政法学用语把这种裁决称为行政复议、行政诉愿或行政裁决,它是广义裁决中的一部分。

行政裁决就其采取的程序的正规化程度不同而言,可以分为非正式程序裁决(informal adjudication)和正式程序裁决(formal adjudication)。非正式程序裁决是指行政机关作出具体决定时,在程序上有较大的自由,不适用审判型的正式听证程序。行政机关的大部分裁决属于非正式裁决,这种裁决没有一致的程序,随机关的任务和事件的性质而采取不同的程序。正式程序裁决是指行政机关通过审判型的正式听证,对具体事件作出决定的行为。在正式程序裁决中,当事人一方对他方所提证据有进行口头辩论、互相质问的权利,行政机关只能根据听证的记录作出决定。《联邦行政程序法》称这种裁决为"经过机关听证以后,根据记录作出决定"②,我国用语称这种裁决为行政裁判。正式程序裁决中最主要的环节是举行正式听证,双方当事人互相质问以澄清正面和反面的证据,以及根据听证记录作出决定。本书的讨论按照这三个环节进行。

正式程序裁决在全部行政裁决中所占的比例不大,然而它所涉及的事项影响当事人重要的权利和利益。例如重大的行政处罚、拒发或吊销许可证、限制工资和物价、停止社会福利津贴等,大都要求正式程序裁决。它是行政法学研究的一个重点。正式程序裁决除适用于决定具体案件外,也适用于依照正式裁决程序制定的行政法规。

美国法律对于正式程序裁决作出普遍性规定的是《联邦行政程序法》中第554节、556节和557节,还有几节保障行政法官独立的规定,也和正式程序裁决有关。联邦行政程序法中除规定正式程序的裁决以外,没有规定其他的裁决程序,它是讨论正式程序裁决的主要根据。有些行政部门,根据行政程序法的规定制定补充法规,适用于该部门的行政裁决。以下关于正式程序裁决的说明,主要根据联邦行政程序法的规定。

---

① 《联邦行政程序法》第551节(6)(7)两项。
② 《联邦行政程序法》第554节(a)。

二、正式程序裁决适用的范围

(一) 联邦行政程序法的规定

联邦行政程序法只对正式程序的裁决,规定某些必须遵守的标准,以及某些不适用正式程序裁决的事项。除此以外,没有规定什么裁决必须适用正式的程序,关于这个问题,由其他法律规定。《联邦行政程序法》第554节(a)款关于正式程序裁决适用范围的规定如下:"本节规定适用于依法律规定必须根据机关听证记录作出裁决的案件。"根据听证记录作出裁决的意义,美国学者的解释,是指根据审判型的正式听证作出裁决而言。① 因此,只在其他法律中规定依照正式听证作出裁决的时候,才适用联邦行政程序法规定的裁决程序。如果其他法律没有规定听证,或者只规定行政机关作出决定时必须举行听证,没有规定必须根据听证记录作出裁决,这种裁决不是正式程序裁决,不受联邦行政程序法的约束。例如美国第九上诉法院,1975年的一个判决认为,区域劳动管理局拒绝外国人申请职业执照的决定,不适用行政程序法的正式程序裁决的规定,因为没有法律规定外国人申请职业执照,享有正式听证权利。②

(二) 正当法律程序条款

除法律规定的正式程序裁决以外,还有一种必须采取正式程序裁决的情况。根据宪法正当法律程序的要求,行政机关剥夺当事人的生命、自由和财产时,必须举行听证。在过去,这种听证一般都是正式听证。自从20世纪70年代以后,这种听证不一定都是正式听证。根据案件的性质,当事人利益和公共利益的比重,以及费用和效益的比较,这种听证可以是正式听证或者非正式听证,关于这方面的讨论可以参看上章中的说明。如果根据宪法正当程序的要求当事人享有正式听证权利时,不论法律是否已经规定正式程序裁决,行政机关仍然必须按照行政程序法的规定,作出正式程序裁决。关于这方面的一个有名的判例是1950年的王阳山诉麦格拉思案。该案申诉人王阳山为中国水手,因违法居留,未经正式听证而被驱逐。申诉人主张移民当局违反联邦行政程序法的正式程序裁决,移

---

① K. C. Davis: *Administrative Law Treatise*, 2d ed. v. 2, p. 329.
② *Yong v. Regional Manpower Administration*, U. S. Department of Labor, 509 F. 2d 243 (9th Cir. 1975).

民当局和下级法院都认为行政程序法对该案不能适用,因为移民法中关于驱逐外国人没有规定听证程序。最高法院根据宪法正当法律程序条款,认为虽然法律没有规定听证程序,仍然应当认为被驱逐人享有宪法所要求听证权利,因而应当按照行政程序法的规定,作出正式程序裁决。①这个案件确定了正式程序裁决适用的范围,除由法律规定以外,还包括宪法正当法律程序所要求的正式听证在内。自从王阳山案件以后,国会修改移民法,明确规定驱逐外国人的决定不适用正式听证程序。然而移民法的修改,不表示 1950 年判决的错误,反而表示正当法律程序,有时可以成为正式程序裁决的一种根据。

(三) 不适用正式程序裁决的事项

正式程序裁决以正式听证为核心内容,对于不需要听证,或不适宜采取正式听证的事项作出决定,当然可以不采取正式程序的裁决。联邦行政程序法在规定正式程序裁决必须具备的最低标准的同时,又规定下列事项例外,不受该法正式程序裁决的限制。行政机关在没有受到其他法律限制时,对于这些事项作决定,究竟采取何种程序具有自由裁量权,这些例外事项和前面已经讨论过的制定法规的例外程序,以及不适用听证的事项基本相同。②

1. 法院可以就法律问题和事实问题进行重新审理的案件

对于重新审理的案件,法院处于最初决定者的地位,当事人可以提出新的证据,有充分机会反对行政机关作出裁决时所根据的事实。因此在行政裁决阶段可以省略听证程序,加快裁决过程。

2. 除行政法官外,其他政府职员的录用和任期

政府对于职员的录用和任期保有必要的自由裁量权力,不受正式程序裁决的限制;如果其他法律另有不同的规定时,适用其他法律所规定的程序。行政法官的独立受到较大的保障,对于行政法官的录用和任期作出不利的决定,必须采取正式程序的裁决。

3. 完全根据观察、测验或选举而作决定的程序

这种程序利用客观的标准作为决定的根据,听证程序在这种情况下,没有作用。

---

① *Wong Yang Sung v. McGrath*, 339 U. S. 908(1950).
② 参见本书第八章第二节:制定法规的程序;第九章第一节:正当法律程序和听证、不听证及迟延听证。

4. 军事或外交职务

行政机关在执行军事或外交职务作决定时,需要迅速采取行动和较大的自由裁量权,不受正式程序裁决正式听证的限制。

5. 行政机关充当法院代理人的案件

行政机关对于这类案件所作的决定,一切事实问题和法律问题可以由法院重新审理。为了避免重复听证起见,行政机关的决定不用采取正式程序裁决。

6. 劳工代表资格的证明

行政机关决定某人是否有劳工代表资格,特别是决定某一工会是否有劳工代表资格,可以通过选举确定,因此行政机关对于是否采取正式程序裁决,具有自由裁量权力。但是如果有重大的事实争议存在时,一般必须采取听证程序作出决定。

第二节 当事人、参加人、比较的听证和使用律师权

一、当事人和参加人

(一) 明显的当事人

在讨论正式程序裁决的听证程序以前,先要解决一个问题:谁有权要求和参加听证?就是说,当宪法或法律要求正式听证的时候,谁是利害关系人,谁能够参加行政机关的听证?从原则上说,凡是权利和利益可能受到行政决定不利影响的人,都对行政决定具有利害关系。是否因此认为他们都能成为听证的当事人?美国法律最近的发展,对参加听证的利害关系人的范围逐渐扩大,从权利和利益直接受到行政决定影响的人,发展到权利和利益间接受到行政决定影响的人。权利和利益直接受到行政决定影响的人,是行政机关命令为一定的行为或不行为的人,或向行政机关申请执照和其他利益的人,或营业和收费标准受到行政机关管辖的公司等。这类人是直接承受行政行为的客体或引起行政行为的主体,他们是明显的当事人(obvious party),他们以当事人的资格,有权要求和参加听证,在法律上不引起任何困难。

(二) 参加人

受行政行为影响的人,不以明显的当事人为限。还有很多其他人,虽

然不是行政行为直接的对象,也对行政机关的决定具有利害关系。例如州际商业委员会规定铁路运输的价格,受影响的人不仅是直接受到规定的铁路运输公司,还有和铁路运输处于竞争地位的水路运输公司和航空运输公司,他们的利润和营业额都可能受到铁路运输价格变动的影响。广大的利用铁路运输服务的消费者的利益也受到铁路运输价格变动的影响,他们虽然是间接地受到影响,然而他们对此具有利害关系。他们是否也有权参加听证?《联邦行政程序法》只规定当事人参加听证时所享有的权利,例如第556节(d)款规定:"当事人有权提起争议案件,以口头或书面证据进行辩护,也有权提出反证,并可互相对质,以弄清全部事实真相。"第554节(b)款规定:"有权得到行政机关听证通知的人,应就下列事项得到通知……"对于间接利害关系人参加听证的权利,联邦行政程序法没有直接规定。因此,间接利害关系人参加听证的范围和权利,只能根据各机关的组织法、机关所制定的法规,以及机关所适用的法律中的特别规定。然而这些法律中的规定有时含义模糊,例如《联邦贸易委员会法》规定:"基于明白的正当理由",允许利害关系人参加正式听证程序。① 什么是明白正当的理由呢?含义很不确定,由于有关的法律和法规中关于听证参加人的规定含义往往模糊不清,所以利害关系人参加听证的权利,最后由法院在司法审查中确定。

  法院对利害关系人是否有权参加行政机关的听证,一般说来,适用司法审查中的规则。有权对行政机关的决定请求司法审查的人,原则上也有权参加行政机关举行的正式听证。首先,因为司法审查和听证,都以申请人对所争论的事项是否具有足够的利益,因而以参加的必要为标准。其次,因为在很多时候,申请司法审查以前先要用尽行政救济,所以原则上可以认为有权申请司法审查的人,也有权参加行政听证。个人和组织只要实质的利益受到不利的影响,而且这种不利的影响的发生,和行政决定的关系不是过分间接,就应允许受害人参加听证程序。所谓不利的影响不以经济利益为限,包括非经济利益在内。例如联邦电讯委员会批准扩张或延长某一广播公司的执照,不仅和该公司处于竞争地位的其他广播公司的经济利益受到影响,而且一般听众作为消费者,对该公司服务的质量和广播的内容也有实质的利益。特别是关于环境保护方面的决定,受影响的利益往往不是经济利益,而是美观、生态、卫生等各方面的利益。

---

① 《美国法典》注解第15编第45(b)节。

另外,也不能忽视司法程序和行政程序性质的不同。美国法院的审判权受《宪法》第 3 条关于司法权的规定的限制,必须执行宪法的规定。行政机关听证案件的性质,没有宪法上的限制,比法院具有更大的灵活性。所以申请司法审查的资格和听证参加人的资格不可能完全相同。扩大参加听证人的范围,多费金钱和时间,有时遭到行政机关和直接利害关系人的反对。因此,有的法院主张给予行政机关较大的自由裁量权,以决定利害关系人参加听证的范围,行政机关对于即使具有司法审查资格的人,也可拒绝参加听证。例如有一个州法院的判决认为,即使某一村的居民有权请求法院审查在该村境内发放酒类营业执照的决定,该州的酒类管理机关仍然可以拒绝村民参加批准酒类营业执照的行政听证。请求司法审查的权利不一定包含参加行政听证的权利,后一种权利属于行政机关的自由裁量权限。① 但是限制利害关系人参加行政听证的判决,在美国极少,不符合美国行政法的发展趋势。

美国当代行政法发展的趋势是允许更多的公众参与行政机关的程序,反对行政机关自由决定行政听证参加人的资格。在当代,有权参加行政裁决正式听证的人,不限于对行政决定具有直接利害关系的明显的当事人,也包括间接利害关系人在内,例如竞争者和消费者。当然,间接利害关系参加听证,不应妨碍行政机关的效率。行政机关可以制定法规,规定哪些消费者和哪些公众的代表可以参加听证,规定利害关系人参加听证的程度和方式。例如按照他们受影响的情况,他们可能是根据行政机关或当事人的请求提供证言或证物;他们可以申请行政机关允许他们对案件提出主张和说明,或参加口头辩论;他们还可以申请作为当事人参加听证。近年来,环境保护方面、消费者利益方面的集团和其他的公共利益集团,越来越多地请求以当事人的资格,参加行政裁决的听证,以扩大他们在听证程序上所享有的权利。

为了有效率地进行听证,行政机关可以把在听证中提出的申请和辩护的要点分类合并,避免重复浪费精力。行政机关必须掌握听证的进程,要求参加听证的人不偏离所争论的问题,不提出重复的无关的证据。但是行政机关不能完全排斥有实质利害关系的人参加听证,这种观点是广大的学术界和法院的主张。例如第二上诉法院在 1962 年的一个判决中声称:"现在,只要不影响公共事务有条不紊地进行,任何有利害关系的人

---

① *Pleasanville v. Lisa's Cocktail Lounge*, 33 N. Y. 2d 618(1973).

都有权参加听证。"①哥伦比亚特区上诉法院在 1959 年的一个判决中表示同样的意旨,声称:"为了保证听证能够有效率并迅速地进行,方法不在于排除有权参加听证的利害关系人,而在于控制听证的进程,要求所有的参加听证的人不偏离所争论的问题,不提出重复的或无关的证据。"②

二、比较的听证

多数人同时申请某一事项,行政机关只能批准其中一人时,行政机关在决定以前,必须举行联合的比较听证,这是 1946 年由阿什巴克尔案件所树立的原则,所以称为阿什巴克尔原则(Ashbacker Doctrine)。这个案件的事实如下:联邦电讯委员会先后收到两个公司请求广播执照的申请,这两个公司在邻近不远的地方,而申请使用的频率相同。由于两个频率互相干扰,所以电讯委员会只能批准其中一个申请。根据当时电讯法的规定,批准执照的决定不用听证,而拒绝批准的决定必须举行正式听证。联邦电讯委员会未经听证,批准其中一个申请,同时通知另一公司举行听证,后者不服,这个案件最后由最高法院判决。最高法院认为,联邦电讯委员会的决定,侵犯了被拒绝公司依法享有的正式听证权利。因为电讯委员会是在批准一个执照以后,才通知另一公司听证。这种听证实际上是一种虚伪的行为,对电讯委员会的决定不发生作用,所以侵犯了被拒绝公司的听证权利。为了保持后者的听证权利,电讯委员会必须合并互相排斥的申请,举行比较的听证,听取和审查各申请人的辩论和证据以后,才能作出决定。③

阿什巴克尔判例是关于两个在物质上互相排斥的申请,批准其中一个将导致其他申请在物质上成为不可能。如果几个申请不是在物质上互相排斥,而是在其他方面互相排斥,是否也必须举行比较的听证?最高法院后来的判例把这个原则扩张适用于物质以外其他互相排斥的情况,特别是关于经济上互相排斥的情况。在没有足够的市场可以容纳几个执照同时存在的时候,也必须举行比较的听证,才能作出决定。例如在航空运输路线、煤气管道执照、汽车运输路线及其他领域中,多数执照物质上能够并存,但市场情况往往只能允许其中一个或少数几个存在。在这种情

---

① American Communications Assn. v. United States,298 F. 2d 648,650(2d Cir. 1962).
② Virginia Petroleum Jobbers Assn. v. FPC,225 F. 2d 364,368(D. C. Cir. 1959).
③ Ashbacker Radio Corp. v. FCC,326 U. S. 327(1946).

况下也必须举行比较的听证,以作出最符合公共利益的裁决。

行政机关在适用阿什巴克尔原则时,不是完全没有自由裁量权力。行政机关对于范围不同的申请,不必举行比较的听证。行政机关也可以规定一个合并听证的期限,在该期限以后提出的申请,不再举行比较听证。

三、使用律师权

使用律师权包括当事人雇用律师权,和请求听证机关指派律师权。前者已经得到法律承认,后者还在讨论之中。

（一）雇用律师权

1. 联邦行政程序法的规定

当事人有权在正式听证程序中雇用律师,已为联邦行政程序法明白承认,《联邦行政程序法》第555节(b)款规定:"被机关或其代表传唤出席的人,有权由律师陪同、代表、作顾问。如果机关允许,也有权由其他合格的代表陪同、代表、作顾问。在机关的裁决程序中,任何当事人有权亲自参加,或由律师及其他合格的人陪同,或代为参加"。这节规定适用于联邦行政机关,各州行政机关的裁决是否允许律师出席,由各州法律规定。有的州,例如加利福尼亚州的行政程序法规定,行政机关的听证通知书中必须载明当事人可由律师代表出席。

联邦行政程序法是一般性的规定,如果各机关的组织法或关于行政事项的专门法律另有规定时,应适用其他法律中的规定。行政机关不因为有行政程序法的规定,而有义务鼓励由律师代表当事人参加听证。有些机关在其为本单位制定的听证法规中,有时限制律师的代理权。例如内地税局不允许在调查中作证的人雇用被调查人的律师。社会保障署限制律师的收费标准,以致在社会保障案件听证中,当事人很难雇到优良的律师。行政机关对曾在该机关裁决案件中犯规的律师,可以禁止其以后在该机关的听证中充当律师。

2. 正当法律程序

根据宪法正当法律程序条款规定,应当举行正式听证时,当事人也有雇用律师的权利。最高法院1970年在戈德伯格诉凯利案件的判决中,强调当事人雇用律师的权利。法院认为当事人的听证权如果不包含雇用律师权,在很多情况下毫无用处,正当法律程序的正式听证权包括雇用律师权在内。当然,根据正当法律程序举行非正式听证时,当事人是否有权雇用律师,由行政机关制定的听证法规规定。

(二) 请求指派律师权

美国宪法修正案第 6 条规定,刑事被告没有辩护律师时,法院应为被告指派律师以保护被告的权利。在行政机关的听证中,没有这样的规定。联邦行政程序法中没有规定当事人有请求听证机关指派律师的权利,最高法院在戈德伯格案件的判决中,也不承认当事人有权请求指派律师。但法律也不禁止行政机关指派律师,联邦政府中有的行政机关例如联邦贸易委员会,已经为无能力请律师的人指派律师。绝大多数行政机关没有实行指派律师制度,因为行政听证案件数量很大,如果指派律师,对政府的财政将是一个沉重的负担,这项开支可以用在对公民更有利的其他方面;而且更多地鼓励使用律师,会加重行政程序的形式主义和拖延听证时间。但是对影响当事人重大利益的行政裁决,例如吊销执照、取消假释和缓刑等,在当事人无力雇用律师时,舆论界主张行政机关应当考虑为当事人指派律师。联邦贸易委员会的裁决涉及吊销执照,所以实行指派律师。

第三节 听证程序的初步措施

一、通知书

(一) 通知书的必要性和及时性

当事人的听证权利包括得到听证通知的权利在内。听证通知权包含两个内容:

(1) 通知程序上的权利,例如市公用局决定停止对当事人的某种服务时,必须告诉当事人对决定不服时,可以在多少时间以内向哪个机关申诉。

(2) 通知听证本身及听证所涉及的问题,即行政机关对于根据宪法和法律规定需要听证的事项,应把听证的时间、地点和问题通知当事人。这是《联邦行政程序法》第 554 节(b)所规定的听证通知书,也是本款讨论的中心。由于当事人的听证权包括听证通知权,所以行政机关决定举行听证时,必须对当事人发出通知书。听证通知书是听证程序的开始,相当于民事诉讼的起诉书。

《联邦行政程序法》第 554 节(b)关于当事人的听证通知权的规定如

下:"有权得到行政机关听证通知的人,必须就下列事项及时得到通知:① 听证的时间、地点和性质;② 举行听证的法律根据和管辖权限;③ 听证所要涉及的事实和法律问题。"关于听证通知的首先要求是通知必须"及时"(timely),以便受通知人能够适当地对听证问题做出准备。通知是否及时,不可能有一个机械的标准,应当依具体案件的性质而定,例如复杂问题当然比简单问题需要更多的准备时间。联邦行政程序法对通知的时间没有规定,其他规定听证的法律对通知的时间有规定时,行政机关应当遵守该法律中的规定。有些行政机关在自己制定的听证法规中,有关于通知时间的规定,这时应遵守该法规中的规定。美国有的州在法律中对通知的时间规定了一个统一的最低标准,例如《加利福尼亚州行政程序法》规定,通知书至少应在10天以前送达于当事人;法律和法规中没有规定的,行政机关必须在合理时间以前通知当事人。美国法院认为,通知时间是否合理是一个法律问题,可以受到司法审查。①

通知书送达的方式,如果法律无特别规定时,可由行政机关自由决定。行政机关可以直接送交当事人本人,也可以通过挂号邮件寄递。在当事人不能证明受到损害时,甚至可以用普通邮件寄递。

得到通知的权利是听证权的一个重要因素,听证通知书是开始听证程序必不可少的文书。除通知书外,听证程序是否需要答辩书,按发动听证者的性质而不同。《联邦行政程序法》第554节规定,听证由行政机关发动时,行政机关可以在其制定的程序规则中,规定受通知人必须在规定时间以内提出答辩书,提出他所反对的事实。当事人不按行政机关听证程序法规的要求提出答辩书时,行政机关可以认为当事人承认通知书中的主张。另一方面,如果听证是行政机关根据私人的要求举行时,参与听证的他方当事人,在接到通知书后,对于事实问题或法律问题有争议时,应立即提出异议的通知,发动听证的当事人,有得到答辩书的权利。②

(二) 通知书的作用和法律效力

一方面,通知书的作用是告诉当事人听证的问题,以便准备防卫。《联邦行政程序法》规定,行政机关必须就听证的法律问题和事实问题通知当事人。如果行政机关仅仅通知当事人出席听证,没有通知听证的问题,因而当事人无法准备防卫,根据这种听证所作出的裁决,违反法律的

---

① *Earnshaw v. United States*,146 U.S. 60(1892)。
② 《行政程序法》第554节(b)。

规定和正当法律程序的要求,因此无效。通知书仅仅告诉当事人听证的目的在于决定当事人是否违反法律,而没有指出违法的事实问题和法律问题,或者仅仅通知当事人出席说明他的执照不能吊销的理由,而没有指出引起吊销的事实问题和法律问题,都是无效的通知,这种听证不能作为裁决的根据。

另一方面,通知书中只要指明听证所涉及的事实问题和法律问题,即已足够。听证文书的内容不需要像法院诉讼文书那样准确,指出诉讼的理由、限制诉讼的范围。支配诉讼文书的技术规则和形式标准,不适用于听证文书,否则妨碍行政效率。通知是否有效的标准,取决于当事人就听证事项是否已经知道、处于能够准备的状态。听证文书的形式灵活,讲求实际效果,不受诉讼文书技术规则的限制。

当事人就听证事项虽然必须得到通知,然而听证的范围,在一定的情况下,可以超过通知书中所指明的事项,听证通知书的内容可以为后来的新问题所修改。如果在听证的过程中出现新问题,而当事人对于新问题实际上已经知道并提出防卫时,根据这种听证所作的裁决也有效,称为实际通知原则。当然,当事人对于新出现的问题可以要求迟延听证,以便有准备时间。新问题的出现必须与原来通知的问题有密切关系,才能承认实际通知原则。如果新问题的出现和原来通知中的问题没有联系,这时,为了保护当事人的利益,不适用实际通知原则。例如民航局因飞机碰撞事故,就飞行员违反飞机之间必须保持特定距离的规定,举行听证。后来根据证据发现,飞行员对避免碰撞还有疏忽大意的过错。这个新问题的出现,和通知中的问题密切联系,不使飞行员感到意外惊奇。只要这个新问题在听证中曾经听取了当事人的陈述,民航局可以根据这个新问题作出裁决。但是如果新发现的问题和原来通知中的问题毫无关系时,例如在飞行员的飞行记录中,发现有违规的着陆行为,对于后面这个问题,必须另行通知举行听证。

二、听证的地点和性质

(一) 听证的地点

《联邦行政程序法》规定,行政机关的听证通知书必须把听证的时间和地点告诉当事人。同时又规定,在确定听证的时间和地点时,必须适当考虑当事人或其代表的方便和需要。根据这条规定,行政机关对于听证地点的确定有自由裁量权力。所谓考虑当事人的便利和需要,当然也包括行政机关本身的便利和需要在内。行政机关在确定听证地点时,通常要考虑当事人的住所、营业所、证人和诉讼代理人的地址、政府档案的利用,以及其他和案件有关的地理因素。例如在劳工纠纷的听证时,考虑当地群众的气氛是否影响证人的心理状态。从理论上说,法院可以监督行政机关在确定地点时是否滥用自由裁量权,实际上法院对行政机关确定的地点很少干预,首先因为当事人很难证明由于听证地点的确定而利益受到损害。其次因为当事人认为地点不适当时,通常只能利用行政救济。在一般情况下,听证的地点大都确定在行政机关总部或地方机构所在地。

(二) 听证的性质

正式程序裁决是行政机关必须依听证记录作决定的行为,性质上类似法院必须依审判记录作判决的司法行为,所以正式程序裁决的听证是审判型的听证,一般称为正式听证。关于审判型听证的特点,本书已在第九章中说明。① 自从建立行政法官主持听证以后,正式听证司法化的程度更进一步发展。但是行政机关正式听证的行为,虽然在一定程度上已经司法化,但仍然保存行政机关行为的特点,不能和法院的司法行为完全一样。因此,审判型的听证有时称为准司法行为。正式听证由于司法化的结果,必须适用司法审判的公开原则。下面主要说明正式听证的公开性。在此以前,简单说明一下正式听证不适用陪审制度。

陪审制度在美国司法上广泛使用。美国宪法修正案第 6 条规定,刑事诉讼中的被告享有由犯罪发生的州或区域的公正陪审团,予以迅速审理的权利。修正案第 7 条规定,普通法上的诉讼,价额超过 20 元的案件有受陪审团陪审的权利。陪审制度是宪法所保障的制度。行政听证不涉及刑事处罚,也不是普通法上的案件,不受宪法陪审制度的限制。行政机关为保持听证的效率起见,在举行正式听证时,不采取陪审制度。

英美法中审判公开的传统源远流长,可以追溯到英国历史上反对国王特权的斗争时期。17 世纪,英国资产阶级废除依特权设立的星法院以后,审判公开原则已经深入人心。英国功利主义思想家边沁对审判公开的效益,有很精彩的论述。边沁认为,在审判程序完全秘密时,"法官将是既懒惰又专横……没有公开性,其他一切制约都无能力。和公开性相比,其他各种制约是小巫见大巫"。② 美国当代的一个法官,用形象的语言说

---

① 参见本书第九章第一节:正当法律程序和听证、不听证及迟延听证。
② 转引自 K. C. Davis: *Administrative Law Treatise*. 2d ed. v. 3, p. 59。

道:"阳光是最好的消毒剂,电光是最好的警察。"①如果说司法审判应当公开的话,行政听证更有理由应当公开,因为行政机关专横的可能性远远超过法官。美国司法部长行政程序委员会 1941 年的报告写道:"听证必须公开,而且几乎经常是公开的。少数不公开的听证是例外,那是为了保护有关的私人利益而存在……公开是防止用专横方法进行听证的有力保障。一旦听证公开由大众监视时,星法院的方法不能存在。"②1957 年,英国弗兰克斯委员会在行政裁判所和公开调查的报告中指出,为了达到裁判上的公平,一切裁判所的活动必须以三个原则作为指导,即公开、公平和无偏私。在这三个原则中,公开原则列为第一位。③

正式听证必须公开,这是正当法律程序的要求。至于非正式听证程序,由于行政机关有较大的自由裁量权,不一定采取公开方式。为了防止行政机关的专横,这时可以利用情报自由法的规定,查阅行政机关办案的文件和根据④,也可申请法院撤销行政机关专横的行为。

公开听证和公开审判不是绝对的原则,有一些例外存在。审判对涉及个人隐私和国家机密的事项,不公开进行,听证程序也如此。由于国防和外交事项,如果法律没有其他规定时,一般不包括在正式程序裁决范围内⑤,所以也不公开听证。美国社会福利机构关于个人经济情况的听证,一般不公开进行。涉及工商企业的信誉和贸易秘密问题的听证,也不公开进行。不公开听证主要是为了保护个人和组织的利益,上面提到的司法部长行政程序委员会的报告中,已经确认这点。

行政机关对当事人提出的不公开听证的请求,有权决定是否允许。关于这方面的主要判例是 1956 年的联邦电讯委员会诉施赖伯案。联邦电讯委员会在一次听证中,向被告索取电视节目方面的情报,被告要求电讯委员会保密,否则拒绝提供。电讯委员会拒绝被告的请求,并向被告发出传票,申请法院执行。地区法院和上诉法院命令被告交出情报,同时判决听证不得公开。最高法院推翻了下级法院的判决。最高法院认为电讯委员会有权以公开听证作为准则,这是行政程序的一般政策。行政机关

---

① 转引自 K. C. Davis:*Administrative Law Treatise*. 2d ed. v. 3 , p. 59。
② Attorney General's Committee on Administrative Procedure:*Final report*,1941,p. 68. 参见王名扬:《英国行政法》,北京大学出版社 2007 年版,第 4 页。
③ 参见王名扬:《英国行政法》,北京大学出版社 2007 年版,第 107 页。
④ 关于《情报自由法》,参见本书第二十一章:行政公开(一):《情报自由法》。
⑤ 参见本章第一节:正式程序裁决的意义和适用的范围。

对于某项情报是否公开,必须在考虑个人利益和公开利益以后,作出决定,求得各方面利益的平衡。法院在司法审查中,只能审查行政机关拒绝秘密听证,是否有滥用自由裁量权的情况。①

公开听证原则的另一应用是行政机关在举行正式听证时,认为为了当事人的利益,决定不举行公开听证,当事人有权要求举行公开听证。这个观点在1972年的菲茨杰拉德诉汉普顿案中,得到哥伦比亚特区上诉法院的确认。该案涉及的问题是一个政府雇员被开除,文官事务委员会对于这类案件总是秘密听证,不允许公众和记者旁听。在这个案件中,该雇员提起了要求进行公开听证的诉讼,认为如果文官事务委员会规定不举行公开听证是为了他的利益的话,他可以放弃这种利益。法院在判决中确认当事人要求公开听证的权利,法院声称:"正当法律程序要求听证……对公众和记者开放……允许政府为了方便它的官员而降低正当法律程序的要求,那就是开始走向极权的道路。"②

三、正式听证前的会议和显露案情

(一) 正式听证前的会议

《联邦行政程序法》第554节(c)款规定:"行政机关应为利害关系当事人提供机会,使他们在时间、行政程序的性质和公共利益允许时,能够提出和考虑事实、论据、解决办法和修正的建议。在当事人之间不能依协商解决争端时,通知按第556节和第557节的规定,举行正式听证和裁决。"同法第556节(c)款规定,主持听证的职员有权举行会议,由各方当事人同意以解决或简化争端。这两节规定是授权听证官员,在举行正式听证以前举行预备性的会议。正式听证前的会议的第一个作用是使当事人之间有机会通过协商解决争端,避免费时费钱的正式听证。美国官方研究行政程序的司法部长委员会,在1941年的报告中指出,"一个花费很长时间和大量金钱的审判型听证所达到的裁定,通过当事人之间的同意,很容易就能得到"。行政机关根据当事人协商结果所作出的裁定,类似法院的简易裁判,必须记载在听证记录以内。不是一切案件都可以由当事人协商解决,只有在案件的性质和公共利益允许的范围内,才能协商解决。美国有些行政机关不愿意利用协商解决的程序。

---

① *FCC v. Schreiber*,381 U.S. 279(1965).
② *Fitzgerald v. Hampton*,467 F.2d 755(D.C. Cir. 1972).

正式听证前会议的第二个作用是简化争端。美国法院在正式审理以前经常举行会议,筛选当事人所争议的事实,法院只对确定存在的争议进行审理。这种程序对当事人、证人和法院都有益处,节省诉讼的时间,增加司法的效率。除联邦行政程序法外,联邦政府有些重要的行政机关,在其所制定的程序规则中,也规定有正式听证前的会议。对于复杂的案件,经过筛选使它简化,以加快听证的过程。美国一个州法院的判决认为,行政机关可以在正式听证前举行各种会议,但是必须有法律的授权,才能在这种会议中作出影响当事人权利的决定,否则必须取得当事人的同意。①

(二) 显露案情

在民事诉讼中,为了使当事人能够了解案件的情况,避免出现事先不知道的意外起见,《联邦民事程序规则》规定,一方当事人有权向对方当事人要求提供说明或文据,例如要求对方当事人提供补充情节、口头证言、书面答复或招认等。这个程序称为显露案情,能够促进案件的公平审理、提高判决质量、加快诉讼的进程。在行政机关的正式听证中,联邦行政程序法和其他法律都没有规定显露案情程序。美国法院对行政听证中是否适用显露案情程序的态度不一致,有的法院认为必须有法律明文规定,法院才有权强制不愿意的当事人向对方提供案情材料。有的法院认为法律没有规定,不等于禁止。一项在其他地方证明有效的制度,如果法律授权行政机关制定程序规则,以便最恰当地处理事务和达到公正的目的时,就可为行政机关制定的法规所采纳。加利福尼亚州法院更进一步,认为行政机关应当规定听证前的显露案情,作为正当法律程序的一个因素。法院认为根据普通法上的权力,法院可以规定程序上的规则。② 美国行政会议曾经强烈建议行政机关采取全面的显露案情制度。尽管如此,美国联邦政府中只有极少数的行政机关,例如联邦贸易委员会采取了广泛的显露案情制度,大多数行政机关没有采取这项制度。因为当事人可能利用这个程序,要求得到大量的证言,以拖延时间。在行政听证程序中,双方当事人都有其他方法可以得到有关案件的材料。就行政机关而言,在发出听证通知书前,已经做过大量调查工作,掌握处理案件所需要的材料。就私方当事人而言,可以利用情报自由法中的规定,得到政府制作的不属于保密范围以内的文件。而且当事人在不服行政法官的裁决向

---

① *Blackwood v. Penwoven, Inc.*, 140 So. 2d108 (Fla. 1962).
② *Shively v. Stewart*, 421 p. 2d 65 (Cal. 1966).

行政机关长官申诉时,还可提出新的材料和论据。所以在行政听证中,显露案情的作用没有像在司法程序中同等重要。

第四节 职 能 分 离

一、职能分离和职能合并

(一) 职能分离和职能合并的意义

职能分离(separation of functions)是指从事裁决和审判型听证的机构或者人员,不能从事与裁决和听证行为不相容的活动,以保证裁决的公平。什么活动和裁决及听证不相容。根据美国现行法律的规定,对案件进行追诉的活动以及对追诉事项事先进行调查的活动,是和裁决不相容的活动。因此,主持听证和作出裁决的人和机构,不能同时又是追诉者和调查者,也不能和后者单方面进行接触。追诉活动,追诉前的调查活动以及主持听证和裁决活动,不能集中于一个人或机构,这种集中称为职能合并(concentration of functions)。

职能合并之所以在行政机关出现,是因为行政机关和法院不一样,后者只是一个裁决机构,没有其他任务,对于争议案件处于第三者的地位。行政机关则不然,法律在授予行政机关,特别是独立的控制委员会,执行某种职务的同时,又往往授权行政机关对有关职务的违法行为,可以进行调查、追诉、听证和裁决。行政机关所裁决的问题,往往就是它所执行的任务。因此行政机关既是当事人,又是裁决者,几种性质不相容的活动集中于一个机构。在1946年联邦行政程序法制定以前,行政机关对于执行这些活动的人,没有区别,进行调查和追诉的人,往往也可以主持听证和参加裁决,职能合并是当时普遍存在的现象。

(二) 职能分离的理由

职能分离是英美普通法上的传统制度。普通法中自然公正原则的一个重要内容,是当事人不能作为自己案件的法官。在行政裁决方面,追诉和裁决集中于一人时,被追诉人不可能得到公正的待遇,这是典型的行政专制主义。事先调查追诉事项的人参与裁决,必然着重以他所调查的证据作为裁决的基础,而忽视当事人所提出的证据和反驳。甚至他秘密调查没有经过当事人对质的证据,也可作为裁决的基础,这对当事人来说是很不公平的。事先调查和追诉的人,对于案件的处理很难处于一种超然的客观心理状态,而这种心理状态是公正的听证和裁决所必须具备的条件。在职务合并的时候,即使听证和裁决的机关和人员没有偏见存在,也难使当事人相信自己得到了公平的裁决。职能合并在美国受到强烈的攻击。但是行政裁决和司法审判不同,行政裁决不仅需要公平,而且经常需要专门知识,司法判决不需要复杂的专门知识。因此,如何把职能分离贯彻于行政裁决当中,出现不同的意见。这个问题后面将有讨论。

(三) 职能合并和正当法律程序

行政机关同时具有调查权、追诉权和裁决权,是法律规定的结果。由于国会授予行政机关同时行使这几种权力,因而出现职能合并现象。反对职能合并必须从宪法的立场出发,审查国会的授权是否违宪。国会授权是否违宪涉及两个问题:

(1) 根据分权原则,国会是否能够授权行政机关同时行使行政权和裁决权,因而导致在行政机关内部出现职能合并。关于这个问题,本书已在第六章权力的委任中作了回答,国会可以委托行政机关同时行使行政立法和司法权力而不违反宪法。

(2) 职能合并是否违反宪法规定的正当法律程序。由于职能合并,行政机关同时行使追诉权和裁决权,成为自己案件的法官,不符合公平原则,而公平原则是正当法律程序的核心,所以从理论上说,认为职能合并违反正当法律程序原则,似乎毫无困难。如果这个理论能够成立,则国会授权行政机关同时行使调查权、追诉权和裁决权的法律,都将无效,必然引起行政组织的重大改变。最高法院对于这个问题作了否定的回答,最高法院的判决认为某些职能合并,就其本身而言,不一定违反正当法律程序。最常引用的判决是 1975 年的威思罗诉拉金案件。①

被上诉人拉金是开业医生,上诉人是州医疗审查委员会成员。1973 年 6 月,上诉人通知被上诉人,准备举行不公开的听证,调查被上诉人的某些违法医疗行为,被上诉人可由律师陪同出席,对于通知中指责的行为可以提出说明和证据。同年 9 月,委员会根据调查的结果,控诉被上诉人的行为违反职业道德,并通知于 10 月由委员会举行辩论和听证,作出裁决。在委员会作听证裁决前,被上诉人申请地区法院发出命令,制止委员会进行裁决。被上诉人认为,委员会在该案中既是调查者,又是追诉人,又是裁决者,法律授予委员会这样的权力,违反宪法的正当法律程序,委

---

① *Wihrow v. Larkin*, 421 U. S. 35 (1975).

员会无权裁决。三人合议制地区法院承认被上诉人的主张,认为这个授权法违反宪法的正当法律程序。委员会不服地区法院的判决,最高法院撤销了地区法院的判决。

最高法院认为:"由公正的法庭公正的审判,是正当法律程序的基本要求。这个原则适用于法院,也适用于进行裁决的行政机关。"在说明了赞成这个公正的原则以后,最高法院在这个原则的应用上后退了。最高法院认为,不能由于这个原则而主张调查职能和裁决职能合并,必须会产生宪法所不允许的有偏见的人。法院认为,"持有这样主张的人有一个很困难的证明责任,他必须推翻这样一个假定:进行裁决的公务员是诚实和正直的,他必须使人相信,根据对心理倾向和人类弱点的现实评价,对同一人授予调查权和裁决权,有产生偏见的危险,以致为了保证正当法律程序的实现,必须禁止这样的行为"。由于没有这个证明,所以最高法院认为:"毫不奇怪,就一般情况而言,联邦法院和州法院的判例,不认为裁决职能和调查职能的合并是违反宪法的正当法律程序……如果没有出现其他更多的情况,仅仅是调查职能和裁决职能的合并……不违反正当的法律程序。当然,这个观点不妨碍法院根据案件的特定事实和情况,可以认为有不能允许的高度的不公正的危险存在。"

从这个判决中可以看出,最高法院认为调查职能和裁决职能合并,本身并不违反宪法的正当法律程序。除非在这样的合并中,另外发现有偏见情况存在时,才可认为不符合正当的法律程序。

二、完全的分离和内部分离

职能合并不违反宪法,不表示职能合并是一个合理的制度。最高法院在上面所引的判决中,承认单纯的职能合并本身不违反宪法。但是职能合并可能伴随有其他不公正的情况,因而违反正当的法律程序。由于职能合并可能产生不公正的危险,所以必须避免这种制度。美国有些州法院对职能合并的案件,加强司法审查。美国法学界、国会和政府设立的调查研究机构,为了消除行政裁决程序中职能合并的危险,从20世纪20年代以来,提出了两种不同的职能分离方案。

(一) 完全的职能分立

完全的职能分立主张把行政裁决职能和追诉职能、调查职能以及执行职能完全分开,由互相独立的机构行使。在这种主张中,又有两种不同的方案,一种为不设立行政法院方案,一种为设立行政法院方案。前一种方案以 1937 年的总统行政管理委员会为代表,主张有行政裁决权的机关,应当分为行政部分和司法部分。行政部分担负制定法规、调查控诉、提起控诉等全部非司法性质的工作。司法部分根据行政部分所提出的记载和调查材料,不偏不倚地作出影响公共利益和私人权利的决定。在联邦政府较大的行政机关中,只有国家劳动关系委员会采纳了这种方案。该委员会由于控诉和裁决职能合并,曾经受到强烈的批评。国会于 1947 年通过塔夫脱—哈特利法,改组委员会的工作。根据该法的规定,设立一个律师事务主任,由总统直接任命,任期四年,对委员会完全独立。律师事务主任管理全部调查和控诉的工作人员,有权最后决定调查、控诉、签发控诉书,向劳动关系委员会提出控诉。后者成为一个裁决机构。因此,国家劳动关系委员会虽然形式上统一,实际上成为两个机构,律师事务主任处负责调查和控诉。由 5 人组成的委员会负责听证和裁决工作。根据国家劳动关系委员会的经验,在完全分离制下,两个分立的部分必须具有互相信任的态度,才能避免工作中的摩擦。

另一种更彻底的职能分离方案主张设立行政法院,这种主张曾经多次提出过而未实现。早在 1929 年,参议员诺里斯(Norris)就提出过一个法案,主张设立一个美国行政法院,受理行政诉讼案件。20 世纪 30 年代,美国律师协会曾经提倡设立行政法院。1935 年的洛根—塞勒法案(Logan-Celler Bill)建议设立联邦行政法院。1955 年,第二次胡佛委员会建议设立一个美国行政法院,行使联邦贸易委员会和国家劳动关系委员会的行政裁决权,而这两个委员会只保留非司法性的职权。1971 年,总统的行政组织顾问委员会也建议设立行政法院。某些独立控制机构的负责人,根据其工作经验曾经建议设立行政法院。1960 年,路易斯·J. 赫克托(Louis J. Hector)在辞去民航局职务时,向总统建议重新分配民航局的工作,一部分交给一个行政机关,一部分交给一个行政法院。1963 年,牛顿·M. 米罗(Newton M. Minow)辞去联邦电讯委员会主席职务时,曾经建议把委员会的行政职能和司法职能分开,行政职能交给独任的行政官员,司法职能交给一个行政法院。1970 年,一个联邦贸易委员会的成员;1982 年,一个联邦证券委员会的成员,都有过类似的建议。所有建议设立行政法院的主张,都没有能够实现。首先,因为英美法的传统,普通法院享有崇高的威信,舆论界不倾向割裂普通法院的管辖权,行政机关的裁决权必须接受普通法院的司法审查。其次,因为英国学者戴西对行政法院的抨击,在英美发生广泛的影响。① 最后,因为美国人一般不赞成完全的职能分立。

(二) 内部的职能分离

首先,具有行政裁决权的联邦行政机构中,除国家劳动关系委员会外,都没有采取完全分离制。批评者认为,行政裁决机关和行政执行、调查及追诉机关完全分离,会降低行政裁决的质量。因为行政裁决往往需要高度的技术知识,裁决人员和技术人员共同工作,容易了解行政上的需要,也能得到技术上的知识。其次,行政裁决往往具有很强的政策性质,裁决机关完全分离以后,缺乏全盘管理经验,较难掌握政策。法国1963年的最高行政法院改革,可以说明这个问题。法国最高行政法院分为诉讼组和行政组,前者从事审判工作,后者从事行政咨询工作,审判人员缺乏全盘观点,有时导致最高行政法院的判决脱离实际需要。1963年的改革,规定最高行政法院的中下级人员,必须同时分配在一个诉讼组和一个行政组,具有双重职位,以丰富审判人员的经验。② 职能完全分离制还有一个缺点是增加机关数目,原来只设立一个机关,由于职能分离的结果,必须设立两个机关,增加财政开支和补充人员的困难。由于以上的原因,这个制度在美国没有被接受。

1941年的司法部长行政程序委员会的多数派的报告书,提出另外一种职能分立方案。报告书认为职能合并的缺点必须矫正,完全分离的方案也不可取,因此提出一种内部分离方案。根据这种方案,行政机关就其总体而言,同时具有调查、追诉和裁决三种职能,但是由不同的实际工作人员行使。执行调查和追诉职能的人,不能参加裁决和听证。执行听证和作出初步裁决的人,不能和调查人、追诉人以及其他当事人单方面接触。由于实际工作人员实行职能分离的结果,保障了行政裁决的公平。职能分离只适用于实际工作人员,不适用于机关的最高长官。机关的最高长官代表机关,可以同时行使这几种职能。内部分离制可以说是职能合并制和完全分离制的折中制度,在机关的实际工作阶层,职能是分离的;在机关的决策阶层,职能不分离。行政机关的长官可以决定是否进行调查、是否提起控诉,并且作出最后的裁决。各种职能如何行使,由行政机关长官从全盘观点考虑。行政机关长官在作决定时,可以咨询技术人

---

① 参见王名扬:《英国行政法》,北京大学出版社2007年版,第1—3、9—11页。
② 参见王名扬:《法国行政法》,北京大学出版社2007年版,第483页。

员意见,但不能在听证记录以外增加更多的档案材料。增加新的材料,必须听取各方当事人的说明或对质,否则不能利用。内部职能分离制为联邦行政程序法所采纳,是美国现在实行的制度。批评内部分离制的人认为,行政机关全体职员在一个机关中共同生活、共同工作,不可避免会产生一种团体精神,影响内部分离制的实际效果。行政长官仍然行使三种职能,职能合并制的缺点没有完全矫正。总之,行政裁决程序是一个复杂的问题,没有一种理想的制度。职能合并在工作人员一级,容易避免,而在行政长官一级,避免比较困难。由于这个缘故,司法审查成为非常重要,必须在行政机关以外,有一个第三者监督行政机关不滥用权力。

三、联邦行政程序法规定的职能分离

最高法院在一个有名的判决中认为,1946 年的联邦行政程序法想要在行政程序上达到两个主要的目的:

(1) 在各机关之间引进较大的统一程序和标准化较大的行政行为;

(2) 减少和改变由一个人或一个机关同时履行追诉官和裁决官职责的做法。① 因此,矫正职能合并的危险是制定行政程序法的主要目标之一。为了达到这个目的,联邦行政程序法没有采取完全的职能分离方案②,而是采纳了 1941 年司法部长行政程序委员会多数派报告中所提出的内部职能分离方案。行政机关可以同时行使调查、追诉和裁决职能。但裁决职能和调查及追诉职能在实际工作人员一级,不能合并;而在行政机关长官一级,不再分离。

(一) 禁止合并的规定

禁止合并的规定,表现在 554 节(d)款前部,该款的规定如下:"主持听证的职员……不得① 向任何人或任何当事人就所争议的任何事实征询意见,除非已经通知及所有当事人都有机会参加的场合以外。② 对为任何机关履行调查或追诉的职员或其代表负责,或受其监督或接受其指示。为机关履行调查或追诉的职员或代表,不得参与该案或与该案有事实上的联系的案件的裁决。对于这类案件的裁决亦不得提供咨询意见,或提出建议性裁决,也不得参加机关根据本编第 557 节规定的复议,除非他们作为证人或律师,参加公开的程序例外。"

---

① *Wong Yang Sung v. McGrath*,339 U. S. 33(1950)。
② 1941,司法部长程序委员会少数派的报告,建议使用这种方案。

根据上面的规定,联邦行政程序法禁止以下几种方式的职能合并:

1. 听证人员或裁决人员和当事人单方面的接触

除依法律授权为处理一造事项所必要的行为以外,听证官员或裁决官员不能与当事人单方面接触。需要和当事人接触时,必须通知所有当事人出席,以防止偏听偏信。在行政裁决中,行政机关往往是当事人的一方,听证人员一般为机关中的行政法官,追诉人员一般为机关中的律师事务处官员,同在一个机关工作,特别应当避免单方面的接触。例如有一个听证案件,在华盛顿以外的一个城市举行,听证官员和追诉官员从华盛顿同乘飞机前往该市,同住一个旅馆,沿途互相商谈。听证完毕以后,同机返回华盛顿,途中又再商谈。法院判决该听证违反联邦行政程序法的规定。①

2. 裁决人员对调查人员或追诉人员负责或受其监督

裁决人员和听证人员必须独立行使职权,不受外界影响。如果裁决人员和调查人员或追诉人员之间有上下级关系时,很难期待听证或裁决公平进行。例如有一个案件,裁决人员为机关律师事务处主任,追诉人员为律师事务处助理主任。联邦行政程序法只禁止裁决人员不得对追诉人员负责,或接受其监督。本案的情况相反,裁决人员的地位高于追诉人员。但是法院仍然认为违反了联邦行政程序法,因为追诉人员可能按照裁决者的意图提出追诉和理由,所以不符合行政程序法。该法要求裁决人员和追诉人员之间没有上下级关系,两者独立,共同受机关最高行政长官的监督。②

3. 调查人员或追诉人员参加听证或裁决

调查人员或追诉人员参加听证或裁决,是作为自己案件的法官,这是美国多年以来所要改革的行政程序,也是制定行政程序法的主要目标之一,法院对于这种禁止要求严格履行。例如,1950 年,最高法院判决移民和归化局的一个案件违反联邦行政程序法。因为该局对于驱逐外国人出境的案件,往往由调查职员负责听证并作出初步决定,由上级批准。法院认为这种做法违背联邦行政程序法规定的职能分离制,移民当局认为授权驱逐的法律没有正式听证的规定,联邦行政程序法不能适用于该案。法院不同意这个观点,法院认为宪法规定的正当法律程序可以要求正式

---

① Brown v. United States, 377 F. Supp. 530 (N.D. Tex. 1974).
② Columbia Research Corp. v. Schaffer, 256 F. 2d 677 (2d Circ. 1958).

听证,联邦行政程序法也适用于宪法正当法律程序所要求的正式听证,移民当局的做法是典型的违反联邦行政程序法的案件。①

以上几种联邦行政程序法所禁止的职能合并,有一个共同的特点:禁止合并的职能都和案件的追诉性质有关。由于这类案件采取两造对抗形式,所以禁止在这类案件中,合并调查、控诉、听证和裁决几种互相对立的职能。对于不具备追诉性质的案件,不一定要采取花费大量时间和费用的两造对抗形式。例如社会保障署所裁决的社会福利案件,没有追诉性质。行政法官在听证和裁决这类案件时,不仅需要站在公正的第三者的立场,而且需要站在申请人和行政机关的立场,积极调查和案件有关的各种证据,维护双方当事人的各自利益。因此有人称社会保障听证官员的这种地位为头戴三顶帽子,同时代表三种利益。一项是当事人的帽子,维护当事人的利益,特别因为社会保障津贴的申请人,大都经济力量较弱,无力雇用律师,需要听证人员的帮助才能维护自己的利益。一项是行政机关的帽子,听证官员必须注意对政府有利的证据,维护政府的利益。一项是裁判官的帽子,听证官员必须站在公正的立场上,衡量各方面的利益,作出公正的裁决。这种情况下的职能合并,不包括性质上不能相容的职能在内,不违反联邦行政程序法的规定。

(二) 例外的规定

例外的规定是不适用禁止职能合并的事项。首先由于行政程序法采取内部职能分离方案,行政机关可以同时行使调查、追诉和裁决职能,禁止合并只适用于实际工作人员,不适用于机关的最高负责人员。其次因为有些事项按其性质,不属于裁决行为,或者法律认为不宜适用职能分离。《行政程序法》554节(d)款后部,关于例外的规定,"本款不适用于:① 对申请原始执照许可证的决定;② 关于公用事业或运输业的收费率、设施或经营的申请或有效的裁决程序;③ 机关或组成机关的成员。"

在以上的例外规定中,对机关本身和组成机关的行政长官不适用禁止合并的规定,是内部职能分离制的当然结果。由于这种职能合并,机关的政策能够保持统一。例如联邦贸易委员会对其调查人员所作的建议进行审查,然后决定提起追诉。当事人对行政法官在听证后所作的初步决定不服,由联邦贸易委员会在复议中作出最后的决定,通过这样的职能合并,联邦贸易委员会的政策得到统一的执行。上面已经提到,性质不相容

---

① 王阳山案,参见本章第一节中关于该案的说明。

的职能在机关的最上层合并,对此不是没有批评的意见。然而美国对于职能分离的方案已经讨论很久,联邦行政程序法规定的折中方案,是最能得到广泛支持的方案。

联邦行政程序法把行政机关的活动分为制定法规和进行裁决两大类。职能分离的规定只适用于裁决活动,在一般情况下,不适用于制定法规。行政机关对于公用事业或运输业的收费率、设施或经营所作的决定,根据联邦行政程序法的规定,属于法规的范畴。制定法规一般不需要进行审判型的听证,所以不适用正式裁决程序中的规定。① 关于许可证的决定,按照联邦行政程序法的规定,本来属于裁决范畴。但是批准原始许可证的决定,不是基于考虑申请人过去的事实,而主要是根据一般的情况和政策作出决定。性质上类似制定法规,所以也不适用正式裁决程序中的职能分离原则。

批评上述例外规定的人认为规定收费的决定,虽然在法律概念上属于制定法规,然而在实际效果上类似于裁决行为,所以在作出决定时,通常必须举行听证。如果允许对当事人持对抗立场的机关职员参加裁决程序,可能影响裁决的公平性质。行政机关对当事人申请原始许可证是否批准,不一定只是基于一般情况的考虑,可能也考虑当事人过去的行为。在这种情况下的听证,不能说是没有追诉的因素在内。如果允许倡导反对当事人的职员参加裁决,也可能影响裁决的公平性。因此批评的人认为,应当把申请原始许可证的决定和规定公用事业收费率的决定,排除在例外规定之外,对于它们的裁决程序,应当禁止职能合并。

除第554节(d)款规定的例外事项以外,第554节(a)款还规定了6项不适用正式裁决的事项,即:

(1) 法院可以重新审理的案件;
(2) 除行政法官以外,其他政府职员的录用和任期;
(3) 完全根据观察、测验或选举而作决定的程序;
(4) 军事或外交职务;
(5) 行政机关充当法院代理人的案件;
(6) 劳工代表资格的证明。②

对于这些事项的裁决程序,当然也不适用职能分离原则。

---

① 参见本书第八章:法规和制定法规。
② 参见本章第一节:正式程序裁决的意义和适用的范围。

联邦行政程序法的制定,不排除国会对于其他事项可以另外规定特别的程序。因此除联邦行政程序法所规定的例外以外,还有其他法律所规定的不适用职能分离的行政机关。在这类机关中,最重要的机关是移民和归化局。美国国会在1952年制定的移民和国籍法中,规定一个特别程序,代替联邦行政程序法所规定的裁决程序。

法律规定不适用职能分离原则,不表示行政机关可以在程序上任意行事,完全忽视最基本的公平原则。美国宪法规定的正当法律程序,保障行政程序上最低限度的公平。职能分离原则虽然不是宪法正当法律程序所必然要求的程序,但是不适用职能分离制,不表示抛弃了正当的法律程序。在不适用职能分离的程序中,仍然必须符合宪法规定的正当法律程序的要求。①

第五节 行 政 法 官

一、主持听证的官员

（一）行政程序法以前的听证官员

行政裁决以机关的名义作出,机关长官包括委员会的委员在内,当然有权主持听证。由于机关长官的事务繁忙,除极少数情况外,很少亲自主持听证。在绝大多数情况下,都是机关的职员,受长官的委托主持听证。听证人员和裁决人员可以分离,这是行政裁决和司法裁决最大的不同。早期的行政听证,没有固定的人员,长官可以随意指定听证人员。据称美国最早的行政听证,可能是开国初年1789年确定独立战争中受伤员兵的听证,或者可能是1789年确定进口货物纳税额海关职员的听证。首先给予听证官员一个专门名称的是1906年的一个法律,授权州际商业委员会任命职员或审查官(examiner),主持听证。1907年,州际商业委员会任命有8个专门审查官主持听证。1914年创立联邦贸易委员会的法律规定,委员会为执行职务起见,有权使用律师、专家、审查官、书记及其他职员。从此以后,审查官的名称为其他机关所使用。② 在联邦行政程序法制定以前,听证官员的通称为讯问审查官(trial examiner),但各机关听证人员

---

① 参见本书第九章第三节:正当法律程序所要求的听证。
② K. C. Davis: *Administrative Law Treatise*, 2d vol. 2, p. 313.

的名称不统一。听证官员和机关其他职员一样,完全在机关长官指挥之下,没有特殊地位,也没有独立的职权,只能行使机关授予的职权。

最初给予听证官员相对独立地位的机关,仍然是州际商业委员会。据美国司法部长行政程序委员会的调查,1941年,州际商业委员会的审查员在准备听证报告时,不受委员会的干涉。但是绝大部分的行政机关的听证人员,没有任何独立地位。一般认为听证官员仅仅是有关机关的工具,在提出建议和报告时,完全服从机关长官的意志,这种状态引起极大的不满意。因为从当事人的角度来看,行政机关的听证官员,实际上相当于司法机关的初审法官。除非法官的地位独立,工作不受干涉,否则不能取得当事人的信任,认为案件已经得到公平的处理。

(二)联邦行政程序法的规定

联邦行政程序法的制定,部分地改变上述状态。《联邦行政程序法》第556节(b)款规定:"主持听证的官员应是:① 机关;② 构成机关的一个或几个成员;③ 根据本编第3105节规定任命的一个或几个听证审查官。"根据这项规定,主持听证的官员或者是机关的长官,或者是委员会的一个或几个成员,或者是听证审查官(hearing examiner)。机关长官和委员会的成员由于工作太多,很少亲自主持听证。依照行政程序法规定必须举行的正式听证,几乎全由听证审查官主持。这个官员的名称,1972年以后改称行政法官(administrative law judge)。

1. 听证审查官

听证审查官的地位规定在1946年的《联邦行政程序法》第11条,后来编入《美国法典》第5编中第3105、7521、5372、3344、1305节。根据《联邦行政程序法》的规定,听证审查官和以前听证官员的不同是地位得到保障,具有独立性质,不受机关长官的直接控制。每一机关根据工作需要任命若干听证审查官。听证审查官没有试用阶段,轮流听证,不能执行和听证工作不相容的职务。就是说,听证审查官执行职务时,不能违背职能分离原则。除非有文官事务委员会所规定和确认的正当理由①,并经过正式的听证程序,听证审查官不能罢免。根据联邦法院和文官事务委员会的解释,不能罢免的内容包括非自愿离职、丧失工作能力的提前退休、降级、停职及其他非出于本人自愿的地位改变在内。行政机关无权自由任

---

① 这里的文官事务委员会,1978年改革后成为功绩制保护委员会。

命听证审查官，只能从文官事务委员会所确认合格的人员名单中①，选择任命人员。文官事务委员会只对具有律师资格和经验的人，通过竞争考试才认为合格。在很多情况下，还要求有某方面的行政经验。听证审查官的工资由文官事务委员会规定，不受所在机关建议和级别的影响。听证审查官在生活和编制上是所在工作机关的职员，在任命、工资、任职方面，不受所在机关的控制，而受文官事务委员会的控制。这些规定的目的在于保障听证审查官能独立行使职权，不受所在机关的压力。某一行政机关缺乏足够的听证审查官时，可以使用文官事务委员会从其他机关，经其同意而挑选的听证审查官。

2. 行政法官

根据以上规定，听证审查官执行职务时，不受所在机关的直接控制，几乎接近司法官员。为了强调听证审查官的独立地位，1972年，文官事务委员会将听证审查官改称为行政法官，表示听证审查官的工作性质，基本上和司法官员相同。国会在1978年的一项法律中，承认行政法官的名称，大大提高了行政法官的威信和地位。但行政法官和司法官只是相似，不是相同。行政法官对案件只有初步决定权或建议权，司法官则有完全的决定权。司法官的地位受到宪法的保障，终身任职，行政法官只有法律规定的保障。行政法官的数量远远超过司法官员，而且正在迅速发展。联邦行政程序法开始生效时，联邦政府只有197名听证审查官，到1990年，联邦政府已有1 005名行政法官，分布在31个行政机关，其中半数以上在社会保障署工作。② 估计本世纪结束，联邦行政法官可达到几千名。

（三）其他联邦听证官员

联邦行政程序法所要求的听证，实际上都由行政法官主持，这是正式听证的正常情况。然而联邦行政程序法同时又规定例外情况，可以由行政法官以外的其他人员主持听证。第556节（b）款在规定正常情况以后，又规定："本款的规定不取代按照法律特别的规定或指定，全部或一部分由委员会或其他职员主持的特种类型的程序。"根据这项规定，只要其他法律明文规定由其他人员主持听证时，就无须使用行政法官。在联邦政府中最重要的例外，是移民和归化局关于驱逐外国人的听证。1952年

---

① 这里的文官事务委员会，1978年改革后称人事管理局。
② B. Schwartz: *Administrative Law*, 1991, p. 331.

的一个法律明文规定,驱逐外国人的裁决程序,由特别调查官主持听证。特别调查官俗称"移民法官",实际上他和法官的地位相差很远。他是移民和归化局的职员,和其他职员一样受行政长官的指挥,非正式程序的听证主持人,不受联邦行政程序法的限制。行政法官以外的听证官员,只要不违背正当法律程序条款和其他有关的特别法的规定,都是合法的。正当法律程序不要求听证的主持人必须是行政法官。[1]

(四) 州听证官员

州法律关于听证官员的规定不一致。大部分州中,听证官员的独立地位不如联邦的行政法官,有的州中听证官员的地位还类似1946年以前联邦听证审查官的地位。近年来,由于受联邦行政法官制度的影响,所有州中产生了听证官员地位司法化的运动。但各州的进展不一样,少数州中,听证官员的独立地位超过目前联邦的行政法官。加利福尼亚州从1945年开始建立了集中使用的听证官员制(central panel of hearing officers),适用于一部分行政机关。1961年修改州行政程序法时,把这个制度推广适用于按州行政程序法举行听证的全部州行政机关。[2] 20世纪70年代以后,加利福尼亚州的制度为阿拉斯加州、科罗拉多州、佛罗里达州、马萨诸塞州、明尼苏达州、新泽西州、田纳西州、华盛顿州等8个州所模仿。自从联邦政府的听证审查官改称行政法官以后,加利福尼亚州及其他模仿加利福尼亚州的听证官,也改称行政法官。

集中使用制行政法官的要点是行政法官和其所在的听证机关完全独立。在州行政部门内部设立一个行政听证局(Office of Administrative Hearings),全部行政法官由该局任命和管理。行政法官必须具有律师的资格和经验,是州行政听证局的职员。各行政机关根据行政程序法必须举行正式的听证,听证官员由该局委派,任期至少五年。听证官员不是所在机关的职员。行政听证局的行政法官,不只为一个机关服务,而是根据听证局的指派,可以在不同的机关服务。行政法官和其所在的机关完全独立,其独立地位超过联邦的行政法官。赞成集中使用制行政法官的人,认为这个制度提高了行政听证的司法化程度,可以加强听证的公正性;可以节省经费,行政机关不用经常雇用大量的行政法官。反对这个制度的

---

[1] Mechanics Natl Bank v. Department of HUD,552 F. Supp. 25 (D. C. 1981).

[2] Norman Abram: "Administrative Law Judge Systems, the California View", in 29 Administrative Law Review, pp. 489-490 (1977).

人认为,这个制度减少行政机关的权力,削弱行政机关执行政策的力量,可能使行政听证受到行政听证局局长的影响。① 反对的观点忽略了行政法官只是作出初步裁决或建议性裁决。有关的行政机关或当事人不服行政法官的决定,可以上诉于机关的长官,最后还受法院司法审查的监督。1981 年修正的州示范行政程序法,赞成采取行政法官集中使用制,在第 4 条中规定了设立行政听证局,供各州制定行政程序法时参考。

二、行政法官的权力

(一) 法定的权力

在联邦行政程序法制定以前,主持听证的官员没有独立的听证权力,只行使由行政机关授予的权力。因此听证官员完全处在机关长官控制之下,不能发挥真正的作用。这种状态受到舆论界的批评。行政程序法制定目标之一就是要改变这种状态,在保障听证官员独立的地位时,也授予听证官员独立的听证权力,使他能够真正发挥作用。联邦行政程序法授予主持听证的官员两方面的权力,即听证的权力和作决定的权力。关于作决定的权力将在后面第十二章中讨论,本款只说明行政法官听证方面的权力。除行政程序法的规定以外,国会对行政机关的授权法中也可能包括听证的权力。行政机关在符合法律规定的范围内所制定的听证法规,也可以授予行政法官一定的权力。下面的说明限于联邦行政程序法中规定的主持听证官员的权力。

根据《联邦行政程序法》556 节(c)款的规定,行政法官具有以下的听证权力:

1. 主持宣誓和誓言

宣誓的作用在于保证自己所说和所写的完全正确。誓言是指由于信仰原因反对宣誓的人,在需要宣誓的时候,可以用庄严而正式的誓言代替宣誓。

2. 根据法律的授权签发传票

当事人请求行政法官签发传票时,必须陈明被传唤的证人和证据和案件的关联,以及所传唤的证据的合理的范围。传票的效果如果导致案件不合理的和不必要的迟延时,行政法官可以拒绝当事人的请求。

---

① Malcolm c. Rich, Wayne E. Brucar: *The Central Panel System for Administrative Law Judges*, 1983. pp. 12-14.

3. 接受有关联性的证据以及裁决一方当事人可否拒绝回答另一方当事人提出的问题

行政法官对于不相关的、不必要的或者过分重复的证据可以拒绝接受。

4. 记录证言或者授权记录的证言

记录证言是指记载法庭以外的证言。行政法官一般根据机关所制定的法规行使这种权力。接受证言的目的在于弄清案件的情况和保全证据。在证人可以出席作证时,行政法官往往拒绝记录证言,或者拒绝记录证言的请求。有的机关在所制定的法规中,规定在证人可以出席时,行政法官不能行使记录证言的权力。因为口头证言,可以对行政法官提供观察和询问机会。记录证言一般发生在正式听证程序之前,但有些机关的听证规则,在记录证言的时间上给予行政法官较大的自由裁量权。

5. 规定听证的过程

行政法官决定听证的时间、地点、是否允许延期以及提出证据的方式和时间表,以保证听证能够有条不紊地进行。在规定听证进程的时候,行政法官必须充分查明事实的争端,因此有权召唤证人,进行询问和反询问。

6. 举行听证前的会议

在举行正式听证以前,行政法官有权召集当事人会议,由当事人同意以取得案件的协商解决,或者简化案件的情况,加快听证的程序,避免在听证中出现当事人所料想不及的意外问题。①

7. 决定程序上的请求和类似问题

行政法官对于实质问题没有完全的决定权,对于程序上的问题有决定权。例如行政法官可以允许在不改变争端性质的范围内,合理地修改或补充原来的听证文书,可以允许一方当事人向对方要求提供补充情节的请求,决定是否允许扣押证据物件、是否允许当事人申请简易裁决的提议。

8. 行政机关法规所规定的其他权力

行政机关在符合行政程序法和其他授权法的范围内,可以制定听证法规,授予听证官员一定的权力。例如社会保障署的听证规则,命令行政法官必须充分查明事实,接受一切有关的重要证据。在他认为重要的证

---

① 参见本章第三节:听证程序的初步措施。

据未齐备时,可以迟延听证,或者重新听证。国家劳动关系委员会的听证法规规定行政法官有权召唤、询问、反询问证人,可以根据自己的记忆,修正记录中的错误。

行政法官的这些权力类似法院审判官的权力,由联邦行政程序法直接授予,不需要行政机关另外委任。行政法官行使这些权力的范围,只能在行政机关权限范围以内。行政机关没有法律明文规定时,不能剥夺行政法官根据法律所享有的权力。但行政机关在符合法律规定的范围内,可以制定法规,规定上述权力行使的方式。

(二) 积极的作用

行政法官在听证中的作用,和民事诉讼中法官的作用不一样。民事诉讼采取对抗式程序,诉讼的进展主要由双方的律师领导,法官处于仲裁人的地位,不积极参加审问。行政法官在听证程序中发挥积极的作用,负责指挥听证程序的进展,必须查明事实,主动讯问证人。可以要求当事人澄清某方面的问题,可以主动地进行调查。美国行政法官的作用,接近于法国行政诉讼中预审法官的地位[①],和美国法院的一般程序区别很大。

行政法官的积极作用,不是在一切诉讼中完全相同,随着听证案件性质不同,行政法官可能发挥的作用不一样。一般而言,在行使控制权力的机构所进行的听证中,案件往往具有追诉性质,行政法官受到职能分离原则的限制,所能发挥的作用较小。在非行使控制权力的机构所进行的听证中,案件没有追诉性质,行政法官能够发挥很大的作用。特别是在社会保障署所进行的听证中,案件没有追诉性质,70%以上的当事人没有聘请律师代理。这时,行政法官必须同时站在双方当事人的地位,搜集全部证据,并站在法官地位,作出公正的裁决。上面说过,美国称这样行政法官为头戴"三顶帽子"[②],行政法官在这种听证中,发挥了最大的作用。行政法官在发挥积极作用时,必须大公无私,小心谨慎,不能有任何偏袒。例如行政法官在讯问时,必须注意双方当事人的利益,不能只注意对一方有利的证据,而忽略了对他方有利的证据,使自己站在一方的立场上。否则,这种听证具有偏见性,根据这种听证而作出的裁决,将被法院在司法审查中撤销。

[①] 参见王名扬:《法国行政法》,北京大学出版社 2007 年版,第 511—512 页。
[②] 参见本章第四节中联邦行政程序法规定的职能分离。

第六节　偏见和回避

一、法律上的偏见

（一）法律上偏见的意义

一个公正的裁决必须由公正的法院，按照公正的程序作出，这是正当法律程序的基本要求。主持听证的人和作出裁决的人必须大公无私，无所偏袒。美国法律称这个原则为排除偏见（freedom from bias）。偏见一词，从广义而言，是指对于问题事先存在的见解。法律上的偏见（legal bias）不采取这样广义的解释，只限于法律和判例所确定的偏见，不包括全部偏见在内。《联邦行政程序法》第556节（b）款规定："依本编第557节规定主持听证的职员和参加裁决的职员，必须不偏不倚地执行职务，主持人或参加人在任何时候可以主动回避。"这节规定实际上是宪法正当法律程序条款的一种适用，但宪法的适用范围超过行政程序法的规定。行政机关的裁决在不适用行政程序法时，仍受宪法正当法律程序排除偏见原则的限制。这个原则的适用范围很广，不限于正式程序的裁决。

美国宪法的正当法律程序原则是普通法中自然公正原则的体现。自然公正原则是一个历史悠久普遍适用的原则，包括两个基本内容：

（1）任何行使权力可能使别人受到不利的影响时，必须听取对方的意见；

（2）任何人不能作为自己案件的法官。①

关于第一个内容已在上面第九章正当法律程序和听证中讨论，本节讨论的问题主要涉及自然公正原则的第二个内容，即任何人不能作为自己案件的法官。不能作为自己案件的法官这个原则，首先适用于司法程序，以后扩张适用于行政程序，所以司法方面关于这个原则的判例，基本上能够适用于行政程序。但行政程序又有其本身的特点和需要，这个原则在行政方面应用的标准，可能不完全和司法程序相同，本节的说明只限于行政程序中的排除偏见原则。

（二）法律上偏见的种类

法律规定排除偏见的作用，是为了达到公平的听证和裁决目的，决定

---

① 参见王名扬：《英国行政法》，北京大学出版社2007年版，第117页。

主持听证或作出裁决的人是否适格、是否应当回避。因此,就法律观点而言,偏见的范围不能包括一切事先存在的见解。如果采取这样广义的解释,则任何公平的审判都不可能。因为法官和行政裁决者的思想状态,不是一张白纸,他们对于所有的问题,都可能有一定的思想存在。就法官和主持听证和作出裁决的人是否适格、是否应当回避这个问题来看,偏见的内容主要限于下列两个方面:

1. 利害关系

利害关系主要是指经济上的利害关系而言。凡对案件裁决的结果,个人因此而直接得到利益或丧失利益时,是具有利害关系的人。利害关系人应当主动回避作为听证的主持人或裁决的参加人,当事人也有权申请回避。由于这种利害关系的存在,裁决的人成为当事人的一方,违反不能作为自己案件的法官原则。关于这方面的典型判例是1927年的塔迈诉俄亥俄州。在本案中,市镇法官的报酬来自市法院所判决的罚金,最高法院认为,在这种情况下,法官对于判决的结果,有直接的金钱利害关系,不符合正当的法律程序,因此撤销了这个判决。① 1972年的另一个案件,和上述案件基本相同。在后面这个案件中,市镇长官负责市政的财政收入,其中大部分来自市法院通过罚款、没收财产和征收费用等的收入。最高法院认为由市镇长官主持的市法院所判决的违反交通规则的罚款,不是由大公无私的裁判官所主持,不符合正当的法律程序。②

由于个人直接的利害关系而应回避,不以主持听证或作出裁决者本人的切身利益为限,包括其最近的亲属,例如配偶或直系血亲的个人利害关系在内。对于由其最近亲属作为律师的案件,也应回避。引起回避的利害关系,只限于直接的利害关系,疏远的利害关系不发生回避问题。例如听证官员和作证的人同属一个协会,不产生听证官员回避问题。

2. 个人的偏见

个人偏见是指主持听证或参加裁决的人,对当事人的一方或其所属团体有偏爱或憎恶而言。由于这种偏爱或憎恶的存在,裁判者不可能公平地考虑案件的是非曲直,违反正当的法律程序。个人偏见的特点是对当事人一方的不公正态度,不是对案件中的事实的态度。对事实的态度问题将在下款讨论。关于个人偏见的典型案例是1921年的伯杰诉美国。

---

① *Tumey v. Ohio*,273 U.S.510(1927).
② *Ward v. Village of Monroevill*,409 U.S.57(1972).

该案所涉及的事实为根据第一次世界大战期间的间谍法,对美籍德国后裔提出的控诉。在审判中,法官表现对德国后裔明显的憎恶,对当事人说出这样怀有恶意的语言:"美籍德国后裔的心对美国是极端不忠实的,除非有非凡的司法头脑才可能对他们没有偏见。"最高法院认为这段话中所表现的个人偏见,妨碍了对案件作出公正的裁判。①

二、不是偏见的预定观点和事先接触

(一) 对法律、政策或立法性事实的预定观点

对法律和政策事先采取的立场和预先决定的观点,不是偏见。许多行政机关建立的目的就是为了执行某种政策,行政机关按照其创造的目的执行法律和政策的活动,不是偏见。例如国家劳动关系委员会的建立,就是为了促进工人的组织权利和集体协议权利,委员会的活动,不可避免地带有保护劳工的倾向。在某些情况下,正是由于法院的构成不适宜执行某种政策,才建立一个行政机关,所以不能期待行政机关像法院一样,严格中立。又如联邦贸易委员会的建立是为了保护竞争,其全部活动当然带有支持竞争的倾向,这种倾向不是偏见。

对于带有普遍性的立法性的事实的预定观点,也不是偏见。例如暴力抢劫案件中的被告,无权要求一位一向严厉对待这类案件的法官回避。同样,如果一个发誓要改变铁路运费的人,当选为规定铁路运费价格的行政机关的成员;一个呼吁降低电话费的人,被任命为规定电话价格的机关的成员,当事人也无权要求回避。因为作出决定的人虽然带有预定的观点,这种观点带有普遍性质,不是针对某一特定案件,不妨碍他对特定案件作出公正的裁决。关于立法性事实的预定观点不是偏见的有名的案例,是最高法院 1948 年在联邦贸易委员会诉水泥协会案件的判决。联邦贸易委员会在一个水泥售价案件中提出控诉,经过听证后,决定禁止出售水泥使用多种价格制度。因为这种价格制度,是限制贸易的违法定价,违反禁止垄断的法律。在作出这个裁决以前,联邦贸易委员会曾做过广泛的调查,并向总统和国会提出报告,认为多种价格制度限制贸易自由。水泥协会因此主张联邦贸易委员会在进行裁决以前,已经有预定的观点存在,不能作出公正的裁决,这种裁决不符合正当法律程序的要求。联邦贸易委员会拒绝水泥协会的主张,最高法院在司法审查中支持联邦贸易委

---

① *Buger v. United States*, 255 U. S. 33-34(1921).

员会的观点。法院认为联邦贸易委员会在单方面调查中所得到的结论,不表示委员会成员的思想已经僵化,不能接受任何其他意见。水泥公司在联邦贸易委员会所举行的听证中,可以提出证据,反对联邦贸易委员会所得到的结论。① 在这个案件中,水泥协会所争论的事实,属于普遍性的立法事实。因为联邦贸易委员会认为多种价格制度限制贸易自由,不是针对任何特定公司而言。这种预定的观点不构成它对特定公司的偏见,不影响它对特定案件的裁决。②

和立法性的事实不同,对司法性事实的预定观点,可以构成偏见。对于特定案件中的事实采取某种预定观点的人,不能作为听证的主持人和参加裁决。关于这方面的重要案例有 1970 年哥伦比亚特区上诉法院对妇女职业和进修学校诉联邦贸易委员会案的判决。该案的原告被指控有歪曲事实和虚伪广告的违法行为,经过 16 天的听证以后,听证审查官建议指控不能成立。然而委员会仍然根据其中的某些指控,命令原告停止活动。法院在司法审查中撤销了委员会的命令,其中理由之一是委员会在对听证审查官的报告进行复议时,委员会的主席曾经发表谈话,谈话的内容混淆案件的事实和有明显的欺骗行为。法院认为这个谈话,表明委员会主席对案件中的事实存有偏见。③

(二) 对案件的事先接触

上述判决是对案件的事实抱有预定的观点,法院认为构成偏见。如果对案件的事实仅仅有事先的接触,并没有采取特定的观点,这种接触不构成回避的理由。在本章第四节中曾经提到,最高法院 1975 年在威思罗诉拉金案件中声称,在非对抗式的调查程序中接触过案件的证据的人,不妨碍以后主持听证或参加裁决。④ 最高法院在 1947 年的一个案件中,甚至认为以前曾经对案件进行裁决的人,可以对案件进行第二次裁决,毋须回避。正如一个对于案件进行判决的法官,在其判决被上级法院撤销发回重审时,可以进行第二次审理和判决一样。⑤

对于案件的事先接触,不是全部都不构成偏见,应当区别事先接触的情况。如果对案件的事先接触是履行追诉职能时,进行这种接触的人不

---

① FTC v. Cement Institute, 333 U. S. 683(1948).
② 联邦贸易委员会根据必需原则,也有权受理这个案件,参见下款的说明。
③ Cinderella Career and Finishing School, Inc. v. FTC, 425 F. 2d 583(D. C. Cir. 1970).
④ 参见本章第四节中的职能合并和正当法律程序内容。
⑤ NLRB v. Donnelly Garment Co., 330 U. S. 219(1947).

能主持听证或参加裁决,例如在一个案件中,证券交易委员会根据其财务处处长的报告,对上诉人提起控诉。在听证进行中,该处长被任命为证券交易委员会的委员,审理该案的哥伦比亚特区上诉法院认为,这个委员应当回避,不得参加吊销上诉人注册登记的裁决。调查和起诉的人员,不得事先调查,权衡结果,制作起诉书,当上委员以后又对该案进行裁决。① 如果起诉部门的职员,实际上没有参加某一案件的起诉工作时,他对这个案件不发生回避问题。

三、必需原则

不能作为自己案件的法官,和其任何原则一样,存在例外情况,最大的例外是必需原则。根据后面这一原则,如果某个案件只有一个法院或者一个机关有权受理时,受理机关即使对于该案件有直接的利害关系存在,也不能回避。因为如果有权受理的机关回避,就没有其他机关可以受理了。这种回避实际上等于放弃执法职责,法律遭到破坏无人过问。在这种情况下,当事人由于回避制度所能得到的利益,必须让位于公共利益的需要。必需原则是普通法上的一个古老原则,同时适用于司法程序和行政程序。

在司法方面,关于这个原则的最近的案例是1981年的美国诉威尔案。某些地区法院法官控诉国会关于法官薪金的法律,违反了《宪法》第3条对于法官薪金的保障。最高法院在本案的判决中,承认按照传统的防止偏见原则,一切联邦法官,包括最高法院的法官在内,对于这个案件应当回避,因为全体法官对于案件的判决具有直接的利害关系。但是如果最高法院回避,没有其他法院可以受理,所以"在本案没有其他审理方法时,最高法院不仅能够而且必须受理这个案件"。②

在行政机关方面,必需原则的适用范围比法院更广。因为法官由于偏见而必须回避时,往往可由其他法官代替,在行政程序中,一个机关由于偏见而必须回避时,往往没有其他机关可以代替。不论行政机关采取首长制或委员会制,必需原则都适用。在法律没有规定代替机关时,即使机关首长或机关本身对案件具有直接的利害关系或个人偏见,也不回避。例如第八上诉法院在1944年一个判决中声称,法律规定了联邦贸易委员

---

① Amos Treat & Co. v. SEC, 306 F. 2d 260(D. C. Cir. 1962).
② United States v. Will, 449 U.S. 213(1981).

会的组织和地点,没有关于变更地点的规定,"严峻的必要原则要求委员会必须采取行动"。① 最高法院在上面提到的联邦贸易委员会诉水泥协会的案件中声称,由于没有其他法庭可以受理关于不公平的竞争方法和价格差别待遇的案件,联邦贸易委员会不能回避。

必需原则迫使当事人接受有偏见的裁判官的裁决,所以它的适用应当受到限制。法院对于根据必需原则所作的裁决,在司法审查时,比对其他案件更为严格,撤销确定存在偏见的案件。

四、申请回避的程序

联邦行政程序法规定了申请回避的程序,适用于行政法官和参加裁决的职员。第556节(b)款规定:"对诚实地、及时地用宣誓书提出,并充分说明主持人或参加人存有个人偏见或其他不合格的情况的陈述的声明,行政机关应将其作为整个案卷和裁决的一部分决定。"根据这项规定,申请行政法官或其他参加裁决职员的回避,必须用宣誓书陈明理由,及时提出。当事人一旦有理由相信行政法官有偏见存在时,应当立即申请回避;如果不及时提出,将视为放弃申请回避。② 这种放弃不妨碍对行政裁决在程序上或实质上所存在的不公平的反对。行政法官对当事人的申请回避,必须作出裁决。如果他拒绝回避,行政机关应当把这个问题作为全部案卷的一部分,予以审理。就是说,在行政法官的裁决上诉于行政机关时,或者行政机关的裁决在司法审查时,应当审查拒绝回避是否合法。

联邦行政程序法没有规定行政机关首长的回避程序,这个问题可以类推适用行政法官回避的程序。当事人认为行政机关首长有偏见时,必须用宣誓书陈明理由,及时申请回避。行政程序法也没有规定委员会是否有权决定其成员的回避,近年来的实践似乎承认委员会可以决定其成员的回避问题。行政机关拒绝回避的决定,可以作为司法审查的对象,不合法地拒绝回避所作出的裁决,可能被法院撤销。

---

① *Loughran v. FTC*,143 F. 2d 431(8th Cir. 1944).
② *Duffield v. Charleston Area Medical Center, Inc.*,503 F. 2d 512 (4th Cir.1974).

第十一章
正式程序裁决(二)：证明程序

正式听证的作用为查明事实真相,作为作出决定的基础。事实的查明依赖于证据,所以证明程序在正式程序裁决中居于核心地位。行政听证的证明程序由于法律的规定简略,法院的判例不完全一致和对判例的解释也不完全一致,所以在问题的认识方面还有不少的分歧。

第一节 证据的提供

一、独立的证据规则体系

在美国,有两个体系的证据规则存在:

(1)适用于法院审判的证据规则。这个体系的规则起源于普通法,现在主要规定在 1975 年制定的《联邦证据规则》(*Federal Rules of Evidence*),适用于一切由陪审员参加审判的案件,也在很大程度上适用于不由陪审员参加审判的案件。

(2)适用于行政裁判程序的证据规则。这个体系的证据规则散见于判例中,现在主要规定在联邦和各州的行政程序法中。除行政程序法中的规定以外,其他单行法律和行政机关所制定的法规中也往往有关于证据方面的规定。

行政机关的裁决,不受法院证据规则的约束。有时,法律规定行政裁决在可能的情况下,可以参考民事法院的证据规则。例如 1947 年的塔夫脱—哈特利法,规定国家劳动关系委员会的听证,应当尽可能采用地区法院在无陪审员的民事案件中所采用的证据规则。也有极少数的行政机关在其所制定的程序规则中,作出同样的规定。1955 年的第二届胡佛委员会专门工作组的报告,建议推广适用塔夫脱—哈特利法中的规定。然而美国并没有制定无陪审员案件的证据规则。法院在非陪审的案件中,对于严格的证据规则,在一定程序以内可以灵活适用。就行政机关而言,尽管有上述规定存在,行政机关仍然不受法院证据规则的约束,只在可能的限度内,参照适用法院的证据规则。值得注意的是在1961年修改的州行政程序示范法中,原来有类似塔夫脱—哈特利法的条款,而在1981年修改的州行政程序示范法中,删除了这个条款。

行政机关为什么不适用法院的证据规则呢?美国法院的证据规则来源于普通法,是陪审制度的直接产物。在这种制度下,关于案件的事实问题由陪审员决定。陪审员是随意挑选的一般公民,他们对于所要决定的事实,没有事先的经验。陪审工作具有临时性质,不能由此取得必要的经验。为了减少陪审员不正确地认定事实的危险,所以在证据法中规定很多限制和技术性的规则,规定某些证据不能提出、某些证据没有证明力量,避免陪审员受到错误的引导,不自觉地产生混乱和偏见。对于行政机关而言,没有这种危险存在。行政机关由专家组成,认定事实的能力较强,而且行政机关所裁决的事实和法院所审判的事实,性质不同。行政事实大都具有技术性和专门性,法院所要认定的事实不一定具有这种性质。证明程序应因事制宜,对于不同性质的事实,需要适用不同的证明程序。此外,行政机关所进行的裁决,数量远远超过法院。陪审制度下的证明程序速度太慢,不适宜需要作出大量裁决的行政案件。行政程序必须同时兼顾公平及效率两个方面,正因为法院的诉讼程序不适宜行政案件,所以才建立行政裁决程序。

行政裁决虽然不受法院证据规则的约束,但不能违背公平原则。特别在正式程序裁决中,对于程序公平的要求非常严格,所以美国在法院审判的证据规则以外,另有行政裁决的证据规则体系,由法院判例、单行法律、行政程序法和行政法规所构成。但行政机关在有法律明文规定或自愿采取时,也可适用法院的证据规则。[1]

---

[1] 行政裁决需要独立的证据规则的说明,可参见 W. Gellhorn, Clark Byse, Peter L. Strauss: *Administrative Law, Cases and Comments*, 1979, pp. 675-680, 713-715.

二、提供证据的权利、举证责任和推定

(一) 提供证据的权利

正式程序裁决的当事人如同法院诉讼中的当事人一样,具有提出证据的权利。这个原则为判例法和成文法所明确承认。例如在1938年著名的摩根诉美国案件中,法院声称:"听证的权利……包括提供证据的权利在内。"①1946年的《联邦行政程序法》556节(d)款规定:"当事人有权通过言词的或书面的证据提出案件或进行辩护。"当事人有权提供证据的法律效果是行政机关拒绝接受当事人所提供的和案件有实质联系而且不属于后面所述应当或可以排除的证据时,构成程序上的错误。这样作出的决定可能为法院撤销,发回行政机关重新听证。因为这种裁决或者可以认为是程序上的不公正,或者因为在没有接受和考虑全部合格的并且重要的证据以前,案件没有达到成熟的阶段,不能作出决定。另一方面,行政机关错误地接受当事人所提供应当排除的证据,一般而言,这是一种无害的错误,只要行政机关还有其他实质性的证据可以支持决定的成立,法院不会因此撤销行政机关的决定。但是如果行政机关完全根据不应接受的证据而作出决定时,这个决定由于产生于完全不公正的程序,会被法院撤销。

(二) 举证责任

提供证据不仅是当事人的权利,也是当事人的义务。正式裁决中的当事人,有义务把他所掌握的全部和案件有关的证据,在行政听证阶段提出,否则法院认为当事人已放弃利用这项证据的权利,不能在以后的司法审查中再提出这项证据。当事人必须承担提供证据的义务为判例法和制定法所明白承认。早在1896年时,最高法院已在一个判决中,就否认一个铁路公司向法院提出的证据。② 该公司在州际商业委员会听证时,拒绝提供他所掌握的大部分证据,而在法院的司法审查中首次抛出这些证据。同年在一个上诉法院所受理的同类案件中,再次适用这个规则。③法院认为,如果当事人在法院才首次提出他的证据,法律设立州际商业委员会的计划将完全挫败。

---

① Morgan v. United States, 304 U.S. 1, 18 (1938).
② Cincinnati N. C. & T. P. Ry. v. ICC, 162 U.S. 184 196 (1896).
③ United States v. China & Japan Trading Co. 71 F. 864, 865 (2d Cir. 1896).

提供证据的义务是举证责任的一个方面。《联邦行政程序法》第556节(d)款规定:"除法律另有规定外,法规或裁定的提议人应负举证的责任。"所谓举证责任(burden of proof)包含两个内容,即:提出证据的责任(burden of presentation of evidence)和说服的责任(burden of persuasion)。说服责任是指当事人所提供的证据,具有足够的证明力量,能够确定当事人所主张的事实。这个责任将在后面说明,现在先说明举证责任中提供证据的责任。行政程序法规定,法规或裁定的提议人负有举证责任。在一般情况下,这种责任由行政机关负担,因为法规或决定的提议人通常是行政机关。但这项规定适用的范围不限于行政机关。实际上,行政程序法的规定是指凡提出某种要求、控诉或申请的人,应承担举证责任。也就是说,凡主张某种事实的人,对该事实负有举证责任。

举证责任在最初阶段是由肯定某项事实的当事人提出证据,支持自己的主张,即肯定某项事实的人负首先提出证据的责任(burden of going forward with evidence)。只要当事人所提供的证据具有表面的证明力量(prima facie evidence),即可假定成立,这时,提供证据的责任移转于对方当事人。对方当事人应提出反证,支持自己所主张的事实,证明他方当事人所提证据的错误,不能成立。如果对方当事人所提反证具有表面的证明力量,原来提供证据的人有义务继续提供证据,反驳对方当事人的证据。因此,提供证据这种举证责任,在双方当事人之间可以多次移转。关于如何评价双方当事人所提供证据的证明力量,这是举证责任的另一方面。这个问题将在后面讨论。

(三) 推定

当事人的举证责任的分担,有时受到推定的影响。推定一词(presumption)在法律上有不同的意义和作用。就举证责任的观点而言,推定是指根据成文法或判例法的规则,由某种事实的存在,而推定另外一种事实的存在。作为出发点的事实称为基本事实,被推定存在的事实称为推定的事实,只要基本事实存在,就假定被推定的事实也存在。例如失踪人满若干年以后就推定已经死亡,信件证明投邮以后就推定受信人已经收到。又如《码头和海港工人赔偿法》规定,装卸工人受伤推定不是纯粹由于过度饮酒所导致。主张推定事实存在的人,不用提出证明,只要基本事实存在就可要求得到推定事实所应有的结果。反对推定事实存在的人必须提出证据,证明推定不能成立。推定的法律效果是移转举证责任。在通常情况下,主张某种事实的人负有首先提出证据的义务,而在法律规定推定时，主张推定事实的人首先不用提供证据，而由反对推定的人首先提供证据。享受推定利益的人对于反对者的证据，可以提出反证，然后双方当事人之间的举证责任继续移转。可以提出反证，然后双方当事人之间的举证责任继续移转。有时，法律规定某种推定不能反驳，这时行政机关和法院都不能接受反对推定的证据。这种推定实际上已经不是证据法上的规定，而是一种实体法的规则，用证据法的形式表现。例如法律规定7岁以下的儿童，推定不能犯重罪行为，不允许提出反证，这种推定是一种实体法规则。

三、可以接受的证据

行政机关在进行正式程序裁决时能够接受的证据，称为可接受的证据。听证官所接受的证据是否具有证明力量，不取决于证据是否可以接受，而取决于对已接受的证据进行评价的结果。证据接受的标准，在行政裁决和法院审判之间有很大的不同。法院接受证据的标准受联邦证据规则的支配，在这个规则中很多证据被排除在接受范围之外，其中一项引起广泛讨论的排除标准是关于传闻证据(hearsay)的排除。传闻证据是指证人在作证时，重述他在法庭外所听到的其他人的陈述，并以这种陈述作为证明某种事实的证据。这种证据是第二手材料，当事人不能和原来陈述的作者对质。联邦证据规则禁止法院接受传闻证据，同时又对这项禁止规定一些例外。在行政裁决中，主持听证的人不受排除传闻证据规则的限制，可以接受法院所不能接受的证据。行政机关这种接受证据的自由，一向得到判例的承认。例如1916年纽约州的一个判决声称，行政机关不仅可接受和考虑传闻证据，而且可以接受能够说明案件的其他任何证据。[1] 1938年最高法院在一个案件中声称，行政机关接受法院不能接受的证据，不构成可以撤销行政决定的错误。[2]

行政机关接受证据的自由得到联邦行政程序法的确认。该法第556节(d)款规定："任何口头的或书面的证据都可接受，但作为一种政策，行政机关应规定不接受与案件无关联性的、无关紧要的或过于重复的证据。除非考虑了全部案卷或其中为当事人所引证的部分，并且符合和得到可靠的、有证明力的和实质性证据的支持，否则不得科处制裁或者发布法规

---

[1] *Caroll v. Knickerbocker Ice Co.*, 218 N.Y. 435, 440 (1916).
[2] *Consolidated Edison Co., v. NLRB*, 305 U.S. 197 230 (1938).

或裁定。"根据这条规定行政机关可以接受任何口头的或书面的证据,当然包括可以接受传闻证据在内。首先,这条规定允许行政机关排除的证据是与案件无关的、无关紧要的和过分重复的证据,不包括传闻的证据在内。行政机关对一切和案件有联系的证据,一切可能起证明作用的证据,即使是传闻的证据也能接受。其次,这条规定的立法史也证明行政机关不受排除传闻证据规则的限制。在国会讨论这条规定的时候,另外还有四个类似的草案存在,在这些草案中都以合格的证据(competent evidence)作为支持适用正式程序制定的法规或裁定的证据标准。在美国法律术语中,合格的证据并不等于有关联性的或重要的证据,而是指法院在有陪审员参加时可以接受的证据。如果以合格的证据作为接受证据的标准,则行政机关不能接受传闻证据。支持适用正式程序制定的法规或裁定的证据,也不可能包括传闻证据在内。然而在最后制定的行政程序法中,合格的证据这个术语没有采纳,可见立法者的意图是允许行政机关接受传闻的证据。① 在不适用联邦行政程序法的其他行政听证中,关于证据接受的标准,也没有采纳法院的严格标准。

为什么行政机关能够接受传闻证据而法院不能呢?这是因为美国联邦的证据规则是为陪审制审判而制定的,陪审员没有判断证据的经验,容易过分重视传闻证据的证明力量。特别因为利用传闻证据时,证据的真正陈述人没有到庭和当事人对质,不易判断证据的真实情况,所以在陪审制中禁止接收这种证据。然而对于行政机关而言,这种错误地重视传闻证据的危险不再存在,行政机关具有专门知识,不会为传闻证据所迷惑。为了加速行政裁决的进程,不妨规定一切对案件有实质性联系的证据都可接受,包括传闻证据在内。这样一来,不用花费时间争论证据是否可以接受,而把主要时间用在判断证据是否具有证明力量。

四、证据的排除和特权

联邦行政程序法规定行政裁决可以接受任何证据,不能因此理解为行政机关必须接受任何证据,以及能够接受任何证据。如果行政机关必须接受任何证据,必然导致听证案卷无限膨胀,浪费时间和金钱,而对于案件的最终裁决无所帮助。因此联邦行政程序法同时又规定,作为一种政策,行政机关可以不接受与案件无关的、不重要的和过于重复的证据。

---

① Mezines, Stein, Gruff: *Administrative Law*, 1983, ch. 22, pp. 14-15.

如果待证的事实并非重要，而证据的调查必须付出巨大的代价和时间时，这种证据也可认为是无关紧要的证据。除行政程序法外，其他的正式程序裁决不适用行政程序法的规定时，也可自己规定排除证据的标准。当然，行政机关所排除的证据，如果对于案件的决定有重大的证明价值，当事人因此受到损害时，这种裁决不符合公正的程序，这样的决定将为法院所撤销。

除行政程序法所规定的排除情况以外，还有一些证据属于政府或私人所享有的特权，称为特权证据。法院和行政机关都不能接受这类证据。政府和私人对于提供这类证据的要求，可以拒绝接受。规定特权证据的目的在于保护行政机关代表的公共利益，和私人之间的信任关系。特权证据的范围由普通法、成文法和宪法所规定，主要有以下各项：

（一）政府特权

在行政裁决中，双方当事人可以要求对方提供在其掌握下的证据。政府对于下列证据具有特权，可以拒绝提供。

1. 律师工作文件

律师工作文件是指政府机关的律师，为进行行政裁决案件的控诉或防卫而准备和收集的文件。这种政府特权也存在于私人委托人和诉讼代理律师之间。因为律师为准备案件，必须具有某种程度的秘密，不受对方不必要的侵犯。律师搜集信息、筛选和案件有关的事实、准备案件的攻击和防卫计划和法律分析，这些都是律师必做的工作。这类准备文件代表律师的心理活动，如果这些材料能为对方索取作为证据，则律师提供法律意见的作用将受到极大的妨碍。律师工作文件的范围，限于和案件的攻击和防卫战略有关的文件，不包括律师所制作的全部文件在内。律师工作文件的特权也为情报自由法所承认，该法第 2 条关于不向外界提供的情报中，包括律师工作文件在内。①

2. 行政特权

行政机关在两种情况下可以主张行政特权，拒绝提供证据：

（1）行政机关认为过早透露信息会妨碍作出决定的程序，影响决定的质量。因为在作出决定以前，公开透露职员所提供的意见，这些职员由于心理上的顾虑，可能不愿提供意见。一旦作出决定以后，这种特权便不再存在。这时公布决定所根据的信息，能够增进公众对决定的理解，和对

---

① 参见本书第二十一章第三节的说明。

政府的信任。

（2）行政机关认为透露信息会导致泄漏国家机密,妨碍国家安全。这方面的特权主要存在于外交、国防方面。这是行政机关主张最多的特权,情报自由法对于不能公布的信息有比较具体的规定。

3. 工商秘密

行政机关为了制定政策,进行管理,需要得到大量工商业的资料,其中包括工商企业所珍视的秘密资料在内。掌握这些秘密资料的企业,能够在竞争中击败其他对手。例如化学产品的配方、制造过程的诀窍、新型的材料和机器、企业的实际资信状况等,都是企业的工商秘密,行政机关不能泄露。情报自由法和其他法律对这类秘密的保护有规定。

（二）私人的特权

普通法承认私人生活中有一些极端信任的交往,法院不能要求作证。在这些极端信任的交往中,包括夫妻间、牧师和忏悔者间、医师和病人间、律师和委托者间的关系。这些交往大部分和行政机关无关,在行政裁决中很少引起问题。但律师和委托人之间的关系例外,行政裁决中经常遇到引用这种特权。当事人引用这种特权必须符合下列条件：

（1）真正存在律师和委托人的关系。律师是指具有合法资格的诉讼代理人,委托人可以是自然人、法人或团体,双方之间必须有诉讼代理关系存在；

（2）他们之间的交往必须具有信任性质,即委托人不愿向其他人透露的信息；

（3）这个关系的内容限于提供法律服务,而不是其他关系；

（4）委托人寻求律师的帮助进行违法的行为,不受律师和委托人关系特权的保护,任何特权不能滥用,在这种情况下,法院可以要求律师提供证言；

（5）律师和委托人关系拒绝作证的特权是为委托人利益而存在,委托人可以放弃这种特权。

（三）宪法保护的特权

宪法所保护的特权有两项：一为宪法修正案第4条禁止非法搜查的规定；二为宪法修正案第5条禁止自证其罪的规定。这两项特权由于规定在宪法中,适用范围很广,效力高于一般法律。宪法规定的目的,原来设想适用于刑事案件,后经最高法院的解释,适用于全部司法活动和行政活动。在行政方面适用这种特权时,在方式和条件上可能和刑事案件不完全一样。

1. 宪法修正案第 4 条

宪法修正案第 4 条规定:"人民有保护其身体、住所、文件与财产的权利,不受无理的搜查和扣押,这是不可侵犯的权利。除有可能的理由,以宣誓或代誓宣言确保,并详细载明搜查的地点、被逮捕的人或扣押的物以外,不得颁发搜查证、逮捕证或扣押证"。这条规定禁止非法搜查,同时规定取得搜查证的条件。非法搜查侵犯公民的隐私权,行政机关不能进行违法行为,也不能享受由于自己的违法行为而得到的利益,因此不能利用由于非法搜查所取得的证据。这种证据不能在刑事案件中提出,也不能在行政裁决的听证中提出。这个原则在行政听证中曾经得到多次应用①,但是禁止利用非法搜查证据的范围,似乎限于行政机关直接参与所得到的证据,不适用于和行政机关无关所非法得到的证据。下面两个案件可以作为例证:一个上诉法院的判决认为,行政机关不能利用私人偷来的证据,因为私人偷取这个证据的唯一目的是供行政机关使用。行政机关使用这个证据表示批准私人的违法行为,违反宪法修正案第 4 条的规定。② 在另一个案件中,一个上诉法院认为行政机关可以利用私人偷来的证据,因为私人在偷取该证据时,原来没有任何企图提供行政机关使用,后来才在一个听证程序中供行政机关使用。③

2. 宪法修正案第 5 条

宪法修正案第 5 条规定:"在任何刑事案件中,不得强迫任何人证明自己犯罪。"根据这项规定,证人所提供的证据有使自己遭受刑事制裁或刑事制裁的危险时,可以拒绝提供证言或物证。虽然宪法规定这个特权只适用于刑事案件,最高法院认为,这项规定也适用于行政程序。在行政机关进行调查或听证时,证人可以主张这个特权,拒绝作证。但是禁止自证其罪的特权具有个人性质,在适用上受到很多限制。例如不适用于法人和其他团体,不适用于他人所保管的证明自己犯罪的证据,不适用于法律规定必须制作的文件和档案,也不适用于法律规定免除刑事追诉的时候。④

---

① 关于这方面的案例,可参见 B. Schwartz: *Administrative Law*, 1984, pp. 365-366.
② *Knoll Assoc. v. FTC* 397 F. 2d 530(7th cir. 1968).
③ *NLRB v. South Bay Daily Breeze*, 415 F. 2d 360 (9th cir. 1969).
④ 参见本书第七章:调查。

第二节 质　　证

一、质证的性质和作用

（一）质证的性质和法律渊源

质证（cross examination）是一方当事人对他方的证人进行盘问，以考验他所提供的证据的真实性，通常由双方律师在行政法官或其他听证官员的主持下进行。质证是正式程序裁决中当事人在程序上所享有的权利，这种权利受到宪法上正当法律程序条款的保障。法院认为当事人的正式听证权利，当然包含传唤证人、盘问对方证人、反驳对方证据的权利。最高法院在著名的戈德伯格诉凯利案件中声称，在重要的行政决定取决于事实问题的情况下，正当法律程序要求给当事人提供机会，以对抗和盘问对方证人。① 因为正当法律程序保护当事人的程度，根据受保护利益的大小而不同。正式程序裁决中所涉及的都是比较重大的利益，所以要求当事人享有质证的权利。没有对当事人显示和听取其意见的证据，不能作为裁决的根据。

当事人的质证权也在制定法中得到规定。《联邦行政程序法》第556节（d）款规定："当事人有权以口头的或书面的证据提出案件，进行辩护，也有权提出反证，并可为了弄清全部事实真相进行质证。"除行政程序法外，其他法律也可能有质证的规定。例如国家劳动关系委员会的听证，应尽量采用法院的证据规则，当然包含当事人的质证权利。行政机关制定的听证法规中，也可以规定当事人有质证的权利。

质证是当事人在程序法上的权利，其法律效果是在听证官员不合理地限制当事人的质证权时，构成程序上的违法。这样的决定如果对当事人产生不利的影响时，可能被法院撤销，或发回重新听证。② 质证是当事人权利的另一结果是证人原先所作的陈述，如果和后来所作的证言有联系时，当事人可以要求得到原先的陈述，以便质证。这个规则称为詹克斯规则（Jencks Rule），最先出现在刑事案件中③，由于它的基本精神是保障

---

① *Goldberg v. Kelly*, 397 U.S. 254 (1970).
② *Reilly v. Pinkus*, 338 U.S. 269 (1949); *NLRB v. Daral Bldg Servs.*, 666 F.2d 432 (9th cir. 1982).
③ *Jencks v. United States*, 353 U.S. 657 (1957).

程序的公正,所以法院后来把它也适用于行政裁判。①

(二) 质证的作用

行政裁判的基础依赖于正确认识事实,事实的认定依赖于证据,质证的作用主要在于检查对方证人所提供的证据是否可靠、是否全面。因为了解事实的真相不能单凭一面之词,没有质证,很难防止证人任意编造或者互相串通。即使证人公正诚实,也难完全避免出现观察不周或记忆不全的可能性。为了弄清事实真相,由当事人互相盘问对方证人是一种有效的方法。为了检验证人是否可靠,当事人可以追问证人的记忆力、客观性。例如证人是否由于经济利益、感情利益或强烈的意识形态而产生偏见,是否受到外界的压力或影响而言不由衷,是否由于记忆混乱而分辨不清。为了检验证人陈述的正确性,当事人可以追问证人是否具有足够的知识、能力或经验,能够充分了解他所作证的问题。当事人也可指出证人的证言或行为前后不一致,或不符合公认的权威意见,不能自圆其说,或者指出证人对于他所陈述的事实接触不多、资料不全,不能提供正确的证据。当然,听证主持人也必须追问证人,然而当事人由于自身具有利害关系,了解情况最为清楚,互相质证更能击中问题的要害,查明事实真相。所以英美解决争议的程序,更多地依赖于当事人的主动精神,减少听证官员的作用。这种制度和欧洲大陆国家的制度有很大的不同。利弊如何,值得研究。

二、质证的范围

质证作为查明事实真相的方法是正式程序裁决中当事人的一种权利。虽然是必要的和有益的,但是必须看到,质证作为查明事实的方法有其本身的局限性和缺点。质证延长听证的时间,增加当事人的负担;而且不是一切有争议的事实都能够或者都需要用质证查明。因此质证作为当事人的权利,只能是一种有限制的权利。质证究竟在什么范围内能够合理存在呢?可以认为质证的范围取决于质证的作用,质证只能在达成其作用的范围内存在。《联邦行政程序法》第556节(d)款规定:"当事人为了弄清事实真相有权进行质证。"国会在讨论这条时,下议院的记录中有这样的记载:"这项规定,很明显地没有授予所谓无限制的质证权力,主持听证的官员必须作出必要的初步决定:一方当事人是否把质证推进到不

---

① *NLRB v. Adhesive Prods. Corp.*, 258 F.2d 403,408(2d cir. 1958).

合理的程度;按照本款的要求,对于事实全面真正了解是否需要进行质证。本款规定也无意取消行政机关授予主持听证的官员,对于质证权利的行使具有的合理自由裁量权力。这个标准已在本款中规定,即:为了全面真正查明事实。"① 根据立法者的意思,质证权的抽象范围是全面查明事实真相。这个范围的具体界限、某个问题是否需要质证,以及质证的程度由主持听证的官员决定,听证官员享有自由裁量权。当然,这种自由裁量权必须合理行使,不能滥用。当事人由于质证权利受到不合理的限制蒙受损失时,可以请求司法审查,撤销不合理的决定。

听证官员在具体问题上如何决定质证的范围呢?除根据法律和判例中的零星规定以外,必须在观念上明确认识质证是达到真实情况的一种手段,它本身不是目的,没有绝对性质。是否需要质证应当根据事实的性质和程序的目的而定。根据这样的考虑,行政机关对于重复的证据,同案件无关联性的证据,当然不用质证。一方当事人有意利用质证以拖延时间,给对方当事人造成困难的质证也可拒绝,当事人无权要求不可能的质证。听证官员认为传闻证据有一定的证明价值可以接纳时,不需要质证。如果当事人要求质证而直接的证人不能出席,或出席困难时,也不进行质证。对于可以凭直接观察、测验或计算而确定的事实,例如轮船是否处于适航状态、某种药品中有害物质的含量、当事人应纳税金额的确定等,也不需要质证。某些科学上的问题,如果根据当代科学发展的水平,科学家不能得出一致的结论时,举行质证徒劳无益,当然没有必要。质证只能用于确定特定的事实,确定某人某时所发生的事情,对于带有普遍性的事实,例如统计资料、规定某一企业的收费标准等,也不可能或不需要质证。美国学者 K. C. 戴维斯特别注意区别立法性的事实和司法性的事实,前者为一般性的或政策性的事实,后者为关于特定人或特定事的情况,对于前者不需要质证,质证只能用于后者。②

限制质证的范围不表示拒绝听取当事人的意见,行政裁决的程序必须兼顾公平原则和效力原则。一切未向当事人显示的证据,不为当事人提供机会解释或反驳的证据,不能采取。但是为了听取当事人的意见,不一定只能采用口头提供证据、互相质证方式。根据问题的性质,在很多情况下可以采取书面提供证据和书面评论和辩论方式。特别是行政裁决的

---

① 转引自 Mezines, Stein, Gruff: *Administrative Law*, ch. 27, p. 17.
② K. C. Davis: *Administrative Law Treatise*, 2d ed. pp. 436-444.

问题,大都有书面材料作为根据,听证程序可以根据书面进行。法国的行政审判程序,在这方面可供美国参考。法国的行政审判主要采取书面审理方式,口头辩论不起重要作用。大部分证据调查都由预审法官决定,因此效率较高而又不损害当事人的正当利益。① 美国审判型的行政听证与法国相反,原则上采取口头提出证据和口头质证程序,只在少数情况下才允许书面程序。《行政程序法》第556节(d)款规定:"行政机关在制定法规、决定金钱与福利请求和原始许可证的申请时,只要无损于任何一方当事人的利益,可以采取书面程序提交全部或部分证据。"根据这项规定,书面证据的范围只限于制定法规、决定金钱与福利请求、决定原始许可证的申请三个方面,而且只在无损于当事人的利益,当事人不提出反对的情况下才能进行。在实践中,美国行政听证中不适用质证的情况,大多发生在社会保障补助金的裁决。因为这类案件数量大,需要加快裁决程序,法院倾向于承认听证官员享有较大的自由裁量权力,决定是否需要质证,这些例外情况没有动摇美国法院对于质证传统的信任。但是美国学术界的观点大都比较灵活,认为是否需要质证,应当根据具体问题的性质决定,主张在行政程序中更多地采取书面程序。②

第三节　证据的判断

行政听证程序中,凡是和裁决事项有关的证据都可提出。但是当事人所提供的证据是否具有证明力量,足以确定所要证明的事实,还要经过判断。证据的判断是指负责听证的人和作出裁决的人,对各方当事人所提供的证据,进行鉴别,确定它的准确性和证明力,决定它的证明的程度,是否达到能够确定它所要证明的事实。证据的判断包括三方面的问题:① 证据是否具有证明力,以及证明力的大小;② 证据的证明力量必须达到什么程度才符合能够作出决定的标准;③ 行政机关单独根据传闻证据是否可以作出决定。最后这个问题是英美证据法中特别的规则,欧洲大陆国家的证据法中,没有这种形式主义。

---

① 参看王名扬:《法国行政法》,北京大学出版社2007年版,第505页。
② 除上引戴维斯书外,还可参见 W. Gellhorn, Clark Byse, Peter Strauss: *Administrative Law, Cases and Comments*,1979,pp.713-714.

一、证据的证明力

　　证据是否具有证明力以及证明力的大小,没有一个机械的原则能够普遍适用。因为证据的性质不同、来源不同,每项证据的证明力量只能根据具体情况判断,不能抽象决定。上节所述质证程序是查明证据准确性的一种手段,在一定程度内可以确定证据的证明力。但是证据的证明力的有无和大小,不能完全以受到反对的程度作为判断的标准。一个完全没有反对的证据,不一定具有最大的证明力量;一个受到强烈反对的证据,不一定没有证明的力量。证据的证明力量必须联系到其发生的时间、地点、周围情况,再和其他证据进行对照,具体分析,综合比较,才能确定。这是判断证据证明力的最主要原则。

　　就性质不同的主要证据而言,对于证言的判断,可以考虑证人的表情、陈述是否自然、前后是否一致、是否具有利害关系,每一项因素都不能夸大。例如证人具有利害关系,不一定证言完全无效,因为很多情况只有利害关系人最为清楚。有时证人的证言可能同时具有真实部分和不真实部分,只有全面考察以后才能确定。对于专家的证言,如果在其专门知识范围以内,当然具有较大的证明力量,在通常情况之下,应当认为可以依赖,但行政机关并非必须接受专家的证言。行政机关长期从事某项工作,积有不少经验,可以判断专家证言的正确程度,也可参照其他未作证的专家权威的意见,以资印证。

　　书证应考虑其制作的机关、规格和使用方式,公文书当然具有证明力量,除非当事人能证明其为伪造、篡改、已失时效,或不符合其他效力更高的公文书时例外。对于私人文书应观察其是否符合规定的格式,因为有些文书必须符合法定的格式和要求才有效。也应确定其为何用途而制作,例如可以接受政府检查的营业用的文书,正式呈报的文书证明力较大,经过公证或鉴证的文书,在没有确实可靠的反证时,当然具有证明力量。对于其他私文书的证明力,应结合制作和使用情况判断。

　　除根据言证、书证、专家检验等直接证据证明某一事实以外,有时根据某种情况的存在,或某种已经证明的事实,由经验推论而证明其他事实的存在,这种证据称为情况证据。例如医疗事故发生在医师参加宴会大量饮酒以后,可以推论有医疗过失存在。又如某次会议开会期间,大部分委员都在外地从事其他工作,可以推论会议不足法定人数。情况证据由于不是直接证明待证问题,而是根据推论得出证明力量,所以往往称为间接证据。这种称呼并不完全妥当,因为间接证据除情况证据以外,还包括下面所说的传闻证据,和以前已说明的证据推定。情况证据的证明力量,首先取决于情况和待证事实之间的联系的程度,过于疏远的情况,显然缺乏证明力量;其次根据情况或已知事实的推论,必须为经验中所经常肯定的事实,不能出于猜想或臆断。

证人所提供的证据不是亲见、亲闻、亲自经历、亲自获知,而是转述他人所见、所闻、所知,这种证据称为传闻证据。判断传闻证据的效力,必须考虑传闻证据的来源。有些传闻证据,毫无疑问有很大的真实性,例如营业记录、政府对议会或公众所发表的重要的统计资料、专家所写的书面证明等。这些证据虽然不是证人亲自经历,一般值得依赖。即使在法院的审判中,也会得到承认。有的传闻证据来自道听途说、小道消息,提供这类消息作为证据,当然没有证明力量。以上例证是传闻证据效力的两个极端,从完全值得信赖到完全不能信赖。大部分传闻证据的证明力,处在二者之间。即使同一来源的传闻证据,也不能认为证明力量完全相同,例如报纸对某一事件的现场报道和对该事件的概述,前者的证明力通常较后者高。听证人员必须根据伴随于传闻证据的各种情况,判断其证明力量。

二、证明的标准

证据必须具有证明力是证据的基本条件,否则不能称为证据。然而具有证明力的证据,就整个案件观察,必须达到一定的证明程度,才能符合可以确定事实的标准,这个程度称为证明的标准。证明的标准一般由法律规定,但其具体的意义主要由裁决人员和法院在适用时确定。行政机关和法院在适用证明标准时,往往考虑案件的性质,作出决定的结果和对当事人的影响,以及行政机关所执行的政策等各种因素,而要求不同程度的证明标准。

美国法院在司法审判中,为了确定有争议的事实适用三个不同的证明标准。在刑事案件中,证明必须达到没有任何合理怀疑和程度。这是一个要求证明程度较高的标准,目的在于保护个人的自由和财产的安全。民事案件的证明标准,不需要达到刑事案件的同等的证明程度。一般的民事案件中的证明标准是证据优势,在涉及民事欺诈等违法行为时,证明必须达到明白、不含糊和令人信服的程度。这个标准超过证据优势的证明程度,但没有刑事案件证明标准那样严格。在审判型的行政听证中,当然不能适用刑事案件的证明标准,即使某些轻微违法的违警案件,原来由刑事法院管辖,后来有的州改由行政机关管辖时,也不适用原来的刑事案件的证明标准,而适用行政裁判的证明标准。① 这个标准究竟是什么呢?行政裁决正式听证时一般适用的标准规定在《联邦行政程序法》第 556 节(d)款:"……除非考虑了全部案卷或其中为当事人所引证的部分,并且符合和得到可靠的有证明力的和实质性证据的支持,否则不得科处制裁,发布法规或作出裁定。"根据这个规定,正式程序行政裁决的证明标准是具有实质性的证据支持。什么是实质性的证据呢?根据美国法院的解释,行政裁决正式听证中的实质性的证据就是民事案件中的证据优势标准。② 行政机关在考虑全部证据以后,根据占优势的证据以确定事实,作为裁决的根据。但美国法院对于实质性证据的解释并非完全一致,有的法院认为,正式听证中的实质性的证据不需要民事诉讼中证据优势那样高的证明程度,应当采取司法审查中的标准,实质性的证据的证明标准是一个合理的人可以接受作为支持一个决定的适当的证明标准。③ 另一方面,也有法院认为实质性证据的证明标准要求证明的程度,超过证据优势的标准。在由于欺诈行为而被取消营业执照时,法院认为证明必须达到明白和令人信服的标准(clear and convincing),才成为实质性的证据。④ 出现这种解释上的差别的原因,主要由于行政裁决案件的性质不同,裁决的结果对当事人的影响不一样,法院基于政策上的考虑而作出不同的解释。就一般情况而言,法院认为正式程序裁决中的实质性证据的证明标准,和民事案件的证据优势证明标准相同。

除行政程序法中所规定的一般适用的标准以外,其他法律基本政策的考虑,也可能规定不同的标准。有的要求超过证据优势的证明标准,有的要求不需要达到证据优势的证明标准。例如作为驱逐外国人出境的根据的事实,必须由"明白、不含糊和令人信服"的证据所支持。⑤ 这是因为驱逐出境的决定对当事人造成严重生活困难,所以要求比证据优势更高的证明标准,以确定当事人确实有违反继续居住的事实存在。另一方面,

---

① 参见本书第六章第二节:司法权力的委任。
② *Steadmen v. SEC*,450 U. S. 91(1981)。
③ *Steacham Shipping Co. v. Ahea*,276 F. Supp. 610(S. D. Tex. 1967),aff'd 406 F. 2d 521 (5th Cir. 1969)。
④ *Collins Securities Corp. v. SEC*,526 F. 2d 820 (D. C. Cir. 1977)。
⑤ *Woodby v. Immigration and Naturalization Service*,385 U. S. 276(1966)。

根据码头装卸工人赔偿法的规定,工人只需提供伤害存在的任何证据,即可得到赔偿,而行政机关反对赔偿,必须达到证据优势,才可取胜,在双方的证据力量不确定时,工人取得胜利。

三、必须具有最低限度的合格的证据规则

（一）必须具有最低限度的合格证据规则的意义和起源

在证据判断中,一个意见分歧最大的问题是传闻证据是否可以单独作为正式裁决的根据。这个问题,不论在联邦和各州的行政裁判和司法审查的实践中,都没有统一的认识。在各州的法律中,大部分认为单纯的传闻证据不能作为正式裁决的根据。也有一部分州认为,传闻证据是否单独可以作为正式裁决的根据,应按照传闻证据的证明力量大小而定,不能因为它是传闻证据而一概否定它可以单独作为正式裁决的根据。联邦法院的判例在这个问题上也不统一。

上面已经看到,美国的证据规则认为,传闻证据是法院原则上不能接受的证据。① 行政机关由于不受法院证据规则的约束,可以自由决定接受任何证据,包括传闻证据在内。但是行政机关可以自由接受传闻证据,并不表示行政机关可以完全信赖传闻证据作出决定,接受证据和证据的效力的大小是两个性质不同的问题。由于这个理由,美国判例创造一个证据规则,称为必须具有最低限度的合格证据规则(legal residuum rule)。根据这个规则,支持正式裁决的证据,不能全属传闻证据,必须同时具备法院所能接受的合格证据,否则这个裁决可能在司法审查中被撤销。这个规则并不要求行政裁判只能依据合格的证据,或者主要依靠合格的证据,而是要求必须具有合格证据;即使行政裁判主要依据传闻证据作出,仍然必须具有最低限度的合格的证据作为印证,才为合法。

最初提出必须具有最低限度的合格证据的判例是1916年纽约州上诉法院的卡罗尔诉尼克博克制冰公司案件。② 该案中申诉人卡罗尔是死者卡罗尔的夫人,卡罗尔为制冰公司司机,自称因搬运冰块,被一块重300英镑的冰块击中腹部,造成腹部出血和硬化,死者在医院治疗期间,曾经出现酒精中毒震颤性谵妄现象。工人赔偿委员会裁决公司赔偿,下

---

① 参见本章第一节中可以接受的证据内容。
② *Caroll v. Knicherbrocker Ice Co.*, 218 N.Y. 435 (1916).

级法院承认工人赔偿委员会的裁决,纽约上诉法院撤销下级法院和工人赔偿委员会的裁决。因为工人赔偿委员会所根据的证据为卡罗尔夫人及其他几个证人以及邻居医师的证言,这些证人都从死者处听说死者因搬运冰块受伤,因此全属传闻证据。另一方面,和死者在同一场地工作的其他两个工人供称,当时未曾发生任何工伤事故,死后医生的检查也未发现任何受伤痕迹。工人委员会的裁决除传闻证据以外,没有证据法所承认的任何合格证据,上诉法院因此认为申诉人所提出的证据,不能作为裁决的根据。法院声称:"虽然委员会不受普通法或制定法证据规则的限制,也不受技术性的或形式的程序规则的限制,虽然委员会根据自由裁量可以接受向它提供的任何证据,然而委员会在裁决给予赔偿金以前,归根到底,必须有最低限度的合格证据支持申请①,这样就提出了必须具有最低限度的合格证据规则。"纽约州法院后来已经抛弃了这个规则,然而美国大部分州法院却采纳了这个规则,加利福尼亚州甚至在该州的行政程序法中规定了这个规则。

(二) 联邦的法律和判例

联邦政府关于正式程序裁决的法律,没有规定也没有禁止必须具有最低限度的合格证据规则。《联邦行政程序法》第556节(d)款规定行政裁决必须有"可靠的有证明力的和实质性证据支持"。在该项规定讨论草案中,曾经有必须有合格的证据支持一词,后来的正式条文删去了该词,因此可以认为联邦法律没有采取必须具有合格的证据规则。但是这种解释不是唯一的论点,因为联邦行政程序法要求"可靠的有证明力的"证据支持,也可以认为纯粹的传闻证据,没有其他合格的证据支持时,不构成可靠的和有证明力的证据。所以就制定法而言,对于必须具有最低限度的合格证据规则是接受或拒绝,不能得出结论。

就联邦法院的判例而言,上诉法院和地区法院都没有一致的认识,有的接受这个规则,有的拒绝这个规则。美国行政法学者 K.C.戴维斯对联邦上诉法院判例的分析认为,法院的判例虽然不一致,但是占优势的倾向是不接受必须具有最低限度的合格证据规则。②

联邦最高法院的判例对于是否承认这个规则,态度不是十分明确,但其发展的趋势是不采纳这个规则,这个发展的过程可由两个重要的判例

---

① *Caroll v. Knicherbrocker Ice Co.*,218 N.Y.440(1916).
② K.C.Davis:*Administrative Law Treatise*,v.3,pp.249-254.

作为代表。1938年,联邦最高法院在联合爱迪生公司诉国家劳动关系委员会案件的判决中,认为行政裁决必须有实质性的证据支持。行政机关可以接受法院所不能接受的不合格的证据,但是不能因此产生误解,认为单纯的传闻证据也是实质性的证据。首席大法官休斯在判决中写道:"保证行政程序有必要的灵活性,没有达到这样的程度,以致认为没有合理的有证明力的证据作为基础的裁决也是合法的。完全未经印证的传闻证据和谣言,不构成实质性的证据。"①这个判决的观点和纽约州上诉法院1916年在卡罗尔案件中所持观点,基本相同。但是三十多年以后,1971年,最高法院在理查森诉佩纳内斯案件的判决中②态度有很大的改变。这是一个关于社会保障伤害津贴的案件。佩纳内斯为卡车司机,因搬运货物受伤,请求享受社会保障完全伤残津贴,遭到拒绝。在行政裁决的听证过程中,行政机关提供了5位专科医生的检查报告,内容不完全相同,但都认为申请人没有丧失工作能力。听证主持官员另外任命一位顾问医生,审查5位专科医生的报告,并向听证官员提出审查意见。审查结果的报告也认为佩纳内斯没有丧失工作能力,行政机关据此裁决不给申请人所要求的津贴。佩纳内斯请求司法审查,下级法院援引最高法院1938年联合爱迪生诉国家劳动关系委员会案件先例,撤销行政机关的裁决,因为行政裁决的根据全部是传闻证据,没有实质性证据支持。一方面,行政机关所提供的证据是5位专科医生的书面报告,医生本人没有出席以备质证,这种报告从技术上说属于传闻证据。听证官员指定的顾问医生的审查报告,是传闻证据的传闻证据,因为审查医生没有对申请人进行检查,只是解释其他医生的报告。另一方面,佩纳内斯所提供的证据,根据证据法的规定是合格的证据。因为他的证人是对他进行检查的医生,出席了口头陈述,可以质证。行政机关的裁决除根据传闻证据以外,没有其他证据支持,所以下级法院撤销了这个决定。最高法院在本案的判决中,撤销了下级法院的判决,维持行政机关的裁决。最高法院认为,行政机关可以接受传闻证据,尽管有申请人医生相反的证据存在,本案未出席医生的书面报告,可以构成实质性的证据,最低限度当申请人有权可以请求听证官签发传票,传唤没有出席的医生出席,以备质证时如此。申请人没有要求签发传票,不能再以未出席医生的书面报告为传闻证据作为理由,而反对

---

① *Consolidated Edison Co. v. NIRB*,350 U.S.230(1938).
② *Richardson v. Perales*,402 U.S.389(1971).

行政裁判。最高法院在这个判决中的态度，显然和 1938 年不同。最高法院在本案中认为传闻证据可以构成实质性的证据，但是也不能认为最高法院在本案中，无条件地否认了必须具有最低限度的合格的证据规则。因为最高法院在承认传闻证据可以构成实质性证据的同时，又加上最低限度在申请人有传票权时如此。如果当事人没有传票权时，传闻证据是否可以成为实质性的证据，这个判决没有明白表示。

(三) 学术界的倾向

美国行政法学家有人认为 1971 年的判决虽然不是完全取消了必须有最低限度的合格证据规则，但是基本上已经取消了这个规则。① 有人认为，在对当事人提供机会质问传闻证据制作人的条件下，传闻证据可以成为实质性的证据，当事人是否利用这个机会无关紧要。② 学术界认为 1971 年佩纳内斯案件的判决中，还有一点值得注意，即最高法院认为下级法院对 1938 年联合爱迪生公司案件的理解，超过了本来的意义。最高法院说，在 1938 年的判决中，"首席大法官所对比的不是法院诉讼中认为不能正式接纳的材料，而是没有合理的具有证明力的证据作为根据。最高法院不是不问传闻证据的可靠程度和证明力量，一概不许行政机关使用传闻证据，而是相反。"③

美国学术界对必须具备最低限度的合格证据规则，大都持批评态度。认为这个规则对传闻证据的判断，陷入抽象的概念和形式主义，因而认为法院所不能接受的全部传闻证据，都不能构成实质性证据。实际上，传闻证据的范围可以信赖的信息，每项传闻证据的价值是否符合实质性证据标准，应根据具体情况判断，不能抽象认为全都不能成为实质性的证据。④ 同时也要考虑在没有其他证据时，利用或不利用传闻证据可能产生的后果。欧洲大陆国家在证据的判断方面，没有英美法系的形式主义，并未因此降低判决或裁决的质量，反而提高了裁决的效率，值得美国参考。

---

① K. C. Davis: *Administrative Law Treatise*, pp. 246-249.
② Mezines, Stein, Gruff: *Administrative Law* pp. 26-11, 12.
③ *Richardson v. Perales*, 402 U. S. 407-408 (1971).
④ 传闻证据的分析，可参见 K. C. Davis: *Administrative Law Treatise*, pp. 239-246.

第四节 案卷排他性原则和官方的认知

一、案卷排他性原则

行政机关的裁决必须以事实为根据,在正式程序裁决中为了确定事实,除少数情况以外,必须举行正式听证,根据当事人所提供的证据以确定事实。① 全部听证的记录和文件构成案卷的一部分,除听证的文件和记录以外,案卷还包括下章所述裁决程序中作出的和收到的各种文件和记录。行政机关的裁决只能以案卷作为根据,不能在案卷以外,以当事人所未知悉的和未论证的事实作为根据,这个原则称为案卷排他性原则。它保障当事人陈述意见的权利,和批驳不利于己的事实的权利。案卷排他性原则也保障法院对行政机关的监督,因为行政机关的决定只能以案卷中的记载为根据,法院凭此容易检查行政决定的合法性,和是否有足够的证据支持。案卷排他性原则是正式听证的核心,如果行政机关的裁决不以案卷为根据,则听证程序只是一种欺骗行为,毫无实际意义。案卷排他性原则规定在《联邦行政程序法》中,该法第556(e)款规定:"证言的记录、证物连同裁决程序中提出的全部文书和申请书,构成按照本编第557节规定作出裁决的唯一案卷。当事人交纳法定的费用后,有权得到副本。"第557节所规定的决定是正式程序裁决的决定,只能根据案卷作出。

由于案卷排他性的结果,行政机关不能在听证以外接纳证据,例如在听证以外询问医生当事人的伤残程度,或者就听证中的事实询问听证以外的其他证人。行政机关也不能利用其职员的秘密调查报告作为证据,因为这些材料没有记载在案卷之中,为当事人所不知,也没有经过当事人的论证,纯系片面之词,以此作为根据作出决定,这是违背公正原则的。行政机关也不能就案件中所涉及的物体,单方面进行观察,例如单方面视察建筑物或其他有形物体。因为行政机关进行观察时,其本身已经成为证人,所以必须邀请当事人在场做成记录,才符合证据法的原则。由于案卷排他性的结果,行政机关在作出决定时,不能屈服于外界的压力和影响。这些影响不论来自哪个方面,都没有记载在案卷之中,不能作为裁决的依据。

---

① 不需要正式听证的情况,参见本书第九章第一节中正当法律程序和听证内容。

二、官方的认知

(一) 官方认知的意义和事项

对案卷排他性原则的重要例外是官方认知原则(official notice)。根据这个原则,行政机关可以在听证记录以外,在当事人所提供的证据以外,认定案件中的事实,并以这样认定的事实作为裁决的根据。行政裁判中的官方认知原则相当于法院审判中的司法认知原则(judicial notice)。法院对于众所周知的事情,无须当事人的证明,而把它认为真实,作为判决的根据,称为司法认知。众所周知的事情不用证明,这是西方诉讼程序中的一个古老的格言,其存在可以追溯到早期的罗马法和宗教法。美国现在适用的司法认知,规定在《联邦证据规则》第201(b)款中,该款规定:"司法认知的事实必须是没有合理怀疑的事实,这个事实可以是:① 审判法院管辖区内众所周知的事情;② 根据正确性不能合理怀疑的渊源而容易正确地确定的事实。"所谓众所周知,不是说每个人都必须知道,只要一般人都已知道即符合标准。所谓正确无疑的渊源容易确定的事实,例如根据历书、历史、年鉴等可靠资料而正确查明的事实,如林肯总统是在南北战争结束后被刺身亡等。可以合理怀疑的事实,不能成为司法认知的对象。法院可以主动采取司法认知,也可以根据当事人的请求采取司法认知。当事人请求司法认知时,必须提出必要的信息。当事人怀疑司法认知的正确性时,可以提出反证。

行政裁判中官方认知的范围比司法认知广。因为行政官员的情况和法官不同,法官只是法律专家,除法律以外,对于案件中的事实和一般人没有区别。所以司法认知的范围,限于众所周知的事,和根据无可争辩的渊源容易确定的事。行政官员与此不同,行政人员对于其所从事的工作大都具有专门知识,即使在工作初期没有专门知识,由于长期工作的结果也已积累经验,成为其所从事工作的专家;而且行政机关设立的目的就是利用专门人才,行政机关的特点正是在于具有职业方面的专长。此外,行政机关还掌握大量的资料和信息,在行政机关的档案材料中,有机关职员的报告、管辖对象的报告、过去裁决的记录、统计资料和其他有关的资料。由于这个缘故,行政机关除对于司法认知的事实可以认知外,还可以利用专门知识及其档案中的资料,以认定裁决中的事实,无须经过通常的证明程序。在美国,官方认知的范围是逐渐扩张的,在最初阶段限制比较严格,随着行政裁决数量的增加,官方认知的范围也在扩大。

(二) 官方认知的限制和当事人的保障

官方认知是对证明程序的例外规则,这个规则之所以必要是为了增加裁决的进程和效率。但是一个良好的程序必须同时兼顾效率和公平,官方认知只能在合理和公平范围以内存在,不能过分强调行政人员的专门知识,允许行政机关无限制地依靠案卷以外的材料作出裁决,利用行政官员的专门知识代替必要的证明程序。因此必须对官方认知加以某些限制,对受官方认知影响的当事人给予必要的程序上的保障。联邦行政程序法对官方认知的规定非常简单,官方认知的限制主要由法院的判例确定,而法院的判例不是完全一致。对于这种限制只能举出几个重要的原则,在具体应用和解释时可能出现某些差异。

1. 案件中核心问题的司法性事实不能认知

司法性事实是指只与案件有关的具体事实,这个概念是和立法性事实相对而言的。立法性事实是指带有普遍性的、不限于一个案件的事实,行政机关和法院对于立法性事实有很大的认知自由,不受案卷记录的限制,而对于司法性事实的认知受到很大的限制。司法性事实的确定,原则上必须证明,只对例外的众所周知的事实可以认知,然而对构成案件的核心问题的司法性事实不能认知,必须证明,因为如果允许对这类事实认知,就等于承认行政机关由于具有专门知识,可以不用证明而确定任何问题,完全忽视当事人的利益。例如行政机关裁决禁止某种食品出售,因为该食品中含有某种成分超过5%,而这种成分超过5%时,对人体有害。在本案中,某种成分超过5%对人体有害是立法性事实,行政机关可以凭借其专门知识和经验认知。而该食品中某种成分是否超过5%,属于司法性事实,而且这个司法性事实构成案件的核心问题,所以必须证明,不能认知。又如行政机关对于某一企业裁决处罚,因为该企业在长达5个月的期间以内,曾有漏税行为。在本案中某企业的漏税行为是核心的司法性事实,必须证明。而该企业的漏税期间长达5个月,虽然也是司法性的事实,然而在本案中不是核心事实。行政机关可以根据它所掌握的该企业多年的营业报告,和处理漏税情况的长期经验,加以认定。总之,在决定认知的合理范围时,必须注意事实的性质和它在本案中所占的地位。①

---

① 关于这个问题的详细讨论,参见 K. C. Davis: *Administrative Law Treatise*, pp. 138-153, 187-189.

2. 认知的事实必须具有显著而周知性质

行政机关可以凭借其专门知识和经验认知事实,但是行政机关在某方面所利用的专门知识和经验,必须在行政机关以外的其他专家中,具有普遍和周知性质。不能只由行政机关掌握,而为其他专家所不知悉。当然,有些专门知识科学上尚无定论,在这种情况下,并不排除行政机关根据其专门知识认定事实。因为这不是放弃要求官方认知的事实必须具有显著而周知性质这个限制。

3. 认知的事实及其根据必须明白指出

行政机关在认知事实时,必须把被认知的事实,和据以认知的根据明白指出,不能隐瞒或含糊其辞而不指出认知的根据。这种根据必须具有确切性质,不能只是一般的趋势。① 但对于立法性事实的根据,不需要有和司法性事实同等的确切程度,例如统计资料不能作为认知司法性事实的根据,而在立法性事实的认知中,可以利用。

4. 当事人对官方的认知具有反驳权利

官方认知的目的在于提高裁决的效力,免除不必要的证明程序。行政机关并不因此成为一言堂,当事人对于行政机关所认知的事实,仍然可以反对。当事人根据宪法和联邦行政程序法而具有的听证权、提供证据和质证权,不因为官方认知而被取消。美国法律在承认官方认知时,除规定一些限制外,又规定当事人对行政机关的认知,有权提出反对。《联邦行政程序法》第556节(e)款规定:"如果行政机关的决定是根据没有出现在证据的记录之中的官方所认知的事实时,当事人只要及时提出要求,有权提出反证的机会。"根据这项规定,行政机关有认知权力,然而应当把他所认知的事实及其根据通知当事人,接受并考虑当事人提出的反证。

行政机关应当在裁决程序的什么阶段,把他所认知的事实和根据通知当事人呢？法律没有作出规定。对当事人而言,最有效的保障是在举行听证以前,或在听证进行中得到通知,以便提出反证,并可在听证时对行政机关的认知进行质证。在很多情况下,行政机关可能在听证结束以后考虑初步的决定时,才发现有必须认知的事实。这时,行政机关应立即通知当事人,得到当事人的意见后才作出初步决定。在某些情况下,行政机关可能只在作终局决定时,才发现需要利用认知的事

---

① *Ohio Bell Telephone Co. v. Public Utilities Commission*, 301 U. S. 292(1937).

实。这时仍然应当听取当事人权利保障的程度,远远不如在听证前和听证中得到的充分。

由于当事人对于行政机关认知的事实,有权提出反证,所以官方认知制度的实际法律效果为移转举证责任。行政机关对于其所主张的事实,不负举证责任,而当事人反对行政机关的认知,必须提出证明,以推翻行政机关的决定。

第十二章
正式程序裁决（三）：决定程序

听证程序结束以后，正式程序裁决的最后阶段是决定程序，对举行听证的问题作出最后的决定，这个决定由于通过正式听证程序作出，一般用语称为裁定，但行政程序法中的裁定用于更广泛的范围，包括行政机关作出的一切具体决定，正式裁决程序作出的裁定只是广义裁定的一部分。本章讨论的程序不涉及非正式程序的裁定，后面这个裁定的程序将在下章讨论。

行政决定的特点是，这个决定名义上由机关长官作出，即由独任制机关的最高负责人或委员制机关的多数委员作出，实际上是由机关职员广泛参加作出的，和法院的决定程序有明显的不同。法院的决定以法官的名义作出，作出决定的法官必须亲自听证，阅读全部听证案卷，判断全部证据，然后作出决定，行政机关的决定，即使是必须举行审判型听证的裁定，机关长官虽然可以主持听证，实际上很少亲自听证。听证人和决定的人不同，名义上作决定的人也很少阅读全部听证材料，分析全部证据。决定工作中很大部分由机关职员担任，所以行政决定是机关的决定，不是个人的决定。机关决定的优点是可以利用职员的技术力量和经验，多方面的意见互相补充，能够提高决定的质量，机关决定的特点是对于决定无人负责，名义上作决定的人实际上不作决定，真正作决定的人对外界不负责任，有时一个决定究竟由谁作出，往往无人知道。在这种情况下，不仅不能发挥机关决定的优点，反而降低了决定的质量。美国在20世纪40年代以前，正式程序裁决中机关决定的弊病广泛流行，引起社会的不满。对此作出反应的首先是法院，法院在司法审查中确定了正式程序裁决中制作决定的原则，企图矫正机关决定的弊端，其次是国会的立法，主要反映在1946年的联邦行政程序法中。

第一节 摩根案件的判决

最高法院在著名的摩根案件的判决中,指出了正式程序的决定应当遵守的原则。摩根案件前后共有 4 个[①],一般按其先后次序称呼,都是关于农业部长的一个限制价格的命令引起的。在这个案件中,法院只就农业部长命令的决定程序,审查其合法性,不涉及命令的内容是否合法问题,就行政法的观点而言,最重要的判决是第一摩根案件和第四摩根案件。

一、第一摩根案件

(一) 案件的事实和原则

1933 年 6 月,农业部长发布一个命令,限制堪萨斯市牲畜代理服务收费的最高价格,这个命令是根据牲畜买卖及牲畜场法的授权制定的。法律规定部长制定限制价格的命令必须举行正式听证,农业部在 1930 年及 1932 年期间,举行两次正式听证。由听证审查官主持,口头辩论在副部长主持下进行,口头证词的记录多达 13 000 页,统计资料及其他证件多达几百件,记录达到 1 000 多页,对听证一部分的说明多达 500 页。申诉人除攻击命令的内容以外,还攻击这个命令不符合正式的程序,其中最主要的理由是听证结束后,听证职员没有写出一个总结性的中间报告,以供部长参考。部长没有听证,没有阅读任何证据材料,没有听取或考虑申请人的口头辩论,没有阅读或考虑申请人提供的诉状摘要,部长作决定的唯一根据是部内职员所提供的信息,而没有申诉人或其代表参加,地区法院根据听证记录,认为部长的决定合法,驳回了申诉人的请求,申诉人上诉,这个案件最后由最高法院判决,称为第一摩根案件。

最高法院认为,法律要求部长举行正式听证作出决定,这个决定具有准司法性质,有较高的程序要求,必须以听证所确定的事实,作为决定的根据。部长必须仔细考虑证据,才能确定事实,听证的作用在于保证部长的决定,是根据正确的信息来源,部长不能根据听证以外的材料作出决

[①] Morgan v. United States, 298 U.S. 486 (1936); Morgan v. United States, 304 U.S. 1 (1938); Unites States v. Morgan 307 U.S. 183 (1939); United States v. Morgan, 313 U.S. 409 (1941).

定。如果部长对事实的认定不仔细考虑证据,就等于没有举行听证,本案中农业部长的决定,实质上是部内职员的决定。农业部长仅仅是一个橡皮图章,没有考虑听证中的证据。最高法院的结论认为正式程序的裁决,要求决定者必须听证,本案发回地区法院就申诉人所主张的事项,查明以后再判决。

(二) 行政机关职员的作用

决定者必须听证,这句话如果机械地理解,则正式程序的决定,只能和法院的决定一样具有个人性质,机关决定成为不可能,而机关决定正是行政程序的特点和需要。对于行政长官不能和法官同样要求,法官除对争议案件进行判决外,没有其他职务,能够而且必须作出个人的决定,行政机关不一样,裁决争端只是行政长官职务的一部分,往往不是他的最重要的职务。行政机关必须制定政策和法规,执行政策和法规,同时解决某些有关的行政争议,行政机关所处理的事务种类繁多,涉及面广,行政争议的数量超过法院所受理的案件,如果行政长官必须个人裁决争端,不可能再有时间处理其他重要事务,也不可能有足够的时间裁决争端。而且行政长官的决定在很多情况下,出于政治考虑,缺乏专门知识,必须取得职员的帮助,才能进行工作。结合专门知识和政治领导,正是行政组织的原则,机关决定必须贯彻实行于行政程序的各个方面,包括正式程序的决定在内,在机关决定的原则下,究竟如何理解决定者必须听证这个原则呢?

决定者必须听证,不能从字面去理解,认为行政首长必须亲自主持听证,这在一切重要的行政机关中都不可能。最高法院在摩根案件的判决中明白声称:"证据可以由一个听证审查官员(examiner)接纳。"因此,决定者必须听证这句话中的"听证"一词,是用于抽象的意义,表示听证的作用而言,即作决定者必须以听证的记录作为根据,认真考虑各方当事人提供的证据,必须符合实质意义的听证。

决定者必须听证也不表示行政长官必须孤立无援地阅读证据材料,这对行政长官来说也不可能。最高法院在摩根案件的判决中明白承认这点,法院声称:"这个必要的规则(即决定者必须听证)并不排除在实际的行政程序中取得辅助人员的帮助,辅助人员可以进行调查研究,证据可以由听证审查官员接纳,这些接纳的证据可以由有专门知识的下级官员筛选和分析。"因此,行政长官不必阅读全部证据材料,只要认真考虑机关职员对证据的筛选和分析,已经符合法院的要求。

最高法院在第一摩根案件中，没有完全否定机关决定原则，行政机关的职员在行政裁决的决定中，必须发挥正当的作用，但是法院要求行政长官必须注意案情，研究案情，最终的裁定必须是行政长官个人的产物，不是行政机关职员的决定，形式上作决定的人也必须是实际上作决定的人，决定必须听证的真正意义，只是表示决定者必须决定，不能只是一个橡皮图章。

行政长官虽然可以取得职员的帮助，但是职员的帮助受到两方面的限制：

（1）根据职能分离原则，凡是参加本案件追诉的职员，以及进行调查准备本案件追诉的职员，不能参加本案件的决定程序，行政长官不能要求这些职员提供帮助。① 在摩根案件中，农业部长的决定犯了职能合并的错误，因为农业部畜产局的职员，一方面是本案件听证的准备者和证据提供者，另一方面又参加案件的决定程序，部长的决定，实际上是由畜产局作出，没有对方当事人的参加，违背了公正裁决的原则。

（2）根据案卷排他性原则，行政长官的决定只能以案卷的记载和官方认知的材料作为根据。机关职员可以利用其专门知识和经验，对证据进行筛选和分析，也可以对法律和政策的意义加以阐明，但不能对争议中和当事人有关的事实，增加任何新的材料。②

二、不探索决定者的思维过程

第一摩根案件判决发回地区法院重审，查明农业部长的决定是否符合决定者必须听证原则以后，附带产生了一个问题：为了确定部长的决定是否符合最高法院所规定的原则，法院在多大限度以内能够审查部长制作决定的思维过程，以确定部长是否认真考虑了听证的记录呢？为此目的，地区法院授权申诉人可以追问农业部长作出决定的方式。

申诉人据此要求部长说明他作出决定的过程，包括他对听证记录研究的方式和程度，以及他和部内职员讨论的方式，农业部长在地区法院的证词中说明他制作决定的方式时声称，他对于这个案件的庞大记录，曾经浏览，以便抓住大意，他认为证据的核心也许包括在申诉人的诉状摘要中，他把诉状摘要和口头辩护词的记载拿回家中阅读，他和部内职员就这

---

① 参见本书第十章第四节：职能分离。
② 参见本书第十一章第四节：案卷排他性原则和官方的认知。

个案件交换意见几次,讨论了决定的草案。他在发布命令以前,已经认真考虑了当事人提出的证据,地区法院合议庭的多数法官,认为部长作决定的程序符合最高法院规定的原则,申诉人不服这个判决,第二次上诉到最高法院,当然,农业部长作证时所述他制作决定的方式,不一定符合事实,然而最高法院在第二次摩根案件的判决中,避开了这个问题,最高法院同意政府律师的意见,认为法院不能探索部长制作决定的思维过程,但是最高法院以其他理由,撤销了农业部长的命令,最高法院认为本案的当事人,事先没有知悉农业部提供的证据和根据,以及在听证过程中代表农业部进行诉讼的职员参与了决定的程序,不符合公正的听证原则。

最高法院在第二次摩根案件中,只是肯定法院不能探索决定者的思维过程原则,没有说明理由。在第四次摩根案件的判决中,最高法院说明了这个原则的理由,因此第四摩根案件成为美国行政法上重要的判例之一,这个案件争论的问题是农业部长对原来争议的事项,又发布了一个补充命令,地区法院在审查这个命令时,讯问部长制作决定的过程,最高法院认为这种讯问不恰当,最高法院声称:"农业部长不应当受到这种讯问,农业部长裁决的程序类似法院的司法程序,如果对法官进行这种讯问,将会摧毁法官的责任……正如法官不应受到这种讯问一样,行政程序的完整性质,必须同样受到尊重……虽然行政程序的进展和采取的方式和法院的程序有些不同,然而他们都是达到司法目的的合作的工具,各自的适当的独立,应当得到他方的尊重。"①

第四摩根案件的判决,大大地削弱了第一摩根案件所确立的原则,因为如果法院不能探索决定者的思维过程,要想证明决定者是否认真考虑了听证的材料就比较困难了,只在极稀少的情况下才有这种可能,例如纽约州上诉法院1952年撤销该州酒营业管理局的一个决定,这是一个经过听证以后作出的取消营业执照的决定,听证由管理局的听证官员主持,经历三天时间,听证结束后一小时内,局长就已作出决定取消营业执照,局长的决定显然没有考虑听证的记录。因为听证的速记打字员,几天以后才把材料整理好,局长作决定时还没有收到听证的报告。② 但是像这样的事例,现实生活中很少遇到,经过第四摩根案件以后,要想证明行政机关违反第一摩根案件的原则,实际上很不容易。美国第二巡回区上诉法

---

① United States v. Morgan, 313 U. S. 422(1941).
② Weeks v. O'Connell, 304 N. Y. 259(1952).

院在 1974 年的一个判决中声称："第一摩根案件判决所给予的东西,第四摩根案件判决又收回去了。"①所以出现这种现象,主要由于公共利益的需要,行政程序必须同时保护个人利益和公共利益。如果允许法院追问决定者的思维过程,则行政长官的大部分时间将为行政裁决所占去,否则很难符合第一摩根案件的要求,法院对于行政程序的干预,不宜太多,法院既然不干涉法官判决案件时的思维过程,当然也不应当干涉行政官员作裁决时的思维过程,为了审查行政决定是否合法,法院只能根据行政机关的决定是否有足够的证据支持,这些证据是否经过法定的听证程序,根据客观的因素即可确定,不一定要探索决定者的思维过程。这种探索不仅对决定者不礼貌,而且每个人形成某种决定的思维过程,很难为外界的人认识。美国第二巡回区上诉法院,综合 4 个摩根案件判决的结果,认为美国判例法关于正式裁决的决定程序原则,可以概括为:"法律上负有裁决义务的人,必须实际上作出裁决……但是他们作裁决的方法,一般不受司法审查。"②

　　法院不能探索决定者的思维过程,是指在正常状况下,决定者公正诚实行使权力而言,美国法院一向认为如果申诉人能够初步证明作出决定的人,有不诚实的表现或滥用权力时,法院当然可以审查行使权力的意图,以及公共利益或私人利益由此受到的损害。除这种情况以外,从 1941 年第四摩根案件判决以来,到 1971 年为止,最高法院没有由于其他原因探索决定者的思维过程。但是从 1971 年的一个判决开始③,法院认为,如果行政机关的案卷不完备,法院根据案卷不能确定行政机关的决定合法或违法时,法院可以要求行政机关说明制作决定的方式,要求决定者以书面证词或口头证词充分阐明决定成立的经过。

　　作为原则而言,司法审查不能探索决定者的思维过程,然而上述两种情况例外。美国行政法学者 K. C. 戴维斯在 1980 年出版的行政法论中,列举到该书出版时为止,最高法院关于法院是否可以探索决定者的思维过程的意见共有 8 次,其中 4 次认为可以,4 次认为不可以,但基本精神是认为不可以。法院认为可以的情况主要由于根据行政机关的案卷,无

---

① *National Nutritional Foods Assn. v. Food and Drug Administration*, 491 F. 2d, 1144(2 Cir. 1974).
② *KFC Management Corp. v. NLRB*, 497 F. 2d, 304(2d Cir. 1974).
③ *Citzen to Preserve Overton Park Inc. v. Volpe*, 401 U. S. 402(1971).

法判断行政决定合法或违法的时候。美国下级法院的判决，基本上认为法院不能探索决定者的思维过程，当然也承认上述两种例外。①

第二节 联邦行政程序法的规定

一、行政机关内部设立行政司法机构

摩根案件反映美国当时行政裁决中存在的问题。行政听证本来是行政裁决的基础，但是在当时情况下，行政听证结束以后，在法律无规定时，听证人员不必写出一个中间性的报告。裁决人员可能完全不考虑听证案卷，听证可能流于形式，不发生真正的作用。第一摩根案件指出行政裁决的原则：决定者必须听证，但是没有指出如何贯彻执行这个原则。第二和第四摩根案件的判决，禁止法院审查决定者的思维过程，结果导致无法检查第一摩根案件的原则是否遵守。实际上是最高法院承认行政长官由于职务繁多，第一摩根案件的原则难以严格执行。

最高法院没有能够解决正式程序裁决中的问题，然而指出了解决问题的方向，即：决定者必须听证。这个原则刺激联邦行政程序法的产生。联邦行政程序法在很大程度上是国会为了贯彻摩根案件的原则而作出的努力。在联邦行政程序法中，这个原则不能说已经完全得到实现，至低限度在正式程序裁决的初级阶段已经得到实现。联邦行政程序法的方案是改良当时存在的裁决制度，在行政机关内部建立一个行政司法机构，负责听证和初步裁决。在联邦行政程序法制定以前，听证人员由行政长官在机关职员内部任意指定，地位没有特别的保障，也没有固定的权力。联邦行政程序法所采取的措施，是在行政机关内部建立独立的听证官员，有独立的听证权力和初步的决定权力，地位类似初审法官。1972年以后，改称行政法官，他是行政机关内部的行政司法机构。② 行政法官的建立没有取消行政长官的责任，案件的终局决定仍由行政长官作出。当事人对于行政法官的决定不服，可以上诉于行政长官。由于行政法官的存在，决定者必须听证原则，在行政法官决定阶段已经完全实现。在行政长官的决定阶段和以往制度比较，也得到了很大改进。当然，行政长官亲自听证

---

① K. C. Davis: *Administrative Law Treatise*, pp. 285-297.
② 关于行政法官的地位，参见本书第十章第五节：行政法官。

时,行政法官不能发生作用,然而这种情况可能很少发生,一切正式听证几乎全由行政法官主持。联邦行政程序法以外的某些特别法中,听证人员不一定都是行政法官。不论他们的名称如何,一切正式程序裁决除法律另有规定外,都受行政程序法的支配,联邦行政程序法的规定,基本原则和联邦行政程序法相同,本节的分析限于联邦行政程序法的规定。

二、初步决定和建议性决定

行政法官同时具有听证权力和决定权力。关于行政法官的听证权力已在第 10 章中说明,本款只谈行政法官的决定权力,行政法官的决定权力,主要规定在《行政程序法》第 554(d)款和 557(b)款。根据这两款的规定,行政法官可以作出两种决定:初步决定(initial decision)和建议性决定(recommended decision)。这两种决定不是行政机关作出的,而是由听证官员作出的,一般称为预备性决定(preliminary decision)。

（一）初步决定

1. 初步决定的人员和范围

《联邦行政程序法》第 557 节(d)款规定:"如果行政机关没有主持接收证据,主持听证的职员,或者对于不适用第 554 节(d)款的案件,依本编第 556 节规定有资格主持听证的职员,应对案件作出初步的决定。除非行政机关在特定案件中,或以普遍性的法规规定,要求将全部案卷核实,送交由该机关决定时例外。"根据这项规定,一切正式程序裁决的案件,初步决定由主持听证的职员作出,对于不适用第 554 节(d)款的案件,初步决定除由主持听证的职员作出以外,还可以由其他依第 556 节规定有资格主持听证的人作出,这些人可能是未主持听证的行政法官、委员会的委员,或其他法律中特别规定的人员。不适用第 554 节(d)款的案件,主要包括初次申请许可证的案件、规定收费标准的案件,它们和下面将提到的制定法规的程序一样,具有较大的政策性质,能够作出初步决定的人范围较广。

初步决定适用于不由行政机关主持听证的正式程序裁决,后面几种情况不适用初步决定:① 行政机关长官主持听证的案件;② 后面所述的临时决定和免除预备性决定的案件;③ 行政机关在特定的案件中或以法规规定,要求将全部案卷送交由该机关决定的案件,在最后这种情况下,主持听证的人必须作出一个建议性决定,以供行政机关参考。

2. 初步决定的效力

《联邦行政程序法》第557(b)款规定初步决定的效力如下:"主持听证的职员作出初步决定后,在规定时间以内,如无人向该机关提出上诉,而机关亦未主动要求复议时,则初步决定无须再经过进一步的程序,即成为该机关的决定。"当事人上诉和行政机关主动要求复议,一般由行政机关制定法规规定,在规定时间内没有上诉或复议时,初步决定即成为该机关的正式决定。

3. 初步决定的复议

初步决定通常是行政法官的决定,在这种情况下,完全贯彻了决定者必须听证原则。但是行政裁决作出最后决定的权力,属于行政机关的长官,在当事人向行政机关上诉或行政机关长官主动要求复议时,第557(b)款规定:"行政机关在受理初步决定的上诉或复议初步决定时,具有作出初步决定可能有的一切权力,除非行政机关在通知中或法规中限制受理争议的问题时例外。"受理上诉和复议的机关具有初步决定的一切权力,这是行政裁决和司法判决的很大的不同。美国司法判决的上诉,上诉法院对事实问题的裁定,通常只审查下级法院是否有明显的错误,自己不作裁定。行政裁决不适用这个规则,行政机关在受理上诉案件时有完全的决定自由。行政机关可以钻研听证案卷,对事实问题自己作出裁定,不受行政法官裁定的拘束。① 这个规定的理由,一方面为了保障行政长官能够充分行使最后决定权力,另一方面可能因为行政听证中的事实,经常具有技术性质,或者属于立法性的事实,行政长官掌握政策,对技术问题能够取得机关职员的帮助,他的裁定可能优于行政法官。

由于行政机关在上诉案件的复议中,有初步决定的全部权力,即使行政法官的裁决没有明显的错误,受到不利裁决的当事人也会提起上诉,希望得到一个有利的判决,导致上诉案件的增加。为了限制上诉的案件,法律授权行政机关可以在特定案件的听证通知中,或者在预先制定的法规中,限制上诉的范围,例如规定只对法律错误或明显的事实错误,才能提起上诉。美国有的法律,在行政程序法外规定其他方法,限制上诉案件。例如民航局规定当事人不服行政法官决定的上诉,必须提出申请,行政机关对于显然无理由的上诉可以拒绝接受。又如联邦电讯委员会在该委员会内部,设立一个上诉委员会,受理不服行政法官决定的上诉,不服上诉

---

① *FCC v. Allentown Broadcasting Corp.* 349 U. S. 358 (1955).

委员会的决定再向电讯委员会上诉时,必须得到允许。电讯委员会所采取的办法,会增加经费和机构,不如民航局的规定简便。

行政机关在受理上诉或复议行政法官的决定时,有完全的自由决定权,不表示行政法官的初步决定完全没有作用。行政法官的决定构成案卷的一部分,法院在司法审查时必须考虑,特别是在证言互相矛盾、证人的外部表现可以作为判断证言可信程度的一个参考因素时,行政法官的决定往往受到法院很大的重视,行政机关推翻行政法官的决定而没有实质性的证据支持时,法院可能撤销行政机关的决定。

行政程序法中规定的上诉和复议,是机关内部作决定的程序,行政机关作出终局决定以后,当事人是否可以申请上级机关或其他机关复议,依其他法律的规定,不受行政程序法的支配。

(二) 建议性决定

行政法官在听证结束后,可以作出的另外一种决定为建议性决定,上面已经提到,行政机关可以在听证通知中或行政法规中规定,要求在听证结束后,听证职员核实全部案卷,送交行政机关决定。《行政程序法》在第557节(b)款中,对建议性决定还有一个普遍性的规定:"如果作决定的行政机关没有主持接收证据,主持听证的职员,或依本编第556节规定有资格主持听证的职员,应先提出一个建议性的决定。"

一般认为,建议性决定和初步决定的区别是前者只有咨询性质,必须在行政机关接受才有效力。初步决定已经发生效力,只在当事人不服提起上诉,或者行政机关主动要求复议,另作其他决定时才失去效力。为什么行政程序法中对行政法官的决定,规定两种不同的效力呢? 这是考虑到正式程序裁决事项的性质不同,需要不同的解决方法,初步决定适用于按常规方式,把普遍性规则适用于具体情况的案件,为了加快裁决的进程,由听证官员作出决定,当事人及行政机关保留有请求机关作出决定的权利。建议性决定适用于新发展的领域,行政裁决具有开拓性质,听证官员只能对问题的解决提出建议,由行政长官作出决定。

三、临时决定和免除一切事先的决定

初步决定和建议性决定适用于一般的正式裁决。除此以外,在制定法规和当事人初次申请许可证时,可以不适用这种程序,而适用行政程序法所规定的两种例外的决定程序,即:临时决定和免除一切事先的决定,《行政程序法》第557节(b)款规定:"在制定法规或者决定初次申请许可证时:① 行政机关可以不适用上述程序而作出一个临时决定,或者由其负责的职员中一人提出一个建议性的决定,或者;② 行政机关根据案卷认为在某一案件中,正当地及时执行其职务,绝对不可避免地需要省略上述程序外,可以省略上述程序。"

(一) 临时决定

临时决定由行政机关作出,行政机关即使没有主持听证也可作出临时决定,而且不需要有听证职员的建议性决定,但临时决定并不排除行政机关可以要求职员提出一个建议性决定,能够提出这种建议性决定的人,不以主持听证的人或有资格主持听证的人为限。行政机关中任何负责的职员,即使没有参加听证,也可提出一个建议性决定,在这点上和一般的建议性决定不同,临时决定的这种程序上的特点,是由于其适用对象的性质所产生,因为临时决定适用于制定法规和初次申请许可证,而这两种行为具有政策选择性质,可以在不同的可能决定中进行选择。对于这类问题的解决,即使在作出决定之前已经举行正式听证,行政法官对于最后决定可能作出的贡献,远远不如行政机关长官,或机关中其他有经验的职员,机关作出临时决定以后,当事人可以提出反对,当事人不能提出正当的反对理由时,临时决定即可成为最后的决定。

(二) 免除一切事先的决定

在制定法规和当事人初次申请许可证的正式程序裁决程序中,另一特点为可以免除一切事先的决定,包括初步决定、建议性决定和临时决定在内,而由行政机关直接作出最后决定,这种免除只以根据案卷,确有迫切需要迅速决定的情况为限,行政机关是否滥用这种权力,可以受到司法审查。

四、当事人提出意见的权利

正式裁决的当事人,不仅在听证的时候有提出证据、反驳对方的证据、为自己的主张进行辩护的权利。而且在听证结束后,听证官员或行政机关作出决定之前,还有权对听证中的事实和争论,提出自拟的裁定和结论,并说明理由。《行政程序法》第 557(c) 规定:"在作出建议性的、初步的、临时的决定之前,以及行政机关对下属职员的决定进行复议作出决定之前,当事人有权得到合理的机会提出下列意见,以供参加决定的职员的参考:① 自拟的事实裁定和结论,或者;② 对下级职员的决定、建议性决定和机关的临时决定的异议,以及③ 支持上述异议、自拟的事实裁定和结论的理由。"

当事人对初步决定和建议性决定提出的自拟的事实裁定和争论问题的结论,是在决定作出以前向行政法官提出的,以供行政法官作决定时参考和采纳,在制定法规和初次申请许可证的案件,如果建议性决定由机关的其他职员作出时,这些意见应向作出该建议性决定的其他职员提出。在行政机关直接作出决定时,例如临时决定和免除事先决定的案件,当事人自拟的裁定和结论,应向行政机关提出。在行政裁决已经作出决定后,当事人对于决定不服,可以提出异议。对行政法官的决定不服,可在复议中提出异议,对行政机关的决定不服,如果根据法律规定,这个决定可由上级机关或其他机关复议时,应向上级机关或其他机关提出异议。

当事人在行政法官和行政机关作出决定前或决定后提出意见,是当事人的权利,行政机关不能拒绝。但行政机关可以规定当事人提出意见的合理期间,可以要求当事人提出的自拟裁定、结论和异议,必须引证案卷中的记录作为支持,或者引证法律的规定作为根据。行政程序法没有规定当事人对上述意见可以要求口头辩论,在没有其他法律作出这样规定时,行政机关可以不给予当事人口头陈述或辩论的机会,行政机关对当事人自拟的裁定、结论和异议,必须作出裁决。当事人的意见和行政机关对此所作的裁决,都应记载在案卷之中,可以受到司法审查。

五、决定的内容和形式

(一) 决定必须包括的内容

《联邦行政程序法》第 557 节(c)款在总结以往判例的基础上,对正式程序裁决的案件的决定的内容,作出下列规定:"一切决定,包括初步的、建议性的和临时的决定在内,都是案卷的组成部分,而且应当包括下列事项的记载:① 对案卷中所记载的事实的、法律的或自由裁量权的实质性争议所作的裁定、结论及其理由或根据;② 有关的法规、决定、制裁、救济,或对它们的拒绝。"

根据这项规定,正式程序裁决的决定不能只表明对案件最后的处理或制裁,例如对申请许可证的案件,作出不给予许可证的决定,对申请增加 3 个电视新频道的案件,作出增加一个频道的决定。而且还必须对案卷中所记载的一切实质性的事实争议作出裁定,一切实质性的法律的和自由裁量权的争议,作出结论,说明理由。没有事实裁定的和不说明理由的决定,不符合联邦行政程序法的规定,这样的决定将被法院撤销。除联邦行政程序法外,其他法律中,有时也有类似的规定。

1. 事实的裁定

行政机关权力的行使不是毫无限制,可以对当事人的请求任意表示赞成或反对,特别是行政机关在正式程序裁决的时候,法律的要求更严格。一切决定只能以案卷中的事实作为根据,对有争议的事实,必须根据证据作出裁定,事实的裁定分为两类,即:基础事实的裁定和最终事实的裁定,最终事实的裁定又称为结果事实的裁定,是由各项基础事实裁定中所引申出来的结论,表示适用于特定案件的法律标准。例如裁定价格合理、裁定某公司的行为不构成拒绝集体谈判,都是一个最终事实的裁定,是特定案件作决定的根据。但最终的事实裁定不能凭空产生,必须建立在基础事实之上,由各项基础事实引申而出,例如价格合理的裁定,必须有具体的事实作为支持,这些具体的事实就是基础的事实,基础事实又称证据事实,直接概括证据而确定。基础事实的性质,随案件的性质不同而有差异。

行政决定为什么必须包括事实的裁定呢?有三方面的理由:

(1)防止行政机关的专横行为,因为行政决定必须以特定事实的裁定作为根据,行政机关就很难有滥用权力的行为;

(2)当事人由于行政决定而受到不利影响时,由于事实裁定的公开,能够知道其失败的原因;

(3)便利法院进行司法审查,法院将以事实裁定作为审查的基础,以查明行政机关的决定是否有事实作为根据,行政机关所确定的事实是否有实质性的证据支持。

2. 说明理由

理由是对法律、政策和自由裁量权所持观点的解释和说明,行政裁决作出的决定,不仅要对案件中所争论的事实问题作出裁决,而且要对法律的、政策的、自由裁量权的争论,作出结论,说明理由。不能仅仅重述法律的规定,而没有任何解释,在行政程序法制定以前,法院已经要求行政机关的决定必须说明理由。例如国家劳动关系委员会根据法律的规定,在该局认为能够实现法律所规定的政策时,有权命令私人企业任用由于歧视而被辞退的职工,在劳动关系委员会所发布的一个重新雇用的决定中,唯一的说明是"实现法律所规定的政策",没有其他说明。法院认为国家劳动关系委员会仅仅重复法律的词语,没有说明这个决定为什么是,或者怎样是实现法律所规定的政策。因此要求国家劳动关系委员会必须说明理由。① 当代法院的判例对于说明理由更为重视。例如哥伦比亚特区上诉法院在一个判决中,甚至声称:"行政机关必须说明理由……是行政法的一个基本原则。"②

行政裁决的决定必须说明理由的原因,和必须作出事实裁定的原因相同,可以分为三个方面:

(1) 防止行政机关专横的行为和促进作决定时的谨慎态度。例如行政机关在行使自由裁量权时,可以选择不同的决定。但是行政机关必须说明他所作出的选择,和已经确定的事实或政策之间的合理联系,这样就限制了行政机关在行使自由裁量权时的专横判断,而且行政机关由于必须对其决定说明理由,公开发表,可以促使行政机关在作决定前慎重考虑,不能草率作出决定。

(2) 当事人由于行政机关说明理由,更能了解行政机关所执行的政策和法律的意义,促进法律和政策的顺利实施。

(3) 法院在司法审查时必须首先了解行政决定的意义,才能判断其合法性,一个没有理由的决定,等于一个猜不透的谜语,增加司法审查的困难。所以行政决定必须说明理由的要求,首先是由法院提出的。

行政程序中说明理由的要求虽然具有重要的意义,然而这个要求所企图达到的目的,可能没有完全实现。在很多行政机关中设有一个部门,负责行政裁决的准备工作。行政决定的理由,往往不出自决定者本人,而是机关的职员提出的,裁决书上的理由可能掩盖决定者真正的理由,甚至法院有时也难发现行政裁决理由上的破绽。

(二) 决定的形式

正式程序裁决由于采取机关决定制度,决定前的准备工作由机关职员负担,然而正式裁决的终局决定必须由机关长官作出。如果行政机关采取委员会制,机关长官指委员会的多数委员,法律没有其他规定时,多数委员指简单多数而言。正式程序的决定必须采取书面形式,作成裁决书。重要案件的裁决书,记载一般比较详细,往往模仿法院判决书的形式,载明标题,叙述案情,载明论证、理由、各项争议的结论或裁定,引证权威的意见、先例,甚至还可能记载不同的意见,虽然行政机关的裁决书有时模仿法院判决书的形式,然而法院判决书由法官本人制作,而行政机关

---

① *Phelps Dedge Corp. v. NLRB*,313 U. S. 177(1941).
② *Brooks v. AEC*,476 F. 2d 927(D. C. Circ. 1973).

的裁决书不是由决定者本人制作,而是由机关的职员制作。

六、禁止单方面的接触

行政机关正式程序的裁决,像法院的判决一样,只能根据案卷的记载作出决定;不能以案卷以外的事实作为决定的基础。这个原则称为案卷的排他性原则。① 因为案卷中的记载为双方当事人所知悉的事实。当事人企图对行政法官或其他作决定的官员施加影响,只能在公开场合,在对方当事人参加的情况下进行,如果一方当事人在他方不在场的情况下,和行政法官或其他对案件有决定权的人单方面讨论争论中的案件,这种接触称为单方面的接触,单方面的接触极大地损害对方当事人的利益,破坏正式程序裁决的基本原则和行政机关的威信。这样作出的决定将被法院撤销。企图得到利益的当事人,将丧失有利行动的资格,例如哥伦比亚特区上诉法院,1959年撤销联邦电讯委员会的一个迁移电视频道的决定。因为在该案件正式听证期间,申请人曾经分别邀请各位委员午宴,单独交谈,并且在连续两年的圣诞节期间,分别送给每位委员一只火鸡。这种接触虽然不是重大的违法行为,然而法院认为是不正当的接触。因为在对方当事人不在场的情况下,和决定者单方面讨论案件的是非曲直,违反了公平裁决的原则。② 同一上诉法院,1961年在一个判决中声称:"用偷偷摸摸的行为影响有义务决定争端的官员……就是腐蚀我们政治制度的核心——正当程序、公平裁决、程序公开、不偏不倚、不受外界影响作决定,在行政机关裁决争议时,从事这种鬼鬼祟祟活动的人,如果在争议中涉及的事项以外,没有受到其他损失,就算幸运了。"③

联邦行政程序法最初没有对单方面接触作出规定,行政裁决中出现单方面接触情况时,法院往往认为违反了宪法的正当程序条款,撤销这个决定。有时,法院适用职能分离原则④,撤销这种决定,然而单方面接触的情况超过职能分离的范围,所以在1976年联邦行政程序法的修改中,在第557节(d)款中加上禁止单方面接触的规定。

联邦行政程序法禁止行政机关以外的任何利害关系人,向行政机关

---

① 参见本书第十一章第四节:案卷排他性原则和官方的认知。
② *Sangmon Valley Television Corp. v. United States*, 269 F. 2d 221 (D. C. Cir. 1959).
③ *WKAT v. FCC*, 296 F. 2d 383 (D. C. Cir. 1961).
④ 关于职能分离原则,参见本书第十章第四节:职能分离。

成员、行政法官或其他参与或有理由预料参与案件决定程序的职员,就案件的是非曲直单独表示意见,或促成这种意见的表示。也禁止行政机关的任何成员、行政法官或其他参与或有理由预料可能参与案件决定程序的职员,就案件的是非曲直和行政机关以外的任何利害关系人,单方面表示意见,或促成这种意见的表示。任何参与决定程序的职员,在收到或实行单方面表示的意见时,应把这种接收及其答复,记载于案卷之中。当事人违反行政程序法的禁止进行单方面的接触,本来应当丧失得到有利行动的资格,但主持听证的职员在收到单方面表示的意见时,在符合司法目的和重要法律政策的前提下,可以要求当事人说明理由,为何他的利益不应由于这种接触而受到不利的影响,以考虑是否允许例外的情况。

单方面接触从听证通知发出时开始禁止,如果当事人在此时间以前已知道听证的通知,从当事人知道听证通知时起,开始禁止单方面的接触。

第三节 正式程序裁决最后决定的效力

正式程序裁决作出最后决定并且确定以后,还有两个问题需要说明:终局决定的效力和当事人不遵守行政机关的决定如何执行。本节首先说终局决定的效力,执行问题将在下节讨论。

正式程序裁决的最后决定经过审判型的听证产生,类似法院司法程序的决定。然而这个决定不是法院的判决,它是行政机关的决定,必须符合行政上的需要。因此产生一个问题,即:司法判决的两种效力,一事不再理原则和遵守先例原则,是否能适用于正式程序裁决的最后决定?适用的条件和限制如何?

一、一事不再理原则

(一) 意义

司法程序中的一事不再理原则,又称既判力原则(res judicata),是指一个案件的实质内容已由法院作出确定判决以后,当事人及利害关系人不得就同一事实,以同一理由再提起诉讼,进行争议。该案件所涉及的各种法律关系,因判决而确定。禁止争议的范围不仅包括当事人在诉讼中已经提出和法院已经决定的问题,而且包括当事人在诉讼中可以提出由法院决定而未提出的问题,但不包括作为判决的理由在内。一事不再理原则存在的理由,首先因为任何争议不能反复进行,必须有个终止,其次是由于节省时间和金钱。

(二) 行政决定是否适用一事不再理原则

行政决定是否适用一事不再理原则,这个问题比较复杂。不是简单的完全可以或者完全不可以,应当根据行政决定的性质和行政程序的方式而定。司法程序通常是把法律或者一个普遍性的规定适用于过去的特定事件。过去的东西已经固定,不能再变,所以最能适用一事不再理原则,而且法院的判决程序受到法律的严格规定,判决非常慎重,对当事人产生不公正的情况较少,有利于适用一事不再理原则。行政决定所涉及的对象变更性大,很难固定。行政法和行政政策的制定及适用以公共利益为宗旨,随情况的变更而改变。由于这种变动性的缘故,对于行政决定很少能够实行一事不再理的原则。而且行政决定大都通过简易程序作出,当事人没有律师代表参加,允许行政机关对于同一问题再作一次考虑,也许更符合当事人的利益。

但是行政决定的性质复杂,行政决定的程序也不一致,行政决定中有一部分是针对特定事件的争议而作出的,这类事实称为司法性的事实。行政机关决定争议的程序也有一部分是采取类似审判方式进行的,这种程序称为正式程序裁决。行政机关采取正式程序裁决司法性的事实时,这种决定在性质上和法院的判决基本相同。因此司法判决的一事不再理原则,也能适用于正式程序裁决的最后决定。最高法院在一个判决中肯定了这个原则,法院声称:"有时,法院说一事不再理原则不适用于行政程序。这样的说法毫无疑问是太宽了。当行政机关以司法的资格行动,解决正当地由它管辖的事实的争议,而且当事人有恰当的机会进行争辩时,法院应毫无疑问应对它适用一事不再理原则,以实现一个终止。"①

(三) 适用的条件

正式程序裁决的终局决定和法院的判决一样,只在一定的条件下,才能适用一事不再理的原则。这些条件有以下几项:

1. 案件的实质已经作出最终的决定

一方面,一事不再理原则是案件的内容所具有的确定力,即案件的实质确定力,不是案件的形式确定力,后者是指案件已不能以申诉、上诉等方法加以变更,即案件在形式上已经确定,行政机关必须就案件的实质已

---

① *United States v. Utah Construction & Mining Co.*, 384 U.S. 294(1966).

经作出决定,才有实质的确定力。行政机关对案件拒绝受理的决定,或其他不涉及案件内容的决定,不产生实质的确定力。

另一方面,案件的实质确定力只在案件最终决定时才发生,所以必须有案件的形式确定力作为前提。只在案件已经达到不能上诉或以其他申诉方法改变时,才是最终的决定。行政法官的初步决定和建议性决定,不是终局的决定。行政机关在决定中保留在一定期内的修改权时,这样的决定也不是最终的决定。

2. 案件的当事人相同

行政机关的决定,原则上只对当事人及其利害关系人有效。一事不再理的原则也只对当事人及其利害关系人适用。利害关系人的范围,因事件的性质不同而不同。一个行政机关对于某一事项以国家名义所作的裁决,其他机关也是利害关系人,对于同一事项不能再受理,并受其拘束。

3. 案件的标的和争议的原因相同

一事不再理原则只适用于当事人相同,而且决定的事项也相同的时候,对于当事人间不同的事项不适用。例如当事人申请增设一个电视台的决定被电讯委员会拒绝,如果日后当事人申请就原有电视台增设一个频道,后面这个申请和原先的申请事实不同,不适用一事不再理原则。适用这个原则除要求案件的事实相同以外,还要求争议的原因也相同。如果对于同一事实由于不同的原因而引起争议,则前一案件所作的决定,对后一案件不适用一事不再理原则,因为这两个案件中的事实不能认为相同。在行政关系中,由于法律或政策的改变,或者客观情况的变迁,当事人的申请前一次已经被拒绝,日后能够得到允许。或者当事人的行为在前一次裁决中没有受到处罚,而在后一次裁决中可能受到处罚。这是由于情况的变迁,前后案件的事实不同的缘故。

(四) 适用的限制

上面已经指出,一事不再理原则只适用于行政机关的司法性行为。对于行政机关的立法性行为和纯粹行政性的行为,不能适用。即使对于司法性行为,这个规则的适用也受到一些限制。这些限制有的和法院判决所受的限制相同。有时,为了适应行政上的需要,和法院所受的限制可以不同。这个原则在下列情况下将不适用:

1. 行政程序的记录中显示明白的严重错误

正式程序的裁决以案件的卷宗的记载为根据。如果在行政程序的记录中,显示明白的严重错误,当然影响决定的效力。但是错误必须达到能够影响决定的正确性时,才不适用一事不再理原则,这个观点可用1971年第四上诉法院的一个判决作为代表。法院声称:"行政的一事不再理原则,在本院中已经牢固树立作为法律……但是如果在前一案件的行政程序记录中有明显的错误时,这个原则例外地将不适用……我们审查了前案的行政程序记录,发现有些证据支持当事人的申请,有些证据否认当事人的申请,因此不能认为在前案的行政程序中,有明显的错误。"①

2. 发现新的重要证据足以改变或者推翻原来的决定

法院的判决确定以后,如果发现新的证据,足以改变或者推翻原来的判决时,构成案件再审的理由。同样情况也适用于行政机关的正式程序裁决。当然,适用的方式不一定完全一样,至低限度在出现这种例外情况时,可以限制行政机关对新案件适用一事不再理的原则,虽然新案件的当事人和事实与原先的案件完全相同。这个观点也反映在上面所述上诉法院的同一判决中,法院声称:"如果新的申请有新的重要证据支持,其证明力足以得出一个和原先决定不同的结果时,一事不再理原则例外地将不适用。"②

3. 产生重大的不公平的结果或者妨碍重大的公共利益

一事不再理的原则不能机械地适用,不问其效果如何,如果适用这个原则对当事人产生重大的不公平的结果,或者妨碍重大的公共利益时,法院将限制这个原则的适用。例如一个申请伤残补助金的案件,当事人两次提出申请。两次遭到行政机关拒绝。然而行政机关作决定时,没有举行听证程序,当事人第三次提出申请时,行政机关援引一事不再理的原则,拒绝当事人的申请。法院在司法审查中推翻了行政机关的决定。法院声称:"当适用传统的一事不再理原则产生不良的结果时,这个原则必须放弃或者修改,避免不公正的结果。"③法院的意思显然认为申请人有资格得到补助,并非无理取闹,不能适用一事不再理原则。

二、间接的禁止翻供原则

间接的禁止翻供(collateral estoppel)的性质和作用,和一事不再理相同。过去在习惯上把它包括在一事不再理原则之内,不单独说明。但是

---

① *Harrah v. Richardson*, 446 F. 2d 1(4th Cir. 1971).
② *Harrah v. Richardson*, 446 F. 2d 1(4th Cir. 1971).
③ *Grose v. Cohen*, 406 F. 2d 823 (4th Cir. 1969).

这两个原则在适用的条件上不完全一样。近来的趋势是把间接禁止翻供原则与一事不再理原则分离,间接禁止翻供原则较多适用于行政方面,司法方面的适用较少。

一事不再理原则适用于后来案件的当事人、实质内容、争议原因和原来案件相同的时候,禁止同一案件的重复,间接禁止翻供原则适用于相同的当事人间的两个不同的案件,新案件中的某一事项和原案件完全地或部分地相同,已在原案件中决定。在这种情况下,行政机关在决定新案件时,对于其中和原案件相同的事项,适用一事不再理的原则,不再变更。间接禁止翻供原则只适用于原案件中已经决定的问题,不适用于原案中可以决定而未决定的问题。例如行政机关禁止某一公司出售某项食品,认定某一制造工艺不合卫生标准,日后该公司在向行政机关申请其他许可证时,在其说明书中包含利用已经认定不合格的工艺在内,行政机关对新案件作决定时,对于其中和原案相同的事项,适用原案中的决定,禁止在其他案件中,推翻原案已经确定的决定。

间接禁止翻供原则适用的条件,关键在于新案件中的某一事实和原案件完全地或部分地相同。然而在很多时候,相同的事实只是表面相同,而实质不同,这时就不能适用间接禁止翻供原则。例如同样的事实规定在不同的法律,而两个法律所追求的目的不同;同样的事实出现在不同的时期,环境已经改变,或者政府对于同一事项前后的政策不同,在这些情况下,都不能适用间接禁止翻供原则。当事人主张适用间接禁止翻供原则时,应负责证明新案件中的某一事实,和前案相同,而且前案对于这个问题,已就实质方面作出确定的决定。

三、遵守先例原则

遵守先例(stare decisis)是英美司法制度中的一个重要原则,英美的普通法就是由法院的判例所形成。根据这个原则,法院的判例一旦对某一事项确定了一个法律原则,这个原则就必须遵守。这个判决就成为一个先例,同级法院和下级法院以后遇到事实基本相同的案件,不论发生在任何当事人间,必须遵守这个先例。由于情况的改变,先例也可变更。但是美国法院一般不采取推翻先例的方式。在适用先例不妥当时,往往认为案件中的事实和先例不同,而不适用。遵守先例的作用,在于保障法律原则的稳定和安全,以及法院判决的一致性。

行政机关的性质和法院不同。行政事项变迁性大,一般认为遵守先例原则不适用于行政决定。即使是正式的裁决程序作出的决定,类似法院的判决,仍然不适用遵守先例原则,行政机关必须能够自由地改变他的政策,以适应公共利益的需要。如果像法院一样受到遵守先例的限制,行政机关将不能适应情况,不能有效率地执行职务。

行政机关的决定不适用遵守先例原则,不表示行政决定可以前后不一致,没有任何限制。行政机关的决定和以往的同类决定不同时,必须说明理由,不能忽视以往决定的存在,行政机关改变已往的决定时,不能只对某个特定案件变更,而对其他处于相同状态的案件,仍然适用以往决定中的原则。对于相同的情况,必须适用相同的标准和原则,保持行政决定的一致性,这是公平行政的要求。没有理由的区别对待,可能被法院认为是专横的行为而撤销。虽然行政机关的决定不受遵守先例原则的束缚,但是这个原则在可以适用于行政决定的范围内,仍然受到行政机关的尊重。美国有的行政机关公开发表它的决定,非常重视遵守先例原则。

第四节　行政决定的执行

正式的裁决程序在很多情况下是行政决定执行的程序。为什么在这里还要谈行政决定的执行呢?这是因为,一方面,正式的裁决程序不都是执行的方式,而且很多时候,正式程序裁决作出的决定,本身也有执行的需要;另一方面,行政决定的执行问题超过正式程序裁决,必须有一个综合性的说明。

行政机关作出决定以后,当事人可能因此负担作为或不作为的义务。在一般情况下,当事人都能自动履行。在当事人不履行义务时,发生执行问题,这是本节所讨论的问题。下面分别说明执行的手段和执行的方式两个问题。

一、执行手段

行政决定的执行手段,必须由法律规定。在法律没有规定执行手段时,行政机关只能利用舆论压力,强制当事人遵守行政机关的决定。美国没有一个法律概括地规定行政决定如何执行,而分别由不同的法律,按照行政决定的内容和性质,规定不同的执行手段。执行的手段种类很多,有直接的手段,也有间接的手段。间接的执行手段不立即实现行政决定的内容,往往也不是最终的执行手段,然而它是适用最多的执行手段。直接执行手段使用强制力量,立即实现行政决定的内容,适用的情况受到严格的限制,只在很少的情况下才能使用。下面分别说明美国法律对行政决定的执行所规定的各种手段。这些手段按其性质和法律规定的不同,可以单独使用,可以联合使用。

(一) 刑罚

这是最严厉的执行手段,在当事人不遵守行政决定时,不论这个决定是普遍性的条例或具体性的处理,法律在考虑其重要性认为必须严格遵守时,都可规定刑事处罚作为执行的保障。行政机关对于不执行行政决定的人,应向检察机关检举,由后者向法院提出追诉,刑事处罚在一般情况下,不妨碍行政机关同时采取必要的行政处罚和请求损害赔偿。

法院在判决刑事处罚以前,必须首先审查行政决定是否合法成立,以及当事人是否违反行政决定。法院不能根据无效的行政决定处罚当事人,也不能对没有违反行政决定的人进行处罚。这是公正审判的要求,也是宪法修正案第6条的精神,宪法修正案第6条规定:"在一切刑事诉讼中,被告享有由发生罪案的州或区域的公正陪审团,予以迅速地公开审理的权利……"如果当事人由于违反行政决定受到刑事追诉,而不能主张该决定违法作为防卫手段,很难说他的宪法权利已经得到尊重,最高法院在1946年的埃斯特普诉美国案件中,明白承认刑事被告的这种权利。法院声称:"我们不能轻易地推论国会与传统的公正审判观点相差如此之远……以致规定美国公民因违反行政机关不合法的命令而受监禁。"①

最高法院对于宪法修正案第6条的解释,似乎不完全一致。在1944年的亚库斯诉美国案件中②,法院认为,美国宪法并不要求法院在刑事诉讼中,审查作为追诉根据的行政决定的合法性。国会可以对行政决定的合法性规定单独的司法审查,排除在刑事诉讼进行中附带的司法审查。如果法律规定有单独的司法审查时,刑事诉讼中不再审查行政决定的合法性,只审查当事人是否违反行政决定,因而应当受到法律规定的处罚。亚库斯案件的观点在美国受到强烈的反对。批评者认为这个案件出现在第二次世界大战期间,情况特殊,不能作为平常时期适用的根据。1987年,美国最高法院在美国诉门多萨—洛珀兹案件中,认为法院在刑事处罚

---

① *Estep v. United States*, 327 U.S. 114(1946).
② *Yakus v. United Stated*, 321 U.S. 414(1944).

的诉讼中,应当审查行政决定的合法性。①

(二) 行政罚

行政罚是在刑罚手段以外,法律规定由行政机关按照法定的程序,对于不执行行政决定的当事人,科处某种制裁作为保障执行的手段。这是使用最多的执行手段,常用的行政处罚为罚金,法律规定一定的幅度,由行政机关根据具体情况决定数额。但法律也可以规定由法院决定罚金数额,和刑罚相同,除罚金以外,法律还规定其他很多行政处罚手段。例如命令停止某种活动、撤销或者中止当事人的执照或许可证,拒绝延长当事人的执照,不给予当事人某种利益或补助,拒绝邮寄淫秽书刊或欺骗性广告,驱逐出境,或者对当事人的活动增加某些条件或限制,不给予船舶或飞机起航许可证等。法律也可规定公布当事人的拒绝执行情况,作为处罚手段。

行政处罚作为执行手段的一个特点,是行政机关一般不能使用物质强制力量。有时必须依赖法院的支持,才能实现处罚的效果,最终达到执行的目的。有些处罚,行政机关一旦决定,即已发生实际效果,不需要当事人另有作为或不作为的行为。例如取消许可证、拒绝给予某种利益等处罚手段,属于这种情况。有些处罚行政机关决定以后,还需要当事人的行为或不行为,才能发生实际效果。例如罚金和停止某种活动等处罚的实现,都需要当事人的作为或不作为。在当事人不遵守时,行政机关必须诉诸法院,由法院发布相应的命令,达到执行目的。

(三) 赔偿损失

赔偿损失不是一种处罚,它是一种间接的执行手段,当事人不执行行政机关的决定,行政机关或其他人因此受到损失时,可以请求赔偿。赔偿损失作为一种执行手段,通常和其他执行手段同时使用。

(四) 强制执行

有时,通过制裁手段不能达到执行目的,因为当事人可能宁愿忍受制裁,而拒不执行行政机关的决定。或者由于公共利益的需要,某种决定必须立刻执行。在这种情况下,法律有时授权行政机关直接执行当事人因行政决定所负担的义务。或使第三人执行当事人的义务而向当事人征收费用,或者对当事人的人身或财产,直接施加强制力量,以达到执行目的。美国法律称这种执行手段为简易权力(summary power),属于简易行动

---

① *United States v. Mendoza-Lopez*, 107, S. Ct. 2148(1987).

(summary action)的一种形式。这种执行手段一般出现在公安和卫生领域。例如为了保护公共安全和公共卫生起见,行政机关可以自己或通过他人的帮助,拆除有倒塌危险的房屋、推毁火灾附近的房屋、销毁有传染病毒的食品,或执行法律所规定的其他情况。

二、执行方式

行政决定执行的手段虽然很多,然而执行的方式只有两种:通过法院采取司法程序执行;由行政机关本身,通过行政程序执行。

(一) 司法程序

有些执行手段只能通过司法程序采取,例如刑罚手段必须通过司法程序,由法院判决。损害赔偿一般也由法院判决,1906 年以前,法律对州际商业委员会的决定没有规定行政执行手段,只能提起诉讼由法院命令执行。行政机关所决定的行政罚,在当事人不执行时,最后也必须求助于法院,由法院发布制止命令、执行命令,或扣押和变卖被执行人的财产。当事人不遵守法院的命令时,构成藐视法庭罪,可能受到拘禁或罚金的处罚。行政决定在当事人不自动执行时,除少数情况以外,最后只能以剥夺当事人的自由和财产权作为强制手段。而这种权力原则上只由法院掌握,经过司法程序确定。所以行政决定的执行,在很多情况下,直接的或者最终的依赖于司法程序。

有权申请法院执行的人,根据法律的规定,可以是行政机关、检察官,或由于不执行行政决定而受到损害的第三人。

法律规定司法程序作为执行方式的理由,在于防止行政机关行使专横的执行权力。法院在裁决执行以前,必须首先审查行政决定是否合法成立,违法的行政决定不具备执行力量,法院不能支持行政机关的违法行为。其次必须审查当事人是否违反了行政机关的决定。如果当事人的行为不构成拒绝执行行政机关的决定,也不发生执行问题。

然而法院在执行程序中对行政决定合法性的审查,不是没有限制。如果法律明白规定,某一活动的合法性只能在单独的司法审查程序中进行,不能在其他程序中审查时,这时执行程序必须和司法审查程序分开。法院在执行程序中不审查行政决定的合法性,只审查当事人是否违反了行政决定,这个限制对刑事处罚不适用。上面已经说过,刑事处罚受到宪法修正案第 6 条的约束。国会立法不能剥夺当事人在刑罚的执行程序中主张行政决定不合法的权利。刑罚以外的处罚,不受宪法第 6 条的限制,国会可以通过法律,分开司法审查程序和执行程序。由于同样的理由,如果法律规定当事人在请求司法审查以前,必须首先穷尽行政救济手段时,当事人在未利用行政救济前,不能主张司法审查。如果法律规定某一活动的合法性只能利用行政审查,排除司法审查时,当事人也不能在执行程序中,主张行政决定违法作为抗辩理由。但是不论在任何情况下,在以司法程序作为行政决定的执行方式时,法院都必须审查当事人的行为,是否违反行政决定。

(二) 行政程序

以行政罚作为执行的手段,都是通过行政程序进行的,由于行政罚的种类很多,使用频繁,所以行政程序是执行行政决定最常用的方式,行政执行程序不是完全由行政机关自由采取的程序。很多处罚由于涉及公民的重大利益,法律可能要求必须采取正式程序的裁决。当然,正式程序的裁决和行政处罚的程序的范围并不相等。正式程序裁决的范围超过行政处罚,行政处罚也不全都需要正式程序的裁决。而且正式程序裁决所确定的行政处罚,作为一种执行手段,也往往不是最终的执行手段。然而行政处罚和正式程序的裁决,却有很大的联系。对于不需要正式程序裁决的行政处罚,也必须符合宪法的正当法律程序要求,尊重当事人的防卫权利,正当法律程序并不要求采取固定的程序,但是不公正的处罚在任何程序中都不能存在。

行政程序作为执行方式的特点,是在很多情况下可能不是最终的执行方式。行政机关作出的处罚,有时需要当事人的作为或不作为才能发生实际效果。在当事人不遵守行政机关的处罚,例如不缴纳罚金、不停止某种活动时,行政机关如果没有简易行动的权力,则只能诉诸法院,请求法院作出相应的裁判,并以实力强制执行。在这种情况下,司法程序是最终的执行方式。

行政机关的简易行动,是一种例外的行政执行程序。在这种程序中,行政机关迅速采取行动,免除一般行政程序可能受到的束缚。这种执行方式对公民的自由和财产,带来极大的危害。所以法律只在极有限的范围内,而且出于公共利益的迫切需要时,才允许这种执行方式存在。这种执行方式由行政机关以实力直接实现执行目标,不需要法院的支持。然而不能认为这种执行方式和法院完全无关。因为行政机关的简易执行行为是否符合法律规定、是否超过必要的范围,仍然处在法院的监督下。

第十三章
非正式程序裁决

以上三章详细说明了正式程序的裁决。这个程序规定在联邦行政程序法中,以审判型的听证为核心,受到学术界的注意,联邦行政程序法对于非正式程序没有规定,讨论这个问题比较困难。下面首先对非正式程序概括说明,然后对非正式程序裁决中最主要的问题,自由裁量权的公正行使问题,单独说明。

第一节 概 述

一、非正式程序裁决的意义

联邦行政程序法中的裁决是指行政机关制定法规以外,作出其他影响当事人的权利和义务的一切决定。这种裁决的意义比一般用语中裁决的意义广泛,在一般用语中,裁决一词是指解决一个争端,行政程序法中的裁决超过解决争端的范围,包括一切具体决定在内,相当于我国行政法学的行政处理概念。本章及以上几章中裁决一词,采取联邦行政程序法所使用的意义。

非正式程序裁决是指行政机关在依审判型的听证程序以外所作出的行政处理,是从程序观点对行政处理所作的分类,包括一切不要求正式程序的裁决,行政机关的各种决定,除制定法规和正式程序的裁决以外,都是非正式程序的裁决,行政机关的决定在法律没有规定任何程序,而且宪法中的正当法律程序条款也不要求采取正式的听证程序时,适用非正式程序,此外,法律虽然规定一定的程序,但不要求行政机关根据听证记录作决定时,也是非正式程序①,非正式程序的范围非常广泛,包括从完全没有任何程序的口头谈话,到几乎接近审判型的听证程序在内。例如行政机关进行的协商、和解、观察、调查、签订合同、发动追诉、决定不追诉、回答问题、提出建议和指导、举行非审判型的听证,都是非正式程序,由此而作出的决定都是非正式程序裁决。

二、非正式程序裁决的重要性

首先,非正式程序裁决的重要性在于它的适用范围广泛,行政机关的大量裁决都是采取非正式程序,法律特别要求根据听证记录作决定的情况不多。美国法院认为法律规定必须举行听证,没有规定必须根据听证记录作决定时,行政机关可以自由选择听证的形式,不一定举行审判型的听证。②宪法正当法律程序所要求的听证,形式多样化,很少要求审判型的正式听证,即使在法律规定采用正式程序作裁决时,也不排除用非正式程序代替正式程序,因为《联邦行政程序法》第554节(c)款规定,在举行审判型的正式听证以前,在案件的性质、时间和公共利益允许的范围内,必须给予双方当事人一个机会③,提出和考虑事实、论点,进行协商,提出妥协方案以解决争端。只在双方当事人不能以同意解决争端时,才进行正式程序裁决,这个协商程序,类似我国的民事诉讼在审判前先进行和解,和解不成才开始审判。除正式听证前的会谈以外,《行政程序法》第556节(d)款规定,在依正式程序制定法规、决定金钱或物质利益的请求,或初次申请执照的裁决中,在不损害当事人的利益时,也可以全部或部分地采取书面程序提供证据,避免正式程序所要求的口头质证程序。因此,除极少数法律规定必须适用正式程序的情况外,非正式程序几乎适用于全部行政裁决。根据美国一位法学家的估计,90%以上的行政活动采取非正式程序。正式程序所占分量不到1%。④ 美国司法部长行政程序委员会1941年的最后报告中声称:"非正式程序构成行政裁决的绝对多数,它们是行政程序的真正生命线。"⑤

---

① 参见本书第十章第一节:正式程序裁决的意义和适用的范围。
② 参见本书第十章第一节:正式程序裁决的意义和适用的范围。
③ 通常是行政机关和私人,也可能是私人和私人。
④ Wainer W. Gardner: "The Informal Action of the Federal Government", in 26 *American University Law Review*, p. 799 (1977).
⑤ Attorney General's Committee on Administrative Procedure: *Final Report*, 1941, p. 35.

其次，和正式程序相比，非正式程序具有下列优点：

1. 很多事项不能适用或不宜适用正式程序

正式程序只能用于解决特定的事实争论，如果所争论的不是事实问题，而是政策问题，所涉及的不是特定的人或特定的事，而同时涉及很多人或相当广泛的事实问题，则不用举行审判型的听证和口头辩论，这时可采用非正式的书面听证程序代替正式听证，即使所争论的问题属于事实问题，有很多事实按其本身性质，不能适用审判型的听证作出决定，例如行政机关决定是否给予驾驶执照、产品的质量是否符合规定的标准，都不能用审判型的听证作出决定，而必须利用观察、测验或其他科学方法代替听证。联邦行政程序法承认正式程序不能或不宜普遍使用，规定下列事项不适用正式程序裁决：① 法院可以全面重新审理的案件；② 除行政法官以外，政府机关职员的录用和任期；③ 完全根据观察、测验或选举而决定的事项；④ 军事或外交职务；⑤ 行政机关充当法院代理人的案件；⑥ 劳工代表资格的证明。①

2. 非正式程序不妨碍行政效率

正式程序必须举行口头辩论，双方律师对证人互相质问，在证人人数多、涉及面广的情况下，一个案件的裁决耗费大量的时间和金钱。对于引起大量争端必须进行大量裁决的行政事项，例如社会保障引起的争端、退伍军人事务引起的争端，必须进行大量裁决，这时只能适用非正式程序，加快裁决的进展。此外，有些案件必须迅速裁决，例如公共卫生方面的案件，也只能适用非正式程序，在这些情况下，如果不适当地采用正式程序裁决，会挫败行政机关作决定的能力，导致无政府状态。

3. 非正式程序具有适应性和灵活性

法律对于非正式程序，有时完全没有规定程序，有时没有规定硬性的程序。行政机关采用何种程序有很大的自由裁量权，能够根据具体事件的性质采取最适当的程序。任何程序就其本身而言，无所谓好坏，一个程序的好坏取决于适用的事件和适用的情况。只有符合其所适用的事件和情况的程序，才能发挥保障私人利益和行政利益的效果。

4. 非正式程序能够保持当事人的合作和团结

通过审判型的听证作出决定，似乎非常公平，没有偏袒任何一方，实际上双方当事人在审判型的听证中互相争论，互不退让，即使在正式程序

---

① 参见本书第十章第一节：正式程序裁决的意义和适用的范围。

裁决以后,还可继续向法院起诉,留有后遗症,通过非正式程序,双方协商解决争端,互相让步,可以保持当事人之间的团结合作。

1941年的司法部长程序委员会在最后报告中,承认非正式程序的重要性,但是没有建议制定非正式程序裁决的规则。委员会建议的立法草案中,只包括正式程序的非正式程序制定法规的规则,正式程序裁决的规则,没有非正式程序裁决的规则。主要原因是非正式程序裁决的范围太广,很难制定能够适用于全部非正式程序的规则,只能由个别的法律对具体事项制定某些程序规则。同时也因为要保持非正式程序裁决的灵活性,避免制定程序规则,在行政程序法施行一段时期以后,当代的经验证明,必须尽量缩小正式程序裁决的适用范围。既然非正式程序裁决是最主要的行政裁决,而联邦行政程序法把重点放在正式程序,未对非正式程序作出规定,因此,有意见认为必须修改行政程序法,增加非正式程序裁决的规定,然而这个意见很难实现。国会迄今没有采取行动制定非正式程序裁决的规则,美国州示范行政程序法,1941年和1961年两次法律条文中,都没有关于非正式程序裁决的规定。1981年修正的法律中,增加两项非正式程序裁决条款,然而作用不大,只适用于轻微的案件。例如不超过1 000元或100元的案件,对于学生纪律处分不包括开除学籍或停学10天以上的案件,对于比较重要的案件,没有规定非正式程序裁决的条款。

美国司法界和律师界一向比较保守,重视正式程序的裁决,忽视非正式程序的裁决。因为正式程序的裁决适用审判型的听证程序,他们认为最能保证公平,充分保障当事人的利益。近年来,迫于形势需要,他们的观念也有转变,认为正式程序裁决只能适用于很小的范围以内。问题的症结不在于限制非正式程序的裁决,而在于任何保持非正式程序裁决的适应性、灵活性、效率性,而同时保持非正式程序的公正性。

三、公正的非正式程序裁决

非正式程序裁决是指不采取审判型听证所作出的决定,不是指没有任何程序限制的裁决。即使法律没有规定程序规则,行政机关也不能随心所欲,使用专横的裁决程序,行政程序一方面要避免形式化、僵硬化,但也必须符合公正的标准,同时具有效率性、公正性,并且使当事人感到满意,乐于接受。怎样能使非正式程序成为公正的程序呢?最有效的方法是上面提到的修改联邦行政程序法,在正式程序裁决之外增加非正式程序裁决条款。然而由于非正式程序裁决的方式繁多,各种程序互不相同,很难制定一部能够普遍适用的非正式程序裁决法,美国行政程序法制定以后,虽然经过几次修改都没有增加非正式程序裁决条款。美国目前对非正式程序裁决的调整,主要采取下列方式:

1. 个别法律中的规定

行政程序如何兼顾效率性和公正性,不可能有一个固定的模式,必须随问题的性质和某一程序所执行的法律和政策的目的不同而变化。国会在制定某一法律时,可以根据法律的目的和所要实现的政策,规定一个程序,或者规定某种标准,行政机关作决定的程序必须符合这个标准。采取这种规定方式,可以使行政机关作决定的程序,和它所执行的政策互相配合。在法律没有规定程序时,行政机关对于其所执行的法律,可以主动地制定一个程序规则,作为法律的补充。

2. 利用联邦行政程序法中可以利用的规定

联邦行政程序法中,虽然没有对非正式程序裁决作出规定,但是联邦行政程序法中存在某些一般性条款,可以适用于非正式程序裁决,《联邦行政程序法》第 555 节(e)款规定:"利害关系人在任何行政程序中所提出的申请、请求或其他书面的要求,遭到全部或部分拒绝时,必须给予迅速的通知,除非是维持原先已经作出的拒绝,或者拒绝的理由是不言而喻的以外,在发出的通知中必须同时简单地说明理由。"这个规定中的通知义务、说明理由义务,主要适用于非正式程序裁决,因为行政机关依正式程序裁决的通知义务和说明理由义务,已经规定在第 554 节和第 557 节。第 555 节规定的说明理由义务既然只适用于非正式程序裁决,当然不要求达到正式程序裁决同等水平。

《联邦行政程序法》第 552 节规定情报自由。[①] 除法律规定可以保密的事项以外,当事人可以利用这节的规定,查阅行政机关对他作出不利的决定所根据的文件和证据。第 552 节还规定行政机关的程序规则、影响个人权利的决定、政策声明、工作人员手册、职务训令,必须公开,否则不能作为根据或先例引用。除非受影响的人已经得到通知,或者这些资料已经能够为公众利用时例外,行政程序公开的原则适用的范围很广,当然能够适用于非正式的程序裁决。但是当事人根据情报自由法只有知道的权利,不能对行政机关作决定的事实根据提出争辩,所以这条规则的保护

---

① 参见本书第二十一章:行政公开(一):《情报自由法》。

效果,受到一定的限制。然而程序公开原则,至低限度可以防止行政机关采取武断的和专横的程序。

除情报自由法外,当事人还可利用《行政程序法》中第552(a)节隐私权法,查阅自己的档案材料,和要求修改不符合实际情况的记录。这项规定也可以防止程序上的武断和专横,《行政程序法》第552(b)节阳光中的政府法,对委员会制定行政机关会议公开的程序作出了详细的规定。这些条款都能适用于非正式程序裁决。①

3. 宪法中的正当法律程序条款

在法律和法规没有任何规定时,当事人对于非正式程序裁决所享有的保护来自宪法修正案第5条和第14条规定的正当法律程序条款。正当法律程序规则是一个实体法规则,也是一个程序法规则。就行政裁决的程序而言,正当法律程序要求行政机关的决定对当事人的生命、自由和财产产生不利的影响时,必须听取当事人的意见,给予当事人为自己利益辩护的机会,这种程序上的要求,法律上称为听证。正当的听证是正当法律程序的核心内容②,是宪法对行政程序所规定的最低要求,行政机关的一切决定,包括非正式程序的裁决在内,如果对个人的生命自由和财产产生不利的影响,在法律没有规定其他程序时,法院可以根据宪法审查行政裁决的程序是否符合正当法律程序。即使法律已经规定某种程序,法院也可以审查法律规定的程序是否达到宪法要求的正当法律程序标准,公正的程序是宪法要求行政机关作决定所必须遵守的规则。

什么是公正的程序呢? 正当法律程序没有规定一个固定的模式。程序是否公正取决于行政机关作决定时每个案件的具体性质,当事人的利益和行政机关的利益在程序中所受到的影响。一个公正的程序必须同时兼顾行政的利益和个人的利益。③ 最高法院1976年在马修斯诉埃德里奇案件中声称,正当法律程序所要求的公正程序,必须考虑三个因素:① 受行政决定影响的私人的利益;② 由于行政机关所使用的程序,这些利益可能被错误地剥夺的危险,以及采取增加的或代替的程序保障可能得到的任何利益;③ 包括相关的行政作用在内的政府利益,以及增加的或代

---

① 关于《隐私权法》和《阳光中的政府法》,参见本书第二十二章:行政公开(二):《阳光中的政府法》和《联邦咨询委员会法》;第二十三章:《隐私权法》。
② 参见本书第九章:正当的法律程序和行政听证的权利。
③ 参见本书第九章第三节:正当法律程序所要求的听证。

替的程序可能带来的财政和行政负担。① 这个判决提出的利益平衡原则,多少带有主观性质,在理论上受到一些反对,然而法院迄今没有提出更好的原则,所以这个判决作为先例,广泛地应用。因此,正当法律程序所要求的公正程序是平衡各方面利益的结果,是一个灵活的程序。

一方面,根据需要保护的利益的重要程度和性质的不同,正当法律程序可能要求行政机关的决定,必须采取正式的听证程序,也可能只要求一个非常简单的程序,仅仅给予当事人一个非正式的陈述意见的机会。例如在1970年的戈德伯格诉凯利案件中,最高法院认为,行政机关在终止当事人的福利津贴时,必须在作出决定前举行正式的听证,当事人在程序上有权事先得到通知,口头提出理由和证据,和对方证人对质,由律师代理,行政机关的决定只能以听证的记录作为根据,作决定的人必须没有偏见,必须说明理由和事实根据。总之,当事人享有正式听证的全部保障,因为福利津贴领取人生活极端困难,终止福利津贴等于剥夺当事人的生计来源,必须在程序上给予充分保障。②

另一方面,在1975年的戈斯诉洛伯兹案件中,涉及学校当局停止学生学业10天的决定。最高法院只要求学校当局在作决定前,事先通知学生受指控的事实、学校所根据的证据,允许学生提出自己的观点和证据。法院拒绝学生在决定的过程中,有请律师代理权,学生也无权要求传唤证人和质问对方证人,学校可以和学生进行非正式的谈话,听取对方的意见。由于这个案件所涉及的利益轻微,学生在学校的决定程序中,除了事先得到通知,非正式提出意见以外,没有其他程序上的保障。③ 从这两个案件的对比中,可以看出正当法律程序所要求的公正的程序可以差别很大,然而不论程序的差别如何,一个非正式程序的裁决,除完全依赖物质的观察、科学测验和计算作出决定以外,一切对当事人不利的决定,必须包括最低限度的程序保障,这个保障是:事先得到通知的权利,口头或书面提出意见的机会,决定必须说明理由,作决定的人必须没有偏见。④

4. 结合非正式程序和正式程序

正式程序裁决和非正式程序裁决各有利弊,都有存在的理由。正式

---

① *Mathews v. Eldrideg*,424 U.S.319(1976).
② 参见本书第九章第二节:正当法律程序所保护的利益、第三节:正当法律程序所要求的听证。
③ *Goss v. Lopez*,419 U.S.565(1975).
④ 参见王名扬:《英国行政法》,北京大学出版社2007年版,第116—123页。

程序虽然费时费钱,不利于行政效率,然而能够充分保障程序的公正和当事人的利益。非正式程序虽然具有很大的灵活性和适应性,然而不能假定一切行政人员都能大公无私,不需要任何程序限制,能够按照行政的利益作出决定,或者丝毫没有偏见,非正式程序也容易产生匆促不正确的决定,正确的行政裁决程序不是限制一种程序和扩张一种程序,而是如何结合正式的和非正式的两种程序,发挥每种程序的优点,避免每种程序的缺点。从这个观点出发,妥当地结合正式程序和非正式程序是一种解决程序问题的方案。一切行政裁决,除极少数裁决由于性质特殊,涉及当事人的重大利益,只能采取正式程序以外,绝大部分裁决都可结合两种程序同时使用,只能使用正式程序的裁决,一般限于两种情况:

(1)对当事人作出重大的制裁处分时,例如对当事人科处重大罚款、停止当事人的营业执照、辞退公务员的决定等,都必须经过正式的听证程序以后才能作出决定,除非行政机关有紧急需要时例外,可以事先决定,事后补行正式程序。

(2)严重影响当事人的生存利益时,例如一个完全依靠福利金生存的人,行政机关不能事先没有经过正式的听证程序而终止他的福利津贴。除这两种特殊情况以外,一切行政裁决都可分为两个步骤,首先采取非正式程序作出决定,在这个裁决中,如果法律没有其他规定时,行政机关只需要遵守正当法律程序所要求的最低的公正要求。如果当事人对行政机关非正式程序所作出的决定不服提出申诉时,在第二步裁决程序中,采用正式程序作出决定,这种结合方式,既利于行政效率的发挥,也不妨碍当事人的利益,分为两个步骤以后,实际上需要正式程序的裁决数量不多。大部分非正式程序裁决都不需要申诉,当事人一般都能接受行政机关的决定,特别是在非正式程序以后,隐藏一个可能的正式程序裁决,可以促进行政官员在非正式程序阶段谨慎行事,避免正式程序裁决的使用。

第二节 自由裁量权的必要性和公正行使

非正式程序主要适用于行政机关行使自由裁量权时,因此非正式程序中最重要的问题是如何保证行政机关行使自由裁量权时的程序公正。自由裁量权的特点具有很大的灵活性,这时,行政机关在作决定的实质内容和程序方面都有很大的自由,最容易侵犯公民的权利和利益,所以自由裁量权问题必须重视。然而自由裁量权又具有很大的具体性,很难概括说明。一般行政法学著作中,讨论这个问题时非常简单。本节的说明主要参考戴维斯教授和斯图尔德教授的著作。①

一、自由裁量的意义和必要性

(一) 自由裁量的意义

近代行政的特点是行政职务和行政权力迅速扩张,行政权力扩张的明显表现是行政机关行使巨大的自由裁量权力。自由裁量是指行政机关对于作出何种决定有很大的自由,可以在各种可能采取的行动方针中进行选择,根据行政机关的判断采取某种行动,或不采取行动。行政机关自由选择的范围不限于决定的内容,也可能是执行任务的方法、时间、地点或侧重面,包括不采取行动的决定在内。例如为了实施某一计划,法律规定行政机关可以给予某类企业财政补助。行政机关在给予补助时,可以决定补助的条件、方式、时间、地点,基于某种考虑不补助某一企业,或重点补助某一企业。法律在授予行政机关自由裁量权时,往往规定行政机关认为:"适宜"、"可能"、"合理"、"必要"、"安全"、"符合公共利益"、"有助于某一发展"、"能防止某种倾向"时,得为某些行为,或根据自己的判断采取最适当的方式,进行某项活动,完成某项任务等。

(二) 自由裁量权补充法治

行政活动必须依法进行,这是行政法治的核心内容,行政机关的自由裁量权力由行政人员根据自己的判断行使,多少带有人治色彩,是否和法治原则冲突呢? 本书第二章谈美国行政制度的基本原则时,曾经提到美国人认为法治和人治的意义相反,应当以法治代替人治。甚至有的州宪法中明白规定,宪法的目的在于限制政府的权力,使政府成为法治的政府,而非人治的政府。② 然而法治和人治相反是指法治和统治者的专横、武断、全凭个人意志行事的统治方式相反而言。这种方式的人治不能存在。但是法治不排除执法人员的主动精神,发挥创造性和积极性,根据自己的判断以最好的方式完成法律的目的。这种方式的人治是法律授予执法人员的自由裁量权力,和法治不但不冲突,而且是法治的补充。因为徒法不能自行,任何法律假定执法人员存在,法律是否发生效果,以及效果

---

① K. C. Davis: *Discretionary Justice*, 1969; Richard B. Steward: "The Reformation of American Administrative Law", in 88 *Harvard Law Review*, pp. 1669-1813(1975).

② 参见本书第二章第四节:法治原则。

如何,取决于执法人员的素质及其责任心和创造性。执法人员如果不具备自由裁量权力,则不能实现法律的最佳效果。从这个观点而言,任何政府必须同时具备法治和人治两个因素。各种法律不问其内容和性质如何,都必须包含自由裁量成分,不能机械地执行。例如刑法的各项规定,直接影响公民的生命自由和财产,法官必须严格依法执行。罪刑法定主义最早出现于刑法领域。然而即使在刑法领域中,执法人员也有很大的自由裁量权力。检察官对于起诉和免诉具有自由裁量权力,法官对于量刑轻重具有自由裁量权力,对于是否缓刑和假释具有自由裁量权力,法院判决以后,行政首脑对于是否减刑和赦免具有自由裁量权力。如果执法人员对于应当严格依法执行的刑法,尚有为数可观的自由裁量权力,执行其他法律的人员也不可以没有自由裁量权力。如果必须严格依法办事的司法人员尚可行使自由裁量权力,对于依法行政的行政人员而言,更应具有自由裁量权力,下面进一步补充说明行政自由裁量权力的必要性。

(三) 自由裁量的必要性

行政机关为何要有自由裁量权力呢?法律授予行政机关自由裁量权力出于下列原因:

(1) 现代社会变迁迅速,立法机关很难预见未来的发展变化,只能授权行政机关根据各种可能出现的情况作出决定;

(2) 现代社会极为复杂,行政机关必须根据具体情况作出具体决定,法律不能严格规定强求一致;

(3) 现代行政技术性高,议会缺乏能力制定专业性的法律,只能规定需要完成的任务或目的,由行政机关采取适当的执行方式;

(4) 现代行政范围大,国会无力制定行政活动所需要的全部法律,不得不扩大行政机关的决定权力;

(5) 现代行政开拓众多的新活动领域,无经验可以参考,行政机关必须作出试探性的决定,积累经验,不能受法律严格限制;

(6) 制定一个法律往往涉及不同的价值判断。

从理论上说,价值判断应由立法机关决定,然而由于议员来自不同的党派,议员的观点和所代表的利益互相冲突,国会有时不能协调各种利益和综合各种观点,得出一个能为多数人接受的共同认识,为了避免这种困难,国会可能授权行政机关,根据公共利益或需要,采取必要的或适当的措施,例如为了管理无线电广播事业,可以考虑的价值包括:言论自由、社会安全、广播质量、企业的利益、其他可能涉及的观念和利益。国会不能作出决定时,只能授权行政机关根据公共利益,批准、限制或取消广播许可证,制定管理规则。

二、自由裁量权的公正行使(一):传统的监督模式

自由裁量权是当代行政所必要,只是问题的一个侧面。问题的另一侧面是自由裁量权必须受到监督,任何权力都必须受到监督与控制,没有监督与控制的权力必将导致专制。对于自由裁量权而言,由于行政机关的决定具有广大的选择自由,更应受到监督与控制,否则权力滥用、损公徇私现象将难避免。自由裁量权能够存在,不仅因为它具有必要的性质,也因为它具有公正的性质,能够适应各种具体情况。丧失公正性质的自由裁量权必将灭亡,监督自由裁量权力公正地行使,是保障自由裁量权存在的绝对要求。

对自由裁量权的监督是对行政活动的监督,因为自由裁量权是行政活动的主要形式,行政活动必须受到社会舆论、立法机关和立法机关委员会的监督。公民也可通过本选区议员或其他议员反映其对行政活动的不满,美国有少数州和地方政府设有行政监督专员(ombudsmen),监督不良的行使活动,包括自由裁量权的不良行使在内,行政活动也必须受到上级行政机关、特别设立的行政监督机关,以及行政机构内部设立的行政裁判机构的监督,关于行政活动的监督问题,本书第三部分将要详细讨论。本款只谈在程序上如何对自由裁量权的行使进行监督。首先介绍戴维斯教授对自由裁量权进行研究提出的监督方案。① 戴维斯教授利用传统的行政法模式,探讨如何在程序方面保障自由裁量权的公正行使。

自由裁量权的行使不可能有一个简单和一致的程序。因为自由裁量权的重要性和内容不同,权力的性质不一样,而且灵活性大,所以自由裁量权行使的程序规则具有高度的复杂性和多样性。然而一切行政活动的程序必须具有公正性质,在自由裁量权的行使没有受到任何限制的,法院可以根据宪法的正当法律程序条款,要求行政机关使用公正的程序行使自由裁量权力。基于公正程序的考虑,自由裁量权的行使可以受到下列几种限制:

---

① K. C. Davis: *Discretionary Justice*, 1969; *Administrative Law Text*, 1971 pp. 88-122; *Administrative Law Treatise*, v. 2 (1979), pp. 157-304.

(一) 明确权力行使的标准

行政机关作决定虽然不能完全受一定的规则的支配,然而至低限度必须受某种标准的指导。行政机关行使自由裁量权时,有进行选择的自由,这种选择必须按照某种标准进行,法律授予行政机关自由裁量权力而没有规定明确的标准时,行政机关应当制定法规,法院也可以要求行政机关制定法规,规定自由裁量权力行使的标准,这个标准不能由行政机关自由确定,必须根据授权法的精神和目的而确定。在适用时具有灵活性质,标准不是一个规则,规则具有支配性质,标准只有指导性质。

行政机关制定标准以后,不是一劳永逸不再变更,对于没有经验的新领域,行政机关在作决定时必须有一个探索经验的过程。不能受到规则的束缚,只能规定指导性的标准,行政机关取得经验以后,可以逐渐把标准具体化,发展成为原则,按原则作出决定,随着经验的积累,原则可以发展成为规则。一旦制定规则以后,公民在行政上的地位平等便更为确定,行政机关就更难滥用权力,然而即使制成规则,自由裁量权的行使,仍然允许例外情况存在,保持规则的灵活性质,自由裁量权力正当行使的核心,在于适当调和程序上的普遍性和灵活性。

(二) 说明权力行使的政策

行政机关行使自由裁量权力大都由于实施政策的需要,不涉及政策的决定很少需要行使自由裁量权力。政策的实施是一个发展的过程,不能截然划分为政策的决定和政策的执行两个阶段,认为政策的决定由立法机关掌握,政策的执行由行政机关掌握。实际上,政策的决定也是政策的执行。因为没有决定就没有执行,决定本身已是执行的开始,并在执行中逐渐完善和充实,反过来,政策的执行同样也是政策的决定。行政机关在执行政策时,同时也是决定政策,为了防止行政机关专横地行使自由裁量权力,行政机关必须把它所执行的政策公开说明,例如立法机关为了促进某种发展,规定行政机关对于某类企业可以给予补助,行政机关为了资金的有效利用,可以规定企业的产量必须达到某一价额以上才能申请补助,行政机关的这个决定也是一种政策,为了防止权力滥用起见,行政机关必须公开说明这种政策,必要时可以制成法规。当然,为了全面贯彻法律规定的政策,行政机关的政策必须具有灵活性质,允许例外情况存在,并随情况的发展而变更。

(三) 发挥先例的指导作用

遵守先例是美国法院裁判的重要原则,这个原则可以保持法院判决的一致性,防止法官的专横。行政机关不适用遵守先例原则,因为行政机关所面临的情况发展迅速,遵守先例原则束缚行政机关的适应能力,然而不能因此认为先例对于行政机关的决定,完全没有作用。行政机关对于情况相同的案件必须作出同样的决定,保持行政决定的一致性,才能保证行政机关公平行使权力,单就这点而言,行政决定和法院判决并无不同,然而先例对于法院具有拘束力量,对于行政机关只有指导作用,行政机关在行使自由裁量权时,如果当前的案件和原先案件的情况基本相同,必须以原先案件所确定的原则作为指导,衡量其适用于当前案件所产生的结果,如果不产生不利的结果时,必须适用原先案件中的原则,地位相同的人必须受到相同的待遇,不能厚此薄彼,行政机关不说明理由而抛弃以前的先例,法院可以认为行政机关反复无常,专横行使权力,因而撤销行政机关的决定,最低限度,法院可以要求行政机关说明理由以后,才作判决。

先例作为行使自由裁量权的指导,当然也有不适用的时候,有些行政事项,每次情况独特,不能出现相同情况。有些事项政策性强,行政机关需要完全的决定自由,在这种情况下,不能要求发挥先例的指导作用,例如总统任命高级官员作为辅助和顾问,行政机关建议修改法律和决定外交政策,都需要完全的自由,先例很难发挥指导作用,但是这类事项为数不多。就一般自由裁量权的行使而言,发挥先例的指导作用,是防止专横行使权力的一种措施。

(四)指明事实根据

行政机关必须说明作出决定的事实根据,这是防止行政机关超越管辖范围,督促行政机关认真考虑问题,制止自由裁量权专横行使的有效方法。联邦行政程序法规定正式程序裁决作出决定,必须包括事实裁定。[①]对于非正式程序裁决没有规定。美国法院在司法审查中,对于正式程序裁决,不问成文法中有无规定,要求行政决定包括事实方面的裁定。因为法院必须知道行政决定所根据的事实,然后才能审查行政机关所根据的事实是否有足够的证据支持、是否符合法律的规定,然而行政机关依非正式程序作出决定,是否也必须有事实裁定?法院的判决没有明确的观点,因为非正式程序的差别很大,很难概括。最高法院在1971年的一个判决中声称,非正式程序不需要正式的事实裁定,但是需要解释和说明。[②] 最

---

① 参见本书第十二章第二节中决定的内容和形式内容。
② *Citizens to Preserve Overton Park v. Volpe*, 401 U. S. 402(1971).

高法院对于正式的事实裁定的意义如何,没有指示,也没有指出解释和说明的内容如何,对于这个判决可以作出不同的解释,美国下级法院对于非正式程序的决定是否必须有事实裁定,态度不一致。哥伦比亚特区上诉法院态度比较明显,要求非正式程序的决定也必须有事实的裁定,因为事实裁定的作用对于正式程序和非正式程序而言,没有区别,非正式程序由于差别性大,当然要有较大的灵活性,重要性不大的决定,可能不需要很多的程序保障,以免妨碍行政效率。然而自由裁量权的行使容易发生滥用和专横,所以行政机关行使自由裁量权的决定,必须说明事实根据。《联邦行政程序法》第555节(e)款规定,行政机关对当事人的书面申请拒绝时,必须说明拒绝的根据,当然包括事实的根据在内,这条规定适用于非正式程序裁决。虽然按照这条规定的文字解释,只能适用于拒绝申请的情况,然而这条规定的精神完全可以适用于行使自由裁量权的一切决定。

(五) 说明理由

行政机关依照正式程序裁决作出的决定,必须说明理由,已在《联邦行政程序法》第557节规定,联邦行政程序法对于依照非正式程序作出的决定,只在比较有限的范围内要求说明理由。第555节(e)款规定行政机关对于当事人以书面提出的申请作出拒绝的决定时,必须说明拒绝的根据,当然包括拒绝的理由在内。美国最高法院在联邦行政程序法制定以前,在两个有名的判决中,已经要求行政决定必须说明理由,以便法院进行司法审查。[1] 因为法院必须知道行政决定的真正意义,才能审查其是否合法。然而美国行政机关在实践中,对于非正式程序的决定往往不说明理由,法院对此亦未采取严格态度。当然,非正式程序裁决的内容复杂,对于不重要的决定,或者性质上不宜解释或不需要说明的决定,不说明理由属于正常现象,然而对于行使自由裁量权的决定,行政机关有选择的自由。为了防止权力滥用和行政专横,必须要求行政机关对其决定说明理由,利害关系人有权要求行政决定说明理由,是当代行政法发展的趋势[2],但是由于行政机关可能掩饰决定的真正理由,说明理由[3]作为防止

---

[1] Phelps Dodge Corp. v. NLRB,313 U. S. 177(1941); SEC v. Chenery Corp. 318 U. S. 80 (1943).

[2] 参见王名扬:《法国行政法》,北京大学出版社2007年版,第156—158页。

[3] 同上注,第127—128页。

权力滥用的措施,不宜过分夸张,尽管如此,对于说明理由的作用,仍然不应低估。

(六) 公开原则

公开原则是制止自由裁量权专横行使最有效的武器。上面谈到的各种保障程序公平的措施,如果不和公开原则结合,就不能发生完全的效果。例如行政机关确定了一个指导自由裁量权力行使的标准、政策或先例以后,如果不公开发表,不让公众知道和查阅,如果利益受到行政决定影响的当事人不能接近它们,怎样能够保证行政机关会适用它们呢？怎样能够反对行政机关违反它们呢？秘密的程序和秘密的规定,是产生不公正的渊源。公开和公平经常不可分离。正是由于这个缘故,20世纪50年代英国行政裁判所改革提出保障公正程序的三个原则,就是公开、公平和无偏私。在这三个原则中,公开排在首位,可见没有公开很难实现公平和无偏私。① 美国联邦行政机关在正式程序裁决中,在程序方面和记录方面都遵守公开原则,不公开的程序和记录,限于为了保护公开利益和私人利益起见,法律另有规定的时候。对于非正式程序的决定,一般没有实行公开。但是利益受到行政机关行使自由裁量权影响的人,可以利用情报自由法的规定,查阅作出行政决定的有关文献。这种方式的公开,在一定程度上也能防止自由裁量权的滥用。

以上是戴维斯教授对于控制自由裁量权的研究,他的自由裁量权的公正一书,在美国受到很大的注意。但是有人认为,戴维斯教授似乎过于乐观,过多地依赖行政机关自己采取措施控制自由裁量权力。例如戴维斯教授强调行政机关制定法规的权力。在国会没有或者不能制定规则限制行政机关的自由裁量权时,行政机关应当自己制定行使自由裁量权的标准,然后发展成为规则。哥伦比亚特区上诉法院法官赖特在对戴维斯《自由裁量权的公正》一书的评论中②,指出行政机关在行使自由裁量权时,能够随时改变方向,办事方便,不能把控制自由裁量权的主要希望寄托于行政机关自身。他主张加强国会和法院对行政机关自由裁量权的控制。他认为行政机关行使自由裁量权力是行政机关决定政策。从民主政治的原则来说,政策应由国会决定,国会虽然迫于形势需要,不得不授予

---

① 参见王名扬:《英国行政法》,北京大学出版社2007年版,第107—108页。
② J. Skelly Wright: "Beyond Discretionary Justice (Book Review)", in 81 *Yale Law Journal*, pp. 575-597 (1972).

行政机关决定政策的权力。然而国会在授权法中,必须规定一个明确的行使权力的标准,以便法院能够审查行政机关的行为。法院也应当加强对国会委任立法的控制,否定国会漫无标准的广泛的权力委任。

他认为法院在行政机关行使自由裁量权时,不能在尊重行政机关专业知识思想的支配下,过多地顺从行政机关的决定。法院对行政机关应加强正当法律程序的要求。法院不仅有责任要求行政机关服从法律,而且有责任要求有被遵守的法律存在。在国会没有制定规则限制行政机关权力的时候,法院应要求行政机关制定法规,规定权力行使的标准和程序,在行政机关不能受到规则的控制,必须具体问题具体决定的时候,法院应加强对行政机关滥用自由裁量权的控制。行政机关没有受规则的控制必须逐案决定的问题,不是毫无拘束的权力。《美国法典》第 5 编中《联邦行政程序法》第 706 节规定,法院对于行政机关滥用自由裁量权的行为可以撤销,假设检察官对于两个基本相同的案件,一个进行追诉,一个不进行追诉,他必须指出两个案件的区别在哪里。虽然事先没有规则可依,事后必须有理由说明。此外,行政机关的自由裁量行为没有受到规则的拘束时,宪法中的法律平等保护原则能够拘束行政机关的一切行为。① 行政机关的自由裁量权力来源于法律,法律由法院解释,虽然法院尊重行政机关对它所执行的法律的解释,但法律的最后解释权属于法院,在行政机关不愿制定法规限制自由裁量权时,法院可以解释法律限制行政机关的自由裁量权力。自由裁量权力为法律所创造,没有理由认为法律能够创造自由裁量权而不能控制自由裁量权,法院必须发挥主动精神,在法律所提供的可能范围内,加强对行政机关行使自由裁量权的控制,以保护公民的自由和权利。

三、自由裁量权的公正行使(二):公众参与

(一) 传统控制模式的不足

上款所述控制行政机关行使自由裁量权的方法是传统的模式,是 19 世纪后期发展起来的行政法理论。19 世纪后期,行政机关开始控制私人的经济活动,行政机关具有广大的自由裁量权力,行政法的作用,在于调节行政机关的自由裁量权力和私人的权利。一方面承认行政机关自由裁量权的存在,一方面控制自由裁量权的行使不能侵犯公民的权利,于是发

---

① 参见本书第二章第三节:法律平等保护原则。

展一套外部控制模式,行政机关的权力来源于法律。国会在授权法中必须尽可能地规定一个明确的界限,制定一个标准限制行政权力的行使,法院保证国会制定的法律得到遵守,保证行政机关权力的行使符合法律规定的范围和程序,并符合宪法的原则。[1] 外部控制模式是消极性地制止行政机关违法的行为和侵犯公民权利的行为。没有积极意义保证行政机关必须执行法律,和保证行政机关的行为必定符合公共利益,消极的控制方式在政府职能比较简单,主要属于控制人民活动的时候,能够对人民提供足够的保障。

当代政府的职能主要不是控制人民的活动,而是对人民提供服务。行政机关掌握大量自由裁量权力,对人民分配政府的物资、服务、津贴。当代人民要求对自由裁量权的控制,不是单纯消极地不侵犯个人的权利,而是积极地要求行政机关按照法律规定的政策行使自由裁量权力,采取措施满足人民的物质的和精神的需要,传统的控制模式不能达到这个目的。

(二) 多元主义的合法论

为了弥补传统控制模式的不足,一种受到广泛注意的代替方案是多元主义的合法论(pluralist theory of legitimacy)。[2] 这个观点认为行政机关行使自由裁量权的行为,可以根据自己的判断选择不同的政策,实质上是一个立法过程。因为政策的决定是一个立法行为,本来应由立法机关行使,在立法机关不能执行这项任务,委托行政机关行使这种权力时,行政机关也必须按照立法机关组织的特点行使这种权力。立法机关代表全国各种利益,立法机关制定的政策实际上是各种利益妥协的结果。按照这个精神,行政机关在行使自由裁量权时,也必须使受到该权利影响的各种利益体都能参加,行政机关不能认为自己代表公共利益,可以自由决定政策,不让受影响的利益参加。多元主义的观点认为,没有抽象的超越个体的公共利益。公共利益是由多种个别利益组合而成,实际上是各种利益兼顾、各种利益集团妥协的结果,行政机关在行使自由裁量权时,如果在程序上保障各种受影响的利益参加,这不仅符合民主政治原则,也符合公共利益,也就是合法行使权力,授权法中是否对行政机关规定一个行使权

---

[1] 参见本书第一章第二节二:美国行政法的发展。

[2] Richard B. Steward:"The Reformation of American Administrative Law", in 88 *Harvard Law Review*, pp. 1669-1813(1975)。

力的标准,无关紧要,因为各有关集团的不同利益已经在采取行政决定时加以考虑,多元主义的公共利益观点在美国最初由政治学者提出,后来得到很多法官、律师、立法者和法学家的赞同。

多元主义合法论从提出之时起就受到批评。批评者指出,多元主义的理论把利益集团的私益视为公共利益,行政机关在决定公共利益问题上不占重要地位,削弱了政府的控制权力。多元主义认为公共利益来自利益平衡的理论,不一定符合实际情况,因为各种利益集团的实力不一样,有的利益集团具有雄厚的资本和坚强的组织,具有强大的活动力量。有的利益集团非常散漫,缺乏资本和组织,例如消费者的利益、环境保护者的利益,缺乏有力量的代表性机构,不能和有力量的集团竞争。所谓利益平衡往往是有强大组织的利益处于支配地位。在美国这种现象最明显的表现是政府设立的很多控制私人活动的机构,结果为被控制者所控制,成为被控制者的俘虏。因为被控制集团的力量雄厚,控制机构不和它们合作或者妥协,很难执行职务。结果控制机构所采取的政策,往往对被控制者有利,对需要保护的消费者不利,如果没有一个利益集团处于优势,几个利益集团势力相等,它们不能合作时,可能导致行政机关不能采取行动。只能维持现状,不能改进。

多元主义合法论在实行上还有其他一些困难,例如哪些决定应由利益集团参加,参加的利益集团的范围如何,它们参加的比重如何、方式如何,都不容易确定,利益集团广泛参加的结果必然引起行政程序费时费钱。行政机关是否有权决定这些问题?如果行政机关有权决定这些问题,则行政机关自由裁量权所受到的限制已经大为削弱,由于实行上的困难,多元主义合法论目前还没有进入实施阶段,但其中某些观点已为法院所采取。

美国维基尔教授1978年在哥伦比亚法律评论发表一篇文章,对行政程序改革提出一个方案[①],其中有的建议似乎能够适用于自由裁量程序。他建议修改联邦行政程序法,取消非正式程序制定法规和非正式程序裁决的区别,把现在非正式程序制定法规中公众参与的程序,适用于非正式程序的裁决。现在制定法规的非正式程序是通告和评论[②],在评论阶段,

---

① Paul R. Verkuil: "The Emerging Concept of Administrative Procedure", in 38 *Columbia Law Review*, pp.258-329 (1978).

② 参见本书第八章:法规和制定法规。

公众可以书面提出意见,供行政机关参考。他建议把书面提出意见的程序也适用于非正式程序裁决,这种公众参与方式不会严重影响行政效率。这个建议比较容易实行,但自由裁量权的范围很广,不一定像制定法规一样,全部需要公众参与。

(三) 法院对公众参与的支持

多元主义合法论认为,如果在自由裁量的过程中考虑到一切利益,自然会产生公平的结果。这个观点是正确的。但是它忽略了利益集团参加行政决定的力量不一样,因而有利益集团参加的行政决定不一定就是公平的决定。多元主义在实行上有些困难,不能因此完全否认这个理论中包含一些有价值的观念,多元主义的核心是公众参与。这个观点已为法院所采取,扩大公众参与行政决定,不仅可以改进行政决定的质量,使它更符合各种受影响的利益的要求,而且可以增加公众对政府的信任。从理论上说,行政机关应当代表无组织集团的利益。实际上并非如此,行政机关往往为强大的集团所操纵和利用。美国法院在司法审查中作出一定的努力,矫正这种现象,企图真正实现公众公平参加行政决定原则,法院采取的方法有:

1. 扩大请求司法审查的资格

在过去,对行政决定有资格请求司法审查的人限于权利受到行政决定影响的人。因此只有行政决定的直接当事人,即受控制的利益集团才能对行政决定请求法院审查。从 20 世纪 40 年代开始,法院逐渐放宽请求司法审查的资格,特别是 20 世纪 70 年代以后,法院承认任何人只要他的利益实际上受到行政决定的不利影响,都有资格请求司法审查。① 消费者团体、环境保护者团体,和被控制企业处于竞争地位的企业,认为行政决定不公正时,都能请求法院审查。放宽请求司法审查资格,在一定程度内可以矫正行政机关受被控制集团的操纵,因此作出对被控制者有利的决定,忽视无组织集团的利益。有资格请求司法审查的人,原则上也有资格参加行政机关的各种听证程序,导致能够参加行政程序的人大为扩张,扩大行政公开的程度。

2. 扩大正当法律程序保护的范围

美国宪法规定,行政机关的决定对当事人的生命、自由和财产产生不利的影响时,必须按照正当的法律程序。正当的法律程序虽然没有一定

---

① 参见本书第十五章第二节:合格的当事人。

的模式，至低限度当事人具有申辩的机会，在不同的程度内参与了行政决定的程序。在过去，正当法律程序所保护的利益，限于普通法上的权利。当事人从行政机关所享受的福利、津贴和其他利益，不在正当法律程序保护范围以内，从20世纪70年代开始，法院的判例扩张正当法律程序保护的范围，当事人根据法律有权主张的任何利益，都在正当法律程序保护范围以内。[①] 正当法律程序保护范围的扩张，导致一切受行政决定影响的人，根据决定性质的不同，都在一定范围以内，有权参与行政决定的程序。对影响当事人重大利益的行政决定，法院甚至可以要求行政机关举行正式的听证程序。

3. 要求行政决定考虑各方面的利益

行政程序必须代表各方面的利益。如果一个决定影响很多方面的利益，法院要求行政机关考虑各方面的利益，包括没有参加行政程序的集团的利益在内。法院对于行政决定没有考虑应当考虑的利益时，可以发回行政机关，要求重新处理，在行政机关忽视公众参加的义务时，法院最后保障公众参加的实现。

司法审查的重点，在过去是消极地限制行政机关的行为，保护公民的权利不受侵犯。在当代已有改进，法院着重保护各利益集团在行政机关行使自由裁量权时，都有公平参加决定程序的机会，促使行政机关履行它对公民所应当提供的服务。

法院虽然在一定程度上能够矫正行政机关在公众参与程序上的偏袒，或忽视公众的参与，不能因此过分重视法院的作用。因为自由裁量权的行使没有一个普遍适用的程序，行政机关根据其功能、结构、作决定时的环境、权力的性质的不同，在程序上具有很大的灵活性，法院不容易控制。而且，过多地扩大法院对行政机关行使自由裁量权的控制在政策上也不适宜。法院的控制只能在行政程序违法或不公正地影响当事人重大利益的时候发生，因而出现这种情况的机会不多。此外，法院的诉讼程序费时费钱，当事人在很多情况下不愿意选择这个程序。行政机关的自由裁量权力具有政策选择性质，最适宜的监督机关是总统和国会。

[①] 参见本书第九章第二节：正当法律程序所保护的利益。

王名扬
全集
3

王名扬先生(1916—2008)

1990年美国哥伦比亚大学留影

1991年美国纽约曼哈顿留影

2001年与二弟王名世、四弟王名权合影（对外经贸大学）

王名扬全集 ③

美国行政法 下

Administrative Law of United States

王名扬 著

北京大学出版社
PEKING UNIVERSITY PRESS

《王名扬全集》编委会

主　任：应松年

编　委（按姓氏笔画排序）：

于　安　　马　龙　　马怀德　　王万华　　王黎红　　韦武斌
吕利秋　　刘　莘　　刘善春　　李　轩　　杨士林　　杨伟东
肖凤城　　吴偕林　　宋炉安　　张占忠　　张吕好　　张步洪
张泽想　　张树义　　张　越　　陈文锋　　单明伟　　胡建淼
柳砚涛　　姜明安　　贾新峰　　夏桂英　　高家伟　　郭修江
姬亚平　　董　皞　　蒋惠岭　　傅红伟　　曾祥瑞　　薛刚凌

特邀编辑：高家伟

编辑人员：

刘东刚　　李大勇　　姜　漪　　王华伟　　魏浩峰　　舒　彧
付小彦　　陈　雷

《王名扬全集》总序一

应松年*

《王名扬全集》付梓,是我的眷眷心愿,眼见这一心愿得以实现,庆幸之忱难以自抑。

《王名扬全集》出版,是中国行政法学人的殷切期盼,是中国法学界,尤其是行政法学界的一大盛事。王老的《英国行政法》《法国行政法》《美国行政法》是全集中的重头戏。这三部著作被称为"行政法三部曲",在20世纪八九十年代,改革开放后的法学勃兴时期,促进了刚刚兴起的中国行政法的发展,培育了整整一代行政法学人,产生了巨大的社会影响。王老逝世以后,我一直心怀企望,想将王老的全部著作收集、编辑、出版,一方面是为了表达对王老这位一代行政法巨匠的尊崇和思念,更重要的是期望王老的著作能够在新时期建设法治中国、推进依法行政的伟大事业中,继续发挥理论的参照和借鉴作用,同时,也可从中发现王老学术思想的发展历程,为行政法学人,尤其是中青年一代提供启示,树立榜样。

---

* 我国著名行政法学家,中国政法大学终身教授、博士生导师,现任中国行政法学研究会名誉会长。第九届、第十届全国人大代表,全国人大内务司法委员会委员,全国人大法工委行政立法研究组副组长,北京市第十届、第十一届、第十二届、第十三届人大代表、法制委员会副主任,第十四届北京市人大常委会法制建设顾问。兼任国家减灾委员会专家委员会成员、中国法学会学术委员会委员、最高人民检察院专家咨询委员等。曾两度获北京市优秀教师奖,并获中央国家机关"五一劳动奖章"和"2006年度法治人物"荣誉称号,享受国务院政府津贴。

王老于1948年赴法留学,在法国逗留10年之久,获得行政法和国际私法两个博士学位。1958年,王老响应周恩来总理的号召,和许多海外学子一样,怀揣报国志愿,启程回国,进入北京政法学院。但缘于众所周知的原因,他一直没有站上讲台开课。1963年,因为对外经贸大学需要一位法语教师,于是王老前去担任法语教学工作,且编了一部法语教材。

改革开放后,法学的春天到来,王老有了借其所学专业发挥作用的机会。1982年,司法部法学教材编辑部决定组织编写行政法学统编教材——《行政法概要》,其中有行政行为一章,找不到作者。主编王珉灿了解王老的经历,请他来写这一章。这个决定使王老宝刀生辉,《行政法概要》也由此而增色。应该说,王老所写的这一章,堪称全书的华彩乐章,很多观点直接影响了以后行政法学的理论和实践。我当时在法学教材编辑部专职编辑《行政法概要》,得以认识王老。不久,中国政法大学成立,当时许多高校都开设了行政法课程,中国政法大学还成立了行政法硕士导师组。其时我已调入中国政法大学,参加导师组工作。我们前去经贸大学敦请王老回法大任课,王老开始时无意回来,但一听说是去培养新中国新一代行政法硕士研究生,这无疑触动了王老的行政法情结,激起了他的专业报国的夙愿,欣然同意回法大,从此,我和他就一直在一起工作。

那时候,令我印象深刻的是王老的敬业精神。每次给研究生上课,到学校开会及参加各种活动,他都得从经贸大学坐公交车远道赶来法大,却从不迟到。他是湖南人,讲课时带有湖南口音,为防止学生听不明白,他极力以板书辅助,经常在黑板上书写,一堂课下来,满身粉笔灰。在讲课、活动的同时,他仍挤出时间写书。1987年《英国行政法》出版,1988年《法国行政法》出版。此后,他以70多岁的高龄,赴美国调查研究,1995年上、下两册《美国行政法》出版。这是怎样的一种工作效率、工作精神!这时电脑开始兴起,在很多人还对电脑莫名其妙的时候,王老毅然自学电脑,短时间就运用自如,并开始用以写作《比较行政法》。可惜,我们完全没有想到,正当王老雄心勃勃、思绪飞扬地驰骋在《比较行政法》的构思、写作中时,病魔突然袭来,让他不得不违心搁笔。虽然我们仍满怀希望祈愿王老恢复健康,继续写作,王老自己也希望重新启动,完成书稿,但终于不能如愿。于是我们现在看到的是《比较行政法》十分珍贵的片断了。

与他的敬业精神和工作成就相比,他的生活条件如此简陋,两室一厅的房子,十分窄小。室中一床、一书桌、一椅子、一书柜,还加一方形饭桌、两个破旧的待客沙发,挤得满满的,要在其中走动,就得小心避让。椅子坐垫破了,用一张破皮披上,桌子已是摇摇晃晃,不堪使用。最后连电脑也疲劳罢工了。我们实在看不过去,几个人凑些钱,给他换了一些家具,置办了新电脑,后来,王老行动越来越困难,只能躺在床上看书,为方便他看书,我们给他买了一张可以摇起的活动床,但他坚决不许,最后只好退货。每每想起,都难抑心酸。

王老对于物质生活的困乏没有感受,是因为他活在丰富的精神世界里。改革开放的时代,正在兴起的中国行政法学界迫切希望了解国外行政法理论及实践,这激发起了王老的全部热情,同时也使他的著作产生了巨大的社会影响。时代需要王名扬,也造就了王名扬。王老恰当其时的成就,无可替代,可以说,当时能够介绍国外行政法学和行政法治实践的,并非没人,但唯有王老做到了。因为他拥有长期的国外留学、工作的经历,拥有相应的知识蕴藏,特别是拥有学术热情和学术责任感,还有他的严谨和才华。他的著述的鲜明特点是准确、精到,他全面地介绍和恰如其分地论述那些国家的法学和行政法学理、原则和制度,至今仍是我们了解或考察这些国家的法治理论和法治实践的可靠依凭。

王老著作的另一特点是中国化。他曾说过,在他编写"三部曲"时,都曾和这些国家的学者商谈过,征求过意见,应该怎样安排这些国家的行政法体例,以什么样的方式来阐述、介绍?最后他确定按中国人的法律思维方式和习惯来编排和写作,就是现在大家所看到的这种体例。所以,他的著作不是简单的翻译和单纯的述说,而是在综合研究、融会贯通的基础上,以中国化的思维、语言进行阐释,使我们易读、易懂、易接受。这才是真正的理论大家,截至目前,似未有相关著作能够企及。这一点,也正是他的著作受人欢迎的重要原因。我们从中不仅看到了一个学者的周密、慎思,而且感受到一位大家的入化能力和为读者谋的学者责任感。

这部《王名扬全集》,是目前尽我们能力所能收集到的王老的全部作品。王老1943年的硕士论文《事务官中立问题的研究》和在法国留学时的博士论文《中国法上公务员对行政相对人的民事责任》也收录于此。

留法博士论文是用法语写的,我们请人翻译成中文。除了英国、法国、美国行政法和比较行政法外,王老还写了许多论文,主编或参编了一些著作,我们将他所撰写的部分都收录于此,此外,还包括一些他翻译的作品。《王名扬全集》五卷六册,总计近300万字。

全集得以出版,首先应该感谢高家伟和姜漪二位,他们前后花了两年多的时间,从事收集整理,乃至逐字逐句录入、校对,不嫌其繁,做得十分投入细致。《王名扬全集》正是他们二位编辑成书的,还要感谢王老的女儿王娅娣女士,她为搜集她父亲的遗著花费了巨大精力,同时,还要感谢北京大学出版社蒋浩先生的大力支持,使行政法学界久所企盼的《王名扬全集》得以出版问世!

2015年初冬于北京世纪城

《王名扬全集》总序二

王娅娣

父亲离开我们已经七年了,七年间,他仿佛睡着了,我仍时不时去他身边照看。梦里常依旧和他生活在一起,形影交错,场景丰富。他凝神执笔于简陋的书桌前,继续着他计划中的思考与写作,好像从未中断。只是这段时间他睡着了,我不忍叫醒他,在他醒来之前我忙着其他。他是否已经完成了夙愿?是否完成了《比较行政法》的后半部?他说"按照原来的安排,如果能够续写,我会寻找些资助到国外(美国或者法国)编写,回来整理,把国外法律中的技术名词改写成更适合汉语习惯的表达方式,然后出版"。是否《中国行政法》也已经付诸印刷?是否他的五部曲都已经可以在网络上点击查阅?是否我可以在微信中给他点赞?

姜明安教授在《比较行政法》序言中写道:"王名扬的作品,对中国的行政法学的发展和行政法建设产生了深远的、重要的影响和作用。"生命有涯,事业无涯,这是喜剧也是悲剧。喜的是他真正留下了脚印,看到了我国成长起来一大批优秀的行政法学者,看到了桃李满天下的盛况。悲的是,他未完成夙愿就离开了我们。

在中国政法大学应松年先生和北京大学出版社蒋浩先生及各方的倾力促成下,《王名扬全集》即将于2016年初出版。期间经历了太多的艰辛和努力。从2012年应松年先生派学生姜漪女士春风般地来到我身边沟通筹划出版《王名扬全集》开始,一直到高家伟老师在身体不太好的情况下,倾其全力严谨而中肯地在各个编辑环节提出建议和方案,亲自参与调研，并收集了大量的资料，付出了太多的艰辛，以及很多为全集的论文词条汇编、译作教材汇编工作的编辑工作人员，还有博士论文法文译者刘东刚博士及所有参与工作的编委会成员，历时三年，终于完成了这项可以称为工程的出版工作。在此我代表家人及亲属，对参与《王名扬全集》编辑及出版工作的领导及工作人员表示由衷的感谢！

2008年11月10日上午，在北京八宝山公墓竹厅举行的父亲的遗体告别仪式上，一幅挽联真实地概括了他的一生：

  求学法国问道中业九二载，纸笔人生君不见跋山涉水，甘苦自怡未酬壮志身先逝；
  身居陋室名扬天下三四部，辉煌巨著有道是黄卷青灯，桃李如云常使后学泪满襟。

2016年将迎来父亲诞辰100周年纪念，我代表家人及亲属表示对父亲深深思念！

感谢北京大学出版社在我父亲即将诞辰100周年之际出版全集，感谢蒋浩先生及责任编辑苏燕英、王建君、陈康女士付出的极大耐心和辛苦！

何海波先生曾在文章里这样写道："王名扬堪称一座桥梁，使得国内法学界建立了与民国时期行政法学及外国行政法学之间的联系。"愿这座桥梁和曾经的"王名扬时代"能带动更适合发展的行政法学新未来和新时代！

2015年11月30日

《王名扬全集：美国行政法》
出版说明

《美国行政法》是王名扬先生在学术生涯中的巅峰之作。该著作在内容的现实针对性、语言的朴实无华、专业术语的精到简练、篇章结构设计的逻辑严密性等方面，延续了《英国行政法》与《法国行政法》的优点，但在资料的翔实丰富、体系的完备全面、内容的精细准确等方面均迈向了一个崭新的学术高度，从而把公法学界有关外国行政法的了解程度与比较行政法的研究水平引向了一个更高的层次。

《美国行政法》1995年在中国法制出版社首版，这次在北京大学出版社出版，除了进行格式的重新编排、技术性错误的更正之外，不作其他修改，以便尽可能保持原版本的风貌。在本版修订过程中，王娅娣女士提供了不少照片，为编辑工作增色不少，在此表示谢意。

《王名扬全集》编委会
2015年10月

《美国行政法》
序

本书写作的目的是为了满足中国读者对外国行政法的学习和教学的需要。美国出版的行政法学教科书配合美国法学院的教学方式,大都采取案例体制,实用性强,适于培养法官和律师,不符合我国教学的需要。中国人学习美国行政法,着重研究美国的行政制度,视野超过判例法的范围。行政体系作为一种制度,当然不能忽视判例法的研究。尽管如此,行政法学作为法学的一个分支,必须有一个理论体系。行政法学的研究对象不能局限于判例法的范围。美国也有不少的行政法的教科书不采用案例体制,但是就其内容而言仍然没有彻底摆脱判例法的束缚,没有建立一个行政法学理论体系。当然,美国是一个判例法的国家,离开行政法的判例,不可能有重要的行政法原则。正因为如此,本书虽然没有采取判例法的体制,但仍然引用了大量的行政法的判例。引用行政法的判例不等于必须采取判例法的体系,束缚研究对象的范围。从比较法的观点来看,英国也是判例法国家,法国虽然是成文法国家,就行政法而言,也是一个判例法国家。成文法的规定限于特定的行政法事项,行政法的一般性原则,几乎都由判例产生。当代主要的行政法体系的共同特征,都是判例法占主导地位。然而只有美国采取判例法的教学和研究方式,判例法的著作,在美国以外的国家也是有的。在其他国家中,判例法主要用于行政诉讼课程,或作为辅助教材,不用于行政法学的一般课程。法学教育的目的是培养法学家,只有首先是法学家然后才是好法官。美国也不例外,美国的大法官都是大法学家。当然,美国也有大量的行政法学专著,研究对象超过判例法的范围,有一定的学术贡献。

在美国的行政制度中,有很多先进事物,值得注意。美国的行政公开制度居于世界领先地位,美国的管理和预算局及总审计署,在联邦行政的运行中发挥了极为重要的作用。各国的具体情况不同,美国的制度在其他国家不一定能够实行,但是从行政法的研究而言,我们对美国行之有效的制度,应给予应有的注意。

美国是一个联邦国家,行政法的研究以联邦政府为主要对象。为了看到美国行政制度的全貌,对州和地方政府也不能完全忽视。本书在第五章及其他有关部分,对州和地方制度作了简要的介绍。

本书在写作过程中得到美国人士的大量帮助,作者衷心感谢。首先要提到的是哥伦比亚大学盖尔霍恩(Gellhorn)教授,他是美国行政法学界很受尊敬的学者,在联邦行政程序法的起草过程中担任重要职务,对美国当代行政法学的发展作出了开拓性的贡献。作者赴美研究计划全赖他的安排得以实现。哥伦比亚大学法学教授盖尔霍恩、斯特劳斯(Strauss)、伯尔曼(Bermann)、皮耶斯(Pierce),和纽约大学教授施瓦茨(Schwartz),在本书写作过程中曾经给予启发,作者衷心感谢。哥伦比亚大学中国法研究所主任爱德华(Edwards)教授和副主任马丁(Martin)先生,对作者在美国的生活照顾周到,作者表示感谢。作者也感谢哥伦比亚大学法学院图书馆全体馆员对作者利用图书资料的帮助。

美国福特基金会负担作者在美国大部分生活费用和研究费用,作者表示感谢。作者特别感谢老友王学曾先生。作者在美国最后阶段的生活费用和研究费用完全由他承担。没有他的帮助,本书不可能完成。作者尤其难忘的是王学曾夫人杜荫棠女士和女儿王晓黎小姐的赞助。这种赞助不仅由于过去在巴黎时的长期友谊,而且也由于他们侨居海外多年,怀念祖国心切,对促进祖国法学研究的提高和发展,抱有满腔热情,晓黎小姐不仅赞助我的研究计划,而且在法国替我办妥三个月的签证,以便我能利用法文资料作比较研究。

本书出版费用得到福特基金会的资助,作者对福特基金会致力于公益事业的崇高宗旨和无私贡献的高尚风格,再次表示衷心感谢。

一九九四年九月二十日于北京

简 目

上卷

第一章	绪论	001
第二章	美国行政制度的基本原则	056
第三章	联邦政府的行政组织	089
第四章	联邦文官制度	144
第五章	州和地方政府	171
第六章	权力委任	219
第七章	调查	242
第八章	法规和制定法规	258
第九章	正当的法律程序和行政听证的权利	285
第十章	正式程序裁决(一):正式的听证	311
第十一章	正式程序裁决(二):证明程序	349
第十二章	正式程序裁决(三):决定程序	374
第十三章	非正式程序裁决	399

下卷

第十四章	司法审查(一):一般概念	419
第十五章	司法审查(二):受理条件	447
第十六章	司法审查(三):审查的范围	500
第十七章	政府侵权赔偿责任	544
第十八章	政府职员的侵权赔偿责任	589
第十九章	总统对行政的控制	637
第二十章	国会对行政的控制	664
第二十一章	行政公开(一):《情报自由法》	711
第二十二章	行政公开(二):《阳光中的政府法》和《联邦咨询委员会法》	766
第二十三章	《隐私权法》	791

附录 〔联邦〕《行政程序法》 ……………………………… 829

《王名扬全集:美国行政法》编后记 ……………… 高家伟 849

下卷详目

第十四章　司法审查(一)：一般概念 ………………………………… 419
第一节　司法审查的意义、作用，美国司法审查的发展概况 ……… 419
　一、司法审查的意义和作用 …………………………………… 419
　二、美国司法审查的发展概况 ………………………………… 421
第二节　取得司法审查的方法 …………………………………… 422
　一、法定的审查 ………………………………………………… 422
　二、非法定的审查 ……………………………………………… 424
　三、执行诉讼中的司法审查 …………………………………… 432
　四、宪法权利的司法审查 ……………………………………… 434
　五、州的非法定审查 …………………………………………… 436
第三节　司法审查的法院和审判地点 ………………………… 439
　一、司法审查的法院 …………………………………………… 439
　二、审判地点 …………………………………………………… 442
第四节　司法审查期间停止执行行政决定的条件 …………… 444
　一、概述 ………………………………………………………… 444
　二、不可弥补的损害 …………………………………………… 445
　三、申请人有理由认为可能取胜 ……………………………… 445
　四、公共利益 …………………………………………………… 446
　五、其他当事人的利益 ………………………………………… 446

第十五章　司法审查(二)：受理条件 …………………………… 447
第一节　可受审查的行政行为 …………………………………… 447
　一、行政行为的意义 …………………………………………… 447
　二、司法审查未被排除 ………………………………………… 448
第二节　合格的当事人 …………………………………………… 458
　一、原告的起诉资格(一)：概述 ……………………………… 459
　二、原告的起诉资格(二)：事实上的损害 …………………… 469

三、原告的起诉资格(三):利益范围标准或者单一的事实上的损害标准 …… 472
四、合格的被告 …… 477
第三节 提起诉讼的时间(一):成熟原则 …… 479
一、概述 …… 479
二、问题适宜于法院裁判(一):法律问题 …… 482
三、问题适宜于法院裁判(二):最后决定 …… 482
四、推迟审查对当事人造成困难 …… 485
第四节 提起诉讼的时间(二):穷尽行政救济原则 …… 486
一、意义和理由 …… 486
二、不适用穷尽行政救济原则的例外 …… 487
三、法院不审理未在行政程序中提出的问题 …… 491
第五节 首先管辖权原则 …… 492
一、首先管辖权的意义和理由 …… 492
二、限制两个步骤程序问题 …… 495
三、首先管辖权和反托拉斯法律 …… 496
四、提起行政申诉的程序 …… 499

第十六章 司法审查(三):审查的范围 …… 500
第一节 概述 …… 500
一、审查范围的意义和性质 …… 500
二、不同的审查态度 …… 501
三、不同的审查标准 …… 503
四、联邦行政程序法关于审查范围的规定 …… 503
第二节 事实裁定的审查 …… 505
一、概述 …… 505
二、实质性证据标准 …… 506
三、专横、任性、滥用自由裁量权 …… 509
四、重新审理 …… 516
五、宪法的事实和管辖权的事实 …… 517
第三节 法律结论的审查(一):法律的解释 …… 522
一、传统的观点 …… 522

二、邦珀斯加强司法审查的提案 ……………………………… 527
　　三、谢弗朗诉自然资源保护委员会案件 ………………………… 528
第四节　法律结论的审查(二):法律的适用 …………………… 531
　　一、法律和事实混合问题 ………………………………………… 531
　　二、审查的范围 …………………………………………………… 532
　　三、格雷诉鲍威尔原则适用的限制 ……………………………… 533
第五节　行政法规的审查 ………………………………………… 535
　　一、严格要求的审查 ……………………………………………… 536
　　二、实质性证据审查标准问题 …………………………………… 537
　　三、要求法律规定以外的程序问题 ……………………………… 538
　　四、科技法规和政策性法规的审查 ……………………………… 539
　　五、立法性法规和解释性法规的审查 …………………………… 539
第六节　法院审查的记录 ………………………………………… 540
　　一、非正式程序法规的记录 ……………………………………… 540
　　二、非正式程序裁决的记录 ……………………………………… 541
　　三、正式程序的记录 ……………………………………………… 542

第十七章　政府侵权赔偿责任 …………………………………… 544
第一节　政府赔偿责任的发展 …………………………………… 544
　　一、主权豁免原则 ………………………………………………… 544
　　二、联邦侵权赔偿法以前主权豁免原则的放弃 ………………… 546
　　三、联邦侵权赔偿法 ……………………………………………… 549
第二节　行政赔偿程序 …………………………………………… 553
　　一、行政赔偿程序的理由和法律 ………………………………… 553
　　二、主要的行政程序 ……………………………………………… 555
　　三、司法部长的权力 ……………………………………………… 559
　　四、提起行政赔偿请求和接受行政赔偿金额的效果 …………… 560
第三节　政府侵权赔偿的诉讼 …………………………………… 561
　　一、法院的管辖权和当事人 ……………………………………… 561
　　二、诉讼的原因和适用的法律 …………………………………… 565
　　三、审判前的和解 ………………………………………………… 576
　　四、赔偿的范围 …………………………………………………… 578
　　五、判决的执行和效果 …………………………………………… 580

第四节　联邦侵权赔偿法规定的例外 …… 580
　　一、自由裁量权的例外 …… 581
　　二、故意侵权行为的例外 …… 585
　　三、其他例外 …… 586

第十八章　政府职员的侵权赔偿责任 …… 589
第一节　概述 …… 589
　　一、政府职员侵权赔偿责任的意义及特点 …… 589
　　二、官员特免原则 …… 590
　　三、自由裁量的权力 …… 592
第二节　立法人员的侵权赔偿责任 …… 594
　　一、议员特免的法律基础 …… 594
　　二、议员的绝对特免 …… 595
　　三、议员的有限制的特免 …… 595
　　四、没有任何特免 …… 596
　　五、不受拘捕的特免 …… 597
　　六、议员以外的立法特免 …… 597
第三节　司法人员的侵权赔偿责任 …… 598
　　一、法官 …… 598
　　二、检察官 …… 604
　　三、执行准司法职务的行政人员 …… 606
第四节　总统的绝对特免 …… 607
第五节　行政人员的侵权赔偿责任 …… 609
　　一、行政人员侵权赔偿责任的演变 …… 609
　　二、联邦职员赔偿责任改革和侵权赔偿法 …… 617
第六节　第1983节的赔偿责任 …… 623
　　一、法律条文、立法背景、目的和发展 …… 623
　　二、法院的管辖权和当事人 …… 625
　　三、受保护的权利 …… 631
　　四、第1983节适用于地方政府 …… 633

第十九章　总统对行政的控制 …… 637
第一节　概述 …… 638
　　一、总统控制的需要 …… 638

二、总统控制的权力和方法 ········· 638
　　三、总统控制的限制 ············· 644
第二节　管理和预算局 ··············· 647
　　一、管理和预算局的性质 ·········· 647
　　二、管理和预算局的产生和发展 ····· 647
　　三、管理和预算局的组织和职能 ····· 652
　　四、管理和预算局的实际权力或影响 · 660
第三节　总统对独立行政机构的影响 ····· 661

第二十章　国会对行政的控制 ········· 664
第一节　概述 ······················ 664
　　一、国会控制的意义和作用 ········ 664
　　二、国会控制的政治和宪法的基础 ·· 665
　　三、国会控制的特点 ············· 667
第二节　正式的控制 ················ 669
　　一、法律控制 ··················· 669
　　二、预算控制 ··················· 672
　　三、立法否决 ··················· 678
第三节　非正式的控制 ··············· 683
　　一、国会的调查 ················· 683
　　二、议员的个别案件调查 ·········· 692
第四节　总审计署 ··················· 695
　　一、总审计署的产生和发展 ········ 695
　　二、组织和职能 ················· 702
　　三、性质和作用 ················· 705
第五节　国会控制的宪法和法律限制 ···· 706
　　一、正式控制的限制 ············· 706
　　二、非正式控制的限制 ··········· 708

第二十一章　行政公开(一):《情报自由法》 ··· 711
第一节　概述 ······················ 711
　　一、行政公开的法律 ············· 711
　　二、《情报自由法》的制定和修改 ··· 712
　　三、《情报自由法》的目的和私人对《情报自由法》的利用 ··· 715

四、《情报自由法》的主要原则 …………………………………… 718
第二节　公众了解和取得政府文件的方法 ………………………………… 719
　　一、公布于联邦登记 …………………………………………………… 719
　　二、联邦登记以外必须公开的政府文件(一)：行政机关主动公开 … 721
　　三、联邦登记以外必须公开的政府文件(二)：依请求公开 ………… 725
第三节　免除公开的政府文件 ……………………………………………… 728
　　一、免除公开的目的和范围 …………………………………………… 728
　　二、国防和外交政策 …………………………………………………… 729
　　三、机关内部人员的规则和习惯 ……………………………………… 731
　　四、其他法律规定的保密 ……………………………………………… 733
　　五、贸易秘密和商业或金融信息 ……………………………………… 735
　　六、机关内部和机关之间的备忘录 …………………………………… 738
　　七、人事的、医疗的和类似的档案 …………………………………… 742
　　八、执行法律的记录和信息 …………………………………………… 745
　　九、关于金融机构的信息 ……………………………………………… 749
　　十、关于油井地质的和地球物理的信息 ……………………………… 749
第四节　除外的文件 ………………………………………………………… 749
　　一、除外文件的意义和理由 …………………………………………… 749
　　二、除外文件的范围和条件 …………………………………………… 750
第五节　《情报自由法》的诉讼 …………………………………………… 752
　　一、《情报自由法》诉讼的意义和范围 ……………………………… 752
　　二、法院的管辖 ………………………………………………………… 752
　　三、当事人 ……………………………………………………………… 753
　　四、诉讼程序的特点 …………………………………………………… 754
　　五、判决 ………………………………………………………………… 757
第六节　反《情报自由法》的诉讼 ………………………………………… 760
　　一、反《情报自由法》诉讼的意义和目的 …………………………… 760
　　二、反《情报自由法》诉讼的法律根据 ……………………………… 761
　　三、法院的审判 ………………………………………………………… 762
　　四、第12600号行政命令 ……………………………………………… 764
第七节　国会的监督 ………………………………………………………… 764
　　一、行政机关的年度报告 ……………………………………………… 765

二、司法部长的年度报告 ··· 765
第二十二章　行政公开（二）：《阳光中的政府法》
　　　　　　和《联邦咨询委员会法》 ··································· 766
　第一节　《阳光中的政府法》：概述 ·· 766
　　一、立法的政策和目的 ··· 766
　　二、适用的对象 ··· 767
　　三、内容摘要 ··· 769
　第二节　会议公开的规定 ··· 769
　第三节　免除举行公开会议的理由 ··· 770
　第四节　合议制行政机关必须履行的程序 ······································· 773
　　一、宣告举行会议的程序 ··· 774
　　二、举行不公开会议的程序 ··· 774
　第五节　违反《阳光中的政府法》的诉讼 ······································· 779
　　一、行政法规的审查 ··· 779
　　二、行政处理的审查 ··· 780
　第六节　《阳光中的政府法》和《情报自由法》的关系 ··························· 782
　　一、适用《情报自由法》取得会议的文件 ····································· 782
　　二、行政机关内部备忘录问题 ··· 783
　第七节　《阳光中的政府法》的效果的评价 ····································· 784
　第八节　《联邦咨询委员会法》 ··· 784
　　一、立法的目的和背景 ··· 784
　　二、适用范围 ··· 786
　　三、咨询委员会的设立和监督 ··· 787
　　四、会议和文件的公开 ··· 789

第二十三章　《隐私权法》 ··· 791
　第一节　概述 ··· 791
　　一、法律的性质、立法背景和基本原则 ······································· 791
　　二、法律的目的 ··· 792
　　三、适用的范围 ··· 793
　第二节　公开的限制和登记 ··· 795
　　一、禁止公开的原则 ··· 795
　　二、法律规定的例外 ··· 796

三、记录公开的登记 ………………………………………… 799
第三节　个人取得和要求修改自己记录的权利 ……………… 800
　　一、观看并取得记录的权利 ………………………………… 800
　　二、要求修改记录的权利 …………………………………… 801
第四节　《隐私权法》对行政机关规定的限制和要求 ………… 801
　　一、收集信息的限制 ………………………………………… 801
　　二、保持和使用记录的限制和要求 ………………………… 802
第五节　免除的规定 …………………………………………… 806
　　一、概述 ……………………………………………………… 806
　　二、普遍的免除 ……………………………………………… 807
　　三、特定的免除 ……………………………………………… 810
第六节　《隐私权法》的诉讼 …………………………………… 812
　　一、民事救济：概述 ………………………………………… 813
　　二、拒绝修改和拒绝提供个人的记录 ……………………… 814
　　三、没有保持正确的记录以及其他违反《隐私权法》的行为 ……… 815
　　四、刑罚制裁 ………………………………………………… 817
第七节　《隐私权法》和《情报自由法》的关系 ………………… 817
　　一、1984年以前的某些不确定 …………………………… 817
　　二、1984年的修改 ………………………………………… 819
第八节　《电脑匹配和隐私权保护法》 ………………………… 820
　　一、概述 ……………………………………………………… 820
　　二、法律的主要规定 ………………………………………… 821
第九节　对《隐私权法》的评价 ………………………………… 827

附录　〔联邦〕《行政程序法》 …………………………………… 829

《王名扬全集：美国行政法》编后记 ………………… 高家伟　849

第十四章
司法审查(一)：一般概念

第一节 司法审查的意义、作用,美国司法审查的发展概况

一、司法审查的意义和作用

(一) 司法审查的意义

在美国,司法审查是指法院审查国会制定的法律是否符合宪法,以及行政机关的行为是否符合宪法及法律而言。这两种审查在美国都由普通法院执行,在法律没有特别规定时适用一般的诉讼程序。美国和欧洲大陆国家不一样,没有设立独立的宪法法院和行政法院,这是美国司法审查的特点。美国行政机关依正式听证程序裁决行政争议时,实质上是一个行政法庭。但是设在行政机关内部,没有脱离行政机关。① 它们的裁决仍然受普通法院的监督。在这方面和英国相同,和欧洲大陆国家的行政法院不同。② 法院审查国会制定的法律是否符合宪法,这个问题一般不在行政法学中讨论。本书讨论的司法审查,限于法院审查行政机关的行为,包括正式程序的裁决行为在内,是否符合宪法和法律。

(二) 司法审查的作用

行政机关的权力来源于法律,行政机关只能享有法律赋予的权力,按照法律规定的条件行使权力,这是民主和法治的基本要求。由于社会发

---

① 参见本书第十二章第二节:联邦行政程序法的规定。
② 参见王名扬:《英国行政法》,北京大学出版社2007年版,第3—4页;王名扬:《法国行政法》,北京大学出版社2007年版,第14—16页。

展的结果,当代法律授予行政机关非常强大的权力,行政权力的继续扩张是社会发展的必然趋势。一切权力具有多方面性质,可以产生良好的结果,也可能产生不良结果。只有当行政权力的行使符合法律规定的时候,才会产生良好的结果,否则必然对社会和个人产生巨大的侵害。依法行政是行政权力存在的先决条件,当然,行政机关会约束自己遵守法律,行政系统内部也会约束行政机关遵守法律。然而不能排除行政机关可能有不守法的时候,行政系统内部有不能自我约束的时候。因此,行政权力的行使必须受到外部的监督。行政权力愈大,外部监督的机制也必须随之加强。在英美的传统观念中,普通法院享有崇高威信,是保护个人自由和权利的坚强堡垒。这种传统信仰为17世纪的资产阶级革命所加强[1],美国继承和发扬了英国的这个传统。司法审查是法院监督行政机关遵守法律的有力工具,没有司法审查,行政法治等于一句空话,个人的自由和权利就缺乏保障。司法审查不仅在其实际应用时可以保障个人的权益,而且由于司法审查的存在对行政人员产生一种心理压力,可以促使他们谨慎行使权力。

司法审查之所以必要,不仅由于保障个人权益的需要,也是为了统一法律适用的需要。行政事务大都比较专业化,每一行政机关往往只注意其职务本身所适用的法律,可能忽视其他方面的法律。然而一个国家的法律是一个有机的体系,必须互相配合。法院在司法审查时,是从法律整体考虑行政行为是否合法,不是只考虑某一机关所适用的法律。司法审查的存在也是为了统一法律的适用,协调法律的一致所必要。

司法审查虽然能够发挥重要作用,但这是一个有限的作用。司法审查只能监督行政机关行使权力,不能代替行政机关行使权力。司法职能和行政职能各有其本身的任务和特点,不能互相代替。法院只能在宪法规定的司法权限范围以内活动,必须尊重行政机关的职能及其专门知识和经验,不能妨碍行政效率的发挥。在实施司法审查时,法官的信仰和对政策的解释可能和行政官员不同,法官不能由于不赞成行政机关的决定而撤销行政机关的行为。对于行政机关合法行使的权力,不论法官是否赞成,必须尊重。法院撤销行政机关违法的决定以后,如果需要重新作出决定时,这个重新作出决定的权力属于行政职务的范围,不在司法审查权限范围以内。没有法律的特别规定,法院不能作出属于行政机关的决定。

---

[1] 参见王名扬:《英国行政法》,北京大学出版社2007年版,第4—5页。

美国法院对于需要重新作出决定的行为,只能发回行政机关重新处理。当事人对于重新处理作出的决定不服,可以再次申诉。

司法审查只是监督行政活动的方式之一,不能由于司法审查的存在而忽视其他监督行政活动的方式。当然,在监督行政活动的各种方式中,司法审查是最主要的监督方式,因为它是一种经常性的、局外的、有严格程序保障的、具有传统权威性的监督,从而司法审查也是最受英美社会和个人信赖的监督行政活动的方式。

二、美国司法审查的发展概况

美国法院审查行政行为是否合法的历史渊源,来自英国普通法的传统。在英国郡主专制时期,国王的法官主持早期的英国法院,行使国王的权力,监督低级官员的行为是否合法。法院主要通过两个途径监督官员的行为:

(1) 私人认为官员的行为违反普通法的义务时,在可以对私人提起诉讼的情况下,也可以对官员提起诉讼,要求损害赔偿。法院为了决定官员的赔偿责任,必须审查官员的行为是否合法。

(2) 从17世纪以来,王座法院逐渐发展了一些补充的救济手段,称为特权令状(prerogative writs),其中最主要的令状是提审状(writ of certiorari)和执行状(writ of mandanus),此外还有人身保护状(writ of habeas corpus)、禁止状(writ of prohitition)和追问权力状(writ of quo wranto)。法院通过这些令状以审查官员的行为是否合法。在普通法的令状以外,大法官的衡平法官后来又发展两个救济手段,可以同时适用于公法和私法,即制止状(writ of injunction)和确认判决(declaratory judgment),法院可以利用它们审查官员的行为是否合法。[①]

英国法律的这些传统构成美国殖民地时期及独立后早期各州司法审查的基础,然而在19世纪后期及20世纪初期,英国的传统在美国逐渐为一些成文法规定的司法审查所代替或补充。在联邦政府一级,特权令状从未取得牢固的基础,自从19世纪末期以来,联邦法院逐渐抛弃各种特权令状。联邦法院主要根据成文法的规定进行司法审查,各机关的组织法中,对该机关的行为往往规定特定的司法审查,如果机关的组织法中没有规定特定的司法审查时,当事人可以申请法院,根据法院所具有的一般

---

① 参见王名扬:《英国行政法》,北京大学出版社2007年版,第138—142页。

管辖权限进行司法审查。根据法院一般管辖权限的司法审查,主要也由成文法所规定,其中最主要的法律规定是《美国法典》第28编的联邦问题条款。在没有任何成文法规定的司法审查时,法院仍可利用传统的普通法和衡平法上的救济手段进行司法审查。这种情况主要存在于某些州中,联邦法院现在很少利用特权令状进行司法审查了。

美国司法审查演变的过程是逐渐简化司法审查的形式和扩大司法审查的范围。虽然特权令状很久以来就是进行司法审查的手段,但是传统的特权令状技术性强,每一特权令状都有一定的技术规则,不利于当事人提起诉讼。这些传统的技术规则,后来大都由成文加以简化,增加司法审查的效率。第二次世界大战以后,特别是20世纪70年代以后,美国司法审查的形式进一步得到改进和简化,司法审查的范围大为扩张。

美国司法审查的另一重大发展是逐渐缩小或取消主权豁免原则。根据主权豁免原则,联邦和各州政府不能作为被告,司法审查的对象只是针对官吏的行为。以联邦政府和州政府作为审查的对象,必须得到国会的授权。缩小或取消主权豁免原则以后,司法审查可以直接以政府本身作为被告,联邦政府损害赔偿的范围,也因主权豁免原则的缩小而逐渐扩大。

以上这些发展的具体内容,本书将在后面有关部分说明。

第二节　取得司法审查的方法

《联邦宪法》第3条规定,国会有权设立下级法院并规定它们的审判权限。因此,美国联邦法院只有有限的管辖权限,没有普遍的管辖权限。联邦法院取得监督行政活动的司法审查权力,必须具有法律根据。这个法律根据就是法院取得司法审查的方法,也是司法审查诉讼所采取的形式。按照法院取得司法审查方法的不同,美国的司法审查诉讼采取下列四种形式:① 法定的审查;② 非法定的审查;③ 执行诉讼中的司法审查;④ 宪法权利的司法审查。这些形式大部分已在《联邦行政程序法》第703节中指出。

一、法定的审查

(一) 特定的法定审查

法定的审查是法律对于行政机关的某项活动直接规定的审查,一般规定在机关的组织法中。法律在设立某一行政机构时,往往在其组织法中,规定该机构的行为在什么时期以内,由什么法院采取什么诉讼形式进行审查。这种审查由于是针对某一机构的行为特别规定的,所以称为特定的法定审查(specific statutory review)。在联邦政府执行控制职务的重要机构的组织法中,大都有特别规定的司法审查。法定的审查是联邦法院司法审查诉讼的主要形式,比较典型而为一般行政机构组织法所模仿的法定的审查,是1914年《联邦贸易委员会组织法》中的规定。根据这项规定,"任何个人、合伙者或公司,被委员会命令停止使用某种竞争方法或行为时,可以在收到命令的60天期间以内,向使用该竞争方法地或行为地,或该个人、合伙者或公司的居所或营业所所在地的上诉法院,提出书面申诉,请求法院审查并撤销这个命令……委员会关于事实的裁定如果有实质性的证据支持,将是最终的结论。"①这个规定非常明确,不引起任何争议,是一个成功的司法审查的规定,其他重要行政机关的组织法模仿这个规定的达到30多个,包括原子能委员会(现核能管理委员会)、民航局、联邦电讯委员会、联邦动力委员会(现联邦能源委员会)、食品和药品局、国家劳动关系委员会、证券交易委员会、职业安全和健康局、环保局等重要机构。这些机构在模仿联邦贸易委员会规定的同时,在细节上都有一些变动,以适应本机关的情况。

(二) 普遍的法定审查

另外一种法定审查的方式,不是在某一机关的组织法中对该机关的行为规定审查,而是在一个法律中对很多机关的行为规定审查。这种审查由于是直接对行政行为所规定的审查,所以是法定的审查,和下面所讲的不直接对行政活动所规定的审查不同。但是这个法律规定的对象不是一个机关的行为,而是许多机关的行为,所以称为普遍的法定审查(general statutory review),以和特定的法定审查相区别。最典型的规定普遍法定审查的法律是《行政命令审查法》(Administrative Orders Review Act),一般称为《霍布斯法》(Hobbs Act)。② 该法规定的司法审查适用于联邦电讯委员会、农业部、联邦海事委员会、州际商业委员会等机构。有时某些机构的组织法中不规定司法审查,而指明对于该机构活动的司法审查适

---

① 《美国法典》第15编第45节(c)款。
② 《美国法典》第28编第2341—2353节。不要和executive order混淆,executive order是总统的行政命令,不是一般行政机关的行政命令。

用行政命令审查法的规定,例如移民和归化局法规定对其驱逐命令的司法审查适用霍布斯法。有时一个机关的行为不只受一个法律规定的司法审查,按行为性质的不同受不同的法律所规定的司法审查,例如联邦电讯委员会、核能管理委员会的决定,按其性质不同,可能适用《行政命令审查法》的规定,也可能适用该机关组织法中规定的司法审查。

二、非法定的审查

(一) 意义

成文法对某机关的行为有司法审查的规定时,法院必须按照成文法的规定进行审查,不能采取其他审查方式;成文法对某机关的行为没有规定审查方式时,该机关的行为并不因此不受法院的审查,行政机关也不因此成为自己行为是否合法的最后判断者。一切行政行为在法律未明白禁止审查时,都可受到司法审查。这种法律所未明白规定的司法审查称为非法定审查(nonstatutory review)。非法定审查适用于法律对于某种行为没有明白规定审查的时候,或者所规定的审查不能给予适当的救济的时候。有时某个机关的行为有的受到法律规定的审查,有的没有受到这种规定。这时在这个机关的活动中,同时存在法定的审查和非法定的审查。

在非法定审查的情况下,法律既然没有对行政机关的行为规定审查,法院进行司法审查的根据是什么呢? 法院进行非法定审查的根据是法院所具有的一般管辖权限。这种权限属于法院所有,没有指明适用于何种行政行为。究竟包括哪些行为由其他法律规定,某种行为只要根据其他法律的规定处在法院的管辖范围之内,法院就可对它实施一般的管辖权限。这种权限通常是法院所能给予的救济手段,当事人向法院申请某种救济手段时,只要当事人所申诉的事项属于法院的管辖范围以内,法院就可给予这种救济。非法定审查不是不要法律的规定,联邦法院的非法定审查绝大部分已由成文法规定。因为法院能够给予什么救济手段、什么事项属于法院管辖范围以内都要有法律根据。法定审查和非法定审查的区别,在于前者是对某种行为明白规定的审查,后者是关于法院权限一般的规定,适用于法院管辖范围内的各种行为。非法定管辖的特点是绝大部分来源于普通法或衡平法,后来由成文法加以规定。在成文法没有规定时,并不排除传统普通法和衡平法的适用。但是这种情况在美国联邦一级不多,主要存在某些法律比较保守的州中。

联邦法院的非法定审查主要有下述几种形式:

(二) 联邦问题管辖权

1. 意义和适用范围

《美国法典》第 28 编规定各级法院的管辖权,其中 1331 节规定联邦地区法院对联邦问题有管辖权。该节规定:"地区法院对于产生于联邦宪法、法律或条约的一切民事诉讼,如其争议事项,不包括利息和费用在内,超过一万美元时,有初审管辖权。"当事人不服联邦行政机关的决定向法院起诉,是由于实施联邦宪法、法律或条约而引起的民事诉讼,因此属于地区法院的管辖权限,法院可以审查该行政行为的合法性。地区法院根据 1331 节享有的一般管辖权限,原来受到一个限制,即诉讼标的必须超过 1 万美元。因此数额较小的案件,或者不能用金钱计算的案件,无法利用这节规定申诉。1976 年,国会修改了 1331 节的规定,取消了控诉美国政府或官员的诉讼必须超过 1 万美元的限制。此后,一切联邦行政诉讼案件不再受到金额限制。1980 年,国会再次修改 1331 节的规定,又取消了其他诉讼必须超过 1 万美元的限制。经过这两次修改以后,联邦地区法院对于一切联邦问题,凡是法律没有规定由其他法院管辖的,都有管辖权限。这是联邦法院具有的最广泛的管辖权。可以说自从 20 世纪 70 年代的改革以后,美国的司法审查已经不存在障碍。凡是法律没有规定法定的审查时,只要行政机关的行为没有不受审查的条件,都可适用联邦问题条款,由地区法院审查。地区法院可以命令、禁止、撤销受审查的行为,也可以判决行政机关赔偿损失。

2. 对其他法律的影响

由于联邦地区法院根据联邦问题条款具有广泛的管辖权限,其他授予地区法院管辖权限的个别法律,实际上已无存在的必要。因为它们都包括在联邦问题范围以内,例如《美国法典》第 28 编 1337 节规定,地区法院对于国会管理商业的法律产生的民事诉讼有初审管辖权;1338 节规定,地区法院对于专利、版权和商标的诉讼有初审管辖权;1339 节规定,地区法院对于邮政服务有初审管辖权,都在联邦问题范围以内。

取消联邦问题条款的金额限制以后,一个重要的附带结果是最高法院对联邦行政程序法是否规定了司法审查权限这个问题,采取了否定的回答。《联邦行政程序法》第 702 节规定,任何人受到行政行为的不法侵害或不利影响,有权请求司法审查;703 节规定,在没有法定的审查或法定的审查不适当时,司法审查可以由有管辖权的法院采取任何可以适用的法律诉讼形式;第 704 节规定,行政机关的最后决定,法院对它没有其他的适当补救时,必须受到司法审查。这几节规定究竟如何解释,是否可以认为授予法院司法审查权限呢?美国学术界和司法界出现过分歧。对这几节的解释,美国某些法院认为,《联邦行政程序法》授予了联邦法院司法审查权限。有些法院不同意这种解释,认为《联邦行政程序法》没有授予联邦法院司法审查权限。最高法院对于这种解释上的分歧,最初没有表态。自从 1976 年国会取消联邦问题的金额限制以后,最高法院在 1977 年的一个案件中①,采取了否定的回答。最高法院认为,《联邦行政程序法》表示司法审查必须广泛适用于联邦行政机关的行为,这是表示一种意图、一种政策,不能解释为授予联邦法院审查任何事项的权限。法院认为,自从联邦问题取消金额限制以后,当事人可以利用联邦问题条款取得广泛的司法审查权,没有必要解释《联邦行政程序法》认为它授予了一个独立的司法审查管辖权。

(三) 侵权行为赔偿之诉、制止状和确认判决

除联邦问题条款的管辖权限以外,美国法院进行非法定审查的主要根据来源于英国普通法和衡平法上的救济形式。不过英国法律的传统,在美国联邦,有的已经由成文法加以改造,有的已经废弃不用,本款及下款将分别说明来源于传统法律的司法审查形式。

1. 侵权行为赔偿之诉

根据英国普通法的传统,官员执行职务的行为如果违法侵害私人的权利,官员必须像一般私人一样负侵权行为的赔偿责任。法院在决定官员是否应负赔偿责任时,必须审查官员的行为是否违法。对于合法执行职务行为所产生的损害,官员不负赔偿责任。在美国,私人对官员提起的损害赔偿之诉由地区法院管辖。尽管官员这时是作为个人而负担赔偿责任,然而 1961 年修改的《联邦民事程序法》规定:"当官员以官方资格而起诉或被诉时,他可以不用自己的姓名而用官方头衔作为当事人。"这项规定根据法院的解释,也适用于非法定审查的诉讼。关于官员的赔偿责任本书以后另有说明。②

2. 制止状

侵权行为赔偿之诉虽然对违法行为是一种基本的救济手段,但是这种形式的诉讼有一个缺点,即法院只在损害发生之后才能审查官员的行

---

① *Califano v. Sanders*, 420 U.S. 99(1977)。
② 参见本书第十八章:政府职员的侵权赔偿责任。

为,不能事前或事中命令官员停止或采取某种行为以制止损害的发生。为了补救这个缺点,美国法院在司法审查中,广泛利用衡平法上的制止状。① 制止状是法院为了避免损害的发生或继续,命令行政机关或官员停止执行某种违法行为,或采取某种依法必须执行的行为。前者称为禁止性质的制止状(prohibitory injunction),制止违法行为的实施;后者称为命令性质的制止状(mandatory injunction),命令执行必须执行的义务。制止状的理论基础和侵权行为赔偿责任相同,即官员对于执行职务损害他人的行为,必须像私人一样负责,除非制止官员违法的行为,否则不能避免损害赔偿的发生。

联邦最高法院在1893年的诺布尔诉河道木材运输公司一案中②,在法律没有规定其他审查方法时,已经采取衡平法上的制止状作为司法审查的根据。在司法审查中牢固树立制止状的案件是最高法院1902年的美国磁疗学校诉麦坎纳尔蒂案③,在该案中,最高法院支持下级法院发布的一个制止状。最高法院认为,如果行政机关的命令产生不可弥补的损害,而且没有适当的补救方法时,可以适用衡平法上的制止状作为审查和救济的手段。

3. 确认判决

制止状的适用受到一个限制,即只在产生不可弥补的损害时才能采取。因此当事人在申请制止状时,常常同时申请确认判决。确认判决的适用比制止状灵活,不要求不可弥补的损害,法院可以审查行政机关一切的最后决定。确认判决也是衡平法上的一种制度,即法院对于某种法律关系只确认其是否存在、是否合法,不伴随强制执行的效果。这种诉讼形式常和其他诉讼形式同时采取。在美国的司法审查中,确认判决常和制止状同时采用,法院一方面确认某种行为是否合法,同时禁止或命令实施这种行为。但制止状和确认判决并非必须结合使用,二者也可以单独使用。

美国法院的确认判决现在已经不是衡平法上的制度,而是由1934年的《确认判决法》所规定。④ 该法规定联邦任何法院对在其管辖范围内的

---

① 美国的制止状,我在《英国行政法》书中称为阻止令,以后改称制止状。本书对 order 一词译为令,对 writ 一词译为状。

② *Noble v. Union River Logging Co.*, 147 U.S. 165 (1893).

③ *American School of Magnetic Healing v. McAnnulty*, 187 U.S. 94 (1902).

④ 《美国法典》第28编第2201和2202节。

现实的、非假想的争议,除少数税务案件以外,可以根据利害关系人的申请,确认其权利或某种法律关系是否合法存在,不问是否需要进一步采取其他救济手段。法院在作出确认判决的时候,当然必须审查行政机关的决定是否合法。

制止状和确认判决在适用时没有技术上的复杂问题和困难。它们和联邦问题条款一起构成美国非法定审查的主要形式。

(四) 特权状

特权状来源于英国普通法的传统,是英国王座法院以英王名义发布的命令,用以审查下级法院和官员的行为是否合法,并约束他们按照法律的规定办事。主要的特权状有提审状、禁止状、执行状、人身保护状、追问权力状。它们是英国司法审查主要的诉讼形式。美国称特权状为非常的法律救济手段(extraordinary legal remedies)。特权状受历史传统的束缚,技术性强,每种特权状都有特定的适用条件。当事人请求特权状的救济时,虽然很有理由,可能由于不符合技术条件而遭到失败。英国对于特权状的适用程序,在20世纪中已经进行过几次改革,其中最大的一次改革发生在20世纪70年代末期。① 美国在殖民地时期适用英国的法律,独立以后很多州继承英国法律传统,仍然大量适用特权状作为司法审查手段。然而美国联邦法院除保留人身保护状外,基本上已放弃使用特权状。下面分别说明各种特权状在联邦法院中的地位。

1. 提审状

提审状是当事人申请有监督权的法院审查下级法院、行政机关或官员的决定是否合法,如有违法情况可以撤销这个决定的全部或一部分,法院是否发布提审状有自由裁量权。提审状是英国司法审查诉讼最主要的形式,其起源可以追溯到13世纪国王利用王座法院进行中央集权的时候。最初使用提审状的目的在于监督下级法院的行为②,后来在16、17世纪英国资产阶级革命时期,逐渐发展成为个人请求法院审查行政机关决定的手段。由于提审状在最初阶段主要用于审查低级法院和治安法官的决定,后来才扩大到适用于审查一般行政机关的决定,所以传统的观念认为,只有司法性质的行为才受提审状的审查。

---

① 参见王名扬:《英国行政法》,北京大学出版社2007年版,第150—151页。
② 提审状在英国最初还用于另外一种情况:一个案件如果由原来受诉的法院审理,可能产生不公正的判决时,上级法院可以命令将这个案件移转于其他法院审理。

美国在 19 世纪行政职务开始发展时期,成文法中尚未规定适当的司法审查形式,联邦法院也曾利用提审状作为司法审查的手段。但是这种诉讼只能审查司法性质的行为,在行政机关中什么行为具有司法性质呢?司法性质行为和其他行为如何区别呢?这些问题很不容易确定,所以,采用这种审查形式受到很大的妨碍。1913 年,联邦最高法院在德格诉希契科克案件的判决中①,抛弃了这种诉讼形式。自此以后,联邦法院不再利用这种审查形式。这个案件的发生是由于邮政总长命令停止对原告送递某些邮件,因为原告利用邮政实行欺骗性的企业。邮政总长在作这个决定前,曾已采取通知及听证程序。从理论上说,认为属于司法性质行为毫无困难,然而最高法院为了避免特权状的适用却作了另外一种解释。法院认为,邮政总长不能执行司法职务,邮政总长不是以主持一个法庭的官员资格作出一个判决。因为一个法庭的判决如果没有被推翻时,就是最后的决定。既然邮政总长的决定不是一个判决,所以不受提审状的审查。最高法院判决中的理由很难说是非常充分的。实际上自从这个判决以后,联邦法院不再使用提审状这种司法审查形式。提审状所能起到的作用为其他更方便的形式所代替。目前在美国联邦,只有最高法院用提审状审查下级法院的判决。

《联邦行政程序法》第 703 节规定,在没有成文法规定的司法审查形式或其规定不适当时,有管辖权的法院可以适用任何能够适用的法律诉讼形式。并指出确认判决、制止状、人身保护状等诉讼形式,没有提到提审状。但是参议院和众议院有关委员会的报告认为,这一节的规定明白承认在没有成文法规定的司法审查形式时,法院可以适用普通法的诉讼形式作为司法审查的根据。② 从理论上说不排除提审状的适用,尽管事实上联邦法院很少可能利用提审状作为司法审查的根据。

2. 禁止状

禁止状是法院根据当事人的申请,命令下级法院、行政机关或官员不执行或停止执行违法的决定,适用范围和提审状相同。但提审状是在决定作出后或执行完毕时发出的特权状,用以审查该决定的合法性并撤销违法的决定,禁止状只能用于作出决定前和执行中的决定。由于禁止状

---

① *Degge v. Hitchcock*, 229 U. S. 162(1913).
② 关于这个条文的立法史可参见 W. Gellhorn, C. Byse, P. L. Strauss: *Administrative Law, Cases and Comments*, 7th ed. p. 934.

只能适用于司法性质的行为，确定其适用范围的困难和提审状相同。联邦最高法院在 1886 年的一个判决中①，已经抛弃这种诉讼形式。特权状中禁止状所起的作用和衡平法上的制止状相同。制止状的适用不受区别司法行为和非司法行为的限制，很少发生技术上的困难。因此在联邦法院的司法审查中，不用禁止状而大量使用制止状。

3. 追问权力状

追问权力状也是普通法上的一个古老的制度。在英国国王开始实行集权的时候，国王的法官利用追问权力状，命令和国王竞争权力的诸侯，证明他们享有某种职位的权力的来源。在行政法上，追问权力状用来追问某个官员是否具有担任某项职位的权力，不是用来追问某项具体行为是否合法。当事人要利用这个特权状，必须对所追问的职位具有特殊利益，所以实际上很少应用。

4. 人身保护状

人身受到非法拘禁的人可以申请法院发出人身保护状，审查拘禁程序的合法性，不涉及案件的实质内容应当如何处理。英国普通法上的这个特权状未被联邦法院判例废除，而且已由成文法所规定。② 在行政法上，人身保护状主要用于审查外国人的驱逐、拒绝入境、不合法的强制服役、关闭于精神病院、卫生隔离措施等。非法拘禁的意义不仅指肉体受到拘禁，也包括受到和一般公众不同的非法剥夺自由的其他措施。例如强迫服役措施，目的在于保护个人的自由不受非法强制的侵害。在美国，人身保护状可由最高法院或上诉法院的任何法官颁发，或者由地区法院颁发。但最高法院或上诉法院法官可以拒绝受理申请，把案件移送到地区法院审查。

5. 执行状

普通法上的执行状是当事人申请王座法院，命令下级法院、行政机关或官员执行其依法应当执行的职务。在英国司法审查中，执行状和提审状一样，得到了广泛的应用。在美国，执行状的应用遇到两个障碍：

（1）执行状属于特权状的范围，美国联邦各级法院除继承了英国衡平法上的诉讼形式以外，是否也继承了根据英王特权而享有的管辖权呢？从理论上说，很难肯定回答。1789 年的《司法法》没有授予联邦法院颁发

---

① Smith v. Whitney, 116 U.S. 167 (1886).
② 《美国法典》第 28 编第 2241 节。

执行状的权力,只有哥伦比亚特区的地区法院例外。这个法院的前身是马里兰州的法院,在殖民地时期已经继承英国普通法院的权力,其他联邦法院从理论上说不能享有这种权力。

(2) 根据传统理论,法院只能对行政机关的羁束权力颁发执行状,对于行政机关自由裁量的权力不能颁发执行状。然而羁束权力和自由裁量权力,除在极端情况下容易区别以外,大部分情况很难区别。行政机关很少完全没有自由裁量的权力,也很少具有完全的自由裁量权力。问题往往在于行政机关在哪些方面有自由裁量权,哪些方面没有自由裁量权;行使自由裁量权时应当考虑哪些因素,不应当考虑哪些因素;对于每种因素应当给予什么分量。这些都是非常复杂的问题,法官必须对每个法律的精神、立法的过程仔细分析,才能得出满意的结论。不同的法院和法官之间,对于自由裁量权的认识出现很大的分歧,执行状的使用很不确定。有时法官为了避免分析的困难,对于任何自由裁量权力,一概拒绝申请执行状的诉讼,从而使当事人得不到救济。这种不满意的状况,导致《联邦民事程序规则》在第81规则中废除了执行状,过去适用执行状的救济改用其他诉讼方式。

执行状诉讼虽然不能令人满意,在过去司法审查中仍然不少应用。因为过去联邦问题条款受到诉讼标的必须达到1万美元的限制,申请执行状的诉讼没有这种限制。当事人不能利用联邦问题条款作为申请司法审查的根据时,往往申请执行状作为请求法院救济的方法。自从联邦问题条款取消金额限制以后,当事人可以利用联邦问题条款提起诉讼,避免申请执行状的诉讼。此外,当事人也可以利用制止状得到执行状的效果。从当代的观点而言,传统的执行状诉讼完全没有必要。①

1962年,国会通过《执行状和审判地法》,用成文法的规定代替传统的执行状诉讼,企图解决适用传统执行状诉讼所遇到的困难。该法规定:"地区法院对于强制美国官员或职员或任何机关执行对原告的义务的执行状性质的任何诉讼,具有初审管辖权。"②根据这项规定,联邦全部地区法院都有受理执行状性质的诉讼的权力,不以哥伦比亚特区法院为限。过去执行状诉讼遇到的第一个理论困难已不存在,但是过去执行状诉讼的第二个困难,即自由裁量权和羁束权力区别的困难,仍然保留在1962

---

① 参见 K. C. Davis: *Administrative Law Treatise*, vol. 4, pp. 166-169.
② 《美国法典》第28编第1361节。

年的法律中。这个法律从表面看不是恢复传统的执行状诉讼,因为它不用执行状这个名称,而用执行状"性质"这样的名称。然而美国法院对执行状性质的诉讼,仍然适用传统的执行状诉讼的规则,继续适用羁束权力和自由裁量权力的区别,这是美国司法审查中最难采取的诉讼。

三、执行诉讼中的司法审查

(一) 执行诉讼中的抗辩①

以上两款中的司法审查是直接的司法审查,当事人提起诉讼请求法院审查行政行为的合法性并给予救济。执行诉讼中的司法审查是一种间接的审查,当事人对行政机关的决定不提起诉讼,而是在当事人不执行行政机关的决定,行政机关提起诉讼请求法院裁判执行的时候,当事人主张行政决定违法作为抗辩的理由,否认行政决定具有执行力量。法院在裁判执行行政决定以前,必须解决两个问题:① 行政决定是否合法成立;② 当事人是否违反行政决定,或者是否没有执行行政决定。因此执行诉讼的裁判也是法院取得司法审查权力的方法。

行政机关提起执行诉讼可以发生在两种情况下:

(1) 法律对行政决定完全没有规定执行的方法。当事人不执行行政决定时,行政机关只能请求法院判决执行,例如 1906 年以前,美国法律对州际商业委员会的决定,没有规定任何执行措施。当事人不履行委员会的决定时,唯一的执行方法是由委员会申请法院裁判执行。

(2) 法律规定当事人不执行行政机关的决定时,行政机关可以采取执行措施,但是没有赋予行政机关强制执行权力。在当事人不遵守行政机关规定的执行措施时,行政机关必须申请法院强制执行。例如行政机关对于不遵守其决定的当事人可以科处罚金。如果当事人不缴纳罚金时,法律没有规定行政机关有强制执行权力,行政机关必须申请法院裁判执行,法院具有最后的强制执行力量。美国法律规定以行政罚作为执行方式时,如果这种处罚的实现需要当事人为一定行为或不为一定的行为,在当事人不遵守时,往往必须申请法院强制执行,只在极少数情况下,法律才授予行政机关强制执行权力。不论在哪种情况下,当行政机关申请

---

① 执行诉讼,不要和上面所述申请执行状的诉讼混淆。申请执行状诉讼是当事人请求法院命令行政机关履行义务的诉讼。执行诉讼是当事人不执行行政机关的命令,行政机关请求法院裁判执行的诉讼。

法院裁判执行时,法院都因此取得司法审查权力。

(二) 排除执行诉讼中的司法审查

执行诉讼在下列两种情况下不能进行司法审查:

1. 法律对某些行政决定规定有法定的司法审查

上面已经指出,法定的审查是唯一的审查方式,法院不能在法定的审查以外采取其他审查方式。例如《联邦贸易委员会法》规定,当事人不服委员会命令停止某种行为的决定,必须在6个月内向上诉法院申请司法审查;6个月的申请期过后,或者在司法审查中上诉法院肯定委员会的决定以后,委员会的决定成为最后确定的决定,当事人不能在执行诉讼中,再以行政决定违法作为抗辩理由。在这种情况下,法院在执行诉讼中只审查当事人是否违反行政决定,不审查行政决定是否违法。

2. 未穷尽法律规定的行政救济

法律对于行政决定规定有行政救济时,立法者的意图是以行政救济作为达到法律目的的一种手段。当事人不能不申请行政救济而在执行诉讼中,以行政决定违法作为抗辩理由而拒绝执行。但穷尽行政救济原则不适用于行政法规的执行,当事人对于行政法规,即使事先未按规定穷尽行政救济,仍可在执行诉讼中主张法规违法作为抗辩理由,拒绝执行。执行诉讼中的抗辩除产生阻止执行的效果外,不影响法规的存在。

(三) 刑事处罚作为执行手段时能否排除司法审查①

联邦宪法修正案第6条规定,刑事案件的受罚人,"有权得到由公正的陪审员参加的迅速和公开的审理"。一方面,这条规定是否表示法律规定以刑罚作为违反行政决定的执行手段时,上面提到的排除司法审查的两种情况不能适用呢?因为如果适用排除司法审查,则法院不能审查作为追诉对象的行政决定的合法性,受罚人得到公正审理的宪法权利没有实现。另一方面,宪法修正案第6条是否也可以解释为不影响以刑罚作为执行手段时的排除司法审查呢?因为宪法的规定没有禁止法律规定对违法性的审查在执行诉讼外单独进行,美国法院对于这个问题的回答没有一致的判例。

1946年最高法院的一个判决②,认为以刑事处罚作为执行手段的诉讼中,即使有法定的审查存在,不能排除受罚人在执行诉讼中以行政决定

---

① 参见本书第十二章第四节:行政决定的执行。
② *Estep v. United States*, 327 U.S. 114(1946).

不合法为理由的抗辩。法定审查的存在,不能排除刑事执行诉讼中的司法审查。法院声称:"我们不能轻易地认为美国国会会如此抛弃公正审判的传统观念……以致规定美国公民由于不服从违法的行政命令而被关进监狱。"但是在1944年的一个判决中①,最高法院的观点完全相反。法院认为,法律规定法定的审查作为唯一的司法审查形式时,应排除刑事执行程序中的司法审查。在这种情况下,法院只审查当事人是否违反行政决定,不审查行政决定的合法性。

1944年的判决和1946年的判决虽然观点相反,以后都得到适用。在1978年的一个判决中②,最高法院认为,1944年的判决是关于战争时期的物价管制问题,行政机关需要较大的权力,这个判例不能适用于和平时期。但是1981年第五上诉法院的一个判决③,又适用1944年最高法院的判例。总之,以刑事处罚作为执行手段时,法院是否可以把行政行为合法性的审查和当事人是否违反行政行为的审查分开,从而排除刑事执行诉讼中的司法审查,这个问题的判例相当混乱,还不能说美国已有确定的原则。

四、宪法权利的司法审查

联邦行政机关的一切重要的决定,几乎都有成文法规定的司法审查形式。在成文法对行政机关的决定没有规定司法审查时,只要法律没有明白禁止司法审查,法院都假定可以审查。这时,法院根据法院具有的一般管辖权限进行司法审查。此外,法院在审理行政机关申请执行行政决定的裁判中,还可根据当事人的抗辩进行司法审查。因此个人取得司法审查的途径是多方面的,很少发生需要根据宪法权利取得司法审查的时候。另一方面,国会有权决定司法审查的范围和法院的管辖。如果国会出于政策上的考虑,认为某项行政问题不应由法院审查时,只要这个行政事项没有牵涉到宪法问题,法院必须遵守国会的规定。当事人对法律的规定不服,能够根据宪法主张司法审查,只限于行政机关的决定涉及宪法问题的时候。

当事人根据宪法主张司法审查的权利出现在两种情况:

---

① *Yakus v. United States*, 321 U. S. 414(1944).
② *Adams Wrecking Co. v. United States*, 434 U. S. 275(1978).
③ *United States v. De La Cruz-Sepulveda*, 656 F. 2d 1129 (5th Cir. 1981).

(1) 行政机关侵犯当事人的宪法的实体权利,例如侵犯宪法保障的言论自由、信仰自由等;

(2) 侵犯宪法保障的程序权利,例如剥夺当事人的自由和财产而没有按照正当的法律程序。这两种情况,如果受害人没有其他的司法审查权利,或者这种权利受到很大的限制,可以根据宪法权利申请司法审查。1947 年,最高法院对约翰逊诉罗比逊案件的判决①,可以说明宪法权利的司法审查。

根据《退伍军人福利法》的规定②,退伍军人事务署的决定大部分不受司法审查。罗比逊是一位信仰和平主义者,他用两年时间的其他服务代替兵役义务。在罗比逊请求享受退伍军人利益时,遭到退伍军人事务署的拒绝。罗比逊提出两项理由,请求法院审查退伍军人事务署的决定:① 拒绝已经用其他服务代替兵役的和平主义者享受退伍军人利益,违反宪法修正案第 1 条保障的信仰自由;② 拒绝他的退伍军人利益而没有提供足够的程序保障,违反宪法修正案保障的正当法律程序。

最高法院认为,罗比逊有权对上述两个问题请求司法审查。法院认为,《退伍军人福利法》禁止法院对退伍军人事务署决定的审查,出于两个理由:① 保障退伍军人事务署决定的一致性,这种一致性可能由于进行司法审查的法院不同,作出不同的判决而受到破坏;② 避免退伍军人事务署和法院的时间和金钱负担。

最高法院的结论认为,国会在这个法律中,没有企图在退伍军人事务署的决定引起宪法问题时,也禁止司法审查。法院进行这种有限的审查,不违背国会在法律中禁止司法审查的理由。最高法院指出,如果对国会的立法不作如此解释,就会引起这个法律是否符合宪法问题。

这个判决的重要意义在于最高法院认为,禁止司法审查的法律不能适用于行政决定中涉及的宪法问题,否则就会引起法律本身的违宪问题。然而必须指出,国会虽然不能禁止宪法权利的司法审查,但是国会对于依宪法权利取得司法审查的方式,不是不能规定。例如国会可以规定请求司法审查的时间,避免行政决定涉及宪法问题时,效力长久不能确定,国会作出这样的规定符合公共利益,也不损害个人的宪法权利。

---

① *Johnson v. Robison*, 415 U.S. 361(1974).
② 《美国法典》第 38 编第 211 节(a)款。

五、州的非法定审查

美国州的司法审查诉讼形式和联邦司法审查的诉讼形式有明显的不同。联邦法院是在美国独立以后建立的,英国司法的传统在联邦法院没有树立牢固基础。联邦法院取得司法审查管辖权的方法,主要是根据国会制定的法律,所以联邦法院司法审查的诉讼形式主要是法定的审查。非法定审查的根据主要是联邦问题条款和衡平法的诉讼形式。特权状的诉讼形式从19世纪后期以来已在联邦法院逐渐被抛弃,唯一的例外是在执行状性质的诉讼中,联邦法院没有完全消除传统的影响。州法院司法审查的诉讼形式和联邦法院不同,有些州的法院是英国殖民地时代法院的继续,认为自己已经继承英国王座法院的各种权力。州法院中司法审查主要采取特权状的诉讼形式。在州的司法审查中,法定审查的比例小于非法定审查,这是联邦司法审查诉讼形式和州司法审查诉讼形式的主要区别。

虽然在州的非法定的司法审查中,特权状的诉讼形式占有很大分量,但是各州之间又有区别。有些州已对传统的特权状加以改变,使它适应新的情况,有些州则适用《州示范行政程序法》的规定。一般而言,美国州的非法定审查可以分为三种类型:

(一)继续适用传统的特权状制度

在有些州中,非法定审查主要使用传统形式的提审状、禁止状和执行状,提审状是最主要的诉讼形式。法院根据当事人的申请,审查行政机关或官员的决定是否合法,撤销不合法的决定。提审状只能用于审查司法性质的行为,禁止状是当事人请求法院命令行政机关或官员停止违法的行为,也只适用于司法性质的行为,执行状是当事人请求法院命令行政机关或官员执行其依法应当执行的职务,只适用于行政机关的羁束权力。当事人起诉时,必须选择恰当的诉讼形式,如果选择错误,即使当事人的诉讼具有实质理由,也会因为诉讼形式不合法而被驳回。

(二)适用改革的特权状制度

在传统的特权状中,不同的特权状适用于不同的行政行为,每种特权状只能起到特定的作用。当事人在起诉时冒选择错误的危险,对当事人的请求救济非常不利。由于诉讼形式的限制,法院在进行司法审查时,必须花费大量时间进行诉讼形式的辩论,相应减少了实际审查争议的时间。

这种重视形式主义的制度,很难适应当代行政诉讼大量增加的社会。从实用的观点看,司法审查的诉讼形式越简单,越便于公民的起诉和法院对行政活动的监督。完全可以用一种诉讼形式监督各类行政行为,没有必要建立多种诉讼形式,限制每种形式只有特定的作用,给司法审查造成不必要的困难。在普通法发源地的英国,司法审查诉讼的程序在20世纪经历几次改革。最大的一次改革是在1977年修改最高法院规则,建立了一个统一的综合的"申请司法审查"程序。适用于申请提审令、禁止令、执行令和衡平法上的制止令和确认判决。当事人在同一诉讼中,可以请求上述任何一种救济,也可以同时或交替请求上述几种救济手段。经过这次改革以后,英国普通法的司法审查制度,已经跟上时代的步伐,继续发挥着重要作用。①

美国有些州也对传统的特权状制度进行改革。下列几州可以作为代表:

1. 新泽西州

新泽西州的改革是创建普遍适用的提审状,提审状是特权状中用以审查行政决定是否合法的诉讼形式,也是最常用的救济手段。它的缺点是只能适用于司法性行为。美国法院对司法性行为采取严格解释,限制这种诉讼形式的适用。如果把这个限制取消,提审状是监督行政活动非常有效的手段。新泽西州的改革就是取消对提审状适用的限制,可以用它审查一切行政决定,包括司法性、立法性和其他各种行政决定在内。审查的对象不限于正式的记录材料,当事人可以在正式记录以外提供其他证据。新泽西州的改革是由法院判例作出的,该州的法官认为,这种改革证明普通法具有继续发展、适应新需要的能力。

2. 纽约州

纽约州的改革规定在《民事程序和规则》第78条中,该条的名称是"控制机关和官员的诉讼"。其中规定:"以前用提审状、禁止状和执行状取得的救济手段将依本条取得。"根据这项规定,除有特定的法定的审查以外,司法审查将依第78条的程序而取得,这条规定代替以前特权状的诉讼形式。第78条规定司法审查的初审法院为最高法院②,诉讼由当事

---

① 参见王名扬:《英国行政法》,北京大学出版社2007年版,第150—151页。
② 纽约州的最高法院是初审法院,真正的最高法院纽约州称为上诉法院,中级的上诉法院纽约州称为最高法院上诉庭。参见本书第五章第一节四:州司法部门。

人向法院提出申请而开始。当事人必须指出受攻击的行为、违法的理由和请求的救济。法院可以给予以前提审状、禁止状和执行状中的各种救济，即法院可以撤销或者维持行政决定，也可以命令或禁止行政机关为某一行为或不为某一行为。经过这样的改革以后，纽约州的司法审查以一种诉讼形式适用于各种行政行为。诉讼程序简单明了是当代各国行政诉讼的共同趋势。但是纽约州的法律不禁止对行政法规的审查，可以采取确认判决或制止状的诉讼形式。

3. 加利福尼亚州

加利福尼亚州的改革采取推广适用执行状制度。传统的执行状只能适用于行政机关行使羁束权力的行为，加利福尼亚州取消了这种限制。当事人申请司法审查时，如果没有法定的审查形式存在，一切非法定的审查都适用执行状诉讼。加利福尼亚州的法院认为，根据加利福尼亚州的宪法规定，行政机关不能具有司法权力，因此在司法审查中不能适用提审状和禁止状。这种观点和联邦最高法院相同。联邦法院在抛弃了提审状和禁止状后，大量使用制止状。加利福尼亚州采取另外一个途径，大量使用执行状。提审状的救济也由执行状代替，执行状成为加利福尼亚州非法定审查时广泛适用的诉讼形式。加利福尼亚州的这种改革规定在该州的行政程序法中，该法规定除有法定的审查以外，司法审查由当事人在行政决定通知后 30 天内向法院申请执行状而取得。① 该法同时规定，对行政法规效力的审查也可以采取确认判决诉讼形式。②

（三）适用州示范行政程序法的规定

有些州的司法审查采取《州示范行政程序法》规定的申请司法审查程序，该法规定司法审查诉讼在行政机关的最后决定通知投邮后 30 天内，由当事人向有关的法院提出申请而开始。《州示范行政程序法》同时又规定，该法允许利用其他法律中规定的其他诉讼形式。③

---

① 《加利福尼亚州法典》第 11523 节。
② 《加利福尼亚州法典》第 11440 节。
③ Model State Administrative Procedure Act. 1961, section 15; 1981, Article 5 §5-101, §5-105, §5-108.

第三节 司法审查的法院和审判地点

上节讨论法院取得司法审查权限地方法时,已经简单提到进行审查的法院。法定审查的法院根据授权审查的法律的规定,主要是上诉法院。非法定审查的权限来源于法院所具有的一般管辖权,这种权限大部分来源于传统的普通法或衡平法上的救济手段。因此进行非法定审查的法院一般是地区法院,因为联邦政府的司法权未由法院授予其他法院行使时,都属于基层法院的地区法院所有。但是不能完全根据法院取得司法审查权限的方法决定司法审查的法院,因为法定审查的法院,除上诉法院以外还有专门法院。地区法院除进行非法定审查以外,也不是完全没有法定的审查。在说明法院取得司法审查权限的方法以后,需要继续说明司法审查的法院和地点。

一、司法审查的法院

联邦法院体系包括地区法院、上诉法院、专门法院和最高法院,各级各类法院都可能进行司法审查。下面指出它们主要的司法审查权限。

(一) 地区法院

地区法院是初审的基层法院,具有一般的审判权限。一切不属于其他法院管辖的联邦司法权都由地区法院管辖,凡是数量庞大的案件,性质在于查明事实和调查证据的案件,都首先由地区法院管辖。地区法院便于当事人起诉,凡是诉讼的金额不大的案件也由地区法院首先管辖。根据这样的观点考虑,地区法院的司法审查权限主要包括下述三类案件:

(1) 根据《美国法典》第 28 编第 1331—1363 节所规定的地区法院权限进行司法审查。这是地区法院的非法定审查权限,其中最重要的司法审查是执行联邦宪法、法律和条约产生的诉讼。法律没有规定其他法院有管辖权时,由地区法院受理。此外,地区法院不需要成文法的规定,对在其管辖范围内的行政事项,可以受理申请衡平法上救济手段的案件。

(2) 根据某一机关的组织法或某一行政事务管理法授予的权限进行审查。这是地区法院进行的法定的司法审查,其中最主要的法律是社会保障方面法律规定的司法审查,由地区法院管辖,因为这类案件数量庞大。地区法院进行这方面的审查,完全按照社会保障法律的规定。

(3) 根据行政程序中的情报自由条款、保护隐私权条款和会议公开条款进行司法审查,方便当事人起诉。这方面的问题本书将在后面讨论。①

(二) 上诉法院

联邦政府进行司法审查最主要的法院是上诉法院。地区法院虽然具有广泛的管辖权力,但是一切重要的行政决定,都由法律规定直接由上诉法院审查,不经过地区法院。这种由法律直接规定的审查称为法定的审查。② 为什么法律选择上诉法院作为司法审查的机构呢?原因在于:

(1) 上诉法院进行审查可以节省司法程序,提高审查质量。因为很多重要的行政决定经过正式的听证程序,具备完整的行政档案,司法审查根据档案记录进行。行政机关的正式听证程序事实上已经代替地区法院的审理工作,没有必要再由地区法院审理,浪费时间。没有经过听证的案件,在上诉法院审查过程中,认为事实不清、材料不全需要听证时,有权把案件发回行政机关举行听证后再决定。上诉法院认为事实不清,需要进一步调查,但不需要听证时,可把案件移送地方法院审查。

(2) 当事人在向法院申诉重要的决定前,大都已经穷尽行政救济程序,经过行政法官的审理。行政法官对案件中的事实问题和法律问题大都已经澄清,没有必要再由地区法院审理,上诉法院可以根据行政法官的裁决作出判决。

(3) 地区法院审理的优点是便利当事人起诉、节省当事人的费用。这种利益对重要的行政决定来说不重要,因为重要行政决定涉及的利益重大,当事人大多是工商企业,诉讼费用的考虑,相对地说不重要。而且上诉法院法官的水平较高,又实行合议制,可以避免地区法院独任制法官容易产生个人偏见的缺点。美国学术界一般赞成记录较全、经过听证、比较重要的案件,直接由上诉法院审查。③

(三) 联邦巡回区上诉法院

美国的上诉法院各有一定的管辖区域,全国除哥伦比亚特区外,共分11个上诉法院巡回区,每区设立一个上诉法院,联邦巡回区上诉法

---

① 参见本书第二十一章:行政公开(一):《情报自由法》;第二十二章:行政公开(二):《阳光中的政府法》和《联邦咨询委员会法》及第二十三章:《隐私权法》。
② 参见本章第二节:取得司法审查的方法。
③ D. P. Currie and F. J. Goodman: "Judicial Review of Federal Administrative Action, Quest for the Optimum Forum," in *Columbia Law Review*, vol. 75 pp. 1 - 88; K. C. Davis: *Administrative Law Treatise*, vol. 4, pp. 133-149.

院(The United States Court of Appleals for the Federal Circuit)例外。它的管辖范围包括联邦全部领土。这个法院根据1982年的《联邦法院改进法》而设立。代替原来的美国海关和专利上诉法院,职权比原海关和专利上诉法院扩大,是一个专门法院。① 它的管辖范围包括地区法院关于专利、商标、版权、植物品种保护等上诉案件,美国索赔法院上诉案件,美国国际贸易法院上诉案件,专利和商标上诉委员会的某些裁决,功绩制保护委员会的某些裁决,商业部关于进口仪器的某些法律方面的裁决。设立巡回区上诉法院的目的是在全国范围内统一某些专门问题的法律适用。

(四) 美国索赔法院

美国索赔法院(The United States Claims Court)受理根据宪法、法律、法规和美国签订的合同提出的金钱要求的案件,不包括侵权行为的赔偿要求在内。但是如果侵权行为是由于索赔法院有管辖权的事实所产生,例如侵权行为由于美国订立的合同而产生,索赔法院也受理侵权赔偿的要求。由于宪法、法律、法规和政府合同而产生的1万美元以下的非侵权赔偿案件,地区法院有共同的管辖权。

索赔法院只对政府负担的金钱要求有管辖权,不能给予金钱以外的其他救济。如果其他救济和金钱要求紧密结合时,也可附带地请求索赔法院给予救济。例如原告在提出赔偿的要求时,可以附带请求确认判决和制止令的救济。

索赔法院对政府职员的诉讼有管辖权,能够命令恢复职位、分配相当任务、改正档案记录。这项规定是1972年修正时增加的,目的在于使法院具有尽可能完全的救济手段,避免金钱要求由索赔法院判决,恢复职位的请求必须向地区法院提出。最高法院认为,1972年的修正案没有扩大索赔法院的职权,因为这个修正案只适用于法院已经有管辖权的案件。如果一个法律没有规定金钱救济时,索赔法院就无权发布上述涉及政府职员地位的命令。

(五) 其他专门法院

联邦巡回区上诉法院和索赔法院也是专门法院,它们的地位较高,所以对它们单独说明。本书不能介绍全部专门法院,下面再介绍两个比较重要的专门法院。

---

① 参见本书第三章第一节二:司法部门。

1. 税务法院

税务法院的法律地位是联邦政府行政部门的一个独立机构,然而完全按照司法的标准活动,由 19 名法官组成,其中 1 名为主任法官。法官由总统提名经参议院同意任命,任期 15 年。法院受理纳税人反对内地税务机构的欠税通知,如果税款已经缴纳,退还税款的诉讼由地区法院和索赔法院管辖,不在税务法院管辖范围以内。但税务法院可附带地判决退款问题,例如税务法院在重新决定欠款税额时,可以附带判决纳税人退款权利,不服税务法院的判决,可在 90 天内向上诉法院上诉。

2. 国际贸易法院

国际贸易法院原来称为美国海关法院,1980 年改组成为国际贸易法院,职权较前扩大。对执行关税法律的诉讼有管辖权,例如对关税的估价、商品的分类、海关机构的清算命令、财政部长取消海关经纪人执照的决定等不服有管辖权。进口商如果能够说明进口条例的执行对他将造成不可弥补的损失时,可以请求法院审查这个条例。当事人在向法院申诉以前,必须穷尽行政救济手段。国际贸易法院具有地区法院的全部权力,可以给予它认为适当的救济手段,包括制止状和确认判决在内。不服国际贸易法院的判决,可向联邦巡回上诉法院上诉。

(六) 最高法院

《联邦宪法》第 3 条规定,联邦最高法院对涉及大使、公使、领事或州作为当事人的诉讼有初审管辖权,对其他案件最高法院只有上诉审管辖权。当事人不服行政机关的决定,不能直接向最高法院申诉,必须首先向有管辖权的下级法院申诉。最高法院通常只受理不服上诉法院的判决,当事人向最高法院申请提审状,审查上诉法院的判决,最高法院是否发出提审状,有自由裁量权力,不是当事人的权利。一般而言,最高法院只对少数重要的有原则性的案件才发出提审状。美国在 20 世纪 70 年代以前,有些行政案件由 3 人法官合议制的地区法院(three-judge district courts)审理。不服 3 人合议制地区法院的判决可直接上诉于最高法院。这个制度在 20 世纪 70 年代以后已取消。

二、审判地点

(一) 审判法院的选择

有审判权的法院如果是专门法院,一般不发生审判地点问题。因为专门法院往往只有一个,审判就在法院所在地点进行。有时法律规定某类案件只能由某一法院审查,也不发生审判地点问题。因为法律确定某一法院时即已确定审判地点,例如当事人不服证券交易委员会的某些决定,或者不服环境保护署关于有毒物质的管理,只能向哥伦比亚特区上诉法院申诉,不发生审判地点问题。但是在多数情况下,进行司法审查的法院是地区法院,更多是上诉法院。地区法院和上诉法院都不止一个,法律在规定由地区法院或上诉法院审查时,往往规定当事人可以选择某一地区法院或某一上诉法院。

美国法律规定,对于案件有管辖权的地区法院有四种可能:

(1) 被告机关所在地及其官员居住地;

(2) 诉讼行为发生地,例如当事人申请撤销行政机关的传票,可向行为地法院起诉;

(3) 不动产所在地,例如当事人请求恢复被政府机关侵占的不动产,应向不动产所在地的法院起诉;

(4) 原告居住地,公司的居住地是公司的成立地。

在这四类法院中,除不动产所在地法院是专有管辖权的法院以外,其余几处法院原告可以选择起诉。① 上诉法院的管辖也有几种选择:

(1) 原告居住地、主要营业所所在地;

(2) 交易进行地、某种行为发生地;

(3) 被控制事务所在地或控制行为生效地。

既然有几个法院可供选择,当事人往往选择有利于自己的法院起诉。例如选择某一法院法官的倾向或某一法的判例对自己有利,或者选择和自己或自己的律师关系较好的法院;特别是在原告不只一人时,各人竞争选择对自己有利的法院,向不同的法院起诉,学术用语称这种情况为竞争选择法院(forum shopping)。

(二) 竞争选择法院的流弊及解决办法

法律规定选择法院的目的在于便利当事人的起诉、法院的审理和判决的执行,但是竞争选择法院却产生了一些流弊,它可能增加诉讼费用,对经济薄弱的人或集团不利;由于不同的法院可能作出不同的判决,它妨碍行政机关适用一致的政策;由于诉讼的结果不确定,可能增加行政机关制定政策的困难;它可能引起法院之间的不和睦;当事人还可以利用选择法院的机会,在上诉法院之间造成判例的不一致,从而使自己的案件得到

---

① 《美国法典》第 28 编第 1391 节(e)款。

最高法院的审理,增加最高法院的负担。

选择法院有有利的一面,也有不利的一面。究竟如何解决竞争选择法院的流弊呢? 美国法律规定解决的办法有以下几种:

(1) 由首先收到起诉书的法院受理诉讼。这个办法比较机械,首先收到起诉书的法院不一定是审理该案最佳的法院,而且有时由于当事人竞争选择的结果,两个法院可能同时收到起诉书。

(2) 由条件较佳的法院受理。但所谓条件较佳带有主观性质,法院可以借此把案件推出去,或者认为案件应由自己管辖,结果只能由上级法院指定管辖。

(3) 由案件影响较大的地方的法院管辖。案件发生影响的地方可能不止一处,影响较大可能带有主观评价,而且有时为了公平审理起见,应当避免案件的审理受当地环境的影响。

(4) 抽签决定。

以上几种解决办法都不完善。1984 年美国众议院曾考虑过抽签决定办法,但没有制成为法律。①

第四节 司法审查期间停止执行行政决定的条件

一、概述

行政决定一旦生效以后就具有了执行力量,不因当事人申请司法审查而停止执行。然而司法审查期间一般较长,如果在此期间执行行政决定,可能对当事人造成不可弥补的损害,当事人胜诉以后也失去实际的意义。为了避免这种不幸的后果,长期以来,美国的司法习惯认为法院有权根据当事人的申请,在某些条件下命令行政决定在司法审查的过程中,暂时停止执行,这种停止执行不影响法院的最后判决。当然,行政机关认为必要时,也可主动地停止执行,后面这种停止执行和法院决定的停止执行无关。停止执行制度也规定在《联邦行政程序法》中,《行政程序法》第 705 节规定:"行政机关为了公正的需要,可以在司法审查期间推迟它所采取的决定的实施日期。审查法院,包括案件上诉的法院,和根据申请向审查法院发出提审状和其他令状的法院在内,在防止不可弥补的损害的

---

① R. J. Pierce, S. A. Shapiro, P. R. Verkuil: *Administrative Law*, 1985, p.178.

必要的条件和限度以内,可以发出一切必要的和适当的命令,在司法审查程序结束以前,推迟行政行为的实施日期,或者保存原状或权利。"除行政程序法外,其他法律中有时也规定在司法审查期间停止行政决定的执行。最高法院认为,司法审查法院命令停止执行的权力,不需要成文法的规定,它是适用衡平法中制止状的制度。是否命令停止执行由审查法院自由裁量决定,如果法官滥用自由裁量权力,当事人可以上诉。法官在行使自由裁量权时,必须考虑四个因素:① 申请人必须阐明如果不停止执行,他将受到不可弥补的损害;② 申请人必须阐明他有理由认为可能在司法审查中取胜;③ 停止执行不损害公共利益;④ 停止执行不损害其他当事人利益。上述四个因素互相影响,申请人对它们的存在负举证责任。

二、不可弥补的损害

当事人由于执行而可能受到不可弥补的损害,是停止执行最主要的条件。因为停止执行的目的是防止判决的结果,由于诉讼期间所发生的损害不能恢复而无法执行。什么是不可弥补的损害,很难下一个确切的定义,要根据具体情况决定。然而不可弥补的损害必须具有不能恢复的性质和超出一般的不利的性质,例如建筑物一旦拆除以后、树木一旦砍伐以后无法恢复,是不可弥补的损害,一般的金钱损失不是不可弥补的损害。

损害的性质不限于物质方面,也可以是名誉方面、环境方面,都必须达到超过一般的程度,只有停止执行才能弥补的性质。不可弥补是一个相对的概念,在某种情况下不是不可弥补,而在另外一种情况下则是不可弥补。例如某种不够停止执行的条件的损害,在申请人能够证明其胜诉机会极大的情况下,可以成为不可弥补的损害。

三、申请人有理由认为可能取胜

如果申请人没有胜诉的可能性,或者行政机关胜诉的可能性大于申请人时,法院不会命令停止行政决定的执行。申请人无须证明行政机关的决定一定会被撤销,但必须证明他所持的理由有胜诉的可能性,法院才会命令停止执行。法院在考虑申请人胜诉的可能性时,必须考虑行政机关的行为,行政机关的组织法和所执行的法律。如果行政机关的行为是促进法律所规定的目的,表面上看不出行政决定具有任意或专横性质,且为实质性的证据所支持时,则申请人极少有胜诉的机会。

四、公共利益

申请人的个人利益必须和公共利益平衡,不能在牺牲公共利益的条件下停止行政决定的执行。公共利益有时容易确定,有时比较困难。例如停止行政决定的执行可能引起物价高涨,可能损害公共卫生,这种公共利益比较明显,法院很难允许停止执行。有时公共利益互相冲突,例如某一工程的进行有利于建设,不利于环保;某一设施有利于某一地区,不利于另一地区。在公共利益互相抵消的情况下,法院在衡量个人利益和公共利益时,容易承认个人利益的存在。

五、其他当事人的利益

法院在决定是否命令停止行政决定的执行时,不能只看申请人一方的利益。必须同时兼顾其他当事人的利益。如果申请人由于停止执行得到的利益和对方当事人受到的损害相等时,法院不会命令停止执行。但双方利益的平衡是一个相对的概念,如果申请人胜诉的机会极大时,法院会降低对方当事人损害的估计。

第十五章
司法审查(二):受理条件

司法审查的目的在于对行政行为是否合法作出判断,从而决定行政行为是否应当维持、撤销、停止进行,或者命令行政机关履行某项义务。法院在作出判决以前必须首先受理受审查的案件。有权进行审查的法院不是对任何人在任何时候,对任何行政行为提起的诉讼都能够受理和必须受理。法院只对能够审查的行为,由合格的当事人在适当的时候提起的诉讼才能受理。本章讨论的问题是法院受理司法审查的条件。

第一节 可受审查的行政行为

一、行政行为的意义

《联邦行政程序法》第 702 节关于司法审查的权利规定:"受到行政行为不法侵害的人或不利影响的人……有权对该行为请求司法审查。"第 704 节关于可以审查的行为规定:"法律规定可以审查的行政行为,以及没有其他适当的法院救济的最后确定的行政行为应受司法审查。"在这两节中都规定司法审查的对象是行政行为。究竟什么是行政行为呢?《联邦行政程序法》第 551 节第 13 款规定:"行政行为包括行政机关的法规、裁定、许可证、制裁、救济的全部或一部分,或者和上述各项相当或否定的行为或不行为。"这一款总结了行政行为的全部内容。究竟什么是法规、裁定、许可证、制裁和救济,又分别规定在该节的 4、6、8、10、11 各款。根据这几款的规定,行政机关制定一个法规,作出一个裁决,给予、拒绝、停止、修改、取消一个许可证,或者科处一个制裁,给予或者拒绝一个救济的行为,都在行政行为范围内,都可作为司法审查的对象。行政机关在上述行为之外的行为,是否也是行政行为,是否也能接受司法审查呢?联邦行政程序法的规定没有回答这个问题。

美国法院在司法审查时遇到的行政行为,超过行政程序法中规定的几种方式。法院究竟怎样理解行政行为呢?美国法院对于这个问题采取实用主义态度,避免作出抽象的定义,而是对每个案件具体分析。然而法院在决定行政行为的意义时,经常以几个原则作为指导。

(1) 法院首先考察行政机关的行为,是否符合联邦行政程序法中规定的行为,如果回答是肯定的,就按照法律规定的意义认为这是行政行为。

(2) 法院考察行政机关的行为是否对当事人具有拘束力量,直接影响当事人的法律地位。对当事人没有拘束力量,不直接影响其法律地位的行为,不是行政行为。例如行政机关命令当事人说明原因的通知,不是一个可以审查的行政行为,因为它对当事人的权利和义务没有发生确定的影响。只有当行政机关作出最后决定,影响当事人的权利、义务或利益时,才是可以审查的行政行为。法院也考察行政机关的意图是否以某种行为作为行使权力的工具,例如一个机关的成员对某项工作发表的个人意见,不能作为司法审查的对象;如果一个委员会的主席以官方身份,代表委员会所发表的意见,可以认为是委员会有意使用这种方式作为行使行政权力的工具或施加压力的手段,成为可以审查的行为。

(3) 法院考察行政机关的行为是否已经产生损害,如果已经产生损害,则是一个可受审查的行为。例如行政机关拒绝发给临时许可证,尽管临时许可证只是通向取得正式许可证的一个步骤,但是当事人取得正式许可证需要一定的时间,在此以前可以利用临时许可证。拒绝发给临时许可证已经产生实际的损害,因此法院可以审查这一行为。法院决定某种行为是否可以审查时,根据实际情况判断,不受行政机关使用名称的拘束。

二、司法审查未被排除

(一) 可以审查的假定

一切行政行为都可以接受司法审查,无须法律明文规定。在法律有规定时,按照法律的规定进行法定的审查。在法律无规定时,进行非法定的审查。不能审查的行政行为只是例外,这种例外出现在两种情况:① 法律规定不能进行司法审查;② 问题本身的性质不宜由法院决定。在当代,例外的情况越来越少。行政行为原则上都假定属于能够审查的行为,这个原则称为可以审查的假定(presumption of reviewability)。

可以审查的假定,20世纪初期才在美国提出,30年代以后开始巩固下来。因为美国的司法审查制度虽然起源于英国的法律传统,可以追溯到英国资产阶级革命时期。但是司法审查在美国行政法上适用的范围,却是逐渐推广的。在19世纪,美国行政法的原则是从不审查的假定出发,受审查的行为必须有法律的规定。典型的案例是1840年最高法院对德凯特诉波尔丁案件的判决①,该案的事实是,海军部长拒绝给予一个海军军官寡妇领取两份抚恤金的要求,一份是根据海军抚恤金一般的规定,另一份是根据私法的规定。部长认为该寡妇只能领取任何一份抚恤金,不能领取两份。最高法院在这个判决中声称:"法院干涉行政部门执行的一般职务,只能产生不幸的结果。我们很高兴,国会从未有意给予法院这种权力。"这个判例的原则在以后继续适用。首先提出对行政行为的审查不需要法律规定的重要判决,是1902年的美国磁疗学校诉麦坎纳尔蒂案。② 该案的事实是邮政总长命令拒绝投寄原告函件,因为原告利用邮政进行不诚实的业务。邮政总长的决定没有法律的授权,但是法律也没有规定这类行为可受司法审查。最高法院在判决中声称:"邮政机关的行为是行政部门的一部分,这是完全正确的。但是这不排除在行政部门的长官或其属员,在没有法律授权而采取行为时,法院给予受害人救济的管辖权……否则个人将被抛弃,受行政官员没有任何法律授权任意侵犯个人权利的无限制的和专横的行为所控制。"这个判决提出的原则在最初20年期间没有得到一贯的遵守,只是到了20世纪30年代以后才巩固下来。1936年,最高法院在一个政府职员要求退休金的案件中③,认为法院可以审查,因为"国会没有明白命令不能审查"。最高法院在这个判决中的观点和19世纪的观点完全相反,19世纪认为,只有法律规定可以审查的行为,法院才能受理;而这个判决认为,只要法律没有禁止,法院就可审查。在以后的判决中,法院对可以审查的假定说得更清楚。在1944年的一个判决中④,最高法院声称:"确定法律授予行政机关权力范围的责任,是一个司法职能……国会建立法院审理侵害人民权利的案件和争议,不

---

① *Decatur v. Paulding*, 39 U.S. 497 (1840).
② *American School of Magnatic Healing v. McAnnulty*, 187 U.S. 94 (1902).
③ *Dismuk v. United States*, 297 U.S. 167 (1936).
④ *Stark v. Wickard*, 321 U.S. 288 (1944).

问这种侵害是来自私人的不法行为,或由于行使没有授权的行政行为产生。"在1967年的一个判决中①,最高法院声称:"只有根据明白的和令人信服的相反的法律的规定,才能限制法院进行司法审查。"

美国判例建立的可以审查的假定及其例外,也规定在《联邦行政程序法》中。该法第704节关于可以审查的行为规定:"法律规定可以审查的行政行为,以及没有其他适当的法院救济的最后确定的行政行为,应受司法审查。"这项规定体现一切行政行为可受司法审查的原则。该法第701节规定司法审查的范围,关于排除司法审查的情况规定:"本章的规定在下述例外的范围以内不适用:(1) 成文法排除司法审查,或者(2) 法律授予行政机关自由裁量权的行为。"这项规定是可以审查原则的例外。排除司法审查的行为,美国行政法学称为不能审查的行为。法院只对没有排除司法审查的行为才能受理。下面说明《联邦行政程序法》中规定的排除司法审查的两种例外情况,以及性质不适宜司法审查的行为。

(二) 成文法规定的排除司法审查

1. 明文的排除

成文法规定排除司法审查的方式,有明示的排除和默示的排除。先说明第一种方式。

国会有权在不违反宪法规定的限度内,在法律中规定对某一事项排除司法审查。排除司法审查的法律必须明白确定,令人信服地证明这是国会的意图,法律中使用不确定的词句往往不能发生排除司法审查的效果。法院从行政行为可以受审查的假定出发,对排除司法审查的条款采取严格解释。法律中没有令人信服的证明时,不轻易相信国会排除司法审查。通常法律中规定"行政机关的决定是最终的决定"这样的词语,往往不会发生排除司法审查的效果。特别是当行政决定涉及当事人的重大利益时,法院不会放弃司法审查的职责。美国法院的解释认为,所谓最终的决定是指行政程序的最终而言,即行政决定不能再依行政程序改变,不包括司法程序在内。法律中作出这样的规定,不能证明国会有意排除司法审查。② 例如联邦最高法院1955年的一个判决③,对1952年《移民法》

---

① *Abbott Laboratoires v. Gardner*, 387 U. S. 136 (1967).

② 英国法院采取同样态度,参见王名扬:《英国行政法》,北京大学出版社2007年版,第158页。

③ *Shaughnessy v. Pedreiro*, 349 U. S. 48 (1955).

中"最终决定"的规定这样解释:"下述解释更符合行政程序法对申诉人有利的司法审查的规定,即1952年《移民法》中'最终'这个模糊词语是指行政程序的最终而言,对当事人请求司法审查的权利没有完全地或部分地砍掉。"由于"最终决定"这样的条款往往不能发生排除司法审查的效果,国会为了确保达到排除司法审查的目的,往往在最终条款之后,加上禁止司法审查的明白规定。例如《退伍军人福利法》规定,除该法所指出的某些例外事项以外,"退伍军人事务署署长对由该署执行的法律而产生的福利要求和支付,作出的法律问题或事实问题的决定,是最终的和结论性的决定,美国任何官员或法院没有审查这些决定的权力和管辖权限"。①

美国法院对明白禁止司法审查的法律采取限制性的解释,缩小了其适用范围。认为法律对某事禁止司法审查,只是部分地或某方面的禁止,不是全部禁止。例如在上述退伍军人福利法中,对福利要求的决定排除司法审查。法院认为这个规定不能适用于终止福利的决定,国会不得不对这项规定进行修改,规定署长对退伍军人及其家属由于非合同产生的福利所作的决定,不受司法审查。又如上述法律规定署长根据退伍军人事务署执行的法律所作的决定,排除司法审查。法院认为,如果署长的决定不是根据由该署所执行的法律,而是根据其他法律,后面这种决定不在排除司法审查范围之内。例如当事人根据情报自由法向署长作某项请求,署长的决定不适用退伍军人福利法,而适用情报自由法,是否排除司法审查应依情报自由法的规定。此外,法律规定对某个问题不能进行审查,不能认为和该问题有关的附带问题也不能进行审查。例如法律规定对医疗费用的数额不能进行司法审查,但是当事人对部长制定的计算数额的法规可以申请司法审查。② 最后,排除司法审查的法律,不能禁止法院对宪法问题的审查。在法律中规定禁止审查的时候,美国法院的解释尽量认为该项禁止的范围,没有涉及宪法问题,避免引起法律违宪的结果。③

排除司法审查的法律,有时不是采取禁止性规定,而是采取限制性规定,即限制司法审查的时间、方式、理由。对于限制性的规定,法院一般都

---

① 《美国法典》第38编第211节(a)款。
② *Bowen v. Michigan Academy of Family Physicians*, 476 U.S. 106 (1986).
③ 参见本书第十四章第二节:取得司法审查的方法。

能遵守。

2. 默示的排除

默示的排除是法律中没有规定禁止司法审查,但是法院根据这个法律所要达到的目标、法律的整个体制、立法精神、立法过程,认为这个法律在某方面排除司法审查。美国法院对于明文规定排除司法审查的法律已经采取非常严峻的态度,对于默示的排除司法审查更难承认。美国法院认为默示排除司法审查的情况很少出现,但是联邦法院的判例中,不是完全没有承认默示排除司法审查的案件。例如最高法院1943年在报道工联合会诉国家调解委员会的判决中①,认为国家调解委员会关于劳工代表权争议的决定,法院不能审查,尽管法律没有明文规定排除司法审查。该案的事实是两个工会争取参加集体谈判的代表权,由国家调解委员会裁决后,报道工联合会不服。认为该委员会的裁决错误地解释有关的法律,请求法院撤销该委员会的决定。最高法院对有关法律的解释,认为联邦法院对这个案件没有司法审查权。最高法院认为,国会对由它所创设的权利有权决定保护的方法。为此目的,国会已经选择了确定的机构和方法。有关法律第2节第9项详细规定了调解委员会解决代表权争议的组织、程序和时间。调解委员会在解决法律规定的争议的作用,不应受到破坏。法院声称:"在国会如此费力保护调解委员会解决有爆炸性的问题时,我们只能相信:如果国会有意把联邦法院也牵涉进去,由法院负责对问题的任何方面作出最后决定的话,国会一定会把它的意图表示出来……根据有关法律的规定,国会没有授予调解委员会采取行动或不采取行动,给予救济或不给予救济的自由裁量权,也没有给予调解委员会强制执行的职能。调解委员会的作用在裁定事实以后就已结束……国会的意图很明显,当行政机关对事实的认定已经作出,争议就已达到终点,没有再把争议拉到法院去的必要。"在这个案件以后,1958年在一个类似的关于劳工代表权争议的案件中②,最高法院采取了另外一种观点,认为法院有审查权,可见法院的态度是尽量避免承认默示的排除司法审查。

3. 法律赋予行政机关自由裁量权的行为

《联邦行政程序法》第701节规定司法审查不适用于法律赋予行政机关自由裁量权的行为,单就这条来说,行政机关具有自由裁量权的行为是

---

① *Switchmen's Union v. National Mediation Bd.*, 320 U. S. 297 (1943).
② *Leedom v. Kyne*, 358 U. S. 184 (1958).

不受审查的行为。但该法第706节又规定："……审查法院应认为不合法并且取消下列行政行为、裁定和结论：(A)专横的、反复无常的、滥用自由裁量权的或其他的不符合法律……"。根据这项规定，滥用自由裁量权的行为也在法院的审查范围以内，不是不受审查的行为。由于条文规定的矛盾，这两项规定的意义和关系，在美国行政法学界引起无数的讨论甚至争辩。[1] 美国官方司法部和国会委员会对制定这两项规定的解释也不一致[2]，法院判例对条文的意义也有不同的解释。这种分歧的产生，客观上是由于条文的意义不明确所引起。实质上反映评论者对司法审查的作用有不同的评价，对行政和司法的关系有不同的看法。下面说明法律赋予行政机关自由裁量权行为的意义，以及这种行为怎样不受司法审查。

（1）意义。直到1971年为止，法律赋予行政机关自由裁量权一词没有明确的意义。法院遇到要求审查的自由裁量行为时，都是具体问题具体决定。法院通常采取平衡各种利益的方法，以决定是否审查某一具体的自由裁量行为。在进行平衡时，法院通常考虑三个因素：① 问题是否适宜由法院审查；② 为了保护当事人的利益是否需要司法的监督；③ 法院审查对行政机关完成任务的影响。[3] 这种方法的缺点是标准太广泛，各个法院往往有其想要达到的结果，因而出现很大的差异。最高法院1971年在公民保护奥弗顿公园诉沃尔普案件中[4]，首先对法律赋予行政机关自由裁量权行为一词给予一个明确的意义。最高法院认为这个词的意义就是在某一具体事件上没有法律可以适用。这个案件的事实如下：原告是一个公民团体，控告交通部长违法批准拨款，建筑一条公路通过奥佛顿公园。原告认为，根据《交通部组织法》和《联邦援建公路法》的规定，这样的建筑只在"没有其他可行的谨慎的代替方案时"才能采取。而且在采取这样建筑的时候，部长必须考虑"一切可能的计划，减少对公园

---

[1] 讨论这个问题的文章很多，下面几篇文章值得注意：(1) R. Berger: "Administrative Arbitrariness and Judical Review", in 65 *Columbia Law Review*, 55 (1965). (2) K. C. Davis: "Administrative Arbitrariness is not Always Reviewable", in 51 *Minnesota Law Review*, 643(1967). (3) H. Safestein: "Nonreviewability, a Functional Analysis of Committed to Agency Discretion," in 82 *Harvard Law Review*, 336 (1968). (4) R. M. Levin: "Understanding Unreiewability in Administrative Law", in 74 *Minnesota Law Review*, 690 (1990).

[2] 关于司法部和国会立法报告对制定这两项规定解释的不一致，参见 R. M. Levin: "Understanding Unreiewability in Administrative Law", in 74 *Minnesota Law Review*, 696-697(1990)。

[3] *Hahn v. Gottlieb*, 430 F. 2d 1243 (1st Cir. 1970).

[4] *Citizens to Preserve Overton Park, Inc. v. Volp*, 401 U. S. 402 (1971).

的损害",部长批准这条公路显然不符合法律的规定。部长的答辩认为,是否有"其他可行的谨慎的"代替路线,属于他的自由裁量权限,法院对于该案没有司法审查权。最高法院批驳了部长的答辩。法院首先澄清它对案件的管辖权,认为本案不属于成文法规定的排除司法审查的情况,因为没有任何成文法作出这样的规定。法院继续声称:"同样,部长的决定也不属于法律赋予行政机关自由裁量权行为这一例外情况,这是一个范围狭隘的例外。行政程序法的立法史表示它只适用于这样例外的情况:即法律使用如此广泛的词句,以致在某一具体事件上没有法律可以适用。然而在本案中,《交通部组织法》和《联邦援建公路法》的规定非常清楚,并且给予了特定的指示:部长不能批准任何需要使用公园土地的计划,除非(A)没有其他可行的和谨慎的代替使用该土地的方案;以及(B)这个计划包括一切可能的设计,减少对公园的损害。这些语句清楚而明白地阻碍使用联邦经费,通过公园建筑公路——只有最例外的情况才不适用上述限制……很明显,本案有法律可以适用,不存在行政机关自由裁量权行为的例外。"

  最高法院认为,在某一具体事件上有法律可以适用时,行政机关没有自由裁量权。自由裁量权只在行政机关没有受到可以适用的法律的限制时才存在。这个观点受到不少的批评,批评者肯定了最高法院认为自由裁量权是一个狭隘的概念,最大限度地保留了司法审查权限。但是批评者认为,最高法院对于可以适用的法律的理解,过于简单、范围太窄。最高法院理解的可以适用的法律是指专门调整某一行政事项而制定的法律,不包括其他法律在内。实际上,调整某一具体事项的法律,不限于专为该行政事项而制定的法律,还包括其他一切不是专为该行政事项而制定的法律,只要这些法律中包括的某些规定也能够适用于该行政事项即可。例如宪法就是最典型的这样的法律,它不是某一方面专门的法律,但是能够适用于很多专门事项。行政法中很多普遍性的法律原则,或者存在于判例之中,或者存在于其他法律之中,都能补充专门事项法律中的规定。很多程序方面的原则也是如此,特别是英美行政法上很多重要原则,都存在于普通法中,而不存在于某一专门事项法律之中。最高法院认为,"法律使用如此广泛的词句,以致在某一具体事件上没有法律可以适用"就是不受法律限制,这是太简单的看法,不符合实际。是否有可以适用的法律,应就法律整体观察,不能单就调整某一事项的专门法律所使用的词语观察。

批评者对于最高法院判决的另一个批评,指出自由裁量权之所以不受法院审查,不单纯由于没有法律可以作为审查根据,还应当考虑其他因素。没有法律可以适用只是应当考虑的因素之一,不是全部因素。例如根据萨菲尔斯泰因的分析,自由裁量权是一个概括性的名词,包括各种排除司法审查的理由在内,其中有法律的理由、政策的理由和其他的理由。他认为排除司法审查的自由裁量权可以包括下列各种因素:① 广泛的自由裁量权;② 行政行为所涉及的事项需要专门的知识和经验才能理解;③ 行政机关的职务的性质涉及范围广泛的管理计划;④ 司法干预不适宜;⑤ 必须适用非正式的程序作出决定;⑥ 法院审理不能保证正确的结果;⑦ 国会计划需要迅速执行;⑧ 可能请求审查的案件数量太大;⑨ 存在其他防止滥用自由裁量权的方法。广泛的行政权限只是影响不审查的一个因素。① 他又认为,每个因素单独存在,不一定产生排除司法审查的效果,但是它们联合的作用对个人利益、行政利益和法院的影响,可以决定是否排除司法审查。

最高法院虽然认为没有可以适用的法律是法律赋予行政机关自由裁量权的意义,但是最高法院并未严格受这个概念的限制。最高法院在决定行政机关自由裁量权行为是否受司法审查时,除法律理由之外,往往还考虑其他有关的因素。美国下级法院对没有可适用的法律的理解,往往是平衡各种利益的结果。

(2) 法律赋予行政机关自由裁量权的行为怎样不受司法审查。《联邦行政程序法》第 701 节规定,法律赋予行政机关自由裁量权的行为,是法院不能审查的行政行为,法院不能受理这类案件。同法第 706 节又规定法院对于滥用自由裁量权的行为,可以认为不合法并予以撤销。如果适用第 701 节,则自由裁量的行为是不能审查的行为,第 706 节的规定将毫无意义。法院既然不能审查这类行为,怎能说它是滥用自由裁量权并予以撤销呢? 如果适用第 706 节,自由裁量行为也必须接受审查,以确定是否滥用,不存在不受审查的自由裁量行为,第 701 节的规定将毫无意义。如何解决这个矛盾呢? 第 706 节的规定在事实上和理论上都能成立。从事实上看,法院受理的行政案件中,很多案件是控诉行政机关滥用自由裁量权。从理论上说,司法审查的一个任务,就是保护公民不受行政

---

① H. Safestein: Nonreviewability, a Function Alanalysis of Committed to Agency Discretion, in 82 *Harvard Law Review*, 336 (1968).

机关滥用权力的压迫。在任何国家中，权利和权力都不能滥用。不论这种滥用出自个人或行政机关，法院都有职责制止。既然第706节的规定能够成立，为了解决它和第701节规定的矛盾，问题就在如何确定第701节和司法审查的关系。第701节的自由裁量行为究竟是怎样不受审查呢？

第701节的规定不能按其表面文字理解，这种表面的理解已为第706节所否认，但是也不能走到另一极端，认为第701节完全不排除司法审查。如果完全不排除司法审查，为什么立法者制定这项规定呢？而且从这个条文的结构来看，也不能否认立法者具有排除司法审查的意图。因为第701节第1项规定和第2项规定平行，第1项规定成文法排除司法审查，第2项规定自由裁量权排除司法审查。既然承认第1项是排除司法审查，就不能否认第2项也是排除司法审查。没有理由认为立法者在第1项规定中和第2项规定中有不同的意图，因此问题的正确解决是决定第701节究竟怎样排除司法审查。对于这个问题有各种可能的回答：第一种回答认为，第701节是假定行政机关的自由裁量行为是合法的，所以不受司法审查。这个回答的缺点是既然假定行政机关的自由裁量行为是合法的，当然排除了司法审查，为什么还要用法律条文规定呢？用一个中国的成语来说，这是画蛇添足，不仅无用，反而易引起误会。而且这个回答有逻辑上的缺点，因为假定行政机关的行为是合法的，这个假定不能排除司法审查，只有经过审查，才能证明假定是正确的。

第二种回答是第701节只是原则上规定自由裁量行为排除司法审查，如果其他法律另有司法审查规定时，应依其他法律的规定。如果这样回答问题，则第701节的存在没有必要。因为成文法规定的排除司法审查，已在第701节第1项中规定，第2项再规定成文法的排除，显然是没有意义的重复，我们不能假定立法者有意作出这样的重复。

究竟怎样理解第701节规定的自由裁量行为排除司法审查呢？下面提出两个看法：

（1）第701节第2项规定的自由裁量行为排除司法审查，主要是指法院的自我克制，对某些自由裁量行为不进行司法审查。法院不进行审查的原因可以基于各种不同的理由，例如法律的理由、政策的理由，由于问题本身的性质，或者存在其他更有效的补救方法等。法院从多方面考虑后才决定不进行审查，在法院进行考虑时，必须注意平衡行政利益和个人利益的关系。

(2) 第 701 节第 2 项规定的自由裁量行为不进行司法审查,是部分地排除司法审查,不是全部排除司法审查。因为行政机关在作出某一重要决定以前,需要考虑多种因素,作出多种基础的决定。根据问题的性质或当事人争论的焦点,法院可以审查其中某些问题,不审查某些问题。例如行政机关的重要决定,可能牵涉到是否违反宪法、是否在法律的授权范围以内、国会是否对行政机关的决定规定某种标准、什么事实是行政决定必须依据的基础、行政机关是否认真地考虑了某些事实等等,可能还有其他某些因素影响行政机关的决定。在一般情况下,每项因素都可受到司法审查。所谓部分审查,就是法院只审查其中某些问题,不审查其他问题。部分审查的观点也在第 701 节使用的词语中得到证实。该节规定:"本章的规定在下述例外的范围以内不适用。"可见排除司法审查的例外,只在一定的范围以内存在。法院只对排除范围以内的问题不进行审查,不是对全部问题都不审查。

(三) 问题本身性质不适宜司法审查

问题本身性质不适宜司法审查,是指法院对这类问题完全不进行审查,不是部分不进行审查。美国行政法学往往把这类问题称为行政机关的绝对自由裁量行为,认为这类行为不进行审查是自由裁量权排除司法审查的结果。绝对自由裁量一词,不能认为完全正确。因为任何权力都不是绝对的权力,都有一定的界限和限制。一方面,一切行政行为都具有某种自由裁量权力,只是程度和方面的差别,不是绝对有或绝对无的差别。另一方面,行政事项性质复杂,由于法院的程序和人员的特点,有些问题性质上不适宜由法院进行审查,所以完全排除司法审查。完全排除司法审查的事项,不可能有一个固定的范围,受时代背景、社会结构和历史传统的影响而变化。

在美国,一般认为下列事项性质上不宜由法院审查:

(1) 外交和国防。美国最高法院在一个判决中①,说明外交和国防不受法院监督和理由。法院声称:"总统作为最高统帅和国家外交事务的机构,有可以利用的情报服务,它们的报告没有而且不应当对外界公开。没有相关情报的法院,进行审查而且可以撤销行政部门根据正当的属于秘密性质的情报而采取的行为,这将是不可容忍的……外交政策的决定,其本身性质是政治的,而不是司法的……这些决定是微妙的、复杂的,包

---

① *Chicago & Southern Air Lines, Inc. v. Waterman S. S. Corp.*,333 U.S.103 (1948).

含大量不可知的因素……法院对于这类决定,没有能力、设备和责任。"

(2) 军队的内部管理。在一个案件中①,总统辞退一位军官,认为这位军官的精神状态不适应所担任的工作,这位军官认为总统确定证据的程序是不公平的。最高法院认为这类问题不适宜由法院审查,声称:"法院没有审查能力,法院不是唯一的政府机构。它不能够命令或者管理军队,对一位军官来说,提升或者退休可能是他的权利。他的职务对他有重要的价值,但是有效地管理军队,对于国家的利益,甚至国家的安全,比军官个人的利益更大。"但是军事决定如果超过内部范围,涉及外界人员的利益时,不能排除法院的审查。其他行政机关纯属内部的问题,法院也不审查。

(3) 总统任命高级助手和顾问。总统任命高级助手和顾问,主要出于政治考虑,法院不能审查。

(4) 国家安全。国家安全的概念很难确定。真正的重大的国家安全问题,法院不进行审查,例如法院对联邦储备委员会的决定不审查。但较小范围的国家安全不排除法院的审查,例如驱逐外国人或拒绝外国人入境的决定,不完全排除司法审查。

(5) 追诉职能。在美国,执行追诉职能的行政机关,对于某一案件是否进行追诉,享有很大的自由裁量权。法院对其决定一般不审查,例如法院不审查司法部是否追诉的决定。其他追诉机关的决定,法院也很少审查,但这类问题的判例不是完全一致。

第二节 合格的当事人

司法审查的对象是一个行政上的争端,一切争端必须发生在意见不同的人之间,称为争端的当事人。司法审查中主要的当事人是原告和被告,原告是向法院提出申诉的当事人,被告是作为原告申诉对象的当事人。不是任何人对行政决定有争议都可成为原告,法院只对具备一定条件的人对行政决定提出的申诉才受理。这个受理的条件称为原告的起诉资格,这是司法审查中关键性问题。原告只能对法律认为可以作为被告的人提出控诉,这是被告的适格问题。

---

① *Reaves v. Ainsworth*, 219 U. S. 296 (1911).

一、原告的起诉资格(一):概述

(一) 起诉资格的性质

司法审查中的起诉资格是指什么人可以对行政决定提出申诉,请求法院审查行政行为的合法性并给予补救,这是诉讼程序方面的问题。不具备起诉资格的人提出的诉讼,法院不能受理。有起诉资格的人不保证必定胜诉。法院受理当事人的诉讼以后,原告是否胜诉,取决于案件的实质内容。原告是否有理和原告的起诉资格无关,起诉资格作为司法审查受理的条件,和上节所述受理条件的性质不同。上节是就行政行为的性质着眼,法院只受理可以审查的行为,不受理不能审查的行为。本节是就当事人的资格着眼,法院只受理具有起诉资格的原告提出的申诉,不受理不具备起诉资格的原告提出的申诉。起诉资格的目的是为了防止滥诉,正确地执行司法审查的职能,使司法审查成为解决争端,保证行政机关合法地行使职权,尊重个人权益的工具,而不是成为妨碍行政的绊脚石。

(二) 起诉资格的法律渊源和特点

1. 法律渊源

美国起诉资格的法律,来源于三个不同的渊源,即:宪法、成文法和判例。宪法没有直接规定起诉资格,但宪法关于司法权范围的规定,是起诉资格最基本的原则。《美国宪法》第3条第2款规定:"司法权包括在本宪法、美国法律和美国现在及将来缔结的条约下发生的法律案件,和平衡法的案件……以及美国为一方当事人的、两个或更多的州之间的……以及不同州公民之间的……争端。"根据这条规定,法院只能对构成"案件"和"争端"的问题行使司法权。法院能够受理原告的申诉,只在原告的申诉是一个案件或一个争端的时候。原告的申诉在什么条件下成为一个案件或一个争端呢?只在原告事实上受到损害的时候,他的申诉才会构成一个案件或一个争端。如果没有受到损害,他的申诉就不是一个案件或一个争端。因为法院存在的目的不是对当事人提供意见,作为当事人的咨询机关。法院是一个解决争端的机构,这是司法权的本质。离开这个限制,法院就可能侵犯行政机关的或者国会的职权。如果行政机关的决定没有对当事人产生损害,或者很可能产生不利的结果,即使当事人对这个决定不满意也不构成一个案件,没有起诉资格,法院也不能给予救济。事实上受到损害,是宪法要求的原告起诉资格。

除宪法要求的起诉资格以外,国会也可以在成文法中规定起诉资格。

正如上节所述国会有权决定可以审查和不能审查的行政行为一样,国会也有权决定谁具有起诉资格、谁不具备起诉资格。只要国会的决定不违反宪法,国会关于起诉资格的规定,法院必须遵守。国会在法律中规定起诉资格时,往往从政策的角度考虑问题,有时要求比较严格的起诉资格。当代立法的趋势是放宽起诉资格的要求,使更多的人能对行政机关的行为提起申诉,扩大公民对行政活动的监督,和本身利益的维护。这是当代行政民主、公民参与行政活动的一种表现。然而成文法中规定的起诉资格,绝大部分是对某一特定行政事项的起诉资格,不是关于起诉资格原则性的规定。美国成文法中对起诉资格作出普遍性规定的法律是行政程序法。《联邦行政程序法》第702节第一句话规定了谁具有请求司法审查的权利,这是联邦立法关于起诉资格最重要的规定,这个问题下面还要谈到。

美国关于起诉资格的法律主要由判例产生,因为宪法的规定非常抽象,如何适用由法院决定。联邦行政程序法关于起诉资格的意义不是十分明确,在解释上存在重大分歧。法院有时不适用这个法律,有时根据自己的观点适用这个法律,离开法院的判例,就不能了解美国关于起诉资格的法律。

2. 特点

首先,美国起诉资格法律的特点是变迁迅速,从20世纪40年代以来,经过两次重大改革,起诉资格大为放宽。其次,美国起诉资格的法律很不确定。因为美国关于起诉资格的法律主要由判例产生,最高法院关于起诉资格的判决,有时自相矛盾,前后不一致,下级法院无所适从,各自根据主观看法解释最高法院的判决。学术界也不能对起诉资格作出概括性说明,美国行政法学专家K.C.戴维斯对最高法院关于起诉资格判例的矛盾,提出了严厉批评。认为最高法院在这方面必须加强适用遵守先例原则,变更自己的判例一定要说明理由,态度明确,不能任意操纵,反复无常。① 究竟有些什么因素影响美国法院对起诉资格的态度呢？主要有下列因素：① 避免决定自己不愿决定的问题；② 取得自己愿意决定的问题；③ 避免法院认为应由其他政府部门决定的问题；④ 避免应由州政府决定的问题；⑤ 间接反映法院对各种宪法权利和法定权利主观的评价；⑥ 避

---

① K. C. Davis: *Administrative Law Treatise*, vol. 4, pp. 337-348.

免法院卷入原告提出理由很小的案件。① 由于以上原因,最高法院有时放宽起诉资格,使自己对于具有原则性的重大案件,能够作出判决;有时加强对起诉资格的要求,避免自己卷入棘手的问题,妨碍法院和其他部门的关系。这是最高法院在司法审查方面谨慎政策的一种表现。美国下级法院有时也利用起诉资格,或者从宽解释,或者严格要求,以达到自己追求的目的。关于起诉资格的法律,是美国法律中最难概括说明的部分,在说明它的原则时,一定要注意这是一种流动性大的原则。

(三) 起诉资格法律的变迁

起诉资格原则的适用虽然流动性大,但是起诉资格法律变迁的重大阶段则比较明显。美国起诉资格法律的变迁,可以分为以下几个阶段:

1. 1940 年以前

1940 年以前,当事人只在权利受到侵害时才有起诉资格。如果权利没有受到侵害,即使由于行政机关的行为遭受重大损害,这种损害是没有法律错误的损害(damnum absque injuria),当事人也没有起诉资格。最高法院 1938 年的亚拉巴马电力公司诉伊克斯案件的判决②,可以作为代表。该案申诉人亚拉巴马是私营电力公司,控诉联邦电力管理局给予市政府经营的电力公司财政援助。由于这种援助,私营电力公司受到极大损害,认为这项援助违反联邦宪法和有关的法律。最高法院在判决中声称:"申诉人主张由于市政府在竞争中得到金钱援助,因此申诉人受到损害,甚至可能破产……这是一个很明显的没有法律错误的损害案件。换句话说,市政府根据州的法律,有权从事和申诉人竞争的企业,申诉人没有独占经营的权利。如果他的企业由于市政府的经营而亏损或摧毁,这是由于合法经营的结果,不产生法律上的损害。"最高法院 1939 年在一个类似的案件中也作出过类似的判决。法院声称申诉人只有在合法的财产权利受到侵害时才有起诉资格,否则即使行政机关的行为违法,当事人受到极大的损害也无申请司法审查的资格。

这个时代,法院判例关于司法审查的起诉资格,和私人相互间诉讼的起诉资格适用同样的原则,没有行政法上起诉资格不同的标准。这是行政职务还不太发展时期传统的起诉资格标准。这个标准理论上的缺点是混淆程序法上和实体法上的标准。起诉资格是程序法上的标准,当事人

---

① R. J. Pierce, S. A. Shapiro, P. R. Vezkuil: *Administrative Law*, 1985, p. 143.
② *Alabama Power Co. v. Ickes*, 302 U. S. 464 (1938).

是否具有合法权利,是当事人能否胜诉的实体法上标准。实体法上标准只在经过审理以后才能确定,不能在未经审查以前就否定当事人请求审查的权利。

2. 40年代的变更

由于近代行政国家的兴起,传统私法模式的行政法律关系,越来越不适应当代行政的需要。如果把行政法上的起诉资格限制在传统普通法所保护的利益,势必导致大量近代行政活动不受法院控制,特别是社会行政和福利行政方面的活动不受法院控制,对于一般经济力量较弱的公民来说,非常不利。此外,由于当代独占经济发展的结果,政府为了保护公众的利益,设立很多控制机构,例如控制交通、电讯、航空、州际商业的机构。这些控制机构在当代越来越受被控制对象的控制,以致一般公众的利益,例如旅客、电视观众、消费者、环境享受者的利益得不到保护。因此,公众不得不求助于法院的监督以维护自身的利益。然而享受控制利益的公众,往往不是控制机关行使权力的直接当事人,他们的权利没有受到损害。如果适用传统的司法审查起诉资格标准,这些人不可能有申诉的权利。所以传统的司法审查起诉资格标准,已经到了非改革不可的地步。这种改革从20世纪40年代起,开始在判例中和成文法中逐渐发展。

(1) 联邦电讯委员诉桑德斯兄弟无线电广播站。① 这个案件首先承认除享有合法权利者外,作为竞争者的起诉资格。这个案件的事实是:桑德斯兄弟广播站控诉联邦电讯委员会对另一无线电广播站颁发新的营业执照。桑德斯兄弟广播站声称,在同一区域的广告收入不足以维持两个广播站,两个广播站互相竞争的结果将导致彼此破产,剥夺当地居民享受无线电广播服务的利益。桑德斯申诉的法律是根据是联邦电讯法规定"公共方便和需要"是决定颁发营业执照的标准。同时该法第402节(b)款规定由哥伦比亚特区上诉法院根据申请执照人,或"由于电讯委员会给予或拒绝给予执照而受到损害或不利影响的任何其他人的申请"进行司法审查。这个案件上诉到最高法院时,最高法院不顾联邦电讯委员会的主张,承认桑德斯兄弟广播站的起诉资格。联邦电讯委员会认为,法律没有规定对于竞争者的损害是拒绝颁发执照的理由。因此联邦电讯委员会颁发新的执照,没有侵害桑德斯兄弟任何合法的权利,桑德斯兄弟没有起诉资格。最高法院承认对于竞争者的损害,不是联邦电讯委员会颁发给

---

① *FCC v. Sanders Brothers Radio Station*, 309 U.S. 470 (1940).

执照时考虑的因素。但是最高法院认为,尽管联邦电讯委员会的决定没有侵害桑德斯兄弟的任何合法的权利,桑德斯兄弟作为一个竞争者,他的利益受到颁发新执照的不利影响,仍然有资格请求法院审查联邦电讯委员会的决定。因为法律已经给予任何受到联邦电讯委员会决定不利影响的人请求司法审查的权利。最高法院的结论认为,国会建立申请司法审查新的起诉资格标准是承认这样的事实:"竞争者通常是唯一有足够的动力请求法院注意联邦电讯委员会在颁执照时所犯法律错误的人"。这个判决和前面两个判决形成明显的对比。在前两个判决中,法院认为竞争者所受到的损害不是合法权利的损害,没有起诉资格。在这个判决中,法院认为竞争者虽然没有受到合法权利的损害,但是实际上受到损害,可以依法享有司法审查的起诉资格。这个观点毫无疑问是美国行政法走向现代化的一个发展。

(2) 私人检察总长理论。桑德斯兄弟案件的判例,3 年以后,在第二上诉法院的纽约州工业联合会(法人)诉伊克斯案件中①,得到应用和发挥。该案的原告是煤炭消费者,被告是工业部长和煤炭局局长。原告由于不服被告规定煤炭价格过高,根据 1937 年的《烟煤法》的规定,请求第二上诉法院审查。被告主张原告没有起诉资格,因为被告的决定没有侵犯原告的权利。即使被告的决定不合法,原告因此受到损害,这种损害不足以使原告取得起诉资格,否则不符合《宪法》第 3 条规定的"案件"或"争端"的要求。上诉法院在判决中针对被告的主张,发挥了私人检察总长理论(private attorney-general theory)。法院认为,国会为了保护公共利益,可以授权检察总长对行政机关的行为申请司法审查,国会也有权以法律指定其他当事人作为私人检察总长,主张公共利益。由于这样的规定就产生了一个案件或争端。国会对遭受行政行为侵害或不利影响的人授予起诉资格,正是指定了一个私人检察官。实际上排除竞争者或消费者对不法的行政决定具有起诉资格,很难想象有其他人会对行政机关的不法决定申请法院审查。

(3) 联邦行政程序法的规定。1946 年以前,美国联邦司法审查的起诉资格,除宪法关于司法权的规定普遍适用以外,没有其他普遍适用的法律。起诉资格如何决定,由法院的判例和个别的成文法规定。联邦成文法对司法审查的起诉资格首先作出普遍性规定的,是 1946 年的《联邦行

---

① *Associated Industries of New York State, Inc. v. Ickes*, 134 F. 2d 694 (2d Cir. 1943).

政程序法》。该法第 10 节(a)款规定①:"任何人由于行政行为而受到不法侵害,或者在某一有关法律意义内的不利影响或侵害,有权对该行为请求司法审查。"②根据司法部长 1947 年发布的《行政程序手册》的说明,第 10 节(a)款的规定,只是"对现行法律的重述"。③ 以前亚拉巴马电力公司诉伊克斯判例以"权利"受到侵害作为起诉资格的标准,以及 40 年代初期桑德斯案件引进的变更,即法律明文规定受到损害可以起诉时,不需要权利受到损害也有起诉资格,这两项起诉资格概括在联邦行政程序法中,构成联邦行政程序法关于起诉资格的内容。第 10 节(a)款规定的"任何人由于行政行为而受到不法侵害"是传统的起诉资格标准。该款规定的"或者在某一有关法律意义内的不利影响或侵害"是 40 年代初期发展的起诉资格标准。司法部长的说明可能反映当时部分立法者的意图,因为司法部在制定行政程序法中起了很大的作用。但很难说是国会全体立法委员的意图,因为国会司法委员会关于制定这项规定的记录和报告,同司法部长的说明不完全符合。④ 总之,不论行政程序法在当初制定时的意图如何,后来法院对该法的适用,已使该法规定的内容和司法部长的说明不相符合。70 年代联邦法院的判例对行政程序法关于起诉资格的规定有极大的发展。

3. 当代两层结构标准(Two-tier Test)的起诉资格

最高法院 1970 年在资料处理服务组织联合会(法人)诉坎普案件中⑤,重新解释关于起诉资格的法律,给予联邦行政程序法新的解释,使它摆脱传统起诉资格的束缚,扩大能够对行政决定提起诉讼的人的范围。这个判例所确定的起诉资格适用范围极广,可以说是关于起诉资格的基本法。在成文法没有起诉资格的规定时,都适用判例法的原则,成文法规定的起诉资格,可以说是起诉资格的特别法。在没有特别法可以适用时,法院适用一般性的行政程序法的规定,但行政程序法如何解释由法院决

---

① 即《美国法典》第 5 编第 702 节。
② 这个翻译是根据多数人的解释。根据美国行政法教授 K. C. 戴维斯的解释,这节的翻译应为:"任何人由于不法的侵害或不利的影响,或者在某一有关法律意义内的侵害,有权对该行为请求司法审查。"参见本章后面:原告的起诉资格(三):利益范围标准或者单一的事实上的损害标准。
③ U.S. Department of Justice: *Attorney General's Manual on the Administrative Procedure Act*, 1947, p.96.
④ K. C. Davis: *Administrative Law Treatise*, 2d ed. vol.4, pp.215-219.
⑤ *Association of Data Processing Service Organization, Inc. v. Camp*, 397 U.S. 150 (1970).

定。1970年的资料服务组织诉坎普案件的判例,是建立当代起诉资格最重要的案件。① 该案的事实是:申诉人控诉货币总监坎普的一项规定违法。坎普在1966年发布一项规定,允许国家银行,包括坎普主管的美国国家银行和信托公司在内,可以把它们的资料处理服务提供给其他银行和银行的顾客使用,作为银行业务的附属工作。申诉人根据1962年的《银行业务公司法》的规定起诉。该法规定:"任何银行业务公司除从事银行业务以外,不能从事其他活动。"地区法院认为申诉人没有起诉资格,上诉法院肯定地区法院的判决,最高法院在这个案件中,对当事人的起诉资格作了原则性的分析。最高法院认为,起诉资格问题必须符合两部分标准:即宪法的标准和法律规定的标准,称为两层结构标准。

就《宪法》的规定而言,最高法院声称:"关于起诉资格的广泛概括,大都没有价值。然而有一个概括是必要的,那就是《联邦宪法》要求的起诉资格必须在《宪法》第3条规定之内考虑。这条规定限制司法权力只包括案件和争端。"当事人提出申诉必须符合案件或争端的要求。最高法院就案件的意义作了简单的说明,认为当事人向法院申诉的事项,必须出现在对抗情况下才能由法院解决,"如果原告主张被攻击的行为对他产生了事实上的损害,不论是经济的或其他的损害",案件的标准即已满足。最高法院认为,本案的申诉人已经符合案件的标准。因为资料处理服务组织联合会主张其成员由于坎普的规定,丧失了对银行资料处理服务的机会。不仅将来会受到损害,而且该会成员正在谈判的两项服务,也因被告主管的美国国家银行和信托公司提供的服务和准备提供的服务而不能进行。

就法律规定的标准而言,最高法院批驳了上诉法院所持的法律利益起诉资格标准。上诉法院认为:"原告能够控诉所谓不合法的竞争,只在他的申诉追求:(1) 由于公共协定或合同而产生的利益……(2) 由成文法所保护的利益……(3) 国会认为需要对行政行为进行审查的公共利益,而且原告明显地具有资格代表公众……"最高法院认为,上诉法院的前两项标准,是要求一个法律利益作为起诉资格标准。这是根据最高法院过去的判例。最高法院在当前的案件中,重新解释原告起诉资格标准,与是否存在法律利益和起诉资格毫无关系。下面这段话代表最高法院阐明的当代的起诉资格标准。

---

① 同天判决的 *Barlow v. Collins* 采取相同观点。

最高法院声称:"法律利益标准所涉及的是案件的实质是否有理由,起诉资格问题与此不同。除开'案件'或'争端'的标准以外,起诉资格涉及的问题是申诉人要求保护的利益,是否可争辩地属于法律或宪法所保护的或调整的利益范围以内。因此行政程序法对'在有关法律意义之内,由于行政行为而受到损害'的人,给予起诉资格",在这段话中,最高法院认为,起诉资格的标准分为两个部分:

(1) 当事人的申诉必须是宪法所要求的案件,这个标准上面已经说明,以当事人是否事实上受到损害为依据,称为事实上的损害标准。这是宪法的标准。

(2) 法律的标准,即当事人所申请保护的利益必须可争辩地属于法律或宪法保护或调整的利益范围之内,称为利益范围标准。所谓可争辩地属于法律或宪法保护或调整的利益范围之内,是指有可能性属于法律或宪法保护或调整的利益范围之内,不要求实际存在于法律或宪法保护或调整的利益范围之内。最高法院认为,《联邦行政程序法》规定的当事人起诉资格标准,就是上述两项标准。

最高法院认为,只要不违反《宪法》第3条的规定,国会对于起诉资格可以或者规定较严格的标准,或者规定较宽大的标准。但是当代法律发展的趋势是扩大对行政决定能够起诉的人的范围。从这个精神出发,法院在考察有关法律的起诉资格时,不应着眼于法律明白创造的特定的权利,而应着眼于法律所想要调整的利益的一般性范围。因此,法院对起诉资格的法律标准所提的问题是:申诉人请求保护的利益,是否有可能性处在有关的法律或宪法保护或调整的利益范围以内,不要求法律以申诉人作为对象而特别规定。最高法院考察了和本案有关的三个法律,即:《银行业务公司法》、《国家银行法》和《行政程序法》,认为《行政程序法》对在其他一切法律意义范围内受到行政行为侵害的人授予起诉资格。因此,《行政程序法》要求法院在决定当事人是否受到侵害时,考虑能够适用于某一行政行为的其他一切法律所规定的利益。法院发现在本案中,《银行业务公司法》和《国家银行法》都能适用于货币总监的行为。这两个法律都表现国会对银行从事非银行业务的关注。法院注意到在这两个法律中,都没有规定要特别保护的个人或集体。然而这两个法律所表现的一般性政策,使竞争者有可能处在它们想要保护的利益范围以内。

(四) 主张他人利益的起诉资格

以上说明的是原告就自己所受的损害的起诉资格。原告对于他人所受损害是否也有起诉资格？最高法院对这个问题的回答原则上是否定的，因为在这个情况下，大都没有一个"案件"存在。最高法院认为，即使原告能够证明第三人所受到的侵害足以构成一个"案件"或"争端"，原告也只能主张自己的利益，不能把自己的要求建筑在他人的权利或利益之上，否则诉讼将无止境，也不符合第三者的利益。但是在原告自己有起诉资格的案件，即原告事实上受到损害，而且他要求保护的利益也可能在某一法律的保护或调整的利益范围之内时，法院有时例外地认为原告在某些情况下，有资格主张第三人的利益。这时，原告主张他人利益的资格，依他人的利益是公共利益或私人利益而不同。

1. 公共利益

原告主张公共利益的起诉资格，是适用私人检察总长的理论。上面已经提出，这个理论是由1943年的纽约州工业联合会诉伊克斯案件产生的，1943年的这个案件又是1940年桑德斯兄弟广播站判例的适用。私人主张公共利益的起诉资格，最大的困难是怎样能够符合宪法上的案件或争端的要求。法院从公共检察官开始，引申出私人检察官理论。法院的理论大致如下：

法院认为，在没有可能受司法裁判的实际争端存在的时候，国会不能授权任何人提起诉讼，以决定法律是否违宪或官吏的行为是否越权。但是在出现官吏的违法行为时，为了制止这种违法行为，国会可以授权一个公共官吏，例如检察总长，主张公共利益提起诉讼，这时就产生了一个实际存在的争端。国会也可以不授权一个官吏提起诉讼，而制定法律授权私人或私人团体提起诉讼，制止官吏的违法行为。这时，像检察总长的情况一样，也有一个实际的争端存在。宪法不禁止国会授权任何人，不论是官吏或非官吏提起这类争端的诉讼，即使这个诉讼的唯一目的是主张公共利益也可以。得到这样授权的人可以说是一个私人检察总长。①

私人检察总长的起诉资格能够发挥效果，必须真正有人具有动力进行诉讼，反对行政机关违反公共利益的不法行为。这类人只能是自己对案件也有起诉资格的人。由于起诉资格和原告所受损失的大小无关，因此在私人代表公共利益提起诉讼的时候，往往是原告个人的利益较小，而公共的利益较大。这样的诉讼最典型的案件，是环境保护者为了制止行政机关破坏环境的违法行为而进行的诉讼。

---

① Associated Industries of New York State, Inc. v. Ickes, 134 F. 2d 694 (2d Cir. 1943).

2. 私人利益

具有起诉资格的原告,是否也有资格主张其他私人的利益?最高法院原则上不承认这种资格,理由有两方面:一方面,法院不对私人权利进行不必要的裁判,因为享有权利的人或者不愿意主张权利,或者不需要在法院进行诉讼就能享受权利;另一方面,享有权利的第三人通常自己能够更好地主张自己的权利,由第三人自己提起诉讼,法院便于裁判。但是在上述两项理由不存在时,法院在下述例外情况下,允许有起诉资格的原告具有主张其他私人利益的资格:

(1) 第三人利益和原告利益密切联系。由于这种联系,原告诉讼的结果可能影响第三人的权利。原告在这种情况下主张第三人的权利或利益,正如第三人主张自己的权利和利益一样。例如医生和病人的利益有时密切联系不可分离,在一个避孕的案件中,医生主张妇女享有的隐私权,这种主张正是该妇女自己所要主张的权利。

(2) 第三人自己不能主张权利。即使在第三人的利益和原告的利益关系非常密切的时候,法院还要确定第三人是否能够主张自己的利益。只在法院有理由相信第三人不能主张自己利益的时候,法院才假定第三人不会由于原告的主张而有所损失。

(五) 团体代表成员的起诉资格

团体能以自己的名义进行诉讼,这点已无问题。团体在其活动范围以内是否也有资格代表成员主张权利呢?最高法院在 1963 年的改进有色人种地位全国协会诉巴顿案件中①,对这个问题作了肯定的回答。法院声称:"我们认为申诉人可用自己名义主张这个权利,因为虽然是一个法人,它直接地从事这些活动……我们也认为申诉人也有资格主张其成员的相应的权利。"但是团体代表成员的资格受到以下的限制:

(1) 当成员的利益非常分歧、有明显的冲突时,团体不能作为成员的代表进行诉讼。即使团体的领导一致同意,也不表示这个诉讼在达到团体的目的方面具有一致性质。②

(2) 团体所提出的要求必须由成员决定时,团体也没有资格代表成员进行诉讼。例如妇女堕胎是否允许问题,在妇女之间有不同的看法。

---

① National Association for the Advancement of Colored People v. Button, 371 U. S. 428(1963).
② Associated General Contractors v. Otter Tail Power Co., 611 F. 2d 684 (8th Cir. 1979).

这个问题的最后决定只能由妇女本人作出,团体不能代表。①

二、原告的起诉资格(二):事实上的损害

根据最高法院1970年在资料处理服务组织联合会诉坎普案件的判决,原告的起诉资格依两项标准决定,即:① 事实上的损害,这是宪法要求的标准;② 受法律保护的利益范围,即当事人要求保护的利益属于法律或宪法所保护或调整的利益范围以内,这是法律所要求的标准。本款先说明事实上的损害这个标准。

事实上的损害是最主要的起诉资格标准,任何法院、任何行政法学者都承认这个标准的重要性。然而由于事实上的损害这个概念太抽象,可以包括很多内容,作出不同的解释,所以这个标准在适用时发生极大的差异。有时两个案件基本相同,法院可能认为一个符合起诉资格标准,一个不符合,原因在于法院有时利用起诉资格标准达到诉讼以外的目的。本书不讨论美国判例的冲突。下面只介绍事实上的损害这个标准的基本内容。

(一) 损害的性质

事实上的损害不限于经济方面的损害,经济以外,其他对社会生活具有一定价值的事实,都是人类生活的利益。这些利益受到的损害,都可能构成事实上的损害。在近代社会生活中,非经济的利益远远超过经济的利益,例如美观的利益、环境的利益、资源保护的利益、文体娱乐的利益等受到的损害都可能产生起诉资格。事实上的损害也不以损害的大小为依据,只要某种损害不是微不足道,都可能产生起诉资格,例如环境利益的损害,个人受到的损失可能不重大,然而仍然具有起诉资格。不能因此认为一切事实上的损害都能够向法院申诉,能够向法院申诉的损害必须具有下列性质:

1. 现实性

现实性是指损害已经发生或者发生的可能性极大,不是基于推测可能发生的损害,也不是申诉人对于某一问题的关注、爱好、愿望。个人的动机不论如何强烈或优越,不能代替客观的事实。美国法院有时对现实性的要求比较严格,例如在西拉俱乐部诉莫顿案件中②,申诉人是一个保

---

① *Harris v. Mcrae*, 448 U.S. 297 (1980).
② *Sierra Club v. Morton*, 405 U.S. 727 (1972).

护自然资源的团体,控诉森林管理机构允许一个私人企业,在一个自然环境未被破坏的地区建筑一个巨大的滑冰场。认为森林管理机构的决定,破坏了风景、自然的和历史的目标、野生动物的环境,妨碍未来一代对公园的享受。最高法院认为,申诉列举的事项可以作为司法审查的对象,但是申诉人没有起诉资格。因为申诉人不能指出他自己或者他的任何一个或几个成员,由于森林管理机构的决定受到损害。没有现实的损害存在,仅仅由于对某一问题感兴趣,抽象地代表公众,不足以使一个团体取得起诉资格。

2. 特定性

能够起诉的损害必须是特定的损害,只是一个人或一部分人受到的损害。如果损害的范围很广,包括全体公民在内,没有一个人比其他人受到更多的损害,大家在损害面前平等,这是一种不能分化的抽象的损害。抽象的损害不对任何人产生起诉资格,例如美国在越南进行战争,行政当局不采取措施制止通货膨胀,全体美国人民受到损失,任何人不能因此取得起诉资格。这类损害的救济只能通过其他途径,不能由法院解决。如果政府的决定只使某一区域居民遭受危险,这种行为产生的损害已经特定化。这个区域中的任何公民由于政府的行为而实际上受到损害时,可以取得起诉资格。以公民的资格和国家纳税人的资格受到的损害,是抽象的没有分化的损害,不产生起诉资格。例如1974年的一个案件中[①],最高法院拒绝受理申诉人以公民和纳税人资格,控告财政部长违反《宪法》第1条第6节禁止国会议员担任任何政府职务的诉讼。最高法院认为,申诉人以公民资格提起的控诉,即使申诉人主张的违反宪法有理由,这种违反是对全体公民一般性的损害,没有对申诉人产生特定的损害。申诉人也不能以纳税人的资格提起控诉,因为纳税人的地位和申诉人的主张之间,缺乏逻辑上的联系。

损害必须具有特定性质,是因为申诉人必须是自己受到不利影响的人,这个要求不妨碍可以审查的行为受到法院的审查,也不妨碍公共利益受到法院的保护。这个要求只是使司法审查,由对案件的结果直接有利害关系的人进行。

(二) 损害和行政行为之间存在因果关系

原告向法院申请司法审查不仅必须受到损害,而且这种损害必须由

---

① *Schlesinger v. Reservists Committee to Stop the War*, 418 U. S. 208 (1974).

行政行为所产生。没有这种因果关系存在,单纯的损害不具备起诉资格。因为只有因果关系存在的时候,如果原告胜诉,法院撤销行政机关的决定,原告的损害才会得到补救,否则法院的劳动毫无意义。最高法院认为,《宪法》第 3 条规定的案件或争端的限制,还要求法院只能补救由被告机关受攻击的行为产生的损害,而不是由其他独立的行为或第三者行为所产生的损害。

　　因果关系是事实上的损害这个标准必须包含的因素之一,这一点没有怀疑的可能。然而美国法院有时可能利用因果关系达到诉讼外的目的,有时放松对因果关系的要求,即使当事人所受到的损害和行政行为的关系非常疏远,其受到的损害很不确定和轻微,也认为有因果关系存在。例如 1973 年的美国诉学生反对控制机构的程序案件中①,一个学生团体控诉州际商业委员会规定的铁路运输价格,可能导致铁路公司不愿利用废旧的再生资源,而增加使用森林或其他自然资源,导致污染环境,妨碍学生利用自然环境。一方面,最高法院承认学生的起诉资格,因为他们的成员利用森林、河流及华盛顿特区的其他自然资源。在这个案件中,州际商业委员会的行为和学生主张的可能受到的损害的联系非常疏远,损害的程度轻微,很难确定,最高法院仍然承认有因果关系存在。另一方面,在下面这个案件中,尽管申诉人的损害和行政行为的联系,比上面这个案件更为接近。然而最高法院拒绝承认有因果关系存在。

　　1975 年,最高法院在沃恩诉塞尔丁案件中②,拒绝任何当事人的起诉资格。这个案件的申诉人,控诉纽约郊区彭菲尔德镇及其官员违反宪法修正案第 14 条平等保护条款。由于该镇建筑规划的限制,使得该镇建筑的数量,不能够满足低收入居民的最低住房要求。因此贫乏的人,包括少数民族在内,无法在该镇居住。为了避免起诉资格带来的困难,案件由四类不同的当事人提出,请求法院审查这个计划:① 低收入的人主张受到损害,因为他们不能得到低价居住的房屋;② 低价房屋建筑公司主张受到损害,因为他们受到建筑规划的限制不能建筑这样的房屋;③ 主要目的是在彭菲尔德镇从事社会工作的公益组织代表低收入居民的利益提出申诉;④ 该镇邻近区域的纳税人提出申诉,由于彭菲尔德镇拒绝建造低

---

① United States v. Students Challenging Regulatory Agency Procedures, 412 U.S. 669 (1973) (SCRAP).
② Warth v. Seldin, 422 U.S. 490(1975).

价房屋,邻近区域必须扩大低价房屋的建造,从而减少税收的来源。最高法院很容易地拒绝了第三类人和第四类人的起诉资格,因为他们都是第三者,或者没有受到损害,或者受到的损害太小,和彭菲尔德镇的行为的联系过于疏远,不足以认定有产生起诉资格的因果关系存在。但是第二类人和第一类人都是直接的受害人,要拒绝他们的起诉资格比较困难。然而最高法院认为建筑公司不能提出正在进行的任何建筑计划,由于彭菲尔德镇的建筑规划而不能执行,因此他们没有受到损害。对于第一类人最高法院也认为没有起诉资格,因为他们不能证明他们在彭菲尔德镇不能得到低价房屋,是由于建筑规划的结果。这个案件的判决不仅受到社会上的批评,也受到该案中少数派法官的指责。当然,像这样的案例为数不多,然而足以证明法院如何利用起诉资格标准,达到起诉资格以外的目的。最高法院在1978年的杜克电力公司诉加洛利纳环境研究小组案件中①,认为因果关系只要求实质性的可能性(substantial likelihood),似乎注意到社会的批评,采取了比较开明的态度。

三、原告的起诉资格(三):利益范围标准或者单一的事实上的损害标准

(一) 利益范围标准

1. 利益范围标准的意义

最高法院1970年在资料处理服务组织案件的判决中,确定两个起诉资格的标准。除宪法所要求的标准以外,还提出了一个法律要求的标准,称为利益范围标准(Zone of Interests Test)。就是说,当事人对于行政决定能够控诉,必须被攻击的行政决定所侵害的利益,是可争辩地属于法律或宪法所保护或者调整的利益范围以内。这个标准和宪法所要求的标准不同,宪法要求的标准着眼于损害的事实。当事人必须是由于行政行为而事实上受到损害的人,才能请求法院的保护。这个标准的着眼点是当事人所受到的损害,是否处在法律所调整或保护的利益范围以内。如果这种损害不在法律保护的范围以内,当事人没有起诉资格。最高法院认为这个标准规定在《联邦行政程序法》中,该法第702节规定:"任何人由于行政行为……受到在某一有关法律意义内的不利影响或侵害,有权对该行为请求司法审查。"这项规定的意义,根据最高法院的解释就是表示

---

① Duke Power Co. v. Carolina Environmental Study Group, 438 U.S. 59(1978).

法律所保护或调整的利益范围标准。

利益范围标准和最高法院所抛弃的法律利益标准有何不同呢？法律利益标准要求当事人的利益，必须是法律为当事人特别规定或特别保护的利益，这种利益构成当事人的权利。这里所谓当事人不一定是指一个人而言，而是指处在同一地位的某一类人。根据法律利益标准，行政机关侵害当事人的行为，只有在法律上具有侵权性质(a legal wrong)的时候，当事人才能请求法院审查。利益范围标准与此不同，当事人的利益，不需要是法律特别规定或特别保护的利益，只要有可能主张处在法律规定的或调整的利益范围以内，在这种利益受到侵害时，就可请求司法保护。"范围"一词，大大地扩张了具有请求司法审查资格的人的范围，例如一项工程招标的法律规定，行政机关只能和要价最低的人签订合同。这个法律所要保护的利益是政府的利益和公众的利益，目的在于防止浪费国家财政。投标企业的利益虽然不是法律所要特别保护的利益，不能说不处在这个法律所调整的或保护的利益范围以内。没有中标的企业对于行政机关违法的行为，都有申诉资格，因为他们的利益是可争辩地(arguably)处在这个法律所调整的或保护的利益范围以内。法院在考察原告是否处在有关法律适用的范围之内时，是就整个法律观察，以决定法律的目的和所保护的人，不限于法律明白的规定或主要保护的人。这里的所谓法律，不仅包括专为某一事项而制定的法律，还包括宪法和行政法中可以适用于某一事项的规定在内。

利益范围标准，不仅"范围"一词扩大了当事人的起诉资格，而且"可争辩"一词也扩大了当事人的起诉资格。当事人所主张的利益，只要有可能处于法律所保护或调整的利益范围以内，就有起诉资格。至于当事人主张的利益是否实际上(actually)处于法律所调整或保护的利益范围以内，那是案件的实质问题，要在审查结束以后才能确定，不是在决定起诉资格时就要解决的问题。区别对待当事人的起诉资格和当事人的主张是否成立，是利益范围标准的一项重要内容。

2. 尊重国会的意志

利益范围标准虽然是一个开放的标准，能够为更多受到行政行为侵害的人提供起诉资格，不像法律利益标准那样，限制能够起诉的人必须具有法定的权利。然而这个标准也不是完全没有法律限制，当事人只在行政行为所侵害的利益有可能处在法律保护或调整的利益范围以内时，才有起诉资格。也就是说，只在国会有意提供法院作为救济手段的时候，才有起诉资格。法院必须尊重国会的意志,不能任意给予或者任意拒绝当事人的起诉资格,仍然存在一个法律的标准。这个标准的适用是从开放的观点出发,使广大受到行政侵害的人具有起诉资格。然而不能完全脱离法律的规定,例如,当事人不能根据一个保护环境利益的法律主张自己的经济利益,因为后面这种利益不在前面法律保护或调整的利益范围以内。第五上诉法院在一个判决中声称①:"本案申诉人的唯一动机是自己的经济利益和福利,不适宜在一个有关颁发汽车执照的诉讼中,作为当事人主张公众的环境利益,申诉人没有提出自己受到任何环境的损害。他们对竞争者的经济利益,明显地不在国家环境保护法所保护的利益范围以内……这个法律的目的不是防止损害,而是提高政府关于环境问题的认识和行为。"

(二) 单一的事实上的损害标准

在最高法院确定两层结构标准的资格处理服务组织案件中,少数派法官不同意两层结构的起诉资格标准,认为事实上的损害是唯一的标准。少数派的意见以布伦南(Brennan)大法官和怀特(White)大法官为代表,他们认为两层结构标准不仅把起诉资格标准弄得非常复杂,而且被抛弃的法律利益标准又在法律范围标准中继续存在。尽管多数派大法官不承认这个观点,实际上由于法律保护或调整的利益范围的意义不是十分明确,利益范围理论最低限度是向法律利益标准靠近了一步。最高法院在以后的判决中,对利益范围这个标准有时适用,有时不适用,也不说明不适用的理由。由于最高法院的判例在是否适用利益范围标准上不一致,下级法院之间也产生分歧,有时适用,有时不适用。最高法院最低限度应对利益范围标准的目的和适用范围,作出一个比较清楚的说明,才能使这个标准的适用统一起来。如果最高法院认为,当一个法律或法规的目的,只在保护某一集体的利益时,其他不是这个集体的人,不能主张他的利益也在这个法律或法规的保护范围之内,这样的看法当然合理。但是不适用利益范围标准,而适用事实上的损害标准,也能得到同样的结果。因为在这种情况下,申诉人所受到的损害和他所主张保护的利益没有联系,损害和不法行为之间没有因果关系。美国的州法院在确定当事人的起诉资格时,大部分只适用单一的事实损害标准,可见利益范围不是一个必要的标准。

---

① *Environmental Defense Fund v. Marsh*, 651 F. 2d, 983 (5th Cir. 1981).

美国戴维斯教授认为,利益范围标准除在适用上不一致以外,这个标准本身还有两个缺点:

(1) 这个标准所指的利益范围,仅以宪法和有关的法律所保护或调整的利益为限,没有提到普通法和衡平法所保护的利益。而美国法院在有些情况下仍然适用普通法和衡平法,例如1902年的美国磁疗学校诉麦坎纳尔蒂案件中①,邮政总长禁止投寄申诉人的某些邮件,尽管申诉人的利益没有受到任何成文法的保护或调整,然而最高法院仍然给予申诉人衡平法上的保护。戴维斯的这个批评受到反驳,例如丘奇教授(Sanford A. Church)在《维护利益范围起诉资格标准》的一篇文章中,认为利益范围标准只在申诉人主张某一被侵害的利益属于某一法律保护时适用,并不妨碍申诉人主张普通法和衡平法上的保护。利益范围标准可以防止滥诉,防止法院侵害应由其他部门作出的决定。②

(2) 根据最高法院的意见,利益范围标准是适用《联邦行政程序法》第702节关于起诉资格的规定,但第702节的解释存在很大的分歧,不仅存在于学者之间,也存在于官方之间。对于该节的规定有两种理解:一是根据司法部和一部分学者的理解,该节的规定为:"任何人由于行政行为而受到不法的侵害,或者在某一有关法律意义内的不利影响或侵害时,有权对该行为请求司法审查。"另一种是根据戴维斯教授的理解和国会司法委员会的报告的记录,该节规定为:"任何人由于行政行为而受到不法侵害或不利的影响,或者在某一有关法律意义内的侵害时,有权对该行为请求司法审查。"这两种解释的区别在于"某一有关法律意义内"这一词组究竟是同时修饰"不利的影响或侵害",或者只修饰"侵害"一词,而不包括"不利的影响"在内。最高法院和某些学者采取前一种解释,戴维斯教授和某些学者采取后一种解释。③ 根据后一种解释,任何人由于行政行为而受到不利的影响,就有起诉资格;没有受到不利影响的,就没有起诉资格。不利影响的意义,就是宪法所要求的"事实上的损害"这个标准。既然受到不利的影响就可起诉,该节规定的"不法的侵害"和"在某一有关法律意义内的侵害"就都没有必要了。因为它们已经包括在"不利的

---

① American School of Magnatic Healing v. McAnnulty, 187 U.S. 94 (1902).
② Sanford A. Church: A Defense of the "Zone of Interests" Standing Test, in 1983 Duke Law Journal, 447 (1983).
③ K. C. Davis: Administrative Law Treatise, 2d ed. vol. 28, pp. 215-219.

影响"这一标准的范围之内。根据这种解释,行政程序法所规定的起诉资格是单一的事实上的损害标准。

戴维斯教授的解释究竟有何根据呢?这个根据当然不是从文字本身来看。因为任何文字都有发生解释分歧的可能,何况第 702 节的规定原来的意义就比较含糊。戴维斯的根据是国会立法的记录。在参议院司法委员会和众议院司法委员会关于该项规定的报告中,这样写着:"这一小节对由于行政行为而事实上受到不利影响的人,或者在某一有关法律意义内受到侵害的人,授予司法审查的权利。"[①]根据国会委员会报告的记载,国会在制定这节规定的时候,是区别"受到不利的影响"和"在某一有关法律意义内的侵害"两项标准的。不利的影响是事实上的损害,不受有关法律意义内的限制。正是由于事实上的损害作为单一的起诉资格标准,理由非常充分,所以最高法院在单一的起诉资格标准和两层结构标准之间,徘徊不定,判例不一致。

美国州法院关于起诉资格的标准,没有联邦法院那样复杂,大部分州采取单一的事实上的损害标准。1981 年修改的《州示范行政程序法》第 5 条第 104 节规定下列五类人有司法审查诉讼的起诉资格:① 行政行为所特别指向的人;② 产生行政决定的行政程序中的当事人;③ 如果被攻击的行为是一个法规,受该法规支配的人;④ 根据其他法律规定可能有起诉资格的人;⑤ 其他方式受到行政行为的侵害或不利影响的人。第五类人无疑是事实上受到不利影响的人。该款对第五类人作了解释,即:"任何人不能认为受到其他的侵害或不利的影响,除非:(1) 行政行为对该人已经产生,或者很可能产生损害;(2) 该人所主张的利益,属于行政机关在采取被攻击的行为时应当考虑的利益;(3) 法院对该人有利的判决将基本上消除或者矫正行政行为所引起的或很可能引起的损害。"[②]在这个解释中,有一句话可能引起不同的理解,即:"该人所主张的利益属于行政机关在采取被攻击的行为时应当考虑的利益"是否表示"利益范围"?无论如何在条文中已经避免了"利益范围"这样模糊的词语,不能在解释中又把它加进去。最重要的是州法院的实践,多数州中采取了单一的事实上的损害起诉资格标准。

---

① K. C. Davis: *Administrative Law Treatise*, 2d ed. vol. 28, p.215.
② Model State Administrative Procedure Act(1981), Art. V, *Judicial Review and Civil Enforcement*, p105-106(standing).

美国联邦法院虽然在很多案件中,只采取事实上的损害标准,不能因此认为利益范围标准不再存在。因为联邦最高法院有时仍然适用这个标准,联邦下级法院也时常适用这个标准。戴维斯教授讽刺最高法院判例的不一致,他这样写道:"这个标准(即利益范围)有时是法律,而通常不是法律。最高法院本身也不知道它是否法律、在什么时候是法律。毫无疑问,最高法院对下级法院和诉讼当事人有一个责任没有履行,即:说明他所想的究竟是什么。"①

四、合格的被告

(一) 概述

法院受理一个案件,不仅需要合格的原告,而且需要合格的被告。只有原告和被告持不同的主张,在互相对抗的情况下,才构成一个"案件"或"争端"。被告的适格问题没有原告那样复杂,但在过去实行主权豁免原则时,也产生了一些麻烦。自从1942年增加原告的起诉地点,1976年在司法审查中取消主权豁免原则以后,被告的资格已经很少发生问题。

被告资格问题不出现在法定的审查中,因为法定审查的时候,谁有资格起诉、谁作为被告、由什么法院管辖、采取什么诉讼形式,都由法律规定。在非法定审查时,由于法律没有规定,可能引起被告的适格问题。

(二) 主权豁免原则的抛弃

主权豁免(soverign immunity)原则是世界各国早期法律的共同制度,和国家学说密切联系。国家是一个主权团体,主权者没有自己的同意不能作为被告。美国的主权豁免原则直接来源于英国的普通法。在普通法上,国王不能为非(The king can do no wrong)。官员执行职务违法时,由官员个人负责。控诉国王只在经过权利请愿,国王同意以后才有可能。在司法审查中,各种特权令状只能对官员个人颁发。美国继承英国的主权豁免制度,司法审查诉讼不能以国家和政府作为被告,只能以官员个人作为被告。主权豁免制度在国家赔偿方面的表现,后面第十七章另有讨论,本款说明的是司法审查方面的主权豁免制度。

《联邦行政程序法》在1946年制定的时候,没有取消主权豁免制度。最高法院在1952年的一个判决中声称,《行政程序法》没有授权控诉政府

---

① K. C. Davis: *Administrativelaw Treatise*, 2d ed. vol. 4, p. 279.

机关,也没有默示地放弃主权豁免原则。① 1976年《联邦行政程序法》经过修改,在第702节中放弃了主权豁免原则。从此以后,国家和政府在司法审查中可以作为被告。1976年修改后的第702节规定:"美国法院受理的诉讼,不是寻求金钱赔偿,而是控告行政机关或其官员或职员,以官方身份的或在法律掩饰下的作为或不作为时,不得以该诉讼反对美国或美国是必不可少的当事人为理由而驳回,或拒绝给予救济。美国在这类诉讼中可以被指名作为被告,也可以对美国作出不利的判决或命令。"这是在司法审查中正式放弃主权豁免的规定。

(三) 联邦行政程序法规定的报告

1976年修改的《联邦行政程序法》对非法定审查的被告,在第703节作了规定:"……在没有能够适用的特定的法定的审查程序时,司法审查的诉讼可以对美国、对机关以其机关名称,或者适当的官员提起。"虽然法律中规定三个被告时用"或"字,这个"或"字不表示只能以其中任何一个作为被告而不能合并。在众议院委员会的记录中这样记载:"当美国的一个机构是真正的被告时,原告应有选择美国、机关以其官方名称或有关的官员作为被告的自由,或者对它们作任何合并。"②

(四) 下级官员单独作为被告问题

下级官员执行上级命令,原告是否可对该下级官员单独作为被告? 最高法院在1947年的一个判决中③,作了肯定的回答。该案为邮政总长命令洛杉矶地方邮政局长退回申诉人的信件,因为申诉人利用邮政从事不诚实的企业。申诉人请求加州地区法院发布制止令,制止邮政局长执行邮政总长的命令。下级法院拒绝受理这个案件,认为邮政总长是必不可少的当事人。最高法院推翻下级法院的判决,认为"如果法院对出庭的下级官员发布的命令,能够有效地得到所要求的救济时",邮政总长不是必不可少的被告。在本案中,法院只须对地方邮政局长发出命令就已足够,不需要邮政总长做任何事情。根据这个判决所确定的原则,司法审查可对下级官员单独作为被告,避免原告长途跋涉去首都华盛顿的麻烦。自从1962年的诉讼法改革以后,原告可以选择原告居住地、被告居住地、行为发生地任何一处法院起诉,长途跋涉的麻烦实际上已不存在。

---

① *Blackmar v. Guerre*, 342 U.S. 512(1952).
② K.C.Davis: *Administrative Law Treatise*, 2d ed. vol.28, p.189.
③ *William v. Fanning*, 332 U.S. 490 (1947).

第三节 提起诉讼的时间(一):成熟原则

具有起诉资格的当事人,不是在任何时候都能提起诉讼。只有当案件已经到可以起诉的阶段,并在一定的时间限度以内,当事人才能提起诉讼。关于起诉时间的限制,成文法中往往规定一个最后的时间,以便行政上的法律关系在一定的合理以内能够确定。除成文法所规定的时间限制以外,美国法院的判例又提出了两个能够开始起诉的时间原则,规定案件必须发展达到能够起诉的阶段,才能向法院提出控诉。过早地提起诉讼,法院不受理。这两个原则是:成熟原则和穷尽行政救济原则。本节和下节分别说明这两个原则。

一、概述

(一) 成熟原则的意义和理由

1. 成熟原则的意义

成熟原则是指行政程序必须发展到适宜由法院处理的阶段,即已经达到成熟的程序,才能允许进行司法审查。通常假定行政程序达到最后阶段才算成熟,但成熟原则除包括最后因素以外,下面即将看到的还包括其他因素。成熟原则在有些情况下和上面所说的起诉资格互相重合。当事人所以不具备起诉资格,有时可能由于案件还没有充分发展,处于抽象阶段,不宜由法院审查的缘故。案件没有充分发展也是案件没有达到成熟阶段。但成熟原则和起诉资格的着眼点不同。起诉资格着重于案件和当事人之间的关系,成熟原则着重于行政程序是否发展到适宜法院裁判的程度。成熟原则和下面所述穷尽行政救济原则也有重合之处,两者都限制提起诉讼的时间。但成熟原则从司法职务的性质出发,认为行政程序只有达到某个阶段,才能成为法院可以受理的"案件"。而穷尽行政救济原则,着眼于当事人在请求法院救济以前,在多大程度上必须事先穷尽行政救济。

2. 成熟原则的理由

成熟原则存在的基本理由有两方面:

(1) 避免法院过早地进行裁判,陷入抽象的行政政策争论。法院只能对实在的现实的问题进行裁判,在需要裁判的问题出现以前,法院不能预测未来可能发生的问题。当事人所攻击的行政行为不能是捉摸不定的没有确定的问题,法院的时间不能消耗于抽象的遥远的问题上面。这也是《宪法》第 3 条规定的司法权力的范围限于"案件"和"争端"的宗旨,从这个意义上说,成熟原则可以认为是《宪法》第 3 条的延伸。

(2) 保护行政机关在最后决定作出之前,以及行政行为对当事人发生具体影响以前,不受法院干涉。行政机关由专业人员组成,应当充分发挥其专业知识和经验,在其作出确定的决定以前,不应受到法院的干涉。

(二) 成熟原则的标准

法院根据什么标准认为案件已经成熟可以进行司法审查呢?当代成熟原则的标准是由最高法院 1967 年的艾博特制药厂诉加德纳案件的判决所确定。① 为了更好理解当代的标准,有必要简单回顾一下过去的标准。

关于成熟原则的标准和起诉资格的标准一样,法院的判例比较混乱,不完全一致。在 1967 年以前,美国法院主要采取一个简单的形式主义观点。认为《宪法》第 3 条禁止联邦法院提供咨询意见,只有行政机关作出具体的决定影响当事人的法律地位时,案件才成熟。对于抽象的行政行为,在行政机关没有作出具体决定开始执行以前,不能审查。因为这时问题还没有具体化,还没有发展到成熟阶段。如果法院这时作出裁判,只是提供咨询意见,违反《宪法》第 3 条的规定。1947 年最高法院关于公共职员联合会诉米切尔案件的判决②,可以作为代表。该案的申诉人是 12 个联邦政府职员,反对文官事务委员会发布的几个禁止政治活动的法规。申诉人有意从事某些被禁止的活动,但是可能因此而受到处罚,甚至被开除公职。申诉人认为,文官事务委员会的法规违反宪法,请求法院审查法规的合法性。法院在判决中声称:"《宪法》第 3 条建立的联邦法院不能提供咨询意见……该案申诉人很明显地在寻求咨询意见……他们对于民权的兴趣,以及他们从事被禁止的活动时,文官事务委员会根据这些法规可能干涉这些权利的威胁,不足以构成一个能够受法院裁判的案件或争端……作出这样的判决是超出法院的权限。"根据这个判决,一切抽象的行政行为在没有执行以前,从司法审查的观点而言,还没有发展到成熟阶段。这时的审查是对抽象的问题、假想的案件提供咨询意见,不符合宪法的规定。这种观点,毫无疑问是一个机械的形式主义观点。法院没有考

---

① *Abbott Laboratories v. Gardner*, 387 U. S. 136(1967).
② *United Public Workers v. Mitchell*, 330 U. S. 75(1947).

虑到本案的申诉人,实际上处于一种非常不利的两难境地:或者从事法规所禁止的活动,承受包括解职在内的危险;或者为了安全和避免麻烦起见,放弃自己认为应有的权利。申诉人这种两难的不利地位,实际上已经构成一个"争端",一个"案件"。法院审查申诉人所攻击的法规,已经不是提供咨询意见,而是解决一个争端,判决一个案件,真正地执行司法职能。形式主义地理解宪法,不仅对当事人不利,也不符合司法职能的性质。幸而这个案件所代表的观点,已为1967年的一个判决所抛弃。

美国法院当代关于成熟原则的标准,由最高法院1967年的艾博特制药厂案件的判决所建立。这个案件是对食品和药物管理局的一个法规在执行以前的审查。食品和药物管理局制定一个法规,要求一切必须有医师处方才能购买的药物的制造者,在药物的标签、广告及其他文字记载和宣传品上,每次使用药物的商业名称时,必须同时使用该药物的正式名称,否则将受到法律规定的处罚。这个规定的目的在于提醒医生和病人注意,很多商业名称的药物,实际就是价钱便宜很多的正式药物。这样的规定以后,制药厂商过去的全部印刷品不能使用,否则将违反法规,而且很多高价的药物以后很难销售。制药厂商联合,主张食品和药物管理局没有权力作出这项规定,请求法院确认这个命令违法,并制止其执行。食品和药物管理局反驳,主张这个法规尚未执行,没有任何厂商由于法规的存在而受到处罚。管理局的行为还只处在抽象阶段,没有发展到提起诉讼所要求的成熟程度,法院无权受理这个案件。最高法院在这个案件的判决中,采取注重实际的观点,和1947年采取的形式主义观点完全相反。

法院声称:"法院传统上对行政决定不愿给予确认判决和制止令的救济手段,除非这个决定已经成熟到可以作出司法解决的程度……成熟问题应从两个方面来看,即:问题是否适宜司法裁判,以及推迟法院审查对当事人造成的困难。"在这段话中,法院承认成熟原则是司法审查一向遵守的原则,法院无意抛弃这个原则。但是法院采取一种着重实际的标准判断案件是否达到成熟阶段,这两个标准就是问题是否适宜由法院裁判,以及推迟审查对当事人造成的困难。适用这两个标准来判断法院当前受理的案件,法院认为本案已经发展到成熟阶段,可以在法规执行以前进行审查。从第一个标准而言,本案双方当事人争论的问题是一个法律问题,即:食品和药物管理局制定的法规是否在国会法律的授权范围以内,国会是否有意要求制药商每次使用商业名称时,必须同时使用正式名称。这个问题的解决不需要食品和药物管理局采取任何执行行为,法院已可审查。法院在衡量问题是否适宜司法审查时，除考虑当事人是否提出一个法律问题以外，还考察行政机关的行为是否符合行政程序法中最后决定的意义。法院声称："我们认为争论中的法规符合《行政程序法》第10节，即《美国法典》第5编第704节规定的，通过判例解释的行政机关最后决定的意义。"因为根据行政程序法的规定，只有行政机关最后确定的行为才适宜于法院审查。

从推迟审查对当事人造成困难这个标准来看，法院认为药物制造厂商现在已经处于非常不利的两难地位，即：或者付出很大的牺牲遵守这个他们认为无效的法规；或者不遵守这个法规，甘冒刑事制裁和民事处罚的危险。当事人陷入这种困境是一个现实问题，不是一个抽象问题。只有通过对法规进行执行前的审查，才能解除这种困难。由于这种困境的存在，如果成文法中没有其他不同的规定，行政程序已经发展到可以进行审查的成熟阶段。

下面将分别说明判断成熟原则的这几项标准。

二、问题适宜于法院裁判（一）：法律问题

对于行政机关的决定，如果只是事实问题发生争执，不足以引起司法审查。只有出现法律争议时，司法审查的时机才算成熟。如果当事人所争论的问题是一个纯粹的法律问题，为了进行裁判不再需要确定事实时，毫无疑问，这个问题已经发展达到司法审查所要求的成熟程度，即使行政机关在任何时候没有实施或准备执行的行为。通常当事人主张行政机关越权的行为是一个法律解释问题，例如行政机关制定一个法规，禁止在食品中投放某些添加剂。行政机关认为是根据某一法律的授权，当事人对法律的解释认为行政机关没有这种权限，这个争议是一个法律的争议，可以根据法律制定的经过和立法资料由法院作出解释。有时行政机关的专门知识和经验在解释法律时占有一定的分量，法院一般尊重行政机关的专门知识。这种尊重不是绝对顺从，不妨碍法院进行司法审查。当事人提出的争议通常是法律的适用问题，其中已经存在法律问题。

三、问题适宜于法院裁判（二）：最后决定

（一）最后决定作为成熟标准的意义和理由

行政机关作出一个决定，往往要经过许多步骤。通常从发出通知或者提出控诉开始，经过许多中间的步骤，最后作出解决某个问题的决定。

法院在行政机关走完全部过程作出最后决定以前,通常不加干涉。《联邦行政程序法》第 704 节以行政机关的最后决定作为司法审查成熟的标志。最后的行政决定,如果没有其他适当的法院救济时,应受司法审查。1967 年的艾博特制药厂案件的判决,也以最后决定作为问题适宜于法院裁判的标准。

为什么要以最后决定作为司法审查成熟的标准呢？主要是避免法院过早卷入行政决定的程序。行政机关对其职权范围以内的问题有首先作出决定的权力,这是法律授予行政机关的权力。在行政机关作出决定以前法院进行干预,是侵犯行政机关的职权。其次,从实际的观点来看,在行政机关作出最后决定以前,法院也无法审查。因为法院缺乏必要的记录作为审查的基础,没有说明理由的记载、没有证据的记载,法院的审查非常困难。在行政机关作出最后决定之前,法院不可能知道当事人和行政机关之间的争端的正确性质。而且在行政机关作出最后决定之前,当事人和行政机关之间还不能说已经有一个"案件"存在。法院这时审查不符合宪法的规定,所以在通常情况之下,只有行政决定具有最后性时,司法审查才有可能。

(二) 判断最后决定的标准

行政决定的程序非常复杂,有正式程序的裁决,有包含正式程序某些部分的裁决,有非常简便的裁决。《联邦行政程序法》第 704 节只规定:"……没有其他适当的法院救济的最后确定的行政行为应受司法审查",没有指出判断最后确定的标准。法院根据什么标准判断行政机关的决定是最后的决定呢？美国法院采取一种实用主义的灵活观点,用以判断行政机关的决定是否最后决定。例如,作决定的人是否机关长官或属员、决定公布的方式是否正规、行政机关的意图是否当事人必须遵守这个决定,或者这个决定只是试验性质或临时性质。但是法院认为有两个指导性的原则可以作为参考,用以判断某个决定是否为最后决定,即：① 行政机关作决定的程序是否可能由于司法审查而打乱,如果司法审查可能打乱行政机关作决定的程序,则行政机关还没有作出最后决定。例如行政机关中间性的决定或预备性的决定,不是最后的决定。② 当事人的法律地位是否因行政决定而可能受到影响。例如行政机关的决定是否增加当事人的负担、减少当事人的权利或利益,改变当事人法律地位的决定是否最后的决定。当事人的法律地位没有受到行政决定的影响时,不是最后的决定。当然,如何适用指导的原则作出适当的判断,还要结合具体的情况。

(三) 否定的行为和非正式程序的决定

上述两项判断最后决定的标准，是从行政决定的效果着眼，和行政决定的形式无关。对于采取否定形式的决定和非正式程序的决定，外观上不表现最后决定的性质，是否也进行司法审查呢？

美国法院过去曾经认为法院不审查行政机关拒绝的决定，因为否定的决定不改变当事人的法律地位。这个理论现在已不存在。行政机关的决定不论采取肯定形式或否定形式，只要对当事人产生不利的影响，都不影响法院的审查。当代法院的判例，对于非正式程序的决定，即使非常简便的程序的决定也可进行司法审查。例如1969年，哥伦比亚特区上诉法院关于征兵署长对地方负责人的一封内部函件进行审查。① 该函件要求对应征人员干扰征兵或拒绝兵役的任何行为，包括非法游行在内，重新分类。尽管内部函件不是法规和决定，但其效果和决定一样，所以也受司法审查。这个上诉法院1971年在一个判决中②，审查一封关于工资和劳动时间的信件。在这封信中，有关的行政机关的解释认为自动洗衣业应受《公平和劳动标准法》的拘束。行政机关主张这个函件没有最后决定性质，不受法院审查。法院认为这封信出自机关的负责长官，和一般的非正式的解释行为的效果不一样。总之，当代司法审查的发展，对成熟原则要求的标准越来越低。这个发展和放宽起诉资格标准一样，都是降低法院的门槛，减少当事人向法院申诉的限制。

(四) 预备性的和中间性的决定以及行政复议

一个复杂的行政行为是一个发展的程序，在作出最后决定之前，先有一些预备性的和中间性的决定。上面已经指出，法院在行政机关作出最后决定之前，不审查预备性的和中间性的决定。关于程序问题的决定属于中间性质，在最后决定作出以前不进行审查。因为在这个阶段进行审查，妨碍行政程序的正常发展，不符合成熟原则的标准。如果当事人认为预备性的、中间性的和程序性的决定违法，应在最后决定作出以后，和最后决定一起审查。《行政程序法》第706节规定司法审查的范围时，在(2)(D)中规定，不遵守法律要求的程序是撤销的理由之一。

最后决定一旦作出，就假定可以审查。但如果法律或行政制定的法规中规定，当事人对决定不服必须申请复议时，则在当事人申请复议以

---

① National Student Association v. Hershey, 412 F. 2d 1103 (D. C. Cir. 1969).
② National Automatic Laundry Council v. Schulty, F. 2d 689 (D. C. Cir. 1971).

前，不能请求司法审查。这个问题将在下节穷尽行政救济原则中讨论。行政机关的决定如果声明只是临时性的，尚待进一步考虑时，这种决定不是最后决定，不能申请审查。当事人不服行政法官的裁决，申请机关长官复议，机关长官复议以后交行政法官重新听证时，这个案件虽然经过复议，还没有作出最后的决定。

四、推迟审查对当事人造成困难

推迟审查对当事人造成困难作为成熟原则的一个标准，是1967年艾博特制药厂案件的判决提出的新因素。这个标准是从实际情况出发，认为司法审查在当时情况下确有需要而产生。因此这种困难必须是直接的、即时的影响当事人日常生活的困难，而不是遥远的、将来的困难。例如在艾博特制药厂商案件中，厂商大量已经印刷的材料不能使用，必须立即准备新材料，以免影响工厂的日常经营。如果不遵守法规，立即可以受到财产扣押和没收的危险，甚至可能受到刑事追诉。所谓困难，不仅包括财产的直接损失，也包括遵守行政决定必须立即投入的开支在内。其他如环境方面的破坏、社会地位的损失，只要具有直接的和即时的性质，都可认为是一种困难。

当事人的困难作为成熟原则的一个标准，是因为当事人事实上受到损害。如果当事人事实上没有受到不利的影响，当然不具备起诉资格。例如和艾博特制药厂商案件同时判决的另一个姐妹案件——化妆用品联合会诉加德纳案中①，最高法院认为当事人申请司法审查的时机没有成熟。法律规定化妆品制造商必须领有食品和药物管理局的执照，管理局制定一个法规，规定制造厂拒绝管理局人员随时进入工厂检查时，将停止执照。制造商申请法院审查这个法规，最高法院认为司法审查的时机没有成熟，因为当事人没有受到直接的和即时的不利影响。法规仅仅规定管理局随时可以检查，没有要求制造商事先采取任何行为，制造商对管理局的处罚不服，事后请求救济，没有不可弥补的损害存在。这个案件和艾博特制药厂案件的不同，在于后一案件中，当事人不遵守法规时，可能立即受到财产扣押、罚款，甚至刑事追诉；而在前一案件中，当事人不遵守法规，最多导致停止执照。对于这种处罚，当事人不服可以立即向管理局申诉，不服管理局的裁决还可向法院申诉，没有即时的不可弥补的损害存

---

① *Toilet Goods Association v. Gardner*, 387 U.S. 158 (1967).

在。但是近年来,美国判例发展的趋势是放宽成熟原则的解释,方便当事人的起诉。

第四节 提起诉讼的时间(二):穷尽行政救济原则

一、意义和理由

(一) 意义

穷尽行政救济原则是指当事人没有利用一切可能的行政救济以前,不能申请法院裁决对他不利的行政决定。当事人在寻求救济时,首先必须利用行政内部存在的、最近的和简便的救济手段,然后才能请求法院救济。行政内部的救济可能出于法律的规定,可能由行政机关制定的法规所规定。不论出于哪种情况,法院由于谨慎起见,要求当事人首先利用行政救济手段。例如在 1938 年的迈尔思诉贝思勒亨案件中①,法院声称:"在规定的行政救济用尽以前,任何人对于可能的和已经或即将受到的损害,不能请求司法救济。"

穷尽行政救济原则和上节讨论的成熟原则互相补充,目的都在于避免司法程序不必要的和不合时宜的干预行政程序。成熟原则着眼于行政决定的程序是否已经完成、行政机关是否已经作出能够影响当事人法律地位的决定。在这个决定作出以前,当事人不能控诉其中一个行为,而应等候其他行为结束时才能起诉。穷尽行政救济原则是在最后决定作出以后,当事人请求救济时,应首先利用行政系统内部的救济手段,然后才能请求法院的救济。

(二) 理由

穷尽行政救济原则存在的理由,主要由法院的判例所阐述。这个原则的基本作用在于保障行政机关的自主,和司法职务的有效执行,避免法院和行政机关之间可能产生的矛盾。联邦最高法院在 1969 年的麦卡特诉美国案件的判决中②,列举穷尽行政救济的理由如下:

(1) 国会设立行政机关是为了把法定的计划实施于特定的事实情况,穷尽行政救济原则保障行政机关能够完成这个任务,特别是使行政机

---

① *Myers v. Bethlehem Corp.*, 303 U.S. 41 (1938).
② *Mckart v. United States*, 395 U.S. 185 (1969).

关能利用其专门知识和行使法律所授予的自由裁量权。

（2）让行政程序连续发展不受妨碍,法院只审查行政程序的结果,比在每一阶段允许司法干预更有效。

（3）行政机关不是司法系统的一部分,它们是由国会设立执行特定职务的实体,穷尽行政救济原则保护行政机关的自主性。

（4）没有穷尽行政救济时,司法审查可能受到妨碍,因为这时行政机关还没有搜集和分析有关的事实,说明采取行政的理由,作为司法审查的根据。

（5）穷尽行政救济原则使行政系统内部有自我改进错误的机会,减少司法审查的需要,使法院有限的人力和财力能更有效地使用。

（6）不要求穷尽行政救济原则而进行司法审查,可能减少行政效率,鼓励当事人超越行政程序,增加行政机关工作的困难和经费。

二、不适用穷尽行政救济原则的例外

穷尽行政救济原则不是一个教条,在任何情况下都能适用或者都应适用。从美国法院的实际情况来看,这个原则是一个指导性的原则。在法律没有硬性的强制规定时,法院是否适用这个原则有很大的自由裁量权。正是由于这个缘故,不适用这个原则的例外情况很多。如果这个原则的理由不存在,法院会拒绝适用这个原则。在某一特定情况下,法院根据公平考虑,平衡各方面利益的结果,认为当事人由于这个原则受到的损害,远远超过政府由于适用这个原则得到的利益时,也不会适用这个原则。穷尽行政救济原则一方面具有保障行政机关自主的作用,另一方面也有防止当事人逃避行政救济和减轻法院负担的作用。在没有法律硬性规定的情况下,这个原则不妨碍行政机关放弃主张适用这个原则。在当事人没有穷尽行政救济而提起诉讼、行政机关不反对时,法院可以认为行政机关放弃要求适用这个原则。因为行政机关有时愿意问题由法院解决,故意不在法庭上主张适用这个原则,法院也可放弃主张适用这个原则。在当事人没有穷尽行政救济提起诉讼时,法院可以不要求适用这个原则。法院放弃要求适用这个原则的考虑,和法院认为穷尽行政救济原则在例外情况下不能适用的理由相同。

美国没有一个概括性的理论,说明在什么情况下不适用穷尽行政救济原则。法院具体考察案件的情况、所执行的计划的性质、穷尽行政救济原则的目的,然后决定是否不适用这个原则。关于这方面的判例很不一

致,有时甚至互相冲突。大致说来,美国法院在下列情况下不适用穷尽行政救济原则:

1. 行政机关不能提供适当的救济

适用穷尽行政救济原则,必须假定有一个有效的救济存在。这种救济能够满足当事人的正当要求,救济的程度和损害的程度相称。如果行政机关不能提供适当的救济,履行这种救济程序对当事人没有用处,或者只是一种表面形式时,法院不要求穷尽行政救济。行政机关不能提供适当救济的情况很多,以下举出几种常见的现象:

(1)行政机关的迟延,可以认为是不能提供适当的救济。行政机关对当事人的申请,应在法律规定的期间内作出决定。法律没有规定期间的,应在合理的期间内作出决定。法院不要求当事人在向法院申诉以前,必须无止境地等候行政机关的决定。在这种情况下不适用穷尽行政救济原则,而符合联邦行政程序法的规定。《联邦行政程序法》第555节(b)款规定:"每个行政机关对向它提出的事项作出结论,必须适当地注意当事人或其代表的方便和需要,并在合理的期间内作出。"

(2)行政程序无用也不能提供适当的救济。在这种情况下要求穷尽行政救济,往往浪费时间,无助于实际问题的解决。例如征兵机构对于参加反战游行的学生重新分类,很多学生向其上级机关请求救济时,上级都认为下级的行为合法。在这种情况下,对不请求行政救济而直接向法院控诉的学生,法院不适用穷尽行政救济原则。① 美国一个法院称结论已经事先清楚的行政救济程序是"向干枯的空洞中汲取石油"②,用中国的话来说,履行这种救济是"缘木求鱼",法院当然不要求穷尽行政救济。

行政机关没有作出当事人所要求的救济的权力。或者对当事人的申请事实上不能作出决定,也是不能提供适当的救济。例如行政机关对于某些事项只有调查、建议和报告的权力,当事人要求的救济是一个裁决;或者当事人要求金钱救济,行政机关不具备裁决金钱救济的权力;或者行政机关由于内部分裂,对当事人的申请实际上不能作出决定。在这些情况下,法院都不要求穷尽行政救济。

裁决救济的机关必须由对当事人没有偏见的人组成。如果裁决行政救济的法庭,其成员对当事人抱有偏见,而行政机关又不能作出适当的调

---

① *Wolf v. Selection Service Local Bd.*, 372 F. 2d 817(2d Cir. 1967).
② *Ogo Assoc. v. Torrance*, 112 Cal. Rpt. 761 (Cal. App. 1974).

整时,法院也可能不要求穷尽行政救济,但只以偏见非常明显时为限。

2. 行政决定对当事人产生不可弥补的损害

行政决定对当事人产生不可弥补的损害时,法院不适用行穷尽行政救济原则。法院对于不可弥补的损害从严解释,认为很少出现这种情况。当事人由于申请行政救济,例如正式听证程序,必须耗费的金钱和时间即使数量非常巨大,法院也不认为是不可弥补的损害,因为这是生活在有组织的政府之下的正常支出。名誉的损害在通常情况下不认为是不可弥补的损害。某种损害是否达到不可弥补的程度,由法院根据具体情况认定。

3. 无管辖权

当事人攻击行政机关无管辖权,是否也必须先请求行政救济,然后才能申请司法审查呢?这个问题在理论上有分歧,在判例上不一致。从理论上说,管辖权是行政法的根本问题,行政机关无管辖权的行为无效,法院不必遵守。对无管辖的问题,任何时候可在法院提出,不适用穷尽行政救济原则。行政机关即使对无管辖权的问题已经作出决定,这个决定会在司法审查中推翻,所以没有先由行政机关作出救济的必要。另外,主张适用穷尽行政救济的人认为,行政机关执行特定的职务,有权首先决定自己权限的范围。当然,这个决定不是最后的决定,法院在司法审查中可以推翻行政机关的决定。尽管如此,仍然不能拒绝行政机关首先决定自己的管辖权。

美国法院在行政机关无管辖权时,法院是否直接审查,不需要穷尽行政救济的判例不一致。例如上面所引 1938 年的迈尔斯诉贝斯勒亨公司案件中,最高法院认为,无管辖权的案件也适用穷尽行政救济原则,不能例外。而在 1958 年的利特姆诉凯恩案件中①,最高法院认为,行政机关无管辖权的案件,法院可以直接审查,不需要穷尽行政救济。

美国学者对法院判例的分析认为,行政机关无管辖权的案件是否适用穷尽行政救济原则,要看无管辖权的情况是否明显和严重。对明显而严重无管辖权案件,法院可以直接审查;对一般主张的无管辖权,仍应首先穷尽行政救济。美国行政法教授 K. C. 戴维斯提出三个因素,作为决定无管辖权时是否适用穷尽行政救济的参考。这三个因素是:(1) 进行行政救济对当事人造成损害的程度;(2) 无管辖权的情况是否明显;(3) 决

---

① *Leedom v. Kyne*, 358 U.S. 184 (1958).

定管辖权问题时是否需要利用行政机关的专门知识。①

4. 宪法问题和法律解释问题

当事人主张行政机关适用的法律违反宪法,是否可以直接向法院申诉,不必事先经过行政救济程序？美国法律关于违宪审查的规则是,只有法院有权决定法律是否违宪,行政机关没有这个权力。从这个基础出发,似乎可以认为当事人主张行政机关适用的法律违宪,不必事先经过行政救济程序,美国法院的判例并不如此简单,而是区别违宪的情况。如果只是法律本身违宪,不涉及事实问题,这时不要经过行政救济程序。因为在这种情况下,行政程序不能对问题的解决提供任何帮助。如果不是法律本身违宪,而是法律的适用违宪,这时涉及事实问题,仍然适用穷尽行政救济原则,由行政机关确定事实作为法院裁决的根据。这个理论也适用于法律和法规的解释问题。如果当事人所攻击的只是法律和法规的解释,对事实问题没有争议,这时可以不适用穷尽行政救济原则。如果当事人所攻击的是法律和法规的适用时,仍然适用穷尽行政救济原则。

5. 刑事案件

当事人违反行政机关执行的法律或法规受到刑事制裁,主张行政机关的决定违法时,可以直接向法院申诉,不必事先穷尽行政救济。因为在当事人受到极大威胁的情况下,适用这个原则对当事人太苛刻。

6. 1983 节的民权案件

《美国法典》第 42 编第 1983 节,规定州和地方政府官员凭借州的法律剥夺任何人根据联邦宪法和法律而享有的权利时,受害人可以直接请求联邦法院救济。第 1983 节的前身是 1871 年《民权法》第 1 节。《民权法》是南北战争结束后为了保护刚被解放的黑奴的权利不被州和地方政府剥夺而制定的。原来主要适用于种族歧视,后来扩张适用于一切歧视待遇,不以种族歧视为限。② 最高法院 1982 年在帕齐诉大学董事会案件中③,明确地宣称当事人依第 1983 节向联邦法院提起的诉讼,不需要穷尽州的行政救济。④

美国法律一方面承认穷尽行政救济原则,一方面承认大量的例外情

---

① K. C. Davis: *Administrative Law Treatise*, 2d ed. vol.4, pp.431-434.
② 关于 1983 节的详细说明,参见本书第十八章第六节:第 1983 节的赔偿责任。
③ *Patsy v. Board of Regents*, 457 U.S. 496(1982).
④ 戴维斯教授批评这个判决混淆穷尽的司法救济和州的行政救济,参见 K. C. Davis: *Administrative Law Treatise*, 2d ed. vol.4, pp.473-477.

况存在,不适用这个原则。法院在决定不适用这个原则时,具有很大的自由裁量权。判例往往互相矛盾,这方面法律的混乱情况和当事人的起诉资格标准的混乱情况一样,有待进一步的明确和改进。法院在决定是否不适用这个原则时,一方面要考虑需要适用这个原则的因素,另一方面要考虑不需要适用这个原则的因素。需要适用这个原则的因素有:案件的事实有待确定;案件的解决需要行政机关的专业知识和自由裁量权;行政机关可能满意地解决问题而不需要法院裁决;避免对行政程序不必要的干扰;避免法院作中局性的判决;保存法院的人力和物力;给予行政机关自我矫正机会。不需要适用穷尽行政救济原则的因素有:穷尽行政救济对当事人将产生不可弥补的损害;行政机关明显地缺乏管辖权;行政机关裁决案件的人员构成明显的不公正;行政程序不能提供适当的救济;司法程序明显地更为有效。如果不需要适用这个原则的因素占优势时,法院将不适用穷尽行政救济原则;如果需要适用和不需要适用的因素接近时,法院对于是否不适用这个原则具有自由裁量权力。①

三、法院不审理未在行政程序中提出的问题

穷尽行政救济原则的当然结果之一,是美国法院所适用的另外一个相似的规则,即:当事人未在行政程序中提出的问题,不能在司法审查中提出,因为没有给予行政机关首先考虑和解决这些问题的机会。最高法院在1946年的一个判决中声称②:"司法审查根据以前没有提出的理由取消行政机关的决定,是剥夺行政机关考虑问题、作出裁决、说明理由的机会,这是篡夺行政机关的职能。"这个规则有时也规定在成文法中。例如国家劳动关系法规定:"法院不应考虑任何未在委员会、它的成员、职员或机构前提出的任何反对,除非没有提出这种反对是由于可以原谅的特殊情况。"根据这个规则,法院在司法审查中只审理当事人在行政程序中提出的或保留的问题。这个规则和穷尽行政救济原则一样,存在很多例外情况。法院具有很大的自由裁量权不适用这个规则。上面关于穷尽行政救济的例外的说明,也适用于这个规则。

---

① 戴维斯教授批评这个判决混淆穷尽了州的司法救济和州的行政救济,K. C. Davis: *Administrative Law Treatise*, 2d ed. vol. 4, pp. 414-415.
② *Unemployment Compensation Commission of Territory of Alaska v. Aragon*, 329 U. S. 143 (1946).

第五节 首先管辖权原则

一、首先管辖权的意义和理由

(一) 意义

首先管辖权(Primary Jurisdiction)是指法院和行政机关对于某一案件都有原始管辖权时,由行政机关首先行使管辖权,法院只在行政机关作出决定后才进行审查。这个原则不是一个固定的模式,在适用时有很大的灵活性。是否适用这个原则必须结合具体情况判断。产生管辖权重复的原因,可能是某一案件法院根据普通法有管辖权,行政机关根据制定法有管辖权。或者对某一事项,法院根据普遍适用的法律有管辖权,行政机关根据特别适用的法律也有管辖权。首先管辖权原则就是解决管辖权同时存在时,在什么情况下由行政机关首先行使管辖权。

首先管辖权还有另外一种意义,是指本来属于法院管辖的案件,其中某个问题由于和行政决定有关,属于行政机关的专业知识或自由裁量权的范围。法院对于这个问题暂时不进行裁判,由行政机关首先决定。法院等待行政机关作出决定以后,才就全案进行判决。例如法院受理当事人由于运输价格不合理,请求损害赔偿的案件。运输公司的价格是根据行政法规所定标准征收的,这个案件本身由法院管辖,运输公司的价格是否合理由行政机关决定。这种意义的首先管辖权,相当于法国行政法上普通法院受理一个案件,其中出现一个审判前提问题(la question prejudicielle),这个问题必须由行政法院决定。① 美国的制度和法国的制度虽然基本内容相同,但是理论的基础和实际的效果不一样。美国制度的基础是行政机关和法院职务的分工,两者之间管辖权限分配的原则是根据专业知识的需要。法国审判前提问题的基础是分权原则,着重保障行政机关的权力不受法院侵犯。由于这种基本理论的不同,所以在法国,行政法院对审判前提问题的决定,普通法院必须遵守。在美国,法院对行政机关基于首先管辖权作出的决定,仍然具有司法审查权力,审查范围的大小随问题性质不同而不同。

首先管辖权和上节所讨论的穷尽行政救济原则,既有联系又有区别。

---

① 参见王名扬:《法国行政法》,北京大学出版社2007年版,第468—471页。

联系之处在于两者都在调整法院和行政机关之间的关系,避免法院过早地或不正当地干涉行政职务,以及由此而产生的矛盾。由于这种联系,美国很多行政法学书籍把首先管辖权原则、穷尽行政救济原则、成熟原则合并在提起诉讼的时间中讨论。实际上首先管辖权原则和穷尽行政救济原则,作用虽然相同,但性质不同。首先管辖权原则和穷尽行政救济原则的基本区别,在于后者涉及的是行政机关专有的管辖权,在行政系统内部的程序没有完全结束以前,法院不行使管辖权。首先管辖权涉及的是法院和行政机关同时具有权力决定的案件,由谁首先行使管辖权。在适用穷尽行政救济原则时,行政程序尚未完全结束,所以法院不能行使管辖权。在适用首先管辖权原则时,行政程序尚未开始。法院暂时不行使管辖权,由行政机关首先行使管辖权。

(二) 理由

首先管辖权虽然可由成文法规定,但在美国,首先管辖权制度基本上全由判例产生和决定。所以首先管辖权的理由也基本由判例阐明,根据美国法院的判例,首先管辖权的主要理由有两方面:

1. 保障行政政策的一致性

这是判例法最初提出的理由,表现在最高法院 1907 年的得克萨斯和太平洋铁路公司诉阿比内棉子油公司这个著名的案件中。① 棉子油公司根据普通法控诉铁路公司规定的州际运输价格不合理,要求收回多付的运费。案件最后由最高法院判决。根据普通法,承运人和公用事业经营者只能收取合理的费用;如果他们违背这个义务多收费用,托运人有权向法院控诉要求赔偿。但是美国在 1887 年成立了州际商业委员会,管理铁路运输方面的价格和申诉案件。1887 年的《州际商业法》规定承运人必须制定公正的合理价格,向州际商业委员会汇报,供公众知悉。除非法律另有规定,向州际商业委员会汇报的价格是法定的价格。委员会有权受理价格不合理的申诉,裁决托运人要求的损害赔偿,命令停止收取过高的运输费用。这个法律还规定:"本法不取消或变更普通法或其他成文法现有的救济,本法的规定是在这些救济之外增加的救济。"根据这项规定,普通法院和州际商业委员会对于运输价格不合理的损害赔偿案件,都有管辖权。在阿比利内棉籽油公司案件中,申诉人选择普通法院的管辖权。最高法院认为,本案应首先由州际商业委员会管辖。

---

① Texas & Pacific Railway Co. v. Abilene Cotton Oil Co., 204 U.S. 426(1907).

最高法院认为,国会设立一个行政机关,通常企图对该机关所管辖的事务执行一个统一的政策。如果法院对这些事务同时行使管辖权,存在很大的危险,破坏政策的统一性。不仅因为法院的判决可能和行政机关的决定不一致,而且法院判决本身也不可能一致。法院逐案判决,法官和陪审员有不同的倾向,结果在同一法院中对相同的事项可能出现不同的偏差。此外,法院分布在全国各地,各地区的法院对相同的事项可能作出不同的判决,行政政策的统一性由此遭到破坏。政策的一致性只有通过由行政机关首先行使管辖权,才能保持,否则将破坏法律所追求的目的。从这个观点而言,行政机关一旦建立,并依法律规定对某些案件有管辖权时,法院对于这类案件本来具有的原始管辖权就不能行使。在这种情况下,法院的作用只限于司法审查。

另一方面,如果法院对于某一案件的管辖权不破坏行政政策的统一性时,即使行政机关对案件在某些方面具有管辖权,也不适用首先管辖权原则。例如在一个案件中①,当事人主张应由行政机关决定,而行政机关向法院说明这个案件不能适用首先管辖权原则。这时,法院不适用首先管辖权原则。因为首先管辖权的作用在于调整行政机关和法院之间的关系,不是当事人的一种权利。法院是否适用首先管辖权,和当事人的主张无关。又如当事人由于航空公司的虚伪表示受到损害,可直接向法院申诉,不需要首先由民航管理局受理。因为航空公司受攻击的行为,不需要也没有由民航管理局批准。法院的判决没有代替民航管理局作决定的危险。法院认为"普通法的诉讼和成文法不是绝对不相容,可以并存"。②

2. 利用行政机关的专门知识

这个理由是以后提出来的。最初提出这个理由的案件是 1922 年的大北方铁路公司诉装卸机商业公司。③ 这个案件也是关于运输费用的争议。托运人向法院起诉追回 80 美元运费。案件究竟由法院受理或者由州际商业委员会受理呢? 最高法院在本案中首次提出是否需要利用行政方面的专门知识或行政机关的自由裁量权,作为决定管辖权的标准。法院认为,运输价格的争议,在通常情况下应由州际商业委员会决定。因为决定这样一个问题,需要分析和评价大量互相冲突的证据和复杂的运输

---

① United States Tour Operators Ass'n v. Transworld Airlines, 556 F. 2d 126 (2d Cir. 1977).
② Nader v. Allegheny Airlines, Inc. 426 U.S. 290(1976).
③ Great Northern Ry. Co. v. Merchants Elavator Co., 259 U.S. 285 (1922).

事实,只有专家才能作出结论,行政机关进行这项工作远远优于法院。这个理由以后曾经多次应用。例如在 1952 年的远东航运联合会诉美国案件中①,法院声称:"案件中出现不在法官通常经验以内的事实问题,或者需要行政机关行使自由裁量权的案件,不能忽视国会建立管理这类事务的行政机关。"在 1956 年政府和铁路运输公司关于凝固汽油弹的运输价格和赔偿的案件中②,法院认为运输价格问题应由州际商业委员会决定。因为委员会有权决定合理的价格和运费的分类,具有这方面的专门知识,可以用于判断特定的案件,法院只在委员会作出决定以后才能判决赔偿问题。

既然专门知识和行政机关的自由裁量权是适用首先管辖权原则的一个理由,这个理由不存在时,不适用首先管辖权原则。如果案件本身单纯是一个法律争论,解决这个争论不涉及需要专门的知识和技术,不需要行政机关行使自由裁量权时,法院可以不待行政机关的决定,立即判决。例如上面提到的大北方铁路公司诉装卸商业公司的案件,法院首先提出专门知识这个理由。但是对这个案件法院没有适用首先管辖权原则,因为这个案件是关于运输价格的解释。规定价格的法律没有使用专门的术语,也不涉及行政机关的自由裁量权问题。但是运输价格的解释,有时和价格是否合理牵涉在一起,需要专门知识帮助解释时,仍然要适用首先管辖权原则。有时一个案件同时涉及事实问题和法律问题,当事人对事实问题没有争端,而只争论法律问题时,法院也不适用首先管辖权原则。总之,这个原则的适用没有一个固定的公式,法院对于每个案件具体考察适用这个原则的理由是否存在、是否有助于达到这个原则所要实现的目的。

二、限制两个步骤程序问题

上款的叙述中已经看到,首先管辖权原则适用于两种情况:① 案件全部由行政机关决定,法院只进行司法审查;② 案件由法院管辖,其中某个问题属于行政机关管辖,法院必须停止诉讼的进行,等待行政机关作出决定以后,法院才进行判决。后面这种情况,当事人为了取得救济必须经历两个步骤:一个步骤在法院,一个步骤在行政机关,称为两个步骤的程序。例如当事人在飞行途中珠宝被盗,请求航空公司赔偿损失。航空公

---

① *Far East Conference v. United States*,342 U.S. 570 (1952).
② *United States v. Western Pacific Railway Co.*, 352 U.S. 59 (1956).

司声称票价上已经规定,公司对财产的遗失,包括珠宝在内不负赔偿责任,这项规定已向民航管理局登记核准。法院认为民航管理局对票价和上述规定的合理性问题有首先管辖权,当事人必须首先申请民航局决定限制责任是否合理。① 但民航局对于赔偿问题无管辖权,这个问题由法院决定。

为了取得一个救济必须经历两个步骤,势必延长诉讼时间,增加当事人的费用。特别是行政机关在作出决定以前,有时要经过调查和听证程序,花费的时间和金钱甚至可能超过法院。因此这种程序受到不少批评。近来对这种程序的适用已经开始限制,某个问题如果行政机关已在其他案件中作出决定,便不再适用首先管辖权原则,以加快法院诉讼的进程。是否可以更进一步合并行政机关和法院的管辖权呢?论者以英国的普通法和衡平法为例。原来是两个不同的体系,存在两套不同的法院,当事人进行一项诉讼,其中有的问题受普通法支配,有的问题受衡平法支配时,必须往返于两个法院之间,感到非常不便。为了补救这个观点,现在普通法和衡平法已经融为一体,这种先例是否也能适用于行政机关和法院之间的首先管辖权问题呢?就联邦政府而言,迄今尚未出现这种合并现象。有的法院遇到首先管辖权问题,有时要求有关的行政机关为了帮助法院判决,提出一个处理建议(amicus curiae brief),以供法院参考。但是在美国州中已经出现合并,有些州采取这样的制度:如果行政机关只就某一问题有管辖权,对案件本身无管辖权,不能给予当事人所要求的救济,这时不适用首先管辖权原则。

三、首先管辖权和反托拉斯法律

(一)问题的产生和解决

很多重要的首先管辖权案件,产生于法院执行的反托拉斯法律和行政机关执行的管理法律之间的关系。首先管辖权原则在反托拉斯法律中大量适用。美国行政法学著作对适用反托拉斯法律时的首先管辖权问题,往往特别说明。

反托拉斯法律所执行的政策是限制独占、提倡竞争。这些法律适用的范围很广,由法院执行。国会为了控制经济活动制定各种管理法律,适用于某一方面的行政事项,由不同的行政机关执行。行政机关执行的管

---

① *Lichten v. Eastern Airlines*, 189 F. 2d 939 (2d Cir. 1951).

理法律中的政策,随受控制对象性质的不同而不同,有时符合反托拉斯法律执行的竞争政策,有时不符合。很多管理法律,特别是关于公用事业和运输方面的管理法律,执行的政策往往不是反对限制竞争,而是消除太多的竞争。因此反托拉斯法律和行政管理法律在某些事项上的政策可能不一致。这时法院是否可以自由地执行反托拉斯政策,不顾行政机关的管理政策呢?问题的回答当然是否定的。法院不能不顾国会在管理法律中所表示的意志。公共利益不仅需要执行反对限制竞争的政策,也需要执行其他政策。问题在于如何协调反托拉斯政策和行政管理政策之间的关系。在法院的反托拉斯管理权限和行政机关的管辖权在某一事项上同时存在的时候,如何分配两者之间的权力呢?法院具有足够的经验和能力执行反托拉斯政策,然而行政管理政策具有专门性和复杂性。如何协调行政管理政策和反托拉斯政策,只能由行政机关执行,法院不具备这种能力。因此在行政机关的管辖权和法院的反托拉斯管辖权在某一事项上同时存在时,由行政机关首先对该事项作出决定,法院只在行政机关作出决定以后行使司法审查权力。审查行政机关的决定是否合法,就是说,行政机关有首先决定的权力,法院有最后决定的权力,这是反托拉斯案件中的首先管辖权原则。这个原则在适用时应结合管理法律的具体情况,考察管理法律中的规定、法律制定的经过、法院对法律的解释。在美国,如何适用这个原则主要由最高法院的判例确定。

(二) 判例

最高法院关于反托拉斯案件中的首先管辖权的判例,贯彻一个基本原则:在行政机关执行管理政策的过程中,同时存在反托拉斯法律禁止的限制竞争问题时,首先管辖权原则通常阻止法院首先决定某一特定行为的合法性,但不阻止法院在司法审查许可的范围内作出最后的决定。下面三个关于水运价格的案件反映了这个观点。

第一个案件是1932年的美国航运公司诉丘纳德轮船公司。[①] 这是一个轮船公司请求法院禁止另一轮船公司实行双重运输价格的案件。双重运输价格是指对某些人执行一个价格,其他人不能享受。这种行为违反反托拉斯法律,除非《航运法》另有规定时例外。最高法院认为,这种行为是否违法只能由航运局首先决定。第二个案件是上面提到的1952年

---

① *United States Navigation Co. v. Cunard Steamship Co.*, 284 U.S. 474 (1932).

的远东航运联合会诉美国①,也是一个双重运输价格的案件。《航运法》规定双重价格的合同,如果得到航运局的批准是合法的。最高法院认为价格问题有时很复杂,超过法官的经验之外。处理这类案件,不能不顾国会建立的管理这类事项的行政机关的权限。在这两个案件中,最高法院只就首先管辖权问题作出决定,没有涉及行政机关决定的合法性。因为在最高法院判决时,行政机关还没有作出决定以供法院审查。第三个案件是 1958 年的联邦海事局诉伊思布兰特森公司案。② 在这个案件中,海事局已经批准了双重运输价格体系。法院认为这个体系违反《航运法》的规定。反对这个判决的少数派法官,认为这个判决和前面两个判决矛盾。多数派法官认为这个判决和前面两个判决一致,因为前面两个判决只涉及问题应当首先由谁决定,后面这个判决回答问题最后由谁决定。首先管辖权只分配给行政机关最初决定的权力,法院在司法审查的范围内保留最后决定的权力。第三个案件所涉及的不是首先管辖权问题,而是最后决定权问题。

(三) 界限

在反托拉斯法律的案件中,首先管辖权原则的适用随管理计划的不同而不同。首先管辖权原则适用于行政机关对管理对象具有全面控制权力,可以取消或限制竞争权力的时候。例如管理对象的价格必须由行政机关批准,如果行政机关没有这样广泛的权力,首先管辖权原则不适用。例如 1959 年,最高法院在美国诉美国广播公司案件中③,不适用首先管辖权原则。该案的事实是,美国广播公司的一个附属机构,和第三者交换一个电视广播站签订了一个合同。这个合同经过了联邦电讯委员会批准。1 年以后,司法部认为这个合同违反反托拉斯法律,提起诉讼。下级法院认为联邦电讯委员会对这个案件有首先管辖权。最高法院推翻下级法院的判决,认为电视事业和运输业不一样,不受行政机关的全面控制,电讯委员会的控制不包括规定价格在内,联邦法院的行为不妨碍行政机关执行的管理计划,需要首先管辖权的理由不存在。是否需要首先管辖权,取决于行政机关具有的管理权力的范围。

---

① Far East Conference v. United States, 342 U. S. 570 (1952).
② Federal Maritime Board v. Isbrandtsen Co., 356 U. S. 481 (1958).
③ United States v. Radio Corporation of America, 358 U. S. 334 (1959).

四、提起行政申诉的程序

法院决定适用首先管辖权时,应由行政机关决定的问题如何提到行政机关呢?通常的程序是,法院命令原告向行政机关提出申诉。有时法院不仅命令原告发动行政程序,而且在命令中指出行政机关应当回答的问题。

一方面,行政机关是否接受原告的申诉具有自由裁量权。在原告确实没有可能性发动行政程序时,法院可能不适用首先管辖权原则。例如一个领取福利津贴的人,控诉州的法律对抚养未成年子女的家庭补助不符合联邦法律的规定。最高法院不适用首先管辖权原则,不要求由联邦卫生教育福利部首先决定。因为联邦卫生教育福利部对州福利计划的审查中,没有规定福利金领取人可以发动和参加的程序,原告不能得到行政机关的决定。[1]

另一方面,尽管原告提起申诉有时不能得到行政机关的决定,如果案件中的事实问题复杂,法院需要行政决定时,法院仍然适用首先管辖权原则。这种情况对原告非常不利,因为法院要求原告进行一个他没有权利发动的程序,而且行政机关不能给予他所要求的补救,所以这种程序受到一些批评。当然,如果行政机关对原告提出的问题拒绝采取行动作出回答时,法院可以继续进行诉讼程序,不适用首先管辖权原则。然而美国法院关于这个问题没有一致的判例。

---

[1] *Rosado v. Wyman*, 397 U. S. 170(1970).

第十六章
司法审查(三):审查的范围

第一节 概　　述

一、审查范围的意义和性质

(一)审查范围的意义

上章详细讨论了法院受理司法审查的条件。美国法学著作通称这些条件为司法审查的门槛(threshold of judicial review),只有通过门坎才能登堂入室。只有符合受理条件的案件,才能得到法院的审查。

法院受理当事人的申诉以后,究竟能在多大程度上对受攻击的行政行为进行审查,称为司法审查的范围(scope of judicial review)。这里所谓范围和通常理解的范围意义略有不同。通常所指范围是就事物的横断面而言,即一个概念所包括的广度。这里所谓范围主要是指问题的深度,即法院在多大的纵深程度以内对问题进行审查。法院可以对一个问题进行深入和细致的审查,也可只进行肤浅的审查,不作深入追究。司法审查的范围主要是指司法审查的程度,即司法审查的纵深范围。

(二)审查范围的性质

司法审查的范围实际上是在行政机关和法院之间进行权力和责任的分配,即:行政机关有多大的决定权力、法院有多大的决定权力、哪些决定应由行政机关作出、哪些决定由法院作出。这个分配影响行政活动的效率和公民权益的保护。如果审查的范围过于严格,大部分行政问题将由法院决定,显然不利于行政效率的发挥,因为行政机关不能利用他们的专门知识和经验,也不符合国会设立行政机关的目的。如果审查的范围过窄,法院的审查将受到很大的限制,只是一个橡皮图章,大部分问题全由行政机关决定,这种情况显然不利于保护公民的正当权益。特别是在英美这样的国家中,传统的观念高度重视法院对公民权益的保护,司法审查占有重要地位。司法审查的范围必须平衡各方面的利益,这是一个微妙和复杂的问题,很难决定。从理论上说,行政机关和法院权限的分配受一定的原则支配。本章将讨论这些原则,实际上这些原则在适用时,受法官的态度、被审查问题的性质、法官对行政机关信任的程度、对行政决定赞成的程度、法官审查的能力,以及行政决定影响公共利益和当事人利益的程度等各种不同因素的影响。法院在司法审查中,有时完全顺从行政机关的决定;有时完全不顾行政机关的决定,用法院的决定代替行政机关的决定。在绝大多数情况下,法院不采取这两种绝对的态度,对行政机关的决定表示程度不同的顺从和不顺从。因此,司法审查的范围不是一个固定不变的范围,也不是一个绝对精确的范围,灵活适用是司法审查范围的最大特点。

二、不同的审查态度

法院和法官对司法审查所持态度,直接影响司法审查的范围。美国法院和法官对司法审查的态度,有时严格,有时宽大。目前的情况是严格审查和从宽审查两种态度同时存在,但主要的趋势是放宽审查的标准。

19世纪,美国的司法审查受普通法的支配,除成文法明白规定可以审查的行为以外,行政机关的其他行为只在侵害公民普通法上的权利以后,才能申请法院审查。这时,司法审查的覆盖面不广,行政机关大部分行为不受司法审查。然而法院对于司法审查的范围却采取严格态度。对于可以审查的行为,法院会进行全面审查,司法审查的范围或者"全有",或者"全无",缺乏灵活的适应性。

这种僵化的态度,到了20世纪已经不能保持。由于行政发展的结果,司法审查的对象不能限于侵害普通法上权利的行为。近代行政给予公民大量的权利和利益,和普通法无关。如果司法审查的领域仍然停留在19世纪的观念上,显然不符合当代生活的需要。所以20世纪以来,司法审查的领域大量扩张,除了法律明白禁止的行为和行政机关正当地行使自由裁量权的行为以外,一切行政行为都可接受司法审查。司法审查案件的数量大量增加,法院的时间有限,不可能对案件中的全部问题都进行深入细致的审查。所以在司法审查的范围上,有的问题审查比较严格,有的问题审查比较宽大。只有采取这种灵活态度,法院才能处理大量的司法审查案件。

20世纪行政另外一个特点是技术性高,法官不懂行政方面的专门知识。司法审查遇到专门问题时,一般尊重行政机关的判断。由于受到时间和专门知识的限制,20世纪以来,法院对司法审查的范围采取宽大的态度,和19世纪截然不同。特别是从20世纪30年代中期以后,美国行政机关的权力大量扩张。在行政机关的委任立法权力加大的同时,法院非常强调尊重行政方面的专门知识,司法审查的范围更为放宽。

到了20世纪70年代,要求严格审查的态度(Hard Look Review)又有抬头。这是因为,由于过分强调尊重专门知识的结果,对于行政机关的司法监督太小,行政机关出现很多不能令人满意的现象。实施行政控制的机关反而被受控制的对象所控制,不能保护公众的利益。对行政机关的不满,导致了降低对专门知识的尊重,舆论界出现加强司法监督的要求。1970年,哥伦比亚特区上诉法院在一个判决中①,认为,法院在司法审查中,过去太强调自我克制,现在应当采取一种更积极的态度,严格要求行政机关认真地合理使用自由裁量权力。对政策的抉择必须制作记录,反映作决定的事实根据和分析基础,详细说明理由。对私人提供的证据和分析,应给予适当的考虑。加强司法审查的态度也出现在立法方面。例如1979年,参议员邦珀斯(D. Bumpers)提出一个法案,主张扩大司法审查的范围。对一切法律问题法院都要重新审理,无须尊重行政机关的意见。行政法规受到反对的时候,制定该法规的机关负责证明法规的合法性,取消行政行为效力先定原则。② 反对行政法规的人无须证明该行政行为的违法性。这个法案未被通过,然而反映法律界一部分观点,认为在当代应采取严厉的司法审查态度,强化司法审查的范围。

当代还有另外一种相反的观点,认为应当继续扩大法院对行政机关专业知识的尊重,削弱司法审查的范围。最高法院1944年对国家劳动关系委员会诉赫斯特出版社案件的判决③,和1984年对谢弗朗诉自然资源保护委员会案件的判决④,是这种观点的主要代表。总之,目前在美国,两种相反的司法审查态度同时存在。司法审查的范围,可能随法院和法

---

① *Greater Boston Television Co. v. FCC*, 444 F. 2d 841 (D. C. Cir. 1970).
② 参见王名扬:《法国行政法》,北京大学出版社2007年版,第129页。
③ *NLRB v. Hearst Publications*, 322 U. S. 111 (1944).
④ *Chevron v. Natural Resources Defense Council*, 467 U. S. 837 (1984).

官态度的不同而不同。

三、不同的审查标准

司法审查的范围也因被审查行为的性质不同和被审查问题的性质不同而不同。行政机关采取的行为种类很多,从简单的新闻发布到进行裁决、制定法规都是行政行为。采取行为的情况也不同,有的行为是在正式程序下采取的,有的行为是在非正式程序下采取的;有的行为属于实体法上的行为,有的行为属于程序法上的行为;有的行为属于事实行为,有的行为属于法律行为。对不同的行为和不同的情况,司法审查的范围当然不能一样。

为了确定审查范围的大小,必须采取不同的审查标准。有的标准审查的程度较高,有的标准审查的程度较低。法院在进行司法审查时,根据案件的性质进行相应的审查。尽管法院在进行审查时必须注意不同的情况,适用不同的审查标准。然而司法审查中最基本的问题是确定事实和解释及适用法律。因为法律在授权行政机关采取行动时,必须同时规定行政机关采取行动必须具备的法律基础和事实基础。任何行政行为都建筑在行政机关对该行为的法律结论和事实裁定的基础之上,所以法院主要针对这两个问题进行审查。区别事实问题和法律问题,对它们适用不同的审查标准,这是美国司法审查的主要原则。对法律问题的审查,由法院组织法律专家进行。法律知识是法官的特长,法院对法律问题审查的范围和决定的权力比较大,甚至可以用法院对法律问题的结论代替行政机关的法律结论,这是美国司法审查的传统原则。对于事实问题的审查适用另外一种标准。事实问题的正确裁定,需要专门知识和经验,这是行政机关的特长。法院对于事实问题一般尊重行政机关的裁定,不能用法院的意见代替行政机关的意见。当然,法律问题和事实问题的区别,有时会遇到困难,但是当代存在削弱这种区别的趋势。而且法律问题和事实问题本身也很复杂,也不能适用完全相同的审查标准。这些问题将在后面详细说明。

四、联邦行政程序法关于审查范围的规定

美国关于司法审查范围的法律,基本上全由判例产生。这些错综复杂的判例,当代已经法典化,规定在《联邦行政程序法》第706节。这一节的规定是司法审查范围的一般基础,除非其他法律中另有规定,联邦法院

在进行司法审查时适用第 706 节。该节的规定如下：

对当事人所提出的主张，在判决所必要的范围内，审查法院应决定全部有关的法律问题，解释宪法和法律条文的规定，并且决定行政行为表示的意义或适用。审查法院：

(1) 应强迫执行不合法拒绝的或不合理迟延的行政行为。

(2) 认为出现下列情况的行政机关的行为、裁定和结论为不合法并撤销之：

(A) 专横、任性、滥用自由裁量权，或其他不符合法律的情况；

(B) 违反宪法的权利、权力、特权或特免；

(C) 超越法定的管辖权、权力或限制，或者没有法定的权利；

(D) 没有遵守法律要求的程序；

(E) 适用本编第 556 节和第 557 节规定的案件，或者法律规定的其他依行政机关的听证记录而审查的案件，没有实质性的证据支持；

(F) 没有事实根据，达到事实必须由法院重新审理的程度。

在作出上述决定时，法院应当审查全部记录，或记录中为一方当事人所引用的部分。并且应当充分注意法律对产生不正确结果的错误所作的规定。

这一节对司法审查中的法律问题和事实问题，以及审查法律问题和事实问题的标准都作了规定。第 706 节 (2)(B) 违反宪法的权利、权力、特权或特免的规定和 (2)(C) 超越法定的管辖权、权力或限制，或者没有法定的权利的规定，是关于法律问题的规定；(2)(D) 没有遵守法律要求的程序，表示司法审查同时包括实体法和程序法两方面的法律问题；(2)(E) 和 (2)(F) 是审查事实问题的规定，(2)(E) 是正式程序中的事实问题的审查，(2)(F) 是严重缺乏事实根据时的事实问题的审查；(2)(A) 专横、任性、滥用自由裁量权，或其他的不符合法律规定的情况，同时包括事实问题和法律问题在内。第 706 节对事实问题和法律问题的审查标准也作了规定。关于事实问题的审查标准有三个，即：(2)(E) 的实质性证据标准，(2)(F) 的由法院重新审理标准，和 (2)(A) 的专横、任性、滥用自由裁量权标准。关于法律问题的审查标准，规定在第 706 节开始时第一句话中：审查法院应对全部有关的法律问题作出决定和解释，并且决定行政行为表示的意义和适用。

联邦行政程序法虽然对司法审查的范围作出普遍性的和基本原则的规定，但是这些规定的适用引起非常复杂的问题。对于不同的问题和标准需要分别的说明。

第二节 事实裁定的审查

一、概述

(一) 事实裁定的意义

上面已经指出,司法审查的范围,实际上是在法院和行政机关之间进行权力和责任的分配。决定这个分配的一个重要原则是区别事实问题和法律问题。事实问题由行政机关裁定,法院只审查行政机关的裁定是否合理,自己不进行判断。这种区别有时比较困难,例如我们说这个司机在出现红灯时不停车,本身就是一个过错;或者说这位大夫的过错就是在进行医疗手术的时候,不遵守操作规程。这两句话本身已经把法律问题和事实问题结合在一起。从事实问题进入法律问题,或者从法律问题进入事实问题,中间的界限非常微妙。有时只是由于说话的人观点不同,一个问题可以是法律问题,也可以是事实问题。尽管有这种区别的困难,由于这两个问题在司法审查上的效果上不一样,仍然应当区别它们。大致可以这样说,事实问题是指客观现象的发生、变更或消灭,或即将发生、变更或消灭,不涉及它的法律效果或意义。一个不懂法律的人不能谈法律问题,但是可以谈论事实问题。法院对于法律可以独立进行审查;对于事实问题的判断,由于需要行政方面的专门知识和经验,法院必须尊重行政机关合理的意见,司法审查的范围受到很大的限制。

(二) 审查事实问题的理由和标准

既然法院对事实问题的判断必须尊重行政机关的意见,为什么对行政机关事实问题的裁定还要进行司法审查呢?尊重和审查难道不是自相矛盾吗?一点也不矛盾。尊重和审查都有必要,都有存在的理由。关于尊重的理由上面已经说明,这里只说明审查事实问题的理由。

一方面,法院审查行政机关的事实裁定是为了保障法律的正确执行。如果行政机关能够对事实问题任意作出判断,不管证据如何,也不管从已经存在的证据中能够得出何种推论,行政机关都可以任意改变法律的意义和效果。例如,国家劳动关系委员会的设立是为了执行《联邦劳动关系法》。如果国家劳动关系委员会不问证据如何,自由地认定一切解雇都是由于雇主反对职工参加工会的偏见,因而撤销这个解雇,如此一来,《国家劳动关系法》就成为无原则保障职工任期的法律。反之，如果国家劳动关系委员会不问证据如何，自由地认定一切解雇都不存在雇主反对职工参加工会的偏见，《国家劳动关系法》所要达到的保障职工参加工会自由的目的就会失败。法院不审查行政机关的事实裁定，就是法院放弃了保障法律正确执行的职责。

另一方面，法院对行政机关的事实裁定必须进行审查，不表示法院对每个事实问题都要重新决定。这样的审查会摧毁设立行政机关的目的。设立行政机关是要利用行政人员的专长和经验，迅速而廉价地判断事实问题。法院对每个事实问题都重新决定，不仅妨碍行政效率，法院本身的时间和能力也不允许。因此，法院对行政机关的事实裁定，不能不审查，又不能进行太多审查。究竟如何决定事实问题的审查范围呢？《联邦行政程序法》总结法院判例的经验，对于事实问题的审查范围，根据事实问题性质的不同、行政机关权力大小的不同、缺乏事实根据严重程度的不同，规定三个不同的审查标准，分别适用于不同的事实问题。这三个标准是：实质性的证据标准，专横、任性、滥用自由裁量权标准，法院重新审理标准。

二、实质性证据标准

（一）实质性证据的起源和意义

1. 起源

美国法院审查事实问题采用实质性证据标准不是起源于行政诉讼，而是发生于普通诉讼。行政诉讼中的司法审查只是把普通诉讼中的规则移植过来。在普通诉讼中，上级法院对下级法院关于事实裁定的审查，采取两种标准：明显的错误标准和实质性证据标准。一般认为，前一标准要求比较严格，下级法院对事实问题的裁定必须正确，不能出现明显的错误。否则上级法院将会撤销下级法院的裁定，用自己的判断代替下级法院的裁定。这个标准适用于下级法院关于事实问题的裁定完全由法官作出、没有陪审员参加的案件。后一标准比较宽大，不要求下级法院对事实问题的裁定必须正确，只要求下级法院支持事实裁定的证据合理，即认为已经有实质性的证据支持，上级法院不再进一步审查。这个标准适用于由陪审员裁定事实的案件。为什么对陪审员关于事实问题的裁定采取比较宽大的标准呢？这是因为，英美的诉讼制度中适用一个原则：法律问题由法官决定，事实问题由陪审员决定。为了尊重陪审员的权限起见，上级法院只审查陪审员关于证据的判断是否合理,不再做进一步的追究。普通诉讼中的这种区别被移植于行政诉讼,认为行政机关的地位等于陪审员。行政机关由于具有专门知识和经验,掌握裁定事实问题的能力。法院在司法审查中必须尊重行政机关的权限,只审查行政机关对于证据的判断是否合理,即是否有实质性的证据支持。如果行政机关对事实问题的裁定合理,即已经满足司法审查的要求。

最早在司法审查中适用实质性证据标准的案件,是1912年最高法院审查州际商业委员会降低价格的一个命令。在这个案件中[1],最高法院声称:"法院必须审查事实……以决定是否有实质性的证据支持这个命令。"此后,实质性证据成为审查事实问题的主要标准。1914年的《联邦贸易法》中明白规定:"事实的裁定如果为实质性的证据所支持,将是最终的结论。"以后在其他法律中也有类似的规定。

2. 意义

什么证据具有实质性(substantiality)呢?实质性一词没有固定的意义,随使用的情况不同而不同。例如《联邦行政程序法》在两个条文中,提到实质性的证据。第554节(d)款规定:"……除非考虑了全部案卷或其中为当事人所引证的部分,并且符合和得到可靠的、有证明力的和实质性证据的支持,否则不得科处制裁,或作出裁定。"这项规定适用于正式程序的裁决。行政机关的正式程序裁决,在某些情况下类似法院的民事诉讼程序。所以正式程序裁决中的实质性证据标准,一般认为是民事诉讼中的证据优势标准。[2] 第706节(2)(E)中也提到实质性证据,该节规定,"适用本编第556节和第557节规定的案件,或者法律规定的其他依行政机关的听证记录而审查的案件,没有实质性的证据支持",将被法院认为违法并将撤销。这项规定是关于司法审查范围的规定。上面已经谈到,法院在司法审查中审查行政机关事实裁定的标准,适用陪审员对事实裁定的实质性证据标准。实质性的证据是指证据是否合理而言,只要行政机关的证明合理,即具备实质性的证据支持。最高法院在1938年的一个司法审查判决中[3],明白肯定了这个意义。法院声称:"实质性的证据不是一现即逝的闪光,它是关于这样的证据,即一个合理的人可能接受作为

---

[1] *ICC v. Union Pacific Ry. Co.*, 222 U.S. 541 (1912).
[2] 参见本书第十一章第三节二:证明的标准。
[3] *Con Edison Co. v. NLRB*, 305 U.S. 197(1938).

一个结论的正当的支持。"从此以后,最高法院再没有改变这个观点。

《联邦行政程序法》中关于实质性证据标准的两项规定侧重点不同,意义并无冲突。一个侧重于证据的优势地位,一个侧重于证据的合理性质。这是因为两项规定适用的对象不同,一个是行政机关自己作决定的标准,一个是法院审查行政机关的决定的标准。但是这两个标准密切相关,一个不占优势的证据也不是一个合理的人用以支持一个决定的证据。

(二) 实质性证据标准适用的范围和方式

根据《联邦行政程序法》的规定,实质性证据标准适用于审理依该法第 556 节和第 557 节程序作出的决定,以及依其他法律规定必须根据听证记录作出的决定。换句话说,实质性证据标准只适用于审查正式程序裁决所作出的决定的事实问题。因为正式程序裁决只能根据听证记录的资料,行政机关对事实问题的裁定是否有合理的证据支持,易于审查。除《联邦行政程序法》外,其他法律对非正式程序作出的决定,有时也规定适用实质性证据标准。这时法院往往要求行政机关说明作决定的根据,或者递交作决定的有关文件。否则法院很难进行审查,或者把案件发回行政机关举行听证。

《联邦行政程序法》关于司法审查范围的规定,基本上是总结以往的判例,但也不是完全没有变动。关于实质性证据的适用方式,就对以往的判例有很大的改进。在《联邦行政程序法》制定以前,法院只要在行政机关的记录中,发现有任何实质性的证据,即肯定行政机关的事实裁定,而不顾其他同时存在的相反的证据。只是在极端的情况下,法院认为滥用权力时才不采取这种方式。《联邦行政程序法》对此作了改进,第 706 节规定法院在作判断时,"应当审查全部记录,或记录中为一方当事人所引用的部分"。行政机关的事实裁定是否有合理的证据支持,不能单凭一个证据孤立观察,而应就全部记录中的证据综合观察。不能只顾有利于行政机关的证据,也应考虑不利于行政机关的证据。实质性证据标准是一个合理的证据标准,也是一个公平的证据标准。1951 年,最高法院在通用照相器材公司诉国家劳动关系委员会案件的判决中[1],特别强调这点。法院声称:"证据的实质性必须考虑记录中任何减少它的证明力的因素以后才存在,这就是法律要求法院考虑全部记录的意义。"

由于法院必须考虑全部记录,法院在审查行政机关对行政法官的裁

---

[1] *Universal Camera Corp. v. NLRB*, 340 U. S. 474 (1951).

决进行的复议时,行政法官的意见构成全部记录的一部分,受到法院应有的重视。行政机关的意见和行政法官的意见不同时,行政机关对事实的裁定是否有实质性的证据支持,只在减少行政法官意见的不利影响以后才存在。①

(三) 实质性证据和尊重行政机关的权限

实质性证据标准是对行政机关权限的尊重。在这个标准下,什么事实具有证明力量、证明力的大小,都由行政机关决定。因为行政机关具有专门知识和经验,对争论的事实的证明最具有判断力量。法院不能用自己的判断代替行政机关的判断,法院只审查行政机关的判断是否合理和公平。即使对于同一证据事实,法院自己作判断时得出的结论和行政机关不同,只要行政机关的判断合理,法院仍然应当尊重行政机关的判断。合理的判断和正确的判断不同,正确的判断可能只有一个,而合理的判断可能同时存在几个。几个合理的人对于同一事实,可能得出不同的结论。行政机关对事实的裁定,只要符合任何一个合理的标准,即认为有实质性的证据支持,即使法院不同意行政机关的判断,也必须尊重行政机关的权限。在实质性的证据标准之下,法院没有放弃审查的责任,行政机关的权限也没有受到妨碍。

三、专横、任性、滥用自由裁量权

《联邦行政程序法》规定的审查事实裁定的第二个标准,是专横、任性、滥用自由裁量权,这个标准适用的范围最广。因为实质性证据标准,依照《联邦行政程序法》的规定只适用于审查行政机关依正式程序作出决定中的事实裁定,而行政机关大部分决定是依非正式程序作出的。审查这类行政行为中的事实裁定的标准是专横、任性和滥用自由裁量权。

(一) 意义和性质

法律使用专横、任性、滥用自由裁量权三个词称呼这个标准,这三个词的意义实际上没有区别。滥用自由裁量权就是专横和任性,法律授予行政机关自由裁量权力,不是授予行政机关按照个人意志随心所欲地行使这种权力。自由裁量权是一种根据具体情况明辨是非、辨别真伪,最好地为公共利益服务的权力,是一种符合理智和正义的权力,不是按照私人意见行事的权力。个人的判断可能有错误,只要没有达到专横和任性的

---

① 行政机关对行政法官裁决的复议,参见本书第十二章第二节二:初步决定和建议性决定。

程度,仍然不是滥用自由裁量权力。

判断行政机关对事实的裁定和其他的决定是否属于专横和任性,仍然是以其是否合理作为基础。在这一点上,这个标准和上面所说的实质性证据标准并无不同。抽象地看,这两个标准的区别是程度的不同,不是性质的不同。专横和任性是达到非常不合理的程度,以致行政机关的决定没有任何合理的基础。任何合理的人都不会作出这样的判断,它超过一个合理的人对事实看法的不同。对事实看法不同,仍然可能是合理的,不是专横和任性。

实质性证据标准的适用范围,限于审查行政机关对事实的裁定是否合理。专横和任性标准除适用审查行政机关的事实裁定以外,也适用于审查行政机关行使自由裁量权时的选择是否合理。所以通常把专横和任性标准称为审查行政机关行使自由裁量权力的标准。

(二) 表现①

美国法院关于滥用自由裁量权的判例不多。最高法院说明专横、任性、权力滥用的标准的判例,主要是 1971 年的公民保护奥弗顿公园诉沃尔普案②,和 1983 年的美国机动车制造商协会诉州农业互助汽车保险公司案。③ 在 1971 年的判决中,法院认为,在专横和任性的标准下,法院必须审查"行政机关的决定是否考虑了与其相关的因素、是否有明显的判断错误"。1983 年判决的说明比较详细,法院声称:"通常,行政机关的决定将是专横和任性的,如果行政机关依赖国会没有要求它考虑的因素,完全没有考虑问题的重要方面,行政机关对其决定的解释和它所有的证据相反,或者如此的不合理,以致不能认为是由于见解不同,或者由于行政机关专业知识的结果。"

最高法院的判例只是指出抽象的原则。下级法院和学术界认为,滥用自由裁量权的具体表现,主要有下述几个方面:

1. 不正当的目的

行政机关行使自由裁量权力,表面上在其权限范围以内,如果不符合

---

① 权利滥用是所有国家行政诉讼中的一个主要标准,参见王名扬:《英国行政法》,北京大学出版社 2007 年版,第 132—134 页;王名扬:《法国行政法》,北京大学出版社 2007 年版,第 546—548 页。

② Citizens to Preserve Overton Park, Inc. v. Volpe, 401 U.S. 402 (1971).

③ Motor Vehicle Mfrs. Ass'n of the United States, Inc. v. State Farm Mutual Automobile Insurance Co., 463 U.S. 29 (1983).

法律所规定的目的,或追求不正当的目的时,是明显的滥用自由裁量权。代表这种表现最著名的案件是纳德诉博克案。① 这个案件涉及的事实是水门事件。1972年美国总统选举期间,尼克松总统集团非法窃听对方的选举活动。全国为此责难总统集团,国会声称要进行调查,司法部因此在1973年6月任命一位特别检察官进行调查,同时颁布一个法规,规定特别检察官的职务除非由于非常不正当的行为外,不能免除。1973年10月20日,代理司法部长奉尼克松总统之命,免除特别检察官的职务,没有指出特别检察官有任何不正当的行为。该项免职从21日起生效。10月23日,代理司法部长废除设立特别检察官的法规。这项废除追溯到21日生效,因此使免除特别检察官职务的命令成为合法。三个星期以后,司法部再颁布一个法规设立特别检察官,内容和上一法规基本相同,同时任命一位新特别检察官。哥伦比亚特区地区法院认为,废除原来法规的目的完全是为了免除原来特别检察官的职务。虽然司法部有权制定、修改、废除法规,但是权力的行使必须出于正当目的。司法部长的这一行为是滥用自由裁量权的违法行为。

2. 忽视相关的因素

相关的因素是指法律规定应当考虑或不应当考虑的因素。行政机关的事实裁定或其他决定,不考虑法律规定应当考虑的因素,或者考虑了法律不需要考虑的因素,是专横和任性的表现。这一点最高法院在1971年和1983年的判决中都已指出。

3. 不遵守自己的先例和诺言

行政机关对于情况相同的问题必须作出相同的处理,否则办事不公平。当然,这样的提法不要求行政机关像法院一样,受遵守先例原则的拘束。因为行政事项变迁迅速,行政机关的政策和决定必须随时调整。另一方面,行政机关也不能随心所欲、朝令夕改。行政机关变更先例时必须说明理由,没有任何理由而不遵守自己的先例,是专横和任性的表现。

4. 显失公平的严厉制裁

法院对行政机关的制裁措施,除审查其是否有事实根据和法律根据以外,不审查其是否合理。行政机关在这方面有较大的自由裁量权。最高法院的判例承认这个原则②,但纽约州的法律例外。《纽约州民事诉讼

---

① *Nader v. Bork*, 366 F. Supp. 104 (D. D. C. 1973).
② *Butz v. Glover Live Stock Co.*, 411 U. S. 182(1973).

程序法》第7803节(d)款规定,法院可以审查行政机关的"制裁方式或措施,或纪律处分的方式或措施是否滥用自由裁量权力"。纽约州法院对这项规定的解释更进一步,认为法院根据这项规定,不仅可以撤销滥用自由裁量权的制裁,而且可以用法院决定的制裁代替行政机关过于严厉的制裁。例如纽约州上诉法院曾经把一个撤职的纪律处分改为停职两年的处分。① 法院认为行政机关滥用制裁的权力,不仅是一个事实问题,而且是一个法律问题。如果认为只是一个事实问题的裁定,法院的权力限于撤销,不能用法院的判断代替行政机关的判断;如果认为是一个法律问题,法院的权力就扩大了,法院可以用自己对法律的判断,代替行政机关的决定。当然,法院这种审查的权力只在有法律规定时为限,否则行政机关将认为侵犯了行政权力。而且法院行使这种权力,也只在涉及公民重大利害关系的时候。

5. 不合理的迟延

行政机关的决定,有法律规定期间的,应在法定期间以内作出。法律没有规定期间的,不等于行政机关可以无限制迟延,而应在合理的期间以内采取行动。由于事实上的困难不能采取行动,行政机关的迟延必须和困难的程度相当,否则为不合理的迟延。行政机关具有自由裁量权时,可以选择作出不同的决定。但是行政机关必须在法定的或合理的期间以内,行使自由裁量权力。自由裁量权力不取消合理期间以内行使权力的限制。行政机关的迟延是否合理,是行政机关是否滥用自由裁量权的一种表现,属于司法审查范围以内。《联邦行政程序法》第706节规定:"……审查法院应强迫执行不合法拒绝或不合理迟延的行政行为。"可见,对不合理的迟延,法院不仅有审查的权力,而且可以采取补救措施。

(三) 推理过程和行政记录

1. 推理过程

行政机关单纯地列举证据事实和法律结论,不足以支持其所采取的决定。行政机关必须把它关于事实的裁定和法律的结论,通过一系列的推理过程,联系到其所采取的决定,详细说明作出这个决定的理由。法院审查行政机关作出决定的理由,这是司法审查中很重要的部分。行政机关对支持其决定所陈述的理由,必须符合逻辑和实际。法院审查行政机关就其证据事实和法律结论引申出来支持其作出决定的推理过程是否符

---

① *Bovino v. Scott*, 22 N.Y. 2d 214 (1968).

合逻辑、实际上是否可能。行政机关不能采取专横的态度，自以为是。专横和任性，也是法院审查行政机关推理过程的基础。

行政机关的决定能否成立，法院只能根据行政机关作决定时说明的理由判断。如果行政机关作决定时根据的理由不足以使其决定成立，而在事后提出其他理由支持其决定，法院不审查事后追加的理由，只审查作决定时实际根据的理由，以判断该决定的效力。但法院允许行政机关对作决定时所根据的理由，在司法审查时补充说明。这里说明的是原来的理由，不是新增加的理由。法院不能代替行政机关说明理由，因为法院不能肯定行政机关除根据它所说明的理由采取行动以外，是否还根据其他理由采取行动。最高法院特别强调这个观点。法院在切纳里案件的判决中声称："这是行政法的一个基本原则，法院在审查行政机关有权作出的决定或判断时，必须只根据行政机关提出的理由，审查该行为是否合法。如果行政机关提出的理由不正当，法院不能用法院认为更正当的根据作为代替，以肯定行政机关的行为。"美国法学界称这个规则为第一切纳里规则(First Chenery Rule)。①

法院虽然必须审查行政机关支持其决定所陈述的理由，但是法院不能进一步审查在这些理由后面的动机，除非有明显的不诚实情况。这个规则称为不能探索决定者的心理活动规则。这是最高法院1938年在第二摩根案件，和1946年在第四摩根案件中所确立的规则。正如法院必须假定法官诚实，不审查法官判决时心理动机一样，法院也必须假定行政人员诚实，不审查行政人员作决定时的心理动机，除非有明显的相反的情况。②

2. 行政记录

上面谈到法院审查行政决定的理由，以行政机关作决定时根据的理由为限。这个理由一般记载在行政机关作决定时的记录之中。法院应根据行政机关的记录进行审查，这是《联邦行政程序法》的要求。该法第706节最后一句规定："在作上述决定时，法院应审查全部记录，或记录中为一方当事人所引用的部分。"这项规定不仅适用于审查行政机关依正式程序所作的决定，即按实质性证据标准所进行的审查，也适用于行政机关依非正式程序所作的决定，即按专横、任性、滥用自由裁量权标准所进行

---

① *SEC v. Chenery corp.* 318 U.S. 80(1943).
② 关于不能探索心理动机规则，参见本书第十二章第一节：摩根案件的判决。

的审查。

尽管《联邦行政程序法》规定司法审查必须根据全部记录进行,但是该法第556节和第557节只对正式程序的记录作了规定①,没有规定非正式程序的记录。在最初阶段,美国法院在司法审查中,对非正式程序的记录没有严格的要求。首先要求对非正式程序裁定进行司法审查必须根据记录进行的判决,体现在1971年的公民保护奥弗顿公园案。法院认为对行政机关的非正式程序裁决的审查,适用《联邦行政程序法》第706节(2)(A)规定的滥用自由裁量权标准,并且必须在"行政机关作决定时的全部行政记录上进行"。最高法院称行政机关非正式程序裁决的记录为"行政记录"(Administrative Record)。

行政记录包括什么内容呢?由于法律没有规定,可以认为行政记录的范围比正式记录广。包括行政作决定时考虑过的全部文件、证据和意见,以及作决定前的通知和草案。例如,行政机关职员和政府机构提供的分析、资料和建议,外界对行政机关提供的说明、意见和评论,行政机关和参加人员所写的回忆,行政机关关于某一决定的通知、草案和说明等。只要对决定有影响,或者和作决定的情况有关,都可作为行政记录。没有记载在记录内的事项,在某些情况下也可认为是行政记录。例如作决定时考虑过而没有记载在记录中的问题,可以提出作为行政记录。法院要求行政机关必须提供行政记录作为司法审查的根据,如果行政机关提供的记录不足以供法院进行有效的审查时,法院可以要求行政机关对其所作的决定进行必要的说明。但只能说明情况和理由,避免探索行政人员的心理活动。

(四)和实质性证据标准的汇合

按照《联邦行政程序法》的规定,实质性证据标准和专横、任性、滥用自由裁量权标准,是两个不同的标准。两者适用的对象不同,前一标准适用于审查依正式程序裁决中的事实裁定;后一标准适用于审查依非正式程序裁决中的事实裁定和行政机关行使自由裁量权时的决定。两者审查的基础不同,前一标准以法律规定的记录作为审查的基础,后一标准法律没有规定必须制作记录,审查的记录由法院决定。两者审查的程度不同,适用前一标准时,法院审查的程度较严;适用后一标准时,法院审查的程

---

① 参见本书第十一章:正式程序裁决(二):证明程序;第十二章:正式程序裁决(三):决定程序。

度较宽。最高法院在很多判例中,也承认这两个标准的区别和不同的要求。

这两个标准在实际应用中,是否像理论上那样有明确的区别呢？美国行政法学者 K.C. 戴维斯认为,最高法院关于这两个标准的区别只是一些空谈,把问题弄得复杂化了,并没有解决问题。最多只能说这两个标准在适用时,有时不同,有时完全相同。究竟什么时候会不同,什么时候会相同,谁也不能预见。最高法院的判例也不一致。① 美国上诉法院越来越认为这两个标准的作用实际上相同,是一个标准。例如哥伦比亚特区上诉法院在一个判决中说,这两个标准在审查事实裁定时的区别,只是词义上的不同,没有实质上的不同。②

为什么会出现这两个标准汇合的现象呢？

首先,因为美国关于司法审查的要求是逐渐发展的。对专横、任性、滥用自由裁量权标准的适用,要求越来越严格。在过去,实质性的证据标准,由于有法律规定的记录作为审查的基础,为法院的审查提供很大的方便。专横、任性、滥用自由裁量权标准,没有法定的记录作为审查基础,对法院的审查带来不便。自从 1971 年最高法院在奥弗顿公园案件的判决中,要求对非正式程序的决定的审查也要凭行政记录以后,这种区别事实上已不存在。由于法院要求以行政记录作为审查基础的结果,国会在很多机关的组织法中,规定非正式程序的决定必须具备某些记录,并且按实质性证据标准审查。当初规定的正式程序裁决和非正式程序裁决适用不同的审查标准,现在逐渐失去意义。

其次,不论实质性证据标准或专横、任性、滥用自由裁量权标准,其最后判断都以是否合理作为归宿。实质性证据是以一个合理的人可以接受作为支持一个结论的证据作为标准。这个标准的核心内容是事实裁定的合理性质。不合理是什么呢？不合理就是专横、任性。所以实质性证据标准和专横、任性标准,本质上完全相同。当然,人们可以认为实质性的证据标准要求的合理性较高,专横和任性标准要求的合理性较低。谁能对这两个标准所要求的不同程度划出一个明确的分界线呢？法官在判决的时候,不是一个推理的机器,按大前提、小前提、结论的公式推论,因而

---

① K. C. Davis: *Administrative Law Treatise*, 1984, vol. 5, pp. 356-363.
② *Ass'n of Data Processing Service Organization, Inc. v. Board of Governors*, 745 F. 2d 677 (D. C. Cir. 1984).

这个法官的判决和那个法官的判决丝毫不差。如果这样,一审就已足够,用不着有上诉制度。法官的判案实际上会受到很多因素的影响,有主观因素,也有客观因素。这个法官认为合理的,另一个法官可以认为不合理。这个法官认为非常不合理的,另一个法官可能认为还过得去。法官对法律的理解、法官的思想体系、社会观点、生活环境都影响法官的认识,很难替法官定出一个判断合理程度的客观标准,为大家一致遵守。除主观因素以外,案件的性质、行政机关的性质、当事人的处境、判决对社会的影响和对当事人的影响,都会影响法官对合理的认识和对合理程度的判断。要区别什么时候适用实质性证据标准,什么时候适用专横和任性标准,实际上非常困难。现在美国的多数法官,特别是对案件保持严格审查态度的法官,以及大部分学术界的看法,都不承认这两个标准的区别。一切审查标准统一在合理性标准之内,以实质性证据作为审查事实裁定的唯一标准。

四、重新审理

(一)意义和适用的情况

1. 意义

《联邦行政程序法》规定审查事实裁定的第三个标准是重新审理(trial de novo)。重新审理是指审查法院完全不顾行政机关的意见,由法院独立地对事实问题作出裁定。这种审查和前面两种审查不同。前面两种审查,法院只审查行政机关的记录,撤销不合理的事实裁定。在重新审理时,法院可以不顾及行政机关的裁定,独立裁定事实问题,等于行政机关的裁定不存在一样。

2. 适用的情况

对于事实裁定,法院一般尊重行政机关的意见,自己不作决定。重新审理属于例外,适用的情况非常有限。根据美国法院的判例,重新审理适用于三种情况:

(1)行政机关的行为属于司法性质的裁判,而行政机关对事实裁定的程序不适当①,因为司法性质的裁判决定当事人的法律地位。事实的裁定是行政机关作决定的基础,没有通过适当程序认定的事实,法院可以重新裁定。

---

① *Citizens to Preserve Overton Park, Inc. v. Volpe*, 401 U. S. 402 (1971).

(2) 在非司法性行为的执行程序中,出现行政程序中没有遇到的问题。① 例如在行政机关请求法院强制执行某一法规的过程中,首次出现行政程序中没有遇到的事实问题。法院为了决定是否强制执行起见,可以裁定这个问题。

(3) 法律规定的重新审理。对于影响个人重大利益的行政行为,法律可能允许法院重新审理行政机关关于事实问题的裁定。例如驱逐外国人出境的决定,法院对被驱逐人国籍的认定可以重新审理。涉及宪法中人身自由保障的事实,法院也可进行重新审理。

(二) 标准

《联邦行政程序法》关于重新审理的规定,从严格意义上说,只是授予法院一种权限,很难说是规定一个明确的标准。法院重新审理行政机关事实裁定的时候,究竟适用什么标准呢?法律没有规定。《联邦行政程序法》第706节规定:"缺乏事实根据达到事实应由审查法院重新审理的程度。"缺乏事实根据达到什么程度才应由法院重新审理呢?意义也不清楚。任何法院没有对这句话进行解释。最高法院在一个判决中②曾经提到,如果行政机关的事实裁定有明显的错误,允许法院重新审理。在这种情况下,审查法院可以判断事实,并且依自己的判断作出结论。这个判决出现在联邦行政法制定以前。判决中提到的明显的错误是否就是联邦行政法中缺乏事实根据呢?不是非常清楚。下级法院在稀有的情况下遇到法律规定的重新审理时,适用的标准不一致。有的适用实质性证据标准,有的适用专横和任性标准,有的适用证据优先标准。总之,重新审理究竟适用什么标准,由法院根据法律的规定,案件的情况具体决定。重新审理不是一个固定的标准。

五、宪法的事实和管辖权的事实

(一) 宪法的事实

1. 本阿冯原则

以上所谈的是对一般的事实裁定的审查。这种审查不论按照实质性证据标准或专横和任性标准,都是有限的审查。法院只审查行政机关对事实的裁定是否合理,自己不独立地对事实问题作出判断。只在法律另

---

① *Citizens to Preserve Overton Park, Inc. v. Volpe*, 401 U.S. 402 (1971).
② *District of Columbia v. Pace*, 320 U.S. 698 (1944).

有规定的例外情况下，法院才对行政机关的事实裁定重新审理，独立地作出判断。这种审查原则是否也适用于宪法的事实呢？对于这个问题，最高法院 1920 年在俄亥俄流域水力公司诉本阿冯自治城区案件的判决中作了回答。① 法院认为："行政机关不能最后地决定宪法的事实。法院对于宪法问题必须进行全面的审查。"就是说，对于宪法的事实不按一般的原则进行审查，必须进行重新审理，由法院独立地作出判断。一般称这个原则为本阿冯原则（Ben Avon Doctrine）。这是一个保护财产权的案件。最高法院适用宪法修正案第 5 条和第 14 条关于私有财产权不按照正当的法律程序不得剥夺的规定。这个案件的发生是由于公用事业管理委员会对水力公司规定的收费标准不合理所引起。公司认为委员会对公司财产和费用开支的估价太低，因此规定了不合理的过低的收费标准。按照这个标准收费，实际上是没有经过正当的法律程序而没收了公司的财产。最高法院认为涉及个人宪法权利的事实的裁定，不能由行政机关最后决定。法院在审查这类问题时，不仅审查行政机关的裁定是否合理，而且应独立作出判断，审查行政机关的裁定是否正确。

2. 区别人身权利和财产权利

本阿冯原则是由于公司事业的收费标准引起的。自从 1936 年以后，最高法院没有在任何案件中引用这个判决，而且以后的判决甚至作出了和本阿冯判例相反的决定。例如在 1941 年的东萨克斯油区的油井分配案中②，有的油井所有人认为，行政机关分配油井的决定，不仅不公平不合理，而且没有经过正当的法律程序就没收了他们的财产。下级法院在审查这个案件时，对行政机关的事实裁定适用重新审理标准，独立作出了判断。尽管这个案件和 1920 年的本阿冯案件类似，然而最高法院撤销了下级法院的判决，认为重新审理行政机关的事实裁定是错误的。最高法院声称："正当的法律程序不要求用法官的独立的意见代替行政机关的专门的意见。"在 1951 年的一个案件中③，地区法院适用本阿冯原则，重新审理行政机关的事实裁定。最高法院撤销这个判决，声称："现在已经确定，公用事业没有权利以涉及宪法权利为理由，要求法院重新审理行政机关的事实裁定。"最高法院认为，对这类案件也适用实质性证据标准或专

---

① *Ohio Valley Water Co. v. Ben Avon Borough*, 253 U.S. 287 (1920).
② *Railroad Commn. v. Rowan & Nichols Oil Co.*, 311 U.S. 570 (1941).
③ *Alabama Public Serv. Comm. v. Southern Ry.*, 341 U.S. 348 (1951).

横和任性标准。

最高法院虽然不再引用本阿冯判例,而且作出了相反的决定,然而从来没有宣布废除本阿冯案件的判例,仅仅是消极地不理这个判例。一般认为,本阿冯判例虽然没有受到死亡宣告,但实际上已经不起作用,等于废除。正因为本阿冯判例处于这种不明确状态,所以本阿冯原则在一部分州法院中继续存在。

最高法院改变态度不再适用本阿冯判例的原因,可能由于下述理由:

(1) 这个判例的内容是关于财产权的保护。正当法律程序条款就其实体法方面的意义而言,已经不再用于财产权的保护,而主要用于保护财产权以外的宪法权利。①

(2) 行政机关具有专门的知识和经验,能够对事实问题作出正确的裁定。

(3) 行政机关对重要的事实裁定,大都经过正式的听证程序。法院重新审理浪费时间和金钱,妨碍行政效率。

本阿冯原则作为保护财产权的判例虽然不再引用,但是最高法院没有完全放弃对宪法的事实适用重新审理原则。除财产权以外,关于人身权利的宪法的事实,法院仍然可以进行重新审理。例如对驱逐出境的决定,被驱逐人主张具有美国国籍。由于这方面的事实裁定涉及个人的身份和自由权利,法院可以重新审理。这个原则最初由1922年的一个判例提出②,以后才为成文法所规定。行政机关的决定涉及宪法修正案第1条保护的自由权利的时候,例如言论自由,法院对行政机关的事实裁定可以重新审理。因此,就联邦政府的法律而言,对宪法的事实的司法审查标准,应当区别财产权利和人身权利。对前一种权利的宪法事实适用一般的审查原则,按实质性证据标准或专横和任性标准,审查行政机关事实裁定的合理性质,法院不独立作出判断。对后一种权利的宪法事实,审查比较严格,法院可以重新审理,独立判断行政机关的事实裁定是否正确。

3. 加利福尼亚州的基本权利原则

由于本阿冯判例没有正式废除,有些州法院仍然遵守这个判例,有些州法院灵活适用这个判例。行政机关的决定涉及宪法保护的财产权时,对事实裁定是否重新审理由法院决定。但是各州法律发展的趋势是抛弃

---

① 参见本书第九章第一节中关于正当法律程序的说明。
② *NG Fung Ho v. White*, 259 U.S. 276(1922).

这个判例,纽约州的法院,从 20 世纪 70 年代以后,不再引用这个判例。

加利福尼亚州的法律值得注意。可以说是在另一种形式下,扩大了本阿冯判例的适用范围。加州关于司法审查范围的规则是:如果行政机关的决定重大地影响个人的基本权利(fundamental rights)时,审查法院必须对事实裁定独立地进行判断。实质性证据标准只适用于非基本权利的事实裁定。基本的权利是根据权利对个人生活所产生的人身的和经济的效果判断,不一定是宪法所保障的权利。例如加利福尼亚州法院认为,一个警官的寡妇得到丈夫死亡的抚恤金是一个基本权利。行政机关如果拒绝,法院必须对法律结论和事实裁定进行全面审查。[1] 行政机关拒绝申请福利金的决定、不给予执照的决定、涉及土地使用权的决定,都可能受到法院全面的审查。基本权利概念是一个具有扩张性的概念。加利福尼亚州的基本权利概念比联邦最高法院的本阿冯原则的适用范围更广。因为,本阿冯原则的重新审理范围限于宪法事实,基本权利原则的重新审理范围超过宪法的事实。

(二) 管辖权的事实

1. 意义

法律授予行政机关权力的时候,通常规定一定的条件。管辖权的事实(jurisdictional fact)是指某种事实的存在,是行政机关具有管辖权力的条件。只有具备这个事实,行政机关才能行使法律规定的权力。管辖权的事实和一般事实的区别在于后者的存在只决定行政机关的权力是否合法,管辖权事实的存在,则决定行政机关是否具有管辖的权力。这是行政机关行使权力最基本的事实。例如司法部长对不符合国家利益的外国人可以命令驱逐出境。司法部长行使权力基于两个事实:(1) 不符合国家利益;(2) 被驱逐者是外国人。在这两个事实中,被驱逐者是外国人是管辖权的事实。因为对美国人,司法部长不可能具有驱逐出境的管辖权。如果移民和归化局认为某外国人违背国家利益,决定驱逐出境,司法部长认为该外国人不违背国家的利益,可以撤销局长的决定。局长的错误不是对管辖权事实裁定的错误,而是对一般事实裁定的错误。这种错误不是无管辖权。

2. 克罗韦尔案件的判例

司法审查对行政机关管辖权事实的裁定适用什么标准呢?是否像审

---

[1] *Strumsky v. San Diego Employees Retirement Ass'n*, 520 P. 2d 29 (Cal. 1974).

查一般的事实裁定一样,适用实质性证据标准或专横和任性标准,或者应当实行更严格的审查呢?最高法院在1932年的克罗韦尔诉本森案件的判决中①,认为法院审查行政机关对管辖权事实的裁定,应当适用重新审理标准。法院对管辖权事实是否存在应进行独立的判断,不受行政机关裁定的限制。因为行政机关不能最后决定自己的管辖权,审查行政机关是否具有管辖权限是法院的职责。当某一事实涉及行政机关的管辖权时,法院必须能够对行政机关的事实裁定是否正确独立判断,不只审查行政机关的裁定是否合理。

3. 对克罗韦尔判决的批评

克罗韦尔案件的判决受到广泛的批评。大法官布兰代斯(Brandeis)在该判决的反对意见中认为,行政机关的管辖权力取决于很多事实,很难区别管辖权的事实和一般的事实。一切限制行政机关行使权力的重要事实都是管辖权的事实。布兰代斯的意见为很多法院所采取,例如密歇根州的一个联邦地区法院在一个判决中②,认为最高法院在克罗韦尔案件判决中,没有指明区别管辖权事实和一般的事实的标准,很难适用。如果对管辖权事实采取广泛的解释,将大大扩张法院审查行政机关事实裁定的权力,可能违背国会设立行政机关的意旨。国会设立行政机关的目的,在于利用行政机关的专门知识和经验以判断事实。管辖权事实由法院重新审理,将削弱行政机关裁定事实的权力。法官对于行政事实的判断缺乏专门知识和经验,重新审理行政机关的事实裁定,不符合划分行政机关权力和法院权力的政策。1944年,最高法院在赫斯特出版社案件中③,对克罗韦尔判决中认为是管辖权事实的同样情况,适用实质性证据标准。只审查行政机关的裁定是否合理,不独立进行判断。从此以后,管辖权事实原则未为法院所引用。由于长期不适用的结果,可以认为这个原则以后很难引用。然而,由于管辖原则没有正式被废除,这种不确定状态,并不排除在某种情况下,最高法院仍然可能援引这个原则。

---

① *Crowell v. Benson*, 285 U.S. 22 (1932)关于这个案件其他方面的讨论,参见本书第六章第二节:司法权力的委任。

② *N. A. Woodworth Co. v. Kavanagh*, 102 F. Supp. 9 (E.D. Mich. 1952).

③ *NLRB v. Hearst Publications*, 322 U.S. 111 (1944).

第三节　法律结论的审查(一)：法律的解释

一、传统的观点

法律解释的审查，过去一般称为法律问题的审查。由于法律问题和事实问题的划分没有绝对的界限，同一问题法院可以认为是法律问题，进行独立的审查；也可以认为是事实问题，进行有限的审查。为了避免这种不确定性，明确法院和行政机关权力的范围，当代著作往往使用另外一种术语，称它们为对事实裁定的审查和法律结论的审查。前一种审查上节已经讨论过，本节和下节讨论的是法院对行政机关法律结论的审查范围。

(一) 区别法律的解释和法律的适用

法律结论的审查包括两个方面：法律的解释和法律的适用。从理论上说，法律的解释和法律的适用是不可分离的。行政机关只在适用的时候才会解释法律，不会脱离实际去解释法律。法律的解释包括在法律的适用之中，两者不用单独说明。虽然法律的解释和法律的适用密切联系，但不是不可分离。我们的理由是从实际观点出发和从诉讼观点出发。从实际观点出发，行政机关作出一个决定是一个复杂的过程，包括三个不同的决定在内：首先，行政机关必须解释要适用的法律的意义；其次，行政机关必须对事实的情况作出裁定；最后，行政机关根据对法律意义的理解和事实情况的认识，把法律适用于事实。这个过程适用于法院的判决和行政机关的决定，所不同的是行政机关所要应付的情况比较复杂、流动性大、政策性强。不能因此认为行政机关作决定时，不需要解释法律的意义、确定事实的情况和适用正确的法律于特定的事件。法律的适用是在法律的解释和事实的裁定的基础上才发生，和单纯的法律解释不同。法律的解释不受某一特定适用的限制。

从诉讼的观点而言，当事人提起诉讼争论的问题，有时只是法律解释问题，不是事实问题和法律适用问题。例如法律规定，行政机关对从事某种不正当活动的企业，可以科处罚款和停止营业直到 10 天。行政机关在处罚某企业停业 10 天以后，认为不正当的状态没有消除，继续多次发出停业 10 天的处罚。受罚的企业提起诉讼，不争论不正当活动这个事实，也不争论这个事实可以受停业 10 天的处罚，而是争论法律规定停业 10 天的意义是就一件事件而言，或是就一次处罚而言。有时当事人提起诉讼争论的不是法律问题,而是事实问题。例如行政机关对某一公用事业的资产和生产费用估价过低,因而批准该企业的收费标准很低。当事人提起诉讼,不争论行政机关的权力,而争论行政机关的事实裁定是否合理。由于这个事实裁定是适用法律的基础,所以也受法院的审查。有时当事人提起诉讼,不争论法律问题和事实问题,而争论某项法律规定能否适用于某一事实。例如雇主和职员进行集体谈判的法律,是否适用于报纸的贩卖人;工会活动的法律,是否适用于工头。法律的解释和法律的适用在某一争论中,可以同时存在,也可以分别存在。按照传统的理论,法院对法律的解释和法律的适用,审查的标准和范围不一样,所以应当分开讨论。

(二) 法院独立解释法律

就法律的解释而言,法院对行政机关的法律解释,可以进行独立审查,不受行政机关解释的限制。不受限制的意思不是不考虑,因为行政机关也有解释法律的权力,这一点下面另有说明。不受限制是指法院在考虑行政机关的意见以后,可以独立决定法律问题。美国法院经常认为,在法律的解释上法院是最后的权威。正确地解释法律是设立法院的目的,也是法院不能放弃的任务。法院必须拒绝行政机关错误的解释。[1] 法院对法律问题可以进行深入的审查,用法院的意见代替行政机关的意见。法院对于事实问题,除极少见地适用重新审理标准的案件以外,一般而言,只有否决的权力,没有决定的权力,不能用法院的意见代替行政机关的意见。就审查的标准而言,法院审查行政机关的法律解释是否正确,然而法院对行政机关的事实裁定只审查是否合理。如果行政机关的事实裁定合理,法院即使不同意行政机关的意见也必须接受。因为一个问题的合理看法不可能只有一个,法院不能用自己的观点代替行政机关的观点。对不合理的事实裁定,法院除撤销和发回重新裁决以外,没有其他权力。

美国司法审查的传统观念,非常重视法律问题和事实问题的区别。认为这是分配法院的权力和行政机关的权力的合理基础。这种区别有长期的历史渊源,也有当代的实际需要。从历史渊源而言,美国的司法审查继承了英国司法传统,认为行政机关在司法审查中的地位,相当于普通诉讼中的陪审员。法院审查陪审员的决定时,区别法律问题和事实问题。对法律问题进行全面审查,审查陪审员的决定是否正确;对事实问题进行

---

[1] *FCC v. Gratz*, 253 U.S. 421 (1920).

有限的审查,只审查其决定是否合理、是否有实质性的证据支持。除历史的渊源以外,行政机关和法院对决定法律问题和事实问题的权力的分配和责任的归属不同,也是出于分工的需要。行政官员和司法官员是不同的专家。不能要求法官具备各种行政的专业知识和经验。行政事实的裁定属于各种行政的专业知识和经验范围以内,应由行政机关负主要责任,法院只能处于监督地位。另一方面,就法律的解释而言,行政官员往往只注意法律对其所执行的事项的意义,具有片面性质,缺乏对法律规则普遍适用的了解。法律规则的意义往往不只适用于某一事项和当前的案件,而是适用于众多的事项,而且各种法律之间有不同的相互关系。在这些方面,法官显然具有行政官员不可能有的专门知识和经验。因此,法院对法律的解释负有主要责任。法院是解释法律的最后权威,是分工和效率的当然结果。

建筑在区别法律问题和事实问题基础之上的司法审查范围,也为联邦行政程序法所接受。《联邦行政程序法》关于事实裁定的审查范围,上面已经说明,按照三个标准进行,即:实质性证据标准,专横、任性、滥用自由裁量权标准,以及重新审理标准。这三个标准的核心都以合理性质作为根据,是有限的审查。《联邦行政程序法》第706节关于法律结论审查的规定是:"审查法院应决定全部有关的法律问题,解释宪法和法律条文的规定。"这项规定明白指出法律的解释由法院决定,不是由行政机关决定。两种审查范围的不同,在联邦行政法上表现非常明显,《联邦行政程序法》除规定法律结论的审查范围以外,还规定法律结论的审查内容包括:① 违反宪法规定的权利、权力、特权或特免;② 超越法定的管辖权、权力或限制,或者没有法定的权利;③ 没有遵守法律要求的程序;④ 滥用自由裁量权或其他的不符合法律。①

(三) 法院重视行政机关的解释

法院是法律解释的最后权威,不表示法院在解释法律的时候完全不考虑行政机关的解释。美国法院在解释法律时,非常重视行政机关解释法律的意见。行政机关是法律的执行者,当然具有解释法律的权力。行政机关和法院在解释法律关系上是伙伴关系,不是一方排斥他方的独占关系。在这个伙伴关系中,法院处于优越地位。在双方的意见不同时,法院具有最后解释的权力。这是因为,根据《宪法》的规定,司法权属于法

---

① 《联邦行政程序法》第706节(2)(B)(C)(D)(A)。

院。行政机关解释法律的权力,必须接受法院的司法审查。

法院重视行政机关法律解释意见的原因,有时由于法律的规定。法律授予行政机关广泛自由裁量权时,行政机关对于这个法律也具有很大的解释权力。法院必须接受行政机关合理的解释。不能由于自己观点的不同而违背国会的意旨,以自己的解释代替行政机关合理范围以内的解释。除法律的规定以外,法院重视行政机关解释意见的原因是由于自身工作的需要。行政机关长期从事某项工作,对于规定该项工作的法律具有丰富的解释经验。有的解释是行政机关长期经验的总结,不是偶然遇到这个问题的法官可以轻易得到的。法院重视行政机关的解释,为自己的工作带来极大的帮助。重视行政机关的解释,不表示法院放弃自己的职责,完全顺从行政机关的意见。法院在法律的解释上仍然保留最后决定的权力,特别是法院认为行政机关的解释和法律中的强行规则,或国会制定该法的宗旨不符合时,法院不会重视行政机关的解释。

法院一方面重视行政机关的意见,一方面保持最后决定的权力,可以说是一个矛盾对立的统一体。在这个统一体中,如何处理矛盾关系,不可避免会产生有倾向性的结果。正是由于这个缘故,美国最高法院往往由于政策的需要,有时强调统一的一面而忽略另一面,有时反过来强调原先忽略的一面。由于这种政策上的适用,美国最高法院的判例往往出现不可调和的现象。例如最高法院不同意行政机关的决定或不赞成行政机关的政策时,往往利用法律解释的帮助,强调法院具有最后决定法律意义的权力,取消或限制行政机关的决定。法院如果同意行政机关的决定或政策时,则声称尊重行政机关的解释,接受行政机关的意见。有时法院认为作出某项判决不得人心时,法院也可自己不作解释,而采纳行政机关的解释,以减轻自己的责任。当然,这些政策上的运用不是经常发生,然而这种现象的存在却不可否认。

尽管美国法院对是否重视行政机关的解释,可以作为一种政策加以运用。然而不可否认,美国法院在考虑行政机关的解释的长期经验中,已经在很多判例中发展一些标准,表明何时重视行政机关的解释,何时不重视行政机关的解释,以及对行政机关的解释应当重视的程度。这些标准构成法院解释法律的规则的一部分。这些解释规则的适用,随行政机关的性质、行政行为的性质、案件的性质和法律的性质等具体情况而异。归纳美国法院的判例,法院对应当如何重视行政机关的法律解释,主要考虑下列因素:

(1) 行政机关的各种解释不是处于同等地位。行政机关的对支配其活动的法律长期一致的解释,对其曾经参加起草的法律的解释,在法律制定时的解释,受到法院较大的重视。行政机关最近的解释,和以往的解释互相冲突的解释,受法院重视的程度较低。

(2) 对法律负主要执行责任的部门的解释受到较大的重视,非主要执行部门对其所执行的法律的解释,受重视的程度较低。

(3) 国会对行政机关的解释赞成时,例如国会拒绝修正行政机关的解释,或国会修改法律同意行政机关的解释,法院会高度重视行政机关的解释。反之,国会修改的法律不注意行政机关的解释,法院不会重视行政机关的解释。由于同样理由,受到公众信赖的解释也会受到法院的重视。

(4) 行政机关的解释不符合通常的解释规则时,法院不会重视。例如行政机关的解释和法院对法律中明白无疑的语言的解释相冲突,或和法律制定的过程或法律的主要宗旨相冲突时,不会受到重视。

(5) 法院对行政机关解释重视的程度,取决于法院和行政机关各自所有的专业知识。在技术性专业性高的领域内,行政机关的解释受到较大的重视。反之,当法律的意义取决于法院具有较大的专业知识的事项时,例如法律的解释涉及普通法、宪法、广泛适用的法律、司法判例等,行政机关的解释不会受到重视。

不论法院如何重视行政机关的解释,法院不会把它看成一个最后的结论,而是把它当作帮助法院对有争议的意义达到正确解释的指导。法院必须同时考虑当事人提出的反对证据、国会立法的意图和法律制定的经过。重视行政机关的解释,是指首先假定行政机关的解释正确,然后根据当事人提出的反证,考虑行政机关的解释可以受到重视的程度,作为法院解释法律的帮助。

传统的法律解释标准在当代受到来自两个不同方面的攻击。一种反对意见主张加强司法审查的程度,减少甚至取消法院对行政机关解释法律的重视。参议员邦珀斯20世纪70年代末期在国会对《联邦行政程序法》提出的修正案,可以作为这种意见的代表。另一种反对意见主张加强行政机关的自由裁量权,限制法院解释法律的权力。这种意见以最高法院1984年谢弗朗案件的判决作为代表。

二、邦珀斯加强司法审查的提案

(一) 修正案的内容和背景

参议员邦珀斯(D. Bumpers)在1975年、1977年、1979年的第94、95、96三届国会中,连续提出一个法律修正案,主张修改《联邦行政程序法》第706节的司法审查条款,扩大司法审查的范围,取消法院对行政机关解释法律的尊重。修正案中包括三项主要内容:① 法院对行政机关的法律结论进行重新审理;② 取消行政法规合法性的假定;③ 在行政法规受到反对时,制定法规的机关必须明白地、令人信服地证明法规的合法性和有效性。

这个修正案的背景是美国社会从20世纪60年代和70年代开始,对行政机关行使的控制职能普遍不满意。批评者认为,受控制的活动范围过广,控制机构的效率太低,而且不能代表公众利益。批评者主张减少政府控制,增加法院对行政机关的监督。邦珀斯1975年在参议院中声称:"法院在很大程度上已经放弃了解释法律和适用法律的传统权力……法院似乎忘记了国会是法律的创造者,行政机关是法律的创造物。没有人能够裁判自己的案件,因此任何行政机关不能决定自己的权力。"他认为当前的行政法规太多,声称:"所有的公民团体一致抱怨,政府通过行政机关制定的法规,过多地侵入了各个方面。"邦珀斯的观点代表了当代批评行政权力扩张的一种思潮。

(二) 对修正案的批评

这个修正案重大地改变了司法审查范围的传统观点。美国现行的司法审查范围,不论对行政机关的事实裁定或法律结论,都很少进行重新审理。现在法院有时可能过分重视行政机关的意见。为了矫正这个弊病,不需要走到另外一个极端,对行政机关的全部法律结论都由法院重新审理。采取这种审查方式必然妨碍行政机关的职能和效率,而且法院的时间和能力都达不到这个要求。问题是法院在重视行政机关的意见时,必须严格掌握标准,给予恰如其分的重视。这主要取决于法官的工作态度和能力,不是重视行政机关意见本身的缺点。

为了矫正行政法规过多的现象,修正案中主张取消行政法规合法性的假定。这种看法过于简单,行政法规过多是由于行政职务扩张的结果,和行政法规合法性的假定无关。行政法规合法性的假定是行政法的一个原则,这个原则得到世界各国的承认,法国法律称这种原则为行政行效力先定特权(Le privilege du preable de l'acte administratif)。① 行政行为一旦成立,立即假定有效,这个假定是保障行政效率的需要。它不妨害公民的权利和利益,因为除法律有特别的规定以外,当事人对于任何行政行为,都可提出证据主张行政行为的不合法,请求法院撤销。行政法规合法性的假定不妨碍法院的司法审查,取消行政法规合法性的假定,不一定会减少行政法规的数量。

修正案第 3 项内容主张行政法规受到反对时,制定法规的机关必须明白地、令人信服地证明行政法规的合法性和有效性。这是诉讼法中的举证责任和证明标准问题,这个问题很复杂,不能片面地规定。

邦珀斯的修正案得到很多人的赞成,也受到很多人的反对,在国会中没有通过。这个修正案即使没有成为法律,最低限度地代表当代的司法审查中,在传统观点以外的另一种思潮。

三、谢弗朗诉自然资源保护委员会案件

(一) 案件的主要内容

谢弗朗诉自然资源保护委员会案件②的基本精神是限制司法审查的范围,把解释法律的权力从法院转移于行政机关,建立一个新的行政机关和法院的权力分配原则。案件争论的问题是解释 1977 年《清洁空气修正法》中,空气污染的"固定的污染渊源"(stationary sources of air pollution)一词的意义。这个词的意义法律中没有界定。环境保护署制定一个执行法规,对固定的污染渊源的解释,采取以工厂作为污染单位。自然资源保护委员会反对这种解释,认为应当以每个污染来源(例如每个烟囱)作为污染单位。认为环保署制定的法规违反法律的规定,请求法院撤销。上诉法院认为环保署的解释错误,撤销了这个法规。最高法院撤销上诉法院的判决,并且说明审查法律解释的标准。

最高法院认为法院在审查行政机关对其所执行的法律的解释时,应当分为两个步骤:首先,考察行政机关所解释的问题,法律中是否有规定。如果法律中有规定,即按照法律的规定解释。其次,在法律没有规定,或者法律规定的意义模糊时,"法院不能强加自己的解释,好像没有行政机关的解释一样。相反,在法律对于某个问题没有规定,或规定的意义不清

---

① 参见王名扬:《法国行政法》,北京大学出版社 2007 年版,第 129 页。
② Chevron v. Natural Resources Defense Council, 467 U.S. 837 (1984).

楚时,法院的问题是审查行政机关的回答是否基于法律所允许的解释"。"法院不能够用自己对法律的解释代替行政机关合理的解释"。这个案件审查的对象是行政法规对法律的解释,但是判决中所建立的原则,也适用于行政裁决对法律的解释。因为最高法院的判决是关于"行政机关对其所执行的法律的解释",包括行政机关一切的法律解释在内。

(二) 统一司法审查的范围

谢弗朗案件判决中的原则,就其适用于审查行政法规对法律的解释而言,没有变更传统的司法审查范围。因为在传统的司法审查中,行政机关根据国会授权而制定的法规中对法律的解释,法院只审查其是否合理,不审查其是否正确,不用法院认为是正确的解释代替行政机关合理的解释。① 但是最高法院没有限制这个判例的原则只适用于审查行政法规,而是适用于审查一切法律解释。不论行政法规中的或行政裁决中的法律解释如何,法院都必须接受行政机关合理的解释,以合理性质作为审查法律解释的普遍标准,这个原则显然改变了传统的司法审查标准。传统司法审查关于法律解释的标准,可用最高法院1920年的格拉茨案件作为代表。② 在这个案件中,最高法院审查联邦贸易委员会对"不公正的竞争方法"这个词的解释,法院声称:"不公正的竞争方法一词的意义,法律没有界定。它的正确的意义现在引起争论,必须由法院作为法律问题决定,而不是由联邦贸易委员会最后决定它的意义。"在谢弗朗案件中,最高法院采取完全相反的观点。一个词的意义在法律没有规定时,行政机关如果已有解释,"法院不能够用自己对法律的解释,代替行政机关合理的解释。"谢弗朗案件判决中审查法律解释的原则,也和《联邦行政程序法》中关于司法审查的规定相反。《联邦行政程序法》第706节规定:"审查法院应决定全部有关的法律问题,解释宪法和法律条文的规定,并且决定行政行为所表示的意义或适用。"根据这项规定,解释法律的最后权力和责任属于法院,不属于行政机关。然而根据谢弗朗案件,法院只能审查行政机关的法律解释是否合理,不能用法院认为是正确的解释代替行政机关合理的解释。解释法律的权力已经从法院移转于行政机关,法院的作用仅仅是监督行政机关的解释,撤销行政机关不合理的解释。所谓不合理的解释,主要是指不符合法律的目的,不考虑应当考虑的因素,而考虑了

---

① 参见本章第五节中关于立法性法规审查的说明。
② *FCC v. Gratz*, 253 U.S. 421 (1920).

不相干的因素等权力滥用、专横、任性现象。

在传统的司法审查标准中,法院也重视行政机关的解释,必须考虑行政机关的意见。但是行政机关的解释对法院仅仅是一个指南,虽然受到重视,但没有拘束力量。谢弗朗判例对法院提出的要求,不是重视行政机关的解释,而是必须接受行政机关合理的解释。

在传统的司法审查中,对法律解释的审查区别一般意义的解释和具体适用的解释。后一种解释只涉及一个具体案件,法院把它作为事实问题审查。① 前一种解释超过具体案件,涉及法律术语的一般意义。这是一个法律问题,由法院最后决定。谢弗朗案件中的法律解释是一个法律术语的一般意义,不是一个法律应用的具体问题。然而最高法院对这种意义的法律解释却适用审查事实问题的合理性质标准。传统的司法审查的基础是区别法律问题和事实问题,谢弗朗判决所代表的原则是取消这个区别,对于法律问题和事实问题的审查适用相同的标准,全部司法审查的范围统一在合理性质标准之下。

(三) 评价

谢弗朗判例是美国当代行政法的一个重大发展。这个判例确定的审查法律解释的标准,改变传统的判例和《联邦行政程序法》的规定。这个判决虽然违背成文法的规定,但是在最高法院没有变更这个判决,以及国会没有用法律推翻这个判决以前,它作为一个先例应为下级法院所遵守。美国国会迄今没有表示反对谢弗朗判例,可以认为国会同意这种新发展。支持这个判决的理由有以下几个方面:(1) 法律的解释不单是个技术问题,往往涉及政策的选择。决定政策的权力属于国会和行政机关,不属于法院。(2) 行政机关对它所执行的法律比法院熟悉,由行政机关解释能适应具体情况。(3) 由行政机关解释,全国统一。法院分布各地,不同的法院对同一法律问题可能作出不同的解释。(4) 行政机关受总统领导,对选民间接负责,法院不对选民负责。(5) 行政机关解释法律的权力,仍然处在国会的限制和法院的监督之下。因为谢弗朗判决规定,解释法律应首先根据法律中的规定。在法律无规定或规定的意义模糊时,才允许行政机关补充国会的意旨,然而法院仍然监督行政机关的解释是否合理,撤销不合理的解释。

谢弗朗判例适用的范围受到一定的限制,行政机关只对它负责执行

---

① 参见本章第四节:法律结论的审查(二):法律的适用。

的法律和由它制定的法规具有解释的权力。在这个范围以内,法院必须接受行政机关合理的解释。对于普遍适用的法律,不限于一个机关执行的法律,法院仍然可以用正确的解释代替行政机关的解释。特别是对宪法的解释,法院可以代替行政机关作出正确的解释。

谢弗朗判例在适用时受法官态度的影响。因为行政机关必须遵守国会的意旨,法院在解释国会的意旨时,可以严格要求,也可以放宽要求。法院必须接受行政机关合理的解释,要求合理的程度也受法官态度的影响。谢弗朗判例审查法律解释的标准,可能产生行政机关扩大自己职权的危险,受到一些法官的反对。很难预料最高法院在以后的判决中,是否不会对谢弗朗判例作出某些修正。美国虽然是一个遵守先例的国家,然而最高法院的判决往往受具体案件的影响,前后不一致。美国行政法专家戴维斯教授在概括美国司法审查范围时,这样写道:"对于在其专门能力范围以内的法律问题,法院常常代替行政机关的决定。对于其他问题,法院限制自己只审查是否合理。法院不清楚说明合理的意义,而是在每个案件中保留充分的自由裁量权,可以把合理的意义向不同的方向引申。"[1]这段话可以帮助理解美国司法审查的一般性质,以及美国法院实际上如何审查行政机关的法律解释。

第四节 法律结论的审查(二):法律的适用

一、法律和事实混合问题

法律的适用是把法律规定的原则适用于具体事件,是在事实问题已经确定,或者已为实质性证据所证明的,决定法律的规定能否适用于该事实,所以也是一个法律解释问题。法律在适用中的解释是法律在一件事情上的解释,是和某件事情相联系的法律结论,这是一个具体的解释。这种解释和上节所谈的解释不一样。上节所谈的解释是法律一般意义上的解释,不专门对某一特定事件,是具有普遍性质的抽象的解释。这种解释的意义构成法律规定的核心。从理论上说,法律的解释和法律的适用不能分开。但是这两种解释的性质不一样,当事人提起诉讼,有时是争论法律的一般意义,有时是争论法律的适用问题。所以本书把它们分开讨论。

---

[1] K. C. Davis: *Administrative Law Treatise*, 1984, vol. 5, p. 332.

对这个观点,上节中已经说明。

法律的适用究竟是一个什么性质的问题?这个问题争论已久,最高法院的态度不一致。有时认为这是一个法律问题,因为法律的适用包含一个法律的解释在内,解释法律是法院的职责,所以法院对法律的适用可以独立的审查,和审查其他法律问题一样。有时认为这是一个事实问题,因为法律的适用是某一具体事件的法律意义,不是在事实以外解释法律,法律的解释包含在事实之中,所以这是一个事实问题,法院按审查事实裁定的标准进行有限的审查。从理论上说,这两种看法都能成立。最高法院根据执行职务时的政策考虑,认为某种适用需要严格审查时,会把这种适用归类为法律问题。相反,认为某种适用由于专业知识的限制,或执行法律政策的需要,必须更多地尊重行政机关的意见时,会把这个适用归类为事实问题。

法律的适用实际上包含两个因素,一个是法律因素,一个是事实因素。这两个因素密切联系,不可分离。不论把它归类为法律问题或事实问题,都有忽略另一因素的缺点。1943年,最高法院在一个案件中①,根据大法官杰克逊(Jackson)的意见,把法律的适用归类为法律和事实混合问题(mixed question of law and fact)。这个归类得到学术界大多数人的赞成,也为最高法院大部分案件所承认。

二、审查的范围

法院审查法律的适用究竟按照什么标准呢?毫无疑问,在法律和事实混合问题中,事实因素居于主要地位。法律因素在这个问题中没有普遍性的意义,仅仅是某一特定事件上的法律意义,不影响其他事件。法律的适用首先是处在第一线工作的行政人员的任务。他们在适用法律时,必须根据他们的专门知识和经验,确定事实存在的情况及其法律意义。由于法律的意义和当前的事实不能分离,决定其中的一个因素也就决定了另一因素,对事实的认定也就包括对法律的认定。因此,在法律和事实混合的问题中,法院按审查事实裁定的标准审查这个混合问题。代表这种审查观点的主要判例是1941年的格雷诉鲍威尔案②,所以这个审查原则也称为格雷诉鲍威尔原则。

---

① *Dobson v. Commissioner*, 320 U.S. 489 (1943).
② *Gray v. Powell*, 314 U.S. 402 (1941).

这个案件所争执的问题是，《烟煤法》中"生产者"一词是否适用于某一铁路开采的煤矿。该铁路承租一块产煤地段，和一个矿业承包人订立了合同，由后者独立经营开采煤矿，全部产品供铁路使用。煤矿管理机关认为，铁路不能享受生产者的待遇，法律规定能否享受生产者的待遇由管理机关决定。管理机关拒绝这种待遇必须举行正式听证，当事人不服，向上诉法院提出申诉。上诉法院撤销了管理机关的决定，认为铁路是生产者。因为矿业所有者自己开采，或者和他人订约，由后者负责替他开采没有区别。最高法院撤销了上诉法院的判决，认为虽然本案对事实问题没有争论，这不等于允许法院用自己的判断代替行政机关的判断。在适用法律名词于无争议的事实时，如果行政机关的决定有合理的根据，法院应当肯定行政机关作出的决定。这个判决的主要宗旨是审查法律适用问题时应按照合理性质标准。不论法院是否同意行政机关的决定，只要这个决定合理，不是出于专横、任性、滥用自由裁量权力，法院必须接受。

格雷诉鲍威尔原则以后多次应用，成为美国行政法的一个原则。应用这个原则的案件最著名的是 1944 年的赫斯特出版社案件。[①] 该案争论的问题是法律规定的集体谈判，是否适用于报纸贩卖者。最高法院肯定了国家劳动关系委员会的决定。法院在这个判决中声称："当案件的问题是一个意义广泛的法律名词的特定适用时，必须由执行这个法律的机关首先决定。审查法院的作用是有限的……行政机关的决定只要在记录中有根据并且有合理的法律基础时，法院必须接受。"1979 年的一个案件[②]，也是关于集体谈判是否适用于某一特定事件的争论。最高法院认为，国会委托国家劳动关系委员会负主要责任确定法律语句的适用和执行集体谈判的法律，当然，国家劳动关系委员会的决定必须接受法院的审查。但是"只要它对法律的解释合理，不能由于法院可能喜欢另一种法律意见而推翻它"。

三、格雷诉鲍威尔原则适用的限制

格雷诉鲍威尔原则在美国受到不少的批评和反对。批评者认为这个原则过分扩大行政机关的权力。法律适用中的事实，有时界定行政机关管辖权的范围。行政机关一般喜欢扩大自己的权限。如果法院必须接受

---

① *NLRB v. Hearst Publications*, 322 U.S.111 (1944).
② *Ford Motor Co. v. NLRB*, 441 U.S.488 (1979).

行政机关合理的解释,很可能导致行政机关自己决定自己的权限,违背法治制度的根本原则。在美国,提倡扩大司法审查的主张,例如上面提到的邦珀斯对《联邦行政程序法》的修正案,正是由于行政机关权力扩大的结果。美国法院在承认格雷诉鲍威尔原则的同时,不是在一切情况下都适用这个原则。美国法院在决定是否适用这个原则时,参考上节提到的在法律解释问题上,法院重视行政机关意见的标准,不是对行政机关的全部决定同等对待。此外,根据格雷诉鲍威尔原则产生的情况,美国法院有时作出下述区别,在某些情况下,不适用格雷诉鲍威尔原则。

(一) 区别正式程序和非正式程序

行政机关的决定有时是经过正式程序产生的,有时是由非正式程序产生的。① 对于非正式程序的决定,法院当然不能给予和正式程序相同的重视。在格雷诉鲍威尔案件中,行政机关的决定是通过正式程序作出的,对行政机关依非正式程序作出的决定,法院没有必要都适用这个原则。

(二) 区别行政机关的决定是否前后一致

法院接受行政机关法律适用的决定,是由于尊重行政机关的专门知识和经验。如果行政机关对于性质相同的问题,没有说明正当的理由,先后作出的决定互相矛盾。这种情况表示行政机关没有掌握可靠的专业知识和经验。行政机关对自己没有把握而作出的决定,不能希望一定得到法院的接受。在这种情况下,法院在自己力所能及的范围内,可以作出独立的判断。②

(三) 区别行政机关之间的决定是否一致

对同样的问题,不同的行政机关之间作出不同的决定,每人都在其管辖范围之内时,专家的意见如此分歧,法院当然可以自己作出独立的判断。例如美国法院受理的一个案件③,原告为腐乳制造商,其产品的原料为大豆和其他植物原料。内地税局命令该产品标名为人造奶油,并按此标准征税,否则将受到扣押和刑事处罚。食品和药物管理局有权检查食品的标名是否正确,不正确的标名将受到扣押和刑事处罚。食品和药物

---

① 关于正式程序和非正式程序的区别,参见本书第十章第一节:正式程序裁决的意义和适用的范围。
② *Barrett Line v. United States*, 326 U. S. 179 (1945).
③ *Barnard v. Carey*, 60 F. Supp. 539 (D. Ohio, 1945).

管理局认为该产品不能标名为人造奶油出售。两个机关都有管辖权，原告不服从任何一方都将受到处罚，因此请求法院宣告内地税局的命令违法。如果按照格雷诉鲍威尔原则，法院对两个行政机关的决定都要接受。在这种情况下，当然不能适用这个原则。

（四）区别管辖权事实和非管辖权事实

某一事实的存在决定行政机关管辖权限的有无，称为管辖权事实。管辖权的存在是行政机关行为合法的首要条件，重要性超过其他事实。法律的适用涉及管辖权事实时，法院的审查应比涉及一般事实时严格，不适用格雷诉鲍威尔原则。美国法律体现这个区别的主要判例是1932年的克罗韦尔诉本森案。① 在这个案件中，最高法院认为，法院必须根据自己独立的判断审查管辖权事实是否存在。然而上面第二节中已经谈到，克罗韦尔案件的判决受到不少的批评。批评者指出区别管辖权事实和非管辖权事实很困难。一切影响行政机关权限的事实都是管辖权事实，全由法院独立判断实际上不可能，也妨碍行政效率。由于这种反对，最高法院以后很少援用这个判例，但是最高法院也从未取消这个判例。不能说在非常必要的情况下，为了制止行政机关决定自己权限的范围，法院不可能援引克罗韦尔案件作为先例。因为制止行政机关无权限的行为是设立法院的一个重要目的。

第五节 行政法规的审查

以上所述司法审查的范围也适用于行政法规的审查。按正式程序制定的行政法规，关于事实裁定的审查适用实质性证据标准。按非正式程序制定的行政法规，关于事实裁定的审查，适用专横、任性、滥用自由裁量权标准。② 上面所述法律的解释和适用的审查原则，也适用于行政法规的解释和适用。但是行政法规本身具有某些特点，例如行政法规中的事实大都属于一般性的或政策性的立法性事实，而不是关于特定人或特定事的司法性事实。③ 当代的行政法规往往涉及很多科学技术问题，由于

---

① *Crowell v. Benson*, 285 U.S. 22 (1932)关于这个案件其他方面的讨论，参见本书第六章第二节：司法权力的委任。
② 关于制定行政法规的程序，参见本书第八章第二节：制定法规的程序。
③ 关于立法性事实和司法性事实的说明，参见本书第十一章第二节：质证。

这些特点,行政法规的审查另有某些特殊问题需要说明。本节讨论的对象限于行政法规审查中具有特殊性的问题。

一、严格要求的审查

严格要求的审查(Hard Look Review)是20世纪70年代美国行政法的重大发展。这个名称是由哥伦比亚特区上诉法院法官利文撒尔(Leventhal)1970年在一个判决中首先提出来的[1],很快就被适用于非正式程序制定的行政法规,这个领域现在成为严格要求审查的主要对象。因为非正式程序制定的法规数量极多,成为当代美国行政管理主要的手段,它支配亿万美国人民的生活和安全,涉及亿万美元的经济价值,其重要性远远超过行政裁决,其数量远远超过正式程序制定的行政法规。所以当代的司法审查,特别重视非正式程序法规的审查。

非正式程序法规的审查,在其他法律没有特别规定时,依《联邦行政程序法》的规定,适用专横、任性、滥用自由裁量权标准。适用这个标准不表示法院对行政机关这样重要决定的审查,可以放松要求,采取不严肃的态度。法院必须审查行政机关是否滥用国会授予的立法权,在行使立法权时是否有专横、任性等不合理的表现。如果行政机关在制定法规时没有考虑必须考虑的因素,而且行政机关的考虑和法规所要达到的目的没有合理的联系,便构成专横、任性的一种表现。[2] 为此目的,法院必须严格审查行政机关说明的制定法规的根据和目的。《联邦行政程序法》规定,行政机关在制定法规的程序中,在公布最终的法规时,必须简单地说明制定法规的根据和目的,说明法规所执行的主要政策,以及行政机关制定法规的理由。[3] 法院不仅审查行政机关的说明是否符合《联邦行政程序法》的要求,而且要求行政机关提供足够的记录以供法院审查。法院认为,"司法审查将毫无意义,如果没有足够的行政记录以判断行政机关的行为是否专横、任性"。[4] 根据行政机关的记录和说明,法院必须能够看出行政机关为何作出这样的决定。这种审查就是利文撒尔法官的说明理由的行政决定(reasoned decision-making)。法院审查行政机关的理由是

---

[1] Greater Boston Television Co. v. FCC, 444 F.2d 841 (D. C. Cir. 1970).
[2] Motor Vehicle Mfrs. Ass'n of the United States, Inc. v. State Farm Mutual Automobile Insurance Co., 463 U.S. 29(1983).
[3] 参见本书第八章第二节:制定法规的程序。
[4] National Welfare Rights Organization v. Mathews, 553 F.2d 637 (D. C. Cir. 1976).

否一致、充分,是否回答了有理由的批评;行政机关说明的理由不清楚、不充分、无根据,不回答有理由的批评,不能在已证明的事实和作出的决定之间提供合理的联系时,不能通过严格要求的审查标准。

二、实质性证据审查标准问题

20 世纪 70 年代,国会在某些法律中,例如《职业安全和卫生法》,规定行政机关根据该法制定法规时,尽管不是按照正式程序,仍然适用实质性证据标准审查。这是对《联邦行政程序法》的变更。按照《联邦行政程序法》第 706 节(2)(E)的规定和第 553 节(C)款的规定,实质性证据标准适用于审查按正式程序制定的行政法规。按非正式程序制定的行政法规的司法审查标准,是第 706 节(2)(A)规定的专横、任性、滥用自由裁量权标准。

为什么国会对非正式程序制定的法规的审查,有时要求适用实质性的证据标准呢?国会的意图是考虑到这类法规的重要性。为了加强法院的监督,规定司法审查适用实质性证据标准。根据传统的观点,实质性证据标准的审查,比专横、任性、滥用自由裁量权标准严格。作为《行政程序法》规定的一种例外,在依非正式程序制定的重要的法规时,也要求适用实质性证据标准审查。

这种例外是否必要呢?很难肯定回答。

首先,从纯粹理论来说,法院在适用实质性证据标准时,根据正式听证的记录作为审查行政机关事实裁定的基础。按照专横、任性、滥用自由裁量权标准审查时,没有这种记录作为审查基础。两种审查标准的区别是存在的。实质性的证据由于出现在记录之中,所以认为比较严格。但是自从最高法院 1971 年在奥弗顿公园案件的判决中,要求对非正式程序的审查以行政记录作为基础以后,两种标准的区别实际上已不存在。

其次,不论实质性证据标准或专横、任性、滥用自由裁量权标准,其最后的根据都建筑在符合理性基础之上。但是很难对符合理性划出一条界线,分开实质性证据标准和专横、任性、滥用自由裁量权标准的各自领域,这两个标准实际上已在合理性基础上汇合。

最后,上款已经谈到,美国法院从 20 世纪 70 年代以来,在适用专横、任性、滥用自由裁量权标准审查非正式程序制定的行政法规时,采取严格要求的审查态度。在严格要求的审查之下,区别实质性证据标准和专横、任性、滥用自由裁量权标准,已经没有必要,也不可能。

由于以上各种原因,美国国会现在对非正式程序制定行政法规的司法审查,已经很少规定使用实质性证据标准。

三、要求法律规定以外的程序问题

要求法律规定以外的程序,是指法院在司法审查中要求行政机关,在法律规定以外增加更多的程序,以保障法规的正确性和公众更多地参与法规制定的程序,不是指行政机关在法律规定的程序以外增加其他的程序。行政机关在执法时,在不违背法律规定的范围内,有权决定自己的程序。法院是否有权在法律规定的程序外,要求行政机关在制定法规时增加更多的程序保障呢?这是一个有争论的问题,这个争论已由最高法院的判决作了否定的回答。

这个问题发生在行政机关依非正式程序制定法规的时候,行政机关依正式程序制定法规时,《联邦行政程序法》已经规定了非常严密的程序,不再发生增加其他程序保障问题。对于非正式程序,《联邦行政程序法》第553节规定的主要内容是通告和评论程序。评论是公众参与制定法规的主要渠道。公众提供评论的方式和程度由行政机关决定,在一般情况下,行政机关大都采取书面方式,因为这种方式节省金钱和时间。在20世纪70年代,联邦的上诉法院,特别是哥伦比亚特区上诉法院,常常根据专横、任性、滥用自由裁量权标准,要求行政机关对某些重要法规的制定,必须在书面程序以外,增加其他程序。例如增加口头提供证据的机会、进行非正式的口头辩论、当事人间进行有限度的对质等,以增加公众参与的程度。法院往往认为行政机关采取的程序不合理,撤销行政机关制定的法规。法院认为在实质问题上,法院不能代替行政机关作决定,但是法院有权根据正当的法律程序规则或合理的程序标准,要求行政机关改变他们的程序,以保证能够达到正确的实质决定。这种在法定程序以外要求增加其他程序的趋势,已为最高法院所制止。最高法院1978年在沃蒙延肯核电公司诉自然资源保护委员会案件的判决中①,认为就非正式程序制定法规而言,法院不能在《联邦行政程序法》以外提出更多的要求。是否应当在《联邦行政程序法》以外增加其他公众参与的方式,属于行政机关自由裁量的权限,由行政机关决定。如果法院认为行政机关制

---

① *Vermont Yankee Nuclear Power Corp. v. Natural Resources Defence Council*, 435 U. S. 519 (1978).

定某些法规,必须采取比《行政程序法》中规定的更多的公众参与,这种增加只能由国会决定。法院不能在法律规定以外对行政机关提出更多的要求。自从这个判决以后,只有国会和行政机关本身可以在法定的程序以外,增加新的程序,扩大公众参与的程序,法院没有这个权限。

四、科技法规和政策性法规的审查

最高法院强调,法院对科技法规的审查应当表现自我克制精神。最大限度地尊重行政机关的事实裁定。只要行政机关的判断不是出于臆测,而是在其专业知识范围内作出的判断,都应认为合理。对科学界没有结论问题的审查,不能要求因果关系的证明和严密的推理步骤,只要有可以信赖的科学思想支持,即已满足合理的标准。另一方面,法院对科技法规的审查,在程序方面不能放松。一个合理的程序可以保证实质问题的结论的正确性。行政机关必须遵守法律规定的程序,在法律没有规定程序时,按照《联邦行政程序法》第553节规定的通告评论程序,广泛听取有关方面的评论意见。行政机关依非正式程序制定法规时,如果在通告评论程序上有不合理的表现,这个法规可能会被法院撤销。

政策性法规中的事实具有普遍性质和预测性质,法院不能要求行政机关提出证据以它作为支持决定的基础。但是行政法规表现的政策必须和其所执行的法律的目的有合理的联系,可以完成法律所要达到的目的。缺乏这种联系的法规将被法院撤销。行政机关在制定法规程序中,在评论阶段收到的意见,很多属于预测性质,不属于事实材料,行政机关不一定采纳他们的意见。但行政机关在制定法规的程序中,对于应考虑的因素而没有考虑,例如采取某种经济政策的法规完全不考虑其社会效果,法院可能认为行政机关滥用其自由裁量权,故意回避问题。行政机关在评论阶段收集的意见中,对某种政策有批评意见,如果这种批评可以成立,行政机关在法规中选择这种政策时,必须对合理的批评作出回答,否则法院可能认为行政机关的决定出于专横和任性。行政机关对法规说明的理由,必须在其所考虑的事实中有合理的基础。

五、立法性法规和解释性法规的审查

法院对行政法规的审查,要区别立法性法规和解释性法规。前者是根据国会授权制定的法规,后者是没有国会授权,行政机关行使自由裁量

权对法律解释制定的法规。① 立法性法规由于行使国会授予的立法权力,这种法规的效力和法律相同,法院对它的审查范围受到限制,只在下列情况下才能撤销:(1) 超过授权法的范围或不符合授权法的目的;(2) 行政机关行使立法权的方式专横、任性,不遵守制定法规的程序;(3) 不符合宪法或有其他违法情况。解释性法规由于没有法律的授权,对于这种法规法院可以不给予任何法律效力,也可以给予全部法律效力。这种法规效力的有无和大小,完全取决于法规本身具有的合理性质。就一般情况而言,合理地解释性法规,由于会表现出行政机关的经验和专业知识,会得到法院的重视。但是这种法规对法院没有拘束力,法院对它进行严格的审查,可以用法院的解释代替行政机关的解释。

第六节 法院审查的记录

《联邦行政程序法》第706节规定司法审查的范围,最后一段的规定是:"为了作出上述决定,法院必须审查全部记录,或其中为一方当事人所引用的部分。"因此,法院只能根据行政机关的记录进行审查,作出判决。行政机关提供法院审查的记录,只限于作决定时考虑的问题和事项,不能是作决定后的记录。② 然而《联邦行政程序法》只规定行政机关正式程序的记录,对非正式程序的记录没有规定。尽管如此,法院对非正式程序,也会根据行政机关作决定时的记载和文件进行审查。以下分别说明审查非正式程序时的记录,和审查正式程序时的记录。

一、非正式程序法规的记录

行政机关按照非正式程序制定法规时,必须遵守《联邦行政程序法》规定的程序,以及《授权法》可能规定的程序。就《联邦行政程序法》的规定而言,除例外的情况以外,行政机关必须遵守通告和评论程序。③ 在这个程序中,有三种类型的文件:

(1) 行政机关在"联邦登记"上登载的通告。通告必须包含制定法规的根据,拟制定的法规的条文或主要内容,或其中包括的问题和事项。

---

① 参见本书第八章第一节:法规概述。
② 参见本章第二节中关于第一切纳里规则的说明。
③ 制定法规的非正式程序、参见本书第八章第二节:制定法规的程序。

(2) 受法规影响的人提供的书面意见、评论和材料,以及他们口头提供的意见或评论。

(3) 行政机关最后公布法规时,对法规内容的根据和目的的简单的说明。由于《联邦行政程序法》中没有规定提供法院审查的文件,行政机关也不知道在司法审查中应当提供什么文件,往往除《联邦行政程序法》规定的文件以外,把为制定法规而收集的全部信息,不加整理,都向法院提供。有时,行政机关提供的文件又过于简单,法院无法作出判断。在后面这种情况下,法院可以命令行政机关,最低限度地提供《联邦行政程序法》中规定的文件。

美国行政会议曾经提出一个建议①,主张审查非正式程序法规的文件,在法律没有其他规定时,包括下列记录:① 制定法规的通告,以及通告中提到的文件;② 公众在评论阶段向行政机关提出的书面材料;③ 口头意见的记载;④ 制定法规时考虑过的其他信息;⑤ 任何咨询委员会的报告;⑥ 最后公布法规时说明的根据和目的。

这个建议包括的记录,比《联邦行政程序法》中规定的略有增加,但是法院可以只审查当事人引用的部分记录。

二、非正式程序裁决的记录

《联邦行政程序法》对非正式程序裁决,没有规定任何记录。唯一的例外是第 555 节(e)款规定,行政机关拒绝书面提出的申请,必须说明理由。但是这项规定没有把说明理由作为审查的记录,行政机关对于非正式程序裁决是否制作记录,有自由裁量权。然而最高法院在 1971 年的公民保护奥弗顿公园诉沃尔普案件的判决中,要求法院对非正式程序裁决的审查,必须以行政机关作决定时的行政记录作为基础。行政记录包含什么内容呢? 法律没有规定。最高法院的判决也没有指明,从判决的宗旨来看,行政机关应当提供足够的文件,使法院能够作出判断。因此行政记录不受正式程序裁决的记录范围的限制,它包括行政机关作决定时考虑过的全部文件、证据、意见,以及行政机关作决定前发出的通知和草案在内。不论是外界向行政机关提供的说明、意见、评论,或者行政机关职员或政府机构提供的分析、资料、建议,参加人员写的回忆,行政机关对某

---

① 美国行政会议建议第 74-4 号。关于美国行政会议的说明,参见本书第一章第二节二:美国行政法的发展(1947—1965)。

一决定和草案的说明,只要对行政机关的决定有影响,都可作为行政记录;没有记载的事项如果对行政机关的决定有影响,从司法审查的观点而言,也可作为行政记录。如果行政机关提供的记录,不足以使法院进行有效率的审查时,法院可以要求行政人员对其所作的决定,进行必要的说明。但只限于说明作决定时的情况和事实,不能增加新的情况和事实。如果通过以上渠道还不足以使法院作判断时,法院只能把案件发回行政机关重新处理。

三、正式程序的记录

正式程序包括正式程序制定法规和正式程序作出裁决两个项目。这个程序规定在《联邦行政程序法》第556节和557节,这是联邦行政程序法中唯一要求制作记录的程序。行政机关的决定只能根据记录中的记载,不能根据记录以外的材料,司法审查以法律规定的记录作为基础。根据《联邦行政程序法》第556节和第557节的规定,正式程序的记录包括以下各项①:

(1) 口头证据的记录;

(2) 全部证据;

(3) 决定过程中的全部文件和请求;

(4) 行政机关对当事人自拟的事实裁定和法律结论的裁决;

(5) 行政机关对当事人关于任何决定、建议性决定或临时决定所提异议的裁决;

(6) 行政机关的决定,以及可能还有的初步的决定、建议性决定或临时决定,一切记载决定的文件必须包括对记录中出现的重要的事实问题、法律问题和自由裁量权问题的裁定、结论和理由;

(7) 裁定、法规、其他记载行政机关在程序结束后采取行动的文件;

(8) 利害关系人和行政机关参加决定程序的职员之间单方面接触的书面文件,以及记载单方面接触的口头谈话的备忘录。

法院审查行政机关的通知是否适当时,不仅包括对当事人的通知,也审查其他有权参加程序的人是否得到通知,后面这种通知也应包括在记录之内。

行政机关必须提供法律规定的全部文件,但如果缺少的文件对当事

---

① 参见本书第十一章第四节一:案卷排他性原则;第十二章第二节五:决定的内容和形式。

人不产生不利的影响时,法院不会因此撤销行政的决定。行政机关职员在机关作决定时提供的摘要、证据分析及其他澄清问题的内部文件,不包括在供审查的记录之内。内部文件如果被行政机关采取作为决定的基础时,法院可以要求审查。行政机关可以根据法律规定的特权,从记录中排除某些保密文件。法院不能命令行政机关提供这些文件,但是行政机关承担因此而不能证明的风险。

第十七章
政府侵权赔偿责任

法院在司法审查中判决撤销违法的行政行为,或命令行政机关履行必须执行的法定义务,只是防止违法行为继续发生侵害。受害人如果过去受到损失,并未因此而得到补救。如果受害人在行政行为撤销以后,还有损失需要弥补,这时就发生政府和官员对违法行为的赔偿责任问题,在有些国家中,当事人提起撤销之诉时,常常可以附带提起损害赔偿之诉,请求国家赔偿。另外,由于当事人受到行政行为的侵害直接提起赔偿之诉时,法院必须审查官员的行为是否违法。因为合法执行职务产生的损害是必然的侵害,政府和官员不负赔偿责任[1],所以受理赔偿之诉也是法院取得司法审查权的手段。[2] 受害人提起损害赔偿之诉时,除主张官员的行为违法以外,还必须指出官员的行为侵犯了他合法的权利,因此应负赔偿责任。这个责任称为侵权赔偿责任。本章说明联邦政府的侵权赔偿责任。下章说明政府职员的侵权赔偿责任。

第一节 政府赔偿责任的发展

一、主权豁免原则

美国政府的侵权赔偿责任建立在放弃主权豁免原则的基础上。在说明政府的侵权赔偿责任以前,必须首先说明主权豁免原则。

国家概念和主权概念密切联系。一般认为国家是主权者,主权是最高的权威,国家法律的渊源,主权者不负法律责任称为主权豁免原则。这个原

---

[1] 参见王名扬:《英国行政法》,北京大学出版社2007年版,第167—168页。
[2] 参见本书第十四章第二节:取得司法审查的方法。

则在司法上表现为主权者自己不同意时,不能作为被告。主权豁免思想普遍存在于世界各国。在封建制度时期,君主代表国家,是主权者,君主不负法律责任。人民受到政府侵害要求国家赔偿时,只能请求君主出于恩惠,同意接受某些法律责任。资产阶级建立近代国家以后,主权原则进一步明确和加强。在资产阶级国家的最初阶段,仍然严格实行主权豁免原则。

美国传统的法律制度来源于英国。在英国的普通法中没有国家观念,以英王代表国家。① 主权豁免原则在英国表现为"国王不能为非"(The king can do no wrong)。国王不能为非,当然没有政府的侵权赔偿责任。美国继承了普通法上的主权豁免原则,1821 年,首席大法官马歇尔在科亨诉弗吉尼亚案件的判决中②,宣称美国联邦不能作为被告。从此以后,美国法院一直适用这个原则。然而美国适用这个原则有一个理论上的困难:美国没有君主,怎能继承英国的"国王不能为非"原则呢？美国法院在继承这个原则时,主要出于政策上的考虑,避免新成立的联邦政府负担繁重的财政开支。法院没有从理论上说明这个原则在美国如何能够成立。1907 年,大法官霍姆斯(Holmes)在一个判决中③,对这个原则加以解释,认为权利是由法律创造的,没有法律上的权利可以反对制造法律的权威,所以主权者不能被诉。

主权豁免原则在美国是法院创造的原则。美国成文法中没有规定这个原则,《美国宪法》第 3 条第 2 款规定联邦法院的司法权,包括以美国为一方当事人的争端在内。这项规定没有限制美国只能作为原告,不能作为被告。一方当事人的意义包括原告和被告在内。制宪会议中没有讨论主权豁免原则,无法探明制宪者的意图。1794 年的宪法修正案第 11 条,规定联邦法院不能受理他州公民控诉州的诉讼,也不能受理外国公民控诉州的诉讼,可以解释为具有主权豁免意义。但是当时制定这个条文的原因在于维持联邦制度,保持州的权力,不是表现主权豁免原则。最高法院在以后的判决中,限制这条规定只在一个较小的范围内适用。

尽管没有成文法的规定,主权豁免原则在美国的法律制度中根深蒂固,迄今没有完全消除。由于主权豁免原则,控诉主权者必须主权者同意。在英国取得这种同意的方式,过去是通过权利请愿制度,后来由法律

---

① 参见王名扬:《英国行政法》,北京大学出版社 2007 年版,第 14、179 页。
② *Cohens v. Virginia*, 19 U. S. 264(1821).
③ *Kawannakoa v. Polybank*, 205 U. S. 349(1907).

规定。美国没有君主,人民是主权者。国会代表人民,追诉主权者的法律责任必须得到国会的同意。根据美国法院的判例,主权豁免原则具有下列含义:(1)这是一个司法原则,只有国会立法才能变更,即:只有国会有权放弃主权豁免,行政部门没有这种权力;(2)放弃主权豁免的范围和条件按照国会的规定;(3)主权豁免原则假定主权者不能被诉,对主权者起诉,只能在法律放弃主权豁免范围以内;(4)对放弃主权豁免的法律采取严格解释,避免包括法律规定范围外的诉讼原因。

二、联邦侵权赔偿法以前主权豁免原则的放弃

主权豁免原则是封建主义时期和资本主义初期的法律制度。这时行政职务很少,公民受到行政侵害的机会不多,国家不负赔偿责任对社会生活危害不大。工业化以后,行政职务扩张,公民受行政侵害的机会增加,国家不负侵权赔偿责任对社会生活的安全构成极大的威胁。近代所有的文明国家都已放弃这个原则。只在极狭小的范围内,为了国家安全的需要,才例外的有限制地保留这个原则。美国虽然是一个民主发达的国家,但是放弃主权豁免原则的进度和程度,和其他文明国家相比,较为落后。美国的国家赔偿责任不仅落后于进步的法国,甚至也落后于保守的英国。上面已经指出,美国只有国会有权放弃主权豁免原则。就国家的侵权赔偿责任而言,美国放弃主权豁免范围较广的法律,是 1946 年国会制定的《联邦侵权赔偿法》(Federal Tort Claims Act)。这是美国现行的政府侵权赔偿的中心法律[①],在此以前,国会只就个别案件、特定事项或特定领域放弃主权豁免。主要的方式和法律如下:

(一) 私法律案

由于主权豁免的阻碍,私人不能控诉政府。公民受到损害取得赔偿的唯一方法是追诉违法官员的赔偿责任,或者请求国会通过一个私法律案(a private bill),由政府赔偿。尽管这两种赔偿方式直到今天仍然有效,但是已经不占重要地位。官员个人的赔偿能力有限,在没有法律放弃主权豁免以前,私人请求政府赔偿,只有采取由国会制定一个私法律案的方式。私法律案是一个只适用于特定个人或团体的法律,不是为了公共利益而制定的法律。美国宪法修正案第 1 条规定,私人有权请求政府补救侵害,因此请求赔偿的私法律案数量极大。据 1825—1829 年期间担任

[①] 关于司法审查方面主权豁免的放弃,参见本书第十五章第二节:合格的当事人。

过美国第 6 届总统的亚当斯（John Quincy Adams）说，1832 年，美国国会一半时间用于讨论私法律案。① 1854 年，一位参议员说，参议院的委员会每周有两天时间用于讨论私法律案，占用委员会时间的三分之一②，大大妨碍了国会的正常立法工作。国会的时间本来应当用于讨论公共利益和政策，不论在组织、程序和人员的素质方面都不适于处理具有司法性质的私人事务。国会在制定私法律案时，没有遵守一致的规则，或者只考虑一方面的证据，产生不公平的现象。虽然国会用很多时间讨论私法律案，然而能够得到国会处理的私法律案只是极少部分。大量私法律案排不上委员会的日程，或者得不到委员会的询问，或者得不到委员会的表决。即使国会表决以后，总统还有否决权力。私法律案对于请求赔偿的公民来说，不是一个有效率的救济，对于国会的立法工作来说，是一个严重的妨碍。不论在国会内外，都强烈要求改进政府的赔偿方式。

（二）索赔法院

为了改进政府的赔偿方式，1855 年，国会制定《索赔法院法》（Court of Claims Act），设立一个索赔法院。设立这个法院的目的有三方面：（1）减轻国会制定私法律案的负担；（2）通过正式调查保护政府利益；（3）对要求赔偿的私人提供某种审查和裁决方式。但是这个法院具有的权限远远不能达到上述目的。

首先，法院只能受理根据法律和法规规定的金钱要求，私人和政府之间的明白的或默示的合同产生的金钱要求，以及国会移送的其他金钱要求案件，法院无权受理行政机关侵权行为的赔偿要求。

其次，法院的决定只是一个建议，没有最后处理问题的权力。法院在案件审理完毕以后，把全部案卷和处理意见移送国会，由国会最后决定。如果法院认为政府应赔偿时，法院必须准备一个私法律案，由国会讨论，制成法律。国会的赔偿委员会收到法院的报告以后，对法院移送的案卷进行一次全面审查才能作决定。这不仅浪费了当事人的时间和法院原来的工作，也没有减轻国会的负担。最初的索赔法院只有法院的名称，没有法院的实质。过去私法律案的弊端仍然存在。因此，索赔法院的权限必须进行改革。

---

① Lester S. Jayson：*Handling Federal Tort Claims*，1990，v.1，§52，2-6.
② Ibid.，2-7.

（三）塔克法

1887年的《塔克法》(Tucker Act)对1855年的《索赔法院法》作了部分修改。根据《塔克法》，索赔法院有了判决的权力，不只是对国会提供建议的机构，不服索赔法院的判决可以请求最高法院审查。①《塔克法》原来的草案是想进一步扩大索赔法院的管辖权，包括受理行政机关侵权行为的赔偿在内，由于参议院的反对未能通过。《塔克法》放弃的主权豁免限于非侵权行为的政府赔偿责任。1887年法律增加一项新规定，即索赔法院管辖的合同赔偿案件，以及根据法律和法规规定的金钱赔偿要求，数额在一万美元以下时，联邦地区法院有共同的管辖权。1887年的《塔克法》，对政府的赔偿责任只是部分作了改进，没有触动政府对侵权行为的不负赔偿责任规定。美国政府在侵权行为方面范围广泛地放弃主权豁免，在1946年的《联邦侵权赔偿法》实施之后才实现。

（四）特殊的侵权赔偿法

在1946年制定普遍适用的侵权赔偿法以前，由于客观情况的需要，国会已经制定了一些特殊的侵权赔偿法，适用于特定的领域内的侵权赔偿。通常由行政机关决定赔偿，也有例外由索赔法院或普通法院决定的。赔偿数额大都不高，也有例外不设数额限制的。特殊的赔偿法律没有共同的原则和程序，各法律之间差别很大。下面举出几个例证，可以显示美国政府侵权赔偿法的发展情况。其中有的法律经过修改，迄今有效，有的法律已被其他法律代替。

1885年的一个法律，授权财政部赔偿军事人员在服务中遭受的财产损失。1910年的一个法律，授权索赔法院受理美国政府侵害私人专利权的赔偿，这个法律迄今有效。同年的一个法律，授权海军部由于海军船只的过错而造成的碰撞，在500美元以内给予赔偿，1922年提高到3 000美元以内。1915年的一个法律，授权内政部长赔偿由于官员执行和维持灌溉工程造成的私人财产损失，没有数额限制。1916年制定《联邦职员赔偿法》，规定赔偿职员执行职务时遭受的损害，这个法律迄今仍有效。1920年的《海事诉讼法》，允许地区法院受理政府商船造成的损害赔偿，同时授权有关的部长可以协商解决赔偿问题，这个法律经过修改迄今有效。1922年制定的《小额赔偿法》，授权行政机关长官由于职员执行职务的过错对私人造成的损害，有权在1 000美元以内给予赔偿，这个法律迄

---

① 现在由联邦全国上诉法院审查。

今有效。1930年的一个法律授权农业部长由于国有森林的管理、保护、改进对私人财产造成的损害,可以在500美元以内给予赔偿,不问职员是否有过错。①

(五) 政府公司

除特殊侵权赔偿法规定的事项以外,在1946年以前,另外一个不适用主权豁免原则的领域是政府公司。联邦政府为了执行计划,可以创设和私人相同的公司,很早就已为最高法院承认。② 第一次世界大战以后,美国政府或者收买私人公司,或者创设公司,出现很多政府公司。其中不少公司的任务是执行政府计划,有些公司是按照州法律组织的。有些公司是国会制定法律组织的。政府公司的存在产生一个法律问题,即政府公司是否可以被诉。传统的理论可用1824年最高法院的一个判决作为代表。③ 法院认为,政府公司不享有政府具有的特权;相反,政府由于通过公司进行活动而下降到公司的地位,具有私人性质。在以后的判决中,最高法院认为就诉讼的目的而言,政府公司可以认为是和政府分离的实体。政府进入商业世界时,必须接受任何私人公司同样的负担。

近年来,政府公司和政府之间存在的界限日益模糊。法院在一些诉讼中认为政府公司是政府的一部分,是政府机关,政府公司可以具有私人公司所没有的特权。当代法院的意见似乎认为,政府公司不是全部和私人公司相同。政府公司的地位应依国会的意图而定,如果国会在公司的组织法中,规定政府公司可以起诉和被诉时,应当从宽解释,不设诉讼限制。只有在对政府公司的诉讼严重干扰政府执行职务时,才允许政府公司享有某些特殊待遇。

三、联邦侵权赔偿法

(一) 立法的历史

尽管在1946年以前,国会已经制定一些特殊的政府侵权赔偿法,但是这些法律适用的范围很窄,赔偿的数额很低。进入20世纪,特别是第一次世界大战以后,随着政府职务的扩张,侵权行为相应增加,车祸大量出现。国会中请求损害赔偿的私法律案比以往更多,无法处理,迫切需要

---

① 1946年以前,美国政府特殊侵权赔偿法的详细介绍,参见 Lester S. Jayson: *Handling Federal Tort Claims*, 1990, 第二章第五十五节, pp. 218-245.

② *McCulloch v. Maryland*, 17 U.S. 316 (1819).

③ *Bank of United States v. Planters Bank*, 22 U.S. 904 (1824).

制定一个普遍适用的侵权赔偿法。从 1921 年到 1946 年期间,三十多个法律提案企图减轻私法律案对国会的压力。其中有些和 1946 年的《联邦侵权赔偿法》非常相似,例如 1929 年,国会两院通过一个法律案和 1946 年的法律类似,为总统所否决。1942 年参议院通过的 S. 2221 号提议案是 1946 年法律的前身,这些法律草案是理解 1946 年法律必需的历史材料。

《联邦侵权赔偿法》原来是 1946 年的《立法改革法》的第 4 编,1948 年《司法法典》修改时,《联邦侵权赔偿法》分别规定在《美国法典》第 28 编(即司法编)下列各节:1291、1346(f)、1402、1504、2110、2401—2402、2411—2412、2671—2680。其中 1346(f)、2671—2680 各节是该法的中心内容。①

《联邦侵权赔偿法》1946 年制定以后,经过多次修改,这些修改的内容包括在后面对该法的说明中。下面简单指出几次具有原则性的修改:

(1) 1966 年以前,当事人在向法院请求国家赔偿之前,可以自由决定是否先请求行政机关解决。1966 年的修改,使行政程序成为司法程序的必要前提,没有经过行政程序,不能向法院起诉。为了增加行政程序的效果,1966 年的修改取消《联邦侵权赔偿法》原来对行政机关决定赔偿数额的限制。但是行政机关决定的赔偿额超过 25 000 美元时,必须得到司法部长的批准。

(2) 1974 年以前,政府的赔偿责任不包括官员故意的侵权行为造成的损害。1974 年的修改扩大了政府的赔偿责任,包括执法官员某些故意行为造成的损害在内,但不包括其他官员故意的侵权行为。

(3) 1988 年的修改,美国代替官员的赔偿责任,成为官员执行职务时侵权赔偿的唯一被告。受害人不得追诉官员的责任,但官员违反《宪法》的侵权行为为例外。②

(二) 目的、范围和程序

1. 目的

《联邦侵权赔偿法》的目的有两方面

(1) 减轻国会负担,改进立法工作。上面已经指出,请求国会决定赔

---

① 本章以后引用《联邦侵权赔偿法》时,有时只写《美国法典》的节数,省去第 28 编,有时写《联邦侵权赔偿法》节数,代替写《美国法典》的节数。

② 参见本书十八章第五节:行政人员的侵权赔偿责任。

偿的私法律案,随行政职务的扩张而增加,占用国会很多时间,妨碍国会制定公共法律的立法工作。因此,《联邦侵权赔偿法》在1946年制定的时候,是作为《立法改组法》的一部分。参议院在制定这个法律的报告中说,这个法律的目的"在于改变我们传统的、过时的国会机构,使它适应今天的需要"。① 为了达到这个目的,国会制定法律规定,放弃主权豁免的条件和范围,放弃主权豁免以后,由法院审理政府的侵权赔偿责任。1946年的《立法改组法》第1编第131节中特别规定,国会今后不得讨论属于联邦侵权赔偿法范围内的私法律案。

(2) 对由于官员执行职务的过错而受害的人提供公正的补救途径。国会制定一个私法律案需要很长的时间,受害人得不到迅速赔偿,或者完全得不到赔偿。而且国会制定私法律案时,没有一贯的原则,相同的问题,不同的国会可能作出不同的处理。赔偿问题交由法院审理,受一定的程序和原则支配,受害人可以得到迅速而公正的赔偿。

2. 范围

《联邦侵权赔偿法》是美国政府赔偿普遍适用的法律,适用的范围不限于特定的机构,也不限于某一特定类型的受害人。由于联邦官员执行职务的过失或不法的行为或不行为而产生的损害,几乎全都能够适用,赔偿的数额也不限制。因此,《联邦侵权赔偿法》是美国政府损害赔偿的中心环节。联邦政府的行为,如果私人处在类似情况应赔偿时,政府也应赔偿。不能说同样一个损害,由私人的过错产生应赔,由官员的过错产生而不赔。

另外,美国政府在《联邦侵权赔偿法》中,并未完全放弃主权豁免原则,仍然作了一些保留。法律在规定政府赔偿的同时,还规定14项不赔偿的例外,有些例外的范围很宽。因此美国政府的损害赔偿责任,和其他文明国家相比,较为落后。此外,政府的赔偿责任和私人的赔偿责任,在某些方面还有不同。这些问题下面另有说明。

3. 程序

《联邦侵权赔偿法》分为两个程序:即行政赔偿程序和司法赔偿程序。当事人在向法院起诉要求损害赔偿以前,有一个行政赔偿程序,即向行政机关请求赔偿。1966年以前,只要当事人请求赔偿的数额不超过2 500美元,行政赔偿程序和司法赔偿程序由当事人任意选择。当事人可

---

① 转引自 Lester S. Jayson: *Handling Federal Tort Claims*, 1990,第三章第3页。

以先向行政机关请求赔偿,行政机关不赔偿时,或对行政机关的赔偿不满意时,再向法院请求赔偿。当事人也可以不经过行政赔偿程序,直接向法院起诉。1966 年的法律修改,使行政赔偿程序成为司法赔偿程序的前提。当事人未向行政机关请求赔偿,不能向法院起诉。这个修改从 1967 年 1 月 18 日起生效。在这个日期以后发生的损害,当事人要求法院判决赔偿时,必须先履行行政赔偿程序。这两个程序将在下面说明。

(三)和其他行政侵权赔偿法的关系

联邦侵权赔偿法是政府侵权赔偿的一般法,适用的范围广泛。除此之外,美国联邦政府目前还存在四十多个特别的侵权赔偿法,适用于某一特定的领域。① 有些特别赔偿法在《联邦侵权赔偿法》制定前已经存在,迄今仍然有效。有的是在《联邦侵权赔偿法》制定后产生的。这些特别的侵权赔偿法和联邦侵权赔偿法的关系如何呢?由于特别赔偿法规定的赔偿主要由行政机关决定,1946 年的《立法改组法》第 424 节(a)款规定,以前制定的法律内容和《联邦侵权赔偿法》相同的,一律废除。其他没有被废除现在继续有效的法律,行政机关用它处理赔偿问题时,适用《联邦侵权赔偿法》的行政程序。1946 年后制定的一些特别侵权赔偿法,有的提到它和《联邦侵权赔偿法》的关系。例如《核能管理委员会法》、《国家航空和外层空间署法》等规定,根据该法的行政机关赔偿,适用《联邦侵权赔偿法》的行政程序。但是这时发生另外一个问题:是否也适用《联邦侵权赔偿法》规定免责情况呢?例如是否适用自由裁量权行为,官员故意侵权行为等免责情况呢?有的法律在规定适用《联邦侵权赔偿法》的行政程序时,同时规定不适用该法规定免责情况。例如 1976 年的《猪传染病预防法》规定适用《联邦侵权赔偿法》的行政程序,不适用其自由裁量权的免责情况。有的法律规定适用《联邦侵权赔偿法》的行政程序,没有其他说明。究竟如何解释,这是一个政策问题。如果着重保护政府利益,当然解释为包括适用免责情况在内;如果着重保护受害人的利益,则应解释为不包括适用免责的情况在内。

特别赔偿法中没有提到《联邦侵权赔偿法》时,如何决定它们之间的关系呢?这时应根据特别赔偿法的性质而定。如果特别赔偿法规定的救济是唯一的救济手段,这时不适用《联邦侵权赔偿法》;如果特别赔偿法

---

① 美国的这些特别赔偿法,参见 Lester S. Jayson: *Handling Federal Tort Claims*, 1990, v.1, §52, 131-164.

规定的救济是和《联邦侵权赔偿法》平行的救济,当事人可以选择其中一种救济,在适用特别赔偿法时,可以考虑也适用《联邦侵权赔偿法》中规定的例外的免责的情况。

(四) 和私人侵权赔偿责任的不同

《联邦侵权赔偿法》规定,政府的侵权赔偿责任和私人在类似情况下的赔偿责任相同。① 这句话只是承认政府的赔偿责任和私人的赔偿责任原则相同,不能理解为政府的赔偿责任完全没有特点,和私人的赔偿责任在一切方面相同。因为政府的赔偿责任建立在放弃主权豁免原则基础之上,国会在同意政府赔偿时,可以对政府赔偿的诉讼规定国会认为适当的条件。私人赔偿诉讼没有这个特点。美国法律中规定的政府赔偿诉讼和私人赔偿诉讼的不同,主要有下列各项:当事人向法院起诉请求政府赔偿时,必须先经过一个行政程序。② 追诉联邦政府赔偿的诉讼只能由联邦法院受理③,而在同样情况下追诉私人时,可能由州法院受理。联邦法院适用《联邦诉讼程序法》,不适用州诉讼程序法。《联邦诉讼程序法》规定,政府赔偿之诉不适用陪审制度。④ 政府的赔偿责任有很多免责的例外⑤,私人赔偿诉讼中不存在。对于政府不能判决处罚性的赔偿⑥,政府的赔偿只能采取金钱赔偿方式⑦,私人的赔偿可以采取多种方式。政府的赔偿不负担判决以前的利息。⑧ 政府赔偿之诉中,律师的收费受到限制⑨,在行政赔偿程序阶段,律师收费不得超过赔偿额的 20%;在司法赔偿程序阶段,律师的收费不得超过赔偿额的 25%。

第二节 行政赔偿程序

一、行政赔偿程序的理由和法律

上面已经指出,《联邦行政程序法》在 1966 年有重要修改,1967 年 1

---

① 《美国法典》第 2674 节(28 编)。
② 《美国法典》第 2675 节(a)(28 编)。
③ 《美国法典》第 1346 节(b)(28 编)。
④ 《美国法典》第 2402 节(28 编)。
⑤ 《美国法典》第 2680 节(28 编)。
⑥ 《美国法典》第 2674 节(28 编)。
⑦ 《美国法典》第 1346 节(b)(28 编)。
⑧ 《美国法典》第 2674 节(28 编)。
⑨ 《美国法典》第 2678 节(28 编)。

月18日生效。此后发生的政府侵权赔偿,当事人在向法院起诉以前,必须首先请求行政机关赔偿。只是在行政机关不在法定期间以内作出决定,或者当事人不满意行政机关的决定时,才能向法院起诉。不论当事人要求赔偿的理由如何充足,首先履行行政赔偿程序是法院具有管辖权的前提。

为什么国会会作出这样的修改呢?从美国政府赔偿发展的过程来看,除私法律案程序以外,行政赔偿程序是适用最早的程序。在制定《联邦侵权赔偿法》以前,国会制定特别的侵权赔偿法,赔偿问题几乎都由行政机关处理,由法院解决只是例外,行政程序比较为当事人所熟悉和容易利用。1946年的《联邦侵权赔偿法》不仅在赔偿范围上有发展,在赔偿程序上也有变更,主要用司法程序代替过去的立法程序和行政程序。1946年的法律虽然保留行政程序,但是作为一个次要程序,当事人可以不利用这个程序直接向法院起诉。这个法律经过20年的实施以后,法院受理的政府赔偿案件太多,判决的时间太久,为了减轻法院的负担,加速赔偿案件的解决,于1966年修改了《联邦侵权赔偿法》,首先规定了履行行政赔偿程序是法院取得管辖权的前提。这次修改的意图是把处理政府侵权赔偿的重心移到行政机关。赔偿问题能够用简易、迅速、廉价的方式解决,就不必用费时费钱的复杂程序解决。法院解决是最后的手段,法律在加大行政机关责任的同时,也增加了行政机关的权力。当事人向行政机关申诉的时效,从1年扩张到2年。行政机关能够决定赔偿的数额,从2 500美元最高限额的限制,扩张到不受限制。但超过25 000美元的赔偿,必须呈报司法部长批准。

行政机关处理赔偿问题的主要法律依据,首先是《联邦侵权赔偿法》。《美国法典》第28编第2672节规定,行政机关首脑或其指定人根据司法部长制定的条例处理政府侵权赔偿问题。同编第2675节(a)款规定,法院不能受理追诉美国政府的侵权赔偿诉讼,除非当事人已经先向行政机关请求赔偿,行政机关已经作出最后的书面决定,并且发出了通知,或者行政机关在收到当事人申诉后6个月期间以内未作决定。

《联邦侵权赔偿法》只规定行政机关处理赔偿问题的权限。行政机关处理赔偿问题的程序,由司法部长制定的条例和各行政机关制定的条例规定。各机关制定的条例只是补充司法部长的条例,不能违反司法部长制定的条例。所以支配行政赔偿程序最主要的法律是司法部长制定的条例。① 司法部长制定的条例仅仅规定行政机关处理赔偿问题的程序方面,没有涉及行政机关处理赔偿的实质问题。因为政府赔偿的实质问题,不论由行政机关处理或者由法院决定都是一样。本节只说明行政赔偿的程序问题,政府赔偿的实质问题将在下节说明。

二、主要的行政程序

(一) 提出赔偿请求

1. 书面提出

损害赔偿的请求,必须由书面提出。口头要求赔偿,或者行政机关知悉损害已经发生,不产生请求赔偿的效果。请求书的内容必须提供损害发生的基本情况,以供行政机关作决定的参考。政府规定有损害赔偿请求的标准格式②,当事人可向行政机关的法律部门索取填写,也可根据标准格式的主要内容,自制文书。请求书必须记载当事人的身份,是否有代理人,产生损害的行为、情况、时间、地点、证明人、证据。财产损害、人身损害、死亡必须分别填写。要求死亡赔偿必须提出死亡的证明、生前的职业状况和收入、扶养义务、医疗和埋葬费用单据。人身损害必须有医生的报告、医疗单据和预计必需的费用、所丧失的损失。行政机关认为必要时,可由政府医师复查。财产损害必须提出所有权的证明、修理费用、购买费用、救助的日期和费用等。书面记载不够明确时,行政机关可以要求当事人提供其他必要的信息。

2. 请求人

财产损害和人身损害有权请求赔偿的人是受害人,或其授权的代理人或法定代理人。受害人可以是自然人、法人、外国人。但联邦官员或军人执行职务时所受损害的赔偿,另有其他法律规定,不能依《联邦侵权赔偿法》请求赔偿。死亡损害的赔偿请求,由遗嘱执行人或遗产管理人提出,或者依死者所在州法律规定的其他人提出。

3. 被请求的机关

被请求的机关为因其行为而产生损害的机关。机关一词包括行政部门、军事部门、独立的行政机构、主要任务为执行行政职务的政府公司。1988年以后,机关一词还包括立法部门和司法部门。对司法部门提出请

---

① 《联邦行政法规法典》第28编第14部分。
② 标准格式第95号。

求应向美国法院行政局(Administrative Office of the United States Courts)提出;对立法部门的请求,依情况或向总审计署提出,或向国会图书馆提出等。

4. 提出请求的财政

请求赔偿必须在损害发生后两年之内提出,超过两年以后丧失赔偿请求权。是否在两年以内提出,以机关收到请求书之日为准。

(二) 赔偿数额必须确定

行政赔偿的数额不受限制,但超过 25 000 美元的赔偿必须得到司法部长批准。损害赔偿的请求书必须指出一个确定的赔偿数额,否则认为没有提出赔偿请求,当事人的起诉权利也因此受到妨碍。这个要求称为赔偿数额确定原则。赔偿数额必须确定由于以下理由:

(1) 便利行政机关迅速作出决定,不要求提出一个确定的数额,等于鼓励当事人隐藏重要的信息,以便在诉讼时使用。

(2) 赔偿数额影响行政机关决定的权力。因为超过 25 000 美元的赔偿,行政机关的决定必须得到司法部长的批准。①

(3) 赔偿数额影响经费的来源。25 000 美元以内的赔偿,由行政机关的预算拨款内支付,超过这个数额的,由财政部的永久性不确定经费项目内拨款支付。②

(4) 行政赔偿数额决定司法赔偿数额。当事人向法院请求的赔偿额,不得超过向行政机关请求的赔偿额。③

(三) 提供证据

当事人请求损害赔偿,除必须说明损害的情况和指出确定的数额以外,还必须提供支持请求的证据。上面所述申请书中记载的内容,是根据标准格式第 95 号和《司法部长条例》的规定,其中已经包括必要的证据在内。但是《司法部长条例》第 14 节第 4 款,除列举的证据以外,又有一句概括性的规定:"行政机关可以要求提供任何其他可能对政府责任或赔偿要求有影响的信息或者证据。"行政机关根据这项规定可以要求提供证据的范围如何,当事人拒绝提供或不能提供行政机关所要求的证据的法律效果如何,似乎没有一致的认识。

---

① 《美国法典》第 2672 节(28 编)。
② 同上注。
③ 《美国法典》第 2675 节(b)(28 编)。

行政机关往往认为当事人拒绝提供他所要求的证据,当事人的申请不能成立,行政机关对这个请求不作处理。当事人则往往只愿提供标准格式第 95 号和《司法部长条例》所指明的情况和证据,不愿提供其他证据。因为当事人考虑到如果行政赔偿程序不能得到满意的结果时,必须进行诉讼,为了在法庭上便于防卫,不能在行政阶段披露全部证据。况且行政机关在作处理时,并没有向当事人显示它所根据的全部文件和证据,使当事人处于不平等的地位。①

法院对这个争论反应的态度不一致。有的法院采取行政机关观点,例如在一个案件中,当事人拒绝提供行政机关要求的证据,行政机关对当事人的请求不进行处理,当事人在提出申请 6 个月后向法院起诉。行政机关提出抗辩,认为法院无管辖权,因为当事人的行政申请没有成立,没有经过行政程序法院不能取得管辖权。法院同意行政机关的观点,拒绝受理这个案件。② 一方面,法院认为,《联邦侵权赔偿法》1966 年的修改,规定穷尽行政程序为进行司法程序的前提。目的在于减轻法院负担,迅速解决赔偿案件。当事人不提供行政机关要求的证据,行政机关不能作出处理,将违反法律修改的宗旨。当事人向行政机关的申请,由于这种拒绝而不能成立,法院没有取得管辖权。另外,很多法院不同意行政机关的观点。法院认为,司法部长有制定条例的权力,它来源于《联邦侵权赔偿法》第 2672 节的规定,这节的内容是调整行政赔偿的程序。当事人拒绝提供行政机关要求的证据,行政机关由于证据不足,可以拒绝当事人请求的赔偿,不能认为当事人的申请在程序上没有成立,因此不影响法院的管辖权。根据《美国法典》第 2675 节的规定,只要当事人向行政机关提出确定的赔偿数额,并且提供足够的信息,使行政机关能够进行调查,即已满足法院管辖权的要求。③

第一种观点认为,一方面,当事人拒绝行政机关所要求的证据,是没有提出有效的请求,不仅行政机关不进行处理,法院也无管辖权,显然对当事人不公平。行政机关可以利用提供证据作为手段,拖延时间。行政机关可能要求当事人提供依证据法当事人享有特权拒绝提供的证据,不能认为在任何情况下,拒绝提供任何证据,都是没有提出有效的请求。另

---

① 当事人利用《情报自由法》,也不能取得行政机关的全部证据。
② *Swift v. United States*, 614 F.2d 812(1st Cir. 1980).
③ *Adams v. United States*, 615 F.2d 284 (5th Cir. 1980.)

一方面,应当承认行政机关缺乏证据不能作出决定,原则上应当鼓励当事人提供证据。赔偿问题的解决,虽然主要靠行政机关的调查,然而当事人也有协助的义务。对于行政机关合理的必要的证据要求,当事人能够提供而不提供的,法院应当承认行政机关的观点。证据问题的解决必须兼顾行政机关和当事人双方的利益。实质上,行政机关和当事人的利益并无矛盾,赔偿问题的迅速解决是双方共同的愿望。然而事实上有时出现矛盾,可能由于当事人对行政机关的信任程度不如法院,愿意把问题留给法院决定。解决证据问题的根本途径是行政机关处理赔偿问题的官员,必须处于超然地位,不能只顾行政机关的利益而忽视当事人的利益,要使当事人对行政机关的信任和对法院的信任一样。

(四) 协商解决

《联邦侵权赔偿法》规定,协商决定赔偿数额是解决赔偿问题的一种方式。① 双方达成协议以后,为了避免当事人反悔,行政机关必须取得当事人同意的明确表示。赔偿数额超过 25 000 美元,需要司法部长批准。司法部长不批准时协议不成立。行政机关不遵守协议时,当事人可向法院起诉。

(五) 行政机关的决定

行政机关收到当事人的赔偿请求书后 6 个月内不决定时,当事人可向法院起诉,要求赔偿;当事人也可继续等待行政机关作出决定。行政机关接受当事人的要求时,赔偿问题即已解决。行政机关拒绝当事人的请求时,《联邦侵权赔偿法》和司法部长的条例都没有规定必须说明理由。但《联邦行政程序法》第 555 节(e)款规定,行政机关拒绝当事人的书面请求,必须简单说明理由。这项规定也适用于行政赔偿程序。行政机关拒绝当事人的请求,除必须说明理由以外,还必须在通知书中说明,当事人不服行政机关的决定时,应在行政机关发出通知之日起②,6 个月以内向法院起诉。行政机关部分接受当事人的请求,当事人不同意时,这个决定也是一个拒绝的决定,当事人可以起诉。

(六) 申请复议

行政机关作出拒绝的决定以后,当事人在行政机关发出通知之日起,6 个月内可以申请复议,也可不申请复议直接起诉。不服行政机关复议

---

① 《美国法典》第 2672 节(28 编)。
② 通常以邮戳为凭。

的决定,可以在决定发出之日起6个月内起诉。行政机关收到当事人的复议请求6个月不决定时,当事人可以不再等待而直接起诉。

(七) 支付赔偿

行政机关决定的赔偿或者和当事人协商确定的赔偿,如果金额在25 000美元以下,由行政机关的预算拨款内支付。通常由行政机关对当事人发出通知①,通知书分为两部分:一部分为批准付款的通知,一部分为要求当事人签字后寄回的收据。收据上载明当事人收到该款后,对国家和有关官员的一切请求不再存在。行政机关收到当事人寄回的收据后,即可安排开出支票,由银行付款,全部手续大约两星期左右。

赔偿金额在25 000美元以上的,按照法院判决赔偿的方式支付,由财政部判决基金(judgment fund)付款。这个基金称为经常性不确定拨款,和行政机关的预算无关。超过25 000美元的赔偿必须司法部长批准,行政机关把当事人的收据,连同司法部长的批准,移送总审计署,由总审计署通知财政部从判决基金项目付款。全部手续大约需要6到8周。有收入的行政机关,例如邮政部,赔偿金额可以从收入中支付。

三、司法部长的权力

司法部长的指导,在全部行政赔偿过程中发挥重要的作用。行政赔偿程序必须按照司法部长制定的条例进行,行政机关自己制定的赔偿程序,不能违反司法部长制定的条例。行政机关在处理赔偿问题的过程中,机关的法律部门或律师,经常和司法部的赔偿局进行非正式接触,征求法律意见。行政机关决定的赔偿额超过25 000美元的,必须经司法部长批准。此外,遇到下列情况,不论赔偿数额多少,必须征求司法部长意见:(1) 赔偿问题包含新的法律观点或先例;(2) 可能涉及新的政策;(3) 美国可能从第三者取得全部或部分赔偿,行政机关不能确定第三者的赔偿数额;(4) 本案的赔偿额虽然不到25 000美元,但涉及其他相关的赔偿问题,后一赔偿超过25 000美元;(5) 由于同一赔偿事件,美国或其官员已被追诉至法院。

---

① 标准格式第1145号。

四、提起行政赔偿请求和接受行政赔偿金额的效果

(一) 提起赔偿请求的效果

提起赔偿请求后发生下列效果:

1. 赔偿请求决定前不能起诉

当事人必须首先向有关的行政机关提出赔偿请求,及到行政机关作出决定发出通知后才能起诉。行政机关的通知必须是书面和挂号邮件。行政机关收到请求后 6 个月内不作决定时,当事人可以自由决定是否起诉。当事人在上述时间前起诉,法院不能受理。穷尽行政程序是法院取得管辖权的前提。①

2. 司法赔偿数额受到限制

当事人在行政程序中无结果,请求法院判决的赔偿数额,不能超过在行政程序中请求的数额。② 如果允许当事人在司法程序中任意增加数额,则当事人在行政程序阶段,可能不愿意认真解决问题,把问题留待法院解决。当事人在司法程序中请求增加赔偿数额,由于下列原因时例外:(1) 出现在行政阶段不能合理发现的证据;(2) 同一损害事实在行政阶段以后产生新的情况。③

3. 变更诉讼时效

当事人请求行政赔偿,必须在损害事实发生后两年内提出,超过这个期间不能再提出行政赔偿请求。当事人一旦请求行政赔偿以后,提起赔偿诉讼的时效,在行政机关正式通知决定前不进行。不论行政机关的决定持续多长时间,不影响诉讼的时效。行政机关作出决定并正式发出通知后,当事人必须从通知发出之日起,6 个月内向法院起诉。超过 6 个月期间,便丧失诉讼时效。这 6 个月的期间和损害发生的期间没有关系。可能超过 2 年,也可能不到 2 年。④

(二) 接受赔偿金额的效果

当事人接受行政机关决定的赔偿金额或双方协议的赔偿金额以后,美国政府和有关官员的赔偿责任即已解除。当事人不能一方面和行政机关达成和解,一方面追诉有关官员的责任。接受赔偿金额全案结束,此后

---

① 《联邦侵权赔偿法》第 2675 节(a)(《美国法典》第 28 编)。
② 《联邦侵权赔偿法》第 2675 节(b)(《美国法典》第 28 编)。
③ 同上注。
④ 《联邦侵权赔偿法》第 2401 节(b)(《美国法典》第 28 编)。

不能再就同一事实追诉美国政府或有关官员的责任。①

第三节　政府侵权赔偿的诉讼

一、法院的管辖权和当事人

(一) 法院的管辖权

1. 事务管辖权

事务管辖权是指法院所能审判的事项。从本章的观点而言,即什么法院能够审理政府的侵权赔偿问题。《美国宪法》第 3 条规定,司法权属于最高法院及国会随时命令设立的下级法院。因此,联邦法院所能审理的事项由国会法律规定。联邦政府规定有权审理政府侵权赔偿的法律,是《美国法典》第 28 编 1346 节(f)款。该节规定:"地区法院……对 1945 年 1 月 1 日以后发生的、由于政府职员执行职务的过失的或不法的行为或不行为引起的财产损害或丧失、人身损害或死亡,而要求政府金钱赔偿的民事案件具有专有的管辖权……"根据这项规定,政府侵权赔偿诉讼的事务管辖权属于地区法院。地区法院的管辖权限属于专有性质,其他法院例如州法院不能享有这种权限。当事人由于错误向其他法院提起政府侵权赔偿诉讼时,其他法院除法律规定可以移送于地区法院以外,应拒绝受理。

第 1346 节(f)在规定地区法院管辖权的同时,又规定一个限制,即该节的规定不能违反《联邦侵权赔偿法》第 2671—2680 节的规定。而第 2680 节规定 14 项不适用《联邦侵权赔偿法》的例外。因此,对第 2680 节规定的不适用《联邦侵权赔偿法》的例外情况,联邦地区法院无管辖权。地区法院受理的政府侵权赔偿案件没有金额的限制,没有最低金额的要求,也没有最高金额的限制。而地区法院对私人之间的民事争端,依同法典第 1332 节的规定,争议的金额必须超过 50 000 美元才由地区法院受理,这项规定对政府侵权赔偿诉讼不适用。

2. 地域管辖权

地域管辖和事务管辖不同,事务管辖是指某类要求,法院是否能够受理;地域管辖是指司法权力在什么地区行使,全国的地区法院不止一个。

---

① 《联邦侵权赔偿法》第 2672 节(《美国法典》第 28 编)。

所有的地区法院对政府侵权赔偿的案件都有事务管辖权。但是在全国各地区法院中,当事人对政府侵权赔偿的请求,只能向某些特定的法院起诉,不是向任何地区法院都能起诉。法院的事务管辖权和当事人的行为或情况无关,而法院的地域管辖权往往根据当事人的行为或情况决定。

政府侵权赔偿诉讼的地域管辖权,规定在《美国法典》第28编第1402节(f)款中。该节规定原告可以选择两个地区法院起诉:原告居住地的地区法院,或者过失的或违法的行为或不行为发生地的地区法院。

(1)原告居住地。根据最高法院的解释,原告居住地是指原告的住所(domicile)而言,具有相对的经常性质,不是指原告临时栖身之处。对法人而言,住所是指法人的成立地,不是指法人营业的地方,代为行使受害人权利的人向政府请求赔偿,例如保险公司在赔偿受害人的损失后向政府请求赔偿时,应由保险公司所在地的地区法院管辖,不由受害人所在地的地区法院管辖。因为受害人对保险公司的请求,已经没有实质的利害关系。

(2)过失的或违法的行为或不行为发生地。过失的或违法的行为或不行为发生地,一般容易决定。因为过失或违法行为发生地通常也是损害发生地,但是过失或违法行为发生地和损害发生地也可能不一致。例如由于政府职员对飞机检查的过失,航空事故发生在另一地方。在这种情况下,究竟由哪个地区法院行使管辖权呢?依第1402节(f)的规定,应由过失发生地的地区法院,不由损害发生地的地区法院管辖。

3. 移送管辖

美国政府侵权赔偿之诉属于地区法院专有的管辖权,基于明示的或默示的合同对政府提出的金钱要求,属于索赔法院专有的管辖权。这两类案件都是向政府提出的金钱要求,有时不容易划分界限。当事人可能向错误的法院提出请求。在这种情况下,如果索赔法院收到的案件属于地区法院管辖的政府侵权赔偿问题,应把案件移送到有地域管辖权的地区法院。同样地,如果地区法院收到的案件属于索赔法院管辖的事项,也应把这个案件移送到索赔法院。但如果当事人向法院提出请求时,起诉的时效已过,或者当事人向索赔法院提出的侵权赔偿,属于《联邦侵权赔偿法》规定的例外情况,就不移送。

《美国法典》第28编第1404节(a)款,允许地区法院为了审理的方便,或者当事人或证人的方便,把案件从当事人起诉的法院移送到其他可能有管辖权的法院。例如政府侵权赔偿之诉,可以从原告居住地法院移送到过失或违法行为或不行为发生地法院,或者从后一法院移送到前一法院。这类移送的申请通常由被告行政机关提出,法院决定。

(二) 当事人

1. 原告

任何人,不论是自然人或法人,由于政府职员执行职务而受到损害,只要他的案件在《联邦侵权赔偿法》规定的范围以内,而且他具有起诉资格,都可作为请求政府赔偿的原告。当事人受到的损害不在《联邦侵权赔偿法》规定的范围以内时,例如《联邦侵权赔偿法》第 2680 节规定的不适用该法的例外情况的受害人,不能根据《联邦侵权赔偿法》,作为要求政府赔偿的原告。除《联邦侵权赔偿法》外,其他法律有时规定某种损害只能适用该法,这时也不适用《联邦侵权赔偿法》。例如《联邦职员赔偿法》规定,联邦职员由于执行职务受到损害,只能根据该法要求赔偿。假定一个邮局职员在执行职务时,邮车和另一军车相撞受伤,该职员不能作为《联邦侵权赔偿法》的原告请求军车单位赔偿,只能依照《联邦职员赔偿法》的规定,请求政府赔偿。

受害人具有程序法上的起诉资格是作为政府侵权赔偿原告的另一必要条件。《联邦侵权赔偿法》没有规定程序法上的起诉资格。该法只规定可以提起政府侵权赔偿的原因,这是实体法的规则,和程序问题无关。有权要求赔偿的人该法称为请求人。请求人的范围很广,不一定都有程序法上的起诉资格。司法部制定的《行政赔偿程序条例》,对请求人的范围加以确定,即:财产损害或损失的所有人,或其代理人;人身损害的受害人或其代理人;死亡事故的遗嘱执行人、遗产管理人,或其他有权得到遗产的人。这个条例所规定的是《联邦侵权赔偿法》的具体化,主要规定具有起诉权的人,没有解决程序上的问题。由于美国是一个联邦制国家,程序上的问题不可能只有一个简单的回答。政府侵权赔偿之诉是在联邦法院进行的,诉讼程序问题受《联邦民事程序规则》支配。该规则第 17 条(f)款规定的起诉资格如下:自然人以自己名义而不是作为代理人进行诉讼时,是否具有起诉资格依法院地法规定。法人进行诉讼的起诉资格依其成立地法的规定。非法人团体的起诉资格也依法院地法的规定,如果依法院地法不具备起诉资格时,该团体可用共同的名义起诉。未成年人和其他无诉讼能力人的起诉资格,依第 17 条(c)款的规定,由代理人提起诉讼。无代理人时由法院指定一个代理人进行诉讼。代理人的诉讼资格依法院地法的规定。

2. 被告

（1）只有美国能够作为被告。当事人根据《联邦侵权赔偿法》起诉，只能以美国作为被告，不能以任何政府机关作为被告，包括有权起诉和被诉的政府机关在内。执行行政职务的政府公司，法律通常授予它起诉和被诉资格。这种资格自从《联邦侵权赔偿法》实施以后，不再存在，也必须以美国作为被告。《联邦侵权赔偿法》第 2679 节（a）规定："任何联邦机构有权以自己名义起诉和被诉，不能解释为授权进行根据本编第 1346 节（f）规定的赔偿诉讼。本编针对这类案件规定的救济是唯一的救济。"①法院对于这项规定严格执行，甚至在反诉中也只能以美国作为被告。例如一个联邦政府机构在州法院进行的一项诉讼中，被告反诉要求该机构承担侵权赔偿责任。州法院拒绝受理这个反诉，因为联邦政府的侵权赔偿问题，只能由联邦地区法院受理，以美国作为被告。②

政府侵权赔偿诉讼也不能以政府机关的职员作为被告。1988 年以前，联邦政府职员执行职务时本人承担的侵权赔偿责任，美国政府不代替负责，只有少数职员例外由政府代负赔偿责任。1988 年对《联邦侵权赔偿法》修改，规定联邦政府职员执行职务时，除违反《宪法》的情况以外，一般法律上的侵权赔偿责任，全由政府按照《联邦侵权赔偿法》的规定负责。在政府代替职员负责时，当事人只能以美国作为被告，不能以政府职员作为被告。如果当事人在州法院以联邦政府职员作为被告时，检察官应请求法院把案件移送联邦地区法院，以美国作为被告。③

（2）美国政府可以作为共同被告。只有美国能够作为政府侵权赔偿之诉的被告，并不限定美国作为唯一的被告，不能再有其他被告。民事诉讼中的共同被告制度，也适用于政府侵权赔偿之诉。从原告的观点而言，有时愿意同时控诉几个被告，特别在原告不能确定诉讼的结果，究竟被告中谁应负责时如此。从法院的观点而言，共同被告制度可以避免对于同一案件，进行几次审理。例如私人交通运输公司的乘客，由于客车和邮车相撞而受伤，可能在同一诉讼中同时控告运输公司和国家，甚至还可能考虑控告汽车司机。因为事故的发生可能由于客车的过失，也可能由于邮车的过失。如果单独控告国家，可能由于下列原因而得不到赔偿。例如

---

① 《美国法典》第 2679 节（a）（第 28 编）。
② Federal Sav. & Loan Ins. Corp. v. Quinn, 419 F. 2d 1014(7th Cir. 1969).
③ 联邦官员的侵权赔偿责任将在本书第十八章讨论。

邮车的司机没有过失,邮车的司机是在执行职务以外用车,或者国家另有其他的免责理由等,这时受害人只能从运输公司得到赔偿。又如,由于政府建筑物的缺点而受害的人,可能考虑同时控告国家、设备承包人和制造人。

美国作为共同侵权人只是美国作为共同被告的一个条件,不是充足的条件。美国作为共同被告的另一条件,是必须符合法院的管辖权限。政府侵权赔偿之诉只能由联邦地区法院作为初审法院,其他法院没有管辖权。私人必须具有联邦法院的管辖权,才能和国家合并作为共同被告。美国作为共同侵权行为人这一事实,不能改变原告和其他共同被告之间的法院管辖关系。其他共同侵权人,除和美国有共同侵权这一联系之外,还必须具有独立的联邦法院管辖权,才能和美国合并作为共同被告。例如原告和其他共同侵权人属于不同州的公民,而且争议的金额超过50 000 美元以上的案件,具有联邦法院管辖权。原告可以把美国和其他这类共同侵权人合并,作为共同被告向联邦法院起诉。

二、诉讼的原因和适用的法律

诉讼原因是指原告能够提起诉讼的理由,从国家侵权赔偿责任的观点而言,是指当事人能够控告政府负担侵权责任的条件。根据主权豁免原则,没有国会的同意国家不负赔偿责任。国家赔偿责任的原因必须由法律规定。美国关于控告政府侵权赔偿责任的条件,规定在《美国法典》第 28 编第 1346 节(b)款;该款规定:

"在符合本编第 171 章的范围内,对由于任何政府职员在执行职务或工作范围以内的过失的或不法的行为或不行为而引起的财产损坏或丧失,或者人身损伤或死亡的金钱赔偿,如果美国作为一个私人时,依照行为或不行为发生地的法律,将要对请求人负责的情况下,而控告美国请求赔偿的民事案件,地区法院有专有的管辖权。"(Subject to the provisions of chapter 171 of this title, the district courts shall have exclusive jurisdiction of civil actions on claims against the United States, for money damages, for injury or loss of property, or personal injury or death caused by the negligence or wrongful act or omission of any employees of the Government while acting within the scope of his office or employment, under circumstances where the United States, if a private person, would be liable to the claimant in accordance with the law of the place where the act or omission occurred)

本规定中所指第 171 章是《联邦侵权赔偿法》第 2671—2680 节。所谓在符合第 171 章的范围内,主要是指第 1346 节(b)的规定不包括第 1680 节规定的例外情况。这些例外情况将在下节说明,本节只讨论提起政府侵权赔偿诉讼的条件。根据上引第 1346 节(b)的规定,原告依照《联邦侵权赔偿法》起诉,请求国家赔偿,必须符合下述六个条件:① 原告的请求只能是金钱赔偿;② 损害是关于财产的损坏或丧失,或者人身的损伤或死亡;③ 损害由于过失的或不法的行为或不行为所引起;④ 过失的或不法的行为或不行为者是联邦政府职员;⑤ 在该职员职务范围内的行为或不行为;⑥ 美国如果作为私人时,依照行为或不行为发生地法必须负责。下面分别说明这六个条件。

(一)原告的请求只能是金钱赔偿

私人之间的侵权行为,按照一般法律的规定,可能有多种补救方法。例如金钱赔偿、恢复原状、命令归还、扣押财产等。但是《联邦侵权赔偿法》第 1346 节(b)规定的起诉条件,限于金钱赔偿。当事人想在金钱赔偿以外取得其他补救方法,不能利用《联邦侵权赔偿法》,必须利用其他有关的法律起诉,否则法院无管辖权。例如当事人请求法院命令归还不法扣留的财产,可根据《联邦行政程序法》第 702 节、706 节的规定,向有管辖权的法院起诉,不能利用《联邦侵权赔偿法》起诉。

(二)财产的损坏或丧失,或者人身损伤或死亡

政府侵权赔偿的损害,限于财产的损坏或丧失,或者人身的损伤或死亡。财产的损坏或丧失包括动产和不动产在内,例如空军飞机撞伤受害人的房屋,有不动产的损害,也有动产的损害。有的损害比较明显,例如行政机关职员无正当根据剥夺私人对动产或不动产的占有;公共卫生人员误将良马作为病马加以消灭。有的损害不明显,例如政府是共同侵权人时,其他侵权人赔偿受害人后,就其对政府而言,是否也有财产损害呢?假如由于行政机关检查的疏忽以及公司本身的错误发生交通事故,私人公司赔偿以后,就其对政府的关系而言,是否受到财产损害?如果受害人在联邦法院追诉私人公司时,该公司是否可以主张国家作为第三者被告(third party defendant)而参加诉讼呢?以上两种情况,最高法院作了肯定的回答,认为私人受到财产的损害,包括在《联邦侵权赔偿法》的起诉范围内。①

---

① *United States v. Yellow Cab Co.*, 340, U.S. 543(1951).

人身的损伤或死亡在政府的侵权赔偿中,占有很大的分量。什么是构成人身的损伤呢?美国各州的规定有很大的不同。由于《联邦侵权赔偿法》第1346节(b)规定美国的责任依过失的或不法的行为或不行为发生地法决定,所以哪些人身伤害可以起诉,主要受行为地法支配。在很多州中,人身损伤的范围很广,不仅包括身体的损伤、痛苦和医疗费用,而且包括感情上的悲痛、丧失工作和伴侣的损害、诽谤的损害、侵犯隐私权的损害、恶意控诉的损害、非法监禁的损害等。州法律规定的损害,如果属于《联邦侵权赔偿法》规定的例外情况时,例如故意的人身攻击的损害,当然不能起诉。如果州法律中规定的损害不在《联邦侵权赔偿法》规定的例外情况,都可依《联邦侵权赔偿法》起诉。

不论财产的损害或人身的损害,都必须是现实的损害,即已经存在或必然发生的损害才能起诉,不确定的损害不能起诉。

(三) 损害由于过失的或不法的行为或不行为所引起

原告不是对于任何损害的行为或不行为都能起诉,只有损害的行为或不行为具有过失或不法性质时,才能起诉。

1. 过失的行为或不行为

原告对被告过失的存在,负有举证责任。原告必须证明被告对于被侵害的利益负有法律上保护的义务,不是道德上的义务,并且被告在对待这种利益时必须遵守一定的注意标准。由于被告的行为违背了这个义务和标准,构成被告的过失,由此产生了损害,所以被告应当负责。至于什么行为或不行为构成过失、什么过失可以起诉,主要依行为地法决定。行政机关的行为或不行为,依行为地法不构成对原告的义务时,原告不能起诉。例如在某一件刑事案件中,联邦调查局知道证人受到伤害的威胁。当证人的儿子会见证人时,没有向他提出危险警告。在会见中,父子二人被杀害。根据行为地发生州的法律,知道危险的人没有义务必须警告或保护可能受到危险的人,因此原告不能起诉。① 行政机关的行为没有违反一定的注意标准时,也不负赔偿责任。例如边境哨兵没有觉察入境司机的酒醉状态,结果造成撞车事故。根据当地的法律,哨兵的行为不构成过失,国家不负侵权赔偿责任。② 但是行为地法关于过失的规定,受到《联邦侵权赔偿法》的限制。行为地法规定的义务或注意,属于《联邦侵

---

① *Galanti v. United States*, 709 F.2d 706 (11th Cir. 1983).
② *Maffei v. Nieves-Reta*, 412 F. supp. 43 (S.D. Cal. 1976).

权赔偿法》规定的例外时,国家不负赔偿责任,受害人无权依照该法起诉。

在特定的情况下,行政机关的行为根据州法律的规定可以推定有过失时,原告可以免除证明被告过失的责任。这时被告必须证明没有过失存在,例如被告的建筑物由于破旧造成的损害、使用火器造成的损害、汽车事故等,根据情况可以推定被告有过失,推定的过失实质上是一种情况证据。原告无须证明过失存在,只需证明产生过失的情况存在,由此推论出被告的过失存在。在这种情况下,假如原告本身没有过失行为,如果不是由于被告的过失损害不会发生,因此被告必须首先证明自己没有过失。

原告不仅需要证明行政机关职员的行为或不行为构成过失,而且还要证明损害的发生是由该职员的过失所引起。行政机关职员的行为或不行为是损害的直接原因,否则国家不负赔偿责任。例如在一个案件中①,25 名矿工由于煤矿爆炸而死亡。原告认为行政机关没有依照《联邦煤矿卫生和安全法》进行检查,请求国家赔偿。法院认为,即使行政机关的检查疏忽,可依《联邦侵权赔偿法》起诉,然而这个过失不是事故的直接原因。即使这个过失可能是一个原因,由于煤矿经营者不可预见的过失行为的介入,行政机关的过失不是事故的直接原因,国家不负赔偿责任。

2. 不法的行为或不行为

不法行为的范围很广。广义的不法行为除包括过失的行为以外,还包括其他的侵权行为,但不包括州法律规定的全部侵权行为。例如不包括绝对的赔偿责任(absolute liability)在内。狭义的不法行为是过失以外的其他的违法行为,例如行政机关职员没收并毁坏原告在公共土地放牧的马。这个行为不是过失的行为,而是侵害财产的不法行为。② 如果原告主张行政机关职员的行为是故意的行为,而这种行为根据行为发生州的法律是可以起诉的侵权行为,并且不属于《联邦侵权赔偿法》规定的例外情况,这种行为就是根据《联邦侵权赔偿法》可以起诉的不法行为。但是违反合同的义务,不是《联邦侵权赔偿法》中的不法行为。

3. 不包括无过错的行为

《联邦侵权赔偿法》规定的国家赔偿责任,限于行政机关职员过失的或不法的行为或不行为,不包括无过错的行为。除非其他法律中另有明文规定,否则美国不负无过错的赔偿责任。在无过错的责任原则之下,只

---

① *Collins v. United States*, 621 F. 2d 832 (6th Cir. 1980).
② *Hatahley v. United States*, 351 U. S. 173 (1956).

要一个行为产生损害,就自动地产生责任,不问行为者主观意志或心理状态如何。行为者的责任和注意程度无关,只要求行为和损害之间有因果关系,责任即已成立。例如由于危险物体或从事危险事业造成损害,无须证明任何过错存在,只要证明损害和行为之间的因果关系,赔偿责任即已成立。然而《联邦侵权赔偿法》则明文规定,必须有过失的行为或不行为,或者不法的行为或不行为,国家才负赔偿责任。最高法院认为《联邦侵权赔偿法》不包括无过错责任。①

美国学术界有人认为,《联邦侵权赔偿法》不排除无过错的国家赔偿责任。因为《联邦侵权赔偿法》有两个条文规定国家的赔偿责任,即第 1346 节(b)和第 2674 节。这两节规定的意义不完全一致。第 1346 节(b)规定原告只能对行政机关职员过失的或不法的行为或不行为造成的损害起诉,第 2674 节规定:"美国依本编规定的侵权赔偿责任……负担和私人在相似情况下的同样的责任。"既然美国负担和私人在相似情况下的同样责任,私人在某种情况下可以负担无过错责任,美国在相似情况下也应当负担无过错责任。就第 1346 节(b)和第 2674 节的关系而言,前者的适用应在"符合本编 171 章的范围内"。第 2674 节是 171 章的一个条文,所以在这两个条文规定不同的时候,应以第 2674 节为主。因此根据《联邦侵权赔偿法》,美国可以负担无过错的赔偿责任。② 这是戴维斯教授的见解,未为最高法院接受。

(四) 过失的或不法的行为者是联邦政府职员

过失的或不法的行为者必须是联邦政府职员,否则不产生国家的侵权赔偿责任。联邦政府的职员包含两个内容:① 过失的或不法的行为人所属的单位是联邦政府的机构。② 过失的或不法的行为或不行为者是联邦政府机构的职员。

1. 联邦政府的机构

什么是联邦政府的机构?依照第 2671 节第 1 段的规定,从适用该法的赔偿责任而言,联邦政府机构包括:普通行政各部、军事各部、属于联邦

---

① *Dalehite v. United States*, 346 U. S. 15 (1953); *Liard v. Nelms*, 406 U. S. 797 (1972). 关于 Dalehite 案件,后面另有说明。

② K. C. Davis: *Administrative Law Treatise*, 2d ed. vol. 4, pp. 46-51.

的独立机构①，主要作为国家机构而活动的公司，以及司法部门和立法部门，不包括和美国订立合同关系的人。

以上列举的项目中，司法部门和立法部门是1988年修改《联邦侵权赔偿法》时增加的。司法部门的行为如果构成司法程序的一部分时，属于《联邦侵权赔偿法》规定的自由裁量权的例外情况，不适用《联邦侵权赔偿法》。《联邦侵权赔偿法》只适用于司法行为以外的其他行为，例如一个联邦法官上班时，自己驾驶的汽车撞坏别人的汽车。虽然属于法官执行职务的行为，不是司法程序的一部分，国家应按《联邦侵权赔偿法》负责。

立法部门包括国会两院及属于国会的机构，例如国会图书馆、总审计署、政府印刷局等。立法程序属于自由裁量行为，不受《联邦侵权赔偿法》的支配，非立法的行为受《联邦侵权赔偿法》的支配。

政府公司包括政府只占部分股份的公司在内，但必须是作为行政工具的公司才受《联邦侵权赔偿法》的支配。由国会设立的公司，如果和行政活动无关，不是政府公司。例如美国红十字会具有国会的特许状，不是政府公司。

和美国订立合同关系的人是指独立的订约人。他们和政府订立合同，完成政府需要的某些活动，但其工作不受政府的指挥和控制，所以不是政府机构。

《联邦侵权赔偿法》只规定联邦政府机构包括什么部门，决定某一机构是否属于联邦政府机构，必须根据联邦的法律，不能根据州法，因为联邦的机构由联邦的法律建立。联邦的法律或法规规定其组织、活动和执行的政策，法院必须依照联邦法律，决定某一组织是否属于联邦机构。

2. 联邦政府机构的职员

《联邦侵权赔偿法》第2671节第2段规定，政府职员包括下列人员：① 任何联邦机构的官员或职员；② 美国军队的成员；③ 代表联邦机构活动的人，不论其对美国的服务是临时的或长久的、有报酬的或无报酬的。从这个规定可以看出政府职员的概念，比文官制度中的成员或军队的成

---

① 普通行政部通常是指其首长参加内阁会议的行政部。包括国务院、财政部、国防部、司法部、内政部、农业部、商业部、劳动部、教育部、能源部、卫生和公共服务部、住房和城市发展部、交通运输部、退伍军人事务部及其所属机构。也包括总统执行机构，例如管理和预算局、国家安全委员会。军事部包括国防部、陆军部、海军部、空军部及其所属机构。独立机构参见本书第三章第六节：独立的控制委员会。

员范围广。不限于经过正式手续,例如选举或任命而任职的人。一个私人公司的职员和政府订立合同,作为政府住房计划的经理人员,只要他接受政府的指挥,不是独立的订约人,也可以认为是政府的职员,尽管他不是文官制度中的成员。

(1) 任何联邦机构的官员或职员。联邦机构的意义,上面已经说明,就政府赔偿的观点而言,官员和职员没有区别,政府对二者的侵权行为同样负责。因为职员的范围较广①,通常以政府职员的侵权行为作为国家赔偿责任的基础。

什么人是联邦政府的职员呢?《联邦侵权赔偿法》采取普通法上主人对仆人、雇用人对受雇人的行为负责的原则(doctrine of respondent superior)。如果在美国和侵权行为人之间没有主仆关系(master and servant)或雇用人与受雇人(employer and employee)关系,美国对侵权者的行为不负赔偿责任。《联邦侵权赔偿法》中"职员"一词,和普通法上的仆人或受雇人的意义相同。② 依照普通法,受雇人是为他人所使用从事某项工作或劳务的人,使用人对他执行工作的情况和结果有指挥和控制权。侵权行为人是否政府职员,是否和政府之间有雇佣关系,取决于他从事工作时是否受政府的控制,以及控制的程度如何。受政府机构控制从事工作的人,不论其产生的方式如何,从《联邦侵权赔偿法》的观点而言,都是政府职员。从事政府的工作不受政府机构控制的人,一般是独立的订约人,不是政府职员。只有政府职员的侵权行为才产生国家赔偿责任。

(2) 军队的成员。政府职员不仅包括文职人员,也包括陆海空三军的军职人员。什么人是正式军队的成员很少发生问题,但是和军队有关的组织的成员是否联邦军队成员,有时发生问题。美国的国民保卫队(national guard)受州长的管辖,由州财政负担,不是正式的军队。但是国民保卫队在进行联邦政府的训练活动时,被认为是联邦政府的成员。哥伦比亚特区的国民保护队,由于直接受总统的指挥与控制,即使不在进行联邦的训练活动时,其成员也被认为是联邦机构的成员。

(3) 代表联邦机构活动的人。这些人有的是自愿帮助政府机构的

---

① 就赔偿责任而言,职员包括政府全体工作人员。官员是其中具有决定权力的人。

② American Jurisprudence: The employer is master, and the person employed is servant. Black's Law Dictionary: Master and servant ... such term has generally been replaced by employer and employee.

人,例如在出现紧急事件的时候,接受政府指挥并向政府提供服务的人。有的是由政府指定参加某些委员会或咨询机构而不收报酬的人,也可能是由政府机构要求临时执行任务的人。例如,哥伦比亚特区的一个狱卒,临时监管一名联邦囚犯,该囚犯由于狱卒的过失而受伤,该狱卒的侵权行为由联邦负赔偿责任。

除第 2671 节指出的三类人以外,其他事实上在联邦机构的指挥或控制下而进行活动的人,从《联邦侵权赔偿法》的观点而言,都是联邦机构的职员。原告对侵权者不能指出姓名时,只要能够证明侵权者实际上处在政府机构的指挥或控制下,即已足够。

(五) 职务范围以内的行为

政府机构职员的行为,只有在其职务范围以内,才能产生国家的赔偿责任。职务范围的要求是《联邦侵权赔偿法》的一个重要的条件。如果没有这个条件,美国对其职员的任何侵权行为都负赔偿责任,显然不符合国家的利益。国家对政府职员职务范围内的侵权行为负责,这个原则来源于普通法上主人对仆人、雇主对受雇人职务行为负责原则。国家所负的责任是雇主的责任。这种责任是一种代替责任(vicarious liability)[①],即自己没有侵权行为的人,在一定的关系和条件下,代替他人的侵权行为负责。侵权行为人故意的侵权行为,只要不是出于个人的利益和促进雇主的事业无关,仍然没有超出职务的范围,仍由雇主负责。但国家对故意行为负责原则,在《联邦侵权赔偿法》中受到限制。

在雇主对受雇人的行为负责的原则下,受雇人如果有免责或减责的理由,雇主可以利用这个理由免除或减轻赔偿责任。例如一个政府医生,如果依照所在州的法律享有免责的特权,在国家代替该医生负责时,国家可以主张该医生享有的特权。[②] 这个免责和减责原则,以前只存在判例中,1988 年《联邦侵权赔偿法》修改后,明确规定在第 2674 节中。

某一机构是否联邦机构、某一职员是否联邦职员,依联邦法律决定。然而联邦机构职员的行为是否在其职务范围以内,不依联邦法律,而依行为地州的法律决定。就是说,雇主对受雇人执行职务的行为负责的原则如何适用,受州法律的支配。因为机构问题和职员的身份问题,主要是个

---

① 英国中央政府的责任也是代替责任,但范围比美国广。英王对独立的订约人的侵权行为也负责任。参见王名扬:《英国行政法》,北京大学出版社 2007 年版,第 185—186 页。

② *Johnsol v. United States*, 547 F. 2d 688 (D. C. Cir. 1976).

法律问题。职员的某一行为是否在其职务范围以内,虽然最终是个法律问题,然而职务范围的确定,取决于大量的事实因素。例如该行为发生的时间、地点,行为者的目的,是经常性的或偶然性的行为,行为者和雇主的关系,雇主的职务分配于各受雇人的情况,雇主是否有理由希望该行为发生,行为的工具是否为雇主所供给,执行职务的通常方法等事实因素,都是确定职务范围所应考虑的情况。每个案件具有的事实因素,要依具体情况决定。所以受雇人的职务范围如何确定受行为地法的支配。

(六) 私人依行为地或不行为地法所负的责任

《联邦侵权赔偿法》第1346节(b)规定,美国对其职员过失的或不法的行为的责任,限于"美国如果作为一个私人时,依行为地或不行为地法应向请求人负责的情况",第2674节规定:"美国负责的程度和方式,和私人在类似情况下的责任相同。"根据这两项规定,原告依照《联邦侵权赔偿法》要求美国负责,必须符合两个条件:① 美国只负担私人在类似情况下负担的责任;② 美国只负担行为地法对私人规定的责任。下面分别说明。

1. 私人在类似情况下的责任

原告必须证明政府职员的行为或不行为,如果私人(包括自然人和法人)在类似的情况下必须负责时,才能要求美国赔偿,这项规定的理由是因为《联邦侵权赔偿法》,没有在私人之间原有的责任原因之外,创造新的责任,而仅仅是把私人之间已经存在的责任适用于美国。美国只在私人负责的范围内放弃主权豁免原则,站在和私人相同的地位,接受和私人相同的责任。《联邦侵权赔偿法》不接受比私人更多的责任。①

美国负责的情况不要求和私人负责的情况完全相同,只要求在类似的情况下私人负责时,美国也要负责。例如,政府医院负责的情况和当地私人医院负责的情况完全相同,但是政府的很多行为私人没有。如果要求政府负责和私人负责的情况完全相同,政府的很多行为就没有责任了。过去美国常常以私人没有相同的行为作为理由,拒绝负责。这个观点已为最高法院否认。在印第安拖船公司诉美国案件中②,最高法院声称:"这个法律(《联邦侵权赔偿法》)所企图实现的广泛而公正的目的,是在类似私人负责的情况下,赔偿由于政府活动的过失而受害的人。"在另外一个

---

① 美国政府有很多免责的例外,私人没有,政府的责任实际上比私人小。
② *Indian Towing Co. v. United States*, 350 U.S. 61(1955).

判决中①,最高法院声称:"按照第 1346 节(b)和第 2674 节明显的意义,如果州法律在相似的情况下,可能认为私人和私人公司应负责任时,美国应对申请人负责。"根据最高法院的观点,政府从事的行为虽然是私人没有的活动,如果私人类似的行为,根据州法律的规定应负责时,或者假定私人从事政府所做的活动,州法律会规定责任时,政府也应负责,不能以私人没有相同的行为作为理由,而拒绝负责。例如,在海港设立灯塔指导航行,是政府的活动,私人没有这种活动。假如私人从事这种活动,由于灯塔管理的过失而使船舶受到损害,法律不会不规定私人的责任。所以政府对灯塔管理过失造成的损害,也应负责。

国家的赔偿责任,虽然不限于和私人行为完全相同的情况,然而必须和私人的行为有类似的可能,政府才负赔偿责任。如果政府的行为和私人的行为毫无类似的可能,《联邦侵权赔偿法》不包括这类责任。行政机关的准立法活动和司法活动,是私人所不能有的活动,不能根据《联邦侵权赔偿法》要求政府负责。例如一个西班牙籍美国公民,由于证件不全,在到达纽约机场时被联邦移民局拘留 6 天。受害人要求政府赔偿,法院认为行政机关是行使准司法权力,私人不可能有类似的情况,拒绝当事人根据《联邦侵权赔偿法》所要求的赔偿。

州法律对同一情况规定两个不同的责任标准,一个适用于政府,一个适用于私人时,《联邦侵权赔偿法》按照私人的标准负责。例如夏威夷州的一个法律规定,土地所有人对进入其土地从事娱乐活动的人,没有通知危险的义务。这项规定不适用于公有土地。在一个案件中②,申请人在夏威夷的美国政府公园跳水受伤,请求国家赔偿。因为土地主人不负责任的规定不适用于公有土地,法院拒绝申请人的要求,认为《联邦侵权赔偿法》规定美国按私人的标准负责,申请人不能援用只适用于政府的规定。法院声称:"申请人忽视了这个事实,是美国国会,不是夏威夷的立法机关决定美国的侵权赔偿责任。《联邦侵权赔偿法》明白规定,美国的责任和州法律规定对私人的责任相同。"

国家责任和私人责任相同的原则,大大妨碍美国国家责任的发展。因为私人之间的责任建立在平等者关系之上,国家对私人的活动,有些不建立在平等关系之上。这种活动和私人的行为没有类似的可能。根据国

---

① *Rayonier, Inc. v. United States*, 352 U.S. 315(1957).
② *Proud v. United States*, 723 F.2d 705 (9th Cir. 1984).

家责任和私人责任相同的原则,对和私人活动不能类似的行为,美国不负赔偿责任。这个原则,从比较行政法的观点来看,和法国行政法在19世纪时期,把行政机关的行为分为权力行为(actesd' autorite)和事务管理行为(actes de gestion)非常接近。根据这种区分,国家对权力行为不负赔偿责任。美国的和私人不能类似的行为,接近法国的权力行为概念。法国行政法的发展,在19世纪70年代已经放弃权力行为观念,以行政机关对公务的实施是否有过错(faute de service)作为国家赔偿的标准,从而大大扩张了国家的赔偿责任。① 这个发展可供美国参考。

另外,私人的赔偿责任包括无过错责任在内。美国最高法院却认为《联邦侵权赔偿法》不包括无过错责任。可见国家的赔偿责任和私人的赔偿责任又不相同。这种矛盾现象,有时说相同,有时说不同,都是减轻国家的责任。美国国家赔偿责任不能发展,在很大程度上是由于受主权豁免原则的束缚。美国只有更进一步放弃这个原则,在私人的赔偿责任之外,建立一个国家赔偿原则,最低限度减少国家不负责任的例外情况,才能促进国家赔偿责任的发展。

2. 行为地法对私人规定的责任

美国是一个联邦国家,私人分散在不同的州中。同样一个行为各州的规定可能不一样。国家的赔偿责任和私人的赔偿责任相同,究竟根据哪一州的规定呢?《联邦侵权赔偿法》第1346节(b)规定以行为或不行为发生地的州的规定作为标准,即美国的侵权赔偿责任,适用行为或不行为地的州的法律对私人类似情况的规定。什么行为构成侵权行为由州的法律决定,原告仅仅主张联邦机构的职员违背联邦法律,不足以产生美国的赔偿责任,必须证明联邦职员的过失或不法行为,依行为发生地的州的法律的规定构成侵权行为时,美国才负赔偿责任。同样一个行为,在某一州中可能是侵权行为,在另一州中可能不是。美国究竟负担什么侵权责任,没有一个统一的规定。但各州法律的规定受联邦法律下述几种限制:州法律中规定的侵权行为属于《联邦侵权赔偿法》规定的例外情况时,美国不负赔偿责任。联邦侵权赔偿之诉由联邦法院管辖,赔偿之诉的程序方面依联邦法律规定,州法律规定赔偿责任的实体方面。

有时,一个行为涉及几个州,或者没有行为地,适用什么法律呢?例如交通检查或药物检查的过错发生损害,检查机关设在甲州,事故发生在

---

① 参见王名扬:《法国行政法》,北京大学出版社2007年版,第19—24页。

乙州,适用什么法律呢？依第1346节(b)的规定,适用行为发生地的法律,不是适用结果发生地法律。由于不行为的过错而产生的损害适用什么法律呢？不行为根据其本身定义是没有行为,如何认定它的行为发生地呢？法院认为应以为了避免过错而必须采取行为的地方作为不行为发生地。例如在一个案件中,国务院对在外国申请入境的人,没有告知入境的危险。法院认为这时应以告知义务必须实施的地方行为为不行为地。这个地方在外国,属于《联邦侵权赔偿法》规定的例外情况,美国不负赔偿责任。①

《联邦侵权赔偿法》规定适用州的法律,是指适用州的全部法律,包括州的法律冲突规则(国际私法)在内。如果一个案件依《联邦侵权赔偿法》的规定应适用甲州法律(行为地法),甲州的冲突规则规定应适用乙州的法律,或联邦的法律,或法院地法律,这时法院应适用乙州、联邦或法院地法。例如一个联邦机构由于疏忽,对某种疫苗在发给制造执照前没有进行检查,在堪萨斯州发生损害。联邦的机构设在哥伦比亚特区,根据《联邦侵权赔偿法》的规定,美国的赔偿责任适用行为地法,即哥伦比亚特区的法律。然而根据哥伦比亚特区的冲突规则,这种情况应适用堪萨斯州法律,法院依堪萨斯州的法律决定美国的责任。②

三、审判前的和解

(一) 和解政策

美国法律鼓励侵权赔偿之诉通过和解解决。前面已经提到,政府侵权赔偿之诉在行政处理程序阶段,可由行政机关和申请人协商解决赔偿问题。③ 申请人起诉以后,法院正式审理以前,双方当事人仍然可以协商解决赔偿问题。这时协商的主体已经不是行政机关和申请人,而是司法部长和申请人。因为案件起诉以后,司法部长代表国家进行诉讼,案件的处理权属于司法部长。《联邦侵权赔偿法》第2677节规定:"司法部长或其指定的人,可以通过仲裁、互让、和解,解决根据第1346节(b)所提出的任何请求。"和解解决赔偿问题对有关各方面都有利益,受害人可以避免费时费钱的诉讼,迅速得到赔偿金额,而且诉讼的结果胜负难料,是否得到赔偿未定。对律师来说,国家侵权赔偿之诉收费不得超过赔偿金额

---

① *Grunmet v. United States*, 730 F. 2d 573 (9th Cir. 1984).
② *Loge v. United States*, F. 2d 1268 (D. C. Cir. 1981).
③ 参见本章第二节:行政赔偿程序。

的25%,不论是诉讼解决或和解解决都一样。律师愿意和解解决问题,避免更多的劳动。法院由于案件拥挤,和解解决问题可以节省法官的时间。司法部作为被告国家的代表,和对方当事人一样,不愿延长诉讼的时间。此外,司法部代表国家进行诉讼,和私人律师不一样,私人律师为委托人的利益着想,而司法部则应当从案件的公平合理解决着想,和法官的态度一样,没有必要把案件一定交由法院判决。司法部一向鼓励用和解方式解决国家赔偿问题,据美国一位研究国家赔偿问题专家的估计,多年以来,政府侵权赔偿案件,60%到75%通过和解解决。①

尽管司法部长鼓励和解解决政府侵权赔偿问题,但在某些特定的情况下不会进行和解。例如,司法部对某类问题坚持国家不负赔偿责任的政策;某个案件出现新的法律问题,或涉及新的政策;以前没有先例,司法部长想要知道法院的观点,不进行和解;在请求人完全没有胜诉可能的案件,司法部也不会积极参加和解。

除双方当事人主动进行和解以外,比较复杂的案件,法院在正式审理以前,往往经过预审程序。由法官召集有关各方举行审前会议(pretrial conference),以简化案情,澄清争端。在审前会议中,法官往往诱导双方当事人和解,避免正式的审判程序。

(二) 程序

司法部虽然鼓励和解,自己不先提出和解。和解一般由原告律师提出。但司法部可以诱导对方律师提出和解。司法部进行和解的代表,通常是审判地区的检察官。司法部一般把代表国家进行诉讼的权力委托于检察官,由法院管辖地区的检察官代表国家进行诉讼,和当事人的律师进行和解。情况特殊的案件,由司法部直接派人进行诉讼时,由司法部委派的律师代表司法部进行协商。检察官进行和解的权力,不得超过20万美元。超过这个数额,必须把全部案卷和解决的建议呈报司法部的侵权赔偿处。侵权赔偿处经过审查以后,在一定的数额以内可以作出决定。超过一定的金额,按金额的大小由民事诉讼司长、副部长、部长决定。检察官在商谈和解时,和原来承办案件的行政机关保持联系。行政机关必须把行政阶段的全部材料,提供检察官参考。司法部在决定和解时,除审查检察官上报的材料以外,也要求原行政机关提供意见和材料。这些意见和材料只供参考,决定权在司法部。

---

① 参见 Lester S. Jayson: *Handling Federal Tort Claims*, 1990, v.2, pp.15-19。

案件上诉以后,双方当事人仍然可以进行和解。上诉法院进行的和解,不由侵权赔偿处管辖,由民事诉讼司管辖。最高法院中进行的和解,由有关的副部长办公室管辖。

(三) 效果

双方同意和解以后,按标准的格式签订协定,由检察官和原告的律师及原告签字。原告在协定中承认,对同一事项不再追诉国家和有关的政府职员,并同意向法院提出撤诉的申请。和解金额的支付,按法院判决的赔偿金额付款方式,由财政经常性不固定的拨款中开支。

四、赔偿的范围

侵权赔偿之诉的最后目的是得到赔偿。国家究竟在什么范围以内负担赔偿责任呢? 包括以下三个方面的问题:① 赔偿的性质;② 适用的法律;③ 赔偿的金额。

(一) 赔偿的性质

联邦侵权赔偿法规定的赔偿,属于补偿性质(compensatory damages)。国家只赔偿当事人由于政府职员过失的或不法的行为或不行为直接产生的损害,使当事人处在如果没有政府职员的行为以前的经济地位。当事人不能由于政府职员的侵权行为而得到利益,要求超过实际损害的赔偿。当事人在损害发生以后,应在可能的范围以内,防止损害的扩大。

损害属于补偿性质产生两个结果:

(1) 国家不负担名义上的损害赔偿(nominal damages)。如果政府职员的不法行为对当事人没有造成损害,当事人不能要求法院判决象征性的赔偿,表示政府职员违背义务和确认当事人权利的存在。损害赔偿不是作为矫正政府职员违背义务的手段,而是补救当事人受到损失的手段。对于前一种违法行为可以申请司法审查。①

(2) 国家不负担处罚性的损害赔偿(punitive damages),即为了处罚政府职员的违法行为,判决国家负担比实际损失更高的赔偿。如果州法律对某一损害(例如死亡损害)只规定处罚性的赔偿时,国家仍然只负担补偿性的赔偿责任。对政府职员个人可以判决处罚性的赔偿。

---

① 法国行政诉讼在这方面分得比较清楚。矫正行政机关的违法行为,应当提起越权之诉。为了得到国家的赔偿,应当提起完全管辖权之诉。参见王名扬:《法国行政法》,北京大学出版社2007年版,第527—529页。

(二) 适用的法律

《联邦侵权赔偿法》第1456节(b)规定,国家的赔偿责任适用政府职员行为或不行为发生地对私人在类似情况下规定责任的法律。因此国家赔偿的范围和行为地的州对私人类似的行为规定的范围相同。《联邦侵权赔偿法》规定的三种损害,即财产损害、人身损害和死亡的具体内容和责任范围,由州法律决定。就死亡作为一种可以赔偿的损害而言,各州的法律虽然没有区别,但是其包括的内容和赔偿的方式则出现分歧。有的州,例如阿拉巴马州,对于死亡只规定处罚性的赔偿。就人身损害和财产损害而言,可能出现的分歧较多,例如感情上的损害、丧失伴侣的损害、丧失生活享受的损害等,是否可以得到赔偿,各州不一样。有的州对于某些赔偿可能规定最高限额,有的州没有规定。由于各州法律的规定不同,对相同的损害国家赔偿的范围不一样。

《联邦侵权赔偿法》规定美国赔偿的范围适用行为地法,包括州的冲突规则在内。如果在适用行为地法时,依其冲突规则的指示应适用其他法律,例如联邦法、结果地法、法院地法等,则应按冲突规则的指示适用其他法律,以决定美国的赔偿范围。

联邦法律在两种情况下限制州法律的赔偿范围:

(1) 不适用州法律规定的处罚性赔偿。如果州法律对某一损害只规定处罚性的赔偿,这时应适用联邦法律。这种情况发生在死亡损害的赔偿方面,例如阿拉巴马州对于死亡,只规定死亡性的赔偿,这时应适用联邦的《联邦雇主责任法》和《公海上死亡法》。如果州法律对于某一损害,同时规定处罚性赔偿和补偿性赔偿,不适用处罚性赔偿。

(2) 《联邦侵权赔偿法》第2674节规定,美国不负担判决前的利息。州法律关于赔偿人员负担判决前利息的规定,对联邦不适用。

(三) 赔偿金额

当事人请求法院判决赔偿的金额,不能超过他在行政程序中请求的数额,也不能超过州法律对某一损害规定的最高赔偿额,适用联邦法律的赔偿不受州最高额的限制。例如死亡赔偿,由于州法律只规定处罚性的赔偿而适用联邦法律,这时州法律对死亡赔偿规定的最高额不适用。国家对同一损害没有支出两次赔偿的义务。有时原告依《联邦侵权赔偿法》所要求的赔偿,美国依其他法律已经补偿他的部分损失。例如依《社会保障法》补偿了他的医疗费用,依其他福利法补偿了他的某些损害,这时发生这些费用是否可从国家的赔偿金额中扣除问题。

从一般原则而言，某项费用是否可以扣除，取决于请求赔偿人对该费用的取得是否有贡献。如果请求人对该项费用的取得完全没有贡献，纯粹由国家从一般财政中支出，则国家可以扣除。例如退伍军人的福利费，完全由国家负担。国家可以从退伍军人的赔偿金中，扣除其依福利法领取的收入。如果请求人对依其他法律取得的收入有贡献，即使只是一部分贡献，也不能从赔偿金中扣除请求人依其他法律得到的收入。例如请求人依《社会保障法》得到的利益，依《退休金法》得到的利益，由于请求人已经付出一部分贡献，不是全部由国家从一般财政中支出，不能从国家的赔偿金中扣除。请求人由于损害从其他私人方面得到的利益，和国家的支出无关，不能从赔偿费中抵消。这种利益是否可在赔偿费中扣除，依行为地法的规定。请求人从国家得到的赔偿金中，如果其中某项金额依联邦法律的规定，请求人对国家负有金钱的义务时，这项义务应从国家的赔偿金中扣除。例如国家赔偿人身伤害人在医疗期间的全部工资，依联邦法律的规定，一定数额以上的工资必须缴纳所得税。国家应从工资赔偿金中，扣除所得税金额。

五、判决的执行和效果

法院判决国家赔偿，司法部不提起上诉。上诉期间过后，判决进入执行阶段。司法部的侵权赔偿处把判决书的副本递交总审计署，办理付款手续。通常在6到8周可以开出支票。法院判决美国赔偿的经费，和各部的预算无关。由财政部的经常性不确定的拨款中支付，付款支票由司法部交给承办案件的检察官转交给原告的律师。

检察官在转交付款支票时，必须从原告律师方面取得标准格式的收据。原告在收据中承认对于同一案件，不再追诉政府和有关的职员。如果原告就同一赔偿请求，已经另外追诉政府职员时，应当提出撤诉的申请。

第四节 联邦侵权赔偿法规定的例外

《联邦侵权赔偿法》规定国家负担和私人同样的侵权赔偿责任，对主权豁免原则作了普遍性的放弃。然而国会在放弃主权豁免原则的同时，作了一些保留，在某些情况下不适用这个法律。《联邦侵权赔偿法》中，仍然在相当大的程度上保存了主权豁免原则。不适用《联邦侵权赔偿

法》的情况,称为例外情况,规定在《联邦侵权赔偿法》第 2680 节中。该节列举了 14 种例外,可以分为三大类型:

(1) 政府行使自由裁量权的例外;

(2) 职员故意侵权行为的例外;

(3)《联邦侵权赔偿法》指出的特定领域中,其他法律已经规定补救手段,不适用《联邦侵权赔偿法》的例外。

除第 2680 节规定的三类例外以外,法院认为还有两种例外:

(1)《联邦侵权赔偿法》没有提到的某些特定领域,如果法律已经规定有补救手段并且认为是唯一的救济手段时,则不能适用《联邦侵权赔偿法》。例如《联邦职员赔偿法》,对联邦职员在工作中受到的损害或死亡,已经规定有补救手段,并且认为这是唯一的救济手段。因此在适用《联邦职员赔偿法》的范围内,不能适用《联邦侵权赔偿法》。如果其他法律对于某些损害虽然规定有补救手段,但是不作为唯一的救济手段,这时当事人可以选择或者利用其他法律,或者利用《联邦侵权赔偿法》,或者交替利用。

(2) 其他法律在《联邦侵权赔偿法》之外,规定某种损害国家不负赔偿责任。例如《洪水控制法》规定,政府对洪水造成的损害不负赔偿责任,当事人不能根据《联邦侵权赔偿法》追诉国家的赔偿责任。本节只讨论《联邦侵权赔偿法》规定的例外情况。

一、自由裁量权的例外

(一) 立法的理由

行政机关或其职员行使自由裁量权的行为或不行为,国家不负赔偿责任,这是《联邦侵权赔偿法》规定的不适用该法的最重要的例外。第 2680 节(a)款规定:"本章的规定和第 1346 节(b)款的规定,不适用于政府职员已经尽了适当的注意义务,对其执行法律或法规的行为或不行为而提出的任何请求,不论该法律或法规是否合法成立,以及对联邦机构或政府职员行使、履行自由裁量职权或义务而提出的任何请求,不论有关的自由裁量权是否滥用。"这项规定包含两个内容:

(1) 美国对政府职员已经尽了适当的注意义务,在执行法律或法规中的行为或不行为,不负赔偿义务,不问法律是否违宪、法规是否有效成立。

(2) 美国对行政机关或其职员行使自由裁量权力的行为或不行为,

不负赔偿责任,不问有关的自由裁量权力是否滥用。这两项内容合称为自由裁量权的例外。

美国对执行法律或法规的行为不负赔偿责任,因为法律表现国会决定的政策。法院对国会的政策是否正确,无权过问,不论执行该项法律发生什么效果,由国会对选民负责,法院不能过问。法规表现行政机关的政策,行政机关根据国会或《宪法》的授权,有权决定政策,不论法院对行政机关决定的政策是否赞成,无权干预,否则侵犯行政机关的权力,违反《宪法》规定的分权原则。法院对行政机关执行法律或法规的行为或不行为不能追究赔偿责任,只在行政机关已经尽了适当的注意义务、执行的行为没有过错的时候。此时如果有过错,过错也在于法律或法规,不在于执行的行为。在这种情况下,法院不能追问行政机关执行行为的责任。首先,假如行政机关在执行法律或法规的时候,没有尽到适当的注意义务,执行行为本身具有过错,仍然引起国家的赔偿责任。其次,法院对违宪的法律或无效的法规不追问赔偿责任,不表示法院对这项行为完全无管辖权,只表示在《联邦侵权赔偿法》的范围内法院无管辖权。不排除法院根据其他法律,对违宪的法律或无效的法规进行司法审查,宣告违宪和违法的法律或法规无效。

美国对行政机关或其职员行使自由裁量权的行为或不行为不负赔偿责任,目的在于避免当事人和法院利用损害赔偿之诉,干涉行政机关的职权。行政机关根据国会或宪法的授权而具有的自由裁量权力,属于行政机关所有。行政机关行使自由裁量权的行为,最重要的作用是制定政策。法院对于行政机关的政策和制定政策的行为,不能利用损害赔偿之诉作为干涉手段。这是为了保障行政机关能够有效率地执行职务。这项规定在适用时应当注意两方面的问题:

(1)法院对行政机关行使自由裁量权的行为,不是完全不能干预,只是不能依《联邦侵权赔偿法》进行干预。行政机关滥用自由裁量权的行为,依《联邦行政程序法》第706节的规定,法院可以撤销。在美国,当事人对行政机关滥用自由裁量权的行为只能申请司法审查,不能请求损害赔偿,这是由于美国的国家赔偿责任不发达的缘故。

(2)《联邦侵权赔偿法》对行政机关自由裁量权的行为只作了笼统规定,没有指出以何标准确定自由裁量权的范围。究竟什么行为是自由裁量行为呢?从一般意义而言,自由裁量行为是指可以选择的行为、需要判断和决定的行为。从这个标准来看,几乎行政机关的全部行为都是自由裁量行为。因为很少存在没有选择的行为,和不需要判断和决定的行为。大政方针的决定是自由裁量行为,警察在执行逮捕命令的时候,也要选择执行的时间、方式、判断对象的反应,做好事先的准备。政府司机在交通拥挤的时候,也要选择采取的路线、决定汽车的速度。在行政生活和日常生活中,几乎不存在没有选择和不需要判断的行为。如果任何自由裁量行为国家都不负赔偿责任,则第 2680 节关于自由裁量权的规定,将否定该法的全部其他条款,这样的解释显然不是立法者的意图。因此在适用自由裁量权例外这项规定时,主要的问题是确定自由裁量权的范围。这个问题条文本身没有回答,只能由法院的判例确定。

(二) *法院的判例*

美国最高法院对第 2680 节(a)款规定的自由裁量权的范围的解释,可用下述三个判例作为代表:

1. 戴尔海特诉美国①

这是一个化肥爆炸惨案。第二次世界大战结束后,美国很多军事工业改为民用工业。其中一项是把硝酸炸药改制成化肥,支援被战争破坏的欧洲国家的农业生产。1947 年,一艘货船满载硝酸铵化肥,准备开往欧洲,在得克萨斯港口城市爆炸。死亡 56 人,伤三千余人,财产损失达亿万美元。受害人提起 300 多件请求国家赔偿的诉讼,法院合并审理,要求赔偿总额高达两亿美元。联邦地区法院在判决中,认定政府职员在生产化肥的计划、制造、包装、运输、储存、救火中都有过失,判决国家赔偿。案件最后上诉到最高法院,最高法院认为这个案件属于《联邦侵权赔偿法》规定的自由裁量权的免责范围,国家不负赔偿责任。法院认为生产化肥的计划是政府的援外计划,属于政府的统治职能,不在《联邦侵权赔偿法》范围之内。化肥的制造、包装、储存的各项决定,都在行政部门最高层次的制订计划机构的直接授权之下,根据高级阶层所确定的计划进行的。地区法院认定的"有过失的决定,都发生在计划水平的层次(planning level),而不是在执行水平的层次(operational level),涉及对政府生产化肥计划的实施,这些决定是具有或多或少的重要性的考虑"。在这个案件中,最高法院首次提出计划水平层次和执行水平层次的区别。认为全部有过失的决定都发生在计划水平层次以内,属于政府自由裁量权的免责范围,国家不负赔偿责任。

---

① *Dalehite v. United States*, 346 U. S. 15 (1953).

最高法院把本案中全部政府职员的行为包括在计划水平以内,显然很不合理。这个判决中的少数派法官,在反对的意见中指出:"依照普通的常识,这个案件是一个免责的行使自由裁量权行为所采取的政策,被负责具体实施计划的人毫不注意的执行。"

最高法院在这个判决中,对海岸保卫队在救火中的过失所造成的扩大的损害,认定国家不负赔偿责任的理由,也非常不充分。最高法院认为市政团体及其他公共团体,对救火中的过失所发生的损害不负赔偿责任,已经是侵权赔偿法的传统。然而最高法院忽视了《联邦侵权赔偿法》规定的国家责任,不是以市政团体及其他公共团体作为标准,而是以私人的行为作为标准。如果私人对救火中的过失所引起的损害应负赔偿责任,国家也应负责。最高法院在以后的判决中,保留了计划水平和执行水平的区别,但是矫正了对执行水平不合理的认识。

2. 印第安拖船公司诉美国①

这是一个由于海岸保卫队对航标灯光管理的疏忽而造成的船舶损害,要求国家赔偿的案件。最高法院在判决中引用戴尔海特判例,认为本案的过失发生在执行水平的行为中,不涉及计划的水平,国家应负赔偿责任。法院认为政府是否在港口设立航标灯光,属于政府的自由裁量职权。一旦政府决定设立航标灯光,引起航行船舶对灯光指示的信赖时,政府有适当注意的义务,保持灯光的正常运行。如果航标的灯光熄灭,管理机关有适当的注意义务发现这个事实,应进行修理,并且在修理期间向船舶发出航标障碍的警告。如果由于海岸保卫队的疏忽,没有履行这些义务引起损害,这种过失发生在执行水平,不是自由裁量权免责范围内的过失,国家应负赔偿责任。② 这个案件对上一案件中执行水平的认识,作了修正。基本的政策决定以后,实施的行为属于执行水平。

3. 雷奥尼尔公司诉美国③

这个案件继印第安拖船公司判决以后,对戴尔海特判例再进一步修改。华盛顿州的一个森林管理机构,由于救火中的过失,引起火灾蔓延烧毁申请人的财产。在戴尔海特案件中,法院判决国家对救火中的过失不

---

① *Indian Towing Co. v. United States*, 350 U. S. 61(1955).
② 英国法院关于如何认定自由裁量权中的过失,基本上和美国最高法院在印第安拖船公司的观点相同。参见王名扬:《英国行政法》,北京大学出版社2007年版,第169—170页。
③ *Rayonier, Inc. v. United States*, 352 U. S. 315 (1957).

负赔偿责任。在本案中,最高法院认为,不能因为救火行为由政府实施而可以免除过失责任。依行为地华盛顿州的法律,私人在类似的情况下负有责任,所以政府也应负责。在这个案件中,最高法院提出另外一个观点,值得注意。法院认为国家赔偿责任是把一个人受到的损害,分散由全体纳税人负担,符合公平政策。①

自从戴尔海特案件以来,最高法院认为,美国不是对行使自由裁量权的全部行为都能免责。国家不负责任的范围,限于计划水平的自由裁量行为,政府职员在执行水平的自由裁量行为的过失所产生的损害,国家应负赔偿责任。这个原则迄今未变,对执行水平的认识也有很大的发展,矫正了戴尔海特案件中对计划水平过宽的解释。然而对执行水平的理解,很难说以后不再发生问题。因为执行水平和计划水平之间,没有明显的界限,在实践中会遇到困难。

二、故意侵权行为的例外

(一)故意侵权行为的内容和免责的理由

美国对政府职员在职务范围内的故意侵权行为,不负赔偿责任。当事人对这类行为请求国家赔偿时,法院拒绝受理。职员的故意侵权行为应由其本人负责,巨大的损害赔偿职员无力负担时,受害人可以请求国会通过私法律案,赔偿他的损失。司法部认为,政府职员的故意侵权行为由国家负责赔偿,对政府是一个危险,因为政府对这类赔偿请求,在诉讼中很难防卫,受害人容易把损害扩大。

故意侵权行为的内容,列举在第 2680 节(h)款中,共 11 项,即:人身攻击、殴打、非法禁闭、非法逮捕、恶意追诉、滥用诉讼程序、诽谤、造谣中伤、虚伪陈述、欺骗、干涉合同权利。这 11 项内容是普通法久已承认的侵权行为。但是这 11 项内容不代表政府职员全部故意侵权行为。例如政府职员故意侵犯私人的动产或不动产、故意侵吞私人财物、装置窃听器、破坏私人的隐私权等,都不在列举范围内。国家对列举外的职员的故意侵权行为,不能免除赔偿责任。联邦法院对上述列举行为的解释,通常依行为地州法院对故意侵权行为的解释。在州法律和联邦法律对某一侵权行为的性质的规定不一致时,以联邦法律为准。因为《联邦侵权赔偿法》

---

① 法国的行政赔偿责任理论认为,国家负担赔偿责任是公共负担平等原则在当代生活中的应用。参见王名扬:《法国行政法》,北京大学出版社 2007 年版,第 562 页。

规定的例外情况，适用联邦法律的规定，不适用州法律。

（二）1974 年的修改

国家对职员的故意侵权行为不负责任的规定，1974 年有一次修改，在一定程度上减少了国家免责的范围。1974 年的修改规定，国家对执法人员和调查人员在上述 11 项行为中，发生前 6 项故意侵权行为时，国家负赔偿责任，即国家对执法职员和调查职员所犯的人身攻击、殴打、非法禁闭、非法逮捕、恶意追诉、滥用诉讼程序负担赔偿责任。但国家的责任必须以行为地州法律承认上述行为是侵权行为时才存在。对上述 11 项行为中的后 5 项行为，国家不负赔偿责任。除执法人员和调查人员外，其他政府职员的故意侵权行为，国家完全不负责任。这次修正案是由于麻醉品检查人员被追诉赔偿责任所引起。① 联邦麻醉品局怀疑原告贩卖毒品，进行突然搜查，未带搜查证件，清晨侵入原告住所，翻箱倒箧进行全盘检查，没有发现任何毒品及贩毒证据。原告起诉请求职员赔偿。国会在 1974 年通过法律，对执法人员和调查人员的某些故意侵权行为，国家负赔偿责任。

国家负担执法人员和调查人员的故意侵权行为责任，不免除职员个人的赔偿责任。因为职员的上述侵权行为，构成侵害个人的宪法权利。政府职员对侵犯私人宪法权利的行为，不能免除个人的赔偿责任。国家负担职员的故意侵权行为时，适用《联邦侵权赔偿法》的规定。国家可以主张职员个人所能主张的免责理由，例如国家可以援引司法人员的免责规定。②

三、其他例外

除上述两种类型的例外以外，第 2680 节还规定第三种类型不适用《联邦侵权赔偿法》的例外。就是在某些特定的领域中，由于其他法律已经规定救济手段，或者由于公共政策的考虑，不适用《联邦侵权赔偿法》。这种类型的例外和上述第一类例外不一样。自由裁量权的例外普遍适用于行政各领域和各机构，不受特定领域或机关的限制。和上述第二类例外也不一样，故意侵权行为是对政府职员特定行为规定的例外，不是特定

---

① *Bivena v. Six Unknown Named agents of the Federal Bureau of Narcotics*, 403 U. S. 388 (1971).

② 参见本书第十八章第五节中行政人员赔偿责任的说明。

领域的例外。第2680节规定不适用《联邦侵权赔偿法》的特定领域有：

（一）邮政运输

邮政运输的数量极大，在这样大量的业务中，错误很难避免，而且邮件的收费低、时间要求迅速，很难要求邮件的投递按一般的标准负责。为了避免法院可能陷入大量诉讼的困境，对邮件运输不适用《联邦侵权赔偿法》，并制定了特别法律。当事人为了避免邮件错误的损失，可寄挂号邮件或保险邮件。邮件运输不适用《联邦侵权赔偿法》的范围，限于邮件的迟延、误投、遗失，不包括和邮件运输无关的一般侵权行为在内，例如邮局的汽车事故仍适用《联邦侵权赔偿法》。

（二）租税、关税、扣留货物

租税或关税的估价、征收，海关职员、内地税务职员或其他执法人员对货物扣留引起的赔偿请求，不适用《联邦侵权赔偿法》。因为租税的迅速征收，对政府有效运行至关重要。国会对租税问题已经规定有适当的救济手段，例如通过行政途径救济，通过税务法庭、海关和专利上诉法庭救济。

（三）海事案件

关于海事案件对美国提起的诉讼和请求，适用《海事诉讼法》和《公共船舶法》的规定，不适用《联邦侵权赔偿法》。当事人由于错误向无管辖权的法院提出请求时，法院往往允许修正或补充请求的内容，以避免诉讼时效的超过。如果某一行为同时可以适用海事法律和《联邦侵权赔偿法》时，当事人可以提起两个诉讼，但只能取得一次赔偿。

（四）对敌通商

从第一次世界大战以来，美国已经制定《对敌通商法》，授权总统在战争期间可以扣押、管理、控制、出卖敌国及其国民和同盟国的财产。法律对不正当的扣押财产规定了行政的和司法的补救手段。

（五）检疫

美国的检疫机构或美国采取的检疫措施引起的损害，不适用《联邦侵权赔偿法》。这项规定很少适用。

（六）财政活动

财政部的财政活动和金融管理活动引起的损害，不适用《联邦侵权赔偿法》。国会认为某些政府活动，不应受赔偿诉讼的威胁。这项规定很少适用。

（七）战斗活动

军队在战争期间战斗行为产生的损害，不适用《联邦侵权赔偿法》。战争一词包括未宣告的战争在内。

（八）外国发生的损害

《联邦侵权赔偿法》根据美国的情况制定，受美国主权的控制。外国在其他主权控制之下，美国不愿意接受其他国家法律规定的责任。因此，不论损害行为发生在外国，或者根据外国法律而主张的责任，不适用《联邦侵权赔偿法》。

（九）田纳西流域管理机构、巴拿马运河公司、联邦土地银行、合作银行的活动

这些活动另有特别的法律规定，不适用《联邦侵权赔偿法》。

第十八章
政府职员的侵权赔偿责任

第一节 概 述

一、政府职员侵权赔偿责任的意义及特点

政府工作人员具有两种身份,一是执行职务时的职员身份;二是执行职务以外的私人身份。政府职员的侵权赔偿责任是指职员执行政府职务时的侵权赔偿责任,不包括不执行职务时的私人赔偿责任。虽然普通法的传统观念认为,政府职员对执行职务的违法行为负责,是以私人身份负责,和私人的责任相同。然而美国从 19 世纪中期以后,法院的判例对政府职员执行职务的行为,给予很大的免责范围,和私人的责任不一样。从 1988 年以后,国家代替职员负担执行职务时的侵权赔偿责任,国家不负担政府职员不执行职务时以私人资格引起的侵权赔偿责任。所以在讨论政府职员的侵权赔偿责任时,要区别政府职员两种不同的身份。就赔偿责任的观点而言,政府职员一词用于最广泛的意义,包括民选的职员、任命的职员、职位高的职员、职位低的职员,以及立法、司法和行政部门的职员。

政府职员执行职务时的侵权行为,可以引起国家的赔偿责任和职员本人的赔偿责任。这两种责任由同一行为所产生,是一个问题的两个侧面,有不可分离的联系。但是这两种责任的范围不完全一致,首先,有的行为只有职员本人的赔偿责任,没有国家的责任。例如政府职员故意侵犯公民宪法权利的行为,只有职员本人的责任,没有国家的责任。其次,国家负责的范围和政府职员负责的范围不一致。国家对政府职员职务范围内的过错行为,原则上全部负责。负责的情况规定在《美国法典》第 28

编第 2680 节,政府职员不是对执行职务的过错行为全都负责。只要过错的发生不是出于恶意和完全无理,政府职员对过错所产生的损害不负赔偿责任。然而国家赔偿责任和职员赔偿责任的不同,不能认为它们必须永远分离、不能统一。国家侵权赔偿责任和政府职员侵权赔偿责任之间的关系,发展的趋势是从过去的互相独立,演变成为当代的合为一体。这个发展过程各国一致①,但是美国比较迟缓,直到 1988 年才实现。

美国政府职员侵权赔偿责任的主要原则由判例产生,成文法的规定不多。法院在决定政府职员的赔偿责任时,一方面注意到职务上的需要,政府职员的责任不应妨碍职务的执行;另一方面注意到保护公民权利的需要,公民由于政府职员执行职务中的侵权行为所受到的损害,应当得到赔偿。政府职员的侵权赔偿责任,建立在调和这两方面利益的基础之上。由于这个缘故,政府职员赔偿责任的最大特点,在于政府职员对很多侵权行为可以主张官员的特免(official immunity),受害人不能追诉政府职员的赔偿责任,这种特免是私人所没有的。官员特免原则和主权豁免原则一样,是普通法的制度,有时为成文法所补充。主权豁免原则适用于国家的赔偿责任,官员特免适用于政府职员个人的赔偿责任。当事人以政府职员的官方资格追诉政府职员时,不适用官员特免原则,应适用主权豁免原则。这两个原则的作用基本相同,主权豁免原则阻止国家的赔偿责任,官员特免原则决定政府职员赔偿责任的有无和范围。它是政府职员赔偿制度的核心问题,是政府职员赔偿责任的行政法方面问题,也是本章所讨论的问题。政府职员的赔偿责任,在官员特免这个特殊问题解决以后,还要适用民法侵权行为的一般规定。这种讨论不在本章范围之内。

二、官员特免原则

(一)官员特免的意义及种类

官员特免是指政府职员由于执行职务而被追诉时,要求法院拒绝受理当事人的赔偿请求,不负个人赔偿责任的一种保护手段。特免(immunity)和特权(privilege)的意义很接近,常常互相代用。它们的区别在于特权是指某一领域中的实体法规则,特免是程序方面的规则,是某些人可以在诉讼程序上提出作为防卫的手段。就侵权行为而言,享有特权的人不负赔偿责任,享有特免的人不受赔偿责任的追诉。

---

① 参见王名扬:《法国行政法》,北京大学出版社 2007 年版,第 594—597 页。

官员的特免可以分为两类：绝对的特免(absolute immunity)和有限制的特免(qualified immunity)。享有绝对特免的人，只须证明他具有某种地位，而其行为在该地位的范围以内，特免即已存在。享有有限制特免的人，除必须证明上述两项因素以外，还必须证明他没有某种特定的意图(恶意)，或者不知道可能产生损害。享有绝对特免的人，只要他的行为在特免范围以内，诉讼在开始阶段立即终止。享有有限制特免的人，只有在审理中能够证明他行为的动机和情况符合有限制特免的条件以后，诉讼才不继续。法院在审理原告的赔偿请求时，必须首先确定被告主张的特免是否存在。一旦确认被告享有特免以后，不再审理案件的是非曲直。即使原告的诉讼非常有理，也不追究被告的赔偿责任。

(二) 官员特免的理由

政府职员为什么享有特免呢？这是基于公共政策的考虑。政府职员在作出一个决定或者制定一项政策时，不可能面面俱到，对一切人有利。有些人得到利益，有些人得不到利益；有些人得到的利益较多，有些人较少。任何决定可能会有满意的人和不满意的人，后者可能借端挑衅。官员特免制度保护政府职员在作决定时，大胆果断，不必顾虑诉讼的牵连，不必顾虑引起自己的经济负担，没有这种保护，政府职员不敢放手做事，对公共利益是一种损害。很多有才能的人将视政府工作为畏途，政府可能得不到优秀的人才。而且政府职员的时间与精力，可能被埋没于诉讼的汪洋大海之中，不能专心从事政府工作。从社会公平的观点而言，政府职员为公共利益服务，和私人为个人利益服务不同。政府职员的赔偿责任不能和私人一样，官员特免制度是保护政府职员为公众服务的需要。

官员特免制度虽然保护绝大部分公正的政府职员，不可避免会有少数不良的政府职员利用这个制度损害公共利益。尽管有这种事实存在，然而权衡利弊得失的结果，官员特免制度对公共利益的贡献大于对公共利益的损害。官员特免制度仍有存在的理由，任何制度都不可能十全十美。

官员特免制度不是减轻官员的责任，使官员处于特殊地位。首先，官员特免只在职务需要的范围内存在，不是一切官员不问其职务如何享有同样的特免。其次，官员特免制度只涉及官员对受害人的赔偿责任，不影响官员的其他责任。官员免除民事责任，不能免除刑事责任及其他责任。以法官为例，法官在执行司法职务时，享有绝对的民事特免。假如一个法官收受贿赂，不能追诉他的赔偿责任，这不影响法官会受到刑事制裁，也不影响法官受到纪律处分的制裁。当事人有违法的判决可以通过上诉或再审而矫正。受害人因此而受到的损害,有可能从国家方面取得赔偿。另一方面,官员的民事特免只是对受害人而言,如果国家赔偿政府职员的侵权行为以后,政府可以制定法律,从违法的官员追还国家赔偿政府侵权行为的费用。为了维持官员的纪律,保持政府的廉洁,民事责任不是一个最有效的手段。民事赔偿的作用在于补偿受害人的损失,从维持行政秩序、保持政府廉洁的观点而言,纪律制裁和刑事制裁的作用,胜过民事赔偿。民选职员的定期改选制度,也比赔偿制度更能发挥监督作用。

(三) 官员特免的实施

政府职员只对职务范围以内的活动享有特免,不在职务范围内的行为没有特免,特免的范围根据职务的需要而不同。美国宪法规定三项基本的政府职务,由 3 个政府部门实施,政府职员分配在三大政府部门:立法部门、司法部门和行政部门。政府职员的特免也可分为立法人员的特免、司法人员的特免和行政人员的特免。但是 3 个部门职务的分立没有绝对性质,每一部门的人员除执行本部门的主要职务以外,还执行性质上属于其他部门的职务。例如行政部门的职员除执行行政职务以外,也执行主要属于立法部门的立法职务,和主要属于司法部门的司法职务。政府职员的特免是以功能观点为标准,不受部门形式的限制。例如行政人员从事司法性质的职务时,也享有司法人员的特免。

三、自由裁量的权力

(一) 自由裁量权的意义

官员的特免保护和自由裁量权力不可分离。根据最高法院的判例,官员只对具有自由裁量权力的行为(discretional acts)享有特免保护。简单的执行行为(ministerial acts)不在特免的保护范围之内。[①] 自由裁量行为是指法律在某一事项上没有具体规定官员应当作出什么决定,官员可以根据自己的判断,在各种可能作出的决定中,选择他认为对执行职务最有利的决定。如果法律在某一事项上对应当采取什么行动已有详细规定,官员不能自由决定和选择时,这种行为是简单的执行行为。欧洲大陆国家称这种行为为羁束权限行为。自由裁量行为具有判断、计划和政策

---

① *Bradley v. Fisher*, 13 Wall. 335 (1871); *Spadling v. Vilas*, 161 U. S. 483 (1896); *Barr v. Matteo*, 360 U. S. 564 (1959).

性质,简单的执行行为具有绝对的、强制的和固定的性质,没有判断和自由选择的余地。最高法院认为,自由裁量行为和简单执行行为的区别,是根据行为本身的性质决定,不是根据政府职员地位的高低决定。

(二) 给予特免保护的理由

官员的自由裁量行为享有特免保护的理由有两方面:

(1) 基于政策的考虑。从公共利益的观点而言,官员在作决定和选择时,必须排除由于这个决定而官员自己可能承担经济负担的顾虑。官员的特免解除官员遭受诉讼牵连的顾虑,可以在各种可能的决定中,作出最佳选择。

(2) 基于分权的观点。法律授权行政机关对某事有自由判断作决定的权力,法院不能在损害赔偿的诉讼中,对行政机关的决定事后批评,代替行政机关作决定。

(三) 批评

官员的自由裁量行为享受特免保护受到不少的批评,有些州的法院没有严格采取最高法院观点[①],主要的批评来自两个方面:

(1) 自由裁量行为和简单执行行为没有明显的界限,很难区别。任何行政行为多少都具有自由裁量性质,以简单的执行行为为例,官员虽然没有作出决定的权力,但是在执行的方式和时间上不是全无选择的可能。按照这样的观点,则官员的全部行为都能享受特免,区别自由裁量行为和简单的执行行为没有实际意义。正是由于自由裁量行为和简单的执行行为区别困难,所以美国法院在什么是自由裁量行为的认识上,存在很大的分歧。有的州法院从严格的观点出发,认为只有涉及政策性的选择时才是自由裁量行为。采取这样高的标准,官员大部分行为都受不到保护。在这样观点之下,自由裁量行为的意义,就其对官员的免责和对国家的免责而言,完全相同。上章讨论国家的赔偿责任时,已经谈到国家对官员的自由裁量行为不负赔偿责任。这里所指官员的自由裁量行为,不是从官员的立场着眼,而是从国家责任的立场观察。主要的考虑是保护国家选择政策的自由,官员的行为是否构成自由裁量行为,以是否涉及政策作为定性的标准。然而本章讨论官员的自由裁量行为,是从官员个人负责的立场观察。除保护公共利益以外,也有保护官员个人利益的作用。如果

---

① Chester J. Antieau & Milo Mechan: *Tort Liability of Government Officers and Employees*, 1990, pp. 27-29.

认为自由裁量行为必须涉及政策性的选择，则官员的大部分行为得不到特免的保护，对官员来说很不公平。官员为公办事应当得到必要的保护，所以联邦法院及大部分州法院，没有采取政策选择作为自由裁量行为的定性标准。大部分法院认为，官员的决定只要是独立判断的结果，就是可以受到特免保护的自由裁量行为，不要求包括政策性的选择。这样解释自由裁量行为的意义，官员受特免保护的范围大为扩张。

（2）对自由裁量行为享受特免保护，简单执行行为不享受特免保护的第二个批评是：在这个标准下，高级官员的行为几乎都能受到保护，低级官员的行为大都受不到保护。虽然自由裁量的意义不以职位高低为标准，实际上高级官员的行为大部分具有自由裁量的性质，低级官员的行为大部分属于简单的执行行为。根据这个区别，受保护的主要是高级官员，不是低级官员。为了避免这种不公平的结果，法院一方面在认定是否具有自由裁量性质上采取灵活观点，包括很多低级官员的行为在内；另一方面，法院在认定职权范围的意义上也采取灵活观点，因为官员的自由裁量行为受到特免的保护，必须在其职权范围以内。什么是官员的职权范围，下面可以看到也存在很大的分歧。对职权范围采取比较严格的解释，可以避免重大的不公平的结果。

第二节　立法人员的侵权赔偿责任

一、议员特免的法律基础

立法人员对其执行职务范围内的行为不受追诉，是普通法的传统，产生于 16 世纪和 17 世纪英国资产阶级革命时期。资产阶级以议会作为根据地和专制君主对抗，斗争的结果、产生议员的立法活动不受拘捕和民事追诉的特免权利。目的在于保护人民的代表能够不受威胁，完成其公共职责。对于议员的这种保护称为立法特免（legislative immunity）。

在美国，普通法上的立法特免除表现在法院的判例以外，主要规定在宪法之中。《联邦宪法》第 1 条第 6 节第 1 款规定"……参议员和众议员除犯叛逆、重罪和破坏和平以外，在其出席所属议院的会议期间，和前往议会及从议会返回的途中，在一切情况下不受拘捕。对其在每院的发言或辩论，不得在任何其他地方追问。"这条规定是对联邦议员的保护，各州为了保护州议员，也在州宪法中规定有相似的条款。在上引的条文中，和议员的赔偿责任有关的是最后一句话,参议员和众议员对其在每院的发言或辩论,不得在任何其他地方受追问。一般称这项规定为发言或辩论条款(speech or debate clause)。根据法院对发言或辩论条款的解释,联邦议员的侵权赔偿责任存在三种不同的情况:享有绝对特免权、享有有限制的特免权、完全没有特免权。

二、议员的绝对特免

议员对发言或辩论条款范围内的行为,享有绝对特免权利,不得在任何其他地方追问。首先是不得在法庭追问其责任,包括民事责任和刑事责任在内。法院通常对发言或辩论条款的意义采取较宽的解释。特免的范围不限于立法程序中的发言或辩论,包括整个立法程序中必要的和正常的行为在内。这个条款首先保护议员在国会内部的发言和行动,例如提出法律草案、决议案,发表赞成、反对、批评、修正的意见,投票赞成、反对、弃权。国会以外其他地方不得追问议员如何投票、为何投票、投票的动机是什么、信息的来源是什么。但是对立法行为是否违宪例外,法院可以追问立法的目的,以保障宪法不被立法行为所破坏。

议员在国会委员会中的活动,不超出委员会的权力范围以外时,也不负赔偿责任。例如在委员会的发言、参加委员会的听证、向全院大会提出委员会的报告。委员会的听证一般在国会内部举行,公开的听证可以在国会以外其他地方举行,同样受到保护。委员会的调查是立法程序中必不可少的部分,现行法律是否需要修改或废除、新法律应当包括什么内容,都不能缺少调查活动。为了保障调查工作顺利进行,国会有权发出传票,对不遵守传票的人加以制裁。委员会解散以后,委员会的权力不再存在,议员这时行使委员会的权力,不再受到特免的保护。

国会以外的活动,只要是辩论或取得信息程序所需要的,或保护正常的立法程序所必要的,也受特免的保护。例如对议员发出传票以满足议会开会的法定人数,不是拘留;与行政部门订立供给信息的合同、对国会议员以外其他妨碍立法程序的人加以处罚、印刷委员会的报告以议会名义公开发表,都是立法程序的一部分,受绝对特免的保护。

三、议员的有限制的特免

发言和辩论条款没有对议员的全部活动给予绝对的特免。这个条款保护的议员行为限于立法程序正常运行所必要的活动,不保护议员在立法程序以外的活动,或者和立法程序虽有联系,但不是立法程序所必要的活动。议员的行为不受绝对特免保护时,有时受有限制的特免保护,有时完全没有任何保护。

立法程序是制定政策的程序,即制定一个普遍性的标准,适用于规定范围内的全体人群。适用政策的行为是行政行为,议员在从事行政行为的时候,不能享有立法行为的保护。这时,议员对其职务范围内发生的侵权行为,享有有限制的特免保护。议员必须证明其行为不是出于恶意,不是非常无理,才能免受追诉。议员从事机关管理的行为,例如议会中的人事管理工作,职员的雇用、升降、处分、监督等的过错所引起的损害,不能享有绝对特免。议员代表议会签订合同,给予某些特许,也不是立法行为。美国地方议会中经常有些财政和财产管理工作,也是行政行为。议员在立法职务以外执行其他公共职务,只要是在其职务范围内的行为,都可以享受有限制的特免。从1988年以后,联邦议员职务范围内的赔偿责任,除侵犯公民的宪法权利以外,已为国家代替。议员个人不再对受害人员赔偿责任。这个问题在后面行政人员的赔偿责任中论述。

四、没有任何特免

议员个人的行为或者和立法程序毫无关系,或者和立法程序虽有联系,但不是正常立法程序必要的行为,都不能享有任何特免。例如议员为了得到连选连任而进行的各种活动,和立法程序没有关系,完全是私人行为,不在任何特免范围之内。议员得到贿赂提出或支持某个议案,或者运用不正当的影响使议案得以通过,也不受任何特免的保护,必须承担一般的民事责任和刑事责任。因为支持议案和通过议案虽然是立法程序的一部分,但是收受贿赂不是立法程序正常运行必要的行为。法院追问的不是立法行为本身,而是议员收受贿赂的行为。又如议员在国会或委员会中的发言或辩论,批评或攻击某一事件或某一行为,即使极端激烈,不构成诽谤罪。但是议员个人如果把其发言公开发表,或者不在会议的场合进行报道,可能引起诽谤罪和侵权赔偿责任。这种行为不是立法程序必要的行为,不受特免的保护。特免保护是对议员执行职务时的特别规定。议员不受特免保护的行为是否引起责任、引起何种责任,应根据行为的性质,像其他公民一样,对其侵权行为负责,依一般的法律处理。

五、不受拘捕的特免

《美国宪法》第 1 条第 6 节,除在发言和辩论条款中规定议员的特免以外,还规定:"参议员和众议员除犯叛逆、重罪和破坏和平以外,在其出席所属议院的会议期间,和前往议会以及从议会返回途中,在一切情况下不受拘捕。"根据最高法院的解释,这项规定给予议员不受民事拘捕的特免,不包括刑事逮捕在内。宪法的规定明白表示不受拘捕的范围不适用于叛逆、重罪和破坏和平,这句话包括全部刑事犯罪在内。① 然而对议员的刑事追诉,不能追问议员立法行为的动机和立法行为本身。因为议员的立法行为受发言及辩论条款的保护,不能在国会以外其他地方追问。

议员的民事拘留特免,保护议员在议会开会期间不受民事诉讼牵连,可以全部时间参加会议。美国有的州在宪法或法律中规定,在议会开会期间议员不出席民事诉讼。例如《加利福尼亚州宪法》第 4 条第 14 节规定:"立法机关成员在立法机关开会期间,以及会议前 5 天和后 5 天期间,没有出席民事诉讼义务。"议员依法律规定不参加诉讼时,诉讼的时效停止进行,议员对于这种特免可以放弃。议会为了满足法定人数,对议员发出传票强迫出席,以及法院对议员发出传票命令出席作证,不能认为是拘捕。

六、议员以外的立法特免

议员以外其他人员,由于行使立法职权,在其职务需要的范围内,也享有立法特免。

(一) 立法机关的职员

立法机关的职员不是人民选出的代表,不能享有议员所有的特免。但是立法机关职员的行为,如果是立法程序必不可少的活动,也给予议员的立法特免,以维持立法程序的完整。例如预算分析员帮助委员会准备立法材料,或者参加说明,他的行为是立法程序中不可缺少的活动,也享有委员会成员所有的特免。

(二) 最高法院院长

最高法院在其执行立法职务时,享有立法特免。例如弗吉尼亚州最高法院院长公布该州的律师纪律规则,美国最高法院认为该院长的行为

---

① *Williamson v. United States*, 207 U.S. 425 (1908).

不享有司法特免,但享有立法特免。①

(三) 区域性计划机构成员

区域性计划机构的成员不由选举产生,由参加的各州任命,但其执行的任务是立法性质的职务时,也享有立法特免。例如在塔霍区域性计划机构案件中②,原告认为,立法特免不能扩张到民选的议员以外。因为议员受所属议会纪律的约束,区域性计划机构成员不具备这些条件,不能享有议员的特免。最高法院不同意原告的观点,认为立法特免是美国政府体制的要求,议员特免的理由,同样适用于区域性立法者。

(四) 委任立法的行政人员

委任立法是行政机关根据国会授权制定的行政法规,具有和法律相同的效力。委任立法行为性质上和立法行为相同,行政人员在其执行委任立法行为的限度内,享有议员所有的立法特免。行政机关行使委任立法的程序违法,即使产生损害的结果,补救的方法是采取适当的司法审查方式,不能要求行使委任立法权力人员负赔偿责任。哥伦比亚特区上诉法院在1983年的一个判决中声称:"很明显,当一个机构行使准立法的行政权力时,对该机构成员不能提起金钱赔偿诉讼。"③

第三节 司法人员的侵权赔偿责任

一、法官

(一) 法官的绝对特免

1. 法官绝对特免的意义

法官和立法人员一样,对执行职务的行为享有绝对特免,即使法官的行为出于恶意也不能追问法官的民事责任。法官的赔偿责任只发生在明显完全无管辖权的时候,因为这时法官的行为已经不是司法行为,而是私人行为。最高法院的判例还区别完全无管辖权和超过管辖权。对完全无管辖权的行为产生的损害,法官应负赔偿责任。例如民事案件的法官科处被告刑事制裁、判决被告拘禁,这是无管辖权的行为。对超过管辖权的行为,法官不负赔偿责任。例如简易法庭的法官只对一定金额范围内的

---

① *Supreme Court of Virginia v. Consumers Union of United States*, 446 U.S. 719 (1980).
② *Lake Country Estates, Inc. v. Tahoe Regional Planning Agency*, 440 U.S. 391 (1979).
③ *Jayvee Brand, Inc. v. United States*, 721 F.2d 385 (D.C. Cir. 1983).

案件有管辖权，法官受理超过这个数额的案件，超过了管辖权。虽然法官的判决可以撤销，但法官不负赔偿责任。有的法院判例对完全无管辖权行为也不追问法官的赔偿责任，只对法官出于恶意的完全无管辖权行为，才追问赔偿责任。但大部分判例不采取这个观点，认为法官应对完全无管辖权行为产生的损害负赔偿责任，不问是否出于恶意。因为管辖权问题是任何官员执行职务的根本问题。法官对自己职务的范围应该清楚。对完全无管辖权的行为，不能借口不是出于恶意而不对受害人负赔偿责任。

法官执行司法职务享有特免权利，起源于英国普通法，历史悠久。有人甚至认为自从有法律以来，就有法官的特免权利。原始的法律思想认为，法官根据法律主持正义，法官的判决代表神谕。君主权力强大以后，国王被认为是正义的渊源。法官代表君主主持正义，享有君主所有的特免权利。在英国，当初只有高级法官享有特免权利，最近才扩张到全体法官。美国最高法院1872年在布雷德利诉费希尔案件中①，首先宣告法官的绝对特免。法官声称："有普遍管辖权的高级法官，对其司法行为不负民事责任，即使在这些行为超越管辖权限，和被认为出于恶意或不良行为的时候也如此。"自从布雷德利案件以后，美国联邦法院法官对普通法上的侵权行为，享有绝对特免。1947年，最高法院在皮尔逊诉雷伊案件的判决中②，把法官特免的范围扩张到违反成文法规定的侵权行为。法官对违反《美国法典》第42编第1983节的侵权行为不负赔偿责任。③ 法院声称："在普通法中，很少有原则比法官对司法自由裁量权力范围内的行为不负赔偿责任这个原则，更为牢固树立。"法院考察第1983节的立法史，认为在制定该法时，"国会无意完全废除普通法的各种特免，如果国会有意废除这个原则，国会将会明白规定"。因此，普通法的法官特免原则，也适用于成文法。根据最高法院的判例，法官在其职权范围以内，对违反普通法或成文法的规定而产生的侵权行为，享有绝对特免。美国各州法院的判例，对法官特免的范围没有一致的认识。有的州对法官故意的侵权行为不给予任何特免保护。

---

① *Bradley v. Fisher*, 13 Wall. 335（1871）在此以前，在1861年的 *Randall v. Brigham* 案件中，最高法院认为，法官只有有限制的特免。特免的范围不包括恶意的和不良的行为在内。

② *Pierson v. Ray*, 386 U.S. 547（1967）.

③ 第1983节的赔偿责任，将在本章最后一节讨论。

2. 理由

法官享有特免权利历史悠久,不能作为法官现在继续享有特免的理由。法官特免权利的合法存在,必须根据当代社会的需要考虑。当代社会支持法官享有绝对特免的理由,有以下几项:

(1) 司法独立。司法独立是政府组织的根本原则,法官具有绝对特免,没有赔偿责任的后顾之忧,可以凭自己认定的正确观点大胆判案,这是保障司法独立的有效率的措施。

(2) 判决的确定力。法院的判决具有既判力,除依上诉或再审可以推翻外,不能以其他方式影响判决的确定力。法官负担民事赔偿责任,对判决的确定力产生不利的影响。

(3) 司法工作有效率执行。任何案件都有败诉一方,如果不给予法官特免保护,败诉一方可能借口法官存有恶意或不良行为,追诉法官的赔偿责任,法官将花费很多时间应付大量的诉讼案件,影响司法的有效率执行。对有志从事司法工作的人,这是一个警告,不敢选择法官职业。私人由于法官绝对特免而遭受损失,只是例外情况。不良的法官是少数,不能由于少数不良法官的存在,而使其他法官同样遭受诉讼的牵连,妨碍司法工作有效率的执行。

(4) 其他补救方式存在。法官执行职务必须公正廉洁,是法官对社会公众负担的义务,不是对某一特定人负担的义务。如果法官违背义务,另有补救方法,例如法官可依弹劾程序罢免。法官的侵权行为构成犯罪时,和其他私人一样,将会受到刑事制裁。法官的判决违法可依诉讼上的程序矫正。赔偿责任主要满足受害人的利益,对社会整体的利益关系不大。

(5) 公共利益。法官享有绝对特免,不是为了法官本人的利益,而是为了执行司法职务公共利益的需要。私人由于法官特免遭受损害是例外情况,任何制度都不可能没有消极影响。如何平衡公共利益和私人利益,应从赔偿责任以外着眼,不能取消法官的绝对特免。

(二) 法官的有限制的特免

法官享有绝对特免是司法职务的需要,法官只能对性质上属于司法行为,而且需要行使一定的自由裁量权作判决的行为,才具有绝对特免。法官执行职务没有自由裁量权的行为,不能享有绝对特免,美国法律称这种行为为简单的执行行为。如果法官执行职务的行为不是司法判断,而是行政上的管理行为,也不能享有绝对的特免。在这两种情况下,法官只享有有限制的特免。

简单的执行行为,不允许法官凭自己的观点自由决定。例如法官签发逮捕证必须有正式的申请和控诉,在没有公安部门的申请和控诉的情况下签发逮捕证,对受害人造成的损失不能免除赔偿责任。又如法官命令强制执行,必须符合强制执行的条件,通常必须根据当事人的申请,不能由法官自由决定。美国法律认为这也是简单的执行行为,这种行为违法造成的损害,法官只有有限制的特免。

法官除执行司法职务以外,还执行某些行政职务,最主要的行政职务有人事管理、财产管理及其他管理工作。法官从事行政性质职务时,不是司法行为,只能享有有限制的特免。例如法官不正当地调动职员的工作、拒绝女法官升级、对少年犯中心的管理监督疏忽、对犯人不给予适当的医疗照顾,都不能因为自己是法官而享有法官的绝对特免。法官的绝对特免是为了司法工作的需要,不是为了司法官员个人的需要而存在。不同性质的工作享有不同程度的特免保护。在英美的传统观念中对司法职务的保护优于行政职务。

(三) 不受保护的行为

法官是否具有特免权利,以法官的行为是否具有管辖权作为判断标准,对无管辖权的行为,法官不能享有任何特免。然而管辖权一词的意义很难确定,同样一个行为,有人可能认为属于法官的管辖范围以内,有人可能认为不属于法官的管辖范围。这不仅因为看问题的观点不同,有人从形式的观点看问题,有人从实质的观点看问题。也因为法官之间的价值观念不一致,同样一个不良的行为,有人认为可以容忍,从宽解释管辖权的范围;有人认为不能容忍,严格理解管辖权的范围。因此法官的特免,在美国法院的判例之中,矛盾很多。在大多数判例中,下述几种情况被认为是无管辖权的行为,法官不能受到任何特免的保护:

1. 丧失管辖权的行为

某类案件,在一般情况下属于法官管辖权的范围,然而可能出现某种情况,法官对某个案件丧失管辖权。例如法官对于某个案件由于有经济利益或亲属关系,不自行回避,经当事人请求后仍不回避,继续进行审判,给当事人造成损害。当事人提起赔偿诉讼,法院认为法官有回避义务而不回避,可以判决法官赔偿。因为法官的管辖权由于特定事实的出现而丧失。

2. 明显严重的违法行为①

法官一般的违法行为,对法律解释的错误,不能认为法官无管辖权。但是法官有明显的严重的违法行为时,不能认为法官有管辖权。例如一个刑事法官,对法律没有规定的犯罪行为,作为刑事犯罪案件审理,并科以拘禁,不能免除非法拘禁的赔偿责任。因为法官虽然有刑事案件的管辖权,但是不是法律规定的犯罪行为,不在他的管辖范围以内,他在这种情况下行使的权力,是非法篡夺的权力,不能认为是一般的法律错误。当然,明显的和严重的法律错误,和一般的法律错误,有时很难区别。当涉及公民重大利益的时候,对法官违法的行为,不应当给予特别的宽容。

3. 个人的行为

一切无管辖权的行为,都是法官个人的行为。除此之外,个人行为还可发生在下述两种情况之下:

(1) 和司法职务完全无关的行为,例如法官在法庭之外发表政治意见、法官为了阻止某一候选人当选,向报界投函诽谤某人名誉,或公布某人以前在法院中的记录,这些行为和司法职务毫无关系,没有保护的必要。

(2) 和司法职务有联系,但不是执行司法职务必要的行为。例如法官在审讯中被证人的言词激怒,对证人进行人身攻击。又如法官收受一方当事人的贿赂,对他方当事人作出不利的判决。

法官的判决是司法行为,受害人不能由于法官的判决要求法官赔偿。然而法官收受贿赂的行为不是司法行为,不能得到保护。但是由于贿赂行为和判决行为之间的密切联系,法院可能在认识上不一致。关于这方面的判例也不一致。

(四) 法官绝对特免的展望

美国法官执行司法职务的行为享有绝对的特免,是根据法院的判例产生的。由于历史悠久而得到重视,美国联邦最高法院在判决中,支持法官的绝对特免。美国有些州法院只给予法官有限制的特免,不包括故意的侵权行为在内。由于法院对法官绝对特免的认识不一致,所以即使承认绝对特免的法院,为了减轻这个原则对当事人造成的不公正,也对法官是否具有管辖权问题,做出灵活的解释。不从形式的观点看待管辖权,而

---

① 美国行政法的这个概念接近法国行政法的暴力行为概念(voie de fait)。参见王名扬:《法国行政法》,北京大学出版社2007年版,第463—465页。

从实质的观点看待法官的管辖权。认为表面上属于法官管辖权限,实质上不属于法官管辖权限范围以内的行为,是无管辖权的行为。

支持法官享有绝对特免的理由,不能过分强调。司法独立和判决的确定力,不一定需要免除法官的民事责任,它们和法官的民事责任可以同时存在。对于法官不良行为的制裁,虽然除民事责任以外还有其他的制裁方式,但民事责任有不能代替的作用。弹劾方式的程序缓慢,效果不大;刑事追诉权由检察官掌握,受害人自己主动的权力较小;民事责任由受害人发动,效果比较直接。追诉法官的民事责任,可以促进法官廉洁奉公,不妨碍司法职务有效率地执行。法官享有绝对特免,实质上已经超过公共利益的需要,可能过多地牺牲受害人的利益。从公共利益的需要而言,法官享有有限制的特免,已经足够保障司法独立和有效率的执行。在美国,法官的绝对特免受到不少的批评,在司法实践中也不一致。

从比较法的观点来看,世界各国原来都在一定程度上给予法官特别的保护,近来发展的趋势是取消对法官的特别保护,使法官和行政官员处于同等地位,因为行政官员的保护已经增加。对法官而言,公民的利益也不能忽视,以法国为例,法国现在没有承认法官的绝对特免,法官的贪污腐败等不良行为,除负担刑事责任以外,也负担赔偿责任。过去,在法官追诉法国的民事责任时,程序上有一个限制。受害人必须取得法官所属上级法院的同意,才能在上级法院中追诉法官的赔偿责任。如果法院判决法官赔偿,由国家代替负责,国家在理论上有向法官求偿的权利。1972年的法国民事诉讼改革,废除取得上级法院同意这个限制。追诉法官和追诉行政官员一样,没有特别的保护。法官和行政官一样,执行职务中的故意违法和重大过错,是法官本人的过错(faute personnelle),由法官本人负责。即使国家代替法官赔偿,国家也有权追回赔偿金额。[①]

美国法官不负民事赔偿责任,对法官是一种保护。自从 1988 年制定《联邦职员赔偿责任改革和侵权行为赔偿法》以后,这种保护已无必要。[②] 根据 1988 年法律的规定,法官的赔偿责任将由国家负担,法官本人不可能有经济上的损失。目前仍然保持法官的绝对特免,受保护的对象主要是国家,不是法官。因为根据 1988 年法律的规定,国家在代替法官赔偿时,可以主张法官的特免权,不负赔偿责任。1988 年的法律规定国家不

---

① 参见王名扬:《法国行政法》,北京大学出版社 2007 年版,第 586 页。
② 参见本章第五节:行政人员的侵权赔偿责任。

负担职员故意侵权行为的赔偿责任,职员的恶意行为不应当得到国家的保护。法官绝对特免原则对受害人很不公平,从发展的观点来看,美国法官的绝对特免,正像主权豁免原则一样,迟早将被抛弃。

二、检察官

(一) 检察官的绝对特免

检察官和法官一样,对职务范围内的行为享有绝对的特免。因为决定是否起诉以及进行追诉的行为是准司法行为,受到和司法行为同样的保护。检察官的特免和法官的特免同时产生,都是普通法的规则。联邦最高法院坚决维护检察官的绝对特免,即使出于恶意的追诉,也不追究检察官的赔偿责任。例如在 1976 年的英布勒诉帕奇曼案件中①,被告检察官故意利用证人的虚伪陈述,控诉原告谋杀罪。原告刑满释放后,追诉检察官的赔偿责任。最高法院认为:"限制检察官的绝对特免将对公共利益产生不良的影响,可能妨碍检察官强有力地、毫无畏惧地执行追诉职务。检察官这样执行追诉职务,对刑事司法的正当运行是非常必要的。" 1980 年在一个案件中②,检察官为了对当事人判罪,故意向法院提供一件污染血迹的上衣。尽管联邦调查局已经向检察官保证,衣服上的污染不是血迹,但是在当事人追诉检察官的赔偿责任时,上诉法院仍给予检察官特免。最高法院驳回当事人的上诉,最高法院认为检察官执行职务的行为,不问其意图如何,享有绝对特免。检察官只在明显的无管辖权情况下才负赔偿责任。当然,检察官的民事免责,不包括免除刑事制裁和纪律处分在内。

美国法院对检察官的绝对特免没有共同的认识,少数州和州法院不支持这个原则。例如新泽西州的法律规定,官员或职员的行为构成犯罪、欺诈、恶意、专横时,不能享有特免。1975 年,新泽西州最高法院在一个判决中声称:"承认检察官只享有有限制的特免,公共利益已经得到充分的保护。"③又如夏威夷州的最高法院在 1975 年的一个判决中声称,检察官是行政部门的职员,不能享有绝对的司法特免。④

---

① *Imbler v. Pachtman*, 424 U.S. 409 (1976).
② *Lee v. Willins*, 617 F.2d 320 (2d Cir.), cert. denied, 449 U.S. 861 (1980).
③ *Cashen v. Spann*, 66 N.J. 541 (1975).
④ *Orso v. City & County of Honolulu*, 56 Haw. 241 (1975).

(二) 有限制的特免

除提起和进行追诉的行为外,检察官其他执行职务的行为不是准司法行为,不能享有司法行为的特免。检察官的简单执行行为和行政行为,只能享有有限制的特免。例如检察官在复制记录中进行窜改,不能享有绝对的特免。复制记录的行为是简单的执行行为,不需要任何自由裁量权限,没有享受绝对特免保护的必要。检察官的人事管理行为,财产管理行为是行政行为,也没有给予司法行为同等保护的必要。例如检察官不合法地拒绝某些人的录用的机会,不合法地辞退职员,都不能享受绝对特免的保护。

(三) 没有特免保护

检察官无管辖权的行为,违法剥夺公民宪法权利的行为,明显地违反法律规定的行为,都是个人的行为,不受任何特免的保护。当然,检察官管辖权限的有无,和法官管辖权限的有无一样,没有固定的标准。同样一个行为,由于法官的态度不同,可以认为在检察官的管辖范围以内,也可以认为无管辖权。主要原因在于法官绝对特免原则本身存在的缺点,不能得到一致的价值判断。法院关于管辖权限的判决经常出现矛盾,下列行为可能认为是无管辖权的行为。例如一个检察官不是为了公共利益,而是为了朋友的利益对某人提出追诉,法院没有免除检察官的赔偿责任。法院声称:"当检察官遇到一个现实的利益冲突时,提起一个他自己知道无根据的追诉,检察官的行为已经超出他的职权范围,不能享受特免的保护。"① 在另一案件中,检察官意图勒索,对某人提起追诉。陪审员认定该人没有犯罪事实,该人对检察官提起赔偿之诉,法院没有免除检察官的民事责任。② 公民的人身、言论、信仰、居住、集会、结社自由以及正当法律程序的保护,都是宪法规定的权利,在很多案件中,法院对检察官参加的或指使的非法逮捕、搜查和扣押,没有免除检察官的赔偿责任。例如在一个案件中③,检察官没有正当的根据,非法逮捕一个 16 岁的少女,把她和一群成年犯拘留在一起达 25 日之久,由此对该少女产生了损害,法院没有免除检察官的赔偿责任。在另一案件中④,检察官和警察局官员串通,

---

① *Beardv. Udall*, 648 F.2d 1264 (9th Cir. 1981).
② *Jeanings v. Shuman*, 567 F.2d 1213 (3d Cir. 1977).
③ *Robichard v. Ronan*, 351 F.2d 533 (9th Cir. 1965).
④ *Bell v. Milwaukee*, 504 F. Supp. 1363 (E. D. Wis. 1981).

掩盖后者的种族歧视行为。法院认为一个政府官员掩盖另一政府官员的违法行为,这种共同的预谋是明显的违法行为,损害了公共利益,检察官不能享有任何特免。检察官为了发泄对某人的不满,向报界公布他掌握的关于该人的材料。这是纯粹的私人行为,按一般私人行为负责。

三、执行准司法职务的行政人员

行政机关行使类似法院审判职务的权力,称为准司法职务,准司法职务和司法职务性质相同。为了维持司法职务的一致性质,司法特免原则不仅适用于法官和检察官,也适用于其他官员。不问官员的名称如何,所在的机关如何,只要他执行的职务性质上类似法官和检察官的职务,就应当享有法官和检察官享有的特免。最高法院1978年在一个判决中声称:"我们认为联邦行政机关内部进行的裁判,充分具有司法程序的特点,参加行政裁判的人,也应当有不受赔偿追诉的特免。"① 在日常用语中,准司法一词包括的范围很广。究竟什么样的准司法职务能够享有司法的特免呢?综合法院的判例,具有下列特点的准司法职务,能够享有司法的特免:

(1) 作出决定的程序采取对抗式,双方当事人都有攻击和防卫的权利;

(2) 进行裁决的人员具有一定的独立性,不受外界的压力;

(3) 进行裁决的人具有法院基本的权力,例如签发传票、裁决证据、支配听证程序、作出决定;

(4) 各方面利害关系人必须得到通知,禁止主持听证和作出决定的人与任何一方当事人单独接触;

(5) 全部证据必须保存作为记录的一部分;

(6) 决定必须根据记录,决定书必须包括事实的裁定和法律结论;

(7) 当事人不服,有向法院上诉的权利。

根据上述标准考虑,主持行政机关正式程序裁决的行政法官,完全符合上述条件。② 最高法院认为行政法官享有司法法官的全部特免。行政法官只对无管辖权的行为不受特免的保护。正式程序裁决中代表机关进

---

① *Butz v. Economou*, 438 U.S. 478 (1978) 这个案件后面另有说明。

② 在正式程序裁决中,行政法官的权力和决定的程序,参见本书第十章第五节:行政法官;第十二章第二节:联邦行政程序法的规定。

行追诉的法律工作人员,例如机关的律师,执行和检察官同样的职务,享有检察官的特免。因为代表机关进行追诉的职员,他们的决定和主张,要在机关裁决的程序中受到审查。他们享有特免,在一定程度上减少了产生危险的可能性。除行政法官和追诉人员以外,决定开始和继续进行裁决程序的官员、裁决程序中的证人,以及在听证程序结束后参加决定的人员,就其与裁决有关的行为都享有司法官员的特免。

除正式程序裁决中的行政人员享有绝对特免以外,行政机关还进行其他很多准司法活动,例如假释审查委员会、工人赔偿公断人、破产公断人、仲裁人、调解员等。从事这些活动的职员是否也享有绝对特免呢?美国法院的判例不一致,有时给予绝对的特免,有时给予有限制的特免。根据每个案件的性质、违法的情况、审判法院的态度、相同的准司法行为可能得到不同的特免保护。一般而言,具有司法程序特点越多的行为,越会得到绝对特免的保护。学术界一般不赞成给予执行准司法职务人员绝对特免,但行政法官例外。①

第四节 总统的绝对特免

在全部联邦行政官员中,不执行准司法职务而享有绝对特免权的人是美国总统。因为总统的职务非常重要,和其他行政官员不同。为了不妨碍总统执行职务,最高法院承认总统的民事绝对特免,不包括刑事特免,也不包括法院可以审查总统行政行为的合法性、宣布总统的行为违法、对总统发布制止令、命令总统为一定的行为或不为一定的行为。例如在1972年美国总统选举中发生舞弊事件,最高法院命令尼克松总统交出全部有关的录音记录。②

总统不承担侵权赔偿责任的绝对特免,是1982年最高法院在尼克松诉菲茨杰拉德案所确定的原则。③ 菲茨杰拉德是联邦政府官员,1972年空军部改组裁员时被辞退,后来他控诉尼克松总统,认为他被辞退是因为他在国会作证时,批评某一空军飞机的制造,由尼克松总统辞退的。他

---

① 参见 Chester J. Antieau & Milo Mechan: *Tort Liability of Government Officers and Employees*, 1990, pp. 209-235.
② *United States v. Nixon*, 418 U.S. 683(1974).
③ *Nixon v. Fitzgerald*, 457 U.S. 731 (1982).

控诉尼克松总统侵犯他言论自由的宪法权利,和违反禁止不正当辞退联邦职员的法律的规定。最高法院认为菲茨杰拉德主张总统违反的法律中,没有明文规定总统对其执行职务的行为负赔偿责任,最多只能认为这是一个默示的诉讼原因。法院声称:"在没有成文法明白规定总统的赔偿责任时,总统在执行职务范围内,对违反宪法和法律的行为不负赔偿责任。"法院避免回答成文法是否可以规定总统的赔偿责任,因为这个问题和本案的判决无关。然而从法院所持总统特免的理由中,法院似乎认为成文法不能规定总统的赔偿责任。因为法院认为,总统绝对特免的根据是宪法的分权原则,是为了保持政府三个部门之间的权力平衡。虽然分权原则不是在一切方面禁止法院对总统实施管辖权力,但是法院在行使管辖权时,必须考虑分权原则所保护的利益的重要性,和侵犯行政部门职权的危险性。在一个由于总统执行职务的行为而提出的纯粹私人性质的赔偿诉讼案件上,法院没有理由对总统行使管辖权。既然法院认为总统的绝对特免是根据宪法的分权原则,国会当然无权用成文法规定总统的赔偿责任。

在这个案件的判决中,反对派法官认为多数派主张的宪法理由不能成立。因为如果国会不能规定总统的赔偿责任,按照同样的逻辑,国会对总统的不法行为也不能规定其他的补救手段,全部刑法对总统不能适用。这样的观点是不能接受的。法院没有接受少数派的观点,并从政策方面说明总统不负赔偿责任的理由。法院声称:"总统在其行政权限范围内执行职务的行为,受到赔偿诉讼的干扰时,不可避免会使总统的行为受到法院过分的审查,使总统受到折磨……虽然自己认为受到不法侵犯的人,可能遭受某些损害,然而防止司法大规模侵犯行政职能的重要性,远远超过主张私人权利的需要……司法的干预将不可避免地妨碍总统的决策程序,会妨碍总统职权的行使。总统为了对赔偿诉讼进行防卫,可能严重分散他对行政职务的注意。因为防卫一个法律诉讼,即使最后是一个不重要的诉讼,常常需要花费很多的时间和金钱,很多官员过去已经尝过这个痛苦。"

少数派法官在本案的判决中,又批评多数派不问行为的性质如何,给予总统绝对特免,使总统处于法律之上,又回到普通法传统的国王不能为非的观念。多数派认为,给予总统绝对特免,未使国家对总统的不法行为缺乏足够的保护。宪法规定总统可以受到弹劾,新闻界和国会非常警惕的监督,对总统的行为可以发生约束作用。其他使总统避免不法行为的因素包括重新当选的希望、维持尊严的愿望。尊严是总统发生影响的一个因素,不法行为会破坏总统的尊严。而且一个总统总是希望在历史上占有一席地位,也会自动约束不法行为。

第五节 行政人员的侵权赔偿责任

一、行政人员侵权赔偿责任的演变

行政人员的侵权赔偿责任,随时代的进展而变迁。截至目前,美国行政人员经历了三种不同的侵权赔偿责任:

(一) 普通法传统的官员负责制度

美国早期的行政人员侵权赔偿责任,来源于英国普通法的传统。英国传统的普通法没有认为官员由于其所处的政府地位,而对违法行为享有任何特殊待遇。政府官员不是一个特权阶级,他们来自社会的一般群众,是群众中的一员,由于一定的情况而负责公共事务。在其任职期满以后,又回到广大群众之中,因此,适用于一般公众的法律规则也适用于官员。英国著名宪法学家 A. V. 戴西认为,官员没有特权是英国法治原则的一个特点。他写道:"在英国,法律平等观念,或一切阶级普遍服从由普通法院执行的同一法律的观念,推进到最大的限度。对我们来说,一切官员,从首相开始,直到一个警察或一个征税员在内,对没有法律根据的行为,负担和其他公民一样的责任。"[1]既然官员和普通民众受相同的法律支配,负担相同的法律责任,所以官员执行职务时的违法行为,被认为是私人行为,不能享受官员特免的待遇,必须和私人一样,接受普通法院的审判。1703 年,在英国高等法院的一个判决中,首席法官霍尔特甚至认为:"假如官员侵犯群众的权利,他应当比一般人负担更大的赔偿责任,以威胁和制止其他官员发生同样的行为。"[2]

美国表现传统普通法原则的判例,是马萨诸塞州最高法院 1891 年著名的米勒诉霍顿案件。[3] 马萨诸塞州的一个法律,命令卫生官员检查并

---

[1] A. V. Dicey: *Law of the Constitution*, 1939, p.193;参见王名扬:《英国行政法》,北京大学出版社 2007 年版,第 1 页、第 10 页。

[2] *Ashby v. White*(1703). 转引自 H. W. R. Wade: *Administrative Law*, 5th ed. 1982, p. 650; W. Gellhorn and others: *Administrative Law*, *Cases and Comments*, 8th ed. 1987, p.1165.

[3] *Miller v. Horthon*, 26 N.E. 100 (Mass. 1891).

摧毁患有马鼻疽传染病的马。原告控诉卫生官员摧毁了他没有病的马,请求赔偿。法院认定原告的马没有传染病,大法官霍姆斯认为,法律授予卫生官员的权力是摧毁有病的马,被告摧毁没有病的马是一个没有法律根据的行为。按照普通法的理论,官员对没有法律根据的行为所产生的后果,必须承担责任。在这个判决中,法院没有考虑官员的行为是出于诚意或恶意。因此,官员对执行职务中的过错,不仅没有绝对的特免,也不能主张有限制的特免。联邦最高法院早期的观点,和马萨诸塞州最高法院的观点基本相同。① 尽管在法律上行政人员没有任何特免,实际上很少有控诉高级官员赔偿的案件。据说到1807年为止,只有一件控诉部长赔偿的案件。②

（二）行政人员的绝对特免

米勒诉霍顿案件不久以后,最高法院的观点改变,官员的赔偿责任逐渐为官员的特免所代替。和传统普通法的官员个人负责原则相反,官员对其职务范围内的违法侵权行为不负赔偿责任。在1896年的斯波尔丁诉维拉案件中③,最高法院认为,高级行政官员具有自由裁量权力,应和高级法官一样享有绝对特免,首先把绝对特免适用于部长级行政人员。该案被告是邮政总长,原告声称被告对自己知道是不真实的信息,恶意流传,破坏原告的名誉。最高法院在判决中声称:"我们认为高级法官对执行司法职务的行为引起的损害不受民事追诉的特免,基于同样的政策理由,也适用于各部部长在其执行职务的时候。人民的利益要求对他们执行职务的行为给予适当的保护……部长在其职权范围内执行职务的行为,无须考虑他所采取行为的动机,可以在后来的民事赔偿诉讼中,成为受追诉的对象。如果他受到这样的限制,将会严重影响行政部门对公共事务正当地和有效率地执行。"这个判决给予部长在其职权范围内的侵权行为,不论是否出于恶意,享有绝对特免的保护。高级官员享有绝对特免是否会减少法院对行政的控制呢？美国早期的行政法学者古德诺认为不会,因为高级官员只有通过下级职员才能和私人接触。根据美国的法律,下级职员一般应对自己的行为负责,不能主张根据上级的命令而受到

---

① *Little v. Barrem*, 6 U. S. 170 (1804); *Bates v. clark*, 95 U. S. 204 (1871).
② F. J. Goodnow: *Principles of the Administrative Law of the United States*, 1905, p. 399.
③ *Spalding v. Vilas*, 161 U. S. 483 (1896).

保护。①

斯波尔丁案件判决六十多年以后,最高法院 1959 年在巴尔诉马特奥案件中②,扩张高级官员的绝对特免适用于一般行政人员。这个案件是一个联邦机构职员控诉人事主管官员,故意在报纸上发布诽谤性的言论,要求赔偿的诉讼。最高法院在判决中,考察了适用于法官、检察官、立法人员和部长的绝对特免。认为所有这些特免的理由相同:目的在于保护司法、立法和行政的自由和独立,不受外界的威胁和干扰。法院认为限制行政人员的绝对特免予部长级官员,是忽视当代政府规模的庞大性和复杂性。在联邦行政机构内部,经常需要权力的委托和再委托,不能说这些职务由于地位较低的人实施,因而丧失了重要性。绝对特免不能只给予部长级官员。是否需要特免,不取决于官员的职称,而取决于官员对所执行的职务,根据法律是否有控制或监督权力。一切具有自由裁量性质的行为,不论出自何人,应当受到相同的保护。因此,"为了适用特免,只要官员的行为在其职务范围以内已经足够,不问是否出于恶意"。

巴尔案件判决以后,绝对特免适用于全部行政人员的自由裁量行为,不适用于简单的执行行为。然而最高法院没有忽视人身自由的重要性,拒绝把巴尔案件的适用范围扩张到警察官员的违法逮捕、违法拘禁、使用过分的武力等情况。虽然警察官员决定是否逮捕、逮捕何人、凭何理由采取行动、应当使用多大武力,不能说没有自由裁量性质。然而最高法院认为这些都是简单的执行行为,拒绝给予特免,这个观点为下级法院所遵守。例如哥伦比亚特区上诉法院在 1962 年的一个判决中认为:"毫无疑问,近年来,法院已经把特免原则,从最高层次扩展到许多次要的层次。但是我们不认为这个原则覆盖的范围,包括到华盛顿国家机场的警察官员在内,如果这样的话,我们认为这个原则可能是扩张到太远了。"③

(三) 侵犯宪法权利的有限制的特免

1. 比文思案件和埃科诺姆案件

巴尔案件代表行政人员绝对特免的最高发展,适用于全部行政职务的自由裁量行为。20 世纪 70 年代以后,最高法院的观点又一次改变,缩小了联邦行政人员绝对特免的范围。区别行政人员违反宪法的侵权行

---

① F. J. Goodnow: *Principles of the Administrative Law of the United States*, 1905, p. 400.
② *Barr v. Matteo*, 360 U. S. 564 (1959).
③ *Craig v. Cox*, 304 F. 2d 954 (D. C. Cir. 1962).

为,和违反一般法律的侵权行为。绝对特免只适用于后一种情况,官员侵犯宪法保护的权利的行为,只享有有限制的特免。代表这个原则的判例是 1971 年的比文思诉联邦麻醉品管理局 6 名不知姓名人员案件①,和 1978 年的巴茨诉埃科诺姆案件。②

(1) 侵犯宪法权利只有有限制的特免。在比文思案中,最高法院创造一种新型的侵权行为,即在一般的法律规定以外,侵犯《宪法》保护的权利的侵权行为。这个案件是对联邦行政官员违反宪法修正案第 4 条的规定所提起的赔偿诉讼。纽约地区联邦麻醉品管理局的六名官员,没有携带搜查证件,黎明侵入原告住所,进行全盘检查,并强迫原告到局内盘问,没有获得证据及毒品。原告提起赔偿诉讼,其中一项理由是行政人员侵犯原告依宪法修正案第 4 条享有的安全保障和不受非法搜查权利。法院在判决这个案件时,需要回答两个问题:第一,在国会没有法律规定时,宪法本身是否可以创造一个赔偿权利;第二,被告的行政人员是否可以主张官员的特免,不受赔偿责任的追诉。

对第一个问题,本案件中的少数派法官采取否定的回答。因为宪法修正案第 4 条只禁止非法搜查,没有规定违反该条行政人员的赔偿责任。少数派法官认为在《宪法》本身和成文法中都没有赔偿的规定时,如果认为行政人员应当赔偿的话,只能由国会对违反该规定的联邦官员,创造一个赔偿责任,法院没有权力创造这个责任。多数派法官认为禁止非法搜查是《宪法》保护的权利,《宪法》没有规定制定赔偿责任的权力专属于国会。如果联邦法院对违反规定在《宪法》中的社会政策,不能给予损害赔偿的补救措施,那将是一件不正常的事情。国会授予联邦法院对违背《联邦宪法》的一般管辖权限③,已经足够授权联邦法院给予传统的法律救济。根据多数派的观点,侵犯《宪法》保护的权利,不需要其他法律规定,它本身构成一种新型的侵权行为,是损害赔偿的诉讼原因之一。受害人可以根据《宪法》直接起诉,美国法律用语称这种诉讼为比文思型诉讼(Bivens-type Actions)。

当事人起诉以后,被告是否可以主张特免,不受赔偿责任的追诉,这个问题上诉法院的判决中原来没有考虑。最高法院发回第二上诉法院补

---

① Bivens v. Six Unknown Named Agents of Federal Bureau of Narcotics, 403 U.S. 388 (1971).
② Butz v. Economou, 438 U.S. 478 (1978).
③ 参见本书第十四章第二节中关于联邦问题管辖权的说明。

充决定,第二上诉法院在第二次判决中,认为被告只有有限制的特免。法院认为巴尔案件中给予行政人员的绝对特免,是适用于一般法律的侵权行为,没有涉及违反宪法的侵权行为。联邦行政人员违反联邦宪法的侵权行为,是否可以享受特免,联邦法院没有判例可依;但联邦法院对州和地方行政人员违反联邦宪法的侵权行为,是否享有特免,已有判例,可供判决联邦行政人员责任时参考。《美国法典》第42篇第1983节规定①,州和地方行政人员凭借州和地方的法律、法规、法令,违背联邦宪法和法律的规定,侵犯在其管辖区域内的公民或其他人的权利或特权时,应对受害人负赔偿责任,由联邦法院管辖。联邦法院在这类案件中,给予违法官员民事责任有限制的特免。既然州和地方行政人员违反联邦宪法只有实行有限制的特免,联邦行政人员违反联邦宪法也只能实行有限制的特免。法院认为违反联邦宪法的行为,联邦行政人员和州及地方的行政人员一样,只有有限制的特免。

比文思案件是关于违反宪法修正案第4条的判决,联邦行政人员违反宪法修正案第4条以外的其他违宪的侵权行为,是否也负赔偿责任、是否也只能享有有限制的特免,比文思案件的判决中没有谈到。下级法院对是否适用比文思判例于宪法修正案第4条以外的其他宪法权利,意见分歧。最高法院1978年在埃科诺姆案件中,对比文思判例作了发展。把行政人员违反宪法的侵权行为,只能享有有限制特免这个原则,适用于宪法修正案第4条以外的其他的违宪侵权行为。这是一个非常重要的判例。这个案件是联邦行政人员违反宪法修正案第5条的正当法律程序的赔偿诉讼。农业部进行一个裁决,取消埃科诺姆的营业执照。在进行裁决以前,有关的行政机关没有对受裁决的行为提出警告。埃科诺姆申请法院审查,第二巡回上诉法院认识到农业部的裁决违反法定的程序,侵犯了当事人的宪法权利。埃科诺姆在申请司法审查的同时,向联邦地区法院追诉包括农业部长在内的有关行政人员的赔偿责任。起诉理由之中包括违反宪法修正案第1条的言论自由,和第5条的通知权利在内。地区法院根据巴尔案件的判例,认为本案在行政人员自由裁量权范围以内,行政人员享有绝对特免。上诉法院撤销地区法院的判决,认为本案不能适用巴尔案件原则,行政人员只能享有和州及地方行政人员违反联邦宪法的侵权行为相同的有限制的特免。案件最后上诉到最高法院,最高法院

-----

① 以后简称第1983节。关于这节的讨论参见本章第六节:第1983节的赔偿责任。

维持上诉法院的判决。最高法院认为,巴尔案件没有废除联邦行政人员对职权范围以外的侵权行为应负赔偿责任的规则,如果联邦行政人员在其远离成文法规定的界限时,应负赔偿责任,若认为他们明知违反宪法规定的界限而不负赔偿责任,将是完全不可能的。法院声称:"我们深信,巴尔案件没有意图保护不仅违反地方法律,而且保护违反规定在宪法中的各项根本性的正当原则。"法院认为扩张行政人员的绝对特免,将削弱公民享有的基本宪法保障。最高法院明白指出:"绝对特免是错误的,因此我们拒绝它。"联邦行政人员违反《联邦宪法》的责任,不能和州及地方行政人员,依照第1983节规定的违反联邦宪法的责任不一样。在考虑行政人员违宪的特免时,一方面要保护多数忠诚职员的服务热忱,另一方面还要保护受害人的正当权利,不能宽容少数不良分子的放纵行为。平衡各方面利益的最佳的解决办法,是实行官员的有限制的特免。

(2) 扩大行政人员的赔偿责任。比文思案件和埃科诺姆案件树立行政人员违宪行为有限制特免原则,迫使巴尔案件所确立联邦行政人员侵权行为的赔偿责任绝对特免向后收缩,而且这个收缩的范围很难确定。因为《宪法》保护的权利可以扩大解释,很多侵权行为都可能违反《宪法》保护的利益。例如不法逮捕、不法拘禁违反《宪法》保护的人身自由,虐待囚犯违反《宪法》规定的实施处罚不按法定程序条款,非法扣留和没收财产也违反正当法律程序条款,正当法律程序条款和言论自由条款的适用范围,都有很大的扩展余地。因此行政人员侵犯公民权利的行为,很容易被认为是违反宪法的侵权行为。自从比文思和埃科诺姆案件以后,追诉行政官员赔偿责任的案件大量增加。据一位专家的指导,目前每300名联邦官员中,就有一人受到违宪侵权赔偿的追诉。[①]

当事人追诉行政官员的赔偿责任,有时是由于除追诉违法的行政人员以外,没有其他负责主体。美国的国家赔偿责任,受到十几项例外的限制。在国家不负赔偿责任的情况下,当事人可能选择的途径是追诉违法的行政人员。即使在国家和行政人员都负责任的情况下,当事人由于技术上的考虑,有时宁愿追诉行政人员。追诉行政人员赔偿的缺点是被诉者的财力有限,可能不能满足受害人的赔偿要求,但是也有下列优点:① 不受《联邦侵权赔偿法》规定的例外情况的限制;② 不需要证明官员的行为在其职务范围以内,而追诉国家时必须证明官员的行为在其职务

---

① Peter H. Schuck: *Suing Government, Citizen Remedies for Official Wrongs*, 1983, p. 43.

范围以内;③ 追诉官员的诉讼有陪审员参加,受害人可以得到陪审员的同情,追诉国家赔偿的诉讼没有陪审员参加;④ 追诉官员的诉讼可以得到处罚性的赔偿,国家不负担处罚性的赔偿;⑤ 追诉国家赔偿的诉讼,律师的收费受到限制,追诉行政人员赔偿的诉讼没有这种限制,可以请到有经验的律师的帮助。

(3) 宪法侵权赔偿诉讼的限制。最高法院在比文思案件中,认为当事人对侵犯宪法权利的行为,可以直接追诉违法行政人员的责任,但是作了一个未加说明的限制,即在特殊情况之下,不能根据宪法权利提起诉讼。在1980年的卡尔森诉格林案件中①,最高法院认为有两种特殊情况,当事人对于侵犯宪法权利的行为,不能根据宪法追诉违法人员的赔偿责任:

第一,国会对某一特定事项的违法,已经规定详细的救济体系,作为唯一的补救途径。当事人只能利用国会规定体系内的手段,不能采取其他手段。例如在1988年的施韦克诉奇利基案件中②,奇利基声称他的伤残补助金被施韦克不正当地终止,请求联邦地区法院判决后者的赔偿责任。该案最后上诉到最高法院,最高法院认为伤残补助金的争议,国会已经规定有详尽的救济手段,其中未包括行政人员的赔偿责任。当事人只能利用国会规定的手段,不能根据宪法的正当程序条款追诉行政人员的赔偿责任。

第二,案件中存在其他特殊因素,法院必须慎重考虑,不能轻易地受理行政人员的赔偿责任。例如下级军官根据宪法权利,追诉上级军官的赔偿责任,涉及部队中的纪律问题,不宜由法院轻易处理。而且军队内部争议的解决,国会已经有详细的规定。如果需要变更或补充,应由国会决定,法院没有这个权力。③

2. 决定特免的标准

传统的标准认为,行政人员能否享有有限制的特免,以行政人员执行职务的行为是否出于诚意(good faith)作为标准。行政人员出于诚意的执行职务的行为,即使侵犯私人的权利也不受赔偿责任的追诉。是否出于诚意又以是否存在恶意(malice)作为标准,出于恶意的行为不能享受特

---

① *Karlson v. Green*, 446 U.S. 14 (1980).
② *Schweiker v. Chilicky*, 487 U.S. 412 (1988).
③ *United States v. Stanley*, 483 U.S. 669 (1987).

免。因此,决定行政人员是否能够享受特免,主要根据一个主观的因素判断。20世纪70年代以后,法院对行政人员的行为是否出于诚意,发展一个客观的标准,即:根据行政人员所侵犯的权利是否完全建立和有明显的存在,或者行政人员对被侵犯的权利是否知道,或者一个合理的行政人员应当知道作为标准。行政人员侵犯明显存在的权利,或者一个合理的行政人员应当知道其存在的权利,不能说是诚意执行职务的行为,不能享受特免。如果法律的规定不明确,或者由于情况特殊,行政人员不知道法律或被侵犯权利的存在,或者不知道已经侵犯了权利,这时,行政人员应根据客观的事实,证明自己的不知道。法院在判决中,有时适用主观标准,有时适用客观标准,有时同时适用主观标准和客观标准,即:行政人员能否享受特免,以被侵犯的权利是否有明显的存在,以及行政人员是否出于恶意为标准。

在1980年的哈洛诉菲茨杰拉德案件的判决中①,最高法院完全抛弃了主观因素,纯粹根据客观因素决定行政人员执行职务的行为是否出于诚意。因为主观因素以是否存在恶意作为判断诚意的标准,是一个非常复杂的问题。行政人员只对自由裁量的行为才有可能享受特免,然而影响行政人员自由裁量的主观因素很多,包括个人的经验、价值观念、情绪、性格等,这些都是事实问题,必须由陪审员决定。要判断一个心理因素,有时非常困难,常常花费大量的时间、金钱,传唤大量的证人,调查大量的证据。行政人员为了应付这样复杂的诉讼,妨碍行政人员的效率。法院花费大量的时间确定行政人员的特免,影响诉讼的进程。根据客观因素判断行政人员是否出于诚意,问题就简化多了。因为被侵犯的权利是否建立和明显存在,是一个法律问题,容易决定。一个明显存在的权利,例如人身安全的权利、居住安全的权利,行政人员应当知道。侵犯一般合理的行政人员应当知道的法律或权利,当然不能认为是出于诚意的行为。如果行政人员确有特殊情况不能知道,也应当根据客观的情况判断。主观因素捉摸不定,客观因素比较实际。最高法院在上引的哈洛诉菲茨杰拉德案件中声称:"因此,我们认为行使自由裁量权力的政府官员,一般而言,只在他们的行为不违反一个合理的人所应当知道的明显存在的法律或宪法的权利时,才能享受不负民事赔偿责任的保护。"

---

① *Harlow v. Fitzgerald*, 457 U.S. 800 (1982).

二、联邦职员赔偿责任改革和侵权赔偿法

1988 年的《联邦职责赔偿责任改革和侵权赔偿法》(Federal Employees Liability Reform and Tort Compensation Act)规定由国家代替政府职员负担侵权赔偿责任,这是目前美国政府职员赔偿制度的最大改革。以下说明这个法律产生的原因和主要的规定。

(一) 改革的需要

美国行政人员的侵权赔偿制度,由传统的官员个人负责,演变成为官员不负赔偿责任。这种发展代表一个客观的需要:行政人员执行职务的行为,不能和私人的行为同样对待。私人的行为是为了个人的利益而活动,行政人员执行职务的行为是为了公共利益而活动。行政人员的个人赔偿责任,妨碍其勇于奉公的热忱,促使行政人员在作决定时,一方面应考虑这个决定是否会引起自己的经济负担,而不考虑什么决定对公众最有利,降低行政活动为公共利益服务的质量,最终受到损害的是公众,不是行政人员。行政人员的个人赔偿责任,对行政人员来说是不公平的。行政人员的一个轻微的过错或违法行为,可能产生严重的经济损害。大部分行政人员薪俸不高,而收入较高的行政人员很少和公众直接接触。侵权行为大多发生在低级人员。行政人员的个人负责制度,在行政组织内部的责任分配,实际上不公平。官员特免制度,免除了行政人员个人的赔偿责任,矫正了上述缺点,这是它产生的客观理由。另一方面,不能由于官员免除赔偿责任,置受害人的利益于不顾,这也是不公平的。随着行政活动的大量扩张,私人受行政人员侵害的机会也增加,私人利益保护的必要非常迫切。如何调和官员的特免和私人利益的保护呢?最好的解决方案是把官员的赔偿责任,移转由国家负担。国家代替行政人员负担执行职务中侵权行为的赔偿责任,官员的特免和私人的利益得到兼顾。

美国最早由国家代替职员负担赔偿责任的法律,是 1961 年的《汽车司机赔偿责任法》。该法律规定对司机在其职务范围内提起的诉讼,视为对美国提起的诉讼。由美国按照《联邦侵权赔偿法》的规定,代替司机负赔偿责任,废除了普通法中司机的责任。美国赔偿以后,在没有法律的规定时,对司机没有求偿权。这个法律非常成功。在此以后又制定了几个法律,由国家代替联邦调查局、军事机构、外交机构、退伍军人服务署和卫生服务机构等内部医务人员的侵权赔偿责任。国家也代替国防部内部法律人员在其职务范围内的侵权赔偿责任。这几个法律的共同目的是给予

上述行为特免保护,由国家代替他们负担侵权赔偿责任。这些法律只是对联邦职员侵权赔偿责任局部的改革,适用的范围不广。实现对联邦职员赔偿责任普遍性的改革,是 1988 年的《联邦职员赔偿责任改革和侵权赔偿法》。

当然,政府职员不负赔偿责任可能产生副作用,降低职员执行职务的注意力,助长职员的不正作风。职员个人的赔偿责任虽有缺点,最低限度对职员产生一种心理威胁,在一定程度上制止了违法行为的发生。为了减少职员不负赔偿责任的副作用,可以采取其他相应的改革:

(1) 加强对职员的纪律要求。为了防止职员的不正作风,纪律处分的效果,远远胜过赔偿责任,对严重违法的职员可以辞退。

(2) 规定国家的求偿权利。国家代替职员负责只是免除职员对受害人的赔偿责任,国会可以制定法律,在国家赔偿以后,有权向侵权的职员追还国家赔偿的金额。

(3) 保留职员对严重的侵权行为的个人赔偿责任。国家代替赔偿的范围限于一般的侵权行为,特别严重的侵权行为,仍由违法的职员负担个人赔偿责任。

(二) 1988 年法律立法的背景

制定 1988 年《联邦职员赔偿责任改革和侵权赔偿法》的直接原因,是由于最高法院同年的韦斯特福尔诉欧文案件的判决所引起。① 自从 1959 年的巴尔案件扩张绝对特免到低级行政人员以后,几乎全部行政人员对其职务范围以内发生的侵权行为,都不负赔偿责任。虽然绝对特免只适用于自由裁量行为,由于法院对自由裁量的意义采取宽大解释,行政人员的行为很少不具有自由裁量性质。结果行政人员的侵权行为,只要在其职权范围以内,都不负民事赔偿责任。最高法院 1988 年在韦斯特福尔诉欧文案件的判决中,限制了绝对特免过宽的范围,增加行政人员的赔偿责任。

韦斯特福尔诉欧文案的事实,是阿拉巴马州联邦军事仓库非军职保管员欧文由于仓库内部有毒物品燃烧,面部受伤,追诉仓库负责人韦斯特福尔的赔偿责任。案件首先由州法院受理,被告请求移送到联邦地区法院。地区法院认为,任何联邦职员在其职务范围内的侵权行为,享有绝对特免,拒绝欧文的赔偿请求。欧文提起上诉,上诉法院撤销地区法院的判

---

① *Westfall v. Erwin*, 484 U.S. 292 (1988).

决。因为地区法院仅仅认定被告行政人员的行为在其职务范围以内,没有审查这个行为是否属于自由裁量行为,给予特免是错误的。韦斯特福尔请求最高法院审查,最高法院维持上诉法院的判决。最高法院认为,官员绝对特免制度是由法院判例创造的,实施这个制度的代价很大:一个本来有理由得到赔偿的人,由于不幸,他的损害是由联邦官员所产生,就得不到赔偿,这不符合所有的人应对其行为负责原则。最高法院没有主张完全放弃这个制度。法院认为,为了行政人员有效率地执行职务,不受干扰,这个制度有存在的理由。然而最高法院认为,绝对特免只能给予行政人员需要行使独立判断作出决定的行为。在每个案件中,法院必须同时考虑公共利益和受害人的利益,只有在维持绝对特免对公共利益的贡献,大于对受害人的牺牲时,绝对特免才符合其存在的目的。最高法院认为该法院的判决,没有认为官员的行为只要在其职权范围以内,不问其是否属于自由裁量权就可享受绝对特免。申诉人韦斯特福尔在其申请审查书中,主张享有绝对特免的理由是:被追诉的行为在其职务范围以内,符合绝对特免条件。即使认为这个行为需要具有自由裁量性质,才能享受特免,这个要求也已经满足。因为行政官员只要行使"极少量的自由裁量权"(minimal discretion)就已经符合特免条件。只要官员所采取的行为没有受到法律具体的强制性的规定,就是自由裁量行为,可以享受绝对特免。最高法院驳斥了极少量自由裁量的主张,认为:"行政官员所有的行为,几乎都包含少量的自由裁量因素。申诉人这样解释自由裁量行为,将使自由裁量的要求完全失去意义。"最高法院还认为,法院在决定某一行为是否属于绝对特免范围时,必须考虑绝对特免所要达到的目的,比较在某一具体情况下,绝对特免对公共利益带来的贡献,和受害人付出的代价,这种考虑是实施绝对特免的指导原则。但是最高法院又认为,绝对特免在某一具体情况下是否正当,这是一个复杂而且经常凭经验探讨的问题,最好由国会制定一个法律,规定联邦职员特免的标准。

由于韦斯特福尔案件的判决对联邦官员的特免产生巨大的影响,也为了影响最高法院的建议,国会在1988年年底制定《联邦职员赔偿责任改革和侵权赔偿法》。对联邦政府全部职员,包括立法、司法、行政人员在内,对其执行职务范围内的一般法律上的侵权行为,给予绝对特免。由此而产生的损害由国家按照《联邦侵权赔偿法》的规定负赔偿责任。众议院的司法委员会在向国会提出的报告中,说明这个法律制定的背景,可以概括如下:报告认为,1988年1月13日最高法院在韦斯特福尔诉欧文案件的判决中,严重变更了联邦职员侵权赔偿责任的法律。在韦斯特福尔判决以前,适用于联邦职员赔偿责任的法律,是政府职员对职务范围内的一般法律上的侵权行为,享有绝对的特免。这个特免的基础是法院的判决,因为法院认为,为了使联邦职员无顾虑地执行职务,这样的特免是必要的……但是在韦斯特福尔的判决中,最高法院在联邦职员被诉时,增加一个享受特免的要求,联邦职员的行为不但必须在其职务范围以内(这是原来的标准),而且还必须是行使自由裁量权的行为。在韦斯特福尔判决以前,几乎一切要求联邦职员赔偿的诉讼都不会成功,因为这些职员的行为在其职务范围以内,因此免除职员的赔偿责任。韦斯特福尔判决以后,联邦职员的行为即使在其职务范围以内,也可能承担个人赔偿责任……这个新增加的要求,对低级职员产生严重的后果。广大的工作人员在执行职务时,很少有可能行使政府的自由裁量权力……由于韦斯特福尔判决而增加的赔偿责任,影响立法、司法、行政三个部门的职员。联邦职员负担个人赔偿责任,可能导致他们减少执行职务的热忱……在作出韦斯特福尔判决时,最高法院特别建议由国会制定立法标准,建立联邦职员侵权赔偿责任的法律,这个法案代表国会对韦斯特福尔判决的回答。①

《联邦职员赔偿责任改革和侵权赔偿法》,1988 年 10 月 12 日由参议院通过,10 月 20 日由众议院通过,同年 11 月 18 日由总统签字,开始生效。该法对《联邦侵权赔偿法》的有关的规定作出修改,并入《联邦侵权赔偿法》内。

(三) 主要内容

1. 目的

《联邦职员赔偿责任改革和侵权赔偿法》要达到的目的有两方面:

(1) 保护联邦职员享有绝对特免,和韦斯特福尔案件判决以前一样,对职务范围内的一般法律上的侵权行为,不负赔偿责任。

(2) 给予上述行为人一个适当的补救,这个补救是向美国提出,不是向产生损害的联邦职员提出。

2. 美国的代替责任

为了达到上述目的,法律规定由于政府职员在其职务范围以内的过失或不法的行为或不行为而产生的财产损失、人身伤害或死亡,受害人按

---

① House Reports, No. 100-700, in 7 U. S. Code, *Congressional and Administrative News*, pp. 5946-5947(1988)。

照《联邦侵权赔偿法》的规定,向美国提出的金钱赔偿请求是唯一的补救途径,排除由于同一事项对引起损害的职员或其财产提起任何其他民事赔偿诉讼。根据这项规定,联邦职员对其职务范围内的一般法律上的侵权行为享有绝对的特免,赔偿责任由美国负担。美国代替联邦职员负担的责任限于金钱赔偿,受害人认为必要时,在金钱赔偿以外,可以请求法院对联邦职员或美国发出制止令,命令该职员或机关为一定的行为或不行为。

3. 适用范围

《联邦职员赔偿责任改革和侵权赔偿法》,适用于立法、司法、行政三个政府部门的职员,但职员免责的范围,限于职务范围内的一般法律上的侵权行为,不包括侵犯宪法权利的行为在内。① 一般法律的意义,就职员赔偿的观点而言,包括州法院关于侵权行为的判例法,也包括州成文法中关于传统的侵权行为的规定。司法委员会的报告认为,区别一般法律上侵权行为和侵犯宪法权利的行为的理由,是因为一般法律上的侵权行为是日常生活中经常发生的行为,侵犯宪法权利的行为是比较严重的行为。《宪法》所保障的权利是社会生活中最重要的和最基本的权利,对于这类权利的侵犯应当特别考虑,国家不代替职员负赔偿责任。受害人应向有管辖权的法院,追诉侵权职员个人的赔偿责任。② 美国行政会议在1982年的会议中,曾经建议对政府职员侵犯宪法权利的行为,也和一般法律上的侵权行为一样,给予绝对的特免,这个建议没有为国会采纳。

《联邦职员赔偿责任改革和侵权赔偿法》,除不适用于侵犯宪法权利的行为或不行为外,在其他法律明文规定,对违反该法的政府职员追诉赔偿责任时,联邦政府也不代替职员负责。因为《联邦职员赔偿责任改革和侵权赔偿法》是普遍适用的法律,如果其他法律认为在某种特定情况下,政府职员不能享受绝对特免时,美国不代替职员负赔偿责任。

4. 美国可以主张的抗辩

受害人由于政府职员职务范围内的侵权行为,追诉美国的赔偿责任时,美国可以主张三种抗辩以减轻或免除赔偿责任:

(1) 不论是私人的侵权行为或政府职员侵权行为共同有的抗辩。例

---

① 参见上款中对侵犯宪法权利只能享有有限制的特免的说明。
② House Reports, No. 100-700, in 7 U. S. Code, *Congressional and Administrative News*, p. 5946.

如受害人对于损害的发生或扩大有共同的过失时,赔偿义务人可以减轻或免除自己的赔偿责任。

(2)《联邦侵权赔偿法》规定的国家不负赔偿责任的例外情况。因为美国代替联邦职员负担赔偿责任,是按照《联邦侵权赔偿法》的规定,《联邦侵权赔偿法》规定国家不负责任的情况,美国不负赔偿责任。①

(3) 政府职员所具有的立法特免和司法特免。② 议员、法官、检察官具有立法特免或司法特免,行政机关职员采取的准立法行为或准司法行为也具有立法特免或司法特免。政府职员不负侵权赔偿责任时,美国代替职员赔偿可以主张职员所享有的特免,不负赔偿责任。

5. 美国代替联邦职员作为被告的程序

《联邦职员赔偿责任改革和侵权赔偿法》,虽然规定美国代替联邦职员负责赔偿职务范围内一般法律上的侵权行为,该法没有禁止受害人对侵权的职员提起赔偿之诉。受害人可能由于各种不同的原因,对侵权的职员提起赔偿之诉。例如,不知道法律的规定,不能确定侵权行为是否在该职员的职务范围以内,或者认为该职员的行为在其职务范围以外,或者不知道侵权行为人是联邦职员等。如果受害人对联邦职员提起诉讼,联邦职员认为自己不应负责应由美国负责时,被诉的职员应在法院正式审理前,请求检察总长(实际上是法院管辖区域的检察官)给予一个证件,证明被告的行为在其职务范围之内。检察总长的证明发出以后,如果案件原来由联邦地区法院受理,则美国(即法院管辖区域内的联邦检察官)代替联邦职员作为被告。如果案件原来由州法院受理,检察总长发出证件以后,该区域内的联邦检察官应请求法院把案件移送到该区域内的联邦地区法院,由美国代替联邦职员作为被告。如果检察总长拒绝证明被告职员的行为在其职务范围之内,被告职员在法院正式审理以前,可以请求受理该案的法院,调查并证明被告的行为在其职务范围之内。法院发出证明以后,如果案件原来由联邦地区法院受理,美国代替联邦职员作为被告。如果案件原来由州法院受理,该区域内的联邦检察官,应请求法院以美国为被告,把案件移送到有管辖权的联邦地区法院。这个程序规定在《联邦职员赔偿责任改革和侵权赔偿法》中③,司法部另外制定有条例,

---

① 参见本书第十七章第四节:联邦侵权赔偿法规定的例外。
② 参见本章第二节:立法人员的侵权赔偿责任;第三节:司法人员的侵权赔偿责任。
③ 已并入《美国法典》第 28 编中,《联邦侵权赔偿法》第 2679 节。

对以上程序作出具体规定,并制有标准的请求和移送格式。

美国代替联邦职员作为被告以后,法院不立即进行审理,根据《联邦侵权赔偿法》的规定,一切以美国为被告的金钱赔偿案件,必须先经过一个行政程序。受害人应先向有关的行政机关请求赔偿,不服行政机关的决定,或者行政机关收到申请后 6 个月内不决定时,才能进行司法程序。①

第六节　第 1983 节的赔偿责任

一、法律条文、立法背景、目的和发展

（一）法律条文

以上几节所讨论的是联邦政府职员职务范围内的侵权赔偿责任,没有涉及州和地方政府职员执行职务,违背《联邦宪法》和法律时的赔偿责任。州和地方政府职员执行职务违背《联邦宪法》和法律时的赔偿责任,规定在《美国法典》第 42 编（公共卫生和福利编）第二十一章（民权章）第 1983 节。该节的标题是剥夺权利的民事诉讼（Civil Action for Deprivation of Rights）,学术著作一般称这节为第 1983 节。该节的具体规定如下：

"任何人凭借任何州或领地或哥伦比亚特区的任何法律、法令、条例、习惯、惯例,剥夺或促使剥夺任何美国公民,或在其管辖区域内的其他人,根据《宪法》和法律而享有的任何权利、特权或特免,必须对受害人依照法律、衡平法提起的诉讼承担责任,或依其他适当的救济程序的责任。从本节的适用而言,国会制定只适用哥伦比亚特区的法律,视为哥伦比亚特区的法律。"（Every person who, under color of any statute, ordinance, regulation, custom, or usage, of any State or Territory or the District of Columbia, subjects or causes to be subjected, any citizen of the United States or other person within the jurisdiction thereof to the deprivation of any rights, privileges, or immunities secured by the Constitution and laws, shall be liable to the party injured in any action at law, suit in equity, or other proper proceeding for redress. For the purpose of this section, any Act of Congress applicable exclusively to the District of Columbia shall be considered to be a statute of

---

① 参见本书第十七章第二节：行政赔偿程序。

the District of Columbia)

根据这项规定,受害人依照第1983节提起的诉讼,可以是法律上的诉讼。例如请求损害赔偿,可以是衡平法上的诉讼,例如请求制止令和确认判决。本节讨论的是州和地方政府的赔偿责任,不包括衡平法上的救济手段在内。第1983节的赔偿诉讼,是政府职员赔偿责任中数量最多的诉讼。例如公民认为《联邦宪法》和法律保护的权利受到侵犯,妇女职员认为受到歧视、学生认为受到虐待、犯人认为没有得到适当的医疗照顾、精神病人认为没有按照正当的程序处理等,都可提起第1983节的损害赔偿诉讼。下面分别说明这节的主要内容。

(二) 产生的背景、目的和发展

第1983节原来是1871节《民权法》第1节,以后编入《美国法典》第42编第1983节。美国南北战争1865年结束,南方的黑奴刚解放,仍然受到歧视,三K党徒横行,对黑人施加暴行和欺诈。为了保护刚解放的黑奴,重建一个和谐的国家,美国制定宪法修正案第13、14、15条。第13条修正案宣布废止奴隶制度;第14条修正案禁止任何州不依照正当的法律程序剥夺任何人的生命、自由和财产,同时宣布法律平等保护原则;第15条修正案保障黑人的选举权利不被否认。1871年的《民权法》,又称《三K党法》(The Ku Klux Klan Act),是南北战争后重建运动中的一项立法措施。目的在保障宪法修正案第14条的实施,保障黑人及其他人依联邦宪法或法律享有的权利,不被州和地方政府职员非法剥夺。因此在州的救济手段以外,规定一个联邦的救济手段,和州的救济手段平行。但是后来的发展超过了立法者原来的意旨。第1983节的诉讼很少由州法院受理,主要由联邦法院受理。第1983节本身没有创造实体法上的权利,但是在《联邦宪法》或法律创造的权利受到侵害时,受害人根据这一节的规定,可以对州或地方政府职员提起赔偿诉讼。这是一个有效率的救济手段,所以第1983节本身包含有很大的发展前景。

第1983节从其制定之日起直到1961年的90年间,法院按照南北战争后的重建精神解释和适用第1983节的规定。根据该节提起的诉讼数量不多,首次的重大转变来自1961年的门罗诉佩普案件的判决[①],在该案件中,法院判决芝加哥的警察对一个黑人家庭的非法搜查负赔偿责任。法院声称,官员执行州的法律发生违反《联邦宪法》或法律的侵权行为,

---

① Monroe v. Pape, 365 U.S. 167 (1961).

即使州的法律规定有适当的补救措施,受害人在向联邦法院起诉以前,无须利用州的救济途径。这个判决大开联邦法院之门,使第 1983 节的民权诉讼案件大量增加。例如 1961 年,法院受理的民权案件只有 270 件,到 1983 年增加到 30 000 件①,很多本来可由州法院审理的案件,移送到联邦法院审理。

第二次大转变来自 1978 年的莫内尔诉讼会服务部(纽约)的判决。② 在这个案件中,最高法院认为,第 1983 节的规定适用于任何人,包括市和地方政府在内。而在 1961 年的门罗案件中,最高法院认为,第 1983 节所适用的"任何人"中,不包括市和地方政府在内。1978 年的判决取消了 1961 年的观点,开辟了一种和国家责任不同,也和政府职员责任不同的新型赔偿责任。③

除这两个重要的判决扩张第 1983 节的适用范围以外,国会 1976 年制定的民权诉讼案件中律师费用的规定,也是促使第 1983 节诉讼增加的一个因素。1976 年的法律规定,在民权案件的诉讼中,法院根据自由裁量权限,可以判给胜诉的一方得到律师费用,作为赔偿其损失的一部分。这项规定引起第 1983 节的诉讼增加。这个法律现在编入《美国法典》第 42 编第 1988 节。

二、法院的管辖权和当事人

(一) 法院的管辖权限

第 1983 节只对违反《联邦宪法》和法律提供一个救济手段,没有规定法院的管辖权限。当事人依第 1983 节起诉,什么法院对这类案件具有事务的管辖权限呢？第 1983 节没有回答,应依规定法院管辖权的其他法律决定。根据《美国法典》第 28 篇第 1343 节(3) 的规定,联邦地区法院对于凭借州的法律而剥夺《联邦宪法》权利,或违反国会制定的任何保障平等权利的法律所发生的民事诉讼有管辖权。大部分第 1983 节的诉讼,可以根据这项规定,由联邦地区法院受理。然而第 1343 节(3) 的规定受到一个限制,地区法院受理违反国会制定法律的民事诉讼,限于保障平等权利的法律,没有提到其他法律。为了补救这个缺陷,联邦地区法院可以根据《美国法典》第 28 编第 1331 节关于联邦问题条款的规定,对第 1983 节

---

① 美国法院行政局(Administrative Office of the United States)1984 年报告,第 143 页。
② *Monell v. Department of Social Services*, 436 U.S. 658(1978)。
③ 参见本章第 6 节中第 1983 节适用于地方政府的说明。

的全部案件具有管辖权限。第1331节规定联邦地区法院对在美国宪法、法律或条约的规定下发生的民事诉讼，有原始的管辖权。全部第1983节的诉讼属于联邦问题，地区法院具有管辖权限。

州和地方政府职员所属州的州法院，对受害人依第1983节提起的诉讼也有管辖权。

首先，依《联邦宪法》规定的平等保护条款，如果某类诉讼请求，根据州法律的规定州法院有管辖权，则根据联邦法律规定提起的同样的诉讼请求，州法院不能拒绝受理，否则对在其管辖下的人没有实行平等的法律保护。

其次，根据《联邦宪法》和法律在全国效力最高的原则，联邦宪法和法律在全国有效，构成各州法律的一部分。州法院和联邦法院一样，有共同的权力执行联邦宪法和法律。当事人依第1983节的规定，对违反联邦宪法和法律的行为进行追诉，州法院不能拒绝受理。

虽然州法院和联邦法院对第1983节的诉讼有共同的管辖权，实际上这类案件的原告大都选择向联邦法院起诉。

首先，当事人可能认为州法院存有偏见，不愿严格执行联邦法律规定的各项权利。联邦法院没有地方偏见，更适于保护联邦宪法或法律规定的权利。

其次，当事人可能认为联邦法院的主要任务是解决联邦法律问题，对适用联邦法律产生的诉讼，具有丰富的经验。联邦法官处理第1983节诉讼的能力，可能胜过州法院的法官。

最后，联邦法官的地位受《联邦宪法》第3条的保障，独立执行职务。有些州的法官由选举产生，缺乏和联邦法官相同的保障，可能影响其执行职务的独立性。

（二）当事人

1. 原告

（1）原告资格。第1983节规定任何美国公民，或在美国管辖下的其他人，依联邦宪法或法律而享有的权利，被州或地方官员凭借州的法律而被剥夺时，有权提起诉讼救济。因此第1983节诉讼的原告是美国公民，以及在美国管辖下的永久或暂时停留的外国人。法院的判例认为因犯可以作为第1983节诉讼的原告，在逃的刑事犯不能作为第1983节诉讼的原告。

第1983节的原告，必须是在其生存期间权利受到侵犯的人。尚未出生的人和已经死亡的人不符合这个条件,不能作为原告。死者在其生前受到侵害享有的第 1983 节的诉讼权利,代表死者财产的人,例如遗产管理人、遗嘱执行人有原告资格。死者生前已开始的诉讼由谁继承,依法院地法律的规定。官员的行为直接导致受害人死亡时,依联邦宪法或法律享有的权利受到侵害人的近亲属,也有权提起第 1983 节的诉讼。除自然人外,营利性和非营利性的团体,在其宪法权利或法律权利受到侵犯时,也有原告资格。团体是否可以代替团员起诉,判例不一致。但损害团员的利益同时损害团体整体利益时,或者团体全体成员受到损害时,团体可以作为原告起诉。市作为一个团体没有原告资格,因为第 1983 节诉讼的目的,在于对私人的宪法或法律权利受到政府官员侵害时,提供一个救济手段,不是对行政组织提供一个救济手段。

(2) 起诉资格。当事人依第 1983 节的规定请求法院救济,除必须具备原告资格以外,还必须具备起诉资格,否则法院不会受理。起诉资格是指当事人对于某一具体事件可以请求法院救济的资格。原告资格是一个抽象的、概括的资格。涉及某一具体事件是否可以起诉时,由起诉资格决定。没有原告资格不能请求法院救济;没有起诉资格,原告对想要请求法院救济的事项,不能提起诉讼。

联邦法院的起诉资格受到三方面的规定:

首先受到《宪法》的规定。《联邦宪法》第 3 条规定,联邦法院管辖的范围,限于"案件或争端"。当事人只能对成为案件或争端的事件提起诉讼。案件或争端的意义,根据法院的解释是指事实上的损害。如果当事人事实上没有受到损害,就没有案件或争端存在。损害的对象可以是经济方面的利益,也可以是非经济的利益。例如环境利益、美观利益、声誉利益等,包括法院能够补救的一切损害在内。但损害必须具有特定性质,为特定人或少数人或特定范围内的人蒙受的损害。一般人共同遭受的损害,不能请求法院救济。

其次,原告受到的损害必须是现实的,不是假想的损害,对将来不确定的损害不能请求法院救济。原告的损害必须由被告的行为所引起,如果原告的损害和被告的行为无关时,原告和被告之间不存在争端,原告没有起诉资格。这个条件通常称为因果关系。起诉时,只需要表面上存在因果关系就已足够,确切的因果关系是否实际存在,要在审理以后才能确定。

最后,法院必须具备能够弥补原告损害的救济手段;如果法院对原告的损害缺乏救济手段,法院不会受理原告的诉讼。

成文法在不违反宪法精神的范围内,也可以规定起诉资格,特别是规定某一事项的法律,可以对受其规定的事项规定具体的起诉资格,或者放宽或者严格对待起诉资格的要求。

最高法院在很多判决中认为,当事人请求法院救济的事件必须属于《宪法》或法律规定范围内的事项。不在《宪法》或法律规定范围内的事项,国会没有表示救济的意旨,当事人不具备起诉资格。对最高法院最后规定的这个条件,理论上存在分歧,法院的判例也不一致。[1]

2. 被告

第一,被告的范围。第 1983 节规定任何人凭借任何州或领地或哥伦比亚特区的法律、法令、条例、习惯而剥夺美国公民或美国管辖区域内其他人的宪法或法律权利时,应负赔偿责任。这里应负责任的人就是第 1983 节诉讼的被告。被告的范围限于凭借州的法律而剥夺他人权利的人,从这个要求出发,第 1983 节的被告包括州和地方政府职员。因为州和地方政府职员在执行职务时的一切行为,都是凭借州的法律的行为。最高法院认为,不仅他们合法的行为是凭借州的法律的行为。他们违法的行为、滥用权力的行为也是凭借州的法律的行为。因为"官员滥用权力之所以可能,完全由于他们享有州的法律所给予的权力的缘故"。[2] 凭借州的法律包括正当行使和不正当行使州的权力的行为在内。私人在一定的条件下,凭借州的法律侵犯其他人权利的时候,也可成为第 1983 节诉讼的被告。私人的侵权行为和行使州的权力的行为无关时,不是第 1983 节的被告。地方政府(包括市政府在内)可以是第 1983 节诉讼的被告。州和州的机构不能成为第 1983 节诉讼的被告,因为根据联邦宪法修正案第 11 条的规定,联邦法院除非州自愿应诉外,不能受理私人控诉州和州的机构的诉讼。州政府的官员以其官员身份,代表州的机构,不能作为第 1983 节赔偿之诉的被告,但可作为衡平法上救济手段的被告。领地和领地的机构与州的地位相同,不能作为第 1983 节的被告。宪法修正案第 11 条只适用于联邦法院。州和州的机构是否可以在州法院作为第 1983 节诉讼的被告呢?这个问题原来没有确定,最高法院在 1989 年的威尔诉密

---

[1] 参见本书第十五章第二节合格的当事人中关于这个问题的讨论。
[2] *Monroe v. Pape*, 365 U. S. 167 184 (1961).

歇根州警察厅案件的判决中①,认为宪法修正案第 11 条虽然不适用于州法院,但该条包含尊重州的主权观念,所以没有州的同意,州在本州的法院中也不能作为被告。

第二,凭借州的法律。第 1983 节诉讼被告的特征是凭借州或领地或哥伦比亚特区的法律、法令、条例、习惯、惯例的人。习惯和惯例必须具有法律效力,才能作为凭借的根据,所以第 1983 节诉讼的被告实际上是凭借州的法律的人。什么是凭借州的法律呢？回答这个问题对州和地方政府职员来说,没有困难。因为州和地方政府职员执行职务,在一般情况下是凭借州的法律,只在少数情况下不是凭借州的法律。例如州和地方政府职员执行联邦法律时,是行使联邦的权力,不是凭借州的法律。最高法院还认为,州的公设辩护人在其代表刑事被告辩护时,不是凭借州的法律。因为公设辩护人必须忠实于所代表的人,根据律师和委托人的关系,以及律师的道德标准,公设辩护人的作用和私辩护律师相同。公设辩护人不是代表州行动,甚至和州处于对立地位,所以他们的行为是不凭借州的法律的行为。②

私人的行为在什么情况下,可以认为是凭借州的法律的行为呢？最高法院认为,第 1983 节凭借州的法律的行为,也就是联邦宪法修正案第 14 条规定的州行为(state action)。宪法修正案第 14 条禁止州不依正当的法律程序,剥夺任何人的生命、自由和财产。这条规定不仅适用于州,也适用于行使州的权力的人,不论其为自然人或法人。私人的行为行使州的权力,可以认为是州行为时,也应依第 1983 节的规定负责。如果发现有州行为存在,也就有第 1983 节的凭借州的法律的行为存在。③ 私人的行为在什么时候是行使州的权力,构成州行为呢？最高法院认为对这个问题不能有精确的回答,必须根据具体的事实和情况决定。法院必须考察私人的行为和州或地方政府或其官员是否有足够的联系、地方政府或其官员是否充分卷入私人的行为,以致私人的行为可以认为是州的行为。私人的行为仅仅得到州或其官员的同意或援助,不能认为是州行为,但州政府或其官员更进一步卷入私人的行为,例如政府职员参加私人企业管理委员会,如果在委员会的决定中实际上发挥主导的力量时,这种密

---

① *Will v. Michigan Department of State Police*, 491 U. S. 58 (1989).
② *Polk County v. Dadson*, 454 U. S. 312 (1984).
③ *Lugar v. Edmonson Oil Co.*, 457 U. S. 922 (1982).

切联系已经足够使私人的行为成为州的行为。私人和政府职员共同参加某一事件,如果政府职员行使州的权力时,这种共同关系也足以使私人的行为成为州行为。例如私人债权人在法院判决以前,请求扣押债务人的财产,法院书记官根据债权人的请求,命令扣押债务人的财产,没有听取债务人的意见。债务人因此受到不正当的损害,认为这个行为违反宪法的正当法律程序条款,依第1983节的规定请求债权人赔偿。因为债权人的行为和州官员的行为结合,成为州行为。私人的行为必须符合州的法律,才构成州的行为。私人的行为虽然符合州的法律,由于违反联邦宪法或法律的规定,而且有州或其官员的充分卷入,所以应负第1983节的赔偿责任。私人的行为违反州的法律,不能认为是州行为时,不负第1983节的赔偿责任。

第三,被告的特免。第1983节的案件,在通常情况下是对州或地方政府职员违背联邦宪法或法律时负担的赔偿责任。因此引起一个问题:州或地方政府职员在被追诉时,是否可以主张官员的特免以对抗原告的请求呢?第1983节条文本身没有规定官员的特免,最高法院认为不能因为条文中没有规定,而认为地方政府职员对第1983节的诉讼不能享受特免。① 官员特免是普通法的制度,历史悠久,国会1871年在制定第1983节条文时,完全知道普通法的特免制度。法律中没有表示废除官员特免,可以认为普通法中的官员特免,在和第1983节的宗旨和政策不冲突时,已经包括在第1983节中。州和地方政府官员在第1983节的诉讼中,可以主张普通法的职员特免。

第1983节诉讼中,官员享受特免的程度和范围,适用联邦官员特免的法律。因为第1983节的诉讼是关于联邦宪法和法律的诉讼,第1983节本身也是联邦法律。第1983节诉讼的官员特免是对联邦法律的解释和适用,应由联邦法律决定。各州关于官员特免的法律不适用于第1983节的诉讼。不论受理诉讼的法院是联邦法院或州法院,都只适用联邦法院所确定的官员特免原则。关于联邦官员特免制度,上面已经详细说明,州或地方政府官员在第1983节的诉讼中,虽然适用联邦官员特免的法律,然而联邦职员依1988年的联邦职员赔偿责任改革和侵权赔偿法的规定,享有由国家代替赔偿的权利,不适用于州和地方政府职员。

---

① *Pierson v. Ray*, 386 U.S. 547 (1967).

三、受保护的权利

第 1983 节是一个规定救济手段的法律,条文本身没有创造实体法上的权利。什么权利受第 1983 节的保护规定在其他法律中。第 1983 节规定任何美国公民或美国管辖区域内的其他人,依照联邦宪法和法律而享有的任何权利、特权、特免受到州或地方政府官员凭借州的法律侵犯时,受害人有提起法律的或衡平法的诉讼的权利,或依其他适当手段救济的权利。因此,第 1983 节所保护的权利是联邦宪法和法律规定的权利,不包括州法律和普通法的权利在内。但是州法律或普通法的权利,和联邦宪法或法律规定的权利相同时,也受第 1983 节的保护。这是对联邦宪法和法律的保护,不是对州法律的保护。当事人可以直接请求第 1983 节的救济,无须利用州法律规定的救济。

（一）宪法权利

公民或其他人的宪法权利受到州或地方政府官员侵犯时,这种侵权行为构成违反《宪法》的侵权行为(constitutional tort)。关于违反宪法的侵权行为有三个问题需要说明:① 违反宪法的行为不是都侵犯公民的权利;② 违反宪法的侵权行为不是普通法上的侵权行为;③ 区别违反宪法实体权利的行为,和违反宪法正当法律程序的行为。

《宪法》中的条文,有的是保障公民权利的规定,有的规定和公民的权利无关。例如宪法中关于言论自由、禁止歧视、正当的法律程序等规定,都构成公民依宪法享有的权利。宪法中规定联邦法律的效力高于州的法律,财政提案必须首先提交众议院讨论,这类规定涉及州和联邦的关系、联邦机构之间的关系,和公民的权利无关。州和地方政府官员违反联邦宪法的行为,只在侵犯公民依宪法享有的权利时,才构成第 1983 节的诉讼。

违宪侵权行为的核心在于违反宪法,和普通法上的侵权行为可以发生三种不同的关系:第一种普通法上的侵权行为可以不是违宪的侵权行为。例如政府司机由于过错撞伤行人,这是普通法上的侵权行为,不是违宪的侵权行为。政府的司机没有违反宪法,受害人只能提起普通法上的侵权赔偿责任诉讼,不能因为侵权行为人是政府职员而提起第 1983 节的赔偿之诉。第二种违宪的侵权行为也可以不是普通法上的侵权行为。例如政府官员违反宪法修正案第 1 条关于言论自由的规定,是违宪的侵权行为,不是普通法上的侵权行为。受害人对这种侵害可以提起第 1983 节的赔偿诉讼,没有普通法上的诉讼原因。第三种是在有的情况下,同一行为可能既构成普通法上的侵权行为,又构成违宪的侵权行为。例如州政府官员没有搜查证件和可能存在的违法理由而侵犯私人的住宅,同时构成普通法上的侵权行为和违宪的侵权行为。受害人可以提起第1983节的诉讼,不受普通法救济的限制。

在违宪的行为中,必须区别违反宪法实体权利的行为,和违反宪法正当程序的行为。宪法保障的实体权利,例如言论自由权、不受歧视待遇权、不受残酷和异常的处罚权、选举权等,受到州政府官员的侵犯时,不论官员采取的程序是否正当,都构成侵权行为。宪法修正案第14条规定任何人的生命、自由和财产,不按正当的法律程序不得剥夺,是关于正当程序的权利。只要州政府的官员按照合法的程序,就不能认为有侵权行为存在。例如州政府官员扣押私人的财产,或者对私人科以某种处罚,只要在事前或事后已经举行符合情况需要的听证,就已满足正当程序的要求,不能认为有违宪的侵权行为存在。

(二) 成文法规定的权利

除宪法的权利以外,任何人依联邦成文法享有的权利,受州或地方政府职员侵犯时,也可提起第1983节的诉讼。成文法的意义包括依法成立的联邦行政法规在内。州的法律或法规和联邦的法律或法规冲突时,是违背联邦的成文法,即使州的法律或法规符合联邦的法律和法规,实际的执行不符合时,也是违反联邦的成文法。成文法的范围不限于规定民权或平等保护的法律,最高法院最初对成文法的意义采取广义解释,包括联邦的一切成文法在内①,后来加以限制。在两种情况下,违背联邦的成文法不能提起第1983节的诉讼:① 成文法没有创造一个实体法上的权利,仅仅宣布一个政策。一个法律是否创造实体法权利,或者仅仅宣布一个政策,根据解释国会的意旨而定。② ② 成文法对违反该法已经规定详细的、完备的救济,作为唯一的救济手段时,不适用第1983节的救济,否则违背国会的意旨。③ 成文法中规定的唯一救济手段,由于被告官员的行为妨碍原告利用时,仍然可以提起第1983节的诉讼。成文法中规定的

---

① Maine v. Thiboutot, 448 U.S.1 (1980).
② Pennhurst State School and Hospital v. Haldermann, 451 U.S.1 1981.
③ Middlesex City Sewerage Authority v. National Sea Clammers Association, 453 U.S.1 (1981).

救济手段是否为唯一的救济手段,或者是平行的救济手段,不排除其他的救济手段;如果条文的意义不明确,法院在解释时,应首先假定第 1983 节对私人规定的救济能够适用。除非私人提起诉讼和法律规定的救济手段明显不调和时,才排除第 1983 节的救济。

四、第 1983 节适用于地方政府

(一) 地方政府的责任和特免

以上说明第 1983 节的赔偿责任,限于州和地方政府职员,没有涉及政府在第 1983 节下应负何种责任。对于中央政府及其机构而言,第 1983 节不能适用。因为第 1983 节责任的产生,是由于政府职员凭借州的法律剥夺美国公民或美国管辖区域内其他人的宪法和法律的权利。中央政府及其机构凭借联邦的法律进行活动,和第 1983 节的规定无关。对州政府及其机构而言,第 1983 节也不能适用,因为联邦宪法修正案第 11 条规定,联邦的司法权力不包括私人控诉州的案件。根据法院的解释,不仅其他州的人或外国人不能控诉州,本州的人民也不能控诉州。因为州享有主权豁免,没有得到它的同意,私人不能控诉。因此,政府对第 1983 节的责任,实际上限于地方政府的责任,也就是市、郡和镇在第 1983 节规定下应负的责任。

从 1871 年第 1983 节制定之日起,直到 1978 年的 107 年期间,法院从未提到第 1983 节适用于地方政府。而且在 1961 年的门罗诉佩普案件的判决中,最高法院声称,根据对第 1983 节立法史的分析,该节规定"任何人"凭借州的法律而侵犯其他人依联邦法律享有的权利应负赔偿责任,条文中"任何人"一词,不包括地方政府在内,第 1983 节对地方政府不适用。然而 17 年以后,在 1978 年的莫内尔诉社会服务部案件的判决中,最高法院重新分析第 1983 节的立法背景,改变原来的观点,认为第 1983 节适用于地方政府。法院声称:"我们现在推翻门罗案件中……关于地方政府不受第 1983 节诉讼管辖的决定……国会在立法时,在任何人应负赔偿责任一词中,曾经意图包括城市及其他地方政府在内。"

莫内尔案件只确立第 1983 节适用于地方政府,没有讨论地方政府责任的范围。法院声称,地方政府在第 1983 节规定下,不能享有绝对的特免。地方政府是否享有有限制的特免?是否可以主张地方政府职员所享有的特免?莫内尔案件把这些问题留待以后解决。在 1980 年的欧文诉独立市案件的判决中①,最高法院回答了这个问题。法院认为地方政府不能主张地方政府职员所享有的特免,因为特免制度来源于普通法。在1871年制定第1983节时,普通法中只有官员出于诚意执行职务的特免,没有地方政府出于诚意执行职务的特免。第1983节条文中也没有规定地方政府的特免,所以地方政府没有政府职员享有的出于诚意的行为不受追诉的特免。法院认为从政策的观点而言,地方政府也不应当享有这种特免,因为地方政府的职员已经享有特免;如果地方政府可以主张享有职员同样的特免,则受害人所受到的损害无法弥补,不符合第1983节立法的目的。而且地方政府赔偿责任的最后负担者是地方的纳税人,地方居民由于地方政府的活动而享受利益,也应当分担地方政府活动所产生的损害。如果只由受害人承担损失,或者由政府职员分担,受益的居民不负赔偿责任,不符合公平观念。

地方政府虽然没有政府职员享有的特免,然而地方政府不是完全没有特免。最高法院在1981年的新港城市诉音乐演奏团案件的判决中②,承认地方政府享有不受处罚性赔偿的绝对特免。地方政府依照第1983节承担的赔偿责任,限于补偿性质的赔偿,不能带有处罚性质。因为地方政府不负担处罚性赔偿这个普通法规则,在1871年时已经存在。第1983节的条文和立法史中,没有表示废除这个传统规则。从政策的观点而言,处罚性的赔偿,对于官员具有恐吓作用,产生心理上的抑制效果。对地方政府而言,处罚性的赔偿不起作用,地方政府赔偿责任的最后负担者是纳税居民。纳税居民没有过错,不应当受到恐吓,一切恐吓对他们不发生效果。

(二) 责任的基础:政策和习惯

最高法院在莫内尔案件的判决中,认为地方政府依第1983节负责,不是由于它使用了一个侵权行为的职员。雇用人对受雇人的行为负责原则不适用于地方政府。第1983节规定任何人凭借州的法律剥夺其他人依联邦宪法和法律享有的权利,应负赔偿责任。根据这项规定,第1983节的责任是对自己行为的责任,不是对别人的行为的责任。地方政府是对自己的行为负责,不是对职员的行为负责。什么是地方政府的行为呢?法院认为表现或执行地方政府的政策或法令的行为,是地方政府的行为。

---

① Owen v. City of Independance, 445 U.S. 662(1980).
② City of Newport v. Fact Concerts, Inc. 453 U.S. 247(1981).

地方政府只在其所采取的政策或制定的法令,在执行中剥夺其他人依《联邦宪法》或法律享有的权利时,才依第 1983 节的规定负赔偿责任。受害人要求地方政府赔偿时,无须指出地方政府颁布的政策是针对某一特定的人,也无须指出地方政府职员存在过错,产生责任。只需要指出地方政府制定的政策允许某种行为,这种行为侵害了他的联邦权利,就足以建立地方政府的责任。

既然地方政府责任的基础是地方政府的政策,什么是地方政府的政策呢?政策怎样表现呢?法院认为政策是在各种可能性中,有意识地选定的一系列的行为。政策通过三种方式表现出来:

(1)最明显的表现是由地方政府正式采取并且公布的说明政策的文件、法令、条例、决定等,特别是地方政府中立法机关的决定,或其所委托的机关的决定。

(2)有权代表地方政府就某事项作出最后决定的人的行为或命令,这个人一般是地方政府或其机关的长官,或该长官委托的人,或由法律特别规定的人。他们的决定代表地方政府的政策。

(3)广泛地并长久流行于地方政府机构之中的习惯。习惯虽然不是正式制定并公布的决定,事实上具有法律的效力,构成地方政府的政策。某一政府职员单独的行为不是习惯,必须是长期的大量的职员的行为才构成习惯。地方政府的政策和习惯成为赔偿责任的基础,只在政策或习惯和侵害联邦权利之间有直接的因果关系时才存在。受害人请求赔偿,必须证明他的联邦权利受到侵害,是执行地方政府政策的直接结果,否则地方政府不负赔偿责任。

地方政府的政策不仅表现在积极的行为之中,地方政府消极的行为,对某类事项漠不关心,也可能认为是政策的表现。例如有的法院认为,地方政府对其职员严重缺乏训练或监督,造成职员侵犯其他人的权利的机会,是地方政府政策的一种表现。这种消极的行为是促使职员侵犯其他人权利的直接原因,地方政府应承担第 1983 节的赔偿责任。又如地方政府对职员中大量存在的侵犯其他人的权利的行为,不采取纪律制裁和补救措施,也可以认为地方政府的政策是允许这类侵害行为,由此产生地方政府的责任。

(三)地方政府赔偿责任和联邦政府赔偿责任的不同

地方政府的赔偿责任规定在第 1983 节中,联邦政府的赔偿责任规定在《联邦侵权赔偿法》中。根据这两个法律规定的不同和法院的解释,地

方政府和联邦政府的赔偿责任,有以下的不同:

(1) 负责的基础不同。地方政府赔偿责任的基础,不是雇用人对受雇人的行为负责的原则。地方政府只对自己的行为负责,地方政府的责任不要求职员有引起责任的侵权行为存在。联邦政府赔偿责任的基础是联邦职员执行职务时的侵权行为。没有职员的侵权行为,不可能有联邦的赔偿责任,联邦政府的赔偿责任是代替的赔偿责任。①

(2) 立法行为的责任不同。联邦政府对立法行为不负赔偿责任②,地方政府对其制定的法令、条例,和遵循的习惯,违反《联邦宪法》或法律时所产生的损害负赔偿责任。

(3) 自由裁量行为的责任不同。联邦政府对政府机构或职员行使自由裁量权的行为,不负赔偿责任。③ 地方政府对其所采取的政策侵害其他人的联邦权利时负责。政策是自由裁量权的表现,所以地方政府行使自由裁量权的行为,是产生赔偿责任的直接原因。

---

① 参见本书第十七章第三节二:诉讼的原因和适用的法律。
② 参见本书第十七章第四节:联邦侵权责任法规定的例外。
③ 参见本书第十七章第四节:联邦侵权责任法规定的例外。

第十九章
总统对行政的控制

以上几章说明了法院对行政活动的控制。司法控制对保障行政活动的合法性和私人的权利，占有不能代替的地位。这种控制由行政系统以外的人实施，按照严格的程序进行，具有客观性和公平性，能够得到社会公众的信赖。这种控制的存在，私人随时可以利用，对行政机关滥用权力是一种有效的救济手段。但是这种控制只在事情发生以后实行，不能防止行政机关违法行为的发生。这种控制限于法律方面，不能制止不当的行政行为，保障政策的贯彻实施。近代行政机关的行为大多具有自由裁量性质，法院对自由裁量行为的控制受到很大的限制。司法控制只在当事人请求时才实行，法院不能主动控制行政机关的活动。而且法院审理的程序缓慢、诉讼费用昂贵，在一定的程度上降低了司法控制的作用。为了保障对行政活动进行有效的监督，必须在司法控制以外，还有其他控制方式。

在美国，行政活动除受法院的控制以外，还受到其他方面的控制。这些控制有的是无组织的控制，例如社会舆论和公共利益团体，对行政活动起到一定的监督作用；有的是有组织的控制，例如美国总统、国会和某些州中的行政监察专员（ombudsman）对行政活动进行的控制。在非法院的控制中，最重要的控制是总统的控制和国会的控制。从私人的角度来说，最容易得到对付行政侵害的手段可能是法院。然而对行政人员，特别是行政机关的长官来说，他们关心的控制不是来自法院，而是来自总统和国会。对法院的控制机关长官很少过问，而把全部责任委托给本单位的法律部门处理。然而对总统的控制和国会的控制，机关长官往往需要集中全力应付。这两种控制是保障行政政策贯彻执行、提高行政效率的工具。本章和下章将分别讨论总统和国会对行政的控制。

第一节　概　　述

一、总统控制的需要

总统控制的必要性来自两个方面：一是政治的考虑；二是行政的考虑。从政治的观点来看，美国传统的政治观念建筑在自由民主基础之上。民主的观念认为，统治人民的人必须对人民负责，由人民选举产生。在联邦行政系统内部，只有总统由人民选举产生，对人民负责。其他行政官员都不直接对人民负责。总统控制行政是民选的官员控制非民选的官员，是民主政治在行政上的一种表现。

从行政的观点来看，近代行政组织的最大特征为机构庞大而众多、任务复杂而易变。运用这样一套庞大而复杂的机构，最主要的环节是有一个集中的领导，能够协调和监督各部门的工作。用一个比喻来说，如果我们暂时撇开行政和立法及司法的关系不管，单就行政本身而言，行政部门好像一个乐队。乐队有各种不同的乐器，如果没有一个统一的指挥，各种乐器的操作者凭自己的判断演奏，必然奏不出一个乐章。总统是行政乐队的指挥，协调队员的行动。当然，由于行政受法律的支配，总统对行政的领导不可能像乐队指挥对乐队成员一样严格。然而在完成集体工作需要步调一致这个基本性质上，多少有些类似。由于总统对行政的控制，产生于行政机构的庞大和行政任务的复杂，所以总统对行政控制的需要随行政的发展而增加。美国在 19 世纪 60 年代以前，行政的发展不高，总统控制的需要也不迫切。自从南北战争以后，美国经济大幅度发展，行政的任务增加，总统控制的需要随之增加。从联邦政府而言，第一次世界大战以后，很多总统都组织过专门委员会，调查并研究如何加强总统对行政的控制，借以协调和指导各行政部门的工作，使行政活动能够适应当代社会的需要。

二、总统控制的权力和方法

（一）总统控制的权力

总统控制的权力来源于宪法和法律。宪法的规定特别重要，因为《宪法》的规定适用于全部行政，法律的规定往往限于某一特定事项。美国宪法给予总统下述权力作为控制行政活动的根据。

《宪法》第 2 条第 1 款规定行政权属于总统。总统根据这项规定享有的行政权的范围如何，理论上存在不同的观点。然而在法律上，总统能够利用这项规定作为控制行政的根据。行政权属于总统，包含总统可以行使行政权，也包含总统可以控制行政部门的活动。除了这项规定以外，总统还可根据《宪法》规定的其他三种权力，作为控制行政的根据。

1. 任命权

《宪法》第 2 条第 2 款规定，总统经参议院的同意任命政府官员，但国会可以用法律规定，下级官员由总统、法院或各机关长官单独任命。总统的任命权使执行总统政策的人对总统处于从属地位，接受总统的领导。总统的任命权受到法院判例的保护，例如 1974 年，国会通过法律建立联邦选举委员会，规定委员会成员 6 名，由国会任命 4 名，总统任命 2 名。最高法院在 1976 年的巴克利诉瓦莱奥案件中①，否决了这个法律，认为侵犯总统的任命权。因为《宪法》规定，除低级行政人员可由法律规定，由总统、法院或行政机关长官单独任命以外，行政机关的其他官员由总统提名任命。这个法律规定的 4 名成员，没有由总统提名。

2. 要求书面意见权

《宪法》第 2 条第 1 款规定，总统有权要求行政各部门的负责官员，就其职务范围内的任何事项，提供书面意见。根据这个权力，总统可以审查各行政部门执行的政策，是否符合总统制定的政策。

3. 监督法律忠实执行权

《宪法》第 2 条第 3 款规定，总统负责监督法律的忠实执行。根据这项规定，总统对行政活动的监督，不仅是一种权力，而且是一项义务。但是总统只能监督行政机关的活动，不能代替行政机关执行法律。

（二）总统控制的方法

总统控制行政机关的活动，主要通过下列各种方法：

1. 任命高级官员

联邦政府高级官员的任命由总统提名，经参议院的同意任命。大部分高级官员参与政策的决定，总统在提名时，选择赞成总统政策的人，作为控制行政活动的一种手段。总统对独立的行政机构的活动，虽然没有控制的权力，但独立的行政机构最高成员的任命，也由总统提名经参议院的同意任命，不能完全摆脱总统的影响。独立行政机构委员会的主席由

---

① *Buckley v. Valeo*, 424 U.S. 1 (1976).

总统任命,总统可以任意变更委员会的主席。通过对委员会主席的任命,总统可以间接影响独立行政机构的决定。

国会虽然不能任命联邦官员,然而国会对总统的任命,在一定程度上发挥着监督作用。高级官员的任命需要参议院的同意,国会可以规定被任命人员的资格,例如司法部长必须由律师出身。国会可以对某些机构人员的任命规定一定的条件。例如独立委员会的成员必须保持两党的平衡,任何政党不能超过一定的比例。

2. 辞退高级官员

辞退高级官员和任命高级官员一样,是保障总统政策贯彻执行的方法。任命行为着眼于未来,辞退行为是一种制裁措施,对和总统不合作的官员不再留用。《美国宪法》只规定总统的任命权,没有规定总统的免职权。《宪法》关于官员免职的唯一规定是第 2 条第 4 款的弹劾程序。该款规定总统、副总统和一切文职官员,由于叛逆、贿赂,或其他重大的犯罪和不法行为,依弹劾而免职并判罪。弹劾程序由众议院提起,参议院审理。这个程序使用很不灵活,除对总统和高级官员的免职可能使用以外,对其他官员的免职很难利用这个程序。美国总统不能利用这个程序罢免行政官员,总统免职的权力基本上由法院的判决确定。从理论上说,总统的任命行为需要参议院的同意,免职的行为也需要参议院的同意,国会曾经采纳过这个观点。但是美国最高法院考虑到行政上的需要,根据对宪法的解释,否决了这个观点。最高法院关于总统辞退高级官员的权力,有两个重要的判例:一个适用于隶属于总统的行政机关的高级官员的免职;一个适用于独立的行政机构高级官员的免职。

在 1926 年迈尔斯诉美国案件的判决中①,最高法院认为隶属于总统的行政机关高级官员的任期,凭总统的意志而定,总统可以任意辞退他们。即使这些官员的任命需要参议院的同意,总统辞退他们也不受国会的限制,不需要参议院的同意。这个案件的产生是由于国会的一个法律规定邮政局长的任期为 4 年,他们的任命和辞退需要参议院的同意。哈丁总统在迈尔斯局长任期未满以前,未经参议院的同意把他辞退。当时邮政部门是隶属于总统的行政机关,不是独立的机构。迈尔斯起诉要求得到未满期的工资,案件最后由最高法院判决。最高法院认为,总统免职的行为和任命的行为的要求不一样,在总统任命时,可以假定参议院对被

---

① *Myers v. United States*, 272 U. S. 52 (1926).

提名人是否胜任,和总统一样具有判断能力。官员一旦工作以后,官员工作的能力和品德的缺点、是否忠实地执行法律,只有总统和总统所信赖的下属最为清楚,参议院不能像总统一样具有判断能力,因此官员的辞退应由总统决定。总统必须有无限制的权力,辞退隶属于他的高级官员。这个需要是解释宪法时必不可少的考虑,否则总统无法履行宪法要求他监督法律忠实执行的义务。要求参议院同意辞退邮政局长的法律不符合美国宪法。由于行政机关工作人员的性质不一样,总统在辞退官员时,对执行准司法职务的人员和专业性质的行政人员,应当给予不同的待遇。这个问题以后谈到对总统控制权力的限制时,补充说明。

总统对独立行政机构的高级人员,不能任意辞退,这个原则由1935年的汉弗莱的遗嘱执行人诉联邦贸易委员会的判决所建立。① 联邦贸易委员会的组织法规定,委员会的成员由总统提名,经参议院同意后任命,只能由于"无效率、玩忽职守、违法行为"才能辞退。在罗斯福总统推行新政时期,联邦贸易委员会主席汉弗莱不支持总统的政策。罗斯福总统在汉弗莱任期未满以前,罢免了他的委员职务,没有指出任何一项法定的免职理由。总统罢免汉弗莱的原因是想改变委员会的政策。最高法院在这个案件的判决中认为,法律已规定免职的理由,限制了总统辞退官员的权力。这个规定是符合宪法的,总统只有根据法律规定的正当理由(good cause)才有免职权力。最高法院认为这个案件和迈尔斯案件不同,迈尔斯案件是总统和隶属于他的行政机关长官的关系,总统对于后者有上下级服从的隶属关系,后者处于总统依据宪法规定享有的控制权力范围以内,法律不能妨碍总统对后者的控制。汉弗莱遗嘱执行人案件是总统和独立行政机关长官的关系,联邦贸易委员会是独立的行政机构,不对总统负责,总统对它没有直接控制权力。法律规定总统只在有法定的正当理由时才能罢免联邦贸易委员会的委员,是为了保障该机构对总统的独立。法院在说明独立行政机构的长官不能任意罢免的理由时,除根据独立的需要以外,还着重区别普通行政机关和独立行政机构法律性质的不同。法院认为普通行政机关的工作是纯粹行政性质,而独立行政机构的工作具有准立法和准司法性质。法院声称:"我们认为这是很明显的,总统对于准立法和准司法性质的官员不具有无限制的罢免权力。国会在设立准立法和准司法性质的机构时,有权要求他们独立于总统的控制而执行职

---

① *Humphrey's Executor v. FTC*, 295 U.S. 602 (1935).

务,这一点不容怀疑。作为一个附带的因素,这个权力包括规定在他们执行职务期间,禁止罢免他们,除非具有正当的理由。"

1958年,最高法院在威纳诉美国案件中①,再次肯定准司法性质官员不能任意罢免。在该案中,最高法院认为,艾森豪威尔总统无权罢免战争赔偿委员会的委员。尽管委员会的组织法中没有规定限制罢免的理由,然而法院认为,委员会从事的工作属于准司法性质,可以认为国会有意保护他们,没有正当的理由不能任意罢免他们。

汉弗莱遗嘱执行人案件的宗旨在于保护独立行政机构的独立地位,不受总统侵犯。这个案件后来受到很多批评。因为行政机构独立的观念,和总统控制行政机关的观念互相对立。批评独立行政机构的人必然批评汉弗莱遗嘱执行人案件。从法律上看,独立行政机构执行的职务,和隶属于总统的行政机关执行的职务并无严格的区别。独立行政机构同时具有立法、司法和行政职务,隶属于总统的普通行政机关一般也具有这三种职务。如果说独立行政机构的准司法职务应当不受总统干涉的话,不能因此否认它同时还具有准立法职务和行政职务,这两种职务很难有充足的理由不接受总统的控制。尽管汉弗莱遗嘱执行人案件受到攻击,最高法院没有放弃它在这个案件中的观点。在1988年的莫里森诉奥尔森案件中②,最高法院认为具有独立地位的官员,没有正当理由不能罢免。由此可以推论,总统出于政策理由不能罢免独立行政机构的委员。

3. 改组机构

总统可以利用改组机构的权力集中某方面的力量,减少某方面的工作,协调机关之间的活动。这种控制手段往往和人员控制同时存在,因为在进行机构调整时必然带来人员的调整。在美国,机关内部的结构调整无须国会授权。重大的机构调整、改变机关之间的权力结构,必须国会通过法律授权总统进行。这个法律一般根据总统的要求制定,规定改组机构的目的。例如1949年时,国会通过的《机关改组法》中,规定总统进行机构调整必须考虑下述因素:① 改进法律的执行和增进行政部门的管理效果;② 减少开支和增加经济效益;③ 根据重要的目标集中和协调机关和职能;④ 减少机关的数目,废除不必要的机关;⑤ 消除机关之间的部分

---

① *Wiener v. United States*, 357 U.S. 349 (1958).
② *Morrison v. Olson*, 487 U.S. 654 (1988).

重叠和重复。①

国会在授权总统调整机构时,为了达到国会监督行政目的,往往规定法律的有效期限,总统只在一定的期限以内行使法律赋予的权力。国会还经常在法律中规定,国会对总统的机构调整计划有否决权。自从1983年最高法院在移民和归化局诉查德哈案件中②,不承认国会在《授权法》中规定否决权力以后,国会的监督权力减少。以后总统要求国会授权改组政府机构,可能比以前困难。

4. 预算编制

自从1921年国会制定《预算和会计法》起,美国总统在预算局的帮助之下,每年必须向国会提出一个统一的预算案。全部政府机关,除极少数的例外,必须向总统提出一个年度概算,估计并说明要求的经费,由总统审定以后,编成统一的预算案向国会提出。预算编制是总统控制行政最有效率的手段,任何行政活动不能没有经费。总统利用预算编制分配经费,按照政策的重要程度建立先后次序,贯彻总统要执行的政策,同时审查各机关提出的计划和要求。

5. 立法建议和行政法规的审查

行政机关要求国会制定某项法律,必然涉及预算的分配和执行。总统对预算的控制,包括对行政机关立法建议案的审查。国会在立法时征求行政机关的意见,行政机关对国会提出的意见,同样要经过总统的审查。行政机关制定的行政法规代表行政机关的政策,行政法规在公布以前必须经过总统的审查,以保障符合总统的政策,以及不和其他行政机关的法规冲突。总统对立法建议案和行政法规的审查,只适用于隶属于总统的行政机关,不包括独立的行政机关。

6. 支持行政机关的诉讼

除法律规定有起诉资格的机关以外,大部分行政机关没有向法院提起诉讼的能力,由司法部代理进行诉讼。即使一个很简单的案件,例如请求法院执行行政机关的传票,也由有关的检察官提出。行政机关作为被告时,由司法部的律师代为辩护,行政机关律师的辩护要通过司法部的审查。行政机关败诉是否提起上诉,由司法部决定。司法部在决定是否支持行政机关的诉讼时,除考虑法律的理由外,也考虑总统的政策。例如卡

---

① 参见《美国法典》第5编第901节的规定。
② *INS v. chadha*, 462 U.S.919 (1983).

特总统有意加强行政公开原则,司法部长通知各行政机关,行政机关拒绝公开当事人根据《情报自由法》要求公开的文件。公民起诉以后,司法部不代为辩护。不论这些文件是否属于《情报自由法》规定的可以不公开的情况,除非行政机关能够对司法部表明,公开这些文件会产生明显的损害时,司法部才进行辩护。通过司法部的诉讼支持,总统可以控制行政机关遵守总统的政策。

三、总统控制的限制

总统作为行政部门的最高领导,虽然具有很多手段控制行政活动。但是总统对于行政的控制不是没有限制的,有法律方面的限制,也有事实上的限制,主要有以下这些限制:

(一)独立行政机构的存在

独立行政机构的最高成员,一般是该机构管理委员会的委员。虽然由总统任命,但委员的任期较长,每届总统能够任命的委员有限。独立行政机构执行职务不受总统控制,例如独立行政机构制定法规的行为代表该机构执行的政策,没有送总统审查的法律义务。罢免官员是总统控制行政的一项重要武器,总统对独立机构最高成员的罢免,和对一般高级行政官员的罢免不一样,只在有正当理由时才能罢免独立行政机构的最高成员。法院可以审查总统的罢免是否具备正当的理由,否定总统无正当理由的罢免行为。所以总统对独立行政机构的控制受到很大的限制。然而总统对独立行政机构不是完全不能控制,这种控制主要来自法律以外的权力,本章最后一节将谈到这个问题。

(二)国会直接授权高级官员作最后决定

《美国宪法》第2条规定,行政权属于总统。一般认为行政权属于总统,不表示总统行使行政权力不需要国会参加。行政权的主要内容是执行法律,行政权属于总统只表示国会虽然有制定法律的权力,没有执行法律的权力。国会制定法律的权力,在很大程度上决定行政权的行使。总统执行的法律,有少数是《宪法》的规定,例如总统担任军队最高统帅的权力、任命高级官员的权力,直接根据宪法规定,无需国会授权。但是总统执行的法律大部分是国会制定的法律,总统只能按照法律的规定执行法律,不能超过法律的规定执行法律。这是法治的基本要求,总统也不能例外。因此,总统的行政权力在很大程度上从属于国会。国会具有行政政策的决定权,和行政权力的分配权。国会的立法权力规定在《宪法》第

1条第8节,该节列举国会17项立法权力。最后在第18项立法权中概括规定:国会对于以上各项权力,以及由本宪法授予美国政府或任何部或官员的一切其他权力的执行,可以制定必要的和适当的法律。国会的立法只要在宪法规定的范围内,不违背宪法中禁止的规定时,总统和法律必须遵守。国会通过对行政事项的立法,可以扩大总统控制行政的权力,也可以缩小总统控制行政的权力。法律可以规定某一行政事项由政府或总统决定,总统可以决定如何执行、何时执行、是否委托下级官员执行,总统对这样法律的执行具有很大的控制权力。国会也可以认为某一行政事项,由于某种理由最宜由某一部或某一官员作最后的决定。在法律直接授予某部或某官员最后决定权力的情况下,只要该官员的决定符合法律的授权,不论是否符合总统的政策或意志,总统不能控制。如果该官员属于隶属于总统的一般行政部门,总统对不合作的官员可以要求他辞职。如果该官员得到国会和舆论的支持时,这种要求也很难实现。[①]

（三）文官制度

总统对官员的任命权和罢免权限于高级官员,这类官员行使一部分决定政策的权力,具有一定的政治意义。对低级官员,《宪法》第2条规定,国会可以制定法律规定低级官员的任命。最高法院在1886年的一个判决中[②],认为国会可以制定法律限制行政部门对低级官员的罢免。国会享有规定低级官员的任命和罢免的立法权力,为建立现代的文官制度奠定了基础。在文官制度之下,低级官员的任用、薪俸、晋升、辞退、纪律处分受到法律的保障。总统和各部具有政治地位的高级官员不能任意支配他们。这样就限制了总统进行控制的一种手段。从理论上说,地位受到保障的文官,对行政事务没有最后决定的权力,实际上行使事务的决定大都根据他们的意见。因为高级官员地位不稳定,对行政事务不精通,必须根据文官的分析和建议才能作决定,而文官本身不可能没有自己的见解。他们往往只向上级反映符合自己观点的意见,提供支持自己观点的

---

① 行政权属于总统这个规定的意义和内容,在美国没有一致的认识。讨论这个问题的专著和论文很多,为了得到大致的了解,可以参考下列著作:Lawrence H. Tribe: *American Constitutional Law*, 1988, pp. 210-213, 362-369. Nathan D. Grundstein: "Presidential Power, Administration and Administrative Law", in 18 *George Washington Law Review*, pp. 285-326 (1950). B. Ledewitz: "The Uncertain Power of the President to Execute the Laws", in 46 *Tennesse Law Review*, pp. 757-806 (1979).

② *United States v. Perken*, 116 U. S. 483 (1886).

信息。一个能力不高的机关长官,如果不能指挥文官,就可能成为文官的俘虏。文官可以说是在立法、行政和司法以外的第四种权力。

(四)准司法行为

准司法行为是行政机关按照法律的规定解决一个争端的行为。执行准司法行为的人员必须不受外界干扰,能够查明事实的真相,按照法定的程序秉公判断。上面提到1958年,最高法院在威纳诉美国案件中,认为艾森豪威尔总统无权免除战争赔偿委员会的职务,因为委员会执行的职务是准司法职务。总统不仅对执行准司法职务的人员不能控制,对执行准司法职务的行为也不能控制。在美国行政机关中,行政法官执行准司法职务时不受外界任何干涉。虽然行政法官只能作出初步的决定,行政机关长官保留最后决定的权力,然而行政长官必须根据听证的记录,不能任意决定①,否则行政长官的决定将被法院撤销。在非正式程序裁决的准司法行为中,虽然没有法律规定的程序,然而行政机关的决定必须符合《宪法》规定的正当法律程序②,制止了来自外界的压力,总统对准司法行为的控制因此受到限制。

(五)单纯的执行行为

在单纯的执行行为中,法律对行政机关的决定已有具体详细的规定。执行机关不需要作政策性的判断,也不发生自由裁量权的行使是否适当的问题。对于这类行为的监督完全是一个法律问题,从而限制了总统的控制权力。

(六)事实上的限制

总统对高级行政人员的任命、免职,和对他们的决定,虽然具有法律上的控制权力,如果高级官员在国会中有一定的支持力量,或者在选民中有一定的政治影响,总统认识到取得他们的支持在政治上的重要性时,在一定程度上必然会削弱总统对他们的控制。甚至在某些情况下,高级官员的意见,可能对总统的决策起决定性的影响。此外,总统必须对实际情况充分了解,才能行使控制权力。然而当代行政在很多方面具有高度技术性质。总统对行政活动的控制权力,不完全取决于法律的规定,实际上取决于总统对行政活动能够作出判断的能力。

---

① 参见本书第十二章第二节:联邦行政程序法的规定。
② 参见本书第十三章第一节:概述。

第二节 管理和预算局

一、管理和预算局的性质

总统控制行政的职务如此重要而复杂,不可能设想总统能够在没有帮助的情况下,单独执行这个职务。在美国帮助总统执行职务的机构是总统执行机构(The Executive Office of the President),这个机构包含很多单位,其组织和任务随总统的意见而经常变更。其中最重要的单位是白宫办公厅(The White House Office),以及管理和预算局(The Office of Management and Budget)。这两个单位全面辅助总统执行职务,其他单位只在某一方面辅助总统执行职务。管理和预算局的性质,可以和白宫办公厅对比而更容易认识。白宫办公厅具有总统私人秘书厅的性质,它服务的对象是总统本人,随总统的变更而改组。它的作用虽然重要,却很难对它的职务作客观描述。管理和预算局与此不同,它和总统的关系具有制度上的客观性质,它服务的对象是总统职位,不是总统本人。在总统更换时,局长和局中具有政治地位的高级官员,可能像联邦政府中其他机构中具有政治地位的高级官员一样,也会变动。局中绝大部分职员属于技术性质的常任文官,不会变动。不论任何总统当选,管理和预算局都是帮助总统控制行政的重要工具。管理和预算局不服务于某一总统决定的政策,而服务于任何总统决定的政策;不是为总统个人的政治地位服务,而是为总统的职位服务,具有政治中立性质。但是在20世纪60年代初期肯尼迪总统时期,特别是在70年代尼克松总统时期,管理和预算局一度出现政治化的倾向,过多地卷入总统的政治活动,受到外界的批评。尼克松政府以后的管理和预算局,恢复了它制度上的客观性和技术性。

二、管理和预算局的产生和发展

(一)产生

管理和预算局的前身是预算局(Bureau of Budget),1970年改组后称管理和预算局。预算局依1921年的《预算和会计法》而创设。为了理解国会制定《预算和会计法》的原因,有必要简单回顾一下它的立法背景。美国在19世纪的大部分时间,除了战争时期以外,联邦政府的财政收支能够平衡,甚至还有剩余。19世纪末以来,随着城市化的发展和行政职务的扩张,政府的开支迅速增大。长期以来的财政平衡和剩余现象,到了20世纪转变成为财政亏空。这个时期的美国,不论联邦、州或地方政府,行政都缺乏效率,财政管理混乱,存在严重的腐败、浪费和奢侈现象。行政各部门的预算请求互不协调。某些国会议员为了讨好本选举区的选民,往往促使国会通过某项计划,增加政府在该选区内的开支,而不是从全局的观点考虑问题。群众对这种不健康现象的不满和批评,导致20世纪初,在美国掀起了一个行政改革浪潮。这个运动首先产生于大城市和各州,然后传到联邦。纽约市在1906年设立了市政研究所,其他大城市相继仿效。联邦政府于1916年也设立了政府行政改革研究所,预算改革是行政改革运动中的一个内容。

美国各级政府原来没有一个统一的预算计划。就联邦政府而言,在1921年以前,各行政机关每年向财政部提出一个互不协调的开支概算,财政部长无权更改,财政部仅仅汇合各机关的概算向国会提出。各行政机关为了本机关的概算在国会中顺利通过,往往单独向国会游说,联络国会议员对国会施加影响。总统在联邦预算的编制中,几乎完全不起作用。预算改革的目标是在各级政府建立一个集中统一的预算,由各级政府的最高行政首长编制向立法机关提出,建立一个协调一致的行政计划,减少冲突和浪费、提高行政效率。

在1908年到1921年期间,美国已有少数州和市建立了由州长或市长负责主编预算,向立法机关提出的统一的预算制度。联邦政府的预算改革开始于塔夫特总统执政时期。塔夫特总统在1911年设立了一个经济和效率委员会,研究的重点是预算改革。委员会在1912年提出一个报告,建议由总统负责主编联邦政府统一的预算,向国会提出。塔夫特总统连任竞选失败之后,这个计划没有能够制成法律。第一次世界大战期间,预算改革暂时处于停顿状态,战后新当选的哈丁总统重新提出预算改革计划。美国两大政党在战后的竞选纲领中,都包括预算改革的主张。由于大战期间的开支庞大,国家负债沉重。战后新选出的国会也注意要减少开支,厉行节约。在这样的气氛之下,国会研究并提出了预算法案。在各方面势力的配合下,1921年5月国会通过《预算和会计法》。同年6月10日哈丁总统签字,法律正式生效。

《预算和会计法》结束了各行政机关单独影响国会的预算决定,规定由总统负责主编联邦政府统一的预算,向国会提出。设立一个预算局帮助总统执行上述职务,各行政机关的财政开支请求应向预算局提出,由预算局集中和统一。预算局有权根据总统的政策协调、修改、减少、增加各行政机关提出的概算。法律除规定预算局代替总统编制预算外,还规定预算局负责研究行政部门的改组、机构的协调和管理计划,以达到节约和有效率的服务。预算局根据国会负责收入或支出的委员会的要求,提供他们需要的信息或帮助。预算局设置于财政部内,但是不对财政部长负责,而直接对总统负责。1921 年 6 月 21 日,哈丁总统任命道斯将军担任第一任预算局局长,联邦政府的预算局正式成立。

（二）发展

预算局从 1921 年成立以来,内部组织经常变动。就其作用和性质而言,直到目前为止,预算局经历了两次重大的发展。第一次是罗斯福总统执政时期的 1939 年。在这次改革中,预算局从原来单纯追求节约经费的机构,发展成为总统进行行政管理的参谋部,和进行行政控制的工具。第二次是尼克松总统执政时期的 1970 年。这次改革强调预算局帮助总统进行机构管理的重要性,预算局的名称因此改变为管理和预算局。

1. 1939 年的改革

预算局成立的背景,上面已经提到是由于政府的开支庞大、财政管理混乱、浪费奢侈现象严重、行政支出没有统一的安排、增加财政上的负担。因此早期预算局局长的注意力,集中于防止浪费、厉行节约,对行政上的公共政策问题和机构管理问题完全忽略。这样狭隘的观点反映当时行政学的思潮。行政学的宗旨在提高行政效率,早期对行政效率采取狭隘的看法,单从经济方面着眼,认为最少的开支得到最大的劳动效果就是效率。1921 年的《预算和会计法》是当时行政学思潮的体现,虽然《预算和会计法》中规定预算局除编制预算外,还有研究行政组织和协调行政机构的任务,但是后面这两种任务的重要性,没有为早期的预算局局长认识。

这样狭隘的观点和罗斯福总统推行的新政(New Deal)格格不入。罗斯福总统 1933 年开始执政,当时正是美国经济危机严重时刻。为了摆脱经济危机,总统的政策是扩大政府的活动,增加财政开支,创设很多执行总统计划的新机构。罗斯福的新政计划完全没有得到预算局的帮助,而且经常受到预算局的警告和反对。在行政事务重大压力之下,总统深刻感到需要建立一个行政上的参谋部,帮助总统进行计划和管理工作。除财务的管理以外,还要帮助总统进行机构管理,以及政策和计划的管理。为此目的,总统设立一个行政管理委员会(Committee on Administrative Management),研究行政部门的组织和管理问题。委员会在 1937 年提出一个报告,一般称为布朗洛报告(Brownlow Report),因为委员会的主席是布朗洛。

报告认为监督政府的管理工作,是总统的基本职务之一,这个职务包括在宪法的行政权中。在当时的政府机构中,没有一个机构能够帮助总统进行行政的计划和管理工作。从事这项工作的人必须具有广阔的眼界、高度的能力,不追求个人的名誉。委员会建议设立一个总统的执行机构(the executive office of the president),执行上述任务。预算局是帮助总统进行管理最适当的工具,必须是该机构的一个单位。然而当时的预算局不能完成这项任务,它从事的业务太单纯,除编制预算以外,不涉及公共政策的计划和行政机构的管理。预算局的职务必须扩大,使它能够成为总统处理行政事务的参谋。当时预算局的组织也不能执行上述任务,预算局在1933年罗斯福总统政府开始时,只有35名职员,到1939年也只有45名职员,无法完成更大的行政监督任务。预算局的内部结构也不能完成更多的任务。此外,预算局虽然对总统负责,但设立于财政部,不能充分显示它是属于总统的机构的性质。委员会建议对预算局的任务和组织作出重大的改革,使它能够承担新的更大的任务。

罗斯福总统1937年把委员会的建议提交国会,希望国会通过法律,授权总统对政府机构进行必要的改革。开始国会不赞成总统的改革计划,经过多次协商,国会才于1939年通过改组法,授权总统进行必要的政府机构的调整和改革。法律规定国会如果对政府的某项改革计划不同意时,保留有否决权。还规定某些政府机构,例如总审计署、文官事务委员会和某些独立的行政控制委员会,不包括在改组的范围内。罗斯福总统得到国会的授权以后,立即在1939年7月1日公布第1号和第2号改革计划。第1号改革计划规定,建立总统执行机构,预算局脱离财政部隶属于该机构,白宫办公厅也隶属于该机构,此外还包括一些其他辅助总统办事的机构。同年11月,罗斯福总统发布第8248号行政命令,规定总统执行机构内部的组织和各单位的任务。改组后的预算局包括5个处:① 概算处,承担编制预算和监督预算执行的任务;② 行政机构管理处,是总统进行机构调整的参谋和执行人;③ 财政处对预算项目的经济意义提供信息和建议;④ 统计标准处,制定统计的标准法、计划和分类,协调各单位的统计活动,避免重复,保证最大限度地利用统计信息;⑤ 立法指导处,代表总统审查各行政机关提出的立法建议和意见。在罗斯福总统以前,预算局已经承担立法指导工作。不过当初纯粹从预算的观点,审查行政机关的立法建议是否增加预算负担,否决加重预算负担的立法建议,属于消极性质。罗斯福总统改组预算局以后,立法指导的任务超过原来的范围,而着眼于审查各行政机关的立法政策,是否符合总统的政策、是否互相冲突,保证政府意见的统一,具有积极意义。改革后的预算局编制扩张。20世纪40年代,预算局的职员,已从1939年的45人增加到600人。预算局的内部组织以后继续变动,但预算局的基本功能已经确定。预算局的工作涉及政府的全部活动,它在总统办事机构中占据最重要的地位。改革后的预算局的性质,和当初相比已经完全改变。它是总统执行行政事务的参谋部,和总统进行行政控制的重要工具。1939年的改革,建立了当代意义的预算局。

2. 1970年的改革

经过1939年的改革以后,新预算局在20世纪40年代,特别是在第二次世界大战期间,对行政机关的设置和协调曾经发挥过重大的作用。但是到了50年代和60年代,机构管理的功能又被预算局忽略。在这期间,曾经设立过特别委员会研究行政组织问题,然而没有采取改革行动。当时总统注意的问题是提出新的观念、新的政策、新的计划,而忽略了执行问题和机构问题。60年代,约翰逊总统提出"伟大的社会"(the Great Society)计划。新计划的执行受到无效率和浪费的广泛批评,批评者指出不论在中央或地方,各个行政机关孤立地存在,缺乏协调;没有职员负责对现存计划作出估价、预测和研究将来的计划;在联邦政府、州政府和市政府之间,缺乏沟通渠道;行政决定权力过分集中于首都华盛顿;地方执行互相关联的计划的机构,没有一个共同的中心,各机构权限的区分不明确。约翰逊总统曾经设立两个委员会,研究执行"伟大的社会"计划的组织和管理问题。第二个委员会的报告在1967年提出,其中建议改革预算局。但是在1968年的总统选举中,尼克松取得胜利,约翰逊的改革计划没有向外界发表。

尼克松在1969年执政后,立即请求国会授予改组机构的权力。国会在1969年3月,授予总统改组权力。同年4月,尼克松任命以阿什(Roy Ash)为首的咨询委员会,研究如何提高行政效率。同年8月委员会向总统提出第一个改组的报告,同意约翰逊政府时期行政改革所提出的问题。建议设立两个机构:一是国内政策委员会,帮助总统制定主要的国内政策;二是行政管理局,帮助总统管理联邦政府的行政。同年10月,根据总统的请求,委员会提出一个详细的修正报告。委员会认为行政管理局和国内政策委员会的创设,是继罗斯福总统改革以后,对总统管理行政的能力的最大改进。国内政策委员会预测、综合各种可能的政策选择,并且迅速向总统提出应急的措施,随时修改现行的政策。它负责沟通总统和行政机关的联系,把总统的政策目标和理论传递给行政机关,也把行政机关的意见反馈给总统。行政管理局是总统管理行政的主要工具,负责编制预算、衡量和估计各种计划的价值、协调各种计划、审查行政机关请求立法的建议、发展行政人员、改进行政组织和管理体系。报告认为行政管理局不是预算局名称的改变,而是一个革新。它代表一个新的管理观念,超过现行的以预算为中心的管理观念。由于强调管理而不是突出预算,行政管理局将创造一种可以产生更大的管理效果的气氛。

阿什报告发表以后,受到国会部分议员和预算局的强烈反对。因为预算局已经有 50 年存在的历史,作出了不少的贡献。取消预算局的名称,否定它的全部存在,很多人不能接受。尼克松总统为了减少对改革的反对起见,把行政管理局改名为管理和预算局。保留预算局的传统,但突出管理的观念。国内政策委员会改名为国内委员会,因为委员会内定的主席不愿受政策二字的限制。根据咨询委员会的建议,尼克松政府拟定第二号改组计划,1970 年 3 月 12 日送国会考虑。总统在对国会的咨文中声称:"国内委员会的主要任务是考虑我们做什么,管理和预算局的主要任务是考虑我们怎样做,和我们做出的成绩怎样……管理和预算局的创设远远不是预算局名称的改变,而是代表观念和重点的根本改变,反映总统的执行机构需要更广阔的管理观念。"议会经过激烈的辩论以后,众议院在 1970 年 5 月 13 日、参议院在 5 月 16 日分别批准了总统的建议。1970 年 7 月 10 日,第 11541 号总统行政命令建立了管理和预算局,代替原来的预算局。

三、管理和预算局的组织和职能

（一）组织

管理和预算局的内部组织经常变动,它的组织随职务的增加而日趋复杂,也随每位总统和每位局长的观念而改变,例如认为它应该做些什么、如何分配工作、如何与外界进行联系而不断调整。它目前的组织如下:

管理和预算局的首领是局长和副局长,由总统提名经参议院同意后任命。20 世纪 90 年代初,全部职员近 600 人,分为预算职员、管理职员、行政及后勤职员。预算职员分别属于预算处和预算评议处。预算处按业务划分为不同的科室,例如国家安全、国际事务、自然资源、能源、人力资源、退伍军人、劳工、经济、能源、人力资源、退伍军人、劳工、经济、政治、科学等不同的科。科的业务和数目,随情况而调整。每科的职员负责准备其主管的行政机关的支出概算,在预算经国会批准后,监督有关单位预算的执行。科也制作经济和财政分析及预测,在预算处内设有一个特别研究室,对某些特定的项目进行深入的审查。

预算评论处对全部预算进行分析,并编辑成册。该处负责从联邦政府的全部开支考察不同的计划,也负责研究改进编制预算的技术。

管理职员分别属于立法评议处、管理改进和评价处、政府之间事务处、财政管理处。他们审查行政部门的立法建议和意见,审查行政机关制定的法规,评议各项行政计划,建议行政机构的改进、协调等。此外还设有不同的室,例如联邦供应政策室,研究和指导全国范围的供应和政府签订合同的政策;信息和行政管理事务室,研究减少行政公文、审查行政法规的经济负担和效果。

(二) 职能

管理和预算局是总统控制行政的重要工具,其职能的范围随总统的观点而不同。主要的职能有以下各项:

1. 编制预算和监督预算的执行

预算是政策和计划的集中表现。为了加强总统的控制能力,帮助总统编制预算和监督预算的执行是管理和预算局设立的最初原因。从1921年预算局成立以来,这项工作都是预算局的基本工作。每年春季,预算局向所有机关发出通知,要求在规定的期间内,向该局提出下一年度的概算。收到概算以后,由该局有关的职员对各机关的概算进行审查。根据总统的政策决定各项计划的先后次序,可以减少或者增加各机关的概算。在修改各机关的概算时,管理和预算局通常和有关的机关协商以后才作决定。协商不能达成一致意见时,管理和预算局可以单独决定,它的决定代表总统的决定。有关行政机关对决定不服时,可以向总统申诉,但是这种申诉成功的机会不多。管理和预算局对军事预算的控制力量较小。第二次世界大战以后,美国充当世界宪兵,插手全球事务。1949年,国会修改《国家安全法》,在国防部内设置预算职员,军事预算的审查和听证在国防部内进行,由国防部的高级官员主持,预算局可以派员参加国防部的预算听证,可以提问。国防部的概算决定以后,仍然要提交预算局,和其他机关的概算汇合,编成总预算。预算局对国防部提交的概算,可以就特定的问题重新审查。但是基本的审查和听证已由国防部决定,不会变更。1970年,管理和预算局成立以后,对军事预算的审查权力加大,但管理和预算局对军事预算的控制力量,仍然不如民事预算,特别是在战争时期或危机时期,对军事预算很少能够控制。

预算的编制包含4个文件:

(1)美国政府预算。对政府财政的各个方面全面说明,并附有表格。在文件的开始部分包含美国总统每年1月第1个星期向国会提出的预算咨文。这个咨文是由管理和预算局内预算评论处起草的,其中提到总统设想的预算政策。

(2)预算摘要。扼要说明各种主要的政府计划,配以图表和统计表格。这是供公众阅读的预算文件。

(3)预算附件。对请求的拨款作正式的和详细的说明,说明每一机关的职务、经费,并附以统计资料及其他的资料和数据。这一部分的分量极大,可以达到甚至超过2 000大页。不是阅读材料,而是参考资料。

(4)特别分析。详细说明预算的交叉方面。

国会通过预算以后,管理和预算局监督预算的执行,监督拨款的使用是否符合规定的目的。此外,为了防止亏空,每一机关必须对全年的拨款按季度和月使用。

2. 审查立法建议和意见,制订总统的立法计划

代表总统审查行政机关有意向国会提出的立法建议,是预算局成立最早的职能之一。这个任务没有规定在1921年的《预算和会计法》中,是预算局应国会的建议承担的任务,以后逐渐扩大。1921年,众议院拨款委员会主席给预算局一封信,提到一个联邦政府机关不按照预算规定的目的使用经费,建议预算局审查和控制这种行为。因此预算局局长在同年12月致函各行政机关,凡意图向国会提出立法建议、需要由财政部负担经费时,必须把建议案送预算局审查,以确定是否能够得到总统的同意。除立法建议以外,国会在讨论某一法律案要求行政机关提供意见或出席听证时,如果这个法律案涉及经费问题,行政机关的意见或评论也必须经过预算局的审查。行政机关在向国会提供的意见中,必须说明是否得到总统的批准。预算局往往利用这种审查,否决需要重大财政负担的立法建议。

20世纪30年代罗斯福总统执政以后,立法审查的范围进一步扩大。

不仅从财政方面审查行政机关的建议,而着重从政策方面审查行政机关的立法建议或意见,是否符合总统的政策或计划、是否与其他机关的建议或意见相冲突。行政机关的意见如果和预算局的观点不符合,预算局往往和有关的机关协商,达到共同的认识。几个行政机关的意见如果互相冲突,预算局在不同的行政机关之间进行调解,使有关的机关互相妥协或让步,保证政府能够以一个声音说话。这个任务为以后的管理和预算局所继续执行。

管理和预算局不仅参与立法机关的建议和讨论,在法律案经国会通过以后,也参与对法律案的审查。《美国宪法》规定,国会通过的法律案必须送总统签字。总统对法律案有否决权,除非国会能以 2/3 的多数推翻总统的否决,否则该法律案不能成立。总统否决权的行使,一般根据管理和预算局的意见。因此,从法律案的建议、讨论到最后制定为法律的全部过程,都有管理和预算局的参与。它对每件立法的发展,保存有完整的记录资料。

管理和预算局也制订总统的立法计划。管理和预算局在要求行政机关提出下年度的概算时,同时也要求行政机关提出下年度打算提出的立法建议。美国总统在每年秋季也致函各行政机关,要求说明下年度打算提出的立法建议。所有这些文件,由管理和预算局的职员审查筛选,进一步分析研究,并和白宫办公厅的职员合作,或者在白宫办公厅的指导之下,制定总统下年度的立法计划。这个计划通常包含在总统每年年初向国会提出的咨文中。

管理和预算局对立法建议的审查,有时受到行政机关的抵制。行政机关在与管理和预算局的意见不一致时,可以向总统或白宫办公厅申诉,因为最后决定的权力属于总统。从 20 世纪 60 年代以来发展一种趋势,行政机关对重要的立法建议,有时越过管理和预算局,直接向总统或白宫办公厅提出。这种趋势在一定的程度上,削弱了管理和预算局的立法审查权力。行政机关还可采取另外一种战略,避免管理和预算局的审查。行政机关不提出任何立法建议,由国会议员提出法律案。因为在美国行政机关没有提案权,法律案只能由国会议员或委员会提出。行政机关采取后面这种策略会冒一定的风险,因为破坏了它和总统及管理和预算局的合作关系,给以后的工作可能带来麻烦。

对立法建议和意见的审查只适用于隶属于总统的行政机关,不适用于独立的行政机构,后者通常自动地符合总统的政策。

3. 审查行政法规

行政机关为了处理公务和控制私人的活动，必须制定一些法规。美国早期的行政法规主要用于控制私人的经济活动，特别是控制带有独占性质或跨越州界的经济活动，或者控制接受联邦政府津贴或合同的活动。控制法规(Regulatory Rules)大量应用于其他方面是在20世纪60年代和70年代以后。行政机关制定法规反对歧视(包括性别、种族、年龄的歧视)，保护环境、健康、安全、消费者、工人、濒临灭绝的动物等。控制的对象包括工商企业，也包括学校、医院等非营利团体，以及州、地方政府和个人。自从20世纪70年代以来，行政机关对公私经济活动的干预，主要使用制定控制法规，以致控制法规的数量浩若烟海、内容错综复杂，有时互相冲突。

控制法规对私人带来利益，也带来严重的负担和牺牲，社会舆论开始要求限制或减少控制法规(deregulation)。美国总统过去对行政法规的监督规模不大，不需要大量的职员和时间。自从20世纪60年代和70年代以后，情况发生了变化。总统受到工商界和主张减少控制人士日益高涨的压力，他们要求总统加强对制定控制法规的管理。首先较大规模干预行政机关制定控制法规的总统是尼克松。1971年，管理和预算局发动一个生活质量评议计划，要求环保局必须把它制定的法规草案，送交受影响的其他机关评论，并把评论的意见和环保局的意见报告管理和预算局。管理和预算局认为必要时，可以召集有关的机关协商，解决意见的分歧。从1971年以后，管理和预算局对行政法规的管理，范围越来越广、程度越来越高。

然后是1974年福特总统发布11821号行政命令，规定行政机关制定重要法规时，必须考虑法规带来的牺牲和对通货膨胀的影响，向管理和预算局报告法规所产生的利益和损失。管理和预算局制定有判断重要法规的指导方针，并规定在衡量法规时哪些因素必须考虑。福特总统的命令，在1978年卡特总统的12044号的行政命令中得到补充和扩大。最后在里根总统的12291号行政命令中得到充分发展。①

12291号行政命令规定行政机关制定控制性的法规，必须在法律允许的范围内，对法规的经济效益和必须付出的代价进行分析，也必须对法规产生的经济影响进行分析，只在效益高于代价时才能采取。管理和预

---

① 参见本书第八章第二节：制定法规的程序。

算局对行政机关的分析进行评审,只有得到管理和预算局批准以后,行政机关才能正式制定法规。这个命令对行政机关制定法规的控制达到极高的程度,由此引起几个法律问题需要说明:

(1) 在作为制定行政法规根据的《授权法》中,没有规定必须进行代价和利益分析。总统是否可以在行政命令中作出这样的规定呢? 这个问题最高法院在1981年的一个判决中①,作了肯定的回答。最高法院认为法院不能在《授权法》的规定以外,对行政机关提出其他的要求。但是行政机关有权按照代价和利益标准对《授权法》进行解释。如果行政机关认为法律允许它进行代价和利益分析时,法院接受行政机关的判断。②

(2) 行政法规规定的事项,不是全部能够进行代价和利益分析。管理和预算局只能在法律允许的范围内,要求行政法规进行代价和利益分析。至于哪些事项不能进行这种分析,应当根据法律的具体规定判断。

(3) 管理和预算局在审查行政法规时,和制定法规的机关进行单方面接触,没有公众参加,是否违背制定法规的公开性质? 法院认为这种接触是正当的。因为如果政策的决定者互相孤立,也和总统脱离关系,美国政府将无法运行。每一行政机关只有某方面的任务,不能回答复杂的行政问题,管理和预算局从全面观点看问题。然而法院认为如果这种接触对制定法规的机关带来新的重大事实发展,公开这种接触也是必要的。③根据法院的意见,管理和预算局立即采取一项程序,把这类事实提交给制定法规的机关,包括在制定法规的档案中。1986年,管理和预算局采取了一系列的程序改革,承诺把它对行政机关发出的正式文件,在正式法规公布时公开发表。

(4) 管理和预算局在审查法规时,不能对它不同意的法规采取拖延手法,使法规不能成立。法院认为,如果法律规定行政机关的法规必须在某一时期以前发表,管理和预算局的审查必须在这个时期以前完成。④

1985年,里根总统发布12498号行政命令,要求行政机关每年向管理和预算局提出一个制定法规的计划。目的在于使管理和预算局以及行政机关的长官,在法规制定以前,有机会仔细考虑计划中的观念是否健

---

① *American Textile Manufactures Institute v. Donovan*, 452 U. S. 490 (1981).
② 参见本书第八章第二节:制定法规的程序。
③ *Sierra Club v. Costle*, 657 F. 2d 298 (D. C. Cir. 1981).
④ *EDF v. Thomas*, 627 F. Supp. 566 (D. D. C. 1986).

全、是否符合政府的优先次序。12498 号行政命令和 12291 号行政命令都只适用于隶属于总统的行政机关,独立的行政机关可以自由决定是否适用上述两个命令。

4. 设计和协调行政机构的组织和管理

研究和建议行政机构的组织和管理(administrative organization and management)规定在 1921 年的《预算和会计法》中,是预算局的一个职能。但是早期的预算局对行政机构的管理完全忽视。1939 年和 1970 年的两次重大改革都非常重视行政机构管理问题。行政机构管理分为两个方面:一方面是行政机关内部的组织和程序合理化问题;另一方面是全面范围的行政机关的设计和组织管理,以及行政机关之间的关系的管理。行政机关的设计和组织管理,包括行政机关的设立、人员配备、经费供给、办事程序和行政机关的职权等一系列问题,由管理和预算局进行研究和提出建议。行政机关之间的关系的管理包括:

(1)联邦政府的行政机关之间的关系,它们各自的职权范围,并解决它们之间的权限争议,协调它们的工作。几个行政机关共同讨论有关的立法建议,往往由管理和预算局起草和决定。例如《环境保护法》实际上是由管理和预算局起草的。

(2)联邦政府中央机关和它们设立在地方的分支机关的关系的管理。

(3)同一地区内各中央机关的分支机关的关系的管理。

(4)不同政府之间的机关关系的管理,即研究和改进联邦政府和联邦政府行政机关和邦政府及地方政府之间的关系,联邦行政机关的地方分支机构和所在州及地方政府之间的关系。因为联邦政府很多行政职务委托州或地方政府进行,或者联邦政府补贴州或地方政府的某项行政职务,使它们按照联邦政府的方针或计划执行。所以不同政府之间的关系,在当代的行政关系中占有非常重要的地位。管理和预算局是行政机关组织的设计师、行政机关之间的关系的调整者。它是总统进行行政机关管理的工具。

5. 建议财政计划

预算是财政计划的表现,管理和预算局有不少财政专家,分析各项行政计划的财政意义和影响。管理和预算局局长对政府的财政计划向总统提出建议,财政部在财政管理方面负责财政计划的制订,掌握公共收入、公共支出、国家债务的全貌。管理和预算局掌握每项公共计划的资料,分析它们的效益和费用,和对财政政策的影响。

6. 控制行政机关调查私人的信息

行政机关为了执行职务或行使权力,必须掌握信息,取得信息是进行行政活动的第一步工作。行政机关对在其管辖下的个人或团体,通常具有要求提供信息的权力,称为行政机关的调查权。① 行政机关进行调查最常用的一种方法是规定一定的格式或内容,被调查的人必须按照行政机关的规定制作文书、提出报告,这类行政文件称为法定的记录和报告。在美国,法定的记录和报告数量极大。根据1977年一个联邦公文调查委员会的统计,在当年,联邦每人平均花费的报告费用达到500美元,联邦合计超过5 000亿美元。② 制作法定的报告所花费的经费和时间,对个体小生产者和小团体来说,达到了难以忍受的程度。然而法定的报告不能取消,为了确定法律是否得到遵守、为了了解情况制定政策、为了知悉受管理者的工作和需要、为了使公众能够了解共同关心的事务,不能没有法定的记录和报告。问题在于如何控制不必要的报告,发挥法定报告的最佳效果。

在美国,对行政机关调查权力进行普遍性控制的法律,首先是宪法修正案第4条和第5条的规定。③《宪法》的规定是从公民的权利和自由的观点着眼,不是从行政的效果着眼。从行政的效果着眼控制行政调查权普遍适用的法律,是1980年的《公文节约法》(Paperwork Reduction Act)。该法规定行政机关要求采取某项法定报告的程序时,必须得到管理和预算局的批准。管理和预算局审查行政机关规定的报告的内容,是否为执行职务所必需、是否和其他行政机关规定的调查协调,在这项审查中不涉及行政机关的政策问题。管理和预算局在审批行政机关要求的法定报告时,举行非正式的听证,公众可以提出意见。管理和预算局与此有关的决定不受法院的审查。1980年的《公文节约法》还有一个特点,独立行政机关的法定的报告,也必须送管理和预算局审查。但独立行政机关的多数委员,可以议决否定管理和预算局的不批准的决定,然而必须说明理由以供法院审查。

---

① 参见本书第七章:调查。
② 根据 Walter Gellhorn, Clark Byse, Peter L. Strauss: *Administrative Law , Cases and Comments* ,1987, p. 658.
③ 参见本书第七章第一节中调查的根据和限制内容。

四、管理和预算局的实际权力或影响

上面对管理和预算局职能的说明中,可以看到几乎全部行政活动都有可能受到它的控制。从法律上说,管理和预算局没有决定的权力,只是对总统提出建议,由总统决定或者只是和有关的行政机关协调,引导后者接受管理和预算局的观点。事实上,管理和预算局的建议就是决定,总统没有足够的时间考虑改变它的建议,有关的行政机关也很难不接受它的建议。因为行政机关要与管理和预算局打交道的事情很多,必须和它保持良好的关系。从理论上说,行政机关对管理和预算局的决定不服,可以向总统申诉,由总统自己决定。但是除重大的政策问题以外,一般性的问题总统已经把决定的权力委托于管理和预算局,由管理和预算局决定。重大问题向总统反映时,又要跨过白宫办公厅的门框,有些问题可能就由白宫办公厅决定了。总统自己处理的问题不多,他的意见已经对辅助的人员作了指示。他们作出的决定实际上就是总统的决定。

管理和预算局局长,有的在任命以前就是总统的亲密朋友,有的以前不是总统的亲密朋友,工作以后也往往成为受总统信赖的人,是总统的重要顾问,不仅是财政政策方面的顾问,而且也是其他基本政策方面的顾问,在重大的政策决定上发生影响。管理和预算局能够得到总统的信赖,主要由于以下理由:

(1)管理和预算局存在的目的就是作为总统的参谋和辅助机关,局长的任命由总统提名,对总统有很大的依赖性。

(2)管理和预算局局长不代表任何选区、不代表任何政党,看问题比较客观。

(3)管理和预算局局长掌握政府的全部情况和资料,其他政府官员很难具有这样的优越条件。

(4)白宫办公厅主任和高级官员虽然也掌握全部情况,但白宫办公厅的职员流动性大。

管理和预算局的职员任期稳定,局长能够得到下级专业人员的帮助。管理和预算局局长随总统意见的不同,有时参加内阁会议,有时不参加。他不是新闻上的头面人物,却是最有实际权力的人物。他的影响超过一般部长,除对总统负责以外,他不对其他人负责。

批评管理和预算局的人认为,管理和预算局是看不见的政府、超内阁的机构。这个批评不是完全没有道理。例如1974年,尼克松总统由于水

门事件的政治风波而辞职前的几个月,总统的亲信——白宫办公厅主任和高级顾问霍尔德曼(Haldeman)和厄利切曼(Ehrlichman),也由于这次事件,受审查和追诉而辞职。总统为了应付国会中正在准备的弹劾程序,不能以全部时间和精力领导政府活动,在一段时间内出现了上层政治领导的真空。然而美国联邦政府的活动却有条不紊,没有任何缺乏领导的现象。主要原因就是由于管理和预算局实际上履行了领导政府的职责。批评管理和预算局的人又认为,联邦政府实际上在管理和预算局一小撮精英的控制之下,违反民主精神。然而不论批评的意见是否正确,总统为了监督行政不能没有帮助。考虑到批评的意见,管理和预算局在办事程序上作了一些改革。例如上面提到管理和预算局审查行政法规时,把它对有关行政机关发出的文件,在正式法规公布时也公开发表。

管理和预算局对联邦政府的影响,不是在任何局长下都一样。管理和预算局影响力的大小,随政治情况而不同。但是有两个重要的因素必须指出:

(1)管理和预算局局长和总统的关系。总统对局长的信任越大,管理和预算局在政府中的影响也越大。

(2)管理和预算局和白宫办公厅高级官员的关系。管理和预算局和总统的接触虽多,也要通过白宫办公厅的门框。白宫办公厅和总统的亲密关系,超过管理和预算局局长和总统的关系,局长和白宫办公厅的关系,在一定的程度上决定管理和预算局影响的大小。然而不论总统对管理和预算局的信任程度如何,美国总统制没有管理和预算局这个机构是不可以的。美国总统不通过管理和预算局的帮助,无法控制庞大的行政机器。管理和预算局中保存最完备的行政文件,每项行政计划从开始到结束,各方面的观点、实施的情况和结果,全部记录都掌握并保管在管理和预算局中。从一个总统过渡到另一个总统,从一个政党过渡到另一政党,如果没有管理和预算局制度上的继续存在,不可避免会出现混乱现象。

第三节 总统对独立行政机构的影响

美国的行政机关有的是隶属于总统,受总统控制的普通行政机关;有的是不隶属于总统不受总统控制的独立行政机构。[①] 上面所述总统控制

---

① 参见本书第三章第六节:独立的控制委员会。

行政的手段,或者不能适用于独立的行政机构,或者在适用时受到很大的限制。例如管理和预算局对立法建议和行政法规的审查,不适用于独立的行政机构。独立行政机构有权推翻管理和预算局不批准它要求私人提供法定报告的决定。总统对独立行政机构高级成员的任命和免职也受到一定的限制。所有这些措施的目的在于限制总统对独立行政机构的控制,保障后者的独立地位。

总统对独立行政机构的控制虽然受到很大的限制,不能因此认为不存在。总统对独立行政机构的控制,不是通过法律手段的直接控制,而是或者采取间接方式;或者通过政治影响,使独立行政机构自愿接受总统的领导;或者通过非正式协商使独立行政机构的政策和总统的政策协调一致。这种控制在程度上比对普通行政机关的控制较低,总统主要通过下面所述各种方式控制独立的行政机构。

美国独立行政机构的一个特点是采取委员会制,委员由总统提名经参议院同意后任命。委员的任期长于总统的任期,各委员的任期互相交错,不是同时满期。每一政党的委员不能超过一定的人数。这些措施在很大程度上限制了总统的任命权,然而每届总统在其任职期间,总会遇到任命委员会成员的机会。总统可以提名本党人员或者同情总统政策的人员作为委员。

委员会的主席由总统任命,不需要参议院的同意。除少数委员会以外,委员会主席没有固定的任期。总统随时可以更换委员会的主席,选择赞成总统政策的人担任主席,委员会主席的地位使他的意见容易为委员会接受。委员会的管理工作完全由主席决定,例如委员会的大部分职员由主席任命,委员会主席在任命高级职员时,经常和总统的辅助机关举行非正式协商。委员会的预算政策由委员会主席决定,能够符合总统的预算政策。委员会就其主管的事务决定的政策,如果涉及一般的利益时,总是先和总统的辅助机构进行非正式的协商。总统更换委员会的主席,在很大程度上可以改变委员会的政策,影响委员会的全部活动。

独立行政机构通常自愿接受总统的政策,例如总统的行政命令没有规定独立机构的立法建议和行政法规必须由管理和预算局审查,然而独立行政机构自动遵守总统对普通行政机关作出的规定,在立法事务方面与管理和预算局协商,取得一致的认识。独立行政机构自愿遵守总统的政策,不是由于法律的规定,而是由于政治的理由;独立行政机构和总统都以公共利益为活动目标,总统的观点从全面考虑问题,独立行政机构考虑问题的观点大都从其主管的业务出发,具有一定的局限性。因此,独立行政机构容易承认总统的动机,重视总统的政治责任。如果总统的政策合理,或者和总统的政策协调能够产生较大的效益,或者需要一个统一的政策非常明显时,在这些情况下,独立行政机构很难不接受总统的政策。国会的意见和社会舆论也会要求独立行政机构接受总统的领导。

独立行政机构从开展本身业务活动的利益出发,也需要认真考虑和总统的步调一致,认识到取得总统支持的重要性。总统具有宪法赋予的行政权力,法律也在很多方面授予总统广泛的行政权力。总统又是全国最集中的政治力量。国会虽然是全国最大的政治力量,但议员人数众多,又分为参众两院。国会的意见集中不易,行动缓慢。总统的权力集中于一人,行动迅速,所以总统是全国最大的实力人物。独立行政机关能够得到这样实力人物的支持,在工作上会带来极大的便利。例如总统有权决定独立行政机构的预算;独立行政机构的立法建议和行政法规得到总统的支持,更容易在国会通过和在国内执行;独立行政机构在和其他机构打交道时,得到总统的支持可以增加力量;独立行政机构作为诉讼当事人的一方时,如果得到总统的支持,可以得到司法部的律师帮助;独立行政机构的办公场所,如果得到总统的支持也会带来方便。总统具有的政治影响,可以弥补其法律权力的不足。

在说明总统对行政的控制时,一方面不能认为总统只能控制普通行政机关,不能控制独立的行政机构。过分强调普通行政机关和独立行政机构的区别是错误的。另一方面也不能由于总统对独立行政机构具有强大的影响,而忽视总统对独立行政机构的控制受到的限制,不能达到和普通行政机关同等程度。最大的限制是独立行政机构享有法律直接授予的决定权力,总统必须尊重法律的规定。总统的影响只能在不违反法律规定的限度内发挥作用。另外还有一个事实上的限制,总统管理的事务很多,很难有时间考虑独立行政机构处理的问题。而且独立行政机构处理的问题很多具有技术性质,总统的辅助机构缺乏判断能力,所以总统对独立行政机构的控制限于有重大影响的问题,以及需要和其他机构协调的问题。

第二十章
国会对行政的控制

第一节 概 述

一、国会控制的意义和作用

(一) 意义

国会控制,美国行政法学书籍一般称为立法控制(Legislative Control)。因为国会是立法机关,所以称立法控制。立法控制可能误解为通过法律进行控制,事实上国会对行政机关的控制不限于法律控制。在法律以外还有广泛的控制手段,所以本书称为国会控制。美国国会对行政机关的活动进行全面的控制,包括事前的控制、执行中的监督和事后的检查在内。这种控制对行政机关来说,来自行政系统以外,和法院的控制相同,但国会控制的范围超过法院。法院对行政活动不能进行事前的控制,法院实行不告不理原则,不能主动进行控制。国会可以事前控制和主动进行控制,国会受人民的委托,授予行政机关巨大的权力和巨额的经费。这个权力和经费不是一张空白支票,由行政机关自由行使。国会事先已经规定权力行使的目的,应当执行的计划,就是说,国会事先规定行政机关"应当做什么",行政机关只能执行国会授权的计划和目的。

规定行政活动的计划和目的,不是规定一个抽象的理想,也包括监督行政机关是否采取适当的步骤以完成这些计划和目的、是否滥用这些权力。国会不能限于把它的政策和计划制成法律,还必须监督法律如何执行。最后,国会还必须检查这些政策和计划执行的结果如何、是否达到预定的目标、是否需要对原来的政策和计划进行修改,制定新的法律。国会对行政活动的上述监督,本书称为国会对行政的控制。

国会除控制行政机关的活动以外，也控制行政机关的人员。关于国会对行政机关人员的控制，已在上章总统对行政人员的控制中附带说明。本章的内容限于国会对行政活动的控制。

(二) 作用

国会控制主要起到下述作用：

1. 监督政策和计划忠实地执行

政策决定以后，主要问题就是执行。国会必须监督行政机关忠实地执行立法政策，遵守法律的规定。国会的控制和法院的控制互相补充，法院对行政机关守法的控制是事后的具体案件的控制；国会对法律是否遵守，可以在广泛的范围以内，进行事前的主动的控制，不限于对一人一事的控制。

2. 发现和制止行政机关滥用权力和专横作风

行政官员可能发生滥用权力的现象，在任何政体之下不可避免，问题在于从各方面设法制止。美国国会中有数目众多的委员会，各委员会对与其有关的行政活动，进行经常性的监督。行政人员滥用权力和其他不正作风，在没有当事人申诉以前，国会可以主动发现。对于滥用权力的行为，法院和行政系统内部也有制止的权力。但是当行政腐败比较严重，波及上层人员和广泛流行的时候，为了制止这种现象，法院和行政系统都无能为力，必须采取立法措施。

3. 追究行政人员责任和提高行政效率

美国国会具有审计权力，审计人员可以审查行政机关财政开支的合法性和合理性。对不合法的财政开支，主管财务的人员不能避免责任。财政开支不仅必须合法，而且必须具备经济效果。对不合理的行政管理、浪费公帑的行为，审计人员有权向行政机关和国会提出建议，采取改革措施。

4. 检查立法政策和计划执行的结果

国会不是在制定政策和法律以后，就已尽到立法责任。还必须检查政策和计划执行的结果，是否达到预定的目标。必须随形势的变更和检查中发现的问题，而修改或废止已经制定的法律。

二、国会控制的政治和宪法的基础

美国是实行分权的国家，宪法规定行政权属于总统。国会怎么能够控制行政权呢？国会控制行政活动必须有一个政治基础和宪法根据，才能得到各方面的同意,为一般人所接受。从政治观点而言,美国是标榜民主政治和自由主义的国家,民主政治的一个基本内容是统治者的权力来自被统治者的同意,这个主张庄严地宣布在1776年的《美国独立宣言》之中。统治者的权力来自被统治者的同意包含一个重要内容,即统治者必须对被统治者负责,为被统治者的利益而行使权力,接受被统治者的控制和监督。行政官员行使权力属于统治者的一部分,必须受被统治者的监督。被统治者人数众多,不能每人单独追问统治者的责任。美国实行代议制度,统治者对被统治者负责,实际上表现为非民选的官员对民选的代表负责。在美国联邦政府中,民选的代表只有总统和国会。所以在联邦政府中,统治者对被统治者负责分为两个步骤表现出来:非民选官员受总统和国会的控制和监督,总统和国会受全体选民的控制和监督。国会对行政的控制和总统对行政的控制一样,是民主政治的表现形式。

国会必须对行政进行控制,也是美国人民从殖民地时期以来亲身感受到的经验。在殖民地时期,行政官员只对英王负责,不能反映人民的利益。因此美国人民长期以来得到一个信念,不能把个人或集体的命运交付予他们很少能够控制的行政官员。行政官员不能很好地反映人民的利益,所以他们转向民选的代表,以保护他们合法的利益,认为这是人民代表的职责。如果议员不能履行这方面的任务,则议员的政治生涯很难继续。

从宪法的观点而言,美国宪法受到孟德斯鸠分权思想的深刻影响,根本原则是三权分立。① 孟德斯鸠认为,根据历史经验,有权力的人倾向于滥用权力,这是人性的一个基本弱点。他主张建立一个温和的政府以保障公民的自由,为了达到这个目的,最好的方法在于以权力制约权力。他认为国家有立法、行政、司法三种权力,三种权力应当分立,互相制约。在孟德斯鸠的分权理论中,权力分立和互相制约是不可分离的,是同一事物的两个侧面。不互相制约就没有分权的必要,三权分立的意义不表示每个政府部门只行使一种权力,也不表示每一政府部门和其他部门没有联系。这种思想也表现在美国宪法中。美国制宪时期的重要政治活动家联邦派成员麦迪逊的思想可以作为代表。麦迪逊认为:"孟德斯鸠并不认为政府的各部门应当没有任何属于其他部门的活动,或者对其他部门的活

---

① 美国宪法的分权理论,参见本书第二章第二节:分权原则。

动没有任何控制。"①他认为孟德斯鸠的意思,只表示一个政府部门不能行使其他政府部门的全部权力,反对权力的过分集中,破坏其他部门的存在。他写道:"防止各种权力逐渐集中于一个部门的最大保障,在于给予每一部门的主管者必要的宪法手段和个人动机以抵制其他部门的侵犯……野心必须用野心来对抗。"②政府各部门互相制约是实行分权原则保障政府各部门权力平衡的宪法手段。

国会对行政的控制是维持美国分权原则,保持立法部门和行政部门互相平衡的宪法手段。为了保持行政和立法的平衡,宪法规定总统对国会的立法有否决权。宪法规定,国会除通过立法权力控制行政以外,还行使部分行政权力,例如参议院对总统的缔约权和任命权有同意权。此外,国会还控制行政活动需要的经费,国会的立法权和经费权也附带地包括调查权,国会对违法的官员还具有弹劾权。概括地说,根据美国宪法,国会对行政机关具有组织权力、授予进行活动的权力、给予活动经费的权力、监督行政活动的权力。在上述各种权力的基础之上,国会发展了一套控制行政的复杂手段。

三、国会控制的特点

美国国会对行政机关的控制和其他西方国家议会对行政机关的控制相比,具有下述主要特点。这些特点的产生和美国的政治制度和政党情况有密切的联系。

(一) 事前控制多

美国实行总统制,行政部门不对国会负责。其他西方国家大多实行内阁制,行政部门对议会负责。议会对行政事项有权提出询问、要求回答。议会对行政部门可以追问责任,所以不需要大量的事前控制,以免妨碍行政部门的责任。美国国会由于没有部长对国会负责制和国会询问部长制,不得不加强事前的控制。美国国会制定的法律一般倾向于作出详细具体的规定,控制行政机关的权力。国会对总统提出的预算,可以任意修改、变更,国会在拨款法案中附加一些限制经费使用的条款。其他西方国家与此不同,议会对行政机关提出的预算很少变更,以免妨碍行政部门对行政和财政政策对议会所负的责任。美国国会的总审计署对行政机关

---

① Alexander Hamilton, James Madison, John Jay: *The Federalist Papers*, No. 47.
② Ibid., No. 51.

实行事前审计,在某些问题上,行政机关在支付款项以前,如果不事先征求总审计署的意见,这项开支将来可能得不到总审计署的承认。除了这些正式的事前控制以外,国会还实行了一些非正式的事前控制。

(二) 控制严密

美国国会对行政部门控制的严密程度,超过任何其他西方国家议会对行政部门的控制。产生这种现象的原因和美国实行三权分立互相制约,以及美国政府和政党的组织有关。在三权分立互相制约的原则之下,行政部门和立法部门为保持自己的权力而竞争。由于这种竞争,重要的问题得到充分的辩论,防止了专横和独裁的出现。美国行政部门和立法部门的竞争和对峙,是美国宪法分权原则内在矛盾的发展,不是一时混乱的表现。制宪者故意作出这种安排,以保障公民的自由。在这种竞争中,随政治情况的不同,主导地位时有变化。例如在第二次世界大战期间及战争结束后的一段期间,行政部门在政府中居于主导地位。在20世纪60年代和70年代,由于行政部门的一些政治失误,丧失威信,国会在政府中居于主导地位。但是从近代社会发展的趋势来看,行政职务越来越复杂和技术化,立法机关失去主导地位已不可避免。立法机关在当代形势逼迫之下,不得不授予行政机关广泛的权力。立法机关的补救措施是加强对行政部门的监督,实行严密控制。国会在1946年和1970年的两次《立法改组法》中,都强调加强国会对行政部门的监督。

美国政府和政党的组织情况也是导致国会加强控制的一个因素。在其他西方国家的内阁制下,议会的多数党组织政府,政府和议会之间存在某种和谐关系。在美国总统制下,总统所属的政党不一定是国会的多数党。在国会的多数党和总统所属的政党不同时,国会加强对行政部门的控制,作为一种政治斗争和反抗的手段。美国政党的组织纪律松散,政党约束党员的程度不高。国会对委员会和议员,总统对本党党员都没有很大的约束力。国会议员具有很大的独立性,相信自己的判断,这种现象也增加了国会对行政部门的监督。

国会对行政活动监督的机关主要是国会的各种常设委员会。委员会通过调查和听证对行政部门进行经常性的监督,委员会的主席和有影响的议员在发动国会的监督方面具有很大的决定权力。在其他西方国家,议会的调查限于重大问题,不涉及细微的行政事件。美国国会的调查和听证,往往不问事件的大小,只要能够满足议员的某种政治目的,都能触发会的监督程序。曾在第一次世界大战期间担任美国总统的威尔逊,在1913年出版的"国会政府"一书中这样写道:"除了把它称为国会常设委员会主席统治的政府以外,我不知道用什么更好的一句话来说明我们的政府形式。""国会越来越进入行政的具体事项,直到它实际上把政府的实质权力,全都掌握在国会手中"。① 威尔逊的话有些愤慨,实际上反映美国国会的控制时常扩张到行政的细微事件。

（三）控制的机构多、职员多

国会除利用常设委员会和临时组织的专案委员会执行控制任务以外,还设有一些辅助机构帮助国会行使控制权力。其中最重要的辅助机构有总审计署、国会预算处、技术评判局。此外,国会的委员会和议员都有专业的职员帮助执行立法和控制任务。自从第二次世界大战结束以来,国会用于聘用专业职员和调查的经费急剧增加。任何其他西方国家的议会,没有像美国国会一样,具有这样多的辅助机构和专业职员。

以上这些特点在本章以后各节中将有详细说明。

第二节　正式的控制

根据控制手段的形式和效力的不同,国会对行政的控制可以分为正式的控制和非正式的控制。前者是采取法律形式或具有法律效力的控制,后者不采取法律形式,也不具有法律效力,而是以正式控制作为后盾或凭借国会或议员的政治影响而实施的控制。本节首先讨论正式控制,正式控制可以采取法律控制、预算控制、立法否决等不同方式。

一、法律控制

国会制定法律对行政进行控制有以下几种方式:

（一）授予行政机关进行活动的权力

依法行政的一个根本原则是行政机关只能具有法律授予的权力,执行国会批准的计划。一个行政机关的活动要根据《授权法》的很多规定。有的法律在批准某项计划时,授予行政机关广泛的执行权力,这时行政机关的行为具有大量的自由裁量权力。有的法律对某一计划的执行或某一任务的完成,作出详细的规定,这时行政机关的行为受到很大的限制。一般而言,美国法律的特点是喜欢作出具体而详细的规定。例如1958年的

---

① 转引自 Joseph P. Harris：*Congressional Control of Administration*, 1964, p.216.

《联邦航空法》,建立一个联邦航空署,法律规定长达 81 页,约五万字。法律对行政事项是否详细规定或广泛授权,取决于很多因素。随法律的内容,国会和行政部门的关系,国会内部政治力量的不同等而不同。涉及公民的自由和财产权的法律,例如处罚性质的法律、租税法律,一般规定比较详细。技术性强,国会缺乏经验的法律,一般授予行政机关广泛的执行权力,国会很少详细规定这类法律的内容。国会和行政部门的关系比较好,执行部门得到国会的信任时,法律的授权会比较广泛,否则法律会规定较多的限制。国会内部对某一计划往往有赞成和反对的意见,赞成某一计划者会主张授予行政机关较大的权力,反对者会主张对行政机关设立较多的限制。国会内部力量的对比,也可能影响法律授权的范围。

行政机关活动的范围、权力的大小依法律的规定而异。行政机关在解释法律时,不能抽象理解法律的文字,还必须参考法律制定的历史、制定法律的动机、准备的过程、听证的记录、国会的辩论、委员会对法律草案的报告,这些都能帮助了解法律规定的意义,确定法律所要达到的目的。同时,也要注意后来事态的发展,探讨在新形式下,如何在法律规定的范围内,最好地完成法律规定的目标。

(二) 设立行政机关

美国宪法关于行政组织只规定总统职位,总统以下的行政组织完全没有规定。然而宪法已经肯定行政各部必然存在,因为《宪法》第 2 条第 2 节规定总统有权要求行政各部长官,就其主管事项提供书面意见。《宪法》第 2 条第 2 节也规定总统经参议院的同意任命主要的政府官员,但是《宪法》没有给予总统创设行政组织的权力。《宪法》第 1 条第 8 节在列举国会的立法权中,也没有明白指出创设行政组织的权力。然而《宪法》在列举国会的立法权力以后,有一个概括性的规定,即:为了行使以上权力和宪法授予美国政府或任何部或其官员的其他权力,国会有权制定一切必要的和适当的法律。美国国会根据这项规定,认为创设行政组织的权力属于国会。总统只在国会授权委托的时候,才能变更国会创设的行政组织。国会不仅有权创设行政组织,也有权不经过总统而把某一行政事项的最后决定权,直接授予行政机关长官。

国会在制定一项新计划时,可以创设一个执行机构,也可以规定由已经存在的某一机构执行。从理论上说,国会的组织权力不仅包括创设机构的权力,也包括规定机关内部组织的权力。实际上国会除规定行政机关的主要结构以外,很少对机关的内部组织作出详细规定。因为机关的内部组织必须根据情况的变更和工作的需要,由机关的负责长官决定,属于行政官员职务范围以内的自由裁量权力。

（三）规定行政程序

行政活动的程序通常由行政机关自己规定,但对于产生重大效果的程序,国会一般制定法律加以规定。例如美国《联邦行政程序法》,对制定行政法规和进行正式程序裁决的程序,作了概括性的规定,适用于联邦全部行政机关。除普遍适用的程序规则以外,美国国会在创设一个重要的行政机构,或制订一个重大的行政计划时,往往对该机构的活动或该计划的执行的重要程序,作出特别规定。国会制定程序规则的目的,主要在于控制行政机关的权力能够正确地行使。

（四）修改法律

修改法律有时由于情况变更,以往制定的法律不能适应新情况;有时由于控制行政的需要,某一法律执行的效果良好时,国会可能扩大执行机构的权限,以求得到更大的效果。在更多的情况下,修改法律是对行政机关行使权力的评价。对执行法律效果不好的机关,国会减少或取消其权限,或增加程序上的限制。例如在20世纪70年代,社会舆论对原子能委员会批评的意见很多,指责该委员会过分追求发展核能源,忽视安全和环境方面的保护。国会因此采取行动,设立一个能源部。原子能委员会仅仅保留控制职能,改名为核控制委员会。又如美国有些行政机关作决定时,不考虑对环境的影响,引起社会的不满。1969年,国会制定《环境政策法》,规定联邦行政机关作重大的决定时,必须考虑这个决定对环境的影响。

（五）日落法

日落法(Sunset Law)是指国会制定的法律,或法律中的某一条款,不是长期有效,只在一个短时期内有效,就像将要落下的太阳一样。例如法律设立一个机构,规定该机构只在一定期间内存在,除非国会延长其存在期间,或重新规定其存在的根据时才继续存在。日落法的内容各个法律的规定可能不一样,有的规定法律存在的期间,有的规定机构存在的期间,有的规定某一政府职能存在的期间。它们的共同基础是强迫国会对其授权定期检查,根据法律执行的情况决定是否继续授予行政机关某种权力。日落法的这种定期检查性质,好像预算的拨款必须每年由国会决定一样。日落法这种控制方式,主要为很多州的立法机关所采取,联邦国会没有采取这种控制手段。

(六) 委任立法的控制

国会制定法律对行政机关进行控制,不表示立法权只能由国会行使,行政机关不能行使立法权力。宪法规定立法权属于国会,长期以来的习惯认为国会可以把部分立法权力委托行政机关行使,行政机关根据国会授权而行使的立法权力称为委任立法。在当代行政事务复杂而多变的情况下,委任立法已成为时代的需要。行政机关根据委任立法权力制定的规则,数量远远超过国会的立法。①

委任立法引起一个问题:立法权是国会控制行政的一个手段,国会把某种立法权委托行政机关以后,国会对行政机关行使这种权力如何控制呢?这个问题本书前面已经讨论②,但前面讨论过的控制方式是只适用于委任立法的控制。现在补充说明国会对一般行政的控制手段如何适用于委任立法,行政机关委任立法的权力来源于国会的授权,国会对授权法有取消或变更的权力,有权规定行使委任权力的时间、条件和程序。部分立法权力的委任不妨碍国会对行政活动的法律控制。另外,国会对行政的控制不限于正式的控制。国会行使控制的方式更多是非正式控制,这种控制除对少数行政活动不能实施以外,适用于绝大部分的行政活动,包括行政机关的委任立法行为在内。此外还必须附带提醒一下,上章谈到的管理和预算局对行政法规审查的权力,适用的对象主要是行政机关的委任立法权力。

二、预算控制

行政机关进行活动除必须由国会授予权力以外,还必须由国会授予经费,如果没有经费任何活动都不可能。授予政府活动经费的法律是预算,国会凭借预算权力对行政活动进行控制。

(一) 国会决定预算的权力

预算是公共财政的管理计划,它决定政府在一定期间以内,能够使用多少经费、能够取得多少收入,确定政府经费的来源和用途。政府的经费取之于民,用之于民。但怎样取法,取多少;怎样用法,用多少,必须由选民同意,这是民主政治的重要原则。选民的同意通常表示其代表机关的同意。所以政府的收税、借款、支出都必须由立法机关决定,采取法律形

---

① 关于委任立法权的讨论,参见本书第六章第一节:立法权力的委任。
② 同上注。

式。这类法律构成财政法律的一个部分。

财政收支的立法就其作用而言,可以分为两种形式。有的是作为政府活动根据或拨款根据的长期有效的实体性规则,例如租税立法,以及授权政府采取某一计划的法律中,有时规定执行该计划的经费来源或限额。政府为了得到可以使用的经费,还必须由国会通过其他一种形式的法律,即拨款的法律。规定在一定的期间以内,通常为一年,但也可以在更长的期间以内,国会拨予行政部门活动的经费。同时也规定在一定的期间以内财政收入的数额,限定政府能够从人民取得的款项。规定政府任一定期间内财政收入和支出的数额,是预算的主要内容。

预算由行政机关编制,由立法机关决定。《美国宪法》在第1条第8节中规定国会的权力时,首先规定的是国会的财政权力,包括预算权力在内。美国国会决定预算的权力超过其他西方国家。在其他西方国家中,立法机关对行政机关提出的预算案,虽然经过详细讨论,很少变更,特别是立法机关不能在行政机关请求的拨款项目以外,增加新的拨款项目,或增加行政机关请求的拨款数额。美国国会没有这种限制,国会对总统提出的预算案可以任意修改,不仅可以减少或增加行政机关请求的拨款,而且可以取消行政机关请求的拨款项目,或增加行政机关没有请求的拨款项目。此外,国会在对某一活动拨款时,有时还对该项拨款规定使用的限制、规定使用的方式、禁止使用的情况等附带条件。国会通过控制行政机关的经费而控制行政机关的活动。然而美国国会运用预算的权力也因政治情况而不同。总统所属政党在国会议员中占多数时,国会倾向于不修改行政机关的预算;在总统和国会的多数党不同时,国会对行政机关的预算会作较多的修改。

(二) 预算控制的机构

预算是国会控制行政机关的一种手段。在国会编制预算中负主要责任的国会委员会,以及为了辅助国会编制预算而设立的专门机构,都是预算控制的机构。美国国会中负责编制预算的有以下机构:

1. 预算委员会

这是1974年的《预算法》所设立的一个国会常设委员会,对国会编制预算负全面责任,决定预算中的原则性问题。众议院的预算委员会中,必须包括一定名额的筹款委员会和拨款委员会的成员。参议院中预算委员会的成员资格没有限制。预算委员会的主要任务是对预算进行综合考察,包括收入部分、支出部分,以及各种支出之间的比较。它向国会提出建议,规定预算的支出、收入、盈余、亏空、公债总额。国会根据它的建议通过两个限制预算数额的决定。收入和支出的最后法案,必须符合国会秋季决议中规定的限制。

2. 拨款委员会

拨款委员会是国会中很有权力的委员会,国会通过的拨款法案主要根据这个委员会的建议和报告。全院的讨论限于政策性问题,拨款的数额基本上由拨款委员会决定。两院中拨款委员会的成员,一般是该院中资历较高的议员。由于行政部门的机关众多,拨款委员会必须分工。每院的拨款委员会下设立拨款小组委员会。每一小组委员会主管一定的行政机关的拨款。拨款委员会的成员必然参加两个以上的小组委员会。

3. 拨款小组委员会

拨款小组委员会是实际掌握预算拨款权力的机关,拨款委员会向全院提出的建议和报告,主要根据小组委员会的建议和报告。由于小组委员会掌握实际的拨款权力,所以国会议员往往争取参加和其选区有关的拨款小组委员会。例如来自农业区的议员,争取参加主管农业部拨款的小组委员会;希望在其选区中进行某项工程建设的议员,争取参加主管该方面工程建设拨款的小组委员会。

为了决定拨款数额,小组委员会必须了解其所主管的部门的计划和需要。所以小组委员会经常注意其所主管的行政部门的全部活动。小组委员会在决定拨款数额以前,通常举行听证。有关的行政部门对其预算请求进行说明、解释和辩护。小组委员会认为必要时,可以派遣委员会的专业职员,甚至委托国会外的专业人员对某一项目进行调查,提出报告,作为委员会决定拨款的参考。

4. 国会预算处

(1) 设立的目的。国会预算处(Congressional Budget Office)也是1974年《预算法》设立的机构,这是由专家组成,不是由国会议员组成的机构。设立国会预算处的目的是帮助国会编制预算,它的作用近似行政部门的管理和预算局帮助总统编制预算一样。但国会预算处的地位、权力、职务范围都不如管理和预算局。国会在审查行政机关提出的预算和编制国会的预算时,需要专业人员的帮助。国会中编制预算的各委员会中,虽然都有一些专业职员,帮助委员会进行工作,但委员的专业能力远远不能胜任预算编制的复杂任务。过去国会在需要帮助时,大都要求有关的行政机关或管理和预算局提出信息和分析。行政部门提出的信息,往往倾向于为自己的预算请求辩护,不能避免偏见。为了在客观的基础上审查行政部门的预算,国会必须自己设立一个机构,为国会编制预算服务。所以,1974 年的《预算法》规定设立一个国会预算处,作为国会编制预算的辅助机构。

(2) 主要任务。国会预算处的基本任务是对国会的预算编制提供客观的信息,进行和预算有关的各种估计、分析、研究。它的主要任务有以下各项:

① 预算报告。在国会的各委员会开始讨论预算以前,国会预算处应向众议院和参议院提出一个年度的预算报告。报告中根据国家的需要和对经济发展的影响,讨论各种可能的支出和收入水平,各种重大计划和主要的活动部门可能分配的拨款数额。这个报告供预算委员会向国会提出建议和国会作出决议的参考。

② 费用估计。国会预算处对各项计划的费用进行独立的客观的估计,不受行政机关和国会中有关委员会的估计的限制。对国会中一切法律案和决议案的执行,在最近五年期间内的费用进行估计。

③ 经济预测和财政政策分析。预测联邦预算对国民经济的影响,分析不同的财政政策和计划的效果及对通货膨胀的影响。

④ 记录支出和收入法案。国会预算处记录全部支出和收入法案,并把记录中的支出和收入的结果,和国会决议中规定的预算目标进行比较。

⑤ 进行特别研究。根据国会的请求,国会预算处对和预算有关的问题进行特别研究。能够请求国会预算处研究问题的机构的先后次序如下:众议院和参议院的预算委员会,众议院和参议院的拨款委员会,参议院的财政委员会和众议院的筹款委员会,其他国会委员会。

(三) 预算控制的方法

国会凭借预算对行政机关进行控制,采取下列几种方法:

1. 规定拨款数额

预算的一个主要作用是在政府的各种活动和计划中,对每一大类的行政活动或计划规定一个可以使用的经费水平,或用数额表示,或用百分比表示。在预算术语上这种拨款称为授予行政机关预算权力(budget authority)。它的意义是允许行政机关在一定限度以内,利用联邦经费支付由它产生的各种债务。国会审查行政机关提出的概算,如有浮夸现象或不符合实际的情况,国会减少行政机关的请求。行政机关过去的活动浪费严重,或严重缺乏效率时,国会也可能减少行政机关的拨款。国会可以对某项拨款附带地规定使用的限制或禁止，或附带其他条件。国会有时甚至取消某项拨款作为制裁。得到国会特别赞助的项目，国会可能增加行政机关请求的拨款，以求得到更大的效果。

国会对行政机关拨款数额的控制，不一定保证减少预算支出的数额。因为国会对行政机关请求拨款的决定，往往受拨款委员会中或拨款小组委员会中有影响力的议员的支配。有利害关系的社会集团往往企图影响拨款委员会的决定。由于美国国会可以增加行政机关要求的拨款，因此有时产生浪费现象，有影响力的议员，可能从本选区居民的利益着眼，增加行政机关没有要求的拨款项目或数额，造成浪费现象。还有一个产生浪费现象的原因是美国国会包括两院，预算案虽然必须向众议院提出，由众议院首先讨论，然而参议院对众议院的决定有修改权。有时众议院减少的预算拨款，在参议院中全部恢复，甚至增加。最后的拨款数额由两院协商决定，协商的数额一般为两院决定数额的中间数。由于以上原因，美国国会通过的预算支出数额，有时超过总统请求的预算拨款，这种现象在其他国家很难出现。

国会对预算修改权力的行使，受到一定的限制。预算中有一部分固定的支出，总统或国会都不能变更。例如公债利息的付款，退伍军人福利津贴的付款，退休金的支付，法律规定的对州政府的补助、对农产品的补助等。这些开支在预算中占一定的分量，除非修改法律，否则不能修改拨款。还有一些支出，虽然减少拨款没有法律上的障碍，然而实际上很少可能。例如国防费用在国际环境紧张的时候，减少拨款很少可能发生；又如邮政支出和全体居民的生活息息相关，减少拨款也很难实行。因此以拨款作为控制行政的手段，在某些领域内不能实行。

2. 控制行政政策

国会在决定对行政机关的拨款数额时，必然也涉及行政机关执行的政策。因为决定行政机关每项计划的拨款数额，其本身就是一个政策决定。国会的政策也表现在法律之中。从大的政策而言，行政机关只能执行国会决定的政策。但是政策的决定是一个发展的过程，国会不能决定行政活动的全部政策。由于近代行政的复杂性和多变性，国会必须授予行政机关广泛的自由裁量权。行政机关在执行国会的政策中，继续发展国会的政策。如果国会对行政机关的政策决定不能控制的话，国会不可能授予行政机关广泛的自由裁量权。国会对政策的决定不能停止于立法阶段，还必须延伸到以后执行的过程中，保证行政机关忠实地执行国会制定的政策。这个控制由国会中制定某项法律的有关的立法委员会，和对某项法律执行的经费有关的拨款委员会共同进行。拨款委员会在决定拨款数额时必须举行听证，委员会在听证中对行政机关提出的问题，代表委员会对执行中的政策的观点。这种听证对行政机关制定将来的执行计划必然产生巨大影响。下面一个案例可以说明这种情况。

1943年，农业部制定一个计划，使用土壤保护的拨款刺激某些紧缺的农产品的生产。美国农业联合会强烈反对这个计划，认为刺激农产品的生产，应当使用价格政策。国会农业拨款小组委员会就农业部的计划举行一个听证，决定这项计划的拨款方式。在听证中，农业部的计划受到严厉的批评。委员会指责农业部在采取这项计划以前，事先没有征求委员会的意见。听证结束以后，小组委员会宣布农业部的计划不能使用委员会的拨款。农业部的补助计划虽然符合大的立法政策，然而执行中的政策受到拨款委员会的反对而被取消。

在总统和国会的多数党属于同一政党时，行政机关往往可以凭借总统的力量，对抗国会过多的控制。

3. 监督行政活动

拨款委员会中主管某一行政部门的小组委员会，就其主管部门的活动进行经常性的监督，充分了解受其管辖的行政机关的活动。监督的范围不限于财政方面，也包括行政机关执行的政策、计划、工作方法和成绩。监督的目的主要作为决定下年度拨款的基础，但决定如何拨款也可用作制裁行政机关的手段。行政机关在作出重大决定以前，或准备采取某种特殊措施以前，往往先和拨款委员会协商，以免事后发生问题。例如上述农业部使用土壤保持的拨款刺激紧缺农产品生产的计划，事先没有和有关的拨款小组委员会协商，结果农业部的计划不能实行。小组委员会和其主管的行政机关的关系，通常比较融洽，只要行政机关能够提出足够的说明，就不会受到小组委员会的反对。

拨款小组委员会认为行政机关的活动有缺点时，可以采取下列措施：在向国会提出的拨款报告中，公开发表对行政机关的批评，监督行政机关改进；在拨款的条款中附加限制，制止行政机关滥用权力，或者向行政机关发出口头指示；可以要求行政机关对某一事项进行调查，向国会提出报告或改进措施，也可以举行听证，批评行政机关的缺点，指示国会的意见；最后，它可以削减或停止行政机关的拨款，强迫行政机关进行改革。拨款小组委员会对其主管的行政机关的控制，比其他国会委员会更具体，更具有连续性。

三、立法否决

(一) 立法否决的意义和作用

法律控制和预算控制要经过复杂而笨重的程序,不能立即实现。有些行政支出属于固定项目,国会不能削减,预算控制不能适用。国会寻求在这两种正式的控制以外,使用一种简便的正式控制方式,更迅速有效地控制行政机关的活动,因此产生了立法否决控制方式。

1. 立法否决的意义和发展

立法否决(Legeislative Veto)不是指国会通过法律否决行政机关的活动,是指国会在法律中授予行政机关某种权力,同时规定行政机关行使权力作出的决定,必须送交国会审查,国会保留否决的权力。立法否决有各种不同的形式,通常是指行政机关的决定在一定的期间以内不发生效力。国会在此期间没行使否决权时才开始生效,也可能是行政机关的决定暂时发生效力,在一定的期间以内国会没有行使否决权时才继续有效。国会的否决可以采取不同的形式:或者两院通过决议否决,或者任何一院可以通过决议否决,或者由国会中有关的委员会通过决议否决。不论采取哪种形式,立法否决包含三个因素:法律授权行政机关,行政机关行使授予的权力,国会保留取消行政机关依此作出的决定的权力。被否决的行政决定可以是关于特定事项的行政裁定,也可以是一般适用的行政法规。例如国会授权总统可以在海外使用美国军队,授权司法部长可以对不符合居留条件的外国人停止驱逐,授权联邦贸易委员会制定管理贸易行为的条例。同时规定国会对行政机关根据授权采取的决定,保留否决权。

立法否决是英国议会广泛使用控制行政的一种方式。英国议会利用立法否决控制行政机关行使委任立法权力。[①] 美国国会利用立法否决的时期较晚,其最早规定立法否决的法律出现在1932年。国会授权胡佛总统改组行政机构,同时规定国会任何一院对总统的改组计划保留否决权力。从此以后,规定立法否决的法律逐渐增加。立法否决大量出现是在20世纪60年代,特别是70年代以后。从1932年开始,直到1983年最高法院的判决制止立法否决以前,美国国会制定包含立法否决的法律近两

---

① 参见王名扬:《英国行政法》,北京大学出版社2007年版,第91—92页。

百个左右。国会共行使过230次立法否决。①

2. 立法否决的作用

法律规定的立法否决适用于很多不同的事项,立法否决的作用随其适用事项不同而不同。一般而言,立法否决是国会授权和控权的调和。国会一方面授予行政机关某种权力,另一方面对授权不完全放心,保留了强有力的控制。行政机关根据授权作出的决定必须向国会报告,国会在一定期间以内,有权取消行政机关的决定。立法否决调和了国会权力和行政机关权力之间的矛盾,这种矛盾可能出现在不同的领域,具有不同的性质。

(1)调和宪法本身中包含的矛盾。美国宪法中规定的总统和国会权力的划分,不是没有矛盾和不明确的时候。以战争权为例,宪法规定国会有宣战的权力,同时又规定总统有作为军队统帅的权力。如何划分国会宣战的权力和总统使用军队指挥军队的权力呢?是否必须国会宣战总统才能使用军队呢?在历史上,总统对国外用兵很少先有国会的宣战或授权。如果总统使用武力出于防卫目的,当然不必先有国会的授权。如果不是出于防卫目的而是出于称霸目的,没有国会授权这种用兵是否合法呢?即使出于防卫目的,在什么程度和方式上属于防卫,在什么程度和方式上超过防卫需要国会授权呢?如何划分国会和总统的战争权力,这是一个大的政治问题,法院不能决定,只能由国会和总统协商决定。1976年的《战争权力法》调和国会权力和总统权力的矛盾。法律规定总统在海外使用武力时,必须立即向国会报告。国会两院必须在90天内通过决议,决定是否授权或者否决总统使用武力。因此总统和国会可以在90天以内进行协商,达成共同的认识。

(2)解决国会不能立法的矛盾。私人的正当利益根据一般的法律不能得到保护时,可以请求国会制定一个私法律,给予私人某种特殊的保护。例如私人的合法利益受到行政机关的侵害,不能依《联邦侵权赔偿法》得到赔偿时,可以请求国会制定一个私法律,给予特殊的赔偿。但是国会没有时间制定大量的私法律,对属于个人性质的特殊保护,国会只能授权行政机关决定,同时保留否决权,取消国会认为不适当的决定。

---

① L. H. Tribe: *American Constitutional Law*, 1988, p. 24. P. L. Straus: "Was There a Baby in the Bathwater? A Comment on the Supreme Court's Legislative Veto Decision", in 1983 *Duke Law Journal*, p. 790.

(3) 解决行政技术和政治责任的矛盾。近代行政需要大量的专门技术,国会缺乏必要的技术能力,不得不授予行政机关作出决定的广泛权力。当代世界各国委任立法大量出现,这是一个重要原因。但行政技术人员远离民众,不负政治责任。为了维护行政上的政治责任,国会在授予行政机关委任立法权力时,有时规定行政机关制定的法规必须送国会审查,国会保留否决权。

(二) 移民和归化局诉查德哈案件

立法否决程序简单,国会除采取消极的否决行为以外,不用采取其他积极的措施,也无须对行政机关指示任何代替方案。使用方便,是国会乐于使用的一种控制手段。所以 20 世纪 70 年代以来,包含立法否决条款的法律显著增加。然而美国总统对立法否决持反对态度,认为立法否决等于国会参加行政机关的决定,侵犯行政权力,违背分权原则。国会的观点与此不同,国会认为立法否决是国会监督行政活动的一种方式,国会没有参加行政机关的决定。总统的反对没有制止国会对立法否决的继续使用。这个争端最后由最高法院在 1983 年的移民和归化局诉查德哈案件中[1],作出判决,最高法院认为,立法否决条款违背了美国宪法。

移民和归化局诉查德哈案件是关于驱逐外国人的事件。查德哈是东印度人,在美国居留期满以后,移民和归化局命令驱逐出境。由于他的情况特殊,不能回国,司法部长决定停止驱逐。根据《移民和归化法》的规定,司法部长的决定必须送国会审查,国会中任何一院有权取消司法部长的决定。众议院取消了司法部长的决定,最高法院根据宪法的规定和案件的实质,认为国会的立法否决权违反《美国宪法》。

最高法院认为《美国宪法》规定立法权属于国会。国会除《宪法》特别规定的司法权,例如弹劾权和行政权,例如高级官员任命同意权、签订条约同意权以外,只有立法权力。国会行使立法权时,必须按照《宪法》第 1 条第 7 节规定的程序:一切法律必须由两院通过,送交总统签署,总统有否决权。[2] 这个程序也适用于两院联合通过的其他决议,防止国会利用其他名称避免适用立法程序。从查德哈案件的实质来看,最高法院认为国会的立法否决权是行使立法权力。因为国会的决议是否属于立法权,应当根据决议的性质和效果来判断。在查德哈案件中,国会的决议是

---

[1] INS v. Chadha, 462 U.S. 919 (1983).
[2] 国会可用 2/3 的多数推翻总统的否决。

关于查德哈的权利和义务的决定,影响查德哈在美国居留的权利。所以这个决议的性质是一个立法行为,必须按照《宪法》规定的程序。在立法程序中包含两个重要的原则:

(1) 两院制原则,一切法律必须由两院共同制定。

(2) 总统签署原则,一切法律必须送总统签署,总统可以行使否决权。

这个程序的目的在于防止国会的专横,同时保护行政权力不被国会侵犯。在查德哈案件中,国会的决议由一院作出,违背立法程序两院制原则;即使这个决议由两院共同作出,没有送总统签署,仍然违背《宪法》规定的立法程序。

查德哈案件是关于具体事件的立法否决,最高法院认为立法否决违背宪法,不限于适用于具体事件。国会对行政机关的抽象的行为(行政法规)行使否决权力,同样违反美国宪法。①

查德哈案件判决发生的影响巨大。这个判决否定的法律,超过最高法院历年以来否定的全部法律。200个左右包含立法否决条款的法律都必须重新检查是否继续有效。查德哈案件的立法否决条款包括在《移民和归化法》中,该法已经规定,法律的一部分无效不影响其他部分的效力。如果法律中包含立法否决条款而没有规定一部分无效不影响其他部分时,是否整个法律由于查德哈案件的判决而全部无效呢?最高法院认为不能如此笼统看待,应当分析立法否决条款是否可和其他条款分离,如果立法否决条款可和其他条款分离,则立法否决条款的无效,不影响其他条款的效力;如果立法否决条款和其他条款不可分离,即没有立法否决条款国会不会制定其他条款时,这时其他条款因立法否决条款的无效而随同无效。

(三) 对查德哈案件的意见

查德哈案件判决以后,受到法学界一部分舆论的激烈批评。批评者认为,最高法院的判决是形式主义,最高法院认为宪法规定立法权属于国会,国会除宪法明白授予的其他权力以外,只能以立法者的资格,按照立法程序活动。问题在于国会是否只有立法者的资格?制定法律和监督行政都是国会的职能,这两种职能显然不能采取完全相同的程序。就查德

---

① *Process Gas Consumers Group v. Consumer Energy Council of America*, 463 U. S. 1216 (1983).

哈案件而言，法院认为国会的决议影响查德哈的权利，所以是立法行为。然而查德哈的权利受《移民和归化法》的支配，不是由国会的决议所产生或取消。依照《移民和归化法》的规定，在国会通过决议以前，查德哈没有取得任何权利，国会的决议也没有取消他的权利。最高法院对国会决议性质的分析是不正确的，国会的决议与其说是立法行为，不如说是司法行为。因为国会是把《移民和归化法》的一般性规定，适用于具体事件，是针对以往的事实就个别的案件作出判断，不是制定一个普遍适用于将来的原则，所以不是立法行为而是司法行为。国会的司法行为不一定要采取立法程序，而应当按照对司法程序的一般要求来判断它是否公平合理。查德哈案件很难支持最高法院对立法否决无效所主张的理由。

批评者还认为最高法院的判决过于笼统。立法否决是否需要，应分别就其适用的对象而考察。上面已经看到立法否决可以适用于不同的事项，有的适用于具有政治性质的事项，例如调和宪法所产生的矛盾；有的适用于行政性质的事项，例如行政机关制定的法规。就行政事项而言，立法否决可能没有必要，因为行政事项技术性高、数量多，国会没有能力和时间控制行政机关通常性质的活动。而且行政机关通常性质的活动受法院的监督，可以弥补没有国会控制的缺陷。然而就政治性质的事项而言，立法否决很有存在的理由，因为政治性问题法院不能过问。由于立法否决的存在，行政机关在采取决定以前，必须先和国会协商，达成共同的认识。国会的立法否决权是调和政治矛盾的一种手段。

拥护行政机关权力的人一般反对立法否决，支持查德哈案件的判决。他们认为国会的立法否决权往往只是一部分议员的意见，不论否决的形式是由国会决定或由委员会决定，实际上没有区别。因为国会的决议是根据委员会的意见，不代表国会全体议员的意见。立法否决的决议没有一定的程序。国会在否决行政机关的决定时，往往没有经过认真的考虑。然而行政机关在作决定时，由于顾虑到国会否决权的存在，往往经过认真的考虑。国会议员事务繁多，立法否决往往只是根据国会职员的建议，没有政治代表性质。最后，立法否决还有一个缺点是受国会游说者的影响，不满意行政机关决定的有利害关系的社会团体，预期立法否决的存在，会向国会施加影响，增加行政机关作决定时受到的压力。反对立法否决者的观点不能说是完全没有理由，然而反对立法否决者和支持立法否决者一样，态度过于笼统，没有区别立法否决适用的事项不同和所起的作用不同，而应区别对待。

不论赞成立法否决者和反对立法否决者所持的理由如何,在最高法院没有推翻查德哈判例以前,立法否决条款已经不能存在。国会丧失立法否决这个控制行政的武器,对国会控制行政的力量并无多大影响。因为国会还有其他控制方式,效果和立法否决相同而不引起宪法问题。例如国会有时在法律中规定,国会以外其他机关根据国会授权制定的规则,不能立即生效。在一定期间以内国会认为必要时,可以制定一个法律代替这个规则。美国国会授权法院制定民事诉讼程序就是采取这种方式。国会的否决权力只是国会控制行政的一种方式。如果不用这种方式,国会还有大量的其他正式的和非正式的控制手段。上面已经谈过正式的控制手段,下节讨论非正式的控制手段。

第三节 非正式的控制

法律控制和预算控制都是采取法律形式的控制。这种控制效力可靠,但程序迟缓。非正式控制是不采取法律形式的控制,这种控制的效力一般来自国会或议员的政治影响,或公共舆论的压力,但其最后保障仍然以正式控制作为后盾。非正式控制具有两种形式:一是国会的调查;二是议员的个别案件调查。

一、国会的调查
(一) 国会调查的作用和根据
1. 国会调查的作用

国会在制定法律或预算时,当然也要进行调查。这种调查的作用除直接用于制定法律或预算以外,同时也具有监督作用。本节所指的国会调查是在立法程序以外,为了行政监督或改进目的而举行的调查。这种调查的结果虽然也能认识已经制定的法律是否适当,为改进立法服务,或引起制定一项新法律。但进行调查的直接动机不是制定法律,而是监督行政机关的活动。

法律的生命在于执行,没有正确的执行,全部法律只是一纸具文。国会调查的作用在于保证行政机关执行的政策符合法律的规定,防止行政官员滥用权力。国会每年拨给行政机关大量公款,这些款项必须按照国会的意图,合理地和有效率地使用。国会通过调查可以揭露腐败作风,以及无效率的行政活动。国会进行调查活动是国会充当选民的耳目和喉舌的表现,是督促行政人员对选民负责的一种方法。国会具有调查权力,不论是否行使,其存在本身就会对行政官员产生一种心理上的压力。他们知道自己的行为随时有受检查的可能。国会的调查权力是国会控制行政活动的重要武器,其重要性不低于国会的立法作用。

2. 国会调查的根据

《美国宪法》第1条第1节规定立法权属于国会,第1条第8节规定国会具有的各种立法权力中,没有提到监督行政机关进行调查的权力,但是宪法没有规定不表示国会不可能具有这种权力。美国国会从其成立时起,第一届国会就已经行使调查权力。美国法院从来没有否认国会具有对行政机关调查的权力,法院明白承认国会调查权力的判例是1927年的麦克格雷恩诉多尔蒂案件。① 在这个判决中,最高法院认为国会可以强迫多尔蒂出席作证。法院声称:"国会两院不仅具有宪法明白给予他们的权力,而且具有使明示的权力能够有效行使所必要的和适当的附属的权力。"宪法给予国会立法权力和预算权力,调查权是行使立法权和预算权所必要的和适当的附属权力,当然包括在国会权力范围之内。

美国成文法中首先规定国会调查权的是 1946 年的《立法改组法》(Legislative Reorganization Act)。该法规定,国会两院的各常设委员会"必须就其主管的法律事项对有关的行政机关进行连续不断的监督"。该法同时授权国会各委员会为了执行立法和监督职务,可以雇用必要的专业职员。调查权力是国会执行监督职务必不可少的手段。1946 年法律的规定继续出现在 1970 年的《立法改组法》中,为了加强监督活动,该法还规定除极少的例外情况外,各常设委员会每年必须向国会提出一个它所执行的监督活动的报告。国会执行监督和调查职务,不仅有权力、有人员,而且执行调查需要的经费,也是各委员会预算支出的一个拨款项目。

(二) 国会调查的发展

美国国会从其成立时起,就已经对行政机关行使调查权力。1792 年春天,美国第一届国会对行政机关进行了第一次调查。这次调查的案件是克莱尔将军(General St. Clair)对西北部印第安部落的战争遭到惨败,国会调查这次失败的责任。1792 年 3 月 27 日,众议院通过决议成立一个专门委员会,负责调查这个案件。调查委员会命令国防部长把和这次战

---

① *McGrain v. Daugherty*, 273 U. S. 135 (1927).

争有关的全部文件,包括国防部对克莱尔将军的全部命令和函件,送调查委员会审查。国防部长请示华盛顿总统,总统于4月2日召集内阁会议讨论。内阁会议一致决定,进行调查和要求提交文件属于国会的权限。总统应当把公共利益所允许的全部文件提交审查,而拒绝暴露损害公共利益的文件。内阁会议认为提交克莱尔将军远征的全部文件,无损于公共利益。华盛顿总统根据这个决议,命令国防部长按照调查委员会的要求,提供全部和这次战争有关的文件。调查结束后,委员会给国会的报告确定这次战争失败的责任不在克莱尔将军,而在国防部,国防部在后勤供应方面存在严重的缺陷。这次调查奠定国会以后调查的基础,它确定了国会有权要求行政机关提供信息,也确定了总统可以拒绝提供损害公共利益的文件。

　　自从第一届国会树立调查先例以后,国会经常使用调查权作为监督行政机关的一项武器,调查的数量越来越多。特别是在第二次世界大战以后,国会更加重视调查作用的重要性。因此在1946年和1970年的两次《立法改组法》中,都规定国会两院的各常设委员会,必须对和其主管的法律事务有关的行政机关,进行连续不断的监督。美国国会的调查作用越来越发展,可以从国会委员会使用的专业职员和调查经费的增加中得到反映。从1957到1976年期间,国会使用的专业职员增加了3倍,分配给议员个人的专业职员增加了180%倍。增加的速度越来越快,例如在1972年到1976年期间,国会委员会专业职员增加的比例达到81%。①国会的调查工作没有专业职员的帮助,几乎完全不可能。议员没有时间也没有专业知识注意其主管的行政机关的事务,专业职员注意有关行政机关的全部活动,搜集信息,分析问题,为委员会的调查提供可靠的资料。国会调查的经费也大量增加,例如在1951—1958年期间,众议院用于调查的经费为 4 870 996 美元,参议院为 5 777 335 美元;在1967—1968年期间,众议院用于调查的经费为 10 825 855 美元,参议院为 11 168 988 美元。②

---

① W. GEllhorn, C. Byse, P. L. Strauss, T. Rakoff, R. A. Schotland: *Administrative Law, Cases and Comments*, 8th ed. p.130.
② Morris S. Ogul: *Congress Oversees the Bureaucracy*, 1976, p.194.

(三) 国会调查的机构和方法

1. 调查机构

国会调查的机构有国会的常设委员会、临时委员会、国会雇用的专业职员、国会设置的专门机构,以及国会外其他机构的帮助。

国会委员会中负主要调查责任的是参众两院分别设置的政府活动委员会(Government Operations Committee)。这个委员会的职务是监督政府的全部活动,考察其成绩和效率,没有其他业务。它的管辖范围包括全部行政机关。两院都有拨款委员会,监督行政机关经费的使用。拨款委员会下面的小组委员会,各有一定的管辖范围,监督其管辖范围内的机构的经费使用是否符合预算的规定,并且收集资料作为下年度拨款的参考。参众两院都有数目不等的立法常设委员会,管辖某一方面的立法工作。常设委员会及其下面的小组委员会就其主管的法律的执行,监督行政机关的活动。除了这些经常存在的委员会外,对特别复杂的事件,国会可以临时组织专门委员会进行调查。例如1973年,为了调查1972年总统选举中的违法行为,国会组织了一个专门调查委员会。

国会雇用的大量专业职员,是帮助委员会进行调查必不可少的辅助力量。专业人员没有决定权力,只能帮助委员会进行调查。每一委员会的专业职员监督该委员会管辖范围内的行政机关的全部活动。他们非常熟悉其主管的行政机关的情况,随时向委员会提出报告和分析,或根据委员会的要求对某个问题进行调查。没有专业职员的帮助,委员会很难进行活动。

除委员会和议员个人使用的专业职员以外,国会还设立了一些专门机构,辅助国会进行活动。例如人们熟悉的国会图书馆和政府印刷局就属于国会的辅助机构。在辅助机构中对国会立法和监督职务最有影响的机构是:技术评判局(Office of Technology Assessment)、总审计署(General Accounting Office)和国会预算处(Congressional Budget Office)。上一节已对国会预算处作了说明,下一节将专门说明总审计署。下面简要说明技术评判局。

技术评判局依1972年的《技术评判法》而创设,1974年开始成立。它的任务是对政府的政策和立法建议对科学和技术的影响向国会提出报告;在科技领域内帮助国会解决不能确定的互相冲突的主张;指出在某些方面有什么可供选择的政策;对当代新科技的发展对联邦政府政策可能产生的影响进行预测。下列人员有权请求科技评判局进行评判:国会任何委员会的主席、委员会中多数派的代表（少数派通过委员会主席请求）、科技评判局管理委员会、科技评判局局长。国会委员会对科学技术领域内的调查，由科技评判局进行并提出报告。科技评判局的报告可能导致有关的行政机关自动地改变政策或做法，或者导致国会采取立法或预算措施。

国会除依靠本身的力量进行调查以外，还可请求国会外的其他机构，例如联邦调查局、中央情报处、管理和预算局等机构，就某一事项进行调查，提出报告。

2. 调查方法

国会调查的主要方法是举行听证、要求提出报告、进行面谈交换意见。

听证是主要的调查方法，重要问题的调查大都采取这种方法。行政机关为了应付国会的听证必须花费大量的准备时间，搜集资料、准备证件、提出证人。国会进行听证的目的不限于收集信息，有时用于支持国会的某一政策或观点，或者用于反对或揭露行政机关的某一政策或观点。国会对听证时间的安排、证人的选择、发言的先后，都可能影响听证的结果。有时行政机关在听证结束以后，会按照国会的意图，自动改变政策或做法。

国会为了方便调查起见，经常要求行政机关定期提出报告。报告的内容可能限于某一特定的事项，或者包括广泛的活动或计划。报告的期间通常为每年一次，但国会可以在任何时候要求特别的报告。行政机关如果需要国会授权处理某一问题时，也可向国会提出报告。国会通过调查命令行政机关进行改革的时候，往往要求行政机关提出一个改革措施的时间表。

委员会的成员和有关的行政机关人员进行面谈，了解情况，传达国会的观点，也是一种调查和监督方法。这种方法不用花费听证所需要的大量时间和准备，比较简单的问题大都依靠这种方法解决。

（四）国会调查和行政特权

行政特权（Executive Privilege）是指行政机关掌握的机密信息如果对外公开，会损害公共利益时，可以拒绝对法院或国会提供这类信息。行政特权对国会的调查权是一个限制，这种特权在世界各国都存在，也是普通法的一个传统原则,然而当代的行政特权不能适用普通法的传统原则。①《美国宪法》没有规定行政特权,但是美国总统从华盛顿以来都主张过行政特权,不向国会或法院提供某些文件。上面已经看到,在1792年第一届国会调查克莱尔将军案件时,内阁会议决定总统应当把公共利益所允许的全部文件提交国会,拒绝暴露损害公共利益的文件,这个决议包含了行政特权。20世纪70年代初期,行政特权问题在美国引起很大的讨论。尼克松总统拒绝向法院提交和1972年总统选举中违法行为有关的录音带,引起总统和法院之间的争论。最高法院在1974年的美国诉尼克松案件中②,承认行政特权包含在宪法的分权原则之中。根据分权原则,一个政府部门的行为不能妨碍其他政府部门执行宪法规定的职能。但是最高法院认为行政特权不能适用于当前的案件,因为总统交出录音带不妨碍其执行职务。而且在本案中,法院的正当的司法程序的利益,超过总统主张的利益。这个判决表明行政机关可以主张行政特权,然而行政特权不因为行政机关单方面主张就已经存在。要决定行政机关是否具有行政特权,有两个问题需要解决:

(1) 行政机关拒绝提供的信息是否真正属于行政特权。

(2) 在行政机关主张行政特权的案件中,是否存在其他更重要的考虑超过行政特权。

当然,行政机关在主张行政特权时,对这两个问题已经作出有利于自己的回答。但是行政机关对自己的权力没有最后的决定权,法律问题最后应由法院决定,行政机关不能自己决定自己的权力。

美国法院关于行政特权的判例都是涉及行政机关和法院之间的争论,行政机关和国会之间关于行政特权的争论没有法院的判例。因为行政机关和国会关于行政特权的争论,大都具有政治性质,法院不能受理。国会不同意行政机关主张的特权时,不是没有对付办法,最低限度对于某些事项国会具有强制手段。例如行政机关缔结国际条约需要参议院的批准,行政机关拒绝提交与该条约有关的文件时,参议院没有足够的信息判断这个条约,可以拒绝批准条约。又如总统任命高级官员需要参议院的同意,总统没有充分理由拒绝提交与该任命有关的某项文件时,参议院没

---

① 英国在20世纪60年代已经对行政特权的适用加以很大的限制,参见王名扬:《英国行政法》,北京大学出版社2007年版,第190—191页。

② *United States v. Nixon*, 418 U. S. 683 (1974).

有判断的材料,可以不同意总统的任命。此外,国会在行使弹劾权时,行政机关不能拒绝国会要求的和案件有关的文件。宪法不能一方面规定国会具有弹劾权力,一方面又承认行政机关可以拒绝提交国会执行弹劾需要的证据。行政机关这种拒绝行为本身就足以构成弹劾的一个理由。例如在尼克松总统 1974 年被迫辞职以前,众议院的司法委员会已经向国会提出一个弹劾案,其中的一项指责是尼克松屡次拒绝司法委员会在调查弹劾过程中发出的,要求交出某些证件的传票,这种拒绝构成颠覆立宪政体的行为。

除了条约、任命和弹劾以外,在其他方面,国会在行政机关主张特权拒绝提供文件时,没有直接的有效果的强制手段。从法律上说,行政机关不遵守国会的传票提交文件时,国会可以认为是藐视国会,移送检察机关追诉,也可以提起民事诉讼要求法院发出制止令,命令行政机关交出国会要求的文件。然而通过司法手段解决这个问题,有法律上的困难和实际上的困难。从法律上说,国会和行政机关关于行政特权是否存在,是否可以在当前的案件中行使,这个争论大都具有政治性质,法院不能受理。即使某一案件没有政治意义,通过司法程序解决这个争端需要很长的时间,妨碍国会调查的进行。在美国,国会和行政机关之间关于行政特权的争论,一般通过协商,双方互相让步解决。例如 1983 年,众议院的一个委员会举行听证,调查环保局执行某项法律不力的责任。环保局主张行政特权,拒绝交出众议院要求的某些文件。众议院认为环保局局长不遵守国会的传票是藐视国会,移交司法部进行刑事追诉。司法部不仅不追诉环保局,反而提起民事诉讼控诉众议院,请求法院发出制止令,禁止众议院的调查。① 法院拒绝了司法部的诉讼,认为行政机关主张行政特权的争端,应在刑事执行程序的诉讼中解决。众议院的司法委员会认为司法部的行为,违背国会、行政部门和法院的利益,对司法部长进行调查。调查的报告认为,司法部的法律顾问局欺骗了总统和法院。众议院任命一个特别检察官调查法律顾问局,在主张行政特权问题上是否欺骗了国会。这个案件如果继续发展下去,可能导致进一步的诉讼,或触发国会的弹劾程序。但是在争论进行期间,双方都有和解意图,经过紧张协商的结果最后达成妥协。双方对提供什么信息、谁能够阅读、在什么秘密情况下阅读取得一致意见,案件以此结束。

---

① *United States v. House of Representatives*, 556 F. Supp. 150 (D. D. C. 1983).

(五) 缺点和改革

近代行政复杂、技术性高,国会不得不授权行政机关制定大量行政法规,委任立法数量远远超过国会本身制定的法律;在国会制定的法律中,很大部分也是根据行政机关的建议。国会立法职能随着时代的进展而日趋削弱,然而国会的监督职能,却随着时代的进展而日趋强化。第二次世界大战以后,1946 年和 1970 年两次《立法改组法》都着重加强了国会的监督职能。有人甚至预言,今后国会的作用将从以立法为主成为以监督为主。然而美国国会在监督行政方面,远远没有达到社会对它的期望,和法律对它的要求。美国国会的调查存在不少的缺点,有待改进。

1. 权力分散

国会各委员会对行政机关都有调查权力,每一行政机关最低限度要受 6 个国会委员会的监督,即:参众两院的政府活动委员会、拨款委员会,和某项法律有关的立法委员会。有时受到比此更多的委员会的监督,例如在 1957—1958 年期间,民航管理局同时受 12 个委员会的监督,即:两院的州际和外贸委员会下的小组委员会、两院的拨款委员会、众议院的州际和外贸委员会下的立法监督特别委员会、两院的政府活动委员会、参议院的司法委员会、众议院军事委员会下的一个特别委员会,以及拨款委员会下的几个小组委员会。[①] 从理论上说,各委员会的监督方面和重点不同。实际上行政活动是一个整体,各个方面不能分割,计划问题、政策问题、财政问题、效率问题互相牵连。任何委员会调查某一方面的问题,必然会触及其他方面。这种重复不仅浪费国会调查和行政机关应付调查的时间和精力,而且降低国会监督的效能。参议院和众议院的委员会在调查时互不沟通,同一院的委员会之间的调查工作也不沟通,有时甚至出现矛盾,立法委员会和拨款委员会往往出现互不调和的调查。行政机关因而也可以从中利用,削弱国会的监督职能。

2. 政治倾向

国会调查容易受议员的政治考虑的影响,议员对能够提高其政治声望的调查表现积极,对不能提高声望的调查漠不关心。依政治倾向考虑进行调查有好的方面,例如一般公众关心的问题,国会不会放弃调查机会,借以提高国会和议员的地位。但依政治倾向的缺点很多,是否发动调查决定于议员的政治动机,不是按照公共利益判断。如果某项调查和某

---

① J. P. Harris: *Congressional Control of Administration*, 1964, pp. 274-275.

委员会主席的选区有关,或者某些有影响的议员,特别强调某种政策或计划,想要利用调查影响国会和社会的支持,这时国会很容易启动调查。有时需要调查的问题,如果和议员的政治地位无关,则无人发动。政治倾向也影响调查的结果,议员对同党的行政人员倾向于袒护,对异党的行政人员吹毛求疵,调查的结果就可能出现不一致的报告。当然,政治倾向虽然是一个缺点,不能因此否认国会调查在发现行政弊端和矫正不良作风方面,能够起到积极的作用。

3. 涉及行政细节,太多使用听证方法

国会的各委员会各自为政,行政机关出现什么问题就调查什么问题。这种片断的、间隙性的调查难以考虑到全部行政问题,往往只注意到行政上的细节问题,对每项计划缺乏系统的整体观点。通过调查能够矫正行政上的某些消极现象,很少能够提出积极的改革措施。议员的时间有限,应当集中精力考虑大问题,行政上的细节可以由国会的专门机构例如总审计署和法院处理。

委员会倾向于使用听证作为调查方法,通过听证,国会能够得到比较广泛的信息,行政机关能够在听证中为自己辩护,这是一个好的调查方法。但是听证耗费国会和行政机关的大量时间,行政机关为了应付听证,有时甚至打乱正常的工作安排,国会议员为了准备听证影响其立法工作。这种调查方式不宜多用,只能在没有其他更有效率的调查方法时采用。

针对这些缺点,采取什么改革措施是一个复杂问题。每种制度一旦存在以后,本身具有惰性,不易变更,何况某些缺点的存在和议员本身的利益有关,改革的计划无疑地会遇到阻力。从理论方面着眼,可以认为国会的调查,最低限度可以在结构方面进行少量的调整而不致妨碍议员本身的利益。首先可以考虑简化调查委员会的数目,加强委员会之间的联系。可以考虑组织一个听证管理委员会,规定听证的标准,避免不必要的听证。安排听证的时间和通报制度,或者举行联合听证,避免不必要的重复调查。其次,可以考虑在国会以外设立一个专门的调查机构,由专业人员组成,完全不受党派成见影响。遇有重大案件需要客观公正的调查时,国会可以通过决议委托专门的调查机构进行。英国的调查法庭制度可供美国参考。[①] 专门调查机构比现在国会组织的临时调查委员会好,因为临时调查委员会仍然很难避免党派成见的影响;也比现时国会委托其他

---

① 参见王名扬:《英国行政法》,北京大学出版社2007年版,第99—100页。

机构附带调查好,例如联邦调查局,因为专门调查机构的唯一职务是调查某一案件,责任集中。

二、议员的个别案件调查

(一)个别案件调查的意义

议员的个别案件调查(Case Work for Constituents)是指国会议员选举区的选民,在其和行政机关办交涉时请求议员给予帮助,以便能够得到满意的结果,议员对于这个请求进行的干预和调查。这种调查和国会委员会的调查不一样,委员会的调查是关于一般行政问题的调查,不是根据个别选民请求的调查。但是个别案件的调查和委员会的调查不是完全没有关系,个别案件调查的对象虽然限于某一选民的问题,然而在某些情况下,选民个人遇到的问题是行政机关执行某种政策,或遵守某种习惯或先例的结果。这时选民个人提出的问题超出个人范围之外,有一定的普遍意义。通过个别案件调查可以发现问题,引起委员会的调查,甚至引起法律的修改或制定新的法律,所以个别案件的调查也是国会监督行政的一种方式。

国会议员对个别案件调查非常重视,因为议员的政治生命取决于选民的支持,个别案件调查是议员对选民提供服务的机会,可以提高议员的政治地位。国会议员认为个别案件调查是其职务的一部分。在西欧其他国家同样存在选民请求议员帮助的情况,但是美国的情况特殊。美国国会给予议员的个人办公室配备应有的专业职员,国会调查的经费充裕。因此美国国会议员的个别案件调查超过任何其他国家,甚至超过议员的立法职务。美国一位前众议院议员描绘自己是:"选民的信使、职业介绍所、营业推销员、退伍军人的朋友,概括地说,地位低微者的看护人。"①

(二)个别案件调查的方式和通常的结果

选民的请求不一样,有的是寻求信息,有的希望得到某种方便或利益,有的是受到不公正的待遇。议员干预的方式也不一样,最通常的方式是给予行政机关一封调查信函,希望行政人员说明问题处理的现状,并请迅速回答。有时派遣办公室职员去行政机关联系,不重要的问题往往由职员通过电话联系,重要的问题可能由议员本人和行政机关负责人通过电话联系。选民的请求不一定都有理由,议员即使认为选民的请求没有

---

① Walter Gellhorn: *When Americans Complain*, 1966, p.57.

充足的理由,仍然照样把选民的请求送交有关的行政机关,请求善意考虑。在议员看来,这样做是搞好和选民的公共关系所需要,不论结果如何,选民不能再对议员不满。

由于议员干预的结果,如果行政机关已有决定,议员提起干预以后,行政机关会对已作出的决定进行复查,由负责的官员自己决定。在没有议员的干预时,问题往往只由低级职员决定,一般认为高级官员的决定比较宽大,特别在议员提出干预以后如此。如果选民请求的问题,行政机关还没有作出决定,议员提出干预以后会加快处理的过程。如果行政机关对这个问题的决定具有自由裁量权时,通过议员的干预,选民一般能够得到满意的结果。由于案件的性质不同,议员的干预不一定都能使选民得到满意的结果。最低限度行政机关会对案件作出认真负责的考虑,并详细说明决定的理由和根据,作出令人信服的回答,避免专横无理的决定。请求人在这种情况下,只能或者接受行政机关的决定,或者另求正式的途径,例如请求司法审查解决。

(三) 个别案件调查的作用和批评意见

1. 个别案件调查的作用

行政活动虽然以增进公众福利为目的,然而出现偏差、发生损害公众利益的行为也是不可避免的。特别是近代行政复杂,有的事情要求迅速处理,出现错误也是正常现象。一些行政人员作风不正,或者办事疏忽、拖拉、迟延、态度生硬、缺乏同情心,都可能对和他接触的公众带来不利的结果。公众的利益受到损害虽然可以请求法院救济,但是不是一切损害公众利益的行为都构成违法的行为?除违法的行为以外,行政人员不良的行为和作风,同样可以损害公众的利益。行政机关很多行为法院不能控制,即使对违法的行为,通过法院救济费时费钱,在某些情况下,受害人如有其他补救方法时,不愿向法院申诉。所以近代各国都在法律救济以外,设有法外的非正式的救济手段。在世界各国中,最广泛使用的非正式救济手段是议会行政监察专员制度(ombudsman)。这个制度起源于瑞典,以后扩张到北欧及其他国家。[①] 各国实行的议会行政监察专员的组织、职权和程序不完全相同,其共同点是在法院和行政系统以外,设立一个行政监察专员直接隶属于议会,受理公众对行政人员的控诉。议会行政监察专员具有广泛的调查权力和建议解决申诉事件的权力,调查的范围不

---

① 参见王名扬:《英国行政法》,北京大学出版社2007年版,第193页。

限于违法行为,包括不良的行为在内。有的国家规定,公众可以直接向行政监察专员申诉;有的国家规定公众必须通过议员转交才能向行政监察专员申诉。美国国会议员的个案调查权力,在作用上相当于议会行政监察专员。国会不另设一个议会行政监察专员,每个议员本身就是一个议会行政监察专员。这种制度符合美国传统的政治观念,美国人民深受英国殖民者统治的痛苦,一向认为人民的代表是人民的保护人,人民可以信赖他们对抗行政人员的专横和压迫。特别是无依无靠的平民,既无组织,又无影响,在强大的行政官僚面前,希望得到一个权威人士的保护,他们很自然地会想到自己选出的代表是自己的保护人。国会议员也认为保护人民的利益是他们职责之所在,而且对人民的服务和自己的政治前途有关,必须重视。议员的个别案件调查制度符合美国的传统观念,也符合当代对行政活动监督的一般趋势。

2. 批评意见

批评的意见,首先认为个别案件调查消耗议员的大量时间,议员干预的案件属于个人事件,大部分和普遍的公共利益无关。议员的时间主要应当用于立法工作,不应当消耗在行政细微问题上面。有的议员抱怨自己的时间不能自主,被很多个案调查所干扰。① 然而这种意见并不普遍。大部分议员认为,个别案件调查是他们职务的一部分,这种考虑不是由于自己希望重新当选,搞好和选民的公共关系,而是出于人道精神,为微弱的平民说话是议员应有的道德境界,如果没有服务精神就不用充当选民的代表。

其次,批评的意见认为,议员的个别案件调查使用不当时,可能成为议员为了一个选民或本选区的利益对行政机关施加压力的手段。正当的干预和不正当的干预本来没有明确的界限,一件本来正当的事情,只要略为夸大或过分一点,就已进入不正当的范围。何况议员本身也像行政人员一样,不是每人都能自我克制,不滥用权力。

这个批评虽然正确,但是不能因噎废食,因此取消议员的个案调查,议员的滥用权力和行政人员的滥用权力,都在法院的控制之下。1971年的哥伦比亚特区民权协会诉沃尔普案件可以作为代表。② 该案的事实是众议院哥伦比亚特区事务委员会主席,在公开的谈话中对运输部长沃尔

---

① 参见 Morris S. Ogul: *Congress Oversees the Bureaucracy*, 1976, pp. 162-163.
② *D. C. Federation of Civic Association v. Volpe*, 459 F. 2d 1231 (D. C. Cir. 1971).

普施加压力。声称如果部长不批准一座尚有争议的桥梁建设计划,则哥伦比亚特区地铁的建设经费将被取消。法院认为根据与本案建设有关的法律的规定,部长对桥梁是否建设的决定,只能考虑桥梁本身的意义和与该项计划有关的情况。此案中,部长决定的主要考虑是得到国会的一项拨款。这个考虑是和法律的规定无关的不相干的考虑,部长滥用了自己的决定权力。[1] 法院撤销了部长的决定,发回由部长重新决定。

议员的滥用权力和行政官员的滥用权力一样,不是在一切情况下都会受到法院的控制,也有逃避控制的时候。然而没有十全十美的制度,问题在于根据当时当地的条件,权衡各方面的利弊,才能作出明智的选择。同时也不能忽视历史传统的影响,美国议员的个别案件调查有悠久的历史,今后仍将继续存在。

第四节　总 审 计 署

总审计署是国会的附属机构,代表国会审核行政机关的财务活动。国会不是通过预算把经费拨给行政机关就算完事,还要审核行政机关如何使用经费、是否浪费公款。任何行政活动离不开经费,审计的范围包括全部行政机关的全部活动,是对行政活动最全面的、最经常性的监督。国会的审计机构自从建立以后,逐渐发展。从最初以行政机关的财务活动为审核对象,发展到审核和财务活动无关的事项。审计权是国会控制行政活动的很有效力的工具。

国会的审计是对行政活动的外部审核。这种审核和行政机关本身对财务活动的内部审核虽有联系,然而作用不同。后一种审计,审核的对象是机关具体的财务活动,属于机关内部管理问题。国会的审计,审核的对象是机关的财务管理制度是否合理,以及机关执行国会制定的政策和计划的实际效果,它是国会控制行政的一种手段。

一、总审计署的产生和发展

(一) 总审计署的产生

1. 1921 年以前的政府审计机构

从联邦政府成立之日起,美国国会即已开始寻求如何确保国会给予

---

[1] 参见王名扬:《英国行政法》,北京大学出版社 2007 年版,第 133 页。

行政机关的拨款正确地按照国会的意图使用。经过一段实践以后，国会于 1814 年设立一个公共支出常设委员会，作为国会的审计机构。两年以后，针对不同的行政机关又增设了 6 个公共支出常设委员会。就一般的情况而言，国会的常设委员会对审计没有发挥作用。因为缺乏专业人员的帮助，国会议员不能深入审核行政机关大量的账目和报告，无法确保行政开支的正确性。直到 1921 年的法律进行改革以前，这些委员会虽然存在，但是逐渐失去了效用。

1921 年以前，公共财政的审计主要由财政部负责执行，视为行政职务的一部分。财政部内设有审计员，审核行政各部的财务活动。审计员有权确定各行政部门的账目是否正当，对不正当的账目可以提出抗议，拒绝承认。如果会计人员不能修改账目并得到审计员的同意，则会计人员必须或者追回已经付出的款项，或者赔偿政府受到的损失。会计人员大都事先已缴纳一定的保证金，作为个人责任的担保。会计人员对审计员的决定不同意时，可上诉于财政部的主计官（Comtroller of the Treasury）。主计官的决定是最后的决定，各行政部门必须遵守。为了决定账目是否正当，审计员和财政部的主计官都有法律解释权。会计人员对于某项开支是否合法存有疑义时，可以事先请求主计官予以确定，称为事前审计。

审计员和主计官应向国会的开支委员会提出报告，然而国会没有技术力量审核行政部门提出的报告。主计官还有权力规定会计人员记账的方式和报告的形式。审计员和主计官都是行政部门的官员，但是对行政各部独立，也独立地审核财政部的账目。然而审计员和主计官的独立地位并不完全，他们对财政部长和总统负责，财政部长和总统可以撤换或罢免他们。

这个制度的主要特点在于认为审计是行政职能的一部分，审计和行政没有完全分开。这种混淆产生一些缺点，以后的改革没有完全矫正。

（1）事前审计本来属于行政的职能，因为法律如何解释应由行政机关首先决定，审计人员可以审查行政人员的决定，不能代替行政人员作出决定。如果由审计人员作出决定，则行政人员可以逃避执行的责任，审计人员对自己的决定也不能再进行审查。

（2）审计人员对行政机关的账目不同意时，向国会报告，由国会确定。如果由审计人员确定，会妨碍国会委员会的权力。

（3）行政机关记账的方式如何是行政职务的一部分，应由行政机关决定，而不是审计人员的权力。

(4) 由于认为审计是行政的一部分,所以在这个制度下,审计员对行政部门没有完全独立,审计员和主计官都对财政部长和总统负责。

2. 总审计署的设立

总审计署依1921年的《预算和会计法》而设立。上章已经谈到,这个法律是20世纪初行政改革运动的结果。行政改革运动是由于当时的行政普遍无效率和财政管理混乱而产生。为了清理这种状况,行政改革者一方面主张设立一个由总统负责编制的统一的行政预算,同时主张设立一个和行政机关完全独立的审计机构。1921年的法律按照这个运动的宗旨,设立一个预算局,帮助总统负责编制预算。同时废除财政部的审计员和主计官,设立一个完全独立于行政机关,对国会负责的总审计署,执行政府审计任务,确保国会对政府机关如何使用公款能够得到可靠的信息。预算局和总审计署都是涉及公共财政的一个部门,追求相同的节约公共财政目的。所以规定在同一法律中,它们是一对孪生兄弟。

总审计署的负责人称为主计长(Comtroller General),由总统提名经参议院同意任命,任期15年。除参众两院联合决议以外,不能免职。这样规定的目的,在于使他对总统独立。总统除有提名权力之外,对主计长没有其他权力。主计长在政治上保持中立,不为任何政党目的而服务。他具有原来财政部审计员和主计官具有的全部权力,即具有审核行政机关账目权、解释法律权,对法律解释有疑难的开支,有作出决定的事前审计权,对行政机关账目的正确性,有确认权和拒绝承认权。此外,他还有权规定行政机关的会计制度,代表国会审核全部政府机构的财政收支账目,并向国会提出审核报告和节约公共财政的建议。国会中原来数目众多的开支委员会,在总审计署成立以后,20年代中期合并成为一个支付委员会,众议院和参议院各有一个常设的支付委员会。1946年的《立法改组法》,把支付委员会改组为政府活动委员会,对全部行政机关进行监督,是国会中负责监督行政机关最主要的委员会。主计长除主要向开支委员会提出报告以外,还向国会的其他委员会提出报告。例如,关于拨款事项的报告向拨款委员会提出,其他委员会对其管辖范围内的事项,也可得到主计长的报告,或者要求主计长提出报告。

1921年,哈丁总统任命律师出身的麦卡尔(J. R. McCarl)担任第一任主计长,总审计署正式成立。

(二) 总审计署的发展

总审计署从1921年成立至今,经历了两次重大的改变。第一次改变发生在40年代中期和50年代前期;第二次改变发生在60年代中期和70年代初期。经过这两次改变以后,当代的总审计署和成立初期的总审计署相比,在目的和任务方面已有很大的不同。

1. 40年代和50年代的发展

(1) 早期的审计方式。总审计署在成立最初的二十多年期间,仍然继续财政部时代的审计方式,实行项目审计(item audits)。对行政机关的每项账目、单据、合同、票据逐项审查,以确定每项支出是否正确,是否符合法律规定。例如价格是否正确、是否利用最低价格、是否符合程序、招标是否正确、是否符合法律规定的目的、每项单据是否有适当的签字等。同时实行集中的审计方式(centralized audits),全国各地及海外机构的账目和单据,都集中于华盛顿审核,这样的审计方式引起很大的迟延。第一任审计长麦卡尔严格行使法律解释权力,主计长对合同和其他财政活动的法律问题的解释和裁决,超过法院的数量。行政机关对有疑义的开支,不得不事先请求审计机关决定,妨碍行政工作的正常进行。1921年的《预算和会计法》规定,主计长有权规定行政机关的会计制度,主计长利用这个权力,对行政机关的会计和报告方式规定严格的要求。行政机关抱怨总审计署规定的会计制度是过时的、累赘的、有利于审计不利于行政机关的管理。主计长规定的要求有时和预算局及财政部规定的要求互相冲突,使行政机关执行困难。第一任主计长麦卡尔被行政官员指责为不负责任的暴君,但是他受到国会的欢迎。在此期间曾经有很多改革的建议,主张削减主计长的权力。特别是罗斯福总统任命的行政管理委员会(布朗洛委员会)在1937年报告中的建议,引起很大的反响。委员会建议取消主计长规定会计制度权、事前审计权、确认账目权,因为这些权力属于行政职务的范围,主计长的职务限于事后审核,并建议改变主计长的名称为审计长(Auditor General)。由于国会坚决维护主计长的权力,各种主张削弱主计长权力的改革都未实现。1939年国会授权罗斯福总统进行机构改革时,在《授权法》中特别规定,总审计署不包括在该法的改革范围以内。在以后的发展中,主计长的权力不仅没有削弱,反而增大了。然而,批评者的意见不是完全没有影响,这种影响表现在20世纪40年代中期以后审计方式的改革。改革后的审计方式比以往更灵活,更趋向于大的方针和政策,更适应当代行政的需要。

(2) 20世纪40年代中期和50年代初期的改革。详细的逐项审计不仅实行困难,而且用处不大。因为它只见树木,不见森林;只发挥消极的防弊作用,没有积极的建设作用。除注意节约以外,没有注意行政机关管理方面的问题和应当如何管理的问题。项目审计任务可由机关内部审计人员执行,不用总审计署费神。从 40 年代起,总审计署的工作方式和重点逐渐改变。第二次世界大战对传统审计方式的改革起到一定的刺激作用。由于战争的需要,国防部签订大量的供应合同,这样多的合同集中到华盛顿审核几乎是不可能的事。所以在战争期间,首先在军需方面建立了当地审计制度(site audits),即在供应工厂所在地进行审核。以后这种制度逐渐推广到其他方面,只有少数例外,例如对交通费用仍然实行集中审计。当地审核不仅加快审计的速度,而且还有其他一些优点,如审计人员熟悉当地情况,增进受审核人员和审计员之间的了解,地方审计人员可以向总部提供信息和判断,不经过其他机关的筛选。

对传统审计方式首先进行较大规模的突破是 1945 年的两个法律①,规定对政府公司实行商业类型的审计,即实行工商企业中的审计制度,而不实行对政府活动所适用的公共财政审计制度。

60 年代以前,总审计署最大的改变发生在 1949 年。这一年,总审计署开始实行新的审计和会计制度,这个新制度是由总审计署、预算局和财政部的职员合作制定的。这个改革的起源,可以追溯到第二次世界大战以前财政部发起的一个改革行政机关会计制度的计划。1939 和 1940 年期间,财政部、预算局和总审计署的职员开始研究改革问题。由于战争发生,没有继续进行。战争结束,总审计署积累待审核的文件达到 4 年之久。主计长感到必须对传统的审计和会计制度进行一番改革,于是又发动财政部、预算局和总审计署 3 个机关的专家,继续进行战前停止的研究。结果制定一套新的政府会计和审计原则,扩大行政机关的自主权力。新原则的主要特点:① 由总审计署规定联邦政府机关的会计和审计原则;② 各机关必须主动设计和维持一套会计制度;③ 对财务活动的控制和内部审计是各机关的基本责任;④ 总审计署的审计方向应当指向审核机关的会计制度和内部审计制度是否健全;⑤ 总审计署应当在审计方法方面对各机关进行指导,必要时,可以对各机关的内部审计就地抽样审核,不实行集中审计;⑥ 总审计署必须避免一切和大范围的审计无关的活动。主计长把这些原则发交本单位讨论以后,1949 年 10 月命令执行这些原则。实行新审计制度以后,总审计署的职员大量削减,从战争结束

---

① George Act of 1945, Government Corporation Act of 1945.

时的15 000人减少到4 000人左右。

总审计署在第二次世界大战后进行的全部改革，都包括在1950年国会制定的《预算和会计程序法》中（Budget and Accounting Procedures Act）。这个法律是1921年的《预算和会计法》以后，对政府审计制度做出重大变更的法律。1921年法律中的审计是逐项审计，着重每项账目的正确性和合法性。1950年的法律抛弃了项目审计，认为这是内部审计的职责。除对特别的事项可以进行项目审计或抽样审计以外，总审计署的职责是进行一般的、大范围的审计。即审核机关的财务管理制度是否健全，例如不审查个别的合同，而审查机关的合同制度是否健全。这种审查称为全面审计（comprehensive audits），在全面审计制度下，总审计署的职责是制定原则、审核机关的财务管理制度、对机关提供指导和帮助。具体账目的审计只是例外，例如对机关的薄弱环节可以进行项目审计或抽样审计。

2. 20世纪60年代中期和70年代初期的发展

从60年代中期到70年代初期，总审计署的工作和任务又发生了一次重大的变化。从50年代初的财务管理审计发展到计划评判，并且增加对国会的服务，审计工作向更广阔、更深入方向发展。

(1) 计划评判。计划评判（Program Evaluation）是指审查和分析法律规定的各项政府计划的实际效果，和建议其他可供选择的计划，国会的立法在这方面的发展起了促进作用。1967年的《经济机会法》（Economic Opportunity Act），包括一个条款，要求总审计署对主要的救贫计划进行评估，并提出报告。3年以后，国会在《立法改组法》中，把这项工作扩展成为总审计署的一般性和经常性任务。法律规定主计长必须根据国会或任何国会委员会的要求，或由自己主动，"审查和分析现行法律规定的政府计划和活动的执行的结果"。法律也规定，主计长有责任发展评判的方法，建立标准的预算信息和会计信息制度，对预算资料和计划创造标准的术语、分类和定义，以及其他相关的责任。为了执行法律的规定，总审计署立即建立一个计划评判的专门队伍。1976年，这支队伍成为总审计署的计划分析处。

70年代以后，总审计署工作的性质和其成立时比较，已经不大相同。在其成立初期的20多年期间，总审计署的主要工作是审核各项账目、各项单据是否正确、是否合法，70年代以后，这项审计在总审计署的工作量中只占7%左右。40年代中期到50年代初期，总审计署工作的性质从具体账目审计发展成为范围更广的对机关财务管理制度的审计。70年代以后,这项工作在总审计署的工作量中只占29%左右。70年代以来,总审计署的主要工作是评判政府计划的执行,分析将来可供选择的其他计划,研究内部计划的需要、方法和技术等类问题。现在总审计署每个工作日要提出大约四个报告。①

由于工作性质的改变,总审计署职员的构成也和以前不同,不仅需要会计和法律专家,而且需要各种各样的专门人才。例如企业、行政、经济、保险、数学、工程、电脑以及其他社会科学等各类专家。对职员的素质也提出更高的要求,不仅要具有专业知识,而且要具有高度的文化素养和广阔的眼界,否则很难执行评判任务。

(2)对国会的服务。60年代中期到70年代,总审计署工作发展的另一个方向是增加对国会的服务,总审计署和国会的关系逐渐加深的。在总审计署成立初期的二十多年,总审计署和国会只有松散的、片断的关系。40年代中期以后,其关系比以前有所发展。国会在1945年的《政府机构改组法》中,明白宣称总审计署是国会的一部分。1946年的《立法改组法》中,命令总审计署对行政部门每一机构的开支进行分析,向国会有关的委员会报告。尽管法律的规定如此,总审计署未重视法律的规定,也未为此增加职员。总审计署和国会发生密切关系是从60年代中期以后开始的。上面已经提出,60年代中期以后,总审计署工作的性质变更,它的中心工作是对政府的计划进行评判和分析,这个工作加深国会对它的依赖程度。总审计署根据国会要求所作的分析和报告急剧增加,总审计署本身也预期国会将会遇到某些问题,而对这些问题进行研究。除总审计署工作性质变更影响它和国会的关系以外,60年代和70年代国会加强对行政部门的控制,也影响它和总审计署的关系。在60年代和70年代,美国社会发生了一连串事件,降低行政部门的威信。美国在越南进行的战争出现胶着状态,引起人民的反对。在国内,黑人争取平等权利、青年人反抗年长的一辈、1963年的暗杀总统事件、1972年的总统选举舞弊事件,都使行政部门的信誉降低,国会加强对行政部门的控制。这种情势下,国会对总审计署和其他辅助机构服务的需要增强。

总审计署除向国会提出大量报告以外,还派遣职员帮助国会的委员会起草法律、评议法律草案、准备国会委员会听证的问题和材料、出席国

---

① F. C. Mosher: *Atale of Two Agencies*, 1984, pp.145-146.

会举行的听证。后面这项服务的数量最多,每天平均有几个总审计署的职员出席国会委员会的听证。总审计署由于工作条件优越使它能够得到各种信息,例如,它和首都及全国各地的行政机关的活动有直接的接触,在联邦工作不同的领域内进行的长期研究,使它具有背景资料、人员接触、对机构和个人的长期记忆资料。国会的其他辅助机构没有这些方便。

本章第二节中已经提到,帮助国会进行控制的其他重要的辅助机构还有国会预算处、技术评判局,它们和总审计署有时处理相同的问题。总审计署比这两个机构具有较优越的条件,例如,总审计署的负责人经过参议院的同意任命,地位较高;它的信息来源广泛;它在地方和海外有分支机构;它在各大机关内有派驻人员;它的职员人数远远超过其他两个机构;它具有其他两个机构所没有的法定的权力。总审计署是一个地位特殊的国会辅助机构。根据近年来发展的趋势,总审计署和国会的关系,有点类似管理和预算局和总统的关系。但国会预算处和技术评判局一般职员的文化水平有大学博士学位,在这方面胜过总审计署。此外,1970 年的《立法改组法》把原来的立法参考处改编成为国会研究处(Congressional Research Service),除原来根据国会和国会职员的请求提供事实的和法律的信息以外,又增加对政策问题进行分析和研究任务。为了从事这方面的工作,这个机构增加了一些社会科学及其他专门人员,它的工作和总审计署的工作有些重复。

二、组织和职能

(一) 组织

总审计署的内部组织经常变更,这里只说明它的组织轮廓。总审计署的负责人是主计长,由总统提名参议院同意后任命,任期 15 年。主计长除参众两院的联合决议以外,不能罢免,对行政部门完全独立。设副主计长 1 名,作为主计长的助手。根据 1991 年《美国政府手册》的记载,有 12 名助理主计长,主管某一方面的业务。有一个法律顾问处和 16 个业务单位和管理单位。总审计署总部设在首都华盛顿,自从 20 世纪 40 年代起实行就地审计以后,在全国各大城市设有 20 个左右的地区和地方分支机构,在欧洲、南美洲和亚洲设有海外机构。

总审计署的职员有 5 000 人左右,除传统的会计师和律师外,还有各种社会科学和自然科学的专门人员。遇有特殊问题,总审计署的技术力量不够时,临时雇用外界人员。职员分配在总部、地区机构、海外机构,以及派驻在首都和外地的联邦主要行政机关。人事管理实行功绩制。从1980年制定《总审计署人事管理法》以后,总审计署的职员不受联邦人事局的管辖。年轻职员开始担任工作期间实行岗位轮换制,分配到不同的工作岗位,以取得多方面的工作经验和知识。中级和高级职员,在一般情况下不再变动岗位,使他们成为某一方面的专家。几乎全部职员都是终身职业,在总审计署度过全部职业生涯。即使是高级职员,也不是通常意义的政治官员,不受行政部门和国会政党力量变动的影响。

(二) 职能

支持国会的工作是总审计署的基本任务。为了完成这个任务,总审计署执行以下各种主要的职能:

1. 计划评判

国会委员会主席、少数党的代表,可以要求总审计署对行政机关执行某项政府计划或活动的实际效果进行审查。有时法律规定总审计署对某项计划的执行进行审查,有时总审计署对某项计划的执行主动进行审查。在可能时,个别议员也可以请求总审计署对某项政府计划的执行进行审查。为了确定政府的计划如何执行、行政机关活动的实际效果,以及是否有其他更好的方案,总审计署的职员必须进行调查研究,可以去任何地方搜集第一手资料。他们考察的范围包括:① 政府的计划是否按照法律的规定执行、行政机关对国会提供的资料是否正确;② 计划是否达到预期的结果,或必须对政府的政策或管理作必要的修改,才能取得更大的效果;③ 是否存在更好的、更经济的方法达到某项计划的目的;④ 有些什么关键性问题或意外问题国会必须考虑;⑤ 执行计划的经费是否存在浪费。

2. 审计

对行政机关财务活动的审计权,是主计长的中心权力和重要职能。但是当前的审计方式和范围和总审计署成立时相比,已有很大进步。1950年的《预算和会计程序法》把立法机关的审计和机关内部的审计结合起来,具体单据和账目的审计由机关内部的审计人员执行。总审计署只在大范围内审查机关的财务管理制度,以及内部审计制度是否健全,并帮助机关改进管理和审计制度。但是不排除总审计署认为有必要时,或者对某些特别的项目进行具体的或抽样审计。一切审计除少数例外情况,均就地进行审计。审计人员派驻各重要的机关和地区。

3. 制定会计和审计的标准和原则

1950年的法律,除加强机关内部审计以外,也加强了机关的会计权力。机关有责任对自己的财务管理制定并维持一套会计制度和报告制度,但是总审计署必须确保国会对机关的财务管理,能够得到正确的、完全的、及时的资料,以便进行立法和监督。因此,总审计署有权规定机关会计和审计必须遵守的原则和标准,并在对机关财务活动的审计或特别视察中,检查机关是否遵守这些原则和标准。机关的会计制度必须充分表现财务活动的结果,包括制定和执行预算以及控制收入和支出所需要的信息。总审计署在制定会计原则和标准时,通常与管理和预算局以及财政部进行协商。此外,这3个机构还共同发展了标准的信息和资料处理系统,包括和财务、预算及计划有关的资料,规定标准的术语、定义、分类和信号系统。

4. 法律服务

总审计署对国会提供各种法律服务。根据国会委员会或议员的请求,主计长对政府计划和活动中包含的法律问题提供意见。总审计署经常注意国会中提出的财政法案,根据国会委员会的请求,帮助起草和审查法律草案。政府推迟使用或建议取消使用国会通过的拨款时,由总审计署向国会提出报告。

主计长有法律解释权力,政府对某项开支是否合法有疑义时,可以事先征求主计长的意见,主计长也有权力不承认政府的某项开支。第二次世界大战以后,这个权力经常不使用。主计长有权决定请求政府赔偿的要求。政府的招标合同发生争议,投标人认为招标不合法或不公平时,可以向总审计署申诉,而不向法院申诉。但行政机关或投标人不服主计长的决定时,可以向法院申诉。主计长的法律解释每年公布,行政人员对此非常重视。

总审计署有一批训练有素的视察员,进行特别的视察,帮助审计人员或计划评判人员发现可能存在的刑事或民事违法行为,并把违法的行为通知司法部和其他执法机关。总审计署也允许联邦职员或私人向该署揭发任何浪费或舞弊行为。

5. 报告服务

总审计署必须提出内容不同的各种报告。总审计署根据国会或国会委员会的请求,对政府计划和活动进行评判时,必须把它的调查、研究和分析的结果,向国会或国会委员会作出报告。1921年的《预算和会计法》

规定,主计长对审计工作每年必须提出一个年度报告,其中包括可以节约开支的建议。主计长对行政部门的财务管理是否适当,以及违法的合同和开支可以随时提出报告。国会和国会委员会也可以要求总审计署进行其他的调查和报告。除根据请求提出的报告外,总审计署可以主动地对国会或行政部门提出报告或建议。报告的形式主要为文书报告,也包括口头报告。例如总审计署的职员出席国会委员会的各种听证,也可以把口头报告的内容写成摘要,送交国会委员会。总审计署每月总结上月所作的报告,列表送交国会、国会委员会和议员,并把报告的复印本送交有关的部门。行政机关也可以要求得到复印本、非保密的报告,政府以外的机关和人员付出一定的费用后,也可以得到复印本。

除以上各项主要的任务以外,国会随时可以通过法律,规定总审计署担任其他任务。例如1971年的一个法律要求总审计署制定法规,规定总统选举运动中的经费捐献,并且监督、审核、调查总统选举的全部费用,必要时可以提起诉讼。这个任务1974年被取消,移转由联邦选举委员会执行。

三、性质和作用

(一) 性质

总审计署是一个非政治的、非党派的、隶属于国会的机构,它对行政部门完全独立。主计长由总统任命,但不和总统一同工作。总统不能罢免他,对他也没有法律上的支配权力。总审计署是国会的辅助机关,支持国会的立法和监督活动,它对国会也保持相当的独立。主计长任期15年,除国会两院的联合决议以外,不能罢免。如果没有重大的违法或失职行为,主计长不可能由于政治的理由而被国会罢免。因此他可以客观地执行职务,不受国会党派偏见的影响。总审计署虽然是国会的辅助机构,它所执行的职务,有时具有行政性质,有时具有司法性质。例如事前审计和确认账目是具有行政性质的职务,它对某些法律争端行使裁决权力是具有司法性质的职务。总审计署执行非常复杂的职务,不是单纯和立法机关有关的任务。

总审计署虽然是一个非政治的、非党派的机构,然而它不是和政治活动完全无关。总审计不能拒绝调查有政治争议的问题,例如1972年,总审计署调查并报告了尼克松竞选总统的经费,一部分用于非法窃听对方竞选人的开支,并查出了实际作案的人员。总审计署提供给国会的各种报告,国会议员往往根据自己的需要利用某些部分,或忽视某些部分。

(二) 作用

审计人员在其隶属于财政部的时代是财政部的看家狗。1921年成立总审计署以后,它在最初阶段工作的性质是带惩戒性的检查工作,没有摆脱猎犬的作用。它查核行政机关的全部账目和单据,寻找猎物向国会报告。经过第二次世界大战以后的几次改革,总审计署的作用已有改变,它是看守人的看守人。具体的财务审计工作由机关内部的审计人员进行,立法机关的审计人员监督并检查内部审计活动。它的作用更多地发挥在积极方面,制定会计和审计的标准和原则、指导和帮助行政机关建立健全的财务管理制度。它是指导员、是教师。

在行政机关执行政府计划和活动方面,总审计署是调查员、报告员、建议员、研究员。它是一个法律工作者,对国会和行政机关提供法律服务,帮助解决某些法律纠纷。它在国会的各种辅助机构中居于领先地位。它在美国的国家生活中,发挥巨大的影响和作用。

第五节　国会控制的宪法和法律限制

国会具有立法权和预算权,能够创设或废除行政机关,决定行政机关组织的形式,规定行政活动的权力、程序、条件、方式和经费,所以国会对行政机关能够进行很有效力的控制。但是国会的权力不是没有限制的,国会只能在其权限范围以内对行政机关进行控制。国会的权力来源于宪法,首先,国会受宪法的限制。其次,国会虽然能够制定法律、修改法律,但在法律没有变更以前,国会的活动不能违背自己制定的法律。所以国会对行政机关的控制,也受到法律的限制。这两种限制因正式控制和非正式控制而不同。

一、正式控制的限制

正式控制是采取法律形式的控制。国会能够制定法律,但是法律的内容和制定的程序,不能违背宪法的规定。宪法规定的一切原则,国会必须遵守,就国会对行政机关的控制而言,最重要的宪法原则是分权原则。当然,分权原则的确切意义如何,在美国存在争议。当代的趋势是不从形式主义观点,而从功能的观点理解分权原则,降低了分权原则在适用上的预见性。然而这个缺点不影响分权原则始终是美国宪法的一个重要原则。国会只有立法权力和监督行政活动的权力,没有行政权力。国会制定法律以后,任务就结束了,执行法律是行政机关的职责。国会可以监督行政机关的执行,自己不能执行,否则侵犯了行政机关的权力,违反分权原则。国会制定的法律中,规定国会具有执行权力的条款,都被最高法院宣布违宪无效。以下几个判例可以作为代表。

(一) 迈尔斯诉美国①

这是最高法院1926年的一个判决。国会在一项法律中规定邮政局长的任命和免职需要参议院的同意。最高法院认为,行政人员的任命和免职属于总统的行政职权;高级行政人员的任命需要参议院的同意,这是宪法的规定。宪法规定国会具有少数行政权力,作为立法和行政互相制衡的手段。但是宪法中没有规定高级人员的免职也要参议院的同意。任命行为和免职行为的条件不同,国会不具备判断行政人员免职的能力。不能由于参议院有同意任命权,因而也具有同意免职权。法律中规定参议院同意免职的条款,侵犯了总统的行政权,违背分权原则,无效。

(二) 巴克利诉瓦莱奥②

这是最高法院1976年的判决。国会在1974年建立联邦选举委员会法律中,规定委员会成员6名,国会任命4名,总统任命2名。最高法院在1976年的这个判决中,否决了这个法律。因为根据《宪法》的规定,除低级官员的任命可由法律规定由总统、法院或行政机关长官单独任命以外,其他官员的任命必须由总统提名。这个法律中规定国会任命的4名成员,没有由总统提名,侵犯了总统的行政权,违背分权原则。

另一方面,在1988年的莫里森诉奥里森案件中③,涉及1978年的"政府中的伦理法"是否违宪问题。该法规定上诉法院可以任命一名特别检察官,调查行政部门高级官员违反刑法的行为。最高法院认为这项规定没有侵犯总统的任命权,因为特别检察官不是高级官员,按照宪法的规定可以由法院任命。

(三) 移民和归化局诉查德哈案④

这是最高法院1983年的一个判决。美国国会为了控制行政机关的

---

① 参见第十九章第一节二:总统控制的权力和方法。
② 参见本书第十九章第一节二:总统控制的权力和方法。
③ *Morrison v. Olson*, 487 U.S.654 (1989).
④ 参见本章第二节三:立法否决。

活动,在授予行政机关权力的同时,可能在授权法中规定行政机关根据该法所作的决定,必须送交国会审查。国会中任何一院或两院联合通过决议,可以取消行政机关的决定,称为立法否决。最高法院在查德哈案件中认为,立法否决条款违背宪法分权原则。因为立法否决权力实际上等于立法权力。国会行使立法权力必须按照《宪法》第1条第7节的规定,法律案由两院通过,送总统签署,总统具有否决权力。总统的否决权力是保持行政机关和立法机关权力平衡、行政权力不受国会侵犯的手段。在立法否决条款中,国会行使立法权力没有总统的签署,违背宪法的分权和制衡原则。

(四) 鲍谢尔诉西纳尔案①

这是最高法院1986年的一个判决。为了消除预算亏空,国会在1985年制定一个《预算平衡和紧急控制亏空法》(Balanced Budget and Emergency Deficit Control Act),规定在1986到1991年期间,法律对每一财政年度规定一个最高的亏空额。这个亏空额逐渐降低,到1991年时达到平衡。每一年度,管理和预算局局长和国会预算处处长分别评定下一年度预算的最高亏空额。如果下年度预算的亏空额超过最高亏空额并达到一定的限度时,管理和预算局局长和国会预算处处长就预算的每项拨款,分别计算一个削减的数额,以保证预算的亏空不超过规定的最高额。管理和预算局局长和国会预算处处长应当把他们评定的亏空额和计算的削减额向主计长汇报。主计长审查两个单位提出的报告以后,作出决定向总统汇报。总统根据主计长规定的削减数额,向有关的行政机关发出削减开支的扣押命令。

最高法院认为,法律中规定主计长所作的决定是行使行政权力。而主计长对总统完全独立。国会两院随时可以通过联合决议罢免主计长,主计长处在国会的控制下,是国会的人员。国会不仅制定了法律,而且执行了这个法律。超过国会的权限范围,这个法律违反分权原则,无效。

二、非正式控制的限制

非正式控制不采取法律的形式,这种控制同时受到宪法和法律的限制。最主要的限制来自正当法律程序的要求和防止权力滥用原则。

---

① *Bowsher v. Synar*, 487 U. S. 714 (1986).

（一）正当法律程序的限制

行政机关的裁决影响到公民的权利和自由时，必须符合《宪法》规定的正当法律程序。国会委员会和议员对行政官员的监督，不能提出违反正当法律程序的要求。正当法律程序的适用具有很大的弹性，在不同的情况下有不同的要求。本书前面已经作了说明。[①] 就国会对行政机关的监督而言，正当法律程序的限制主要适用于行政机关作正式裁决的时候。在正式裁决程序中，裁决者必须完全独立，不受外界影响，必须避免和当事人的一方单方面接触，以免妨碍对方当事人的辩护权。[②] 国会委员会和议员个人对行政官员的正式程序裁决横加干涉，或者和行政人员单方面接触，行政案件的另一方当事人没有申辩的机会时，是违反《宪法》的正当法律程序。例如在1966年的皮尔斯伯里公司诉联邦贸易委员会案件中[③]，正当联邦贸易委员会举行听证，控诉皮尔斯伯里公司违反自由竞争的规则，尚未作出决定时，参议院司法委员会的反托拉斯小组委员会举行一个听证会，对联邦贸易委员会在这个案件中的法律解释提出严厉的批评，影响了联邦贸易委员会的决定。第五上诉法院在审查这个案件时，认为国会的监督行为是对联邦贸易委员会的正式程序裁决的"不正当的介入"，违反了正当的法律程序，法院撤销了联邦贸易委员会的裁决。但是国会的监督构成不正当的介入，只在符合两种情况之下才发生：① 国会的介入发生了实际的效果；② 国会的介入具有一定的压力。

国会监督行政机关的行为能够构成违反正当法律程序的情况，通常发生在司法性质的裁决，即国会干预行政机关对个别案件的裁决的时候。国会监督行政机关对法律和政策的一般性的见解，不是针对某一特定案件时，不构成不正当的介入。例如在1948年的联邦贸易委员会诉水泥工业协会案件中[④]，水泥工业协会主张联邦贸易委员会对该协会会员违反《反托拉斯法》的决定是存有偏见，水泥工业协会没有得到公正的听证。因为在联邦贸易委员会对水泥工业协会举行听证以前，联邦贸易委员会在国会有关的委员会的听证中，和向国会提出的报告中，已经作出水泥工业协会使用的价格制度违反反托拉斯法的结论，所以联邦贸易委员会对

---

① 参见本书第九章：正当的法律程序和行政听证的权利。
② 参见本书第十二章第二节六：禁止单方面的接触。
③ *Pillsbury Co. v. FTC*, 354 F.2d 952 (5th Cir. 1986).
④ *FTC v. Cement Institute*, 333 U.S. 683 (1949).

水泥工业协会不可能有公正的无偏见的听证。最高法院驳斥了水泥工业协会的主张,因为联邦贸易委员会在国会中表示的意见是关于政策和法律的一般性见解,涉及的是一般性的立法事实,不是某一具体案件的司法性事实。不能因此认为联邦贸易委员会对特定的案件,根据具体的情况,不可能有其他的见解。一般性的事实可以帮助作决定的人决定法律或政策问题,但是它和司法性事实不一样,后者是决定者对特定时候、特定地点的特定案件的认识。由于在水泥工业协会案件中,联邦贸易委员会的见解是对政策的见解,不是针对某一公司的偏见,不能认为联邦贸易委员会的听证违反公正无私的正当法律程序的要求。

(二) 禁止滥用权利的限制

国会委员会和议员对行政机关的监督是国会和议员的权利,但是国会委员会和议员不能滥用这个权利,对行政机关提出违反法律的要求。例如在1971年的哥伦比亚特区民权协会诉沃尔普案件中①,国会的一个小组委员会主席,对运输部长沃尔普施加压力。声称如果部长不批准某一桥梁建设计划,国会不会给予哥伦比亚特区地铁建设的拨款。法院撤销了部长的决定,因为部长作决定时,只能考虑法律规定的因素,不能考虑法律以外不相干的因素。运输部长在本案中作决定时的考虑主要是地铁的拨款,这个考虑和法律要求部长考虑的因素无关,部长滥用了决定权,实际上是指国会小组委员会滥用了监督权力。法院撤销部长的决定,发回重新处理。国会的监督不能要求行政机关作出违反法律的决定。

---

① *Pillsbury Co. v. FTC*, 354 F. 2d 952(5th Cir. 1986).

第二十一章
行政公开(一)：《情报自由法》

第一节 概 述

一、行政公开的法律

行政公开是第二次世界大战后行政发展的一个新趋势,我国称这种趋势为加强行政的透明度。行政公开有不同的含义,本章讨论的行政公开是指个人或团体有权知悉并取得行政机关的档案资料和其他信息,通常称这种权利为了解权(the right to know)。当然,了解权不是完全没有限制,政府为了国家安全、行政活动能够有效率地进行,以及不妨碍个人的隐私权起见,也有可以不公开行政机关掌握的某些信息的保密权。公众的了解权和对了解权的限制,构成了行政公开的主要内容。美国在行政公开方面的立法比其他西方国家早,而且更为完备,在一定程度上对其他西方国家起了示范作用。① 美国关于行政公开最重要的法律是1966年的《情报自由法》(Freedom of Information Act)②和1976年的《阳光下的联邦政府法》(The Federal Government in the Sunshine Act,以下简称《阳光下的政府法》)。1972年的《联邦咨询委员会法》(The Federal Advisory Committee Act)也在广泛的范围内规定了会议和文件的公开和保密,它和《情报自由法》及《阳光下的政府法》有密切联系。除了这几个法律以外,

---

① 例如法国1978年的《行政和公众关系法》中,规定了公民查阅行政文件的权利,在一定程度上受到美国立法的影响。参见王名扬:《法国行政法》,北京大学出版社2007年版,第126—127页。

② 很多行政法书籍称《情报自由法》为1967年的法律。这个法律是1966年制定,1967年实施的。

1974 年的《联邦隐私权法》(The Federal Privacy Act)，以下简称《隐私权法》)规定行政机关保持的个人记录必须对本人公开。从这个意义上说也属于行政公开的法律，但《隐私权法》的主要目的在于保护个人的隐私权和关于个人记录的正确性，不以促进行政公开为主要目的，所以本书把《隐私权法》放在最后讨论。

除了一般性的行政公开和保密的法律以外，美国还有一些法律或法律中的某某条款，规定特定的行政事项的公开和保密。例如《联邦贸易委员会法》规定，委员会必须以适当的方式公布它的报告和决定，以便公众知悉和取得，《公共卫生和幸福法》规定，关于年轻人的记录不得泄露其姓名等。关于特定事项的规定，有的和一般性法律重复。例如工商秘密和个人隐私权的保密在特别法和《情报自由法》中都有规定。据众议院1966 年关于《情报自由法》的报告，规定特定事项的公开和保密的法律，在当时有一百个左右。① 《情报自由法》中规定了该法和特别法律的关系，本章说明的对象限于《情报自由法》。

二、《情报自由法》的制定和修改

(一)《情报自由法》的制定

1. 1966 年以前的制度

《情报自由法》制定于 1966 年。为了认识这个法律给当代行政带来的变更，有必要简单回顾一下 1966 年以前的制度。

政府文件的公开和保密，一向是个难以决定的问题。如何调和公众了解的利益和政府保密的利益，这个问题在各个时代的行政中都存在。不同的政体和不同的时代有不同的解决办法，美国联邦政府从其成立之日起就必须解决这个问题。美国早期的《管家法》(Housekeeping Act)授权行政机关长官控制其所主管机关的文件的散布，这个传统一直延续到当代。《美国法典》第 5 编第 301 节规定："行政部门或军事部门的机关长官可以制定法规管理该机关……以及机关的记录、公文、财产的保管、使用和维持。"行政文件是否公开，在没有其他法律规定时，由机关长官自由决定。私人通常只在诉讼程序中，为了弄清案情，在搜集证据的程序中，可以请求使用行政机关的文件。但行政机关可以主张行政特权，拒绝提供大量的行政文件。主要的行政特权有：国家的安全、法律规定的保

---

① 转引自 Stein, Mitchel, Mezines: *Administrative Law*, 1991, v.2, ch.7, p.100, n.1.

密、特别的信任关系、机关内部的谈话或意见等。根据这些特权，大量的行政文件或者绝对不能公布，或者事先经过法官的审查才能公布。法律除承认行政机关的特权以外，没有规定私人对行政文件了解的权利。

首先冲击传统制度企图保障私人了解行政文件的立法，是1946年的《行政程序法》。这个法律第3节的标题是公共情报，其中规定公众可以得到政府的文件，同时规定了非常广泛的限制。行政机关为了公共利益可以拒绝，公共利益是一个非常不确定的、使用范围极广的概念。行政机关认为有"正当理由"时也可以拒绝，正当理由和公共利益一样，是一个模糊而广泛的概念。即使行政机关不能主张公共利益和正当理由而必须提供文件时，只对和文件直接有关的人提供，不对一般公众提供。最后，这个法律还有一个严重的缺点，没有规定救济手段。在行政机关拒绝提供时，要求了解或得到文件的人不具有法律上的强制手段。在这样广泛的限制和对行政机关缺乏强制手段的情况下，1946年的立法实际上很少触动传统的制度。行政机关仍然和过去一样，大量拒绝公众要求得到的政府文件。

修改1946年法律的运动开始于1955年，但是受到行政机关极大的反对。国会议员也没有普遍支持修改1946年法律的意见，国会只在1958年时，对《美国法典》第5编第301节作了一个表态的修改。在原来规定行政机关有权制定法规管理机关的记录、公文、财产的保管、使用和维持以后，加上一句："本节的规定不是授权对公众拒绝提供或者限制使用政府信息。"这样的规定对行政机关拒绝提供政府文件而言，不产生任何影响。

2.《情报自由法》的制定

美国社会舆论对行政文件保密的传统，普遍持反对态度。有三种社会力量强烈要求修改1946年的法律：

（1）律师界由于政府文件保密而得不到证据，强烈要求改革。

（2）行政改良人士认为行政公开是改良行政的需要，符合当代社会的公共利益。

（3）新闻界由于行政文件保密而得不到有新闻价值的信息和文件，强烈要求改革现行制度。在1966年法律的制定中，新闻界的鼓动发生了极大的影响。国会从1955年以来，经过多次听证以后，认识到修改1946年法律的重要性。在各种力量的配合下，国会制定了1966年的《情报自由法》，代替1946年《行政程序法》第3节的规定。1967年，这个法律的主要条款编入了《美国法典》,成为法典第 5 编第 552 节,从 1967 年起开始实施。①

1966 年法律对政府文件的态度和 1946 年的法律完全相反。取消原来法律中公共利益、正当理由等模糊而广泛的拒绝公开的理由,列举了 9 项免除公开的情况。除该法列举的 9 项免除公开的情况以外,一切政府文件必须对公众公开,允许公众按照行政机关规定的程序得到了政府文件。行政机关对法律规定免除公开的文件,还可自由决定是否公开。法律只强制行政机关公开政府的文件,不强制行政机关拒绝公开政府的文件。公开的对象不限于和文件直接有关的当事人,任何人不需要说明任何理由,只要能够指明所要求的文件,按照行政机关规定的手续和费用,都能得到政府的文件。特别重要的是法律规定了救济手段,行政机关拒绝公开时,当事人可以提起诉讼,请求法院命令行政机关公开当事人所要求的文件。个人和团体对行政机关的了解权已经不是一个愿望,而是一个具有司法保障的权利。第一次在成文法中保障了私人取得政府文件的权利,这在美国历史上是一次革命,在世界行政的发展上也是一个重要的里程碑。

(二) 情报自由法的修改

1966 年的《情报自由法》虽然是美国行政的一个重大发展,然而要达到该法预定的目标,保障公民的了解权尽量扩大,并且迅速地公开政府文件,仍然存在不少障碍。批评的意见认为这个法律存在不少缺点:起草工作拙劣、有些规定不够确切、有些词语意义模糊。行政机关利用这种不确切性,充分引用该法规定的 9 项免除公开的情况,采取极广义的解释,拒绝向公众提供大量的文件。由于法律的某些规定不够明确,法院的解释也不一致。行政机关还可利用法律中同时包含必须公开的信息和免除公开的信息,拒绝提供全部文件。行政机关在按法律规定必须提供文件的时候,仍然可以采取拖延手法。因为法律只规定行政机关必须"及时"、"迅速"地提供公众要求的文件,没有其他限制,以致申请人取得文件时,可能已经失去利用的意义。法律虽然规定行政机关拒绝提供文件时,申请人可以提起诉讼救济,但是诉讼的费用昂贵。法律对于《情报自由法》的诉讼费用,没有特别的规定,一般人不愿提起诉讼。法律对提供文件收

---

① 本书以后称《情报自由法》时,实际是《行政程序法》。参见《美国法典》第 5 编第 552 节。

费的规定过于笼统,以致同一机关内部各单位收费的标准不一样。法律对于违法拒绝提供文件的官员没有处罚的规定,不足以激发官员守法的责任心。由于这些缺点的存在,和由于要取消最高法院的某些限制公开的判例,国会对1966年的《情报自由法》,在70年代和80年代进行了几次修改。本章以后对法律的内容还要详细说明,下面对各次修改的内容不详细说明,仅仅指出法律发展的情况。

1. 1974年的修改

这是最重要的一次修改。在这次修改中限制了国防文件和外交文件免除公开的范围,也限制了为执行法律目的而制作的文件免除公开的范围。除了这两项修改以外,其他实体法的规则没有变动。这次修改的重点在程序方面:规定了行政机关对公众请求回答的期限;法院对行政机关主张保密的文件可以秘密审查,决定是否可以公开;行政机关对可以公开的信息和免除公开的信息同时规定在一个文件中时,在删除不公开的部分以后,应公开其余部分;公众对行政机关拒绝提供文件提起诉讼,法院在判决公众胜诉时,可以判决政府负担诉讼费用;对违法拒绝提供文件的官员规定了行政处分;机关内部各单位的收费标准必须一致。

2. 1976年的修改

这次修改的内容是增加了《情报自由法》第3项免除公开必须具备的条件,限制其他法律中规定不公开的文件,能够适用于《情报自由法》。

3. 1986年的修改

这次修改对收费标准作了一些变更。规定行政机关对提供文件,在一定条件下可以放弃收费;对以执行法律为目的而制作的文件的免除公开,在文字上作了一些变动,放宽限制。这次修改最重要的一项是增加了第552节第3款,规定政府对非常敏感的文件,不仅可以不公开,甚至可以回避承认它的存在。因为在有的情况下,承认文件的存在,同时声明它属于免除公开的范围,这种承认本身可能已经暴露关键性的问题。所以1986年的修改增加了一个条款,使行政机关可以回避承认文件是否存在。但只适用于违反刑法涉及国际间谍和反间谍的事项,以及恐怖主义的活动,而且只在一定的条件之下。

三、《情报自由法》的目的和私人对《情报自由法》的利用

(一)《情报自由法》的目的

为什么要制定《情报自由法》,这个法律的主要目的是什么？概括的

回答是:《情报自由法》的主要宗旨是公开行政程序,供新闻界及公众检查。主要达到两个目的:强化民主政治和防止行政腐败。

1. 强化民主政治

约翰逊总统在 1966 年 7 月 4 日签署《情报自由法》时发表的声明中宣称:"今天我所签署的这个法律修改《行政程序法》第 3 节……对公众取得联邦各部和行政机关的文件,规定了指导方针。这个法律发源于我们所信仰的一个重要原则:在国家安全许可的范围内,人民能够得到全部信息时,民主政治才能最好地运行。任何人不可能对可以公开的决定蒙上一个秘密的屏幕而不损害公共利益……我们怀着这样一个深刻的自豪感而签署了这个法律:美国是一个开放的社会。在这个社会里,人民知道的权利受到重视和保护。"①

《情报自由法》于 1967 年 7 月 4 日开始实施。在法律即将实施前夕,司法部在 1967 年 6 月发表了一份说明书,介绍法律的主要内容,作为联邦行政机关适用法律时的指导和参考。司法部长克拉克(Ramsey Clark)在说明书的序言中,说明《情报自由法》的目的,这样写道:"如果一个政府真正是民有、民治、民享的政治的话,人民必须能够详细地知道政府的活动。没有任何东西比秘密更能损害民主,公众没有了解情况,所谓自治,所谓公民最大限度地参与国家事务只是一句空话。如果我们不知道我们怎样受管理,我们怎么能够管理自己呢?在当前群众时代的社会中,当政府在很多方面影响每个人的时候,保障人民了解政府活动的权利,比任何其他时代更为重要。"②

总统和司法部长的谈话,清楚地指明了《情报自由法》和民主政治的关系,以及制定《情报自由法》的目的。特别值得注意的是,这个法律的签署日期和实施日期都选择 7 月 4 日。美国总统在 1966 年 7 月 4 日签署了这个法律,这个法律的实施日期是 1967 年 7 月 4 日。选择 7 月 4 日是因为这一天是美国的国庆日,美国人把《情报自由法》看成是国家的荣誉和开放社会的象征。

2. 防止行政腐败

美国人有一种特别的政治观念,认为公开可以作为限制行政的一种

---

① 转引自 Stein, Mitchel, Mezines: *Administrative Law*, 1991, v.2, ch.7, p.100, n.1, 附录 7A2。

② 同上注,附录 7A3。

手段。阳光是最好的消毒剂,一切见不得人的事情都是在阴暗的角落里干出来的。行政机关为公共利益而活动,光明磊落,欢迎公众检查。当然,公共利益也有需要保密的时候,那是例外,应由法律规定;在没有法律的特别规定时,行政文件必须公开。历史的经验证明,保密多的政府,行政腐败也多。受到公众监督的政府为公众服务的精神也较好。《情报自由法》的制定不仅为了达到一个健全的政治目的,同时也为了达到一个健全的行政目的。

(二) 私人对《情报自由法》的利用

私人要求行政机关提供文件,通常出于下述几方面的目的:

1. 监督政府的活动

新闻界、政治家和公民寻求得到行政机关掌握的信息,以便了解政府做了些什么、为什么这样做、这样做是否正确。例如私人寻求得到食品和药物管理局掌握的某种药物的试验报告,可以判断管理局批准制造某种新药或某种新的医疗器械的决定是否正确、是否有某些不周到的遗漏。

2. 学术研究

学术研究有时需要利用政府资料,不仅利用已经发表的资料,而且可能需要利用没有发表的资料,或者法律没有规定保密而政府通常不愿意公开的资料。

3. 商业目的

工商企业寻求得到政府掌握的信息,可以不用太多的花费而得到对他有经济效果的资料。例如,某一厂商寻求得到环保局掌握的资料,以判断和他处于竞争地位的厂商的产品的性能,决定自己应当采取的商业措施。

4. 诉讼目的

私人在和政府进行诉讼或者和其他人进行诉讼的时候,有时需要利用政府所掌握的文件作为证据。私人首先当然根据《诉讼程序法》的规定,要求行政机关提供他所需要的文件。但是根据《诉讼程序法》要求行政机关提供某项政府文件,只能在提起诉讼以后。当事人在起诉以前要想得到某项政府文件,作为决定是否起诉的参考,只能利用《情报自由法》。此外,行政机关在进行正式程序裁决时,有的机关规定当事人可以要求裁决的机关提供有关的文件,有的机关没有规定。在后面这种情况,当事人可以根据《情报自由法》要求行政机关提供有关的政府文件。

四、《情报自由法》的主要原则

在对《情报自由法》详细说明以前，首先指出它的主要原则，以便对这个法律有一个概括性的了解。《情报自由法》的基本原则有以下几项：

(一) 政府文件公开是原则，不公开是例外

《情报自由法》的制定是行政法上的一次革命性的变更，改变过去行政机关对政府文件的态度，限制行政机关自由决定不公开政府文件的权力。全部政府文件在申请人要求时，都必须公开。不公开的文件限于该法规定的9项免除公开的情况，即使属于免除公开的文件，行政机关仍然可以自由决定公开。

(二) 一切人具有同等得到政府文件的权利

政府文件具有公共财产性质，一切人具有同等享受的权利。不仅和文件有关的直接当事人可以申请得到，其他任何人都可申请，没有申请人资格的限制。个人申请得到文件不需要说明任何理由，只要能够指明辨别文件的标志，以便行政机关寻找，并且按照机关规定的手续，缴纳规定的费用，都可得到所要求的文件。

(三) 政府拒绝提供文件负举证责任

政府拒绝提供申请人要求的文件，必须负责证明拒绝所根据的理由。这种证明责任和通常的情况不同。在通常情况下，政府的行为被假定为合法，申诉人必须首先证明政府行为违法，然后政府才必须采取行动。《情报自由法》规定政府拒绝提供文件时，政府首先负证明责任，例如证明文件属于免除公开的情况之一。政府不能证明拒绝的理由时，必须按照申请人的要求提供文件，申请人不负证明责任。

(四) 法院具有重新审理的权力

在一般的司法审查中，法院对行政机关的事实裁定不进行第一次审查，只审查行政机关的裁定是否合理，法院必须接受行政机关有合理证据支持的事实裁定。① 在行政机关拒绝提供政府文件，申请人请求司法救济时，法院对行政决定所根据的事实可以重新审理，按照法院的观点裁定事实，好像没有行政机关的事实裁定一样。法院对事实问题的重新审理权力只在法律有规定时为限，法律规定重新审理的情况不多。《情报自由法》中规定了法院重新审理的权限，除事实问题以外，法院还可以不公开

---

① 参见本书第十六章：司法审查(三)：审查的范围。

地审查行政机关拒绝提供的文件是否属于免除公开的情况。

第二节 公众了解和取得政府文件的方法

《美国法典》第 5 编第 552 节(即《情报自由法》)第 1 款规定,公众可以利用三种方法了解和取得政府文件:① 有些政府文件必须在联邦登记上公布;[①]② 有些政府文件不要求在联邦登记上公布,但必须以其他方法公开,例如印刷出卖或放置在机关的阅览室内供公众阅读,对这类文件,行政机关必须编制索引,方便公众寻找和复制;③ 根据任何人请求而取得文件。后面这种方法和前面两种方法的不同在于,前两种方法行政机关必须自动负责公开,不论公众是否要求。第三种方法是在公众之中有人提出请求的时候,行政机关才对申请人公开文件。这三种方法互相独立,例如当事人不能利用第二种方法取得的文件,如果这个文件不属于免除公开的范围,仍然可以利用第三种方法得到,以下分别说明这三种公开政府文件的方法。

一、公布于联邦登记

(一) 必须公布于联邦登记的文件

联邦登记上公布的文件是对所有的人全都公开的文件,作为全体公民的指导。下列这些文件由于适用于一切公众,《情报自由法》规定它们必须及时地公布于联邦登记上面。公布这些文件的目的是让公众知道怎样对行政机关提出意见和请求,行政决定由谁作出、在什么地方作出、根据什么程序作出,以及行政机关一般性的政策和法规等最基本的问题。

1. 机关的组织

行政机关必须在联邦登记上说明它的中央机关和地方机关的组织;说明公众可以取得该机关信息的方法和地点,以及如何取得该机关的文件;对机关的决定不满意时,如何提出申诉。

2. 机关的职能和工作方法

行政机关必须在联邦登记上公布该机关的职能和工作方法,包括可以利用的正式的和非正式的程序在内。必须公布的事项限于与公众有关的职能和工作方法,不包括与公众无关的职能和工作方法在内。例如机

---

① 联邦登记是联邦政府公报,除星期六、星期日、假日外,每天出版。

关进行裁决、制定法规、发给许可证、提供贷款、处理剩余物资等,都是和公众有关的职能。机关的内部管理职能和公众无关,不包括在公布范围以内。机关在什么情况下利用正式程序,使用一些什么重要的非正式程序,例如机关允许公众非正式商谈,属于机关使用的非正式程序,必须在联邦登记上公布,让公众知道和利用。

3. 程序规则

行政机关必须在联邦登记上公布它的程序规则,说明可以使用的表格,或者指出在什么地方可以得到这种表格。说明各类文件、报告或者检查的范围或内容。这项公布的作用在于制止要求秘密的报告,或者使用秘密的检查方法。

4. 实体规则、政策和影响公众权利的法律解释

(1) 行政机关所采取的实体规则、政策和解释,必须在联邦登记上公布,但限于这些规则、政策和解释是对公众普遍适用的时候。如果某项规则或政策只对特定的人使用,不用在联邦登记上公布,可以用其他方法。例如行政机关在进行裁决时作出的决定,可能宣布了一个能够在将来适用的政策或规则。但行政机关的决定是对特定的人作出的,所以不用在联邦登记上公布,可以采取《情报自由法》规定的第二种公开的方法。下面第二款中将讨论这种方法。

(2) 行政机关所采取的规则或政策如果和公众无关时,也不用在联邦登记上公布。例如行政机关制定的职员请假规则、职工家属优待政策,和一般公众无关,不需要在联邦登记上公布。

行政机关对法律的解释只在影响一般公众的权利和义务时,或者变更原来的解释时,才必须在联邦登记上公布。

5. 修改

上述各项必须在联邦登记上公布的文件,如果有修改或取消时,行政机关必须把修正或取消的内容在联邦登记上公布。

6. 参考其他文件

许多行政机关的文件内容完全相同,如果某一行政机关应当公布的文件,和其他行政机关已经公布的文件完全相同,则行政机关不必公布文件的全部内容,只需要在联邦登记上公布适用其他机关的文件。这项公布的法律效果和公布文件全文一样,例如为了防止火灾,公安部已经公布一个条例,民政部关于监狱防止火灾的规定适用公安部的条例,民政部只需要在联邦登记上公布适用的文件,不必登载全文。这项规定的作用在

于避免同一内容的文件,在联邦登记上多次重复。但行政机关以公布适用其他文件方式代替登全文,必须得到联邦登记局局长的批准。

(二) 没有公布的效果

行政机关应当在联邦登记上公布的文件,没有在联邦登记上公布时,《情报自由法》只规定一种间接的制裁,没有直接的制裁规定。没有公布文件的效果因当事人是否实际知道文件的内容而不同。没有按照法律规定公布的文件,而且当事人实际上不知道文件的内容时,行政机关不能对当事人强制适用该文件规定的内容。当事人不因为未遵守文件的规定而丧失任何权利,或受到任何制裁。已经在联邦登记上公布的文件,即使当事人实际上不知道文件的内容,不影响行政机关对文件的适用。因为在联邦登记上公布的文件,视为对所有的人已经通知文件的内容,当事人不能以未读联邦登记、不知道文件的内容为理由而拒绝文件对他的适用。没有在联邦登记上公布的文件,如果行政机关已经把文件的内容通知当事人,当事人实际上已经知道文件的内容时,也不能拒绝文件对他的适用。但行政机关对当事人实际上已经知道文件的内容,或行政机关已经采取措施让当事人知道文件的内容,应负证明责任。没有公布的文件在适用时对当事人不产生不利的影响时,法院不否认行政机关对文件的适用。

二、联邦登记以外必须公开的政府文件(一):行政机关主动公开

(一) 行政机关主动公开的文件

除必须公布于联邦登记的文件以外,还有一些政府文件,地位不如上述文件重要。因为它们由具体案件产生,或者数量太多不适宜登载于联邦登记。但是它们指导行政机关的行动,实际的效果相当于法律。行政机关不能实施秘密的法律,所以必须主动公布这类文件,由公众按照行政机关规定的程序查阅和复制。根据《美国法典》第5编第552节第1款的规定,这类文件包括下列各项:

1. 行政裁定和理由

行政裁定是指行政机关在制定法规以外,在行政裁决程序中作出的最后决定。决定的形式可以是肯定的、否定的、强制性的、确认性的,这个决定影响当事人的权利和义务。行政机关的决定不影响当事人的权利或义务时,例如行政机关提出的建议、劝告、内部管理措施等不是一个裁定。最后决定的意义是指就本机关而言已经作出决定,不排除上级机关和法

院可以进行审查。法律不要求行政机关必须公开全部行政裁定,行政机关必须公开的行政裁定限于行政机关意图作为先例的裁定。这个裁定具有法院判例性质,以后可以援用。

行政裁定的理由是指行政机关用以支持其结论的理由。行政机关在作出结论以前,可能考虑了很多观点和理由,下级职员和法律部门提出了很多意见和建议,包含这类材料的文件和准备过程中的文件,属于机关内部的行为,不用公开。行政机关一旦采取某项意见作为决定的理由时,这个理由作为行政决定的根据,便已经超过内部行为的范围,必须让公众了解和评判。法律要求公开的理由是行政裁定的最后的理由,不包括准备过程中的全部理由在内。

行政机关必须公开的理由,也包括反对裁定的理由在内。这种情况往往出现在委员会作决定时,多数派支持某一结论,少数派可能反对某一结论。行政机关必须把反对的理由也公开,让公众了解行政裁定的全貌,正确判断行政机关的决定。

2. 政策的说明和解释

行政机关的政策和解释,如果包含在普遍适用的文件中,例如包括在行政法规中时,必须在联邦登记上公布,已在上款说明。这里所指的是上款以外的政策说明和解释。政策说明是指行政机关对具有自由裁量权的某类事项,说明它所采取的固定方针。解释是指澄清政策、法律、法规的意义或应用而言。行政机关按照它对政策和法律的说明和解释制作决定,所以必须公开。行政机关不是对一切政策说明和解释必须公开,只对它所采取的政策说明和解释必须公开。国会在立法报告中认为采取的意义包含两项内容:

(1) 限于行政机关负责官员或被授权的官员作出的说明和解释。下级官员在办事的过程中也可能说明政策,法律官员也可能作出解释,这种说明和解释没有由负责官员授权代表机关时,只是意见和建议,不能认为是机关所采取的政策和解释。

(2) 行政机关有意把这个说明和解释作为先例,在以后的案件中援用。美国法院似乎没有完全接受国会的观点。哥伦比亚特区法院在一个判决中[1],只要求第一项内容作为采取的标准,不要求第二项内容。然而这个判决没有最高权威性质,最高法院对这个问题没有判决。

---

[1] *Tax Analysts and Advocates v. IRS*, 362 F. Supp. 1298 (D. D. C. 1973).

3. 对公众有影响的行政职员手册和指示

行政职员手册和行政机关对职员的指示对公众有影响的部分，必须公开，让公众查阅和复制。行政职员手册和指示的公开，必须符合三个条件：

（1）公开的文件属于职员手册或指示。
（2）其中的内容对公众有影响。
（3）手册和指示适用于行政事项。

对第一个条件和第二个条件的理解很少发生问题。手册是机关规定职员在处理机关事务时应当遵守的标准或指导方针的摘要汇编，指示是就个别事件发出的标准或指导方针，对公众有影响的意义是指手册或指示中的规定，创造或决定公众的实体权利或责任的存在或范围。例如指示中规定评定价格的标准是对公众有影响的规定。手册中规定，机关对财产和人员的管理是对公众无关的规定。

理解困难和引起争论最多的是第三个条件，即手册或指示适用于行政事项的问题，关键是如何理解行政事项。根据国会的立法报告和司法部长对《情报自由法》的说明，行政事项是和执法事项区别的概念，是执法事项以外的行政职务。为了理解行政事项必须首先说明执法事项，执法事项不是指行政机关执行的实体法和程序法的规则，对这类规则必须公开，以便公众遵守。执法事项是指对违法行为的侦查和追诉而言。行政机关的手册和指示中包含这类内容的记载时，不在公开的范围以内。因为公开这类文件将使行政机关对违法的侦查和追诉成为不可能，或者极端困难。公众虽然有知道的权利，但文件的公开不能使政府执行职务成为不可能。违法者不能一方面违法，一方面又要求政府公开侦查和追诉的措施而逃避责任。美国法院对执法文件不公开的范围有明确的说明。法院认为不是一切执法文件都不公开，只对公开的结果严重妨碍侦查和追诉的执法文件才可以不公开。[①] 执法文件中不妨碍行政机关侦查和追诉的部分，不具备机密性质，应当公开。例如公开坦白从宽的指示，不妨碍行政机关的执法，而且有助于行政机关的执法。

4. 合议制行政机关表决的记录

行政机关的最高机构是合议制组织时，必须对最高机构的每一成员在每项行政决定中的最后投票，做成记录，以便公众查阅。这项规定和前

---

① *Hawkes v. IRS*, 467 F.2d 787 (6th Cir. 1972) 参见后面免除公开的说明。

三项规定的作用略有不同。行政机关最后表决的记录,不包含指导性的原则。公开合议制机关的投票记录是使公民能够检查行政事项如何决定,满足行政公开的民主原则。

(二) 删除的部分

行政机关在公开上述文件时,不能不正当地侵犯个人的隐私权,必须删除文件中纯粹个人生活的部分。个人的生活和公众无关,公众知道的权利和个人的隐私权应当平衡。例如行政机关公布恶劣气候造成公共救济费用增加的文件,无须指明被救济人的姓名。个人的家庭生活、医疗记录和事业情况都无须让公众了解。文件中的记载能够推知个人身份的部分也应当删除,以保障私生活的安全。行政机关对删除的部分,必须对请求公开的人书面说明理由,指明不是为了限制公众对行政事项的了解,而是为了尊重个人私生活保密的权利。行政机关在说明中必须防止提供能够识别个人的情况。此外,本章第三节对政府文件免除公开的情况有详细的说明,行政机关可以在主动公开的文件中,删除符合免除公开的部分。

(三) 编制索引的义务

行政机关对上述应当公开的文件,应当定期编制并公布索引,或出卖索引,以便公众容易找到所需要的文件。应当编制索引的文件是1967年7月4日以后的文件,因为《情报自由法》从这天起开始实施;对1967年7月4日以前的上述文件,行政机关没有编制索引的义务。

(四) 公开的方法和理由

行政机关可以决定上述文件公开的方法,或者出版由公众任意购买,或者放置在机关的阅览室内,由公众按照行政机关的规定查阅或复制。法律对这类文件的主要要求是公开和编制索引,以便公众查阅或复制,不限制公开的方法。

行政机关必须主动公开这些文件的理由,是因为这类文件的内容指导行政机关的行为,具有先例性质,是行政机关作决定的根据,实际效果相当于法律。法律必须公开,行政机关不能按照秘密的法律(secret law)行动。

(五) 不公开的效果

除合议制行动的表决以外,上述应当公开和编制索引的文件,行政机关没有按照法律的规定公开和编制索引时,其法律效果和行政机关应在联邦登记上公布的文件而未公布一样。行政机关不能凭借这类文件作为行政决定的根据,也不能以适用这类文件中的记载作为先例而援用。行政机关对未公开的文件,已将内容通知当事人时,行政机关对已经通知的当事人,不受上述不能适用的限制。

三、联邦登记以外必须公开的政府文件(二):依请求公开

(一) 依请求公开的文件

依请求公开的文件和前面所述登载于联邦登记簿的文件,以及行政机关必须自动公开供公众查阅和复制的文件不同。前两种文件的公开不需要任何人的请求,依请求公开的文件,在无人请求时,行政机关没有公开的义务。这三类文件不仅公开的方法不同,范围也不一样。前两类文件,《情报自由法》中已经指定它们的种类和内容。第三类文件法律没有限定它的种类,它的范围包括前两类文件以外,其他一切没有免除公开的政府文件,适用的范围很广,这是《情报自由法》要求公开最多的政府文件。公众通过联邦登记、行政机关自动公开和依请求公开这三种方法,可以获得全部没有被免除公开的政府文件。

《情报自由法》称政府文件为行政机关的记录(agency records)。依请求公开的政府文件是依联邦登记和行政机关自动公开的记录以外,行政机关的其他记录。要确定这种公开的方法能够适用的范围,必须确定行政机关记录的意义。法律条文中没有解释行政机关记录的意义,国会的立法报告和法院的判决对这个术语作了一些解释。

记录是指一切记载信息的物体,包括书籍、公文、地图、照片、录音带和其他表现信息的资料,没有特定的物质形状。记录的方法可以是文字、声音、图像、符号等。公众能够请求得到的记录只能是可以复制的记录,不包括不能复的记录在内,例如建筑、雕刻、设备等不包括在记录之内。不供行政用的记录,例如图书馆的书籍、展览馆的展览品,专供阅读和展览之用,也不包括在这条规定的范围之内。

公众能够请求公开的记录必须是行政机关的记录。行政机关的记录是指行政机关在进行行政活动中产生的或得到的记录,不由行政机关产生,行政机关在以后也没取得的私人记录不是行政机关的记录。例如基辛格在担任总统助理期间,把他的全部电话记录下来以备自用,后来基辛格担任国务卿,全部记录被带到国务院,这些记录放在国务院中,不是国务院的记录,而是私人的记录。因为国务院没有取得对记录的控制、使用

和所有权。① 私人向行政机关提出的报告是行政机关的记录,行政机关已经取得这项由私人产生的记录,行政借用其他机关或私人的记录不是借用机关的记录。法院在判决某项记录是否行政机关的记录时,适用一系列的标准。例如,记录由谁产生、是否编入行政机关的档案、行政机关是否有控制权、是否利用于执行行政机关的任务等。行政机关只提供已经存在的记录,不因为私人的请求而负担制作记录的义务。

(二) 公众的请求

私人能够得到依请求公开的政府文件,必须符合三个条件:① 提出申请;② 合理说明需要的文件,以便行政机关能够寻找;③ 按照行政机关公布的法规提出申请。行政机关的法规中包括提出申请的时间、地点、费用、程序等规定。

1. 提出申请

(1) 提出申请的方式和受理申请的机关。申请应以书面方式向文件所有和保存的机关提出。被申请的文件和几个机关同时有关时,应向和文件有主要关系的机关提出,由该机关和其他有关机关协商以后作出决定。被申请的文件属于其他机关时,接受申请的机关应把申请移转其他机关。

(2) 申请复议。行政机关收到申请后,应在10天以内作出决定。行政机关接受申请时,对提交给申请人的文件,可以删除有关私人隐私的部分和法律规定免除公开的部分,并说明理由。行政机关拒绝申请人的请求时,应说明理由。例如说明文件属于免除公开的事项,并指出申请人不服时,可向机关首长请求复议。复议的决定应在收到申诉后20天内作出。上述10天和20天的期间是指工作日期,不包括假日在内。在特殊情况下,上述期间可以延长。法律规定的特殊情况是指:① 申请的文件在该机构的地方机构或其他机构;② 申请的文件需要寻找、搜集和审查大量分散的文件;③ 需要和其他机关协商才能决定。延长的期间不得超过10个工作日。

行政机关对公众申请的文件不按规定的期间作出答复时,法律认为申请人已经穷尽行政救济手段,可以立即请求法院救济。法院根据情况可以适当延长行政机关需要的期间。

---

① *KIssinger v. Reporters Comm. for Freedom of the Press*, 445 U.S. 136 (1980).

2. 合理说明需要的文件

申请人必须合理说明需要的文件,以便行政机关知道文件所在的地方。申请人应当说明文件的性质、大致的内容和时间。行政机关不能要求申请人作出具体详细的说明,例如文件的标题和编号等。因为申请人没有见到文件以前,不可能对文件有具体的、详细的认识。然而行政机关可以拒绝申请人过分笼统的说明,例如申请人要求得到行政机关全部没有公开的决定,或者全部没有公开决定中的一个。因为这样的说明,行政机关不能确定文件在什么地方,是不合理的说明。

3. 遵守行政机关的规定

申请人必须遵守行政机关对申请文件制定的法规,按照规定的时间、地点、方式、费用提出申请。《情报自由法》对行政法规的内容没有规定,但是对收费的标准作了规定,防止行政机关收取过高的费用,间接限制了私人取得政府文件的权利。行政机关必须制定并公布一个收费表,按照表中的规定收费。管理和预算局对行政机关收费的标准,制定有指导原则。行政机关在制定收费表时,必须同时符合法律的规定与管理和预算局的规定。《情报自由法》中关于收费的规定,只适用于依该法取得的政府文件。其他法律中对某类文件的公开另有收费规定时,适用其他法律。

(1) 收费的原则。为了节约财政支出,政府不负担行政机关对私人提供文件的费用,这项支出由行政机关向申请文件的人征收。行政机关可以征收 3 种服务费用:检索费、复制费和审查文件是否可以公开和应当删除的部分的服务费。这 3 种费用不是对一切申请人同样适用,对不同的人适用不同的收费项目。这 3 种费用在适用上虽有不同,在计算上和收取上遵守共同的原则:只能收取直接的费用,不能收取间接的费用。行政机关不能要求申请人必须预先缴费,以后才提供文件。然而如果应收的费用超过 250 美元,或申请人以前曾有不缴纳费用的记录,行政机关可以要求预先缴纳费用。

(2) 不同的收费。行政机关对任何人申请文件,不问其使用的目的如何,只要文件不在免除公开的范围以内,都必须提供。然而行政机关对不同的使用目的,可以收取不同的费用。对为商业使用目的而申请文件的,行政机关可同时收取检索费、复制费和审查费。与商业的使用无关,为科研目的而申请文件时,行政机关只收复制费,不收其他两种费用。新闻记者也只缴纳复制费。除这两项目的以外,为其他目的而申请文件时,行政机关同时征收检索费和复制费。

3. 减少或免除收费

如果文件的公开可以促进公共利益，不是为了商业利益时，申请人可以提出减少收费或免费的请求。申请人在提出减免收费的请求时，必须证明：① 文件的公开能够促进公共利益；② 申请人有能力对公众散布上述文件。由于这项规定，新闻记者几乎都能免费得到政府文件。

如果行政机关收取费用所花费的代价等于或大于申请人应缴纳的费用时，法律规定行政机关必须免除收费。因此，行政机关对小额的费用都不征收。法律还规定，申请人要求提供文件的目的不是为了商业使用时，行政机关必须免收最初两小时的检索费和最初 100 页的复制费。

第三节 免除公开的政府文件

一、免除公开的目的和范围

（一）免除公开的目的

上节详细说明了政府文件公开的方法，然而行政公开不是政治生活中唯一的原则。在某些情况下，行政公开可能和其他重要的公共利益冲突。例如和国家的安全、行政活动效率以及个人的和商业的必不可少的秘密等发生利益冲突。在这些情况下，行政不公开符合公共利益。行政公开的公共利益必须和不公开的公共利益互相平衡。各种利益互相平衡是社会生活的重要基础。然而民主政治的特点是在这种平衡中，尽量扩大公民对行政的参与和监督权利，限制官僚秘密活动的范围。《情报自由法》在第 1 款中规定政府文件必须公开以后，在第 2 款中接着规定了免除公开的政府文件。政府文件的公开和不公开同时构成《情报自由法》的主要内容，是同一事物的两个侧面。这两个侧面构成矛盾的对立和统一，在这个矛盾的统一体中，行政公开是主要的矛盾，起主导作用。行政公开是《情报自由法》的主要目标，免除公开起制约和平衡作用。

（二）免除公开的范围

《情报自由法》第 2 款规定九项免除公布和公开的政府文件，第 4 款规定除上述 9 项明白规定的免除公开的文件以外，对其他的政府文件不能限制公民的了解和取得。由于法律规定行政机关可以不公开的文件，限于法律"明白"规定免除公布和公开的文件，所以法院对免除公开文件的范围必须采取严格解释，以保障公民能够充分得到政府的文件。行政机关拒绝公民取得政府文件时,必须负责证明拒绝的理由。例如证明文件属于法定的免除公开的范围,行政机关能够证明达到法院满意的程度,不是一件轻而易举的事情。即使某一文件中包含免除公开的内容,如果免除公开的部分可以和其他部分分离,行政机关对不属于免除公开的部分,仍然应向公众提供,由公众查阅和复制。行政机关对法律规定免除公开的文件,不负担必须拒绝公开的义务。法律规定免除公开的文件,行政机关具有自由裁量权。行政机关认为没有不公开的必要时,可以公开这类文件。以下分别说明9项免除公布和公开的政府文件。

二、国防和外交政策

(一) 免除的范围

《情报自由法》规定的第1项免除公开的政府文件,是国防和外交政策的某些文件。免除公开的文件必须符合两个条件:① 符合总统为了国防和外交政策的利益,在行政命令中规定的保密标准;② 行政机关根据总统的行政命令,实际上已经把某一文件归属于国防或外交政策利益需要保密的文件。第一个条件表示,只有总统有权决定国防和外交文件保密的标准,行政机关没有这个权力。第二个条件表示,行政机关有权决定某一具体文件是否属于保护国防或外交利益所需要的保密文件。行政机关的决定必须符合总统规定的标准。法院可以根据总统的行政命令,审查行政机关的决定是否正确。国防和外交文件取得保密的地位,必须同时有总统和行政机关的参加。总统的参加属于授权性质,规定可以保密的国防和外交文件;行政机关的参加属于执行性质,把总统规定的标准,适用于某一具体文件。

(二) 立法的历史

美国总统根据普通法的传统,有权决定某些政府文件不对外公开。除普通法的传统以外,美国总统还认为,根据《宪法》的分权原则,总统享有某些行政特权。决定某些政府文件不对外公开是总统的行政特权,不需要立法机关的授权。从美国建国以来,所有的总统都曾主张和行使过这个特权。在当代,杜鲁门总统首先于1957年用行政命令规定保密制度。自此以后,几乎每届总统都在行政命令中规定保密制度。

1946年的《行政程序法》企图对行政机关权力的行使规定某些限制,然而该法规定行政机关可以用保护公共利益作为理由,拒绝公开任何政府文件。行政机关主张国防和外交政策文件不对外公开,没有任何法律上的困难。1966年的《情报自由法》为了矫正《行政程序法》中免除公开范围过广的缺点,规定国防和外交文件的保密范围是:"为了国防或外交政策的利益,总统的行政命令特别要求保密的事项。"根据这项规定,行政机关仍然享有很大的不公开的权力。因为法院在适用这项规定时,只审查是否有总统的行政命令存在。如果某一行政文件属于总统行政命令中规定的保密范围,法院认为已经符合规定,不再追问其他条件。

《情报自由法》中现行的国防和外交文件免除公开的规定是1974年修改的结果,直接引起1974年的法律修改的原因是最高法院1973年的环保局诉明克案件的判决。[①] 该案的事实是国会议员明克,根据《情报自由法》要求得到一分地下核试验是否可行的报告。尼克松总统拒绝提供,最高法院在案件的最后判决中,严格地限制了法院的审查权力。最高法院认为根据法律的规定,法院只能审查申请人所要求的文件,是否属于总统行政命令中规定的不公开的事项。由于本案中国会议员要求的文件,已在总统的行政命令中规定为不公开的事项,所以他不能取得这项文件。这个案件在上诉法院阶段,法官在判决中命令地区法院法官秘密地审查这项文件,以决定哪些部分可以公开、哪些部分不能公开。最高法院认为,《情报自由法》中没有给予法院这种权力,因而上诉法院的判决是错误的。

最高法院的判决引起国会极大的反感。1974年国会修改《情报自由法》,扩大法院对免除公开文件的审查权力。法律规定国防和外交文件不对外公开,除必须属于总统行政命令中规定的保密事项以外,行政机关还必须在具体事件上正确地执行了总统的行政命令。法院可以审查行政机关划分某一文件为不公开的文件的决定是否正确。1974年的修改还规定法官对行政机关拒绝公开的文件有秘密审查的权力,有区别可以公开部分和免除公开部分的权力。

(三) 法院的审查

法院对总统规定保密的行政命令,不进行审查。因为决定国家安全利益需要保密的事项和范围,属于总统的特权,法院不能干预。但法院可以根据总统的行政命令,审查行政机关的决定理由是否正确、程序是否合法。法院的审查通常偏重在程序方面,因为实质方面的审查往往涉及行政机关自由裁量权的行使,涉及需要专门的经验、知识和判断能力,法院

---

① *EPA v. Mink*, 410 U.S. 73 (1973).

缺乏这方面的条件,所以法院一般尊重行政机关对国防和外交方面国家安全利益的判断。但法院对行政机关程序方面的不合法不容易确定,例如,按照保密等级的不同,有资格决定的人员不一样;决定保密的时间是在文件制定之时,还是申请人提出要求之前或之后;有资格决定保密的官员是否对划为保密的文件已经读过、是否没有见到文件即已宣布某一文件保密;行政机关决定的保密程度是否符合总统行政命令中的规定;行政机关拒绝提供文件是否对申请人说明理由;等等。这类问题都是法院审查的程序方面的问题。

法院虽然有权秘密审查行政机关拒绝公开的文件,由于需要阅读的文件有的数量浩大,可能达到几百页或几千页,而且内容有时涉及许多专门知识。这项审查往往难以实行,所以法院可以自由决定是否进行不公开的审查。

国会在 1974 年修改的《情报自由法》中,虽然扩大了法院的审查权力,然而国防和外交文件免除公开的范围,基本上仍然由行政部门掌握。首先,因为《情报自由法》规定国防和外交文件保密的范围和标准,由总统的行政命令规定,总统在很大程度上已经决定了公开的范围。其次,法院对行政机关关于具体事件的决定,在实质方面也往往顺从行政机关的意见。法院关于这方面的审查程度有限,并一向认为行政机关对国防和外交事项应有较大的保密权力。《情报自由法》规定的行政机关可以拒绝公开的政府文件,最大的范围在国防和外交事务方面。

三、机关内部人员的规则和习惯

《情报自由法》规定的第 2 项免除公开的政府文件,是纯粹关于机关内部人员的规则和习惯。这项规定是对 1946 年《行政程序法》的修改,《行政程序法》中原来规定机关内部管理文件不在公开范围之内。1966 年制定《情报自由法》时,认为内部管理一词范围太广,改为关于内部人员的规则和习惯。然而内部人员规则和习惯的范围如何,迄今没有一致的认识。产生分歧的原因是,国会本身在立法时,对这项规定中的核心概念内部人员规则的适用范围,认识不一致。

(一) 国会意见的分歧

参议院在立法报告中认为这项规定的适用范围极为狭隘,行政机关内部的人员规则和习惯不公开是指无关紧要的人员规则。例如车库的使用、食堂规则、病假政策等琐碎事项。对这类轻微事项,公众没有知道的利益,要求得到这类文件,只是增加行政机关的工作,无助于公共利益。众议院在立法报告中对内部人员规则和习惯有不同的理解,众议院认为机关内部人员规则和习惯的意义,是指仅仅指导机关人员的事项,包括机关的活动规则、指导方针和调查程序手册等。这类内部规则和习惯如果公开,对机关重要职能的进行会产生极大的妨碍。例如机关职员在进行一项交易谈判时,如果对谈判的对方,公开机关对职员的谈判指导,则机关在谈判中将处于极不利的地位。众议院的报告认为,机关内部的管理文件不是全部不能公开,不公开的范围限于公开的结果可能严重妨碍机关工作的事项。

(二) 法院的判例

美国下级法院大部分采取参议院的解释,少数采取众议院的解释。最高法院在 1976 年的空军部诉罗斯案件的判决中①,主要采取参议院的观点。最高法院认为,参议院的观点更符合《情报自由法》的立法宗旨,《情报自由法》的精神是公开政府文件,不是限制公开。但是最高法院也没有完全否认众议院的观点。最高法院认为如果要求公开的内部文件,公开的结果可能帮助逃避政府的控制和执法时,行政机关可以拒绝公开。法院遇到这类案件,必须衡量政府的保密利益和公众了解的利益。对于公开的规定必须给予广义的解释,对免除公开的规定必须采取严格的解释,以达到《情报自由法》的主要目的。最高法院根据这个观点判决了空军部诉罗斯案件。

该案的事实是,罗斯和纽约大学法律评论两位编辑要写一篇空军学校的纪律处分和程序的文章,要求得到空军军官学校对学员纪律处分的听证记录和裁决摘要,学校可以删除有关人员的姓名和特征。学校通常把这类记录中的事实,分发给内部人员作为教育之用,不对外公开。学校根据《情报自由法》中关于内部人员规则免除公开的规定,和人事档案免除公开的规定,拒绝提供申请人要求的文件。② 地区法院适用《情报自由法》关于内部人员规则免除公开的条款,维持学校的决定。上诉法院推翻地区法院的判决,最高法院维持上诉法院的判决。最高法院认为,《情报自由法》的主旨是公开政府的文件,参议院的意见更正确地反映了立法的意图。最高法院也认为,众议院的解释是为了防止逃避行政机关的控制

---

① *Department of Air Force v. Rose*, 425 U.S. 352 (1976).
② 人事档案免除公开将在下面第 7 款讨论。

而拒绝公开政府的文件,在有限制的范围内也可适用。然而在本案件中,不存在公开的文件可以帮助逃避政府控制、妨碍政府执行纪律处分的情况,而且公众了解军队的纪律处分是一种正当的利益。

四、其他法律规定的保密

《情报自由法》规定的第3项免除公开的政府文件是其他法律中规定保密的文件。《情报自由法》承认其他法律规定保密的条件,有过一次变迁。现行的规定是1976年修改后的条文,和当初1966年的规定不同。以下说明1976年修改的背景和内容。

(一) 立法背景

《情报自由法》制定时,国会在以前制定的法律中已经规定了一些保密文件,不对外公开。可以预料在以后的法律中,仍然会有这样的规定。国会在制定《情报自由法》时,意图承认其他法律中的规定,所以1966年《情报自由法》规定的免除公开的政府文件是:"法律特别规定免除公开的事项。"最高法院1975年在联邦航空局诉罗伯逊案件的判决中。① 对这项规定的解释和适用,直接引起国会对1966年条文的修改。

在罗伯逊案件中,罗伯逊根据《情报自由法》,要求得到航空局关于商业飞机的维持和适航性能分析的某些报告,航空局拒绝提供。理由是《航空法》规定:局长认为文件的公开,对反对公开的当事人不利,而且也不是公共利益所需要时,可以拒绝公开。上诉法院在判决中认为,《航空法》规定的保密,不符合《情报自由法》中规定的免除公开的条件。因为《情报自由法》免除公开的条件是其他法律特别规定免除公开的事项,上诉法院解释特别规定的意义是法律指定某一文件或某类文件。《航空法》中对申请人要求得到的文件没有特别规定保密,不符合《情报自由法》免除公开的条件,航空局有义务对申请人提交被请求的报告。

最高法院推翻了上诉法院的判决。最高法院认为,不论条文本身或立法的历史,都没有包含上诉法院对条文解释的意义。《情报自由法》不要求指定免除公开的文件或类型,也没有限制行政机关自由裁量的程度,一切其他法律要求保密的事项,都在《情报自由法》免除公开的范围以内。

最高法院的判决引起国会很大的反感。这个判决实际上又回到《情

---

① *FAA v. Roberston*, 422 U.S. 255 (1975).

报自由法》制定以前的状况,行政机关对文件是否公开具有很大的自由裁量权力,因此引起1976年的法律修改。

(二) 法律的规定

1976年修改后的《情报自由法》规定:"本节关于公开的规定不适用于……(3) 其他法律特别规定免除公开的事项,如果其他法律:(A) 要求这些事项不对公众公开,如此规定,以致对这个问题没有自由裁量的可能;或者(B) 规定了不公开的标准,或者指明了特定类型的不公开的事项。"根据这个规定,其他法律规定保密的事项,公众根据《情报自由法》不能要求公开,必须符合下述任何一个条件:

1. 法律规定必须保密没有自由裁量权力

其他法律关于保密的规定必须非常确定,行政机关没有自由裁量权力。这项规定是对最高法院的罗伯逊案件的判决的回答,改进了1966年法律不明确的规定。例如其他法律中使用不得公开(shall not be disclosed)或其同义的词句,表示行政机关必须保密,没有自由裁量权力。如果其他法律中使用可以不公开(may not be disclosed)或其同义的词句,表示行政机关是否公开具有自由裁量权力。后面这类法律不受《情报自由法》免除公开的保护,公众可以根据《情报自由法》,要求行政机关提供法律中没有坚决规定不公开的文件。

2. 规定了不公开的标准

法律中规定了不公开的标准,行政机关根据这个标准可以拒绝公开某些文件。这项规定的意义在于表示决定政府文件是否公开的权力属于国会。国会可以制定不公开的标准,行政机关必须按照标准执行。行政机关在解释国会规定的标准时,不是没有自由裁量的余地。然而行政机关的自由裁量权力受到监督,不能滥用。最高法院认为,法律规定的标准不能非常空洞,例如为了公共利益的需要使用这类模糊的标准,必须尽量使用意义明确的词语。

3. 指明不公开的类型

法律也可规定某一类型的文件不公开,例如,内地税局中关于纳税人财产的报告、社会救济机构中关于受救济人财产状况或医疗记录的报告、大陪审团得到的某些文件,都可拒绝公开。

其他法律中规定保密的文件,只要符合上述三项条件中任何一项,行政机关都可拒绝公众根据《情报自由法》提出的公开的请求。因此,其他法律关于保密的规定,在很大程度上得到《情报自由法》的承认和保护。

当然,不对公众公开的文件,不一定对政府机关也不公开。

五、贸易秘密和商业或金融信息

(一) 立法目的

《情报自由法》规定的第 4 项免除公开的政府文件包含两个内容:① 政府掌握的私人的贸易秘密;② 在一定条件下,私人向政府提供的商业的或金融的信息。

私人向政府提供的某些信息,可能是提供信息的人所独有,其他人不知道的信息。这类信息对信息所有者来说,具有很大的财产价值。公开包含这类信息的文件,可能产生两种不利的结果:首先损害信息所有者的利益,导致以后不愿再向政府提供这类信息,最低限度在没有强制的情况下,不愿提供这类信息,或者尽量隐瞒这类信息,给政府工作带来不利;其次,一方面,公开这类具有财产价值的信息不利于企业之间的自由竞争、发挥各自的专长和创造精神,而这种竞争对发展经济能够起到促进的作用。另一方面,不公开这类信息也不符合《情报自由法》的行政公开目的,以便公众能够正确地判断政府所选择的决定是否正确、执行的行为是否适当。例如食品和药物管理局根据制药商人提供的试验报告,批准某一新药的生产和销售。如果食品和药物管理局认为这类信息对制药商人具有很大的财产价值,拒绝公开,则公众对食品和药物管理局的决定是否正确无法判断,这种拒绝公开可能损害公共利益。在贸易秘密和商业或金融信息的保密和公开方面,必须调和各方面的利益。规定只在一定的条件下和范围内保密,这是《情报自由法》中规定这项免除公开的目的。由于条文的规定非常简单,未作任何解释,而且文句的结构缺乏明确性和严谨性。司法部长解释《情报自由法》的说明书中,认为这项规定的意义很不容易确定。

(二) 贸易秘密

行政机关可以拒绝公开私人提供的贸易秘密的文件。什么是私人的贸易秘密呢?《情报自由法》中没有解释。美国法院一般采取《侵权行为法重述》(Restatement of Torts)中对贸易秘密所作的解释。根据《侵权行为法重述》的解释,贸易秘密是某一企业使用的任何公式、样式、设计、信息、编辑等,其他企业不知道或未使用,使该企业能够对和它竞争的其他企业处于有利的地位。根据这个定义,贸易秘密包括的范围很广,一切在竞争中能够使某一企业处于有利地位的秘密都是贸易秘密。着重点是某项秘密在贸易竞争中的有利地位。

1983年,哥伦比亚特区上诉法院采取另外一种解释。认为贸易秘密是指在制造、准备、合成或加工某种商业产品中使用的具有商业价值的计划、公式、程序或设计方面的秘密,这种秘密是创新或重大努力的最后结果。① 根据这个定义,贸易秘密不是泛指一切具有竞争利益的秘密,而只限于生产过程中使用的具有商业价值的秘密。贸易秘密必须和生产过程有直接联系,例如空军使用私人公司发展的吸取飞机燃料的设计,是一种贸易秘密,因为它直接用在生产过程之中。哥伦比亚特区上诉法院认为,《侵权行为法重述》中界定的贸易秘密,着重在保护企业不因离职职工或其他对企业负有信任义务的人破坏合同和信任关系而受损害。它不适宜应用于《情报自由法》中规定的贸易秘密。《情报自由法》规定政府和公众的关系,《情报自由法》中规定的公众的了解权是《侵权法》中没有考虑到的问题。法院适用《情报自由法》决定贸易秘密的范围时,必须平衡公众的了解权和政府保护企业创新的利益。因此被保护的秘密必须是在生产过程中能够鼓励自由竞争的利益。哥伦比亚特区上诉法院的解释限制贸易秘密的范围,扩大可以公开的信息,更符合《情报自由法》的宗旨,逐渐为其他法院所接受。

(三) 商业或金融信息

除了贸易秘密之外,行政机关可以拒绝公开私人向它提供的其他工商业信息,必须符合三个条件:① 信息属于商业或金融性质;② 信息是政府以外其他人提供的;③ 信息具有秘密性质。

1. 商业或金融信息

本项免除公开的范围只适用于商业或金融方面的信息,不适用于非谋利的非商业的信息。信息是否具有商业或金融性质,应依信息本身的性质判断,不是根据信息来源的机关判断。一方面,工商企业提供的信息不一定都是商业或金融信息,例如企业接受政府的资助而提出的健康服务的报告或文件,不是商业或金融信息,因为它不包括企业的商业方面的资料。另一方面,非工商企业的组织也可能提供商业或金融信息。例如某类企业的联合会是一个非营利团体,它向行政机关提供其会员的资料,其中可能包含商业或金融信息,尽管它在收集这些信息时,不是出于商业的或谋利的目的。

---

① *Public Citizens Health Research Group v. FDA*, 704 F. 2d 1280 (D. C. Cir. 1983).

2. 其他人提供的信息

其他人提供的信息是指政府以外其他人提供的信息。由政府本身产生的信息不在本项规定的免除公开范围之内。行政机关对其本身产生的信息,不能借口具有商业敏感性质而拒绝公开。① 其他人的范围包括很广,可以是个人、公司、社团、行政机关以外的公私组织团体,包括外国人在内。

3. 秘密的信息

行政机关拒绝公开私人提供的工商业信息,必须具有特权性质或秘密性质。这项规定在适用时引起了很多诉讼,争论的焦点在什么信息具有秘密性质。行政机关的信息具有特权性质,不对外公开,一般不发生在商业或金融信息的文件,而发生在下面两款将要说明的免除公开的情况。以下只说明商业或金融方面秘密信息的意义。

《情报自由法》中没有解释秘密(confidentiality)的意义,立法史中也没有说明,最高法院迄今尚无这个问题的判例。下级法院最初认为秘密是指行政机关允许保密而言,即私人在提供信息时希望不对外界公开,而且行政机关明示或默示的同意。这个观点以行政机关和提供信息者的主观意志作为秘密的标准,即以私人和行政机关之间的信任关系作为秘密的标准,以致不公开的范围非常广泛。因为提供信息的人,一般不希望他提供的情况为竞争者所知悉,行政机关为了得到信息也很容易同意私人的希望。这个标准不能回答在私人提供信息没有任何表示时,如何判断秘密性质的问题。法院很快放弃了这个观点。继而出现了所谓期望保密标准(expectation of confidentiality)。这个标准认为如果向政府提供信息的人,通常不会把这个信息对公众提供,他所提供的信息是一种期望得到保密的信息。这个观点仍然是一个主观的标准,以提供信息的人是否愿对公众公开作为标准。然而行政公开政策不能取决于私人的主观愿望,某项文件是否可以公开应有一个客观的标准,期望保密标准也很快为法院所放弃。

现在法院在判断私人提供的商业信息是否具有秘密性质时,采取哥伦比亚特区上诉法院1974年在国家公园和自然保护协会诉莫顿案件判

---

① 司法部对《情报自由法》的解释认为机关内部产生的文件,只要符合本项的其他规定,也可适用本项免除公开的保护。美国法院没有接受司法部的解释。

决中所确定的标准。① 这是一个客观的标准,私人提供的商业或金融信息具有秘密性质,必须符合下列两个条件中的任何一个:

(1) 妨碍政府以后取得必要的信息的能力。行政机关必须证明如果公开某项文件,以后私人将不会提供这类信息,行政机关受到的妨碍必须达到一定的程度。首先法院认为,轻微的妨碍不足以构成不公开的理由,法院在判断行政机关拒绝公开是否合理时,权衡妨碍的程度和公众了解权的重要性,然后作出结论。其次,私人提供的信息必须是行政机关执行职务所必要的信息。如果私人提供的信息,不是执行职务所必不可少的信息,也不构成拒绝公开的理由。

(2) 严重地损害提供信息的人的竞争地位。行政机关必须证明,如果公开私人提供的某项商业或金融信息,会导致提供信息的人在商业竞争中处于重大的不利地位,竞争的对手由于从行政机关提供的文件中,知道他本来不知道的情况,会得到很大的利益。如果私人向行政机关提供的信息已为社会一般公众所知悉,或者已为竞争对手所知悉,行政机关公开这项信息对提供信息的人没有损害时,则行政机关在有人要求得到这项信息时,不能拒绝公开。

美国工商界认为,这个判决中规定的秘密标准太严格,行政机关很难满足这项标准。导致私人提供的商业或金融信息,很容易为行政机关所公开。1983 年,美国第一上诉法院在一个判决中②,认为,1974 年国家公园案件的判决,不认为秘密的标准只有上述两项而不可能再有其他标准。第一上诉法院认为,如果行政机关能够证明公开私人提供的某一商业文件,会损害私人或政府的某项特定的利益时,虽然这个利益不在国家公园案件规定的两项标准以内,也可以拒绝公开。第一上诉法院放宽秘密标准的判决,没有为其他法院所采取。因为限制秘密的范围,更符合《情报自由法》的精神。

六、机关内部和机关之间的备忘录

(一) 本款规定的意义

《情报自由法》规定的第 5 项免除公开的政府文件是:"私人在和行

---

① *National Parks and Conservation Association v. Morthon*, 498, F.2d 765 (D.C. Cir. 1974).
② *9 to 5 Organization for Womem Office Workers v. Federal Reserve Board*, 72 F.2d 1 (1st Cir. 1983).

政机关进行诉讼时,在法律上不能利用行政机关之间或机关内部的备忘录或函件。"这项规定的意义比较难理解,必须首先对条文的词语加以说明。

本款规定的备忘录(memorandum)是指行政机关在作决定之前,在准备过程中的文件。行政机关的最后决定如果具有政策或法律性质,必须对外公开,已在上节说明;解释或支持最后决定的理由也不能拒绝公开。因为这项理由或者包括在最后决定之中,或者是决定以后的文件,不是准备过程中的文件。准备过程中的文件不代表机关的最后决定,法律不要求公开全部文件。行政机关不是一间玻璃房子,里面一切东西外面都能看到,毫无保留。行政机关也不是一间暗室,门窗紧闭,里面的一切东西外面全不知道。行政机关在作决定过程中的事项,不是全部保密,也不是全部公开。本款的规定是行政决定过程中可以拒绝公开的政府文件。

本款规定的免除公开的政府文件,是政府内部产生的文件,例如机关职员提出的文件,或机关之间的文件,例如外部机关向行政机关提出供行政机关作决定的参考的文件。法院认为机关内部或机关之间的意义不能形式主义地了解,完全排除私人或其他政府部门,例如国会或法院向行政机关提出的文件,是否为机关内部或机关之间的文件,应从功能的观点理解,区别外界文件是否为机关的决定而提出。如果外界产生的文件参与了行政机关的决定,即使没有被采纳,仍然可以得到机关内部文件的保护,不对其他人公开。例如行政机关在作决定以前,征求某一私人团体或专家的意见、被咨询者提出的意见,和机关职员在决定前提出的意见一样,参与了决定的过程,在作用上相同。行政机关作决定时,可能征求国会或法院的意见,或者国会和法院主动向行政机关提出意见。这种意见参与了行政机关的决定,如果符合免除公开的条件时,可以不公开。

机关内部或机关之间的备忘录,不是全部不对外界公开。本款规定免除公开的备忘录,限于私人在和行政机关进行诉讼时,在法律上不能利用的文件。不能利用不是指申请文件的人和行政机关之间已经进行诉讼,而是指由于文件本身的性质,在诉讼法上对方当事人不能得到作为证据。行政机关内部的文件,有些在诉讼法上照例可以公开,不能拒绝私人请求提出作为证据的要求。然而诉讼法承认有些文件受到特权的保护,诉讼的一方当事人可以拒绝对方当事人的要求,而不提出作为对方可以利用的证据。机关内部或机关之间的备忘录,如果具有诉讼法上特权的性质,私人在和行政机关进行诉讼时,不能要求作为证据,就是诉讼时法律上不能利用的文件。对这类备忘录,行政机关可以拒绝公开。

机关内部或机关之间,哪些文件在诉讼法上可以受到特权的保护,因而可以免除公开呢?《情报自由法》中没有规定。根据美国法院的判例,行政机关内部或机关之间的文件,在诉讼法上主要受到三种特权的保护:行政特权、律师工作文件的特权和律师和委托人之间信息交流的特权。第一种特权为行政机关所独有,第二种和第三种特权行政机关和私人都能享有。

(二) 行政特权

美国法院判例承认两类行政特权,第一类是国家机密(State Secrets)的行政特权,包括和国家安全有关的国防和外交事项的信息。行政机关对这类信息可以拒绝公开。这是本节所讨论的第一项免除公开的政府文件。法院对这类文件的保护比较慎重,大都能够顺从行政机关的保密决定。第二类特权是讨论程序的特权(Deliberative Process Privilege)。这是本款规定的免除公开的行政特权,包括行政机关在作决定以前讨论过程中的各种观点、意见、建议、方案等一系列文件。一般称这类信息为官方信息(Official Information)。法院承认这类行政特权出于两个理由:

(1) 鼓励行政机关在作决定以前尽量交换意见,听取各种观点。如果行政机关把讨论中的意见公开,参与讨论程序的官员恐惧自己的意见受到外界批评,不敢畅所欲言,上级官员得不到下级官员坦白诚恳的建议,必然影响决定的质量。

(2) 避免过早公开引起误解,和对程序可能产生的妨碍。因为过早公开讨论中的观点,可能引起公众的某种期望。如果最后的决定和讨论中的意见不同,有时会引起外界的猜测和误解,对行政机关不利。有时过早地公开讨论中的文件,会限制行政机关以后的决定、妨碍决定程序的进展。

判断某一事项能否得到讨论程序特权的地位根据什么标准呢? 美国法院采取区别意见和事实的方法,作为辨别讨论程序特权的标准。根据这个观点,讨论程序的特权只适用于在讨论程序中表示意见、观点、建议、方案的文件,不适用于表示纯粹事实资料的文件。因为被公开的意见和观点可能引起外界的批评。事实资料例如统计资料、科技资料、纯粹的事实描绘、调查报告和数据等,具有客观性质,不需要特权的保护。但是事实和意见不是在一切情况下都能完全分开,有时事实和意见纠缠在一起,公开事实必然公开意见。例如专家列举的事实或机关职员搜集的事实,全部目的在于支持他的某一建议。如果行政机关不愿公开他的建议,当然也不能公开他列举的事实。因此在事实和意见不可分离的情况下,讨论中的事实资料也可以不对外公开。

事实和意见的区别是适用行政特权的标准。除行政特权以外,行政机关还享有诉讼法上的其他特权,可以拒绝公开政府文件。

(三) 律师工作文件的特权

律师为准备诉讼而搜集的信息、准备的策略、对案件的分析,不对外界公开,这是普通法的一个原则。不论律师代表私人或行政机关准备诉讼,都享有这项特权。国会在制定《情报自由法》时,规定行政机关可以拒绝公开诉讼法上受特权保护的文件,已经考虑到律师工作文件的特权。行政机关可以拒绝公开政府律师为准备政府诉讼而制作的备忘录。准备诉讼不是指诉讼已经发生,而是指在很大程度上将出现的诉讼,准备应付的策略。如果诉讼发生的可能性仅仅是一种设想,对遥远的将来进行分析,这类材料不是准备诉讼的文件。政府律师的文件不是全部都能享有特权,和准备诉讼无关的文件不是律师工作文件。律师建议不起诉的备忘录,行政机关根据律师的建议作出决定,这项备忘录不是律师工作文件。美国法院关于律师工作文件特权的判例很多,最常引用的判例是1975年最高法院对国家劳动关系委员会诉西尔斯公司案件的判决。① 在这个判决中,西尔斯公司要求得到国家劳动关系委员会法律事务主任指导地位机构负责人如何进行不公平劳动关系的控诉的文件,最高法院适用律师工作文件特权,判决了这个案件。

(四) 律师和委托人之间的特权

律师和委托人之间存在特殊的信任关系,不论委托人是私人或行政机关,这种信任关系同样存在。委托人对律师提供的信息,往往是他不愿意对其他人提供的信息。律师如果不知道委托人的实际情况,也不能对委托人提供法律服务。所以律师和委托人之间的信息交流,属于法律保护的信任关系。诉讼法不要求双方关系中的全部文件,可以公开作为证据。律师和委托人之间的特权的范围,限于和案件有关的事项,不包括和案件无关的事项。这项特权和上面所述的律师工作文件特权的区别,在于律师工作文件特权限于准备诉讼的文件,而律师和委托人之间的关系的特权,不以准备诉讼为限,委托人征求律师的意见,不一定都以起诉为

---

① *NLRB v. Seras, Roebuck & Co.*, 421 U.S. 132 (1975).

目的。

(五) 其他特权

以上三种特权是民事诉讼法上最主要的特权。情报自由法没有创设任何特权,也没有减少任何特权,它仅仅适用已经存在的特权。民事诉讼法上承认的当事人的一方可以拒绝他方要求提出作为证据的文件。情报自由法全部接受作为行政机关拒绝公开文件的根据。① 由于联邦证据规则第 501 项规定,民事诉讼上的特权主要由法院的判例创造,所以情报自由法上存在很大的可能性,适用新的特权。② 除法院的判例以外,其他成文法中规定的证据特权,行政机关也可享受。

(六) 放弃特权

行政机关主张某项内部文件受到特权的保护,必须证明该项文件符合特权的条件。然而行政机关对诉讼法上具有特权的文件,不是绝对不能公开。行政机关可以放弃特权,公开受特权保护的文件。要求得到文件的人主张行政机关已经放弃特权,必须负责证明,不能根据推测和非正式的声明,认为行政机关已经放弃特权。也不能根据类推逻辑,认为行政机关已经公开甲号文件,必须公开乙号文件。除非甲号文件和乙号文件内容相同,行政机关对甲号公开以后,不能拒绝对乙号公开。然而行政机关对文件是否可以主张特权,有时因请求人的地位而不同。某项文件对构成该文件的当事人不能主张特权拒绝公开,不表示对第三者没有特权。③ 此外,行政机关公开特权文件的一部分,不能认为是放弃了全部文件的特权地位。

七、人事的、医疗的和类似的档案

(一) 立法目的

《情报自由法》规定的第 6 项免除公开的政府文件是行政机关掌握的个人的人事档案、医疗档案和类似的档案,如果公开这些档案可能对个

---

① *United States v. Weber Aircraft Corp.*, 465 U.S. 792 (1984).

② 《联邦证据规则》第 501 规则原文如下: Except as otherwise required by the Constitution of the United States or provided by Act of Congress or in rules prescribed by the Supreme Court pursuant to statutory authority, the privilege of a witness, person, government, State, or political subdivision there of shall be governed by the principles of common law as they may be interpreted by the courts of the United States in the light of reason and experience...

③ *Department of Justice v. Julian*, 486 U.S. 1(1988).

人的隐私权构成明显的不正当侵犯。这项规定的目的在于保护个人的隐私权。很多政府机关,例如退伍军人事务局、卫生福利部、征兵办公室、监狱管理局、税收局等,掌握大量的个人材料。这些材料如果公开,会给个人带来损害和麻烦。在《情报自由法》制定以前,这类材料的保密由掌握材料的机关任意规定,没有法律的直接指导。由于隐私权的保护越来越受到注意,国会不能不采取行动。国会不是对每类有关个人事项的记录分别制定一个法律,而是决定在《情报自由法》中规定一个总的免除公开条款,适用于行政机关掌握的全部个人性质的记录,以求达到公开和保密两种利益的平衡。《行政程序法》中规定个人的意义不限于自然人,包括法人和团体在内。然而就本款规定的档案性质而言,适用的对象主要是自然人。

(二) 适用的对象

这项规定适用的对象是人事档案、医疗档案和类似的档案。

1. 人事档案

档案是一系列记录的汇集,不限于文字记录,可以包括声音或图像的记录。人事档案是关于人的身份、人格、能力、事业的简要的记录。行政机关在雇用一个职员、提升一个干部、签订一个合同、给予一个补助和其他很多情况下,必须首先了解对方的情况。行政机关对和它发生关系的人都有一份档案材料,虽然详细的程度不一样。一般而言,人事档案中包括个人的出生日期、地址、父母姓名、婚姻和家庭状况、过去和现在的住址、教育记录、工作评价等类信息。个人的全部情况不可能都归入行政机关的人事档案之中,例如国务院对归入的美国公民所保存的记录,不是人事档案,这类档案可能属于下面所述的类似的档案。

2. 医疗档案

根据法院的解释,医疗档案是指一个人的健康历史。现在的健康状况、医疗记录、生理心理状况等事项的记载。

3. 类似的档案

类似的档案是指人事档案和医疗档案以外,其他关于个人情况的记录。法院对类似档案的范围在过去认识不一致。最高法院在1982年的华盛顿邮报公司诉国务院案件的判决中[1],给予一个范围较广的解释。最高法院认为行政机关的记载可以辨别某一个人的信息都是类似的档

---

[1] *Washington Post Co. v. Department of State*, 456 U.S. 595 (1982).

案。类似的意义是指这种记录和个人的人事档案和医疗档案一样,是关于个人的记载,或者是可以辨别某一特定人的记载,而不是一般的记录。和个人情况无关的记录不是类似的记录,类似的记录往往涉及个人的身份和名誉,例如男女关系、家庭纠纷、领取福利救济金、是否婚生子女、是否有父子关系、联邦调查局关于违法情况的记载等。

(三) 保护的条件和程度

上述三类档案材料不是完全不能公开,行政机关只在一定的条件下和一定的程度内可以拒绝公开。法律的规定是:"公开这类档案可能明显地不正当地侵犯个人的隐私权"时,行政机关可以拒绝公开。行政机关在决定是否公开时,必须考虑两个基本问题:(1) 公开这类档案是否侵犯个人的隐私权;(2) 要求得到文件的人代表的公共利益和隐私权保密的个人利益互相比较,后面这种利益是否具备足够的力量,以致公开这类档案,构成对隐私权的明显的不正当的侵犯。

1. 个人的隐私权

行政机关记录的个人情况,不是全部构成个人的隐私权。例如公务员的姓名、职务、级别、工资、商店的名称和地址等,虽然是个人情况的记录,然而公开这类记录,不构成侵犯个人的隐私权。行政机关只对构成个人隐私权的记录可以拒绝公开。

隐私权是个人不愿意外界知道,而且公开的结果将带来不利的事项。例如个人受到的纪律处分、刑事记录、政党隶属、护照号码、社会保障号码、申请职业的履历表等。有时,某一事项对某人构成隐私,对其他人则不构成隐私。例如个人的住址和电话号码,对情报人员构成个人的隐私,对其他人则不构成隐私,是否属于隐私权应根据具体情况判断。

2. 平衡利益

行政机关认定个人的隐私权存在以后,第二步是平衡隐私权的利益和公开的利益,不是任何侵犯个人隐私权的事项都不能公开。法律规定只在明显地不正当地侵犯个人隐私权的时候,才可以拒绝公开。在隐私权的利益和公开能够得到的公共利益相等的时候,行政机关不能拒绝公开。因为《情报自由法》的主旨是保护行政公开,不是保护秘密行政。行政机关证明个人的隐私权存在以后,如果要求得到文件的人能够证明公开的利益大于保密的利益时,行政机关必须公开。请求人不能从自己的利益出发证明公开的利益,例如请求人不能从自己的商业利益出发,或从自己的诉讼需要出发证明公开的利益。请求人必须从公共利益的观点出发证明公开的利益,例如请求人证明某项文件的公开是为了判断行政机关是否合法地或公正地执行职务的需要,这种利益不是请求人个人的利益,而是一般公众共同的利益。

行政机关和法院在平衡保密的利益和公开的利益时,除注意利益的性质外,还要附带地考虑其他有关的因素。例如请求人不能得到要求的文件时,是否也可以达到他追求的目的;请求人是否有其他信息来源;行政机关在当初取得文件时,是否对提供信息的人答应保密;请求人要求得到的文件,在一般情况下能够公开的范围;删除文件中可以辨别个人的情况后公开,是否不致侵犯个人的隐私权等。

八、执行法律的记录和信息

(一) 立法的目的和历史

《情报自由法》规定的第 7 项免除公开的政府文件是为了执行法律而制作的某些记录和信息。从一般的意义而言,行政机关的全部行为都是执行法律。《情报自由法》中的执行法律用于特殊的意义,是指保持法律不被破坏的行为,包括对违法行为的调查、追诉和防止的行为在内。违法行为的范围包括刑事违法、民事违法和违反行政法律和法规在内。很多行政机关对其主管的事项具有调查违法、追诉违法和裁决违法的权力。

政府为了执行法律必须保持一定的秘密,世界各国都是如此。例如警察局为了逮捕一个犯人,不能事先让犯人知道警察局的调查和逮捕计划。《情报自由法》规定某些执法文件不公开的目的,在于避免过早的公开,以保持对违法行为进行调查和收集信息的秘密。法律不能一方面要求行政机关执行法律,一方面又让违法的人根据《情报自由法》的规定,而得到行政机关为执法目的收集的信息和制作的记录。所以 1966 年制定《情报自由法》时,在免除公开的政府文件中规定执行法律的文件不公开。法律规定的免除条款是:"为了执行法律而制作的调查档案,除非私人在法律上可以利用的文件例外。"执行法律的档案不对外界公开是在起诉以前,政府一旦起诉以后,被告根据诉讼法的规定可以要求政府提供某些文件作为证据时,行政机关不能拒绝。由于这项规定,避免了行政机关在执法过程中过早地公开执行法律的文件。

条文的规定非常简单,法院在适用这项规定时,给予执法文件极为广泛的意义。行政机关为了执行法律而调查的档案中,一切文件都是执法文件,不问该文件和执行法律是否有一定的逻辑联系,也不问该文件的公开是否对政府产生不利的结果,都可得到免除公开的保护。特别是哥伦比亚特区上诉法院,在一系列的判决中采取形式主义的、意义广泛的解释,以致行政机关可以拒绝公开大量的政府文件。例如该法院在1974年的一个判决中声称:"如果争论中的文件明白地归类在为执法目的而编制的档案中,就可以免除公开。事后猜测国会的意图,不是法院的任务。公开某项政府文件实际上不会产生损害,这个论据不能作为法院依赖的理由。"①

免除公开的范围过广,引起国会的反感。1974年,国会修改《情报自由法》,对1966年法律笼统的规定加以明确。根据保护政府利益和私人利益的需要,免除公开的执法文件,限于下面所述的6种情况;不符合这6种情况的执法文件,不能享受该项规定中免除公开的保护。

1986年国会对《情报自由法》又一次修改,把为执法目的而编制的调查档案,改为执法目的而编制的信息和记录。因为档案是一个集合名词,包括其中的全部文件。而法律的目的是就每项文件或每类文件分别考察它是否属于该分款中规定的六种情况,所以改用信息和记录代替档案一词。调查一词限制了执法文件中与调查无关的信息和记录,所以取消。

行政机关的执法文件,只有符合该分款中规定的6种情况中的任何一项,才能免除公开。然而某项执法文件虽然不符合该分款中规定的6种情况,如果符合《情报自由法》中其他分款中规定的免除条件时,仍然可以免除公开。另外,除《情报自由法》外,其他法律中对某项执法文件禁止公开时,适用其他法律,例如《联邦刑事程序规则》第6条规则禁止公开大陪审团的记录。以下分别说明《情报自由法》中第7项免除公开的执法文件的六种情况。

(二) 妨碍执法程序

行政机关可以拒绝请求人所要求的文件,如果文件的公开可以合理地预期会妨碍执法程序。妨碍执法程序的意义,根据《司法部长手册》的解释是妨碍执法目的,包括刑事的、民事的和行政的执法程序在内。这次规定适用于正在进行的程序,例如正在进行的调查;也适用于预期会发生的程序,例如预期会发生的追诉和调查;但不适用于假想中的程序,例如在波斯诉国家劳动关系委员会案件中②,法院拒绝接受国家劳动关系委

---

① Diltow v. Brinegar, 494 F. 2d 1073 (D. C. Cir. 1974).
② Poss v. NLRB, 565 F. 2d 654 (10 Cir. 1977).

员会不公开的理由。因为该委员会没有进行,也没有考虑进行任何不公正的劳动关系的调查和追诉。已经结束的程序,如果其中某项文件的公开会妨碍正在进行的或预期进行的程序时,也可以不公开。法院不要求行政机关必须证明某一特定文件的公开会产生某一特定的损害。行政机关能够证明某类特定文件的公开会产生某种不利于执法程序的结果时,也可以拒绝公开。例如最高法院1978年在国家劳动关系委员会诉罗宾斯轮胎和橡皮公司案件中①,认为国会不限制法院就公开某类调查记录,对某类执法程序的妨碍作出判断,必须是某类文件和某类程序之间存在密切的联系。该案的事实是罗宾斯公司被控诉有不公正的劳动关系,公司要求从委员会中得到在委员会的调查中,一切可能的证人的陈述,委员会拒绝公司的请求。因为过早地公开这类文件,证人将不愿意和委员会合作,妨碍委员会执法的程序。公司主张委员会必须就每项文件指出它的效果。最高法院拒绝了公司的观点,认为法院可以就某类文件对执法程序的影响作出判断。行政机关证明某项文件的公开会妨碍执法程序,毋须达到完全确定的程度。法律只要行政机关证明某项文件的公开,合理的预期会妨碍执法程序。

(三) 剥夺公正的审判或公平的裁决

执法机关掌握的被控告人的材料,如果过早地公开,经过新闻界的渲染,往往影响公众的视听,产生某种偏见,以致公正的审判或裁决成为不可能时,执法机关可以拒绝外界的要求,不公开这类材料。公正的审判是指法院的审判,公平的裁决是指行政机关进行的裁决。根据《司法部长手册》的解释,不是任何裁决都能适用这项规定。行政裁决必须具有相当正式的程序,具有准司法性质,才能适用这项规定。哥伦比亚特区上诉法院在一个判决中②,认为,行政机关引用这项规定必须满足两个条件:① 审判或裁决已经开始;② 公开请求人要求的材料,可能严重地影响审判或裁决的公正性质。

(四) 不正当地侵犯个人的隐私权

这项规定和上款所述人事档案、医疗档案和类似的档案的规定相同,只是适用的对象不同。上款规定适用的对象是行政机关掌握的人事档案等类材料,本款规定适用的对象是行政机关为执法目的而制作或收集的

---

① *NLRB v. Robins Tire and Rubber Co.*, 437 U.S. 214 (1978).
② *Washington Post Co. v. Department of Justice*, 863 F.2d 96 (D.C. Cir. 1988).

记录和信息。这两款规定的目的都在于保护个人的隐私权。执法机关在决定是否公开执法的文件时,必须比较隐私权的利益,和公开文件所能得到的公共利益。上款关于利益平衡的理论,同样适用于本款。

(五) 秘密的信息来源和秘密的信息

执法机关掌握的文件如果公开,会暴露秘密的信息来源或秘密的信息时,可以拒绝公开。秘密的信息来源是指某些执法机关,例如联邦调查局或其他反间谍机关等,为了发现违法活动或破坏国家安全的活动,往往雇用告密人员,这些人的身份从来不对外界公开;或者虽然不是执法机关雇用的人员,提供情况者在向执法机关提供情况时,已经声明必须不透露信息来源,执法机关同意时,也是秘密的信息来源。秘密来源的主体不限于自然人,也可以是团体、州、地方政府或外国的机构等。执法机关在公开文件时,可以删除秘密的来源。如果删除来源以后,文件本身可以暴露秘密来源时,可以不公开这样的文件。

执法机关以秘密信息为理由拒绝公开的文件,限于两种情况:

(1) 刑事执法机关在刑事调查中,只能从秘密来源得到的秘密信息;民事方面的秘密信息能够拒绝公开,只在公开信息本身同时会公开秘密信息来源的时候。

(2) 合法地执行国家安全情报调查的机构,只能从秘密的来源得到的秘密信息。国家安全包括军事安全、国防安全、外交安全等事项。

(六) 泄露调查的技术和程序

这项规定的目的在于保护调查程序中使用的特别技术,主要用在刑事和国家安全方面关于违法行为的调查。被保护的技术必须具有新颖性,为一般人所不知道。如果已经为很多人知道的技术,则不在保护范围之内。例如指纹技术、弹道导弹测验技术已经不是秘密,不在保护范围之内。上节中曾经说明,行政机关的职员手册和对职员的指示中,和公众有关的部分必须公开。如果应当公告的文件中,包括本款规定的情况时,可以删除这一部分。

(七) 危害执法人员安全

执法文件的公开如果可能危害执法人员的安全时,行政机关可以拒绝公开。例如对恐怖主义分子有组织的犯罪活动、贩卖毒品活动的调查文件,如果公开可能危害执法人员的生命或人身安全,执法机关可以拒绝公开这类文件。

九、关于金融机构的信息

《情报自由法》规定的第 8 项免除公开的政府文件是金融管理机关为了控制金融机构而准备或收到的检查、业务、情况等报告。这类文件免除公开的目的在于保护金融机构的安全。本项免除公开和前面第 4 项贸易秘密文件免除公开,以及下面第 9 项油井的地质的和地球物理的信息文件免除公开,都是保护企业的规定。

金融机构的意义根据法院的解释是指银行、信托公司、银行联合会及相关的机构。金融管理机关例如联邦储备系统、联邦国内贷款管理委员会、联邦储蓄保险公司等机关。它们在活动中收集了大量敏感的信息,这类信息如果公开,可能对金融机构的业务或安全带来极大的危害,引起金融混乱。

十、关于油井地质和地球物理的信息

《情报自由法》规定的第 9 项免除公开的政府文件是关于油井的地质的和地球物理的信息。这是适用范围最窄的一项免除公开的规定。本项规定的目的在于保护石油和瓦斯开采者之间的公平竞争,防止投机取巧者利用其他公司的探测成果。石油开采者为了开采石油必须投入巨资,探测石油储藏的位置,可能开采的数量、地质结构、地震资料,及其他为开采石油或瓦斯必须具备的资料、数据和信息。这类资料对开采者来说,构成他的财富。行政机关在管理和控制的过程中掌握了这类信息,如果任意公开,投资的人蒙受巨大的损失。取得信息的人不花任何费用,得到大量有益的资料,造成不公平的竞争,鼓励投机取巧。所以《情报自由法》规定行政机关掌握的这类文件,可以免除公开。从立法技术上说,这类文件的免除公开不必另行规定,可以包括在前面所述贸易秘密文件免除公开的范围以内。

第四节 除外的文件

一、除外文件的意义和理由

上节中说明了九项免除公开的政府文件。除了这九项免除公开的文件以外,其他文件在公众请求时必须公开。这九项规定保护了需要保密

的政府文件,但是执法机关掌握的某些特别敏感的文件,依靠这九项免除公开的规定,可能得不到完全保密的保护。所以在1986年《情报自由法》修改时,增加了一种新的保护,称为除外(exclusion),这是一种比免除(exemption)更彻底的保密。

除外的意义是指行政机关具有某项文件,然而可以否认它的存在,把它排除在《情报自由法》的适用以外。法律上的术语不用否认存在一词,而是规定:"行政机关……对这类记录可以视为不适用情报自由法的要求。"由于法律规定这类文件在一定的条件下不适用《情报自由法》的要求,学术著作上把它们称为除外文件(excluded records)。

法律规定除外文件的理由,是因为行政机关根据免除公开的规定拒绝公开某项文件时,必须说明理由,证明他的拒绝符合法律规定的九项免除之中的某项规定。在行政机关主张的理由不充分时,法院可以命令行政机关提供请求人要求的文件。即使行政机关的理由充分,也可以拒绝公开,然而由于适用免除公开的结果,对文件的存在已经承认。但是执法机关掌握的某些非常敏感的文件,透露文件的存在已经是提供了一个线索,可以透露文件的内容。执法机关的某些文件,甚至不能透露它的存在。根据1986年的修改,在请求人根据《情报自由法》要求这些文件时,行政机关可以回答本机关没有可以适用《情报自由法》的文件,甚至回答本机关没有你要求的文件。这个回答毫无疑问是"说谎",然而是法律允许的说谎。

二、除外文件的范围和条件

除外文件是一种特殊的保护,对公众的了解权构成极大的限制,只在狭隘的范围内和特定的条件下才能适用。根据《情报自由法》第3款的规定①,除外保护只适用于执法机关掌握的下述三种文件,不适用于其他机关,也不适用于其他文件。

(一) 妨碍执法程序的文件

这项规定和前面所述第7项免除公开中第一种情况相同。由于适用免除的保护不能达到保护的目的,所以规定除外的保护。它的适用条件如下:

---

① 即《行政程序法》第552节C款。

1. 违反刑事法律

除外的文件只限于刑事违法调查的文件,不适用于执行民事法律的文件。后面这类文件只能享受免除公开的一般保护。享受除外保护的文件,必须该项文件能够全部免除公开,不是部分免除公开的文件。

2. 有理由相信被调查的对象不知道程序正在进行

除外文件的目的在于保护文件的存在不为要求得到文件的人知道,防止逃避调查。如果被调查的对象已经知道调查正在进行,自己构成调查的对象,则适用除外保护已经没有意义。这时只能适用一般的保护。但被调查对象是否知道调查正在进行,不能凭他自己的猜测和虚张声势。法律只要求执法机关根据客观情况判断,有理由认为他不可能知道。

3. 妨碍执法程序

由于被调查的对象不知道文件的存在,如果承认文件的存在会妨碍调查程序或准备程序,这时才有理由适用除外的保护。

4. 暂时性质

除外的保护只适用于上述条件继续存在的时候。如果情况改变,缺乏上述条件时,没有理由适用除外的保护,只能适用一般的保护。除外的保护具有暂时性质和特殊保护性质。

(二) 泄露刑事程序中的秘密信息来源的文件

上节已经看到,在第 7 项免除公开的文件中,其中有一种免除公开的情况是避免泄露刑事调查信息的秘密来源。但是免除公开的保护,有时不能达到保护秘密来源的目的。因此《情报自由法》规定在刑事调查中,依告密者的姓名或特征而记录的文件,如果第三者根据告密者的姓名或特征要求得到这项文件时,行政机关可以认为这样的记录不适用《情报自由法》的要求。因为这时行政机关如果以免除公开为理由,拒绝提供文件,实际上等于承认秘密来源的存在。对提供信息的人可能产生不利的结果,对行政机关以后继续取得信息制造困难。所以这时只能适用除外的保护,否认文件的存在才能保护秘密信息的来源不被泄露。这项规定特别适用于犯罪集团中的头目,怀疑已有奸细渗入集团内部,设法调查告密者的时候。

(三) 联邦调查局关于间谍、反间谍和国际恐怖主义的文件

《情报自由法》规定的第 3 种享受除外保护的文件是联邦调查局关于国际间谍、反间谍和国际恐怖主义的文件。这类文件本来可以受到上节所述国防和外交政策文件免除公开的保护,但是关于间谍活动和恐怖

主义活动的事项特别敏感,要想得到文件的人大都经过专门训练,从很细微的线索中可以推测文件的内容。免除公开的措施不足以达到保护的目的,所以《情报自由法》规定,这类文件不适用《情报自由法》的要求,联邦调查局可以否认这类文件的存在。适用除外保护的文件,必须是国际间谍或恐怖主义的文件,而且还必须总统在行政命令中,已经规定这类文件的存在属于保密事项。没有总统的行政命令,或行政命令中已经取消对这类文件的保密时,联邦调查局不能主张除外的保护。

《情报自由法》只规定联邦调查局对上述文件可以享受除外的保护。如果其他行政机关利用上述文件,请求人要求其他机关提供上述文件时,是否也可以适用除外的保护呢?在这种情况下,根据《司法部长手册》的解释,其他机关应和联邦调查局协商,共同引用除外文件的保护。

第五节 《情报自由法》的诉讼

一、《情报自由法》诉讼的意义和范围

本章第二节中已经说明,公众可以通过三种方法了解和得到政府文件:① 有些文件必须在联邦登记上公布;② 有些文件不在联邦登记公布范围以内,然而行政机关必须以其他方法公开,供公众查阅;③ 上述两类文件以外的其他文件,行政机关根据公众的请求必须公开。行政机关应当公开而没有公开的文件,以及行政机关拒绝公众的请求而不公开的文件,公众请求法院命令行政机关公开提起的诉讼,是《情报自由法》的诉讼。诉讼的范围包括违反上述三种公开的情况在内,但最典型的《情报自由法》的诉讼是第三种情况的诉讼,即公众请求得到某项文件,行政机关拒绝公众的请求,公众请求法院命令行政机关提供文件的诉讼。这是数量最多的诉讼,争论的焦点通常是该项文件是否属于免除公开的范围。这是本节讨论的情报自由法的诉讼。

二、法院的管辖

(一) 事物管辖和地域管辖

《情报自由法》第 1 款第 4 项(B)规定,情报自由法的初审诉讼由联邦地区法院管辖,其他法院无管辖权。有地域管辖权的地区法院是原告居住地或主营业所所在地、政府文件所在地、哥伦比亚特区,原告可以根

据诉讼的方便选择上述任何法院起诉。法律规定哥伦比亚特区地区法院可以作为初审法院的理由是：① 很多政府文件的所在地是哥伦比亚特区；② 该特区法院受理的情报自由法的诉讼数量最多，取得了审理这项诉讼的经验；③ 很多情报自由法的诉讼由司法部代替行政机关进行辩护，由哥伦比亚特区法院管辖，便于司法部应诉；如果收到诉状的地区法院认为其他地区法院受理该项诉讼更方便时，可以请求移送到更方便的地区法院审理。

（二）穷尽行政救济

穷尽行政救济是美国司法审查中法院行使管辖权的先决条件。①《情报自由法》第 1 款第 6 项规定，行政机关拒绝公众的请求时，应告知请求人有权向该机关首长请求救济。许多行政机关制定有程序规则，规定公众请求救济提供文件的程序，其中包括不服初步决定的行政救济程序在内。请求人必须按照规定穷尽行政救济。否则法院不能取得诉讼管辖权力。但《情报自由法》同时规定一种视为已经穷尽行政救济的情况，即：行政机关收到请求后，应在 10 个工作日以内决定，上诉机关收到申诉后，应在 20 个工作日以内决定；遇有特殊情况可以通知请求人延长上述日期，延长时间最多不能超过 10 个工作日。行政机关不遵守上述日期作出决定时，视为请求人已经穷尽行政救济，立即可以提起诉讼。

三、当事人

（一）原告

制定《情报自由法》的目的是贯彻行政公开原则。任何人请求行政机关提供文件遭到拒绝，都可作为原告，没有诉讼资格限制。但法院认为应在联邦登记上公布的文件和行政机关应主动公开的文件，行政机关违反法律规定，公众请求公开起诉时，限于受到不利影响的人，请求公开其他政府文件，原告资格没有限制。

原告的起诉书中必须记载：

（1）提出请求的日期和机关，以及行政机关的拒绝或者未按规定日期答复。这项记载表明已经存在一个争端，因为法院不能审理没有争端的问题。

（2）载明自己的请求是按照《情报自由法》提出的。请求人不援引

---

① 参见本书第十五章第四节：提起诉讼的时间（二）：穷尽行政救济原则。

《情报自由法》时,行政机关不作为《情报自由法》案件处理,法院也不能作为《情报自由法》的诉讼受理。

(3) 指出行政机关具有,或者相信行政机关具有这项文件。因为请求人不能要求不存在的文件。

(4) 指出行政机关的拒绝不符合《情报自由法》的规定。

(5) 要求得到的救济。这种救济通常是请求法院命令行政机关提供某项文件,判决行政机关负担诉讼费用和律师费用。

(二) 被告

只有行政机关可以作为《情报自由法》诉讼的正当被告。《情报自由法》第1款第4项(B)规定:"联邦地区法院……有权禁止行政机关拒绝给予文件,并且命令行政机关提供任何对申请人不正当拒绝的行政文件。"根据这项规定,政府官员不是正当的被告。以官员个人作为被告的诉讼,法院认为没有正当的被告,拒绝受理,但法院可以允许原告改正。少数法院允许官员以官方资格作为被告,例如以司法部长、联邦调查局局长资格作为被告,原告在起诉时,有时除以行政机关作为被告外,又增加机关长官作为被告,以便法院确定制裁的责任。

甲机关掌握的文件属于乙机关所有时,接受请求的甲机关,应将请求交乙机关回答,请求人起诉应以乙机关作为被告。

被告收到起诉书后,应在30天内提出答辩,被告不能如期提出答辩时,可以申请法院延期。法院认为申请有理由时,可以允许延长答辩日期。

四、诉讼程序的特点

《情报自由法》的诉讼在程序上具有某些特点。这些特点有的是《情报自由法》所独有,有的也出现在其他诉讼之中。有的由法律规定产生,有的由判例产生。主要的特点有以下各项:

(一) 被告负举证责任

按照一般的证据规则,提出某项要求的人,负责证明要求的正当性质。然而在情报自由法的诉讼中,要求行政机关提供文件的人,不用说明要求的理由和目的,无须证明其要求的正当性质。《情报自由法》第1款第4项(B)规定①,行政机关拒绝提供文件时,必须证明拒绝的正当性质。

---

① 即《联邦行政程序法》第552节(a)(4)(B)。

例如证明已经尽了合理的努力搜索,未能发现文件的存在。最通常的拒绝理由是证明该项文件符合《情报自由法》中某项免除公开的规定。行政机关的证明当然不能泄露文件的内容,然而支持行政机关证明的理由和根据,必须不被原告的反驳所推翻,能使法官确信行政机关理由的正当性质。

众议院和参议院在立法报告中都说明了被告机关负举证责任的理由。国会认为被要求公开的文件掌握在行政机关手中,只有行政机关知道文件的内容和性质,所以必须由行政机关证明文件符合法律规定的免除公开的理由。要求得到文件的人没有得到文件以前,不知道文件的内容。规定由要求文件的人负举证责任,实际上等于拒绝他的要求。由于要求文件的人处于不利地位,所以法院对行政机关提出的理由和根据,进行比较严格的审查。但关于国防和外交秘密的文件,法院一般听从行政机关的判断。

(二) 适用重新审理的证据标准

美国法院在司法审查中判断行政机关认定事实的标准,一般采用实质性证据标准。根据这个标准,行政机关对事实的证明,只要能够为一般合理的人所接受就已足够。法院不要求行政机关的证明必须完全正确。因为事实是否正确只有一个可能,而事实是否合理不可能只有一个。[①]法院不用自己对事实的判断代替行政机关的判断,即使争论中的事实如果由法院认定时,可能得出和行政机关不同的结论。只要行政机关的认定能够为一般合理的人所接受,就已达到证明的要求。

然而根据《情报自由法》的规定,法院审查行政机关拒绝公开的决定是否已经证明时,不是适用实质性证据标准,而是适用重新审理标准。根据这个标准,法院可以完全不顾行政机关对事实的认定,用法院自己对事实的判断代替行政机关的判断。在这个标准之下,行政机关的证明必须达到法院完全承认的程度,符合法院判断的结果。这是最严格的证据标准,一般只在法律有规定时才能采取。参议院在立法报告中,说明《情报自由法》的诉讼采取重新审理证据标准的理由时,认为行政机关对自己掌握的文件,一般倾向于保密。某项文件是否具有免除公开的理由,不能由行政机关单独决定,法院可以决定这个问题。

[①] 参见本书第十六章第二节:事实裁定的审查。

(三) 法官不公开的审查

法官不公开的审查在法律术语上称为法官私人办公室内审查(in camera review)。是指法官对机密的文件或可能具有机密性质的文件,在私人办公室内审查,不对外界公开。以决定文件是否具有机密性质,或者全部或部分具有机密性质。这个程序最初适用于民事诉讼中,以后扩张到行政诉讼。《情报自由法》规定,法院审理行政机关主张保密的文件,可以适用不公开的审查。最高法院认为,不是任何情报自由法的诉讼都自动地适用不公开的审查,法院只在认为确有必要时,才命令行政机关提出文件,由法院进行不公开的审查。① 例如被要求公开的文件具有一定的社会效益,而且行政机关的证明不能使法院确信这项文件确实符合某项免除公开的规定。对国防和外交秘密的文件,法院也具有不公开审查的权力,然而法院对这两方面文件不公开审查权力的行使,非常慎重。

(四) 沃恩索引

沃恩索引(Vaughen Index)是由哥伦比亚特区上诉法院,1973 年在沃恩诉罗森案件的判决所产生。② 原告为法律教授,对文官事务委员会进行一项研究,要求从该委员会中得到关于职员审评的某些报告。该委员会拒绝,主张三项理由:① 文件的性质属于机关内部的人事规则和习惯;② 文件的内容包含机关之间和机关内部的备忘录;③ 文件的内容包含人事的和医疗的记录。这三项理由都是《情报自由法》中规定的免除公开的文件。地区法院同意该委员会的理由,上诉法院认为这个案件不能根据少量的记录,决定上诉人要求的信息属于免除公开的文件。上诉法院指示地区法院按照下述三个步骤,重新审理这个案件:

(1) 地区法院对自己的判决必须充分地说明理由。行政机关空洞的结论,主张某项文件属于某项免除公开的范围,不足以拒绝请求人得到文件的权利。行政机关必须提出一个相当详细的、有一定分量的分析,当然并不要求行政机关泄露文件的内容。

(2) 在本案中,请求人要求得到的信息数量太大。行政机关对数量大的文件必须分类,制成索引,指出哪些文件可以公开、哪些文件不能公开,对不能公开的文件必须详细说明理由。由于分类和索引的存在,请求人和律师容易避免不需要的文件,要求得到所需要的文件,或者争论行政

---

① *EPA v. Mink*, 410 U. S. 73(1973).
② *Vaughn v. Rosen*, 484 F. 2d 820 (D. C. Cir. 1973).

机关所持理由的正当性质。法院也容易确定争论的项目。

（3）地区法院可以任命一位特别的律师，帮助法院审查行政机关主张免除公开的理由，减轻法官的负担。

这个判决对公众请求公开大量文件时，提出分类和索引制度，以后为其他法院采取，称为沃恩索引。行政机关有编制沃恩索引的义务。沃恩索引的作用在于：

（1）保障请求人得到文件的权利不会被淹没在政府文件的迷乱之中。

（2）防止行政机关混淆可以公开的文件和免除公开的文件，借以扩大不公开的范围，避免对免除公开的文件逐项分析、详细说明理由。

（3）帮助法院容易判断争辩中的文件的性质。

五、判决

（一）简易判决

绝大部分情报自由法的诉讼以简易判决（Summary Judgment）结束，不用正式开庭审理。因为情报自由法的诉讼情节比较简单，主要的争论是某项文件是否具有免除公开的法律地位，很少涉及事实问题。对这样一个法律问题，法院通过双方的诉状，和行政机关用宣誓书提出的证据，如果没有其他相反的证据存在可以认为行政机关提出的证据是不真实时，法院已经可以得出结论，不用开庭审理。被告行政机关在情报自由法诉讼中，大多提议采取简易判决程序。如果案件中存在重要的事实争论，足以影响判决的结果时，则必须开庭审理，通过双方的对质和辩论以澄清事实真相。情报自由法中的事实争端，可以出现在行政机关主张某项文件不存在，而要求得到文件的人，对行政机关是否尽到合理的努力进行搜索，提出不同的证据；或者证人的证言互相冲突，必须通过辩论才能澄清。例如行政机关主张某项文件属于贸易秘密，公开发表会损害政府以后得到信息的能力，双方提出的证据或证人的证言互相冲突，必须辩论才能澄清。事实问题的争论需要开庭审理，限于和判决有关的事实问题。和判决无关的事实争论，不需要开庭审理。

（二）衡平法上的权力受到限制

情报自由法的诉讼，行政机关不能证明公众要求的文件受到该法规定的免除公开的保护时，法院必须判决命令行政机关提供请求人所要求的文件。如果公众要求的文件，部分受到免除公开的保护时，在删除该部分后公开其余部分。由于美国的法律制度复杂,除成文法外还存在普通法和衡平法。因此产生一个问题:某项文件根据情报自由法的规定,不能享受免除公开的保护,然而如果公开这项文件将会产生重大的损害。在这种情况下,行政机关或法院是否可以根据衡平法的原则,不公开这项文件呢?这个问题在美国引起的争论,现在还不能说完全确定。

《美国宪法》第3条规定,法院对法律上的和衡平法上的全部案件有管辖权。然而美国的下级法院是由国会创设的,国会有权限制下级法院的管辖权。国会限制下级法院管辖权的法律,在一般情况下意义比较明确,不发生解释上的争论。但有时也出现法律的规定不够明确引起争论。例如情报自由法关于管辖权的规定就引起解释上的困难,该法规定联邦地区法院"有禁止行政机关拒绝提交政府文件的管辖权"。这是成文法规定的地区法院对《情报自由法》的管辖权。然而地区法院除成文法授予的管辖权外,还有衡平法上的管辖权,不需要成文法的授予。《情报自由法》中规定的地区法院的管辖权,是否可以解释为同时包括成文法和衡平法的管辖权呢?因为《情报自由法》的规定没有限制地区法院衡平法上的管辖权。

美国上诉法院的判例,在这个问题上出现分歧。在20世纪60年代,很多法院认为地区法院有衡平法上的管辖权。可以在成文法规定的免除公开外,对公开的结果引起重大损害的文件,根据衡平法的原则禁止公开。美国最高法院对这个争论没有判例,但最高法院在1974年的一个判决中[1],对情报自由法的实施附带地表示一项意见:"很难认为……国会企图限制衡平法院的固有的权力。"有些法院根据这个意见,认为地区法院保有衡平法上的权力,可以在成文法的规定以外,创造新的免除公开。但最高法院的这个意见不是判决的主要理由,对下级法院没有拘束力量。从20世纪70年代以后,美国上诉法院几乎一致认为,行政机关可以免除公开的文件,限于《情报自由法》规定的9项情况,法院不能在《情报自由法》以外创造新的免除公开。采取这个观点的理由有二:

(1)《情报自由法》第4款规定:"除本法特别规定的情况以外,本法不允许拒绝提供信息,或者限制公众得到记录"[2],这项规定明白地限制了免除公开的范围。这项规定属于强行规定性质,法院行使衡平法上的

---

[1] *Renegotiation Board v. Bannercraft Clothing Co.*, 415 U.S. 1 (1974).
[2] 《行政程序法》第552节(d)。

权力,不能违反成文法的强行规定。

(2)《情报自由法》的立法史表明,国会在制定该法时,有意拒绝以空洞的概念,例如"公共利益"、"正当理由"等作为拒绝公开政府文件的理由。

(三) 律师费和诉讼费

根据参议院1972年的一个报告,一个最简单的《情报自由法》的诉讼,所花费用也在1 000美元以上①,很多人因此不敢提起诉讼。1974年《情报自由法》修改时,增加了一项规定,在《情报自由法》的诉讼中,原告实质上胜诉时,法院可以判决国家负担诉讼费用和合理的律师费用;没有请律师的人不能得到律师费用,可以得到诉讼费用;是否判决费用法院有自由裁量权力;原告必须实质上胜诉才能得到律师费用和诉讼费用。所以有的法院在原告部分胜诉,即法院只命令部分公开文件时,不判给原告费用。原告起诉以前在行政阶段的费用,不在法院的判决范围以内。

(四) 制裁

为了确保法院判决的执行,《情报自由法》中规定了两项制裁:

(1) 1966年法律规定的制裁,地区法院在判决行政机关对原告提交不正当地拒绝公开的文件以后,行政机关不执行时,法院可以判决机关负责人藐视法庭罪。

(2) 1974年修改时增加的行政制裁,实施行政制裁的条件和程序是:① 法院判决行政机关对原告提交不正当地拒绝公开的文件;② 法院判决国家负担诉讼费用和合理的律师费用;③ 法院在判决原告胜诉时,同时作出一个书面的裁决,认为拒绝提供文件的行为,产生行政机关人员的任性或专横性质;④ 在此情况之下,功绩制保护委员会的特别律师必须对拒绝提供文件的主要负责人进行调查,决定是否采取纪律制裁;⑤ 特别律师在调查和考虑证据以后,必须把他的裁决和建议向有关的行政机关提出,并将复印件送交有关的行政人员;⑥ 有关的行政机关应执行特别律师的建议。

---

① 转引自 Stein, Mitchel, Mezines: *Administrative Law*, 1991, vol. 2, ch. 11, p. 64.

第六节 反《情报自由法》的诉讼

一、反《情报自由法》诉讼的意义和目的

反情报自由法的诉讼(Reverse FOIA Action)是指向行政机关提出信息的人,提起诉讼禁止行政机关向第三者提供他向行政机关提供的秘密信息。提起诉讼的原告一般是公司或企业的经营者。这种诉讼的目的和《情报自由法》规定的公开行政机关的信息的目的相反,所以称为反情报自由法的诉讼。

当代国家对私人企业进行严密的监督和控制,行政机关掌握私人企业大量的贸易秘密和商业或金融信息的秘密。这种信息为某一企业所独有,具有财产价值。私人企业得到这项信息往往经过大量的投资或长期的经验。由于信息为企业主所独有,所以企业主在和其他企业主竞争中能够处于优势地位。其他企业一方面尽力保存自己的贸易秘密,同时又尽力窃取他人的贸易秘密,以加强自己的竞争地位。贸易秘密的保持和窃取,成为当代企业竞争的新阵地。窃取其他企业贸易秘密最简便的方法,是要求行政机关提供它所掌握的关于其他企业的文件。这些文件有的是行政机关调查得到的,大部分是私人企业必须提出的报告。二十多年实施的结果表明,向行政机关要求信息最多的人,不是新闻界或学术界,而是企业界。例如食品和药物管理局现在每年收到三万多件要求提供文件的请求,其中85%是某一企业要求得到其他企业的报告。① 根据《情报自由法》的规定,任何人不论出于任何理由,有权向行政机关要求提供政府文件。如果某文件不在该法规定的免除公开的9项范围以内,行政机关有提供的义务。即使属于免除公开范围内的文件,行政机关由于错误认为该项文件不受免除公开的保护,或者认为公开该项文件公众得到的利益大于保密该项文件企业主得到的利益时,仍然可以决定公开。美国企业界的代表开始抱怨《情报自由法》的规定,不能保护企业的贸易秘密。反《情报自由法》诉讼的目的是保护企业主的合法利益。

---

① Jame T. O'Reilly: *Federal Information Disclosure*, 1991, vol.1, ch.10, p.4, *EPA v. Mink*, 410 U.S. 73 (1973).

二、反《情报自由法》诉讼的法律根据

原告根据什么法律有权请求法院禁止行政机关对第三者提供属于他的贸易秘密和商业的或金融的信息的秘密呢？这个问题成文法中没有规定。最高法院1979年在克莱斯勒诉布朗案件的判决中作了回答。① 克莱斯勒是汽车制造公司,请求法院禁止国防部公开他向国防部提出的报告中的信息。原告认为报告中的信息具有财产价值,根据《情报自由法》第2款第4项贸易秘密和商业或金融信息的秘密免除公开的规定,和《美国法典》第18编第1905节保护贸易秘密的规定提起诉讼。

最高法院在判决中,驳斥了原告提出的两项法律根据。法院认为,《情报自由法》中贸易秘密和商业或金融信息秘密免除公开的规定,不能作为原告起诉的法律根据。《情报自由法》是一个实施行政公开的法律,该法只规定行政机关必须公开政府文件的义务。没有规定行政机关必须不公开政府文件的义务。行政机关对记载贸易秘密和商业或金融信息秘密的文件,可以拒绝公开,不是必须拒绝公开。行政机关对情报自由法免除公开的文件是否公开,有自由裁量权力。行政机关在决定是否免除公开时,首先考虑的是公共利益,不是企业的私人利益,私人利益只在符合公共利益时才能得到保护。原告根据情报自由法免除公开的规定,没有取得请求法院禁止行政机关公开政府文件的权利,原告提起禁止行政机关公开私人贸易秘密的诉讼必须在其他法律中寻找根据。

最高法院也驳斥了原告根据《美国法典》第18编第1905节保护贸易秘密的规定提起诉讼。法院认为第1905节是一个刑事法律,该法规定行政机关对私人的贸易秘密有保密的义务。禁止行政官员在没有法律的许可时,公开私人的贸易秘密和商业或金融信息秘密,并对违反该节规定的行政官员科处罚金或拘禁的刑事制裁。法院认为该节规定的内容是以刑事制裁作为保护私人贸易秘密的手段,没有规定私人可以提起诉讼请求法院禁止行政机关公开贸易秘密的文件。提起刑事诉讼一般不是私人的事情,私人只在很有限的条件下,才能从刑事法规中取得提起诉讼的权利,第1905节不能作为私人起诉的根据。

最高法院驳斥了原告以情报自由法和保护贸易秘密法作为起诉的法律根据以后,是否认为原告对侵害自己贸易秘密的行为不能请求法院救

---

① *Chrysler v. Brown*, 441 U.S. 281 (1979).

济呢？最高法院当然不能这样主张。最高法院认为，原告提起反情报自由法诉讼的法律根据是行政程序法，该法第 702 节规定，任何人由于行政机关的行为而受到不法的侵害或不利的影响时，有权请求法院对该行为进行审查。原告由于行政机关决定公开他的贸易秘密，是由于行政行为而受到不利影响的人，可以根据第 702 节的规定提起诉讼。第 702 节只规定当事人可以提起诉讼，没有规定应当适用的法律。《行政程序法》第 706 节规定，法院对违反法律的行政行为可以撤销。在反情报自由法的诉讼中，原告能够主张行政机关违反什么法律呢？显然不是情报自由法，因为该法没有禁止公开的规定。原告能够主张的法律必须是禁止公开贸易秘密的法律。在这项法律中，《美国法典》第 18 编第 1905 节占有最重要的地位。因为该法规定行政机关对贸易秘密和商业或金融信息的秘密，具有普遍性的保密义务。适用的范围广泛，不是某一特定范围内的贸易秘密的保密义务。原告有权引用 1905 节的规定以支持他根据行政程序法提起的诉讼，第 1905 节单独使用不能作为原告起诉的根据，然而和行政程序法配合，是反情报自由法诉讼中最主要适用的法律。当然，第 1905 节的禁止没有绝对性质。如果其他法律中有公开的规定时，第 1905 节不影响其他法律的适用。第 1905 节的适用必须和其他有关的法律或法规互相配合。

三、法院的审判

（一）管辖权

情报自由法的诉讼和反情报自由法的诉讼的初审法院，都是联邦地区法院。然而在情报自由法中，只规定联邦地区法院对情报自由法的诉讼有管辖权，没有规定地区法院对反情报自由法的诉讼的管辖权。后面这种诉讼的管辖权必须在《情报自由法》以外的其他法律中寻找根据。地区法院的管辖权限规定在《美国法典》第 28 编，该编中有两项规定可以适用于反情报自由法的诉讼：

（1）联邦问题条款。第 28 编第 1331 节规定，地区法院对产生于《联邦宪法》、法律或条约的一切民事诉讼有初审管辖权。反情报自由法的诉讼是适用联邦法律的诉讼，由地区法院管辖。

（2）商业法律条款。第 28 编第 1337 节规定，地区法院对国会制定的管理商业的法律产生的民事诉讼有管辖权。反情报自由法的诉讼是关于商业法律的诉讼，由地区法院管辖。

有地域管辖权的地区法院是被告居住地、文件可能公开地或者原告居住地,原告可以选择上述任何一个地区法院起诉。

(二) 审查范围

在反情报自由法的诉讼中,法院审查行政决定的范围如何,这个问题最高法院在上述克莱斯勒的判决中没有解决。上诉法院的判例不一致,有的上诉法院认为反情报自由法诉讼的司法审查范围,应当适用重新审理的证据标准。理由是:

(1) 情报自由法的诉讼适用重新审理的证据标准,反情报自由法的诉讼应当适用相同的标准。

(2) 行政机关对保护私人利益不是很感兴趣,法院必须加强对企业所有者的保护。因此这些法院认为,法院可以完全不顾行政机关对事实问题的认定,独立地判断行政决定是否有事实根据,可以用法院的判断代替行政机关的判断。

大多数法院不赞成情报自由法的诉讼和反情报自由法的诉讼适用相同的审查标准。因为反情报自由法的诉讼的法律根据不是情报自由法,而是行政程序法。这两个法律规定的司法审查范围不一样,《情报自由法》规定司法审查的范围适用重新审理的证据标准。《行政程序法》规定的司法审查范围,在一般情况下,适用实质性证据标准和专横、任性、滥用自由裁量权标准,只在例外情况下才适用重新审理的证据标准。因此这些法院认为,在反情报自由法诉讼中司法审查的范围,在一般情况下,应当根据行政机关作决定时的行政记录作出判断,只在行政记录非常不完备时,才适用重新审理的证据标准。

(三) 救济

原告提起反情报自由法的诉讼,一般是请求法院禁止行政机关公开他们贸易秘密和商业或金融信息秘密。法院在判决前,必须审查行政机关的决定是否违法。由于诉讼的判决需要经过一定的时间,而行政机关对要求提供文件的人必须在10日以内作出答复,所以反情报自由法的原告在提起诉讼以后,往往请求法院在判决前,发出预先禁止的命令。命令行政机关在诉讼进行期间,暂时不提交第三者要求的文件。法院是否发出预先禁止的命令取决于下列因素:① 原告提出的理由是否有很大的胜诉希望;② 原告是否因法院不发出预先禁止的命令而可能受到不可弥补的损害;③ 法院发出预先禁止命令是否会损害第三者的利益或公共利益。

原告在提起诉讼时，也可以同时请求预先禁止令和确认判决。请求法院确认行政机关掌握的某一文件，具有不能公开的地位。确认判决虽然没有强制执行力量，由于和预先禁止命令同时请求，能够有效地制止行政机关不正当地公开需要保密的贸易秘密和商业或金融信息秘密。

四、第 12600 号行政命令

第 12600 号命令是里根总统 1987 年 2 月发布的一个命令。命令本身没有涉及反情报自由法的诉讼，但是命令的目的在于避免或减少反情报自由法的诉讼，以及方便法院对反情报自由法诉讼的审理。这个命令适用于隶属总统的行政机关；独立的行政机关可以自由适用。

第 12600 号命令在一定程度上承认贸易秘密和商业或金融信息秘密具有财产权利性质。命令中规定行政机关在决定公开该项秘密以前，必须事先通知提供信息的人，并听取其陈述反对公开的意见，或要求删除的部分。行政机关听取意见后仍然决定公开时，必须说明理由，留有时间以便提供信息的人有机会请求司法审查。为了方便行政机关的工作，提供秘密信息的人必须在提供文件时，在文件上记明保密标志。行政机关可以事先审查该项文件是否属于保密范围。大部分行政机关已经制定法规，规定哪类性质文件属于保密范围。企业主对行政机关的法规不服，可以在行政机关适用该法规时申请司法审查。企业主在提供文件时没有注明保密标志，行政机关根据其工作经验认为应当保密时，也可列入保密文件范围。行政机关对提供保密文件的人负有通知义务和听取陈述意见义务，只在行政机关有意公开文件时才存在。行政机关收到第三者要求提供保密文件的请求后，无意公开时，对提供文件的人没有事先通知和听取陈述的义务。

第 12600 号命令对提供秘密信息的人，规定了程序上的保障，可以减少或者避免反情报自由法的诉讼。一旦当事人起诉以后，第 12600 号命令的实施也方便法院的审查。因为行政机关在决定公开保密文件以前，已经存在大量的行政记录，可以作为司法审查的根据。

第七节　国会的监督

美国国会非常重视行政公开。1974 年修改《情报自由法》时，除加强法院对实施《情报自由法》的监督以外，还增加了国会的监督。规定行政机关和司法部长关于《情报自由法》的执行,每年必须向国会提出一个报告。国会由此可以判断《情报自由法》执行的情况,制止不负责任地拒绝公开政府文件。

一、行政机关的年度报告

每年 3 月 1 日或在此以前,每个联邦行政机关必须向国会提出一个报告,说明上年度执行《情报自由法》的情况。报告的内容包括:

(1) 该机关对根据《情报自由法》第 1 款要求得到政府文件的人、拒绝公开的数目、每次拒绝的理由。

(2) 被拒绝者请求行政复议的数目、每次复议的结果、复议中每次拒绝公开的理由。

(3) 对根据《情报自由法》要求提供文件作出拒绝决定者的姓名、官衔、职位,每人参加决定案件的数目。

(4) 在《情报自由法》中,每次适用处罚程序的结果,包括对不正当地拒绝提供文件负主要责任者所采取的纪律处分的报告,或者解释为何不采取纪律处分。

(5) 该行政机关为实施《情报自由法》而制定的每件法规的复印本。

(6) 收费表的复印本,以及该机关根据《情报自由法》提供文件所收费用的总额。

(7) 说明为了贯彻执行《情报自由法》而作出的努力。

二、司法部长的年度报告

司法部长应在 3 月 1 日或以前提出一个年度报告,其中包括上年度的情报自由法诉讼数目表、每件诉讼涉及的免除公开的规定、每次诉讼的结果。法院判决国家负担的诉讼费用和律师费用,以及法院判决的处罚。该报告还必须说明司法部为了鼓励行政机关遵守情报自由法而采取的措施。

第二十二章
行政公开(二)：《阳光中的政府法》和《联邦咨询委员会法》

1966年制定《情报自由法》后，国会在70年代继续制定法律，扩大行政公开的范围，其中最重要的法律是《阳光中的政府法》和《联邦咨询委员会法》。

第一节 《阳光中的政府法》：概述

一、立法的政策和目的

联邦政府的《阳光中的政府法》是规定合议制行政机关的会议必须公开举行的法律。像法院的公开审理一样，公众可以观察会议的进程，取得会议的信息和文件。这个法律制定于1976年，主要的规定编入了《美国法典》第5编第552b节，一般简称该法为《阳光法》。1976年以前，美国有些州已经制定有会议公开的法律。联邦政府1976年的法律虽然受到州法律的影响，然而在很大程度上参照了1974年修改后的《情报自由法》。这两个法律可以说是姊妹法律，一个适用于政府文件的公开，一个适用于合议制行政机关会议的公开。两者的目的相同，都是贯彻执行行政公开原则。

国会在说明制定《阳光中的政府法》的目的和政策时声称："公众有权在可以实行的范围内，充分了解联邦政府作出决定的程序。本法的目的是对公众提供这样的信息，同时保护个人的权利和政府执行职务的能力。"根据这个说明，法律执行的政策是促进公众对政府活动了解的权利。这是民主政治赖以建立的基础，也是行政活动对公众负责受公众监督的一项措施。同时也保护个人的权利和政府执行职务的能力不因为公众的了解权而受到破坏。所以法律在规定了会议公开以后,又规定了一些免除公开的会议,调和公众、个人和政府各方面的利益。

二、适用的对象

(一) 区别委员会制和独任制行政机关

《阳光中的政府法》只适用于委员会制的行政机关(collegial agencies),不适用于独任制的行政机关(single-headed agencies)。因为这两类机关作决定的程序不一样。国会设立委员会制行政机关的目的在于集思广益,避免一个人见解狭隘的缺点。委员会制的机关作决定时必须举行会议,在讨论中可能互相让步和妥协,根据多数委员的意见作出决定。会议公开可以看出作决定的程序。独任制机关的决定由长官一人作出,虽然长官在决定的过程中也经常和下级官员讨论,但下级官员的意见只供长官参考,没有决定权,下级官员也不对决定负责。公开这种讨论,从法律的观点来看,不代表作决定的过程,反而妨碍下级官员自由地发表意见。所以在美国机关内部的备忘录不对外界公开。①

委员会制机关的会议必须对外界公开,不表示委员会制机关的工作和独任制机关的工作的性质不同。例如在美国,证券交易委员会的委员、司法部长和货币总监都有某些反垄断的权力,他们工作的性质可能相同,然而阳光中的政府法只适用于证券交易委员会,不适用于其他两个机关。因为后面两个机关是独任制机关,证券交易委员会是委员会制机关,他们作决定的程序不一样。

(二) 几个基本概念

《阳光中的政府法》只适用于委员会制行政机关的会议。所以该法对和适用对象有关的几个基本概念作了规定。

1. 行政机关

行政机关的意义在阳光中的政府法中比在其他法律中的意义较窄。该法规定:"行政机关是指……任何以两个或两个以上的成员为首的集体领导的行政机关,其中多数成员由总统经参议院的同意而任命担任该项职务,以及被授权代表该机关进行活动的任何分支机关。"根据这个定义,阳光中的政府法中的行政机关必须是以两个或两个以上成员为领导成员的委员会制行政机关。多数委员必须是由总统经参议院的同意而任命担

---

① 参见《情报自由法》免除公开的规定。

任该项职务。其他机关人员不是被任命担任委员会的职务者,如果作为委员会的成员,不能在委员会中占多数,否则这个委员会将不受阳光中的政府法支配。根据这个定义,受阳光中的政府法支配的行政机关,主要是独立的控制机构。

2. 委员会的成员

委员会的成员是指委员会的集体领导集团中的任何个人,包括其他机关人员以其职务而当然参加委员会的人在内。其他机关人员作为委员会的当然委员的地位,依设立该委员会的法律,或根据这个法律而制定的行政法规的规定。

3. 分支机关

阳光中的政府法不仅适用于委员会本身的会议,也适用于其分支机关的会议。分支机关是指领导集团的分支机关。阳光中的政府法不适用于完全由机关职员组成的分支机关。因为领导成员经过总统的任命和参议院的同意,他们的决定可以受到公众的审评。机关职员没有这个地位,他们的会议不受阳光中的政府法的支配。分支机关必须是由领导集团授权代表委员会进行活动的机关,而不是独立进行活动的机关。分支机关必须有一定的成员或固定的职务,委员会的小组,或非正式的工作小组,仅仅向领导集团提出报告,不是分支机关。

4. 会议

会议是阳光中的政府法中关键性的概念。这个概念在适用时引起一些争论,法律规定:"会议是指领导成员达到最低限度的人数,能够代表行政机关采取行动的讨论。该讨论中决定或者产生共同的行动或者处理机关的正式事务。"根据这个定义,《阳光中的政府法》规定的会议必须包含下列因素:

(1) 机关领导成员参加,非领导成员的会议不受《阳光中的政府法》支配。

(2) 最低限度达到能够代表行政机关采取行动的法定人数,没有达到法定的人数不能代表机关作决定的讨论,不是会议。法定人数的数目,根据委员会的组织法或委员会制定的行政法规的规定。

(3) 集体讨论。参加会议的成员必须进行集体讨论,只由一个或几个成员发言,陈述机关的事务,其他成员只是洗耳恭听,没有共同讨论,不是会议。此外,没有集体交换意见,领导成员在自己办公室内分别书面投票表决,这种决定方式不受阳光中的政府法的支配。阳光中的政府法不要求行政机关必须举行会议,行政机关是否必须举行会议,受其组织法的支配。美国行政机关往往利用分别书面投票方式,逃避阳光中的政府法的适用。特别是对不涉及原则性的经常性问题的决定,大都采取这种方式,不举行会议。另一方面,参加讨论的人,不一定必须在同一地点。如果有集体的讨论而且符合其他条件时,也是会议,例如电话会议。

(4)讨论必须有一定的实质内容,目的在于共同进行活动或处理事务。如果讨论中的问题事先已经决定,多数委员聚会的目的只是形式上表决通过,没有实质的内容,这种会议不是阳光中的政府法要求的会议。讨论也必须有一定的正式程度,对问题有一定的认真考虑,委员会多数成员在一个宴会中,随便谈谈机关事务,不是会议。

三、内容摘要

《阳光中的政府法》的主要内容如下[①]:第1款界定该法适用对象的几个基本概念,包括:行政机关、会议、机关成员的意义。第2款规定公开举行会议的要求。第3款规定免除公开举行的会议或部分会议,以及公开的会议或部分会议的信息如果公开发表,可能暴露不公开的会议时,行政机关可以决定不公开发表的信息。免除公开的规定没有强制性质。行政机关认为公开的会议更符合公共利益时,可以不受免除公开的限制。第4款规定不公开会议的种类和举行不公开会议的程序。第5款规定宣布举行会议的程序。第6款规定不公开举行会议必须具备法律事务主任的证明、制作会议的实况记录或会议摘要记录的义务,以及对公众提供可以公开的会议情况记录的义务。第7款和第8款规定法院对行政机关为执行《阳光中的政府法》而制定的法规或采取的决定的司法审查。第9款规定诉讼费用。第10款规定国会的监督。第11款规定阳光中的政府法和情报自由法的关系。

第二节 会议公开的规定

《阳光中的政府法》第2款规定会议公开的要求。合议制行政机关举行会议必须符合《阳光中的政府法》的规定,一切会议除符合该法规定的免除公开举行的条件以外,必须公开举行,允许公众观察。

---

① 《联邦行政程序法》第552b节。

公众根据这项规定取得的观察权利,包括出席、旁听和观看的权利,不包括参加会议进行发言的权利。参议院的立法报告中认为合议制机关举行公开会议时,应尽量选择适当的房间以便容纳更多的公众。但是合议制机关没有义务满足全部公众都参加的要求,只要有一部分公众参加,特别是新闻界参加,就已经符合公开的要求。

公众观察的权利是否包括摄影权和录像权呢?对待这个问题美国合议制行政机关的态度不一致。有的采取宽大态度,只要不影响会议的进程,任何摄影或录制都可以进行;有的采取严格态度,事先必须得到允许。绝大部分合议制行政机关在自己制定的行政法规中,规定公众出席会议应遵守的规则和允许的活动。有些合议制机关为了方便公众观察起见,散发或张贴公开会议的指导手册,记载机关的主要人员、他们的职务、投票的程序、专门术语的解释,以及该机关根据阳光中的政府法所规定的程序。

第三节 免除举行公开会议的理由

合议制行政机关的合议必须公开举行,这是阳光中的政府法的主要宗旨。然而不能认为任何会议,不论所讨论的问题性质如何,必须公开举行。有时会议中讨论非常敏感的问题,公开举行产生的损害,可能远远超过得到的利益。例如国防机密可能落到外国人手中;违法的人知道执法机关采取的侦查策略,事先作好掩饰;私人的名誉和企业的利益可能由于在会议中公开讨论而遭受严重的损害。法律注意到这些情况,在规定会议公开的要求以后,又规定在10种情况之下,合议制行政机关的会议的全部或一部分,可以免除公开举行。这种免除没有强制性质,法律允许不公开举行的会议,合议制机关认为公开的利益大于不公开的利益时,仍然可以公开举行会议,不受免除规定的限制。合议制行政机关在决定不公开举行会议时,必须作出两个判断:

(1) 是否符合法律规定的免除公开举行的条件。
(2) 不公开举行会议是否更符合公共利益。

在司法审查中,只有能够同时得到这两方面的支持,免除公开举行的决定才能得到法院的承认。

法律规定10项免除公开举行会议的理由,合议制行政机关除了能够证明符合其中任何一项理由以外,必须举行公开的会议。这10项免除公开举行会议的理由,也是合议制行政机关不对公众提供阳光中的政府法中不公开的会议的情况记录的理由。根据《阳光中的政府法》第 3 款的规定,免除公开举行会议的 10 项理由是:

(1) 会议讨论的事项涉及国防机密或外交政策机密。援引这项规定必须符合两个条件:① 总统已在行政命令中规定这类事项属于保密事项;② 行政机关根据总统的行政命令,实际上已把某一特定事项列入保密范围。

(2) 会议讨论的问题纯粹属于机关内部的人事规则和习惯。

(3) 会议讨论的问题或文件已为法律规定为保密事项。① 援引这项规定必须符合下述任何一个条件:① 其他法律规定的保密属于强制性质,行政机关没有自由裁量的可能;② 其他法律规定了特定的保密标准,或指明了特定类型的保密事项。

(4) 会议讨论的事项属于贸易秘密,或者是从有特权的人或秘密的人所得到的商业的或金融信息。

(5) 会议讨论控诉一个人的刑事犯罪或者正式指控某人。

(6) 会议讨论的问题属于个人性质。如果公开可能不正当地侵犯个人的隐私权。

(7) 会议讨论的事项是为执法目的而制作的调查记录,或可能包含在该记录中的信息。援引这项规定必须符合下述任何一个条件,即该记录或信息的公开可能:① 干扰执法程序;② 剥夺一个人的公正审理或公平裁决的权利;③ 构成不正当地侵犯个人的隐私权;④ 暴露秘密的信息来源,以及如果公开刑事执法机关在刑事调查中的记录,或者公开合法地执行国家安全情报调查机关的记录,将会暴露只能从秘密的来源得到的秘密信息;⑤ 暴露调查的技术和程序;⑥ 危害执法人员的生命或人身安全。

(8) 会议公开会暴露负责控制或监督金融机构的行政机关所准备的或收报的视察报告、业务报告、情况报告中包含的信息。

(9) 会议讨论的信息过早的公开可能产生下述结果:① 就控制货币、证券、商品或金融的机关而言,将会导致:(A) 在货币、证券、商品方面引起经济上的投机;(B) 严重地危害金融机构的安全。② 就任何其他机关而言,将会严重地妨碍该机关执行预定的计划。

---

① 不包括《情报自由法》。

(10) 会议讨论的问题是关于该机关发出的传票、参加民事诉讼、参加在外国或国际法庭中的诉讼、参加仲裁，或者提出、进行、决定一个正式程序的裁决。

在这 10 项免除举行公开会议的规定中，有 7 项和《情报自由法》中免除公开政府文件的规定相同，不用再多说明。《阳光中的政府法》中特别规定的免除公开的理由只有 3 项，简单说明如下：

(1) 讨论控诉一个人的刑事犯罪，或者正式控诉某人的会议，免除公开举行。因为会议讨论的事项涉及一个人或者一个公司的名誉，如果会议公开举行为新闻界所报道，对该人或该公司可能产生不可弥补的损害。特别是会议讨论的结果，不一定提出控诉，被讨论的人或公司这时受到的损害，对其非常不公平。

(2) 上述第 9 项免除公开举行的会议，包含两类机关：

① 控制金融、证券、商品的机关。例如联邦储备委员会、联邦证券交易委员会、联邦商品期货交易委员会等，它们控制联邦的金融、证券和商品。如果它们的会议公开，可能引起金融、证券或商品方面的投机活动；或者危害某一金融机构，例如银行或信托公司的安全。在这种情况下，它们可以举行不公开的会议。

② 任何其他机关，如果公开讨论某一事项，可能严重地挫败其预定执行的计划。在这种情况下，可以举行不公开的会议。一方面，这项规定的范围不是十分明确，在适用时引起争端。对某些会议而言，容易适用这项规定。例如行政机关议决紧急禁运某项商品，如果在会议中公开讨论，则在禁运命令正式公布以前，许多商品已经运出国外。另一方面，对某些会议而言，是否能够适用这项规定，很难取得一致意见。例如讨论预算问题的会议，管理和预算局认为可以不公开举行，而有些社会团体则认为应当公开举行。① 无论如何，适用这项规定只能在会议公开举行会产生严重后果的时候。而且在没有后述两种情况的时候：(A) 行政机关事先没有透露预定的行动的内容或性质，如果事先已经泄露了预定的行动的内容或性质，则举行秘密会议没有必要；(B) 行政机关没有事先公开的义务，例如讨论制定行政法规的会议，行政机关在正式讨论以前，必须事先征求公众的评论和意见，当然不能举行不公开的会议。

(3) 会议讨论的问题是行政机关参加诉讼、仲裁、进行正式裁决等事

---

① *Common Cause v. Nuclear Regulatory Commission*, 674 F.2d 921 (D.C. Cir. 1982).

项,可以免除公开举行。这项规定的目的,在于保护行政机关在各种诉讼程序中的战略不被公开,以免为对方利用。行政机关讨论进行正式程序裁决的会议可以不公开举行,是否包括讨论正式程序裁决制定法规的会议在内,这个问题似乎没有一致的意见。

除上述3项是《阳光中的政府法》特别的规定,未为《情报自由法》规定的事项以外,另有两项《情报自由法》中免除公开的规定,未为《阳光中的政府法》所采取:

(1)《情报自由法》中关于油井地质的、地球物理的资料免除公开的规定,未为《阳光中的政府法》所采取。这个差别无关重要,因为行政机关的会议讨论上述资料时,可以援引贸易秘密和商业或金融信息秘密的规定,免除举行公开的会议。

(2)《情报自由法》中关于机关内部或机关之间的备忘录免除公开的规定,未为《阳光中的政府法》所采取。因为这两个法律规定的对象不同,情报自由法的对象是公开政府的文书,不是公开政府的讨论;机关内部的备忘录中包括机关内部的讨论,这种讨论情报自由法不要求公开。如果把机关内部的讨论免除公开规定在《阳光中的政府法》中,这样的规定违背阳光中的政府法的根本目的。《阳光中的政府法》规定公开举行会议的目的,是让公众能够观察行政机关的讨论。所以阳光中的政府法中不免除行政机关内部讨论的公开,机关内部备忘录可能成为阳光中的政府法的公开会议讨论的对象。由于《情报自由法》和《阳光中的政府法》关于机关内部备忘录的规定不同,引起一些麻烦问题,将在后面说明。①

第四节 合议制行政机关必须履行的程序

《阳光中的政府法》对合议制行政机关的会议规定了两方面的程序:
(1)宣告举行会议的程序;
(2)举行不公开会议的程序。并且要求合议制机关制定行政法规补充上述程序。

---

① 参见本章第六节:《阳光中的政府法》和《情报自由法》的关系。

一、宣告举行会议的程序

会议公开的先决条件是公众事先知道合议制行政机关举行会议,以便出席观察。没有宣告举行会议的程序,会议公开将毫无意义。《阳光中的政府法》第5款规定,每次举行会议时,合议制机关应在一星期前发出举行会议的通告。其中包括:

(1) 会议的时间;
(2) 地点;
(3) 讨论的事项;
(4) 会议公开举行或不公开举行;
(5) 机关指定的回答公众询问会议信息的职员的姓名、电话。

法律规定必须在一星期前发出通告,每个机关究竟在多少天以前发出通告,由各机关在行政法规中规定。

在特殊情况下,合议制行政机关必须紧急讨论某个问题,不能在一星期前发出通告时,可以缩短一星期的宣告期间。但必须:

(1) 由多数委员投票决定,认为事情急迫,不能等待一星期的期间;
(2) 必须有投票的记录;
(3) 必须在尽可能早的时间以前向公众宣布会议的时间、地点、讨论事项、是否公开举行、联系人的姓名和电话。

合议制行政机关发出举行会议的通告以后,需要变更通告的内容时,如果变更的项目为会议的时间和地点,行政机关必须在尽可能早的时间以内,通告上述变更。如果变更的项目为讨论事项的变更,或会议性质的变更,例如公开的会议变为不公开的会议,行政机关必须履行下列程序:

(1) 全体委员的多数投票表决,认为需要变更,以及更早的通知为不可能;
(2) 必须有投票的记录;
(3) 在尽可能早的期间内通告上述变更,以及每位委员的投票。

二、举行不公开会议的程序

合议制行政机关举行不公开的会议,除必须具备《阳光中的政府法》规定的免除会议公开的10项理由中的任何1项理由以外,法律又规定了不公开会议的程序要求。合议制行政机关举行不公开的会议,必须符合相当复杂的程序。

(一) 多数委员的决定

合议制行政机关举行不公开会议的决定,必须由全体委员多数通过,不是由法定的会议人数的多数委员通过。委员必须亲自投票,不能委托其他人代理投票。通过这个决定不一定开会,可以由各委员以签名方式,或用书面方式分别通过。每次举行不公开的会议都必须有一个多数委员的决定,然而如果一系列的会议连续讨论某个不公开的项目,而且全部会议的期间不超过30天时,可以用一个决定包括全部会议在内,不必就每次会议分别通过一个决定。合议制机关讨论的事项,其中有的具备免除举行公开会议的理由,有的不具备这方面的理由时,不公开会议的范围只限于前者,不包括后者在内。所以每次会议可以部分公开、部分不公开。如果公开的事项和免除公开的事项紧密联系不可分离时,全部会议都可免除公开举行。

行政机关必须记录每位委员是否赞成举行不公开会议的投票,以便公众能够识别每位委员在这个决定中的意见。

(二) 私人请求举行不公开的会议

《阳光中的政府法》中规定的举行不公开会议的 10 项理由中,有几项理由是为了保护私人的利益。例如讨论控诉一个人的刑事犯罪的会议;讨论正式控诉某人的会议;讨论属于个人性质的问题,公开的结果可能侵害个人的隐私权的会议;执法机关讨论调查记录,公开的结果可能侵害个人隐私权的会议,都可以免除公开举行。有利害关系的人在这些情况下,可以请求合议制行政机关举行不公开的会议。

请求举行不公开会议的程序是由一个委员提出,其他委员多数通过。决定的程序和上面行政机关自己发动的举行不公开的会议一样。有权请求合议制行政机关举行不公开的会议的私人,不同意行政机关决定举行公开的会议时,可以提出反阳光法的诉讼(Reverse Sunshine Act Action)。上章所述反情报自由法的诉讼的说明,同样适用于反阳光法的诉讼。

(三) 公布举行不公开的会议的决定、理由和参加的人员

合议制行政机关在上述两种情况下决定举行不公开的会议后,必须在决定后的一天以内,公布机关的决定、每位委员投票的记录,用书面详细说明举行不公开的会议的理由、预期参加不公开会议的人员、各人员所隶属的关系。在说明的理由中必须包括阳光法中免除公开的一项或几项理由,以及为何举行不公开的会议更符合公共利益。举行不公开会议的时间,也必须在举行会议前一星期公布。

上述应公布的事项中如果包含某种信息,公开发表时可能导致不公开的会议实际成为公开的会议时,行政机关对该项信息可以不公布。例如举行不公开会议的理由是避免危害金融机构的安全,如果在应该公开发表的参加人员名单中,包括某银行的代表人员时,公众由于这个名单可以得出结论,这次会议讨论的内容是某银行所存在的问题,从而影响该银行的安全。在这种情况下,行政机关可以不发表全部参加人员的姓名。

(四) 迅速程序的不公开会议

除上面两种举行不公开会议的一般程序以外,《阳光法》中还规定第三种举行不公开会议的迅速程序(Expedited Closing Procedure)。这种程序的适用范围有限,程序的要求比较简单,省略一般程序中的某些环节。合议制行政机关必须在该机关制定的行政法规中,规定可以适用迅速程序的事项和法律根据。迅速程序不要求一星期前宣告举行会议。在每次会议开始的时候,多数委员可以投票决定举行不公开的会议。行政机关必须记录各委员的投票,并且在尽可能早的时间内公布各委员的投票和会议的时间、地点、讨论的事项。根据国会立法报告中的说明,尽可能早的时间是指投票后尽快公布上述事项。行政机关除了必须履行这个最基本的公布程序以外,省略了某些其他的程序环节。行政机关不必书面详细说明举行不公开会议的理由;不必公布预期参加会议的人员的名单;不必公布外界询问会议信息时,机关指定的联系人员的姓名和电话。变更会议讨论的事项没有特别的程序要求,不需要多数委员事先的决定。行政机关只要履行很短的通告时间,就可以增加或取消会议中讨论的事项。

迅速程序适用的事项和机关受到限制。根据《阳光法》第4款第4项的规定,每个合议制行政机关只在它的大部分会议讨论的事项,是《阳光法》中的贸易秘密,商业或金融信息秘密,金融机构的敏感的报告,可能导致投机活动的金融信息,该机关参加民事诉讼、进行正式程序的行政裁决等免除公开的事项时,才可以在该机关制定的行政法规中,规定对上述事项适用迅速程序举行不公开的会议。根据这项规定举行迅速程序的不公开会议,必须具备3个条件:

(1) 会议中讨论的事项是《阳光法》中规定可以举行不公开会议的事项;

(2) 该机关的大部分会议是讨论上述事项;

(3) 该机关必须在行政法规中规定适用迅速程序举行不公开会议的事项。

除了这 3 个条件以外,行政机关在每次决定举行迅速程序的不公开会议时,还必须比较公开会议和不公开会议的利益。只有不公开会议的利益大于公开会议时,才能举行不公开的会议。行政机关对每次的决定,不能说明不公开会议的利益超过公开会议的利益时,可能影响它在司法审查中的地位。《阳光法》的立法史表明,能够适用迅速程序的合议制行政机关,必须根据该机关的经验定期检查,它的大部分会议是否仍然需要不公开举行。在联邦政府中,联邦储备委员会、联邦证券委员会、国家劳动关系委员会等机构,是适用迅速程序举行不公开会议最多的机关。

(五) 法律事务主任的证明

合议制行政机关不论是按照普通的程序或迅速的程序举行不公开的会议,都必须由该机关的法律事务主任证明。根据他的意见,这个会议可以不对公众开放,并且说明关闭会议的法律根据。行政机关必须保留这个证明,作为会议档案的一部分。

法律事务主任证明的效果如何?合议制行政机关是否可以不顾法律事务主任的反对意见而举行不公开的会议呢?这个问题《阳光法》中没有规定。合议制行政机关对待法律事务主任证明的态度不一致,有些机关在它制定的行政法规中,规定法律事务主任的证明是举行不公开会议的必要条件,大多数机关没有采取这样严格的态度。它们认为根据《阳光法》的规定,法律事务主任的证明是举行不公开会议的开始的程序。行政机关举行不公开的会议,不以法律事务主任的同意为必要的条件,只有多数委员的决定才是举行不公开会议的必要条件。法律事务主任是机关的职员,机关领导在作决定前必须参考他的意见,但是他一个人的意见不能否定多数领导的意见。而且行政机关举行不公开的会议,除必须考虑法律的规定以外,还必须比较公开会议和不公开会议各自的利益,只有机关领导最有资格评判举行不公开会议的各方面的利益。法律事务主任缺乏这方面的经验和能力,机关领导的决定不受法律事务主任意见的拘束。

法律事务主任的意见是否完全没有法律效果呢?也不如此。法律事务主任的意见是举行不公开会议程序上的一个步骤,他的意见构成会议档案的一部分。行政机关的领导否定法律事务主任的意见,必须具有充分的理由,不能出于专横与武断。法院在审查不公开的会议的合法性时,根据会议的全部档案材料判断,包括法律事务主任的意见在内。此外,行政机关不顾法律事务主任的意见而举行不公开的会议时,公众可以请求法院制止行政机关即将举行的会议,由法院决定行政机关是否具有充分理由举行不公开的会议。

(六) 制作会议情况的全部记录或会议情况摘要的记录

合议制行政机关举行不公开的会议，必须制会议情况的全部记录。不公开会议中讨论的事项是关于金融机构的报告，或可能导致投机活动的金融信息，或机关参加民事诉讼或进行正式程序的裁决等事项时，行政机关可以选择或者制作会议情况的全部记录，或者制作会议情况的摘要记录。会议情况的摘要记录必须：① 充分叙述会议中讨论的全部事项；② 充分地、正确地概括叙述会议采取的决定；③ 说明采取决定的理由；④ 指明采取每项决定时考虑过的全部文件。

行政机关举行公开会议时，法律没有规定必须制作会议情况的全部记录。因为在公开会议中，公众可以出席旁听，会议的全部情况都在公众的观察之中。如举行不公开会议的费用、必须制作情况记录、超过公开会议等，这些都是间接地限制行政机关举行不公开会议的方法。然而法律规定制作会议情况全部记录的作用不在于此，而是要达到两个目的：

1. 保证对公众开放不公开会议中可以公开的部分

法律在规定行政机关必须制作会议情况记录的同时，又规定行政机关必须对公众迅速公开会议中讨论的不免除公开事项的部分。因为行政机关根据某项理由举行不公开的会议时，在讨论的过程中，不一定全部都是不能公开的事项。首先，如果在会议情况的全部记录中，只包含一项或两项敏感的事项，在删除敏感的部分以后，应对公众公开其余部分。如果敏感的部分和其他部分密切联系，不可分离，则全部记录都不对公众开放。其次，有时行政机关举行不公开的会议。会议中实际讨论的事项不属于免除公开的事项。在这种情况下，会议的记录应当公开。最后，在举行会议时某些具有敏感性质的事项，经过一段时间以后，可能已经丧失敏感性质。例如会议中讨论行政机关参加民事诉讼时所采取的战略，一旦诉讼已经结束，会议中讨论的事项失去保密的意义，应对公众开放。

2. 便利法院进行司法审查

公众主张行政机关举行不公开的会议不合法时，由于会议情况的全部记录存在，法官可以在办公室内，不公开地观看会议情况的记录，判断行政机关举行不公开的会议是否合法、是否全部记录具有不公开的性质。

第五节 违反《阳光中的政府法》的诉讼

个人或组织认为合议制行政机关的行为违反《阳光中的政府法》时,可以提起两种诉讼:

(1) 不服合议制行政机关为执行《阳光中的政府法》而制定的行政法规,请求法院审查该法规的合法性。

(2) 请求法院审查合议制行政机关的某个具体的行政处理是否违反《阳光中的政府法》的规定。关于行政法规的诉讼和关于行政处理的诉讼,管辖的法院不同。前一种诉讼的管辖法院限于哥伦比亚特区的地区法院和上诉法院,后一种诉讼的管辖法院,不以哥伦比亚特区的法院为限。这两种诉讼分别规定在《阳光中的政府法》的第7款和第8款。

一、行政法规的审查

《阳光中的政府法》规定了两种行政法规的诉讼:① 要求制定执行法规的诉讼;② 审查执行法规是否违反《阳光中的政府法》的诉讼。

(一) 要求制定执行法规

《阳光中的政府法》第7款规定,合议制行政机关在该法制定后的180天内,必须按照该法规定的程序制定行政法规,以执行该法第2款到第6款对行政机关规定的各项要求。《阳光中的政府法》1976年8月31日在参议院和众议院分别通过,同年9月13日福特总统签署,1977年3月12日实施。从1976年9月13日到1977年3月12日之间的180天内,合议制行政机关必须按照该法规定的程序制定执行的法规。该法规定的程序是必须咨询美国行政会议主席办公室的意见,必须在联邦登记上公布通告,至少在30天期间内任何人可以提出书面意见。这个程序只适用于该法实施前180天内最初制定的执行法规。法规制定后的修改程序,《阳光法》中没有特别的规定,应适用《联邦行政程序法》的一般性规定。合议制行政机关没有在上述180天内,按照上述程序制定执行法规时,任何人可在哥伦比亚特区地区法院起诉,请求法院命令行政机关制定法律要求的执行法规。这项规定目前已经失去现实意义。

(二) 审查执行法规是否违反《阳光中的政府法》

任何人认为合议制行政机关为执行《阳光中的政府法》而制定的执行法规,不符合该法的规定时,可以在法律规定的时间以内向哥伦比亚特区上诉法院起诉,请求撤销违反《阳光中的政府法》的行政法规。原告不受起诉资格的限制,任何人可以提起诉讼。但必须在法律规定的时间以内起诉,因为有的法律对于审查行政法规的诉讼,规定有起诉期间的限制,原告必须在规定的期间内起诉。例如《行政命令审查法》规定的起诉期间是行政机关作出决定后的 40 天内,有的学者认为法律规定的起诉期间,大都有适用的机关或适用的事项的限制。什么法律规定的起诉期间能适用于违反《阳光中的政府法》的行政法规,还不清楚。[1] 当事人提起审查行政法规的诉讼,只能请求法院撤销被诉的法规,不能要求撤销根据该法规而作出的行政处理。关于审查行政处理的诉讼,规定在《阳光中的政府法》第 8 款。

二、行政处理的审查

当事人认为合议制行政机关的具体决定违反《阳光中的政府法》而提起诉讼,可以分为两种情况:

(1) 违反《阳光中的政府法》是一个独立的诉讼。诉讼的标的限于违反《阳光中的政府法》的行为,例如合议制行政机关拒绝当事人出席会议的请求、拒绝对当事人提供不公开会议中可以公开的记录,当事人根据《阳光中的政府法》提起一个独立的诉讼。

(2) 违反《阳光中的政府法》不是独立的诉讼。当事人根据其他法律起诉,在这个诉讼中,附带涉及行政机关作决定的程序,违反《阳光中的政府法》的规定。例如当事人主张合议制行政机关的某个决定违反其他法律,根据其他法律起诉,同时附带地主张这个决定本来应当在公开的会议中讨论,而行政机关却在不公开的会议中讨论,违反《阳光中的政府法》的规定。这个诉讼的主要标的不是会议本身,而是会议中所讨论的问题。这两类诉讼在起诉资格、法院的管辖和救济的手段上有很大的不同。

(一) 独立的《阳光中的政府法》诉讼

独立的阳光中的政府法的诉讼,简称为阳光中的政府法的诉讼。这个诉讼的法院管辖权限,规定在《阳光中的政府法》第 8 款中,不适用法院的一般管辖权限的规定。法律规定阳光中的政府法的诉讼由联邦地区法院管辖。有管辖权的地区法院是:① 会议举行地的地区法院;② 行政

---

[1] Richard K. Berg and Stephen H. KLitzman: *An Interpretive Guide to the Government in the Sunshine Act*, 1978, pp. 82-83.

机关总部所在地的地区法院;③哥伦比亚特区的地区法院。

当事人提起阳光中的政府法的诉讼,没有起诉资格的限制,任何人可以作为原告。当事人在起诉以前不需要穷尽行政救济,但受到诉讼期间60天的限制。行政机关如果合法、及时地发表会议公告时,当事人的诉讼应在会议前60天或会议后60天内提起。行政机关原来没有按照规定发表会议公告时,当事人的起诉应在公告发表后60天内提起。

行政机关收到起诉书后,应在30天内提出答辩。行政机关对其决定举行不公开的会议,或拒绝提供当事人所要求的记录,应负举证责任,证明其行为的合法性。因为《阳光中的政府法》的目的是举行公开会议,主张不公开举行会议的人,必须证明其决定的合法性。而且只有行政机关掌握不公开举行会议的理由时,由行政机关负举证责任。

受理诉讼的地区法院,可以在法官的私人办公室内审查不公开举行的会议的记录,以判断行政机关举行不公开的会议,拒绝对当事人提供会议的记录的行为是否合法。法院有权矫正行政机关违反《阳光中的政府法》的行为,可以命令行政机关举行公开的会议,禁止举行不公开的会议,禁止继续违反法律,命令对当事人提供可以公开的会议记录,宣告行政机关的某种习惯违反《阳光中的政府法》的规定。但是法院能够给予的救济,限于执行《阳光中的政府法》的手段,而不是执行其他的法律。当事人请求执行其他的法律,必须根据其他法律起诉。

(二)其他诉讼中审查违反阳光中的政府法的诉讼

在这个诉讼中,当事人根据其他法律起诉。诉讼的主要标的是违反其他法律的行为,附带地涉及行政机关在作出这个违法的行为时,程序上不符合《阳光中的政府法》的规定。例如当事人请求撤销国家劳动关系委员会拒绝承认某项工人代表选举的决定,当事人起诉的根据是某项劳动立法的规定。同时附带地主张国家劳动关系委员会在作出这个决定时,没有举行公开的会议,违反《阳光中的政府法》的规定。在这类诉讼中,当事人的起诉资格、法院的管辖权限和救济手段都受其他法律的支配。法院可以根据其他法律,撤销行政机关违法的决定。当事人不能根据《阳光中的政府法》,独立地提起这类诉讼。

然而《阳光中的政府法》第8款第2项规定,在非独立的违反《阳光中的政府法》的诉讼中,法院可以审查"行政机关违反本法的规定,并给予法院认为适当的补救"。根据这个规定,法院在其他诉讼中也可审查违反阳光中的政府法的行为,并对违反该法的行为给予法院认为适当的救济。国会认为法院可以给予独立的违反阳光中的政府法的诉讼中的全部救济。例如命令行政机关举行公开的会议。但是这种救济的作用不大,因为行政机关在公开的会议中,可以作出和不公开会议中同样的决定,当事人不能因此得到补救。所以国会又认为在非独立的违反阳光中的政府法的诉讼中,法院除可以给予独立诉讼中的救济手段以外,还可撤销违反阳光中的政府法的行为。但是这种撤销权只在很少的情况下才能行使,因为附带地违反阳光中的政府法的行为是否可以撤销,本来应依其他法律的规定。然而在特殊的情况下,附带地违反阳光中的政府法的行为也可作为撤销的理由。根据国会的说明,这种特殊的情况包括:① 行政机关故意地违反《阳光中的政府法》;② 行政机关多次违反《阳光中的政府法》;③ 违反阳光中的政府法侵犯了当事人的权利;④ 撤销行政机关的行为明显地符合公共利益。

第六节 《阳光中的政府法》和《情报自由法》的关系

一、适用《情报自由法》取得会议的文件

《阳光中的政府法》和《情报自由法》都是实施行政公开的法律,一个适用于合议制行政机关的会议的公开,一个适用于政府文件的公开。两者在公开的原则下,都规定有免除公开的项目,适用的范围不完全相同。由于会议和文件不是完全可以分开,会议中可能讨论一些文件、产生一些文件、利用一些文件,因此产生两者适用时的关系问题。《阳光法》中关于会议公开和不公开的规定,是否也适用于阳光法会议中的文件呢?这个问题《阳光法》第 11 款作了回答。该款规定,阳光法的规定不影响任何人根据《情报自由法》取得政府文件的权利,《阳光法》的规定不增加也不减少任何人情报自由法上的权利。因此,公众取得阳光法会议中有关的文件,仍然依《情报自由法》的规定。

对上述原则有一个例外。《阳光法》中规定合议制行政机关举行不公开的会议,必须制作会议情况记录,公众有权取得其中可以公开的记录。决定不公开会议的会议情况记录是否可以公开的标准,不适用《情报自由法》中免除公开政府文件的规定,而适用《阳光法》中免除举行公开会议的规定。因为不公开会议的会议情况的记录和不公开的会议本身不可分割,所以公众是否可以取得这项会议情况的记录,不适用《情报自

由法》的规定,而必须适用《阳光法》的规定。《阳光法》不仅决定不公开会议的会议情况记录是否可以公开问题,由于《阳光法》中规定公众有权取得不公开会议中可以公开的记录,所以公众也可以根据这项规定,取得不公开会议中可以公开的记录,而不必根据《情报自由法》的规定。

二、行政机关内部备忘录问题

本章第三节中已经谈到,《阳光法》中规定了10项免除举行公开会议的理由,其中有7项理由和《情报自由法》中免除公开政府文件的理由相同。这两个法律的一个最大的分歧在于机关内部备忘录的地位。《情报自由法》中规定机关内部备忘录是免除公开的文件,而《阳光法》规定的免除举行公开会议的理由中,不包括讨论机关内部备忘录时,仍然必须举行公开会议。实际上,合议制行政机关在公开会议中,也不愿意暴露内部职员的备忘录。一方面,行政机关往往在讨论这个文件时含糊其辞,采取迂回的说法,使公众不能理解,引起公众的不满,认为会议已经失去公开的意义。另一方面,合议制行政机关在讨论机关内部备忘录的会议中,如果由于其他理由可以举行不公开的会议时,仍然不能避免公开内部备忘录的讨论。因为举行不公开的会议必须制作会议情况的记录,公众有权得到会议情况中可以公开的部分。然而不公开的会议的会议情况记录是否可以公开的标准,不取决于《情报自由法》的规定,而取决于《阳光法》的规定。《阳光法》中没有规定讨论内部备忘录的会议可以作为免除举行公开会议的理由,所以行政机关对不公开的会议中的这一部分的情况必须公开。除非备忘录中记载的内容属于《阳光法》中免除公开举行会议的事项时,行政机关才能拒绝公开发表这部分会议情况的记录。因此《阳光中的政府法》和《情报自由法》之间,在机关内部备忘录这个问题上,存在一定的不协调状态。

这个问题第一次在法院出现是1977年哥伦比亚特区法院受理的消费者联合会(法人)诉联邦储备系统管理委员会案件。[①] 消费者联合会控诉联邦储备系统管理委员会违反《阳光法》的规定,因为该委员会拒绝向消费者联合会提供即将在公开会议中讨论的内部职员备忘录和建议。消费者联合会认为,事先不能得到这个文件,将不能理解会议的讨论,公众

---

① *Consumers Union of the United States, Inc. v. Board of Governors of Federal Reserve System.* (D. D. C. Civil actions No. 77-1800).

实际上被排除在会议之外,管理委员会则否认公众不能了解他们所讨论的文件。这个案件1988年1月由双方和解结束,法院没有判决。机关内部备忘录在阳光法中引起的问题,迄今没有正式决定。

第七节 《阳光中的政府法》的效果的评价

美国国会对会议公开非常重视,认为它和情报自由法同样重要。然而美国公众对情报自由法非常重视,对阳光中的政府法比较冷淡。因为公众的兴趣在于取得政府的文件,而不在于出席旁听合议制机关的会议。他们不出席会议也可以得到文件,没有必要花费时间出席会议。

对合议制机关而言,他们避免《阳光法》的适用。很多问题由委员签名投票,或分别用书面投票表决,避免举行会议。他们增加高级职员的会议,减少机关领导的会议。因为《阳光法》只适用领导的会议,不适用于职员的会议。他们或者在举行公开的会议以前,事先已在会议以外进行非正式协商,从而缩短会议的程序。这些都是《阳光法》实施以后产生的副作用,在一定的程度上削弱了集体领导的质量。

然而不能因此认为可以放弃举行公开会议的要求,在一般情况下,公开办事总比不公开办事好。公开是群众监督行政的一种手段,是公正廉洁办事的一种保障。虽然公众没有兴趣出席合议制行政机关的会议,然而新闻记者和利害关系集团能够出席公开举行的会议,已经可以发挥行政公开的效果。问题的关键不在于避免会议公开的制度,而在于如何适用会议公开制度、在多大范围内实行会议公开制度。这不是一个理论问题,而是实践中要解决的问题。

第八节 《联邦咨询委员会法》

一、立法的目的和背景

(一) 立法的目的

联邦咨询委员会法是一个关于联邦政府行政机关的组织和活动的法律,它和情报自由法以及阳光中的政府法一样,贯彻实施行政公开原则。后面这两个法律适用的对象是实际的行政机关,联邦咨询委员会法是适用于对行政机关提供意见和建议、本身没有决定权力的咨询机关。这个法律制定于1972年,规定联邦行政机关的咨询委员会的组织、监督、文件和会议的公开。最初采取情报自由法的标准,规定咨询委员会的公开原则。1976年,国会制定《阳光中的政府法》以后,《联邦咨询委员会法》也经过修改。咨询委员会的会议公开原则适用《阳光中的政府法》的标准,文件公开的原则适用《情报自由法》的标准。

除会议和文件的公开是该法的主要目的以外,该法还企图增加咨询委员会的利用的效率,避免不必要的咨询机关,使咨询委员会的组织更为合理。

(二) 立法背景

行政机关征求政府以外人士的意见,在美国及其他国家都有悠久的历史。美国从第一届总统华盛顿开始,已经吸收外界人士参加行政活动。但是直到第二次世界大战以前,美国咨询委员会的数目不多,作用有限。第二次世界大战以后,由于行政机关的数量扩大,行政决定的技术性增加,以及行政民主趋势和扩大公民参加行政活动趋势的发展,咨询委员会的数目和影响大为增加。1982年,联邦政府的咨询委员会达到878个。[1]

吸收外界人员参加咨询委员会的活动,可以发挥重要的作用。首先,它加强政府和社会的联系,改善行政机关和外界的关系。特别在政府的声望低落,社会人士指责官僚主义的时候,咨询委员会是沟通管理者和被管理者之间的桥梁。其次,咨询委员会可以利用外界的专门知识。在当代行政技术化的时候,决定一个政策需要大量的专门知识。这种专门技术和知识在政府外部大量存在,政府可以通过咨询委员会的形式加以利用。最后,外界人士参加行政活动可以扩大行政官员的经验和视野,作出更合理的决定。

美国过去对咨询委员会的组织和利用缺乏管理,存在不少弊端。主要表现为数量太多,有些委员会的作用重复,委员会的作用消失以后仍不解散;行政机关向委员会征求意见或委员会提出建议或意见时,往往采取秘密方式,不对外界公开;委员会所提的建议往往没有平衡各方面的意见和利益,而只代表一部分人士的意见;委员会过多地举行不公开的会议;行政机关过多地把决定权力委托咨询委员会行使。必须改革这些弊端才能发挥咨询委员会的作用。20世纪60年代,肯尼迪政府已经发布命令,

---

[1] Richard A. Wegman: *The Utilization and Management of Federal Advisory Committees*, 1983, p.27.

要求行政机关加强对咨询委员会的监督。美国国会认识到有加强对咨询委员会管理的必要,1972年制定《联邦咨询委员会法》,对联邦政府的咨询委员会作出统一的规定。法律承认咨询委员会的有益作用,同时也认为必须进行改革和管理。

二、适用范围

《联邦咨询委员会法》适用的对象是联邦政府的咨询委员会,法律的适用范围取决于咨询委员会的意义。关于咨询委员会的意义,规定在该法第3节中。法律认为,咨询委员会是指国会法律设立的,或美国总统设立或利用的,或联邦行政机关设立或利用的,向总统或联邦行政机关或联邦官员提供建议或意见的委员会或类似的团体,以及该委员会或团体的分支机关。根据这个定义,联邦咨询委员会可以分为两类:

(1) 由国会、总统或行政机关设立的提供建议或意见的正式咨询委员会。

(2) 不是由政府设立的而是由政府利用的取得建议或意见的委员会或类似的团体。这类委员会是一个社会组织被政府利用提供意见的非正式的咨询委员会。对正式的咨询委员会容易识别,因为法律对这类委员会的设立和监督已经作出规定,不发生解释上的困难。

法律在界定咨询委员会的意义时,特别指出该法规定的咨询委员会,不包括:① 政府之间关系的咨询委员会;② 政府采购物资的委员会;③ 全部成员为现任官员的委员会。此外,中央情报局和联邦储备系统管理委员会组织的咨询委员会,由于性质特殊,不受《联邦咨询委员会法》的支配。

非正式的咨询委员会的组织没有法律规定,在适用时引起解释上的困难。什么样的社会组织向总统或行政机关提供意见是该法规定的为总统或行政机关所利用的非正式的咨询委员会呢?可以设想两种情况:

(1) 一次性的意见,例如行政机关在考虑某个问题时,为了听取专家的意见,临时召集各界专家举行一次会议。在会议中,各专家发表意见以供政府参考,专家的意见代表个人的观点,不是一个团体的观点。行政机关召集一次会议以后,没有继续召集会议的计划。这样的会议不构成一个委员会的意见,因为参加会议的人,除参加会议以外,无其他的集体活动。而且他们的发言是以个人资格,不是以会议资格。作为一个委员会必须具有某种形式的组织存在,一次性的咨询委员会,不构成《联邦咨询委员会法》中规定的非正式的咨询委员会。采取这样解释缩小咨询委员会的范围,可以避免法律过分束缚行政机关的活动。①

(2) 社会团体对政府提供意见,这种情况是否能够适用该法呢?首先作为一个社会团体已经有一定的组织形式,没有一次性咨询的缺点。但是这种组织必须采取委员会的形式,才能适用《联邦咨询委员会法》。首先,因为该法的主要目的是会议公开,只适用于委员会制的团体,不包括一切团体在内。其次,作为一个非正式的咨询委员会,还必须考虑这个委员会的意见和建议是为总统或行政机关的利用而提出的,而且利用的方式必须和咨询委员会一样。法院认为行政机关根据合同关系利用政府以外委员会的意见,不受《联邦咨询委员会法》的支配。②

综合以上的说明,非正式的咨询委员会通常具有下述特征:① 有一定的成员;② 有明确的对行政机关或官员就某类事项提供意见的目的,不是根据合同关系提供意见;③ 有正常的或定期的会议;④ 有一定的组织结构。但是美国法院对《联邦咨询委员会法》适用于非正式的咨询委员会的范围,认识没有完全一致。大多数法院对非正式咨询委员会的概念采取严格解释,避免行政机关利用社会团体意见时,过多地受到《联邦咨询委员会法》的拘束。

三、咨询委员会的设立和监督

(一) 设立

正式咨询委员会的设立和监督适用《联邦咨询委员会法》的规定。咨询委员会或者由国会制定法律设立,或者由总统或行政机关决定设立。除由国会或总统决定设立的咨询委员会外,行政机关设立咨询委员会时,必须首先和联邦总务行政局(General Service Administration)协商。在行政机关给予总务行政局的协商信中,必须说明拟设立的咨询委员会的目的、其成员能够平衡的各方面利益,以及为什么需要设立一个咨询委员会。总务行政局审查协商信件以后作出回答。总务行政局没有权力拒绝行政机关的建议,但是实际上对咨询委员会的设立具有很大的影响,可以对行政机关提出意见和建议,避免重复的和不必要的咨询委员会。

除法律规定设立的咨询委员会外,行政机关决定设立咨询委员会时,

---

① 这个问题美国法院的看法不一致。以上所述是学术界多数人的观点。
② *Lombards v. Handler*, 397 F. Supp. 792(D. D. C. 1975).

必须制定一个咨询委员会的章程。没有制定章程以前,咨询委员会不能活动。由总统决定设立的咨询委员会的章程,应向总务行政局提出;由行政机关决定设立的咨询委员会的章程,应向行政机关首长和国会两院有关的常设委员会提出。章程中规定:委员会的名称、目的、活动范围、对谁提出咨询意见、经费来源、每年费用的估计、会议次数的估计、存在的期间。咨询委员会存在的期间不能超过两年,两年后需要继续存在时,必须事先作出延长的决定和重新制定章程。延长的时间不得超过两年。由国会制定法律设立的咨询委员会,存在的期间按法律的规定。

咨询委员会的成员,就工作的性质和利益的代表而言,必须能够平衡各方面的工作能力,和代表各方面的利益。避免狭隘的观点和受一部分人的支配或利用,提出片面的报告。

设立咨询委员会的行政机关,必须保证对咨询委员会的活动给予人力和经费供应。

(二) 监督

咨询委员会的存在和活动受行政机关长官、总务行政局、总统和国会的监督。咨询委员会首先受其设立的行政机关的监督,机关首长应随时检查本机关设立的咨询委员会是否得到充分利用、是否有继续存在的必要,并制定指导原则和管理原则,适用于本机关设立的咨询委员会。美国总统对咨询委员会向他提出的建议是否采取行动,应在建议提出后1年以内向国会报告。

联邦政府范围内各行政机关设立的全部咨询委员会受总务行政局的监督,在总务行政局的内部设有一个管理咨询委员会的秘书处,负责监督行政部门的全体咨询委员会。总务行政局具有下述权力:

(1) 对全体咨询委员会的活动进行综合考查,以决定每个咨询委员会是否达到设立的目的、任务是否需要修改、是否需要和其他咨询委员会合并、是否需要继续存在。为了完成上述任务,每个行政机关每年必须向总务行政局就该机关设立的咨询委员会的活动情况,提出一个年度报告。总务行政局有权随时要求各咨询委员会提供必要的报告。总务行政局考查完毕以后,应向总统、行政机关长官或国会提出报告和建议。这项综合考查逐年进行,各行政机关首长必须和总务行政局合作,使上项考查能够顺利进行。

(2) 为了提高咨询委员会的设立和利用的统一性质,总务行政局应制定适用于全体咨询委员会的指导原则,并在尽可能的范围内,帮助行政机关提高利用咨询委员会的效果。

（3）总务行政局在和人事管理局协商以后,制定支付咨询委员会的委员和职员的报酬和费用的指导原则。

美国总统应在每年12月31日以前,对前一财政年度内行政部门的各咨询委员会的活动情况和变更,向国会提出一个年度报告。报告中应列表指出总统所取消的咨询委员会,对依国会法律设立的咨询委员会应建议哪些应当取消、哪些应当合并。

国会两院的常设委员会,对在其管辖范围内的行政机关的咨询委员会的活动,应进行经常性的审查,以决定每个咨询委员会是否应当继续存在、是否应当和其他咨询委员会合并、任务是否需要变更,每个常设委员会可以采取必要的立法措施以达到上述目的。

四、会议和文件的公开

(一) 会议的举行和公开

咨询委员会在什么时候举行会议,由行政机关决定。没有行政机关的召集和官员的参加,咨询委员会不能举行会议。行政机关必须指派一名官员参加咨询委员会的会议,或者作为会议的主席。据一份研究报告的调查,大部分咨询委员会的主席是行政机关指派的官员,只有少数咨询委员会由会议选举主席。① 行政机关指派的官员,根据情况随时可以终止会议。

咨询委员会的会议必须公开举行,每次召集会议之前,必须在适当的时间前在联邦登记上宣告。总务行政局可以制定规章,规定其他的公告方式,以保证一切有兴趣的人事先可以知道会议的信息。公众有权出席会议旁听。如果得到会议主席的许可,还可以口头陈述意见或提交书面意见。

会议中讨论的事项,如果符合《阳光中的政府法》规定的任何一项免除公开举行会议的理由,行政机关指派参加会议的官员认为应举行不公开的会议时,必须呈报本机关长官书面批准,并书面说明不公开的理由。机关的法律事务主任应当证明不公开举行会议的决定,符合《阳光中的政府法》的规定。

---

① Richard A. Wegman: *The Utilization and Management of Federal Advisory Committees*, 1983, p.96.

（二）文件的公开

咨询委员会必须制作详细的会议记录，其中包括参加的人员，完全地和准确地叙述讨论的事项，作出的决定以及会议收到的、发出的或批准的报告。会议主席应签名证明记录的正确性，公众有权查阅咨询委员会的记录、报告、草案、研究或其他文件，并在缴纳复制费用以后，可以得到文件的复制品。公众取得咨询委员会文件的权利适用《情报自由法》的规定，行政机关或咨询委员会可以拒绝向公众提供《情报自由法》规定免除公开的政府文件。

第二十三章
《隐私权法》

第一节 概　　述

一、法律的性质、立法背景和基本原则

（一）法律的性质

隐私权法（*The Privacy Act*）是规定行政机关对个人信息的搜集、利用和传播必须遵守的规则的法律。它保证政府对个人信息的正确性，制止行政机关滥用个人的信息侵犯个人的隐私权。个人信息存在的形式是记录，所以隐私权法是关于行政机关如何处理个人记录的法律。法律规定个人记录必须对本人公开的原则，和对第三者限制公开的原则。从这个意义来说，隐私权法属于行政公开法律的范畴。然而它和情报自由法不一样。情报自由法适用于全部政府记录，隐私权法只适用于个人的记录。情报自由法着重保护公众的了解权，隐私权法着重保护个人的隐私权。

（二）立法背景

政府进行行政活动时，在很多情况下是对个人作出一定的决定。因此政府必须掌握行政对象的情况。政府在进行一般的行政活动时，也往往需要掌握个人的情况。所以政府搜集个人的信息由来已久。然而保护隐私权的重要性在过去不很明显，而在当代情况下变得特别突出。首先，因为当代行政活动的范围大为扩张，政府对个人活动控制的范围，以及政府对个人提供服务的范围，都是前所未有。行政活动涉及个人生活的各个方面。政府通过多种行政活动掌握个人的大量情况。个人的隐私权在很大程度上已经记录在政府的文件之中。其次，由于电脑利用的结果，政府搜集、贮藏和传播信息的能力也是前所未有。个人隐私权所受到的威

胁超过以往任何时代。所以这个问题在当代变得特别重要。此外,个人的隐私权和公众的了解权一样,是民主政治的基础。没有公众的了解权,公众不能监督政府,民主政治不能存在。没有个人的隐私权,个人失去自由,民主政治同样不能存在。基于上述理由,国会在制定情报自由法以后,又制定了隐私权法。前者规定政府全部记录的公开和保密。后者规定个人记录的公开和保密。

美国国会在《隐私权法》第二节中说明制定该法的背景如下：
（1）个人的隐私权直接受到联邦政府搜集、使用、保持信息的影响。
（2）电脑和其他近代方式的信息贮藏和检索的使用,大为扩张损害个人隐私权的可能性。
（3）滥用这样的信息系统可能影响个人生活的各个方面。
（4）个人的隐私权受到《美国宪法》的保护。
（5）为了保护这个权利,制定法律控制联邦行政机关所保持的个人记录系统是必要的。

《隐私权法》于1974年制定,1975年9月实施。法律的主要规定编入《美国法典》第5编第552a节。1974年以后经过多次修改。其中两次修改比较重要：① 1984年的修改明确了情报自由法和隐私权法的关系；② 1988年的修改,控制不同行政机关之间电脑系统中个人信息的交流。

（三）立法的基本原则

这个法律的指导思想是下述五个基本原则：
（1）行政机关不应当存在秘密的个人情况的记录。
（2）个人应当有方法可以知道关于他的哪些信息已被行政机关记录,以及如何使用。
（3）为某一目的而取得的关于某一个人的信息,没有得到他的同意以前,不能用于其他目的。
（4）个人应有可能改正或者修改关于他的信息的记录。
（5）任何制定、保持、使用或传播关于个人资料的记录的机关,必须保证该资料用于既定目的的可靠性,并且合理地预防滥用该资料。

二、法律的目的

《隐私权法》主要达到三个目的：
（1）承认并保护个人对政府掌握的关于他的记录存在一定的利益,并保护个人的隐私权。

（2）控制联邦行政机关处理个人记录的行为。

（3）平衡个人得到最大限度的隐私权的利益，和行政机关为了合法执行职务需要保有关于个人记录的公共利益。

前面两个目的基本相同：增加个人控制关于他的信息，必然引起限制行政机关处理关于他的信息的权力。第三个目的的平衡个人利益和公共利益比较微妙，很难得出一个能为所有人满意的标准。有人认为在这个平衡中，国会过多地牺牲了个人的利益。公共利益包括行政效率的利益、执法效果的利益和公众了解权的利益在内。

为了达到上述目的，法律规定的主要措施有：限制个人记录的公开，承认个人有权取得关于自己的信息和有权要求修改关于自己的信息，规定公正的处理信息的规则，其中包括行政机关在收集、保持和传播个人信息时必须遵守的规则。规定行政机关对个人信息系统的建立和修改必须在联邦登记上公布，规定例外的情况和免除适用《隐私权法》的情况，以保护公众和行政机关的利益，规定司法审查，行政机关的民事责任和违法行政人员的刑事责任。成立一个临时性的保护隐私权的研究委员会，以研究执行法律所引起的问题和提出建议。① 以上这些措施，除保护隐私权研究委员会外，其他的规定在后面都有说明。

三、适用的范围

法律适用的范围包括三个方面：法律适用于什么人、什么机关和什么记录。

（一）人的范围

隐私权法对人的适用范围比情报自由法窄。情报自由法适用于任何人，没有其他限制，公司和外国人也在《情报自由法》的适用范围以内。《隐私权法》关于人的适用范围，规定在第1款人的定义中。根据第1款的规定，该法关于人的意义是指："美国公民或被合法接受在美国有永久居留权的外国人。"因此该法不适用于在美国短期停留的和在美国领土以外的外国人。国会认为排除外国人在该法保护的范围以外，可以保护行政机关，特别是国务院和其他外事行政机关，专门为对付外国人而保有的情报档案或资料库。

根据第1款关于人的定义，该法也不适用于公司或其他法人。排除

---

① 该委员会在1977年提出一个最后的报告：信息社会中的个人隐私权，随即结束。

公司在法律的保护范围以外,是为了保护政府为控制经济活动而搜集和利用信息的能力不受妨碍。个人作为企业主资格时,是否能够受到该法的保护,没有一致的认识。管理和预算局在其发布的指导行政机关执行隐私权法的方针中,认为个人作为企业主时,不能适用该法的保护。美国法院没有采取管理和预算局的观点。

(二) 机关的范围

隐私权法关于机关的定义采取情报自由法中关于机关的定义。① 因此该法适用的机关范围很广,包括联邦政府的行政各部、军事部门、政府公司、政府控制的公司,以及行政部门的其他机构,包括总统执行机构在内。该法也适用于不受总统控制的独立的行政机关,但国会、隶属于国会的机关和法院,不在该法的适用范围以内,州和地方政府的行政机关也不在该法的适用范围之内。

(三) 记录的范围

隐私权法不适用于全部政府记录,只适用于关于个人的记录;也不适用于全部关于个人的记录,只适用于包括在某一记录系统(system of records)中的个人记录。要确定隐私权法适用于记录的范围,必须确定个人记录的意义和记录系统的意义。这两个词的意义,都已规定在该法第1款中:

1. 个人的记录

个人记录是指行政机关根据个人的姓名或其他识别标志而记载的一项或一群信息。其他识别标志的范围很广。例如别名、相片、指纹、声音、社会保障证件号码、护照号码、汽车执照号码,以及其他一切能够识别某一特定人的标志。根据这类标志而记载的信息都是个人记录。不是以个人的识别标志而记载的信息,例如以药品名称、商标名称,或其他识别标志而记载的信息,不是个人记录。个人记录中的信息范围很广,例如教育、经济活动、医疗历史、工作履历,以及其他一切关于个人的情况的记载,都是个人的记录。个人的记录不一定作为单独的档案存在,其他记录中包括以个人的识别标志而记载的信息,也是个人的记录。例如行政机关中关于职员的记录,可能在同一文件中同时包括若干人。但只要该记录是根据个人的姓名而记载时,被记载的人都可主张其中关于他的那一部分是他的个人记录。

---

① 552a(a)(1).

隐私权法中的记录,只限于有形体存在的记录。无形体存在的信息,或口头陈述的信息,不能适用《隐私权法》的规定。

2. 记录系统

除个人行使宪法修正案第1条的活动的记录,不要求存在于记录系统以外,《隐私权法》只适用于包含在记录系统的个人记录,不适用于其他的个人记录,什么是记录系统呢？根据《隐私权法》第1款的规定,记录系统是指:"在行政机关控制之下的任何记录的集合体,其中信息的检索是以个人的姓名或某些识别的数字、符号或其他属于个人的特别标志为依据。"根据这个定义,记录系统包括三个因素：

（1）由记录组成的集合体。记录的集合体意味着有某种程度的结构,一堆杂乱无章文件或信件,其中包含的记录不是系统的记录。作为一个记录系统,还意味着该集合体中的记录的内容,必须具备一定的意义或影响。例如电话簿或图书目录,虽然也是按姓名编制的记录,由于没有一定的意义的内容,也不是记录系统中的记录。

（2）由行政机关控制。记录系统必须是由行政机关控制的记录系统,不由行政机关控制的记录不是隐私权法的记录系统。例如官员个人为办事方便起见,私下做成的某种记载,其中的信息不是记录系统的信息,不适用《隐私权法》的规定。

（3）以个人姓名或其他识别标志作为检索信息的根据。行政机关中存在各种记录系统,有的记录系统记载的信息和个人的情况无关,不适用隐私权法。隐私权法还要求系统的信息的检索,必须以个人的姓名或其他识别标志作为根据。以其他方法作为检索信息的根据的记录系统,不在隐私权法的适用范围以内。

第二节　公开的限制和登记

一、禁止公开的原则

法律保护个人隐私权的一项最重要的规定,是禁止行政机关没有取得个人的书面同意以前,不能公开关于他的记录。行政机关在公开个人的记录以前,必须首先通知被记录的人,征求他的意见。个人的同意必须采取书面的形式,说明同意的范围。禁止公开个人的记录,适用于任何其他人和任何其他机关,不包括被记录者本人在内。被记录者本人根据法律的规定，有权查阅并得到关于他的记录，不受禁止公开的限制。公开的方式不限于对其他人的书面通知，也包括口头陈述和电子仪器录制在内。行政机关违反禁止公开的规定可能引起的法律责任，将在以后说明。行政机关公开的个人记录，如果是公众知悉的信息，或要求得到的人所知悉的信息，不违反隐私权法的规定。行政机关公开的个人信息，不是来自该机关保持的个人记录，而是来自官员个人的知识或其他渊源也不违反隐私权法。

二、法律规定的例外

个人的隐私权只在符合公共利益范围以内受到保护。为了平衡个人的利益和公共利益，法律采取两种措施：① 规定例外的情况，个人记录的公开不需要本人的同意；② 规定在某些情况下，免除适用《隐私权法》的某些规定。关于免除的规定，后面另有说明。下面说明不需要本人同意的例外。

《隐私权法》在规定禁止公开个人记录这个原则以后，接着规定12种例外，行政机关可以公开个人记录，不需要本人的同意。

1. 机关内部使用

保持个人记录的机关，内部官员执行职务时可以查阅个人的记录，不需要本人同意。个人的利益不能妨碍公务的执行，但只限于职务需要的范围以内使用个人的记录。例如机关的官员在批准某人的请求以前，可以查阅与此有关的个人记录。

2. 根据情报自由法的公开

公众根据情报自由法要求得到政府文件时，如果文件的内容不属于情报自由法中规定的9项免除公开中的任何1项时，行政机关有公开的义务，不能拒绝公众的请求。行政机关根据《情报自由法》公开个人的记录，不需要本人的同意，这个例外适用的范围很广。美国新闻界特别强调这个例外。虽然个人的记录在适用情报自由法时，不受隐私权法的限制，个人的记录不因此而完全没有保障。因为在情报自由法中，也有保护隐私权的规定，例如《情报自由法》中第6项免除公开的理由是："个人的、医疗的或类似的档案，如果公开明显地、不正当地侵犯个人的隐私权。"行政机关根据这项规定，可以拒绝向公众提供包含个人隐私权的文件，行政机关对情报自由法中免除公开的事项，保留有可以公开的自由裁量权。但关于保护隐私权的事项，情报自由法和隐私权法有重复之处。在两个法律同时规定不公开时,行政机关不能主张情报自由法上的自由裁量权。公众要求得到个人的记录时,必须说明他的请求是根据《情报自由法》提出的,才不受隐私权法的限制,而只适用情报自由法的规定。

3. 常规使用

常规使用(routine use)的意义根据《隐私权法》第1款的规定,是指记录使用的目的和其制作的目的能够相容(compatible),没有冲突。行政机关对它所保持的各种个人记录系统的常规使用,必须在联邦登记上公布。常规使用的范围只限于该机关所公布的范围以内。常规使用是隐私权法中最主要的一个例外,也是常被滥用的一个例外。因为常规使用一词具有很大的弹性,行政机关可以认为很多使用都符合当初制作记录时的目的,唯一的限制是在"联邦登记"上公布。利用常规使用这个例外,行政机关之间可以互相交流个人的记录,不需要取得本人的同意。批评的意见认为,为了能够有效地保护个人的隐私权,必须修改常规使用的意义,增加对常规使用的限制。最近以来,美国法院似乎对常规使用的意义采取严格解释,比较记录制作时的目的和使用时的目的是否有某种类似,或某种具体的联系存在,以决定两种使用的目的是否相容,而不满足于两种目的之间是否有某种广泛的联系存在,以制止行政机关之间滥用常规使用交换个人的记录,侵犯个人的隐私权。[1]

4. 人口普查

保持个人记录的行政机关,向人口普查局提供个人的记录,不需要本人的同意。唯一的限制是这项记录只能用于人口普查目的。如果用于其他目的,事先必须取得本人的同意。

5. 统计研究

保持个人记录的行政机关向其他机关提供个人的记录作为统计研究使用时,不需要本人同意。接受记录的机关必须向提供记录的机关提出书面保证,该记录只用于统计研究或报告目的。而提供记录的机关可以删除一切可以识别的个人的标志。

6. 国家档案

对国家档案局提供具有历史价值或其他特别意义值得长期保存的个人记录,不需要本人的同意,此外,对总务行政局提供个人的记录,以判断该项记录是否具有上述意义,也不需要本人的同意。

---

[1] *Britt v. National Investigation Service*, 886 F.2d 554(3d Cir. 1989)

7. 执法目的

为了执法目的而向其他机关提供个人的记录，不需要本人的同意。但必须符合下述条件：

（1）接受记录的机关必须是在美国境内或受美国控制的行政机关。包括联邦、州、地方各级行政机关，不包括外国行政机关；

（2）执法目的包括执行刑事法律和民事法律目的；

（3）该项目的是法律规定的；

（4）接受记录的行政机关长官必须提出书面要求，指明需要哪一部分记录，以及该项记录用于哪种执法活动，不能广泛地要求个人的全部记录和不相干的记录。

8. 紧急情况

需要记录的机关或他人，如果能够证明存在非常紧急的情况，为了挽救某人的健康或安全，必须得到某人的记录时，行政机关可以提供某人的记录，而不需要本人事先的同意。因为在这种情况下，没有等待的时间。例如医院在对某人进行紧急治疗时，需要得到他的医疗记录；或者为了寻找失踪的人，需要对他最后所在的地方发出通知等，都能适用这项例外。

9. 国会及其委员会

行政机关向国会两院及其委员会提供个人的记录，不需要本人的同意。国会委员会管辖的范围不同，向委员会提供的记录，必须属于该委员会管辖范围内的事项，这个例外不适用于国会议员个人。

10. 主计长及其授权的代表

主计长是总审计署的长官，总审计署是国会的调查和审计机关。主计长及其代表在执行职务需要利用个人的记录时，行政机关提供这项记录，不需要本人的同意。

11. 法院的命令

行政机关根据法院的命令提供个人的记录，不需要本人的同意。法院的命令必须有法官的签名，不包括书记官签名的传票。

12. 消费者资信能力报道机构

消费者资信能力的报道可以服务于行政上或商业上的目的，就行政上的目的而言，政府收取债务，使用干部都需要了解对方的资信能力。《隐私权法》中规定的这个例外是根据1982年的《债务收取法》制定的。行政机关向消费者报道机构提供个人的记录，以供其他行政机关收取债务的参考，不需要本人的同意。但债务收取法中对消费者报道机构取得信息的程序和范围,规定有一定的限制。

三、记录公开的登记

(一) 登记的事项和目的

行政机关根据上述例外公开个人的记录时,除第 1 项和第 2 项以外,其他各项公开必须登记每次公开的日期、性质、目的、接受记录者的姓名、地址。法律规定制作登记的目的,主要有两方面:

(1) 使被记录的个人能够判断关于他的记录是否有不合法的公开;

(2) 使保持记录的机关能够把记录中信息的变更、修改及时通知过去得到记录的人。制作登记的要求适用于一切控制个人记录的行政机关。不仅适用于原来制作个人记录的行政机关,也适用于取得个人记录第二次传播的行政机关。

(二) 不需要登记的公开

要求登记的规定不适用于机关内部使用的公开,以及根据情报自由法的公开。因为机关内部使用的公开数量太大,制作登记没有达到任何有意义的目的。情报自由法的根本性质是保证政府文件的公开,制作每次公开的登记不符合情报自由法的性质。

(三) 保存登记的时间

行政机关依上述规定制作的登记,必须在个人记录公开以后的五年期间以内保存。如果被公开的个人记录的有效使用期间超过 5 年,则在该记录的有效使用期间以内保存公开的登记。

(四) 个人取得登记的权利

被记录的个人有权取得行政机关制作的关于他的记录公开的登记,以便查核行政机关公开他的记录是否合法。向执法机关公开的个人记录,行政机关也必须制作公开的登记,但是个人没有得到登记的权利,因为避免个人知道他是执法机关侦察的对象而设法逃避。

(五) 对使用记录者的通知

行政机关必需制作公开登记的一个目的,是在行政机关对个人记录作出变更或修改时,便于通知已经得到记录的人或其他机关,使他们能够正确地使用他所得到的个人记录。个人请求修改自己的记录,行政机关不同意被记录个人请求的变更或修改,双方之间对记录中的某项信息存在争端时,行政机关也必须把这个争端通知已经得到记录的人或其他机关。

第三节　个人取得和要求修改自己记录的权利

隐私权法不仅规定个人对自己记录的公开有同意权,而且还规定个人对自己的记录有观看和取得复制品的权利。个人认为记录的记载不正确或不完备时,有要求修改的权利。这两个权利是保护个人隐私权的重要措施。

一、观看并取得记录的权利

个人有权知道行政机关是否存在关于他的记录以及记录所记载的内容,并要求得到复制品。除非该项记录属于隐私权法规定的免除适用该法的某些条款的情况,以及属于行政机关准备对个人起诉所编制的记录以外,行政机关不能拒绝个人的请求。个人观看的权利适用于隐私权法时,限于行政机关以个人的特征为识别标志的记录系统的记录,因为这是隐私权法的适用范围。个人为了观看并取得自己的记录,也可以根据情报自由法的规定提出请求,这时适用情报自由法。这两个法律都能适用于个人的记录,但是这两个法律规定的免除公开的范围不完全相同。一方面,个人在提出请求时,应按照其所想得到的记录的性质,决定利用哪一个法律。个人依一般公众身份不能得到的记录,往往可以依被记录者的身份,得到关于自己的记录。另一方面,个人依照隐私权法不能取得的记录,有时可以依情报自由法取得。例如个人所要求的记录不在一个记录系统之中,不能利用隐私权法,只能利用情报自由法。在一般情况下,个人在请求记录时,往往在请求书中同时利用这两个法律。根据1984年隐私权法修改的结果,情报自由法中免除公开的规定,不影响请求人根据隐私权法所享有的权利。隐私权法中免除公开的规定,也不影响请求人根据情报自由法所享有的权利。请求人同时根据两个法律要求自己的记录,只在这两个法律都免除公开的时候,行政机关才能拒绝。

个人要求得到自己的记录,必须按照行政机关所规定的程序和缴纳复制的费用。行政机关的复制品必须采取个人能够了解的形式,例如行政机关关于个人的记录记载在电脑的磁盘上面,行政机关给予个人的复制品,必须是能够阅读的印刷品。

个人在要求观看自己的记录时,有权由一人陪同前往。例如由律师、医生或其他适当的人陪同前往。但行政机关可以要求个人提出书面声明,行政机关可以在陪同人面前讨论个人的记录。因为有的记录性质比较敏感,没有个人的同意,不能在其他人面前讨论。

行政机关拒绝个人观看和取得自己的记录时,个人可以按照行政机关规定的程序请求复议。个人不同意复议的决定时,可以直接起诉。

二、要求修改记录的权利

个人认为关于自己的记录不正确、不完全或不及时,可以请求制作记录的行政机关修改。修改的意义不仅包括改正,也包括完全删除。要求修改的权利只规定在隐私权法中,个人根据情报自由法没有这个权利。

行政机关收到个人的请求以后,应在 10 个工作日以内承认收到个人的请求,并迅速作出决定。行政机关拒绝修改时,必须说明理由,并指明接受复议的官员。法律没有规定申请复议的期间,这个期间通常由行政机关制定法规规定。复议官员应在收到请求后 30 个工作日期间以内作出决定。如有正当理由,可以延长 30 天。复议官员拒绝修改时,应通知请求人可以向行政机关提出一个书面说明,为何不同意行政机关的记录,同时通知请求人可以申请司法审查。行政机关应把个人不同意记录的说明和行政机关拒绝修改的理由,在以后公开个人的记录时,传播给取得记录的人,并对过去已经取得记录的人,补送上述个人的说明和行政机关拒绝的理由。

个人请求修改的信息,限于记录中的事实,不包括意见在内。如果意见是以错误的为根据时,也可请求同事实一起修改。如果机关的意见除根据错误的事实以外,还可根据其他事实成立时,不能请求修改。

第四节 《隐私权法》对行政机关规定的限制和要求

隐私权法的目的之一是保证行政机关用合法的和正当的方法和程序制定、保持、使用和公开个人的记录,制止行政机关滥用权力,任意使用他所掌握的个人记录。因此法律对行政机关规定一些限制和提出一些要求,除法律另有其他规定的情况以外,行政机关必须遵守。

一、收集信息的限制

(一)信息的来源

行政机关搜集个人的信息,如果可能导致对他作出不利的决定时,必须尽可能地由他本人提供。因为第三者所提供关于他人的信息,可能是错误的、过时的、不负责任的、存有偏见的。行政机关根据第三者的信息对个人作出不利的决定,对受到影响的个人而言,非常不公正。但法律只要求个人信息尽可能地由本人提供,不要求必须由本人提供。有时根据情况,本人不可能提供客观的信息,或者由于时间或地点的限制,由本人提供信息困难或太费时费钱时,可以从第三者方面取得个人的信息。但必须多方面核对,才能作为决定的根据。

(二) 必须对个人说明的事项

行政机关要求个人提供信息时,必须在记载信息的表格上,或在其他可由个人保留的文件上,对提供信息的人,说明下列事项:

(1) 行政机关要求提供信息的法律根据(包括总统的行政命令),以及个人是否必须公开或者任意公开这项信息;

(2) 该项信息主要用于什么目的;

(3) 该项信息的常规使用;

(4) 个人全部或部分地拒绝提供行政机关对他要求的信息时的法律后果。

二、保持和使用记录的限制和要求

(一) 在联邦登记上公布的义务

行政机关建立或修改个人的记录系统时,必须在联邦登记上正式公布下列事项:

(1) 系统的名称及地址,如果某一系统存在的地址不止一个,行政机关必须公布可以观看记录的地址;

(2) 系统中包括哪一类人的记录;

(3) 系统中包括哪一类记录,即该系统中收集了哪一类信息;

(4) 这些记录的常规使用是什么,包括使用的目的和使用者的类型;

(5) 行政机关对这些记录的储藏、取得和控制政策,储藏的方式包括档案、电脑储存、缩微影片等;

(6) 对该记录系统负责的官员;

(7) 个人询问记录系统中是否包括他的记录时,行政机关通知的程序;

(8) 个人询问如何可以取得关于他的记录、如何可以反对其中的记载时,行政机关通知的程序;

(9) 系统中记录的来源的类别,包括提供信息的第三者在内,但只公布信息来源的类型,不公布实际的来源。

在公布上述信息时,行政机关如果改变或准备改变某一记录的常规使用,必须在 30 天以前先在联邦登记上公告新的使用,以便公众中有利害关系的人,有机会提出意见、评论或资料。

(二) 执行职务相关的和必需的信息

为了调和执行职务的需要和个人隐私权的保护,行政机关只能在执行职务相关和必要的范围内,保持个人的记录。相关的意义是指行政机关根据法律或者行政命令而执行职务,并为此目的而保持个人的记录。行政机关必须首先决定保持个人的记录是否有法律的根据,包括总统的行政命令在内,防止官员的任意和武断。

即使行政机关所保持的个人记录和执行职务有关,仍然只能在必要的范围以内保持个人的记录。行政机关在考虑保持个人的记录是否必要时,可以考虑如果没有这项记录对行政机关的决定会产生什么不利的结果;是否除个人的信息以外,还有其他的信息来源可以达到同样的目的;是否必须保持同一类型全体成员的个人记录,或者仅仅需要其中典型的个人记录;在多长时间以内需要保持个人的记录,是否必要的判断,只能根据具体情况而定。

(三) 禁止保持实行宪法修正案第 1 条的权利的个人记录

宪法修正案第 1 条保护个人的宗教自由、言论自由、集会自由,和权利受到侵害时请求救济的权利,这是公民的基本权利。行政机关保持个人记录以执行职务的需要为限,个人的宗教信仰、政治信仰和行政机关执行职务无关。为了承认这类自由的重要性,法律特别规定禁止行政机关保持个人实行宪法修正案第 1 条的权利的记录。这项禁止的范围,不仅适用于记录系统中的个人记录,也适用于不在任何记录系统中的个人记录。法律对这项禁止规定三个例外:

(1) 法律特别允许保持这项记录。例如 1971 年的《联邦选举运动法》规定,在选举运动中对某一候选人或某一政治委员会捐献 100 元以上的人的姓名,必须报告联邦选举委员会,以监督选举活动合法进行。

(2) 被记录人同意行政机关保持关于他的政治活动的记录。在这种情况下,行政机关没有侵犯个人的政治自由。

(3) 在合法执行法律范围以内,保持这类记录。合法执行法律范围是指法律规定执行追究违法行为的职务所需要的范围。

(四) 合理地保证记录的正确性、及时性和完备性

为了对被记录的人公平起见，保持个人记录的行政机关必须保证记录的正确性、及时性和完备。因为行政机关如果根据不正确的、过时的、片面的记录对个人作出决定，可能损害个人的利益。这项要求只适用于记录中作决定的部分，特别是用于对个人作不利的决定的时候。法律并不要求行政机关保持个人的记录必须绝对的正确、及时和完备，完全没有偏差，只要求行政机关必须合理地保证记录的正确、及时和完备。是否合理应当根据具体情况判断，例如行政机关的能力、工作人员认真的态度，以及个人利益受影响的程度等，都是必须考虑的因素。

行政机关对其他人传播个人的记录时，必须对接受记录的人合理的保证，被传播的记录就其适用于行政机关的目的而言，是正确、及时和完备的。这项要求不适用于依《情报自由法》取得记录的人，因为依《情报自由法》公开政府文件是行政机关的例行职务。任何人不用说明任何理由，都可要求行政机关提供文件，行政机关没有保证文件的正确性、及时性和完备性的义务。这项要求也不适用于对其他行政机关提供的文件，其他行政机关在使用文件以前，必须对文件的正确性、及时性和完备性进行审查，以决定是否能够利用，提供记录的行政机关没有这个义务。

(五) 通知强制公开的义务

行政机关所保持的个人记录，在诉讼程序中，由于法院的命令强制对其他人公开时，行政机关有义务通知被记录的人。这项规定适用于个人的记录成为案件中公开的记录的时候。如果个人的记录由于法院的命令提交法官不公开的审查时，行政机关没有通知的义务。

(六) 内部管理的要求

行政机关对于参加个人记录制作、保持、使用的该机关职员，必须制定他们必须遵守的行为规则，教育他们了解隐私权法的作用，法律对行政机关规定的限制和要求，和不遵守法律时可能产生的责任。

行政机关也必须建立行政的、技术的和物质的安全保障措施，以保障个人记录的安全、完整、不被泄露和防止其他可能产生的危险，以免对被记录的个人产生损害。行政机关的安全措施应当符合不同系统的不同的要求，例如贮藏于电脑中的记录、档案中的记录、缩微影片中的记录，应有不同的安全措施。

(七) 制定个人行使权利的法规

为了保护个人的隐私权，法律规定个人享有一些权利。个人有权知

道行政机关的个人记录系统中是否包括他的记录、有权得到关于他的记录、有权修改关于他的记录。为了执行法律的规定，行政机关必须制定法规，规定个人行使上述权利的程序。行政机关制定上述法规时，必须符合《联邦行政程序法》的规定。法律没有规定行政机关必须按照正式程序制定法规，所以行政机关可以采取非正式的公告和评论程序制定上述法规。但行政机关可以自愿采取正式程序制定上述法规，所有的法规都必须在"联邦登记"上公布。

行政机关为此目的而制定的法规，必须包括下列内容：

1. 确定个人是否包括在行政机关记录之中的程序

行政机关必须规定一个程序，使个人可以确定行政机关的记录系统之中是否包括关于他的记录。法规中必须规定该机关中负责接受个人这项请求的职员。由于行政机关的记录浩如烟海，法规中可以要求个人提供必要的情况，以便行政机关检索。例如说明要求行政机关检索什么记录、这项记录的大致时间、可能包括在行政机关的什么记录之中，以及其他能够帮助行政机关寻找记载个人信息的情况。

2. 确定请求人的身份的程序

个人向行政机关提出请求，行政机关在作出决定以前，必须首先确定请求人的身份，证明请求者是记录中的个人。法规中必须规定确定身份的程序。在一般情况下，个人当面提出请求时，行政机关可以要求请求者提出身份证、护照等；个人书面提出请求时，可以要求个人提出证明身份的其他文件，例如社会保障证件、汽车执照、公证人签字的证明等。

3. 取得记录的程序

法规中必须规定行政机关如何对个人提供他所要求得到的记录。对个人的医疗记录或心理状态的记录，可以规定特别的程序，避免对个人产生损害。例如不直接对本人提供医疗记录，要求个人指定一位医师，由行政机关向该医师提供个人的记录。

4. 修改记录的程序

规定个人要求修改记录时，必须提出说明。例如说明要求增加、变更、取消的记录和理由。在行政机关拒绝修改时，必须规定个人提出申请的程序和行政机关决定申诉的期间，并规定不服行政机关的决定时，个人有权向法院提出申诉。

5. 费用

行政机关对个人提出的请求收费时，必须在法规中作出规定。法律允许行政机关收取复制费,但不能超过复制的成本。行政机关为了检索个人的记录和审查个人的记录所花费的时间,不得收费。隐私权法所规定的费用,比情报自由法低。情报自由法规定,行政机关对检索记录所花费的时间可以收费。

第五节　免除的规定

一、概述

（一）免除的意义

行政机关在一定的情况之下,可以不适用隐私权法的某些要求和限制,称为免除。《隐私权法》中规定被记录的个人有取得关于自己记录的权利,有要求修改关于自己记录的权利。同时规定为了保障个人的权利,行政机关必须负担某些义务、履行某些要求。免除的条款则规定在一定的条件之下,保持个人记录的行政机关,对被记录的个人可以免除公开的义务,可以不提供他所要求的记录、不进行他所要求的修改,或者免除法律规定的某种义务或要求。隐私权法中免除的规定,和情报自由法中以及阳光中的政府法中免除的规定性质相同,只是适用的范围和对象不同。情报自由法中规定公众取得政府文件的权利,免除的条款是免除政府文件的公开,行政机关可以拒绝公众要求提供的文件。阳光中的政府法中规定,合议制行政机关的会议必须公开举行,允许行政机关举行不公开的会议。《隐私权法》中的免除条款,不仅免除了行政机关对被记录的个人公开关于他的记录的义务,而且还可以免除行政机关依照该法所负担的其他义务。

（二）免除的理由

《隐私权法》规定免除的理由是为了适应行政上的需要,调和个人利益和公共利益。法律不能只保护个人的隐私权,也必须看到行政事务非常复杂。隐私权的保护不能在全部行政事务上同样适用。在一定的条件之下,由于行政事务的性质特殊,公共利益要求对个人的隐私权的保护施加某种限制,可以不适用《隐私权法》的某些保护条款。但是这种限制必须由法律规定,经过国会的讨论。不能由行政机关根据自己认定的公共利益,任意限制个人的权利。法律在规定个人权利的限制时,给予行政机关一定的自由裁量权。行政机关认为在某种情况下不需要限制个人的权利时,可以不适用法律规定的限制。法律只免除行政机关适用某些保护个人权利的条款,不禁止行政机关适用这些条款。免除条款的作用在于如果没有免除的规定,行政机关必须适用保护个人的规定。有了免除条款以后,行政机关具有自由裁量权,可以不适用保护个人的规定,可以不对被记录的个人公开他的记录。

(三) 免除的种类

隐私权法中规定了两类免除,即普遍的免除(general exemptions)和特定的免除(specific exemptions)。前者免除的范围很广,隐私权法中的全部规定,除法律所排除的几项基本规定以外,其余各项规定,行政机关都可以免受限制,能够适用普遍免除的机关不多。后者免除的范围较窄,行政机关只能免除法律所指明的几项限制,不在法律指明范围以内的其他规定,行政机关都必须适用。

(四) 适用的程序

适用普遍免除和特定免除的程序相同。行政机关必须首先按照行政程序法的规定制定法规,在联邦登记上公布。在法规中,行政机关规定该机关所保持的个人记录系统,哪些可以适用隐私权法规定的普遍免除。该机关对该系统中的记录,准备不适用隐私权法的哪些规定,并说明免除适用的理由。哪些记录系统可以适用隐私权法规定的特定的免除,该机关准备不适用隐私权法的哪些规定,同时说明免除的理由。除法规中指明免除适用的隐私权法的条款以外,其他隐私权法的规定,行政机关必须适用。如果法规中没有规定某一条款不适用,行政机关不能在案件发生时,临时主张不适用这一条款。因为隐私权法只规定行政机关可以不适用某一条款,行政机关实际上不适用这一条款,必须事先在行政法规中规定并公布,以便有关的人能够知道。

二、普遍的免除

法律对普遍的免除可以适用的条款没有作出下面的规定,只规定不能免除的条款。法律对可以适用普遍的免除的机关作了明确的限制。普遍免除只能适用于中央情报局(Central Intelligence Agency)所保持的个人记录,和以执行刑法为主要职能的机关所保持的某些记录。

(一) 免除的范围

能够适用普遍免除的行政机关对它所保持的个人记录系统,几乎可以免除隐私权法对行政机关规定的全部限制和要求。可以免除对被记录人公开他的记录的义务,也可以免除隐私权法规定的其他很多限制和要求。由于可以免除适用的条款范围很广,所以法律没有规定可以免除适用的条款,由保持记录的机关在法规中,自己规定它不适用的条款。然而法律认为,个人享有某些最基本的权利,行政机关必须履行某些最基本的义务和要求。规定这些权利和要求的条款,即使在普遍的免除中也不能免除适用。所以法律明文规定了普遍免除不能适用于下列条款,这是法律对普遍免除适用范围所规定的限制。

1. 被记录人的同意权

隐私权法规定行政机关在对其他人或机关公开它所保持的个人记录以前,除法律所规定的12种情况以外,必须首先取得被记录人的同意。① 这是法律对个人隐私权最基本的保护,这个条款不受普遍免除的影响。行政机关在适用普遍免除的时候,公开它所保持的个人记录,也必须首先取得被记录人的同意。

2. 登记公开的数目和保存登记的义务

行政机关公开个人的记录时,除法律所规定的例外以外,必须登记每次公开的日期、性质、目的,接受记录者的姓名、地址,并在一定期间以内保存上述登记。这项规定不受普遍免除的影响。行政机关公开适用普遍免除的个人记录,也必须按照法律的规定进行登记。但被记录的个人,对适用普遍免除的记录的公开的登记,无权要求观看和取得。个人在这种情况下,不因为行政机关的登记而得到任何利益。

3. 在联邦登记上公布的义务

行政机关必须在联邦登记上公布它所保持的个人记录系统,及其常规使用和其他的基本情况,这项公布的义务不能免除。但行政机关对适用普遍免除的个人记录,可以不公布下述事项:

(1)个人询问记录系统中是否包括他的记录的程序;

(2)个人取得记录和要求修改记录和程序;

(3)记录的信息来源。

4. 在传播记录时,检查记录的正确性的要求

行政机关除依《情报自由法》公开的记录以外,在其他情况下对被记录者以外的其他人,传播它所保持的个人记录时,必须事先检查记录的正确性,这项规定不受普遍免除的影响。

---

① 参见本章第二节:公开的限制和登记。

5. 禁止保持实行宪法修正案第 1 条的权利的记录

这项禁止,除法律所规定的例外情况以外,不能在普遍的免除中被取消。

6. 内部管理的要求

行政机关对制作和管理个人记录的职员,必须制定行为规则,建立保护个人记录安全的行政的和技术的措施。这项要求,不受普遍免除的影响。

7. 改变常规使用的公告

行政机关改变某种个人记录系统的常规使用前,必须先在联邦登记上公告,以便公众评论。这项公告不能免除。

8. 刑事责任

《隐私权法》对保管个人记录的行政机关职员故意违反法律的规定,公开不应当公开的个人记录时,规定有刑事制裁。行政机关不能在它所制定的实施普遍免除的法规中,免除上述职员的刑事责任。

除上述 8 项不能免除的条款以外,隐私权法中对行政机关规定的其他要求和限制,行政机关都可以免除。但必须在它所制定的实施普遍免除的法规中明白规定。由于行政机关可以免除适用大部分法律规定的限制,所以国会在立法报告中,希望行政机关少适用免除的权力。在不严重妨碍执行职务的范围内,尽量公开可以公开的个人记录。管理和预算局在其对行政机关执行隐私权法的指导意见中,劝导行政机关应当区别个人记录中真正敏感的部分和其他部分。只对敏感的部分实行免除的权力。

在上述不能免除的规定中,有一个最大的遗漏,即只规定刑事责任不能免除,没有规定民事责任不能免除。如果按照法律的文字解释,似乎行政机关可以制定法规,对适用普遍免除的个人记录,免除行政机关的违法行为对个人产生损害时的民事责任。在最初,法院似乎采取这种解释,但后来法院的解释变更。民事责任虽然没有规定在禁止免除的项目之中,不能认为行政机关违反法律而可以不负民事责任。因为民事责任是一种派生的责任,本身不能独立存在,它是由于违反其他法律而产生的。民事责任是否存在,取决于是否违反其他法律的规定,不用对民事责任作出独立的规定。① 例如《隐私权法》禁止没有取得本人的同意而公开他人的记

---

① *Tijerina v. Walters*, 821 F. 2d 689, (D. C. Cir. 1989)

录,如果行政机关违反这项规定对个人产生损害时,不能因为法律没有禁止免除民事责任,行政机关可以在法规中规定免除该机关的民事责任。法律不能一方面禁止行政机关公开个人的记录,一方面允许行政机关在违反法律时,免除自己的民事责任。法律不可能有这样自相矛盾的意义。

(二)适用的机关之一:中央情报局

普遍免除允许行政机关不适用《隐私权法》的大部分规定,由于免除的范围太广,所以国会对能够适用普遍免除的行政机关加以限制。法律指明能够适用普遍免除的行政机关是中央情报局。中央情报局对它所保持的全部个人记录,都能适用普遍免除。国会认为该局所保持的情报信息具有敏感性质,如果不加限制地公开该局的记录,可能对国家的安全造成严重损害。

(三)适用的机关之二:执行刑法为主要职务的机关

除中央情报局外,法律没有指明其他可以适用普遍免除的机关。然而法律规定以执行刑法为主要职务的机关,对它所保持的某些个人记录,可以适用普遍的免除。例如美国司法部下面的联邦调查局(Federal Bureau of Investigation)和美国监狱管理局(U.S. Bureau of Prisons),都是以执行刑法为主要任务的机关。

以执行刑法为主要任务的机关,没有取得中央情报局同样的地位。普遍免除不适用于它们所保持的全部个人记录,而只适用于以执行刑法为目的的个人记录。执行刑法的记录的范围包括为了控制或减少犯罪的警察活动、追诉活动、缓刑和假释等记录在内。记录记载的内容必须属于下列任何一项:

(1)以找到犯人为目的而编辑的识别标志、犯罪的记载及其他的记载;

(2)以刑事侦查为目的而收集的任何信息,包括调查报告和告密者对犯罪事实的揭发;

(3)在执行刑法程序的任何阶段中所编制的报告,包括从逮捕、起诉,到释放或监管各个阶段的报告。

三、特定的免除

(一)免除的范围

特定的免除只能免除适用《隐私权法》中的少数条款。可以免除适用的条款已由法律规定。行政机关对本机关中可以适用特定免除的个人

记录系统,可以制定法规,免除适用隐私权法中规定的下列限制或要求:

(1) 个人查阅和取得关于他的记录的权利;

(2) 个人查阅和取得关于他的记录的公开的登记的权利;

(3) 行政机关只能保持执行职务相关的和必需的信息的限制;

(4) 行政机关在联邦登记上公布个人询问该机关的记录系统中是否包含关于他的信息的程序,和如何取得关于他的记录的程序,以及行政机关记录系统的各种信息的来源;

(5) 行政机关制定法规,规定个人取得自己的记录和要求修改关于自己的记录的程序。

上述5项免除的共同特点是,免除行政机关对被记录的个人公开关于他的记录。

(二) 适用的记录

特定的免除不限制适用的机关,但只能适用于行政机关记录系统中以下7种关于个人的记录。其中有的规定的情报自由法中免除公开的规定相同:

1. 涉及国防和外交事项的个人记录

国防和外交事项的记录,如果根据总统的命令应当保密,而且行政机关在它制定的法规中也列入保密范围时,不仅依情报自由法的规定免除对公众公开,隐私权法也规定,在同样情况下个人的记录不对本人公开。因为国防和外交机密,不仅对公众公开损害国家的安全,即使对一个人公开,对被记录者本人公开也损害国家的安全。所以隐私权法把这类个人记录列入特定免除的范围,免除行政机关对本人公开的义务。

2. 以执行法律为目的而编制的个人记录

以执行法律为目的而编制的个人记录,有些具有普遍免除地位,已在上款说明。本款规定的以执行法律为目的而编制的个人记录,是上款规定以外的其他的执法记录。情报自由法中也有同样的规定,但适用的条件不一样。情报自由法对适用这项免除规定很多限制的条件,隐私权法规定的适用条件,只是在公开个人记录可能泄露信息来源时,可以免除公开。

以执行法律为目的的个人记录免除公开,受到一个限制。行政机关免除公开个人记录的结果,如果可能损害个人本来应当得到的权利或利益时,行政机关对于该项记录不能免除公开,仍然应当对被记录的个人公开他的记录。如果必须对信息的来源保密时,可以删除信息来源的记载,在信息的来源和记录不可分时,也可以不公布全部记录。

3. 特别任务机关所保持的个人记录

特别任务机关(Secret Service)是以保护总统、副总统、其他重要官员、外国来访元首的安全为主要任务的机关。它所保持的个人记录,不对被记录者本人公开。

4. 纯粹以统计为目的而编制的记录

人口调查记录和其他纯粹以统计为目的而编制和使用的记录,不涉及个人的具体权利和利益,可以免除对本人公开的义务。如果行政机关在统计目的以外,利用统计资料决定个人的权利或利益时,适用于这种目的的记录,不能享受特定免除的保护。

5. 以决定个人是否适宜任用、签订合同、接触秘密资料为目的而编制的调查资料

行政机关在决定某人是否适宜任用、是否适宜和他签订合同、是否可以接触秘密资料以前,必须先有调查材料。这类调查材料如果对被记载的人公开可能泄露政府信息的秘密来源时,在这种情况下,可以免除公开。

6. 文官的使用和晋升程序中的考试资料

文官的任用或晋升程序中的考试资料,例如问题解答、测验手册、评分表、评分计划等,如果公开可能妨碍考试程序的公正性或客观性时,可以免除公开。

7. 军队中评定晋升的资料

这类资料不对个人公开,只适用于政府对提供资料的人已经答应保密,而且公开的结果可能暴露资料来源的时候,这项不公开的理由和第2项及第5项相同,为了保护信息的秘密来源。

第六节 《隐私权法》的诉讼

个人不服行政机关执行隐私权法的行为,可以请求两种司法救济:

(1)对行政机关提起民事诉讼①,请求法院审查行政机关的决定,并对个人给予隐私权法所规定的救济手段。未成年人和其他无行为能力人

---

① 法律用民事诉讼一词,实际上应该说行政诉讼,因为美国民事诉讼和行政诉讼没有严格区别,行政诉讼也是民事诉讼,以和刑事诉讼相区别。

可由法定代理人代理请求救济。

(2) 对违反法律的行政官员和个人,隐私权法规定有一定的刑事制裁,以保障法律的忠实执行。

一、民事救济:概述

(一) 诉讼的原因

隐私权法规定在四种情况下,个人可以提起民事诉讼请求司法审查:

(1) 不服行政机关拒绝修改自己的记录;

(2) 不服行政机关拒绝提供自己的记录;

(3) 由于行政机关保持不正确的记录,个人因此受到损害,请求赔偿;

(4) 由于行政机关其他违反《隐私权法》的行为,个人受到损害,请求赔偿。

这4种诉讼可以分为两大类:在前两种诉讼中,法院只能对行政机关发出制止令,命令行政机关采取一定的行为,不能判决赔偿,个人不需要证明受到损害。在后两种诉讼中,法院只能判决赔偿,个人必须证明损害存在。除这个最大的区别以外,每种诉讼都有不同的要求。下面分别加以说明。在对各种诉讼分别说明以前,本款首先说明4种诉讼程序方面的共同要求。

(二) 诉讼的标的

《隐私权法》只适用于行政机关记录系统中的个人记录。当事人提起隐私权法的诉讼时,诉讼标的必须是包含在某一记录系统中的记录。对不是记录系统中的记录提起争议,如果符合其他法律规定的诉讼原因时,可依其他法律起诉,不是隐私权法的诉讼。

(三) 法院的管辖

隐私权法诉讼的司法管辖权规定在《隐私权法》中,不适用司法法关于一般管辖权的规定。隐私权法诉讼由地区法院管辖,没有金额的限制。有地域管辖权的法院是原告居住地或主营业所在地的地区法院,或记录所在地的地区法院,或哥伦比亚特区的地区法院。

(四) 被告

被告只能是行政机关,不能是行政官员,在这一点上和《情报自由法》的诉讼相同。这项规定在赔偿之诉中特别重要。当事人只能请求行政机关赔偿,不能请求官员个人赔偿。

(五) 诉讼时效

原告能够提起诉讼的时间为诉讼原因发生以后的两年期间以内。官员由于行政机关的记录不正确受到损害请求赔偿时，两年的时效期间从损害发生之日起开始计算。然而行政机关对被要求公开的个人记录，故意作出错误的记载，从而可以引起行政机关的赔偿责任时，两年期间的计算，从发现错误记载之日开始。

(六) 法院的不公开审查权和重新审理权

行政机关主张保密，不对被记录的个人提供他的记录，或者行政机关不允许修改被记录的个人的记录时，法院有不公开的审查权，以判断行政机关的主张是否符合隐私权法中规定的免除公开条款、是否有正当的拒绝理由。在这两种情况之下，法院对行政机关所认定的事实，可以重新审理，不适用实质性的证据规则。

(七) 诉讼费用

隐私权法的诉讼，如果原告实质上胜诉时，法院可以判决行政机关负担原告的诉讼费用和合理的律师费用。

(八) 和其他法律救济的关系

隐私权法的救济限于该法所规定的救济手段，当事人不能在隐私权法诉讼中，请求隐私权法以外的救济。例如官员由于个人记录的错误而丧失晋升的机会，根据隐私权法提起诉讼，只能请求损害赔偿或改正错误的记载，不能请求法院撤销行政机关的决定，也不能请求法院命令行政机关按照法律的规定，给予晋升。当事人请求隐私权法以外的救济时，应当按照其他有关的法律起诉，不是隐私权法的诉讼。

二、拒绝修改和拒绝提供个人的记录

(一) 拒绝修改个人的记录

个人按照隐私权法的规定，请求修改他的记录中错误的记载，或者取消完全错误的记录，遭到行政机关拒绝时，可以请求法院审查行政机关的决定。个人申请司法审查，不需要指出受到任何损害，但必须证明行政机关的记载是错误的。在申请司法审查以前，必须穷尽行政救济。行政机关对个人申请复议，必须在收到申请后30个工作日以内作出决定。有正当理由时，可以延长30天的期间。法律没有规定行政机关不在规定时间以内作决定时，视为已经穷尽行政救济。但行政机关对公民的请求必须在合理的期间以内作出决定。行政机关的延长不合理时，个人可以申请司法救济。

法院审查行政机关作决定的法律根据和事实根据。法院具有重新审理的权力,不受行政机关关于事实裁定的限制。法院的审查可以包括行政机关对保持记录的正确性、相关性所规定的标准在内。法院认为个人的申请有理由时,可以判决行政机关按照个人的请求修改他的记录,或者按照法院的指示修改个人的记录。法院也可以判决行政机关对胜诉的人,赔偿诉讼费和合理的律师费。

(二) 拒绝提供个人的记录

行政机关不正当地拒绝对个人提供关于他的记录时,也是申请司法审查的一个理由。个人根据这个理由起诉时,不需要证明受到任何损害。行政机关只在符合隐私权法中规定的免除公开时,才能拒绝对个人提供他的记录。所以行政机关必须对它的拒绝决定负举证责任。

法院具有重新审理的权力,还可以不公开地审查个人的记录,判断行政机关的拒绝是否合理。法院认为原告的起诉有理由时,可以判决行政机关提供个人所要求的记录,或者删除不能公开的部分以后,提供其他部分记录。法院也可以判决行政机关对胜诉的个人负担诉讼费用和合理的律师费用。

三、没有保持正确的记录以及其他违反《隐私权法》的行为

以上两种诉讼,法院只能给予制止令的救济,命令行政机关采取一定的行为,不能判决赔偿。个人受到损害想要得到赔偿,只能提起下述两种诉讼:

(一) 没有保持正确的记录

保持个人记录的行政机关,有责任保持记录的正确性、及时性、完备性,防止根据错误的记录对个人作出不公正的决定。上面第四节中已经指出,法律只要求行政机关合理地保证记录的质量,不要求记录的绝对正确、及时、完备。是否合理,依照行政机关的条件、工作态度、涉及个人利益的大小等因素判断。行政机关没有合理地保证记录的质量,个人因此受到损害时,可以提起赔偿之诉,不需要事先穷尽行政救济。

为了减轻行政机关的赔偿责任,法律规定个人能够得到赔偿,必须符合并证明下述 3 个条件:

1. 行政机关的行为出于故意或任性

行政机关不对过失行为负责,个人必须证明行政机关的行为出于故

意或任性,才能得到赔偿。故意或任性很难有一个确切的意义。国会的立法报告认为,故意或任性的标准必须超过严重的过失,然而不一定要有事先的计划。哥伦比亚特区上诉法院在一个判决中,认为故意或任性有两种可能:① 行政机关没有理由可以相信它的行为是合法的,或者② 明显地不顾个人在《隐私权法》上的权利。①

2. 个人受到损害

个人必须证明他的损害,包括他的权利、利益、资格、机会、品德受到的不利影响在内。例如官员由于不正确的记载而丧失晋升的机会,个人由于不正确的记录而未被雇用,或受到处分等。

3. 因果关系

个人所受到的损害必须是不正确的记录的直接结果,如果行政机关或其他人对个人作出不利的决定,不是根据错误的记录,而是根据其他事实时,不产生《隐私权法》的赔偿诉讼。

法院只能判决行政机关赔偿个人的实际损害、诉讼费用和合理的律师费用。对于实际损害的意义没有一致的认识,大多数法院认为实际损害限于金钱损害,不包括精神的损害在内。少数法院认为实际损害可以包括精神损害在内,原告必须证明他的精神损害和行政机关的不正确记录之间,存在直接的因果关系。法律规定,原告的实际损害少于 1 000 美元时,法院最少要判决行政机关赔偿 1 000 美元,以提高行政机关的警惕性。

个人由于不正确的记录受到损害提起赔偿之诉时,可以请求法院同时命令行政机关修改不正确的记载。在赔偿之诉和修改之诉同时提起时,原告必须事先穷尽行政救济,否则只能提起赔偿之诉。

(二) 其他违反《隐私权法》的行为

除不正确的记载给个人造成的损害,行政机关应负赔偿责任以外,行政机关其他违反隐私权法或违反根据该法制定的法规的行为,给个人造成损害时,也应负赔偿责任。例如行政机关不正当地对第三者公开个人的记录,或者不正当地收集个人行使宪法修正案第 1 条的权利的信息,个人因此受到损害时,也可以请求赔偿。行政机关赔偿的条件和范围,和由于不正确的记载而赔偿的条件和范围相同。但是在由于其他行为违反隐私权法的赔偿之诉中,个人不能同时请求修改记录,因为修改记录只适用

---

① *Albright v. United States* (Ⅱ), 732 F. 2d. 181, (D. C. Cir. 1984)

于不正确的记载。

四、刑罚制裁

为了保障个人的隐私权和保障隐私权法的忠实执行,法律除规定民事救济以外,还规定在下述 3 种情况下,可以对违法的职员本人,科处刑罚制裁:

(一) 不合法地公开个人记录

行政机关的职员由于职务的方便而占有或得到个人的记录,故意或任性地违反隐私权法,或根据该法而制定的法规,对任何不应当得到记录的人或机关公开个人的记录时,构成轻罪行为,可以科处 5 000 美元以下的罚金。

(二) 没有履行在联邦登记上公布的义务

隐私权法禁止行政机关保持秘密的个人记录。保持个人记录的行政机关,必须在联邦登记上公布个人记录系统的存在、常规使用的目的,及其他有关事项。① 行政机关的任何职员保有个人记录,没有按照法律的规定进行公告时,也构成轻罪行为,可以科处 5 000 美元以下的罚金。

(三) 利用虚伪的陈述取得个人的记录

任何人故意地或任性地利用虚伪的陈述以取得行政机关保持的个人记录时,也构成轻罪行为,可以科处 5 000 美元以下的罚金。这项处罚和前两项处罚的对象不同,前两项处罚的对象是行政机关的职员,最后这项处罚的对象是任何人,包括被记录者本人的虚伪的陈述在内。

第七节 《隐私权法》和《情报自由法》的关系

一、1984 年以前的某些不确定

在政府信息的公开中,隐私权法和情报自由法是两个非常重要的法律。然而这两个法律所追求的目的不同,情报自由法追求政府文件最大限度的公开,隐私权法则企图限制某些政府文件的公开。行政机关对个人记录系统的公开,同时受到这两个法律的支配。在适用这两个法律时,可能出现互相矛盾的现象。矛盾的焦点在两个法律都有免除公开的规

---

① 参见本章第四节二:保持和使用记录的限制和要求。

定，其中一部分免除公开的事项相同，另一部分免除公开的事项不同，或者适用的条件不同。情报自由法有9项免除公开的规定，不在这9项免除范围内的文件必须公开。隐私权法中规定个人的记录，没有本人的同意不能公开，不公开的事项比情报自由法广泛。隐私权法中除了规定其他人取得非自己的记录必须本人同意以外，也规定了一些免除事项。不对本人公开的文件，其他人要求这类文件时，行政机关也可以拒绝。

在情报自由法和隐私权法同时适用时，行政机关可以用隐私权法中不公开的规定，限制公众在情报自由法上本来可以得到的文件；也可以用情报自由法的规定，限制本人根据隐私权法本来可以得到的文件。为了避免这种矛盾，国会在制定隐私权法时，明显的意图是隐私权法不影响对情报自由法的适用。在情报自由法和隐私权法相冲突时，适用情报自由法的规定。因为情报自由法对个人隐私权的保护已有规定，公众所要求的个人记录明显地侵犯个人的隐私权时，行政机关可以拒绝公开。然而这个保护的程度不如隐私权法对个人的保护，因为隐私权法对个人的保护，不只在隐私权受到明显地侵犯的时候。

为了避免隐私权法干扰情报自由法的适用，国会在隐私权法中作了一些规定。例如公众根据情报自由法请求个人的记录时，不需要本人的同意。行政机关根据情报自由法公开个人的记录时，不需要登记、不需要保证记录的正确性等。所有这些规定都表示行政机关适用情报自由法时，不受隐私权法的限制。然而国会立法本身并不能够完全贯彻国会的意图，因为在情报自由法免除公开的理由中，有一项理由是其他法律禁止公开的事项，情报自由法也免除公开。① 由于这一规定，隐私权法中不公开的文件，在情报自由法中也不公开。结果情报自由法的适用受到隐私权法的限制，和国会独立适用情报自由法，不受隐私权法的限制的意图相反。

情报自由法和隐私权法同时适用，不仅在免除公开问题上扩大了情报自由法不公开的范围，而且在行政机关的责任上也引起麻烦。隐私权法规定行政机关公开不应当公开的个人记录，个人因此受到损害时，行政机关应负赔偿责任。情报自由法只对明显地侵犯个人的隐私权的文件免除公开。什么是明显地侵犯个人的隐私权呢？如果行政机关对明显的侵犯判断不当，过分地牺牲个人的权利，公开不应当公开的文件时，可能引

---

① 参见本书第二十一章第三节：免除公开的政府文件。

起行政机关的赔偿责任。此外,免除公开没有强制性质,即使公开的结果明显地侵犯个人的隐私权,行政机关认为公开符合公共利益时,仍然可能决定公开。然而行政机关在作判断时,必须考虑隐私权法的规定。行政机关由于错误,公开不应当公开的个人记录,个人因此受到损害时,也可能引起赔偿责任。在这两个法律同时适用时,行政机关在适用情报自由法时,可能负担隐私权法上的赔偿责任。

为了解决情报自由法和隐私权法同时适用上的矛盾,司法部曾经作出一个解释。司法部认为个人向行政机关请求提供自己的记录时,只能根据隐私权法的规定。如果个人根据情报自由法要求得到自己的记录时,行政机关可以拒绝。根据这个解释,隐私权法中全部不公开的规定都适用于情报自由法。这个解释受到国会中一部分议员,特别是参议员肯尼迪的反对。司法部后来修改了自己的解释,认为在个人向行政机关请求自己的记录时,行政机关可以在情报自由法和隐私权法中,选择适用对请求人最有利的法律。这个解释对国会的观点作了一些让步,但仍然没有放弃两个法律同时适用的立场。

二、1984 年的修改

国会在 1984 年对隐私权法进行修改,明确了两个法律在适用上互相独立,避免两个法律在适用中的互相干扰。这两个法律的目的不同,适用的范围不可能一样。一个法律中免除公开的规定,不能适用于另一个法律。

一方面,行政机关不能依情报自由法中的规定,拒绝向个人提供他在隐私权法中可以得到的文件。情报自由法规定不能对公众提供的文件,不能认为隐私权法因此也不能对个人提供这个文件。行政机关根据隐私权法所能拒绝提供的文件,只能根据该法的规定。

另一方面,公众根据情报自由法的规定要求行政机关提供文件时,行政机关不能根据隐私权法的规定,拒绝提供情报自由法中公众可以得到的文件。情报自由法中规定在其他法律规定某一文件不公开时,情报自由法也不公开这一文件。这一条款中的"其他法律",不包括隐私权法在内。公众根据情报自由法要求行政机关提供文件时,行政机关拒绝提供的理由,只能适用情报自由法的规定。不能以隐私权法的免除公开,作为拒绝的理由。

情报自由法和隐私权法虽然互相独立,分别适用,并不排除两个法律中存在相同的免除公开的理由。例如涉及国防和外交机密的文件，公众或个人不论根据情报自由法或根据隐私权法申请，都不能得到。又如执行法律的文件，也是两法共同规定的免除公开的事项。由于情报自由法和隐私权法规定免除公开的范围不一样，个人想要得到自己的记录时，最好同时根据两个法律提出请求。因为根据一个法律不能得到的文件，可能根据其他法律得到。只在两个法律同时规定免除公开某一文件时，行政机关才能拒绝提供这一文件。

第八节 《电脑匹配和隐私权保护法》

1974 年的《隐私权法》规定了行政机关对个人记录系统中的信息的收集、保持、使用、传播的各种规则。然而对于贮藏于电脑的个人记录系统中的信息的电脑匹配问题，没有特别的规定。由于电脑匹配问题在当代日趋重要，国会于 1988 年制定《电脑匹配和隐私权保护法》(The Computer Matching and Privacy Protection Act)，规定了行政机关对个人信息进行电脑匹配所必须遵守的程序，以保护个人的隐私权，同时也兼顾行政机关对个人信息进行电脑匹配的需要。这个法律并入 1974 年的隐私权法，成为隐私权法的组成部分。在电脑匹配没有受到特别的规定时，隐私权法关于个人信息的其他规定，也适用于个人信息的电脑匹配。

一、概述

（一）电脑匹配的意义

隐私权法中的电脑匹配是指联邦行政机关，把自己电脑中的个人信息和其他行政机关电脑中的个人信息互相比较，这种比较称为电脑匹配。在匹配活动中，接受记录的机关称为接收机关（recipient agency），提供记录的机关称为来源机关（source agency）。接收机关或来源机关可以是联邦行政机关，或非联邦行政机关。后者包括州政府、地方政府及其附属机构。非联邦行政机关只在和联邦任务有关时，才是接收机关或来源机关。州或地方政府执行和联邦任务无关的电脑匹配，不在联邦法律的支配范围之内。

（二）立法目的

美国行政机关从 20 世纪 70 年代起，对个人的记录进行电脑匹配，以后逐渐蔓延，引起社会广大人士的不安。因为任何人都不能不和行政机关打交道,每一个人的信息都可能储藏在不同行政机关的电脑之中。虽然每个机关储藏的信息侧面不同、时间不同。然而如果把各机关之间的信息互相匹配,等于在全国范围内事实上建立了一个个人信息资料库。任何行政机关不问其业务性质如何,都可以得到个人的全部信息,甚至和本机关的业务无关的信息,这种情况最能侵犯个人的隐私权。批评电脑匹配的人认为,电脑匹配违背隐私权法的规定,和没有采取正当和程序。因为隐私权法规定行政机关收集个人的信息,必须尽可能地由本人提供,而且必须说明目的,只能收集和本机关业务有关的信息。由于电脑匹配的结果,行政机关之间在本人不知情的情况之下,大量交换储藏个人信息的电脑档案,甚至进行电脑联网,显然不符合法律的规定和正当程序。赞成电脑匹配的人则认为,电脑匹配可以制止个人的欺诈舞弊行为,减少行政开支和浪费。电脑匹配不违反隐私权法,因为隐私权法中规定,行政机关在常规使用之下可以对其他行政机关传播个人的记录,不需要本人的同意。电脑匹配属于行政机关对个人记录的常规使用,符合隐私权法的规定。

尽管有社会人士反对,行政机关仍没有停止对个人记录的电脑匹配。但国会认识到了问题的严重性,有制定法律的必要。禁止电脑匹配已不可能,这等于放弃当代科技给行政带来的经济和效率。然而个人的隐私权由于电脑匹配,可能受到以前没有的严重侵害。为了调和这两种利益,所以国会制定了1988年的《电脑匹配和隐私权保护法》。在承认个人记录电脑匹配的同时,又对电脑匹配的使用和程序加以限制。行政机关进行电脑匹配必须遵守法律规定的程序,避免对个人隐私权的侵害。同时设立监督机关,监督行政机关的电脑匹配活动,保障法律的执行。

二、法律的主要规定

(一) 匹配项目

电脑匹配所适用的事项称为匹配项目(Matching Program)。不是一切电脑匹配事项都构成隐私权法的匹配项目,隐私权法中的匹配项目必须具备下述特征:

1. 匹配的记录

隐私权法中的匹配项目,只能比较储藏于行政机关电脑中的个人记录系统中的个人信息,不适用于和个人记录系统无关的个人信息。因为隐私权法的适用范围限于个人记录系统中的个人信息。关于个人记录和记录系统的意义,前面已有说明。① 行政机关中往往存在多种个人记录系统,大部分关于个人的信息都包括在个人的记录系统之中。

2. 匹配的类型

1988 年的法律对个人信息的电脑匹配规定两种基本类型:

(1) 以执行福利计划为目的的匹配项目。福利计划(Benefit Program)的意义,根据法律的规定是指联邦政府执行的,或非联邦行政机关代理联邦政府执行的,对个人提供的金钱给付或物质援助项目。不论采取给付、补助、贷款、借贷担保等形式,只要是对个人提供利益为目的的项目,都是福利计划,包括的范围很广,甚至联邦职员领取薪俸或退休金,也属于福利计划中的项目。

行政机关进行个人记录的电脑匹配,最主要的目的是正确地执行福利计划,避免欺诈、舞弊和浪费行为。行政机关为了决定某人是否有资格得到某种福利待遇,已经享受联邦利益的人,是否继续符合福利计划中的要求,以及追还在福利计划之下个人对政府应退回的款项等,可以对个人的记录进行电脑匹配。例如美国教育部在学生读书期间曾经给予贷款,学生毕业工作后应偿还,有些学生不愿偿还。教育部为了找到欠款人员的地址,可以把本机关电脑所记载的欠款人员名单,和其他机关中职员的名单进行匹配,以发现欠款人员,追回欠款。

(2) 以比较联邦职员名册或工资为对象的匹配项目。上一类型匹配项目的特征表现在匹配活动的目的。第二类型匹配项目,不问匹配目的如何,一切以联邦职员名册或工资表册为对象的电脑匹配,都是隐私权法中的匹配项目,必须受法律所规定的程序的支配。因为这两种记录当然属于隐私权法中的个人记录系统。

3. 特别排除适用《隐私权法》的匹配活动

上述两种类型的匹配项目,能够包括的匹配活动的范围很广。然而行政机关进行电脑匹配,有时不影响个人的利益,有时由于行政上的需要,不能严格地受法律规定的程序的限制。所以法律规定下述 6 种匹配活动不构成隐私权法的匹配项目:

(1) 为了得到总体的统计资料,对不包括任何识别个人的特征的资料的匹配。

(2) 以支持研究工作或统计计划为目的的匹配,其中所使用的资料,

---

① 参见本章第一节:概述。

可能包括具有识别个人的特征的资料。然而匹配所得到的信息不用于作出影响个人利益的决定。

（3）以执行刑法为主要任务的机关，在对特定人的违法行为开始调查以后，为了获得证据所进行的匹配。

（4）内地税局为了得到法律规定的某些税务信息，以便追回欠款而进行的匹配。

（5）匹配的目的不在于对职员采取不利的行动，而在于：① 为了例行的行政目的而使用关于职员的记录所进行的匹配，例如在电脑中搜索具有某种特殊技能，能够担任某项职务的合格的职员；② 只使用本机关内部的记录进行匹配，匹配所得到的信息，不用于对职员作出不利的决定。

（6）为了反间谍的目的，或者为了核对准备使用的联邦职员，或者和联邦签订合同的人的可靠性而进行的匹配。

（二）匹配合同

1. 合同的作用

行政机关进行个人记录的电脑匹配，必须首先在来源机关和接收机关之间签订一个书面的匹配合同（matching agreement）。没有签订合同的机关，不得对其他机关的电脑匹配项目提供个人的记录。接收机关必须按照合同规定的内容，使用和处理所收到的资料。

2. 合同的内容

法律规定匹配合同必须包括下列11项内容：

（1）进行某项电脑匹配的目的和法律权力。

（2）进行某项电脑匹配的理由，和预期可能得到的结果，包括估计可能得到的节约在内。这项规定之所以必要，是因为如果匹配项目不能得到节约的结果，监督机关不会批准这项匹配。

（3）匹配中使用的记录的大致数目，包括说明每项记录中将被使用的资料在内。匹配项目预期开始生效的日期和结束的日期。

（4）对福利申请人、领取人、申请作为政府职员的人，和现任的职员的个别通知的程序。在通知中必须告诉申请者和享受者，他们所提供的信息，有可能通过电脑匹配加以核实。

（5）对匹配项目中的信息加以核实的程序。

（6）接收机关对匹配项目中的个人记录及时加以摧毁的程序。因为匹配项目中的个人信息，一旦不需要时，必须及时退回来源机关或加以摧毁,这是对《隐私权法》正确适用的一种保护。

(7)对匹配项目中的个人记录和匹配的结果,所采取的行政的、技术的和物质的安全保障的程序。

(8)除法律另有规定或为进行匹配所需要外,禁止在接收机关内部或外部复制或传播来源机关提供的记录。

(9)接收机关使用来源机关提供的记录的程序,包括退回记录和摧毁记录的程序在内。

(10)报道对在匹配项目中使用的记录的正确性所作的判断的结果。

(11)主计长为了监督和核实匹配合同是否遵守,有权取得接收机关的一切记录。

3. 合同的生效和续订

匹配合同必须由本机关内部监督电脑匹配活动的机关(资料完整委员会)批准,并对国会两院的政府活动委员会各呈报告一份。合同生效的日期是在向国会委员会呈报后30天开始。

合同的有效期间由资料完整委员会根据需要决定,但不得超过18个月。在合同效力满期前3个月,资料完整委员会认为必要时,可以延长不得超过一年的期间。延长的条件是:

(1)匹配。项目没有改变;

(2)合同的双方当事人向资料完整委员会提出书面证明,说明匹配项目的执行符合合同的规定。

4. 合同的公开

行政机关不能隐瞒它的匹配合同。法律在规定行政机关必须把它的匹配合同呈报国会时,也规定公众有权了解和得到合同。公众的这种权利,不是根据《情报自由法》的规定,而是直接根据电脑匹配和隐私权保护法的规定,作为公众监督行政机关进行电脑匹配的一种手段。

(三)正当程序

正当程序是指行政机关使用电脑匹配所获得的信息,对个人采取不利的行动时必须遵守的程序,这个程序包括两个方面:

(1)核实信息;

(2)给予个人抗辩的机会。

1. 核实信息

行政机关进行电脑匹配的结果,可能得到一个信息。这个信息只能是采取行动的假定,不能作为采取行动的根据。行政机关必须对电脑匹配所得到的信息加以核实，才能用它作为决定的根据。因为电脑可能错误，电脑不能解释它所得到的结果代表什么意义。例如1982年，马萨诸塞州把领取福利金人的记录，和银行存款人的记录加以匹配，发现1 600名福利金领取人的存款超过领取福利金的限额。行政机关根据这项匹配得到的信息，未经核实，立即对存款超过限额的人发出终止福利金的通知。经过福利金领取人上诉的结果，发现行政机关的决定错误比例很大。除有些是社会保障的号码错误以外，银行存款不能完全反映个人的经济情况。因为银行存款有的不是一个人所有的款项，有的存款是其他人信托的款项，有的存款是准备其他法律目的而储存，有的款项是对已经发生的债务尚未清偿的数额。银行存款也不反映一个人的经济来源、债务情况、实际生活情况，根据这样简单的信息作出决定，不可避免地会出现错误。国会认为，个人的权利不能由电脑自动决定，而没有经过人脑核实。只有经过机关职员核实，认为电脑匹配得到的信息正确，可以信赖时，才能应用。法律规定："为了保护被匹配的个人的利益，在匹配得到的信息未经机关的官员独立地核实以前，任何接收机关或来源机关……不能根据匹配得到的信息，对该人在联邦福利计划下所享受的利益……采取任何不利的行动。"法律规定两种核实方式：

（1）如果某一福利计划本身已经规定核实方法时，可以利用该计划规定的方法；

（2）利用《电脑匹配和隐私权保护法》规定的方法。

该法规定为了核实电脑所使用的资料是否正确，必须核实：① 收入或资产的数额；② 个人对该收入或资产是否实际享有或使用；③ 实际享有的时间。为了核实资料，官员可以访问本人，由本人作出解释，也可以把不同的资料互相核对。

2. 抗辩机会

行政机关根据电脑匹配得到的信息准备对个人采取不利的行为时，必须把行政机关准备采取的决定通知个人，并指出个人可以在通知规定的时间内提出抗辩，但必须给予个人至少30天的准备时间。在此期间，行政机关不能对个人采取不利的行为。如果由于公共健康或公共安全的需要，行政机关可以在30天以前作出决定。这个决定不影响个人的抗辩权。个人除根据《电脑匹配和隐私权保护法》的规定有权提出抗辩外，也可以利用隐私权法规定的其他救济手段。

(四) 资料完整委员会

资料完整委员会(Data Integrity Board)是监督电脑匹配活动的机关。法律规定,每个进行电脑匹配活动的联邦行政机关,不论是接收机关或来源机关,都必须成立一个资料完整委员会,以监督和协调该机关的电脑匹配活动。

1. 组织

资料完整委员会由每个机关的首脑任命的高级职员组成,机关中负责执行隐私权法的高级职员是当然的委员。如果该机关有视察主任时,视察主任也必须是委员,但不得作为委员会的主席,避免他发生过大的影响。其他委员由机关首长选定,数目多少由首长根据机关的大小、电脑匹配活动的多少决定。委员全是兼职,匹配活动多大的机关,可以任命专任职员帮助委员会工作。

2. 职权

法律规定委员会具有下述8项职权:

(1) 审查和批准匹配合同。委员会审查本机关建议订立的匹配合同,是否符合法律和法规的规定、是否达到节约经费的目的。委员会拒绝批准的合同,合同的任何一方当事人,不论是接收机关或来源机关,都可以向管理和预算局申诉。管理和预算局审查合同中的匹配项目以后,认为符合法律和政策的规定、符合公共利益、可以节约经费时,可以批准合同。

(2) 检查匹配项目的执行。委员会审查本机关不论作为接收机关或来源机关,当年所参加的匹配项目,以决定该项目的执行是否符合法律、法规和匹配合同,以及是否符合节约目的。委员会不需要把这种审查作为例行职务,通常只在匹配项目的执行出现问题,例如有人执行匹配项目的执行不符合法律、法规或匹配合同时,委员会才进行审查,作出决定。

(3) 审查匹配项目是否有继续存在的理由。委员会审查本机关所参加的全部匹配项目,以决定该项目是否应继续存在。因为行政机关有时在已经不需要得到匹配的信息时,仍然继续或延长匹配合同。

(4) 年度报告。委员会对本机关的电脑匹配活动,每年必须对机关首脑以及管理和预算局提出一个年度报告,公众有权要求得到这个报告。管理和预算局汇合各机关提出的年度报告成为一个总报告,向国会提出。

(5) 对记录是否正确交换信息。委员会对匹配活动中所使用的记录的正确性、完整性、可靠性收集信息,进行交换和传播。

（6）指导法律解释。委员会对本机关及职员解释《隐私权法》对匹配项目的要求，并给予指导。

（7）对匹配项目的登记和处理进行审查。委员会审查本机关对匹配项目的登记和处理的政策和习惯，以保证符合隐私权法的规定。

（8）审查并报告其他匹配活动。委员会对行政机关在隐私权法以外所进行的其他匹配活动，也可以进行审查和提出报告。例如本节第1款中提到的6种匹配活动，不是隐私权法的匹配项目，不受隐私权法规定的程序的限制，然而不排除委员会可以对它们进行审查提出报告。

第九节　对《隐私权法》的评价

1974年的隐私权法和1966年的情报自由法一样，是当代美国政治生活中非常重要的法律。没有情报自由法，公众对行政活动缺乏了解，不可能有效地监督政府，民主政治将受到妨碍；个人的隐私权没有保障，则个人的自由不能存在，民主政治也受到损害。所以国会在制定情报自由法后又制定隐私权法，这是逻辑发展的必然结果。1974年的隐私权法，对个人的隐私权，第一次规定了全面的、系统的保障。在1974年以前，已经有保障个人隐私权的法律存在，但只在个别问题上或个别程序上提供保障，没有全面的保护。然而行政机关不仅在个别问题上可能侵害个人的隐私权，而是在个人生活的各个方面，可能侵害个人的隐私权；不仅在个别程序上可能侵害个人的隐私权，而是在信息的收集、保持、使用和传播全部过程上，都可能侵害个人的隐私权。1974年的法律从根本问题上着眼，在个人的生活上承认隐私权的存在，认为行政机关不受拘束地收集和保持个人的信息，是对个人生活的一大危险；认为拒绝个人取得自己的记录和要求修改自己的记录是不公正的行为；认为个人记录的公开要得到本人的同意。有了以上几种承认，才能在个人生活的自由和行政的需要之间建立公正的平衡，使个人不会在强大的行政机器面前失去存在。

1974年制定隐私权法时，个人的信息记录在电脑之中已经相当广泛，然而个人信息的电脑匹配还没有普遍流行。从70年代开始，个人信息的电脑匹配逐渐蔓延，电脑匹配对个人隐私权的侵害远远超过传统的传播方式，而1974年的法律对这个严重的问题没有规定。1988年，国会制定电脑匹配和隐私权保护法，对电脑匹配规定严格的程序。电脑匹配必须根据匹配合同进行，合同必须公开，公众可以自由得到匹配合同，匹配得到的信息必须经过核实,个人有答辩的权利。

　　隐私权法的制定对个人生活自由的保障虽然是一件大事,然而这个法律不是没有缺点。法律在平衡个人隐私权的保护和行政的需要时,侧重点倾向保护行政的需要。例如法律规定个人记录的公开必须取得本人的同意,然而又规定行政机关之间为了常规使用目的而公开个人的记录,不需要本人的同意。常规使用的范围非常广泛,只要使用的目的不和信息收集时的目的相冲突,都是常规使用,唯一的限制是行政机关必须事先在联邦登记上公布常规使用。因此行政机关之间交流个人的信息,很容易披上常规使用这件合法的外衣,这对保护个人隐私权是一个极大的缺陷。在 1988 年的法律没有制定以前,甚至机关之间进行个人信息的电脑匹配也是常规使用。可以看出,常规使用的范围几乎没有界限。为了保护个人的隐私权,必须在机关之间进行个人信息交流时,规定一个程序上的限制。限制的程序当然不需要像电脑匹配时那样严格,但最低限度必须超过目前对常规使用的限制。

　　法律的实际效果不在法律本身,而在法律如何执行。隐私权法效果的大小,取决于行政机关如何执行法律中规定的免除条款。隐私权法对个人规定了一些保护,对行政机关规定了一些限制。然而法律又规定在一定条件之下,行政机关可以不适用法律中规定的保护和限制。行政机关可以在制定的法规中规定不适用隐私权法的那些保护和限制。因此隐私权法的实际效果,在很大程度上取决于行政机关如何适用隐私权法的免除条款,这是法律的一个薄弱环节。为了补救这个缺点,法律规定行政机关对不适用的保护和限制,必须说明理由。然而如果没有有效的控制,说明理由的实际意义不大。因此隐私权法的实际效果,一部分又取决于国会和法院对行政机关执行免除条款时的监督程度和态度。隐私权法在行政机关违法时的补救措施上也表现出偏袒行政机关。法律规定在行政机关违法时,个人可以请求民事救济。法律能够给予两种救济:一是衡平法上的制止令,命令行政机关提供个人所要求的记录,或同意个人所要求的修改;二是损害赔偿。然而法律对损害赔偿规定严格的限制,行政机关只对故意或固执的行为负赔偿责任。因此行政机关不仅不负过失责任,甚至对自己的严重过失也不负赔偿责任。

附录

〔联邦〕《行政程序法》

第 79 届国会公法 404 号,1946 年 6 月 11 日总统签字同意,1966 年 9 月 6 日公法第 89—554 号编入《美国法典》第 5 编。在 1967、1974、1976、1977、1988 年有重要修订。原条文第 551 节定义中,对其所界定的 14 个名词都加"……"号,表示这个定义是该法上的意义,不问这个名词通常的意义如何。

《美国法典》第 5 篇　政府组织和职员
第 5 章　行 政 程 序
第 2 分章　行 政 程 序

第 551 节　定义

就本节的目的而言:

(1) "机关"是指美国政府的各个机构,不问其是否隶属于另一机关,或受另一机关的审查,但是不包括:

(A) 国会。

(B) 美国法院。

(C) 美国领地或属地的政府。

(D) 哥伦比亚特区的政府。

除适用本编第 552 节的规定以外,不包括

(E) 由纠纷各方当事人的代表或其组织的代表所组成的以解决纠纷的机关。

(F) 军事法院和军事委员会。

(G) 战争时期在战区或占领地行使权力的军事当局。

(H) 根据《美国法典》第 12 编 1738、1739、1743 节和 1744 节;第 41 编第 2 章;第 50 编附录 1662 节、1884 节、1891—1902 节,以及以前 1641(b)(2)节行使职权的机关。

(2) "人"包括个人、合伙、公司、社团、机关以外的公私组织。

(3) "当事人"包括在机关裁决的程序中,被列名为或被承认为当事人的人或机关。或者以正当方式提出请求并且有权被承认为当事人的人或机关,以及为了特定的目的被机关承认为当事人的人或机关。

(4) "法规"是指机关发布的具有普遍适用性或特殊适用性,并于将来生效的文件的全部或一部分。目的在于实施、解释、规定法律或政策,或规定机关的组织、程序,或活动规则。包括批准或规定将来的收费标准、工资、法人的或财经的体制及其变革、价格、设备、器具及其服务或分配,还包括批准或规定和上述各项有关的估价、费用、会计或手续。

(5) "制定法规"是指机关制定、修改或废除法规的行为。

(6) "裁定"是指机关除制定法规以外所作出的最后决定的全部或一部分,可以采取肯定的、否定的、禁止的、确认的形式,包括批准许可证在内。

(7) "裁决"是指机关作出裁定的行为。

(8) "许可证"包括机关给予的执照、证书、批准、登记、特许状、成员资格、法定豁免或其他形式的许可的全部或一部。

(9) "审批许可证"包括机关对许可证的允许、延长、拒绝、撤销、暂停、废除、撤回、限制、修改、变更、附加条件等行为。

(10) "制裁"包括机关下列行为的全部或一部分:

(A) 禁止、命令、限制、或其他影响个人自由的措施。

(B) 拒绝给予救济。

(C) 罚款或罚金。

(D) 财产的销毁、没收、扣押、留置。

(E) 科处损害赔偿、偿还、恢复原状、补偿、收费、负担、费用。

(F) 撤销、暂停许可证或规定条件。

(G) 采取其他强制性的或限制性的措施。

(11) "救济"包括机关下列行为的全部或一部分:

(A) 给予金钱、帮助、许可证、权限、免除、例外、特权、补救。

(B) 承认请求、权利、特免、特权、免除、例外。

(C) 根据个人的申请或请求采取其他对他有利的措施。

(12) "机关程序"〔行政程序〕是指机关从事本节第(5)(7)(9)款规

定的程序。

(13)"机关行为"〔行政行为〕包括机关的法规、裁定、许可、制裁、救济或其相等的行为,以及对它们的拒绝或不行为的全部或一部分。

(14)"单方面接触"是指未记载在公开的记录中的接触。对这种接触没有在合理的时间以前通知各方当事人。但单方面接触不包括要求对本分章规定的任何事项或程序提出的情况报告。

第552节 公共情报、行政法规、裁决理由、裁定、记录、程序

(a) 每个机关必须使公众能够得到下列情报:

(1) 为了指导公众,每个机关对下列事项必须在联邦登记上及时公布并分别说明:

(A) 该机关的总部和地方机构的说明。公众可以获得情报或决定、提出申请或请求的指定的地点、方法和职员(如果是穿制服的机关,则说明其成员)。

(B) 各机关执行职务和作出决定的一般过程和方法,包括一切正式的和非正式的程序的性质和要求。

(C) 程序规则、通用的表格、可以取得表格的地点,并说明各种文书、报告、检查的范围和内容。

(D) 机关根据法律授权制定的普遍适用的实体规则,机关制定和采取的基本政策的说明,和机关采取的普遍适用的解释的说明。

(E) 上述各项的修改、订正和废除。

应在联邦登记上公布而未公布的文件,不得以任何方式要求任何人遵守或受到不利的影响,除非该人就文件的内容实际上已及时得到通知。就本款的目的而言,如果得到联邦登记局局长的批准,文件以参考其他文件的方式编入联邦登记而受该文件影响的人可以合理地得到时,视为已在"联邦登记"上公布。

(2) 每个机关必须按照自己制定的法规,提供下列文件供公众查阅和复制:

(A) 裁决案件的最终理由,包括附议的意见和反对意见在内,以及裁定书。

(B) 该机关所采取的未在联邦登记上公布的政策说明和解释。

(C) 职员手册和对职员的指示,其中影响公众的部分。

上述文件如果已及时出版并已公开出卖时例外,为了防止明显地不正当地侵犯个人的隐私权,机关在提供公众利用或出版裁决理由、政策说

明、解释、职员手册或指示时,可以在必要的范围内,删除暴露个人身份的细节。但是对每项删除,必须以书面详细说明理由。每个机关还必须备有一份现行的索引,供公众查阅的复制。该索引应为公众标明自1967年7月4日以后发布的、采取或颁布的、根据本款规定应对公众提供利用,或必须公开发行的全部文件。每一机关应按季度或在更短的周期内,迅速出版并通过出卖或其他方式散布每期的索引及其补编,除非该机关决定没有出版索引的必要和可能时例外。这个决定必须在联邦登记上公布,在这种情况下,该机关仍然必须根据公众的请求,提供该项索引的副本,收取不超过复制该索引的直接成本费。最终的裁定、裁决的理由、解释、对公众有影响的职员手册或指示,只在下述情况下才可以作为机关的依据,作为判例援引、使用,以对抗非机关的当事人:

① 上述文件已被编入索引,并按本款的规定提供公众使用或出版。

② 或者当事人已就文件的内容得到实际的及时的通知。

(3) 除按本分节第(1)和(2)两款规定提供公众利用的记录以外,每一机关在收到要求提供记录的申请时,必须对任何人迅速提供他所需要的记录,但公众的申请必须:

(A) 合理地说明所需要的记录。

(B) 符合机关公布的法规中规定的时间、地点、费用(如果有的话)和应当遵守的程序。

(4)

(A)

① 为了执行本节的规定,每一机关应按照通知和收集公众评论程序颁布法规,具体规定处理本节规定的申请的收费表。并且建立程序和指导原则以决定该项收费在何时应当放弃或减少。收费的标准必须符合管理和预算局局长按照通知和公众评论程序制定的指导方针。该方针必须规定一个统一的标准,适用于一切机关的收费。

② 机关制定的法规中必须规定:

Ⅰ. 当申请记录是用于商业目的时,收费限于文件的检索、复制和审查的合理费用标准。

Ⅱ. 当申请记录是由一个教育的,或以科研或学术为目的的非商业性科学机构提出时,或者由新闻媒介的代表提出时,收费应限于文件复制的合理费用标准。

Ⅲ. 任何申请记录不属于上述Ⅰ或Ⅱ的情况时,收费限于文件的检索和复制的合理费用标准。

③ 如果信息的公开是为了公共的利益,因为它可能重大地促进公众对政府运行或活动的了解,而不是为了申请者的商业利益时,文件的提供应不收任何费用,或者减少到低于上段② 中规定的费用。

④ 收费表应规定只收检索、复制或审查的直接费用。审查费用只能包括最初阶段审查某一文件所产生的费用。该项审查的目的是决定根据本节的规定,某一文件是否必须公开,以及决定根据本节的规定可以不发表的任何免除公开的部分。审查费用不能包括在处理依本节规定提出的申请过程中,解决可能出现的法律问题或政策问题所引起的费用。在本节的规定下,任何机关在下述情况下,不得收取费用:

Ⅰ. 如果按常规的方法收款或得到该款的手续,所花的费用等于甚至超过应收的金额,或者

Ⅱ. 依本分款②中第Ⅱ段规定或第Ⅲ段规定提出的申请,最初2 小时检索费和最初100 页的复制费。

⑤ 任何机关不能预先收取任何费用,除非申请人以前曾经有不按时缴费,或者机关决定的费用可能超过250 美元。

⑥ 本分款的规定不能代替某一法律对特定类型的记录,按特别规定的收费标准而可以收取的费用。

⑦ 法院对申请人关于本节规定的放弃收费所提起的任何诉讼,应重新审理。但法院对案件的审查不能超过机关的记录。

(B) 原告起诉时,原告居住地,或其主营业所所在地,或机关记录所在地的地区法院,或哥伦比亚特区的地区法院有管辖权。法院有权禁止机关封锁机关的记录,并可命令提供任何不正当地对原告封锁的机关记录。对这类案件,法院应重新审理,可以不公开地审查该机关记录的内容,以决定该记录或其中任何部分,是否属于本节下面(b)分节中规定的任何免除公开的事项,因而可以拒绝公开。机关对其行动的正当性应负证明责任。

(C) 不论法律有任何其他规定,被告在收到原告根据本分节提出的任何控诉后30 天内,必须提出答复或答辩。除非法院基于正当理由,另有其他指示时例外。

(D) 〔依第98—620 号公法取消〕

(E) 根据本节规定提起的诉讼案件,如果原告已经实质上胜诉,法院可以判决美国负担合理的律师费用,和由案件产生的其他合理的诉讼

费用。

(F)当法院命令对原告提交任何不适当地封锁的机关记录,并判决美国负担合理的律师费和其他诉讼费用时,如果法院另外又发出一个书面的裁定,指出封锁记录的情况产生机关工作人员的封锁行为是否属于专横的或任性的行为时,特别律师必须迅速采取行动,以确定对拒绝提供文件负主要责任的官员或职员,是否需要采取纪律制裁,特别律师在调查和考虑提交的证据以后,必须向有关机关的行政当局提出自己的结论和建议,并将该结论和建议的副本送交应负责任的官员或职员或其代理人。行政当局应采取特别律师建议的矫正措施。

(G)如果发生不服从法院命令的情况,地区法院对负责任的职员可以科处藐视法庭罪,如果是穿制服的机关,则处罚其负责的成员。

(5)每个机关有的一个以上的成员时,必须在机关每次会议中,对每个成员的最后表决制作记录,以供公众考察。

(6)(A)每个机关收到根据本分节第(1)(2)(3)款的规定要求提供记录的任何申请时,必须:

① 在收到这样申请的 10 天内(星期六、星期日和法定的节假日除外)决定是否同意这项申请。并应立即通知申请人机关的决定、作出决定的理由,以及申请人对该决定不服时,有权向机关首长申诉。

② 机关收到这样的申诉以后,必须在 20 天内(星期六、星期日和法定的节假日除外)作出决定。在申诉时,如果原来拒绝提供记录的决定得到全部或部分的维持,机关必须通知申诉人对该决定可依本分节第(4)款的规定申请司法审查。

(B)在本分款规定的特殊情况下,(A)分款中第①项和第②项规定的期间可以延长,用书面通知申请人,说明延长的理由和预定作出决定的日期。延长决定的通知书中规定的延长期间不得超过 10 个工作日,本分款所称"特殊情况"限于适当处理特殊的申请时合理的需要。即:

① 处理该申请的机关需要从远离本机关的地方设施或其他的组织中,寻找或搜集所申请的记录。

② 一项申请中提出的要求,需要寻找、收集和鉴别大量的、公开的和不同的记录。

③ 需要同决定该项申请有重大利害关系的其他机关进行协商或者机关内部两个或两个以上的组成单位之间有重大的管辖利益,需要协商。这种协商应可能尽快进行。

（C）根据本分节中（1）（2）或（3）款向任何机关要求记录的人，在机关不遵守本款规定的时间时，视为已经穷尽行政救济。如果机关能够证明存在特殊情况，而且正在作出应有的努力以满足申请人的要求，则法院可以保留管辖权，允许机关延长时间以完成记录的检查，一旦机关决定提供所申请的记录，应将该记录迅速提供给申请人。本分节中拒绝提供记录的任何通知书，必须指明各负责作出决定的人的姓名、职称或职位。

（b）本节不适用于下述文件：

（1）

（A）为了国防或外交政策的利益，根据总统用行政命令规定的标准，特别授权保密的文件。并且

（B）根据总统的命令实际上已经划定为保密的文件。

（2）纯属机关内部人事规则和习惯的文件。

（3）法律〔不包括本编第552（b）节在内〕明文规定免除公开的文件。但该项法律必须：

（A）规定文件对公众保密的方式如此严格，以致机关没有自由裁量权力。或者

（B）对应予保密的文件规定特定的标准，或列举应予保密的文件的特定的种类。

（4）贸易秘密和从具有特权的人或机密的人所得到的商业或金融信息。

（5）机关以外的当事人和机关进行诉讼时，在法律上不能利用的机关内部或机关之间的备忘录或函件。

（6）在其公开可能明显地侵犯个人的隐私权的人事的、医疗的和类似的档案。

（7）为执法目的而编制的记录或信息。但只在下述情况之下才可以不公开这类执法的记录或信息：

（A）可以合理地预期会干扰执法的程序。

（B）可能剥夺一个人的公正的审判或公平的裁决。

（C）可以合理地预期构成不正当地侵犯个人的隐私权。

（D）可以合理地预期会暴露秘密的信息来源，包括州、地方政府、外国的机构或机关，或任何私人组织在秘密的基础上提供信息的情况在内；以及在刑事侦查中，刑事执法机关根据秘密来源编制的记录或信息，或者合法地执行国家安全情报调查的机构由秘密来源所提供的信息。

(E) 可能泄露执法的调查或追诉技术和程序,或者在这项公开可以合理地预期会发生逃避法律情况时,泄露执法的调查或追诉的行动纲领。

(F) 可以合理地预期会危害任何人的生命或人身安全。

(8) 负责管理或监督金融机构的机关所编制的、收到的或使用的检查、业务或情况的报告。

(9) 关于油井的地质的和地球物理的信息和资料,包括地图在内。

在删除根据本分节规定的免除公开的部分以后,任何记录的可以合理分割的部分,应对任何申请人提供。

(c)

(1) 当一个申请涉及取得(b)分节中(7)(A)的记录,而且:

(A) 调查或处理程序涉及可能违反刑法,以及

(B) 有理由相信:

① 调查或程序的对象不知道程序正在进行之中;

② 暴露记录的存在有理由预料会干扰执法的程序。

在这种情况存在的期间,而且只能在此期间,机关可以认为这些记录不适用本节的规定。

(2) 一个执行刑法的机关,用告密者的姓名或个人特征制作的告密记录,被第三者根据告密者的姓名或个人特征申请得到这项记录时,机关可以认为这些记录不适用本节的规定,除非告密者的身份已经公开地被承认为告密者时例外。

(3) 当被申请的文件涉及联邦调查局保持的关于外国间谍、反间谍或国际恐怖主义,而且这类记录的存在已经按照(b)分节(1)的规定划分为保密的文件时,在这项文件仍然属于保密事项期间,联邦调查局可以认为这些记录不适用本节的规定。

(d) 除本节有特别的规定外,本节不允许拒绝或限制对公众提供记录,本节也不允许对国会拒绝提供信息。

(e) 每个机关应在每个日历年的3月1日或以前,对众议院和参议院的议长提出一个年度报告。由议长转交有关的国会委员会。报告的内容应包括:

(1) 该机关对根据分节(a)申请记录、作出拒绝的次数、每次拒绝的理由。

(2) 根据分节(a)中第(6)款提出申诉的人共提出多少次申诉。申诉的结果如何、每次申诉中拒绝提供信息的理由。

(3) 决定拒绝提供依本节规定申请的记录的负责人的姓名、职称或职位,各人参加案件的次数。

(4) 每次适用分节(a)(4)(F)规定的处罚程序的结果,包括一个陈述对不正当地拒绝提供记录负主要责任的官员或职员采取的纪律制裁的报告,或者说明为何没有采取纪律制裁的理由。

(5) 提出报告的机关为实施本节规定而制定的每项行政法规的副本。

(6) 机关制定的提供本节规定的记录的收费标准和实际收取的金额。

(7) 致力于执行本节规定的其他信息。

司法部长应在每年3月1日或以前,提出一个年度报告。该报告应包括前一年度在本节的规定下所发生的案件的数目。每个案件涉及的免除公开,处理的结果,以及适用本分节(a)(4)(E)、(F)、(G)各项规定所负担的支出和费用。该报告还应说明司法部长为了鼓励机关遵守本节而作的努力。

(f) 就本节的目的而言,本篇第551节所界定的"机关"一词,包括行政各部、军事部门、政府公司、政府控制的公司、政府行政部门所属的其他机构(包括总统执行机构),和独立的控制机构在内。

第552a节 保持个人的记录〔一般称该节为《隐私权法》。原文见附录二〕

第552b节 会议公开〔一般称该节为《阳光中的政府法》。原文见附录三〕

第553节 制定法规

(a) 本节的适用按条文的规定,但涉及下述事项时不适用:

(1) 联邦的军事或外交职能。

(2) 机关内部的管理或人事,或者公共财产、信贷、补助金、福利、合同等事务。

(b) 制定法规的建议必须在联邦登记上公告。除非受建议中法规管辖的人的姓名已经指明,并且已经个别通知,或者依照法律的规定事实上已经通知时例外。公告必须包括下列内容:

(1) 说明公开制定法规程序的时间、地点和性质。

(2) 指出建议制定法规的权力的法律根据。

(3) 建议制定的法规的全文或主要内容,或者说明法规涉及的主题和问题。

除非法律规定必须发布公告或举行听证以外,本分节不适用于下列事项:

(A)解释性的法规,关于政策的一般说明,关于机关的组织、程序或手续的规则。

(B)机关有正当的理由认定(并将此认定和简要的理由说明载入所发布的法规之中),关于该项法规的公告和公共程序是不能实行的、没有必要的,或者违反公共利益的。

(c)在发布本节规定的公告以后,机关应对有利害关系的人提供机会,参加制定法规的程序;通过提供书面资料、书面意见、允许口头的或非口头的提出论证等方式。在考虑了提出的有关的意见以后,机关应在其所采取的法规中,简单说明其所制定的法规的根据和目的。法律规定必须根据听证的记录而制定的法规,则不适用本分节的规定,而适用本编第556节和第557节。

(d)实体法规的生效日期必须在其依规定公布或送达以后的30天开始。但下述法规例外:

(1)给予或承认免除法律适用的实体规则,或者取消限制的实体法规。

(2)解释性的规则和政策的说明。或者

(3)机关有正当的理由作出其他的规定,而且该理由已和法规同时公布。

(e)各机关必须给予利害关系人申请发布、修改或废除法规的权利。

第554节 裁决

(a)本节适用于依法律规定必须根据机关的听证记录作出裁决的案件。除非案件涉及下列事项时不适用:

(1)以后由法院就法律问题和事实问题重新审理的事项;

(2)除根据本编第3105节任命的行政法官以外,职员的录用和任期;

(3)完全根据观察、测验或选举而作决定的程序;

(4)执行军事或外交事务的职能;

(5)机关充当法院代理人的案件;或者

(6)劳工代表资格的证明。

(b)有权得到机关听证通知的人,应就下列事项及时得到通知:

(1) 听证的时间、地点和性质。
(2) 举行听证的法律根据和管辖权限。以及
(3) 听证涉及的法律问题和事实问题。

举行听证是基于私人的申请时，听证的对方当事人对有争论的事实问题和法律问题应当迅速发出通知。在其他情况下，机关可以制定法规要求提出答辩。在确定听证的时间和地点时，必须适当地考虑当事人或其代理人的需要和方便。

(c) 机关应对一切有利害关系的当事人提供机会：
(1) 使他们在时间、听证程序的法律性质和公共利益允许时，能够提出和考虑问题、论点、和解的建议和调整的方案。
(2) 在当事人之间不能依协商解决争端时，根据通知和本编第556节及第557节的规定，举行听证和裁决。

(d) 根据本编第556节的规定主持接收证据的职员，除非他成为不能执行机关的职务的情况以外，必须作出第557节所要求的建议性的或初步性的决定。除依法律的授权为处理单方面事项所必要以外，该职员不得：
(1) 向任何人或任何当事人就所争执的事实征求意见；除非已经通知，使所有的当事人都有机会参加的情况以外。
(2) 对任何为机关履行调查或追诉的职员或其代理人负责，或受其监督或指示。

为机关履行调查或追诉的职员或其代理人，不得参与该案或与该案有实际的联系的案件的决定；对这类案件的裁决不得提出咨询性意见，或提出建议性的决定；也不得参加机关根据本编第557节规定的复议，除非他们作为证人或律师参加公开的程序不在此限。本分节的规定不适用于：
(A) 申请原始许可证的决定；
(B) 关于公用事业或运输业的收费率、设施、经营活动的申请或效力的裁决的程序；或者
(C) 机关或构成机关的团体的成员。

(e) 机关根据健全的自由裁量行为，可以发布确认性的裁定，以结束一个争端或排除疑义。该裁定的效力和其他裁定的效力相同。

第555节　附属事项

(a) 本节适用于除本分章另有规定以外的场合。

(b) 被机关或其代表传唤出席的人,有权由律师陪同、代表、作顾问。如果机关允许,也有权由其他合格的代表陪同、代表、作顾问。在机关裁决的程序中,任何当事人有权亲自参加,或由律师或其他合格和代表陪同或代表参加。在公共职务有秩序地进行允许的情况下,利害关系人可以对机关或其负责的职员,就程序中的问题、申请或争议提出陈述、调整或处理的意见,不论程序是中间性的、简易性的或其他形式的,或是否和机关的职务有联系。每个机关对向它提出的事项应作出结论,并应适当地注意当事人或其代表的方便和需要,在合理的期间以内作出决定。本分节不给予也不否认不是律师的人为他人或代理他人出席机关办事或参加机关裁决程序的权利。

(c) 没有法律的授权,不得发出、执行、或强制执行传票、要求提出报告、进行检查或其他调查的行为或要求。必须提交资料或证据的人,有权保留或在交付法定的费用以后得到该资料或证据的复制件或录制本。但是在非公开的调查程序中,如有正当的理由,可以限制证人只能查阅他所提供的证言的官方记录。

(d) 法律授权机关签发的传票,依其申请必须发给当事人。机关在其制定的程序规则中,可以规定当事人必须说明或证明传票所要调查的证据的一般关联性和合理的范围。发生争议时,法院对符合法律规定的传票或类似的通知或要求,应当承认。在请求强制执行[传票]的程序中,法院应当发出命令,要求证人在合理的期间内出庭作证或提交证据或资料。若顽固地不执行法院的命令,则科以藐视法院罪的处罚。

(e) 利害关系人在任何行政程序中提出的书面申请、请求或其他的书面要求,遭到全部或部分拒绝时,必须迅速地通知。除非是维持原先已经作出的拒绝,或者拒绝的理由是不言而喻以外,在发出的通知中必须同时简单地说明拒绝的根据。

第556节 听证、听证主持人、权力和责任、举证责任、证据、记录作为裁决的根据

(a) 本节适用于依本编553节、554节要求依本节规定举行的听证。

(b) 主持接收证据的应是:

(1) 机关。

(2) 构成机关的一个或几个成员。

(3) 依本编第3105节任命的一个或几个行政法官。

本分章的规定不代替由法律特别规定或指定的委员会或其他职员进

行的特定类型的程序的全部或一部分。主持听证的职员和依本篇第557节规定参加决定的职员,必须不偏不倚地执行职务。主持人或参加人在任何时候可以主动地回避。对诚实、及时用宣誓书充分说明主持人或参加人存有个人偏见或其他不合格的情况,机关应将其作为本案的记录和决定的一部分予以裁定。

（c）按照机关制定的法规,并且在机关的权限范围以内,主持听证的职员可以:

（1）主持宣誓或誓言。

（2）根据法律的授权签发传票。

（3）裁决一方当事人可否拒绝回答对方提出的问题,和接受有关联性的证据。

（4）在有助于案件的解决时,进行法庭外证言的记录,或命令制作上述证言的记录。

（5）规定听证的过程。

（6）主持由当事人协商解决或简化争端的会议。

（7）处理程序上的请求或类似的问题。

（8）根据本编第557节的规定作出决定或建议性的决定。以及

（9）采取符合本分章规定的由机关法规授权的其他行动。

（d）除法律另有规定外,法规或裁定的提议人应负举证的责任。任何口头的或书面的证据都可接受,但作为一种政策,机关应规定不接受和案件无关联性、不重要或过于重复的证据。除非考虑了全部案卷或其中为当事人所引用的部分,并且符合和得到可靠的、有证明力的和实质性证据的支持,否则不得科处制裁、发布法规或作出裁定。在符合司法的利益和机关执行的重要的法律的政策的范围内,机关可以认为违反本编第557节(d)的规定构成充分的理由,可以对故意违反或促使这种违反的人,作出不利的决定。当事人有权以口头的或书面的证据提出他的案件或进行辩护,也有权提出反证,并且为了弄清全部事实的真相,也可以进行质证。机关在制定法规、决定金钱或福利请求或原始许可证的请求时,只要无损于任何当事人的利益,可以采用书面程序提交全部或一部分证据。

（e）证言的记录、物证以及程序进行中提出的一切文书和申请书,构成按照本编第557节规定作出决定的唯一案卷。当事人交纳法定的费用以后,有权得到副本,如果机关的决定是根据没有出现在证据记录之中的

官方认知的事实时,当事人只要及时提出要求,则取得机会有权提出反证。

第557节 初步决定、结论、行政复议、当事人的意见、决定的内容、案卷

(a) 本节的规定适用于应按556节规定举行的听证。

(b) 如果机关没有主持接收证据,主持听证的职员,或者对不适用第554节(d)款的案件,依本编第556节规定有资格主持听证的职员,应对案件作出初步决定,除非机关在特定的案件中,或者在普遍性的法规中,要求将全部案卷送交该机关作决定时例外。主持听证的职员作出初步决定后,在规定的时间内,如果无人向该机关上诉,而且该机关亦未主动要求复议时,则该初步决定无需经过进一步的程序,即成为该机关的决定。机关在受理初步决定的上诉或复议初步决定时,具有作出初步决定的一切权力;除非机关在通知中或在法规中,限制可受理的争议问题时例外。如果作决定的机关没有主持接收证据,主持听证的职员,或依本编第556节规定有资格主持听证的职员,应先提出一个建议性的决定。但在制定法规,或者初次申请许可证时:

(1) 机关可以不适用上述程序而作出一个临时性的决定,或者由其负责任的职员中的一人,提出一个建议性的决定;或者

(2) 机关根据案卷认为在某一案件中,正当地及时地教执行职务,绝对不可避免地需要省略上述程序时,可以省略上述程序。

(c) 在作出建议性的、初步的、临时的决定之前,以及机关对下级职员的决定进行复议作出决定之前,当事人有权得到合理的机会提供下述意见,以供参加作决定的职员的参考:

(1) 自拟的事实裁定和结论。

(2) 对下级职员的决定或建议性的决定或机关的临时性决定的异议。

(3) 支持上述异、自拟的事实裁定和结论的理由。

案卷中应记载机关对当事人自拟的事实裁定、结论和异议的裁决。一切决定,包括初步的、建议性的和临时的决定在内,都是案卷的组成部分,而且应当包括下列事项的记载:

(A) 对案卷中所记载的事实的、法律的或自由裁量权的实质性争议所作的裁定、结论及其理由或根据。

(B) 有关的法规、裁定、制裁、救济或对它们的拒绝。

（d）（1）一切受本节中（a）分节规定的行政裁决,除非法律规定单方面处理的事项外：

（A）机关以外的任何利害关系人,不得对机关的任何成员、行政法官或其他参与或有理由预料可能参与案件决定程序的职员,就案件的是非曲直单独表示意见,或故意促成这种意见的表示。

（B）机关的任何成员、行政法官或其他参与或有理由预料可能参与案件决定程序的职员,不得对机关以外的任何利害关系人,就案件的是非曲直单独表示意见,或故意促成这种意见的表示。

（C）机关的任何成员、任何行政法官或其他参与或有理由预料可能参与案件决定程序的职员,如果收到或者作出或者故意促成本分节所禁止的单方面的意思表示,应在案件的公开记录中记载：

① 所有的这种书面的表示；

② 所有的这种口头表示的内容的备忘录；

③ 对前两项中所述事实的书面答复,和口头答复的内容的备忘录。

（D）在收到任何当事人违反本分节的规定,故意作出或故意促使作出单方面的意表示时,机关、行政法官或其他主持听证的职员,可以在符合司法的利益和重要的法律政策的前提下,要求该当事人说明理由,为何他在本案件中的要求或利益,不应由于这种违反而被驳回、否认、忽视或其他方式的不利的影响。

（E）本分节规定的各项禁止的开始的日期由机关规定,无论如何,不得除迟于案件听证的通知发出之时。如果应对单方面表示意见负责的人,已经知道将要发出听证的通知时,这项禁止从其得知之时开始适用。

（2）本分节的规定不构成授权对国会封锁信息。

第 558 节　科处制裁、许可证的申请、中止、撤销和终止

（a）本分节适用于权力或权限的行使。

（b）除非在法律授予的管辖范围以内而且按照法律规定的权力,机关不得科处制裁、发布实体性法规或命令。

（c）当事人依据法律的规定申请许可证时,机关必须正当地考虑一切利害关系人或受到不利影响的人的权利和特权,在合理的期间以内,开始并完成本编第 556 节和第 557 节规定的程序,或法律规定的其他程序,并且作出决定。除由于当事人的故意,或者公共卫生、公共利益、公共安全另有其他要求以外,机关在开始撤回、中止、撤销、废除许可证以前,必须：

（1）书面通知许可证持有人,导致机关采取该项措施的事实或行为。

（2）给予许可证持有人证明完全符合法律要求的机会,或者完成法律的各项要求的机会。

许可证持有人按照机关制定的法规,及时地而且符合要求地申请许可证的更新,或领取新许可证时,在机关对申请作出最后决定以前,具有连续性活动的许可证继续有效。

第 559 节　本法对其他法律的效力,对今后法律的效力

本分章、第 7 章,以及本编第 1305、3105、3344、4301（2）（E）,第 5372、7521 和第 5335（a）（B）各节关于行政法官的规定,不限制或废除其他法律规定增加的要求,或承认的其他要求。以后制定的法律除有明文规定以外,不得认为代替或修改本分章、第 7 章,以及本编第 1305、3105、3344、4301（2）（E）,第 5372、7521 或第 5335（a）（B）各节关于行政法官的规定。

第七章　司法审查

第 701 节　适用的范围;定义

（a）本章的适用按条文的规定,但不适用于:

（1）法律排除司法审的行为。

（2）法律赋予行政机关自由裁量的行为。

（b）（1）"机关"的定义和上面第 551 节（1）款（A）到（H）的各项规定完全相同。

（2）"人"、"法规"、"裁定"、"许可证"、"制裁"、"救济"和"机关行为"〔行政行为〕的定义的本编第 551 节的规定相同。

第 702 节　申请司法审查的权利

任何人由于机关的行为而受到不法的侵害,或者在某一有关法律意义内的不利影响或侵害时,有权对该行为请求司法审查。美国法院受理的诉讼不是寻求金钱赔偿,而是控告行政机关或其官员或职员,以官方身份的,或在法律权力掩饰下的作为,或不作为时,不得以该诉讼反对美国或美国是必不可少的当事人为理由而驳回或拒绝给予救济。美国在这类诉讼中可以被指名作为被告,也可以针对美国作出判决或命令。但是任何执行令或制止令必须指明联邦官员（称其姓名或职称）或其继任人对其执行负有责任。本节的规定并不:

（1）影响对司法审查的其他限制,或者法院根据任何其他有关的法

律的或衡平法的理由,驳回或拒绝救济的权力或义务。

(2) 在任何其他允许起诉的法律明示地或默示地禁止当事人所寻求的救济时,授权给予救济。

第704节 诉讼的形式和地点

司法审查的形式是在法律指定的法院中,法律对审查对象所特别规定的法定的审查程序,在没有法律规定的形式,或者法律的规定不适当时,有管辖权的法院可以适用任何能够适用的法律诉讼形式,包括申请确认判决、命令性的制止状、人身保护状等诉讼形式在内。如果没有能够适用的特定的法定的审查形式时,司法审查的诉讼可以对美国、对机关以机关的名称或者对有关的官员提起。除非法律规定有事先的、适当而且唯一的司法审查的机会以外,机关的行为在民事的或刑事的司法强制执行程序中,应当受到法院的审查。

第704节 可受审查的行为

法律规定可受审查的机关行为,和没有其他适当的法院救济的机关的最终的行为,应受司法审查。预备的、程序性的或中间阶段的机关行为或裁决,不能直接受审查,应在审查机关最终的行为时受审查。除法律另有其他的规定外,机关的行为依其他的方式是最终时,就本节的目的而言就是最终的,不论对该行为是否已经申请确认判决、任何形式的再考虑或向上级机关上诉。但是机关可以制定法规作出不同的要求,规定在向上级机关申诉时,该行为暂时不发生效力。

第705节 司法审查期间的救济

机关为了公正的需要,可以在司法审查期间推迟它所采取的决定的生效日期。审查法院,包括案件上诉的法院和根据申请向审查法院发出提审状或其他令状的法院在内,为了防止不可弥补的损害的发生,在其必要的条件和限度以内,可以发出一切必要的和适当的命令,在司法审查程序结束以前,推迟机关行为生效的日期,或者保持原状或权利。

第706节 司法审查的范围

对当事人提出的主张,在判决所必要的范围内,审查法院应决定全部有关的法律问题,解释《宪法》和法律条文的规定,并且决定机关行为的词句所表示的意义或适用。审查法院应

(1) 强迫执行不合法拒绝的或不合理迟延的机关行为。

(2) 认为出现下列情况的机关行为、裁定和结论不合法,并撤销之:

(A) 专横、任性、滥用自由裁量权或其他的不合法的行为;

(B) 违反《宪法》上的权利、权力、特权或特免；
(C) 超越法定的管辖权限、权力或限制或者没有法律上的权利；
(D) 没有遵守法律规定的程序；
(E) 适用本编第 556 节和第 557 节的规定的案件，或者法律规定的其他依机关的听证记录而审查的案件，没有实质性证据支持；或者
(F) 没有事实的根据，达到事实必须由法院重新审理的程度。

在作上述决定的时候，法院应审查全部记录，或记录中为一方当事人所引用的部分；并且应充分注意法律对产生不正确的结果的错误所作出的规定。

第 3105 节 行政法官的任命

每个机关任命行政法官的数目，应符合执行本编第 556 节和第 557 节的程序的需要，行政法官应尽可能地实行轮流分配案件。行政法官不得执行和行政法官的职务和责任不相容的职务。

第 7521 节 对行政法官的处分

(a) 对由机关依本编第 3105 节规定任命并在该机关任职的行政法官采取制裁，只能根据功绩制保护委员会基于听证的记录所认定的正当理由。

(b) 本节规定的制裁措施是：

(1) 免职。
(2) 停职。
(3) 降级。
(4) 减薪。
(5) 暂时停用 30 天以下。

但是不包括：

(A) 〔由于国家安全利益〕被停职或免职；
(B) 大批裁员的措施；或者
(C) 〔功绩制保护委员会〕建议的任何处分。

第 5372 节 行政法官

依本编 3105 节任命的行政法官的薪俸，由人事管理局依本章第 3 分章和本编第 51 章的规定决定，不受机关的建议和评级的影响。

第 3344 节 细则：行政法官

本编 551 节所指的机关，偶尔或者临时缺少依本编 3105 节规定的行政法官时，可以使用人事管理局经其他机关同意，从其他机关挑选的行政

法官。

第 1305 节　行政法官

为了执行本编第 3105、3344、4301 节,(2)(D)、第 5372、7521、5335(a)(B)各节关于行政法官的规定,人事管理局可以进行调查,要求机关提出报告、发出报告(包括对国会的年度报告在内)、制定法规、任命必要的咨询委员会、提出立法建议、传讯证人、调取案卷,并可按美国法院规定的证人费用标准,支付证人的费用。功绩制保护委员会为了执行本编第7521 节,也有上述权力。

《王名扬全集：美国行政法》
编后记

关于《美国行政法》的写作背景，王娅娣女士回忆道：

大约在1982年，当时还在对外经济贸易大学讲授法语的王老接到了中国政法大学江平校长颁发的聘书，喜不自禁，认为自己终于可以"归队"干老本行了，随后就拟定了"五部曲"的写作计划，亦即《英国行政法》《法国行政法》《美国行政法》《比较行政法》和《中国行政法》，自此王老的心思全部集中在此。为了保持充沛的精力，他的日常生活简朴而有规律。除非极端天气，每天早晨起来跑步半小时随后洗冷水澡，一顿简单的自制早餐后再加一杯粗茶，随即开始写作，午餐后午休半小时后又开始写作。如同其他著作，《美国行政法》也是在这种简朴而又有规律的生活中写就的。

其间，1991年福特基金会资助王老在美国访学1年，1992年友人资助1年，出版时福特基金会又提供了少量的资助。当时已经76岁高龄的王老孤身一人在美国生活两年，其中艰辛难以想象。我在帮助王老整理回国的行李时，被从打字机里跑出来的昆虫给吓着了。《美国行政法》的第一次手稿是用废弃了的讲稿写成的，上面贴满了字条，写满了修改意见。母亲孙景岐女士和我帮助王老将手稿誊写在16开的学生作业格子纸上，王老再次修改后，由他指导的研究生帮助抄写在出版社用的大稿纸上。颇为惋惜的是，这些手稿大多遗失了。

关于《美国行政法》的学术价值,杨海坤教授于 2006 年 6 月发表在《东吴法学》的《一把打开美国行政法宝库的金钥匙——对王名扬先生〈美国行政法〉一书迟到的评论》中,将王老的"三部曲"称赞为"中国比较行政法学领域中的拓荒之作和奠基之作":

> 其中,最引人注目的,当属三部曲中最新的一部——《美国行政法》。该书的出版可以说是一个里程碑,它标志着我国学者对美国行政法已开始进入全面叙述与评价阶段。同时,由于该书篇幅巨大、内容丰富、资料翔实(上下两卷,共 100 万字),从学术价值来看,要胜过《英国行政法》与《法国行政法》两书。另外,与译成中文的美国学者施瓦茨所著之《美国行政法》相比,该书在语言的表达与材料的选择整理上,更适合中国读者的口味,也更有益于中国读者比较全面地了解美国的行政法。

关于《美国行政法》的学术特色,杨海坤教授在前文中指出:

> 朴实无华是王名扬先生一贯的学术风格。《美国行政法》一书也是这样。从表面上看,该书有多叙述、少评论的特点,但透过这些平实的叙述和精致的评论,读者会深有感悟,收获匪浅。……正是由于王名扬先生在行政法这一基本概念上采取了客观、辩证而又有重点的论述,从而既使他有机会在书中详尽地描述美国行政法有关的法律、判例及学术观点,又可使中国读者大饱眼福、开阔视野。这样的安排,便于中国读者全面了解美国行政法的制度,帮助人们更深刻地把握美国行政法的精神实质。
>
> 然而,王名扬先生似乎并不急于告诉读者自己的结论,而是试图在对美国行政法发展过程中出现的各种观点、制度反复进行比较,以及把美国行政法同其他国家的行政法,特别是同欧洲大陆法系进行比较的过程中启发并引导读者去思考、去领略。王名扬先生实际上有他自己的倾向,那就是把美国行政法的发展看作是美国社会各种矛盾斗争的产物,认为美国行政法植根于美国社会的特殊土壤之中。美国行政法是美国法律体系中的行政法,它充分体现了美国的民族特性。我们不妨把王名扬先生的《美国行政法》一书当作一把打开美国行政法宝库的金钥匙。

北京大学法学院的朱苏力教授曾经根据中文社会科学引文索引

（CSSCI）提供的资料，对 1998—2002 年期间法学著作的引用情况所作的统计表明，《美国行政法》被引用 194 次，在所有的法学教科书型著作中位居榜首。沿着朱苏力教授的路径，编校者尝试应用统计数据来说明《美国行政法》的学术影响力。根据中国知网引文数据库（http://www.cnki.net/），从 1995 年至 2013 年底，《美国行政法》在学术期刊和著作中被引用 4287 次。据读秀中文学术搜索（http://edu.duxiu.com/），截至 2013 年年底，《美国行政法》被引用 4116 次。据中文社会科学引文索引（CSSCI）数据库（http://cssci.nju.edu.cn/index.html），《美国行政法》自 1998 年至 2013 年在学术期刊中的引用情况是：

年度	1998	1999	2000	2001	2002	2003	2004	2005	2006
次数	46	37	27	50	42	47	65	70	61
年度	2007	2008	2009	2010	2011	2012	2013	总计	
次数	44	60	68	70	36	56	27	806	

该表表明，《美国行政法》在出版后 15 年中引用率逐步达到峰值，但最近 5 年来的引用趋于减少。

关于《美国行政法》的赞美之词，编校者印象最深刻的是应松年教授的这句话：

没想到年过七旬高龄的王老，竟然能把如此鸿篇巨著写出来，真叫有本事！

高家伟
2015 年 10 月 16 日谨记